Kurfürst Max Emanuel
Bayern und Europa um 1700

I Joseph Vivien, Kurfürst Max Emanuel. Paris, Louvre

Kurfürst Max Emanuel

Bayern und Europa um 1700

Band I Zur Geschichte und Kunstgeschichte der Max-Emanuel-Zeit

Herausgegeben von Hubert Glaser

Hirmer Verlag München

Printed in Germany

ISBN 3 7774 2790 X (broschürte Ausgabe)
ISBN 3 7774 2791 8 (Leinenband)

Satz und Druck Kastner & Callwey, München
Farb- und Schwarzweißlithographien Chemigraphia Gebr. Czech, München
Papiere Papierfabrik Scheufelen, Oberlenningen
Bindearbeiten Münchner Industriebuchbinderei Urban Meister

Inhalt

Vorwort

Eine wichtige Epoche der bayerischen Geschichte abzubilden – das ist die Aufgabe der Ausstellung über den Kurfürsten Max Emanuel und seine Zeit, die im Sommer 1976 in Schleißheim stattfindet. Das Bild setzt sich zusammen aus vielen künstlerischen und archivalischen Objekten: Plastiken und Gemälden, Handzeichnungen und Kupferstichen, Preziosen und Waffen, Möbeln, Teppichen und Gefäßen, Urkunden und Briefen. Es ist so reich, so bunt, so differenziert wie die Überlieferung selbst. Nicht jedes der ausgestellten Objekte spricht für sich. Es wird zum Sprechen gebracht, indem es in einen Zusammenhang hineingestellt, in seine ursprüngliche Umgebung zurückversetzt und durch Erklärungen ausgedeutet wird.

Als die Ausstellung vorbereitet wurde, war es nötig, zunächst einen Überblick über den Gang der politischen und künstlerischen Entwicklung zu bekommen. Wichtige Stränge der Überlieferung mußten neu aufgerollt, wichtige Bestände neu durchgesehen werden. Der Versuch, geschichtliche Vorgänge durch künstlerische Objekte zu veranschaulichen, gab zusätzliche Probleme auf. Personen und Institutionen, die es als ihre zentrale Aufgabe ansahen, sich zu repräsentieren, ihren Rang öffentlich darzustellen, ihre Verdienste zu verewigen, besitzen in der Überlieferung ein Übergewicht gegenüber den anonymen Lebensleistungen, die den Staat letzten Endes trugen. Ohnedies bietet die schöne Seite des Daseins, die kultivierte Selbstdarstellung des Fürsten, der Dynastie, des Hofes, sich viel eindrucksvoller dar als die häßliche, als Armut und Krankheit, Brandschatzung und Plünderung. Schließlich besteht eine tiefe Kluft zwischen den konkreten Aussagen von Schlachtenbildern und Allegorien und dem Abstraktionsbedürfnis der modernen Geschichtswissenschaft.

Um die vielen Fragen abzuklären, die bei der Vorbereitung der Ausstellung auftauchten und in den skizzierten Problemkreisen stecken, um die geschichtlichen Zusammenhänge unter verschiedenen Aspekten auszuleuchten und die künstlerischen Zeugnisse durchzumustern und aufzuschlüsseln, ist eine Reihe von Studien entstanden. Sie werden in diesem Band der Öffentlichkeit vorgelegt. Sie sollen erläutern und ergänzen, was die Ausstellung zeigt. Darüber hinaus sollen sie zur Vertiefung der geschichtlichen und kunstgeschichtlichen Kenntnisse über die Max-Emanuel-Zeit einen selbständigen Beitrag leisten.

Der Herausgeber dankt den Autoren, daß sie sich den harten Bedingungen, die ein kurz und genau terminiertes Unternehmen stellt, ohne Murren gefügt haben. Er dankt Herrn Oberkonservator Dr. Peter Volk für seinen Rat bei der Erörterung kunstgeschichtlicher Fragen, Herrn Karl-Heinz Zuber für die Redaktion der Anmerkungen, Fräulein Edith Chorherr für die Anfertigung des Personenregisters, dem Verleger, Herrn Albert Hirmer, für sein Verständnis und seine Geduld, und insbesondere Frau Dr. Annemarie Seling und Herrn Dr. Reinhold Baumstark, die unermüdlich um die Durchsicht der Manuskripte, die Korrektur der Fahnen und des Umbruchs und die Bebilderung besorgt waren und damit das rechtzeitige Erscheinen des Bandes erst ermöglicht haben.

München, im Sommer 1976 Hubert Glaser

Hubert Glaser

Einleitung

Max Emanuel – Perspektiven nach zweihundertfünfzig Jahren

Kurfürst Max Emanuel hat zeit seines Lebens viel für seinen Ruhm getan. Daß ein Fürst vor dem Gedächtnis der Nachwelt bestehen müsse, hatten ihm schon seine Erzieher eingeschärft. Ruhm zu erwerben war ein zentrales Motiv, als er sich in die große Politik mischte, das kurbayerische Heer reformierte, mit dem Kaiser das Bündnis schloß, in den Türkenkrieg zog. Ruhmsucht trieb ihn voran bei den Feldzügen, die er 26 Jahre lang Sommer für Sommer unternahm, bei dem immer wieder erneuerten, mit Trotz und List geführten Kampf um das Oberkommando, bei den diplomatischen Schachzügen, die ihn in das Amt des Generalstatthalters der Spanischen Niederlande führten, und bei der aufwendigen Amtsführung in Brüssel, bei dem fatalen Ausreizen der Situation zwischen dem Kaiser und dem König von Frankreich am Beginn des Spanischen Erbfolgekriegs, bei den ruhelosen Spekulationen über Ländertausch, Königskronen und Erbgänge. In dem komplizierten Motivationsgeflecht der großen Politik Max Emanuels bildet das Streben nach Ruhm einen immer sichtbaren, immer wichtigen, manchmal entscheidenden Strang.

Das Andenken der Geschichte stand dem Kurfürsten vor allem dort vor Augen, wo er als Anreger von Kunst, als Auftraggeber von Künstlern auftrat, wo er als Bauherr, als Sammler, als Mäzen erschien. Die Geschichte des um sein Land kämpfenden Aeneas auf den Deckengemälden und die Verbindung von zeitgenössischer, quasi-authentischer Schlachtendarstellung mit den Szenerien und Zeichen eines antikisierenden Heroenkults im Programm der Schleißheimer Repräsentationssäle, die Geste des überlegenen, gelassenen Siegers, in der sich der Exilierte angesichts der desolaten Lage des Jahres 1710 porträtieren ließ: in voller Rüstung vor dem Zelt des Großwesirs stehend, mit der Physiognomie des Achtundvierzigjährigen, aber in einer Situation, die er als Fünfundzwanzigjähriger erlebt hatte, schließlich die zahlreichen symbolischen, allegorischen, emblematischen Aussagen auf Gemälden, Kupferstichen, Medaillen – als olympischer Heros, als strahlender und versöhnlicher Sieger, als Alexander und als Aeneas, als Vollender der Taten seines Großvaters, im Bild des spielenden, beschützenden, kämpfenden Löwen wollte er von der Mitwelt und von der Nachwelt gesehen werden.

Geschichtlicher Ruhm läßt sich durch Stilisierung und Panegyrik nicht erzwingen. Der Heros Max Emanuel ist präsent nur mehr für den, der in höfischen Monumenten und Bildern die Intentionen dessen aufzuspüren versucht, der die Hofkunst bestellt, ihr den Sinn gegeben und sich zu ihrem Gegenstand gemacht hat. Die Nachwelt hat sich durch solche Inszenierungen kaum beeindrucken lassen; während Ruhm als Kunstmotiv wenigstens für Esoteriker interessant blieb, ist Ruhm als Handlungsmotiv selbst für die Bewunderer barocken Fürstenglanzes suspekt geworden. Williger sind die späteren Generationen den Kritikern Max Emanuels gefolgt, dem spitzzüngigen Klatsch der Liselotte von der Pfalz, der kühlen, überlegenen Charakterisierungskunst Fénelons, den illusionslosen Porträts der auswärtigen Diplomaten am Münchner Hof, den ausgesuchten Bosheiten in den Memoiren des abgelegten Freundes Louis-Hector Villars. Gerade in Kurbayern selbst war die Zeit dem Nachruhm Max Emanuels nicht günstig. Zu kraß litt die Staatsverwaltung unter der finanziellen Hinterlassenschaft des Kurfürsten, zu deutlich blieb das Scheitern seiner Schaukelpolitik im Gedächtnis, zu drastisch demonstrierte die unglückliche Geschichte Kaiser Karls VII., daß die von Max Emanuel inaugurierte Politik nicht nur an speziellen Umständen zerbrochen ist, sondern falsch konzipiert war. Nicht einmal das künstlerische Erbe behielt seinen Wert. Zu rasch wandelte sich der Geschmack, zu vehement, alle Vorläufer an Gestaltungskraft und Feingefühl übertrumpfend, entfaltete sich das bayerische Rokoko, zu genau entsprach der neue Stil dem Repräsentationsbedürfnis der Hofgesellschaft. Als der Sohn Clemens August, dessen Vorstellungswelt noch ganz von der Max-Emanuel-Zeit geprägt war, 1761 am Rhein die Augen schloß und als 1777 mit dem Enkel Max III. Joseph in München die jüngere Linie des Hauses Wittelsbach ausstarb, schien die Epoche Max Emanuels ganz und gar versunken zu sein – mit Ausnahme des berüchtigten Schuldenabledigungswerkes, an dem der bayerische Fiskus noch bis in die Mitte des 19. Jahrhunderts zu tragen hatte.

Auch auf die Geschichtsschreibung, institutionalisiertes Gedächtnis der Staatengesellschaften, hat der Kurfürst wenig Eindruck gemacht. Für die Reichsgeschichte und für die Geschichte des europäischen Staatensystems blieb sein Auftreten Episode. Im Vorübergehen wurde er kritisiert wegen seiner Unzuverlässigkeit, wegen seiner jähen Hervorkehrung des Standpunkts der deutschen Libertät, wegen seiner Wendung gegen Kaiser und Reich. Eine dynastische Geschichtsschreibung von Format, die sich mit ihm beschäftigt hätte, gab es nicht, weder zu seiner eigenen Zeit noch in den folgenden Generationen. Was an patriotischen Erbauungsbüchern in Umlauf kam, hielt sich an den Türkensieger, den Kunstförderer, den Familienvater und entlieh Charakterzüge nach Bedarf bei dem Herrscherideal der Aufklärung oder des Restaurationszeitalters. – In den moralischen Maßstäben waren sich diese Apologeten des Kurfürsten mit seinen Kritikern merkwürdig einig, nur daß die Charakterisierung den einen zum Tugendkatalog, den anderen zum Lasterkatalog gedieh. Die Kritiker hatten ihr positives Inbild der Zeit anderswo gefunden, beim Kaiser, beim Prinzen Eugen, beim Herzog von Marlborough oder auch bei Ludwig XIV. Ihren Helden stellten sie als negative Erscheinung den Kurfürsten gegenüber, qualifizierten ihn als Verschwender und Frauenhelden, unstet in seinem Ehrgeiz und hemmungslos in seinen Leidenschaften, lieblos als Gatte und verantwortungslos als Herrscher. Vom gefestigten bayerischen Staatsbewußtsein und von der deutschen Nationalbewegung her wurde diese Kritik im Sinn des bürgerlichen Konstitutionalismus aufgegriffen: waren für die philosophischen Moralisten des 18. Jahrhunderts die Prunksucht, das Gücksspiel und der Ehebruch verwerflich gewesen, so für die politischen Moralisten des 19. Jahrhunderts der Mangel an Patriotismus, die leichtherzige Bereitschaft zum Ländertausch, der Raubbau an den Staatsfinanzen.

Erst in den Jahrzehnten nach 1870 hat sich die bayerische landesgeschichtliche Forschung um ein tieferes, die Handlungsmotive aus der Konstellation der Interessen erklärendes, die Ereignisse in den Gesamtzusammenhang der Zeit zurückversetzendes Verständnis der Epoche Max Emanuels bemüht. Im methodischen Ansatz, in der Reflexion über die Aufgabe des Geschichtsschreibers und im Darstellungsstil ist für diese Historiker Leopold Ranke das unerreichte Vorbild gewesen, aber darüber hinaus kam ihnen zustatten, daß in dem Staatswesen, in dem sie lebten, ein Bewußtsein ungebrochener Kontinuität vorhanden war, daß sie in der noch monarchisch geprägten Welt miterleben konnten, was spätere Generationen mühsam rekonstruieren mußten, das Selbstgefühl und den Denkstil von Menschen, die den Staat als ihr Eigentum und die Regierung als das ihnen von Gott anvertraute Geschäft betrachten durften, die Orientierung der Gesamtgesellschaft auf ein exklusives Zentrum hin, das allein soziale Ehre vergab und dessen Weise der Repräsentation als verpflichtendes Vorbild wirkte. Karl Theodor Heigel und Sigmund Riezler, die beide bei Giesebrecht und Cornelius in München gelernt hatten und auf diese Weise zur Enkelgeneration der Rankeschule gehören, haben der Max-Emanuel-Zeit einen wichtigen Teil ihrer wissenschaftlichen Arbeit zugewendet, Heigel in kultivierten, abwägenden, immer wieder neue Akzente setzenden Studien und Essays, Riezler in einer breit fließenden, auf die Gesamtheit der öffentlichen Verhältnisse gerichteten, durch Einzelanalysen und Editionen untermauerten Darstellung. Zwar ist auch ihnen der Standpunkt des liberalen und nationalen deutschen Bürgertums nach der Reichsgründung bei manchen Urteilen zügig aus der Feder geflossen, aber er hat ihren Blick auf die Motive und Intentionen der Politik Max Emanuels und für die Komplexität der damaligen Verhältnisse nicht getrübt. Riezler fand, als er im siebenten und achten Band seiner »Geschichte Baierns« die Geschichte des Kurfürsten Max Emanuel schrieb und in den Jahren 1913 und 1914 erscheinen ließ, für wichtige Teilbereiche solide Forschungen vor, die minuziöse Geschichte des kurbayerischen Heeres unter Kurfürst Max Emanuel von Karl Staudinger, die neben der Organisationsgeschichte vor allem eine Geschichte der Feldzüge bietet, und Michael Doeberls Buch über die bayerisch-französischen Beziehungen, das sich auf die Weichenstellung unter Ferdinand Maria konzentriert, aber dann, den geschichtlichen Zusammenhängen entsprechend, einen großen Bogen bis zum Ausgang des österreichischen Erbfolgekrieges, ja bis zur napoleonischen Ära schlägt. Doeberl hat schließlich im zweiten Band seiner Entwicklungsgeschichte Bayerns dem Zeitalter Max Emanuels noch einmal eine zusammenfassende Darstellung gewidmet, knapper als Riezler, in der Herausarbeitung der Charakterzüge ähnlich akzentuiert, kritischer in der Beschreibung der administrativen, ökonomischen und geistigen Folgen. Noch von Heigel angeregt ist die über Doeberl hinausführende Beschäftigung mit dem europäischen Aspekt der bayerischen Politik durch Michael Strich. Sie stellt Maximilian Philipp, den Bruder Ferdinand Marias und Administrator des Kurfürstentums während der Minderjährigkeit Max Emanuels, in den Mittelpunkt und diagnostiziert den Ansatz einer – auf die Reunionen Frankreichs antwortenden – nationalen Politik der deutschen Fürsten, an der ab 1680 sich auch der junge Max Emanuel beteiligte. Indem der Wiener Hof diese Politik scheitern ließ, habe er selbst den Weg gewiesen, der Bayern zurück in die Allianz mit Frankreich führte.

Im Mittelpunkt aller dieser Darstellungen stehen der Souverän, sein Charakter und seine politischen Ziele, und die staatliche Ordnung, die öffentlichen Verhältnisse in ihrem jeweiligen Zustand, beides in Wechselwirkung gesehen unter den Gesichtspunkten des Verantwortungsbewußtseins und der Treue, der Leistungen des Herrschers für seine Untertanen und der Untertanen für ihren Herrscher. Je länger die Geschichtsschreiber an dieser Betrachtungsweise festhielten, politisches Verhalten differenzierten und individualisierten, desto wichtiger wurde die Frage nach der Verbindlichkeit und Übertragbarkeit ihrer Erkenntnisse, nach dem symptomatischen oder generellen Wert ihrer Einsichten, nach Zeitstil, Struktur und Mentalität. Je sorgfältiger sich diese Geschichtsschreiber um die Regierenden kümmerten, alle Details ihrer Vorhaben und ihres Verhaltens, die verstecktesten Äußerungen ihres Wesens erforschten, desto dringlicher erhob sich die Frage nach den Regierten, nach ihren Verhältnissen und Überzeugungen, nach dem gesellschaftlichen Unterbau. Erst nach dem Zweiten Weltkrieg wandte sich die deutsche Geschichtswissenschaft diesen Fragestellungen zu, westeuropäischen Vorbildern folgend, in bewußter Abkehr von den Traditionen des Historismus und in bewußter Hinwendung zu den Gesellschaftswissenschaften. So sehr diese Entwicklung aus der inneren Situation der deutschen Geschichtswissenschaft hervorging und dem politischen Bewußtsein der Zeit entsprach – die Beackerung des ungeheuren Feldes der deutschen Sozialgeschichte steckt erst in den Anfängen, und insbesondere das Jahrhundert zwischen dem Westfälischen Frieden und dem Beginn der Aufklärung ist bislang ein dunkler Fleck geblieben. Es fehlt an grundlegenden Untersuchungen über die bäuerlichen Schichten auf dem Land, über die Handwerker in den Städten, selbst über die innere Gliederung, die Besitzverhältnisse und die Lebensweise des Adels. Vor allem fehlt das Material für Vergleiche, durch die allein die soziale Auswirkung politischer Geschehnisse sichtbar gemacht werden kann. – Daß bei diesem Forschungsstand eine in die Darstellung der gesellschaftlichen Verhältnisse eingebettete, die konkreten Erscheinungsformen zu strukturellen Einsichten subsummierende, die Individualität des Herrschers und seines Staates aus der Folie des Symptomatischen und Typischen herausarbeitende Geschichte Max Emanuels noch nicht möglich ist, hat der neue Versuch von Ludwig Hüttl gezeigt. Das Vorhaben, Strukturen aufzuweisen, ist leichter verkündet als erfüllt. Die Beschreibung der sozialen Verhältnisse gerät eher pauschal als präzis. Für eine Geschichte der internationalen Beziehungen fehlt die Analyse der Positionen, innerhalb deren die bayerische Politik sich bewegen mußte, für eine Charakterstudie das Feingefühl des Biographen. So läuft das Ergebnis umfangreicher Archivstudien auf die Wiederholung alter und die Hinzufügung neuer Anklagen hinaus: am ergiebigsten scheint Max Emanuel doch als Gegenstand von Moralkritik zu sein. Der Kurfürst wird je nach der Situation als karrierebesessen und genußsüchtig gescholten, als launisch und hilflos, schwankend und verführbar, als Opportunist und Jongleur, Epikureer und Amoralist, geblendet durch den Grundsatz des Gottesgnadentums, irregeleitet durch die Staatsauffassung des Absolutismus, befangen in einer Art wittelsbachischer Hausideologie, von servilen Höflingen umgeben, deshalb stets geneigt, den Schein für die Wirklichkeit zu nehmen, insgesamt ein Mensch des Barock, der Schicksalsschläge verdrängt, Zusammenhänge nicht durchschaut und vor der Konfrontation mit den Realitäten in phantastische Träume flieht. Eine solche Mentalität soll verständlich machen, daß der Kurfürst sein Bayern ruiniert und den Niederlanden keinen Segen gebracht hat, daß er nur dynastische Politik betrieb und eine Menge Schulden hinterließ, daß ihm jede Neuerung suspekt war, daß er seine wahre Aufgabe nicht begriff, nämlich soziale Reformen zu initiieren.

Diese Charakteristik, eher darauf angelegt, eine Persönlichkeit zu vernichten, als darauf, sie verständlich zu machen, zerfällt in mehrere Schichten. Da ist zunächst einmal die Welt der Begriffe. Es ist von gesellschaftlicher Wirklichkeit und von Ideologiebefangenheit die Rede: Es wird dem Kurfürsten zum Vorwurf gemacht, daß er den Nebel der Ideologien nicht durchstoßen, die Struktur der Realität nicht durchschaut habe. Als Ideologien, demnach als falsches Bewußtsein, werden die Staatsauffassung des Absolutismus, der damals schon tausend Jahre alte Grundsatz vom Gottesgnadentum des Herrschers, das im 16. Jahrhundert bereits voll ausgebaute Geschichtsbild des bayerischen Herzogshauses bezeichnet, als gesellschaftliche Realität ein zum Schema erstarrter, jede gesellschaftliche Bewegung blockierender Feudalismus. Man muß sich fragen, welchen Wert für die Erkenntnis längst versunkener Zeiten es besitzt, wenn damals unbezweifelte, allgemeiner Geltung sich erfreuende Grundsätze als falsches Bewußtsein denunziert und wenn moderne, allein die ökonomischen Verhältnisse in Rechnung stellende Ansichten von der Gesellschaft mit der sozialen Realität gleichgesetzt werden. Welcher Vorwurf ist einem den Geist der Zeit durchaus verkörpernden, die Vorteile seiner Stellung ungebrochen für sich reklamierenden, weder sonderlich philosophisch veranlagten noch selbstkritisch gestimmten Fürsten daraus zu machen, daß er so dachte und handelte wie die Zeitgenossen, mit denen er in Beziehung stand? Welche Eigenschaften Max Emanuel auch immer besaß und welche Fehler er auch immer beging, es kann ihm kaum angekreidet werden, daß er die Ideen der europäischen Aufklärung noch nicht konsumiert hatte, daß ihm die Regierungsgrundsätze Josephs II. oder auch Friedrichs des Großen abgingen – ganz abgesehen von der Kritik, die er sich mit den Grundsätzen Josephs II. oder Friedrichs des Großen bei seinen modernen Betrachtern eingehandelt hätte. Konsequent gipfelt dieser Argumentationsstrang in einer kraß einseitigen, verständnislosen Kennzeichnung dessen, was den »Menschen des Barock« ausmacht: Unfähigkeit zur Analyse, Phantastik, Träumerei. Daß der Barock sein eigenes und unüberholbares Bild der Wirklichkeit hatte, daß er zwar nicht ökonomische, aber andere Realitäten wie kein anderes Zeitalter gesehen hat, zum Beispiel die Realität der Macht und die Realität des Todes, daß die großen Leistungen des barocken Menschen gewiß nicht in der soziologischen Analyse, aber in der theologischen, politischen und künstlerischen Synthese liegen, danach wird nicht einmal gefragt. Vor allem aber wird die Prägung der barocken Welt durch die Lehre und durch den Stil der gegenreformatorischen Kirche nicht gesehen. Gewiß war Max Emanuel keine primär religiöse Natur, kein Wunschkind moraltheologischer Verhaltenslehre, aber wenn er schon als barocker Mensch definiert wird, dann muß gesehen werden, wie viel in ihn eingegangen ist von dem Weltverständnis der römischen Kirche seiner Zeit, einer Kirche, als deren Vorkämpfer er sich immer noch fühlte und fühlen durfte. Der barocke Mensch ist mit dem Mittel der Gesellschaftskritik allein, das heißt ohne geistesgeschichtliche Interpretation, nicht zu definieren.

Auf einer anderen Ebene werden von Max Emanuels letztem Biographen die Charakterzüge des Fürsten versammelt, die sein politisches Verhalten kennzeichnen. Er erscheint als unentschlossen, leichtsinnig bereit, die Front zu wechseln, hoch pokernd und rasch verzweifelt, erpresserisch in seinen Forderungen und doch mit billigen Abspeisungen zufriedenzustellen. Es soll in keiner Weise geleugnet werden, daß Max Emanuels Gebaren in vielen Situationen solche Charakterzüge bloßlegt. Aber es würde der kritischen Funktion des Historikers keinen Abbruch tun, wenn er, bevor er sich zu Urteilen aufschwingt, den Ausgangspunkt und die Intentionen des Fürsten vom Selbstverständnis her aufschlüsseln würde. Die Basis war schmal, zu schmal nach der Meinung Max Emanuels, zu schmal jedenfalls für ein Haus, das nach Alter und Rang eigentlich neben den Bourbonen und vor den Habsburgern hätte stehen müssen. Unterstellt man einmal, daß er es für die ihm zukommende Aufgabe hielt, bei den politischen und dynastischen Errungenschaften seines Großvaters nicht stehenzubleiben, sondern sie auszubauen, nimmt man seine Fixierung auf die eigene Dynastie dazu und versetzt man die Unternehmungen dann in die Umstände und Bedingungen ihrer Zeit, in das Milieu der Erbfolgekriege, in die Traditionen der deutschen Fürstenopposition, neben die erfolgreichen Ambitionen der Hohenzollern, Welfen, Wettiner, in das Spannungsfeld kaiserlicher, spanischer, französischer und britisch-niederländischer Politik, dann wird – und es wäre die Aufgabe des Geschichtsschreibers, das zu zeigen – manches von dem verständlich, sogar naheliegend und konsequent, was bei isolierter räsonnierender Betrachtung als befremdlich, unüberlegt, hektisch zu qualifizieren ist. Daß Max Emanuel sich auf ferne Ziele einzurichten verstand, daß er das einmal ins Auge Gefaßte nicht mehr aus dem Auge verlor, haben ihm selbst die modernen Kritiker bescheinigt. Der Weg in die Niederlande, die Anbindung an Spanien, sogar die in alte Traditionen bayerischer Politik zurückführende, auch durch dynastische Bindungen nahegelegte Wendung zu Ludwig XIV. und Philipp V., selbst der unzureichende Versuch, beim Zusammenprall der weltpolitischen Gegner noch eine halbwegs selbständige Rolle zu spielen, dann der lange, an Demütigungen reiche Kampf um Restitution, die Wiederaufnahme des dynastischen Spiels unmittelbar nach der Rückkehr, die Weichenstellung, die mit der Heirat des Kurprinzen erreicht werden sollte, endlich die zuerst mit dem Bruder, dann mit den jüngeren Söhnen betriebene Kirchenpolitik – die wesentlichen Etappen dieses außerordentlich bewegten Lebens, die in Krisensituationen gefällten Entscheidungen, der mehrmalige Richtungswechsel und selbst die Neigung, den Richtungswechsel, kaum war er vollzogen, wieder rückgängig zu machen, können aus der gesamtpolitischen Konstellation, nimmt man sie nur so komplex, wie sie war, hinreichend abgeleitet werden.

Freilich, auch wenn man die Mittel der Geschichtsschreibung zur Erklärung eines historischen Bestandes und nicht zu dessen Verurteilung einsetzt – im Charakter des Kurfürsten und in seinem Wirken bleiben schwere Schattenseiten genug. Sein Andenken ist getrübt durch drei unbestreitbare Befunde, durch das Scheitern seiner großen politischen Aktionen, durch seine finanzielle Mißwirtschaft und durch die lange Reihe seiner Ehebrüche. Hinter jedem dieser drei Aspekte stehen – neben den Antrieben des Charakters und der Mentalität – auch Beweggründe, die außerhalb des Fürsten liegen. So hat der Tod des Kurprinzen Joseph Ferdinand im Jahr 1699 die von Max Emanuel umständlich herbeigeführte, vielleicht größte dynastische Chance zerstört, die das Haus Wittelsbach im Lauf seiner Geschichte gehabt hat. So hat der höfische Stil – zunächst der Savoyer, dann der Oranier und schließlich und insbesondere Ludwigs XIV. – den Kurfürsten zu einer Hofhaltung angeregt oder – sieht man Repräsentation als ein legitimes Machtmittel des absoluten Fürsten an – sogar genötigt, die den Rahmen seiner Einkünfte übersteigen mußte. So hat die Haltung, die ihm anerzogen wurde – die Ritualisierung der ganzen Lebensführung, die quasi kultische Erhebung weit über das Niveau seiner Umgebung hinaus, die Unterordnung des Tageslaufs, der Sprache und der Gebärde, der persönlichen Kontakte, der Gattenwahl, des Verhältnisses zu den eigenen Kindern unter die Bestimmungen einer fürstlichen Lebensführung, ferner die Gewöhnung an die schrankenlose Verfügbarkeit des Hofes, der Untertanen, selbst die Sensibilisierung des Lebens im Sinn höchster ästhetischer Ansprüche – ein Milieu geschaffen, in dem trotz der Mahnung der Beichtväter die sexuelle Freizügigkeit als legitimer Anspruch, als angemessenes Spiel, ja geradezu als Selbstverwirklichung des Fürsten hingenommen wurde. Selbstverständlich können alle diese Gesichtspunkte den Kurfürsten Max Emanuel in keiner Weise exkulpieren.

Der Fixpunkt seiner Politik war die Dynastie. Ihrer Erhöhung sollten alle eingesetzten Mittel dienen. Die Hofhaltung, die Bauten, die Sammlungen, das Heer und die Kriegszüge, die Mobilisierung der Finanzkraft des Landes, die Eheschließungen, die Generalstatthalterschaft – das Haus Bayern sollte seine Stellung behaupten, ausbauen, neben das Erzhaus und die zeitgenössischen Königshäuser treten,

…mender Faktor, in Europa ein gleich- …erden – koste es, was es wolle. Dyna- …n auch die anderen europäischen Staa- …ßmächte, getrieben. Aber den Habs- …n und Oraniern standen andere Ressour- … sie verstanden es, den familiären Egois- …meinen Idealen und Erfordernissen des …ng zu bringen, mit der Erfüllung per- …ebens zugleich den Staatsgedanken aus- …chgewicht in Europa herzustellen, die Christenheit gegen den Unglauben zu verteidigen, die Völker in ein System der Friedenswahrung zu integrieren. Kleinere Dynastien, etwa die Hohenzollern oder die Savoyer, haben die Gunst der geographischen Lage nutzen können, sich klüger abgesichert oder einfach mehr Glück gehabt. Bei Max Emanuel kommen der ausschweifende Ehrgeiz, die Ungunst der Ausgangssituation, die Bedenkenlosigkeit in der Wahl der Mittel und persönliches Unglück zusammen, um den fatalen Eindruck zu erwecken, der sich in der Geschichtsschreibung niedergeschlagen hat. Auch wenn der moderne Betrachter die eigensinnigen Zielsetzungen und die leichtfertigen Manipulationen aus dem Stil des Zeitalters heraus erklärt, so stößt er doch immer wieder auf Unbegreiflichkeiten, die er nicht mehr aus der Situation heraus deuten kann, sondern aus dem Wesen, dem Charakter erklären muß.

Wieweit Max Emanuels Politik von Jugendeindrücken her definiert ist, läßt sich kaum endgültig klären, aber immerhin läßt sich wahrscheinlich machen, daß der ungestillte Ehrgeiz der Mutter und die auch beim Vater durchbrechende Kritik an der Haltung des habsburgischen Kaisers, untermauert durch die sozusagen offizielle kurbayerische Geschichtsanschauung, seine Politik bis zum Ende motiviert haben. Die ungestüme Verärgerung über das Erzhaus und gleichzeitig der verbissene Wille, über die Beziehungen zu Habsburg in einen höheren Rang aufzusteigen oder gar den Kaiser zu beerben – diese spannungsreiche, in sich widerspruchsvolle, Willfährigkeit und Trotz motivierende Haltung läßt sich von der Zeit der Türkenkriege bis zum sogenannten politischen Testament verfolgen. – Eine ähnliche Fixierung auf Jugendeindrücke scheint auf, wenn man zusammenstellt, wie sich Max Emanuel am Habitus des Türkensiegers festklammert noch zu einer Zeit, als seine Gegenwart durch ganz andere Faktoren bestimmt, sein Bild der Welt durch ganz andere Erfahrungen geprägt ist. Wie er als junger Mann der Welt erschienen war, daran hielt er fest, damit übertünchte er die langen Jahre der Mißerfolge. Die brennende Ruhmsucht, die hinter seinen Aktionen steckt, manifestierte sich, wenn schon keine neuen Siege errungen werden konnten, in der Stilisierung und Monumentierung der alten. Der Ehrgeiz wurde beflügelt durch Erinnerungen, aber nicht kontrolliert durch reflektierte Erfahrung und durch ein überlegenes politisches Kalkül. Er war auch nicht gedämpft durch ein stets waches Bewußtsein der übernommenen Verantwortung. Für die Egozentrik des Barockfürsten bietet Max Emanuel ein drastisches Beispiel. Von daher erklärt sich auch – wenigstens zum Teil – einerseits die auffällige Ungerührtheit gegenüber dem Mißerfolg, mit der er sein Selbstgefühl und seine Hoffnungen auch aus den prekärsten Situationen rettete, andererseits die Leichtfüßigkeit beim Einholen neuer Chancen, die Ungebrochenheit, mit der der alte Adam aus den bittersten Krisen wieder hervorkommt. Die Art und Weise, wie sich Max Emanuel in entscheidenden Stationen seines Lebens verhielt, beim Tod des Kurprinzen Joseph Ferdinand, vor dem Bündniswechsel und nach der Niederlage, die ihm sein Land kostete, liefern für diese Eigenart markante Belege.

Aber vielleicht wäre die Nachwelt bereit gewesen, diesem vielschichtigen, vieldeutigen Charakter seine Schwankungen und Brechungen zu verzeihen – als unverzeihlich bewertete sie das Finanzgebaren des Fürsten. Dabei geht es nicht um die Schulden, die er hinterlassen hat, sondern um die Art und Weise, wie er mit seinen Einkünften umging und wie er sein Vermögen verwaltete. Was die moderne Geschichtsforschung über die Subsidienpolitik und über die Methode der kurfürstlichen Zahlmeister ans Licht gehoben hat, das zeigt, daß die Unbedenklichkeit bei der Beschaffung, die Sorglosigkeit bei der Verwaltung und der Leichtsinn bei der Verwendung der Geldmittel sich die Waage halten. Dabei macht es keinen Unterschied, ob diese Mittel in Kriege oder in Kunstkäufe geflossen, für die Bestechung von Domkapitularen oder für die Veranstaltung von Hochzeitsfeierlichkeiten verwendet wurden. Daß für Max Emanuel die begrenzte Leistungsfähigkeit seines Territoriums etwas anderes war als ein Ärgernis, daß er seine Politik mit seinen Einkünften abstimmte, ist nicht zu sehen. Auch hierin lieferte er innerhalb seiner Epoche ein krasses Exempel: weder Großmachtinteresse noch ein nach innen oder außen wirksames politisches Ordnungskonzept noch eine besondere Rolle, die nur er im europäischen Konzert hätte spielen können, erlaubten ihm, den Aufwand, den er sich leistete, zu verbrämen.

Endlich taucht im Katalog der Vorwürfe gegen Max Emanuel unweigerlich seine laxe Ehemoral, sein leichtfertiger Umgang mit dem weiblichen Geschlecht auf. Auch darüber ist nicht zu streiten. Direkte und indirekte Zeugnisse liefern das Bild eines Mannes, der jederzeit zugriff und sich die Wahl nicht lange überlegte. Liebesschwüre flossen ihm gewandt aus dem Herzen und aus der Feder; listig, aber mit wechselndem Glück versuchte er, das Mißtrauen seiner Gemahlinnen und seiner Favoritinnen zu unterlaufen; die Hingabe des weiblichen Geschlechts mit Treue zu belohnen, hielt er nicht für die Aufgabe eines Fürsten. Freilich sollte, wer ihn verurteilt, nicht vergessen, daß das Leben eines Monarchen des Barock Tag und Nacht der Repräsentation souveräner Herrschaft diente; die wechselnden Liebesverhältnisse mit ihrer Flüchtigkeit und ihrem

Versteckspiel scheinen einen Rest von Intimität dort gerettet zu haben, wo es – von der Inpflichtnahme des Fürsten durch sein Amt her – eigentlich nur Öffentlichkeit gab.

Durch das politische und militärische, ökonomische und sexuelle Verhalten Max Emanuels geht ein einheitlicher, von der Geschichtsschreibung schon lange angedeuteter Grundzug. Es ist der Trieb, sich den Reiz des Lebens dort, wo er sich bietet, auf keinen Fall entgehen zu lassen, das Dasein, soweit es in der eigenen Macht steht, so zu gestalten, daß Höhepunkt auf Höhepunkt, Erfüllung auf Erfüllung folgt. Die Verfügung über Menschen und Mittel, die Feldzüge, Belagerungen und Schlachten, die Feste, Planung und Ausführung von Schlössern und Gärten, Kauf von Möbeln, Teppichen, Gemälden, Festlegung von Programmen, Zeremoniell, Liebesspiel – bei Max Emanuel handelt es sich primär nicht um absichtsvoll eingesetzte Mittel, um Politik, sondern zuerst um Genuß. Deshalb ist ihm die Situation im Grund mehr wert als ihre Folgen, das Schlachtengeschehen für sich selbst genug, das Fest wichtiger als der Anlaß, nicht umgekehrt; die – politische, künstlerische, erotische – Gelegenheit erfüllt sich in der Aktion, gleichviel, was daraus werden mag. Ein solches Temperament, begabt zur Darstellung seiner selbst, zur Figurierung des Fürsten in großer Umgebung, macht – mag es auch politisch scheitern – Eindruck auf die Zeitgenossen und auf die Nachwelt.

Trotz anziehender persönlicher Eigenschaften, trotz seines Charmes, seiner Impulsivität, seiner Jovialität und seiner Tapferkeit, trotz seines aufregenden Lebens – Max Emanuel gehört nicht zu den großen politischen Gestalten, die der deutsche Fürstenstand hervorgebracht hat. Es ist ihm nicht gelungen, seinen Staat in einer Weise zu festigen, voranzubringen, zu vergrößern und aufzuwerten, wie das sein Großvater Kurfürst Maximilian I. für Bayern oder Kurfürst Friedrich Wilhelm für Brandenburg fertiggebracht haben. Er war zu festgefahren in seinen Ansichten, zu sprunghaft in seinen Handlungen. Warum wird – zweihundertfünfzig Jahre nach seinem Tod – an ihn erinnert, warum werden die Zeugnisse seines Lebens aus ganz Europa zusammengetragen, warum wird der Versuch gemacht, ein ausführliches, farbiges und differenziertes Bild seiner Zeit zu geben?

Zunächst einmal ist eine Ausstellung über ein geschichtliches Thema keine Feier, kein Ausdruck unverhohlenen Stolzes, ist der 250. Todestag kein Anlaß für Emotionen, für Kundgebungen des Jubels oder der Trauer, kein Vorwand für Glorifizierung oder Verdammung, wohl aber ein Anlaß des Gedenkens. Max Emanuel hat fast ein halbes Jahrhundert lang das Kurfürstentum Bayern regiert und das Schicksal seiner Untertanen bestimmt; es war eine der bewegtesten Epochen der bayerischen Geschichte. Diese Zeit mit ihren Triumphen und Katastrophen, mit ihrem strahlenden Ausdruck fürstlichen Glanzes und mit zurückhaltenden Dokumenten von Not und Verelendung im Blick zu behalten, ist eine legitime, ja wichtige Aufgabe für den, der geschichtliches Bewußtsein für eine Grundlage des Lebens in größeren Gemeinschaften hält.

Den Fürsten selbst kann man einen interessanten Charakter nennen – ichbezogen und ruhmgierig, unternehmungslustig und genußsüchtig, von starken Emotionen angetrieben und wechselnden Stimmungen unterworfen. Die Ordnung des Staates und der Zustand der Gesellschaft, die er vorfand, waren so geartet, daß er alle diese Eigenschaften ungehemmt entfalten, sich selbst völlig ausleben konnte. Es ist reizvoll bis auf den heutigen Tag, diesen Charakter zu studieren, und kein Biograph hat sich diesem Reiz entziehen können.

Überdies ist Max Emanuel der Hauptakteur einer spannenden, abwechslungsreichen und folgenschweren Geschichte. Alle Dimensionen des Lebens kommen in dieser Geschichte vor: Hoffnung und Enttäuschung, Freude und Leid, Augenblicke hohen Glücksgefühls und tiefer Verzweiflung, rationales Kalkül und irrationales Durcheinander, Liebeserlebnisse und Ehetragödien, Jähzorn und Leidenschaft, Reisen, Kriegszüge, wochenlange Lustbarkeiten, strenge Maximen und ihre Durchbrechung, ein alle Lebensäußerungen erfassendes, alle Kontakte zwischen dem Fürsten und seinen Untertanen regelndes, die mächtigen Triebe einschnürendes und doch nicht bändigendes Zeremoniell. Das geschichtliche Leben, besonders in seinen dramatischen Episoden, weckt das Interesse der Nachwelt nicht nur wegen der Regeln, die sich daraus ableiten, wegen der Lehren, die sich daraus gewinnen lassen, sondern zunächst einfach deshalb, weil sich in ihm das Wesen der Menschen und ihre Beziehungen zueinander in zahllosen Variationen und Konstellationen enthüllen; Menschen von heute wollen über Menschen von damals etwas erfahren; indem sie sich mit der vergangenen Wirklichkeit auseinandersetzen, bedenken sie ihre gegenwärtigen Möglichkeiten.

Aber weit über diesen so allgemeinen Gesichtspunkt hinaus ist die Geschichte Max Emanuels ein wichtiger, das historische Interesse herausfordernder, auch für den modernen Betrachter aufschlußreicher Gegenstand. Da ist zum Beispiel der dynastische Aspekt. Herstellung von Familienbeziehungen bedeutete Herstellung von politischen Bindungen, Fundamentierung von Allianzen, Gewinnung von Erbansprüchen, Aufwertung des Fürsten und damit des Landes. Als der bayerische Kurfürst seine Politik konzipierte, bildete das Haus Habsburg von Anfang an den Eckpunkt aller Überlegungen. Seit Generationen war das bei den Wittelsbachern so gewesen. An seine Heirat mit Maria Antonia, der Tochter Kaiser Leopolds I. und Enkelin König Philipps IV. von Spanien, später an die Heirat seines Sohnes Karl Albrecht mit Maria Amalia, der Tochter Kaiser Josephs I., knüpfte Max Emanuel die weitestgehenden Hoffnungen. Abgestützt wurde diese Politik durch andere dynastische Kontakte: zu Frankreich, wo die älteste

Schwester mit dem Grand Dauphin Louis verheiratet war, zu Polen, woher auf Rat der habsburgischen Monarchen die zweite Frau bezogen wurde, zu den Wittelsbachern in Schweden und in der Pfalz, deren Zusammenwirken das Gesamthaus zur tragenden Säule des Reiches machen konnte, nach Italien, da die Mutter eine Savoyerin war und die Schwester einem Medici anvertraut wurde. Schließlich gehört die Reichskirchenpolitik Max Emanuels hierher; der Kurfürst hat die größten Anstrengungen gemacht, die Stellung seines Hauses in der Reichskirche, die sein Urgroßvater und sein Großvater aufgebaut hatten, zu halten und zu verstärken; er hat seinen Bruder Joseph Clemens und seine Söhne Philipp Moritz, Clemens August und Johann Theodor in die geistliche Karriere gezwungen und die wittelsbachische Verfügung über die reichspolitisch wichtigen geistlichen Fürstentümer am Niederrhein ein letztes Mal gesichert. – Weil Fürst und Staat, dynastisches Interesse und Staatsinteresse für identisch galten, wurde Kurbayern durch diese Unternehmungen mitten in das Beziehungsgeflecht der Reichspolitik und der europäischen Politik hineingezogen. Der Kurfürst erhöhte seinen Wert als Bündnispartner, steigerte die Attraktivität seines Hofes durch dessen internationalen Zuschnitt, empfing die Gesandten der fremden Monarchen, schickte sein Heer auf die Kriegsschauplätze nach Ungarn und Italien, an den Rhein und in die Niederlande. Diese Politik überforderte, obwohl die Subsidien flossen, die ökonomische Kraft des Landes; gleichzeitig trieb sie eine hohe Blüte der bildenden Künste hervor. Kurbayern gewann Anschluß an die von Italien und Frankreich gesteuerte europäische Kulturentwicklung, bildete, als Kirche und Adel die Anregungen des Hofes aufnahmen, eine eigenwillige, durch Dichte und Originalität ausgezeichnete Kunstlandschaft aus und wurde in seiner bleibenden Erscheinung vom Stil dieser Zeit so stark geprägt wie kaum ein anderes Land.

Umworben von den Diplomaten Frankreichs und Österreichs, ermutigt durch seine persönlichen Verbindungen zu den Machtzentren in Rom und Madrid, Paris und Wien, London und Stockholm, glaubte Max Emanuel, große Politik machen zu können, indem er sich in die Auseinandersetzung um das habsburgisch-spanische Erbe einschaltete und später für die Auseinandersetzungen um das habsburgisch-österreichische Erbe die Weichen stellte. Dabei wurde er mit Sachverhalten konfrontiert, die er als Grundtatsachen der damaligen europäischen Verhältnisse nie ganz durchschaute und die doch sein ganzes Geschick bestimmten: er mußte erfahren, daß in der Politik des europäischen Gleichgewichts andere Gesetze galten als bei dem alten Widerspiel von Kaiser und Reich; er mußte zusehen, wie er als Bundesgenosse neu taxiert und immer geringer eingeschätzt wurde; selbst als Feldherr konnte er sich den in jungen Jahren erworbenen Ruf nicht bewahren, als vom Schlachtenlenker nicht mehr nur das Feuer des Truppenführers, sondern die Voraussicht des Organisators erwartet wurde. Trotz seines Aufenthalts in den Niederlanden hatte er, auf Spanien und Frankreich starrend, übersehen, welche Rolle die Seemächte in der europäischen Politik spielten und welche Ziele sie verfolgten; er hatte, geblendet durch den Glanz des Hofes von Versailles, nicht wahrgenommen, wohin es mit der hegemonialen Stellung Frankreichs mittlerweile gekommen war. Auch das ist ein außerordentlich lehrreicher Vorgang, symptomatisch für die Konstellation im Zeitalter des Absolutismus. Kurbayern war zu groß, um sein politisches Heil in der Anlehnung an Habsburg zu suchen; sein Fürst war zu ehrgeizig, um sich mit der Rolle eines nützlichen Bundesgenossen zu begnügen; aber das Land war zu schwach, um das Kräfteverhältnis in Europa zu verändern, und der Fürst war zu fixiert auf seine persönlichen Interessen, um sich auf veränderte Gegebenheiten einzustellen. Kurfürst Maximilian I. hatte seine Erfolge als Glied des Reiches und als unentbehrlicher Alliierter des Kaisers erzielt. Schon Ferdinand Maria ist auf Rat seines Kanzlers Kaspar von Schmid von dieser politischen Ausrichtung abgewichen, und Max Emanuel hat sie dann an der entscheidenden Wende seines Lebens ins Gegenteil verkehrt. Nachdem er mit seinem Sohn Joseph Ferdinand seine Hoffnungen auf die spanische Krone hatte begraben müssen, zerriß er die Bindung an Kaiser und Reich und wählte die Partei der Bourbonen, Ludwigs XIV., der ihn umwarb, und Philipps V. von Spanien, der sein Neffe war. Er überfiel die Reichsstädte in der Nachbarschaft und das kaiserliche Erbland Tirol. Gleichzeitig aber versuchte er, sich einen Rückweg offenzuhalten, als Verbündeter nicht zum bloßen Handlanger zu werden und Ziele zu verfolgen, die sich von den Zielen Frankreichs unterschieden. Diese Politik ist an den Machtverhältnissen in Europa, aber auch an ihrer inneren Inkonsequenz gescheitert. Die Katastrophen von Höchstädt und Ramillies, die Besetzung des Landes durch den Feind und das Exil des Kurfürsten waren die Folge. Dennoch hatte er nicht völlig falsch kalkuliert; für Ludwig XIV. schien er auch nach der endlosen Kette der Niederlagen im Spanischen Erbfolgekrieg ein wertvoller Partner zu sein, allerdings nicht in irgendeinem erträumten Königreich, sondern nur dort, wo er angefangen hatte, nämlich in Kurbayern. Der Weg führte zum Ausgangspunkt zurück; nicht nur dynastische Argumente, nicht nur die Traditionen der französischen Politik gegenüber dem Reich, sondern vor allem die Gegebenheiten und Grundsätze des europäischen Gleichgewichts begünstigten Max Emanuels Wiedereinsetzung in der begrenzten Stellung, aus der auszubrechen er ein drittel Jahrhundert lang versucht hatte.

Auch die tiefen Spuren, welche die Regierung Max Emanuels in Kurbayern hinterlassen hat, sind ein Anlaß, sich an ihn und seine Zeit noch nach zweihundertfünfzig Jahren zu erinnern. Nicht etwas bewahren, indem man sich aus den Wirren der Zeit heraushielt, sondern etwas gewinnen, indem man sich in diese Wirren hineinstürzte, war sein leitender Gedanken gewesen. Kaum volljährig, hatte er mit dem Aufbau eines schlagkräftigen Heeres begonnen und einen Ort für dessen Erprobung gesucht. So ist es zur Beteiligung Bayerns am Großen Türkenkrieg gekommen, und die Siege des Kurfürsten sind im Land gefeiert worden doch wohl nicht nur, weil die schuldige Devotion gegenüber dem Landesherrn dazu zwang. In denselben Jahren hat Max Emanuel seinen Hof zur alles überstrahlenden Sonne des Landes gemacht, zum Symbol seines Anspruchs auf absolute Herrschaft, zum Forum seiner Selbstdarstellung, zum attraktiven und korrumpierenden Mittelpunkt der Adelsgesellschaft. In München konnte diese Hofhaltung die bayerischen Untertanen faszinieren und blenden; als sie allerdings nach Brüssel verlegt wurde, vermochte selbst die ergebene Landschaft den Sinn der dem Staat aufgebürdeten Lasten nicht mehr einzusehen. Vollends desolat allerdings ist die Lage erst geworden, als Max Emanuel nach Bayern zurückkehrte, den unpopulären Bündniswechsel vollzog, das Land zum Kriegsschauplatz machte und schließlich in der Hand des Feindes zurücklassen mußte. Die große Erhebung im Oberland brach aus, der Zorn über die Besatzer verwischte den Unmut über den Kurfürsten, und die Verschleppung der Prinzen rief sogar die dynastischen Emotionen wach. Was das Land in den zehn Jahren von 1704 bis 1714 zu leiden hatte, ist freilich nicht nur auf das launische Kriegsglück oder den Übermut der Sieger zurückzuführen, sondern darauf, daß Max Emanuel bei seiner Entscheidung das Kräfteverhältnis falsch berechnete, seinem Ehrgeiz die Zügel schießen ließ und sich wegen der Folgen für Land und Leute kaum Gedanken machte. Insgesamt aber darf die Max-Emanuel-Zeit nicht nur unter dem Blickwinkel dieser Jahre gesehen werden, auch nicht allein unter dem Aspekt der ökonomischen Belastungen, die der Kurfürst mit seiner Politik dem Staat zugemutet hat. Sowohl die zwei Jahrzehnte vor dem Spanischen Erbfolgekrieg wie die elf Jahre danach sind für Bayern eine Epoche von großer Produktivität gewesen. Werke der Architektur, welche insbesondere die Leistungsfähigkeit der bayerischen Stifte und Klöster, aber auch allgemein das bis in die Kriegsjahre hinein andauernde, nach dem Krieg rasch wieder in Gang kommende Wirtschaftsleben bezeugen, sind im ganzen Land von Speinshart bis Tegernsee, von Benediktbeuern bis Aldersbach, Metten und Niederalteich, von Weyarn bis Weltenburg zu sehen. – Es ist eine Geschichte, die von ihrer Bedeutung und von ihrem Reiz nichts eingebüßt hat und die Beschäftigung mit ihr auch heute noch verlohnt, gleichviel, ob man sie unter politischem oder militärischem, individuellem oder strukturellem, stilgeschichtlichem oder sozialgeschichtlichem Aspekt betrachtet.

Um eine Erinnerung an den Kurfürsten Max Emanuel und insbesondere eine Ausstellung über sein Leben und seine Zeit zu begründen, gibt es freilich noch eine ganz andere Argumentationskette. Sie geht aus von dem Reichtum an authentischen Bildzeugnissen und überliefertem Kunstgut. Dabei fließen, biographisch gesehen, zwei Motivationsketten zusammen: einmal die Absicht, sich mit allem Prunk zu umgeben, dessen die Zeit fähig war, und alle Kunst um sich zu versammeln, deren man habhaft werden konnte, zum anderen der entschiedene Wille, in Bildern und Bauten präsent zu bleiben, sich und seine Taten dem ewigen Gedächtnis der Nachwelt anzuempfehlen. Diesem Ziel hat Max Emanuel ebensoviel Zeit und Sorgfalt gewidmet wie seinen politischen oder militärischen Unternehmungen. Will man die ganze Breite seiner künstlerischen Initiativen überblicken, so muß man das Hofleben insgesamt und den ursprünglichen Bestand seiner Bauten samt deren Einrichtung rekonstruieren: die Feste, die Jagd, die Opern und Messen, den Aufwand bei der Tafel, die Gemäldekäufe für die Galerie, die Serien der Gobelins, Möbel und Waffen, Spiele und Schmuck, die Überlegungen, die vor den Schloßbauten standen, die Projekte, die verändert oder verworfen wurden, die Gedankengänge, die bei der Realisierung zum Zug kamen, die Programme, auf Grund deren die Raumfolgen, die Deckenbilder, die Motive des Stucks aufeinander bezogen wurden, die Porträts in großer Pose, die Reiterstandbilder, die Jagdszenen und Schlachtendarstellungen, die Allegorisierung der Historie, aber auch das, was die Umgebung des Fürsten an stilisierenden und interpretierenden Äußerungen hinzugebracht hat, Kalenderblätter und Thesenblätter, die Topik der Preisschriften, Symbolik und Emblematik. Diesen Bestand zusammenzutragen und aufzuschlüsseln ist eine der Sichtung von Aktenmaterial durchaus vergleichbare Aufgabe; sie erbringt zwar keine detaillierte Information über politische Vorgänge, aber ein differenziertes Bild vom Selbstverständnis des Fürsten und seines Hofes, von den Formen der Selbstdarstellung, von der Überhöhung der Person, des Amtes und aller Lebensäußerungen Serenissimi. Nicht nur zu wissen, wie er war, sondern auch zu erfahren, wie er erscheinen wollte, ist eine wichtige Auskunft über den Fürsten des Barock. Diese Auskunft ist individuell genug: Gewiß gibt es eine Tradition des Herrscherlobes und ikonographischen Vorrat, in dem die Gestalten des Olymp und der griechisch-römischen Heldengeschichte ebenso bereitstehen wie Natursymbole oder Tierkreiszeichen. Aber welche Akzente gesetzt, welche Themen angeschlagen, welche Verbindungslinien zwischen dem göttlichen Urbild und dem fürstlichen Abbild gezogen werden, das legt der Auftraggeber fest, weil er sein Leben und seine Taten nicht nur auf eine generelle, sondern auf eine individuelle Weise gespiegelt sehen will. In diesem Sinn ist die Folge der Repräsentationsräume im Neuen Schloß Schleißheim – vom Treppenhaus über den Weißen Saal zum Viktoriensaal und von der Grand Galerie bis zum Schlafzimmer des Kurfürsten – eine erstrangige quellenmäßige Auskunft über Max Emanuel, über seine Auffassung vom Herrscherberuf und über sein Repräsentationsbedürfnis. Die Ausstellung des Jahres 1976 macht sich diese Gegebenheiten zunutze. Es ist ihr zusätzlicher Reiz, daß die wertvollsten bildmäßigen Zeugnisse über den Kurfürsten in dem gemäßen historischen Milieu versammelt werden und daß die Präsentation der Objekte, die seinen Lebensgang und seinen politisches und militärisches Geschick bezeugen, in die Räume einmündet, die er selbst zur Dokumentation seines Ruhmes geschaffen hat.

Neben diesen ideengeschichtlichen und stilgeschichtlichen Überlegungen steht ein zentraler kunstgeschichtlicher Aspekt. In der Regierungszeit Max Emanuels liegt – trotz ihrer politischen Unruhe, trotz ihrer ökonomischen Krisen und sozialen Spannungen – der Beginn einer künstlerisch besonders produktiven Epoche. Dabei spielte der Fürst – mit seinem Hof – als Initiator eine zentrale Rolle. Gewiß war Max Emanuel nicht der Mäzen, der die Kunst um des in ihr liegenden ewigen Wertes willen gepflegt, die Künstler uneigennützig wegen ihres bloßen Genies gefördert hätte. Aber sein Ausdruckswille und seine hohen qualitativen Ansprüche haben ihn zu immer neuen Vorhaben angespornt; er hat, das Beispiel seiner Mutter weiterführend, Italiener und Franzosen an den Hof gezogen und die einheimischen Meister mit den internationalen Strömungen in Berührung gebracht und unter Konkurrenzdruck gesetzt; er hat die Wandlungen des Geschmacks an erster Stelle mitvollzogen und die Meister, die er beschäftigte, zu immer neuer Rezeption und Anpassung gezwungen. Diese Aktivität blieb nicht auf den Hof beschränkt. Durch den Austausch von Künstlern, durch Anregung und Nachahmung ist das ganze Land dem künstlerischen Einfluß des Hofes geöffnet, von der ästhetischen Kultur des Fürsten mitgerissen worden. Freilich: die Kunst der Max-Emanuel-Zeit ist bald in den Schatten des bayerischen Rokoko getreten, und auch die moderne Kunstwissenschaft hat den Hervorbringungen der Jahre 1680 bis 1720 – von der Architektur abgesehen – nur wenig Aufmerksamkeit gewidmet. Eine Auswirkung dieses Sachstandes ist die langjährige Vernachlässigung der Max-Emanuel-Zeit in den Restaurierungsprogrammen der großen Sammlungen gewesen. Die Durchsicht der künstlerischen Hinterlassenschaft der Max-Emanuel-Zeit im Zug der Ausstellungsvorbereitungen hat deshalb viele neue Kenntnisse erbracht: über die Kunstbestrebungen der Kurfürstin Henriette Adelaide, über die Arbeiten ausländischer Maler und Bildhauer für den bayerischen Hof, über die Errichtung einheimischer Werkstätten, über die Sammeltätigkeit des Fürsten, über das Musikleben in München, Brüssel, Mons. Indem die Ausstellung auf die Kunstentwicklung in Bayern unter Max Emanuel eingeht, wirft sie auch die Frage auf, inwieweit die Blüte der bildenden Künste im bayerischen Rokoko vorbereitet wurde nicht nur durch das Kunstpatronat des Hofes, sondern auch durch die politische und soziale Bewegung dieser Jahre, inwieweit die Spannungen und Schicksalsschläge, die Öffnung weiter Horizonte und das Einströmen fremder Einflüsse Wirkungen für das künstlerische Leben gezeitigt und ihm die durch ein halbes Jahrhundert weitertragende Produktivität verliehen haben.

In der Reihe der Gründe, warum zweihundertfünfzig Jahre nach seinem Tod des Kurfürsten Max Emanuel gedacht wird, kann schließlich das bayerische Motiv nicht fehlen. Sechsundvierzig Jahre lang hat der Kurfürst das Geschick Bayerns bestimmt; nur zwölf davon hatte das Land keine Kriegslast zu tragen. Max Emanuel selbst repräsentiert die bayerische Ausprägung des barocken Absolutismus. Er hat dem Land die größten Anstrengungen zugemutet, die Folgen seiner Politik aufgebürdet und die Denkmäler seines Ehrgeizes hinterlassen. Kein anderer Herrscher Bayerns hat sein Glück so sehr außerhalb des Landes gesucht. Die Stände und das Volk haben sich demgegenüber nur schüchtern, in der Situation äußerster Bedrängnis, aber doch vernehmlich zu Wort gemeldet. In Max Emanuels Regierung fällt – keineswegs ohne sein Verschulden – eine der fünf Perioden im letzten halben Jahrtausend bayerischer Geschichte, in denen Bayern Kriegsschauplatz und Besatzungsgebiet wurde.

Daß seine Regierung nicht so schnell vergessen, sondern immer wieder in die Erinnerung gerufen wurde, ist leicht zu verstehen. Erstaunlich wirkt eher, daß ihm, obwohl er mit seinen Ambitionen scheiterte und niemand seine Schuld an dem Geschick seines Landes bestreitet, ein Rest von Sympathie erhalten blieb. Diese Sympathie erklärt sich nicht nur aus dem Versuch des 19. Jahrhunderts, seine Geschichte zur patriotischen Legende zu stilisieren, auch nicht nur aus dem Eindruck, den das ungestüme Temperament dieses Fürsten heute noch macht. Vielmehr liegt es letzten Endes an der Mentalität der hiesigen Menschen, daß bei aller Kritik, die an ihm geübt wurde, der Ruhm Max Emanuels noch nicht völlig verblaßte. Es ist nicht Heldenverehrung und nicht nur die landesübliche Vorliebe für den Barock, sondern die Eigentümlichkeit, daß der politische Führer nicht nur am Erfolg gemessen wird, daß vollkommene Selbstdarstellung als selbständiger Wert gilt, daß ein Mächtiger Zustimmung findet, wenn er seinen Ehrgeiz auf große Ziele richtet, daß schwere Fehler als verzeihlich gelten, wenn sie nur mit der rechten Leidenschaft begangen werden, daß auch dem Spieler, der den letzten Einsatz wagt und verliert, und dem Verschwender, der Geschmack hat, der Respekt nicht versagt bleibt.

BILDNIS UND WAPPEN

Lorenz Seelig

Aspekte des Herrscherlobs – Max Emanuel in Bildnis und Allegorie

Physiognomie und Kostüm

Die charakteristischen Züge der Physiognomie Max Emanuels treten bereits in zwei Stichen des Jahres 1678
at.Nr. 32 hervor (Abb. 4).[1] Zumal Amlings Porträt läßt die kennzeichnende Streckung des Antlitzes erkennen, die der französische Gesandte de la Haye 1685 hervorhob.[2] Noch zwei 1680 datierte Stiche (Abb. 2, 3)[3] zeigen eine ähnliche Gesichtsbildung mit den vollen, ein wenig hängenden Wangen, der langen, leicht gebogenen Nase, dem langen, weich gerundeten Kinn und dem geschwungenen Mund,
t.Nr. 462 an dem die vortretende Unterlippe auffällt. Auf dem 1682 datierten Blatt Amlings ist das Gesicht entschieden gefestigt, erscheint fast ein wenig füllig: schwerer gebildet sind Kinn und Lippen – de la Haye nennt sie »un peu grosses«. Die leicht vortretenden Augen liegen hinter dicken Lidern. Auch ist in der Darstellung der Künstler die Nase nun stärker gebogen. Während Max Emanuel 1678/80 das flach anliegende Haar noch gescheitelt trug, umstehen jetzt größere Locken unregelmäßig die Stirn; deutlicher noch ist das auf dem
t.Nr. 271 Wolffschen Stich von 1683. So gewinnt das Gesicht des jugendlichen Herrschers den Ausdruck kraftvoller Vitalität; dem entsprechen die Berichte über das ungestüm-heftige Wesen des Kurfürsten.[4]

t.Nr. 463 Dagegen ist dem 1687 entstandenen Stich Amlings eine entschiedene Reifung abzulesen. Das Antlitz, ein wenig hagerer als zuvor, scheint von Ernst erfüllt zu sein, wie es später auch ein Beobachter feststellte;[5] Tränensäcke deuten sich an. Schon Mitte der achtziger Jahre litt Max Emanuel unter einer chronischen Rötung der Augenlider, die später ernstere Formen annahm.[6] – Ende 1685 oder 1686 ließ sich der Kurfürst einen schmalen Oberlippenbart wachsen; doch gab er ihn, in der Mode dem Vorbild Ludwigs XIV. verpflichtet, bald nach 1692 wieder auf.[7] Wie Amlings Stich beweist, trug Max Emanuel 1687 zunächst noch das Naturhaar, das jedoch Ende des Jahres der Perücke weichen mußte.[8]

Am Beginn der niederländischen Statthalterschaft steht die Verleihung des – als Datierungshilfe wichtigen – Ordens des Goldenen Vlieses (28. April 1692).[9] In den neunziger Jahren sieht der Kurfürst bereits leicht gealtert aus; das Gesicht verliert namentlich gegen Ende des Jahrhunderts den kraftvollen Ausdruck. Während auf Bartholomäus
t.Nr. 467 Kilians Kupferstich aus dem Jahr 1695, der auch die charakteristische Verdickung der Wangen betont, die Lippen noch fest die Zähne umschließen, ist um 1700 die Oberlippe bereits eingesunken; an Nase und Mund zeigen sich nun tiefe Falten. – Nach dem 1711 datierten Bericht der Liselotte von der Pfalz verschlechterte sich das Aussehen des Kurfürsten sehr rasch in den auf die Achterklärung folgenden Jahren: »Mein gott, wie ist der herr geendert seyder vergangen jahr! Sein kinn ist spitz, seine naß auch, der mundt ist eingefahlen, so daß kinn undt naß schir gantz zusamen stoßen, und sicht viel älter auß, alß er in der that ist«.[10] Freilich lassen die Bildnisse das zunächst nicht deutlich erkennen. Bei dem zwischen 1711 und 1714 geschaffenen Stich nach Vivien machen sich – im Vergleich zur Fassung
des Jahres 1704 – nur die ausgeprägten Falten an Nasen- Kat.Nr. 469
wurzel und Stirn wie der bitter verzogene Mund stärker bemerkbar. Erst auf Viviens 1717/19 entstandenem Ganz- Kat.Nr. 471
figurenporträt sind die Züge des schmalen Gesichts auffallend erschlafft, so daß die knochige Nase und das spitze Kinn markant hervortreten. Im letzten Lebensjahrzehnt werden die Linien der Physiognomie zunehmend schärfer,
wie das Profilbildnis auf dem um 1720 entstandenen Selbst- Kat.Nr. 720
porträt Viviens und – drastischer noch – Volpinis Medaille Kat.Nr. 495
zeigen. Dubut dagegen versteht es, dem Antlitz hoheits- Kat.Nr. 496/97
volle Würde zu verleihen, indem er der mächtigen Nase eine elegantere Form gibt und die Augen weniger vortreten läßt.

Präzisere Datierungen ermöglicht die rasch wechselnde Perückenform. In den neunziger Jahren gewinnt die kleinlockige Perücke merklich an Fülle: Erscheint sie in der Mitte des Jahrzehnts fast eckig im Umriß, so wird sie gegen die Jahrhundertwende deutlicher durch den Mittelscheitel geteilt (Farbtafel I);[11] fast filigranhaft sind die nun grau gepuderten Locken auftoupiert. Im Verlauf des ersten Jahrzehnts flacht sich die Perücke erneut ab. Auf dem 1710 datierten
Bildnis Viviens trägt Max Emanuel eine breite Schleife im Kat.Nr. 493
zurückgenommenen Haar. Das 1717/19 gemalte Porträt in Kat.Nr. 471
Schleißheim zeigt bereits mehrere Bänder in der fast weiß gepuderten Perücke von kompakter Form, deren fein gekräuselte Locken eng an das Gesicht anschließen; später deutet sich über der Stirn ein Wulst an (Abb. 12).[12] Auch
werden gelegentlich die auf die Schultern fallenden Strähnen Kat.Nr. 234,
geknotet. 494/95, 634

Raschem Wandel sind die modischen Accessoires unterworfen. Kat.Nr. 2, 24, 461 Als Kind trägt Max Emanuel das stark gefältelte, fächerförmig ausgebreitete Spitzenhalstuch (»cravate«), das mit schmalen Schleifenbändern unter dem Kinn zusammengefaßt wird. Kat.Nr. 462 Um 1680/82 nimmt das nun weicher fallende Halstuch eine gestrecktere Form an;[13] selten wird in den achtziger Jahren auf die breiter geschnittenen Seidenbänder verzichtet, die in mehreren Lagen zu einer großen Schleife gebunden sind. Im Zusammenhang mit dem Kurmantel begegnet zur selben Zeit auch der altertümliche, in der Mitte geteilte Spitzenkragen (»rabat«), unter dem zwei Schnüre mit Quasten sichtbar werden.[14] Vom Beginn des letzten Jahrzehnts an fehlen meist die Seidenbänder; das Kat.Nr. 283, 465 locker geschlungene Halstuch ist nicht mehr symmetrisch angeordnet. Im Laufe der neunziger Jahre verliert die Krawatte an Länge; vor der Jahrhundertwende wird das Ende Kat.Nr. 310 festgesteckt, so daß das Tuch einen Bausch bildet. Bis zum Tode Max Emanuels lassen sich nur noch geringe Variationen feststellen. – Die auf den Porträts des Kurfürsten wiedergegebenen Rüstungen sind wohl überwiegend als Inventionen der Künstler anzusehen. Doch gemahnt die Beschreibung eines ursprünglich von Max Emanuel getra- Kat.Nr. 216 genen Harnisches[15] etwa an das Bildnis Gascars von 1689.

Gemalte Bildnisse

Das gemalte Porträt bildet nicht nur die Erscheinung des Fürsten ab. In bestimmten Situationen kann das Gemälde, durch den Baldachin ausgezeichnet, »die Person des Souverainen« repräsentieren, »gleich als wäre selbige gegenwärtig. Dannenhero man auch selbigem im sitzen nicht leicht den Rücken zuwendet, und niemand in das Zimmer, wo das Bildnüß eines regierenden Potentaten befindlich, mit bedecktem Haupte ... erscheinen darff...«.[16] So ist dem Porträt des Herrschers – außerhalb des eigenen Territoriums – in den Audienzsälen seiner Gesandten die Funktion der Stellvertretung zu eigen. Im Land selbst nimmt es vornehmlich bei Huldigungsakten den Platz des Souveräns ein.[17] Kennzeichnend sind die Vorgänge nach der Übergabe Ambergs an die kurbayerischen Truppen am 6. März 1715: nach dem Einzug stellte man im Rathaus das Bildnis unter einem weißblauen Baldachin auf; später wiederholte sich die Handlung.[18] Auch in Landshut wurde am 27. Januar 1715, nach der Wiedereinsetzung der kurbayerischen Verwaltung, das Porträt des Kurfürsten – wohl vor dem Rathaus – unter einem roten Samtbaldachin errichtet.[19] Der dem Bildnis zugemessene Rang offenbart sich auch an einem negativen Vorgang: Nach der Achterklärung 1706 wurden die Porträts des bayerischen und des kölnischen Kurfürsten aus den kaiserlichen Zimmern in Wien entfernt.[20]

Unter den erhaltenen Darstellungen Max Emanuels spielt das zeremonielle Porträt, das den Herrscher mit den kurfürstlichen Insignien und Gewändern wiedergibt,[21] nur eine geringe Rolle; die anspruchsvolle Formel des thronenden Monarchen fehlt in der Malerei ganz.[22] Allein ein Bildnis der Bayerischen Staatsgemäldesammlungen zeigt den stehenden Herrscher im Kurmantel, während Kurhut und Reichsapfel auf dem Tisch liegen.[23] Hier fehlen auch – von der Rüstung abgesehen – alle militärischen Attribute wie der Helm, der sich auf den Gemälden Max Emanuels in der Münchner Residenz und in Schloß Zangberg findet.[24] Den Accessoires nach sind diese beiden Porträts am ehesten mit Viviens Bildnis aus den Jahren 1717/19 zu ver- Kat.Nr. gleichen. Dort trägt der zeitgenössisch gerüstete Kurfürst einen leichten Mantel mit Hermelinfutter, der aber keine Ähnlichkeit mit dem durch den doppelten Hermelinkragen ausgezeichneten Kurmantel aufweist. So beschränken sich die Insignien[25] auf den Kurhut und auf den – auch kompositorisch hervorgehobenen – Reichsapfel, auf dem die Linke des Herrschers ruht. Darin ist eine Demonstration politischen Charakters zu erblicken. Auf Grund des Rastatter Friedensschlusses wurde Max Emanuel am 19. Mai 1717 erneut mit der 1706 Johann Wilhelm von der Pfalz zugefallenen Würde des Reichserztruchsessen belehnt,[26] der unter den Kurfürsten allein den Reichsapfel führen durfte. Das Gemälde aber gab der Herrscher am 17. Januar 1717 in Auftrag, als sich in dem Streit um das vornehmste der weltlichen Erzämter eine Entscheidung zugunsten der bayerischen Partei anbahnte. Zudem bezog sich Vivien wohl auf ein von Paul Mignard geschaffenes Porträt Ferdinand Marias,[27] das in der Pose vielleicht schon auf das eingangs erwähnte Bildnis Max Emanuels aus den achtziger Jahren eingewirkt hatte; auch in der Darstellung Mignards legt der in das Zeremonialgewand gekleidete Kurfürst die Linke auf den Reichsapfel. Möglicherweise erwidert Viviens Gemälde zugleich den Anspruch des 1700 von Adriaen van der Werff gefertigten Porträts des Kurfürsten Johann Wilhelm von der Pfalz, der die ihm damals rechtlich nicht zustehende Insignie nachdrücklich umfaßt.[28] In der Komposition, besonders aber der ausgeprägten Bewegung der Figur ist Viviens Werk deutlich dem – ohne van Dyck[29] nicht denkbaren – Vorbild Rigauds[30] verpflichtet.

Im Vergleich zum Reichsapfel als dem wesentlichsten Attribut der bayerischen Kurfürstenwürde erscheinen Kurhut und -mantel weniger wichtig, da sie auch anderen Herrschern zukamen. Doch darf die Nachricht, daß Max Emanuel während der neunziger Jahre den Kurhut gemeinsam mit verschiedenen Juwelen in Amsterdam verpfändete,[31] nicht zu der Annahme verleiten, der Herrscher habe den Fragen kurfürstlicher Repräsentation keine Aufmerksamkeit gewidmet; zumindest aber lagen sie ihm weniger am Herzen als etwa dem Rivalen Johann Wilhelm, der sich mehrmals in vollem Habit malen ließ.[32]

Dagegen legte Max Emanuel augenscheinlich besonderen Wert auf die Darstellung als siegreicher Feldherr. Freilich

haben sich nur wenige Gemälde des Typus, die Max Emanuel in ganzer Figur darstellen, aus der militärisch glanzvollen Zeit der Türkenkriege erhalten; deren künstlerischer Rang ist zudem recht bescheiden. Henri Gascars
t.Nr. 216 Werk, das Max Emanuel vor der Festung Belgrad zeigt, folgt der verbreiteten Formel des Feldherrenporträts: in befehligender Pose steht der von einem helmtragenden Pagen begleitete Heerführer erhöht vor dem Schlachtfeld.[33] Doch besitzt das Gemälde, das auf die geläufigen Versatzstücke, wie Baum oder Zelt, verzichtet, eine eigentümliche Unmittelbarkeit. So setzt der Herrscher ungezwungen den Fuß auf die Erdstufe; die Figur des Pagen ist nah herangerückt. Die äußerst realistische Gewandung fällt durch den goldbestickten Rock und die eng anliegenden Hosen auf. In der unzeremoniellen, kaum den Konventionen verpflichteten Auffassung entspricht das Porträt wohl dem – auch von Max Emanuel selbst geförderten – Bild des wagemutigen Kämpfers, wie es namentlich durch Max Emanuels Verhalten bei der Erstürmung von Belgrad 1688 bestimmt wurde; es sei nur auf die Schrift »De la Valeur« des Abbé de Saint-Réal verwiesen, der Max Emanuel vor allzu ungestümem Einsatz warnte.[34]

Nicht allein in der Charakterisierung, sondern auch in der flächigen Anlage der ein wenig ungelenk anmutenden Gestalten entfernt sich Gascar von den herrschenden Anschauungen der französischen Malerei, wie sich gerade im Vergleich mit den Werken Viviens zeigt.[35] Dessen um
t.Nr. 310 1699 entstandenes Dreiviertelporträt des Kurfürsten läßt sich unmittelbar mit dem 1698 von Pierre Drevet nach Rigaud gestochenen Bildnis des Christian Gyldenløve vergleichen,[36] dem wiederum eine Erfindung van Dycks zugrunde liegt.[37] Das Münchner Pastell ist jedoch gegenüber dem Gemälde Rigauds strenger gebaut: Vivien wählt einen knapperen Ausschnitt, nähert die Linien stärker der Waagerechten und der Senkrechten an. Auch gewinnt die entschiedener in der Untersicht gegebene Gestalt an Monumentalität.

.Nr. 392 Deutlicher läßt das 1706 datierte Ganzfigurenbildnis Max Emanuels die Eigenständigkeit Viviens erkennen. Die – im Vergleich zu Gascar – konventionellere Auffassung des Künstlers zeigt sich schon im Arrangement: Der den Helm tragende Page tritt entschieden zurück; ein Baum festigt die Komposition. Der Kurfürst nimmt eine nachdrücklich befehligende Pose ein, wie sie in der französischen Kunst der Jahrhundertwende wohl nur dem Hüftstück eignet, nicht aber der Darstellung in ganzer Figur.[38] Auch das Standmotiv, mit dem energisch vorgesetzten Spielbein, findet in der zeitgenössischen Malerei Frankreichs keine Entsprechung.[39] Man vergleiche etwa das vermutlich im letzten Jahrzehnt des 17. Jahrhunderts entstandene Bildnis Ludwigs XIV. von der Hand Rigauds;[40] dessen elegante Haltung wird Vivien erst in dem 1722 datierten Porträt Karl Albrechts übernehmen. Solide Nüchternheit äußert sich 1706 auch in den Accessoires: der Kurfürst trägt nur den Halbharnisch in Verbindung mit dem durch Beintaschen geschützten Rock und den hohen Stiefeln; auch ist die Stoffülle der Schärpe reduziert.[41] So vertritt das Gemälde eine recht unpathetisch-militärische Auffassung, die vielleicht auch den Wünschen des Auftraggebers entgegenkam.

Ähnliches gilt für das wohl 1711 entstandene Bildnis in Nymphenburg,[42] das freilich repräsentativeren Charakter besitzt, da es Max Emanuel ausdrücklich als Souverän der Grafschaft Namur darstellt, deren Hauptstadt im Hintergrund erscheint. So überfängt ein Vorhang die Gestalt des Fürsten,[43] der einen prächtigen Mantel mit Hermelinfutter trägt und an Stelle des Kommandostabs einen Stock faßt.[44]

Größer und aufwendiger als die beiden Gemälde von
1706 und 1711 ist die 1710 von Vivien geschaffene Kompo- Kat.Nr. 493
sition, deren 1944 verbranntes Original 3,94 × 2,96 m maß.[45] Vivien wählt den Typus des vor dem Zelt stehenden Feldherrn, der vom Pagen begleitet wird. Das Gemälde erscheint somit als Fortführung einer vornehmlich durch den Stich verbreiteten Invention Pierre Mignards, die etwa auf das Jahr 1673 zurückgeht.[46] Doch fügt Vivien zahlreiche Elemente – auch allegorischer Art – hinzu und gibt der Herrschergestalt eine weniger herausfordernde Haltung, die an Porträts van Dycks denken läßt.[47] Wie der Kurfürst selbst, im Gegensatz zu Mignards Ludwig XIV., mit der Rüstung versehen ist, so besitzt auch das Zelt nicht antikisches Gepräge: Vivien verweist auf das Zelt des Großwesirs, das Max Emanuel in der Schlacht am Berge Harsán am 12. August 1687 in die Hände fiel;[48] die Truhe spielt auf den Schatz des türkischen Heeres an. – Viviens Gemälde des siegreichen Kurfürsten entstand in den Jahren, die einen Tiefpunkt in dessen Biographie markieren. Eines eigenen Kommandos enthoben, begab er sich im November 1709 incognito nach Paris, mußte dort auf das einem Kurfürsten gebührende Zeremoniell verzichten. Während Max Emanuel sich gezwungen sah, die eigene Hofhaltung drastisch einzuschränken, gab er das gewaltige Werk in Auftrag, das schon im Augenblick der Entstehung in Paris Aufsehen erregen mußte.[49]

Bescheidener ist, im Vergleich zu den Ganzfigurenbildnissen Viviens, das um 1701 von Martin Maingaud geschaffene Porträt Max Emanuels (Abb. 80). Die eigentümlich gespannte Pose der Figur gemahnt an Gottfried Knellers 1698 datiertes Bildnis Peters des Großen;[50] die künstlerische Durchführung des Gemäldes aber, das Gesicht und Hände hell vor dem dunklen Fond hervorhebt, läßt an den Franzosen Noël Jouvenet denken, der eine zeitgenössische Parallele fern der Pariser Hofkunst bildet.[51] Auch Main-
gauds 1710 entstandenes Reiterporträt – das einzige erhal- Kat.Nr. 473
tene Bildnis Max Emanuels in großem Format, das der anspruchsvollen Gattung zugehört[52] – zeigt keine Verbindungen zur offiziellen Malerei Frankreichs; die unheroische, ganz auf das Detail gerichtete Darstellung verleiht der Gruppe keine bedeutende Silhouette.

Das den Werken Maingauds qualitativ weit überlegene
Kat.Nr. 332 Hüftbildnis Max Emanuels, das Johann Andreas Wolff
Kat.Nr. 333 1704 zusammen mit dem Porträt der Therese Kunigunde
schuf, steht in starkem Gegensatz zu der Auffassung Viviens. Die Betonung des herrscherlichen Willens manifestiert sich im hoch erhobenen Arm mit dem Kommandostab, der sich dunkel vor dem hellen Hintergrund abzeichnet. Wolff intensiviert somit die Ausdruckswerte eines Kompositionstypus, der besonders durch das Wirken van Dycks Verbreitung fand.[53] Vor allem auch die dramatische Lichtführung trägt zur Steigerung bei. Der dunkle Vorhang, der das hell erstrahlende Antlitz hinterfängt, gibt links den Blick auf einen lichten Bezirk frei, der des Gewölks wegen fast übernatürlich anmutet. In der starken Beleuchtung treten die Züge des gealterten Antlitzes ungemildert in Erscheinung. Die durch Hell-Dunkel-Kontraste gesteigerte Charakterdarstellung ist der habsburgischen Porträtmalerei verpflichtet.[54]

Die Bildnisse Max Emanuels in ganzer und in Dreiviertelfigur werden durch den Typus des im Voll- oder Halbharnisch auftretenden Feldherrn bestimmt. Während sich in den achtziger Jahren noch keine ausgeprägten Präferenzen erkennen lassen, dominiert von den späten neunziger Jahren an – in denen sich auch politisch die Hinwendung zu Frankreich anbahnte – in der offiziellen Porträtkunst die französische Tendenz, dank der Beauftragung Viviens, dessen Bildnisse Max Emanuels auch in graphischen Reproduktionen stark verbreitet wurden. Mit der Bevorzugung eines französischen Malers hohen Ranges – der nur selten Frankreich verließ und daher enge Beziehungen zur aktuellen Pariser Kunst unterhielt – ging Max Emanuel den übrigen Fürsten des Reichs voraus. Generell wird auf jegliche Heroisierung in Form der mythologischen Einkleidung oder der Rüstung »à la romaine« verzichtet. Das entspricht dem Geschmackswandel, der sich im späteren 17. Jahrhundert im Bereich des gemalten Bildnisses abzeichnet.[55]

Allein im Zusammenhang mit der Wiedereinsetzung des Kurfürsten im Jahre 1714 findet sich eine bedeutsame Ausnahme:[56] François Roëttiers' Gemälde in Nymphenburg gibt dem als Huldigungszug aufgefaßten Vorgang allegorischen Charakter und vermeidet somit alle delikaten Fragen, die etwa die Ächtung des Kurfürsten betreffen (Abb. 85). Der von Minerva und einem geflügelten Genius begleitete Herrscher empfängt huldvoll Bavaria, die Kurhut und Zepter als Zeichen der Restitution darbringt. Es schließen sich weitere Gestalten an, die mit reichen Gaben versehen sind; ein blinder Seher weist auf Max Emanuel, als habe er dessen triumphale Rückkehr bereits prophezeit. Im überirdischen Bereich herrscht Jupiter: Auf seinen Befehl hin vertreibt Herkules die Widersacher des Kurfürsten, verkündet Fama dessen Ruhm, während Victoria Palmzweige hinzuträgt. Merkur, der den Frieden und die Verträge beschützende Gott, scheint der Personifikation der Nacht die Weisung zu erteilen, den verdunkelnden Vorhang zurückzuschlagen, so daß die Sonne das Gewölk zu durchdringen vermag: ein geläufiges Motiv der Rückkehr Max Emanuels. So tritt nun auch die Gestalt Auroras in Erscheinung.

In dem rein allegorischen Kontext ist Max Emanuel selbst nicht deutlich als Held der Mythologie gekennzeichnet. Die für die Gruppe des Kurfürsten und seiner zwei Begleiter verwendete Vorlage – ein 1668 datiertes Thesenblatt Charles Le Bruns,[57] das den Empfang Ludwigs XIV. nach dem Flandernfeldzug darstellt – führt den französischen König als Herkules vor Augen, der die Keule Victoria übergibt.[58] Roëttiers verändert dagegen das Motiv: Da die Keule allein vom helmhaltenden Genius gehalten wird, fehlt der unmittelbare Bezug auf den Herrscher, der somit nicht eindeutig als Herkules erscheint. Rein kompositorisch folgt die Gestalt des Kurfürsten spiegelbildlich der des Henri IV aus Rubens' Medici-Zyklus;[59] dem im Profil gegebenen Haupt verleiht der Maler, nicht zuletzt dank der zurückwehenden Perücke, einen heroisierenden Zug. Bemerkenswert ist der Gestus der geöffnet vorgestreckten linken Hand; die Gebärde der »Clementia« begegnet zum Beispiel auf Le Bruns Gemälde »La Tente de Darius« von 1661, das auch in der friesartigen Anordnung der auf den Herrscher blickenden Gestalten verwandt erscheint.[60] Demnach fügt Roëttiers verschiedene Elemente aus dem Bereich der französischen Hofkunst zusammen, verleugnet aber in der stilistischen Durchführung nicht die flämische Herkunft.

Ganz unterschiedlichen Charakters ist das kolossale Ge- Kat.Nr.
mälde Viviens, das die Wiedervereinigung Max Emanuels mit seiner Frau und seinen Kindern im Jahr 1715 zum Gegenstand hat. Hier verbinden sich Züge des Familien- und des Historienbildes.[61] Unabhängig vom eigentlichen Ablauf konzentriert Vivien das Geschehen auf die Begegnung der Eltern mit den Kindern; dabei wird der Kurprinz Karl Albrecht, der den Vater zuerst begrüßt, besonders hervorgehoben. Entscheidend aber ist das Faktum, daß sich die Familie in ihrer Gesamtheit präsentiert. Dem Kurfürsten, der schon im Herbst 1714 von Paris aus die Rückkehr sorgfältig vorbereitete, war sehr daran gelegen, daß niemand, weder Therese Kunigunde noch die Kinder, vor ihm in München eintreffe: »il convient absolument, que nous entrions touts ensamble.«[62] Später drang er auf genaue Abstimmung der Reisepläne, »affin que nous nous rencontrions au même endroit et temp, dans l'endroit choisy, avant d'entrer dans Munic.«[63] So wurde der Plan auch ausgeführt: nach verschiedenen Etappen des Zusammentreffens[64] zog die Familie am Abend des 10. April 1715 in München ein. – Nach der über ein Jahrzehnt währenden Trennung mußte Max Emanuel die Vereinigung der Familie gleichsam als Bestandteil der vollständigen Restitution ansehen. Das geschlossene Auftreten aller Mitglieder war daher unabdingbar. Das in der porträthaften Schilderung

äußerst genaue Gemälde verbindet die zeremonielle Überhöhung des Begegnungsakts mit einem allegorischen Apparat, der u. a. auf den staatspolitischen Aspekt des Vorgangs verweist; zum Zeichen der Wiedergutmachung allen Unrechts wird der Kurhut von Justitia selbst zurückerstattet.[65]

Die Voraussetzungen der »composition mixte«,[66] die historische und allegorische Gestalten verbindet, liegen in der französischen Malerei des 17. Jahrhunderts, die in den siebziger Jahren eine ungewöhnliche Nebenströmung hervortreten ließ: einige als Ergänzung zur Folge der »Histoire du Roi« konzipierte Teppichentwürfe Le Bruns stellen der streng zeitgenössisch gehaltenen Aktion auf der unteren Ebene allegorische Figuren in der überirdischen Zone gegenüber.[67] Die Gobelins kamen nicht zur Ausführung; doch existieren Gemälde aus der Nachfolge Le Bruns, in denen sich die zwei Bereiche noch stärker durchdringen.[68] So wird auf der in Budapest befindlichen Darstellung des Friedens von Nimwegen die höfische Szene um allegorische Figuren bereichert, die dem Geschehen zum Teil auf gleichem Niveau beiwohnen. Wie bei Vivien erscheinen sie – etwa im Unterschied zum Medici-Zyklus – als Zufügungen, die erläuternde Funktion besitzen, aber nicht auf das zeremonielle Gepräge der Handlung einwirken, die von den zeitgenössisch gekleideten Figuren getragen wird.

Graphische Bildnisse

Bei den gestochenen Bildnissen Max Emanuels handelt es sich überwiegend um Bruststücke, die teils auf gemalte Porträts des Kurfürsten zurückgehen, teils auch den Charakter eigenständiger Inventionen besitzen. So weisen die zumeist als offizielle Darstellungen anzusehenden Blätter Carl Gustav Amlings, denen während der späten siebziger und der achtziger Jahre typenbildende Wirkung zukommt, offenbar nur selten Verbindungen zur Malerei auf. Die 1678 geschaffene Fassung (Abb. 4) wird bereits 1680 durch eine aktuellere Prägung verdrängt (Abb. 2),[69] die auch ein weiteres zur Regierungsübernahme erschienenes Blatt bestimmt (Abb. 6).[70] Als ausgesprochenes Standard-
.Nr. 462 porträt aber kann erst Amlings Stich des zwanzigjährigen Kurfürsten aus dem Jahr 1682 gelten, dem auch noch in den ersten Jahren der Türkenkriege breitere Nachfolge zuteil wird; ohne jede Resonanz bleiben dagegen die Porträts der
.Nr. 271, 273 allegorischen Huldigungen, die Amling 1683 und 1684/85 nach Johann Baptist Gumpp und Johann Andreas Wolff stach. 1687, im Jahr des ersten triumphalen Sieges Max
.t.Nr. 463 Emanuels, schuf Amling erneut ein Brustbildnis, das abermals zahlreichen Graphiken als Vorlage diente. Die in den Maßverhältnissen und der Lichtverteilung sicher komponierten Blätter Amlings schließen zum Teil wörtlich an Werke der französischen Kunst an; dem entspricht auch die mit dem Harnisch kombinierte Hofgewandung. Das Bildnis »à la romaine« besitzt in der Graphik ebensowenig Bedeutung wie in der Malerei. Erst aus Anlaß der Krönung Josephs I. 1690, an der Max Emanuel als Reichserztruchseß Kat.Nr. 470 b
teilnahm, entstand – von Leonhard Heckenauer geschaffen – ein grundsätzlich abweichender Typus des Bruststücks, das Max Emanuel im Kurmantel vor Augen führt (Abb. 9).[71] Isoliert stehen dagegen zwei gestochene Ganzfigurenbildnisse aus den frühen achtziger Jahren, die den mit den Attributen der Kurwürde ausgestatteten Fürsten als obersten Gerichtsherrn zeigen (Abb. 8).[72]

Der in den neunziger Jahren vorherrschende Typus des Porträtstichs, dem wahrscheinlich die Fassung Amlings Kat.Nr. 465, 467
zugrunde liegt (Abb. 13),[73] zeichnet sich – im Gegensatz zu den vorausgehenden Formulierungen – durch starke Kontraste aus: das Haupt wendet sich gegen die vorgeschobene Schulter, indes die Linienzüge der Perücke und der Krawatte in entgegengesetzter Richtung verlaufen. So gewinnt die Erscheinung an Eindringlichkeit und Dynamik. Generell spielen nun auch Franzosen und Niederländer als Bildnisstecher Max Emanuels eine bedeutsame Rolle;[74] häufig wird die Gestalt des Herrschers auf den vorwiegend in Paris verlegten Modekupfern dargestellt. Kat.Nr. 468

Mit Ausnahme eines offenbar auf die südlichen Niederlande beschränkten Bildnistyps (Abb. 16, 17)[75] dominiert von der Jahrhundertwende an die Porträtfassung Viviens: Das 1700 datierte Pastell des Louvre (Farbtafel I) wird mit geringen Abweichungen bis zum Ende des Exils in verschiedenen Blättern reproduziert, unter denen die großformatigen Wiedergaben der Pariser Stecher herausragen. Eine späte Variante, zwischen 1711 und 1714 entstanden,[76] geht wohl auf die Initiative des exilierten Herrschers zurück,

Niederländischer Jeton 1713

der durch Wappen und Inschrift den Besitz der Spanischen Niederlande betont und zugleich den Anspruch auf die aberkannte Kurwürde demonstriert. Ähnlich ließ Max Emanuel damals in großer Zahl Münzen mit dem 1711 geschaffenen Wappen des souveränen Territoriums prägen.[77]

Allegorie und Emblem in der Graphik, der Medaille und der Festdekoration

Im Gegensatz zu den gemalten Bildnissen Max Emanuels entstanden die allegorischen Blätter und illustrierten Festschriften[78] zumeist nicht in unmittelbarem Auftrag des Herrschers oder seines Hofes; wohl nur wenige Stiche wurden aus den Mitteln des Kurfürsten bezahlt.[79] Es fehlte in München – im Unterschied zum weit größeren Hof Ludwigs XIV.[80] – eine zentrale Instanz, die programmatisch die dem Herrscher geltenden Huldigungen im Sinne einer gezielten Propaganda lenkte und überwachte. Wir kennen auch keine Persönlichkeit, die – dem Wiener Hofantiquarius und Historiographen Carl Gustav Heräus[81] vergleichbar – zum Beispiel die Programme der Schaumünzen und Trauerdekorationen bestimmte. So ist nichts über die Autorschaft der Ikonographie der Medaillen oder auch der Deckengemälde in der Residenz und in Schleißheim bekannt.[82] – Überragende Bedeutung kam den oft mit Stichen emblematischen Charakters geschmückten Lobschriften der Münchner,[83] aber auch der Kölner Jesuiten[84] zu; eine weit geringere Rolle spielten die Münchner Theatiner und die Professoren der Ingolstädter Universität,[85] deren panegyrische Werke stets auf Illustrationen verzichteten. Während die literarischen Huldigungen somit fast ausschließlich in den Händen der Geistlichkeit lagen, wurden die ikonographisch wichtigen Festdekorationen überwiegend von weltlichen Institutionen – namentlich den Städten und Landständen[86] – getragen; auch hier aber beteiligten sich Stifte und Orden, unter denen abermals die Jesuiten hervorragten. Als weitere Auftraggeber sind die meist adeligen Promovenden zu berücksichtigen, die Thesenblätter mit vielfältigen Programmen stechen ließen. So bildeten sich unter Max Emanuel keine homogenen Komplexe fürstlicher Propaganda heraus, zumal der Herrscher keine eigene Devise führte, die möglicherweise den Ausgangspunkt eines ikonographischen Leitthemas gebildet hätte.

Kat.Nr. 6, 476
Kat.Nr. 240
Kat.Nr. 229, 480, 481, 522/23
Kat.Nr. 8, 31, 32, 465, 467

Anläßlich der Geburt Max Emanuels 1662 erschienen drei illustrierte Publikationen, die – etwa im Vergleich zur Geburt Ferdinand Marias 1636 – die zunehmende Bedeutung der emblematischen Gelegenheitsliteratur im höfischen Bereich belegen. Der »Fama Prognostica« der Münchner und dem »Dies Natalis« der Kölner Jesuiten[87] wie auch dem »Sol Oriens« des Dominikus Franz Calin liegt der Gedanke zugrunde, den Kurprinzen mit der über Bayern aufgehenden Sonne zu identifizieren.[88] Vornehmlich im »Dies Natalis« wird die zum überlieferten Bestand der Herrscherikonographie zählende Sonnen-Metapher[89] durch die Einbeziehung des Tierkreises bereichert. Das dritte Emblem zeigt die zur Geburtsstunde im Zeichen des Krebses stehende Sonne; deren erwärmende Strahlen fallen auf das benachbarte Zeichen des Löwen, der nach traditionellem Konzept als heraldisches Tier das bayerische Kurfürstentum repräsentiert: So kommt dem Land die Geburt des Thronfolgers zugute.

Kat.Nr. 6
Kat.Nr. 7

Zudem wird der Ausdeutung der elf dem Kurprinzen verliehenen Namen Gewicht beigemessen. Das im Titelblatt des »Dies Natalis« angeschlagene Thema greift 1663 der Paduaner Theologe Giuseppe Maria Maraviglia auf,[90] der zunächst aus jedem der elf Namen die künftig hervortretenden Eigenschaften des Thronfolgers voraussagt, um sodann aus deren Verbindung gleichsam einen Fürstenspiegel zusammenzustellen. Im Namen Maximilian sieht Maraviglia – unter Hinweis auf die zwei Kaiser des 16. Jahrhunderts – die Verkörperung des dem Kampf sich widmenden Fürsten, während Emanuel dessen Frömmigkeit repräsentiert. Das komplementäre Namenspaar Maximilian und Emanuel verweist zugleich, wie auch im »Dies Natalis« dargelegt wird, auf das bayerische und auf das savoyische Haus. Deren Parallelisierung bildet das Leitthema der »Fama Prognostica«. Hervorgehoben werden die im Glaubenskampf erstrittenen Siege: die Schlacht am Weißen Berg, in der Kurfürst Maximilian I. 1620 die Protestanten vernichtend schlug, findet ihr Gegenstück in der Einnahme der von den Türken besetzten Insel Rhodos durch Graf Amadeus V. von Savoyen im Jahr 1309;[91] das 1662 schriftlich ausgeführte Motiv gelangt im 1670 datierten Thesenblatt des Georg Karl von Ezdorff zur bildlichen Realisierung. Gleichzeitig betont die Schrift der »Fama Prognostica« den Aspekt friedlichen Wirkens; so wird die geläufige Vorstellung des »Ex utroque Caesar«,[92] des sich gleichermaßen in Krieg und Frieden, im militärischen wie im zivilen Bereich auszeichnenden Fürsten, verdeutlicht. Insgesamt aber läßt das Werk eine bemerkenswerte Bevorzugung des friedlichen Elements erkennen: Max Emanuel wird als »princeps pacificus« bezeichnet, der bereits in der Wiege unwillig blickt, sobald er das Waffenklirren des nahenden Mars vernimmt. Demnach sprechen aus der »Fama Prognostica« die bestimmenden Anschauungen der Herrschaftszeit Ferdinand Marias. Daß dennoch das geläufige Erziehungsideal des auf das Feldherrenamt vorzubereitenden Prinzen weiterhin Bestand hatte, veranschaulicht das Gemälde Stefano Catanis, auf dem dem künftigen Kurfürsten Max Emanuel das Schwert überreicht wird.[93]

Kat.Nr.
Kat.Nr.
Kat.Nr.

Die dem Kurprinzen gewidmeten Thesenblätter aus den Jahren 1670 und 1678, die moralisierend-didaktischen Charakter haben, vertreten eine mit den drei Emblemschriften von 1662 übereinstimmende Tendenz, da sie ebenfalls ein ausgewogenes Fürstenideal vor Augen führen. Die 1670 publizierte These Ezdorffs greift u. a. das vor allem in der Habsburger-Ikonographie oftmals variierte Motiv der gegensätzlichen, doch sich ergänzenden Attribute des Schwerts und des Zepters auf,[94] die vornehmlich die Sorge für die Verteidigung des Landes wie für die Pflege der Justiz[95] oder auch – wie in der Ezdorffschen These – für den Schutz des Glaubens repräsentieren.

Kat.Nr.
Kat.Nr.

.-Nr. 32 Das 1678 im Auftrag des Ignaz Gugler geschaffene Thesenblatt gilt dem Thema des in den Künsten und Wissenschaften wie im Kriegshandwerk erfahrenen Fürsten. Hier wird es durch die zwei konträren Gestalten der kriegerischen und der philosophierenden Minerva illustriert: Gemeinsam erziehen die Göttinnen den Kurprinzen.

Thronbesteigung und Regierungsübernahme 1679/80 zeitigten zunächst keine ikonographischen Neuerungen; die stereotypen Formeln des Herrscherlobs bewahrten den unverbindlichen Charakter, solange nicht der Souverän selbst mit spezifischen Eigenschaften und Leistungen hervorgetreten war. So prägt das Konzept des »Ex utroque Caesar« ein Blatt des Johann Franz Wussim (Abb. 5),[96] das als Allegorie auf die Erbhuldigung des Jahres 1680 zu interpretieren ist. Der von den Genien des Krieges und des Friedens mit dem Kurhut gekrönte Herrscher, dem die Worte »EX UTROQUE PRINCIPI« beigegeben sind, erhebt sich auf einer Kugel über der Stammessäule, die mit den Namensschilden der wittelsbachischen Herzöge und Kurfürsten umkleidet ist;[97] in den Händen hält Max Emanuel Schwert und Gesetzesbuch. Die Vertreter des Landes – ein Offizier, ein Kammerherr und ein weiterer weltlicher Würdenträger – führen mit dem Kurfürsten ein Wechselgespräch, das gegenseitige Versicherungen zum Gegenstand hat.

Weit umfassender wird das Thema des sich im Krieg wie im Frieden auszeichnenden Herrschers in dem von Matthäus Küsell gestochenen Thesenblatt des Georg Peter Franz Freiherr von Sandizell aus dem Jahr 1680 dargelegt (Abb. 3).[98] Der Stamm des Ölbaums, dem der mit Ölzweigen umwundene Kurhut als Zeichen des Friedens zugeordnet ist,[99] und der über dem kriegerischen Helm[100] aufsteigende Stamm des Lorbeers rahmen symmetrisch das Bildnis des in den kurfürstlichen Hermelin gekleideten Herrschers. Konsequent verbindet das antithetische Schema den Bereich des Krieges mit dem Großvater, den des Friedens aber mit dem Vater, wie die jeweiligen Überschriften erweisen. Bereits früher hatte sich eine solche Gegenüberstellung angebahnt: Während man Maximilian I. seiner militärischen Erfolge wegen glorifizierte, wurde Ferdinand Maria schon zu :.Nr. 49 Lebzeiten, erst recht aber nach dem Tod 1679, als Friedensfürst gefeiert.[101] Zudem überträgt das einer »Philosophia leonina« gewidmete Thesenblatt Küsells die Löwenikonographie erstmals in extenso auf Max Emanuel. Analog bildet das Löwengleichnis auch das Hauptthema des zur Voll- .Nr. 52 jährigkeitserklärung am 11. Juli 1680 veranstalteten Feuerwerks, das wiederum Parallelen zu der aus dem gleichen Anlaß von dem Theatiner Amadeus Hamilton gehaltenen Predigt »Der wachtbare Chur-Bayrische Löw« aufweist.[102]

Die drei Embleme auf der linken Seite des Küsellschen Blattes knüpfen entschieden an Formulierungen der Epoche Ferdinand Marias an. Als persönliches Emblem des politisch defensiv eingestellten Kurfürsten Ferdinand Maria kann der wachsame Löwe – das Sinnbild der »Prudentia« – gelten, der mit offenen Augen schläft;[103] hier hütet er den Reichsapfel. Zur Illustration der »Mansuetudo«, der Ferdinand Maria zugeschriebenen Sanftmut,[104] dient die Darstellung des von Samson getöteten Löwen, in dessen Leib und Rachen sich Honig findet, wie das Lemma »Ex forti dulcedo«, Süße aus dem Starken (Jud. 14, 14) darlegt.[105] Das mittlere Emblem gilt der »Pietas«:[106] Bayerns Anspruch als Stütze des wahren Glaubens wird durch den Löwen versinnbildlicht, der das über dem Reichsapfel sich erhebende Kreuz hält.

Die dem Großvater Maximilian I. gewidmete rechte Seite betont dagegen stärker das Moment des Handelns. So steht der »Pietas« die tätige »Religio« gegenüber: Im Zodiakus beschützt der Löwe das benachbarte Sternbild der Jungfrau, die mit Maria identifiziert wird;[107] wie im Thesenblatt von 1670 verweist zudem die Münchner Ma- Kat.Nr. 31 riensäule auf die Marienverehrung Maximilians I. Das Emblem der »Potentia« zeigt ebenfalls den Himmelslöwen, der hier das Hundsgestirn überstrahlt;[108] so wird der Sieg Maximilians I. über die aufständischen Häretiker illustriert. Das oberste Sinnbild bezieht sich mit einem lateinischen Wortspiel[109] auf die Übertragung der Kurfürstenwürde an Maximilian I., die dessen »Sapientia« verdankt wird. Das im Monat des Regierungsantritts erschienene Thesenblatt scheint den Wunsch zu implizieren, der junge Kurfürst möge die Eigenschaften von Vater und Großvater in sich vereinen.[110]

Mit der Volljährigkeitserklärung verbindet sich ferner das Thema der Übergabe des Reichsapfels als Zeichen der Regierungsgewalt. Auf einer gegossenen Medaille Carlo Citernis bringt der kurbayerische Löwe dem mit der Keule bewaffneten Herkules die Insignie dar.[111] Deutlicher noch ist die Aussage der offiziellen Medaille der Jahre 1679/80: Kat.Nr. 53 Die sich auf den bayerischen Wappenschild stützende Gestalt des Herkules nimmt den durch das Kreuz als Reichsapfel gekennzeichneten Globus auf sich,[112] der durch die Eintragung der bayerischen Lande zum »Mundus Bavaricus« wird.[113] Die Darstellung eines wittelsbachischen Herrschers, der – in der Gestalt des Atlas oder Herkules – die bayerische Weltkugel trägt, war in der Münchner Kunst zuvor nicht unbekannt; die von Henriette Adelaide zu Ehren Maximilians I. errichtete Galerie der Münchner Residenz bot im Zentrum eine entsprechende Allegorie auf den ersten bayerischen Kurfürsten mit der Widmungsinschrift »Bavaro Atlanti«.[114] Späterhin begegnet das Motiv in verschiedenen Abwandlungen: Das Titelblatt des 1687 in München publizierten »Churbayerischen Atlas« von Kat.Nr. 529 Anton Wilhelm Ertl gibt an Stelle einer menschlichen Figur den mit dem Kurhut gekrönten Löwen wieder, der den bayerischen Globus trägt. Auf dem 1686 von Gabriel Ehinger geschaffenen Emblemstich[115] stürzt – ganz in entgegengesetztem Sinn – der ottomanische Atlas unter der Last des mit dem Monogramm ME bezeichneten Reichsapfels nieder (Abb. 7).

Ein gleichfalls im Zusammenhang mit der Thronbesteigung entstandener Stich (Abb. 1)[116] bringt die unter Ferdinand Maria verbreitete Perlenikonographie[117] zum Abschluß: Während die untere Hälfte einer Muschel die Perle birgt, auf welche die Strahlen der über dem Meer aufgehenden Sonne treffen,[118] umfängt die obere Hälfte das Bildnis Max Emanuels. Wie Leonore Natale-Berghoff – ohne Kenntnis des Stiches – feststellte,[119] wird das mit der Inscriptio »AD SVMMOS CRESCIT HONORES« versehene Emblem 1681 in der lateinischen Ausgabe des »Mundus Symbolicus« erwähnt;[120] dort bezieht sich die Perle eindeutig auf Max Emanuel selbst. Zugleich aber ist wohl ein Hinweis auf den Reichsapfel impliziert. So zeigt der von Philipp Kilian 1658 geschaffene Porträtstich Kurfürst Ferdinand Marias, der damals als Reichserztruchseß an der Krönung Leopolds I. teilgenommen hatte, den mit dem Wort »Honos« überschriebenen Reichsapfel in einer Muschel.[121]

Auch das Titelblatt zum 1680 gedruckten »Theatrum virtutis et gloriae Boicae«[122] weist den in der Muschel geborgenen Reichsapfel auf. Hier handelt es sich nicht um ein bloß dekoratives Motiv; vielmehr wird die von Maximilian I. erworbene Insignie mit einer kostbaren Perle gleichgesetzt. Das belegt auch eine der allegorischen Darstellungen in der dem ersten bayerischen Kurfürsten gewidmeten Galerie der Münchner Residenz: Dort hält die Gerechtigkeit den »Bayrische[n] Reichs-Apffel gantz erhartet von den Sonnenstralen«, wie es in Analogie zum angeblichen Härtungsprozeß der den Sonnenstrahlen ausgesetzten Perle heißt.[123] Nach Aussage des wohl 1679/80 gefertigten Blattes wächst Max Emanuel somit zu den höchsten Ehren heran, die sich in dem mit der Perle identifizierten Reichsapfel verkörpern. Fortan aber verzichtet die Ikonographie des Kurfürsten auf das Perlenmotiv.

Die zwischen der Regierungsübernahme 1680 und dem Entsatz von Wien 1683 liegenden Jahre bringen in der Druckgraphik und Medaillenkunst keine ikonographischen Neuerungen hervor. Überragende Bedeutung besitzt dagegen die Ausmalung der Sommer- und Alexanderzimmer der Münchner Residenz, die auf unterschiedliche Weise Fürstentugenden exemplifizieren. Während sich die Sommerzimmer auf Allegorien und Emblemata beschränken, legen die Alexanderzimmer die Eigenschaften des guten Regenten am Beispiel des mazedonischen Herrschers dar; die militärische Komponente tritt auffallend zurück. Darin unterscheidet sich das Programm grundsätzlich von der 1660–1668/69 entstandenen Gemäldefolge Le Bruns, die im Triumph Alexanders die Eroberungen Ludwigs XIV. feiert.[124] Der Anstoß mag freilich von dem französischen Zyklus ausgegangen sein; die Huldigung, die einem früh zur Regierung gelangten Herrscher galt, ließ sich leicht auf Max Emanuel übertragen. Spätere Parallelisierungen des Kurfürsten mit Alexander dem Großen stehen ganz unter dem Aspekt der Jugendlichkeit.[125]

Die Kämpfe um Wien und Gran im Herbst 1683, die auf das bereits 1681/82 abgeschlossene Programm der Alexanderzimmer keinen Einfluß mehr nahmen,[126] führten in der Verherrlichung des Souveräns eine entscheidende Wende herbei, da sich die fortan stark personalisierte Ikonographie nun an den aktuellen Taten des Kurfürsten orientierte, der erstmals an der Spitze des bayerischen Heeres stand. Die wichtigsten Arbeiten des Jahres 1683 gehen auf Johann Baptist Gumpp zurück, der die zum Empfang Max Emanuels am 23. November 1683 errichtete Ehrenpforte und Kat.Nr.
die Embleme des »Plausus Symbolicus« konzipierte wie auch die motivisch verwandte Allegorie auf Max Emanuel Kat.Nr.
entwarf, die an eine Rubens-Komposition anschließt.[127] Das dem »Ex utroque Caesar«-Gedanken verpflichtete Blatt zeigt zum einen das Schwert und das hier – als Zeichen weiser Regentschaft – von der Schlange umwundene Zepter, zum andern den gerüsteten Arm, der das vom Ölzweig umflochtene Schwert faßt.[128] Eindeutig aber dominiert die kriegerische Komponente, die auch in den türkischen Motiven zutage tritt. Dementsprechend fehlt jeder Hinweis auf die Gestalt des Vaters. Dagegen wird das Bildnis Maximilians I. gleich einem Spiegel dem Kurfürsten vor Augen geführt. Auch das linke Emblem unterstreicht den Zusammenhang mit Maximilian I.: die verschlungenen Hände, Zeichen der Eintracht, verweisen auf die Allianz zwischen Max Emanuel und Leopold I., können aber zugleich auch auf die Unterstützung Ferdinands II. durch Maximilian I. im Dreißigjährigen Krieg anspielen; die Beischrift »PRO DEO. CÆSARE ET IMPERIO« gilt für beide Bündnisse. Die sich hierin deutlich widerspiegelnde Bevorzugung des Großvaters entspricht ganz der eigenen Auffassung Max Emanuels, wie es aus dem Bericht de la Hayes hervorgeht: der Kurfürst wolle nicht von seinem Vater sprechen hören, er denke nur mit Abscheu an ihn; »il veut suivre l'exemple et la conduite de feu Mr. l'Electeur Maximilien I. son grand père.«[129]

Nach dem militärisch glücklosen Jahr 1684 gaben erst die Erfolge vor Gran und Neuhäusel 1685 Anlaß zu neuerlichen Huldigungen; auch bildete die Heirat mit der Kaisertochter ein bedeutendes Thema. Da die von Amling nach Wolff gestochene Allegorie die Hochzeit nicht be- Kat.Nr.
rücksichtigt, jedoch auf den Regensburger Waffenstillstand verweist, ist eine Datierung zwischen August 1684 und Juli 1685 anzunehmen. Die Gegenüberstellung von Großvater und Enkel ist hier fortgeführt: Die Porträts der beiden Kurfürsten sind in den geöffneten Reichsapfel wie in eine Miniaturkapsel eingeschlossen; nach Aussage der doppeldeutigen Inschrift »TOTVM REPLET ORBEM« repräsentiert die Insignie zugleich die Weltkugel. Während aber die Erfolge Maximilians I. nur durch ein recht bescheidenes Blatt mit der alleinigen Darstellung der Schlacht am Weißen Berge vertreten sind, findet sich zur Linken auf der Max Emanuel gewidmeten Seite, die auch im heraldischen Sinne wichtiger ist, eine stattliche Landkarte, welche

II Neues Schloß Schleißheim, Viktoriensaal

die jüngsten Eroberungen des Kurfürsten verzeichnet. Der Stich konkretisiert den auch in der Inschrift »BELLO PACIQVE PROBATA« anklingenden Topos des im Krieg wie im Frieden bewährten Herrschers: Wie auf den Sieg über Friedrich V. der Westfälische Friede folgte, so resultierte aus den ersten zwei Jahren der Türkenkriege der Stillstand zu Regensburg, der erst die Fortführung der Kämpfe im Osten ermöglichte. Das Blatt erweckt den Anschein, als könne die Landkarte – in Entsprechung zur auffahrenden Bewegung der Fama und der Putten wie zum hochweisenden Gestus der Providentia Divina – mühelos verlängert werden. Freilich erscheint die Parallelisierung zwischen den beiden Verträgen propagandistisch forciert, da Bayern am Zustandekommen der Regensburger Vereinbarung keinen entscheidenden Anteil hatte.

Die Hochzeit mit Maria Antonia gab Gelegenheit, den Vergleich zwischen Großvater und Enkel auszudehnen; hatte doch Maximilian I. 1635 Maria Anna geheiratet, die Tochter des verbündeten Kaisers Ferdinand II. Da sich die Heirat Max Emanuels zeitlich eng mit den militärischen Ereignissen verknüpfte, mußten die Huldigungen beide Komplexe gleichermaßen berücksichtigen. Auf mythologischer Ebene war die Gewinnung der Braut unter dem Aspekt der Belohnung kriegerischer Verdienste darzustellen. Einer der beiden in der Schwabinger Hofgasse errichteten Triumphbögen, die neben anderen Dekorationen in München zum Einzug des Hochzeitspaares am 9. Oktober 1685 geschaffen wurden, zeigt im Mittelbild der Vorderseite Max Emanuel als Jason, der mit seinen Gefährten auszieht, um das Goldene Vlies zu erlangen;[130] doch wird es ihm erst nach der Überwindung verschiedener Ungeheuer zuteil.[131] Der Vergleich mit Herkules findet sich auf der Rückseite des Bogens:[132] Zum Lohn geben die Götter dem Helden Hebe zur Gemahlin, die Tochter Jupiters, wie der Text wohl in Anspielung auf Leopold I. hervorhebt. Die andere Ehrenpforte der Schwabinger Hofgasse ist dagegen ganz dem Feldzug des Jahres 1685 gewidmet.[133] Das Thema der bayerisch-österreichischen Allianz beansprucht das Mittelbild der Vorderseite: Wohl in Anlehnung an Rubens' Antwerpener Bogen von 1635[134] ist dort die Begegnung zwischen Max Emanuel und Karl von Lothringen geschildert. Auch die vier Dekorationen, die sich im Kaiserhof der Residenz erhoben,[135] lassen eine ähnliche Aufteilung der Themen erkennen: jeweils zwei Gerüste gelten zum einen der Heirat, zum anderen den vornehmlich 1685 über die Türken errungenen Siegen. Das Programm kulminiert im genealogisch ausgerichteten »Pegma nuptiale Bavaro-Austriacum«, das sich in einem zweiten Hof der Residenz befand.[136] In der hier dargestellten Folge der durch die Ehe verbundenen Mitglieder des bayerischen und des habsburgischen Herrscherhauses[137] nimmt die Heirat zwischen Maximilian und Maria Anna besonderen Rang ein. Die Vereinigung beider Stämme wird u. a. durch das Zusammenwachsen des österreichischen Lorbeerbaums und

J. van den Nypoort, Einnahme der Festung Belgrad 1688 (Ausschnitt)

der bayerischen Zeder illustriert. Auch begegnet das auf Bayern und Habsburg anspielende Bild des zwischen Löwe und Adler, zwischen dem König der Vierfüßler und dem König der Vögel geschlossenen Bundes, das im Rahmen der Wittelsbacher-Ikonographie bereits Tradition besitzt.[138] Kennzeichnend ist 1685 nur die extensive Variierung des Themas, das auch den Inhalt der von den Kölner Jesuiten dargebrachten Festschrift »Foedus Leonis et Aquilae« be- Kat.Nr. 240
stimmt. Die Stiche, die zum Teil emblematischen Charakter besitzen, erweisen die Überlegenheit der ausgeprägten Habsburger-Ikonographie, die sich u. a. in den Wahlsprüchen der Kaiser äußert: zwei der als Überschriften angegebenen Devisen lassen sich – gleich dem verschiedentlich verwendeten Motiv von Schwert und Zepter – auf Ferdinand III. und Leopold I. beziehen.[139] Dagegen finden sich, mit Ausnahme des Löwen, keine spezifischen Hinweise auf die Wittelsbacher.

Während der drei folgenden Jahre hoben Stiche und Medaillen bayerischer Provenienz in propagandistischer Absicht den selbstlosen Einsatz des Kurfürsten hervor, der allein den Interessen des kaiserlichen Schwiegervaters zu dienen schien, wie ein Emblem aus dem Jahre 1686 darlegt:
»NIL CAVSA FECIT IN ARMIS IPSE SVA« (er focht Kat.Nr. 230
nicht für die eigene Sache). Nicht weniger deutlich ist die
Aussage der 1688 auf die Einnahme Belgrads geprägten Kat.Nr. 222
Medaille, in deren Umschrift es heißt: »AUGUSTO REDEUNT GENERI VIRTUTE TRIUMPHI« (dank der Tugend des Schwiegersohns fallen dem Kaiser Triumphe zu). Das Revers greift die Adler-Löwen-Metapher auf,
die auch in die demselben Ereignis geltenden Stiche Justus Kat.Nr. 227
van den Nypoorts Eingang fand.[140]

Max Emanuel begnadigt die Türken 1688. Aus »Der Neu-eröffneten Ottomanischen Pforten Fortsetzung« 1701

Gerade die Eroberung Belgrads bot die Möglichkeit, das Bild des Löwen mit den traditionell diesem Tier zugeschriebenen Eigenschaften der Fortitudo und Clementia zu verbinden.[141] Zum einen erhob man den mit gezücktem Degen voranstürmenden Kurfürsten zum Inbegriff der Tapferkeit;[142] zum anderen begünstigte Max Emanuels Begnadigung der bittflehenden Türken[143] den Vergleich mit der Clementia des Löwen, der großmütig die unterworfenen Gegner schont.[144] Erst im Jahre 1715 aber, als man es sich zur Aufgabe machte, den zurückkehrenden Kurfürsten als mustergültigen Herrscher auszuweisen, gelangte die Darstellung der Einnahme Belgrads unter beiden Aspekten zu propagandistisch wirksamer Entfaltung.[145]

Auch in der Türkenikonographie spielt der Löwe eine bedeutsame Rolle; zum Beispiel steht er im Kontrast zur Meute wütender Hunde, die machtlos gegen ihn anbellen oder ihm als unedle Gegner, trotz ihrer Überzahl, im Kampf nicht gewachsen sind. Während die Hunde in der Löwen-Emblematik Ferdinand Marias nur die Feinde im generellen Sinn repräsentieren,[146] werden sie unter Max Emanuel von 1683 an zumeist mit den Türken identifiziert.[147]

Kat.Nr. 230 Zudem kann der Feind unter dem Zeichen des Höllenhundes Zerberus auftreten. Dagegen läßt die Gleichsetzung
Kat.Nr. 220 mit dem Stier[148] den Türken als machtvollen Gegner erscheinen, den anzugreifen nicht der Würde des Löwen widerspricht.[149] Auch wegen der als Halbmond interpretierten Hörner eignet sich der Stier, der ohnehin den Furor versinnbildlicht,[150] als Verkörperung der Türken. Ferner werden sie der Tradition entsprechend u. a. durch Schlange,[151] Drachen[152] und Hydra[153] repräsentiert.

Verbreiteter aber ist das auch von den Habsburgern bevorzugte Bild des Mondes, der von der – meist mit dem Kaiser identifizierten – Sonne überstrahlt wird.[154] Auch kann der Erdball zwischen beide Gestirne treten, so daß der Mond Verfinsterung erleidet, um bald ganz entschwunden zu sein.[155] In einer weiteren Variante nimmt der Erdball die Form des Reichsapfels an; das in der Habsburger-Ikonographie vorgeprägte Motiv[156] bildet, nun auf die Insignie des Reichserztruchsessen übertragen, das beherrschende Motiv der von den Jesuiten 1686 in München Kat.Nr.
geschaffenen Dekoration. Ein ähnliches Motiv liegt der bayerischen Medaille von 1683 zugrunde: der zwischen der Kat.Nr.
habsburgischen Sonne und dem türkischen Mond stehende Zodiakuslöwe führt die Verfinsterung des Nachtgestirns herbei, wie die Inschrift »VT FIAT ECLIPSIS« aussagt. Kat.Nr. 405, 486

Die Max Emanuel gewidmeten Stiche und Medaillen legen in den Jahren 1689–1691 deutlichen Nachdruck auf die Unterstützung, die der bayerische Kurfürst seinem Bruder Joseph Clemens und den pfälzischen Wittelsbachern wie auch generell dem Reich im Kampf gegen Ludwig XIV. zuteil werden ließ. Doch der französische Gegner selbst tritt nicht eindeutig in Erscheinung und wird somit auch nicht direkt herabgesetzt;[157] darin liegt ein grundsätzlicher Unterschied gegenüber der Türkenikonographie. Deren unveränderte Dominanz erweist sich an den zwei Blättern Amlings aus den Jahren 1691: Die Kämpfe am Rhein und Kat.Nr. 465/66
in Oberitalien, in Zusammenhang mit den Türkenkriegen dargestellt, scheinen den Ruhm zu bestätigen, den sich Max Emanuel im Osten erwarb.

Die Ernennung Max Emanuels zum Statthalter der Spanischen Niederlande Ende 1691 brachte zunächst keine Huldigungsblätter hervor. Doch wurden in den Niederlanden selbst, wie auch in Nürnberg, verschiedene Medaillen geschlagen, die dem Ereignis gelten.[158] Zumindest zwei der Themen, welche scheinbar spontan die mit dem neuen Generalgouverneur verbundenen Hoffnungen und Erwartungen zum Ausdruck bringen, entstammen der traditionellen Statthalter-Ikonographie, wie sie sich in den zum Amtsantritt geschaffenen Festdekorationen und Schaumünzen manifestierte (Max Emanuel selbst hatte auf einen feierlichen Einzug verzichtet).[159] Das die Errettung durch den Fürsten versinnbildlichende Motiv der Befreiung Andromedas durch Perseus,[160] das die 1692 geprägte Kat.Nr.
Medaille behandelt, zählt zum Repertoire früherer Ehrenpforten[161] und Schaumünzen[162] der Spanischen Niederlande. Die gleichfalls 1692 gefertigte Medaille, die den Kat.Nr.
Empfang Max Emanuels in allegorischer Form überhöht, geht auf Adventus-Darstellungen der Festdekorationen zurück, denen wiederum antike Münzbilder zugrunde liegen.[163]

Die Löwenikonographie wurde in den neunziger Jahren fortgeführt und erweitert, da sich nun zum bayerischen Löwen jener Brabants hinzugesellte, der die katholischen Provinzen repräsentiert.[164] Auch verlor das Lob des Türkensiegers Max Emanuel im niederländischen Jahrzehnt Kat.Nr.
nicht an Bedeutung.[165] Namentlich die Einnahme Namurs 1695 gab Gelegenheit, an die früheren Erfolge zu erinnern, wie etwa das Blatt des Johann Karl von Reslfeld zeigt.[166]

Während der neunziger Jahre des 17. Jahrhunderts kam auch der Gestalt des Kurprinzen Joseph Ferdinand über-

J. Harrewyn, »Isagoge Charitatis«, um 1695, Titelblatt

ragende Bedeutung zu; zahlreiche Kunstaufträge galten dem Erben.[167] Im Vergleich zur Geburt des ersehnten Thronfolgers fand der Tod der Kurfürstin Maria Antonia, die zwei Monate nach der Niederkunft starb, nur geringen Widerhall, wie sich zum Beispiel der Festschrift der Jesuiten entnehmen läßt, welche die zum Empfang des Kurprinzen in München (23. Mai 1693) errichteten Dekorationen erläutert.[168] Auf einem der zu Ehren Maria Antonias geschaffenen Trauergerüste wurde Joseph Ferdinand mit der Perle verglichen, die der Lebensgenius der im Tod sich öffnenden Muschel entreißt; auch findet sich das Bild des aus der Asche aufsteigenden Phönix.[169] François-Désiré de
t.Nr. 293 Sevin verweist 1695 auf die alttestamentliche Parallele des Benjamin, an dessen Geburt Rahel starb. Der Autor unterstreicht nachdrücklich die dem Kurprinzen zugedachte Rolle als spanischer Thronfolger; auf dem Titelblatt der »Isagoge Charitatis«[170] umfaßt Joseph Ferdinand zugleich den spanischen Löwen und den Adler der österreichischen Habsburger. Auch fehlt nicht das Herkules-Motiv, das bereits die 1692 zur Geburt Joseph Ferdinands geprägte
t.Nr. 319 Medaille der Landstände bestimmt hatte: Der als Sohn des Herkules geborene Thronfolger, der ebenfalls schon in der Wiege Schlangen erwürgt – wie es eine weitere Illustration der »Isagoge Charitatis« zeigt –, wird als zweiter Herkules in Spanien die Äpfel der Hesperiden gewinnen. Auch die Türkenkriege Max Emanuels sollen Joseph Ferdinand zum Vorbild dienen. Das gilt gleichermaßen für das von Johann van der Bruggen nach Johann Andreas Thelot 1696 gestochene Thesenblatt des Johannes Graf von Königsfeld:[171] Dort warten türkische Trophäen auf den im Löwenwagen nahenden Erben; Putten halten Schwert und Helm bereit (Abb. 15). Der Gedanke der Nachfolge des kriegserprobten Vaters[172] kennzeichnet auch das 1697 von dem Mechelner Kanonikus Augustin Kasimir Redel publizierte Heft »Annus Symbolicus«,[173] dessen Illustrationen in didaktischer Absicht Regeln des rechten Verhaltens vor Augen führen; den Kämpfen gegen die Türken wird besonderes Gewicht gegeben. Charakteristisch ist auch die Auffassung
t.Nr. 320 des 1698 von Amling radierten Blattes, das unter dem Bildnis des Thronfolgers die Inschrift »Ad utrumque paratur« trägt: Als Vertreter von Krieg und Wissenschaft stehen sich Mars und Minerva gegenüber, die die Erziehung Joseph Ferdinands leiten sollen; die Göttin aber hält eine Landkarte, die offenbar nicht nur auf die Geographie, sondern auch auf die Eroberungen des Vaters anspielt.[174] Somit äußern sich hier grundsätzliche Unterschiede gegenüber den eher unkriegerisch gestimmten Schriften und Stichen, die gut drei Jahrzehnte zuvor der Erziehung Max Emanuels gewidmet worden waren.

Im Gegensatz zur Hochzeit mit Maria Antonia fand Max Emanuels zweite Heirat mit der polnischen Königstochter Therese Kunigunde in Bayern kein bedeutendes Echo.[175] Selbst die Landstände verzichteten auf die obligate Medaille. Indessen widmeten die Spanischen Niederlande der Hochzeit des in Brüssel residierenden Generalgouverneurs größere Aufmerksamkeit. Am 15. Januar 1695 veranstalteten die Brüsseler Jesuitenschüler zu Ehren des Brautpaars eine der örtlichen Tradition entsprechende Kavalkade mit der Darstellung der polnischen Könige und der bayerischen Fürsten;[176] die Stadt Brüssel ließ auf das Ereignis einen Jeton prägen.[177] Die literarischen Würdigungen enthielten sich dagegen klug der genealogischen Thematik, da Therese Kunigunde, als Tochter eines Wahlkönigs, keine fürstliche Ahnenreihe vorzuweisen vermochte.[178] Wie schon 1685 stellten die Schriften die Heirat zumeist unter das Motto der Verbindung des Löwen mit dem – polnischen – Adler.[179]

Zum Einzug Max Emanuels in München (22. Mai 1701) wurden in der Stadt verschiedene Dekorationen errichtet, die freilich künstlerisch wie ikonographisch des Interesses entbehren.[180] Zwei im selben Jahr erschienene Schriften verglichen Max Emanuel mit dem heimkehrenden Odysseus[181] wie mit dem das eigentliche Bestimmungsziel erreichenden Äneas.[182] Hier sind zahlreiche Wendungen gegen Frankreich gerichtet, die Sonne wird zum negativen Zeichen[183] – während Max Emanuel doch schon im Frühjahr 1701 mit Ludwig XIV. einen zunächst geheimgehaltenen Subsidienvertrag abgeschlossen hatte. Antigallische Töne finden sich auch in dem »Carmen militare« des Johann Georg Littich,[184] das u. a. das am 12. Oktober 1701 – im

J. B. Wening, Feuerwerk in München 1715 (Ausschnitt)

Rahmen des als militärische Machtdemonstration gedachten Manövers bei Schwabing – veranstaltete Feuerwerk beschreibt.[185] Dessen Hauptthema bildete die Einnahme von Namur; so konnte Littich das Bild des bayerischen Löwen verwenden, der dem französischen Hahn die Federn ausreißt.[186]

Zu Beginn des Spanischen Erbfolgekriegs traten propagandistisch geprägte Werke ganz in den Vordergrund, wie zum Beispiel der wohl 1703 von Kajetan Felix Verani
Kat.Nr. 341, 358 verfaßte Panegyricus.[187] Den 1702/03 geprägten Medaillen, welche die bayerischen Siege glorifizierten, sind die angeblich auf Weisung Max Emanuels nach der Einnahme von Ulm (8. September 1702) gefertigten Fahnen zur Seite zu stellen, die den Feind zu verletzen trachteten.[188] Doch namentlich die Wende der militärischen Lage im Jahr 1704
Kat.Nr. 357, 359/60 rief auf seiten der Alliierten zahlreiche Gegenäußerungen hervor.[189]

Die aus Anlaß der Rückkehr des Kurfürsten im Jahr 1715 entstandenen Werke bilden insgesamt ein umfassendes Kompendium der Max-Emanuel-Ikonographie, in das zahlreiche Elemente aus früheren Jahrzehnten eingegangen sind. Im Vergleich zu den Gemälden Viviens und Roëttiers' spielen die kurfürstlichen Insignien eine geringere Rolle.[190] Dagegen muß die nach langer Finsternis neu erstrahlende Sonne als zentrales Motiv der Huldigungen gelten;[191] so
Kat.Nr. 482 zeigt die offizielle Medaille des Jahres 1715 das strahlenumkränzte Haupt Max Emanuels, der mit der aufgehenden Sonne identifiziert wird. Auch ist »Post Nubila Phoebus« eine häufig verwendete Devise,[192] die etwa dem am Einzugstag veranstalteten Feuerwerk den Titel gibt.[193] Durch kosmologische Analogien wird den politischen Vorgängen der Charakter scheinbarer Zwangsläufigkeit verliehen. Zudem vermag die Sonnen-Metapher die kurfürstliche Familie einzubeziehen, die in den Darstellungen einen besonderen Rang einnimmt, wie neben Viviens Gemälde Kat.Nr. 4
auch eine der in München errichteten Triumphpforten zeigt.[194] Im Münchner Feuerwerk wie in den Lobschriften von Alexander Herth[195] und Johann Adam Brantan[196] verweisen die sechs Sterne auf die Kinder des Kurfürstenpaares, während der Mond, der hier positive Bedeutung annimmt,[197] Therese Kunigunde repräsentiert: alle Gestirne verdanken ihr Licht der Sonne. So werden die aus der anagrammatischen Umwandlung des Namens »Emmanuel« gewonnenen Worte »a me lumen« mit Sinn erfüllt.[198]

Neben der von der Ingolstädter Universität besorgten Gratulation »Panoplia togatae et sagatae Palladis«,[199] die keine Illustrationen enthält, ragt unter den 1715 erschienenen Publikationen einzig die von den Jesuiten der oberdeutschen Provinz edierte »Fortitudo Leonina« hervor, ein Kat.Nr. 4
monumentales Werk, das schon im Umfang die üblichen Grenzen der Gattung der Gelegenheitsliteratur überschreitet. Im Unterschied zu den übrigen Huldigungen werden die Motive der Sonne[200] wie der Insignien nur beiläufig berücksichtigt. Beherrschendes Thema ist vielmehr das Wirken der »Utraque Fortuna«, die – gemäß dem vornehmlich von Petrarca ausgebildeten Konzept[201] – Glück oder Unglück mit sich bringt. Die bayerischen Fürsten, besonders aber Max Emanuel selbst und dessen Angehörige, wissen die günstigen Stunden zu nützen, während sie sich dem widrigen Geschick widersetzen – kraft ihrer Tugenden, unter denen an erster Stelle die dem bayerischen Herrscherhaus eignende »fortitudo leonina«,[202] die löwenhafte Stärke, zu nennen ist; selbst die Jahre des Exils und der Reichsacht erscheinen somit in positivem Licht. Zudem untersteht der Kurfürst, gleich dem bayerischen Stamm, dem Schutz der Göttlichen Vorsehung, die im christlichen Kontext auch über Fortunas Willkür herrscht;[203] programmatisch wird das im Titelblatt dargelegt. Kat.Nr. 4

Den vierzig Vorgängern Max Emanuels ist der erste und umfangreichste Teil des Werkes gewidmet, der den Charakter einer genealogischen Schrift besitzt, ohne aber den Aspekt der Fortuna zu vernachlässigen. Die auch auf dem Frontispiz hervorgehobenen Herrscher Theodo I., Kat.Nr. 4
Karl der Große, Otto von Wittelsbach und Ludwig der Bayer sind mit vier ganzseitigen Tafeln vertreten, welche die Statuen an der Kaisertreppe der Münchner Residenz wiedergeben. Die vierzig Embleme entstammen dagegen größtenteils den 1638 von dem Münchner Jesuiten Andreas Brunner herausgegebenen »Excubiae Tutelares«.[204] Somit bildet der Abschnitt die einzige ausführlichere Genealogie der bayerischen Regenten, die in Max Emanuels Regierungszeit erschien; freilich kann die panegyrisch aufgefaßte Würdigung keinen wissenschaftlichen Anspruch erheben.[205] Im Vergleich mit der Epoche Kurfürst Maximilians I. äußert sich unter Max Emanuel nur geringes Interesse an der Darstellung und Erforschung der Vorgänger; darin liegt auch ein grundsätzlicher Unterschied gegenüber den habsburgischen Herrscherhuldigungen.[206]

1

2

3

4

1 Emblematisches Bildnis Max Emanuels – 2 B. Kilian nach J. A. Wolff, Max Emanuel 1680
3 M. Küsell, Thesenblatt des G. P. F. v. Sandizell 1680 – 4 C. G. Amling nach Th. Macolinus, Max Emanuel 1678

5

6

7

5 J. F. Wussim, Allegorie auf den Regierungsantritt Max Emanuels – 6 Ph. Kilian nach J. F. Pereth, Allegorie auf den Regierungsantritt Max Emanuels
7 G. Ehinger, Max Emanuel als Türkensieger – 8 M. Küsell nach J. A. Wolff, Max Emanuel als oberster Gerichtsherr

9

10

11

12

9 L. Heckenauer, Max Emanuel im Kurmantel – 10 E. Chr. Heiß nach J. G. Rieger, Max Emanuel als niederländischer Statthalter
11 P. Schenk, Max Emanuel als niederländischer Statthalter – 12 München um 1720, Brustbildnis Max Emanuels

13

14

15

13 C. G. Amling, Max Emanuel
14 C. G. Amling, Maria Antonia
15 J. van der Bruggen
nach J. A. Thelot, Thesenblatt
des J. v. Königsfeld 1696

16 J. Harrewyn, Max Emanuel
als Türkensieger 1698
17 J. B. Berterham
nach G. B. Grondoni,
Allegorische Verherrlichung
Max Emanuels

17

16

18

19

20

21

22

23

18–23 Münzbilder Max Emanuels. 18: ca. 1680; 19: zwischen 1683 und 1685; 20: ca. 1686; 21: 1686; 22: 1697; 23: 1715

Der zweite Teil der »Fortitudo Leonina« wird durch die
.Nr. 479 graphische Invention eines vor der Münchner Residenz errichteten Reiterdenkmals Max Emanuels eingeleitet. Die Gestalt des regierenden Kurfürsten setzt sich damit deutlich gegen die weniger anspruchsvoll dargestellten Vorgänger ab, deren Eigenschaften Max Emanuel in sich vereint, gleichsam als »avitarum virtutum compendium«.[207] An die unter das Zeichen der »Utraque Fortuna« gestellte Schilderung des Lebensganges Max Emanuels schließen sich vierundzwanzig Emblemata an, die sich ganz auf die Löwen-Metaphorik beschränken; der Konzeption nach können wohl habsburgische Emblemschriften jesuitischer Provenienz als Vorbild gelten.[208] Auf je ein Sinnbild des auf der Erde wirkenden bayerischen Löwen, durch den die vom Glück begünstigten Kriegstaten und politischen Leistungen Max Emanuels in streng chronologischem Ablauf verdeutlicht werden, folgt je ein Sinnbild des Himmelslöwen, der Max Emanuels Standhaftigkeit im Unglück vor Augen führt; unangefochten zieht das Gestirn seine Bahn. Als Ursache solchen Gleichmuts »in utraque fortuna« offenbart sich die bereits früher thematisierte Nähe des Sternbilds des Löwen zu dem der Jungfrau; dem entspricht das Vertrauen des bayerischen Löwen zur Madonna von Altötting. Hier erweist sich erneut die überragende Bedeutung der Gestalt Mariens als »Patrona Bavariae«; im Kontext der Max-Emanuel-Ikonographie begegnen indessen keine heiligen Patrone der Dynastie, die eventuell gar als Ahnherren dem Hause selbst angehören, wie der hl. Ludwig in Frankreich oder der hl. Leopold im Habsburgerreich.[209] – Die Titel der vierundzwanzig Darstellungen benennen genauer die Herrschertugenden Max Emanuels, die in den verschiedenen Ereignissen hervortreten. Die wenig originellen Embleme bilden eine Summe bekannter Inventionen, die bereits in der vorausgehenden Ikonographie des Kurfürsten ausgearbeitet oder aufbereitet wor-
Nr. 475, den waren; das Lob der Türkensiege besitzt – wie in ver-
489–91 schiedenen Werken der Jahre 1714/15 – besonderes Gewicht.[210]

Therese Kunigunde und den Kindern ist der dritte Teil der »Fortitudo Leonina« gewidmet. Am Anfang steht aber-
.Nr. 478 mals ein ganzseitiger Stich: Die mit Penelope identifizierte Kurfürstin schreibt aus Venedig an den in Frankreich residierenden Gemahl, der mit Odysseus gleichgesetzt wird. Die mythologische Parallele begegnet bereits früher in der Ikonographie Max Emanuels. Schon die zur Hochzeit 1685 errichteten Festdekorationen ließen das Brautpaar – in einer Folge von Darstellungen exemplarischer Gattentreue – als Odysseus und Penelope auftreten;[211] der Tradition entsprechend repräsentierte Odysseus dort »Consilium« und »Sapientia«.[212] Die erwähnte Schrift aus dem Jahr 1701 gab dem Thema den Charakter einer Allegorese: Penelope stand für das Kurfürstentum Bayern, das den Herrscher nach fast zehnjähriger Abwesenheit in München empfing; Odysseus selbst war ein Jahrzehnt umhergeirrt. Indessen bezogen sich mehrere wohl 1704/05 geprägte Medaillen Kat.Nr. 483/84
konkret auf die Trennung des kurfürstlichen Paares, gaben der Hoffnung auf die baldige Rückkehr Max Emanuels Ausdruck. Im Text der »Fortitudo Leonina« wird dagegen die Beziehung zwischen Max Emanuel-Odysseus und Therese Kunigunde-Penelope in Anlehnung an die auf Ovid zurückgehende Gattung der »Heroides«, der Heldenbriefe, dargestellt, die in Deutschland namentlich im 17. und frühen 18. Jahrhundert zu außerordentlicher Beliebtheit gelangten:[213] Liebespaare aus Mythologie und Geschichte wechseln sehnsuchtsvolle Briefe.[214]

Die dem Stich folgende Lobschrift führt Therese Kunigunde als »Heroina in utraque fortuna« vor. Die zur Regierung geborene Fürstin habe gleich dem Gemahl in schwierigen Situationen – gemeint sind Regentschaft und Exil 1704–1715 – Standhaftigkeit bewiesen; »Constantia« wird somit auch hier zum wirksamsten Mittel gegen die Anschläge der »Mala Fortuna«.[215] Die Lobpreisung der Eigenschaften Therese Kunigundes, die auch der auf dem Stich wiedergegebene Tugendspiegel nennt, gipfelt in den Zeilen, welche die Kurfürstin – als Inbegriff der »Fides Conjugalis« wie der »Castitas« – noch über Penelope stellen.[216]

Die Heldenbriefe des Kurfürstenpaares betonen nachdrücklich die liebevolle Fürsorge, die Kaiser Karl VI. angeblich den in Klagenfurt und Graz festgehaltenen Prinzen zuteil werden ließ. Darin kommt das Bemühen zum Ausdruck, sich der erneut zwischen dem Habsburgerreich und Bayern erzielten Eintracht zu vergewissern.[217] Zudem liegt der Akzent auf der zwischen Karl VI. und Ludwig XIV. herrschenden »Concordia«;[218] das 1714/15 häufiger angesprochene Thema[219] gelangt in einem Brunnen, der in München als Teil der zum Empfang Max Emanuels geschaffenen Dekorationen errichtet wurde, zu bildlicher Gestalt:[220] Adler und Lilie senden Wasserstrahlen aus, die symmetrisch auf den – in Anspielung auf die Arche Noah – von der Taube bekrönten Mast des bayerischen Staatsschiffs auftreffen.

Die »Fortitudo Leonina« huldigt insbesondere auch Karl Albrecht, der als »Heros in utraque fortuna« in der Nachfolge des Vaters erscheint.[221] Zwei Motive stehen im Vordergrund. Zum einen gilt der von Karl VI. mit dem Orden des Goldenen Vlieses ausgezeichnete Kurprinz[222] als Pfand der Aussöhnung mit dem Hause Habsburg. Ähnlich wie in der illustrierten Schrift Brantans[223] wird bereits auf die Verbindung mit einer Kaisertochter angespielt;[224] hier zeichnet sich eine Parallele zwischen Vater und Sohn ab. Zum anderen findet die philosophische Schulung Karl Albrechts Beachtung: Der künftige Regent, der 1714/15 verschiedene Thesendisputationen erfolgreich bestanden hatte,[225] erscheint als Muster eines schon früh in den Wissenschaften erfahrenen Prinzen.

Der Türkenfeldzug des Jahres 1717 erbrachte die Möglichkeit, Karl Albrecht überdies als kriegerischen Fürsten zu loben, der in jungen Jahren den Taten des Vaters nachstrebte. Die 1715 nur postulierte Analogie zwischen Max Emanuel und Karl Albrecht konnte nun konkretisiert Kat.Nr. 514 werden: Das von Jakob Andreas Friedrich radierte Blatt stellt die zweite Einnahme Belgrads 1717, an der sich auch Karl Albrecht beteiligte, der ersten Eroberung 1688 durch Max Emanuel gegenüber; die Gestalten der »Pallas sagata« und der »Pallas togata« verweisen gleichermaßen auf die militärischen Qualitäten wie auf die literarisch-wissenschaftlichen Beschäftigungen des Kurprinzen, der zum Exempel des »Ex utroque Caesar« gerät.[226]

Anläßlich der Hochzeit 1722 werden die 1715–1717 vor- Kat.Nr. 522 bereiteten Motive aufgegriffen. Der Entwurf eines Triumphtores hebt die Rolle Max Emanuels als des führenden Vorbilds des Kurprinzen hervor. Cosmas Damian Asams Kat.Nr. 523 Ehrenpforte, die möglicherweise auch auf die erste Besetzung Belgrads 1688 anspielt, stellt die Wiedereinnahme der Festung in den Mittelpunkt des Programms. Auf dem Familienbildnis von 1722, das ursprünglich zur Dekoration des Landschaftshauses gehörte,[227] treten die Türken als gemeinsamer Bezugspunkt von Vater und Sohn in Erscheinung. Auch das schon 1685 und erneut 1695 vielfach variierte Bündnis des Adlers mit dem Löwen begegnet bei den ephemeren Architekturen des Jahres 1722.[228]

Das letzte Lebensjahrzehnt Max Emanuels brachte – abgesehen von der Hochzeit des Kurprinzen 1722 – keine ikonographisch relevanten Stiche, auch keine nennenswerten Lobschriften hervor; Medaillen fehlen ganz. Zu erwähnen sind einzig die Schleißheimer Deckengemälde Amigonis. Die zum Tode Max Emanuels 1726 erschienenen Werke führten dagegen zu einer letzten Erweiterung der Ikonographie des Kurfürsten. Überragende Bedeutung kommt nun den Insignien zu, in denen sich die Kontinuität der Erbmonarchie manifestiert. So bekrönen sie auch den Kat.Nr. 638 Katafalk des in der Münchner Theatinerkirche errichteten Castrum Doloris,[229] das – gemeinsam mit der Trauerdekoration des Kircheninnern – in der lateinisch-deutschen Kat.Nr. 641 Schrift »Magnus in ortu« des Theatiners Joseph Kajetan Khuen ausführlich erläutert wird. Die dort überlieferten Embleme vergleichen das Leben des Kurfürsten zum einen mit der Jahresbahn, zum anderen mit dem Tageslauf der Sonne; der Tod Max Emanuels spiegelt sich im abendlichen Untergang des Gestirns, dessen Glanz nur mehr in den Sternen – den Kindern des Herrschers – widerstrahlt. Die Sinnbilder des Zyklus, die sich durch den historisch-erzählenden Charakter auszeichnen, weisen im einzelnen keine Verbindung auf zu den bereits genannten Variationen des Sonnengleichnisses. Im übrigen ist die Sonne – das verbreitetste Synonym für den Fürsten – bei Max Emanuel weitgehend auf den emblematischen Bereich beschränkt. Es fehlt der Aspekt der mythologischen Personifizierung, der – wie etwa in Frankreich und anschließend bei den Habsburgern[230] – den Herrscher zu Apollo werden läßt.[231] Zudem verzichtet die Ausschmückung des Castrum Doloris der Theatinerkirche nicht auf das Thema des Löwen, der eher als bevorzugtes Sinnbild Max Emanuels anzusehen ist. So dominiert das Löwenmotiv auch in Adalbert Weinbergers Leichenpredigt »Maximilian II. Kat.Nr. Der Großmüthige«. Die dem Tier als wichtigste Tugend zugeschriebene »Magnanimitas«[232] soll das todesmutige Tapferkeit und milde Sanftmut verbindende Verhalten des Verstorbenen erklären, wie es sich besonders bei der Erstürmung von Belgrad zu offenbaren schien. Der Hinweis fehlt auch nicht in der Predigt des Gelasius Hieber, der deutlich das militärische Element betont, während zivile Tugenden weit weniger hervorgehoben werden; beispielsweise heißt es, daß Max Emanuel seines kriegerischen Charakters wegen in der Rüstung – von Vivien in der Malerei und von de Grof in der Skulptur – dargestellt werde.[233] Demgemäß bezeichnet Hieber an anderer Stelle Max Emanuel auch als Mars; so seien Geburts- und Todestag auf den Dienstag, den Dies Martis, gefallen.[234] Joseph Kajetan Khuens Leichenpredigt trägt gar den Titel »Mars Christiano-Bojcus«.[235] Daß es sich nicht um rein literarische Floskeln handelt, erweist Amigonis Deckengemälde des schlafenden Mars im kurfürstlichen Schlafzimmer des Schleißheimer Schlosses, dessen gewiß von Max Emanuel selbst angegebenes Programm[236] ohnehin kriegerisch gestimmt ist. Gerade in den letzten Lebensjahren Max Emanuels ist das Thema des Mars[237] wichtiger als das des Herkules, dessen Gestalt – mit Ausnahme der für Schleißheim bestimmten Skulptur Giuseppe Volpinis – nur auf wenigen Medaillen begegnet.[238] Niemals aber tragen die mythologi- Kat.Nr. 487 schen Figuren die Züge des Herrschers: das theomorphe Porträt im eigentlichen Sinne spielt unter Max Emanuel nahezu keine Rolle.

Anmerkungen

[1] Kat.Nr. 32 und Carl Gustav Amling nach Thomas Macolinus (GHA VII, 37).

[2] M. Strich, Der junge Max (II.) Emanuel von Bayern und sein Hof (AbM 13, 1915/16) 58.

[3] Von Bartholomäus Kilian nach Johann Andreas Wolff gestochener Titel zum 1680 in München erschienenen THEATRVM VIRTUTIS ET GLORIÆ BOICÆ (Neuausgabe der 1638 von Andreas Brunner S J in München publizierten »Excubiae Tutelares«) u. Ingolstädter Thesenblatt des G. P. F. von Sandizell (München, Stadtmuseum, Maillinger-Sammlung I/670); vgl. S. 7. – S. auch die Medaillen von 1679/80 (Beierlein 1450–55).

[4] S. vor allem de la Hayes Bericht: Strich (Anm. 2) 58/59.

[5] Antonio Paullini, Curieuses Bücher-Cabinet III, Köln-Frankfurt 1713, 15. Eingang, 865: »Das Gesicht ist gleichfalls mehr lang als breit / und gleichet einer Person / welche mit vielen Sorgen beladen ist.« Der Charakteristik Max Emanuels (S. 865–69) folgt – teils leicht gekürzt, teils erweitert und mit verändertem Wortlaut – das Manuskript »Leben und Thaten des Churfürsten von Bayern. 1730«

(BStB Cgm 2832; eine Abschrift verdanke ich P. Volk); s. auch Beitrag Schmidt.

[6] S. de la Haye 1685 sowie den Bericht Franz Hannibal v. Mörmanns aus Wien vom 23. Oktober 1697 und die Randnote Baron v. Mayrs, der das Gerücht der bevorstehenden Erblindung Max Emanuels auf einem Auge zurückweist: »Sein ganzes Ubel besteht in einer fleischig Röthe« (A. v. Ow, Beiträge zur Geschichte Max Emanuels [AbM 3, 1901/02] 149; vgl. 102 und 142). 1717 wird das Augenwasser des Kurfürsten erwähnt (A. v. Ow, Maffei's Briefe an Mörmann in Wien [AbM 4, 1903/04] 137), über das auch der Nachruf im Parnassus Boicus IV, 20. Unterredung, München 1726, 101/02 berichtet: »... auch keinen sondren Kräncklichkeiten unterworffen warde / ausser / daß Er ehedessen mit einigen Augen=Schmertzen incommodieret warde / doch durch ein gewises Arcanum, so Er durch grossen Preiß an sich erhandlet / widrumb hergestellet worden / welches Er hernach / auß beywohnender Großmüthigkeit und Christlicher Liebe / jedermänniglich gratis lassen außfolgen«.

[7] Die zur Hochzeit 1685 erschienenen Medaillen zeigen den Schnauz noch nicht, dagegen aber die der Einnahme von Buda geltende Medaille und der gleichfalls 1686 geschaffene Stich Gabriel Ehingers (München, Stadtmuseum Ia, 190 und Maillinger-Sammlung I/699; Abb. 7). Der Moustache findet sich noch auf den zum Antritt der niederländischen Statthalterschaft Ende 1691 geprägten Medaillen und auch auf dem Stich Simon Thomassins von 1692 (München, Stadtmuseum 63/7250; Textabb. S. 240). Doch ist er weder auf der Medaille zur Hochzeit Anfang 1695 (Beierlein 1531) noch auf dem Thesenblatt des J. J. I. Goder von Käpfing (Kat.Nr. 467) angegeben. Andere Porträts mit Moustache aus den Jahren 1695/96 (Medaille Kat.Nr. 291 und Regensburger Thesenblatt des Johannes Graf von Königsfeld nach Johann Andreas Thelot von Johannes van der Bruggen in München, Stadtmuseum, Maillinger-Sammlung I/716; Abb. 15) entsprechen wohl nicht dem damaligen Aussehen des Kurfürsten.

[8] Straub 285 (Bericht Lanterys vom 5. 12. über das Ereignis vom 2. 12. 1687).

[9] (R. Payer von Thurn) Liste nominale des chevaliers de l'ordre illustre de la toison d'or, o. O. 1904, 35; nach F. van Kalken, La Fin du régime espagnol aux Pays-Bas, Brüssel 1907, 37 wurde Max Emanuel der Orden am 18. 5. 1692 überreicht.

[10] W. L. Holland, Briefe der Herzogin Elisabeth Charlotte von Orléans aus den Jahren 1707 bis 1715 (Bibliothek des Litterarischen Vereins in Stuttgart 107, Tübingen 1871) 252/53, Nr. 527 (28. 5. 1711).

[11] S. das 1700 datierte Pastell Joseph Viviens im Louvre.

[12] S. das Brustbild im Besitz der Bayerischen Staatsgemäldesammlungen Inv.Nr. 7544.

[13] Vgl. Titelblatt des »Theatrum virtutis« von 1680 (Anm. 3) und Kat.-Nr. 462.

[14] Thesenblatt des G. P. F. von Sandizell 1680 (s. Anm. 3) sowie ganzfiguriges Bildnis der Bayerischen Staatsgemäldesammlungen Inv.Nr. 2771 (s. S. 2) und im Typus entsprechendes Brustbild im Besitz des Grafen Soden-Fraunhofen, Neufraunhofen.

[15] Vgl. Beitrag Schalkhaußer. P. Volk wies mich freundlicherweise auf die Erwähnung eines für Max Emanuel erworbenen Kürasses hin: »450 fl. an den Hutmacher Johann Thurin, wegen von Prescia aus Italia für Ir Churfrst Drl: Wams gebrachten Curras, sambt der zuegehör« (StAM HZR 1686, fol. 245r, Nr. 37).

[16] Gottfried Stieve, Europäisches Hoff-Ceremoniel, Leipzig 1715, 238; fast wörtlich übernommen in Zedlers Universal-Lexicon III, Halle–Leipzig 1733, Sp. 1825. Vgl. Julius Bernhard v. Rohr, Einleitung zur Ceremoniel-Wissenschafft der großen Herren, Berlin 1729, 395. – Beispiele von Baldachinen über Bildnissen Max Emanuels bietet die ephemere Dekoration, z. B. in Straubing 1715 (Beschreibung Deß jenigen Friden= Freuden und Ehren=Gebäu Welches ... auff offnen Platz zu Straubing bey der Heiligen Dreyfaltigkeit=Saulen Dominica in Albis 1715. auffgericht und illuminiert worden. Von dem Chur=Fürstlichen Collegiat-Stüffts Capitl allda, Straubing 1715, fol. A3v) und in großer Zahl in Namur 1712 (REJOUISSANCES ET CEREMONIES FAITES A L'INAUGURATION DE SON ALTESSE SERENISSIME ELECTORALE DE BAVIERE ... A Namur le 17. May 1712, Namur 1712, passim).

[17] Rohr (Anm. 16) 663; s. auch die Vorbereitungen zur Erbhuldigung Max Emanuels, die 1680 in Reichenhall getroffen wurden (s. Beitrag Diepolder).

[18] Neu-eröffneter Welt- und Staats-Spiegel VII, 84. Teil, Haag (d. i. Leipzig) 1715, 1096–1102; s. auch Eigentliche Beschreibung Deß Stadt Ambergischen= mithin gantzen Ober=Pfältzischen Ubernambs=neuen Huldigungs= und darauß entsprossenen FreudenBezeugungs=Acts von 6. biß 16. Martii M.DCC.XV., Amberg 1715, unpaginiert, fol. 3r (mit eingehender Beschreibung aller Dekorationen).

[19] Europäische Fama XIV, 167. Teil, Leipzig 1715, 944.

[20] Rohr (Anm. 16) 82f.

[21] Der nicht eindeutig definierte Begriff des Staatsporträts, das den Herrscher – über dessen Person hinaus – in erster Linie als sichtbaren Repräsentanten der Krone zeigt, soll hier nicht hinzugezogen werden, da er ohne Rücksicht auf die Frage Anwendung findet, ob der Souverän mit seinen Insignien und Gewändern porträtiert ist. S. die wenig präzise Umschreibung bei M. Jenkins, The State Portrait, its origin and evolution, New York 1947, 1, die z. B. die Darstellung des thronenden Herrschers nicht einbezieht; eine Definition findet sich auch nicht bei W. W. E. Mai, »Le Portrait du Roi«. Staatsporträt und Kunsttheorie in der Epoche Ludwigs XIV., Diss. phil. Bonn 1974. Das einführende Kapitel der Arbeit von R. Schoch, Das Herrscherbild in der Malerei des 19. Jahrhunderts (Studien zur Kunst des 19. Jahrhunderts 23, München 1975) konnte nicht mehr berücksichtigt werden.

[22] Der Typus, z. B. in der zeitgenössischen Malerei Frankreichs, Englands, Schwedens, Brandenburg-Preußens und der Kurpfalz vertreten, findet sich unter Max Emanuel nur in der Festdekoration, etwa in Amberg (Eigentliche Beschreibung [Anm. 18] fol. 7v); s. auch Beitrag Diepolder.

[23] Inv.Nr. 2771, wohl gegen 1690. Auch an dieser Stelle sei R. Baumstark aufrichtig gedankt, der das dem Artikel größtenteils zugrunde liegende Abbildungsmaterial im Auftrag des Ausstellungssekretariats zusammentrug und mir seine Forschungsergebnisse großzügig übermittelte.

[24] Feulner, Gemälde 123, Nr. 677 (wohl späte achtziger Jahre).

[25] Zur Frage der Insignien s. Kat.-Nr. 636 und 647.

[26] Theatrum Europaeum XXI, Frankfurt a. M. 1738, Jahr 1717, 32–34.

[27] München, Bayerische Staatsgemäldesammlungen, Inv.Nr. 3319 und – dem Porträt Viviens näherstehend – Kopie nach Paul Mignard in München, Bayerisches Nationalmuseum, Inv.Nr. R 3721 (K. Voll, H. Braune u. H. Buchheit, Katalog der Gemälde des Bayerischen Nationalmuseums, München 1908, Nr. 602, sowie Kat. Bayer. Nationalmuseum XI, Nr. 596).

[28] P. Eikemeier, Kat. Ausst. Adriaen van der Werff (1659–1722). Hofmaler des Kurfürsten Johann Wilhelm von der Pfalz, München 1972, 15, Nr. 9, Abb. 1. S. auch P. E. Schramm, Sphaira, Globus, Reichsapfel, Stuttgart 1958, 137.

[29] Das Schreitmotiv ist vorgebildet in van Dycks Porträt des 1641 enthaupteten Thomas Wentworth Earl of Strafford (G. Glück, Van Dyck. Des Meisters Gemälde [Klassiker der Kunst 13, Stuttgart-Berlin 1931²], Abb. 436). Das als Gegenstück geschaffene Porträt der Therese Kunigunde folgt fast wörtlich van Dycks Ganzfigurenbildnis der Königin Henriette Maria (Glück Abb. 391).

[30] S. das Blatt, das Pierre Drevet nach Hyacinthe Rigauds 1697 datiertem Bildnis des François-Louis de Bourbon Prince de Conti stach (E. Bouvy, La Gravure en France au XVIIe siècle. La Gravure de portraits et d'allégories, Paris–Brüssel 1929, Abb. 84).

[31] Johann Peter v. Ludewig, Erläuterte Germania Princeps. Des Buchs vom gantzen Bayerischen Hause 4. Abt. (hrsg. v. H. v. Finsterwald, d. i. Ch. F. Hempel), Frankfurt a. M. und Leipzig 1749, 2246; dort heißt es im Bericht über die Jahre 1699/1700: »Als er nun durch seinen Envoyé im Haag um neue Summen anhalten lies, auch nachgehends den Chur-Huth und einige andere Sachen wieder verlangte: wurde ihm beydes rund abgeschlagen.« Auch der Marquis de Sassenage spricht in seinen Memoiren (C. v. Aretin, Nachrichten zur baierischen Geschichte, aus noch unbenützten Quellen, München 1812, I, 145) von der Verpfändung der »couronne Electorale«. P. C. Hartmann, Anleihen und Verpfändungen des kurbayerischen Hauptschatzmeisters Bombarda ... (OA 90, 1968) 153 erwähnt nur Schmuck und Edelsteine aus dem kurfürstlichen Kronschatz.

[32] H. Kühn-Steinhausen, Die Bildnisse des Kurfürsten Johann Wilhelm und seiner Gemahlin Anna Maria Luisa Medici (Düsseldorfer Jahrbuch 41, 1939) Nr. I, 22 u. 28, Taf. 9.

[33] Zum Typus des »sich zum Kampfe rüstenden Feldherrn« mit Page s. J. Müller Hofstede, Rubens und Tizian: Das Bild Karls V. (MJBK 3.F. 18, 1967) 70.

[34] César Vichard Abbé de Saint-Réal, De la Valeur, Köln 1869, 21, 69, 90–95.

[35] Dagegen schließt das nach 1672 von Henri Gascar gemalte Bildnis des Lord High Admiral James Duke of York im National Maritime Museum zu Greenwich (D. de Marly, The Establishment of Roman Dress in Seventeenth-Century Portraiture [Burlington Magazine 117, 1975] 449, Abb. 22) wohl an Pierre Mignard an.

[36] BNP Cabinet des Estampes, Œuvre de Rigaud, Bd. 1 (Da 63), Bl. 52.

[37] M. Mauquoy-Hendrickx, L'Iconographie d'Antoine van Dyck (Académie Royale de Belgique, Classe des Beaux-Arts, Mémoires, coll. in 8⁰, Bd. IX, Brüssel 1956) Nr. 63.

[38] S. den verbreiteten Typus Rigauds, den u. a. das Berliner Bildnis des Grand Dauphin vertritt (H. Börsch-Supan, Kat. Ausst. Höfische Bildnisse des Spätbarock, Berlin 1966, Nr. 51).

[39] Vgl. für die Haltung auch das Bildnis Max Emanuels in der Münchner Residenz (s. Anm. 24).

[40] Madrid, Prado; Ch. Maumené u. L. d'Harcourt, Iconographie des Rois de France II (Archives de l'Art français NF 16, Paris 1932), 128, Taf. XIV. Zur Datierungsfrage s. Mai (Anm. 21) 114.

[41] Die zeitgenössische Militärkleidung findet sich häufiger auf Bildnissen Max Emanuels (Porträts in Zangberg und in der Münchner Residenz), während etwa in Frankreich grundsätzlich der Vollharnisch bevorzugt wird.

[42] Börsch-Supan 144 und 186, Nr. 69, Abb. 69.

[43] Vgl. für Aufbau und Gestus etwa das von Jean Henri Brandon 1699 geschaffene Bildnis Wilhelms III. in Dreiviertelfigur im Alkmaarer Museum (A. Staring, De Portretten van den Koning-Stadhouder, [Nederlandsch Kunsthistorisch Jaarboek III, 1950/51] 190, Abb. 31), das auch von Pieter van Gunst gestochen wurde.

[44] Zum Motiv und zur Bedeutung des Stocks s. J. S. Held, »Le Roi à la Ciasse« (Art Bulletin 40, 1958), 147–49.

[45] Vgl. Kat.Nr. 493. S. für Vivien auch den Beitrag Prinz von Hohenzollern.

[46] S. den Stich François Jollains sowie die Gouache-Kopie im Pariser Musée Carnavalet (Bulletin du Musée Carnavalet 1970, Heft 1/2, Abb. S. 31).

[47] Glück (Anm. 29), Abb. 400/01 und 412.

[48] Vgl. S. 385/86.

[49] Überdies ließ Max Emanuel das Gemälde von Jean Audran stechen. Ein Datum ist nicht überliefert; da aber die Bezahlung am 24. Februar 1715 erfolgte – zum gleichen Zeitpunkt wie die des Gemäldes (Börsch-Supan 184/85 und 193) –, könnte der Stich wohl unmittelbar im Anschluß an das Gemälde, jedenfalls noch vor Max Emanuels Rückkehr entstanden sein.

[50] J. D. Stewart, Kat. Ausst. Sir Godfrey Kneller, London 1971, 76/77, Nr. 97.

[51] Vgl. Börsch-Supan Kat. Höfische Bildnisse (Anm. 38), 25 und 84, Nr. 24.

[52] In einem am 23. 12. 1704 aus Brüssel an die polnische Schwiegermutter Maria Kasimira Louisa geschriebenen Brief erwähnt Max Emanuel ein in München gemaltes Reiterbildnis sowie ein im vorhergehenden Jahr geschaffenes Porträt, wohl zu Pferde, das offenbar – wie aus dem Kontext zu schließen ist – ebenfalls in München oder wenigstens in Bayern entstand; K. Th. Heigel, Die Korrespondenz des Kurfürsten Max Emanuel von Bayern mit seiner zweiten Gemahlin Therese Kunegunde und ihren Eltern 1695–1718 (QA I) 173. S. auch Kat.Nr. 234, 281 und 672.

[53] S. das im Prado befindliche Porträt des Kardinalinfanten Ferdinand von 1634/35 (Glück [Anm. 29] Abb. 423) und dessen Wiedergabe in der »Iconographie« van Dycks (Mauquoy-Hendrickx [Anm. 37] Nr. 138). Dem Typus folgt z. B. auch Gottfried Knellers Bildnis des Prinzen Georg von Hannover, das 1680 gestochen wurde (Stewart [Anm. 50] 51, Nr. 61).

[54] Vgl. etwa Frans van Stamparts Porträt Josephs I. 1701 (Börsch-Supan Kat. Höfische Bildnisse [Anm. 38] Nr. 70).

[55] Auf die Frage gehen weder D. de Chapeaurouge, Theomorphe Porträts der Neuzeit (Deutsche Vierteljahrsschrift für Literaturwissenschaft und Geistesgeschichte 42, 1968) 262–302 noch H. Keller, Das Nachleben des antiken Bildnisses von der Karolingerzeit bis zur Gegenwart, Freiburg i. Br.–Basel–Wien 1970, ein. Auch de Marly (Anm. 35) behandelt nur das Aufkommen der antiken Rüstung in der Kunst des 17. Jahrhunderts, nicht aber den anschließenden Übergang zum zeitgenössischen Harnisch.

[56] Zu nennen ist ferner ein heute nicht mehr nachzuweisendes Gemälde, Inv.Nr. R 6279, früher in Saal 34 des Bayerischen Nationalmuseums befindlich (Kat. Bayer. Nationalmuseum XI, Nr. 719; Voll-Braune-Buchheit [Anm. 27] Nr. 524), das eine Allegorie auf Max Emanuel darstellt; u. a. kniet in der Mitte »der Genius der Unsterblichkeit (?) mit dem Bildnis des Kurfürsten auf dem am Boden liegenden Chronos.«

[57] D. Wildenstein u. R.-A. Weigert, Les Œuvres de Charles Le Brun d'après les gravures de son temps (Gazette des Beaux-Arts 6. F. 66, 1965/II) 56, Nr. 294.

[58] So die Darstellung bei H. Jouin, Charles Le Brun et les arts sous Louis XIV, Paris 1889, 594f.

[59] R. Oldenbourg, P. P. Rubens. Des Meisters Gemälde (Klassiker der Kunst V, Stuttgart–Berlin 1921⁴) Abb. 246. 1710, nur fünf Jahre vor Entstehung des Gemäldes von Roëttiers, wurde das nach dem Zyklus gefertigte Stichwerk veröffentlicht, das auf die Zeichnungen der Nattier zurückgeht.

[60] A. Blunt, Art and Architecture in France 1500 to 1700 (Pelican History of Art 4, Harmondsworth 1957²) Taf. 164A. S. André Félibiens Auslegung der Handhaltung in der 1663 veröffentlichten Beschreibung (Nachdruck bei A. Félibien, Description du Château de Versailles, Paris 1696, 36): »Sa main ouverte montre sa clémence, & exprime parfaitement la grace qu'il fait à toute cette Cour.«

[61] Börsch-Supan Kat. Höfische Bildnisse (Anm. 38) 30; vgl. Börsch-Supan 145/46. S. auch – wie für Maingaud und Roëttiers – den Beitrag Prinz von Hohenzollern.

[62] Max Emanuel an Therese Kunigunde am 9. 10. 1714 aus Saint-Cloud (M. P. v. Freyberg, Sammlung historischer Schriften und Urkunden IV, Stuttgart–Tübingen 1834, 55; s. auch 52).

[63] Max Emanuel an Therese Kunigunde am 2. 12. 1714 aus Saint-Cloud (ib. 63).

[64] Die fünf Prinzen, die aus Graz gekommen waren, warteten in Freising und Fürstenfeldbruck die Ankunft von Max Emanuel und Therese Kunigunde ab. In Schloß Lichtenberg trafen die Prinzen mit Therese Kunigunde und Maria Anna Carolina zusammen. Anschließend brachen Karl Albrecht, Philipp Moritz und Ferdinand Maria nach Kloster Elchingen auf, um den Vater zu treffen. Gemeinsam begaben sich Max Emanuel und die drei älteren Söhne sodann

nach Schloß Lichtenberg; dort begrüßte der Kurfürst seine Gemahlin, die zwei jüngeren Söhne und die Prinzessin. Somit kann die zweite Begegnung in Lichtenberg vom 8. 4. 1715 als die eigentliche Zusammenkunft der gesamten Familie gelten, wie es auch aus den zeitgenössischen Berichten hervorgeht: (Augsburger) Historischer Mercurius 40. Teil, April 1715, 312; Coburgischer Zeitungs-Extract aufs Jahr 1715, Coburg 1716, 89; Denkwürdigkeiten des Kanzlers von Unertl (Freyberg [Anm. 62] II, 1829, 13/14); Mémoires de Mr. de la Colonie (Aretin [Anm. 31] I 267); Mémoires du Marquis Maffei, Den Haag 1740, II, 236/37; s. auch die Zusammenfassung von K. Th. Heigel (HZ 64, 1890) 320. Vgl. ferner das Reisetagebuch BStB Cgm. 1959, fol. 139^{v}–141^{v} (Hinweis P. Volk); freilich stimmen die Daten des eingehenden Berichts nicht mit denen der genannten Quellen überein.

[65] Vgl. auch das von Jeremias Kilian nach Johann Andreas Wolff gestochene Blatt (GHA VII, 83), das sich wohl auf die Rückkehr Max Emanuels bezieht: Dort wird die Gestalt der Providentia Divina, die das Porträtmedaillon des Kurfürsten der Landeshauptstadt München zurückerstattet, von einem die Waage der Justitia haltenden Putto begleitet.

[66] S. W. Mrazek, Ikonologie der barocken Deckenmalerei (Österreichische Akademie der Wissenschaften, Phil.-hist. Klasse, Sitzungsberichte, 228. Bd., 3. Abh., Wien 1953) 77.

[67] G. Brière, Van der Meulen, collaborateur de Le Brun (Bulletin de la Société de l'Histoire de l'Art français 1930) 150–55; Kat. Ausst. Charles Le Brun, Versailles 1963, Nr. 144 und 146 (J. Montagu).

[68] A. Pigler, Museum der Bildenden Künste Budapest. Katalog der Galerie Alter Meister, Budapest 1967, I, 375, Nr. 709.

[69] Titelblatt des »Theatrum virtutis« (Anm. 3), das wohl mit jener Schrift identisch ist, welche die Münchner Jesuiten dem jungen Kurfürsten zur Volljährigkeitserklärung überreichten; s. B. Duhr, Die Jesuiten am Hofe zu München in der zweiten Hälfte des 17. Jahrhunderts (HJb 39, 1918/19) 114, Anm. 1.

[70] Allegorischer Stich von Philipp Kilian wohl nach Johann Friedrich Pereth (GHA VII, 3); das Blatt wurde vermutlich 1726 – mit verändertem Bildnis – für den Regierungsantritt Karl Albrechts übernommen (München, Stadtmuseum, Maillinger-Sammlung I/880). Dem 1680 datierten Porträt von Wolff und Kilian folgen auch der frühestens 1683 entstandene Stich Bartholomäus Kilians (GHA VII, 14) sowie das von dem Augsburger Johann Franck gestochene Titelblatt zum »Rationale Ecclesiasticum« von 1684 (GHA VII, 40), das sich im übrigen – mit Ausnahme des Bildnisses – an die Komposition der Ausgabe von 1679 hält (Augsburg, Städtische Kunstsammlungen).

[71] Aus: Eigentliche Abbildungen Beeder Römm. Kayserl. wie auch Der Röm. Königl. Majestäten und dann sämtlicher . . . Chur= Fürsten . . ., Augsburg 1690 (enthalten im Sammelband der BStB Sign. 2⁰ L. eleg. m. 59). Kopien: Jacob Koppmayr, Augsburger Almanach auf das Jahr 1691 (Münchner Stadtmuseum, Maillinger-Sammlung I/656); Peter Schenk, Amsterdam, Schabkunstblatt (München, Stadtmuseum Ia, 188); Philibert Bouttats, Antwerpen, Radierung, um oder nach 1692 (BNP, Cabinet des Estampes, N 2, Bd. 120); anonym, Radierung (GHA VII, 65 b); Johann Friedrich Häckel, Mikrographisches Blatt, Feder, 1695 (München, Stadtmuseum Ia, 12).

[72] Anonymer Stich im GHA VII, 5 und M. Küsell nach J. A. Wolff ca. 1680 (München, Stadtmuseum, Maillinger-Sammlung Re 6088): der unter einem Baldachin thronende Kurfürst, der nach dem Grundsatz strenger Ausgewogenheit (»aequitas«) als der höchsten Zierde der Gerechtigkeit (»apex iustitiae«) handelt, beansprucht die herrscherliche Prärogative, den zweimal geprüften Urteilsspruch der Juristen abschließend zu billigen.

[73] S. die von Amling geschaffenen Miniaturen Max Emanuels und Maria Antonias in der Wiener Albertina (A. Stix [Hrsg.], Die Zeichnungen der Deutschen Schulen bis zum Beginn des Klassizismus [Beschreibender Katalog der Handzeichnungen in der Graphischen Sammlung Albertina 4/5, Wien 1933] 77, Nr. 686/87, Taf. 189); das Bildnis Max Emanuels entspricht im Gegensinn exakt dem Porträt des Herrschers auf dem 1691 datierten Thesenblatt des J. F. I. von Seybolstorff (Kat.Nr. 465). Amlings Darstellung des Kurfürstenpaares prägte wohl die Bildnisse Franz Wapplers (s. das bis 1945 in den Bayerischen Staatsgemäldesammlungen als Nr. 4314 befindliche Porträt Maria Antonias, »F. Wappler pinxit 1692« signiert, sowie die Wappler zuzuschreibenden Bildnisse des Herrscherpaares im Besitz der Gräfin Soden-Fraunhofen, Schloß Kronwinkl); Amling selbst stach wiederum ein vor Ende 1691 entstandenes Max-Emanuel-Porträt Wapplers (München, Stadtmuseum, Maillinger-Sammlung I/692). R. Baumstark gab mir freundlicherweise wichtige Hinweise.

[74] Niederlande: Jean-Antoine Le Poutre, Antwerpen 1692, Schabkunstblatt (München, Stadtmuseum, Maillinger-Sammlung I/675); Jacob Gole, Amsterdam, Schabkunstblatt (GHA VII, 88); Peter Schenk, Amsterdam, Brustbild, Schabkunstblatt (GHA VII, 91); ders., Hüftstück, Schabkunstblatt (München, Stadtmuseum, Maillinger-Sammlung I/708; Abb. 11); Frans Bouche, Antwerpen, Radierung (BNP Cabinet des Estampes, N 2, Bd. 120); Ambrosius Heindryck, Schabkunstblatt (BNP Cabinet des Estampes, N 2, Bd. 120); Hubert Spiesz, Kupferstich, 2. Titelblatt der »Echo Charitatis« (Kat. Nr. 293); alle Stiche entstanden in den neunziger Jahren des 17. Jahrhunderts. – Frankreich: Simon Thomassin, Paris 1692, Kupferstich (München, Stadtmuseum 63/7250; Textabb. S. 240); Etienne Desrochers, Paris, Radierung, Kopie nach Schenk (München, Stadtmuseum, Maillinger-Sammlung I/681/2). S. ferner Kat. Nr. 462.

[75] Brüssel, Musées Royaux des Beaux-Arts, Inv.Nr. 1246; Kopie in der Sammlung Comte de Pimodan, Château d'Ochain, Clavier. Übernommen 1698 von Jacques Harrewyn im Titelblatt einer Stichfolge, die u. a. Monats-, Jahreszeiten- und Planetendarstellungen umfaßt (Brüssel, Bibliothèque Royale Albert Ier, Cabinet des Estampes, S II 12108 quarto). Die Widmungsinschrift »IOVI BIS ULTORI.« spielt eventuell auf die Devise »Hoc Jupiter Ultor« des Alessandro Farnese an, der als bedeutendster Vorgänger Max Emanuels in der Statthalterwürde auch im Brüsseler Umzug des Jahres 1698 (s. Anm. 176) repräsentiert wurde (V. A. J. M. Coremans, Miscellanées de l'époque de Maximilien-Emmanuel, Brüssel 1846, S. 30). Dem Bildnis folgt ferner das von Jan Baptist Berterham nach Giovanni Battista Grondoni gestochene Titelblatt der 1715 in Brüssel erschienenen »Aulae Bavariae Magnificentia Dat Glorias« (München, Stadtmuseum, Maillinger-Sammlung I/664 und BNP Cabinet des Estampes, N 2, Bd. 120; siehe auch H. Schmitz, Katalog der Ornamentstichsammlung der Staatlichen Kunstbibliothek Berlin, Berlin–Leipzig 1939, 129, Nr. 878).

[76] S. Kat.Nr. 469.

[77] (Augsburger) Historischer Mercurius 30. Teil, Juni 1714, 550; Ludewig-Finsterwald (Anm. 31), 2417/18. S. Beitrag Volkert, Wappen.

[78] Neben den Werken der bildenden Kunst sind in dem Kapitel auch rein literarische Lobschriften zu berücksichtigen, deren Konzepte z. T. Parallelen bilden zu jenen der Stiche und Medaillen oder dort auch übernommen werden.

[79] S. z. B. die Zahlungen an C. G. Amling (StAM HZR 1680, fol. 240^{r}, und 1687, fol. 246^{v}; frdl. Mitt. P. Volk), die sich allerdings nur auf reine Bildnisstiche Max Emanuels beziehen: wohl auf das Titelblatt des »Theatrum virtutis« von 1680 (Anm. 3) und auf das Porträt von 1687.

[80] S. vor allem das Wirken der »Petite Académie«, die später den Namen »Académie royale des Inscriptions et Belles-Lettres« annahm (J. Jacquiot, Médailles et jetons de Louis XIV d'après le manuscrit de Londres add. 31908, Paris 1968, I, I–LXIX).

[81] C. v. Wurzbach, Biographisches Lexikon des Kaiserthums Oesterreich VIII, Wien 1862, 320–23. Vgl. etwa auch das Wirken Johann Georg Wachters und Johann v. Bessers am Berliner Hof Friedrichs I. (III.).

[82] Gewisse Bedeutung besaß offensichtlich der Geheime Kabinettssekretär Max Emanuels, Ignaz Xaver von Wilhelm, der das Programm des Deckengemäldes im Treppenhaus des Palais Preysing entwarf (G. Vits, Joseph Effners Palais Preysing [Kieler Kunsthistorische Studien V], Bern–Frankfurt a. M. 1973, 69) und auch – freilich erst nach dem Tod Max Emanuels – als Autor eines auf früheren Studien beruhenden Emblemwerks, des 1731–39 in München erschienenen »Annus Politicus«, hervortrat.

[83] S. Kat. Nr. 6 und 476 sowie die in Anm. 168 und 148 genannten Publikationen von 1693 und 1695 wie auch die zur Hochzeit 1685 erschienene Festschrift THALAMUS NUPTIALIS.

[84] S. Kat. Nr. 240 u. Anm. 87.

[85] (Georg Mendl SJ) THRONUS GLORIÆ..., Ingolstadt 1685, sowie die in Anm. 191 genannte Schrift von 1715.

[86] S. außer den verschiedenen Dekorationen in München, welche zumeist die Stadt, die Landschaft (s. Beitrag Volk) und die Jesuiten finanzierten, z. B. auch die zur Rückkehr Max Emanuels geschaffenen Aufbauten in Amberg (Anm. 18) und in Straubing (Anm. 16 und 190).

[87] DIES NATALIS Serenissimi Infantis, et Principis Boiorum ..., Köln 1662 (de Backer-Sommervogel, Bibliothèque de la Compagnie de Jésus II, Paris–Brüssel 1891, Sp. 1301, Nr. 26). Auf dem Titelblatt wird die Wiege des Kurprinzen von den Heiligen umgeben, die dessen Namen repräsentieren (vgl. Kat. Nr. 8).

[88] S. auch Johann Ferdinand Fritz, FELIX MANE NEO ORIENTE BOIORVM SOLE EX AVRORA SABAVDICA ... o. O. 1662.

[89] E. H. Kantorowicz, Oriens Augusti – Lever du Roi (Dumbarton Oaks Papers XVII, 1963) 162–177.

[90] VATICINIA GLORIÆ BAVARICÆ A NOMINIBUS INDITIS ... Venedig 1663 (im Besitz der BStB Sign. 2° Bavar. 562, befindet sich ein Exemplar aus der Bibliothek Henriette Adelaides).

[91] Fama Prognostica 1662 (Kat. Nr. 6) 36; vgl. 21/22.

[92] E. H. Kantorowicz, On Transformations of Apolline Ethics (Charites: Studien zur Altertumswissenschaft. Festschrift Ernst Langlotz, Bonn 1957) 265–74; D. und E. Panofsky, Pandora's Box. The Changing Aspects of a Mythical Symbol (Bollingen Series 52, New York 1962²) 40f.; R. Baumstark, Ikonographische Studien zu Rubens' Kriegs- und Friedensallegorien (Aachener Kunstblätter 45, 1974) 127, Anm. 14 und 238; s. auch E. R. Curtius, Europäische Literatur und lateinisches Mittelalter, Bern–München 1955⁵, 179–188.

[93] Für das Motiv des Schwertes im Rahmen der Prinzenerziehung s. den Stich des Pierre Daret (BNP Cabinet des Estampes, N 2, Louis XIV Bd. II, Bl. 273): dort bringt Merkur dem Dauphin – dem späteren Louis XIV – das Schwert dar. Vgl. auch die von Antonio Spinelli, dem Beichtvater der Henriette Adelaide, im Auftrag Ferdinand Marias verfaßten Anweisungen für die Erziehung Max Emanuels, in denen es u. a. heißt, daß der Kurprinz, der in der Liebe zum Frieden aufwachsen solle, doch das Kriegshandwerk zu erlernen habe, »um sein Land mit Waffen verteidigen zu können ..., sei es gegen äußere Feinde, sei es gegen aufsässige Untertanen« (Schmidt, 195).

[94] Generell s. Jacobus à Bruck, Emblemata Politica, Köln 1618, 109–12. Schwert und Zepter finden sich in den Medaillen und Emblemen der Habsburger Kaiser durchgehend von Maximilian II. bis zu Leopold I. und dessen Nachfolgern (Jacobus Typotius, Symbola divina & humana pontificum imperatorum regum, Ausg. Arnhem 1666, 137f., 145f., 156f.; K. Domanig, Porträtmedaillen des Erzhauses Österreich, Wien 1896, Nr. 189, 208; ders., Die deutsche Medaille in kunst- und kulturhistorischer Hinsicht, Wien 1907, Nr. 293) sowie bei den spanischen Königen und den Statthaltern in den Niederlanden (Gérard van Loon, Histoire métallique des XVII provinces des Pays-Bas II, Den Haag 1732, 119, 144 und 511), ferner auch in Brandenburg-Preußen, Brandenburg-Ansbach und Savoyen. – Ein in den späten siebziger Jahren entstandener Stich auf Ferdinand Maria zeigt den bayerischen Löwen, der – in Anlehnung an den habsburgischen Adler – Schwert und Zepter hält mit der Beischrift »EX VTROQVE LEO« (München, Stadtmuseum Ia, 176). 1680 wurde die Komposition, mit einigen Veränderungen und Erweiterungen, auf Max Emanuel übertragen (GHA VII, 87).

[95] So bei einer Medaille König Gustav II. Adolfs von Schweden (Domanig 1907 [Anm. 94] Nr. 301).

[96] GHA VII, 47.

[97] Die Darstellung des Kurfürsten geht wohl unmittelbar zurück auf das mit dem Lemma »Legibus et Armis« versehene Emblem bei Gabriel Rollenhagen, Nucleus Emblematum, Köln 1613, Centurio II, Nr. 29. Die Kugel, hier nicht mehr mit dem Kreuz versehen, könnte sich auf den »Mundus Bavaricus« beziehen (s. S. 7).

[98] München, Stadtmuseum, Maillinger-Sammlung I/670.

[99] Vgl. Jacob Schmid, Chur Bayrische Löwenhaut, München 1679, 13: Ferdinand Maria hat die »Chur-Crone jederzeit mit einem dreyfachen Olivenzweyg eingeflochten und geziehret getragen« (Kat.Nr. 49).

[100] Für die Gegenüberstellung Helm = Krieg und Krone = Frieden vgl. auch ein späteres Prager Thesenblatt von 1728 (O. J. Blažíček, Theses in Universitate Carolina Pragensi disputatae [Cimelia Bohemica II] VII, Prag 1970, Bl. 10); s. ferner Kat. Nr. 31.

[101] Außer der »Chur Bayrischen Löwenhaut« s. Kajetan Felix Verani, MONVMENTVM EXTREMI HONORIS ..., München 1679, 146f.; Theatrum Virtutis (Anm. 3) 704; Schau-Plaz Bayerischer Helden, Nürnberg 1681, 494.

[102] Erschienen in München 1680; in Analogie zu dem im Feuerwerk dargestellten »Regierungs Tempel«, der mit zahlreichen Löwen geschmückt ist, spricht Hamilton u. a. S. 10 über die »alten Tempel«; deren »Eingäng ... pflegten mit Löwen gezührt zu werden / als unter allen andern Thüren / den Wachtbaristen.«

[103] Generell s. A. Henkel u. A. Schöne, Emblemata. Handbuch zur Sinnbildkunst des XVI. und XVII. Jahrhunderts, Stuttgart 1967, Sp. 400/01 und F. Picinelli, Mundus Symbolicus, Ausg. Köln 1681, I 396, 399f., 403. Vgl. für Ferdinand Maria die Porträtstiche Melchior Küsells von 1656 und 1657 (München, Stadtmuseum Ia, 172 und Maillinger-Sammlung I/545 sowie I/548) mit dem Icon des wachenden Löwen und dem Lemma »Vigil et Fortis« (übernommen in dem von Amling geschaffenen Porträtstich zu dem 1684 in Augsburg bei Johann Stridbeck d. J. erschienenen Atlas Bayerns) sowie Verani 1679 (Anm. 101), Emblem S. 111. S. auch für Max Emanuel die Medaille Beierlein 1459 von ca. 1680 (ruhender Löwe wacht über Kurhut und Reichsapfel) und Beierlein 1488 sowie die Münchner Festdekoration des Jahres 1685 (Kajetan Felix Verani, INGRESSVS MARTIO-NVPTIALIS HONORI SERENISSIMI MAXIMILIANI EMMANVELIS ... EX HUNGARIA MONACHIUM REDUCIS Cum lectissima Sponsa MARIA ANTONIA ..., München 1685, 117, Emblem XII).

[104] Verani 1679 (Anm. 101) 94f.

[105] S. Picinelli (Anm. 103) I, 397 und Henkel-Schöne (Anm. 103) Sp. 401. Vgl. Hamilton (Anm. 102) 25.

[106] Zur Pietas Ferdinand Marias s. Verani 1679 (Anm. 101) 122f. und 134f.; für eine ähnliche Interpretation des den Reichsapfel bekrönenden Kreuzes s. die Maximilian I. gewidmete Schrift von Georg Spaiser, Plausus Symbolicus, Ingolstadt 1623, 40–43.

[107] Vgl. Hamilton (Anm. 102), lateinische Widmung ohne Paginierung (fol. A3ʳ).

[108] Picinelli (Anm. 103) I 57f. geht bei der Behandlung des Zodiakuslöwen auch auf Kurfürst Maximilian I. ein. S. ferner z. B das Emblem der – in den heißesten Tagen des Jahres – im Zeichen des Löwen stehenden Sonne in der von Henriette Adelaide dem Schwiegervater gewidmeten Galerie der Münchner Residenz (Johannes Schmid, Triumphierendes Wunder-Gebäw der Churfürstlichen Residentz zu München, München 1685, 100).

109 Die Redewendung »quadrare ad unguem«, viereckig glatt zuhauen (vgl. Columella, De re rustica XI, 2, 13), wird hier auf den Löwen übertragen, der den Reichsapfel seiner Pranke (»unguis«) anpaßt.

110 S. auch Sebastian Seelmann, Underthänigste Newe Jahrs Myrrhen, München 1680, unpaginiertes Prognosticon (fol. 1v).

111 Beierlein 1458; nach Aussage der Umschrift »NON · SVFFICIT · VNVS ·«, die auf das verbreitete Zitat »orbis non sufficit unus« zurückgeht (Juvenal, Sat. X, 168; der Sinnspruch begegnet z. B. auch im Schlafzimmer der Alexanderzimmer: Schmid [Anm. 108] 196), vermag der Löwe allein nicht den Reichsapfel zu tragen, so daß er der Hilfe des herkulischen Herrschers bedarf.

112 Vgl. die Medaille Philipps II. mit der Umschrift »VT QVIESCAT ATLAS«: nach dem Thronverzicht Karls V. nimmt der Erbe als Herkules die Weltkugel auf seine Schultern; D. P. Snoep, Van Atlas tot last (Simiolus 2, 1967/68) 15, Abb. 10. Zum Atlas-Motiv s. auch H. Wischermann, Mazarin als Archimedes (Schweizer Münzblätter 24, 1974) 12–22.

113 Vgl. die Ausführungen bei Joachim Oudaan, Roomsche Mogentheid in gesag en Staat-bekleeding der oude keizeren, Gouda 1706, 113/14 über die römische Auffassung, nicht nur die Erde, sondern auch einzelne Regionen durch eine Kugel zu repräsentieren. S. ferner den wohl 1680 entstandenen Stich Kilians nach Pereth (Anm. 70): vier Kindergestalten, die die Rentämter repräsentieren, sind dem Genius Bayerns behilflich, der sich die bayerische Weltkugel auf die Schultern lädt; darüber erscheint das Bildnis des jungen Kurfürsten, der unter dem Schutz der Altöttinger Madonna die Herrschaft antritt (Abb. 6).

114 S. auch S. 37 der bislang nicht beachteten Residenz-Beschreibung des Claude-François Menestrier in dessen aus Anlaß der Heirat des Dauphin mit Maria Anna Christina 1680 in Paris erschienenen Schrift »L'Alliance sacrée de l'honneur et de la vertu«, die zwar weitgehend Ranuccio Pallavicino (I Trionfi dell' architettura ..., München 1667) folgt, aber auch eigene Interpretationen enthält.

115 S. Anm. 7.

116 Ein Exemplar in Augsburg, Städtische Kunstsammlungen. Den Hinweis auf die in Augsburg verwahrten Blätter verdanke ich R. Baumstark, der mir auch Photos zur Verfügung stellte.

117 L. (Natale-) Berghoff, Emanuele Tesauro und seine concetti unter besonderer Berücksichtigung von Schloß Nymphenburg. Diss. phil. Masch. München 1971, 33.

118 Für das verbreitete Motiv der Emblematik vgl. Henkel-Schöne (Anm. 103), Sp. 732f.; s. zur Bedeutung der Perle u. a. W. S. Heckscher, Is Grete's Name Really So Bad? (Manitoba Arts Review IV/3, 1945), unpaginiert.

119 (Natale-) Berghoff (Anm. 117) 35.

120 Picinelli (Anm. 103) I, 709, Nr. 244.

121 München, Stadtmuseum, Maillinger-Sammlung I/557. Zur Verbindung von »Honor« und Insignie s. K.-A. Wirth, s.v. Ehre (Reallexikon zur deutschen Kunstgeschichte IV, Stuttgart 1958), Sp. 857.

122 S. Anm. 3 und Anm. 69.

123 Schmid (Anm. 108) 100; die lateinische Inscriptio lautet »Hunc rectos in orbem«. Das von R. Baumstark kürzlich identifizierte Gemälde (Bayer. Staatsgemäldesammlungen Inv.Nr. 10453) zeigt freilich nicht den Reichsapfel, sondern nur die bayerische Weltkugel.

124 D. Posner, Charles LeBrun's »Triumphs of Alexander« (Art Bulletin 41, 1959), 237–48; E. Schwarzenberg, From the Alessandro morente to the Alexandre Richelieu (Journal of the Warburg and Courtauld Institutes 32, 1969) 403.

125 Verani 1685 (Anm. 103) 49 (verdruckt für 46) und 47; s. auch Kajetan Felix Verani, MAGNO MAXIMILIANO EMANUELI BAVARO Bellatori ter Invicto, Debellatori ter Forti, Victori ter Felici ... ORATIO PANEGYRICA o. O., o. J. (1703), unpaginiert (fol. 1r und 1v), sowie Gelasius Hieber, Der Streittende Sigend= Und Triumphierende Durchleuchtigste Stiffter Der Hochlöblichen Hof= und Kriegs=Staabs=Bruderschafft Der heiligen MARIÆ MAGDALENÆ Und Deß heiligen Martyrers MAURITIJ, MAXIMILIANUS EMMANUEL ..., München 1726, 9.

126 Erst die nachträglichen Interpretationen vergleichen Max Emanuels Türkenfeldzüge mit den gegen östliche Völker gerichteten Kriegen Alexanders des Großen: s. Christoph Kalmbach, Triumphirendes Wunder-Gebäu, München 1719, 200.

127 Entwurf für den Porträtstich des Charles de Longueval Comte de Bucquoy (Oldenbourg [Anm. 59] Abb. 152).

128 Vgl. Anm. 92 und Henkel-Schöne (Anm. 103), Sp. 215; s. auch das 4. Emblem des »Plausus Symbolicus« von 1683.

129 Strich (Anm. 2), 67. Die Bezugnahme auf den Großvater ist auch darum bemerkenswert, weil Maximilian I. selbst z. B. in den Trierzimmern der Residenz im Zusammenhang mit Kriegs- und Friedensszenen ein ausgeglichenes Fürstenideal vor Augen führen ließ, das von den – die »Ex utroque Caesar«-Vorstellung vertretenden – Worten aus der Einleitung der Institutes des Justinian (Kantorowicz [Anm. 92] 270) begleitet wird (Schmid [Anm. 108] 131f.).

130 Vgl. C. Goldstein, Louis XIV and Jason (Art Bulletin 49, 1967) 327/28; zum Thema in der Festdekoration s. auch E. McGrath, Rubens's Arch of the Mint (Journal of the Warburg and Courtauld Institutes 37, 1974) 196f.

131 Verani 1685 (Anm. 103) 59–65; das Programm geht auch auf Jasons Heirat mit der Königstochter ein, erwähnt aber wohlweislich nicht deren Namen Medea.

132 Ib. 72.

133 Ib. 40–56.

134 J. R. Martin, The Decorations for the Pompa Introitus Ferdinandi (Corpus Rubenianum Ludwig Burchard XVI, Brüssel 1972) 57–64; zum Thema der Feldherrenbegegnung s. auch R. Baumstarks Rezension (Kunstchronik XXVI, 1973) 180.

135 Verani 1685 (Anm. 103) 106–134.

136 Ib. 135–153.

137 Vgl. z. B. die ähnlich orientierte Schrift des Juristen Anton Fritz, FELIX AVSTRIADIS ET BAVARIÆ CONNVBIVM SIVE APPLAVSVS PANEGYRICVS ..., o. O. 1685. S. auch die Parallelisierung der Heiraten von Großvater und Enkel bei Johann Friedrich Karg, PrognostICA noVeM eX nVptIaLI foeDere AVstrIae et BaVarIae ... Rom 1685, 3/4 und ELOGIA GRATULATORIA..., Wien 1685, unpaginiert (fol. 4r).

138 S. das zur Heirat Kurfürst Maximilians I. mit Maria Anna verfaßte Lobgedicht des Ferdinand Thomas Merman (Coniugium epulumque leonis et aquilae, Passau 1635), das auch – freilich ohne Illustrationen – 26 Adler- und Löwenembleme enthält (fol. C3v–E2r). Das Titelblatt der von den Düsseldorfer Jesuiten 1642 zur Hochzeit Philipp Wilhelms von Pfalz-Neuburg und Anna Katharina Constantias von Polen publizierten Festschrift (J. Landwehr, German Emblem Books 1531–1888 [Bibliotheca Emblematica V, Utrecht–Leyden 1972] Nr. 200) geht gleichfalls auf die Verbindung von Adler und Löwe ein, welche Polen und die Pfalz repräsentieren; dort findet sich auch das Horaz (Carmina IV, 4, 29–32) variierende Zitat »Fortes creantur fortibus, nec imbellem progenerant aquilae« (s. Kat. Nr. 513), das 1685 gleichfalls Anwendung findet (Verani 1685 [Anm. 103] 148/49).

139 4. Bild: »Consilio et Industria« mit Minerva und Mars; 7. Bild: »Pietate et Justitia« mit Ölzweig und Schwert (zu den Devisen s. W. de Porta, d. i. W. Wichmann, Die Devisen und Motto der Habsburger, Wien 1887, 56–59).

140 S. das 1688 gemeinsam mit Johann Martin Lerch geschaffene Blatt (Wien, Heeresgeschichtliches Museum B 1 33268) und Kat. Nr. 227.

141 S. auch Fortitudo Leonina 1715 (Kat. Nr. 476) II, 5. Vgl. P. Meller, Physiognomical Theory in Renaissance Heroic Portraits (Studies in Western Art. Acts of the 20th International Congress of

the History of Art II, Princeton 1963) 63. Möglicherweise führte der Vergleich mit dem Löwen auch dazu, in der Schilderung der Physiognomie Max Emanuels gerade jene Züge zu betonen, die – nach Aussage der auch in Adalbert Weinbergers Leichenpredigt (Kat. Nr. 640) auf S. 5 erwähnten »Physiognomonica« des Pseudo-Aristoteles – den löwenhaften Charakter auszeichnen: z. B. den breiten Mund, die große Nase, die kräftigen Augenbrauen (Meller 59, Anm. 21).

[142] Siehe – außer der Predigt von Marcellinus Dalhover, Erfreuliche Schlüssel=Beuthe . . ., München 1688 – namentlich die Würdigungen in den Leichenpredigten von Hieber (Anm. 125) 6 und 10 sowie Weinberger (Kat. Nr. 640) 7; vgl. auch das Castrum Doloris in der Theatinerkirche (Khuen [Kat. Nr. 641] 179).

[143] S. den Stich auf S. 471 in »Der Neu-eröffneten Ottomanischen Pforten Fortsetzung« (Augsburg 1701) mit ausführlichem Bericht. Auf den Gnadenakt spielt eventuell die Gestalt des knienden Türken auf de Grofs Denkmalentwurf an. Die Vorgänge nach der Einnahme von Belgrad stehen auch im Mittelpunkt des Programms des 1723–25 dekorierten Viktoriensaals in Schleißheim: Amigonis Gemälde behandelt zwar nicht die Begnadigung des die Festung Belgrad kommandierenden Bassa, gilt aber dem wenig später erfolgten Empfang der türkischen Gesandtschaft durch Max Emanuel; in den seitlich rahmenden Darstellungen des Übergangs über die Save und der Einnahme von Belgrad gipfelt die von Beich gemalte Folge der Schlachtenbilder aus den Türkenkriegen. Auch befindet sich an betonter Stelle, dem Werk Amigonis gegenüber, das Gemälde der zweiten Eroberung Belgrads 1717, auf dem Max Emanuels Söhne Karl Albrecht und Ferdinand Maria im Vordergrund stehen (s. auch Anm. 226).

[144] Meller (Anm. 141) 63f.; s. auch Kat. Nr. 801. Zum Topos der dem Sieger eignenden Clementia s. J. Morel, L'Héroïsation des grands chefs de guerre en France au XVIIe siècle (Revue des Sciences Humaines 31, 1966) 9/10.

[145] Fortitudo Leonina (Kat. Nr. 476) II 5f. und 45f. Emblem XVII sowie 49f., Emblem XIX; s. später auch Weinberger (Kat. Nr. 640) 7. Fortitudo und Clementia werden noch konsequenter illustriert in der 1716 von den Innsbrucker Jesuiten veröffentlichten Emblemschrift (M. Praz, Studies in Seventeenth-Century Imagery [Sussidi Eruditi XVI, Rom 1964[2]] 566), die dem Gedächtnis des Kurfürsten Johann Wilhelm von der Pfalz gilt, der weit weniger als Max Emanuel durch militärische Taten hervorgetreten war. Zur Darstellung der beiden komplementären Haupttugenden wechseln in den Emblemstichen Löwe und Lamm einander ab. Ähnliches wäre in einer Würdigung Max Emanuels nicht denkbar.

[146] Verani 1679 (Anm. 101) Emblem S. 171.

[147] Foedus Leonis et Aquilae 1685 (Kat. Nr. 240), 6. Bild und Medaille von 1687 (Beierlein 1498); auch wird das Bild literarisch verwendet, u. a. im Gedicht »Sig-Prangender Freuden-Schall« auf die Einnahme von Buda (Mercurii Relation, oder Wochentliche Reichs Ordinari Zeitungen, Anhang zum Extract-Schreiben vom 7. 9. 1686) sowie von Johann Kaspar Boeck, SERENISSIMO ET POTENTISSIMO PRINCIPI . . . MAXIMILIANO EMANUELI . . ., München 1686, fol. B2[r]–B4[v] (Gesang von Eroberung der Haupt-Vestung Ofen) und von Marcellinus Dalhover, Sig= und Danck= Predig . . ., München 1687 und Erfreuliche Schlüssel=Beuthe . . ., München 1688. Zu der auf die Türken bezogenen Hunde-Metapher s. H. Eckert, Markgraf Ludwig Wilhelm von Baden-Baden in zeitgenössischen Gedichten und Flugschriften (Zschr. für die Geschichte des Oberrheins 84, 1932) 633f.

[148] S. Medaille Kat. Nr. 220; das Bild des Löwen=Max Emanuel, der den Stier = die Türken bekämpft, findet sich später in der 1695 in München erschienenen Jesuiten-Festschrift HYMEN AUSPICATISSIMUS SERENISSIMI . . . PRINCIPIS MAXIMILIANI EMMANUELIS . . . CUM SERENISSIMA TERESIA KUNEGUNDE, 3.

[149] Picinelli (Anm. 103) I 424, Nr. 644, und Henkel-Schöne (Anm. 103) Sp. 395.

[150] Picinelli (Anm. 103) I 424, Nr. 648.

[151] Literarisch vor allem bei Dalhover 1688 (Anm. 147), u. a. 31.

[152] Bildlich vor allem in Foedus Leonis et Aquilae 1685 (Kat. Nr. 240) 4. Darstellung; vgl. das Gedicht fol. E2[r].

[153] S. etwa Dalhover 1687 (Anm. 147) 3; Isagoge Charitatis 1695 (s. Kat. Nr. 293) unpaginiert; Verani 1703 (Anm. 125) fol. ⋆1⋆[v]; Fortitudo Leonina (Kat. Nr. 476) II, 34.

[154] Vgl. H. Aurenhammer, Ikonographie und Ikonologie des Wiener Belvederegartens (Wiener Jahrbuch für Kunstgeschichte 17, 1956) 102, Anm. 118 sowie die Beispiele bei A. Hirsch, Die Medaillen auf den Entsatz Wiens 1683, Troppau 1883, Taf. I–V. Zur Identifizierung der Türken mit dem Mond s. Picinelli (Anm. 103) I 37 und 46. Traditionell gilt der Mond der wechselnden Gestalt wegen auch als Sinnbild der Unbeständigkeit (G. de Tervarent, Attributs et symboles dans l'art profane 1450–1600, Genf 1959, II 254); dies förderte ebenfalls die Gleichsetzung mit den Türken, denen man u. a. Untreue und Vertragsbrüchigkeit vorwarf (Dalhover 1687 [Anm. 147] 6 und 9 sowie 1688 [Anm. 147] 11).

[155] Vgl. bereits ein Emblem auf Don Juan d'Austria (Picinelli [Anm. 103] I 46, Nr. 320); s. auch die auf den Entsatz von Wien geprägten Medaillen bei Hirsch (Anm. 154) Nr. 4, 19 und 20.

[156] S. das 1667 datierte Thesenblatt des Stephan Kohari (Blažíček [Anm. 100] I, 1967, Blatt 3); vgl. für Max Emanuel auch das Gedicht des Pietro Paolo Saluti in TRIBUTO DI LODE Alle Gloriosissime Azzioni DEL SERENISSIMO ELETTORE MASSIMILIANO EMMANVELE . . ., Rom 1684, 72.

[157] Die auf die Einnahme von Mainz 1689 geschlagene Medaille Beierlein 1510, auf der in Anspielung auf Ludwig XIV. der Sturz des Phaeton dargestellt ist, wurde wohl nicht in bayerischem Auftrag geprägt.

[158] S. die südniederländischen Medaillen Beierlein 1522, Beierlein 1525 (mit dem auf Ludwig XIV. anspielenden Ungeheuer mit dem Sonnenkopf) und Beierlein 1528 von 1694 (mit dem Quader, der die durch Max Emanuel herbeigeführte Ruhe versinnbildlicht). Beierlein 1583, fälschlich unter das Jahr 1711 eingeordnet, ist wohl eine nordniederländische Prägung, die anläßlich der Ernennung Max Emanuels zum Generalgouverneur bzw. des Amtsantritts 1691/92 oder eines seiner Besuche bei Wilhelm III. – z. B. 1697 oder 1698 – entstand.

[159] Zum Empfang Max Emanuels in Brüssel am 26. 3. 1692 s. van Kalken (Anm. 9) 35f. Erwähnt wird nur ein vom Brüsseler Magistrat bestellter Wagen, auf dem »6. zierlich und schön ausgekleidete Studenten sassen, die in ihren Händen Schilde hielten, auf welchen curieuse Emblemata zu lesen waren« (Johann Heinrich von Falckenstein, Vollständige Geschichten der alten, mittlern und neuern Zeiten des großen Herzogthums und ehemaligen Königreichs Bayern III, München 1763, 761). Auch verfaßte zu dem Anlaß Nicolas Oliver y Fullana eine auf der Vierzahl und dem Bild des Quaders (s. Anm. 158) aufbauende Lobschrift APPLAUSO FESTIVO, Y CELEBRIDAD REGOZIJADA DE LA BELGICA, ANTES AFLIGI DA Y DESCONSOLADA . . ., Brüssel 1692 (J. Peeters-Fontainas, Bibliographie des Impressions espagnoles des Pays-Bas Méridionaux, Nieuwkoop 1965, II, 467f., Nr. 888). Eine Photokopie verdanke ich der Liebenswürdigkeit von Prof. J. Ruwet, Löwen.

[160] K. Herding, Pierre Puget Das bildnerische Werk, Berlin 1970, 106f.

[161] H. G. Evers, Rubens und sein Werk, Neue Forschungen, Brüssel 1943, 266.

[162] Eine der Medaillen, die dem 1578 zum Statthalter der Niederlande ernannten Erzherzog Matthias von Österreich (dem späteren Kaiser Matthias) gewidmet wurden (nach van Loon [Anm. 94] I, 1732, 244 und Marquard Herrgott, Nummotheca principum Austriae

[Monumenta Aug. Domus Austriacae II, Freiburg i. Br. 1753] 111 stellt Andromeda Belgien dar, während Joannes Jacobus Luckius, Sylloge numismatum elegantiorum, Straßburg 1620, 271 – weniger zutreffend – die Gestalt auf Ungarn bezieht), stimmt auch formal mit dem Exemplar des Jahres 1692 weitgehend überein. Vgl. auch eine Perseus-Andromeda-Szene an den 1685 in München errichteten Triumphpforten, die auf Austrias Errettung durch Max Emanuel verweist (Verani 1685 [Anm. 103] 70, 83f.).

163 S. vor allem die 1635 von Rubens zum Empfang des Kardinalinfanten Ferdinand geschaffene Komposition, deren Vorbilder Martin (Anm. 134) 46–49 untersucht.

164 S. den in den neunziger Jahren entstandenen Stich von Elias Christoph Heiß nach J. G. Rieger (München, Stadtmuseum, Maillinger-Sammlung I/677).

165 S. die im April 1698 in Mons errichtete Ehrenpforte, deren Inschrift Max Emanuel als »Pannonicum, Ileyricum, Bulgaricum, Thracium, Debellatorem« anspricht (Theatrum Europaeum XV, Frankfurt a. M. 1707, 478; vgl. Mercurii Relation oder Wochentliche Reichs Ordinari Zeitungen Nr. 17 vom 26. 4. 1698 mit Bericht aus Mons vom 12. 4.) s. a. Medaille Beierlein 1541.

166 GHA VII, 52. Dr. Dieter Graf wies freundlicherweise auf die Vorzeichnung hin: Kat. Kunstmuseum Düsseldorf. Meisterzeichnungen der Sammlung Lambert Krahe. Düsseldorf 1969/70, Nr. 203 (D. Graf).

167 S. die Auszüge aus den Hofzahlamtsrechnungen betr. die Ausgaben für den Kurprinzen, bei Schmidt 452–54; dort werden vor allem zahlreiche Bildnisse Joseph Ferdinands genannt.

168 SERENISSIMO AC POTENTISSIMO PRINCIPI AC DOMINO, DOMINO MAXIMILIANO EMMANUELI ... Demississimè gratulantur Musae Monacenses Collegij Soc. Jesu, München 1693.

169 LEO BOHEMIA ..., Prag 1693, fol. Br sowie A3r und C2r; deutsche Ausgabe: Ehren=Grab Bey welchem Der ... Fürstin ... MARIA ANTONIA ... Der Löw des Königreichs Böheimb seine ... schmertzhaffteste Leyd=Tragung ... bezeuget ... hat ..., Prag 1693, fol. wie oben (Leichenbegängnis vom 29. 1. 1693).

170 Vgl. Kat. Nr. 293.

171 S. Anm. 7.

172 S. die niederländische Medaille von 1697 (Beierlein 1542): Während auf dem Avers Max Emanuel den geschlossenen Janustempel beschützt, ist auf dem Revers Joseph Ferdinand dargestellt, der sich auf ein Gewehr stützt, mit der Umschrift »VIRTUTIS PRÆLUDIA AVITÆ«.

173 Landwehr (Anm. 138) Nr. 489 (»after 1695«). Schmidt 453 publiziert einen Auszug aus den Hofzahlamtsrechnungen von 1697: »Augustin Casimir Redelli, welcher dem Churprinzen ein gewisses Buch mit Kupferstichen dediciert und zwei exemplaria zur churfrl. Hofrathskammer überreicht, als Verehrung 32 fl.«

174 Vgl. etwa die Karte in Redels »Annus Symbolicus« (s. Anm. 173) 21, Nr. 11.

175 Doch erschienen in München 1695 zwei Publikationen: die Jesuitenfestschrift Hymen Auspicatissimus (Anm. 148) und die kurze Gratulation von Augustin Kasimir Redel, HYMEN FORTITVDINIS, ET DVLCEDINIS, In felicissimis Nuptijs SERENISSIMI, AC POTENTISSIMI PRINCIPIS, MAXIMILIANI EMMANVELIS... CUM SERENISSIMA TERESIA CVNEGVNDE, ... München 1695.

176 Hippodromia Quà S.P.Q.B. et Regium Gymnasium Societatis Jesu Bruxellis Serenissimorum principum Maximiliani Emmanuëlis, ... et Theresiae, Cunigundae ... Auspicatissimum Connubium ... prosequuntur, Brüssel 1695 (de Backer-Sommervogel, [Anm. 87] II, 1891, Sp. 290, Nr. 105); die Schrift war mir nicht zugänglich. S. auch Mercurii Relation oder Wochentliche Reichs Ordinari Zeitungen, Nr. 5 vom 29. 1. und Extract-Schreiben vom 29. 1. 1695; Theatrum Europaeum XIV, Frankfurt a. M. 1702, 854; van Loon (Anm. 94) IV, 1736, 177. – Am 21. Juli 1698 wurde gleichfalls zu Ehren Max Emanuels – anläßlich des Friedensschlusses von Rijswijk – in Brüssel ein prächtiger Umzug veranstaltet und in einer Schrift festgehalten: Ludi solennes ob instauratam feliciter pacem..., Brüssel 1698 (de Backer-Sommervogel II, 1891, Sp. 290, Nr. 106); s. auch Coremans (Anm. 75) 29f.

177 Van Loon (Anm. 94) IV, 1736, 177; s. Beierlein 1531.

178 S. auch die von Max Emanuels Beratern vorgebrachten Bedenken gegen die Tochter eines Herrschers, der von Geburt einfacher Edelmann sei (Heigel QA I 55).

179 S. Hymen Auspicatissimus (Anm. 148) 2–4; Redel 1695 (Anm. 175) fol. 1v und 3v; Nicolas Oliver y Fullana, Foedus augustissimum magnificum et geniale leonis quadrupedum Regis, et aquilae volucrum Reginae, in auspicatissimo hymeneo ... Maximiliani Emmanuelis ... ac Theresiae, Cunigundae ... Brüssel 1695 (de Backer-Sommervogel [Anm. 87] V, 1894, Sp. 1896f. Nr. 1; die Schrift war mir nicht zugänglich).

180 München, Stadtmuseum, Maillinger-Sammlung I/641, 1–4: Ehrenpforte und Ehrensäule in der Kaufingergasse (s. H. Stern, Münchener Barockplastik von 1660–1720 [MJBK NF 9, 1932] 210 und Abb. 21: Zahlungen an J. B. Gumpp), Springbrunnen auf dem Kräutelmarkt, d. h. am Ostende des Marienplatzes. Auch das Rathaus war geschmückt (M. Schattenhofer, Das Alte Rathaus in München, München 1972, 173). Zur Illumination s. auch Maffei (Anm. 64) I 88; aus dem Bericht geht deutlich hervor, daß man den offiziellen Einzug aufschob, damit die Festbauten mittlerweile errichtet werden konnten; denn das Kurfürstenpaar kam schon am 12. 5. incognito nach München.

181 PENELOPE REDIVIVA SEU PATRIA AD ULYSSIS SUI ... NEMPE ... MAXIMILIANI EMANVELIS Post Decennium remigrantis adventum animata ..., München 1701.

182 ALLEGORICUS ÆNEAS Illius decennalis Trojae defensio, ... Id est: Serenissimi Electoris Bavariae decennalis Hispalis propugnatio ..., München 1701.

183 S. Anm. 157 und Anm. 158.

184 CARMEN MILITARE IN CASTRIS SERENISSIMI PRINCIPIS MAXIMILIANI EMMANUELIS ..., München 1701.

185 Durchgeführt und gestochen von Christoph Helle; ein Exemplar in Nürnberg, Germanisches Nationalmuseum, HB 3542 (E. Fähler, Feuerwerke des Barock. Studien zum öffentlichen Fest und seiner literarischen Deutung vom 16. bis 18. Jahrhundert, Stuttgart 1974, 220, Nr. II/263). S. auch Theatrum Europaeum XVI, Frankfurt a. M. 1717, 100 und Maffei (Anm. 64) I, 96.

186 Littich 1701 (Anm. 184) 17.

187 Wie Anm. 125; s. Johann Georg Littichs 1704 in München unter dem Pseudonym Johann Georg Leophil erschienenes THEATRUM BELLI BAVARICI. Das ist: Schau=Pünne Deß im Harnisch stehenden Bayrlands ..., (München) 1704, für das der Autor 24 fl. »zum Recompens vermög anschaffung« erhielt (StAM HZR 1704, fol. 650v; Mitteilung P. Volk).

188 Europäische Fama I, 9. Teil, Leipzig 1702, 812; Bücher-Cabinet (Anm. 5) III, 1713, 13. Eingang, 441; Ludewig-Finsterwald (Anm. 31) 2253/54.

189 S. die Schrift ANTIQUÆ BOIORUM GLORIÆ SEPULCHRUM, Et recentis Ignominiae THEATRUM ..., o. O. 1704 (deutsche Übersetzung: Des Alten Bayrischen Ruhms Grab-Mahl, o. O. o. J.) sowie die Erwiderung SEPVLCHRVM RECENTIS IGNOMINIÆ, ob irrogatam Publicae Majestati Pacíque per infames Strophas laesionem flammas commeritae, ET AVITÆ BOIORUM GLORIÆ THEATRVM ... o. O. 1705. Vgl. die gegen Bayern gerichteten Medaillen Kat. Nr. 359 und 360 sowie Beierlein 1577/78 und 1580.

190 Medaille Kat. Nr. 482; Festdekorationen in München (Ehrn-Bezeugung [Kat. Nr. 480/481] Taf. 1 und 6), in Straubing (Beschreibung [Anm. 16] fol. A3v sowie THEATRUM GLORIOSUM, Oder

Glorreiche Schaupine ... Von der getreu unterthänigst verpflichten Haupt=Stadt Straubing in gesambt und sonders Einer Churfürstlichen Regierung Geistlichkeit Adel und gefreyten Ständen Statt=Magistrat, und gantz treu ergebnister Burgerschafft ... Straubing 1715, fol. E3r) und in Amberg (Eigentliche Beschreibung [Anm. 18] unpaginiert, fol. 6v–12r).

191 S. etwa die Straubinger Dekorationen (Beschreibung [Anm. 16] fol. A2r und Theatrum Gloriosum [Anm. 190] fol. E3r) sowie PANOPLIA Togatae & Sagatae PALLADIS, Quam SERENISSIMO ... PRINCIPI MAXIMILIANO EMMANUELI ... Pro Auspicatissimo in Patriam reditu In Demississimae Observantiae testimonium Ad duas urbis portas Fixit Academia Anglipolitana, Ingolstadt 1715, fol. Nr und Bbr; Alexander Herth, Durchläuchtigiste Lands=Sonnen MAXIMILIAN EMMANUEL, Bey erhellenden Friedens=Tag Den Chur=Bäyerischen Himmel nun widerumen bescheinend. Das ist: Lob= und Danck=Predigt ... In der Chur=Bäyerischen Stadt am Hoff Den 18. Febr. 1715, Regensburg 1715, passim; Johann Georg Littich, Morgen=Röthe Der Denen Chur=Bayerischen Landen wider auffgehenden Glücks=Sonne In dem Durchleuchtigsten Chur-Printzen Carl Albert ..., München 1715, fol. A2rf., Ev; Die Den Bayerischen Landen neu auffgegangene Glücks= und Freuden=Sonne Bey Deß Durchleuchtigsten Fürsten ... MAXIMILIAN EMMANUEL ... Wider=Ankunfft ... Unterthänigst devoteste Diener Die sämmtliche Wernberger= und Geigerische Handlungs=Consorten in Nürnberg, o.O. o.J.

192 Den Titel »Phoebus Post Nubila« trägt das 1715 in München aufgeführte Jesuitenschauspiel von Christoph Wahl: Der christliche Ritter Titus, dem auf Befehl des japanischen Königs Frau und Kinder fortgenommen werden, überzeugt so sehr durch seine »unerhörte Standhafftigkeit«, daß ihm die Familie »widerumb zugestellt« wird. Zur Sonne mit der Beischrift »Post Nubila Phoebus« (G. Büchmann, Geflügelte Worte, Berlin 1910[24], 445) s. H. Grimm, Deutsche Buchdruckersignete des XVI. Jahrhunderts, Wiesbaden 1965, 239f. und Henkel-Schöne (Anm. 103) Sp. 25.

193 München, Stadtmuseum, Maillinger-Sammlung I/640 (Johann Balthasar Wening); einen ausführlichen Kommentar gibt Johann Georg Littich, Freuden=Liechte Der Auß dem Traur=Gewülcke widerumb hervorstrahlenden Glücks=Sonne..., München 1715.

194 Ehrn-Bezeugung (Kat. Nr. 480/481) Taf. 3 und Theatrum Gloriosum (Anm. 190) fol. E3v.

195 Herth (Anm. 191) 9/10 und 21.

196 A. Dreyer, Ein Huldigungsgedicht auf die Rückkehr Max Emanuels nach Bayern (AbM 5, 1905) 148–54 (dat. 1714).

197 Vgl. Chapeaurouge (Anm. 55) 273f.

198 S. – außer dem Feuerwerk von 1715 (Anm. 193) – Panoplia (Anm. 191) fol. Zv und vorher schon Rejouissances (Anm. 16) 13 (Feuerwerk in Namur am Zusammenfluß von Sambre und Maas).

199 S. Anm. 183; der Rektor und die Dekane der vier Fakultäten brachten die Schrift dem Kurfürsten am 13. 4. 1715, drei Tage nach seiner Ankunft, in München dar (Mederer III 139).

200 Fortitudo Leonina (Kat. Nr. 476) I, fol. ar–a2r.

201 G. Kirchner, Fortuna in Dichtung und Emblematik des Barock, Stuttgart 1970, 6–8. S. auch die Erwähnung Petrarcas in der Fortitudo Leonina (Kat. Nr. 476) I, fol. a2v.

202 Zur »Fortitudo« als Heilmittel gegen die »Adversa Fortuna« s. K. Heitmann, Fortuna und Virtus. Eine Studie zu Petrarcas Lebensweisheit (Studi Italiani I, Köln–Graz 1958) 204–40.

203 Heitmann (Anm. 202) 43–57; Kirchner (Anm. 201) 124ff., 165f.

204 F. Roth, Die Hauptwerke über bayerische Landesgeschichte vom Zeitalter des Humanismus und der Reformation bis zur Gegenwart II (Bayerische Zschr. für Realschulwesen 19, 1898) 177; zu beachten ist die Auseinandersetzung mit Brunners Werk in der Fortitudo Leonina (Kat. Nr. 476) I, fol. gv und g2r. S. auch die 61 bayerischen Fürsten gewidmeten Embleme an der Straubinger Dekoration (Theatrum Gloriosum [Anm. 190] fol. A4v–E2v).

205 S. Riezler VIII 628.

206 Für die Zeit Maximilians I. s. B. (Volk-) Knüttel, Zur Geschichte der Münchner Residenz 1600–1616 (MJBK 3. F. 18, 1967) 193f.; zu den Habsburgern s. A. Lhotsky, Apis Colonna (Mitt. des Instituts für Geschichtsforschung und Archivwissenschaft in Wien 60, 1944) 171–245 und A. Coreth, Österreichische Geschichtsschreibung in der Barockzeit (Veröffentl. der Komm. für neuere Geschichte Österreichs 37, Wien 1950) 30ff.

207 Fortitudo Leonina (Kat. Nr. 476) II, 2; vgl. auch Panoplia (Anm. 191) fol. M3r. Für das zugrunde liegende Prinzip s. A. Herbst, Zur Ikonologie des barocken Kaisersaals (Bericht des Histor. Vereins Bamberg 106, 1970) 276.

208 Vgl. etwa Aquilae Virtutum Leopoldinarum Symbolicae Imagines, o. O. (Innsbruck?) 1705: Landwehr (Anm. 138) Nr. 36.

209 A. Coreth, Pietas Austriaca. Ursprung und Entwicklung barocker Frömmigkeit in Österreich (Österreich-Archiv 7, München 1959), 72f.

210 S. auch Fortitudo Leonina (Kat. Nr. 476) II, 92: dort wird Max Emanuel als Streiter gegen die 1715 erneut den christlichen Westen bedrohenden Türken empfohlen.

211 Verani 1685 (Anm. 103) 76–80.

212 Vgl. W. B. Stanford, The Ulysses Theme. A Study in the Adaptability of a Traditional Hero, Oxford 1954, u. a. 160–65.

213 G. Ph. G. Ernst, Die Heroide in der deutschen Literatur, Diss. phil., Heidelberg 1901, passim; J. H. Scholte, s.v. Heroide (Reallexikon der deutschen Literaturgeschichte I, Berlin 1958[2]), 646f..

214 Anregungen mögen auch von den illustrierten Ausgaben der Ovidischen »Heroides« selbst ausgegangen sein; so versah Jacques Harrewyn, der während der niederländischen Statthalterschaft Max Emanuels als weitaus bedeutendster Stecher hervortrat und häufig auch für den Kurfürsten arbeitete, die 1702 in Köln publizierte lateinisch-französische Ausgabe mit Radierungen; s. H. Dörrie, Zum Motiv der »schreibenden Heroine« (Zschr. für Kunstgeschichte 30, 1967) 222–28 (R. Baumstark machte mich freundlicherweise auf den Aufsatz aufmerksam).

215 Vgl. W. Welzig, Constantia und barocke Beständigkeit (Deutsche Vierteljahrsschrift für Literaturwissenschaft und Geistesgeschichte 35, 1961) 461–32 und H.-J. Schings, Die patristische und stoische Tradition bei Andreas Gryphius (Kölner Germanistische Studien 2, Köln-Graz 1966) 236–47.

216 Zu Penelope als Verkörperung der »Castitas« s. die antiken Beispiele bei E. Wüst, s.v. Penelope (Pauly-Wissowa, Real-Encyclopädie XIX/1, Stuttgart 1937) Sp. 483f.

217 S. die Straubinger Dekoration (Beschreibung [Anm. 16] fol. A4r), die – in Verbindung mit dem Chronogramm »In hIs bIna DIV ConCorDIa DVret« – u. a. zwei verschlungene Hände mit weiß-blauen und rot-weißen Ärmeln zeigte, sowie das wohl mit dem gleichen Sinn verknüpfte Zeichen der Concordia am Münchner Landschaftshaus (s. Beitrag Volk).

218 Fortitudo Leonina (Kat. Nr. 476) II 92 und 121–24.

219 S. die Amberger Dekoration (Eigentliche Beschreibung [Anm. 18] fol. 10r, 11v und 12r) sowie Panoplia (Anm. 191) fol. Fr; Herth (Anm. 191) 11f. und Benedikt Rämppel, Der alte erfreute JACOB, Wegen seines JOSEPHS. Das ist: Jacob das Welt=berühmte Beyrland vernimbt ... die Ankunfft Ihres JOSEPHS Nemblich Deß ... Chur=Fürsten MAXIMILIAN EMANUEL ..., München 1714, 5. Strophe.

220 Ehrn-Bezeugung (Kat. Nr. 480/481) Taf. 4.

221 Fortitudo Leonina (Kat. Nr. 476) II 104–108.

222 Vgl. die Illustration der Fortitudo Leonina (Kat. Nr. 476) II 109 und die Ode 109–12 sowie den ausführlichen Bericht im Neueröffneten Welt- und Staats-Spiegel VII, 84. Teil, Haag (d. i. Leipzig) 1715, 1071–74.

[223] Dreyer (Anm. 196) 151f.

[224] Fortitudo Leonina (Kat. Nr. 476) II 108.

[225] Im Dezember 1712 wie im April und im Herbst 1714 verteidigte Karl Albrecht in Graz Thesen aus der Logik und der Philosophie; am 6. 8. 1715, dem Tag der Volljährigkeit, wurde in München eine feierliche Disputation abgehalten (Schmidt CV–CVII und Duhr IV/2, 1928, 380–83); in unserem Zusammenhang besitzt namentlich der Fürstenspiegel »Philosophia moralis principum« Interesse (BStB Clm 11480). S. auch das Gedicht auf Karl Albrechts Thesenverteidigung in der Fortitudo Leonina (Kat. Nr. 476) II 113–16.

[226] Auf den Türkenfeldzug von 1717, an dem gleichfalls Max Emanuels Sohn Ferdinand Maria teilnahm, bezieht sich eventuell ein Emblem, dessen von Max Emanuel selbst verfaßten Entwurf mir P. Volk freundlicherweise mitteilte (GStA K. schw. 15996, fol. 140, undatiert): Ein Adler fliegt, von einem größeren und einem kleineren Adlerjungen begleitet, der Sonne entgegen (für das Lemma »Mens omnibus una« vgl. Henkel-Schöne [Anm. 103] Sp. 931); hier könnten – neben Max Emanuel – Karl Albrecht und Ferdinand Maria gemeint sein. Vgl. Anm. 143.

[227] S. S. 125f. und Abb. 25.

[228] Von Joseph Mörl gestochener Brunnen, auf dem Adler und Löwe Wasserstrahlen aussenden (München, Stadtmuseum, Maillinger-Sammlung I/649); s. z. B. Johann Georg Seidenbusch, Höchst=erfreuliche GRATULATION Zu der Neuer Verbündung Zwischen dem Adler und Löwen=Hauß . . ., München o. J. (1722).

[229] S. ferner die Trauergerüste in der Münchner Augustinerkirche (Hieber [Anm. 125] 1–3) und – nach Giuseppe Galli-Bibienas Entwurf – in der Wiener Augustinerkirche (Johann Karl Newen, PUBL. CINERUM HONOS SER. OLIM PR. MAXÆMILIANO EMMANUELI, . . . DECRETUS IN Aulica Augustinianor. Basilica . . ., Wien 1726; deutsche Übersetzung bei Falckenstein [Anm. 159] III 841–43) wie in Ingolstadt (J. B. Götz, Zur Leichenfeier des Kurfürsten Max Emanuel in Ingolstadt [Sammelblatt des Historischen Vereins Ingolstadt 46, 1927] 107–10).

[230] L. Hautecoeur, Louis XIV Roi-Soleil, Paris 1953; Keller (Anm. 55) 155–63; Chapeaurouge (Anm. 55) 270–73.

[231] S. nur das Fresko im Schleißheimer Großen Kabinett, dessen Apollo-Darstellung jedoch keine Porträtzüge aufweist.

[232] Meller (Anm. 141) 63; zur Magnanimitas generell siehe R.-A. Gauthier, Magnanimité. L'Idéal de la grandeur dans la philosophie païenne et dans la théologie chrétienne (Bibliothèque thomiste 28, Paris 1951).

[233] Hieber (Anm. 125) 6.

[234] S. auch Khuen, Magnus in ortu (Kat. Nr. 641), 108 und 110.

[235] MARS CHRISTIANO-BOJCUS IN AREOPAGO SANCTIORI Vocatus in Judicium & Defensus. ORATIO FUNEBRIS . . ., o. O., o. J. Die Predigt knüpft wohl an Maraviglias Schrift von 1663 (Anm. 90) an; denn im himmlischen Gerichtshof verweisen die zwölf Namenspatrone auf die schon von Maraviglia genannten Tugenden, die Max Emanuel mit jedem der Heiligen teile.

[236] Daß Max Emanuel gelegentlich sich auch in Details der künstlerischen Darstellungen annahm, geht aus einem Brief Baron Malknechts an Mörmann vom 22. 1. 1726 hervor: der Kurfürst besitze ein sehr gutes Gemälde der Befreiung Wiens, »zu welchem Sereniss. dem Maler selbst die Details lieferte und nach denen das Gemälde auch ausgeführt wurde« (A. v. Ow, Beiträge zur Geschichte Max Emanuels, VII. Auszüge aus den Briefen des Baron Malknecht aus München 1721 und 1724–1726 an Mörmann in Wien [AbM 5, 1905] 175). S. auch den in Anm. 52 zitierten Brief Max Emanuels, in dem er von seinen »desseins et mémoires« spricht, die er benötige, um Gemälde seiner Schlachten in Auftrag zu geben.

[237] Auch früher dominierte der Vergleich mit Mars; s. außer den Medaillen Kat. Nr. 244 und 222 zahlreiche literarische Belege.

[238] Kat. Nr. 485 und 487 sowie die besprochenen Medaillen Beierlein 1450 und 1458.

Wilhelm Volkert

Die Wappen Kurfürst Max Emanuels und seiner Gemahlinnen

Wappen sind Symbole für Personen, Familien oder Institutionen, die nach Form und Farbe definiert sind und in der auf den Schild des mittelalterlichen Ritters zurückgehenden Feldumgrenzung in bestimmter (»heraldischer«) Stilisierung wiedergegeben werden. Sie kommen im 12. Jahrhundert auf und sind bis heute vielgebrauchte Abzeichen; für ihre Darstellung haben alle Stilepochen charakteristische Formen gefunden. Als Herrschafts- und Eigentumszeichen finden wir sie auf Siegeln und Münzen, auf Fahnen und Waffen, auf Kunst- und Gebrauchsgegenständen und auf Möbeln, in der Bauplastik ebenso wie auf Blättern der Druckgraphik, auf Bucheinbänden und auf Exlibris. All dies gilt auch für das Zeitalter um Max Emanuel von Bayern.

Das bayerische Wappen Max Emanuels zeigt einen gevierten (d. h. senkrecht und waagrecht halbierten) Schild, der mit einem kleinen Herzschild belegt ist. Im roten Feld des Herzschildes steht der goldene Reichsapfel; das erste und das vierte Feld des Hauptschildes enthalten die weißblauen Rauten, das zweite und dritte schwarze Feld jeweils einen rot gekrönten goldenen Löwen mit roten Krallen. Auf dem Schild ruht der Fürstenhut; rechts und links davon (Seitenangaben vom Träger des Schildes, nicht vom Beschauer aus) steht jeweils ein Spangenhelm; beide Helme tragen goldene Helmkronen. Die Helmzier des rechten Helmes besteht aus zwei weiß-blau gerauteten, mit grünen Lindenstäben besteckten Büffelhörnern; zwischen den Hörnern sitzt ein gekrönter goldener Löwe. Der linke Helm trägt als Helmzier zwei weiß-blau gerautete Adlerflügel (einen »geschlossenen Flug«), zwischen denen ebenfalls ein gekrönter goldener Löwe sitzt. Von den Helmen hängen reichgeschwungene Helmdecken herab, die auf der rechten Seite in Rot und Schwarz, auf der linken in Weiß und Blau ausgeführt sind. Den Schild halten zwei aufsteigende goldene Löwen.

Diese vollständige Form des großen Wappens mit Schild, Fürstenhut, Helmen, Helmzier und Helmdecken sowie Schildhaltern ist auf dem großen Siegel Max Emanuels überliefert, dessen Stempel bald nach seinem Regierungsantritt beschafft wurde.[1] Es entspricht ganz dem Typar, das sein Vater Ferdinand Maria als zweites großes Siegel führte.[2] Diesem ging ein Siegel gleichen Formates voran, das dasselbe Bild, lediglich ohne den Fürstenhut, zeigte.[3] Vorbild dafür war das große Siegel Kurfürst Maximilians I.[4]

Das kleine Wappen mit Schild und Fürstenhut ohne das andere heraldische Beiwerk ist vielfach durch Siegel von unterschiedlichen Stempeln überliefert.[5] Auch das zur Zeit der Vormundschaft Herzog Maximilian Philipps geführte Administrationssiegel[6] zeigt den gevierten Wappenschild mit dem Herzschild, neben dem der ebenfalls gevierte Schild des Administrators steht, der aber das Zeichen des Reichsamtes, den Reichsapfel im Herzschild, nicht aufweist. Nur der Kurfürst und seine Gemahlin führen dieses Abzeichen im Wappen; die anderen Familienmitglieder haben nur Rauten und Löwen im gevierten Schild, dazu den Fürstenhut und gelegentlich auch die Löwen als Schildhalter.[7]

Wappen Max Emanuels ab 1692

Seit 1692 zeigt das kleine Wappen Max Emanuels als Ordensschmuck die Kette und das Kleinod des Goldenen Vlieses. Diese schon unter Maximilian I. übliche Form der Wappengestaltung[8] kennt die Heraldik Max Emanuels auf Siegeln,[9] auf Medaillen und Münzen[10] und in allen Bereichen der Hofkunst.

Die einzelnen Wappenbestandteile stehen in einer mehr oder minder langen Entwicklungsreihe heraldischer Formen in Bayerns Herrscherhaus. In der Reihenfolge der heraldischen Anordnung ist an erster Stelle der Herzschild mit dem Reichsapfel zu nennen. Seit der Goldenen Bulle Kaiser Karls IV. von 1356 galt es als Vorrecht des Pfalzgrafen, den Reichsapfel zu tragen. In den Wappen der pfälzischen Kurfürsten des Hauses Wittelsbach ist dieses Bild seit der Mitte des 16. Jahrhunderts nachweisbar; bereits seit der Mitte des 15. Jahrhunderts legten die Pfälzer als Zeichen ihres Reichsverweseramtes dem Wappen einen kleinen roten Herzschild auf.[11] Nach der Niederlage Friedrichs V. von der Pfalz und der Übertragung der ersten weltlichen Kurwürde mit dem Erztruchsessenamt an Maximilian I. von Bayern übernahm dieser auch das Wappenzeichen des Pfälzers. 1623 ist bereits der Reichsapfelschild im bayerischen Wappen zu finden.[12] Damals ließ Maximilian I. der berühmten »Tellus Bavarica«, der Bronzeskulptur Hubert Gerhards, die lange Zeit auf dem Hofgartentempel in München stand, einen Reichsapfel in die rechte Hand legen, zum Zeichen der neuen Würde des Kurfürsten.[13] Auch auf berühmten Goldschmiede- und Juwelierarbeiten der kurfürstlichen Schatzkammer ergänzte man den heraldischen Schmuck durch den Reichsapfel des Erztruchsessenamtes, so beim Deckelpokal von 1562 und an der Sankt-Georgs-Statuette Wilhelms V.[14]

Mit den Rauten und den Löwen bringt das Wappen Max Emanuels die seit dem 13. Jahrhundert für die Wittelsbacher wichtigsten heraldischen Figuren, diese im Zusammenhang mit dem Erwerb der Pfalzgrafschaft bei Rhein, jene mit dem Erbe der Grafen von Bogen in Niederbayern von den bayerischen Herzögen übernommen.[15] Die Form der sogenannten Vierung mit Wiederholung der beiden Bilder in diagonaler Anordnung erscheint seit dem 14. Jahrhundert auf Siegeln und in Wappenbüchern.[16] Die Gewohnheit, in den Wappen der bayerischen Wittelsbacher die Rauten an erster Stelle zu bringen, setzt sich seit Maximilian I. durch;[17] von Ferdinand Marias Zeiten an wird dies durchgehend beachtet. Die Pfälzer haben dann fast immer den Löwen an der ersten Stelle ihres viergeteilten Wappens. Das Rautenfeld im großen Wappen Max Emanuels zeigt 21 ganze und angeschnittene Rauten; diese Zahl, seit der Mitte des 15. Jahrhunderts in der schriftlichen und heraldischen Überlieferung belegt, wird sonst nur selten eingehalten.[18]

Das sogenannte Oberwappen mit Krone und Helmen samt deren Aufsätzen geht ebenfalls aus einer jahrhundertelangen Entwicklung hervor. Noch im 14. Jahrhundert kommt der Brauch auf, den Ritterhelm direkt über dem Wappenschild anzuordnen und auf der Helmzier Bilder und Farben des Wappens zu wiederholen; die Löwen zwischen den Büffelhörnern und den Adlerflügeln sind auf Siegeln der Herzöge Ernst (1395)[19] und Wilhelm (1398)[20] abgebildet. Helme mit Büffelhörnern kennt bereits die Sphragistik des 13. Jahrhunderts; auf Reitersiegeln Ludwigs II. und Heinrichs XIII. trägt den Helm der Ritter, das Wappen mit den Rauten ist auf dem Schild am Arm des Reiters angebracht.[21]

In der Renaissance wird es dann üblich, den Wappenschild mit einer Fürstenkrone (Fürstenhut) zu bedecken. Erstmals ist dies auf einer Medaille Herzog Albrechts V. von 1565 nachzuweisen[22] und auf dem etwa gleichzeitigen Erläuterungsband zu den Bußpsalmen des Orlando di Lasso.[23]

In der bayerischen Heraldik des 17. Jahrhunderts wird der Kurfürstenhut im allgemeinen nicht verwendet. Die Wappen Maximilians I. aus der Zeit vor Übernahme der Kurwürde (1623) und die nach diesem Zeitpunkt verwendeten haben stets dieselbe Zeichnung der fürstlichen Bügelkrone mit der den Raum unter den Bügeln ganz ausfüllenden Mütze und dem Hermelinbesatz am unteren Rand.[24] Kurhut und Fürstenhut sind sehr anschaulich nebeneinander abgebildet auf der Sankt-Georgs-Statuette in der Schatzkammer der Münchner Residenz; der Kurhut erscheint hier in der charakteristischen flachen Form ohne die Kronenbügel, die der Fürstenhut zeigt.[25]

Frühe Belege für die Helmkronen in Max Emanuels Wappen bringt die Sphragistik des späteren 15. Jahrhunderts.[26] Die Löwen als Schildhalter kennt die Wittelsbacher Heraldik seit dem 16. Jahrhundert; die spezielle Form der Max-Emanuel-Wappen ist aus den Wappen Maximilians I. übernommen.[27]

Zu den Wappenbestandteilen im weiteren Sinn gehören auch die Ordensketten; bei Max Emanuel ist dies der Orden vom Goldenen Vlies, mit dem er seit der Verleihung durch König Karl II. von 1692 sein Wappen dekoriert. Die spanischen Monarchen besaßen seit Karl V. die Großmeisterwürde des 1430 von Philipp dem Guten von Burgund gestifteten Ordens, dessen charakteristische Bestandteile – Widderfell, Flammen, Feuerstein, Feuerstahl – deutlich in den heraldischen Wiedergaben zu erkennen sind.[28]

Die Zentralbehörden und auch die Außenstellen verwendeten Siegel mit dem Wappen, dem Namen und den Titeln des Kurfürsten; zur Unterscheidung der einzelnen Ämter sind darauf kleine Buchstaben eingraviert, wie »HR« für den Hofrat oder »HC« für die Hofkammer.[29] Nach dem Aufstand von 1705 wiederholte die kaiserliche Administration den Befehl, alle bayerischen Siegel abzuliefern, weil die Bauern im Rentamt Burghausen verlangt hatten, anstelle der kaiserlichen Petschafte die »bayerischen Wecken« (= Rauten) zu verwenden.[30] Das Siegel der kaiserlichen Administration enthielt den Doppeladler mit dem Habsburger Wappen, das die Symbole für Ungarn, Böhmen,

Wappen Max Emanuels als Souverän der Spanischen Niederlande, geführt ab 1711 nach der Übertragung der Provinzen Namur und Luxemburg

Österreich, Burgund, Kastilien und Leon zeigte und dem seit langem üblichen Kaisersekret nachgebildet war.[31]

Als Statthalter der Spanischen Niederlande verwendete Max Emanuel weiter sein bayerisches Wappen, nachdem er von Karl II. am 12. Dezember 1691 zum Lieutenant, Gouverneur et Capitaine Général des Pays-bas ernannt worden war. Wie er seinem Titel die Bezeichnung »Gubernator Belgii« anfügte,[32] ließ er auch die Siegelumschrift mit den Buchstaben GB ergänzen.[33] Auf Statthalterschreiben Max Emanuels, die mit seinem bayerischen Wappensiegel versehen sind, wird gelegentlich auch das Wappen seines spanischen Königs abgebildet.[34]

Das Wappen, welches Max Emanuel als souveräner Herr über die Spanischen Niederlande führte,[35] ist vielgestaltiger als das bayerische. Es zeigt im Herzschild das bayerische Wappen, dazu in weiteren neun Feldern die Sinnbilder der niederländischen Herrschaften. Der Schild ist geteilt (waagrecht halbiert), oben dreimal gespalten (senkrecht eingeteilt) und unten durch eine eingeschweifte Spitze gespalten; das davor und dahinter liegende Feld ist jeweils wieder gespalten. Die Felder enthalten folgende Bilder: 1. in Schwarz ein goldener Löwe (Herzog von Brabant); 2. in Silber ein golden gekrönter roter Löwe (Herzog von Limburg); 3. neunmal von Silber und Blau geteilt, überdeckt mit einem gekrönten roten Löwen (Herzog von Luxemburg); 4. in Blau ein goldener Löwe (Herzog von Geldern); 5. in Gold ein schwarzer Löwe (Graf von Flandern); 6. Geviert von Gold und Gold; in 1 und 4 ein schwarzer Löwe, in 2 und 3 ein roter Löwe (Graf von Hennegau); 7. in Gold ein gekrönter schwarzer Löwe, überdeckt mit einem roten Schrägbalken (Graf von Namur); 8. in Gold drei rote Pfähle, in der Mitte überdeckt mit einem goldenen Schild, darin ein schwarzer Doppeladler (Herr von Mecheln); 9. (in der eingeschweiften Spitze) geteilt von Gold und Rot; oben ein schwarzer Doppeladler, unten drei mit silbernen Mauern verbundene silberne Zinnentürme, darüber zwei nach außen gerichtete goldene Hände (Markgraf von Antwerpen).

Auf dem Schild liegt der Fürstenhut, um ihn ist die Kette des Goldenen Vlieses gelegt. Nachgewiesen ist dieses niederländische Wappen seit 1711 auf Münzen,[36] auf Siegeln,[37] gedruckt auf Paßformularen,[38] im Bereich der bildenden Kunst zum Beispiel auf einer Gewürzreibe und in farbig emaillierter Ausführung auf dem Bronzemonument von Guillielmus de Grof. Ein in Bergkristall geschnittenes Petschaft mit diesem Wappen verwahrt die Schatzkammer der Kat.Nr. Residenz.[39]

Im Sommer 1711 hatte König Philipp V. von Spanien eingewilligt, die Souveränität über die Spanischen Niederlande an Max Emanuel abzutreten; im Januar 1712 unterzeichnete er die Urkunde. Im März darauf kam das Dokument in Max Emanuels Hand.[40] Schon bei der Souveränitätsfeier in Namur am 6. Juli 1711 führte er den neuen Titel. Bald darauf wurde auch das Wappen gestaltet, welches dann auf Münzen mit der Jahreszahl 1711 abgebildet ist.[41] Nach dem Friedensschluß von Baden im Herbst 1714, mit dem die Niederlande endgültig an den Kaiser herauszugeben waren, bediente sich Max Emanuel wieder des kurzen bayerischen Titels und des bayerischen Wappens.[42]

Max Emanuels erste Gemahlin, Maria Antonia von Österreich, führte in ihrem Wappen, das mehrfach auf Siegeln überliefert ist,[43] den gevierten Kurbayernschild mit dem Reichsapfel und dazu die heraldischen Abzeichen ihrer habsburgischen Familie, so vor allem das rote Wappenfeld mit dem silbernen Balken (Abzeichen von Österreich). Ne-

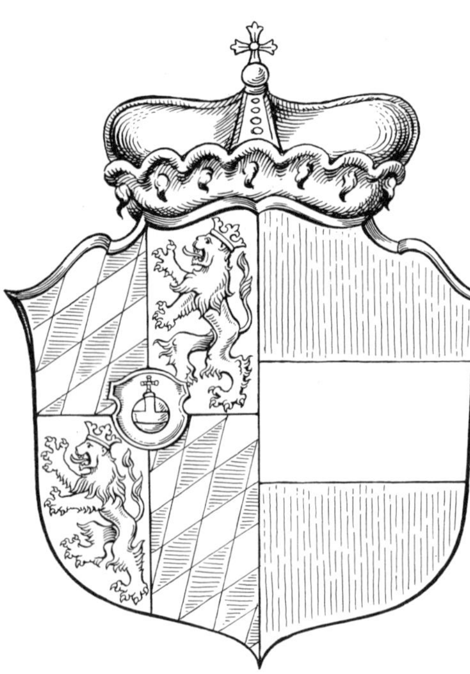

Wappen der Kurfürstin Maria Antonia

ben diesem einfachen Bayern-Österreich-Wappen kommt auch eine größere Form des Wappens von Maria Antonia vor, in der neben dem bayerischen und dem österreichischen Symbol auch noch die Abzeichen von Altungarn (siebenmal von Rot und Silber geteilt), von Neuungarn (in Rot auf grünem Dreiberg eine goldene Krone, aus der ein silbernes Patriarchenkreuz wächst) und von Böhmen (in Rot ein gekrönter silberner Löwe) berücksichtigt sind.

Wappen der Kurfürstin Therese Kunigunde

Therese Kunigunde, Max Emanuels zweite Gemahlin, aus dem polnischen Königshaus Sobieski, führte im Wappen ebenfalls das Kurbayern-Bild, das mit dem polnischen Königsadler (in Rot ein silberner Adler unter einer schwebenden goldenen Krone) kombiniert ist. Dem Adler ist das Familienwappen der Sobieski (in Rot ein silberner Schild) aufgelegt.[44] Die polnischen Könige besaßen auch das Herzogtum Litauen und führten deshalb dessen heraldisches Abzeichen, den sprengenden Reiter, im Wappen. Auch dieses Bild ist für Therese Kunigunde auf einem Porträtstich nachgewiesen; im gespaltenen Schild steht vorne das Kurbayern-Wappen, während die hintere Hälfte geviert ist mit dem Adler im ersten und vierten und dem Reiter im zweiten und dritten Feld.[45]

Max Emanuels Wappen stehen in der heraldischen Tradition des bayerischen Herzog- und Kurfürstentums; über die tradierten Formen hinaus zeigen sie charakteristische Merkmale, die in gedrängter, wappenmäßig verkürzter und symbolisch verschlüsselter Form den Umkreis seiner politischen Ambitionen abstecken.

Anmerkungen

[1] AStA Metallabgußsammlung (= MASlg.) B 406; s. auch dort KU Niederalteich 1553 von 1683; Germ. Nationalmuseum Nürnberg, Urk. vom 22. 1. 1691. Abbildung auch bei Siebmacher, Großes und allgemeines Wappenbuch. Die Wappen der Souveräne der deutschen Bundesstaaten, Nürnberg 1856, 16, Tafel 19. Über die Siegel vgl. K. Primbs, Siegel der Wittelsbacher bis auf Max III. Joseph (AZ NF 2, München 1891) 12f.; ders., Die Siegelstempelsammlung im bayer. allgemeinen Reichsarchiv (AZ NF 4, München 1893) 237; die hier von Max Emanuel erhaltenen 18 Typare gingen bis auf den in Anm. 33 genannten Stempel 1944 zugrunde.

[2] AStA MASlg. B 115.

[3] AStA MASlg. B 114.

[4] AStA MASlg. B 401.

[5] AStA MASlg. B 408; Lackabdrucksammlung (= LASlg.); s. auch KU Ettal 552 und 553 von 1684; KU Dietramszell 339 von 1690.

[6] AStA Fürstensachen 606 fol. 10v; 673 1/2. Primbs (AZ NF 4) 237.

[7] Schatulle mit bayerischem Wappen im Bayer. Nationalmuseum München, R 3906 von ca. 1720.

[8] F. Dreßler, Die Exlibris der Bayerischen Hof- und Staatsbibliothek. 17. bis 20. Jahrhundert, Wiesbaden 1972, 63.

[9] AStA MASlg. B 405, 407, 409, 412, 414; LASlg.; s. auch KU Ettal 561 und KU Niederalteich 1562 von 1693; GStA Bayern-Urk. 243 von 1724.

[10] Beierlein Nr. 1595 von 1716; Nr. 1646 von 1695; Nr. 1648 von 1694; Nr. 1679 von 1715; Nr. 1730 von 1699.

[11] Wappen in Bayern. Kat. d. Ausstellung des Bayer. Hauptstaatsarchivs, bearb. von K. Stadler, München 1974, 137; P. E. Schramm, Sphaira-Globus-Reichsapfel, Stuttgart 1958, 97f.

[12] Dreßler (Anm. 8) 11; Schramm (Anm. 11) 136.

[13] 1958 wurde der Reichsapfel wieder entfernt; das Original der Figur steht jetzt in der Residenz (Theatinergang), im Hofgarten eine Kopie, bei der man den Reichsapfel nicht entfernt hat. Vgl. die Abb. bei Schramm (Anm. 11) Nr. 134 und bei H. Thoma/H. Brunner, Residenzmuseum München, München 1966; s. auch H. Brunner/G. Hojer, Residenz München, München 1975³, 123.

[14] Schatzkammer der Residenz München. Kat., hrsg. v. H. Brunner, München 1970³, Nr. 58 u. 561; H. Lieb, München. Die Geschichte seiner Kunst, München 1971, 97.

[15] Kat. Wappen in Bayern (Anm. 11) 124ff.

[16] Z. B. in den Arlberger Wappenbüchern; s. O. Hupp, Die Wappenbücher vom Arlberg, Berlin 1937/39, 21, 56; Kat. Wappen in Bayern (Anm. 11) 127.

[17] Auch bei Maximilian I. wechselt die Reihenfolge noch; vgl. das Zeremonienschwert von 1628, dessen geätztes Wappen den Löwen an erster Stelle zeigt; s. Kunst und Kunsthandwerk. Meisterwerke im Bayer. Nationalmuseum München, München 1955, 66, Nr. 113.

[18] Kat. Wappen in Bayern (Anm. 11) 127; K. Stadler/F. Zollhoefer, Wappen der schwäbischen Gemeinden, Kempten 1952, 155.

[19] K. Frhr. v. Andrian-Werburg, Urkundenwesen, Kanzlei, Rat und Regierungssystem der Herzoge Johann II., Ernst und Wilhelm III. von Bayern-München (1392–1438) (MHStud. Abt. Geschichtl. Hilfswissenschaften 10, Kallmünz 1971) 32; G. M. Jochner, Das wittelsbachische Hauswappen (Bayerland, München 1894) 12, Nr. 10.

[20] Andrian (Anm. 19) 34; Jochner (Anm. 19) 21. Eine interessante Variante hat das Wappen Ludwigs VII. von Bayern-Ingolstadt: der Löwe wird geflügelt dargestellt; Kat. Wappen in Bayern (Anm. 11) 25, Nr. 8; Th. Straub, Die Wappensteine Ludwigs des Bärtigen in Schrobenhausen und in Rain am Lech (Neuburger Kollektaneenblatt 127, Neuburg 1974) 6f.

[21] S. Hofmann, Urkundenwesen, Kanzlei und Regierungssystem der Herzöge von Bayern und Pfalzgrafen bei Rhein von 1180 bzw. 1214 bis 1255 bzw. 1294 (MHStud. Abt. Geschichtl. Hilfswissenschaften 3, Kallmünz 1967) 138; L. Schnurrer, Kanzlei und Regierungssystem der Herzöge in Niederbayern 1255 bis 1340 (ib. 8, Kallmünz 1972) 72f.

[22] Beierlein Nr. 397; vgl. auch Nr. 411 von 1576 und Nr. 418 o. J.

[23] BStB Cim. 207 (2) Einband. Hervorragend schön ausgeführt ist das große bayerische Wappen in den von Hans Mielich illustrierten Prachtcodizes der Psalmen Lassos: BStB Mus. Ms. A I, Einband, fol. 3 (1 und 4: Löwen; 2 und 3: Rauten); Mus. Ms. A II, Einband, fol. 3 und 5 (1 und 4: Rauten; 2 und 3: Löwen); vgl. Kat. Wappen in Bayern (Anm. 11) 52, Nr. 58; Lieb (Anm. 14) 84.

[24] Exlibris von 1622 und 1623, Dreßler (Anm. 8) 10f.; G. A. Seyler, Geschichte der Heraldik, Nürnberg 1890, 474ff.; H. G. Ströhl, Heraldischer Atlas, Stuttgart 1899, Tafel XVI.

[25] Kat. Schatzkammer (Anm. 14) Nr. 58.

[26] Z. B. auf Siegeln Herzog Christophs von Bayern 1472; AStA MASlg. B 68.

[27] Jochner (Anm. 19) 14, Abb. 14; Ströhl (Anm. 24) Tafel XIV.

[28] M. Gritzner, Handbuch der Ritter- und Verdienstorden aller Kulturstaaten der Welt innerhalb des XIX. Jahrhunderts, Leipzig 1893, 261f.; La Toison d'Or. Kat. Ausst. Brügge 1962, 48, Nr. 564; Die Burgunderbeute und Werke burgundischer Hofkunst. Kat. Ausst. im Bernischen Historischen Museum, Bern 1969, 350f. Über die aus dem 18. Jahrhundert stammenden Ordensinsignien der Schatzkammer s. Kat. Schatzkammer (Anm. 14) 150–154; über die österreichische und die seit dem frühen 18. Jahrhundert daneben existierende spanische Ordensgemeinschaft vgl. Ch. de Terlinden, Der Orden vom Goldenen Vlies, Wien-München 1970, 20ff.

[29] AStA KU Dietramszell 342 von 1703; KU Fürstenfeld 2799 von 1695; 2839 von 1716; KU Niederalteich 1588 von 1687. – Ein Siegelstempel Max Emanuels mit den Buchstaben »RB« (= Regierung Burghausen) neben dem Wappen wurde 1975 in Wien im Handel angeboten; einen Stempel mit den Buchstaben »RL« (= Regierung Landshut) erwarb das Bayer. Hauptstaatsarchiv 1976.

[30] AStA Staatsverwaltung 647 fol. 138^v; Riezler-Wallmenich I 60 Nr. 130; II 207 Nr. 444.

[31] AStA Fürstensachen 692 1/2 fol. 262^v; Umschrift: DER ROM. KAISERLICHEN MAIESTÄT ADMINISTRATIONSSIGILL IN BEYEREN. Vgl. O. Posse, Die Siegel der deutschen Kaiser und Könige von 751–1806, III, Dresden 1912, Tafel 67, 68, 71, 72, 74; IV, Dresden 1913, Tafel 4. Vgl. auch das von einer Administrationsbehörde verwendete Petschaft von 1706 (AStA Stempelsammlung 102).

[32] Z. B. im Vertrag über die Eheschließung mit Therese Kunigunde von 1694; AStA Haus- und Familiensachen Urk. Fasz. 122.

[33] AStA Stempelsammlung 125 (Messingtypar von 42 mm Durchmesser; 1692–1711); Abdruck von einem anderen Typar (AStA LASlg.) hat ebenfalls die Buchstaben GB am Ende der Umschrift. Korbinian v. Prielmayr notierte sich 1692, »daß man bei den Wappenbuchstaben das Praedicat Lieutenant auslassen solle, um das hohe Haus und die churfürstliche Dignität nicht zu praejudizieren« (GStA K. schw. 9668 fol. 102^v).

[34] Z. B. Paßformular von 1708 (AStA Fürstensachen 701).

[35] Nicht als Statthalter, wie F. J. Lipowsky, Grund-Linien der theoretischen und praktischen Heraldik, München 1816, 182 irrtümlich schreibt; seine Abb. auf Tafel II Nr. 43 ist zum Teil unrichtig.

[36] Beierlein Nr. 1705; vgl. auch die Abb. bei P. E. Rattelmüller, Das Wappen von Bayern, München 1969, 26.

[37] AStA MASlg. B 410, 411; Fürstensachen 674 fol. 153^v.

[38] AStA Fürstensachen 701 von 1712; ebenso als Gebührenstempel verwendet mit der Jahreszahl 1713 (AStA Fürstensachen 147 c fol. 206).

[39] Kat. Schatzkammer (Anm. 14) Nr. 1161 (der Löwe von Namur steht an 5. statt an 7. Stelle).

[40] Riezler VIII 273ff., 281; HB II 455f.; AStA Staatsverwaltung 610 fol. 185. Vgl. den Druck in Theatri Europaei Neunzehender Theil (verlegt durch C. A. Merians Erben), Frankfurt am Main 1723, 481ff.

[41] Beierlein Nr. 1581, 1582, 1705.

[42] AStA Fürstensachen 674 fol. 154 vom 22. 10. 1714.

[43] AStA MASlg. B 390, 391; LASlg.; K. Primbs (AZ NF 1) 95; ders., (AZ NF 4) 238. Ein Saphirpetschaft mit der Wappenkombination Bayern–Österreich aus dem Nachlaß der 1692 verstorbenen Kurfürstin besitzt die Schatzkammer der Residenz in München (Kat. Schatzkammer [Anm. 14] Nr. 1152).

[44] AStA MASlg. B 545–547, 549; LASlg.; Primbs (AZ NF 1) 97; ders. (AZ NF 4) 238. Zum Wappen der Sobieski, das dem der polnischen Familie Janina entspricht, s. L. v. Donle, Ahnentafel S. M. des Königs Ludwig III. von Bayern, Beil. 73 (Manuskript München 1916); Siebmacher, Der Adel von Galizien, Lodomerien und der Bukowina, Nürnberg 1905, 10, Tafel 8; J. B. Rietstap, Armorial Général IV, Lyon 1950, 792; II, Lyon 1950, 1033.

[45] Histor. Verein von Oberbayern, Bildersammlung. Vgl. auch R. J. Helmer, Des erneuert- und vermehrten Wappen-Buchs neuer und sechster Theil, Nürnberg 1699, Anhang.

Wappenzeichnungen dieses Beitrags: Max Reinhart, Passau.

DAS FELD DER POLITIK

Karl Otmar Freiherr von Aretin

Die Politik des Kurfürsten Max Emanuel und die europäischen Mächte

Kurfürst Max II. Emanuel von Bayern war mehr als die meisten seiner Vorgänger und Nachfolger eine Figur der europäischen Geschichte. Als Türkenbezwinger, Statthalter der Spanischen Niederlande mit der Aussicht auf ihren erblichen Besitz und schließlich als letzter Verbündeter Ludwigs XIV. hat er nicht nur die europäischen Kabinette beschäftigt, sondern auch aktiv in die europäische Politik eingegriffen. Seine Rolle, seine Hoffnungen und Erfolge und sein schließliches Scheitern lassen sich nicht gerecht beurteilen, wenn man nicht seine Verstrickungen in die europäische Politik berücksichtigt, die in dieser Zeit nicht nur einem erheblichen Wandel unterworfen war, sondern sich auch immer weiter von den Maximen der Reichspolitik entfernte. Als Reichsfürst war Max Emanuel den Regeln der auf einer strengen Rechtsordnung beruhenden Reichspolitik unterworfen. Als Mitglied der europäischen Politik war die Versuchung groß, sich deren Regeln zu unterwerfen, die sich unter Ludwig XIV. immer weiter von den Ansätzen einer europäischen Friedensordnung entfernten, wie sie im Westfälischen Frieden zum erstenmal sichtbar geworden war. Frankreichs Aufstieg zur europäischen Vormacht war von Eroberungen und Gewalttaten gekennzeichnet, die nur notdürftig, wie die berüchtigten Reunionen, durch den Schein des Rechts getarnt waren. Gegen die Gefahr einer französischen Vorherrschaft entwickelte Wilhelm von Oranien gegen Ende des 17. Jahrhunderts das System des europäischen Gleichgewichts. Es stellt innerhalb der europäischen Politik einen vollständigen Wandel dar. In ihm spielten Rechtstitel, wenn überhaupt, dann nur eine sehr untergeordnete Rolle. Europäische Politik und Reichspolitik bewegten sich nun immer weiter auseinander. Länder wurden zu frei verfügbaren Objekten. Die Pläne, Bayern gegen die Niederlande, gegen Mailand oder Neapel-Sizilien zu vertauschen, sind ebenso typische Ergebnisse dieses Denkens wie die Lösung, Savoyen-Piemont im Frieden von Utrecht für seine Ansprüche auf das spanische Erbe mit Sizilien und dem Königstitel zufriedenzustellen.

In der Phase der Gewaltpolitik Ludwigs XIV. sahen sich kleinere Staaten, sofern sie nicht im Verband des Reiches Schutz genossen, einer tödlichen Bedrohung gegenüber. Savoyen-Piemont war vollständig von Frankreich abhängig; Lothringen verlor von 1670–1697 seine Selbständigkeit. Erst im Zeichen des Gleichgewichts zwischen Frankreich und der Haager Allianz gewannen diese Staaten ihre Freiheit wieder. Das System des europäischen Gleichgewichts bot ihnen sogar erhebliche Chancen.

Savoyen-Piemont hat sein Territorium durch ein geschicktes Lavieren zwischen den Fronten erheblich zu vergrößern gewußt. Max Emanuel versuchte zu Beginn des Spanischen Erbfolgekriegs eine ähnliche Rolle zu spielen. Als Sohn einer savoyischen Prinzessin hat er nicht nur in seinem Namen die beiden Stränge seiner Ahnen vereinigt. Wie sein Vetter Viktor Amadeus II. besaß er den Ehrgeiz, mit dem Königstitel unter die Souveräne aufzusteigen. Ähnliches erstrebten damals auch die anderen weltlichen Kurfürsten, indem sie Könige von Preußen, Polen oder, wie Johann Wilhelm von der Pfalz, gar Könige von Armenien werden wollten.[1] Für einen Reichsfürsten wie Max Emanuel gab es fünf Wege, den Königstitel zu erlangen. Entweder er ließ sich, wie Sachsen zum König von Polen, wählen. Dies hat Max Emanuel 1696 abgelehnt. Oder er erheiratete, wie Hannover mit England, ein Königreich. Das hat Max Emanuel mit Spanien versucht. Man konnte auch, wie Brandenburg mit Preußen, einen außerhalb des Reiches gelegenen Teil zum Königreich erheben. Max Emanuels Versuche, 1702 vom Kaiser ehemals wittelsbachische Gebiete in Tirol zu erhalten und, wie der österreichische Graf Lehrbach achtzig Jahre später spotten sollte, König von Kitzbühel zu werden, stehen damit im Zusammenhang.[2] Nach alter Auffassung waren alle Gebiete, die der Kaiser besaß, souverän. Als letzter Ausweg galt der Tausch. Er hatte insofern Chancen, als Bayern für Österreich eine wichtige Erwerbung darstellte und Österreich aus dem spanischen Erbe so abgelegene Länder wie die Niederlande oder Neapel-Sizilien erhielt. Max Emanuel hat ihn mit allen Mitteln erstrebt. Eine fünfte Möglichkeit, mit der man sich allerdings außerhalb des Reichsrechts stellte, war die Eroberung umliegender Gebiete. Sie konnte nur im Bunde mit Frankreich durchgeführt werden, das ein Interesse daran besaß, die kleinen und kleinsten Reichsstände, die es zu Recht unter die potentiellen Parteigänger des Kaisers einreihte, verschwinden zu lassen. Auch gehörte ein starkes Bayern zu den Zielvorstellungen französischer Politik.

Diese Lösung war gleichbedeutend mit dem Ende des Reiches. Sie ist Max Emanuel von Ludwig XIV. 1687/88 und 1702 angeboten worden.[3]

Bei seinem Ausflug in die europäische Politik hat Max Emanuel sozusagen alle Möglichkeiten erprobt. Er geriet dabei noch auf eine andere Weise in das Spannungsfeld verschiedener Formen europäischer Politik: der von Ludwig XIV. vertretenen Gewaltpolitik und des neuen Prinzips des europäischen Gleichgewichts, in dem Konflikte durch Ausgleichsverhandlungen entschärft werden sollten. Die nach dem Frieden von Rijswijk (1697) eingetretene Patt-Situation der beiden Koalitionen brachte das Projekt hervor, den drohenden habsburgisch-bourbonischen Konflikt über das spanische Erbe im Sinne des europäischen Gleichgewichts durch Vergabe an einen Dritten, den bayerischen Kurprinzen, zu neutralisieren, der als Sohn der Habsburgerin Maria Antonia nach spanischem Recht die besten Anrechte auf das Erbe besaß. Der diese Regelung vorsehende Teilungsvertrag von 1698 war das Werk Wilhelms von Oranien. Der Tod des jungen Prinzen hat Max Emanuel aus allen Träumen gerissen. Sein Versuch, sich der Gewaltpolitik Ludwigs XIV. anzuschließen, endete 1704 in der Katastrophe von Höchstädt.

Das Spannungsfeld zwischen Reichspolitik und europäischer Politik

Im Gegensatz zu Frankreich, wo sich die königliche Zentralgewalt im 17. Jahrhundert durchgesetzt hatte, blieb die alte Lehensordnung im Reich voll erhalten. Der Westfälische Frieden brachte die Gleichstellung von Kaiser und Reich, das heißt, die Vasallen traten im Reichstag gleichberechtigt neben den Kaiser. Nur im Zusammenwirken mit den Reichsständen konnten nach 1648 Kriege erklärt, Frieden geschlossen und Gesetze gemacht werden. Der Westfälische Frieden machte in Deutschland eine Entwicklung zum absolutistisch regierten Zentralstaat unmöglich.

Den Reichsständen war im Westfälischen Frieden über das sogenannte Bündnisrecht ein Zugang in die europäische Politik geöffnet worden. Danach waren sie zu Bündnissen mit auswärtigen Mächten berechtigt, sofern sich diese Bündnisse nicht gegen Kaiser und Reich richteten.[4] Es lag in der Natur der Dinge, daß davon in erster Linie die größeren Stände Gebrauch machten, die in der Sprache der Zeit deshalb die Armierten genannt wurden, weil sie groß genug waren, eine eigene Armee zu unterhalten. Mit Subsidienverträgen, in denen sie ihre Truppen den Kriegführenden zur Verfügung stellten, versuchten sie ihre Bedeutung zu steigern. Auch Max Emanuel hat in den Türkenkriegen mit Hilfe von Subsidienverträgen seine Armee vergrößert. Im Ansatz lag hier die Entwicklung des Reiches zum Bund größerer Länder enthalten, die dadurch noch verstärkt wurde, daß sich die Armierten angewöhnten, ihre Truppen in das Gebiet der Nichtarmierten in Winterquartier zu legen oder diese durch Truppenmärsche an den Rand des Ruins zu bringen. Diese Entwicklung wurde durch eine Bündnisbewegung, die Assoziationen der Reichskreise, gestoppt. Die Reichskreise waren ursprünglich Organe der Reichsverwaltung.[5] Sie standen in natürlichem Gegensatz zu den größeren Ständen, die sich aus den Bindungen des Reiches und damit auch der Reichskreise befreien wollten. Im Westfälischen Frieden hatten sie insofern eine Aufwertung erfahren, als ihnen die Exekution des Friedens übertragen worden war. Die Idee einer Kreisassoziation taucht zum erstenmal 1651 auf, als der Mainzer Kurfürst Johann Philipp von Schönborn den schwäbischen, kurrheinischen und fränkischen Kreis mit dem Ziel, dem Reich den Frieden zu bewahren, in einer Assoziation vereinigen wollte.[6] 1658 bemächtigte sich Frankreich im Rheinbund des Assoziationsgedankens.[7] 1682 übernahm der Kaiser die Assoziationsbewegung. In der Laxenburger Assoziation kam ein Bündnis des fränkischen und oberrheinischen Kreises mit dem Kaiser zustande. 1686 versammelte der Kaiser in der Augsburger Assoziation den fränkischen, burgundischen, österreichischen und bayerischen Kreis sowie eine Zahl von Armierten um sich. Beiden trat auch Max Emanuel bei. In dieser Phase seiner Politik war er als armierter Reichsstand ganz in die kaiserliche Politik einer Aktivierung des Reiches eingebunden, die 1681 dazu geführt hatte, daß die Organisation der Reichsverteidigung in die Hände der Reichskreise gelegt wurde. Sechzehn Jahre später, in seinem Feldzug 1702–1704, zu einem Zeitpunkt, als die Konsolidierung des Reiches längst abgeschlossen war, hat Max Emanuel als einziger Reichsfürst den Versuch unternommen, sich die angrenzenden kleineren Stände zu unterwerfen. Dieser Versuch besaß zu dieser Zeit keine Aussicht auf dauerhaften Erfolg mehr, auch wenn er einer ursprünglich im Westfälischen Frieden enthaltenen Tendenz entsprach.

An der Jahrhundertwende erwachte die Assoziationsidee unter dem Mainzer Kurfürsten Lothar Franz von Schönborn und dem Markgrafen Ludwig Wilhelm von Baden zu neuem Leben. 1697 gelang es, eine Assoziation aus dem schwäbischen, fränkischen, oberrheinischen, kurrheinischen und niedersächsisch/westfälischen Kreis zustande zu bringen. Ihr Ziel war es, eine so starke Streitkraft zu bilden, daß sie am Friedenskongreß mit einer eigenen Vertretung teilnehmen und ihre Forderung auf die Errichtung einer Reichsbarriere, das heißt, auf eine Festungslinie auf dem linken Rheinufer, durchsetzen konnte.[8] Die Absicht mißlang. Ehe die Assoziation aktiv werden konnte, wurde der Friede von Rijswijk geschlossen, in dem das Reich, von Holland im Stich gelassen, alle Rückeroberungspläne aufgeben mußte.

Das war die Situation im Reich, als mit dem Spanischen Erbfolgekrieg der erste Weltkrieg in der europäischen Geschichte ausbrach. Mit den Assoziationen hatte sich das

Reich einen Zugang in die europäische Politik verschafft, ohne sich freilich den neuen Ordnungsprinzipien dieser Politik angleichen zu können. Weder die Machtpolitik Ludwigs XIV. noch das System des europäischen Gleichgewichts konnten für das Reich bestimmend werden. Das Reich war in diesen Jahren zu einer Rechtsordnung geworden, die auf dem Prinzip beruhte, daß auch der Kleinste unangefochten neben dem Stärkeren leben konnte.

Dies sagt freilich nichts über die Faszination dieser neuen Ordnungsprinzipien der europäischen Politik aus. Das Gewalttätige sowohl in der Politik Ludwigs XIV. wie in dem Gleichgewichtssystem Wilhelms von Oranien, das einen kleinen Staat retten, aber ebensogut zum Versöhnungsopfer der Großen machen konnte, entsprach dem Zeitalter des Absolutismus. Die neuen Ordnungsprinzipien mußten einem so impulsiven Mann wie Max Emanuel insbesondere in den Jahren einleuchten, in denen er in den Bannkreis des Sonnenkönigs trat. Unter diesem Gesichtspunkt muß insbesondere seine Politik der Jahre 1702–1704 und sein Versuch gesehen werden, die Kreisassoziationen für seine Politik einzusetzen.

An die Spitze der Assoziation hatte sich der Mainzer Kurfürst gestellt, der für sich das Recht in Anspruch nahm, die Reichskreise zusammenzurufen. In der Situation zu Beginn des Spanischen Erbfolgekriegs war es aber klar, daß Mainz zu schwach war, um dem Reich durch eine Assoziation in diesem Konflikt die Neutralität zu sichern. Eine Assoziation der vorderen Reichskreise wurde in dieser Situation für Ludwig XIV. und für Max Emanuel interessant. Für Ludwig XIV., weil eine Neutralität der vorderen Reichskreise den Kaiser hinderte, am Oberrhein aufzumarschieren; für Max Emanuel, weil er an der Spitze der Assoziation mit seinem kriegsgeübten Heer erheblich an Bedeutung gewinnen mußte. Nur, im Sinne der europäischen Bündnispolitik war dieses Instrument nicht einzusetzen, denn es gehorchte mit seiner Vielzahl von Regenten ganz anderen Gesetzen. Es war unmöglich, daß ein einzelner die Assoziation für seine Ziele verwandte. Max Emanuel konnte daher mit seinen hochfliegenden Plänen das Vertrauen der Kreise nicht gewinnen. Als Armierter gehörte er zu den Kräften, die im Reich zu einer föderativen Lösung drängten und im natürlichen Gegensatz zu den Assoziationen standen. Seine Verflechtung in die europäische Politik hat diese Tendenzen noch verstärkt. In dieser Spannung zwischen Reichspolitik und europäischer Politik liegt daher zu einem nicht geringen Teil sein Scheitern begründet.

Max Emanuel im Bann der kaiserlichen Politik

Als Max Emanuel 1680, kaum achtzehnjährig, die Regentschaft übernahm, war eine seiner ersten Maßnahmen, mit der er seinen Eintritt in die große Politik vorbereitete, der Aufbau einer modern ausgerüsteten, starken Armee.[9] Obwohl der junge Kurfürst 1680 das französische Bündnis seines Vaters nicht erneuerte, vermied er es, sich im Westen eindeutig festzulegen. In den Türkenkriegen winkte dem tatendurstigen Fürsten ein Betätigungsfeld, das ihn nicht unbedingt in Gegensatz zu Frankreich bringen mußte, auch wenn eine Annäherung an den Kaiser damit unweigerlich verbunden war.

Diese Annäherung wurde vom Kaiser geschickt eingeleitet. Im März 1681 traf er sich mit dem jungen Kurfürsten in Altötting auf bayerischem Gebiet. Von der Liebenswürdigkeit des Kaisers gefangengenommen, schwor Max Emanuel, als ihm Leopold beim Abschied einen wertvollen Degen überreichte, diesen nur im Dienste des Kaisers zu führen.[10] Das war für den Kaiser, der in dem tatendurstigen, sympathischen Fürsten sowohl einen Verbündeten wie einen Schwiegersohn suchte, ein gutes Omen.[11] 1682 trat Max Emanuel der Laxenburger Assoziation bei. Am 16. Januar 1683 schloß er mit dem Kaiser eine Defensivallianz gegen Frankreich und das Osmanische Reich ab. Im Herbst desselben Jahres führte er neben dem Polenkönig Johann Sobieski das stärkste Kontingent bei der Befreiung Wiens. 1684 sehen wir Max Emanuel in Ungarn.

Den Höhepunkt dieser Politik bildete die Heirat Max Emanuels mit Maria Antonia von Österreich. Maria Antonia war als einziges Kind aus der ersten Ehe Kaiser Leopolds I. mit Margareta Theresia, der zweiten Tochter König Philipps IV. von Spanien, nominell die Erbin Spaniens. In dem Ehekontrakt vom 12. April 1685 verzichtete Kat.Nr. 236
sie allerdings ausdrücklich auf ihre spanischen Erbrechte zugunsten ihres Vaters und dessen männlicher Nachkommenschaft.[12] Lediglich die Spanischen Niederlande sollten nach einem gleichzeitig geschlossenen Geheimvertrag auf sie und ihre Nachkommen übergehen. Kaiser Leopold verpflichtete sich, zu ihrer Behauptung Hilfe oder bei ihrem Verlust Ersatz zu leisten. Nach Beendigung des Krieges in Ungarn wollte sich der Kaiser bemühen, Max Emanuel die Statthalterschaft in Brüssel zu verschaffen. Max Emanuel unterzeichnete darüber hinaus einen Geheimvertrag, in dem er versprach, alle Länder, die ihm über die Niederlande hinaus angeboten würden, für sich und seine Erben abzulehnen sowie dem Kaiser und seinen Nachkommen bei der Erlangung des spanischen Erbes Hilfe zu leisten. Für den Fall, daß die österreichische Linie des Hauses Habsburg ausstarb, wurde bestimmt, daß die Nachkommen Maria Antonias Österreich-Ungarn und Böhmen erben sollten.

Dieser Ehekontrakt eröffnete unzweifelhaft dem Hause Wittelsbach glänzende Aussichten. Trotzdem ist immer wieder die Frage aufgeworfen worden, weshalb Max Emanuel die Ehe mit der unschönen und schwierigen Erzherzogin einging und gleichzeitig auf deren Erbe verzichtete.[13] Betrachtet man diese Frage nüchtern, so wird man zugeben müssen, daß bei den herrschenden Machtverhältnissen und der Tatsache, daß ebenso Ludwig XIV. wie der

Kaiser das spanische Erbe beanspruchten, für Max Emanuel der erbliche Besitz der Spanischen Niederlande das Höchste des Erreichbaren darstellte.[14] Auch dieses Erbe konnte er nicht aus Eigenem, sondern nur mit Hilfe des Kaisers gewinnen. Der enge Anschluß an den Kaiser war daher die Voraussetzung für die Realisierung dieser Aussichten.[15] Der Erbverzicht Maria Antonias war für den Kaiser aber insofern die Voraussetzung für ihre Eheschließung überhaupt, als er es ja nicht zulassen konnte, daß dem Haus Habsburg durch diese Ehe das spanische Erbe verlorenging. Ohne Erbverzicht war Maria Antonia nicht zu bekommen. Allerdings war die Gültigkeit dieses Verzichts mehr als zweifelhaft und die in Wien gefundene Formel, daß ein Sohn Leopolds aus zweiter Ehe erben sollte, für Spanien unannehmbar. Nach spanischem Recht blieben Maria Antonia und ihre Nachkommenschaft die Erben der spanischen Monarchie. Ihr Verzicht hätte von den Cortes, die schon lange nicht mehr zusammengerufen worden waren und die zusammenzurufen man sich aus guten Gründen weigerte, bestätigt werden müssen.[16] Daher war der Geheimvertrag mit Max Emanuel nötig. Man mußte auch ihn binden. Im übrigen konnte man die Abtretung der Niederlande nicht in den offiziellen Heiratsvertrag aufnehmen, weil dies die Spanier sofort mit Protesten auf den Plan gerufen hätte. Die Unteilbarkeit der spanischen Monarchie war ein Grundsatz, an dem man in Madrid unter allen Umständen festhalten wollte.

Ludwig XIV. war nicht bereit, Max Emanuels Aussichten zur Kenntnis zu nehmen. Als Gemahl der älteren Tochter Philipps IV. war es für ihn trotz des Erbverzichts klar, daß Spanien ungeteilt an seinen ältesten Sohn, den Dauphin, gehen würde. Dem Verzicht seiner Gemahlin auf das spanische Erbe maß er keine Bedeutung bei. Für den Fall des Todes Karls II. waren die französischen Besitzergreifungsdekrete vorbereitet. Wäre Karl II. in den achtziger Jahren gestorben, hätten der Kaiser und mit ihm sein Schwiegersohn Max Emanuel wohl kaum etwas vom spanischen Erbe erhalten. Max Emanuel hielt sich in den folgenden Jahren strikt an den mit dem Kaiser ausgehandelten Vertrag. Er schickte zwar den Grafen Preysing als seinen Sondergesandten nach Madrid, um seine Verheiratung mit der Erzherzogin Maria Antonia anzuzeigen. Er gab dem Grafen aber, zum größten Erstaunen der spanischen Granden, keine Vollmacht mit, um auch nur unter der Hand über das spanische Erbe oder die Übertragung der Statthalterschaft zu verhandeln.[17] Dasselbe galt für Preysings Nachfolger Lancier.[18] Diese Vertragstreue brachte ihm die Sympathien seines Schwiegervaters ein. Der bayerische Kurfürst eroberte ihm in diesen Jahren in Ungarn ein Königreich. Sein Feldherrnruhm strahlte in ganz Europa. In Spanien wurden seine Siege wie die eines eigenen Heerführers gefeiert.[19] Bei der ständigen Bedrohung, in der sich Spanien befand, war diese für den bayerischen Kurfürsten positive Grundstimmung nicht unwichtig. Trotzdem hielt er sich weise zurück, als der Kaiser mit der Erfüllung seiner Verpflichtungen nicht weiterkam.

Als Kaiser Leopold I. noch vor Beendigung des ungarischen Feldzugs Anstalten traf, Max Emanuel die versprochene Statthalterschaft in den Niederlanden zu verschaffen, legte sich Ludwig XIV. quer. Mit Drohungen brachte er Karl II. dazu, sich von dem Plan, den bayerischen Kurfürsten zum Statthalter der Niederlande zu machen, zurückzuziehen. Auch die Max Emanuel aus dem spanischen Erbe seiner Schwiegermutter zustehende Mitgift konnte ihm der Kaiser nicht verschaffen. Bei allen Sympathien für den Gemahl der Erzherzogin war man in Madrid nicht bereit, durch ein Entgegenkommen ihm gegenüber Ludwig XIV. zu verärgern. Der Sonnenkönig aber dachte nicht daran, dem ins gegnerische Lager übergegangenen Kurfürsten etwas zukommen zu lassen.

Dank der ebenso geschickten wie zurückhaltenden Politik Max Emanuels blieb das Verhältnis Habsburg-Wittelsbach ungetrübt: »Dem Kurfürsten die Niederlande, dem Kaiser das gesamte übrige Erbe, das bleibt die Basis«, beurteilt Georg Friedrich Preuß das österreichisch-bayerische Verhältnis dieser Jahre.[20]

Das Erbe Spaniens

Die politische Situation Europas veränderte sich am Ende der achtziger Jahre erheblich, und im Verlauf dieser Veränderungen erhielt das Haus Wittelsbach Chancen auf das ganze spanische Erbe. Konnte man bisher von der absoluten Überlegenheit Ludwigs XIV. ausgehen, die so groß war, daß der österreichische Gesandte in Madrid, Graf Mansfeld, befürchtete, Ludwig könne, wenn er es darauf anlege, ohne Schwierigkeiten Spanien besetzen, so näherte sich Europa im letzten Jahrzehnt des 17. Jahrhunderts einer Patt-Situation, in der die Idee des europäischen Gleichgewichts erstmals bei der Regelung einer europäischen Streitfrage Gestalt gewann. 1689 landete Wilhelm III. von Oranien in England. In der Glorreichen Revolution vereinigte mit England und Holland einer der zähesten Gegner Ludwigs XIV. die Machtmittel der beiden reichsten Staaten der Welt. Am 12. Februar 1689 starb Königin Marie Louise von Spanien, die erste Gemahlin Karls II. Sie war die stärkste Stütze des bis dahin in Madrid vorherrschenden französischen Einflusses gewesen. Ihre Nachfolgerin wurde Maria Anna von Pfalz-Neuburg, die Schwägerin Kaiser Leopolds I. Sie wurde zur glühenden Verfechterin der habsburgischen Interessen.

Im selben Jahr kam zwischen England, den Niederlanden, Spanien, Österreich und dem Reich eine große Allianz zustande und machte den Pfälzer Erbfolgekrieg trotz aller Verheerungen, die französische Heere in Deutschland anrichteten, zum Wendepunkt in der Geschichte Ludwigs XIV. Als der Krieg 1697 im Frieden von Rijswijk zu Ende ging, hatte Ludwig keines seiner Ziele erreicht. Die Überlegenheit der Koalition war am Ende so mächtig gewesen, daß er froh sein konnte, ohne größere Abtretungen davongekommen zu sein.

Schon vor Ausbruch des Krieges hatte Ludwig XIV. einen ersten Versuch unternommen, Max Emanuel auf seine Seite zu ziehen. 1687 hatte sich der französische Diplomat und spätere Heerführer Louis Hector Villars in Wien Max Emanuel genähert. 1688 folgte er ihm nach München. Villars wies Max Emanuel darauf hin, daß Frankreich, und zwar nur Frankreich, ein Interesse an der Vergrößerung Bayerns habe.[21] Im Auftrag Ludwigs XIV. stellte ihm Villars den Gewinn der Reichsstädte Augsburg, Regensburg und Nürnberg sowie der geistlichen Territorien zwischen Donau und Inn in Aussicht, wenn er sich auf die Seite Frankreichs schlüge.[22]

Dieses Angebot stellt in mancher Hinsicht das Gegenstück zur gleichzeitigen Augsburger Assoziation dar. War es deren Ziel gewesen, das Reich enger an den Kaiser zu binden und so die Aufrechterhaltung des Reiches zu sichern, so bedeutete Ludwigs Vorschlag im Endergebnis die Auflösung des Reiches.[23] Ein Bündnis, das den Verbündeten Vergrößerungen im Reich versprach, blieb nicht mehr im Rahmen des Westfälischen Friedens. Ein solches Angebot entsprach der Machtpolitik Ludwigs und den von ihm bestimmten Maximen der europäischen Politik.

Max Emanuel lehnte ab. Dazu trug nicht zuletzt bei, daß nicht nur der Abschluß der Augsburger Assoziation, sondern auch die von Kaiser Leopold I. gegen den heftigen Widerstand Frankreichs 1688 durchgesetzte Wahl von Max Emanuels Bruder Joseph Clemens zum Erzbischof-Kurfürsten von Köln das Ansteigen des kaiserlichen Einflusses im Reich angezeigt hatte. Am 4. Mai 1689 unterschrieb Max Emanuel einen Allianzvertrag mit dem Kaiser, 1691 trat er der großen Allianz bei. Die veränderte Situation in Madrid gestattete dem Kaiser endlich die Erfüllung seiner Zusage. Am 12. Dezember 1691 wurde Max Emanuel Generalstatthalter der Niederlande.[24] Seine diplomatisch sehr geschickt abgefaßte Erklärung an Karl II. vom 9. Oktober 1691, er werde die Statthalterschaft niemals, wie man in Madrid befürchtete, selbständig, sondern immer nur im Rahmen der ihm von Madrid ergehenden Weisungen führen, hatte dazu beigetragen, die letzten Hindernisse zu überwinden.[25] Von einer überdurchschnittlich luxuriösen Hofhaltung abgesehen, hielt er sich in den folgenden Jahren an diese Zusage.

Max Emanuels allzu unbedenkliche amouröse Abenteuer leiteten allerdings zur selben Zeit die Entfremdung zwischen ihm und dem Kaiser ein. Bei seiner Ernennung zum Statthalter war Maria Antonia nach sieben Jahren Ehe zum erstenmal schwanger. Hatte sie bisher die Seitensprünge ihres Gemahl hingenommen, so wandte sie sich jetzt gekränkt von ihm ab. Als Max Emanuel am 26. März 1692 in Brüssel eintraf, hatte ihn Maria Antonia verlassen. Sie war zu ihrem Vater nach Wien zurückgekehrt, wo sie am 28. Oktober 1692 einem Sohn Joseph Ferdinand das Leben schenkte. Acht Wochen später, am 24. Dezember 1692, starb sie unversöhnt mit ihrem Gemahl in Wien. Noch auf dem Totenbett hat sie Max Emanuel enterbt. Das war zwar Kat.Nr. 292
bedeutungslos, solange ihr Sohn lebte, hat aber dazu geführt, daß sich das Klima zwischen Max Emanuel und dem Kaiser sowie seinem Sohn Joseph I. erheblich verschlechterte.[26] Die Folgen zeigten sich, als Leopold I. 1695 den Vorschlag Ludwigs XIV. ablehnte, die Niederlande an Max Emanuel zu geben, wie es seinerzeit im Geheimvertrag zum Heiratskontrakt ausgemacht worden war.[27] Im Frieden von Rijswijk 1697 wurden der bayerische Kurfürst und seine Rechte nicht erwähnt.

Inzwischen hatte Max Emanuel das Vertrauen und die Achtung Wilhelms III. gewonnen. Als Stellvertreter des selbst den Oberbefehl führenden Oraniers gelang es ihm zwar nicht, spektakuläre Erfolge zu erringen. Aber er festigte seinen Ruf als Feldherr. Das kam ihm zustatten, als Wilhelm nun die Konsequenz aus der bestehenden Patt-Situation zog und daranging, das Problem der spanischen Erbfolge zu entschärfen. Auch Ludwig XIV. mußte daran ein Interesse haben; er war im Pfälzischen Erbfolgekrieg an die Grenzen seiner Macht gestoßen. In der Erschöpfung des Jahres 1698 zeigte er sich bereit, den Regeln des neuen, von England entwickelten Prinzips des europäischen Gleichgewichts zu folgen. In dem zwischen Ludwig und den Seemächten geschlossenen Teilungsvertrag vom 24. September 1698 wurde dem jungen Kurprinzen Joseph Ferdinand der Hauptteil des spanischen Erbes zugewiesen. Er sollte Spanien, die beiden Indien und die Niederlande erhalten. Dem zweiten Sohn des Dauphin, Philipp, Max Emanuels Neffen, waren das Königreich Neapel-Sizilien, der *stato dei presidi* in der Toskana, eine Reihe von Inseln und Teile des Baskenlandes zugewiesen. Für den Erzherzog Karl, den zweiten Sohn des Kaisers, blieb nur das Herzogtum Mailand, das als Reichslehen ohnehin an das Reich zurückgefallen wäre.[28] In einer – Max Emanuel unbekannt gebliebenen – Geheimklausel wurde das spanische Erbe ihm beim frühzeitigen Tode Joseph Ferdinands zugesprochen.

Es war eben jene Situation, gegen die sich Leopold I. im Geheimvertrag zum Ehekontrakt von 1685 hatte schützen wollen. Der Teilungsvertrag zeigte alle Schwächen, die dem neuen Prinzip des europäischen Gleichgewichts anhafteten: Philipp von Anjou hätte mit seinen Besitzungen in Italien und im Baskenland ein kaum regierbares Reich erhalten. Die Zugeständnisse sollten Ludwig XIV. dem Plan geneigt machen. Für Leopold I. war er unannehmbar.

In Spanien rief der Teilungsvertrag heftige Empörung hervor. Um diese Zerstückelung des spanischen Weltreichs zu verhindern, verkündete Karl II. vor dem Staatsrat ein neues Testament, in dem er Joseph Ferdinand zum Uni- Kat.Nr. 323
versalerben Spaniens ernannte.

Es spricht für Max Emanuels abgewogenen staatsmännischen Blick, daß er die Nachricht von diesem Testament, das ihn im Grunde an die Erfüllung seiner kühnsten Träume brachte, mit großer Sorge aufnahm. In der Tat war seine Lage dadurch sehr schwierig geworden. Für Kaiser Leopold wurde er mit der Annahme des Testaments wortbrüchig. Ludwig XIV., der sofort feierliche Verwahrung einlegte, konnte diese Lösung ebensowenig akzeptieren. Gegen beide Seiten aber konnte Max Emanuel das Erbe unmöglich behaupten. Ein freiwilliger Verzicht auf einige Gebiete mußte Max Emanuel die Sympathien der Spanier kosten, die ihn nicht zuletzt deshalb zu akzeptieren bereit gewesen waren, weil sie hofften, durch ihn das Reich ungeteilt erhalten zu können. Seine zurückhaltende Politik sowie sein nach Spanien gedrungener Ruhm als Feldherr hatten ihm zwar dort Sympathien eingebracht. Max Emanuel war aber klug genug zu wissen, wie schnell sich die Meinung gegen einen Landfremden kehren konnte, wenn er die in ihn gesetzten Hoffnungen enttäuschte. Die allgemeine Erschöpfung lockerte jedoch die anfängliche Ablehnung des Projekts. Schon zeigte Leopold I. eine gewisse Bereitschaft, nachzugeben und seinem Enkel das Erbe zu gönnen, schon schien Ludwig XIV. bereit, sich gegen Abtretung Neapel-Siziliens an seinen Enkel zufriedenzugeben, als Joseph Ferdinand am 6. Februar 1699 überraschend starb.[29] Für Max Emanuel, der am Totenbett seines Sohnes ohnmächtig zusammenbrach, waren damit alle Hoffnungen dahin. Da ihn seine erste Gemahlin enterbt hatte, besaß er keinen Anspruch mehr. Wilhelm III. versuchte zwar, den Max Emanuel begünstigenden Geheimartikel des Teilungsvertrags von 1698 zum Tragen zu bringen, scheiterte aber. Weder Ludwig XIV. noch Leopold I. waren bereit, Max Emanuel am spanischen Erbe zu beteiligen. Einige Teilungsprojekte wurden noch entworfen, in denen der bayerische Kurfürst nicht mehr erwähnt wurde und die in Madrid lediglich die Überzeugung festigten, daß allein Ludwig XIV. in der Lage sein würde, das Erbe ungeteilt zu übernehmen. Der Kaiser aber, der schon im Frieden von Rijswijk zu verstehen gegeben hatte, daß er seinen Schwiegersohn nicht mehr gern in den Niederlanden sah, begegnete Max Emanuel nun mit offener Feindseligkeit. Zwischen Wittelsbach und Habsburg gab es keine gemeinsamen Interessen mehr.

Beurteilt man Max Emanuels Politik in den ersten zwanzig Jahren seiner Regierung, so wird man ihm Zähigkeit, kluge Zurückhaltung, Vorsicht und Geschick beim Reifenlassen politischer Situationen nicht absprechen können. Das Bild seiner Persönlichkeit wird durch seine persönliche Tapferkeit, die ihn zu spektakulären militärischen Erfolgen wie der Einnahme Belgrads befähigt hatte, noch abgerundet. Als Statthalter der Niederlande hatte er sich geschickt in die Gleichgewichtspolitik Wilhelms III. eingefügt, deren Kernstück die Sicherung der Niederlande gegen Frankreich war.[30] 1698 schloß er ein geheimes Abkommen, das den holländischen Truppen acht Plätze in Belgien öffnete und das Vorbild aller späteren Barriereverträge wurde. Max Emanuel hatte das Vertrauen Wilhelms III. gewonnen.

Die Schattenseiten seines Charakters, sein übergroßer Wagemut, seine Genußsucht und sein hitziges Temperament, hatten sich zwar gezeigt, er hatte sie aber bisher sehr wohl zu meistern verstanden. Wäre anstelle seines Sohnes Max Emanuel an diesem 6. Februar 1699 gestorben, er wäre als einer der Großen in die bayerische Geschichte eingegangen.

Max Emanuel und die Neutralität des Reiches

Der Tod Karls II. am 1. November 1700, und insbesondere sein Testament, in dem er den Enkel Ludwigs XIV., Philipp von Anjou, zum Universalerben erklärt hatte, brachten Max Emanuel in eine verzweifelte Situation. Nach allen Seiten suchte er sich abzusichern. Als spanischer Statthalter blieb ihm aber keine andere Wahl, als dem Befehl des neuen Königs zu folgen und die Niederlande im Februar 1701 den französischen Armeen zu öffnen. Die von ihm gewarnten holländischen Truppen gerieten in französische Gefangenschaft.[31] Das zwang Wilhelm, um seine Truppen zu befreien, Philipp von Anjou als spanischen König anzuerkennen. Der Sieg Ludwigs XIV. schien vollkommen. Von daher ist es verständlich, wenn Max Emanuel Verbindung zu ihm suchte. Er fühlte sich von den Seemächten im Stich gelassen. Max Emanuel war allerdings nicht bereit, sich einer Seite bedingungslos anzuschließen. Er wollte die Gelegenheit benutzen und sich gegen territoriale Zugeständnisse – nach Art seines Vetters Viktor Amadeus II. – gegen ein Höchstgebot verkaufen. Grundlage dieser Politik war seine Armee. Zunächst schienen ihm zwei Wege offen. Entweder er versuchte, das Reich, das am Spanischen Erbfolgekrieg ja nicht direkt interessiert war, als eigene Kraft zu organisieren. Dafür gab es – wie wir wissen – bei der Assoziation von 1697 gute Anknüpfungspunkte. Oder er versuchte, sich als Verbündeter möglichst gut ins Spiel zu bringen und das Angebot der einen Seite zu benutzen, um das der anderen zu steigern.

Für diese Art von Politik war Bayern im Grunde zu klein, denn weder konnte es dem Reich die Garantie einer bewaffneten Neutralität aus eigener Kraft geben, noch war es in der Lage, eine Bündnispolitik mit der nötigen Freiheit zu betreiben. Hatte sich Max Emanuel bisher bei seinem Ausflug in die große Politik entweder im Schatten des Kaisers oder in dem Wilhelms von Oranien bewegt, so mußte er jetzt einen Trapezakt ohne Netz vollführen. Denn soviel stand fest: Um vom Kaiser ein entsprechendes Angebot zu erhalten, mußte er dessen Kreise gewaltig stören und durfte nicht davor zurückschrecken, ihn ernsthaft zu bedrohen.

Wäre es um eine unbedeutende Landabtretung gegangen, so wären die Erfolgschancen nicht schlecht gewesen. Bei dem enormen Landgewinn, den das spanische Erbe versprach, war es nicht von vornherein ausgeschlossen, daß für einen wichtigen Verbündeten etwas davon abfiel. Max Emanuel erstrebte aber, wie wir aus seinen späteren Verhandlungen wissen, einen Platz in der europäischen Politik als König eines souveränen Reiches. Er wollte neben Bayern entweder die Niederlande oder Mailand oder, bei einer Abtretung Bayerns an den Kaiser, das Königreich Neapel-Sizilien. Was Max Emanuel offenbar nicht durchschaute, war, daß er hier Anspruch auf zwei Schlüsselländer der europäischen Politik erhob. Für die Seemächte war Holland nur dann gesichert, wenn Belgien sich in der Hand einer Großmacht befand und seine Festungen mit holländischen Truppen besetzt waren. Max Emanuel als souveräner König war für sie untragbar. Dasselbe gilt für Mailand. Aus den 150 Jahren spanischer Herrschaft wußte man in Wien, daß die Lehenshoheit über Nord- und Mittelitalien nur zu aktivieren war, wenn der Kaiser Mailand besaß.[32] Die Oberhoheit über Italien war eines der Ziele, an denen man in Wien unverrückbar festhielt. Man war daher auch 1703 nicht bereit, Mailand an Viktor Amadeus II. für seinen Übertritt ins Lager der Alliierten abzutreten. Max Emanuel besaß, so gesehen, keine Chance, das von ihm mehrfach geäußerte Ziel zu erreichen. Allenfalls war ein Tausch Bayerns gegen Neapel-Sizilien möglich. Sein Auftreten als selbständige Kraft war überdies mit Risiken verbunden, die erheblich größer waren als die seines Vetters Viktor Amadeus II., mit dem er in manchem – insbesondere in seiner Zielstrebigkeit, aus dem Parteiwechsel Landgewinn zu erzielen – verglichen werden kann. Dieser besaß einmal als Urenkel Philipps II. ein, wenn auch sehr unbestimmtes, Anrecht auf das spanische Erbe und gehörte zum anderen nur noch auf dem Papier zum Reich.[33] Viktor Amadeus II. riskierte mit seiner Politik, die tatsächlich die einzige Landgewinn versprechende Form von Politik für eine kleine Macht auf dem europäischen Parkett darstellte, nicht, in die Acht getan zu werden und seiner Länder verlustig zu gehen. Er geriet bei dieser Art von Politik nicht in das Spannungsfeld von europäischer Politik und Reichspolitik.

Ludwigs XIV. Rechnung schien zunächst aufzugehen. Sein Enkel wurde von den meisten Ländern, darunter auch den Seemächten, als König von Spanien anerkannt. Die Proteste des Kaisers hatten, solange er isoliert war, kein Gewicht. Für seinen Kampf um das Erbe Spaniens konnte er nicht einmal auf die ohnehin problematische Hilfe des Reiches zählen, denn es handelte sich ja um ein Interesse des Hauses Habsburg. Sein Argument, daß die Reichslehen Mailand und Burgund an das Reich zurückfallen müßten, verfing insofern nicht, als Mailand ein sogenanntes Weiberlehen war und die Schutzwürdigkeit Burgunds von den Ständen nie anerkannt worden war.[34]

Der Versuch Ludwigs XIV., an den Rheinbund anzuknüpfen und das Reich in einer bewaffneten Neutralität unter französischer Führung zusammenzufassen, schien nicht ohne Chance. Allerdings hätte dies eine absolut friedliche Politik Frankreichs zur Voraussetzung gehabt, wobei nach allem, was geschehen war, Ludwig XIV. einige Schwierigkeiten hatte, sich als Friedensfürst glaubhaft zu machen. Es war daher ein unbegreiflicher Fehler, daß er mit der Annahme des Testaments Karls II. für seinen Enkel zugleich Maßnahmen ergriff, die einen Krieg mit den Seemächten unausweichlich machten. Schon die Übernahme der Niederlande, so unabwendbar sie auch für Philipp V. war, wenn er die Sympathie der Spanier für sich nicht aufs Spiel setzen wollte, war für die Seemächte kaum akzeptabel. Der Bruch mit ihnen wurde vollends unvermeidlich, als sich Ludwig XIV. für das Thronrecht der Stuarts erklärte, seinem Enkel Philipp und seinen Nachkommen ausdrücklich die Erbfolge in Frankreich offenhielt und durch Kündigung der alten Handelsverträge den Handelskrieg gegen die Seemächte eröffnete.[35] Ludwig XIV. steuerte auf einen Krieg zu.[36] Damit mußten aber seine Bemühungen, das Reich neutral zu halten, in Schwierigkeiten kommen.

Um aus der Isolierung auszubrechen, in die ihn die Politik Wilhelms III. geführt hatte, hatte der König von Frankreich noch 1698 wieder begonnen, sich um das Reich zu bemühen, und ein dichtes Netz von diplomatischen Vertretern im Reich aufgebaut.[37] Ihre Aktionen blieben zunächst deshalb nicht ohne Erfolg, weil Leopold I. die Selbständigkeitsbestrebungen des Reiches mit größtem Mißtrauen verfolgt hatte. Als der Mainzer die Kreisassoziationen von 1697 im Sommer des darauffolgenden Jahres zusammenrufen wollte, verhinderte das der Kaiser. Lothar Franz berief sich zwar auf das Bündnisrecht der Reichsstände; der Kaiser aber erwies sich als stärker.

So waren die beiden aktivsten Vertreter des Assoziationsgedankens, Lothar Franz von Schönborn und Ludwig Wilhelm von Baden, über den Kaiser verärgert, als mit dem Tod des spanischen Königs neue Kriegswolken über Europa heraufzogen. Ludwigs XIV. Idee, diese Verärgerung auszunutzen, war nicht aussichtslos. Er übersah freilich, daß Lothar Franz und Ludwig Wilhelm von Baden schon 1697 klar definierte Ziele hatten, die sie mit ihrer Assoziation verwirklichen wollten.[38] Sie wollten künftig bei allen internationalen Verhandlungen mit eigenen Delegierten vertreten sein, und sie wollten im Westen sichere Grenzen gewinnen. Beides richtete sich im Grunde gegen Frankreich. Ludwig XIV. wußte auch aus den Berichten seiner Gesandten im Reich, daß er die Kreisassoziationen nicht für sich gewinnen konnte. Was er für möglich hielt, war ihre Neutralität. Diese Neutralität war für Ludwig XIV. deshalb nicht unwichtig, weil sie den Kaiser sowohl seines Aufmarschgebietes als auch eines wichtigen Truppenreservoirs beraubte.

Unmittelbar nach dem Eintreffen der Nachricht vom Tode Karls II. hatten sich am 23. November 1700 der fränkische und schwäbische Kreis in Heidenheim zu einer Assoziation zur Aufrechterhaltung der Neutralität im Reich zusammengeschlossen.[39] Max Emanuel war entschlossen, diese Neutralitätsbestrebungen für sich zu nutzen. Der Beschluß des fränkischen Kreises vom 30. Januar 1701, kaiserlichen Truppen den Durchmarsch zu verwehren, erweckte in Brüssel und Versailles die Hoffnung, den Neutralitätsbemühungen die gewünschte Richtung geben zu können. Insbesondere gelang es Max Emanuel, in Versailles glaubhaft zu machen, diese Bewegung sei eine erste Frucht seiner Bemühungen um eine Neutralität der Kreise.[40] Sein erstes Angebot an Ludwig XIV. lautete daher: Zusicherung der niederländischen Statthalterschaft gegen seine und seiner Klientel Neutralität im Reich, die er etwas vage als die Kräfte der Heidenheimer Assoziation bezeichnete. Als Antwort bot Ludwig XIV. Max Emanuel
Kat.Nr. 335 ein Offensiv- und ein Defensivbündnis an. Am 18. März 1701 kam in Versailles ein Neutralitätsbündnis mit Frankreich zustande, das in den territorialen Zugeständnissen für Max Emanuel unbefriedigend war, für ihn aber die wichtige Zusage enthielt, Subsidien für 15000 Mann auch bei einer Neutralisierung des deutschen Südwestens zu erhalten.[41]

Bisher hatte sich Max Emanuel mit größter Vorsicht bewegt und seine Freiheit gewahrt. Es war ihm gelungen, jede Definition der Neutralität zu vermeiden. Es war daher keine Täuschung, wenn er Wilhelm III. und dem Kaiser mitteilte, er habe sich mit Frankreich nur in einen Neutralitätsvertrag eingelassen.[42] Einen solchen konnte bei dem Zögern der Seemächte niemand dem bayerischen Kurfürsten übelnehmen. Max Emanuel lud Wilhelm zu Verhandlungen über seinen Beitritt zu einer Allianz mit dem Kaiser und den Seemächten ein und hielt sich Verhandlungen nach dieser Seite offen.

Der Weg, das Reich über eine unter seiner Leitung stehende Assoziation in die Neutralität zu führen, war aber nicht unproblematisch, weil Max Emanuel dafür nur einen Auftrag Ludwigs XIV. besaß. Der bayerische Kurfürst wollte eine Neutralitätsassoziation, weil er im Auftrag Frankreichs einen Aufmarsch kaiserlicher Armeen am Oberrhein zu verhindern suchte. Die Reichskreise wollten in erster Linie nicht Kriegsschauplatz werden und flüchteten daher in die Neutralität. Mißtrauisch gegenüber den engen Bindungen der kleinen Stände an den Kaiser, wollte Ludwig XIV. nur eine unbewaffnete Neutralität der Reichskreise konzedieren, was Max Emanuel mit seiner Armee zum bestimmenden Faktor dieser Assoziation hätte werden lassen. Im Grunde ging es schon hier um eine Ausdeutung des im Westfälischen Frieden festgelegten Bündnisrechts der Stände. Es war ausdrücklich auf Bündnisse beschränkt gewesen, die sich nicht gegen Kaiser und Reich wenden durften. Eine im Auftrag Frankreichs von Max Emanuel organisierte Assoziation zur Aufrechterhaltung des Friedens im Reich blieb zwar insofern noch im Rahmen dieser Bestimmung, als im Spanischen Erbfolgekrieg ja nicht die Interessen von Kaiser und Reich, sondern die der Großmacht Österreich auf dem Spiele standen. Trotzdem waren in den Jahren der Franzosenkriege die Bindungen an den Kaiser so gewachsen, daß eine solche Neutralität sich nicht gegen den Kaiser richten konnte. Gegenüber dem Kaiser aber konnte Max Emanuel seinen Bündniswert durch die Assoziation nicht steigern, denn der Kaiser besaß hier die besseren Verbindungen. Insofern waren die Assoziationen für Max Emanuel ein untaugliches Instrument. Mit ihnen ließ sich Reichspolitik machen, zur Verwirklichung hochfliegender Träume von Territorialerwerb und Königskrone aber taugten sie nicht.

Auch konnte zum Führer der Assoziation, wie sich bald herausstellte, nicht ein mächtiger Armierter, wie Max Emanuel, sondern nur der von seinen Machtmitteln her unbedeutende, in seiner verfassungsmäßigen Stellung nach dem Kaiser aber wichtigste Fürst, der Kurfürst von Mainz, werden. Bei ihm war man sicher, daß er keine dynastische Politik betrieb. Ein als Machtfaktor kaum ins Gewicht fallendes Haupt eines Neutralitätsbündnisses widersprach freilich so sehr allen Erfahrungen der europäischen Politik, daß es verständlich ist, daß weder Ludwig XIV. noch Max Emanuel diese Lösung für möglich hielten und daher die Chancen des bayerischen Kurfürsten falsch einschätzten, der mit seiner Armee den Neutralität suchenden Kreisen den nötigen Schutz zu geben in der Lage schien. Daß er in der ganz eigenen Regeln folgenden Reichspolitik gerade deswegen keine Chance besaß, sich an die Spitze der Assoziation zu setzen, und damit das ganze Projekt wenig Aussicht hatte, ist beiden erst aufgegangen, als es zu spät war.

Ludwig XIV. mochte hoffen, daß es Max Emanuel gelingen könnte, die Reichskreise in die Neutralität zu führen. Im Endergebnis wäre diese Neutralitätsallianz aber nichts anderes als ein Offenhalten der Einfallspforten in das Reich für die französischen Armeen gewesen. Von daher gesehen, war auch sie nicht mit den Interessen von Kaiser und Reich zu vereinbaren.

Für jene Übergangszeit, als man im Reich nicht wußte, ob der Kaiser in seinem Kampf um das spanische Erbe allein blieb, war Max Emanuels Angebot für die Reichsstände allerdings nicht uninteressant. Mit seiner Armee konnte er den Reichskreisen in ihren Bemühungen, in diesen Vorverhandlungen eigenes Gewicht zu erlangen, einigen Rückhalt gewähren. Das aber war die Voraussetzung für eine eigene Politik. Bei seiner Rückreise von Brüssel nach München Anfang April 1701 konnte er daher erfolgversprechende Verhandlungen mit dem Mainzer Kurfürsten Lothar Franz von Schönborn führen, der ihm die Aufnahme bei der Ausweitung der Heidenheimer Assoziation zusagte.[43]

Auf dem Heilbronner Assoziationstag im August 1701 gelang es allerdings Lothar Franz nicht, seine Absicht zu verwirklichen. Das allgemeine Mißtrauen war so groß, daß Max Emanuel nicht einmal den bayerischen Kreis hinter sich bringen und zum Beitritt in die Heidenheimer Assoziation bewegen konnte. Das Zusammenspiel mit dem bayerischen Kurfürsten brachte Lothar Franz sogar in Gefahr, die Führung der Assoziation zu verlieren. Als der Kaiser durch den Beitritt des österreichischen Kreises die Assoziation an sich reißen wollte, gelang es Lothar Franz nur durch den Abbruch der Verhandlungen, eine Entscheidung zu verhindern.[44] Der Abschluß der Großen Allianz am 6. September 1701 brachte die Entscheidung. Ihr trat am 25. Juli 1702 die in Nördlingen erweiterte Assoziation bei. Lothar Franz hatte sein Ziel erreicht. Er stand an der Spitze einer Assoziation der sechs vorderen Reichskreise. Im Allianzvertrag mit der Großen Allianz war der Assoziation von den Seemächten sowohl die Teilnahme eigener Vertreter bei den Friedensverhandlungen als auch die Errichtung einer Reichsbarriere auf dem linken Rheinufer zugesagt worden. Max Emanuel, der lange das Spiel des Mainzer Kurfürsten nicht durchschaut hatte, schrieb am 26. März 1702 enttäuscht seinem Unterhändler in Paris, Graf Monasterol: »Vor meiner Abreise aus Brüssel empfing ich Briefe der rheinischen Kurfürsten und der Kreisdirektoren, die immer wieder mit Ungeduld ausdrückten, mich in meine Länder zurückkehren zu sehen, um einen Rückhalt an meinen Truppen zu haben und sich ganz unter meine Führung zu stellen zur Bewahrung des Friedens und der Ruhe im Reich; sie haben mir dasselbe mündlich auf meiner Rückreise versichert, so daß ich bestimmt damit gerechnet hatte, den Kaiser an der Bildung einer Armee am Oberrhein und der Entfachung eines Krieges im Reich zu hindern. Alles das hat sich jetzt vollständig geändert.«[45]

Im Bündnis mit Frankreich

Sollte das wirklich die Ansicht Max Emanuels gewesen sein, so wäre dies der Anfang einer Illusion und ein Zeichen dafür, daß er verlernt hatte, in den Kategorien der Reichspolitik zu denken. Wahrscheinlich aber war dieser Versuch, das Reich in einer Neutralitätsassoziation unter seiner Führung zu einen, Teil eines sehr komplizierten diplomatischen Spiels.

Die Zusagen Ludwigs XIV. in dem Versailler Bündnis
r. 335 vom 18. März 1701 waren ungenügend. Max Emanuel sollte durch sofortige Aufnahme der militärischen Operationen den Kaiser in der Vorbereitungsphase seiner Rüstungen treffen. Die Bemühungen um die Neutralität der vorderen Reichskreise hatten Max Emanuel ein Jahr Aufschub gegeben. Wäre es ihm von Anfang an um rasche militärische Entscheidungen gegangen, so wäre diese Zeit kein Gewinn, sondern eine Gefahr gewesen, denn sie gab Leopold I. Gelegenheit, seine Rüstungen zu vervollständigen. Ging es aber darum, durch Hinhalten Ludwig XIV. zu einem befriedigenden Angebot zu veranlassen, mit dem man den Kaiser zu einem ähnlichen verlocken konnte, war der Zeitverlust ein Gewinn. Zur Enttäuschung Max Emanuels hatte er ein solches Angebot vom Kaiser nicht erhalten. Im Juli 1701 hatte ihn im Auftrag Wilhelms III. Oberst Montmollin aufgesucht. Dieser bot ihm: die Statthalterschaft der Niederlande, über die die Alliierten gar nicht verfügen konnten, weil die Niederlande in den Händen Philipps V. waren, ein Geschenk von 300000 fl. und ein Kommando unter dem Oberbefehl Wilhelms. Ähnlich lautete das Angebot des kaiserlichen Unterhändlers, des Grafen Schlick. Max Emanuel hatte am 10. Juli zu Montmollin geäußert, der Kaiser möge ihm Teile der spanischen Erbschaft – entweder Mailand oder die Niederlande – zum souveränen Besitz und den Königstitel geben, so werde er mit den Alliierten gehen.[46] Wir können in dieser Forderung Max Emanuels eigentliches Ziel sehen, an dem er bis 1714 festhielt. Wollte er Ludwig XIV. bewegen, sein Angebot zu erhöhen, so blieb dem bayerischen Kurfürsten nichts anderes übrig, als mit ihm über ein Offensivbündnis zu verhandeln. Damit begann der gefährliche Teil seiner Verhandlungen.

Im Frühjahr 1702 war Max Emanuel neben dem unzuverlässigen Viktor Amadeus II. von Savoyen der einzige Verbündete Frankreichs. Das steigerte seinen Wert. Andrerseits war auch das Risiko eines Kriegseintritts für ihn größer geworden. Max Emanuel erhob nun gegenüber Frankreich dieselbe Forderung wie gegenüber Wilhelm III.: Neben der Garantie seiner Erbländer sollten ihm zu Beginn des Feldzuges die Niederlande oder Mailand als souveränes Königreich übergeben werden.[47] Die französischen Unterhändler erklärten diese Forderungen als unannehmbar. Max Emanuel verlange da etwas, für dessen Freigabe an den Kaiser der König jederzeit Frieden haben könne.[48] Die Verhandlungen, die von Brüssel nach Versailles verlegt wurden, verliefen wegen der Zähigkeit Max Emanuels äußerst langsam. Schließlich wurde am 17. Juni 1702 in Versailles ein Vertrag von den bayerischen Unterhändlern unterschrieben, in dem Max Emanuel die Rheinpfalz und Pfalz-Neuburg sowie einige, zur Abrundung Bayerns notwendige Eroberungen zugesagt wurden. Auch sollte er für dieses vergrößerte Bayern den bayerischen Königstitel erhalten. Max Emanuel behauptete, völlig im Gegensatz zum geltenden Reichsrecht, daß es sich hierbei um die unbedenkliche Wiederaufnahme eines zu Zeiten Karls des Großen üblichen Königstitels handele. Da ihm, wenn überhaupt, nur der Kaiser die Durchsetzung eines solchen Titels garantieren konnte, ist diese Forderung nur so zu verstehen, daß Max Emanuel versuchen wollte, das französische Angebot beim Kaiser zu verifizieren. Als Alternative wurde ihm die erbliche Statthalterschaft der

Niederlande mit der Souveränität über Geldern und Limburg in Aussicht gestellt.[49] Bei einem Verlust Bayerns sollte er als Ersatz die Niederlande erhalten. Als Eroberungen zur Abrundung Bayerns waren die Reichsstädte Ulm, Augsburg, Regensburg und Nürnberg, die 1501 im Landshuter Erbfolgekrieg an Österreich gefallenen Herrschaften Rattenberg, Kufstein und Kitzbühel sowie die Grafschaften Geislingen und Tirol, die Markgrafschaft Burgau und die Herrschaft Neuburg/Inn vorgesehen. Die Feindseligkeiten gegen Österreich sollten am 1. August 1702 eröffnet werden, doch konnte Ludwig XIV. seinen Verbündeten dazu nicht zwingen. Über diesen Artikel, der den ganzen Vertrag für Frankreich wertlos machen konnte, war am 30. Mai in Versailles bis nachts um elf Uhr gestritten worden.[50] Für Max Emanuel war er von größter Wichtigkeit; der Kurfürst brauchte Zeit, um vom Kaiser ein entsprechendes Angebot zu erhalten. Tatsächlich verzögerte sich die Ratifizierung, weil Max Emanuel mit dem kaiserlichen Unterhändler Graf Schlick im Juni neue Verhandlungen begann.[51] Er nahm die Ernennung des Herzogs von Burgund zum Generalvikar der Niederlande durch Philipp V., die den Wert der ihm zugesagten Statthalterschaft stark mindern mußte, zum Vorwand, um die Ratifizierung des Vertrages hinauszuzögern.

Max Emanuel schien nach den enttäuschenden Ergebnissen seiner Verhandlungen mit Frankreich entschlossen, zum Kaiser überzutreten. Am 8. Juli schrieb er seinem Unterhändler in Versailles Malknecht:[52] »Ich habe meiner Ansicht nach guten Grund, aus den so überaus günstigen Dispositionen seiner Kaiserlichen Majestät Nutzen zu ziehen, dessen Resultat vielleicht das größte Glück Meines Hauses und Meiner Familie sein wird.« Max Emanuel forderte die Abtretung der Tiroler Ämter, Burgaus und der Grafschaft Neuburg am Inn und für dieses vergrößerte Bayern den Königstitel. Soweit blieb er im Rahmen des französischen Angebots. Dann aber forderte er Mailand als souveränes Königreich. Das österreichische Angebot, das Schlick endlich am 17. August auf ultimative Aufforderung überbrachte, blieb weit dahinter zurück.[53] Die geforderten habsburgischen Besitzungen bot er nur als Pfand für die spanische Schuld, Mailand wollte man nur im Tausch mit Bayern abtreten. Im übrigen vertröstete der Kaiser ihn auf Eroberungen aus dem spanischen Erbe. Als Schlick Max Emanuel auch die Königskrone versagte, brach dieser die Unterredung ab. Am 19. August erklärte er in Paris seine Bereitschaft, den Versailler Vertrag zu ratifizieren. Am 8. September begann er mit dem Überfall auf Ulm die Feindseligkeiten. Er war zum Friedensbrecher und mit seinen auf Unterwerfung seiner Nachbarn ausgerichteten militärischen Operationen zum Reichsfeind geworden.

Betrachtet man die französischen Zusagen nüchtern, so ist das Losschlagen Max Emanuels unbegreiflich. Zu groß ist der Abstand zwischen dem eigentlichen Ziel eines souveränen Königreichs in den Niederlanden oder Norditalien und dem Gebotenen. Im Grunde war zwischen dem französischen und dem kaiserlichen Angebot kein großer Unterschied.[54] Aber Max Emanuel war an einem Punkt angekommen, wo er nur mehr durch Eröffnung von Feindseligkeiten hoffen konnte, ein besseres Angebot zu erlangen. Dafür, daß seine Überlegungen in diese Richtung gingen, spricht sowohl die Kriegführung Max Emanuels als auch die Tatsache, daß er während der militärischen Operationen bis kurz vor der Schlacht von Höchstädt mit dem Kaiser in Unterhandlungen stand.[55] Max Emanuel hat nie Partei in dem Sinn ergriffen, daß er die Rechte Ludwigs XIV. etwa als die besseren erklärt hätte. Seine Verhandlungsführung in Versailles und gegenüber den Abgesandten der Allierten kannte nur das Ziel, möglichst große territoriale Zusagen zu erhalten.

Obwohl er es selber vorgeschlagen hatte, richtete er den Stoß seines Angriffs nicht auf Wien, sondern unterwarf sich die Reichsstädte Ulm, Augsburg und Regensburg, nahm Burgau und versuchte vergeblich, Tirol zu erobern. Mit Recht ist daher in neuester Zeit darauf hingewiesen worden, Max Emanuel habe im Grunde hier nichts anderes als bayerische Eroberungen betrieben.[56] Aber konnte das wirklich sein Ziel sein, für das er ein unerhörtes Risiko übernommen hatte? Gewiß, er besaß auf alle diese Gebiete Rechte, aber es war die Art von Rechten, wie sie die Zeit aus den Reunionen kannte. Sie hatten im Reich und vor den obersten Reichsgerichten keine Chance, Anerkennung zu finden. Max Emanuel fühlte das, als er seinem Vertrauten Monasterol schrieb, man könne ihm in Versailles ja versprechen, daß er seine Eroberungen behalten könne, das ganze Reich würde sich doch widersetzen.[57] Außerdem standen Risiko und Gewinnchancen in keinem Verhältnis zueinander. Mit diesen Eroberungen wäre Bayern zwar größer, aber weder ein Königreich noch ein souveräner Staat geworden. Es war sicher von Ludwig XIV. ein geschickter Schachzug gewesen, Max Emanuel auf Eroberungen im Reich abzudrängen. Nur eröffnete das in einem Augenblick den Kampf um die Existenz des Reiches, in dem Ludwig XIV. für diesen Kampf zu schwach war. Auch verhinderte Ludwig damit, daß Max Emanuel wirklich an einem französischen Sieg interessiert war. Für ihn ging es darum, eine Bedrohung darzustellen, die es dem Kaiser im Interesse des Reiches nahelegte, den Friedensstörer auf seine Seite zu ziehen. Dazu taugte nicht der Stoß auf Wien, sondern jene Art von Kriegführung, mit der Max Emanuel den inneren Zusammenhalt des Reiches gefährdete. Lange konnte der Kaiser das nicht hingehen lassen. Max Emanuel erwartete ein kaiserliches Angebot, das seinen Erwartungen entsprach. Er übersah, daß er mit seinen Eroberungen bereits zu weit gegangen war. In Wien war man an seinem Übertritt nicht mehr interessiert. Man konnte sein Vorgehen im Reich nicht ungestraft lassen.[58] Daher wurde weder in den preußischen Vermittlungen noch in den von Wratislaw im Juli 1704 kurz vor der Entscheidungsschlacht geführten Verhandlungen ein Max Emanuel auch nur halbwegs befriedigendes Angebot gemacht. Man bot ihm Neuburg und Burgau, aber das schien Max Emanuel zu wenig. Er seinerseits hielt an seinen utopischen Forderungen fest: Er forderte Mailand, seine Eroberungen in Schwaben und Tirol. Wratislaw konnte nur abwinken. Max Emanuel schickte Monasterol nach Versailles, wo ihm am 18. August weitere Gebiete im Südwesten zugesagt wurden. Er wollte nun den Kaiser mit dem Fortbestand des Reiches erpressen.[59] So wagte er gegen den Rat des französischen Generals Tallard am 13. August 1704 die Entscheidungsschlacht bei Höchstädt in der Hoffnung, nach diesem Sieg endlich das ersehnte Angebot zu erhalten. Aber er hatte den Bogen überspannt. Prinz Eugen und Marlborough hatten Höchstädt als Vernichtungsschlacht angelegt und zersprengten die ihnen gegenüberstehenden Truppen vollständig. Der Verlauf entsprach dem Maß der Herausforderung. Prinz Eugen und Marlborough retteten an diesem Tag das Reich für hundert Jahre. Max Emanuels Armee, das einzige Instrument, mit dem er seit 1699 in der großen Politik eine Rolle gespielt hatte, hörte auf zu bestehen.

Der Kurfürst ohne Land

Die meisten negativen Urteile über Max Emanuel stammen aus der Zeit des Exils. Nach der mitverschuldeten Niederlage von Ramillies am 23. Mai 1706, die den Verlust der Niederlande nach sich zog, erhielt er kein selbständiges Kommando mehr. Die Übernahme des Kommandos über die unbedeutende Rheinarmee 1708 war nur eine verbrämte Kaltstellung. Zur Untätigkeit verdammt, gewannen jetzt bei ihm die negativen Eigenschaften die Überhand. Ungehemmte Genußsucht verstrickte ihn in unzählige Liebeshändel, die verschwenderische Hofhaltung brachte ihn finanziell trotz der Fortsetzung der französischen Subsidien in peinlichste Schulden.[60] Politisch kamen Pläne zum Durchbruch, die zeigen, wie sehr er sich angewöhnt hatte, in den machiavellistischen Grundsätzen der europäischen Politik zu denken. Schon in den Verhandlungen mit Ludwig XIV. hatte Max Emanuel mit bemerkenswerter Zähigkeit die Forderung nach einem Tausch Neapel-Sizilien gegen Bayern ins Spiel gebracht. Damit wären sowohl die von ihm erstrebte Vergrößerung wie das Äquivalent für Bayern verwirklicht worden. Ludwig XIV. ging nicht darauf ein, weil er im Interesse Philipps V. Spanien durch Teilung nicht verärgern wollte. Aus denselben Gründen hatte auch der Kaiser 1702 dieses Projekt abgelehnt. In den zehn Jahren nach seiner Vertreibung aus dem Kurfürstentum kreisten Max Emanuels Ideen nur um einen vorteilhaften Tausch. Er wollte nicht nach Bayern zurückkehren. Der Aufstand 1705/06 ließ ihn kalt. Immer wieder forderte er von Ludwig XIV. die Übergabe der Niederlande als Ersatz für das verlorene Bayern. Der König, der die Chancen seines Enkels nicht verschlechtern wollte, vertröstete ihn auf später.[61]

Theoretisch konnte dem Kurfürsten wenig passieren: Ludwig XIV. hatte sich verpflichtet, ihm beim Verlust Bayerns in den Niederlanden Ersatz zu verschaffen. Trotzdem hat Max Emanuel das Spiel, zwischen den Kriegführenden zu verhandeln, nicht aufgegeben. Mehrfach sehen wir seine Abgesandten im Lager der Alliierten. 1706 wandte er sich zum erstenmal an Marlborough wegen eines Sonderfriedens.[62] Es war die Zeit, da Ludwig XIV. nach den Niederlagen von Turin und Ramillies alle Außenpositionen verloren hatte und eine entscheidende Offensive auf sein Land befürchten mußte. Am 29. April Kat.Nr. 394
1706 war Max Emanuel mit seinem Bruder Joseph Clemens, der sich bereits 1701 Frankreich angeschlossen hatte, in die Acht getan und seiner Länder verlustig erklärt worden. Wenn seine Restitution trotzdem, im Gegensatz zu den zwei Jahre später in die Acht erklärten italienischen Fürsten, praktisch nie in Frage stand, dann verdankte er das seiner Verstrickung in die europäische Politik.[63] Von Marlborough erhielt er 1706 keine Antwort. Sein Schicksal war trotzdem im Lager der Alliierten Gegenstand der Überlegungen. Im Spätherbst 1706 schickte Kaiser Joseph I. den Grafen Sinzendorf zu Marlborough, um die über die Niederlande laufenden Friedensverhandlungen zu inhibieren.[64] Hierbei kam es zu einer langen Aussprache über die von den Alliierten zu erkämpfenden Kriegsziele. Ludwig XIV. hatte damals ganz Spanien mit den Kolonien für Erzherzog Karl, die spanischen Besitzungen für Philipp V. und die Niederlande für Holland geboten. Von Max Emanuel war nur insofern die Rede, als er in seine Erblande restituiert werden sollte. Sinzendorf und Marlborough kamen nun überein, daß die Restitution der Kurfürsten von Bayern und Köln zunächst ausgespart und erst im Frieden gegen die des Herzogs von Lothringen, der seit 1702 wieder aus seinem Land vertrieben worden war, zugestanden werden sollte. Ludwig XIV. sollte die Rückkehr seiner Verbündeten mit der Wiederherstellung und Vergrößerung der Verbündeten der Alliierten erkaufen. Bei dieser Haltung blieben die Alliierten auch bei den Friedensverhandlungen im Haag im Mai 1709, wo die Frage der Restituierung der Wittelsbacher sehr zum Mißvergnügen Max Emanuels ausgeklammert worden war.

Für Max Emanuel war das Beunruhigende, daß er sich als reines Objekt der internationalen Politik sehen mußte.[65] Noch immer hielt er daran fest, er müsse für seine Frankreich gebrachten Opfer mehr als nur sein angestammtes Land Bayern erhalten. Um seine Position zu verbessern, setzte ihn Ludwig XIV. am 2. Januar 1712 in den souveränen Besitz der Niederlande. Obwohl er nun den stolzen Titel Herzog von Brabant, Limburg, Luxemburg und Geldern, Graf von Flandern, Hennegau und Namur führte, war seine Herrschaft auf Luxemburg, Namur und einige Städte in Flandern und Hennegau beschränkt. Max Emanuel hat

nie als souveräner Herrscher in den Niederlanden regiert. Er zog es vor, in der Nähe von Versailles, dem Schauplatz der Entscheidungen, zu bleiben. Als souveräner Herrscher hoffte er, wie er seiner Frau mehrfach schrieb, sein Territorium vergrößern zu können. Tatsächlich hätte er, wenn der Kaiser dem Frieden von Utrecht beigetreten wäre, die Insel Sardinien mit dem Königstitel erhalten. Mit der Forderung, Max Emanuel müsse für die Verletzung des Ilbesheimer Vertrages, in dem seine Gemahlin 1704 Bayern den Österreichern übergeben hatte, entschädigt und die in Italien geächteten Fürsten müßten restituiert werden, überzog Ludwig XIV. im März 1713 das dem Kaiser Zumutbare. Der Kaiser verweigerte den Frieden. In den Verhandlungen von Rastatt, die von zwei alten Gegnern des bayerischen Kurfürsten, dem Prinzen Eugen und Villars, geführt wurden, gab man die Max Emanuel betreffenden Forderungen preis. Wäre es nach Karl VI. gegangen, wäre Max Emanuel im Reich gar nicht restituiert und aus der Acht nicht entlassen, sondern mit den Niederlanden und dem Königstitel entschädigt worden.[66] Ludwig XIV. lehnte ab, doch wurde die Möglichkeit des Tausches in Artikel XVIII
Kat.Nr. 427 des Rastatter Friedensvertrages festgehalten.[67] Max Emanuel wurde in dieser letzten Phase nicht mehr gefragt; das Ausgehandelte, die volle Restitution einschließlich der 1707 an die Pfalz übergebenen Oberpfalz teilte ihm Ludwig Weihnachten 1713 mit. Er hatte aufgehört, ein souveräner Herrscher zu sein. Damit hatte Ludwig XIV. seinem Schützling Genugtuung verschafft, während der treue Paladin des Kaisers, der Kurfürst Johann Wilhelm von der Pfalz, leer ausging. Es war dem Pfälzer nicht gelungen, die Entscheidung von 1648 rückgängig zu machen und die Oberpfalz samt der vierten Kur wieder an die pfälzische Linie zu bringen. Nur ein Jahr war Max Emanuel souveräner Herrscher gewesen.

Es war für den Kaiser wichtig, daß ihm die Begnadigung der beiden wittelsbachischen Fürsten von außen aufgezwungen worden war, diese also keinen freiwilligen Akt darstellte. Es blieb im Reich unbestritten, daß der Acht verfiel, wer das Bündnisrecht mit Auswärtigen mißbrauchte.

Wäre es nach Joseph I. gegangen, Max Emanuel hätte nur ein verkleinertes Bayern zurückerhalten, denn das Innviertel war an Österreich, kleinere Gebiete Bayerns waren an Württemberg, Nürnberg, Augsburg, die Grafen Öttingen, einige kaiserliche Räte und Mindelheim an Marlborough gegeben worden. Das Land hatte mit harten Steuern zur Finanzierung des Krieges beitragen müssen.[68] Es war ein ausgesogenes Land, in das Max Emanuel sehr gegen seinen Willen zurückkehrte. Zum Entsetzen seines Bruders hatte er bis zuletzt Bayern gegen Neapel-Sizilien, die Niederlande oder ein Königreich Mailand-Mantua-Sardinien feilgeboten.[69]

Max Emanuel blieb sich auch in den letzten zwölf Jahren seiner Regierung treu. Mit Zähigkeit verfolgte er das Ziel, die österreichischen Habsburger gemäß dem Erbverbrüderungsvertrag von 1546 zu beerben.[70] Ihm galt ein noch 1714 in Versailles abgeschlossener Vertrag, mit dem er sich die Hilfe Frankreichs sicherte, und seine letzte in die Zukunft weisende Tat, die Wittelsbachische Hausunion vom 15. Mai 1724, mit der er die Versöhnung der beiden wittelsbachischen Linien einleitete.[71] Sie sollten Bayern die Kaiserkrone sichern. Mit drei, zeitweise fünf wittelsbachischen Kurstimmen hoffte man, an dieses Ziel zu gelangen. Sein Sohn mußte erleben, daß die auf die drei geistlichen Kurfürsten gestützte Mehrheit im Kurkolleg zwar den Kaisertitel verschaffen, nicht aber politische Macht ersetzen konnte. In diesem Sinn war Max Emanuel mit seinem Projekt, dem Hause Wittelsbach die Kaiserkrone zu gewinnen, in den Rahmen der Reichspolitik zurückgekehrt.

Zusammenfassung

Diese Studie ist ausgegangen von der These, Max Emanuels Scheitern sei nicht zuletzt in dem immer weiteren Abstand begründet, der sich zwischen der Reichspolitik und der einem starken Wandel unterworfenen europäischen Politik auftat. Die große Versuchung, wenigstens einen Happen des spanischen Reiches bei seinem Erbfall an sich zu reißen, habe ihn in unlösbare Konflikte gestürzt. Diese These zugrundegelegt, wird man am Schluß doch fragen müssen, wo konkret Max Emanuel zwischen die Mühlsteine verschiedener politischer Systeme geriet.

Aus der schwierigen Position des kaiserlichen Schwiegersohns, der auf die Erbrechte seiner Frau bis auf die Niederlande verzichtet hatte und der einerseits in immer stärker werdender Entfremdung zu seinem Schwiegervater lebte, andererseits aber nur in Verbindung mit diesem seine Erbrechte geltend machen konnte, wurde er durch das neue Prinzip des europäischen Gleichgewichts erlöst. In der Patt-Situation nach dem Rijswijker Frieden wurde Max Emanuel insofern zum großen Nutznießer des von Wilhelm III. zur Wahrung des europäischen Friedens konzipierten Prinzips des Gleichgewichts, als sein Sohn unter weitgehender Ausschaltung der habsburgischen und bourbonischen Ansprüche zum Erben des größten Teils des spanischen Reiches erklärt wurde. Diese Lösung konnte nur von jemandem durchgesetzt werden, der wie Wilhelm III. stark genug war, die widerstrebenden Erben zu dieser Lösung zu zwingen. Für Max Emanuel, der das Vertrauen und die Achtung des Oraniers errungen hatte, taten sich neue Möglichkeiten auf. Ein Triumph der Vernunft schien sich anzubahnen. Mit dem Geheimvertrag von 1698, in dem er holländische Garnisonen in belgischen Festungen zuließ, zeigte er, daß er Wilhelms Absicht, die Sicherung Hollands zum Kernstück der von England auszutarierenden Gleichgewichtspolitik zu machen, begriffen hatte.

Der Tod Joseph Ferdinands warf alles um: »Nichts ist mehr so, wie es vorher war«, schrieb Wilhelm. Als anderthalb Jahre später Karl II. starb, lag das System des europäischen Gleichgewichts in Scherben. Es schien nichts anderes als ein übergeistreiches Gedankengebäude gewesen zu sein. Das Recht des Stärkeren, Ludwigs XIV. politische Maxime seit über dreißig Jahren, schien sich durchzusetzen. Man rüstete zum Entscheidungskampf, und zwar auf beiden Seiten. Allerdings war die Erschöpfung nach dem erst drei Jahre zurückliegenden, neunjährigen Pfälzischen Krieg so groß, daß fast zwei Jahre zwischen dem Tode Karls II. und der Eröffnung der Feindseligkeiten vergingen. In diesen zwei Jahren erfüllte sich Max Emanuels Schicksal.

So wie die Patt-Situation und das System des Gleichgewichts den kleinen Staaten zugute gekommen waren – 1689 hatte sich Viktor Amadeus II. von Ludwig XIV. frei machen können, 1697 wurde Lothringen seinem Herzog zurückgegeben, und 1698 wurde der bayerische Kurprinz zum Erben Spaniens erklärt –, so gefährlich wurden die Monate der Ungewißheit nach dem Tode Karls II. für deren Selbständigkeit. Der Einmarsch der Franzosen in Mailand im Dezember 1701 zwang Viktor Amadeus auf die Seite Ludwigs XIV. Auch Max Emanuel schlug sich auf diese Seite. Beide hofften gleichzeitig, aus diesem Anschluß Gewinn zu ziehen. Die Verhandlungen zwischen den Fronten begannen und zogen sich hin. Sie wurden zunächst gerade von den kleinen Fürsten im Sinn des europäischen Gleichgewichts als ein Vorspiel zum Frieden angesehen. Dies aber war ein Irrtum. Auch Wilhelm III. hatte das Prinzip des Gleichgewichts aufgegeben. Die Großmächte rüsteten zum Krieg, und dieser Krieg wurde von beiden Seiten als Entscheidungskampf geführt. In der Großen Allianz sah man bis ins Jahr 1710 im Spanischen Erbfolgekrieg die große Abrechnung mit Ludwig XIV. Er hätte bei einem Sieg der Alliierten alle Eroberungen verloren.[72] Vom europäischen Gleichgewicht war auch bei den Alliierten bis in die Gertruidenberger Friedensverhandlungen von 1710 keine Rede mehr. Damit war eine der Voraussetzungen hinfällig, von der Max Emanuels Politik 1700–1702 ausging. Was sich in den Verhandlungen dieser Monate abzeichnete, war nicht, wie er hoffte, ein Versuch, den Krieg dadurch zu verhindern, daß man die spanische Erbschaft aufteilte. Im Gegenteil, Philipp V. forderte ebenso ganz Spanien wie Erzherzog Karl. Für Max Emanuels Aspirationen auf Teile dieser Erbschaft war kein Platz, weil Philipp V. sich in Spanien nur halten konnte und sein Rivale nur dann Aussicht hatte, ihn zu vertreiben, wenn beide an der Unteilbarkeit des spanischen Reiches festhielten. Dazu kam noch etwas anderes. 1702, als der Krieg mit voller Schärfe entbrannte, bestand keine Patt-Situation mehr. Die Große Allianz war sicher, Ludwig XIV. besiegen zu können. Sie brauchte Max Emanuel als Verbündeten nicht. Man wäre allenfalls bereit gewesen, ihm bei einem Parteienwechsel kleine Gebiete zu überlassen. Die Vorstellung, ihm dafür ein Königreich der Niederlande oder eines der Lombardei zu geben, stand niemals ernsthaft zur Diskussion. Andererseits hat überhaupt nur die Unterlegenheit Ludwigs XIV. und die Aussicht, mit Hilfe Bayerns den Krieg an die Grenzen Österreichs tragen zu können, Ludwig zu jenen Angeboten verleitet, die Max Emanuel immer noch zu gering waren. Es ist daher Max Emanuel nie gelungen, den Kaiser zu ähnlichen Angeboten zu verleiten. So entstand der Plan, den Kaiser durch Bedrohungen der kleineren Stände zu dem gewünschten Angebot zu bewegen. Gerade damit aber geriet Max Emanuel endgültig in den Zwiespalt von Reichs- und europäischer Politik.

Dieser Zwiespalt beginnt mit Max Emanuels Versuch, das Reich in einer Kreisassoziation in die Neutralität zu führen. Ein solcher Plan hatte insofern gute Chancen, als niemand im Reich bereit war, dem Kaiser in einen aussichtslosen Kampf um das spanische Erbe zu folgen. Wäre Leopold I. allein geblieben, Max Emanuel und Lothar Franz von Schönborn hätten durch die Neutralisierung des Reiches den Krieg vom Reich fernhalten, ja vielleicht den Ausbruch des Krieges ganz verhindern können. Mit dem Abschluß der Großen Allianz am 6. September 1702 war diese Stimmung vorbei. Jetzt wollte man auch im Reich die große Abrechnung mit Ludwig XIV.[73] Der Katalog von utopischen Forderungen an Ludwig XIV., den der Reichstag im Sommer 1709 als Grundlage für einen künftigen Frieden beschloß, zeigt, wie lange diese Stimmung anhielt.[74] Mit der Großen Allianz aber waren Max Emanuels Absichten vereitelt, das Reich für Frankreich zu neutralisieren und so den Ausbruch des Krieges zu verhindern. Sie sind allerdings weniger an ihm als an Ludwig XIV. gescheitert, der diesen Krieg leichtfertig provozierte. Indem es Ludwig gelang, Max Emanuel auf Eroberungen im Reich abzudrängen, hat er ihn wie Mephisto Faust an sich gekettet und in den Abgrund geführt.[75] Die Entscheidung gegen eine Umwandlung des Reiches in einen von außen gesteuerten Bund der größeren Stände war 1700 längst gefallen. Über die Kreisassoziationen war es dem Kaiser gelungen, das Reich durch eine enge Verbindung mit den kleinen und kleinsten Ständen in der 1648 gefundenen Gestalt zu erhalten. Ludwigs XIV. Expansionspolitik hat diese Entwicklung entscheidend gefördert.[76] Max Emanuel stieß auf einen Lebensnerv des Reiches, als er mit seiner Gewaltpolitik den Kaiser zu einem besseren Angebot verleiten wollte.

Max Emanuel konnte den Absprung nicht finden, weil der Kaiser als Wahrer der Reichsverfassung mit seinem Angebot nicht mit Ludwig XIV. konkurrieren konnte, der großzügig Eroberungen im Reich verhieß, die ihn nichts kosteten. Der Kaiser hätte das nur wettmachen können, indem er Max Emanuel Teile der spanischen Erbschaft versprach. Dies war aus zwei Gründen unmöglich: Leopold I. und noch stärker sein Sohn Joseph I. wollten in diesem Entscheidungskampf den Einfluß Frankreichs in Deutschland und Italien ausschalten. Sie konnten Viktor Amadeus II., der 1701 mehr oder weniger gezwungen auf die französische Seite getreten war, für seinen Übertritt belohnen. Max Emanuels Forderungen nachzugeben aber hätte ähnlichen Erpressungen und mit ihnen dem französischen Einfluß im Reich Tür und Tor geöffnet. Zum anderen war es bei der Unzuverlässigkeit Max Emanuels für den Wiener Hof unmöglich, dem bayerischen Kurfürsten bestimmte Zusagen auf spanisches Gebiet zu machen. Zu leicht hätten solche Philipp V. dazu dienen können, die Habsburger zu beschuldigen, sie wollten Spanien aufteilen. In diesem Sinn verfing sich Max Emanuels gewagtes Spiel in dem Gegensatz von Reichspolitik und europäischer Politik. Er hat nie Ludwig XIV. in dem Sinn für den Stärkeren gehalten, daß er an seinen vollen Sieg glaubte und deshalb auf seiner Seite kämpfte. Er hielt ihn für unüberwindbar und hat mit dieser Ansicht recht behalten. Aber er hätte sein Königreich ebenso gerne im Dienste des Kaisers erfochten und hat immer seine Bereitschaft betont, auf die Seite des Kaisers zu wechseln.[77]

In Wien hat man in Max Emanuel nur noch den Verräter gesehen und es für den Gipfel der Geschmacklosigkeit gehalten, daß er 1703 dem Kaiser seinen Neujahrsgruß entbot. Max Emanuel aber hatte sich in dem Sinne das Denken der kleinen europäischen Souveräne angewöhnt, daß er seine Politik auch in Kleinigkeiten nach beiden Seiten offenhielt.

Max Emanuels Verstrickung mindert allerdings nicht seine persönliche Schuld. Er hat seinen Übertritt auf die französische Seite später mit dem zu geringen kaiserlichen Angebot und den ungeheuren Opfern begründet, die er in den Türkenkriegen und als Statthalter der Niederlande dem Hause Habsburg ohne Dank gebracht hätte.[78] Damit war er ein schlechter Anwalt seiner Sache. Denn finanzielle Opfer und erlittener Undank sind eine miserable Begründung für eine Politik, die alles wagt und mit zu großem Einsatz spielt. Andererseits wird man Max Emanuel bei allem Leichtsinn, der ihn kennzeichnet, eine gewisse Tragik nicht absprechen können. Zweimal stand er an der Schwelle großer Erfolge. Am Totenbett seines Sohnes und Weihnachten 1713, als ihm Ludwig XIV. mit nüchternen Worten das Ende seiner souveränen Herrschaft über die Niederlande mitteilte, mußte er sie begraben. Es war eine rein dynastische Politik, die er trieb. Aber welcher ehrgeizige Fürst des Absolutismus tat dies nicht? Es spricht für ihn und seinen politischen Blick, daß alle Entwicklungen der bayerischen Politik bis einschließlich Montgelas in irgendeiner Weise von ihm bestimmt und vorausgeplant wurden. Es spricht gegen ihn, daß die bayerische Politik des 18. Jahrhunderts nicht gerade glücklich war. Jedoch bleibt unbestreitbar, daß Max Emanuel nicht zuletzt auch mit seinem gewagten Ausflug in die europäische Politik einer der großen Anreger der bayerischen Geschichte geworden ist.

Anmerkungen

[1] Vgl. K. Th. v. Heigel, Über den Plan des Kurfürsten Wilhelm von der Pfalz, die armenische Königskrone zu gewinnen. 1698–1705 (SB München, München 1893) 272–319.

[2]) Vgl. K. O. v. Aretin, Heiliges Römisches Reich 1776–1806, Reichsidee und Staatssouveränität, I, Wiesbaden 1967, 232.

[3] Vgl. G. Pfeiffer, Ein französisch-bayerischer Mediatisierungsplan 1687/88 (Land und Volk, Herrschaft und Staat in der Geschichte und Geschichtsforschung Bayerns. Karl Alexander Müller zum 80. Geburtstag, gleichzeitig ZBLG, 27, 1964) 246–58.

[4] Zur Bedeutung des Bündnisrechts vgl. E. W. Böckenförde, Der Westfälische Friede und das Bündnisrecht der Reichsstände (Der Staat 8, Münster 1969) 477f. und F. Dickmann, Westfälischer Friede und Reichsverfassung (Forschungen und Studien zur Geschichte des Westfälischen Friedens, Schriftenreihe der Vereinigung zur Erforschung der Neuen Geschichte, o. J.) I 29.

[5] Über die Rolle der Reichskreise s. jetzt H. Mohnhaupt, Die verfassungsrechtliche Einordnung der Reichskreise in die Reichsorganisation (Der Kurfürst von Mainz und die Kreisassoziationen 1648–1746; hrsg. von K. O. v. Aretin, Wiesbaden 1975) 1–29.

[6] Vgl. K. O. v. Aretin, Die Kreisassoziationen in der Politik der Mainzer Kurfürsten Johann Philipp und Lothar Franz von Schönborn 1648–1711 (ib.) 40f.

[7] Zum Rheinbund vgl. R. Schnur, Der Rheinbund von 1658 in der deutschen Verfassungsgeschichte (Rheinisches Archiv 47, 1955) und M. Göhring, Kaiserwahl und Rheinbund von 1658 (Festschrift) Wiesbaden 1954, 65–79.

[8] Es ist eine entscheidende Schwäche des Aufsatzes von Wunder, Diversion, daß er S. 423ff. die eigene politische Zielsetzung der Assoziationen von 1697 und 1702 nicht erkennt und sie – wie in den französischen Quellen üblich – nur als ein dem Kaiser blind ergebenes Instrument ohne politischen Willen sieht. Vgl. dazu Aretin, Kreisassoziationen (Anm. 6) 46ff., 63ff.

[9] Vgl. Strich II 491, der, auf piemontesische Berichte gestützt, ein anschauliches Bild von dem modernen Aufbau der neuen bayerischen Armee gibt.

[10] Vgl. A. Dürrwächter, Zur bayerischen Geschichte unter Ferdinand Maria und Max Emanuel (HJb. 35, 1914) 559ff., 588f.

[11] Es ist bis heute offen, wann sich Max Emanuel entschloß, um die Erzherzogin Maria Antonia zu werben. Auch ist in Wien eine Ehe der Erzherzogin mit Jakob Sobieski, dem Sohn des Polenkönigs, erwogen worden. Doch ist es unbestritten, daß Max Emanuel in Wien schon seit langem als aussichtsreicher Bewerber galt. Vgl. G. F. Preuß, Österreich, Frankreich und Bayern in der spanischen Erbfolgefrage 1685–89 (HVjschr. 4, 1901) 311ff. Vgl. auch Strich II 603f. und A. Kraus (HB II) 426.

[12] Der Heiratskontrakt, J. A. v. Aettenkhover, Kurzgefaßte Geschichte der Herzöge von Bayern, Regensburg 1707, 629ff.

[13] So zuletzt A. Kraus (HB II) 429.

[14] Ich folge hier den von Preuß (Anm. 11) 312ff., 482f. gemachten Überlegungen, der mir eine überzeugende Analyse der bayerischen Politik gegeben zu haben scheint.

[15] Ib. 493f.

[16] Ib. 321.

[17] Ib. 482 f.

[18] Ib. 488 f.

[19] Ib. 489.

[20] Ib. 497.

[21] Vgl. Pfeiffer, Mediatisierungsplan (Anm. 3) 247.

[22] Vgl. ib. 248ff.

[23] So sehr M. Braubachs Feststellung von der Harmlosigkeit der Augsburger Assoziation richtig ist, so zeigt doch gerade sie die grundlegende Veränderung der Situation im Reich. Vgl. M. Braubach (Gebhardt II) 279. Für die neue Sicht vgl. Aretin, Kreisassoziationen (Anm. 6) 50f.

[24] M. Doeberl, Bayern und Frankreich vornehmlich unter Kurfürst Ferdinand Maria, München 1900, I 555, betont, der Kurfürst habe seine Ernennung in erster Linie Wilhelm III. zu verdanken gehabt. Ebenso A. Kraus (HB II) 433.

[25] Vgl. G. F. Preuß, Verfassungsgeschichte der Spanischen Niederlande unter Kurfürst Max Emanuel (FGB 7, 1900) 210.

[26] Doeberl, Bayern und Frankreich (Anm. 24) I 555, nimmt an, das Testament sei unter dem Einfluß des kaiserlichen Hofes zustande gekommen.

[27] A. Kraus (HB II) 435.

[28] Vgl. K. O. v. Aretin, Der Heimfall des Herzogtums Mailand an das Reich im Jahr 1700 (Festschrift M. Göhring, Wiesbaden 1968) 78ff.

[29] Zum Tod Joseph Ferdinands, bei dem man lange einen Mordanschlag vermutete, vgl. A. v. Ow-Piesing, Der bayerische Kurprinz Joseph Ferdinand und das Problem seines Todes (Gelbe Hefte 13, 1937) 555–570, 610–629.

[30] Vgl. W. Hahlweg, Barriere – Gleichgewicht – Sicherheit, Eine Studie über die Gleichgewichtspolitik und die Strukturwandlung des Staatensystems in Europa 1646–1715 (HZ 187, 1959) 69ff.

[31] Wunder, Diversion, 431, weist nach, daß Ludwig XIV. damit Max Emanuel als selbständige Kraft ausschalten wollte.

[32] Vgl. Aretin, Heimfall des Herzogtums Mailand (Anm. 28) 79f.; ders., Kaiser Joseph I. zwischen Kaisertradition und österreichischer Großmachtpolitik (HZ 215, 1972) 544f.

[33] Das Erbrecht der Savoyer war sogar im letzten Testament Karls II. erwähnt. Hier waren vier Erben aufgeführt: der Herzog von Anjou, als sein Nacherbe der Herzog von Berry; sollten beide verzichten, Erzherzog Karl, und bei dessen Verzicht Viktor Amadeus II. von Savoyen.

[34] Zu Mailand vgl. C. Ringhoffer, Über die Flugschriftenliteratur zu Beginn des Spanischen Erbfolgekriegs, Diss. phil. Leipzig 1881, 81, 88. Zu Burgund vgl. G. Mentz, Johann Philipp von Schönborn, Kurfürst von Mainz, Bischof von Würzburg und Worms 1603–73, Jena 1896, I 130.

[35] Wie unausweichlich damit der Krieg war, zeigt das Buch von E. Schulin, Der Handelsstaat England, Wiesbaden 1969, 286f.

[36] Wunder, Diversion, 421, hat zwar nicht übersehen, daß eine friedliche Politik Frankreichs die Voraussetzung seiner Reichspolitik war, seine Feststellung, 430, Ludwig XIV. habe sich im Gegensatz zum Kaiser um die Aufrechterhaltung des Friedenszustandes bemüht, ist aber unhaltbar.

[37] Vgl. Wunder, Diversion, 420.

[38] Vgl. Aretin, Kreisassoziationen (Anm. 6) 53. Diese Ziele übersieht Wunder, Diversion, 443ff.

[39] Die Nachricht vom Ableben des spanischen Königs war durch den Tod eines Kuriers mit großer Verspätung im Reich eingetroffen. In Wien erhielt man erst im November Gewißheit.

[40] Wunder, Diversion, 433.

[41] Wunder, Diversion, 434, hat nachgewiesen, daß der endgültige Abschluß des Versailler Bündnisses nicht am 9., sondern am 18. 3. 1701 erfolgte.

[42] So gesehen scheint es mir zweifelhaft, ob man – wie G. F. Preuß, Wilhelm III. von England und das Haus Wittelsbach im Zeitalter der spanischen Erbfolgefrage, Breslau 1904, 196 – von einer Irreführung sprechen kann, auch wenn seine Angabe, der Neutralitätsvertrag habe nur eine Gültigkeit von einem halben Jahr, unrichtig war.

[43] Vgl. Wunder, Diversion, 437, der von einer erfolgreichen diplomatischen Reise spricht, aber wohl die Situationsbedingtheit dieses Erfolges nicht richtig einschätzt.

[44] Vgl. Ch. Hutt, Maximilian Graf zu Löwenstein-Wertheim-Rochefort und der fränkische Kreis 1700–1702, Diss. phil. Würzburg 1969, 110–118, wo das österreichische Vorgehen eingehend geschildert wird. Zur Politik von Lothar Franz vgl. T. v. Borodajkewycz, Kaiser und Reichskanzler bei Beginn des Spanischen Erbfolgekriegs (Historische Blätter 7, 1937) 147ff.

[45] Zitiert nach M. Braubach, Die Politik des Kurfürsten Max Emanuel von Bayern im Jahre 1702 (HJb 43, 1923) 57.

[46] Vgl. Preuß, Wilhelm III. (Anm. 42), 202f.

[47] Vgl. Braubach, Max Emanuel 1702 (Anm. 45) 62.

[48] Ib. 66.

[49] Die merkwürdige Idee einer erblichen Statthalterschaft, die von da an mehrfach auftaucht, wird von Max Emanuel nur einmal in einem Brief an Monasterol vom 1. 4. 1702, GStA K.schw. 17043, auf folgende Art begründet: »... l'on me donneroit les provinces de Gueldre, Limbourg, Luexembourg et Namur en propre, et le Gouvernement des Pais Bas héréditaire, come estoyent les Nassau stadhauder d'Holande héréditaire, l'Espagne conservant Brabant, Flandre et Haynau, ...«. Ich verdanke diesen Hinweis Professor Reginald de Schryver, der für die Veröffentlichungsreihe des Instituts für Europäische Geschichte eine Studie über Max Emanuel und die Spanischen Niederlande vorbereitet.

[50] Vgl. Braubach, Max Emanuel 1702 (Anm. 45) 69.

[51] Ib. 74ff.

[52] Zitiert nach Braubach, Max Emanuel 1702 (Anm. 45) 75.

[53] Es ist veröffentlicht bei Doeberl, Bayern und Frankreich (Anm. 24) I 568, Anm. 1.

[54] Hier stimme ich A. Kraus (HB II) 443, völlig zu.

[55] Ein archivalischer Nachweis über die geheimsten Überlegungen des Kurfürsten in dieser Zeit ist allerdings nicht zu erbringen. Sie lassen sich nur aus seinen Handlungen erschließen.

[56] Vgl. Wunder, Diversion, 456.

[57] Zitiert nach A. Kraus (HB II) 442.

[58] Vgl. Doeberl, Bayern und Frankreich (Anm. 24) I 573f.

[59] Vgl. ib. 575. Daß dies nicht ganz aussichtslos war, zeigt die (vgl. Hutt, Löwenstein, Anm. 44, 207) über Max Emanuels Kriegführung ausgebrochene Vertrauenskrise in der Nördlinger Assoziation.

[60] Über das unglaubliche Durcheinander bei der Abrechnung der von Frankreich und bis 1706 auch von Spanien gezahlten Subsidien, um die sich Max Emanuel so wenig kümmerte, daß er nicht einmal wußte, ob er Gläubiger oder Schuldner seines Finanziers Bombarda war, vgl. Hartmann, Finanzpolitik, 163ff. und Beitrag Hartmann.

[61] Aus demselben Grund hielt der Kaiser auch die Übernahme Mailands durch kaiserliche Truppen geheim und ließ Prinz Eugen durch Erzherzog Karl zum Statthalter ernennen.

[62] Vgl. C. v. Noorden, Europäische Geschichte im 18. Jahrhundert: Der Spanische Erbfolgekrieg II, Düsseldorf 1872, 435.

[63] Vgl. dazu Aretin, Joseph I. (Anm. 32) 544.

[64] Vgl. ib. 536–44.

[65] Vgl. etwa die Darstellung von A. Kraus (HB II) 454f. In Kenntnis der Wiener Akten kann ausgeschlossen werden, daß man in Wien je daran dachte, wie M. Bloch, Die Anfänge der österreichischen Arrondierungspolitik, Diss. phil. Berlin 1933, behauptet, Bayern als ein der Acht verfallenes Land einfach zu behalten.

[66] O. Weber, Der Friede von Rastatt 1714 (DZG 8, 1892) 287f.

[67] Ib. 302.

[68] Schon M. Braubach, Die Bedeutung der Subsidien für die Politik im spanischen Erbfolgekrieg, Bonn 1923, 39ff., hatte festgestellt, daß der Anteil Österreichs an der Finanzierung des Spanischen Erbfolgekriegs überdurchschnittlich groß war. Vgl. dazu auch G. Otruba, Die Bedeutung englischer Subsidien und Antizipationen für die Finanzen Österreichs 1701–1748 (VSWG 51, 1964) 195–207. Über die aus Bayern gepreßten Summen vgl. A. Fricek, Die Administration in Bayern von 1704–1714, Diss. Wien 1954 (Masch.), 89f. Sie gibt insgesamt eine Summe von 22.259 fl. an, die von Bayern in den zehn Jahren der Besetzung aufgebracht wurde.

[69] Vgl. K. Th. v. Heigel, Kurfürst Joseph Clemens von Köln und das Projekt einer Abtretung Bayerns an Österreich 1712–15 (QA I, 1884) 207ff. sowie K. Becker, Die Politik des Kurfürsten Joseph Clemens von Köln bei Abschluß des Spanischen Erbfolgekriegs (1711–1715), Diss. Masch. Bonn 1949, 89f., 156ff.

[70] Diese Erbverbrüderung war nach dem Regensburger Vertrag in dem Ehekontrakt anläßlich der Ehe zwischen Herzog Albrecht V. und der ältesten Tochter Kaiser Ferdinands I. von 1546 enthalten. Die bayerischen Ansprüche stützten sich auf das Testament Ferdinands I. von 1543 und das Testamentskodizill von 1547. Es stellte sich 1740, nach dem Tode Karls VI., heraus, daß der bayerische Standpunkt unhaltbar war. Vgl. K. Th. v. Heigel, Der österreichische Erbfolgestreit und die Kaiserwahl Karls VII., Nördlingen 1877, 322ff., wo die Akten abgedruckt sind.

[71] Vgl. dazu K. Th. v. Heigel, Die wittelsbachische Hausunion vom 15. Mai 1724 (SB München 1891, 1892) 275ff.

[72] Vgl. Aretin, Joseph I. (Anm. 32) 597f.

[73] Dem steht nicht entgegen, daß einige Reichsstände, wie Württemberg, dem Beitritt der Assoziation zur Großen Allianz, der ein Beitritt zu einer Offensivallianz war, mit größtem Mißtrauen begegneten. Vgl. Wunder, Diversion, 447f.

[74] Vgl. Aretin, Joseph I. (Anm. 32) 578.

[75] Wunder, Diversion, 474, kommt zu dem Schluß, das Scheitern Max Emanuels liege nicht zuletzt in dem Fehler Ludwigs XIV. begründet, zu lange an der herkömmlichen Reichspolitik festgehalten und Max Emanuel zu spät als vollwertigen Bündnispartner anerkannt zu haben. Gerade das aber hat Ludwig XIV. nie getan. Er hat ihn mit seinen Eroberungsplänen konsequent auf das Reich verwiesen und ihn so in die Rolle eines Zerstörers des Reiches gedrängt, ohne diese Zerstörung und die Umwandlung des Reiches in einen Staatenbund wirklich konsequent zu betreiben. Dazu hätte es eines Bundes mehrerer großer Reichsstände bedurft. Ludwig XIV. hat Max Emanuel nur zur Bedrohung des Kaisers mißbraucht, ohne größere Pläne zu haben. Ludwig XIV. hat das »Todesurteil über das Reich« (Wunder, Diversion, 447f.) nie gesprochen. Dazu war er im Spanischen Erbfolgekrieg zu schwach.

[76] B. Wunders (Diversion, 477f.) These, Ludwig XIV. habe mit der Unterstützung der Armierten auf die Auflösung des Reiches hingearbeitet, ist so unhaltbar. Vgl. Aretin, Kreisassoziationen (Anm. 6) 31, 63f., wo die Gegenthese von der Erhaltung des Reiches in der 1648 gefundenen Form durch die Kreisassoziationen begründet und belegt wird.

[77] Vgl. Doeberl, Bayern und Frankreich (Anm. 24) I 565.

[78] Die Angaben, die Max Emanuel über die in den Türkenkriegen und als Statthalter der Niederlande vorgestreckten Summen macht, sind widersprüchlich und steigern sich, wenn er die Undankbarkeit der Habsburger beweisen wollte. In den Türkenkriegen, behauptete er, 10 Millionen Gulden eingesetzt zu haben (vgl. A. Kraus [HB II] 431), in den Niederlanden 5 Millionen. Preuß, Verfassungsgeschichte der spanischen Niederlande (Anm. 25) 221, berechnet dafür 3 Millionen. Doeberl, Bayern und Frankreich (Anm. 24) I 572, zitiert aus der Unterhaltung zwischen Max Emanuel und Graf Schlick am 17. August 1702 in Schleißheim die Äußerung Max Emanuels, er habe dem Hause Habsburg 23 Millionen fl. geopfert. Max Emanuel ist mit einer Schuldenlast von 27 Millionen fl. gestorben. Diese sind aber nicht zuletzt durch seine Verschwendungssucht zustande gekommen. Allein zwischen 1723 und 1726 machte er fast 3 Millionen fl. neue Schulden. Vgl. K. O. v. Aretin, Die bayerische Landschaftsverordnung 1714–1777 (Ständische Vertretung in Europa im 17. und 18. Jh., hrsg. v. D. Gerhard. Veröff. d. Max-Planck-Instituts f. Geschichte 27, Göttingen 1969) 214. So pflegte Max Emanuel seine abgelegten Freundinnen mit höheren Beträgen abzufinden, als die bayerischen Prinzessinnen Mitgift erhielten. Vgl. Czarkowski-Golejewski, 858.

Hans Rall

Kurfürst Max Emanuel und das Haus Wittelsbach im 17. und 18. Jahrhundert

Ein Prinz, vor allem der Thronfolger, wird von den Aufgaben und Traditionen des erblichen Herrschertums wesentlich geformt. Im Laufe der Jahre werden ihm auch die Geschichte seines Hauses und seine Vorfahren vertraut. Gleichwohl ist ihm – wie jedem Menschen – seine Umwelt, natürlich vor allem die eigene Familie, meist menschlich näher. So kennt auch Kurfürst Max Emanuel die von ihm erlebten Angehörigen des Hauses Wittelsbach im 17. und 18. Jahrhundert mehr als die Geschichte seines Geschlechts.

Dem spätgeborenen Historiker fällt natürlich auf, wie sehr sich der erste und der dritte Kurfürst von Bayern, die beide den Namen Maximilian trugen, in unermüdlicher Tatkraft und bedeutender Begabung ähnlich waren, sich aber in bestimmten politischen und menschlichen Wünschen und Wegen schon durch die verschiedenen Anlagen und die verschiedene Charakterentwicklung voneinander unterschieden. Der Historiker neigt gern zu der Annahme, daß das Erbe von Max Emanuels Mutter, der Prinzessin Henriette Adelaide von Savoyen, und ihres Großvaters, des Königs Heinrich IV. von Frankreich, in Leidenschaft und künstlerischem Geschmack, in Ehrgeiz und politischem Realismus bis zur gelegentlichen Abschüttelung einer grundsätzlichen Verpflichtung einander ähneln. Max Emanuel selbst bewunderte die außerordentlichen Erfolge seines Großvaters[1] und strebte ihm nach, erreichte ihn aber in Selbstzucht und sachlichem Pflichtbewußtsein und damit in eben den Eigenschaften nicht, die wesentlich zum Erfolg des ersten Maximilian beigetragen hatten.

Max Emanuels Beziehung zu den Eltern

Max Emanuel wurde am 11. Juli 1662 geboren;[2] sein Vater war – wie seine Mutter – damals 26 Jahre alt. Die
.Nr. 35 Erziehungsinstruktion, die beide Eltern für den Fünfjährigen niederlegten,[3] zielte auf Religiosität und auf Freundlichkeit gegenüber jedermann, bereits aber auch auf Übung im Italienischen, das offenbar die Mutter meist mit dem Kleinkind sprach, und auf Erlernung der lateinischen und französischen Sprache. Die Mutter setzte in einer späteren, durch die Feder ihres Beichtvaters, des Theatinermönches Antonio
Nr. 36 Spinelli, niedergeschriebenen, jedoch von ihr selbst ergänzten Erziehungsinstruktion dem Sohn bereits große Fürsten als Vorbilder und wünschte, daß er sich mit Büchern über Geschichte und Politik beschäftigte. Wenn sie dabei den Nutzen der Bildung für einen Fürsten betont, nennt sie ihm als Vorbild Alexander den Großen und Julius Cäsar, Theodosius den Großen (gest. 395) und Alphons den Großen (von Asturien, 866–910), aber weder einen Wittelsbacher noch ihren eigenen Großvater, Heinrich IV. von Frankreich, auf den sie die Kinder gern hinwies und zu dem sich Max Emanuel später gern bekannte. Ein Teil der Instruktion der Kurfürstin schloß eng an jene an, die 1646 Kurfürst Maximilian I. dem Hofmeister seines Kurprinzen gegeben hatte. Ferdinand Maria benützte sehr ausführlich die von seinem Vater gegebene Hofmeisterinstruktion, als er eine Anweisung für die Erziehung seines Sohnes Joseph Clemens niederlegte. Für den inzwischen vierzehnjährigen Kurprinzen gab er am 29. April 1676 – einige Wochen nach dem Tode seiner Gemahlin – dem Hofmeister, den Lehrern und den Dienern erneut zwei Instruktionen.[4] Schon der siebenjährige Knabe Max Emanuel hatte durch den Juristen Dr. Matthäus (von) Joner Unterricht erhalten. Wohl aus den Erzählungen des Vaters und aus den Worten Dr. (von) Joners empfing der Kurprinz das erste entscheidende Bild für seine Auffassung von Bayern und seinen Herrschern. Joner konnte in dem Kind wohl am besten Vorstellungen erwecken, wenn er von dessen Familie und ihrer Rechtsstellung ausging.

Nur mittelbar läßt sich aus all dem ablesen, was Max Emanuel in seiner Jugend wirklich von seinen Vorgängern und Vorfahren erfuhr. Vor allem scheidet Corbinian von Prielmair (1643–1707) aus der von Heinrich Zschokke 1821, F. J. Lipowsky 1831, Friedrich Schmidt 1892 und Sigmund von Riezler 1913 angenommenen Reihe der Erzieher aus. Denn nach den ungedruckt gebliebenen Forschungen von Hans Robert Huber[5] war Prielmair in den Jahren der Kindheit Max Emanuels Registrator in der Geheimen Kanzlei und noch nicht geadelt, trug auch keinen Doktortitel, während der Lizentiat der Rechte Matthäus (von) Joner schon in den sechziger Jahren als Präzeptor des Kurprinzen nach Schmidt[6] bereits ein Gehalt von jährlich 500 Gulden erhielt, das sich während seiner zehnjährigen Dienstzeit
auf 1123 Gulden erhöhte. Marquis de Beauveau,[7] ein sehr Kat.Nr. 38

weiser und in allen schönen Wissenschaften erfahrener Aristokrat, verwandt mit den Bourbonen, wurde durch die Eltern Max Emanuels von seiner Tätigkeit als Erzieher der jungen Lothringer Prinzen weggeholt und 1668 zum Leiter der Erziehung des Kurprinzen gemacht. Beauveau spricht aber in seinen Erinnerungen nur von dieser Tatsache und von Bayern als einem *état réglé par un Prince sage* (1668: *sage Prince*); dieser Fürst werde durch die Klugheit einer edlen Fürstin unterstützt. Was Max Emanuel über die Geschichte seines Hauses las, läßt sich nicht mehr feststellen, da nur mehr ein Schrank seiner Bibliothek in der Münchner Residenz erhalten ist und nichts Einschlägiges enthält.

Max Emanuels Verhältnis zu seinem Onkel Maximilian Philipp und zu seinen Geschwistern

Max Emanuel verlor den Vater zu früh; er war erst 17 Jahre alt, als 1679 Ferdinand Maria im Alter von 43 Jahren starb. Die Mutter war bereits drei Jahre zuvor, die Großmutter, Kurfürstinwitwe Maria Anna – ehedem Regentin bis 1654 –, schon 1665 gestorben. Das wirkte sich menschlich, aber auch politisch aus. Denn nun mußte bis zum 11. Juli 1680 sein Onkel Maximilian Philipp,[8] der jüngere Bruder des Vaters, die vormundschaftliche Regierung führen. Das war von größter Bedeutung, da Maximilian Philipp seinem eigenen Vater, dem ersten Kurfürsten, in Charakter und Politik sehr ähnlich war. Der Onkel, der den Marquis de Beauveau als Hofmeister und Erzieher Max Emanuels entließ,[9] griff zwar dem künftigen Landesherrn nicht vor, vermochte jedoch durch seine umsichtige und wohlüberlegte Arbeit dem Neffen ein geordnetes und unabhängiges Bayern zu übergeben, das mit dem Kaiserhof in Wien gut stand, ohne in Gegensatz zu König Ludwig XIV. von Frankreich geraten zu sein. Während des Türkenkrieges im Sommer 1683 lehnte Maximilian Philipp aber eine erneute Übernahme der Regierung ab,[10] wohl weil ihm die Politik des Neffen inzwischen zu wenig ausgeglichen schien. Noch unter der Regentschaft hatte Max Emanuels Schwester, Maria Anna Christina, mit Zustimmung des Onkels und des Bruders den Sohn und Thronfolger des französischen Königs geheiratet, am 28. Januar 1680 *per procurationem*, am 7. März persönlich. Maximilian Philipp hatte in eine gleichzeitige Vermählung Max Emanuels mit einer von Ludwig XIV. vorgeschlagenen Braut nicht eingewilligt. So sind die politischen Anfänge Max Emanuels in die Entscheidungen des damals haus- und staatsrechtlich verantwortlichen nahen Familienmitglieds eingebettet. Auch ein weiterer Wittelsbacher Kreis zeichnet sich bereits ab: Im Juli 1680 warnt König Karl XI., der zweite Wittelsbacher auf dem schwedischen Thron und zugleich Anwärter auf das Erbe des kinderlosen Herzogs Friedrich Ludwig von Zweibrücken-Landsberg,[11] den jungen Kurfürsten vor Frankreich. Er und sein an sich frankreichfreundlicher Kanzler Magnus de la Gardie hatten sich schon bei Ferdinand Maria und dann bei Philipp Wilhelm von Pfalz-Neuburg um eine Wittelsbacher Hausunion bemüht.[12]

Menschliche und politische Treue hielt dem neuen Kurfürsten am meisten sein um neun Jahre jüngerer Bruder Joseph Clemens;[13] es lag in der überlieferten dynastischen und katholischen Politik der altbayerischen Wittelsbacher, daß Max Emanuel diesem seinem zwölfjährigen Bruder erwirkte, daß er 1683 Koadjutor des Fürstbischofs von Regensburg wurde. 1685 erlangte Joseph Clemens das Fürstbistum Freising, wo bisher Max Emanuels Onkel Albrecht Sigismund, der besondere Förderer von Kunst und Handwerk im Fürstbistum, regiert hatte. Schon seit dieser 1639 zum Koadjutor des Fürstbischofs von Freising gewählt worden war, wurde dessen Territorialbereich immer mehr von dem Herrschergeschlecht in München überschattet. Max Emanuel und Joseph Clemens nannten in vertraulichen Briefen Freising »diese Pfarr«.[14] Durch seinen Bruder band Max Emanuel weiterhin Freising an Bayern.[15] Zu diesem Erfolg kam bald ein anderer. Denn einer der altbayerischen Wittelsbacher sollte ja einmal Max Emanuels Onkel, dem Kurfürsten Maximilian Heinrich von Köln, nachfolgen. Gegen die Konkurrenz des Kardinals von Fürstenberg setzte Max Emanuel 1688, als er von Erfolg zu Erfolg in der Türkenabwehr schritt, in den Wochen vor und nach seiner Eroberung Belgrads durch, daß sein nun siebzehnjähriger Bruder Nachfolger des verstorbenen Onkels am Rhein wurde. Obwohl sich Joseph Clemens wie manch ein Fürstbischof aus fürstlichem Hause lange nicht zum Priester weihen ließ und bereit war, auf den geistlichen Stand zu verzichten, gründete er 1688 in Erfüllung der Bedingungen des Papstes Innozenz XI.[16] für die päpstliche Bestätigung als Erzbischof von Köln in Freising das Priesterseminar im Sinn der Forderungen des Trienter Konzils und entschied damit die Reform im kirchlichen Sinn. Joseph Clemens führte später ein religiöses, in äußerlichen Dingen sogar frommes Leben und erfüllte seine kirchlichen Amtspflichten im ganzen treu.[17] Mit diesem Bruder blieb Max Emanuel im Glück und Unglück[18] verbunden. Wie viel er von Joseph Clemens hielt, der selbständig und auch über den Bruder gelegentlich kritisch dachte, geht schon daraus hervor, daß Max Emanuel Briefe an ihn manchmal zuerst konzipierte. Die Briefe Joseph Clemens' sowohl an Max Emanuel wie an den *introducteur des ambassadeurs* und Geheimen Referendar Baron Johann Alois Malknecht und den Kabinettssekretär von Wilhelm zeigen ein auch für Max Emanuel eindrucksvolles dynastisch-bayerisches Staatsbewußtsein;[19] Gedanken an eine ganze oder teilweise Vertauschung Bayerns, Kat.N
des Wittelsbacher Patrimoniums, lehnte er völlig ab. Da die Päpste, im Gegensatz etwa zur Beurteilung des Wittelsbachers Ernst durch Gregor XIII., nun Fürstbischöfe wie Joseph Clemens nicht ohne Kritik bewerteten, ließ sich

dieser, wohl auch mit Rücksicht auf Max Emanuel, 1706 (in Lille durch den bekannten französischen Bischof Fénelon[20]) zum Priester, drei Jahre später zum Bischof weihen. Denn er war zusammen mit seinem Bruder 1706 vom Kaiser geächtet worden. Die Verhängung der Acht über Joseph Clemens wurde von Papst Clemens XI. mißbilligt;[21] ein Erzbischof und geistlicher Kurfürst könne nicht ohne päpstliche Einwilligung abgesetzt werden. Dem kaiserlichen Gesandten erklärte der Papst jedoch, er würde keine Schritte für die Wittelsbacher unternehmen, obwohl ihn Frankreich dazu dränge. Im Sinn bayerisch-dynastischer Politik lag es, daß 1688 Joseph Clemens auch die Reihe der Wittelsbacher Fürstpröpste von Berchtesgaden fortsetzte. Des Bruders Tod 1723 traf Max Emanuel menschlich und politisch. In Berchtesgaden setzte er keinen Wittelsbacher mehr durch.

Auch das Schicksal seiner später unglücklichen Schwester Maria Anna Christina[22] blieb dauernd mit dem seinen verknüpft: War durch ihre zweite Entbindung von einem Sohn eine leise Besserung der verschlechterten Beziehungen zu Ludwig XIV. eingetreten, so brach nach ihrem Tod 1690 die damalige Verbindung zwischen Bayern und Frankreich ganz ab. Max Emanuels um elf Jahre jüngere Schwester Violante Beatrix[23] heiratete 1688 *per procurationem*, 1689 persönlich den Erbprinzen Ferdinand von Florenz aus dem Hause Medici. Bei dieser Gelegenheit trafen Max Emanuel und seine Gattin mit dem Pfälzer Vetter Kurprinz Johann Wilhelm, der bei der Vermählung *per procurationem* den Bräutigam vertrat, in der Residenz zu München zusammen. Die Begegnung fand in dem zur Kirche umgewandelten Vierschimmelsaal statt. Violante Beatrix stellte namentlich bis zum Tode ihres Gatten 1713 ein Band Max Emanuels zu einem der bedeutendsten italienischen Staaten dar. In Max Emanuels Unglücksjahren 1708–1710 korrespondierte sie auch mit seinem Diplomaten in Venedig, Baron Widman. Sie überlebte ihren Bruder um fünf Jahre. Im übrigen ist sie als Förderin Händels[24] auch auf musikalischen Wegen anzutreffen. Sie stand in der Musikpflege ihrem Bruder nicht nach, der die von den Eltern übernommene italienische Oper und später die französische Theaterkunst und das französische Schauspiel pflegte. Kurfürst Johann Wilhelm wurde 1691 durch seine Vermählung mit der Schwester des toskanischen Erbprinzen Schwager Max Emanuels und seiner Geschwister und förderte auf Anregung aus Florenz auch Händel. Er übernahm 1703 den Opernkomponisten Agostino Steffani, der 1702 erneut in München gewesen war, wo er von 1667 bis 1688 gewirkt hatte.[25] Max Emanuel und Johann Wilhelm hatten auch als Rubenssammler Berührungspunkte.

Max Emanuels Gattinnen und Kinder

Max Emanuels Verhältnis zu seinen Kindern war gut. Natürlich war die auch durch Briefe erwiesene große Liebe und besondere Bemühung um eine ausgezeichnete Erziehung seines 1699 mit sieben Jahren verstorbenen ältesten Sohnes Joseph Ferdinand[26] mitbedingt durch die Hoffnung auf das Erbe, das dem Kind Maria Antonias[27] in der spanischen Welt winkte. Diese politische Ehe, die Max Emanuel 1685 mit der Enkelin Philipps IV. von Spanien und Tochter Kaiser Leopolds eingegangen war, brachte den Kurfürsten mit Grund in den Ruf eines schlechten Ehemannes. Doch war seine 1694 *per procurationem*, 1695 persönlich geschlossene zweite Ehe mit Therese Kunigunde,[28] der Tochter des Königs Johann III. Sobieski von Polen, nicht nur durch deren unerschütterliche Liebe und Treue – trotz seiner Untreue – in gewissem Sinn gut. Aus den Briefen Max Emanuels an sie, die ziemlich vollständig erhalten sind, geht das klar hervor. Max Emanuel liebte und schätzte seine zweite Frau und leistete ihr am Ende seines Lebens Abbitte. Ein besonderes Problem ergab sich dadurch, daß Max Emanuel zwischen den beiden Ehen in eine Beziehung zu Agnes Lelouchier getreten war, einem Mädchen aus dem heutigen Belgien, und damals einen Sohn mit ihr gezeugt hatte, den späteren Grafen von Bayern. Diese Beziehung Max Emanuels zu Mutter und Sohn erlosch auch während seiner zweiten Ehe nicht. Therese Kunigunde schenkte ihrem Gatten in neun Ehejahren bis Dezember 1704 zehn Kinder. Max Emanuel hatte gerade in den Unglücksjahren seit 1704 an ihr eine oft unterschätzte Stütze; nicht weniger gilt das von seiner Schwiegermutter Maria Kasimira.

Mit seinen Kindern verband den kurfürstlichen Vater sowohl Liebe als auch Politik. Das geht aus seinen Bemühungen um ihre Erziehung[29] und aus den mit ihnen gewechselten Briefen hervor. Die vier älteren Prinzen wurden 1706 durch die österreichische Besatzungsmacht von München nach Klagenfurt, 1712 nach Graz gebracht, dort aber sehr gut erzogen.[30] Karl Albrecht[31] und Ferdinand Maria Innozenz schrieben 1705 dem Vater Weihnachtsbriefe. Der 1697 in Brüssel geborene älteste Sohn aus der zweiten Ehe, eben Karl Albrecht, konnte sich an die glanzvolle Stellung des Vaters dort, dem die Statthalterschaft im spanischen Weltreich winkte, kaum mehr erinnern; mit sieben Jahren wurde er Zeuge und Opfer des Unglücks, das den Vater traf. Der 1714 in Bayern durch erneute Belehnung wieder eingesetzte Kurfürst kümmerte sich viel um Karl Albrecht; zahlreiche noch erhaltene Briefe des Vaters[32] an den Sohn beweisen es. Max Emanuel ließ den Kurprinzen und Ferdinand Maria Innozenz 1717 im Lager seines ihnen gewogenen Vetters, des Prinzen Eugen, vor Belgrad den Türkenkrieg so miterleben, wie er ihn einst selbst siegreich geführt hatte. Die Briefe der Söhne aus dem Kriegslager[33] zeigen ebenfalls, wie eng die Verbindung zwischen Vater und Kindern trotz oder sogar wegen der Schicksalsschläge geworden war. Der Vater ließ mit psychologischer Einfühlung den Kurprinzen sehr bald auch eine Reise nach Italien[34] machen, was in diesem den ererbten künstlerischen Geschmack und die jugendliche Erlebniskraft wesentlich weckte. Als Max Emanuel ihn 1722 mit der einundzwanzigjährigen Maria Amalia, Tochter seines 1711 verstorbenen Feindes Kaiser Joseph I., vermählte, war trotz Max Emanuels Anerkennung der Pragmatischen Sanktion zugunsten der weiblichen Erbfolge in Wien das bayerische politische Ziel[35] im Vordergrund: Ein Aussterben der männlichen Habsburger in Wien, mit dem damals schon mit großer Wahrscheinlichkeit gerechnet werden konnte, eröffnete Bayern den Weg in die 1156 abgetretene Ostmark und sogar zur Kaiserwürde. Max Emanuel, bis zuletzt ein geschickter und wendiger Außenpolitiker, kombinierte mit Hilfe seines unzerstörbaren Zukunftswillens und seines Optimismus Familien- und Staatspolitik. Schon 1719 vermählte er den zwanzigjährigen Ferdinand Maria Innozenz[36] zu Reichstadt in Böhmen mit Maria Anna Carolina, der einzigen erwachsenen Tochter des Neuburgers Philipp Wilhelm August, einer Enkelin des Pfälzer Kurfürsten Philipp Wilhelm[37]. Dessen ältester Sohn Johann Wilhelm[38] war während des Spanischen Erbfolgekrieges ein harter Gegenspieler Max Emanuels gewesen, hatte dann aber eingelenkt. Er starb 1716. Die Eheschließung von 1719 verband nicht nur die altbayerischen Wittelsbacher wieder eng mit den Pfalz-Neuburgern, sondern ist geradezu das dynastische Siegel unter die erste verwandtschaftlich-politische Abmachung von 1717 im Kloster Scheyern zwischen Max Emanuel und dem Pfälzer Kurfürsten Karl Philipp,[39] dem Bruder und Nachfolger Johann Wilhelms. Das Treffen des Münchener und des Heidelberger Kurfürsten an der Gruft der gemeinsamen Ahnen hat eine besondere Frucht getragen: das System der Wittelsbacher Hausverträge,[40] die von außerordentlicher politischer Bedeutung waren. Denn sie wurden die Grundlage dafür, daß 1777 Kurbayern an den Pfälzer Kurfürsten unter der Voraussetzung fiel, daß er katholisch sei und die Gesamtregierung über beide Kurfürstentümer in München führe.

Max Emanuel verknüpfte seine Familie durch die Vermählung seines Sohnes Ferdinand Maria Innozenz mit einer für ihn entfernt verwandten Wittelsbacher Linie. Der Sohn gewann dadurch Rechte als Miterbe an dem Herzogtum Sachsen-Lauenburg, das in Niedersachsen auf dem rechten Elbufer mit Grenzen an die Freie und Hansestadt Hamburg und das Herzogtum Holstein lag, denn seine Schwiegermutter Anna Maria Franziska war die Tochter der Pfalz-Sulzbacherin Maria Hedwig Auguste und des 1689 verstorbenen letzten Herzogs Julius Franz von Sachsen-Lauenburg; sie hatte aus ihrer zweiten Ehe mit dem späteren Großherzog Johann Gaston von Toskana keine Kinder. Freilich waren schon beim Tode des letzten askanischen Herzogs Julius Franz nicht weniger als acht Prätendenten aufgetreten. Ferdinand Maria Innozenz erbte den nach 1919 als Fideikommiß aufgelösten großen böhmischen Besitz der Familie seiner Frau. Die Ritter- und Landschaft des Herzogtums hatte zwar schon 1702 den Herzog Georg Wilhelm von Braunschweig als Landesherrn anerkannt, der Kaiser belehnte ihn damit aber erst, als der Streit 1728 entschieden wurde.

Max Emanuels einzige Tochter Maria Anna Carolina,[41] 1696 in Brüssel geboren, erlebte als Neunjährige die Katastrophe von 1705, die Trennung auch von der Mutter und den älteren Brüdern, und 1709 ohne Eltern den Tod des fünfjährigen Brüderchens Max Emanuel. Der heimgekehrte Vater versuchte das etwas verwachsene und auf dem linken Auge blinde Mädchen mit dem spanischen König Philipp V. zu vermählen, für dessen Rechte er unter Opfern eingetreten war. Weder mit dem Spanier noch mit Karl Philipp von der Pfalz kam eine Ehe zustande. Maria Annas Neigung zu dem Onkel Konstantin Ladislaus Sobieski wurde nicht erwidert. Eine tiefe geschwisterliche Liebe verband sie aber mit ihrem jüngeren Bruder Philipp Moriz; nach seinem Tode 1719 entschied sie sich endgültig für den Eintritt in das Klarissinnenkloster am Anger in München. Sie lebte dort unter dem Namen Emanuela Therese, einige Jahre noch begleitet von der Liebe des Vaters wie der Mutter; ihr Klostername verrät ihre Liebe zu den Eltern.

Philipp Moriz,[42] mit 21 Jahren ohne Priesterweihe verstorben, hatte sich dagegen gewehrt, nach dem Willen des Vaters Bischof von Paderborn und Münster zu werden. Trotz seiner weltlichen Neigungen hatte er aber dennoch in Rom zusammen mit Clemens August, dem fügsamen und aufrichtig frommen Bruder, das Studium aufgenommen. Dieser noch 1700 in Brüssel geborene Prinz korrespondierte nachweislich mindestens seit seinem elften Lebensjahr mit dem Vater,[43] wurde auf dessen Betreiben mit 16 Jahren Bischof von Regensburg, überließ dieses Amt aber drei Jahre später auf Wunsch des Vaters seinem nun sechzehnjährigen Bruder Johann Theodor. Für Max Emanuel war es ein großes Erlebnis, aus den Händen des 1725 zum Priester geweihten Sohnes Clemens August bei dessen Primiz die Heilige Kommunion zu empfangen. Zur Bischofsweihe 1727 reiste Papst Benedikt XIII. ihm bis Viterbo entgegen, um die katholische Wittelsbacher Dynastie zu ehren, kritisierte aber bald Clemens Augusts »stark weltlichen Hofstaat«.[44] Johann Theodor, der eigentlich gern Soldat geworden wäre, wurde mit 27 Jahren 1730 von seinem Bruder zum Bischof geweiht und erhielt später den Kardinalshut.[45] Er kam seiner eigentlichen geistlichen Aufgabe näher als Clemens August. Die Einsetzung dieser katholischen Wittelsbacher in Köln und anderen Bistümern wird verständlich, wenn man die Gründe für die Bildung eines katholischen Wittelsbacher Blocks bedenkt und drei andere Tatsachen in Rechnung stellt: Innozenz X.[46] hatte 1648 wegen der Nachteile für den Katholizismus gegen den Frieden protestiert, und Alexander VII. hatte 1657 die katholischen Kurfürsten aufgefordert, bei der Kaiserwahl die Interessen der katholischen Religion wahrzunehmen. Innozenz XII. und Clemens XI. taten bei den Fürsten 1697 und 1712/13 alles für die Klausel im Frieden von Rijswijk zur Erhaltung des katholischen Glaubens auch in mit Zwang rekatholisierten Gebieten, während die protestantischen Fürsten dagegen ankämpften. Gewiß erstrebte Max Emanuel mit den geistlichen Positionen seines Bruders und seiner Söhne die Fortsetzung des landespolitisch wichtigen Besitzes an den benachbarten Fürstbistümern Freising und Regensburg. Die protestantischen Mächte Preußen, England und Hannover, eine wachsende Übermacht, aber unterstützten den reformierten Kirchenrat in Heidelberg gegen die katholischen Pfalz-Neuburger Kurfürsten,[47] auch gegen Karl Philipp, der mit Max Emanuel eine Wittelsbacher Hausunion[48] schloß. Begünstigt durch Paris und Wien begannen beide dagegen eine katholische Blockbildung; dafür setzte der bayerische Kurfürst eben auch seine geistlichen Söhne ein. Wie ein Symbol dieser Blockbildung wirkt, daß Max Emanuel am 3. November 1720 den Sieg seines Großvaters bei Prag vor hundert Jahren durch eine Prozession mit dem Allerheiligsten und Erteilung des Segens am Großen Residenztor feiern ließ. Er nahm selbst mit dem Kurprinzen daran teil. Schon am ersten Jahrestag des Sieges hatte Gregor XV. den Sieger als Schützer der Sache der katholischen Religion gefeiert.[49]

Max Emanuels Hilfe für die Pfalz-Neuburger und seine gelegentliche Gegnerschaft im Krieg gegen Christian von Birkenfeld

Den Gedanken einer interkonfessionellen Wittelsbacher Hausunion hatten schon der Wittelsbacher Schwedenkönig Karl XI. und Philipp Wilhelm, der spätere Pfälzer Kurfürst, besprochen. Karl Philipp verband seine tatsächlich mit Max Emanuel entstehende Hausunion mit einer gemeinsamen katholischen Tendenz. Das Zusammengehen wurde auch dadurch angeregt, daß die Wittelsbacher zehn Jahre nach der tiefsten Demütigung der altbayerischen Linie wieder in vier Kurfürstentümern des Reiches regierten, in Bayern und der Pfalz, in Köln, wo Joseph Clemens wieder eingesetzt worden war, dem 1723 Clemens August folgte,[50] und in Trier, wo Karl Philipps Bruder Franz Ludwig[51] herrschte. Nach der Begegnung Max Emanuels mit Karl Philipp im Mai 1717 im Kloster Scheyern schlossen beide 1724 einen Vertrag über eine Hausunion samt einem Abkommen über die gemeinsame Führung des Reichsvikariats.

Auf einer anderen Ebene als der der dynastisch-katholischen Blockbildung wirkten Max Emanuels Familienbeziehungen allgemein politisch, als es zu den großen Auseinandersetzungen um seine Anwartschaft auf das spanische Erbe und um seine und Bayerns Entschädigung für den Einsatz in den Spanischen Niederlanden kam. Max Emanuel war dort 1691 Statthalter des letzten Habsburger Königs Karl II.[52] von Spanien geworden. Die seit Wolfgang Wilhelm katholisch gewordenen Pfalz-Neuburger,[53] die von Philipp Ludwig stammten, dem ältesten Sohn des Zweibrücker Herzogs Wolfgang, und auch in Jülich und Berg regierten, waren am 26. Mai 1685, gerade als Max Emanuel immer mehr im Osten hervortrat, Kurfürsten der Pfalz geworden, zunächst mit dem ostpolitisch interessierten Pfalzgrafen Philipp Wilhelm. Kaiser Leopold hatte 1676 dessen Tochter Eleonore in Passau in dritter Ehe geheiratet. Eleonore war damit auch die Stiefmutter der Tochter des Kaisers aus seiner Ehe mit der Enkelin Philipps IV. von Spanien, Maria Antonia; Max Emanuel verlobte sich mit Maria Antonia am 15. Mai 1685 und heiratete sie am 15. Juli 1685. Noch stand Max Emanuel mit diesen Pfalz-Neuburgern gut. Der von Ludwig XIV. immer schwerer bedrängte Pfälzer Kurfürst verheiratete von seinen zahlreichen Kindern 1687 Maria Sophie Elisabeth[54] mit dem König Peter II. von Portugal, dann, einige Monate nachdem die Franzosen Heidelberg zerstört hatten, am 28. August 1689 *per procurationem*, am 11. Mai 1690 durch persönliche Verbindung seine Tochter Maria Anna[55] im Kloster S. Diego bei Valladolid mit König Karl II. von Spanien. Beide Ehen hatten aus Pfalz-Neuburger Sicht den politischen Zweck, von der Pyrenäenhalbinsel her ein Gegengewicht gegen Ludwig XIV. zu gewinnen, damit er nicht mehr die Pfalz so bedrohlich drücke, ja angreife. Die Tatsache, daß in Madrid und in Wien Habsburger regierten, mußte der französische König jetzt noch mehr in Rechnung stellen. 1682 hatte er von dem letzten Pfälzer Kurfürsten aus der Linie Simmern durch verschiedene Machenschaften die Übergabe von Germersheim erpreßt. Er beanspruchte die Pfälzer Fürstentümer Lautern und Simmern sowie den Pfälzer Anteil an der Grafschaft Sponheim als Allodialbesitz Liselottes, der erst 1722 verstorbenen Pfälzer Gattin seines Bruders, des Herzogs von Orléans. Diesen Besitz sollte sie als Ausstattung zu ihrer Heirat beitragen. Dagegen trat nicht nur der Ingolstädter Professor der Rechte Christoph von Chlingensperg auf, sondern Kurfürst Max Emanuel selbst. Er beteiligte sich nun an der Augsburger Allianz zur Aufrechterhaltung der Friedensschlüsse von 1648 und 1679 sowie des Waffenstillstands des Reiches mit Frankreich und stellte 10000 Mann ins Feld, mehr als Spanien für den burgundischen Reichskreis oder ein anderer einzelner Reichsstand an Soldaten auf die Beine brachte. Natürlich handelte Max Emanuel hier nicht nur aus dem Reichspatriotismus der dritten Partei im Reich,[56] sondern auch im Interesse seiner bedrängten Pfalz-Neuburger Verwandten als Landesherren in Heidelberg und seiner Zweibrücker Vettern. Max Emanuel war außerdem über die französische Einmischung in die Wahl in Kurköln erbittert. Denn für seinen siebzehnjährigen Bruder Joseph Clemens waren dort weniger Stimmen als für den französischen Kandidaten Wilhelm Egon von Fürstenberg abgegeben worden. Doch erreichte auch dieser nicht die nötige Zweidrittelmehrheit. Papst Innozenz XI., der sich am 18. September entschied, und Kaiser Leopold setzten aber den jungen Wittelsbacher durch und damit auch die Wittelsbacher Reichskirchenpolitik, die sicher immer wieder im Interesse der Erhaltung der Existenz der katholischen Kirche in verschiedenen Teilen des Reiches lag.

Nachdem Max Emanuel am 6. September 1688 Belgrad erobert hatte, ließ Ludwig XIV. noch im selben Monat, als er von dem Sieg des Wittelsbachers gegen die Türken erfuhr, in die Pfalz einmarschieren. Einer der Söhne des Pfälzer Kurfürsten Philipp Wilhelm, nämlich Ludwig Anton von Pfalz-Neuburg,[57] der zugleich Hoch- und Deutschmeister war, sah sich bald gezwungen, das ihm anvertraute Heidelberg dem Dauphin zu übergeben. Dieser war der Schwager Max Emanuels und hatte den Krieg bis dahin gemäßigt geführt. Statt seiner übernahm aber der französische General Melac Heidelberg. Er vernichtete 1689 auf Befehl des Kriegsministers Louvois große Teile der Stadt und das Schloß der Pfälzer Landesherren. Max Emanuel, der noch im September mit Ludwigs Beauftragtem Villars verhandelt hatte, war entrüstet. Der französische Gesandte in München mußte innerhalb dreier Tage Bayern verlassen. Auf Anregung des Kaisers verbot der Kurfürst Handel und Verkehr mit Frankreich. Wenn er Villars in München noch einige Zeit ließ, diente das nur dazu, den Preis zu erhöhen, den der Habsburger Kaiser für das Zusammengehen Max Emanuels mit ihm als Vorausleistung für die von Bayern im Krieg zu tragenden Lasten zu zahlen hatte.

Der Kaiser sicherte Max Emanuel ein selbständiges Kommando, die Hälfte aller Eroberungen außerhalb der Reichskreise und 400000 Gulden Jahressubsidien zu. Außerdem versprach er, sich dafür zu verwenden, daß sein Schwager, der König von Spanien, dem bayerischen Kurfürsten die Statthalterschaft in den Spanischen Niederlanden übertrage. Natürlich war gerade der letzte Punkt der Zusagen eine militärische Hilfe für den Pfalz-Neuburger Kurfürsten. Unter dem Kommando des Herzogs von Lothringen zog Max Emanuel an den Rhein und begann nach einem vergeblichen Marsch auf das von den Franzosen besetzte Heidelberg im Angesicht des brennenden Speyer in eigener Person den Krieg. Mainz wurde wiedererobert. Dabei fiel Pfalzgraf Friedrich Wilhelm von Neuburg als kaiserlicher General. Als der Lothringer starb, übernahm 1690 Max Emanuel das Oberkommando. Das Zusammengehen mit dem Kaiser war so eng geworden, daß Max Emanuel am 24. Januar 1690 bei der römischen Königswahl und Krönung des elfjährigen Erzherzogs Joseph sein Amt als Reichstruchseß persönlich ausübte,[58] so wie auch Josephs fünfundsiebzigjähriger Großvater, Kurfürst Philipp Wilhelm von der Pfalz, als Reichsschatzmeister. Die beiden Wittelsbacher Kurfürsten standen in einer Linie.

Max Emanuels Frankreichbeziehung riß jetzt auch äußerlich: Seine Schwester Maria Anna Christina, die Gattin des Thronfolgers und Schwiegertochter König Ludwigs XIV., wurde sichtlich kaltgestellt. Sie starb am 20. April 1690. Der verwitwete Dauphin selbst überschritt mit bedeutenden Kräften den Rhein. Unbekümmert darum eroberte Max Emanuel Trier und feste Plätze auf dem Hunsrück, jetzt aber unter dem Oberkommando des Kurfürsten Johann Georg III. von Sachsen. Bayern und Sachsen standen bei Ettlingen dem Dauphin gegenüber. Die Beziehungen der beiden Schwäger bewegten sich im Gegensatz zu den Methoden Melacs in nobleren Bahnen. Sie verraten nicht nur Ritterlichkeit, sondern auch eine gewisse Skepsis des Dauphins gegen das ganze Unternehmen seines Vaters. Max Emanuel schickte eines Tages seinem Schwager durch zwei Trompeter einen Blumenstrauß.[59] Statt zu kämpfen, veranstaltete der Dauphin Marschmanöver, wartete einen bayerisch-sächsischen Angriff gar nicht ab und ging, um Rheinfelden zu schützen, beim Anrücken Max Emanuels in südlicher Richtung bis über den Rhein zurück.

Gegen die Habsburger in Wien und Madrid und für Ludwig XIV. kämpfte der Birkenfelder Wittelsbacher Christian, der spätere Herzog Christian III. von Zweibrücken.[60] Als Inhaber des *Régiment Royal d'Alsace* stand er mit 17 Jahren zusammen mit den Franzosen unter Marschall Catinat in Carmagnola dem neunundzwanzigjährigen Kurfürsten Max Emanuel gegenüber. Dieser eröffnete am 28. September 1691 die Belagerung jenes festen Platzes, der das Ende einer Front am Po darstellte. Prinz Eugen war ihm vorangeeilt. Max Emanuel eroberte Carmagnola bereits am 8. Oktober. Im ganzen verlief der oberitalienische Feldzug für ihn und die Kaiserlichen aber nicht günstig. Als Ludwig XIV. 1697 durch die Einnahme Barcelonas den Habsburger König von Spanien zum Frieden zwingen wollte, war es wieder der junge Birkenfelder, der gegen die politisch-militärische Front kämpfte, in der Max Emanuel stand. Christian wurde der Held des französischen Belagerungskampfes. Die spanische Besatzung verließ am 15. August 1697 Barcelona und marschierte so rechtzeitig zurück, daß der Kampf unentschieden blieb, bis es im Herbst zum Friedensschluß von Rijswijk kam. Christian hielt sich als Feind der Neuburgerin, der Gemahlin König Karls II., in Spanien auf. Da diese für ihren Bruder Johann Wilhelm und gegen Max Emanuel arbeitete, wurden Max Emanuel – seit 1691 Statthalter in Brüssel – und Christian natürlich keine politischen Feinde. Auch beschenkten Max Emanuel und seine Gattin die Gemahlin Johann Wilhelms außerordentlich, als diese 1698 Brüssel besuchte.

Max Emanuels Kampf mit Johann Wilhelm und seine Freundschaft mit Karl XII.

Max Emanuel verdankte sein Amt in Brüssel nicht so sehr seinem kaiserlichen Schwiegervater als König Wilhelm III. von England.[61] Der neue Pfälzer Kurfürst Johann Wilhelm hingegen wollte einen Pfalz-Neuburger als Statthalter in den Spanischen Niederlanden. Seine Schwester

Maria Anna, seit 1690 mit dem spanischen König verheiratet, trat für diese Wünsche ein, die seit Max Emanuels siegreicher Abwehr der Franzosen 1694 immer deutlicher wurden. Für Max Emanuel setzte sich die Mutter Karls II. von Spanien, Kaiser Leopolds Schwester Maria Anna, ein, auch als er mit Johann Wilhelm wegen der Besetzung des Fürstbistums Lüttich[62] in Streit geriet. Johann Wilhelm wollte auch dort einen Pfalz-Neuburger durchsetzen. Am 20. April 1694 aber wurde Max Emanuels Bruder Joseph Clemens Bischof von Lüttich.

Beide Königinnen mit dem Namen Maria Anna rangen um die Entscheidung Karls II. über sein Erbe. Die Mutter vermochte ihren Sohn bis zu ihrem Tode am 26. Mai 1696 nicht mehr zu einem Testament zugunsten des Kurprinzen Joseph Ferdinand, des 1692 geborenen Sohnes des Kurfürsten Max Emanuel, zu bewegen. Die Mutter des Kindes war einige Wochen nach seiner Geburt am Weihnachtstag 1692 in Wien gestorben. Es lag nahe, daß beide spanischen Königinnen an seine Zukunft dachten. Ein Testament zugunsten des Kurprinzen[63] bedeutete natürlich, daß sein Vater, bereits spanischer Statthalter in Brüssel, beim Tode Karls II. die Jahre bis zur Volljährigkeit des kleinen Erben das gesamte spanische Weltreich zu regieren hatte. Die Pfalz-Neuburgerin in Madrid hatte einen besonderen Widersacher in dem Kardinal Manuel Portocarrero. Er vertrat die Interessen von München und Paris. Es ist bezeichnend, daß Karl II. erst während einer Krankheit seiner Wien zugeneigten Pfalz-Neuburger Gemahlin am 13. September 1696 das erste Testament zugunsten des Wittelsbacher Erben unterzeichnete. Die wiedergenesende Königin, die gegen ihre wachsende Unbeliebtheit bei den Spaniern ankämpfte, wurde durch Max Emanuels Gesandten Baron Bertier in seinem Sinn systematisch beeinflußt, während Kardinal Portocarrero ihre für Wien günstige Wirkung auf Karl II. abschwächte. Nach dem Frieden von 1697 zwischen dem Kaiser und Frankreich schlossen am 11. Oktober 1698 Ludwig XIV. und Wilhelm III. von England ohne Wissen Kaiser Leopolds einen Vertrag, wonach Joseph Ferdinand fast die ganze Pyrenäenhalbinsel, die Spanischen Niederlande und die spanischen Kolonien erhalten sollte. So bestimmte der spanische König am 28. November 1698 den Sohn Max Emanuels unter Datierung dieses zweiten Testaments auf den 11. November zum Universalerben.

Da änderte der Tod des kleinen Kurprinzen am 6. Februar 1699 die Lage nicht nur in der europäischen und spanischen Welt, sondern auch für Johann Wilhelm und seine Linie. Karl II. setzte in seinem letzten Testament nun den Enkel Ludwigs XIV. und Urenkel Philipps IV. von Spanien, den Bourbonen Philipp, zum Erben ein. Als Karl II. im Jahr 1700 starb, zog Max Emanuel als Statthalter Spaniens sofort die Konsequenzen aus diesem Testament und ließ französische Truppen im Interesse des Erben Philipp in feste Plätze der Spanischen Niederlande einmarschieren.

Doch stellte sich Kaiser Leopold der Verwirklichung dieses Testamentes entgegen, und das England der Königin Anna (1702–1714) trat auf seine Seite. Als Prinz Eugen von Savoyen und der Herzog von Marlborough Franzosen und Bayern in der zweiten Schlacht von Höchstädt besiegt hatten und Max Emanuel nur mehr ein geordneter Rückzug nach dem Westen übrigblieb, besetzten die Österreicher Bayern.

Die über die kaiserliche Zwangsrekrutierung verzweifelte und durch auf das Vier- bis Siebenfache erhöhte Steuern ausgebeutete Bevölkerung erhob sich aus einem dynastischen Anlaß: Auf das Gerücht hin, daß die kurfürstlichen Kinder aus München fortgeführt werden sollten, kam es zum Aufstand.[64] Die Kinder waren bei ihrer Mutter geblieben; Max Emanuel hatte seine Frau noch am 17. August 1704 als Regentin eingesetzt, aber der Sieger hatte sie durch den Vertrag von Ilbesheim vom 7. November 1704 auf das Rentamt München beschränkt. Kaiser Leopold hielt den Vertrag; kaum aber war er im Mai 1705 gestorben, da ließ sein Nachfolger Joseph I. auch diesen Bereich besetzen und im Mai 1706 die vier älteren Söhne nach Klagenfurt abführen. Das war dadurch erleichtert worden, daß die Kurfürstin am 15. Februar 1705 zu einem kurzen Besuch zur Mutter nach Padua und Venedig gereist war. Nun ließ Joseph I. sie nicht mehr zurückkehren.

Die aufständischen oberbayerischen Bauern wurden an Weihnachten 1705, die niederbayerischen im Januar 1706 vernichtend geschlagen. In diesem Monat marschierte Johann Wilhelm nach Amberg und ließ in London um Unterstützung dafür bitten, die Oberpfalz zurückzugewinnen. Vor allem auf sein Betreiben wurden Max Emanuel und sein Bruder Joseph Clemens am 29. April 1706 geächtet. Er wollte auch die 1623 an Bayern verlorene erste weltliche Kurfürstenwürde und die Grafschaft Cham für sich gewinnen und erfreute sich dabei der politischen Fürsprache des Prinzen Eugen von Savoyen. Er sah sich in Düsseldorf durch Max Emanuel in Brüssel und durch dessen Bruder Joseph Clemens in Köln und Lüttich eingeengt. Dazu kam die zwischen Paris und Wien eingetretene Frontenbildung, aufgrund deren Frankreich die Pfalz sehr bedrängte. Johann Wilhelm wurde Max Emanuels Feind, lag aber wegen der 1694 zum Erbfall gewordenen Grafschaft Veldenz auch in Konflikt mit den Herzogen von Zweibrücken, also auch mit den schwedischen Königen. Er riß die Grafschaft an sich, ließ die schwedischen Beamten dort mit Schande verjagen und legte im Herzogtum Zweibrücken seine Kurpfälzer Truppen in die Winterquartiere.[65] Unfreiwillig förderte er damit die Bereitschaft Karls XII. für Max Emanuel.

Der aus der Zweibrücken-Kleeburger Linie stammende König Karl XII. von Schweden (1697–1718)[66] regierte zugleich als Herzog von Zweibrücken, während Kleeburg 1689 an den späteren Zweibrücker Herzog Gustav Samuel Leopold gefallen war. Karl XII., dessen gleichnamiger

Vater bereits eine Wittelsbacher Hausunion versucht und deshalb am 31. Juli 1680 auch an Max Emanuel geschrieben hatte, war mit dem um zwanzig Jahre älteren Kurfürsten schon seit seinem Regierungsantritt in einer geradezu freundschaftlichen Beziehung gestanden, da sich beide durch ihre Tatkraft und ihre soldatische Natur einander nahe fühlten. Beide wechselten lateinische Briefe, die bisher noch nicht bekannt waren. Vorausgegangen war eine lateinische Korrespondenz Karls XI. mit Ferdinand Maria und Max Emanuel sowie eine deutsche des schwedischen Gesandten Samuel von Pufendorf in Wien mit dem bayerischen Kanzler Kaspar von Schmid.[67] Karl XII. redete in einem Brief vom 16. Juli 1698 den wegen seiner Taten im Türkenkrieg bewunderten Vetter mit den eigenhändig geschriebenen Worten *Consanguinee et Amice Carissime* an, teilte ihm die Vermählung seiner Schwester Hedwig Sophie mit und unterzeichnete als *Bonus Consanguineus Amicus et Foederatus Carolus*. In dem Dankbrief vom 13. Januar 1700 für Max Emanuels Schreiben aus Passau vom 23. Dezember 1699 unterzeichnete der Schwedenkönig eigenhändig mit denselben Worten, wünschte ausführlich alles Gute und versprach Max Emanuel, ihm seine beste Freundschaft zu beweisen *quoties fors tulerit* (sooft es das Schicksal mit sich bringt). Auf die Wünsche des Kurfürsten vom 14. Dezember 1701 zum Jahreswechsel empfahl Karl am 14. Februar diesen der *Divinae interim tutelae* (inzwischen dem Schutz Gottes). Nach Max Emanuels Sieg in der ersten Schlacht bei Höchstädt am 20. September 1703 gratulierte ihm Karl XII. ausdrücklich und setzte dazu, er rechne es sich zur Ehre, dem Haus Wittelsbach anzugehören.[68]

Die Gelegenheit, die Karl XII. in seinem Brief vom 13. Januar 1700 angesprochen hatte, kam 1705/6. Max Emanuel bat in dem von Hofrat Heydenfeldt überbrachten Brief vom 10. Dezember 1705, noch bevor sich in Tölz die aufständischen Bauern zusammentaten, seinen schwedischen Vetter, dieser möge sich beim Kaiser für eine mildere Behandlung Bayerns und seines Kurhauses einsetzen. Auf den Dezemberbrief[69] Max Emanuels aus Brüssel antwortete am 5. Februar 1706 aus Litauen der nordische Wittelsbacher, er müsse ihm »sein nicht geringes Schmerzgefühl« über die »bayerischen Angelegenheiten« ausdrücken. Zugleich versprach er in diesem, nach seiner Anweisung durch seinen außenpolitischen Referenten Staatsrat Graf Karl Piper vorbereiteten Schreiben, seine Dienste zur Mäßigung der Entschlüsse einzusetzen, die das Kurhaus Bayern allzu sehr zu Boden drücken möchten *(qui ... ulterius aggravare intendunt)*, ohne allerdings die Personen zu nennen, die solche Entschlüsse fassen; Max Emanuel dürfe überzeugt sein: Er, Karl XII., kenne angesichts dieser Notwendigkeit und der verwandtschaftlichen Verbindung *(propinquâque Coniunctione quae Nobis cum ipsa (= Serenitate Electorali) est)* keine Hindernisse, den Wünschen Max Emanuels und seiner eigenen Neigung zu ihm Genüge zu tun. »Da wir aber in Zeiten gekommen sind, die jeden Versuch in der beabsichtigten Richtung ohne Zweifel nutzlos machen würden, überlassen wir es der Klugheit Euerer Kurfürstlichen Durchlaucht zu erwägen, auf welchem Wege es geratener wäre, zu bestehen.« Karl zweifelt schließlich nicht, daß durch die Leitung Gottes *(adgubernante Supremo Numine)* die Angelegenheit zu dem Punkt geführt werden könne, wo sich eine günstigere Gelegenheit ergebe, um zu beweisen, wie sehr dem Schwedenkönig »die Unversehrtheit« *(incolumitas)* des Kurfürsten und seines Hauses am Herzen liege.

Wegen dringender Umstände, wohl der bevorstehenden Ächtung, bevollmächtigte Max Emanuel bereits am 16. März 1706 Herrn von Heydenfeldt als diplomatischen Vertreter durch ein Schreiben an Karl XII. Im März übergab der Herzog von Marlborough Karl ein Schreiben seiner Königin Anna und versuchte, ihn auf die Seite des Kaisers zu ziehen. Der schwedische Wittelsbacher stand damals auf der Höhe seiner Macht. Ludwig XIV. umwarb ihn durch seinen Gesandten Jean Victor de Besenval und begann im April einen Feldzug, der durch Marlboroughs Sieg bei Ramillies im Mai freilich auf kleine Unternehmungen zusammenschmolz. Der Kurfürst schrieb am 19. Mai an Karl XII., er habe ihm in seinen früheren Briefen ausgeführt, mit welcher Erbitterung der kaiserliche Hof ihn und seine Frau und seine bayerischen Staaten bedrücke und was noch weiter zu befürchten wäre, »wenn nicht durch das kräftige Dazwischentreten Euerer Majestät der letzte Anlauf zur Verfolgung eingestellt worden wäre. Nun werde ich gezwungen, in Bitterkeit Euerer Majestät zu berichten, was überall und auch Euerer Königlichen Majestät bekannt geworden sein wird: Am 29. April wurde gegen meinen Bruder, den Erlauchten Kurfürsten von Köln, und gegen mich selbst die Reichsacht in einer ganz außerordentlichen und bisher nicht erhörten Weise erklärt, woraus leicht zu erkennen ist, welche Übel und welche Schande jetzt folgen werden, wenn nicht durch eine starke Hand Einhalt geboten wird.« Max Emanuel bat deshalb den König eindringlich um Wohlwollen für sich und seine Familie und sein kurfürstliches Haus, sowohl aus verwandtschaftlicher Verbundenheit heraus »mit Herz die meinem Erlauchten Bruder und mir angetane Schande zu erwägen« als auch mit allen seinen Verbündeten und mit denen, die auf seinen Wink hörten, zu verhindern, daß »die Exekution an uns beiden bis zum Letzten durchgeführt wird, sondern dahin zu wirken, daß vielmehr das auf den Friedensschluß verschoben wird«. Max Emanuel, seine Gattin und seine Kinder bleiben dem Schwedenkönig, wie der Kurfürst schreibt, für immer verbunden.

Am 2. August 1706 schrieb[70] der nun geächtete Kurfürst an Karl XII. einen hier ebenfalls erstmals veröffentlichten lateinischen Brief, den er unterzeichnete mit den Worten: *ac maneo Regiae Majestatis Vestrae ad obsequia paratus Consanquineus Maximilianus Emanuel Elector manu propria*. Er bevollmächtigte durch diesen Brief seinen Kämmerer,

III Franz Joachim Beich, Schloß Schleißheim, Gartenseite. Schloß Nymphenburg, Südliche Galerie

Oberst Graf Viktor Amadeus von Monasterol, genannt Solar (Monasterol de Solar),[71] mit einem Beglaubigungsschreiben als Gesandten. Dieser stammte wie sein als Max Emanuels Diplomat im Westen tätiger Bruder, Graf Ferdinand August von Monasterol de Solar, aus dem Herzogtum Savoyen. Viktor Amadeus de Solar hielt sich seit Ende September 1706, als Herzog Viktor Amadeus von Savoyen und Prinz Eugen bei Turin die Franzosen besiegten, in Danzig auf. Er berichtete oft, hatte auch wichtige Aufträge und wirkte noch in der Zeit nach dem Tode Karls XII. als Max Emanuels Gesandter bei der Krone Schweden. In einem kürzeren Schreiben, das als Konzept in München vorliegt, bat Max Emanuel den Schwedenkönig, den Grafen Solar durch das königliche Vertrauen zu ehren, »wie es uns die nahe Blutsverwandtschaft und noch mehr unser Vertrauen erhoffen läßt«. Vielleicht sollte Solar zunächst das kurze Schreiben abgeben, wenn er den König nicht zu sehen bekäme; er überreichte jedenfalls auch das längere, das heute noch in Stockholm liegt. Auch in diesem formulierte der Kurfürst, daß er Solar im Vertrauen auf Hilfe durch Karls Edelmut und in der Hoffnung auf die verwandtschaftliche Bindung bevollmächtige; er führt dann aus, daß der Pfälzer Kurfürst Johann Wilhelm angesichts der Ächtung, die ihn und seinen Bruder getroffen habe, alles daransetze, die Kur und die Oberpfalz zu bekommen. Max Emanuel ruft deshalb die Großmut und die Autorität Karls an gegen seine und seines Bruders Ausschließung von diesen Rechten. Der Kaiser habe die seinem Vorgänger erwiesenen Wohltaten und Dienste vergessen. Von seinem eigenen Unglück will Max Emanuel schweigen, aber er hofft, daß Schweden den Westfälischen Frieden aufrechterhalte. – Damit wollte Max Emanuel seinem schwedischen Vetter in Erinnerung bringen, daß Schweden und Frankreich die Garantie über die Festlegungen des Friedens von 1648 übernommen hatten. Ähnlich hat Friedrich der Große später den Westfälischen Frieden als Bestandteil der Reichsverfassung gewertet. Unter den ausdrücklichen Bestimmungen von 1648 war auch die getroffen worden, daß Max Emanuels Großvater, Maximilian I., im Besitz der ersten Kur und der Oberpfalz verbleibe, wenn Friedrichs V. Sohn Karl Ludwig wieder in der Pfalz als Kurfürst eingesetzt werde. – In dem Brief führt Max Emanuel außerdem seinem Vetter erläuternd aus: Seine Frau, Kurfürstin Therese Kunigunde, habe sich der Kaisermacht unterworfen und mit dieser Verträge geschlossen, die der Schwedenkönig nicht kenne, der Kaiser aber gebrochen habe. Damit waren die Abmachungen der durch den Vertrag von Ilbesheim als Regentin auf das Rentamt München beschränkten Kurfürstin gemeint. Der Schluß des Briefes ist noch einmal ein Appell: »Euere Königliche Majestät wird eine ihrer Würde entsprechende und ihrem eben jetzt so tief betroffenen Blutsverwandten helfende und heilsame Tat *(rem)* tun, wenn Euere Majestät mich und meine eben erwähnte unterdrückte Familie unterstützt, so sehr Euere Majestät kann; ich hoffe auf diese Tat, von der ich in deren hoher Bewertung im übrigen von Herzen eine günstige Wendung aller Dinge von Gott erflehe.«

Dieser Brief paßte in die militärische Lage: Am 2. Juli 1706 hatte der Reichsfeldherr Markgraf Christian Ernst von Bayreuth bei Philippsburg starke Kräfte konzentriert, am selben Tage Villars bei Durlach Lager bezogen. Dieser war am 11. Juli nach Heidelberg marschiert, ohne Widerstand zu finden.[72] An Max Emanuel und seinen außenpolitischen Referenten Baron Malknecht gingen bereits damals oft Berichte seines Gesandten Viktor Amadeus de Solar. Dieser hatte am 5. August Malknecht um Kreditbriefe nach Danzig gebeten. Bald übermittelte er aber auch die Deklaration Karls XII. vom 26. August an die Sachsen.[73] Karl, der nach seinen Siegen über die Russen, Sachsen und Polen am 23. August die Oder überschritt und in Kursachsen einmarschierte, setzte Stanislaus Leszczynski als König von Polen durch und schloß am 24. September 1706 mit dem als Polenkönig entthronten, aber mit einem Königstitel ohne Landesbezeichnung weiterhin geschmückten Kurfürsten Friedrich August dem Starken von Sachsen den Frieden von Altranstädt, ohne ihn jedoch sofort zu ratifizieren. Am 6. Oktober 1706[74] wandte sich Max Emanuel erneut an Karl XII. Er habe in Erfahrung gebracht, daß Johann Wilhelm am kaiserlichen Hof und im Kurfürstenkolleg mit allen Kräften daran arbeite, daß ihm als Haupt der älteren Linie zusammen mit der Kurwürde [die 1623 von der Pfälzer Linie auf die bayerische übergegangen war] die Oberpfalz [die von 1329–1628 der Rudolphinischen, d. h. Pfälzer Linie gehörte] gegeben werde, da er annehme, daß durch die Reichsacht gegen Max Emanuel und Joseph Clemens die ganze »Wilhelminische« (= Luwigische) Linie erloschen sei und den männlichen Erben Max Emanuels nichts zustehe. Größer und spürbarer noch sei das Unglück, fügte Max Emanuel hinzu, daß nach den öffentlichen Zeitungen *(testibus publicis tabulis)* ihm für immer alle Ehre, Freundschaft, Gunst und Hilfe genommen wurde. Er bitte deshalb Karl XII. von neuem vertrauensvoll und wende sich dabei an dessen gleichbleibenden Gerechtigkeitssinn und seine überall wirksame Autorität. Der schwedische König und seine Minister sollten verhindern, daß dem Pfälzer Kurfürsten ein Ohr geliehen und daß gegen Max Emanuel und seine Söhne vom kaiserlichen Hof eine Entscheidung gefällt werde; hätte doch er, Max Emanuel, selbst in früheren Jahren, wie seine hohen Vorfahren, dem kaiserlichen Hof Wohltaten und Dienste erwiesen, die alle vergessen zu sein schienen. Max Emanuel könne sich nichts Gutes versprechen, da ja die Kurfürsten und Fürsten des Reiches der Ächtung nicht widersprächen, »indem sie, ich weiß nicht, durch welche unseligen Umstände veranlaßt, schweigend zustimmten, dabei aber sich und ihren mit soviel Mühe erworbenen Rechten zum Nachteil« gehandelt hätten, »anstatt angesichts des Willkürdiktats gewisser Neider gegen mich und mein Haus es fertigzubringen«, frei das zu bestimmen, was ihnen gut schiene. »Dann hoffe ich, daß Euere Majestät gemäß den *constitutiones* des Heiligen Römischen Reiches und dem Traktat des Westfälischen Friedens, deren Garant die Krone Schwedens ist, ganz anders urteilen werden, vor allem aber in diesem besonderen Fall, damit, wenn für mich und meine Person keine weitere Überlegung angestellt werden möchte – das, was ich erleide, soll zu den übrigen Trübseligkeiten *(aerumnas)* gerechnet werden –, doch meine Söhne, die völlig unschuldigen Faustpfänder, nicht in die Lage kommen, ein derartiges Schicksal zu erleiden; diesen soll durch Vertrag und *Providentia legis* – selbst wenn man eine Schuld des Vaters annimmt, wogegen ich immer protestiere – das Recht auf die Sache und folgerichtig die Nachfolge [als Herrscher] entsprechend der Primogenitur in meinen bayerischen Staaten, am Kurfürstentum und den pfalzgräflichen Rechten reserviert bleiben; dieses Rechts und dieser Nachfolge als Herrscher können, wenn noch irgendeine Gerechtigkeit auf der Welt zu finden ist, weder der kaiserliche Hof noch irgendeiner, der mir todfeind ist *(infensissimus mihi)*, sie berauben. Das wird durch die Überlegung gestützt *(adminiculatur)*, daß nach meiner Abreise aus Bayern meine Erlauchte Gattin in ihrem und der ganzen Familie Namen sich der kaiserlichen Gewalt unterworfen, Treue [zu dieser Zusage] versprochen und obendrein bestimmte, Euerer Majestät nicht bekannte Verträge mit den Kaiserlichen geschlossen hat. Wenn diese Verträge auch von seiten der Kaiserlichen in der Folgezeit zu wenig eingehalten wurden, verpflichten sie doch auf immer oder sollten wenigstens [auf immer] verpflichten. Damit nicht noch mehr Unrecht gegen die Söhne begangen werde, wird Euere Königliche Majestät [sicher] eine ihrer Würde und der eigenen Blutsverwandtschaft würdige Tat tun, die den in diesen Zeiten allzu tief Betroffenen hilfreich und heilbringend ist.« Es folgen die Worte des Briefs vom August 1706 über Max Emanuel und seine bedrückte Familie ... »Condei in Französisch Flandern *(Flandria Gallicana)*, den 6. Oktober 1706.«

Nach diesem Flandern strebte 1706 der Herzog von Marlborough, der wohl selbst gern Statthalter in Brüssel geworden wäre. Aber am 4. Januar 1707 starb Markgraf Ludwig von Baden. Kaum daß dieser erfolgreiche kaiserliche Heerführer gestorben war, erhoben am 15. Januar die Herzoge von Württemberg und Mecklenburg u. a., am nachdrücklichsten aber der Herzog von Zweibrücken, zugleich König von Schweden,[75] Vorstellungen gegen das – freilich nicht eindeutig festgelegte – Rechtsverfahren der Reichsacht gegen Max Emanuel und seinen Bruder, da das Fürstenkollegium nicht befragt worden war. Kursachsen und Preußen verwahrten sich gegen eine Übertragung der 1623 Bayern zuerkannten ersten weltlichen Kur an Johann Wilhelm, wenn sich auch später König Friedrich I. in Preußen mit diesem einigte. Kaiser Joseph I. aber wies die Beschwerde wegen des Verfahrens der Reichsacht gegen Max Emanuel nicht zurück, da er Johann Wilhelm nicht die Oberpfalz geben, vor allem aber keinen Konflikt mit dem schwedischen Wittelsbacher wollte.

Schon im März 1707 erfuhr Generalwachtmeister Graf Philipp Ludwig von Sinzendorf,[76] der Gesandte des Kaisers beim König von Schweden, vom »Primus Minister Graf von Piper«, Schweden deute es als große Parteilichkeit, daß der Kaiser dem von Karl XII. bekämpften Kurfürsten Friedrich August von Sachsen in Bayern Soldatenwerbung gestattet habe und diesem nach der Schlacht von Höchstädt zweitausend gefangene Franzosen und Bayern, und zwar ganze Bataillone, überlassen worden seien. Karl XII. beanspruchte für sich als Reichsfürst das gleiche Recht. Er nahm diese Truppen nach seinem Sieg bei Fraustadt gefangen und teilte sie in neu geworbene Regimenter ein. Trotz der schwedischen Niederlage bei Kalisch bestand Karl auf der Herausgabe der »Fraustadt-Bataillone«. Er legte also durchaus Wert auch auf bayerische Soldaten. Darauf baute Max Emanuel in den Verhandlungen[77] seines Gesandten im Oktober 1707. Dem Kaiser war gerade damals die Haltung Karls, der seine Soldaten gegen kaiserliche Strafmaßnahmen in Schlesien schützte und dafür hohe Entschädigungen forderte, um so unerwünschter, als die »so mächtig in Sachsen angewachsene schwedische Macht« von den opponierenden Fürsten im Reich »sehr gesteift wird«. Diese Fürsten widersetzten sich damals betont der Ächtung Max Emanuels und seines Kölner Bruders, da diese ihren Rechten zuwiderliefe, wie Sinzendorf nach Wien berichtete. Sie wünschten sich Karl XII. zum Haupt einer »sogenannten dritten Partei« im Reich. Die Gesandten Frankreichs und Bayerns würden das beim Schwedenkönig unterstützen. »Sie suchen ihr einziges Heil bei dem König von Schweden und suchen bei ihm durch allerhand schimpfliche Mittel eine Kompassion zu erwecken, wie diese aus den beiliegenden Versen zu ersehen ist, die der bairische Minister hier ausstreut.« Der Autor der Verse sei in Bayern zu suchen. Der österreichische Diplomat setzte hinzu, er wolle durch ein »geschickliches Subjekt« eine gründliche Widerlegung verfertigen lassen. Darin soll des Königs von Schweden »Gemütsbilligkeit« »angerühmt« werden. Karl XII. selbst ließ damals den Alliierten versichern, daß er sich in nichts, was ihren Interessen zuwiderlaufen könne, einmischen wolle. Von Ludwig XIV. ließ er sich nicht für Max Emanuel vorschicken.[78]

Am 2. Mai 1707 faßte das Kurkolleg einen Beschluß über die Erfüllung der Wünsche Johann Wilhelms. Der Protest des schwedischen Wittelsbachers gegen die Ächtung des Kurfürsten von Bayern kam aber noch einmal Max Emanuel zustatten, zumal Johann Wilhelm wegen des Einmarsches der Schweden in Kursachsen an Karl XII. einen drohenden Brief geschrieben hatte. Auf dem Regensburger Reichstag hatte er durch seinen Gesandten darauf gedrungen, daß der Schwedenkönig und Herzog von Zweibrücken zum

Reichsfeind erklärt werde. Natürlich leistete Karl XII. auch dagegen Widerstand, daß die Oberpfalz an den Pfälzer gegeben würde. Einige Fürsten versuchten zu vermitteln; Johann Wilhelm schickte seinen Kammerherrn Franz von Sickingen an den schwedischen Hof.

Da durchbrach Marschall Villars[79] am 23. Mai 1707 die noch von Ludwig von Baden befestigten, am 22. Mai aber bereits geräumten Linien von Stollhofen am Schwarzwald; er stieß weiter nach Schwaben in Richtung Bayern vor. Deshalb eilte der Herzog von Marlborough, unterstützt durch kaiserliche Siege in Italien, in eigener Person nach Altranstädt zu Karl XII., den er schon im April als Frankreich abhold erkannt hatte. Marlborough vermittelte ihm den Vertrag vom 1. September 1707[80] mit dem Kaiser über die Rückgabe rekatholisierter Kirchen an Protestanten in Schlesien und wirkte auf ihn, der mit seinem Heer in Sachsen stand, dahin ein, den Marsch in Richtung Rußland zu beginnen. In dieser Situation wies Graf Viktor Amadeus de Solar in Max Emanuels Auftrag am 7. Oktober[81] den frankreichfreundlichen schwedischen Staatsrat und Obersten Marschall Graf Karl Piper in Verhandlungen zunächst darauf hin, daß alle deutschen Fürsten nach dem Einmarsch des schwedischen Königs in Sachsen diesem »Sonderallianzen anbieten« würden. Kurfürst Max Emanuel aber denke an mehr als an Verträge: an der Krone Schwedens in Deutschland nützliche Aktionen, an Aktionen, die von Nutzen seien für die Interessen Seiner Schwedischen Majestät in Deutschland heute und in Zukunft. Die Einwohner der Staaten des Kurfürsten Max Emanuel ließen diesen im geheimen durch die Worte des Marschalls de Villars wissen, daß sie fest entschlossen seien, wieder zu den Waffen zu greifen, die sie in erheblicher Anzahl versteckt hätten. Sie seien alle bereit, sich für ihren Herrn zu opfern *(sacrifier)*. So wie es nicht mehr die (von den Reichstruppen am 22. Mai 1707 aufgegebenen) Linien von Bühl und von Stollhofen (»Stolhoften«) gäbe, so brauche der Kurfürst auch nur ein »Corps« Kavallerie mit Grenadieren im Rücken angreifen zu lassen, unter denen er die bayerischen Truppen habe; »und sobald sie [die Bayern] sehen werden, daß diese Truppen ihnen zu Hilfe kommen, werden sie sofort die Waffen ergreifen«; wenn dieser Fall einträte, könne der Kurfürst ohne Zögern in seine Staaten kommen, da seine Untertanen sehr entschlossen seien, ihn um den Preis ihres Lebens zu unterstützen. Zu diesem Zweck ließ der Kurfürst, wie Solar anführt, 5 Eskadrons und 3 Bataillone seiner Truppen sich in Bewegung setzen. »Das tat Seine Kurfürstliche Durchlaucht nur, um nach und nach von dieser Seite her den ganzen Rest der Truppen defilieren zu lassen.«

Max Emanuel schlägt nun Karl XII., der in Kursachsen Winterquartiere bezog, eben als Villars die Stollhofener Linien durchbrach, militärische Zusammenarbeit vor: Es gäbe mehr als 200 entlassene Offiziere aus den bayerischen Truppen, von denen ein guter Teil schon auf dem Wege sei »und deren Rest folgen« müsse, die einen, um beträchtlich die Truppen des Kurfürsten zu vermehren, und die anderen, um sich an die Spitze von bayerischen Landeseinwohnern zu setzen. »Marschall Villars läßt sehr schnell das Gerücht verbreiten, er könne sich nicht mehr auf diesem Rheinufer halten, aber erwarte neue Verstärkungen aus der Gegend der Mosel, von wo die Verbündeten ihre Truppen zurückziehen, um die Armee am Rhein zu verstärken. Das hat aber nur den Zweck, den Feind hinzuhalten und die eigenen Kräfte heranzuziehen, wie das schon ein gutes Stück weiter unten über dem Rhein gelang. Das geschah, um unser Unternehmen zu erleichtern, und zwar dadurch, daß mit einem Schlag die für Bayern bestimmte Abteilung, wie geplant, abmarschiert, während Villars die Verbündeten unten so beschäftigen wird, daß sie in keiner Weise den [für sie] unvorhergesehenen, von uns verabredeten Schlag parieren können; dieser Schlag hat das Ziel, Seine Kurfürstliche Durchlaucht in seine Staaten zurückkehren zu lassen.«

Natürlich kam es bei der soldatischen Persönlichkeit Karls XII. für die Vorschläge seines Vetters auch auf die militärische Wirklichkeit an. Die Schilderung Solars war an der Tatsache[82] zu messen, daß am 4. Juli 1707 13399 Infanteristen und 8659 Kavalleristen Reichstruppen, darunter viele Pfälzer, bei Philippsburg standen. Villars war im Sommer 1707 nach Bruchsal zurückgegangen, als die französischen Linien bei Lauterburg auf dem linken Rheinufer bedroht wurden. Am 29. August rückte er nach Rastatt und Kuppenheim, ohne daß er von den Reichstruppen schärfer bedrängt wurde. Er marschierte, als am 18. September der neue Reichsfeldherr Kurfürst Georg Ludwig von Hannover eine neue Gliederung des Kriegseinsatzes traf, vorwärts, um das Donautal und Bayern zu erreichen. Das war die Lage, von der Max Emanuels Gesandter sprach. Im Herbst 1707 freilich kam auch der Vertrag Johann Wilhelms mit England zustande; für dessen Hilfe zur Erfüllung seiner Wünsche stellte er gegen Geld seine Truppen England gegen Spanien zur Verfügung. Es ist begreiflich, daß es zwischen Solar und Piper angesichts dieser Tatsachen zu einer Auseinandersetzung über die Stärke der von Max Emanuel auf die Beine zu bringenden Truppen kam. Solar zu Piper: »Aber da Ihr mir die Ehre antatet, vorgestern zu sagen, mein sehr geehrter Herr, daß man Sie überzeugen wolle, daß Seine Kurfürstliche Durchlaucht im ganzen nur etwas mehr als 1500 Mann seiner Truppen übrig habe, mache ich mich daran, die ebenso wahre wie richtige Spezifikation darzulegen.« Solar führt nun aus,[83] daß Max Emanuel im ganzen 11850 bayerische Männer zur Verfügung habe. In dieser Aufstellung »werden auch die im vergangenen Jahr in Italien dem Kaiser wieder entlaufenen 600 Mann [zwangsrekrutierte Bayern] mitgezählt«. Max Emanuels Abgesandter schlägt jetzt Piper offen vor: Der schwedische König solle die Partei des Kurfürsten ergreifen, um durch seinen Schutz die Aufständischen und überhaupt die gegen das Haus Bayern anhänglich gebliebenen Kreise zu ermuntern. Der Kurfürst sage, ohne eine positive Zusicherung würde er nur ein gewagtes Spiel treiben und seine Untertanen noch unglücklicher machen, indem er sich der Möglichkeit aussetze, vielleicht seine Staaten aufs neue verlassen zu müssen, wenn er keine feste Unterstützung habe.

Bayerns Bevölkerung werde sich sobald erheben, »als die Böhmens gar nicht zögert mit einem guten Beispiel einer auch nur leisen Hoffnung, daß sie von der Schwedischen Majestät unterstützt wird. Man tut gut daran zu überlegen, daß – wie Ungarn die Speisekammer der Armeen des Kaisers ist – Böhmen[84] für ihn das Arsenal und das Kräftezentrum für Aushebungen und Nachschub von Soldaten darstellt.« Um die Ordnung im Reich und dabei Schwedens Rechte und Erwerbungen sicherzustellen, solle Schweden die [zwischen Zweibrücken und Kurpfalz strittige] Grafschaft Veldenz dem Wiener Hofrat [Reichshofrat in Wien] zur Verfügung stellen.

In einer besonderen Unterredung[85] in diesem, wie wir sehen, ereignisreichen Oktober führte Solar Piper die Ruinierung Bayerns und die Schmach vor Augen, die der Familie Max Emanuels angetan werde, natürlich um die Gefühle des Vetters für diesen Zweig seiner Familie und dessen Staatsgebiet besonders zu wecken. Solar beschreibt deshalb die mit dem Kaiser eben in diesem Oktober verhandelnden Kurfürsten und berichtet dann: Die Bayern hätten »keinen anderen Namen als *d'infames*«; die »Fünfzehener«, die für die Leistung des Kriegsdienstes Bayerns bestimmt würden, würden gewöhnlich »Rebellen« genannt. Die Kaufleute und die Bauern müßten, obwohl durch dieses Wort beschimpft, weiterarbeiten. »Die Toten, die Verwandten und die Gefangenen warten noch darauf, daß sie durch ein Prozeßverfahren des Gerichts überführt werden, dessen Willkür-Urteil sie sich ohne eine Appellationsmöglichkeit unterwerfen mußten.« Besonders aber führt Solar dem Vertreter Karls XII. gegenüber aus: »Man nützt das Alter der kleinen Prinzen [d. h. der Kinder Max Emanuels] aus und beleidigt in barbarischer Weise eine hochachtbare Familie ... Graf [Maximilian Karl von] Löwenstein ließ die Möbel aus den kurfürstlichen Zimmern nehmen, um die seinen in der kurfürstlichen Residenz [in München] zu möblieren. Das geschah nur in der Absicht, das Herrschergeblüt Bayerns verächtlich zu machen. Denn in der Residenz fehlte es nicht an Möbeln.« Dann weist Solar auf die österreichischen Grausamkeiten in München hin. Der dritte Chef der österreichischen Besatzungsverwaltung und Direktor der Finanzen in Bayern, Graf Johann Friedrich von Seeau, fürchte eine Rückkehr Max Emanuels und überlege: »Wenn durch einen allgemeinen Frieden Max Emanuel oder seine Kinder nach Bayern zurückkehren werden, muß man vorbeugen (ohne daß die Welt Gründe dafür wahrnimmt) und der Reihe nach alle Bäume des Waldes abschlagen, der dem kurfürstlichen Hause gehört; er [Seeau] läßt diese Arbeit die Bauern auf ihre eigenen Kosten tun; über der Donau drüben in Wien oder anderswo macht der Kaiser gutes Geld daraus; man bringt damit Bayern durch den Holzverlust um die Möglichkeit, jene große Menge Bier zu brauen, die eine sehr sichere Einnahme Seiner Kurfürstlichen Durchlaucht ist.«

Karl XII. war damals aber bereits zu sehr in seine Kampfpläne mit Rußland verstrickt, als daß er viel hätte helfen können. So marschierte Villars, der dem Schwedenkönig wohl auch kein sehr erwünschter Bundesgenosse war, am 29. Oktober über den Rhein zurück in die Winterquartiere, König Karl aber überschritt am 30. Dezember 1707 die Weichsel.

Noch im Oktober 1707 hatte es wenigstens den Anschein, als seien für Johann Wilhelm alle Schwierigkeiten behoben. Kaiser Joseph aber tat nichts. So drohte Johann Wilhelm, er werde seine Pfälzer Truppen erst mit dem Reichsheer vereinigen, wenn er die erste weltliche Kurwürde und die Oberpfalz erhalten habe. Im Mai 1708 ließ er zwar seine Truppen in Bewegung setzen, stellte aber dafür die Bedingung, daß er innerhalb von drei Wochen mit der ersten Kur und der Oberpfalz belehnt werde. Der Kaiser verschob die Sache noch einmal und ließ wissen: die böhmische Kurstimme, die beim Beschluß am 2. Mai 1707 gefehlt habe (aber doch bei ihm selbst lag!), müsse erst hinzugegeben werden. Das geschah am 10. Juni 1708. Am 23. Juni erhielt Johann Wilhelm endlich die erste Kurwürde, dazu die Oberpfalz[86] und die Grafschaft Cham sowie Max Emanuels böhmische Lehen; am 28. September 1708 erneuerte Johann Wilhelm zur Feier dieser Erfolge den von seinem Vorgänger als Herzog von Jülich 1444 gestifteten Hubertusorden. Gleichwohl ließ 1709 Joseph I. die Beschwerden gegen die Reichsacht der beiden Wittelsbacher noch einmal beraten, als Fragen nach der beständigen Wahlkapitulation wieder aufgegriffen wurden.

So hart für Max Emanuel die Folgen in Erscheinung traten, die seine politische Feindschaft mit Johann Wilhelm hatte, so wirksam erwies sich die Hilfsbereitschaft des schwedischen Vetters für Max Emanuel. Als Karl 1709 Peter dem Großen unterlag, wurde das für Max Emanuel durch den Wechsel des Ministeriums in England[87] und durch die konsequente Politik Ludwigs XIV. ausgeglichen. Noch bevor Joseph I. am 17. April 1711 starb, schrieb Max Emanuel aus Brüssel an Karl XII. einen mehrfach überarbeiteten Brief,[88] dessen Eintreffen ein schwedischer Mittelsmann bereits als einige Tage vor dem 1. März (alten schwedischen Kalenderstils)[89] erfolgt meldet. »Wenn auch Bayern einen traurigen Anblick bietet und mich wie meine Erlauchte Gemahlin und meine zahlreichen Kinder ein herbes Geschick bedrückt, was, wie ich glaube, Euerer Majestät bekannt ist, so möchte ich doch gern Euerer Majestät ausführen...« Max Emanuel spricht von der Besetzung des seiner Frau vertraglich zugesicherten Rentamtes München, von der Verhinderung der Rückkehr seiner Frau, die ihre Mutter zusammen mit dem ältesten Sohn in Graz zu treffen glaubte.[90] Stadt und Land leide sehr unter der zahlreichen Besatzung. Minister, Räte, Landstände und Bürger würden gezwungen, ihrem Landesherrn abzuschwören und den Eid auf den Kaiser zu leisten. Die Archive, die Bibliotheken sowie das landesherrliche wie das landständische Zeughaus und der Hausschatz in der Residenz würden beschlagnahmt. Alles würde vorbereitet, um Bayern aufzuteilen und die Reichsacht zu vollstrecken. Max Emanuel bittet inständig, Karl solle seine Gesandten in Wien und am Reichstag gemeinsam dahin arbeiten lassen, daß den Verfolgungen ein Ende gemacht werde, Frau und Kinder nach München zurückkehren, »und, was das schwerwiegendste *(maximum)* ist«, zu verhindern, daß die Acht an ihm vollstreckt und Bayern aufgeteilt werde. Da Joseph I. die Acht nicht konsequent vollstreckt hatte und nach seinem Tod erst ein Rechtsverfahren dazu ausgearbeitet wurde, protestierten Max Emanuel und Joseph Clemens jetzt förmlich gegen ihre Ächtung, ließen ihre Proteste auch durch Solar dem Schwedenkönig zur geeigneten Verwendung zugehen und wehrten sich dadurch gegen weitere Anwendung von Gewalt. Nach Josephs I. Tod wünschte der abgesetzte, geweihte, geistliche Kurfürst Joseph Clemens – nicht zur Freude des Reichsvikars Johann Wilhelm – als Gegenkandidaten gegen Erzherzog Karl bei der Kaiserwahl sogar zwei nichtkatholische Fürsten: den König Friedrich I. in Preußen und den Vetter Karl XII. von Schweden.

Was tat Karl XII.? Anstelle des in einem Moskauer Gefängnis festgehaltenen Grafen Piper versicherte der schwedische Kanzler Freiherr Henrik Georg von Müllern[91] am 21. März 1712 (alten Stils) Solar aus Bender in der Türkei, wo sich Karl XII. aufhielt und durch den Sultan auf Rußland Druck ausübte: Der König sei nach der Beendigung des Krieges mit dem Zaren mehr in der Lage, der Aufrechterhaltung des Westfälischen Friedens Aufmerksamkeit zu schenken. Er empfinde die Unglücksfälle der beiden Kurfürsten sehr mit und wirke, soweit das seine eigene derzeitige Lage gestatte, darauf hin, daß ihr Unglück beseitigt werde. Solar solle Max Emanuel der Freundschaft und besonderen Hochschätzung Karls versichern. Solar werde eindeutige Beweise dafür erkennen, sobald Müllern ihn sehe.

Karls Schritte im einzelnen können hier nicht mehr dargetan werden. Am 23. Mai 1712 begann Kaiser Karl VI., durch Bayerns Administrator Graf Löwenstein mit Max Emanuel über den Frieden zwischen den aufeinander angewiesenen Häusern Habsburg und Wittelsbach zu verhandeln. Das Problem der Reichsacht war nach Josephs I. Tod durch umständliche Bestimmungen gelöst worden, wonach sämtliche Fürsten mitwirken sollten; Johann Wilhelm wies ohne Erfolg auf seine Dienste für die beiden verstorbenen Kaiser hin und mußte im eigenen Interesse ebenfalls mit Max Emanuel verhandeln.

Am 11. April 1713 kamen zwischen Frankreich, England, Holland, Preußen, Savoyen und Portugal die Friedensverträge von Utrecht zustande. Am Ende des Spanischen Erbfolgekrieges hatte Ludwig XIV. durchgesetzt, daß sein Enkel als König Philipp V. in Madrid unbestritten regieren konnte. König Ludwig schloß am 20. Februar 1714 mit Max Emanuel einen politisch wie wirtschaftlich außerordentlich günstigen Bündnisvertrag, noch bevor am 7. März zu Rastatt und am 17. September zu Baden Kat.Nr. 427
Friedensschlüsse zustande kamen. Durch die Verträge erhielt Max Emanuel die erste Kurwürde, die Oberpfalz, die Grafschaft Cham sowie die böhmischen Lehen zurück. Auch die Punkte in seinem Brief an Karl XII. von 1711 wurden durchgesetzt. Die Korrespondenz zwischen Karl XII. und Max Emanuel dauerte weiter; sie enthält Nachrichten über Familienereignisse und freundschaftliche Wünsche zum Jahreswechsel, wird durch Solars Mitteilungen politisch ergänzt und beweist herzliches gegenseitiges Verständnis. Karls letzter Brief stammt vom 4. März 1718. Als Königin Ulrike Eleonore, Karls Schwester, seinen Tod mitteilte, schrieb auch sie an Max Emanuel als *Bona Consanguinea et Amica.*[92] Sie hatte 1715 Landgraf Friedrich von Hessen-Kassel geheiratet, der 1720 König von Schweden wurde.

Ausblick

Die Beziehungen Max Emanuels zu Geschwistern und Kindern und zu seinem entfernten Vetter Karl XII. waren sehr gut. Die Farben im Bild der Beziehungen Max Emanuels zu den Wittelsbachern im 17. und 18. Jahrhundert sind deshalb überwiegend harmonisch. In Kontrast steht dazu meist die Beziehung zu Johann Wilhelm. Trotz aller Interessenpolitik bleibt als deutlicher Grundzug im Bild aber der Zusammenhalt der Großfamilie. Die patriarchalische Großfamilie ist mit Land und Leuten verbunden. Gerade die nicht selten rücksichtslosen, aber geliebten und bewunderten Helden Max Emanuel und Karl XII. werden auch durch sie gestützt. Der Sohn der Prinzessin von Savoyen verwendet für solche Beziehung den etwas anders gearteten lateinischen Begriff des *patrimonium.*

Als 1716 Johann Wilhelms Bruder Karl Philipp zur Regierung kam, begann sich zwischen ihm und Max Emanuel ein Zusammenschluß der Wittelsbacher Familien anzubahnen. Bei ihrem Treffen an der Gruft der gemeinsamen Ahnen im Kloster Scheyern wurde der Ausgangspunkt für das System der Wittelsbacher Hausverträge gewonnen, die die Erbfolge der Pfälzer und der bayerischen Wittelsbacher mit den Konsequenzen von 1777 und 1799 regelten.[93] Ohne dieses Vertragswerk wäre der selbständige Mittelstaat Bayern unter König Max I. aus der Linie Pfalz-Zweibrücken nicht möglich geworden.

Anmerkungen

[1] A. Kraus (HB II) 424f. Das kostbare Brevier, das Heinrich IV. Wilhelm dem Frommen schenkte, dürfte Max Emanuel - der Urenkel beider - gekannt haben.

[2] Haeutle 74; GHA Korr. Akt. 753/48 (Horoskop Max Emanuels); zu den genealogischen Angaben im folgenden vgl. Isenburg, I u. II.

[3] Schmidt 189ff., 192ff., 196f.; Strich II 52, 602f.; GHA Korr. Akt 666/II (Instruktion für die Obristhofmeisterin Max Emanuels 1669); Korr. Akt 666a (Brief der Mutter an Max Emanuel, 27. 4. 1667).

[4] GHA Korr. Akt 753/48 Unternr. 2 – Schmidt kennt dieses Archivale nicht –; Korr. Akt 1712 G II 5 (Instruktion und Kammerordnung für den Hofstaat Max Emanuels 1676).

[5] H.R.Huber, Corbinian Prielmair (1643–1707), ein bayerischer Staatsmann der Barockzeit, Diss. Masch. München 1944, 22ff.

[6] Schmidt XCIV.

[7] GHA Korr. Akt 1712 G II 7 (Instruktion für den Marquis de Beauveau zur »Stundenregulierung« 1673); Marquis Henry de Beauveau, Mémoires du Marquis de B+++ Concernant ce qui s'est passé de plus mémorable sous le règne de Charles IV. Duc de Lorraine et de Bar, anonymes Exemplar der Bayer. Staatsbibliothek o.J. (Sign.: 8⁰ Gall. com. 401⁰), 309–311; ders., Ausgabe 1668, 315ff. Die Ausgaben von 1687, 1688, 1690 u. 1691 bringen denselben Wortlaut über seine Tätigkeit als Erzieher Max Emanuels wie die Ausg. von 1668 und die Ausg. o.J. in der Bayer. Staatsbibliothek. Für die freundlichen Feststellungen in der Bibliothèque Nationale in Paris habe ich Herrn Dr. P. C. Hartmann sehr zu danken.

[8] Strich I u. II.

[9] Strich II 22.

[10] Strich II 519f.

[11] Riezler VII 256: Strich II 348; K. Th. v. Heigel, Das Projekt einer Wittelsbachischen Hausunion unter schwedischem Protektorat 1667–1697 (QA I) 1ff.

[12] K. Th. v. Heigel, Die Wittelsbachische Hausunion von 1724 (Geschichtliche Bilder u. Skizzen, München 1897) 141f.

[13] GHA Korr. Akt 753/38 (Joseph Clemens an Max Emanuel 1693); Korr. Akt 753/37–42 (Joseph Clemens an Max Emanuel 1708–1714); Korr. Akt. 753/42a und Korr. Akt 753/62 (Max Emanuel an Joseph Clemens); Korr. Akt 744, 745, 745a (Testament, Tod und Verlassenschaft des Kurfürsten Joseph Clemens von Köln); Strich II 660 (Erwähnungen in I u. II); M. Braubach. Die vier letzten Kurfürsten [von Köln], Köln-Bonn 1931, 9ff.; ders., Kurköln, 3, 80ff.; Weitlauff, Johann Theodor 15f.; hierzu wie für das Folgende s. auch Beitrag Weitlauff.

[14] F. I. Streber, Über die Bischofswahl zu Freising im Jahre 1695..., München 1812, 8; ders., Über die Bischofswahl zu Freysing i. J. 1695 (Hist. Abh. der k. baier. Akademie der Wissenschaften II München 1813) 320; in der erhaltenen Korrespondenz fand ich die Ausdrücke »unsere Pfarr« oder »diese Pfarr« nicht; Hubensteiner, Eckher, 51.

[15] Hubensteiner, Eckher, 55f.

[16] Th. Kogler, Das philosophisch-theologische Studium der bayerischen Franziskaner (Franziskanische Studien, Beih. 10, Münster 1925) 91; Hubensteiner, Eckher, 157.

[17] Pastor XIV/2 1155, Anm. 1.

[18] s. o. Anm. 13.

[19] GHA Korr. Akt 753/42a (Joseph Clemens an Max Emanuel und Baron Malknecht 1705, 1709–1713; Joseph Clemens an Baron Malknecht und Kabinettssekretär von Wilhelm 1718); s. o. Anm. 13; über Malknecht s. Riezler VII 480 Anm. 3.

[20] Weitlauff, Johann Theodor 16 Anm. 44 mit Literatur über Fénelons Einfluß auf Joseph Clemens. Vgl. auch Beitrag Weitlauff.

[21] Pastor XV 64f.

[22] GHA Korr. Akt 753/42a; Hausurk. 1681 (Heiratsvertrag zwischen Maria Anna Christina und dem Dauphin, 30. 12. 1679); über ihre politische Rolle schon für Maximilian Philipp s. Strich II 234f.; über sie überhaupt 667 (Erwähnungen in I u. II).

[23] Strich II 660 (Erwähnungen).

[24] E. J. Luin, Beziehungen zwischen Händel und den Wittelsbachern? (Blätter der Bayer. Staatsoper 11/6, 1958/59) 93ff. Luin führt S. 95 die Beweise dafür an, daß Händel 1707 beim Erbprinzenpaar von Florenz weilte.

[25] M. Zenger, Geschichte der Münchener Oper, hrsg. von Th. Kroyer, München 1923, 27, 30. – S. auch Beitrag Münster.

[26] Schmidt XCVIIff., 305ff.; ein französischer Brief Max Emanuels vom 22. 5. 1698 in bezug auf Kurprinz Joseph Ferdinand wird im Schloßmuseum Berchtesgaden (Eigentümer: Wittelsbacher Ausgleichsfonds) verwahrt; eine sehr liebenswürdige Erfüllung der ersten Bitte des Fünfjährigen enthält der deutsche Brief Max Emanuels vom 22. 11. 1697 an ihn, AStA Toerring-Archiv C 54; GHA Korr. Akt 693 (Kondolenzschreiben Kaiser Leopolds beim Tod Joseph Ferdinands, 17. 2. 1699).

[27] Strich II 679 (Erwähnungen); GHA Hausurk. 1720 (Urkunde über die Heirat Max Emanuels und Maria Antonias, 15. 5. 1685); Hausurk. 1721 (Originalverzicht Maria Antonias auf alle Ansprüche auf die österreichischen Erblande, 15. 5. 1685); Hausurk. 1723 (Geheimrezeß zwischen Kaiser Leopold, Maria Antonia und Max Emanuel wegen der Erstreckung des Verzichts auf die spanische Monarchie, 15. 5. 1685); Hausurk. 1725 (Verzicht Maria Antonias und Max Emanuels auf das spanische Erbe mit Ausnahme der Niederlande, 15. 5. 1685; Maria Antonias Erbverzicht widersprach dem spanischen Thronfolgerecht, Riezler VII 289); Hausurk. 1726 (Breve Innozenz' XI., wodurch die kanonischen Ehehindernisse beseitigt werden, 20. 5. 1685); Korr. Akt. 679 (Eigenhändiges Schreiben Maria Antonias an Max Emanuel, 11. 7. 1685); Korr. Akt 694 (Abschrift des Testaments der Maria Antonia vom 12. 12. 1692 mit Gutachten über dessen Gültigkeit); König Karl II. von Spanien schrieb schon am 3. 2. 1693 an Kaiser Leopold, daß man der Möglichkeit vorbeugen müsse, daß Frankreich die Absicht verfolge, den jungen Witwer Max Emanuel mit der Tochter des Herzogs von Orléans oder einer anderen französischen Prinzessin zu verheiraten. Diesen »perfiden« französischen Machenschaften müsse durch eine Ehe Max Emanuels mit einer Prinzessin aus einer befreundeten Familie entgegengearbeitet werden; Adalbert von Bayern II 87ff.; ders. und G. M. Gamazo II, 72.

[28] Czarkowski-Golejewski 845ff.; Riezler VII 396ff., VIII 16ff.; GHA Korr. Akt 700 (Begutachtung neuer Eheverbindungen Max Emanuels mit Ablehnung des polnischen Projekts wegen Ebenbürtigkeitsproblemen, 1693); Hausurk. 1740 (Heiratspakt mit Therese Kunigunde Sobieska vom 19. 5. 1694).

[29] Schmidt C ff., 306ff., 391ff.

[30] Schmidt C I, 377ff.; K. Th. v. Heigel, Die Gefangenschaft der Söhne des Kurfürsten Max Emanuel von Bayern 1705–1714 (SB München 1888); H. v. Zwiedeneck-Südenhorst, Allg. Zeitung, 1891 Nr. 302, Beilage; Riezler VIII 88f., 225ff.; GHA Korr. Akt 713a, 713/1, 754 (Rückreise 1715).

[31] Schmidt 314 Nr. 26; GHA Hausurk. 1796 1/2.

[32] GHA Korr. Akt 753 1/8, 753 1/8 Unternr. 4; Riezler VIII 379f.

[33] GHA Korr. Akt 713/1 Unternr. 4; vgl. auch Karl Albrechts Tagebuch vor Belgrad 1717 mit Anlagen GHA Korr. Akt 753 1/8 Unternr. 6, Korr. Akt 721 (1717/8), 722 (Schreiben der Reisebegleiter Graf Toerring und Graf Preysing 1718/9); Heigel (Anm. 11) II, München 1890, 268ff. (über Max Emanuel und Prinz Eugen).

[34] GHA Korr. Akt 713/1 Unternr. 5 (Tagebuch Fortsetzung, zwei Blätter mit Zeichnungen), 718a Italien-Reisejournal 1715/6; Hdschr.

des Stiftes Göttweig; Hdschr. des Bayer. Nationalmuseums (in französischer Sprache Bibl. Nr. 2368); und K. Th. Heigel, Neu aufgefundene Tagebücher Kaiser Karls VII. (Hist. Vorträge und Studien 3. Folge) 1887, 105ff.; W. J. Beckh, Ein Wittelsbacher in Italien – das unbekannte Tagebuch Kaiser Karls VII., München 1971.

[35] GHA Korr. Akt 736 (1714–18), 737 (Verhandlungen 1718–20), 738, 739, 740, 740^{1-6}, 741; Hausurk. 1756–1767, über die Verzichte auf das österreichische Erbe s. auch Hausurk. 1768–1770; Literatur s. Kraus (HB II) 459 Anm. 2.

[36] GHA Korr. Akt 713/1 Unternr. 5, 6 (Korrespondenz Max Emanuels mit Ferdinand Maria Innozenz); Korr. Akt 728 (Vermählung); Hausurk. 1752 (Vermählung); Hausurk. 1753 (Böhmisches Incolat für Ferdinand Maria Innozenz, 23. 1. 1726 – das Incolat und der ausgedehnte Grundbesitz wurden später für Karl Albrecht als König von Böhmen wichtig); Hausurk. 1753 1/2 (Ehedispens Clemens' XI. für Ferdinand Maria Innozenz und seine Gattin).

[37] H. Schmidt, Philipp Wilhelm von Pfalz-Neuburg, 1615–1690, Bd. I (1615–1658), Düsseldorf 1973; ders., Philipp Wilhelm von Pfalz-Neuburg (Stimme der Pfalz 26/2, 1975) 11.

[38] s. u. Anm. 47.

[39] H. Schmidt, Kurfürst Karl Philipp von der Pfalz als Reichsfürst, Mannheim 1963.

[40] H. Schmidt (Anm. 39) 151, 171, 185ff.; Riezler VIII 357ff.; K. Beyerle, Das Haus Wittelsbach und der Freistaat Bayern, Rechtsgrundlagen für die Auseinandersetzung zwischen Staat und Dynastie, Teil I, München-Berlin-Leipzig 1921; ders., Die Rechtsansprüche des Hauses Wittelsbach, München-Berlin-Leipzig 1922; Heigel QA; ders. (Anm. 12) 141ff.; Rall 621 (Erwähnungen); G. Strauven, Die Wittelsbachischen Familienverträge 1761–1779, Diss. Düsseldorf 1969, 198ff.; H. Rall, Pfalz-Bayerns Probleme im Urteil der Zweibrücker Reformer. Eine Studie zur Entstehung des Ansbacher Hausvertrages (ZBLG 18, 1955) 408ff.

[41] Riezler VIII, 323ff.; Prinzessin Ludwig Ferdinand von Bayern [Prinzessin Maria de la Paz von Bayern], Emanuela Therese vom Orden der hl. Klara, Tochter Kurfürst Max Emanuels von Bayern (1696–1750), München 1902 bes. S. 6, 46f.; GHA Korr. Akt 756 1/2, 753/44 (Max Emanuel an seine Tochter Maria Anna Carolina), 729 1/2, 1/3, 1/6.

[42] Riezler VIII 367ff.

[43] GHA Korr. Akt 753/62 (Briefe 1711–1725), 753 1/8 (1722), 753 1/11 (1717); 754 1/7 (Korrespondenz der Mutter mit Clemens August); Braubach, Kurköln, 532 (Erwähnungen); Kat. Clemens August; Weitlauff, Johann Theodor 3.

[44] Pastor XV 514f.

[45] Weitlauff, Johann Theodor; das sonst sehr gute Werk geht nicht auf die von Pastor (s. u. Anm. 46) genannten Tatsachen von 1648, 1657, 1697 und 1712/3 ein. – Auch zu dem im Text folgenden Satz s. Weitlauff, Johann Theodor 3.

[46] Pastor XIV/1, 95ff., 398; F. Dickmann, Der Westfälische Frieden, Münster 1959; Pastor XIV/2, 1155f., XV, 72ff.

[47] J. Krisinger, Religionspolitik des Kurfürsten Johann Wilhelm von der Pfalz (Düsseldorfer Jb. 47, 1955), 42ff.; Ph. Hiltebrandt, Die römische Kurie und die Protestanten in der Pfalz, in Schlesien, Polen und Salzburg (QFIAB XIII, Rom 1910) 135ff.; M. Braubach, Kurfürst Johann Wilhelm (Ruperto Carola 24, Heidelberg 1958); H. Kühn-Steinhausen, Johann Wilhelm Kurfürst von der Pfalz, Düsseldorf 1958; Schmidt (Anm. 39) 119ff.; W. Hollweg, Neue Untersuchungen zur Geschichte und Lehre des Heidelberger Katechismus, Neukirchen/Kr. Moers 1961; Riezler VIII 357.

[48] s. Lit. Anm. 40.

[49] GHA Hausurkunde 1492 und 1784¼.

[50] s. Lit. und Archivalien Anm. 43.

[51] Franz Ludwig war 1683 bis zu seinem Tode 1732 Fürstbischof von Breslau, wurde 1694 Fürstbischof von Worms und Hoch- und Deutschmeister, 1710–1729 Kurfürst von Trier, 1729–1732 Kurfürst von Mainz; R. Fitz, Die Geschichtsforschung über den Neuburger Fürstensohn Franz Ludwig, den Schutzherrn des Altvaterlandes (1683–1732) (Heimatbrief für Weidenau-Großgrosse 18, 1964) 13ff.

[52] Adalbert von Bayern; ders. u. G. M. Gamazo.

[53] H. Rall, Pfalz-Neuburg und seine Fürsten (Neuburger Kollektaneenblatt 109, 1955) 5ff.; G. Schwertl, Das Fürstentum Pfalz-Neuburg 1505–1685, Führer durch die Ausstellung des Staatsarchivs Neuburg/Donau in Verbindung mit dem Heimatverein, Neuburg/Donau 1975.

[54] GHA Hausurk. 3252–3256, Korr. Akt 1076.

[55] Adalbert von Bayern II 1ff.

[56] Strich II 288ff., s. dazu L. Groß, Göttinger Gelehrte Anzeigen, Göttingen 1936, 216ff.

[57] Adalbert von Bayern II 22f., 30, 36ff. usw.

[58] Riezler VII 354.

[59] Riezler VII 356.

[60] Riezler VII 361; GHA Korr. Akt 753/46; Adalbert von Bayern II 141; Staudinger II/1, 550.

[61] Adalbert von Bayern II 53ff.

[62] Adalbert von Bayern II 92ff.

[63] Adalbert von Bayern II 134ff., 156ff., 189f., 192ff., 265ff.

[64] Riezler VIII 89; Riezler-Wallmenich; M. Spindler, Der bayerische Bauernaufstand 1705/1706 (Erbe und Verpflichtung, hrsg. v. A. Kraus, München 1966), 175–191. Schon im Mai 1705 wollte Max Emanuel offenbar im Hinblick auf die Lage in Bayern zu Karl XII. schicken; die Kaiserlichen kontrollierten die Post, vgl. GStA K. schw. 351/11 (franz. Correspondenz 1705). Am 30. 9. 1705 ließ Max Emanuel Michael Chamillart seine Absicht wissen, in das Elsaß geflüchtete bayerische Soldaten in Dienst zu nehmen, vgl. GStA K. schw. 351/28.

[65] Riezler VIII 202.

[66] Ragnhild M. Hatton, Charles XII. of Sweden, London 1968, 112, 212, 388 erwähnt Karls Beziehung zu Max Emanuel so dürftig wie die ältere Lit.

[67] GStA K. schw. 6710.

[68] Riezler VII 588; z. folg. Riezler VIII 218. Max Emanuels Brief ist durch den Antwortbrief Karls erwiesen. Piper hatte seit 1700 zu seinem Bereich der inneren Angelegenheiten den der äußeren von dem erkrankten Grafen Polus übernommen und vertrat die französische Richtung. O. Haintz, König Karl XII. von Schweden II, Berlin 1958², 11 mit Lit. über die schwedischen Zentralbehörden Karls; dazu kommt Stig Jägerskiöld, hovrätten... (1654–1734), s. Sture Petren, Stig Jägerskiöld. T. O. Nordberg. Svea hovrätt, Stockholm 1964, 121ff.; ders., Juridik och politik (Karolinska förbundets årsbok, Stockholm 1963) bes. 65ff.

[69] Riezler VIII 218; GStA K. schw. 6710.

[70] Kgl. Reichsarchiv, Stockholm, Germania f. XII, Pfalz handlingar angående Sveriges förbindelser med Bajern.

[71] L. Bittner u. L. Groß, Repertorium der diplomatischen Vertreter aller Länder seit dem Westfälischen Frieden (1648) I (1648–1715), Oldenburg/Berlin 1936, bringt S. 16 nur »Solar de Monasterol Comte Ferdinand« als Bayerns Vertreter in Frankreich.

[72] Bezzel IV/2 142.

[73] GStA K. schw. 17661; diesen und die folgenden Faszikel schenkte 1962 S. K. H. Herzog Albrecht von Bayern dem GStA, nachdem er sie gleich anderen Archivalien vom Grafen Toerring-Jettenbach als Geschenk für sich erhalten hatte. Der zitierte Faszikel wurde beschleunigt in Japanseide eingebettet und so wieder benützbar gemacht. Für Verständnis und Hilfe danke ich den Herren Archivkollegen Dr. J. Hemmerle und Dr. K. Puchta sowie Herrn Restaurator H. O. Schömann.

[74] GStA K. schw. 6710.

[75] Riezler VIII 224.

[76] Riezler-Wallmenich II 250ff.; G. Syveton, Louis XIV et Charles XII . . ., Paris 1900, 123ff., 161ff.

[77] Schriftstücke in dem in Anm. 70 zitierten Faszikel im Kgl. Reichsarchiv Stockholm; über die »Fraustadt-Bataillone« Hatton (Anm. 66) 215; über die Bedeutung der Schlacht bei Fraustadt Haintz (Anm. 68) 138ff.

[78] Riezler-Wallmenich II 250; Syveton (Anm. 76) 64, 88ff., über Zinzendorf 123ff. u. 161ff.; 253ff.

[79] Bezzel IV/2 140.

[80] E. Carlson, Der Vertrag zwischen Karl XII. von Schweden und Kaiser Joseph I. zu Altranstädt 1707, Stockholm 1907.

[81] s. Anm. 77.

[82] Bezzel IV/2 142.

[83] s. Anm. 77.

[84] Riezler VIII 300.

[85] s. Anm. 77.

[86] Riezler VIII 203.

[87] W. Reese, Das Ringen um Frieden und Sicherheit in den Entscheidungsjahren des Spanischen Erbfolgekrieges 1708–1709, München 1933.

[88] GStA K. schw. 6710; der Briefentwurf ist nur mit Bleistift und nur auf das Jahr 1711, aber nicht näher datiert. Obwohl Bleistiftentwürfe, die mit Tinte nachgefahren wurden, in diesem Faszikel erhalten sind, könnte die Datierung »1711« nicht gleichzeitig erfolgt sein.

[89] Vgl. Hatton (Anm. 66) XIX und Haintz (Anm. 68) I, S. XI über den schwedischen Kalender in der Zeit Karls XII.

[90] Max Emanuel weiß offenbar damals noch nicht, daß seine Kinder 1706 (also erst nach der Reise seiner Frau 1705) nach Klagenfurt, dann nach Graz fortgebracht wurden.

[91] GStA K. schw. 17669.

[92] GStA K. schw. 6710.

[93] s. Anm. 12 u. Anm. 40.

Manfred Weitlauff

Die Reichskirchenpolitik des Kurfürsten Max Emanuel von Bayern im Rahmen der reichskirchlichen Bestrebungen seines Hauses*

Die Anfänge der Reichskirchenpolitik des Hauses Bayern

»Geliebter Sohn, Gruß und apostolischer Segen! Der römische Pontifex, vom ewigen Hirten mit der Fülle der Gewalt ausgestattet und an die Spitze der Leitung der katholischen Kirche gestellt, trägt gleich einem liebevollen Vater mit Umsicht Sorge für das Wohl aller Teilkirchen, besonders der Bischofskirchen, damit es nicht durch irgendwelche Übelstände beeinträchtigt werde; und damit diesen Kirchen eine heilsame Regierung zuteil werde, trachtet er gemäß der vom Herrn ihm verliehenen Einsicht danach, solche Männer ihnen als Hirten vorzusetzen, durch deren Schutz, Autorität und vorsichtige Leitung sie nicht nur vor Schaden bewahrt werden, sondern auch durch glückliches Wachstum unter dem Beistand der himmlischen Gnade Nutzen ziehen.

Da (wie Wir vernommen haben) die Kirche von Lüttich ... durch den Tod des Bischofs Johann Ludwig [von Elderen, 1620–1694[1]] ... des Trostes ihres Hirten beraubt war, haben die geliebten Söhne, das Kapitel und die Kanoniker der genannten Kirche ..., Dich kanonisch zum künftigen Bischof von Lüttich gewählt. Du hast etwa das 23. Lebensjahr erreicht, bist dank apostolischer Dispens im Besitz eines Kanonikats der Lütticher Kirche und stehst der Metropolitankirche von Köln als derzeitiger Erzbischof, auch Kurfürst des Heiligen Römischen Reichs, vor. Außerdem hast Du, um völlig ungehindert zum Bischof und Hirten der Lütticher Kirche gewählt werden zu können, ... kraft apostolischer Autorität Dispens erlangt bezüglich des Hindernisses Deines Alters sowie anderer Hindernisse und Defekte, zumal was den Tatbestand betrifft, daß Du auch den Kirchen von Regensburg und Freising vorstehst. Und Du hast dieser Wahl ... Deine Zustimmung gegeben.

... Weil Wir im Herrn hoffen, daß Du, den neben dem häuslichen, hervorstechenden Beispiel Deiner Vorfahren, der ausgezeichneten und in der Kirche Gottes durch große Verdienste leuchtenden Verteidiger des katholischen Glaubens, vorzügliche und mit Gottes Gnade zu fruchtbarer Reife gedeihende Eigenschaften empfehlen, der Kirche von Lüttich in geistlicher und weltlicher Hinsicht am meisten nützen wirst, ... bestätigen und billigen wir hiermit kraft apostolischer Autorität die ordnungsgemäße Wahl Deiner Person zum Bischof von Lüttich, nachdem Wir die Angelegenheit mit etlichen der verehrungswürdigen und geliebten Söhne, Prälaten der Römischen Kirche, ... erwogen haben ...«[2]

In solch blumige Worte ist die päpstliche Konfirmation der Wahl des jüngeren Bruders Kurfürst Max Emanuels von Bayern, des Herzogs Joseph Clemens, zum Fürstbischof von Lüttich gekleidet, die Innozenz XII. (1691–1700) durch Breve vom 29. September 1694 erteilte. Der Papst schloß sich damit dem einstimmigen positiven Votum der mit der Prüfung der Lütticher Wahlvorgänge betrauten Kardinalskongregation an,[3] wenngleich im Wortlaut des Dokuments noch leise anklingt, daß der Schwierigkeiten, die es an der Römischen Kurie zu überwinden gegolten hatte, um in den Besitz der für die Rechtsgültigkeit der Bischofswahl unabdingbaren päpstlichen Bestätigung zu gelangen, nicht eben wenige gewesen waren. Denn abgesehen davon, daß sich Joseph Clemens bei der turbulenten Lütticher Bischofswahl im April des Jahres gegen seinen Konkurrenten, den verwandten Pfalzgrafen Ludwig Anton und Hoch- und Deutschmeister, nur ganz knapp und keineswegs unangefochten hatte durchsetzen können und es in der Folge zu einer Doppelwahl und Spaltung des Lütticher Domkapitels gekommen war,[4] hatte man in den vergangenen zehn Jahren die Gnade des Heiligen Stuhls schier unentwegt in Anspruch genommen und mit dessen Unterstützung auf den Prinzen soviele geistliche Würden gehäuft, daß man an der Römischen Kurie nicht ohne Grund befürchten mußte, das huldvolle Entgegenkommen des Papstes könnte endlich als unerlaubte Nachgiebigkeit gegenüber dem Haus Bayern, ja als eine dem obersten Hirten der Kirche schlecht anstehende Parteilichkeit ausgelegt werden. Kraft päpstlicher Dispens hatte der bayerische Prinz bis 1694 – und ehe er, noch nicht dreiundzwanzigjährig, als Bischof von Lüttich bestätigt wurde – in seiner Hand bereits die Bistümer Regensburg und Freising, das Erzbistum und Kurfürstentum Köln sowie die Fürstpropstei Berchtesgaden vereinigt. Wohl mußte er die Konfirmation seiner Lütticher Wahl zunächst mit dem Verlust der Bistümer Regensburg und Freising bezahlen; eingedenk der Reformbeschlüsse des Konzils von Trient, welche die Kumulation von geistlichen Pfründen als unerträglichen Mißstand brandmarken und ausdrücklich verbieten,[5] hatte sich nämlich der Papst bewogen gefühlt, den um das bedeutende Bistum Lüttich vermehrten geistlichen

Besitzstand des Prinzen ein wenig zu beschneiden, und zu diesem Zweck die beiden unbedeutenderen Bistümer für vakant erklärt. Indes wußte Joseph Clemens mittels einer erneuten Postulation wenigstens das Bistum Regensburg zurückzugewinnen, der Papst gestand es ihm schließlich, zumindest für begrenzte Zeit, wieder zu, und obendrein bestätigte er dem Herzog dessen ebenfalls 1694 erfolgte Wahl zum Koadjutor des Fürstbischofs von Hildesheim »cum spe futurae successionis«, wodurch ihm das Recht der Nachfolge im Bistum Hildesheim gesichert war.[6]

Aufs Ganze und von außen besehen hätte des jugendlichen Herzogs reichskirchliche Karriere, kaum begonnen, glücklicher und erfolgreicher nicht verlaufen können. War er doch nicht nur geistlicher Hirt mehrerer Bistümer und Metropolit geworden: Dank der eigentümlichen, nur aus der geschichtlichen Entwicklung des Heiligen Römischen Reiches verstehbaren Verfassung der Reichskirche[7] war der nachgeborene Prinz, dem Erbansprüche versagt blieben, als erwählter (bzw. postulierter) und konfirmierter mehrfacher Bischof zugleich in den reichsfürstlichen Stand aufgerückt, verfügte wie sein älterer Bruder, der Erbe der bayerischen Lande, über landesherrliche Gewalt, auf dem Reichstag sogar mehrfach über Sitz und Stimme, und als Kurfürst von Köln war er Max Emanuel auch im Rang gleichgestellt. Dennoch – und hier deutet sich die Kehrseite der nach außen so glänzenden Laufbahn an – vermochte der Träger dieser vielen hohen Würden selbst seinen (für heutige Begriffe geradezu unglaublichen) steilen Aufstieg nicht als ein ihm glücklich zuteil gewordenes Schicksal zu empfinden: Er betrachtete ihn lebenslang eher als ein schweres Opfer, das ihm, dem Nachgeborenen, zur Erhöhung des Stammhauses Bayern und nicht zuletzt zum Nutzen der ehrgeizigen politischen Ambitionen seines Bruders abverlangt worden war.

Ungewöhnlich war der Joseph Clemens von frühester Jugend an vorgezeichnete Lebensweg – nach den Maßstäben seiner Zeit – allerdings keineswegs. Vielmehr entsprach es einer im Haus Bayern seit nahezu zwei Jahrhunderten fast selbstverständlich geübten und längst zur Tradition gewordenen Gepflogenheit, nachgeborene Prinzen mit geistlichen Würden auszustatten, und hierin unterschied sich im übrigen das Haus Bayern nicht von anderen fürstlichen oder adeligen Häusern des Reichs. Um den unseligen, den Bestand des Hauses immerzu gefährdenden Erbteilungen ein für allemal eine Ende zu bereiten, hatte Herzog Albrecht IV. (1447–1508) nach der Beilegung des blutigen Landshuter Erbfolgestreits und der Wiedervereinigung des Herzogtums am 5. Juli 1506 als fortan streng verpflichtendes Hausgesetz der bayerischen Wittelsbacher die Primogeniturordnung eingeführt.[8] Sie regelte die Erbfolge nach dem Recht der Erstgeburt im Mannesstamm mit dem Ziel, für die Zukunft eine Zersplitterung des Herzogtums zu unterbinden. Diese einschneidende Bestimmung, die aber die eigentliche Grundvoraussetzung für die Ausbildung eines neuzeitlichen Staatswesens im Herzogtum schuf, warf alsbald das Problem der standesgemäßen Versorgung nachgeborener Söhne auf. Gewiß, das neue Hausgesetz enthielt auch diesbezüglich eindeutige Richtlinien: Nachgeborene Söhne sollten von vornherein mit dem Rang und Titel von Grafen vorliebnehmen müssen, dem regierenden Herzog, das heißt dem zur Regierung gelangten ältesten Bruder untertan sein und mit Beginn ihrer Volljährigkeit eine bescheidene Jahresrente (von 4000 Gulden) beziehen; doch erkannte man, daß auf der Grundlage einer Degradierung nachgeborener Herzogssöhne, wie sie die genannten Richtlinien intendierten, eine dauerhafte Lösung schwerlich erreichbar sein würde. Man unterließ denn auch, jüngeren Herzogssöhnen den ihrer Geburt entsprechenden Rang und Titel eines Herzogs streitig zu machen, und was ihren späteren Unterhalt anlangte, strebte man mit Bedacht danach, hierfür möglichst Quellen außerhalb des Herzogtums zu erschließen.

Nun boten sich einem jungen Adeligen des alten Reichs, zumal einem Sproß aus fürstlichem Haus, nach den strengen Vorstellungen der Zeit in der Regel nur zwei standesgemäße Alternativen an: der Eintritt in die militärische oder in die geistliche Laufbahn. Während aber mit der ersten Möglichkeit, etwa mit dem Eintritt in kaiserliche Dienste, naturgemäß nur sehr begrenzt disponiert werden konnte, drängte sich die zweite Möglichkeit als bequemste und in jeder Hinsicht vorteilhafteste, zudem vornehmste Lösung der Frage förmlich auf. Der Rückgriff auf die wohldotierten Domkanonikate und insbesondere auf die Bischofsstühle des Reichs und die mit letzteren verbundenen Fürstentümer eröffnete nämlich außer einer angemessenen Versorgung den Zugang zu einer dem erstgeborenen, regierenden Bruder im Rang gleichberechtigten, unter Umständen gar übergeordneten fürstlichen Stellung; und da an die Aufnahme in den geistlichen Stand nach Vorschrift des kanonischen Rechts die Verpflichtung zur Ehelosigkeit (folglich der Verzicht auf – legitime – Nachkommenschaft) geknüpft war, verbürgte eine geistliche Versorgung zugleich am wirksamsten die Aufrechterhaltung der Primogeniturordnung, somit den ungeteilten Bestand des Herzogtums.

Bewerbungen um Domkanonikate und Bistümer, in früheren Jahrhunderten nur vereinzelt vorkommend, bildeten seit Erlaß des Primogeniturgesetzes einen ganz wesentlichen Faktor der bayerischen Hauspolitik. Noch 1506 erwarb Albrecht IV. seinem damals elfjährigen zweitgeborenen Sohn Ludwig (1495–1545) die Freisinger Dompropstei und ließ ihm im Jahr darauf die erste Tonsur erteilen. Allein, nach des Vaters Tod quittierte der lebenslustige Herzogssohn die ihm aufgedrungene kirchliche Laufbahn. Es gelang ihm als letztem, mit Hilfe seiner Mutter für seine Person die Primogeniturordnung zu umgehen und wenigstens die Mitregentschaft neben seinem älteren Bruder Wilhelm IV. (1493–1550) durchzusetzen.[9] Er blieb allerdings unverehelicht, so daß das neue Hausgesetz in seiner Gültigkeit nicht beeinträchtigt wurde –, und er trug keine Bedenken, seinem jüngsten Bruder Ernst (1500–1560) den Zwang anzutun, gegen den er sich selbst mit Erfolg aufgelehnt hatte. Ihn, der heftigst widerstrebte, den Empfang der höheren Weihen stets weit von sich wies und lebenslang auf seine Erbansprüche pochte, »entschädigten« seine regierenden Brüder zunächst durch die Beischaffung des Bistums Passau, dessen Administration ihm 1517 zufiel, später, nachdem sie durch eine geschickte diplomatische Taktik das Einverständnis Österreichs erlangt hatten, mit der Nachfolge im Erzstift Salzburg (1540), ferner mit einer Abfindung in Höhe von 225000 Gulden.[10]

Daß Jahrzehnte später jedoch den ursprünglich aus Gründen der Hauspolitik angestrengten bayerischen Bewerbungen um Domkanonikate und Bistümer – sie überschritten anfangs die bayerische Einflußsphäre nicht – eine eminent reichs- und reichskirchenpolitische Bedeutung zuwuchs, war eine Folge der Reformationswirren. Wilhelm IV. und Ludwig X. hatten sich nach dem Wormser Reichstag von 1521 entschieden, im »alten Glauben« zu verharren und eine Anlehnung an die Religionspolitik Kaiser Karls V. (1519–1556, † 1558) zu vollziehen.[11] Ansätze einer Glaubensneuerung im Herzogtum hatten sie, nicht zuletzt unter dem Eindruck des Bauernkriegs, unerbittlich geahndet, zugleich aber auch eine zielstrebige innere Reform der bayerischen Kirche eingeleitet. Freilich war der Eifer für den alten Glauben, sosehr er religiöser Überzeugung entsprang, keineswegs uneigennützig. Mit der Abwehr reformatorischen Einflusses wie mit dem Vorantreiben der kirchlichen Reform bezweckten und erreichten die bayerischen Herzöge auch eine innere Festigung des Herzogtums und ihrer Herrschaft, die ihnen erlaubte, ihre Machtposition im Reich beträchtlich auszubauen. Als in den sechziger Jahren des 16. Jahrhunderts die kaiserliche Haltung in der Religionsfrage merkwürdig schwankend wurde, war der Augenblick gekommen, die errungene Autorität in der Reichspolitik zur Geltung zu bringen. Albrecht V. (1528–1579), Herzog Wilhelms IV. einziger legitimer Sohn und Nachfolger, verteidigte an der Spitze der katholisch gebliebenen Reichsstände gegenüber dem Kaiser (Maximilian II.) mit dem ganzen Gewicht seiner Persönlichkeit den katholischen Standpunkt, und indem er so der strengen, kompromißlosen Richtung den Weg wies, verhalf er der Gegenreformation im Reich zum Durchbruch.[12]

Für die Römische Kurie war es angesichts der bedrängten Situation der Reichskirche natürlich ein Gebot der politischen Vernunft, die Freundschaft eines so unbeirrbaren und potenten Vorkämpfers für die Rechte des Heiligen Stuhls und der katholischen Kirche nach Kräften zu pflegen und Entgegenkommen mit Entgegenkommen zu honorieren. Der Herzog wiederum zeigte sich entschlossen, die Dankbarkeit Roms seinen im Maß seines gestiegenen Ansehens erweiterten hauspolitischen Zielen dienstbar zu machen. Auch er hatte, das Beispiel der Vorfahren nachahmend, seinen jüngsten Sohn Ernst (1554–1612) für den geistlichen Stand bestimmt. Aber bei seinen alsbald einsetzenden Bemühungen, den jungen Herzog in der Reichskirche unterzubringen, ließ er sich nicht mehr primär – wie ehedem seine Vorgänger – vom Motiv der Versorgung leiten; je mehr er seinen Einfluß im Reich und an der Römischen Kurie zunehmen fühlte, desto konkretere Formen gewann in seinen Überlegungen der Plan, auf dem Weg über die gefährdete Reichskirche die territoriale Macht des Hauses Bayern zu heben – selbstverständlich unter Beachtung des Buchstabens des kanonischen Rechts und der Concordata Germaniae. So wandelte sich unter Herzog Albrecht V., was einst unter hauspolitischem Aspekt begonnen worden war, zu einem klar durchdachten reichskirchenpolitischen Programm.

1565 erwarb der Herzog für Ernst die Mitgliedschaft im Salzburger Domkapitel, im selben Jahr ließ er den Elfjährigen zum Fürstbischof von Freising postulieren; Bischof Moritz von Sandizell hatte auf das Bistum – nicht aus eigenem Antrieb – zugunsten Ernsts verzichtet. Daß die Erhebung eines Kindes zum Bischof den Reformbeschlüssen des kurz vorher zu Ende gegangenen Konzils von Trient, deren Annahme Albrecht V. auf dem Augsburger Reichstag 1566 so nachdrücklich verfocht, gänzlich zuwiderlief, kümmerte ihn nicht. Schließlich hatten auch die Jesuiten in seiner Umgebung das Vorgehen zum Nutzen der Kirche von Freising gebilligt. Und der Papst – es war der gestrenge Pius V. (1566–1572) – bestätigte nach einigem – durch Gewissensskrupel bedingten – Zögern, in Anerkennung der Verdienste des Hauses Bayern um den Heiligen Stuhl und die katholische Kirche in Deutschland, 1566 den Postulationsakt und bewilligte dem Prinzen, der noch unter der Aufsicht seines Hofmeisters stand, als besonderen Gunsterweis die weltliche Administration des Hochstifts.[13] Damit fiel das kleine, mit dem Hauptteil seiner reichsunmittelbaren Territorien aber mitten im Herzogtum gelegene und bis an die Tore der Residenzstadt München heranreichende Hochstift Freising, das man – wie das Hochstift Regensburg – je länger je mehr als »Pfahl im Fleisch« empfand, endlich an das Haus; man konnte sich ungehinderter, und mit größerem Anschein des Rechts, in die Verwaltung des Bistums einmischen, und als Jugendpfründe war das gewiß ertragsschwache Stift für Herzog Ernst gerade gut genug.

Im Jahr 1565 war Albrecht V. indessen auch im Verfolg seiner weiterreichenden Ziele einen bedeutsamen Schritt vorwärtsgekommen: er hatte mit der Aufnahme Ernsts in das Würzburger Domkapitel den ersten greifbaren Erfolg seiner Bemühungen jenseits der Grenzen Bayerns, »im Reich«, zu verzeichnen gehabt. Die Jahre 1566 und 1567 bescherten dem Prinzen zwei weitere Domkanonikate in den Erzstiften Köln und Trier – man hatte in zweien der drei geistlichen Kurfürstentümer am Rhein und also in der nordwestlichen »Germania Sacra« Fuß gefaßt. Von nun an konzentrierte der Münchner Hof seine Kräfte mit einer allen Widerständen und Niederlagen trotzenden Zähigkeit auf die Eroberung der Kölner Kurwürde.[14]

Doch das Glück schien dem Haus Bayern auf dem Weg nach Köln nicht hold sein zu wollen. Erste tastende Versuche verliefen überhaupt ergebnislos. 1577 vermeinte man, eine reale Chance für eine Kandidatur Ernsts bei der anstehenden Erzbischofswahl zu erblicken. Ungesäumt beschaffte man die nötigen päpstlichen Dispensen. Voller Zuversicht, in Kürze mit der kurfürstlichen Würde geschmückt zu sein, ließ sich der junge Herzog sogar zum Äußersten herbei, nämlich zum Empfang der Priesterweihe, und zwar in der Stadt Köln selbst, demonstrativ im Angesicht der Kölner Domherren, um dann eine empfindliche Wahlniederlage hinnehmen zu müssen. Als 1579 der Vater starb, nannte Ernst als Frucht jahrelangen, kostspieligen Ringens um die nordwestlichen Reichsbistümer nur Hildesheim sein eigen. Das dortige Domkapitel hatte ihn 1573 postuliert in der Erwartung, das Haus Bayern werde dem im protestantischen Niedersachsen gelegenen und von der Säkularisation bedrohten Hochstift seinen Schutz nicht versagen. Der Papst hatte unter dieser Rücksicht umgehend die Konfirmation erteilt.[15] König Philipp II. von Spanien war es vorzüglich zu danken, daß der Herzog 1581 noch im Bistum Lüttich sowie in den Reichsabteien Stablo und Malmedy postuliert wurde.[16]

Es lag in der Konsequenz der Politik Albrechts V., wenn sein Sohn und Nachfolger Wilhelm V. (1548–1626, regierender Herzog 1579–1597) angesichts einer unvermittelt sich anbahnenden reichskirchlichen Krise zu den Waffen griff, im Interesse des Reichs, der Reichskirche und des eigenen Hauses. Folgendes hatte man in Erfahrung gebracht: Der Kölner Erzbischof und Kurfürst Gebhard Truchseß von Waldburg, Herzog Ernsts siegreicher Konkurrent im erbitterten Kölner Wahlkampf von 1577, bereitete insgeheim seinen Übertritt zum Protestantismus, seine Heirat und die Säkularisation des Kurfürstentums Köln vor, dessen Herrschaft abzutreten er mitnichten gesonnen war. Der Truchseß verletzte damit die Bestimmung des »Geistlichen Vorbehalts«, nach der ein geistlicher Reichsfürst beim Überwechseln zur Reformation Amt und Herrschaft verlieren sollte.[17] Viel schwerwiegender aber war, daß dieses Vorhaben die noch bestehende dünne Mehrheit der katholischen Stimmen im Kurfürstenkolleg, dem das Vorrecht der Königswahl zukam, ernsthaft bedrohte, ebenso den Fortbestand der übrigen nordwestdeutschen Hochstifte, die zusammen mit den rheinischen Erzstiften den Kern der Reichskirche bildeten. Die akute Gefahr rief Herzog Wilhelm V., von der Römischen Kurie zu raschem Handeln angespornt, auf den Plan. Zwar bedurfte es eindringlichen Zuredens, um Herzog Ernst zum Aufbruch nach Köln zu bewegen – nur schwer vermochte er sich nämlich von seiner Geliebten in Freising loszureißen –, und obgleich Papst Gregor XIII. (1572–1585) ihn motu proprio mit Dispens und ausdrücklicher Empfehlung versehen, auch erhebliche Geldsummen beigesteuert hatte, damit die Wahl des bayerischen Prinzen auf alle Weise erleichtert würde, blieb dem Kandidaten wiederum ein wochenlanger, zermürbender Wahlkampf nicht erspart, ehe er für sein Haus den ersehnten Sieg davontragen konnte. Am 23. Mai 1583 wählte ihn das Kölner Domkapitel unter militärischem Schutz der Stadt einstimmig zum neuen Erzbischof und Kurfürsten. Königlich-spanische und bayerische Truppen unter dem Oberkommando Herzog Ferdinands, des älteren Bruders des Neuerwählten, vertrieben nach vollzogener Wahl den seiner Würden entsetzten Truchsessen aus dem Erzstift, das nunmehr der neue Kurfürst in Besitz nahm.[18] Den Sieg Bayerns in der nordwestlichen »Germania Sacra« machte vollständig die 1585 erfolgende Postulation Ernsts im westfälischen Bistum Münster, auch sie Ergebnis langjährigen Ringens.[19] Nur am Rande sei vermerkt, daß dieser in rund zwei Jahrzehnten erkämpfte Sieg ungeheure Summen verschlungen – man denke an die mit solchen Wahlgeschäften verbundenen Bestechungsaktionen, die man natürlich zu bemänteln trachtete, an die Präsente für die Domherren, an die Kosten des »Kölner Kriegs« usw. – und die finanziellen Möglichkeiten des Herzogtums bei weitem überfordert hat.[20]

Doch Einsatz und finanziellen Aufwand rechtfertigte das politisch Erreichte: Der Kölner Sieg von 1583, stabilisiert durch die Erfolge in Hildesheim, Lüttich und Münster, bedeutete eine glänzende Bewährungsprobe des gegenreformatorischen Bündnisvierecks München–Rom–Madrid–Brüssel; dank engem Zusammenwirken war es gelungen, das Vordringen der reformatorischen Kräfte im entscheidenden Augenblick und an entscheidender Stelle abzuwehren, und darin kam dem Sieg ausschlaggebendes reichs- und reichskirchenpolitisches Gewicht zu. Für das Haus Bayern aber war wenigstens ebenso bedeutend, wenn nicht wichtiger der ihm als einzigem Beteiligten de facto zugefallene Lohn: neben den Hochstiften, die eine nicht unerhebliche Verbreiterung der territorialen Basis darstellten, die Kurwürde, aufgrund deren das Haus Bayern erstmals – wenn auch zunächst nur über einen nachgeborenen Prinzen – die Mitsprache im Kurfürstenkolleg anmelden konnte.

Selbstredend verpflichtete der Ehrgeiz dazu, diese hohe geistliche Reichswürde für alle Zukunft fest beim Haus zu hüten. Fortan betrachtete man das Erzstift Köln und die umliegenden Hochstifte als eine Art Sekundogenitur des Hauses Bayern. Und der dorthin berufene nachgeborene Sohn war es dem Stammhaus (dem er ja seine eigene Erhöhung zu verdanken hatte) schuldig, in seinen Stiften für eine möglichst reibungslose Nachfolge eines vom regierenden Herzog ausgewählten Neffen zu sorgen und diese jedenfalls im Erzstift Köln noch bei Lebzeiten, mittels einer Koadjutoriewahl, zu bewerkstelligen. Um päpstliche Dispens und Konfirmation brauchte man dabei nicht zu bangen, denn das Argument der unwägbaren Meriten des Hauses Bayern um die Erhaltung von katholischer Kirche und Rechtgläubigkeit im Reich sowie der fortdauernden Schutzbedürftigkeit Kölns und der nordwestlichen »Germania Sacra«, welche nach wie vor die Wahl eines bayerischen Prinzen erfordere, verlor an der Römischen Kurie über die Jahrhunderte hinweg – so scheint es – nichts von seiner ursprünglichen Eindringlichkeit. Schwieriger zu erlangen war da schon die Unterstützung des Kaisers, der sich als oberster Schutzvogt der Reichskirche zumindest bei wichtigeren Bischofswahlen stets durch eine eigene Gesandtschaft vertreten ließ und den die reichskirchliche Aktivität Bayerns mehr und mehr mit Argwohn erfüllte. Dennoch wußte der Münchner Hof sich auch ihm gegenüber in der Regel, wenn nötig mittels harter diplomatischer Taktik und Bestechung kaiserlicher Minister, durchzusetzen oder wenigstens einen Einspruch des Kaisers zu verhindern.

So beförderte Wilhelm V., der Fromme, zwei seiner vier Söhne in den geistlichen Stand: Philipp Wilhelm (1576–1598) und Ferdinand (1577–1650). Ersteren ließ er bereits mit drei Jahren zum Bischof von Regensburg postulieren. Weitere Pläne sind markiert durch Namen und Rang der Domkapitel, denen Philipp Wilhelm dank väterlicher Protektion angehörte: unter anderem Köln, Salzburg und Mainz; sie wurden aber vereitelt durch den allzu frühen Tod des Prinzen, der wenige Monate zuvor von Papst Clemens VIII. (1592–1605) noch mit dem Kardinalspurpur ausgezeichnet worden war.[21] Ferdinand, Dompropst von Straßburg, Koadjutor der Dompropstei von Würzburg, Domherr von Köln, Trier, Salzburg, Eichstätt und Passau,[22] wurde zwischen 1591 und 1611 Koadjutor seines Kölner Oheims Ernst in dessen nordwestdeutschen Stiften und in Berchtesgaden. Den Verlust Freisings wog ihm der Erwerb des Bistums Paderborn 1618, am Beginn des Dreißigjährigen Kriegs, vielfältig auf. Er vereinigte in seiner Hand den Hauptteil der katholisch gebliebenen niederdeutschen Stifte, während die restlichen, überaus gefährdeten Bistümer Minden, Verden und Osnabrück sein Vetter Franz Wilhelm Graf von Wartenberg (1593–1661), Sohn Herzog Ferdinands von Bayern (1550–1608) und seiner bürgerlichen Gemahlin Maria Pettenbeck, innehatte. Obgleich Ferdinand von Köln sich zum Empfang der höheren Weihen nie entschließen konnte, suchte er nicht nur ehrlich seinen Lebenswandel mit seinen zahlreichen geistlichen Würden in Einklang zu bringen – ganz im Gegensatz zu seinem geweihten, ungeistlichen Oheim und Vorgänger Ernst –, sondern er wirkte ähnlich Franz Wilhelm von Wartenberg, der wohl als einziger Bischof aus herzoglich-bayerischem Geblüt von seinem priesterlichen Auftrag zutiefst durchdrungen war, in seinen Bistümern auch im Sinne einer katholischen Reform, freilich zuweilen mit rigoroser Strenge.[23] Franz Wilhelm verblieb von seinen drei niederdeutschen Bistümern nach dem Westfälischen Friedensschluß nur Osnabrück, und zwar um den Preis eines in seiner Art singulären Kompromisses: im Besitz des Osnabrücker Bischofsstuhls wechselte künftig (bis 1803) ein katholischer Bischof mit einem Prinzen aus dem evangelischen Haus Braunschweig-Lüneburg. 1649 übernahm Wartenberg die Leitung des im Dreißigjährigen Krieg arg verwüsteten Bistums Regensburg, dessen Wiederaufbau und kirchliche Erneuerung er mit Tatkraft und Umsicht vorantrieb. Er starb als Kardinal der Römischen Kirche.[24]

Maximilian I. (1573–1651), dem der kriegerische Einsatz gegen den calvinischen Kurfürsten Friedrich V. von der Pfalz, den Winterkönig, die erste weltliche Kurwürde (1623) und die Oberpfalz (1628) eingetragen hatte, ließ nicht seinen zweiten, ziemlich spät geborenen Sohn Maximilian Philipp (1638–1705) für den geistlichen Stand erziehen, sondern an dessen Statt die beiden Söhne seines jüngsten Bruders Albrecht (1584–1666), in dem das Haus Bayern das Erbe der Leuchtenberger angetreten hatte. Maximilian Heinrich (1621–1688), der Erstgeborene, rückte durch rechtzeitig eingeleitete Koadjutoriewahlen in Hildesheim (1633), Köln (1642) und Lüttich (1650) als Nachfolger Ferdinands in der bayerischen Sekundogenitur am Rhein nach. Er brachte nach Ferdinands Tod auch noch Berchtesgaden sowie Stablo und Malmedy an sich; dagegen gingen Münster und Paderborn dem Haus Bayern einstweilen wieder verloren. Mühe und Kosten hatte der sparsame, unbestechliche, die Interessen des Hauses allerdings kühl abwägende Maximilian bei den Bewerbungen seines Neffen sowenig gescheut wie seine Vorgänger. In Köln etwa waren die »wohlgesinnten« Domherren je nach »Verdienst« mit ansehnlichen Geldgeschenken (zwischen 300 und 1500 Gulden) »rekompensiert« worden; außerdem hatte der bayerische Kurfürst dem Domkapitel und dem Erzstift eine noch aus der Regierungszeit Ernsts datierende Kapitalschuld in Höhe von 445812 Rheinischen Gulden samt Zinsen erlassen.[25] Indes entwickelte sich der von Maximilian I. so begünstigte Neffe, der gleich nach Regierungsantritt die Priester- und Bischofsweihe empfing, auch fromm, manchmal gar einsiedlerisch lebte, zu einem recht skurrilen Herrn. Für die Aufgaben eines Bischofs wie eines Kur- und Reichsfürsten in gleicher Weise untauglich, überließ er die politischen Geschäfte gänzlich seinen allgewaltigen Ministern, den beiden Brüdern Fürstenberg, durch deren Machenschaften er, ohne es zu bemerken, zum Spielball der Politik Frankreichs wurde.[26]

Charakterlich ähnelte ihm sein Bruder Albrecht Sigmund (1623–1685), Domherr von Freising und Salzburg, Dompropst von Konstanz; allein, dieser erlangte wenigstens keine politisch exponierte Stellung im Reich, sondern wurde sozusagen im Schoß des Herzogtums versorgt. 1640 zwang Maximilian I., indem er die kriegsbedingte finanzielle Notlage des Hochstifts ausnützte, den Sechzehnjährigen dem Freisinger Fürstbischof Veit Adam von Gepeckh († 1651) als Koadjutor »cum spe successionis« auf;[27] 1668, unter der Ägide des Kurfürsten Ferdinand Maria (1636 bis 1679), erfolgte außerdem Albrecht Sigmunds Erhebung zum Fürstbischof von Regensburg. Glücklich wird man die Regierung dieses Bischofs, der nur die Subdiakonatsweihe (am 19. September 1648 durch Erzbischof Paris Lodron in Salzburg)[28] empfangen hatte und 1659 aus dynastischen Rücksichten sich zu vermählen entschlossen gewesen war,[29] nicht nennen können, schon gar nicht in Freising, wo er trotz wiederholter Schlichtungsversuche des Münchner Hofs mit seinem Domkapitel in schier unentwegtem heftigsten Streit lebte.[30]

Die Reichskirchenpolitik Max Emanuels vor dem Spanischen Erbfolgekrieg

Als Max Emanuel (1662–1726), der Sohn Kurfürst Ferdinand Marias und Enkel Maximilians I., 1680 im Alter von 18 Jahren die selbständige Regierung des Kurfürstentums Bayern übernahm, standen Maximilian Heinrich und Albrecht Sigmund ihren Bistümern und Stiften noch vor. Von Maximilian I. dazu ausgewählt, waren sie zur Übernahme des Bischofsamtes angetreten, um kraft ihrer hohen Geburt und der hinter ihnen stehenden katholischen, gegenreformatorischen Vormacht ihres Stammhauses die ihnen anvertrauten Bistümer und Hochstifte vor protestantischen Einflüssen und Übergriffen zu bewahren. Jedoch hatte sich seit der Reformation und dem Dreißigjährigen Krieg die Zeit erheblich gewandelt. Durch den Westfälischen Frieden (1648) war die Säkularisationsgefahr weitestgehend gebannt worden (obwohl von einem friedlichen Nebeneinander der Konfessionen keine Rede sein konnte); die geistlichen Staaten waren zwar zusammengeschrumpft, hatten sich aber in ihrem übriggebliebenen Rest (der immer noch beträchtlich war) wieder konsolidiert. Auch hatte sich die Reichskirche insgesamt, von der Reformation herausgefordert, im Geist der tridentinischen Reform – die auch ein neues Bischofsideal ausgeprägt hatte – innerlich zusehends erneuert; das kirchliche Leben war, geläutert, wiedererstarkt. Und es ist nicht zu leugnen, daß das Haus Bayern an dieser Entwicklung hohen Anteil gehabt hatte. Doch durch ebendiese Entwicklung war das gegenreformatorische Motiv der Reichskirchenpolitik des Hauses Bayern (das freilich deren ursprüngliche Motivation nicht beseitigt, nur verdeckt hatte) de facto gegenstandslos geworden. Der regierende Erzbischof und Kurfürst von Köln, Fürstbischof von Lüttich und Hildesheim, Fürstpropst von Berchtesgaden, Reichsabt von Stablo und Malmedy, und der regierende Fürstbischof von Freising und Regensburg gehörten im Grunde einer vergangenen Epoche an. – Es hatte sich aber seither noch eine andere, grundstürzende Wandlung begeben: In der Politik war ein säkularisiertes Denken mit Macht durchgebrochen. Es schob unter Zurückdämmung ursprünglich religiöser, jenseitiger Lebensziele in den Vordergrund politischer Überlegungen mehr und mehr das pure Staatsinteresse. Wohl hatte sich dieser Umschwung längst angekündigt, deutlich beispielsweise in dem anfänglich rein territorial- und hauspolitisch motivierten Streben des Hauses Bayern, nachgeborene Herzogssöhne mit einträglichen Kirchenpfründen auszustatten; doch jetzt hatte das »moderne« Staatsdenken die Oberhand gewonnen. Die im Religiösen verankerte Verantwortlichkeit als Richtschnur politischen Handelns wurde abgelöst von der »natürlich« verstandenen »Räson« des Staates, vom Staatsinteresse, das seinerseits diktiert wurde von politischer Notwendigkeit, von utilitaristischen wie machtpolitischen Vorstellungen. Im Westfälischen Frieden war den Reichsfürsten – die in ihren Territorien längst Hoheitsrechte ausübten – volle Souveränität samt Bündnisrecht formell zuerkannt, die »reichsständische Libertät« somit sanktioniert worden. Das Territorialprinzip hatte über den Reichsgedanken gesiegt. Die letzten Schranken territorialen Selbständigkeits- und Expansionsdranges waren gefallen. Noch bestand das Heilige Römische Reich, obgleich im Glauben gespalten, und immer noch präsentierte es sich in prunkendem Zeremoniell (über das man eifersüchtig wachte) als ein sakrales Gebilde, aber an wirklicher Macht gebrach es ihm, und die Idee, aus der es gewachsen war und die seine Kräfte gesammelt hatte, verblaßte. Nur jene hielten die Reichsidee weiterhin hoch und blieben erfüllt von »reichischer« Gesinnung, die wußten oder ahnten, daß im Schicksal des Reichs ihr eigenes Schicksal beschlossen lag: die kleineren Territorialherren und vor allem die geistlichen Reichsfürsten mit ihren Dom- und Stiftskapiteln.

Der Umschwung im politischen Denken trat deutlich zutage im politischen Agieren und Taktieren des neuen bayerischen Kurfürsten. Max Emanuel war eine schillernde Persönlichkeit, ebenso ehrgeizig wie tollkühn, um seines Ruhmes willen bereit, alles aufs Spiel zu setzen, tapfer, doch ohne Selbstdisziplin, leichtlebig, verschwenderisch, von erlesenem künstlerischen Geschmack: alles an ihm überschäumendes barockes Lebensgefühl, aber alles auch mit einem Zug ins Maßlose. Seine religiöse Überzeugung und Kirchlichkeit wurzelten in der katholischen Tradition des Hauses, und gewiß war seine Frömmigkeit, von der es eindrucksvolle Zeugnisse gibt, ungeheuchelt. Dennoch lebte in ihm die Glaubenskraft der Väter nicht mehr; ja, gerade in Max Emanuels Religiosität wird der Abstand sichtbar, der ihn von seinen Vorfahren trennte. Bei seinem Großvater Maximilian I. etwa, den er zutiefst bewunderte und dem er nachzueifern vermeinte, war Quellgrund und Zielpunkt alles Planens und Handelns die religiöse Überzeugung gewesen, und sie hatte ihn unerbittlich in die Verantwortung vor Gott gezwungen. Von hieraus sind die machtpolitischen (eingeschlossen die reichskirchenpolitischen) Bestrebungen und Aktionen Maximilians I. zu verstehen (wie immer man sie heute beurteilen mag): Sie hatten der Stärkung des Hauses Bayern gegolten, aber eben des *katholischen* Hauses Bayern, dem Auftrag und Sendung zugefallen waren, den »rechten« Glauben zu verteidigen und die alte Reichsverfassung zu stützen. Bei Max Emanuel löste sich diese enge Zuordnung von Religion und Politik auf, oder vielleicht müßte man treffender sagen: Max Emanuel kehrte diese Zuordnung um. Seine politischen Aktionen gründeten nicht mehr in religiöser Verantwortlichkeit. Ehrgeiz war die eigentliche Triebfeder seines Handelns, das Ziel eine letzte Aufgipfelung der Macht und des Ansehens seines Hauses um ihrer selbst willen. Das Religiöse wurde, wie alles, was diesem Ziel nützlich zu sein schien, in Dienst genommen. Dem widerspricht nicht, daß Max Emanuel, wo nötig, zur Rechtfertigung seines Tuns fromme Worte fand. Dies gilt insbesondere hinsichtlich seiner reichskirchlichen Bestrebungen. Unentwegt beteuerte er gegenüber Papst und Kaiser, welch leuchtendes Vorbild ihm das hehre Beispiel seiner Vorfahren sei, daß auch ihm, wie einst ihnen, nichts tiefer zu Herzen dringe als die Wohlfahrt des »catholischen weesens«, der er die Blüte seines Hauses weihe.[31] Doch nicht selten und fast im selben Atemzug noch forderte er unmißverständlich unter Hinweis auf die Verdienste der Vorfahren um die Rettung des katholischen Glaubens und der Reichskirche die päpstliche und kaiserliche Assistenz zur Verwirklichung seiner reichskirchlichen Pläne als eine Art wohlerworbenen Privilegs des Hauses Bayern ein. Max Emanuels Reichskirchenpolitik stand, anders als jene seiner Vorfahren, ganz im Zeichen seiner hochgespannten hausmachtpolitischen Bestrebungen, und entsprechend skrupellos verfuhr er – »zu unseres haus grossen avantage undt aufnamb«.[32]

Der Kurfürst hatte nach zweijähriger Regierungszeit eben den Aufbau eines stehenden bayerischen Heeres zum Abschluß gebracht, als er – Mitte Oktober 1682 – energisch ein Projekt wieder aufgriff, das noch von seinem Vater Ferdinand Maria herrührte, von diesem aber ganz bewußt unerledigt gelassen worden war. Es betraf die künftige Versorgung seines noch nicht elfjährigen Bruders Joseph Clemens (geboren am 5. Dezember 1671). Kurfürst Ferdinand Maria hatte 1678 seinem Vetter Fürstbischof Albrecht Sigmund und dessen beiden Domkapiteln in Freising und Regensburg die schriftliche Zusicherung abverlangt, daß sie im Falle einer Koadjutoriewahl den Prinzen Joseph Clemens (bzw. einen Kandidaten aus dem Haus Bayern) allen etwaigen anderen Bewerbern vorziehen würden.[33] Grund dieser Vorsichtsmaßnahme – nur um eine solche hatte es sich einstweilen gehandelt – war der massive Versuch Philipp Wilhelms von Pfalz-Neuburg gewesen, mit Hilfe Kaiser Leopolds I., seines Schwiegersohns, zwei seiner zahlreichen Söhne Albrecht Sigmund als Koadjutoren aufzudrängen. Den ihm unterbreiteten Vorschlag, sofort zur Postulation zu schreiten, die Umstände seien günstiger denn je, hatte Ferdinand Maria jedoch entschieden zurückgewiesen, mit Rücksicht auf das zarte Alter des Prinzen und »annderer beweglicher ursachen halber«[34] – womit den Ratgebern bedeutet worden war, daß das Haus Bayern vordringlich für die Sicherung von Nachkommenschaft zu sorgen habe.

Wo der Vater zu entscheiden gezögert hatte, entschied nun souverän der Sohn. Durch eigene Gesandtschaften begehrte er von Albrecht Sigmund und den Domkapiteln in Regensburg und Freising die Einlösung des ehedem gegebenen Wortes und präsentierte ihnen den elfjährigen Joseph Clemens als Koadjutorkandidaten. »Des herrn prinz Josephs Clement hochfürstl. Drt.« – so hatten die Gesandten vorzutragen – lasse »beraith solche qualiteten und tugenten blickhen..., das wan sie zum geistlichen stand ihr naigung continuiren und khonfftig zur regirung gelangen sollen, sie dem hochstüfft wol anstehen: und selbiges in bestes aufnemmen bringen werden.« Um der Werbung besseres Gehör zu verschaffen, wurde auf Geheiß des Kurfürsten den Domherren für den Fall ihrer Willfährigkeit eine »real erkhanntnus« neben »weitern sonnderbaren gnaden, sowol insgesambt, als in particulari« in Aussicht gestellt.[35] Das Ansinnen Max Emanuels wurde von den Domkapiteln keineswegs ohne Widerspruch hingenommen. Man gab zu bedenken, daß der Prinz die kanonischen Voraussetzungen für eine Koadjutoriewahl keineswegs erfülle, vor allem sei er zu jung und auch nicht im Besitz einer päpstlichen Dispens. Doch jeder der Domherren wußte, daß man sich dem kurfürstlichen Willen über kurz oder lang zu beugen haben würde; denn die einst schriftlich abgegebene Erklärung, auf die sich der Kurfürst bei seiner Werbung berief, band Fürstbischof und Domkapitel. So gab man – in Regensburg früher, in Freising später – dem Druck Max Emanuels nach und begnügte sich in den gleichwohl hart geführten Wahlverhandlungen damit, das Mitspracherecht des Domkapitels bei der Regierung von Bistum und Hochstift zu stärken, dessen sonstige Gerechtsame zu erweitern und im übrigen für den familiären und persönlichen Vorteil zu sorgen.

Nachdem die Verhandlungen in Regensburg zu einem guten Ende gediehen waren, befahl Max Emanuel den Freisinger Weihbischof nach München, um den erbittert sich sträubenden Joseph Clemens[36] durch Erteilung der ersten Tonsur in den Klerikerstand aufnehmen zu lassen (6. März 1683).[37] Das hierüber ausgestellte Attest wurde eilends dem Regensburger Domkapitel vorgelegt, das den Prinzen am 10. März 1683 einstimmig zum Koadjutor Albrecht Sigmunds im Bistum Regensburg postulierte.[38] Die versprochene »real erkhanntnus« blieb nicht aus. Der Kurfürst hatte unter höchster Geheimhaltung aus den Gefällen des Klosters Seligenporten in der Oberpfalz 10050 Gulden abzweigen und nach Regensburg transportieren lassen. Davon erhielt jeder Domkapitular 600 Gulden, der Dompropst 1000 Gulden und der Domdechant 800 Gulden[39] – ein »höchst schäzbares praesent«,[40] wenn man es am bescheidenen Bruttoertrag des Hochstifts Regensburg (jährlich ca. 30000 Gulden) mißt. Dem Fürstbischof aber ließ Max Emanuel 200000 Ziegelsteine für einen privaten Schloßbau gratis liefern.[41]

Erheblich schwieriger gestalteten sich die Verhandlungen

auf dem Freisinger Domberg, nicht zuletzt deshalb, weil hier durch kurfürstliche Vermittlung erst ein schier heilloser Streit zwischen Domkapitel und Fürstbischof geschlichtet werden mußte, bevor man in das eigentliche »Wahlgeschäft« eintreten konnte. Doch am 27. November 1684 erfolgte auch in Freising die einstimmige Postulation Joseph Clemens'[42] – sozusagen als Dank für die kurfürstliche Vermittlung des Friedens zwischen Fürstbischof und Domkapitel.[43]

Als Albrecht Sigmund am 4. November 1685 für immer die Augen schloß, hatte Papst Innozenz XI. (1676–1689), auf den Max Emanuel nie vergeblich sein Vertrauen setzte, beide Postulationsakte gutgeheißen und motu proprio – ohne den üblichen Informativprozeß führen zu lassen – konfirmiert: ein Entgegenkommen, das der sonst so schwierige und von Gewissensskrupeln geplagte Papst jedem anderen Fürsten verweigert hätte, so liest man in dem Bericht des bayerischen Ministers am päpstlichen Hof.[44] Wieder war der Freisinger Weihbischof an den Münchner Hof beordert worden, um als Subdelegat des päpstlichen Nuntius in Wien die *professio fidei*, das Glaubensbekenntnis, und das *iuramentum episcopale*, den bischöflichen Eid, Joseph Clemens' entgegenzunehmen.[45] Wohl beinhaltete die Konfirmation gewisse, durch das jugendliche Alter des Prinzen bedingte Einschränkungen: erst mit 25 Jahren sollte er die Regierung der Hochstifte, mit 30 Jahren die Regierung der Bistümer antreten dürfen, für die Zwischenzeit sollten aus dem Kreis der Domkapitulare Administratoren bestellt werden. Diese Einschränkungen änderten aber nichts daran, daß Joseph Clemens Koadjutor und nach des Onkels Tod, kaum vierzehnjährig, de facto Bischof zweier Bistümer geworden war. Die Ausgangsbasis für den reichskirchlichen Aufstieg des Bruders zum »flor des hauses« war geschaffen, das allein wog in Max Emanuels Augen, und der Papst hatte mit seiner Gnade nicht gegeizt...

Timon Victor Freiherr von und zu Weichs, Joseph Clemens' Hofmeister, dem die heikle Aufgabe oblag, den Prinzen auf alle Weise der Disposition des Bruders gefügig zu machen, hatte seinen Glückwunsch zur Regensburger Postulation in den Worten ausklingen lassen, dem postulierten Koadjutor mögen »deren mehr hernachvolgente noch bessere coadiuterien« beschieden sein.[46] Der Hofmeister hatte auf die Nachfolge in Köln angespielt, wo bereits versucht worden war, zugunsten Joseph Clemens' Koadjutorieverhandlungen anzubahnen, allerdings – wie sich bald zeigte – ohne Erfolg. Kurfürst Maximilian Heinrich weigerte sich, seine Einwilligung zu einer Koadjutoriewahl des jungen Prinzen zu geben, unter anderem mit der Begründung, daß Max Emanuel noch ohne Nachkommenschaft sei und folglich Joseph Clemens' Verbleib im geistlichen Stand keineswegs als gesichert angesehen werden könne.[47] Das einzige Zugeständnis, zu dem er sich herbeiließ, war die Annahme Joseph Clemens' als Koadjutor in der Fürstpropstei Berchtesgaden (einstimmige Postulation am 29. August 1685).[48] Hinter der Ablehnung Maximilian Heinrichs darf man aber weder irgendwelche Gewissensbedenken noch eine persönliche Animosität gegen das Stammhaus vermuten. Vielmehr war der unselbständige, schwächliche Kurfürst in politischen Fragen – und die Kölner Koadjutorie war eine politische Frage par excellence! – seinem Ersten Minister Wilhelm Egon von Fürstenberg (1629–1704), dem Kölner Domdechanten, Fürstbischof von Straßburg, engen Vertrauten Ludwigs XIV. und nachmaligen französischen Kronkardinal (1686), hörig, und dieser hatte, teils mit Hilfe französischen Geldes, teils durch Einschleusen von Neffen und sonstigen Verwandten in das Kölner Domkapitel,[49] längst die Weichen gestellt, um die Koadjutorie auf seine Person zu lenken. Die Gefahr, daß durch Fürstenbergs Wahl der Einfluß Frankreichs im Reich, bis in das Kurfürstenkolleg hinein, gestärkt würde, ja daß das Erzstift Köln, wie ehedem Straßburg, unter die Herrschaft des französischen Königs geriete, veranlaßte den Kaiser, den Papst, den Kurfürsten von der Pfalz und natürlich den Münchner Hof zu schärfsten Vorstellungen bei Maximilian Heinrich, was diesen jedoch – ohne die Konsequenzen zu überblicken – nur zu einer um so nachdrücklicheren Empfehlung des Kardinals gegenüber dem Kölner Domkapitel bewog und den Kardinal zu der offenen Drohung an die Adresse der noch widerstrebenden Domherren, eine etwaige Wahlniederlage würde der König von Frankreich mit Waffengewalt rächen. Tatsächlich postulierte am 7. Januar 1688 das Kölner Domkapitel Fürstenberg einstimmig zum Koadjutor Maximilian Heinrichs »cum spe futurae successionis«. Nur drei Kapitulare hatten gewagt, der Abstimmung unter Protest fernzubleiben, unter ihnen Pfalzgrad Franz Ludwig, Bischof von Breslau; ein vierter Kapitular lag todkrank darnieder. Ludwig XIV., des endgültigen Siegs sich bereits sicher wähnend, belohnte die Einmütigkeit der Domkapitulare königlich, mit reichen französischen Pfründen und klingender Münze. Allein, das letzte Wort gebührte dem Papst. Fürstenberg hatte nämlich, weil seiner kanonischen Wahl ein Hindernis, der Besitz des Bistums Straßburg, entgegenstand und ihm ein Wählbarkeitsbreve, d. h. eine päpstliche Dispens nicht gewährt worden war, den Weg der Postulation einschlagen und deswegen wenigstens die Zweidrittelmehrheit der Voten auf sich vereinigen müssen. Als *postulatus* hatte er aber (im Gegensatz zum *electus*) keinen rechtlichen Anspruch auf eine päpstliche Bestätigung, die der Postulation erst Rechtsgültigkeit verlieh. Deren Konfirmation war Gnadensache des Papstes.[50] Um das ohnehin stark getrübte Verhältnis des Heiligen Stuhls zu Frankreich nicht noch mehr zu belasten, versagte Innozenz XI. dem Kardinal die erbetene Konfirmation nicht formell, sondern er behandelte die Angelegenheit nach diplomatischer Manier dilatorisch, bis durch Maximilian Heinrichs Tod am 3. Juni 1688 die Koadjutoriefrage und mit ihr die immer noch der Rechtskraft entbehrende Postulation hinfällig wurde. Nun ließ er dem Kandidaten aus dem Haus Bayern, hinter dem sich, angeführt vom Kaiser, alsbald alle frankreichfeindlichen Kräfte sammelten, ein Wählbarkeitsindult ausfertigen, das ihn befähigte, sich um sämtliche durch den Tod des Kölner Kurfürsten vakant gewordenen Stifte zu bewerben: um Köln, Lüttich und Hildesheim.

Die Wochen bis zur politisch entscheidenden Kölner Wahl vergingen in einem kaum mehr durchschaubaren Gewirre diplomatischer Kämpfe und Intrigen; Drohung und Bestechung standen obenan. Am 19. Juli 1688 zog nach der Feier der Heilig-Geist-Messe ein in zwei Parteien gespaltenes Domkapitel in das Kölner Kapitelshaus, um den Wahlakt vorzunehmen: die starke Partei des Kardinals von Fürstenberg, die dessen Postulation anstrebte, und die schwächere des bayerischen Prinzen, die dessen Elektion anstrebte.

Die Formierung der bayerischen Partei war zum einen der klugen Verhandlungstaktik des nach Köln entsandten kurbayerischen Geheimen Rats Johann Friedrich Ignaz Karg von Bebenburg, zum andern dem Beitritt der verwandten Pfalzgrafen Franz Ludwig und Ludwig Anton zu danken. Letzterer, der Deutschmeister, hatte sich eilig noch die Subdiakonatsweihe geben lassen, um als Domherr von Köln überhaupt votieren zu können. Das Skrutinium stellte im wahrsten Sinn des Wortes eine Kampfabstimmung dar; von den 24 abgegebenen Voten entfielen 13 auf Fürstenberg, 9 auf Joseph Clemens, 2 waren zersplittert. Keiner, so schien es, hatte die erforderliche Mehrheit der Voten gewinnen können, der Kardinal nicht die für eine Postulation nötige Zweidrittelmehrheit, Joseph Clemens nicht die für eine Elektion nötige absolute Mehrheit. Nichtsdestoweniger beanspruchte jede Partei den Sieg für sich und verfocht unnachgiebig und mit großem Aufwand an Gelehrsamkeit, Papier und Druckerschwärze ihren Rechtsstandpunkt. Die Entscheidung fällte, richtungweisend für die künftige kanonistische Beurteilung ähnlicher Fälle, die Römische Kurie. Sie schloß sich nach eingehender kanonistischer Prüfung, aber wohl auch mit Rücksicht auf die inständigen Gesuche des kaiserlichen Hofs wie unter dem Eindruck des tapferen Einsatzes Max Emanuels im Türkenkrieg, dem maßgeblich auf Karg zurückgehenden bayerischen Gutachten an, wonach beim Zusammentreffen eines *postulandus* und eines *eligendus* ersterer mindestens zwei Drittel, letzterer mehr als ein Drittel der Voten auf sich vereinigen müsse.[51] Am 16. September 1688 – man beachte die ungewöhnliche Kürze der Frist! – ließ Innozenz XI. die Rechtsgültigkeit und Konfirmation der Kölner Wahl Joseph Clemens' verkünden, zugleich gestattete er ihm ungeachtet seiner kanonischen Minderjährigkeit die Übernahme der weltlichen Regierung im Erzstift. Am selben Tag noch traf in Rom die Nachricht ein, Max Emanuel habe die seit über 150 Jahren von den Türken besetzte Stadt Belgrad erobert (6. September). Des Jubels war kein Ende; der Papst pries den unerschrockenen Türkensieger in bewegten Worten als »Helden der Zeit und Verteidiger des Glaubens«.[52] Ludwig XIV. aber nahm den Ausgang der Kölner Wahl von 1688 mit zum Anlaß, den sogenannten Pfälzischen Krieg zu eröffnen, in dem das Erzstift Köln und die Gebiete am Niederrhein schwersten Verwüstungen ausgesetzt waren.[53] Wer hätte damals geahnt, daß sich Joseph Clemens, dessen Wahl und Konfirmation vom Kaiser vornehmlich deshalb betrieben worden war, um die Kandidatur des »Reichsfeindes« Fürstenberg zu hintertreiben, bereits eineinhalb Jahrzehnte später im Schlepptau seines Bruders gegen Kaiser und Reich stellen und auf die Seite Frankreichs schlagen würde?

Die Konzentration aller Kräfte – eingeschlossen der finanziellen – auf den Kampf um das Kurfürstentum Köln hatte gleichzeitige ernsthafte Kandidaturen in Hildesheim und Lüttich nicht erlaubt. Diese notgedrungene Bescheidung bedeutete freilich keinen Verzicht des Hauses Bayern; vielmehr gedachte Max Emanuel beide Stifte auf dem Weg über Koadjutoriewahlen wieder an das Haus zurückzuholen – ungeachtet einer mit dem Kaiser getroffenen Übereinkunft, zum Dank für die in Köln erfahrene pfälzische Unterstützung wenigstens in Lüttich einem Pfalzgrafen den Vortritt zu lassen.[54] Alsbald sondierte man, ob mit einem Einverständnis der beiden neugewählten Bischöfe (aus dem landsässigen Adel) zur Annahme eines Koadjutors überhaupt zu rechnen sei beziehungsweise wie man deren Einverständnis gewinnen könne, und jedenfalls in Hildesheim fand man die erhoffte Resonanz. Fürstbischof Jobst Edmund von Brabeck (1619–1702) stimmte in Anbetracht seines hohen Alters und aus Sorge um sein von akatholischen Fürstenhäusern eingekreistes Hochstift – so teilte er dem Papst mit – einer Wahl Joseph Clemens' zum Koadjutor zu.[55] Die Verhandlungen mit dem Hildesheimer Domkapitel, dessen Mitglied Joseph Clemens seit den Tagen Maximilian Heinrichs war,[56] wurden der bewährten Direktion Kargs anvertraut, der diesmal in der glücklichen Lage war, das noch von der Kölner Wahl her datierende päpstliche Wählbarkeitsindult, welches ja zugleich auf Hildesheim und Lüttich lautete, vorweisen zu können. Ausgerüstet mit persönlichen Empfehlungsschreiben Max Emanuels, traf Karg im November 1693 in Hildesheim ein, wenige Wochen später hatte er, nicht zum wenigsten durch sehr reale Versprechungen, sämtliche Domherren von der Notwendigkeit und dem Nutzen einer Koadjutorie des Kölner Erzbischofs überzeugt. Die einstimmige Wahl vom 18. Januar 1694[57] sicherte Joseph Clemens die Nachfolge in einem Stift, dessen jährlicher Nettoertrag mit mindestens 30000 Reichstalern beziffert wurde, das außerdem über je ein stehendes Regiment zu Pferd und zu Fuß verfügte: ein Stift also – schrieb der hildesheimische Kanzler Carl Paul von Zimmermann mahnend an den Hof Max Emanuels –, das »wohl eines jahrs [Hildesheimer] einkunfften zu avanciren« meritiere,

»da andere sich gern 100000 reichsthaler getröstet hetten, wan sie darzu gelangen können...«.[58]

In Lüttich hatte man Joseph Clemens nur das durch die Wahl des neuen Bischofs Johann Ludwig von Elderen (1620–1694) frei gewordene Domkanonikat verschaffen können,[59] wegen einer Koadjutorie hatte man dagegen vergeblich angeklopft. Dabei war Max Emanuel an der Rückgewinnung dieses Stifts schon deshalb viel gelegen, weil ihm auf Grund seiner geographischen Lage wie seines Umfangs beträchtliche wirtschaftliche und reichspolitische Bedeutung zukam. Es trennte nämlich gleich einem quergelagerten Block die Spanischen Niederlande, deren Generalstatthalter und Generalkapitän Max Emanuel seit Dezember 1691 war, in zwei Teile. Die Vermählung mit der Erzherzogin Maria Antonia (1685), der Tochter Kaiser Leopolds I. (aus dessen Ehe mit der spanischen Prinzessin Margareta Theresia) und rechtmäßigen Erbin Spaniens, sowie sein im Türkenkrieg erworbener Ruhm hatten ihm diese Statthalterschaft eingetragen, hatten den nach Größe Dürstenden endlich aus der Enge Bayerns befreit. Noch mehr: durch die Heirat war de facto – wenngleich der kaiserliche Hof dem widerstritt – der Rechtsanspruch auf das Erbe der spanischen Monarchie an das Haus Bayern übergegangen, da Maria Antonia dem Kurfürsten einen Sohn geboren hatte, den Kurprinzen Joseph Ferdinand. Und da König Karl II. von Spanien, ein kranker Mann, keine Nachkommen besaß und auch keine erhoffen durfte, schien der Eintritt des Erbfalls nur noch eine Frage von Jahren zu sein. Ein grandioser Traum würde Wirklichkeit werden, das Haus Bayern würde in den Rang einer europäischen Großmacht hinaufgetragen ...: Max Emanuel war es seinem politischen Prestige schuldig, seinem Haus die in die Spanischen Niederlande eingesprengte »Enklave« Lüttich zurückzuerobern.

Da starb am 1. Februar 1694, nur wenige Tage nach dem Hildesheimer Wahlsieg, unerwartet der Lütticher Fürstbischof. In höchster Eile ersuchte Max Emanuel von seiner Brüsseler Residenz aus seinen Bruder, der sich in Freising aufhielt, unter Hintansetzung »aller gemächlichkeit, auch etwa sonst vorzustellen habender anderwerttigen erinderungen« mit einer kleinen Suite sofort nach Lüttich aufzubrechen, um dort persönlich den Wahlkampf zu führen; er werde gewiß »selbsten begreiffen, was sowol Ihr: als Unnserm churhaus an erhaltung dieses hochstifft gelegen«.[60] Max Emanuel entschloß sich sogar, seinen Bruder persönlich nach Lüttich zu geleiten – ein ungewöhnlicher Schritt, aus dem aber zu erschließen ist, wie brennend Max Emanuel an einem Wahlerfolg interessiert war. Indes reiste Joseph Clemens von Freising nicht eben überstürzt ab, so daß sich die Ankunft der beiden kurfürstlichen Brüder ziemlich verzögerte. Zwar arbeitete Karg an Ort und Stelle dem Herzog nach erprobter Weise tüchtig vor, doch gegen das Ansehen des Pfälzer Kandidaten, des Pfalzgrafen, Deutschmeisters und Mainzer Koadjutors Ludwig Anton, dessen »holdseeligkeit und assiduitet im chor« (er war Lütticher Domkapitular) offensichtlich den beabsichtigten Eindruck nicht verfehlten,[61] kam er nicht auf. Zudem war der Deutschmeister – wie Joseph Clemens auch – im Besitz eines Wählbarkeitsindults, und der kaiserliche Wahlgesandte förderte obendrein nach Kräften seine Kandidatur; denn Leopold I. hielt die 1688 zwischen Bayern und Pfalz wegen Lüttich getroffene Vereinbarung für verbindlich. Abgesehen davon war dem kaiserlichen Hof eine noch weitere Verdichtung der Machtkonzentration des Hauses Bayern im Nordwesten unerwünscht, wußte man doch, daß Max Emanuel eine perpetuierliche Statthalterschaft in den Spanischen Niederlanden anstrebte.

Als beide Kurfürsten am 19. März in Lüttich eintrafen, hatte der Pfalzgraf bereits einen starken Anhang im Domkapitel. Sein Vorsprung schien nur schwerlich mehr überwindbar zu sein. Der Versuch Max Emanuels, den pfälzischen Vetter durch eine persönliche Unterredung zur Aufgabe seiner Kandidatur und zum Übertritt auf die Seite Joseph Clemens' zu bewegen, verlief – verständlicherweise – ergebnislos; der Pfalzgraf verhehlte nicht, daß er sich vom Haus Bayern geprellt fühle.[62] In dieser für Bayern ausweglos scheinenden Situation gab Max Emanuel, ehe er nach Brüssel zurückreiste, Karg geheime Weisung, seinem Bruder im Domkapitel Parteigänger zu beliebiger Summe zu »kaufen«; er habe Theologen konsultiert, die diesen äußersten Weg gutgeheißen hätten.[63]

Die Entwicklung des Wahlkampfes, der weder an Schärfe noch an Intrige jenem von Köln 1688 nachstand, obwohl die beiden verwandten Kontrahenten nach außen das Gesicht wahrten, sich gegenseitig besuchten und gemeinsam am Gottesdienst teilnahmen, trieb mehr und mehr einer offenen Spaltung des Domkapitels zu. Schließlich brachte die Entscheidung über Sieg und Niederlage der Vorabend des Wahltags, als nochmals zwei Domherren zur bayerischen Partei stießen. Sie zählte nunmehr 24 Köpfe, zwei mehr als die pfälzische Partei. Ein letzter, verzweifelter Versuch des Pfalzgrafen, die absolute Mehrheit des bayerischen Gegners zu brechen, indem er die nächtliche Entführung eines bayerischen Parteigängers inszenieren ließ, schlug fehl.[64] Da einigte sich die pfälzische Partei, die für den Morgen des 20. April 1694 angesetzte Bischofswahl zu sprengen. Unmittelbar vor Beginn des Wahlskrutiniums zogen die Anhänger Ludwig Antons protestierend aus dem Kapitelsaal aus. Es kam zu einer Doppelwahl: Während die bayerische Partei mit dem Wahlakt fortfuhr und termingerecht Joseph Clemens wählte, versammelte sich die pfälzische Partei am folgenden Tag in der Wohnung des Domdechanten, um in einem eigenen Wahlakt für den Pfalzgrafen zu stimmen. Beide Parteien proklamierten unter Absingen des Te Deum, Kanonendonner und Freudenfeuern ihren Kandidaten als den rechtmäßig gewählten Bischof und Fürsten von Lüttich. Jede Partei rechtfertigte ihr Vorgehen mit der Behauptung, sie allein bilde die

»sanior pars capituli«.[65] Als die Römische Kurie ein halbes Jahr später Joseph Clemens' Wahl konfirmierte – mit allen Dispensen vorsichtshalber –, lag der Grund für die darin ausgesprochene Bevorzugung des Hauses Bayern nicht in einer besseren Legitimität der Wahl, sondern in dem Umstand, daß der Deutschmeister als Konkurrent inzwischen ausgeschieden war. Ihn hatte am 4. Mai des Jahres eine in Lüttich grassierende Seuche hinweggerafft.[66]

Wie bereits erwähnt, erklärte der Papst im Zusammenhang mit der Bestätigung der Lütticher Wahl die Bistümer Regensburg und Freising für vakant und adhortierte deren Domkapitel zur Vornahme einer neuen Bischofswahl. Vergeblich bemühte sich Max Emanuel unter dem Vorwand, Joseph Clemens könne der Einkünfte aus beiden Bistümern nicht entraten, da die Stifte Köln und Lüttich durch den Krieg verwüstet seien, von der Römischen Kurie einen Widerruf dieser Verfügung zu erlangen. Doch brachte der bayerische Minister in Rom unterderhand immerhin in Erfahrung, daß der Papst gegen eine erneute Postulation Joseph Clemens' in Regensburg und Freising keine Einwände erheben würde.[67] Sofort setzte man sich mit den Domkapiteln ins Benehmen und betrieb in Rom für alle Fälle eine Verlängerung des rechtlich vorgeschriebenen dreimonatigen Wahltermins. Auf wenig Schwierigkeiten stießen die Gesandten der Höfe von München, Brüssel und Köln beim stets lenksamen Regensburger Domkapitel, das sich auch durch eine Empfehlung des Kaisers, den Kardinal Christian August von Sachsen-Zeitz oder den Regensburger Domkapitular und Bischof von Laibach, Sigismund Christoph von Herberstein (dem der Wiener Hof ein Wählbarkeitsbreve besorgt hatte), zu wählen, in seiner Treue zum Haus Bayern nicht anfechten ließ. Es postulierte am 17. Februar 1695 Joseph Clemens wiederum einstimmig zum Bischof.[68]

Nicht so das Freisinger Domkapitel. Hier hatte die von Joseph Clemens – kraft päpstlicher Dispens – gebildete Regierung, an ihrer Spitze der selbstherrliche und streitbare Dompropst Johann Sigmund Zeller Freiherr von Leibersdorf, einen solchen Unwillen heraufbeschworen, daß man die Gelegenheit geradezu herbeisehnte, sich des »bayerischen« Regiments wieder zu entledigen. Zwar konnten die Gesandten der Kurfürsten von Bayern und Köln dem Domkapitel ein Schreiben an den Papst entwinden, in dem es – zweifellos im Vertrauen darauf, daß die Bitte nie und nimmer erhört würde – um Restitution Joseph Clemens' nachsuchte.[69] Eine weitergehende Gefälligkeit verweigerten die Domkapitulare, ausgenommen Zeller und dessen geringer Anhang, jedoch standhaft. Kein Versprechen und keine Drohung, nicht einmal die Gefahr einer Getreidesperre und einer Sequestrierung der im Bayerischen gelegenen Güter des Domkapitels vermochten sie umzustimmen. Lediglich in die Verschiebung des Wahltermins um einen Monat (nicht um drei Monate, wie die päpstliche Prolongationserlaubnis vorsah[70]) willigten sie ein. Da die römische Antwort auf ihr Restitutionsgesuch – erwartungsgemäß – ausblieb, schritten sie am 29. Januar 1695 unter dem Protest der Gesandten zur Neuwahl, aus welcher der Domdechant Johann Franz Eckher von Kapfing und Liechteneck als Bischof hervorging, während Zeller und drei seiner Freunde eine Postulation Joseph Clemens' anstrengten.[71]

Wiederum entbrannte, von seiten Bayerns und Kölns angefacht und finanziert, offiziell aber vom Dompropst Zeller geführt, ein monatelanger Elektionsstreit. Er erhielt seine besondere Note dadurch, daß man, als rechtliche Einwürfe die Wahl Eckhers in ihrer Gütigkeit nicht erschüttern konnten, den erwählten Bischof in gehässigster Weise zu desavouieren suchte, um auf diesem Weg seine Konfirmation zu verhindern und die Restituierung Joseph Clemens' zu erzwingen.[72] Dennoch bestätigte Innozenz XII. (1691–1700) nach Jahresfrist Eckhers Wahl, und zwar ohne der Konfirmationsbulle eine eventuelle Wahldefekte betreffende Dispensklausel einfügen zu lassen.[73]

Daß die Freisinger Domkapitulare, die ihrer Herkunft nach in überwiegender Mehrzahl bayerische Landeskinder waren, allen Vorstellungen zum Trotz gewagt hatten, dem Bruder des bayerischen Landesherrn, ihrem langjährigen Bischof und Fürsten, einen landsässigen Adeligen vorzuziehen, und daß dieses »impertinente« Verhalten noch dazu vor dem Tribunal der Römischen Kurie Gnade gefunden hatte, empfand man auf bayerischer Seite als grobe Undankbarkeit, ja als offene Mißachtung der kurfürstlich-landesherrlichen Autorität wie der Verdienste des Hauses um Kirche und Glauben. Joseph Clemens zumal, dessen Neigung zum geistlichen Stand und bischöflichen Amt nicht eben zugenommen hatte, in dem aber doch lebhafter Stolz und Ehrgeiz erwacht waren, betrachtete die Freisinger Niederlage als eine persönliche Demütigung. Um so mehr fühlte er sich angespornt, den so schmählich erlittenen Verlust durch andere, glänzendere Avantagen vergessen zu machen. Die ausdrückliche Willensäußerung des Papstes, ihm unter keinen Umständen mehr als drei Bistümer anvertrauen zu wollen, kümmerte ihn dabei wenig.[74] Längst hatte er seinen Blick auf die großen, reichen westfälischen Hochstifte Münster (wo er Domherr war) und Paderborn gerichtet, auch auf Osnabrück, und da viele seiner hildesheimischen Wähler zugleich in den dortigen Domkapiteln bepfründet waren, glaubte er sich auch die Tore dorthin schon aufgestoßen zu haben. Durch einen Erwerb der drei Stifte würde nicht bloß der Ausfall der schmalen Freisinger Einkünfte bei weitem aufgewogen werden, es würde vor allem die ärgerliche territoriale Lücke zwischen Köln und Hildesheim geschlossen werden: ein von Ostende bis Hildesheim reichendes, fast zusammenhängendes bayerisches Dominium würde entstehen. – Doch Joseph Clemens sollte eine weitere Ausdehnung seines reichskirchlichen Besitzstandes nicht mehr vergönnt sein. Das spanische Abenteuer, in das sich sein Bruder Max Emanuel stürzte und in das auch er hineingezogen wurde, vereitelte ihm sämtliche Pläne.

König Karl II. von Spanien hatte, um eine Teilung der spanischen Monarchie nach seinem Tod auszuschließen, Kat.Nr. 323 durch Testament vom 14. November 1698 den bayerischen Kurprinzen Joseph Ferdinand zu seinem Universalerben erklärt. Der Kronrat hatte das Testament mitunterzeichnet. Jedoch drei Monate nach Ausfertigung des Testaments, am 6. Februar 1699, starb plötzlich der sechsjährige Kurprinz an einer fiebrigen Magenentzündung. Nun wandte Karl II. seine Gunst zunächst dem Haus Österreich zu, ließ sich aber kurz vor seinem Tod bewegen, den zweiten Enkel Ludwigs XIV., Philipp, Herzog von Anjou, zum Universalerben der spanischen Monarchie einzusetzen. Anfang 1701 hielt Philipp von Anjou als König Philipp V. von Spanien Einzug in Madrid. Als im folgenden Jahr Leopold I., der sein Haus um das spanische Erbe betrogen sah und sich deshalb mit den Seemächten verbündete, Frankreich im Namen des Reichs den Krieg erklärte, schwenkte Max Emanuel und, von ihm aufgefordert, auch Joseph Clemens in der Hoffnung, Ludwig XIV. würde die Freundschaft des Hauses Bayern aus der spanischen Erbmasse großzügig belohnen (wenigstens mit den Spanischen Niederlanden), auf die Seite Frankreichs. Sie entschieden sich angesichts des heraufziehenden Spanischen Erbfolgekriegs gegen Kaiser und Reich.

Daß die auf Frankreich gesetzte Hoffnung trügerisch war, die Entscheidung gegen das Reich im Gegenteil verheerende Folgen für das Haus und Land Bayern wie für die Stifte Joseph Clemens' zeitigte, ist hinreichend bekannt. Als der Spanische Erbfolgekrieg 1714 im Frieden von Rastatt besiegelt wurde, mußten Max Emanuel und Joseph Clemens froh sein, daß man ihnen die Restitution in ihre früheren Länder und Würden nicht verweigerte. Noch Jahre später äußerte Joseph Clemens gegenüber seinem Bruder, wohl nur seine Abkunft »auß einem mächtigen hauß«, das mit dem Kaiser und den Königen von Frankreich und Spanien verwandt sei, habe ihn davor bewahrt, daß er »aufgeopfert und alß ein cardinalis pensionarius nach Rom verwiesen, auch mir ein administrator perpetuus, wo nicht ein ärgeres, aufgetrungen worden« sei.[75] Beide Brüder kehrten 1715 in ihre Residenzen zurück, Joseph Clemens nunmehr als konsekrierter Bischof. Er war im Exil Fénelon, dem geistvollen, gütigen Bischof von Cambrai, begegnet, und dieser hatte ihn (zusammen mit dem Dechanten und Pfarrer Desqueux von St. Stephan in Lille, Joseph Clemens' Beichtvater im Exil) zum Priestertum geführt und persönlich zum Bischof geweiht.[76]

Die Reichskirchenpolitik des Kurfürsten im Vorfeld bayerisch-österreichischer Rivalität

Max Emanuel war bei seiner Rückkehr aus dem Exil nach Bayern knapp 53 Jahre alt, das Unglück, das er über sich, sein Haus und seine Erblande gebracht hatte, und die vielerlei Demütigungen, die er hatte hinnehmen müssen, waren an ihm nicht spurlos vorübergegangen, doch seinen Stolz und Ehrgeiz hatten sie nicht im geringsten zu dämpfen vermocht. Wie eh und je begehrte es ihn nach Macht, Ruhm, äußerem Glanz, wie eh und je schreckte ihn kein Einsatz, kein Risiko zurück, ja hätte es nur an ihm gelegen, er würde seine bayerischen Erblande gegen die (nunmehr österreichischen) Niederlande und Sizilien eingetauscht haben, nur um sein Haupt mit einer Königskrone schmücken zu können. Vor dem Frieden von Rastatt (7. März 1714) Kat.N noch war Max Emanuel mit Ludwig XIV. einen von seiner Zielsetzung her folgenschweren Vertrag eingegangen (20. Februar 1714). In ihm verpflichtete sich der König von Frankreich, dem Kurfürsten von Bayern zum Erwerb der Kaiserkrone behilflich zu sein; außerdem beinhaltete das Vertragswerk die französische Anerkennung bayerischer Ansprüche auf gewisse österreichische Erbländer beim Erlöschen des habsburgischen Mannesstamms sowie die Zusage diplomatischer, finanzieller und militärischer Unterstützung beim Eintritt des Erbfalls. Ehe Max Emanuel sein Kurfürstentum zurückerstattet erhielt, waren also die Ziele seiner künftigen Politik fest umrissen: bayerische Erbfolge in Österreich und Gewinn der Kaiserkrone. Das Haus Bayern begab sich in ein neues verhängnisvolles Abenteuer.

Kaum in München mit seiner Familie vereint – er hatte sich 1694 in zweiter Ehe mit Therese Kunigunde, der Tochter des Königs Johann III. Sobieski von Polen, verbunden –, entwarf Max Emanuel auch schon eine neue Strategie. Es galt einmal, dem Haus Bayern im Reich wieder eine breite Einflußbasis zu schaffen, zum anderen, mit dem Haus Österreich – mit dem man sich äußerlich versöhnt hatte – eine enge Allianz zu schließen. Was das zweite Projekt betraf, so suchte Max Emanuel diese enge Allianz durch Vermittlung einer Heirat zwischen dem Kurprinzen und einer österreichischen Erzherzogin zu begründen. Das erste Projekt veranlaßte ihn zu diplomatischen Aktionen verschiedenster Art: Versöhnung mit Kurpfalz, Heiratsprojekte mit seiner von der Natur etwas stiefmütterlich behandelten Tochter Maria Anna Karolina, der späteren Klarissin Emanuela Theresia a Corde Jesu,[77] Abschluß der Wittelsbachischen Hausunion zum Zweck gegenseitiger Förderung von Hausinteressen (1724). Außerdem nahm er die Reichskirchenpolitik seiner früheren Jahre wieder auf, und binnen kurzem bot sich ihm die Gelegenheit, dort anzuknüpfen, wo sie vor dem Spanischen Erbfolgekrieg ins Stocken geraten war, bei Münster und Paderborn.

Max Emanuels Kinder aus seiner zweiten Ehe mit Therese Kunigunde waren herangewachsen; mit ihnen, nicht mehr mit Joseph Clemens, begann er nun zu disponieren. Drei seiner fünf überlebenden Söhne gedachte er in der Reichskirche unterzubringen: seinen Zweitgeborenen Philipp Moritz (1698–1719) sowie seine jüngsten Söhne Clemens August (1700–1761) und Johann Theodor (1703 bis 1763). Für Philipp Moritz reservierte die väterliche Disposition die Nachfolge in den nordwestdeutschen Stiften des Oheims. Clemens Augusts reichskirchliche Laufbahn sollte im eigenen Land ihren Anfang nehmen: in Regensburg und Freising. Mit Johann Theodor, dem Jüngsten, wollte Max Emanuel vorderhand noch zuwarten, bis sich eine günstige Apertur erschloß, sei es in Eichstätt, Augsburg oder Konstanz, sei es in der Reichskanzlei zu Wien oder im Amt des Hoch- und Deutschmeisters.

Noch 1715 ergab sich für Max Emanuel die Notwendigkeit, Joseph Clemens' Nachfolge in Regensburg dem Haus sicherzustellen; denn der Papst war nicht mehr bereit, dem Kölner Erzbischof, der neben Köln und Lüttich nun auch Hildesheim formell innehatte, die Retention Regensburgs über den 31. Dezember 1715 hinaus zu verlängern. Da er aber noch vor Ablauf der Frist dem fünfzehnjährigen Clemens August ein Wählbarkeitsindult gewährte, durfte man aus dieser freundlichen Geste des Papstes die Aufforderung an das Regensburger Domkapitel herauslesen, das Bistum in der Hand des Hauses Bayern zu belassen. Freilich, die auf Antrag Max Emanuels am 19. Dezember 1715 vom Regensburger Domkapitel durchgeführte Postulation Clemens Augusts zum Koadjutor Joseph Clemens' »cum spe futurae successionis« bestätigte der Papst nicht; zur Annahme eines Koadjutors – so beschied er das Konfirmationsgesuch – sei Joseph Clemens wenige Tage vor Eintritt der Vakanz des Bistums nicht mehr fähig gewesen.[78] Eine Neuwahl mußte vorgenommen werden. Sie fand, nachdem man in der Wahlkapitulation die Einlösung der seit 1486 an Bayern verpfändeten Reichsherrschaft Donaustauf um die stattliche Summe von 36000 Gulden hatte verankern können,[79] am 26. März 1716 statt und erbrachte wunschgemäß die Erhebung Clemens Augusts zum Bischof von Regensburg.[80]

Ein Ereignis, das die reichskirchliche Planung Max Emanuels überraschend in eine neue Richtung wies, war der eigentliche Grund, daß der Kurfürst jetzt, da Regensburg dem Haus gerettet war und auch mit Fürstbischof Eckher von Freising bereits Koadjutorieverhandlungen angelaufen waren, nicht unverzüglich wegen einer Kölner Koadjutorie an Joseph Clemens herantrat. Am 24. Dezember 1715 war Karl Joseph von Lothringen, Kurfürst von Trier, Fürstbischof von Osnabrück und Bischof von Olmütz, 36jährig an den Blattern gestorben. Mit ihm war ein vom Kaiser begünstigter, gefährlicher reichskirchlicher Konkurrent ausgeschieden. Zwar konnte ein Nachrücken in dem nun vakanten Erzstift Trier – wie der kaiserliche Hof auf dezente Weise durchblicken ließ – ernsthaft nicht erwogen werden, und Osnabrück ging gemäß den Bestimmungen des Westfälischen Friedens für die nächste Regierungsperiode an einen Prinzen des Hauses Braunschweig-Lüneburg; aber der Lothringer hatte sich eben noch durch das Angebot einer hohen Geldsumme – es hieß, man habe 500000 Gulden bereitgestellt[81] – die Zusage des infolge seiner eigenen Wahlaufwendungen arg verschuldeten Fürstbischofs von Münster und Paderborn, Franz Arnold von Wolff-Metternich, eingehandelt, ihn in Münster als Koadjutor aufzunehmen, und hier sah Max Emanuel eine reale Chance.

Die Bistümer Münster und Paderborn, die seit dem Tod Ferdinands von Köln verloren waren, sollten über Philipp Moritz wieder an das Haus Bayern kommen. Zweieinhalbjährige, erst tastende, dann intensive Verhandlungen wurden geführt, ehe der vom kaiserlichen Hof, von den Seemächten, vom König in Preußen teils umworbene, teils bedrängte Bischof im Juni 1718 seine Bedingungen für die Annahme eines Koadjutors aus dem Haus Bayern nannte: kaiserliche Protektion, Vorlage eines Wählbarkeitsindults und Tilgung seiner Wahlschulden in Höhe von mindestens 300000 Reichstalern durch den bayerischen Kurfürsten.[82] Von sonstigen Präsenten, zum Beispiel an das wählende Domkapitel, für die der bayerische Unterhändler Freiherr von Seyboltstorff allein 100000 Reichstaler veranschlagte,[83] war noch überhaupt keine Rede! Schweren Herzens und weil er hoffte, dadurch auch Brücken nach Paderborn und Osnabrück bauen zu können, ging Max Emanuel auf die finanziellen Bedingungen ein und ließ dem Fürstbischof fürs erste, als Anzahlung sozusagen, einen Wechsel über 50000 Reichstaler zustellen.[84] Nun erklärte Wolff-Metternich seine Bereitschaft, der Wahl eines bayerischen Prinzen zum Koadjutor seinen Konsens zu erteilen. Doch kam es nicht mehr zum Vollzug der Koadjutoriewahl, da der Fürstbischof am 25. Dezember desselben Jahres starb, ohne daß man vorher noch das ausbedungene Wählbarkeitsbreve hatte vorlegen können; es war erst tags zuvor durch Kurier von Rom abgegangen.

Das allzu lange Zögern des Papstes, Philipp Moritz ein Wählbarkeitsindult zu gewähren, hatte seine Ursache in einem Einspruch des Kaisers gehabt, der lieber den Kardinal von Sachsen-Zeitz mit Münster versorgt gesehen hätte; ein Teil der Schuld aber fiel auf den Prinzen selbst zurück. Max Emanuel hatte ihn samt seinem Bruder Clemens August an der Jahreswende 1716/17 in die Ewige Stadt geschickt, damit sich beide dort unter den Augen des Papstes für den geistlichen »Beruf« qualifizierten – für den beide nicht taugten. Während jedoch Clemens Augusts Verhalten seine Erzieher durchweg befriedigte, trug Philipp Moritz seine Unlust, sich eines geistlichen Lebenswandels befleißigen zu müssen, bei jeder sich bietenden Gelegenheit ostentativ zur Schau, was Anlaß zu schlimmsten Unzuträglichkeiten gab und den Papst bestimmte, größere Reserviertheit gegenüber den Wünschen des Hauses Bayern zu üben. Da der Papst das Indult für Münster nur höchst ungern bewilligt hatte, durfte man kaum zu hoffen wagen, daß er mit Rücksicht auf die nunmehr erfolgte Apertur beider westfälischer Bistümer Philipp Moritz noch ein zweites Indult für Paderborn zugestehen würde. In beiden Bistümern hatte man nämlich sofort nach des Bischofs Tod den Wahlkampf aufgenommen, und schon begann man sich in Paderborn auf eine Postulation einzurichten, was zwangsläufig eine erhebliche Erschwerung des »Wahlgeschäfts« bedeutete. Da eilten der Kölner Nuntius und der Osnabrücker Domdechant dem Haus Bayern zu Hilfe. Sie stellten Clemens XI. (1700–1721) beweglich vor, daß eine Wahl des Konkurrenten Philipp Moritz' in Paderborn, des Dompropsts Ignaz Anton von der Asseburg, der Kirche und dem »catholischen weesen« zu größtem Nachteil gereichen würde.[85] Dieses Argument verfehlte seine Wirkung nicht: Philipp Moritz erhielt das gewünschte Breve. Aber inzwischen hatten Seyboltstorff in Münster und der Freiherr Ferdinand von Plettenberg in Paderborn soviele Stimmen zusammengetragen – Seyboltstorff, indem er für jedes Votum die glatte Summe von 10000 Reichstalern anbot –,[86] daß man es in Paderborn ohne Gefahr auch auf eine Postulation hätte ankommen lassen können. Obwohl der kaiserliche Wahlkommissar Graf Metsch entgegen der Zusage des Wiener Hofs keine Empfehlung zugunsten Bayerns aussprach, wurde in beiden Bistümern eine einstimmige Wahl Philipp Moritz' erzielt, in Paderborn am 14., in Münster am 21. März 1719.[87]

Die Domherren hatten jedoch ihre kostbaren Stimmen einem Toten gegeben; denn Philipp Moritz war am 12. März in Rom ganz plötzlich einer kurzen, schweren Krankheit erlegen. Der Kummer, gegen seine Neigung geistlich werden zu müssen, sei die eigentliche Ursache seines frühen Todes gewesen – so erzählte man alsbald.[88] Der Tod des Prinzen war Clemens XI. so zu Herzen gegangen, daß er, um das Haus Bayern »in disen ganzen desolaten zuestand in etwas zu consolieren«, sofort für Clemens August die nötigen Wählbarkeitsbreven hatte expedieren lassen. Max Emanuel war somit in die Lage versetzt, Clemens August als vom Papst empfohlenen neuen Bischofskandidaten zu präsentieren. In fieberhafter Hast und stets in Sorge, die Domkapitulare könnten sich eines anderen besinnen und von ihrem gegebenen Wort abweichen, bereitete man die Neuwahlen vor. Sie erbrachten schließlich in beiden Bistümern (am 26. März in Münster, am 27. März in Paderborn) ein unverändertes Ergebnis zugunsten Clemens Augusts.[89]

Die »reelle erkenntligkeit«, die vor der Wahl den Domherren für ihre zu erwartende Gefälligkeit versprochen worden war, kam – wie es scheint – unverzüglich zur Auszahlung. Es handelte sich um eine Summe, die 300000 Reichstaler, der Taler zu eineinhalb Gulden gerechnet, beträchtlich überstieg.[90] Plettenberg allein streckte, da Max Emanuel den Gesamtbetrag auf einmal nicht aufzubringen vermochte, rund 210000 Gulden vor.[91] Noch weitergehende Versprechungen, unter anderem die Zusage, dem einen oder anderen besonders verdienten Domherrn ein zusätzliches Domkanonikat in einem Bistum Joseph Clemens' zu beschaffen, wurden nach und nach eingelöst. Vorausgesetzt, die Angaben des Geheimen Rats von Unertl – der es aber wissen mußte, weil alle bayerischen Bischofswahlgeschäfte durch seine Hände liefen – entsprechen den Tatsachen, so hat das Haus Bayern für das münsterisch-paderbornische Wahlgeschäft die horrende Summe von rund einer Million Gulden aufgewandt.[92] »Wan dieses zu Wien [wo Stimmen laut geworden waren, Philipp Moritz' Tod sei eine Strafe für die in Münster und Paderborn geschehenen simonistischen Machenschaften gewesen] simonie heißen soll, und deßwegen die printzen sterben solten« – kommentierte Seyboltstorff –, »so were in erdenklichen seculis hier kein bischoff 3 tage bey leben blieben«.[93]

Der Tod Philipp Moritz' hatte das »systema« des Kurfürsten verändert. Mit dem Wahlsieg in beiden westfälischen Bistümern war auf Clemens August auch die Anwartschaft auf die »Sekundogenitur am Rhein« übergegangen. Um das Einverständnis des Kaisers würde man zwar noch hart zu ringen haben; denn daß er schwere Bedenken trug, den Machtzuwachs des Hauses Bayern zu fördern, hatte man im diplomatischen Tauziehen um Münster und Paderborn merklich zu spüren bekommen. Dagegen fühlte man sich des päpstlichen Einverständnisses so gut wie sicher, war doch die spontane Erteilung der Wählbarkeitsbreven für Clemens August Erweis wärmster Gewogenheit gewesen, nicht minder der Umstand, daß Clemens XI. ungewöhnlich rasch beide Wahlen konfirmierte.[94] Und wenn er nun im Konfirmationsbreve das Bistum Regensburg, Clemens Augusts Jugendpfründe, für vakant erklärte, was sollte das anderes bedeuten, als daß er den Prinzen in den niederdeutschen Bistümern versorgt sehen wolle, Max Emanuel aber stillschweigend auffordere, in Regensburg mit seinem jüngsten Sohn Johann Theodor das Glück zu versuchen? So etwa interpretierte sich der Kurfürst von Bayern die Meinung des Heiligen Vaters zurecht. Er verschwieg folglich, um »Komplikationen« zu vermeiden, sowohl dem Regensburger Domkapitel als auch dem kaiserlichen Hof die päpstliche Vakanzerklärung, genauer: er hielt deren Bekanntgabe bis kurz vor Ablauf des (von der päpstlichen Vakanzerklärung an zu rechnenden) dreimonatigen Wahltermins zurück, um dann den bestürzten Domherren, die natürlich ihres Wahlrechts nicht verlustig gehen wollten, kurzfristig die Postulation Johann Theodors abzupressen. Er habe gezögert, sie vom Eintritt der Bistumsvakanz in Kenntnis zu setzen – so entschuldigte er sein Vorgehen –, weil er ihnen Clemens August als Bischof habe erhalten wollen; doch der Papst sei seiner Bitte um Retention Regensburgs nicht nachgekommen, und um Johann Theodor ein Wählbarkeitsbreve auszuwirken, habe die Zeit nicht mehr gereicht. Herzog Johann

Theodor selber war die Absicht des Vaters, ihn zum Geistlichen und Bischof zu machen, wenige Tage vorher zu Ohren gelangt, einen Tag vor dem Geburtstag Max Emanuels, den dieser nach seiner Gewohnheit wallfahrtshalber in Altötting verbrachte. Der Herzog mußte somit die von ihm erwartete Erklärung, daß er frei und ungezwungen den geistlichen Stand anstrebe, dem Vater als Geburtstagsgabe dorthin übersenden. Kurz darauf wurde er tonsuriert und am 29. Juli 1719 durch einstimmige Postulation des Domkapitels zum Bischof von Regensburg promoviert.[95]

Dem Postulationsakt folgte ein unerfreuliches Nachspiel am Wiener Hof. Kaiser Karl VI. und seine Minister achteten nämlich streng darauf, daß bei sämtlichen Bischofs- und Reichsprälatenwahlen die kaiserliche Präsenz gewahrt wurde. Die sehr späte Bekanntgabe der päpstlichen Vakanzerklärung durch Max Emanuel hatte aber die Entsendung eines kaiserlichen Wahlkommissars schon aus zeitlichen Gründen nicht mehr erlaubt. Der kaiserliche Hof fühlte sich durch das eigenmächtige Vorgehen des Kurfürsten brüskiert, und entsprechend reagierte er. Das Regensburger Domkapitel als der schwächere Teil mußte einen geschärften Verweis hinnehmen und sein ungebührliches Verhalten rechtfertigen. In Rom drang der kaiserliche Gesandte auf Aussetzung der päpstlichen Konfirmation. Etwa ein halbes Jahr ging dahin, Johann Theodor hatte inzwischen sein Studium in Ingolstadt aufgenommen,[96] doch die bayerischen Gesandten am Wiener Hof vermochten die kaiserlichen Minister nicht zum Einlenken zu bringen. Da ließ Max Emanuel dem Reichsvizekanzler Friedrich Karl Grafen von Schönborn, dem späteren Fürstbischof von Bamberg und Würzburg, dessen Bestechlichkeit bekannt war,[97] ein »douceur« von 30000 Gulden zustecken, und der Streitfall fand im Handumdrehen eine gütliche Lösung: Der Kaiser erlegte Johann Theodor ein Bußgeld in Höhe von 12000 Reichstalern für die Errichtung dreier Kaplaneien im protestantischen Hannover auf – zu zahlen aus den bischöflich-regensburgischen Einkünften. Als man 10000 Gulden überwiesen hatte, gab er sich damit stillschweigend zufrieden und stellte die Erteilung der Konfirmation dem Belieben des Papstes anheim.[98] Der gewährte sie zwar mit ziemlicher Verspätung, erst am 14. Oktober 1721, aber dafür erlaubte er dem Achtzehnjährigen zusammen mit einem aus dem Domkapitel zu wählenden Koadministrator gleich die Übernahme der Temporalienverwaltung.[99]

Nachdem die verdrießliche Regensburger Affäre in Wien einen so glimpflichen Ausgang genommen hatte, dünkte Max Emanuel der Weg frei für den Beginn von Koadjutorieverhandlungen in Köln und Freising: in Köln zugunsten Clemens Augusts, in Freising zugunsten Johann Theodors. Mit Fürstbischof Eckher von Freising war man von 1715 bis zu Philipp Moritz' plötzlichem Tod bereits in Unterhandlungen gestanden, hatte Joseph Clemens' Freisinger Schulden in Höhe von 60000 Gulden Kapital samt Zinsen beglichen – sie rührten noch von der Königswahl Josephs I. (1678–1711) in Augsburg 1690 her –, hatte Bistum und Hochstift im Freisinger Rezeß von 1718 ansehnliche Zugeständnisse gemacht und sich auf eine Koadjutorie Clemens Augusts geeinigt. Dessen Wahl in Münster und Paderborn hatte dann zur Unterbrechung der Verhandlungen geführt. Doch Max Emanuel zweifelte nicht, daß Eckher, um nur den Freisinger Rezeß zum Vollzug zu bringen, auch Johann Theodor als geeigneten Koadjutor und Nachfolger anerkennen würde.[100] Und was die Kölner Koadjutorie anlangte, so war es Joseph Clemens' verwandtschaftliche Pflicht und Schuldigkeit, dem Neffen Clemens August – dem der Oheim ohnehin zugetan war – jede nur mögliche Hilfeleistung angedeihen zu lassen. Um den Konsens des Kaisers, ohne welchen wiederum die päpstliche Assistenz nur schwerlich erreichbar sein würde, bewarb sich Max Emanuel persönlich. Die diesbezüglichen Verhandlungen in Wien liefen parallel zu jenen wegen der Heirat des Kurprinzen Karl Albrecht mit einer Kaisertochter. Bei den Kölner Domherren, die in der Koadjutorieangelegenheit das letzte Wort zu sprechen hatten, wurde als Beauftragter Max Emanuels, Joseph Clemens' und Clemens Augusts des letzteren Obristkämmerer, der Freiherr Ferdinand von Plettenberg, vorstellig. Aber bevor man das eigentliche Wahlgeschäft in Angriff nahm, führte man dem Kölner Domkapitel den Koadjutorkandidaten zunächst einmal vor. Clemens August, (gleich Johann Theodor) seit 1720 im Besitz eines Kölner Edelherrenkanonikats, hatte die von den Kapitelsstatuten vorgeschriebene erste Residenz, durch die er erst die wirkliche Mitgliedschaft im Domkapitel erwarb, noch nicht gehalten. Das Versäumte holte man mit ihm um Ostern 1721 nach. Clemens August unterzog sich, wie jeder andere Domherr, im Kölner Dom entsprechend den Vorschriften dem vor- und nachmittäglichen Kirchen- und Chordienst, wenn die Reihe ihn traf, sang er dem versammelten Volk auch die Epistel vor. »... und singe allezeit selbsten die epistel, gleichwie es erfordert wird, wan man dise stel vertret; das erstemal kam es mir zimlich hart an, for so villen leiten zu singen, nun aber trag ich kein scheü mehr, indem schon in der gewonheit bin; was mich aber darbey zum meisten erfreit, das ist, das ich von allen gegenwärtigen meines singens halber gelobt bin worden, weliches mir dazumahlen, da ich for Eüer Churfürstl. Durchl. eine franzosische air müssen singen, nit gescheen...« – so berichtete er seinem Vater nach München.[101]

Clemens Augusts Kölner Auftritt benützte Plettenberg zu einer ersten Kontaktnahme mit den Domkapitularen; nach der Abreise seines Herrn eröffnete er die Werbung, während sich gleichzeitig der Münchner Hof um die Voten des Kölner Dompropsts, des Kardinals von Sachsen-Zeitz, und seiner Freunde im Domkapitel, die von ihm dem Verlaut nach Pensionszahlungen empfingen, bemühte – der Kardinal weilte nämlich als kaiserlicher Prinzipalkommissar auf dem Regensburger Reichstag. Man war ihm von der Wahl in Münster her noch verpflichtet, ohne daß man seine Hilfe honoriert hatte. Nun nannte der Kardinal seinen Preis: Für die Bereitstellung der Kölner Voten wünschte er, daß der Kurfürst seinem ebenfalls zum geistlichen Stand aspirierenden neunzehnjährigen Neffen Moritz Adolph Carl von Sachsen-Zeitz († 1759) die Altöttinger Propstei, die Clemens August innehatte und die jährlich immerhin einige tausend Gulden abwarf, verleihe. Als er sein Verlangen befriedigt sah,[102] versicherte er den Kurfürsten nicht nur der genannten Kölner Voten, sondern ließ ihm auch voll Freude über die seinem Neffen widerfahrene großzügige Wohltat ein sofort auszahlbares Darlehen von 30000 Gulden anbieten, zur Bestreitung des Kölner Wahlkampfs...[103]

Etwa ein Jahr mußte Plettenberg mit viel Geschick und Schläue verhandeln, dabei immer wieder auch die zunehmenden Gewissensskrupel Joseph Clemens' besänftigen, bis sich das Kölner Domkapitel auf Grund eines bei Innozenz XIII. (1721–1724) ausgewirkten Adhortatorium vom 12. November 1721 (neben dem Wählbarkeitsbreve) bereitfand, über den Wahltag zu beraten. Er wurde auf den 9. Mai 1722 festgesetzt. An diesem Tag erntete Plettenberg den Lohn seiner Anstrengungen: Das Kölner Domkapitel wählte »durch die gnade gottes per unanimia« den Fürstbischof von Münster und Paderborn zum Koadjutor des Kölner Kurfürsten.[104]

Über die Höhe der »realen erkentlichkeit«, ausgeschüttet in Geld und sonstigen Gnadenerweisen, geben die Quellen keine eindeutige Auskunft. Plettenberg, der die Meinung vertrat, die dem Haus Bayern durch die Erhaltung der Kölner Kurwürde zugekommene »avantage« sei mit Geld überhaupt nicht aufzuwiegen, regelte nämlich diese delikate Frage gelegentlich seines Münchner Aufenthaltes nach der Wahl in persönlichem Gespräch mit dem zuständigen Geheimen Rat von Unertl. Auch scheint man mit der Auszahlung der »verehrungen« in erheblichen Verzug geraten zu sein; denn im November 1723 schrieb Plettenberg in einem sehr vorwurfsvollen, die Säumigkeit des Münchner Hofs rügenden Brief, er getraue sich (im Gegensatz zu den immensen Aufwendungen Seyboltstorffs in Münster) »die cölnischen gratificationen ... mit 80 hochstens 100000 taler zu richten«.[105]

Natürlich trug sich Max Emanuel mit dem Gedanken, auch die Bistümer Lüttich und Hildesheim noch vor seines Bruders Tod – Joseph Clemens kränkelte bereits stark – unter »Dach und Fach« zu bringen. Und da er befürchtete, der Papst werde seinen Prinzen eine Kumulation von mehr als je drei Bistümern nicht genehmigen, sah er folgende Aufteilung des »Erbes« vor: Clemens August sollte neben Köln und Münster noch Lüttich erhalten, Johann Theodor neben Regensburg noch Hildesheim und das im Besitz Clemens Augusts befindliche Bistum Paderborn,[106] das Bistum Freising – das man dem Papst schon irgendwie entwinden würde – nicht zu vergessen. Er unterschätzte allerdings die selbstbewußten Ambitionen Clemens Augusts, der sich, von Plettenberg darin bestärkt, in den Kopf gesetzt hatte, alleiniger Herr in der nordwestlichen »Germania Sacra« zu werden. Nie und nimmer dachte er daran, Paderborn abzutreten, vielmehr erhob er den zusätzlichen Anspruch auf Lüttich und Hildesheim »zu meiner vergrößerung unndt der catholischen religion vortheil«.[107]

Freilich, weder in Lüttich noch in Hildesheim kamen Koadjutoriewahlen zustande, vor allem das Lütticher Domkapitel lehnte einen dahingehenden Antrag ab mit dem Bescheid, es liege kein Wählbarkeitsindult vor. Der Kaiser aber, dessen Protektion man erbat, schützte »gewissenszärtigkeit« vor und ließ Clemens August wissen, daß man »mit gott nicht spiehlen mögte; gleich dann Ihro Kayserl. May.« – so belehrte der Reichsvizekanzler den Gesandten Clemens Augusts mit ernster Miene –, »wan sie von gott mit erzherzogen geseegnet wären, niehmahlen zuelassen würden, daß deren einer mehr alß ein bistumb besezen solte«.[108] Das fromme Argument Joseph Clemens', »daß das von Unß auf Lüttich gerichtete vorhaben nicht so viel auf das zeitliche weßen und die vermehrung des vortheils unsers churhauß alß auf die beständige beybehalt- und außbreitung unsers hl. glaubens abziele, welcher, wie bekannt, von allen seiten so starck angefochten ... wird«,[109] verfing bei Karl VI. offensichtlich nicht. Er hatte der Kölner Koadjutorie nichts in den Weg gelegt, er hatte im selben Jahr 1722 dem bayerischen Heiratsprojekt zugestimmt und dem Kurprinzen Karl Albrecht die Hand Maria Amalias, der zweiten Tochter seines Bruders Joseph I., gegeben; in Lüttich jedoch – das nunmehr in seinen Österreichischen Niederlanden lag – war ihm künftig ein Bischof aus dem Haus Bayern nicht mehr genehm. Nur den Zugang Hildesheims wollte er Clemens August endlich gönnen, da dieses Stift wegen seiner gefährdeten Lage eines »potenten fürsten« bedürfe.[110] Und dabei blieb es. Dank der kaiserlichen Protektion und wohl noch mehr dank der Verhandlungskünste Plettenbergs – der »das werk per totum mit 100000 taler« anfänglich beziffern zu können glaubte[111] – postulierte nach Joseph Clemens' Tod (12. November 1723) das Hildesheimer Domkapitel am 8. Februar 1724 Clemens August zum Bischof,[112] ungeachtet der Disposition Max Emanuels, der Johann Theodor ein Wählbarkeitsindult für Hildesheim, Clemens August dagegen eines für Lüttich beschafft hatte.[113] Indes negotierte man dort bayerischer- und kölnischerseits vergeblich. Die Mehrheit des Lütticher Domkapitels war entschlossen, sich der Wahl eines geborenen Fürsten zu widersetzen. Clemens August, der sich, wie einst sein Oheim, persönlich nach Lüttich begab, weil er hoffte, sein Erscheinen würde einen Stimmungsumschwung bewirken, mußte am 7. Februar 1724 seine erste Wahlniederlage hinnehmen. Die Domkapitulare votierten für ihren 62jährigen Chorbruder Georg Ludwig van Berghen, einen landsässigen Adeligen.[114] Er hielt trotz seines beträchtlichen Alters den Hirtenstab des heiligen Lambert zwanzig Jahre fest in der Hand; bayerischen Koadjutoriebewerbungen schenkte er kein Gehör.[115] Verloren ging auch die Fürstpropstei Berchtesgaden, die Max Emanuel nach Joseph Clemens' Tod seinem noch minder versorgten Sohn Johann Theodor zuwenden wollte. Eingedenk ihrer wenig erfreulichen Erfahrungen mit ihrem verblichenen Fürstpropst entschuldigten sich die Berchtesgadener Kanoniker gegenüber dem Kurfürsten, sie könnten bei der jetzt anstehenden Wahl leider nicht »extra gremium« gehen.[116]

Hatte das Haus Bayern auch Lüttich und Berchtesgaden eingebüßt, in Freising war Max Emanuel Ende 1723 ans Ziel gelangt. Nach langem Feilschen des Domkapitels mit den kurbayerischen Unterhändlern und nachdem der Kurfürst dem Fürstbischof unter anderem für die Bestreitung der Domrestauration und des großen Korbiniansjubiläums (1724) eine zinslose Kirchengeldanleihe gewährt sowie die Stiftung einer 130 Zentner schweren Jubiläumsglocke (Kostenpunkt 8030 Gulden 59 Kreuzer) zugesagt hatte – im Volksmund hieß sie später bezeichnenderweise »Theodora« –, war Herzog Johann Theodor am 19. November 1723 »mit einhelliger stimb« zum Koadjutor gewählt worden. Papst und Kaiser hatten dem »Werk« vorbehaltlos beigestanden. Im nachhinein, und indem er die Schwierigkeiten und angefallenen Kosten ganz bewußt verharmloste, brüstete sich Unertl in einem Schreiben an Plettenberg: »Mit beschenckhung des kay. commissarij, aushaltung der taflen, wahlgeltern ist dises stüfft über 20000 fl nit kommen und hat nit ville miehe kosstet...«.[117] Man hatte mit dem Freisinger Fürstbischof und Domkapitel rund acht Jahre hart verhandelt!

Die Wahl in Freising und die Postulation in Hildesheim stellten die letzten reichskirchlichen Erfolge des Hauses Bayern in der Regierungszeit Max Emanuels dar. Natürlich war der Kurfürst in den Jahren seit 1715 bemüht gewesen, auch in anderen Stiften »anzubindten«, und er bemühte sich noch unentwegt: so in Passau, Eichstätt, insbesondere in Augsburg, überall mit bemerkenswert wenig Gespür für das politisch Mögliche. Das Bistum Eichstätt war stets eine Domäne der Grafen und Barone, die Bistümer Passau und Augsburg griffen in habsburgisches Hoheitsgebiet. Max Emanuels vorsichtige Bewerbung um die Passauer Kathedra zum Beispiel quittierte der österreichische Hofkanzler Graf Sinzendorf mit herzhaftem Gelächter und der lakonischen Auskunft: »Man wohnet gern nachent bei einem guetten freundt, man mechte doch solchen in pöth [im Bett] bey sich nit haben«, und er fügte hinzu: »Wir seint aniezto gar guette freundt miteinander, wür seind es vor diesem gewesen, wür seind es eine zeit nit gewesen undt köndten es über eine zeit auch widerumb nit sein...«.[118] Nachdrücklicher hätte man dem bayerischen Kurfürsten kaum bedeuten können, wo das kaiserliche Entgegenkommen endete! Nichtsdestoweniger hatte Max Emanuel, als es mit ihm zum Sterben kam (26. Februar 1726), seine reichskirchenpolitischen Pläne in der Hauptsache verwirklicht, nicht zuletzt hatte er die Stellung seines Hauses in der nordwestlichen »Germania Sacra« durch den Rückgewinn von Münster und Paderborn erheblich gestärkt. Seine beiden geistlichen Söhne waren mit insgesamt sechs Hochstiften versorgt: Clemens August mit dem Kurfürstentum Köln und den ansehnlichen Hochstiften Münster, Paderborn, Hildesheim, Johann Theodor mit Regensburg und mit der Koadjutorie im Bistum Freising, das 1727, nach Eckhers Tod, ihm anheimfiel. Mit dem Zuwachs eines siebenten Hochstifts, nämlich Osnabrücks, durfte man bereits rechnen: am 4. November 1728 wurde dort Clemens August einstimmig zum Bischof gewählt,[119] so daß er nunmehr – mit päpstlichem Einverständnis – allein Herr über fünf Hochstifte war (und seine reichskirchliche Karriere 1732 mit der Wahl zum Hoch- und Deutschmeister krönen konnte).[120] Seit den Tagen der Reformation und Gegenreformation hatte es in der Reichskirche eine Bistumskumulation solchen Ausmaßes nicht mehr gegeben.

Die traditionelle Einflußsphäre des Hauses Bayern in der Reichskirche zu durchstoßen war Max Emanuel allerdings nicht gelungen, und hier wird die entscheidende Grenze seiner reichskirchlichen Bestrebungen als der einen Komponente seiner Hausmachtpolitik sichtbar. Diese für Bayern nicht überschreitbare Grenze trat noch deutlicher zutage unter Karl Albrecht, dem Sohn und Nachfolger, der sich ganz als Vollstrecker des politischen Vermächtnisses seines Vaters verstand, Haus und Land in einen zweiten blutigen Erbfolgekrieg verwickelte, um 1745 zwar als gekrönter Kaiser des Heiligen Römischen Reichs, doch ohne Land und ohne Macht, im Sold der Krone Frankreichs, zu sterben. Karl Albrecht war von Anfang seiner Regierung an bestrebt, Johann Theodor eine der hervorragenden Position Clemens Augusts vergleichbare reichskirchliche Stellung und damit dem Haus Bayern einen zweiten reichskirchlichen Schwerpunkt zu schaffen, weshalb er nicht nur die Bewerbungen Max Emanuels um Eichstätt und Augsburg mit Vehemenz weiterverfolgte – um Augsburg kämpfte er mit hohen Geldaufwendungen und mit allen ihm zur Verfügung stehenden diplomatischen Mitteln fast ununterbrochen vierzehn Jahre vergeblich! –,[121] sondern wahllos in nahezu jedem vakanten Reichsstift die Kandidatur seines Bruders anmeldete: in Basel, Straßburg, Ellwangen, Berchtesgaden, Stablo und Malmedy, Konstanz, Speyer, nicht einmal eine Koadjutorie in Breslau schloß er aus. Aber seine Reichskirchenpolitik stand bereits im Schatten des Konflikts mit Österreich, und an ihm mußte sie scheitern. Wo die Dom- und Stiftskapitel sich nicht aus eigenem Antrieb gegen eine bayerische Kandidatur wandten, traf der Wiener Hof – wie den Geheiminstruktionen für die kaiserlichen Wahlgesandten zu entnehmen ist – die entsprechenden massiven Vorkehrungen. Nur in Lüttich konnte die vom Wiener Hof aufgerichtete Barriere nochmals durchbrochen werden: Hier wurde

Johann Theodor, den Papst Benedikt eben »in petto« zum Kardinalpriester ernannt und mit einem Wählbarkeitsbreve ausgestattet hatte, mitten im Österreichischen Erbfolgekrieg am 23. Januar 1744 zum Bischof gewählt.[122] Es war die letzte Reichsbischofswahl, aus der das Haus Bayern als Sieger hervorging. Die Reichskirchenpolitik des Hauses Bayern neigte sich ihrem Ende zu.

Fragt man nun nach diesen geistlichen Fürsten selbst, mit denen um hauspolitischer Ziele willen agiert wurde, so ergibt sich ein wenig erfreuliches Bild. Gewiß, tiefgläubig und nach barocker Manier fromm waren sie alle, Joseph Clemens ebenso wie seine Neffen Clemens August und Johann Theodor.[123] Aber die ihnen eigene Frömmigkeit allein qualifizierte sie nicht für den geistlichen, bischöflichen Stand, auch nicht in seiner reichskirchlichen Ausprägung. Sie wurden sich dessen frühzeitig bewußt, und deshalb suchten sie sich gegen das Ansinnen Max Emanuels zu wehren, ohne daß sie freilich die innere Kraft aufbrachten, sich zu behaupten. Max Emanuels brutale Drohungen zwangen sie allzu schnell in die Knie.[124] Da sie je länger je mehr fühlten, daß sie trotz ehrlichen Bemühens den mit dem geistlichen Stand verbundenen Pflichten nicht nachzukommen vermochten, schoben sie die Annahme der höheren Weihen hinaus, und als sie endlich doch, dem Drängen des Papstes nachgebend, ihr Haupt zum Empfang der Priester- und Bischofsweihe beugten, taten sie es nicht ohne Gewissensqual. Zuweilen sah man sie dann, an hohen Feiertagen etwa, die Pontifikalien ausüben, an den Quatembertagen die Priesterweihe spenden oder einen Bischof konsekrieren (meist ihre eigenen Weihbischöfe). Joseph Clemens predigte sogar. Im übrigen aber beauftragten sie mit der Verwaltung ihrer Bistümer – ausgenommen die Pfründenverleihungen, die sie sich persönlich vorbehielten – ihre Geistlichen Räte und Weihbischöfe, und man muß ihnen immerhin bestätigen, daß sie bei der Auswahl dieser Männer in der Regel große Sorgfalt walten ließen.[125] Selber beobachteten sie, ihrer fürstlichen Geburt und reichsfürstlichen Stellung entsprechend, einen Lebensstil, der sich nur wenig von dem ihrer weltlichen Standesgenossen unterschied. Auch spielten Frauen in ihrem Leben eine recht bedeutende Rolle.[126] Diese Tatsache besagt jedoch nicht, daß sie sich – unter dem Einfluß eudämonistischer Lehren – einem sittenlosen, ausschweifenden Leben hingegeben hätten. Johann Theodor, den Kardinal von Bayern, zum Beispiel hat man dessen bis in die jüngste Literatur herein zu Unrecht geziehen.

Obwohl seelsorgerliche Impulse von ihnen nicht ausgegangen sind, wird man dennoch schwerlich behaupten können, daß während ihrer Regierung die ihnen anvertrauten Bistümer – also ihre geistlichen Jurisdiktionsbezirke – unmittelbaren Schaden gelitten hätten oder daß es um die Seelsorge in ihnen schlechter bestellt gewesen wäre als in Bistümern, denen »geistlichere« Bischöfe vorstanden. Die eingesetzten geistlichen Regierungen leisteten vielmehr verantwortungsvolle Arbeit, die Weihbischöfe wirkten eifrig, Seelsorgepriester standen im Überfluß zur Verfügung, ein gut Teil der Seelsorge lag in der Hand der zahlreichen Klöster, und außerdem wachten auch die in den Bistümern ansässigen weltlichen Herren über Glaube und Sitte ihrer Untertanen. Anders stand es schon mit den Hochstiften, ihren bischöflich-landesherrlichen Territorien. Sie mußten ihre aufwendige standesgemäße Lebenshaltung bestreiten sowie die Last des Unterhalts ihres ausgedehnten Hofstaats tragen, wodurch sie teilweise in schwerste Verschuldung gestürzt wurden (etwa das Hochstift Freising). Aber nicht genug damit, mußten sie auch die bitteren Folgen der maßlosen bayerischen Hausmachtpolitik verkosten, im Spanischen und im Österreichischen Erbfolgekrieg – wenngleich hierbei nicht übersehen werden darf, daß kaum ein Fleck des Heiligen Römischen Reichs vor dem Zugriff dieser Kriege verschont blieb.

Der größte Schaden traf indes auf Dauer die Kirche als solche. Aber nicht daraus, daß diese aus dynastischen Gründen in das Bischofsamt verbannten Fürstensöhne weder den Erfordernissen ihres bischöflichen Amtes noch in der persönlichen Lebensführung ihrem priesterlichen und bischöflichen Stand gerecht wurden, erwuchs der Kirche der eigentliche Schaden, sondern aus dem rücksichtslosen machtpolitischen Mißbrauch und unwürdigen Schacher, die im Namen der Religion, des »allein seligmachenden« Glaubens, mit dem Kirchengut getrieben wurden und die Ansehen und Glaubwürdigkeit der Kirche sehr empfindlich beeinträchtigten. Nichts vermag die ernste Problematik enger – unlöslich scheinender – Verquickung von Geistlichem und Weltlichem eindringlicher vor Augen zu führen als die Geschichte der drei letzten geistlichen Fürsten aus dem Haus Bayern, die aber ihrerseits nur einen Ausschnitt, obschon einen bemerkenswerten, aus der Geschichte der letzten Epoche des Heiligen Römischen Reichs und der Reichskirche darstellt. Es ist – unbeschadet der hervorragenden Kultur, die diese Spätepoche hervorgebracht hat: man denke an die Leistungen des Barocks und Rokokos, die gerade in ihrer geistlichen Ausprägung zu höchster Blüte herangereift sind – eine Geschichte des fortschreitenden inneren Zerfalls. So gesehen, zog die Säkularisation von 1803, sosehr sie formalrechtlich ein ungeheurer Rechtsbruch war, den längst fälligen Schlußstrich unter eine für die Kirche und ihren spezifischen Auftrag unheilvoll gewordene Entwicklung.

Anmerkungen

★ Eine detaillierte Darlegung der Reichskirchenpolitik Max Emanuels im Rahmen seiner Gesamtpolitik werde ich in meiner Habilitationsschrift bieten. Auf diese Abhandlung und auf die in ihr enthaltenen Quellen- und Literaturnachweise sei von Anfang an verwiesen. In den Anmerkungen des vorliegenden Aufsatzes muß ich mich auf notwendigste Hinweise beschränken.

[1] R. Ritzler/P. Sefrin, Hierarchia Catholica medii et recentioris aevi V, Patavii 1952, 241f.

[2] Konfirmationsbreve Innozenz' XII., Rom, 29. 9. 1694. (AStA Fürstensachen 665/II.)

[3] Conclusum, Rom, 18. 9. 1694. ASV Acta Congreg. Consistorialis 1694 (Leodien. electio).

[4] Karg an Max Emanuel, Lüttich, 20. 4. 1694; Bericht, 21. 4. 1694. GStA K. schw. 2171.

[5] Concilium Tridentinum, Sessio VI: Decretum de residentia episcoporum et aliorum inferiorum; Sessio XXIII: Decreta super reformatione. Conciliorum oecumenicorum decreta, Bologna 1973³, 681–683, 744–753; H. Jedin, Geschichte des Konzils von Trient II, Freiburg 1957, 269–315; IV/1, Freiburg-Basel-Wien 1975, 237–263; IV/2, Freiburg-Basel-Wien 1975, 50–79.

[6] ASV Acta Congreg. Consistorialis 1694 (Hildesheim. coadiutoriae).

[7] S. hierzu: Weitlauff, Johann Theodor 1–4 (Lit.).

[8] HB II 291–294.

[9] Ib. 297–302.

[10] G. Wolf, Die bayerische Bistumspolitik in der ersten Hälfte des sechzehnten Jahrhunderts mit besonderer Rücksicht auf Salzburg (Beitr. zur bayerischen Kirchengeschichte 6, 1900) 145–173, 193–216. F. F. Strauss, Duke Ernst of Bavaria and the Territory of Salzburg 1540–1554 (Phil. Diss. Masch.), New York 1957 (Exemplar im GHA).

[11] HB II 309–316.

[12] Ib. 335–350.

[13] G. v. Lojewski, Bayerns Weg nach Köln. Geschichte der bayerischen Bistumspolitik in der zweiten Hälfte des 16. Jahrhunderts (Bonner Histor. Forschungen 21, Bonn 1962) 22–29.

[14] Ib. 30–34.

[15] Ib. 77–91.

[16] Ib. 333–345.

[17] Jedin IV 308–312.

[18] Lojewski (Anm. 13) 346–404; HB II 354–357.

[19] Lojewski 405–416.

[20] Hinweise ib. 437–443.

[21] Weitlauff, Johann Theodor 12.

[22] Bericht an Maximilian I., München, 20. 8. 1597. GStA K. schw. 904.

[23] A. Franzen, Der Wiederaufbau des kirchlichen Lebens im Erzbistum Köln unter Ferdinand von Bayern 1612–1650, Münster 1941.

[24] G. Schwaiger, Kardinal Franz Wilhelm von Wartenberg als Bischof von Regensburg (1649–1661) (MThStud. I. Hist. Abt. 6, München 1954)

[25] Verzeichnis wegen Rekompensierung der Kölner Domherren 1642; Donationsbrief Maximilians I., München, 30. 1. 1643. GStA K. schw. 978.

[26] Braubach, Kurköln 1–80.

[27] L. Weber, Veith Adam von Gepeckh, Fürstbischof von Freising, 1618–1651 (Studien zur altbayerischen Kirchengeschichte 3/4, München 1972) 133–146.

[28] Albrecht Sigmund an Veit Adam, Berchtesgaden, 14. 9. 1648; Paris Lodron an Albrecht VI., Salzburg, 17. 9. 1648. AStA Fürstensachen 533/I.

[29] Ordonnanz an Hofzahlmeister Camerlohr, München, 23. 5. 1659. AStA Fürstensachen 533/I.

[30] S. die Freisinger Domkapitelsprotokolle im OAM. – Zur Person Albrecht Sigmunds s.: B. Hubensteiner, Land vor den Bergen. Essays, München 1970, 65–86.

[31] S. z. B.: Max Emanuel an Innozenz XIII., München, 8. 3. 1723. Abgedruckt bei: Weitlauff, Johann Theodor 138f. – Zur Person Maximilians I. s. Riezler V 677–695; Hubensteiner, Barock 115–121; HB II 363–409. Zu Max Emanuel: Ib. 423–457.

[32] Max Emanuel an Johann Theodor, Nymphenburg, 23. 8. 1721. Abgedruckt bei: Weitlauff, Johann Theodor 128.

[33] Domkapitel Regensburg an Ferdinand Maria, Regensburg 4. 7. 1678. GStA K. schw. 2087. Beschluß des Freisinger Domkapitels. Cap. extraord. 30. 4. 1678. OAM B 938.

[34] Ferdinand Maria an Dellmuck, Schleißheim, 28. 6. 1678. GStA K. schw. 2078.

[35] Max Emanuel an Wämpl und an Domkapitel Regensburg, 13. Oktober 1682. GStA K. schw. 2087.

[36] S. Weichs an Joseph Clemens, Regensburg, 10. 3. 1683. GStA K. schw. 2087.

[37] Max Emanuel an Weichs, 5. 3. 1683. GStA K. schw. 2087.

[38] Domkapitel Regensburg an Max Emanuel, Regensburg, 10. 3. 1683. GStA K. schw. 2087.

[39] Max Emanuel an Richter in Seligenporten, 8. 3. 1683. GStA K. schw. 2087.

[40] Götzfried an Max Emanuel, Regensburg, 16. 3. 1683. Zur Verteilung der Wahlpräsente: Max Emanuel an Weichs und Wämpl, 7. 3. 1683. GStA K. schw. 2087.

[41] Weisung an Pflegsverwalter zu Starnberg, München, 18. 4. 1683. GStA K. schw. 2052. Nach Vermerk wurden noch 82000 Mauersteine zusätzlich abgegeben (ob auch diese gratis?).

[42] Zeller an Joseph Clemens, Freising, 27. 11. 1684. GStA K. schw. 2072.

[43] S. Domkapitel Freising an Max Emanuel, Freising, 21. 7. 1683. GStA K. schw. 2052.

[44] Scarlatti an Max Emanuel, Rom, 3. November 1685. GStA K. schw. 2072.

[45] Zur päpstlichen Konfirmation beider Postulationen s. ASV Acta Congreg. Consistorialis 1685–1687. – Stoiberer an Max Emanuel, Wien, 24. 3. 1686; Protokoll der Ablegung des *iuramentum episcopale* etc. GStA K. schw. 2072.

[46] Weichs an Joseph Clemens, Regensburg, 10. 3. 1683. GStA K. schw. 2087.

[47] Zu den Umständen der Kölner Wahl von 1688 s. E. Böhmländer, Die Wahl des Herzogs Joseph Klemens von Bayern zum Erzbischof von Cöln 1688 (OA 56, 1912) 173–247; (OA 57, 1913) 224–284.

[48] *Instrumentum postulationis* Berchtesgad., 29. 8. 1685. ASV Acta Congreg. Consistorialis 1685–1687.

[49] M. Braubach, Das Kölner Domkapitel und die Wahl von1688 (Annalen des Histor. Vereins für den Niederrhein 122, 1933) 51–117.

[50] H. E. Feine, Die Besetzung der Reichsbistümer vom Westfälischen Frieden bis zur Säkularisation 1648–1803 (Kirchenrechtl. Abhandl. 97/98, Stuttgart 1921, Nachdruck Amsterdam 1964) 237–244.

[51] Ib. 244–248.

[52] Böhmländer (OA 57, 1913; vgl. Anm. 47) 252f.

[53] Gebhardt II 280–284.

[54] Leopold I. an Karg, Wien, 11. 2. 1694. GStA K. schw. 2170.

[55] Brabeck an Innozenz XII., 8. 1. 1694. AStA Fürstensachen 665/II.

[56] Liste der Aufschwörungskosten für Joseph Clemens in Hildesheim und Münster (1686). AStA Fürstensachen 665/I.

[57] Zimmermann an Prielmayr, Hildesheim, 18./8. 1. 1694. AStA Fürstensachen 665/II.

[58] Zimmermann an Prielmayr, Hildesheim, 11. 1. 1694. AStA Fürstensachen 665/II.

[59] Joseph Clemens an Domkapitel Lüttich, München, 6. 10. 1688. GStA K. schw. 2166.

[60] Max Emanuel an Joseph Clemens, o. D. (bald nach 1. 2. 1694). AStA Fürstensachen 665/II.

[61] Karg an Max Emanuel, Lüttich, 14. 3. 1694. GStA K. schw. 1056.

[62] Karg an Mörmann, Lüttich, 23. 3. 1694. GStA K. schw. 2170.

[63] Memoire Max Emanuels, am 22. 3. 1694 Karg überlassen. GStA K. schw. 2170.

[64] Joseph Clemens an Leopold I., Lüttich, 20. 4. 1694. GStA K. schw. 2171.

[65] Berichte 20./21. 4. 1694; Max Emanuel an Leopold I., Brüssel, 23. 4. 1694. GStA K. schw. 2171.

[66] Karg an Joseph Clemens, Lüttich, 5. 5. 1694. GStA K. schw. 2171.

[67] Vortrag der kurbayerischen Gesandtschaft vor Domkapitel Regensburg, Regensburg, 19. 11. 1694. GStA K. schw. 2516.

[68] Neuhaus an Max Emanuel, Regensburg, 17. 2. 1695. GStA K. schw. 2516.

[69] Domkapitel Freising an Innozenz XII., Freising, 6. 11. 1694. GHA Korr. Akt 678.

[70] Domkapitel Freising an Gesandte, Freising, 23. 12. 1694. GHA Korr. Akt 678.

[71] Gesandte an Max Emanuel, 29. Januar 1695. GStA K. schw. 2079.

[72] S. hierzu GStA K. schw. 2079, 2080, 2081, 2082, 2083, 2084, 2085; außerdem OAM: Domkapitelsprotokolle 1695–1697. – F. I. Streber, Über die Bischofswahl zu Freising im Jahre 1695, oder Erklärung einer bis jetzt unbekannten Goldmünze des Fürstbischofs Johann Franz Eckher, München 1812. Knappe Darstellung bei Hubensteiner, Eckher 51–59.

[73] Scarlatti an Max Emanuel, Rom 31. 1. 1696. GStA K. schw. 2081.

[74] Konfirmationsbreve Innozenz' XII. für Lüttich, Rom, 29. 9. 1694. AStA Fürstensachen 665/II. – Zum Folgenden vgl. Liste der Aufschwörungskosten in Hildesheim und Münster (1686): AStA Fürstensachen 665/I.

[75] Joseph Clemens an Max Emanuel, Bonn, 24. 12. 1721. GStA K. schw. 1088.

[76] Braubach, Kurköln 157–180.

[77] M. Weitlauff, Emanuela Theresia a Corde Jesu (G. Schwaiger, Bavaria Sancta. Zeugen christlichen Glaubens in Bayern III, Regensburg 1973) 341–372.

[78] Max Emanuel an Joseph Clemens, 19. 2. 1716. GStA K. schw. 2498.

[79] Regensburger Wahlkapitulation Clemens Augusts, München, Juni 1716. Punkt 55. GStA K. schw. 2498.

[80] Domkapitel Regensburg an Clemens August, Regensburg, 26. 3. 1716. GStA K. schw. 2498. – K. Hausberger, Gottfried Langwerth von Simmern (1669–1741), Bistumsadministrator und Weihbischof zu Regensburg (Beitr. zur Geschichte des Bistums Regensburg 7, 1973) 63–370, hier: 145–164.

[81] F. Keinemann, Die europäischen Mächte und die Wahl des Herzogs Clemens August von Bayern zum Fürstbischof von Münster, Paderborn und Osnabrück (1716–1728); ders., Ancien Regime, Kulturkampf, Nachkriegszeit (Neue Beitr. zur westfälischen Landesgeschichte, Hamm 1974) 5–76, hier: 9.

[82] *Conditiones* des Bischofs von Münster, Neuhaus, 2. 7. 1718. GStA K. schw. 2251.

[83] Seyboltstorff an Unertl, Köln, 4. 9. 1718. GStA K. schw. 2252.

[84] Seyboltstorff an Max Emanuel, Münster, 7. 10. 1718. GStA K. schw. 2252.

[85] Max Emanuel an Plettenberg, München, 19. 2. 1719. GStA K. schw. 2262.

[86] Plettenberg an Unertl, Lüttich, 30. 11. 1723. GStA K. schw. 2178.

[87] Domkapitel Paderborn an Max Emanuel, Paderborn, 14. 3. 1719; Seyboltstorff an Max Emanuel, Münster, 21. 3. 1719. GStA K. schw. 2261.

[88] S. hierzu Weitlauff, Johann Theodor 81f.

[89] Domkapitel Münster an Karl VI., Münster, 28. 3. 1719; Domkapitel Paderborn an Karl VI., Paderborn, 28. 3. 1719. GStA K. schw. 2261.

[90] Seyboltstorff an Unertl, Münster, 25. 3. 1719. GStA K. schw. 2261.

[91] Instruktion Max Emanuels für Abbé Philibert, 29. 6. 1721. GStA K. schw. 1088.

[92] Unertl an Plettenberg, München, 27. 12. 1721. GStA K. schw. 1088.

[93] Seyboltstorff an Unertl, Münster, 25. 3. 1719. GStA K. schw. 2261.

[94] Max Emanuel an Domkapitel Regensburg, München, 19. 7. 1719. GStA K. schw. 2499. Das Konfirmationsbreve datiert vom 30. 4. 1719.

[95] Zur Regensburger Postulation 1719 s. Weitlauff, Johann Theodor 84–109.

[96] Ib. 109–141.

[97] S. L. Groß, Die Geschichte der deutschen Reichshofkanzlei von 1559 bis 1806 (Inventare österreichischer Archive V. Inventare des Wiener Haus-, Hof- und Staatsarchivs 1, Wien 1933) 131.

[98] Weitlauff, Johann Theodor 104f.

[99] Ib. 107f.

[100] Zu den Wahlverhandlungen mit Freising s. ib. 49–83, 141–182.

[101] Clemens August an Max Emanuel, Köln, 20. 4. 1721. GStA K. schw. 1088.

[102] Sachsen-Zeitz an Max Emanuel, Regensburg, 27. 12. 1721. GStA K. schw. 1088.

[103] Gesandter Plettenberg an Unertl, Regensburg, 4. 6. 1721. GStA K. schw. 1088.

[104] Plettenberg an Max Emanuel, Köln, 9. 5. 1722. GStA K. schw. 1098.

[105] Plettenberg an Unertl, Lüttich, 30. 11. 1723. GStA K. schw. 2178.

[106] Max Emanuel an Plettenberg, München, 30. 8. 1723. GStA K. schw. 2178.

[107] Clemens August an Max Emanuel, Münster, 24. 12. 1723. GStA K. schw. 1099.

[108] Gesandter Plettenberg an Clemens August, Prag, 6. 10. 1723. GStA K. schw. 2178.

[109] Joseph Clemens an Unertl, Bonn, 31. 10. 1723. GStA K. schw. 2178.

[110] Mörmann an Max Emanuel, Prag, 8. 11. 1723. GStA K. schw. 2178.

[111] Plettenberg an Unertl, Lüttich, 30. 11. 1723. GStA K. schw. 2178.

[112] Preysing an Unertl, Lüttich, 9. 2. 1724. GStA K. schw. 2180.

[113] Max Emanuel an Mörmann, München, 9. 12. 1723. GStA K. schw. 1099.

[114] Preysing an Unertl, Lüttich, 9. 2. 1724. GStA K. schw. 2180.

[115] S. Weitlauff, Johann Theodor 353–356.

[116] Max Emanuel an Mörmann, Geisenfeld, 19. 11. 1723. GStA K. schw. 1099. – Weitlauff, Johann Theodor 179.

[117] Unertl an Plettenberg, München, 23. 11. 1723. GStA K. schw. 2178. – Zur Freisinger Wahl s. Weitlauff, Johann Theodor 141–182.

[118] Toerring an Max Emanuel, Wien, 7. 11. 1722. GStA K. schw. 2460.

[119] Domkapitel Osnabrück an Karl Albrecht, Osnabrück, 4. 11. 1728. GStA K. schw. 2247.

[120] S. GStA K. schw. 3312.

[121] Weitlauff, Johann Theodor 183–299.

[122] Ib. 351–395.

[123] S. M. Braubach, Gewissenskämpfe eines geistlichen Fürsten der Barockzeit (Bonner Zschr. für Theologie und Seelsorge 6, 1929) 234–250; ders., Kurköln 157–180; Weitlauff, Johann Theodor. Zur Beziehung des Kurfürsten Clemens August zu der Kaufbeurer Franziskanerin Maria Crescentia Höß s. M. Weitlauff, Die selige Maria Crescentia Höß von Kaufbeuren (G. Schwaiger, Bavaria Sancta. Zeugen christlichen Glaubens in Bayern II, Regensburg 1971) 242–282.

[124] Braubach, Kurköln 157–180; Weitlauff, Johann Theodor 109–141.

[125] Als ein Beispiel s. Hausberger, Gottfried Langwerth von Simmern (Anm. 80).

[126] H. Schrörs, Zum Privatleben des Kurfürsten Joseph Clemens (Annalen des Hist. Vereins für den Niederrhein 92, 1912) 125–133; ders., Kurfürst Joseph Clemens und Madame de Ruysbeck. (Ib. 97, 1915) 1–77; Braubach, Kurköln 282–320; Weitlauff, Johann Theodor 226–228, 432–458, 588–614.

Peter Claus Hartmann

Die wirtschaftlichen Initiativen und die Finanzpolitik des Kurfürsten Max Emanuel

Zur Zeit Max Emanuels bildete Kurbayern ein relativ geschlossenes Territorium, das sich vom Alpenrand im Süden über das Alpenvorland, das niederbayerische Hügelland, die Donauebene, den Bayerischen Wald bis zum Böhmerwald und zum Fichtelgebirge im Norden erstreckte. Dieses »altbayerische Fünfeck«, das von kleineren Gebieten anderer Reichsstände durchsetzt war, umfaßte mit Oberbayern, Niederbayern und der Oberpfalz sowie einigen Herrschaften im schwäbischen Kreis etwa 756 Quadratmeilen oder circa 41580 qkm.[1] Es lebten dort damals zwischen 1000000 und 1200000 Menschen.[2]

Wie beinahe alle anderen europäischen Staaten in dieser Zeit war auch Kurbayern ein fast rein agrarisches Land. Dementsprechend bildete die Landwirtschaft,[3] besonders der Getreideanbau und die Viehzucht, die Grundsäule der bayerischen Wirtschaft, wenn auch das Gewerbe und der Handel sowie der Bergbau eine gewisse Rolle spielten.[4] In Oberbayern, das ausgedehnte Wälder und Moore, aber keine allzu guten Getreideböden besaß, trieb man vor allem Viehzucht und Forstwirtschaft. Außerdem stellte man Leinwand her. Niederbayern diente als Kornkammer, und in der waldreichen Oberpfalz baute man wertvolle Bodenschätze ab: Eisenerz, Quarz, Steine.[5]

Sehr wichtig für die bayerische Wirtschaft war die Salzerzeugung in Reichenhall. Aufgrund der fast unerschöpflichen Solequellen konnten die Sudwerke in Reichenhall und Traunstein große Mengen Salz produzieren, wobei die Erzeugung und der Verkauf ein kurfürstliches Monopol bildeten. Dazu besaß Bayern damals auch ein Monopol für den Handel des Salzes aus dem Erzstift Salzburg, das von Hallein aus auf der Salzach und dem Inn bis Passau und von dort aus die Donau aufwärts transportiert wurde. Schließlich verkaufte Kurbayern noch das Salz aus der reichsunmittelbaren Fürstpropstei Berchtesgaden.[6] Außerdem existierten zahlreiche Brauereien, die hauptsächlich für das Inland produzierten.[7]

Ein großer Teil des Gewerbes war noch wie im Mittelalter in Zünften organisiert, auch wenn der Landesherr versuchte, deren Einfluß und starre Vorschriften einzuschränken und durch Kompromißregelungen neuen, zunftfreien Kräften mehr Entfaltungsmöglichkeiten zu gewähren.[8] Charakteristisch für Kurbayern war die hohe Dichte der kleinen handwerklichen Betriebe, die – bei geringer Produktionskapazität – ziemlich gleichmäßig auf das ganze Territorium verteilt waren. Andererseits fehlten wirklich bedeutende Gewerbezentren, so daß die Gewerbeintensität relativ gering war; dafür erwies sich Kurbayern auf diesem Gebiet als wenig krisenanfällig.[9] Exportiert wurden damals kaum Fertigprodukte, sondern vor allem Getreide, Vieh, Holz und Salz, letzteres besonders in den schwäbischen Reichskreis (hier vor allem nach Württemberg), in die Schweiz und in fränkische Territorien. Importiert wurden in erster Linie gewerbliche Fertigprodukte, Kolonialwaren, Wein und fehlende Rohstoffe.[10]

Um ihre Steuereinnahmen zu sichern, waren die Landesherren im Sinne merkantilistischer Gedankengänge bestrebt, die Landwirtschaft und das Gewerbe, besonders die in Schwierigkeiten geratenen Betriebe, zu fördern. Dies geschah durch Steigerung der Nachfrage, Vergabe von Staatsaufträgen, durch Importbeschränkungen und den Erlaß verschiedener Vorschriften.[11] Hat Kurfürst Max Emanuel aber über diese damals üblichen Maßnahmen hinaus besondere wirtschaftliche Initiativen ergriffen? Paßte es zur Natur dieses unsteten Fürsten, auf dem Gebiet der Wirtschaft langfristig zu planen?

Zunächst lag es nahe, die bayerische Wirtschaft durch Gründung und Unterstützung von Manufakturen anzuregen, wie dies in ökonomisch weiter entwickelten Staaten (z. B. Frankreich, Sachsen und Brandenburg-Preußen[12]) im Sinne des Merkantilismus geschehen war. Nachdem Kurfürst Ferdinand Maria sich diesbezüglich zurückhaltend und skeptisch verhalten hatte, zeigte sich Max Emanuel nach seinem Regierungsantritt merkantilistischen Projekten gegenüber aufgeschlossen, so daß man die Jahre 1680 bis 1700 als eine erste Gründungsperiode bezeichnen kann.[13] Aber dann brach 1701 der Spanische Erbfolgekrieg aus, und diese Ansätze kamen zum Erliegen. Bei der Rückkehr Max Emanuels 1715 existierten nur noch wenige Manufakturen in Kurbayern: eine Lederfabrik in Allach (seit 1703) und ein paar Betriebe, die leonische Drähte produzierten (seit 1689 beziehungsweise 1700).[14]

Bestärkt im merkantilistischen Denken und von dessen Erfolgen in Frankreich angeregt, griff der Kurfürst nach seiner Rückkehr die alte Idee der Manufakturgründung wieder auf. Nach dem Vorbild Colberts dachte er daran, ausländische Fachleute und Arbeiter anwerben zu lassen, und gab dazu einem französischen Agenten, Jean Berroyer Dufresne, weitgehende Vollmachten. Dufresne begab sich mit großem Eifer daran, Projekte zur Gründung von sechs Zuckerraffinerien in Kurbayern auszuarbeiten; er machte auch französische Unternehmer dafür ausfindig und setzte entsprechende Vertragsentwürfe auf. Demnach sollte der Kurfürst den Raffinerien für 40 Jahre das Monopol und das nötige Terrain gewähren, diese andererseits sollten 2,4 Millionen Pfund Zucker pro Jahr zu relativ billigem Preis aus eingeführtem Zuckerrohr produzieren und außerdem nebenbei 300 Fässer Branntwein erzeugen. Nach 40 Jahren sollten die Betriebe an den Kurfürsten fallen.[15]

Dufresne plante ferner, mehrere Seifen-, Fayence- und Trikotagemanufakturen, Tapeten-, Nadel- und Messerfabriken sowie eine bayerische Handelskompanie zu gründen. Allerdings war der dafür vorgesehene Pariser Bankier Demeuves nicht zu bewegen, das entsprechende Geld zu liefern. Da man keinen anderen Finanzier fand, hätte der Landesherr, so wie es in anderen Territorien oft geschah, die Investitionen übernehmen müssen. Aber Max Emanuel war dazu nicht bereit; die Manufakturen interessierten ihn nur in dem Maße, als sie, von anderer Seite finanziert, ihm sofort einen Gewinn, einige »außerordentliche Renten« abgeworfen hätten, ohne Unkosten zu bereiten.[16]

An dieser Einstellung scheiterten die meisten großen Projekte. Gegründet wurden nach 1715 in Bayern nur eine Eisendrahtmanufaktur und Messingwerke in Rosenheim (1716), eine kurfürstliche Gobelinmanufaktur (1718) und eine »Fabrica« in der Au (1720).[17]

Den Bedarf an gehobenen gewerblichen Fertigwaren und an Luxusgütern konnten der Kurfürst und sein Hof ohnehin nicht in Bayern befriedigen; man ließ sie vom Ausland, besonders von Frankreich, kommen. In Paris hatte der kurbayerische Gesandte unter anderem die Aufgabe, die entsprechenden Käufe auszuführen und die Waren durch Kuriere nach München schicken zu lassen. So kamen laufend Damaststoffe, feine Gewänder, Seidenstrümpfe, Handschuhe, Hüte, Juwelen, Musikinstrumente, Möbel und andere Waren in die bayerische Hauptstadt. Im Jahre 1722, dem Jahr der Hochzeit des Kurprinzen Karl Albrecht, handelte es sich um Güter für mehr als 200000 Taler, die in Paris für den Kurfürsten und seinen Hof eingekauft wurden: Hochzeitskarossen, Wäsche, Spitzen, Gewänder, Stoffe, Juwelen, Parfum.[18]

Bestreiten mußte der Kurfürst diese Ausgaben aus seinen Einnahmen. Diese Einkünfte, ihre Struktur und die Finanzpolitik Max Emanuels wollen wir im weiteren untersuchen.

Die Einnahmen des bayerischen Kurfürsten bestanden damals vor allem aus den allgemeinen Staatseinkünften, dazu aus Hilfsgeldern (Subsidien), die dem Fürsten aufgrund verschiedener Allianzverträge von ausländischen Großmächten gezahlt wurden.

Die Gesamtstaatseinkünfte des Kurfürstentums setzten sich aus zwei großen Einkommenszweigen zusammen: den Kameraleinkünften im weiteren Sinne (etwa 55% der gesamten Einnahmen) und den restlichen Staatseinkünften (hauptsächlich direkten Steuern, die 45% ausmachten). Die Kameraleinkünfte standen unter direkter kurfürstlicher Administration und Verfügungsgewalt. Als oberste Verwaltungsstelle fungierte die Hofkammer; ihr unterstanden die Rentämter als Mittelbehörden und die Pflegeämter als unterste Stellen. Die restlichen 45% der Staatseinkünfte wurden von den Ständen bewilligt und verwaltet.[19] Die Rechte der Landstände, die seit 1669 nicht mehr zusammengetreten waren, nahm unter Kurfürst Max Emanuel die Landschaftsverordnung wahr, die aus sechzehn stimmberechtigten Mitgliedern bestand: aus acht Adeligen, vier Prälaten und vier Vertretern des Bürgerstandes.[20] In der Praxis war es diesen Deputierten kaum möglich, die Forderungen des Kurfürsten abzulehnen.

Bei den in direkter kurfürstlicher Verwaltung stehenden Kameraleinkünften im weiteren Sinne handelte es sich um die Kastenamtsgefälle (im 18. Jahrhundert 7,5% der Gesamteinnahmen), die in Geld umgewandelten Scharwerksleistungen, die Bräugefälle (8,3%), die Akzisen, Mauten und Zölle (10,5%), um das Salzmonopol (7,3 bis 8,6%), das Münz- und Bergregal, die Forstgefälle, die Konditionssteuer und das Umgeld.[21]

Den Löwenanteil der von den Ständen verwalteten Einnahmen machte die »Steuer« (Land- und Standsteuer) aus. Sie betrug circa 31,6% der gesamten Staatseinkünfte. Acht Neuntel dieser direkten Abgaben wurden als Landsteuer, eine Vermögens- und Ertragssteuer, vom nicht gefreiten Teil der ländlichen Bevölkerung erhoben; die gefreiten Stände (Adel, Prälaten, Bürger) brachten nicht mehr als den Rest auf.[22] Die gesamten direkten Steuern erbrachten in Kurbayern damals circa 39,2% der Staatseinkünfte, die indirekten Steuern und Zölle 27,8% und die Domänen und Regalien, vergleichbar mit unseren heutigen Staatsbetrieben, 33%.[23]

Wie die Landwirtschaft und das sie tragende Bauerntum die wesentliche Grundlage der Wirtschaft bildeten, so waren die Bauern auch die wichtigsten Steuerzahler des Landes. Kurz vor dem Regierungsantritt Max Emanuels betrugen die Einnahmen des Hofzahlamtes (Kameraleinkünfte) circa 1,9 Millionen Gulden,[24] die gesamten Staatseinkünfte etwa 3,5 Millionen Gulden. Im 18. Jahrhundert machten diese zwischen 3,8 Millionen und 4,4 Millionen Gulden aus.[25] Das waren etwa die Hälfte der damaligen Einnahmen Brandenburg-Preußens oder ein Sechstel der Österreich-Ungarns mit seinen Nebenländern.[26]

Da den Belastungsmöglichkeiten der bayerischen Untertanen und besonders der Bauern Grenzen gesetzt waren und die Leistungsfähigkeit der Wirtschaft nicht durch zu hohe Abgaben geschädigt werden durfte, blieben dem Kurfürsten nur zwei Wege, sich über diese Staatseinkünfte hinaus zusätzliche Geldmittel zu beschaffen: ausländische Hilfsgelder gegen politische und militärische Leistungen, und Aufnahme von Schulden, wodurch jedoch laufende Mittel auf die Dauer blockiert wurden (Schuldentilgung, Verpfändung von Staatseinkünften). Dieser beiden Möglichkeiten hat sich Max Emanuel intensiv bedient.

Beim Regierungsantritt konnte er eine relativ gute Finanzverwaltung und einen Staatsschatz von seinem Vater Ferdinand Maria übernehmen.[27] Von 1682 ab aber floß ein Großteil der bayerischen Steuerkraft in die militärischen Leistungen, zunächst der Türkenkriege, dann des Reichskrieges gegen Frankreich. Die Statthalterschaft in den Niederlanden bedeutete eine weitere übermäßige Beanspruchung Bayerns für die Geldbedürfnisse des Kurfürsten.[28] Laut Freyberg betrugen die gesamten bayerischen Kriegskosten von 1682 bis 1692 fast 15 Millionen Gulden, wovon die in den Allianzverträgen von 1683, 1686 und 1689 zugesagten und nur zum Teil gezahlten kaiserlichen Subsidien höchstens 2,15 Millionen bestreiten konnten.[29] 15 Millionen Gulden, das bedeuteten fast 40% der gesamten Staatseinnahmen Kurbayerns in dieser Zeit!

Nach seinem Frontwechsel schloß Max Emanuel am
Kat.Nr. 335 9. März 1701 mit Ludwig XIV. einen Neutralitätsvertrag ab, der ihm hohe Hilfsgelder (30000 Taler pro Monat) einbringen sollte. Im August 1702 ratifizierte er dann einen Bündnisvertrag mit Versailles, nachdem Verhandlungen mit dem Kaiser gescheitert waren. Für den im Reich isolierten Kurfürsten und sein von Feinden eingekreistes Territorium waren diese französischen Hilfsgelder, die zu den bayerischen Staatseinnahmen hinzukamen, von höchster Bedeutung. Ludwig XIV. streckte sofort nach der Ratifikation des Kontraktes 200000 Taler vor und überwies schon im August 1701 weitere 650000 Livres.[30] Zusammen mit den monatlichen Zahlungen waren dies für 1701 etwa 1481150 Gulden oder circa 740572 Taler. Dazu kamen spanische Zahlungen von fast 500000 fl., zusammen mehr als 50% der bayerischen Staatseinnahmen dieses Jahres. Durch den Vertrag vom 17. Juni 1702 wurden dem Kurfürsten noch zusätzliche 26000 Taler pro Monat zugesagt. Im ganzen zahlte Frankreich vom März 1701 bis Dezember 1704 4672000 fl. Subsidien, wozu noch spanische Gelder von circa 8 Millionen Livres[31] oder etwa 4,75 Millionen fl. kamen.[32] Diese circa 9,24 Millionen Gulden in knapp vier Jahren machten fast die Hälfte der kurbayerischen Staatseinkünfte von vier Jahren oder ein Drittel der gesamten Einnahmen Max Emanuels (Subsidien und Staatseinkünfte) aus.

Die Überweisung dieser für die Truppen dringend benötigten Gelder in das von feindlichen Territorien umgebene Bayern verursachte große Schwierigkeiten und hohe Unkosten. In Paris stellte Samuel Bernard, damals der bedeutendste königliche Bankier Frankreichs,[33] für die vom »trésor royal« ausgezahlten Summen seine Wechsel aus. Als Protestant verfügte er in Holland und in der Schweiz über sehr gute Beziehungen. In das weitere Überweisungsgeschäft schalteten sich damals außer dem Hauptschatzmeister Giovanni Pàolo (meist Jean Paul) Bombarda[34] vor allem die Bankiers François-Antoine Bombarda (Brüssel),[35] Cornelis Blesen (Amsterdam) und Gugler (München) ein. Nachdem Holland seine Handelsbeziehungen mit Frankreich und Bayern am 31. Mai 1703 abgebrochen hatte, überwies man einen großen Teil der französischen Subsidiengelder über die Schweiz (Sautter, Genf, und Friz, Zürich) nach Kurbayern. Die spanischen Gelder flossen häufig über Venedig (Bankier Rezzonico) und Mailand (Bankier Castelli) nach München.[36]

Während die Staatseinnahmen von der Hofkammer beziehungsweise den Ständen verwaltet wurden, beauftragte Max Emanuel Jean Paul Bombarda, der ihm schon 1692 als Finanzrat und Hauptschatzmeister nach Brüssel gefolgt war, mit der Administration aller ausländischen Hilfsgelder,[37] also immerhin von einem Drittel der gesamten Einkünfte des Kurfürsten. Wie damals auch in Frankreich üblich,[38] gestaltete sich diese Finanzverwaltung als privates Unternehmergeschäft des Finanziers Bombarda, der alle Subsidien erhielt, dafür jedoch dem Kurfürsten vertraglich fixierte Geldsummen liefern und am Schluß abrechnen mußte. Seine Person wurde nach der Niederlage von Höchstädt für die Finanzen des Kurfürsten beherrschend, als Max Emanuel durch den Verlust Bayerns neben einigen niederländischen Einkünften nur noch über die ausländischen Hilfsgelder verfügen konnte. Nach der Niederlage von Ramillies (23. 5. 1706) stammten die Einkünfte Max Emanuels fast ausschließlich aus Subsidien. Von Anfang 1705 bis Ende 1710 handelte es sich bei diesen Geldern immerhin um circa 26,5 Millionen Livres oder mehr als 15 Millionen Gulden. Da Spanien ab 1706 nicht mehr in der Lage gewesen war, seine Hilfsgelder anzuweisen, hatte Frankreich auch diese Zahlungen übernehmen müssen;[39] und diese zusätzliche Belastung kam ausgerechnet im Krisenjahr 1706, als in das französische Schatzamt bei 196 Millionen Livres Ausgaben ganze 53 Millionen Nettoeinnahmen gelangten.[40]

Kein Wunder, daß das vom Krieg erschöpfte Frankreich die hohen Subsidienzahlungen nicht mehr in Bargeld leisten konnte, sondern nur noch durch Ausgabe von Münzscheinen (einer Art Papiergeld), Assignationen (Gutscheinen auf zu erwartende Steuereinkünfte späterer Jahre) und von Rentenkontrakten. Da der Kurfürst jedoch für seine Truppen und seinen Hof sofort Bargeld benötigte, war er völlig auf seinen Hauptschatzmeister angewiesen, der diese französischen Staatseffekten in Empfang nehmen und dem Kurfürsten dafür flüssige Mittel beschaffen mußte.[41]

Ähnlich wie bei den französischen Steuerpachtverträgen[42] wurde hier zwischen Max Emanuel und Bombarda ein Kontrakt geschlossen[43], mit dem dieser die Vollmacht des Kurfürsten erhielt, die monatlichen Subsidien in Empfang zu nehmen und dann frei darüber zu verfügen. Er kaufte sich z. B. französische Staatsrenten und zahlreiche Häuser in Paris.[44] Andererseits mußte er dem Kurfürsten regelmäßig pro Monat folgende Summen in bar liefern: 66000 Taler für die Militärkasse, 6666$^2/_3$ Taler für das Küchenamt, dieselbe Summe für den Marstall, 6654 Taler für Gagen, Jagd, Garderobe, Möbel u. a. und 6798 Taler für geheime Ausgaben des Kurfürsten. Als Entschädigung und Entlohnung sollte Bombarda 2% der Subsidien als Provision erhalten.[45] Da Frankreich seine Hilfsgelder ab 1706 größtenteils in langfristigen Staatseffekten anwies, die bei ihrem sofortigen Verkauf stark verloren, war Bombardas Aufgabe schwierig genug. Obwohl er versuchte, sogar in Holland Kredite aufzunehmen,[46] und sich bemühte, die Effekten in Paris so gut wie möglich zu verkaufen und zu verpfänden, geriet er sehr bald in Zahlungsschwierigkeiten.[47]

Die Truppen konnten oft monatelang nicht besoldet werden und begannen zu meutern. Bombarda beteuerte seinerseits, er könne trotz aller Bemühungen die vom Schatzamt erhaltenen Münzscheine und Effekten nicht, oder nur mit großen Verlusten, verkaufen, und bat, man möge ihm doch Bargeld geben. Obwohl Kurfürst Max Emanuel und sein Gesandter in Paris wiederholt bei der französischen Regierung vorsprachen, verschlechterte sich die Lage mehr und mehr,[48] da die Situation der französischen Finanzen immer katastrophaler wurde.[49] 1709 und 1710 wurden die finanziellen Schwierigkeiten so drückend, daß Max Emanuel klagte, er bekomme das zum Leben Nötige nur noch für wenige Tage auf Kredit.[50]

Der Kurfürst bat im Oktober 1710 verzweifelt seinen Hauptschatzmeister Bombarda, der keine Gläubiger mehr auftreiben konnte, die Schlußabrechnung abzuliefern, und ersetzte ihn Anfang 1711 durch den Antwerpener Finanzier und Kaufmann Henri van Soest, dem es zunächst glückte, die Kassen flüssig zu machen; allerdings erhielt dieser jetzt 15% der erhaltenen Summen als Provision. Van Soest betätigte sich gleichzeitig als Hof- und Truppenlieferant Max Emanuels und bekam 10% seiner Lieferungen als Provision.[51] Trotz der gewaltigen finanziellen Schwierigkeiten, in denen sich die französische Staatskasse befand, ließ Ludwig XIV. von Anfang 1711 bis Ende 1714 mit großer Regelmäßigkeit alle für die Subsidienraten anfallenden Zahlungsanweisungen ausstellen, die dann bei Vorlage vom Schatzamt in Assignationen umgewandelt wurden. Im ganzen erhielt der bayerische Kurfürst in diesen Jahren Assignationen für 15 Millionen Livres oder circa 8,9 Millionen Gulden.[52] Obwohl van Soest die erhaltenen Assignationen nur unter hohen Verlusten von Bankiers, wie zum Beispiel den Genfern Tourton und Guiguer, auf einer Art Börse verkaufen lassen oder an diese verpfänden konnte und deshalb mit großen Schwierigkeiten ringen mußte, scheinen der Hof und die Truppen des Kurfürsten damals weniger unter Geldmangel gelitten zu haben als in den Jahren vorher. Es gelang dem Antwerpener, mit zahlreichen Bankiers (Goulet, Levy, May, Schwab, Worms u. a.) fruchtbar zusammenzuarbeiten und die Versorgung der in Luxemburg und Ostfrankreich stehenden kurfürstlichen Truppen durch Lieferverträge mit »Entrepreneurs« einigermaßen zu sichern. Allerdings waren auch seine finanziellen Möglichkeiten begrenzt und sein Kredit war bald erschöpft.[53]

Aufgrund von Hofintrigen und wegen der hohen Provisionskosten ersetzte Max Emanuel van Soest schon im September 1713 durch die Genfer Bankiers Jacob und Paul Marcet, die ihre verwandtschaftlichen Beziehungen zu protestantischen Bankiers[54] im Ausland spielen lassen sollten. Aber wie ihre Vorgänger gerieten auch die beiden Marcet bald in Zahlungsschwierigkeiten, nachdem sie durch Aufnahme zahlreicher Gelder gegen Verpfändung der erhaltenen Assignationen immerhin einige Kredite lockergemacht hatten.

Alle drei Hauptfinanziers und -bankiers des Kurfürsten beendeten ihre Karriere schließlich mit einem Bankrott, eine Erscheinung, die damals auch in Frankreich nicht selten war.[55] Es folgten endlose Affären mit Forderungen und Gegenforderungen, Abrechnungen und Gegenabrechnungen der kurfürstlichen Rechnungsbeamten und der Finanziers, mit Denkschriften und Gegendenkschriften sowie Prozessen, die alle zeigen, daß die Kontrolle des Finanzgebarens dieser frei schaltenden kurbayerischen Hauptschatzmeister recht mangelhaft war. Dem Kurfürsten gingen jedenfalls Millionenbeträge verloren.[56]

Besonders unangenehm wirkte sich für Max Emanuel aus, daß die letzten Hauptbankiers Marcet zur Bezahlung der Lieferungen an den kurfürstlichen Hof und die Truppen eine unübersehbare Menge von Schuldscheinen und Zahlungsanweisungen ausgegeben hatten, die sie nicht einlösen konnten, für die jedoch der Kurfürst eine Garantie hatte übernehmen müssen. Die Gläubiger kamen nun zusammen mit den zahlreichen anderen, die dem Kurfürsten Geld und Waren vorgestreckt oder die ihm Dienste geleistet hatten, um von ihm die Rückzahlung zu fordern. Die Schulden des Kurfürsten in Frankreich und den Niederlanden machten 1715 etwa 8 Millionen Livres aus. Gläubiger waren Bankiers, Großlieferanten, Kaufleute, kleine Geschäftsleute und Handwerker sowie Beamte, Soldaten, Hausmeister und Bedienstete, deren Lohn nicht bezahlt worden war.[57]

Max Emanuel kam also mit einer schweren finanziellen Hypothek in sein vom Krieg zerstörtes und finanziell ausgesaugtes Kurfürstentum zurück. Die Verwaltung seiner Finanzen und die Schuldenabwicklung in Frankreich übertrug er seinem Gesandten in Paris, dem Grafen Monasterol. Dieser erhielt die Vollmacht, die im neuen Vertrag vom Dezember 1714 festgelegten französischen Subsidien in Empfang zu nehmen und damit die Schulden des Kurfürsten zu bezahlen.[58] Von Ende 1714 bis Ende 1717 wurden Monasterol über 8 Millionen Livres an französischen Subsidien ausgezahlt.[59] Er hätte also die Schulden Max Emanuels tilgen können. Trotzdem stellte sich bei der Bestandsaufnahme, die 1718 sein Nachfolger in Paris, Comte d'Albert, zusammenstellte, heraus, daß die Schulden in Frankreich und den

Niederlanden immer noch 4 Millionen Livres betrugen.[60] Wo sind die fehlenden 4 Millionen geblieben? Zunächst sind die Verluste in Rechnung zu stellen, die dem Gesandten dadurch entstanden, daß die Subsidien in langfristigen Staatseffekten ausgezahlt wurden, die nur geringen Marktwert besaßen. Ferner mögen hohe Summen für Käufe des Kurfürsten in Paris aufgewendet worden sein. Aber dennoch muß hier schlechte Verwaltung oder gar Veruntreuung kurfürstlicher Gelder eine Rolle gespielt haben. Monasterol, laut Saint-Simon ein leidenschaftlicher Spieler und Bonvivant, der auf großem Fuße lebte,[61] wurde schließlich im März 1718 nach der Überprüfung seiner Abrechnungen von der bayerischen Rechnungskammer zur Zahlung von 1256420 Livres verurteilt.[62] Er beging hierauf, so berichtete Saint-Simon, Selbstmord.[63]

Sein Nachfolger, Comte d'Albert, erhielt wiederum den Auftrag, mit den von Frankreich in Empfang genommenen Hilfsgeldern die Schulden des Kurfürsten in Paris zu begleichen.[64] Kurz vor dem Tode des Fürsten hatte sich dadurch die Schuldenmasse auf 1,5 Millionen Livres vermindert.[65] Mit dem noch verbleibenden Rest der Subsidien ließ Max Emanuel seinen Gesandten in Paris zahlreiche Luxusgüter für sich und den Münchner Hof kaufen und schickte zu diesem Zwecke sogar noch zusätzliche Mittel in die französische Hauptstadt. So floß also kein Sous der Subsidien, die Frankreich in den Jahren nach dem Spanischen Erbfolgekrieg zahlte, nach Bayern. Die bayerischen Staatskassen und die dortige Wirtschaft erhielten somit durch die Hilfsgelder keine finanzielle Stütze.[66] Gerade eine solche Unterstützung hätte das vom Krieg zerstörte und von den österreichischen Besatzungstruppen ausgesaugte Kurbayern aber damals besonders nötig gehabt. Die finanzielle Situation des Landes war verzweifelt. Für 1715 und 1716 betrugen die Steuerausstände über 550000 Gulden, da die Bauern kaum in der Lage waren, die Gelder aufzubringen. 1717 ließ Max Emanuel hierauf Steuern durch Exekutionstruppen eintreiben.[67]

Da keine französischen Gelder nach Bayern gelangten, der Hof und die Schloßbauten aber große Summen verschlangen, die aus den Staatseinnahmen allein nicht zu bestreiten waren, blieb dem Kurfürsten wieder nichts anderes übrig, als weiter Schulden zu machen. Diese betrugen 1720 schon 20 Millionen Gulden oder mehr als das Fünffache der durchschnittlichen Jahreseinkünfte des Kurstaates.[68]

Auch die Hoffnung Max Emanuels auf spanische Subsidien erwies sich als trügerisch; immerhin zahlte Madrid Dotalrenten, die aus der Mitgift für die erste Gemahlin Max Emanuels, Maria Antonia (1669–1692), stammten, die Tochter Kaiser Leopolds I. und der Infantin Margareta Theresia von Spanien.[69]

Mehrere fiskalische Versuche des Kurfürsten, zusätzliche Einnahmequellen durch Einführung neuer Abgaben zu erzielen, wie zum Beispiel die Herdstättenanlage (1717), die Ein- und Ausfuhrakzise (1722), die Kartenstempel (1724), eine Lustbarkeitssteuer (1724), die Erhöhung des Bieraufschlages und Zwangsanleihen, erbrachten nur den sprichwörtlichen Tropfen auf den heißen Stein.[70] Mehr und mehr Einkünfte, besonders Kammergefälle (Salzmonopol, Bräugefälle u. a.), waren verpfändet und dienten der Zinsabzahlung, so daß selbst für laufende Ausgaben neue Gelder aufgenommen werden mußten. Man konnte die Gehälter der Beamten, Offiziere und Soldaten nicht mehr bezahlen.[71]

Kat.Nr. 642

In seiner Not sah sich Max Emanuel 1720 veranlaßt, mit den Landschaftsverordneten Möglichkeiten einer systematischen Schuldentilgung zu beraten. Am 1. Mai 1721 erklärte der Kurfürst dann, er wolle die Bezahlung seiner Schulden der Landschaft übertragen und ihr dafür gewisse Einkünfte überlassen. Ein Jahr später einigte sich Max Emanuel mit den Ständevertretern endlich auf ein versuchsweise durchgeführtes »Schuldenabledigungswerk« und versprach, seine Ausgaben drastisch zu reduzieren.[72] Aber trotz aller Versprechungen des Kurfürsten waren die Einsparungen sehr bescheiden und die Bedürfnisse gewaltig; die finanzielle Lage blieb daher katastrophal: 1722 überstiegen die Ausgaben die Einnahmen um fast 1,4 Millionen Gulden (circa 36,8% der Einnahmen).[73] Max Emanuel benötigte gerade damals nicht nur für seine aufwendige Hofhaltung und seine Schloßbauten viel Geld, sondern auch für die standesgemäße Versorgung seiner jüngeren Söhne mit Hochstiften,[74] besonders aber für die Heirat seines ältesten Sohnes, des Kurprinzen Karl Albrecht, die 1722 stattfand. Da diese Hochzeit des Kurprinzen mit der Habsburgerin Maria Amalia für Max Emanuel eine Prestigeangelegenheit ersten Ranges bildete, wurde sie mit ungeheuerem Pomp und Geldaufwand gefeiert. Die Gesamtkosten betrugen nicht weniger als vier Millionen Gulden,[75] das waren etwa die Staatseinkünfte eines Jahres. Da seine bisherigen Kreditgeber nicht mehr genügend Mittel aufbringen konnten, mußte Max Emanuel neue zahlungskräftige Finanziers auftreiben, die er unter anderem in den Hoffaktoren Samuel Isaac Noë (Mergentheim) und Wolf Wertheimer (Wien) fand. Diese streckten ihm mehrere Millionen Gulden gegen Verpfändung von kurfürstlichen Einkünften vor.[76]

Kein Wunder, daß die Ständevertretung schon 1723 den Kurfürsten bat, er möge sie von der Mitwirkung an der Schuldentilgung befreien, da sich bei der Zerrüttung der Staatsfinanzen und dem sich trotz alledem mehr und mehr steigernden Geldbedürfnis des Kurfürsten eine Sanierung der Finanzen als praktisch unmöglich erwies. Die Schulden Max Emanuels stiegen also weiter und erreichten schließlich bei seinem Tode die Höhe von 26,9 Millionen Gulden.[77] Kurbayern hätte sieben Jahre lang keinen Pfennig ausgeben dürfen und alle Einnahmen für die Schuldentilgung aufwenden müssen, um diese Summe abzutragen; dabei sind jedoch die laufend hinzukommenden Zinsen noch nicht berücksichtigt. Es ist nicht verwunderlich, daß der bayerische Staat noch bis ins 19. Jahrhundert hinein an dieser Schuldenlast schwer zu tragen hatte.

Anmerkungen

[1] Vgl. L. Westenrieder, Erdbeschreibung der bayerisch-pfälzischen Staaten, München 1784, 212; M. Spindler (Hrsg.), Bayerischer Geschichtsatlas, red. v. G. Diepolder, München 1969, 30, 31.

[2] Nach einer Volkszählung von 1770 waren es 1167658 Einwohner; Schmelzle 4.

[3] Zur bayerischen Landwirtschaft in dieser Zeit vgl. A. Sandberger, Die Landwirtschaft (HB II) 657–672.

[4] Vgl. Schremmer 228; Schmelzle 36.

[5] Westenrieder (Anm. 1) 248–254, 281–293.

[6] Schremmer 263–283.

[7] Die Bräugefälle und das Weißbiermonopol machten im 18. Jahrhundert immerhin 8,3% der bayerischen Staatseinnahmen aus. Vgl. Schmelzle 256–259.

[8] Vgl. Schremmer 236–247.

[9] Vgl. Schremmer 345 ff.

[10] Vgl. Schremmer (HB II) 714–716; M. v. Rauch, Der Salz- und Weinhandel zwischen Bayern und Württemberg im 18. Jahrhundert (Württemberg. Vierteljahrsschr. f. Landesgesch., Neue Folge 33, 1927) 208–250.

[11] Vgl. Schremmer 226–236.

[12] Vgl. G. Martin, La grande industrie sous le règne de Louis XIV, Paris 1898; F. Braudel u. E. Labrousse, Histoire économique et sociale de la France, Bd. 2, Paris 1970; R. Forberger, Die Manufaktur in Sachsen vom Ende des 16. bis zum Anfang des 19. Jahrhunderts, Berlin 1958; H. Krüger, Zur Geschichte der Manufakturen und der Manufakturarbeiter in Preußen. Die mittleren Provinzen in der zweiten Hälfte des 18. Jahrhunderts, Berlin 1958.

[13] Vgl. Schremmer (HB II) 711.

[14] Vgl. G. Slawinger, Die Manufaktur in Kurbayern. Die Anfänge der großgewerblichen Entwicklung in der Übergangsepoche vom Merkantilismus zum Liberalismus 1740–1833, Stuttgart 1966, 92, 163, 164, 305–316; Doeberl II, 244 ff.; Riezler VIII, 521–530.

[15] Vgl. P. C. Hartmann, Merkantilistische Manufakturgründungsprojekte unter Kurfürst Max Emanuel von Bayern in den Jahren 1718 bis 1721 (VSWG 56, 1969) 163–173.

[16] Ib. 173–176.

[17] Vgl. Slawinger (Anm. 14) 92, 163, 164, 305–316; Riezler VIII, 521–530.

[18] Vgl. P. C. Hartmann, Luxuskäufe des Münchener Hofes in Paris (1718–1727) (Francia 1, 1973) 350–360.

[19] Vgl. Schmelzle 133, 152–155, 312, 313.

[20] Bosl, Repräsentation 121 ff., 208 ff.; Rall 357–359.

[21] Vgl. Schmelzle 256–259, 264, 265, 268–284; Schremmer 257.
Kastenamtsgefälle: Abgaben, die der Landesherr als Grundherr von seinen Urbarsbauern erhob (Stift, Gilt, Census usw.).
Scharwerke: Frondienste (körperliche unentgeltliche Arbeiten); sie wurden 1665/66 in Geld umgewandelt.
Konditionssteuer: Besoldungsabzug bei Beamten.
Umgeld: indirekte Steuer, die besonders in Städten und Märkten beim Verkauf von Vieh und Getränken erhoben wurde.

[22] Vgl. Schmelzle 341, 342, 357, 367; K. O. Frhr. v. Aretin, Die bayerische Landschaftsverordnung 1714–1777 (Ständische Vertretungen im 17. und 18. Jahrhundert, hrsg. v. D. Gerhard, Veröff. d. Max-Planck-Inst. f. Gesch. 27, Göttingen 1969) 231.

[23] Vgl. Schmelzle 36.

[24] Vgl. Doeberl II, 84.

[25] Schmelzle 312, 313; Archives du Ministère des Affaires étrangères Paris, Corr. pol. Bav. vol. 72, fol. 168 ff.; L. Hoffmann, Geschichte der direkten Steuern in Baiern vom Ende des XIII. bis zum Beginn des XIX. Jahrhunderts. Ein finanzgeschichtlicher Versuch (Staats- u. sozialwiss. Forschungen IV, 5, Leipzig 1883) 164.

[26] Vgl. A. F. Riedel, Der Brandenburgisch-Preussische Staatshaushalt in den letzten beiden Jahrhunderten, Berlin 1866, 71; F. Frhr. v. Mensi, Die Finanzen Oesterreichs von 1701 bis 1740, Wien 1890, 745.

[27] Vgl. Doeberl II, 84.

[28] Vgl. Riezler VII, 323; M. Frhr. v. Freyberg, Pragmatische Geschichte der bayerischen Gesetzgebung und Staatsverwaltung seit den Zeiten Maximilians I., Bd. I, 1836, 218, 224.

[29] Vgl. Riezler VII, 470.

[30] 1 Taler machte damals 3 Livres 10 Sous aus; vgl. Hartmann, Finanzpolitik, 84.

[31] 1 fl. machte ca. 1,75 Livre tournois aus; ANP T 153/45: »Etat des Sommes«.

[32] Vgl. A. Kraus (HB II) 440–444; Hartmann, Finanzpolitik, 82–96.

[33] Vgl. H. Lüthy, La Banque protestante en France de la Révocation de l'Edit de Nantes à la Révolution, Bd. 1. Dispersion et regroupement (1685–1730), Paris 1959, 121 ff.

[34] Zu Bombarda, der 1680 als Hofmusikus aus Italien nach München gekommen war und sich dann später als Finanzier, Operndirektor (Brüssel) und Hauptschatzmeister betätigte, vgl. P. C. Hartmann, De la musique à la finance pendant la guerre de succession d'Espagne (Annales Économies, Sociétés, Civilisations, 24, 1969) 322–336.

[35] Der Bruder von Jean Paul Bombarda.

[36] Vgl. P. C. Hartmann, Die Subsidien- und Finanzpolitik Kurfürst Max Emanuels von Bayern im Spanischen Erbfolgekrieg (ZBLG 32, 1969) 240–246.

[37] Ib. 246.

[38] Vgl. J. F. Bosher, French Finances 1770–1795. From Business to Bureaucracy (Cambridge Studies in Early Modern History, Cambridge 1970) 92–110.

[39] Vgl. Hartmann, Finanzpolitik, 94, 95, 120–128, sowie Beitrag Volkert.

[40] Vgl. E. Lavisse, Histoire de France depuis les Origines jusqu'à la Révolution, Paris 1911, Bd. VIII/1, 167.

[41] Vgl. Hartmann, Finanzpolitik, 122, 123.

[42] S. z. B. die Pachtverträge (»bails«) in BNP manuscr. franç., vol. 7729, 14101; zu den Generalsteuerpächtern vgl. vor allem Y. Durand, Les Fermiers Généraux au XVIIIe siècle, Paris 1971.

[43] ANP 153/48: »Convention«, 30. 12. 1705 [Übersetzung].

[44] ANP V/7 27: Kaufvertrag, 23. 8. 1707; vgl. Hartmann, Finanzpolitik, 144–146.

[45] ANP 153/48: »Convention«.

[46] Vgl. P. C. Hartmann, Anleihen und Verpfändungen des kurbayerischen Hauptschatzmeisters Bombarda in den Niederlanden für seinen Kurfürsten Max Emanuel von Bayern am Anfang des 18. Jahrhunderts (OA 90, 1968) 156, 157.

[47] Vgl. Hartmann, Finanzpolitik, 131.

[48] Vgl. Hartmann, Finanzpolitik, 131–144.

[49] Recht augenscheinlich wird diese Situation, wenn man z. B. die Einkünfte des Jahres 1710 betrachtet. Laut Forbonnais betrugen die Nettoeinnahmen des »Trésor royal« nur 36432745 Livres, eine lächerlich kleine Summe angesichts der hohen Ausgaben. Das Schatzamt gab deshalb (1710!) Assignationen auf Einkünfte der Jahre 1714, 1715 und 1716 für fast 53 Millionen Livres aus; weitere 138,8 Millionen Livres wurden aus Anleihen, Rentenausgabe, Ämterverkauf u. a. bestritten. F. Veron de Forbonnais, Recherches et Considérations sur les Finances de France depuis l'année 1595 jusqu'à l'année 1721, Bd. 2, Basel 1758, 223.

[50] Archives du Ministère des Affaires Etrangères, Paris, Corr. pol. Bav. vol. 62, fol. 64, 65: Max Emanuel an Torcy, Mons, 22. 4. 1709.

[51] Vgl. Hartmann (Anm. 36) 261–268.

[52] Vgl. Hartmann, Finanzpolitik, 166–170.

[53] Vgl. ib., 170–192.

[54] Vgl. Lüthy (Anm. 33) 269–273.

[55] Vgl. Bosher (Anm. 38) 105–107, 110.

[56] Vgl. Hartmann, Finanzpolitik, 156–163, 192–198, 213–224; Hartmann (Anm. 36) 255–260, 268–273, 281–287.

[57] Vgl. P. C. Hartmann, Les Dettes de l'Electeur Maximilien Emanuel de Bavière en France et aux Pays-Bas espagnols de 1700 à 1726, Diss. masch. Paris (Sorbonne) 1969, 140.

[58] ANP T 153/39: »Extrait de la Procuration«, 22. 3. 1715.

[59] ANP T 153/39: »Bordereau des payements qui ont esté faits a feu M. Le Comte de Monasterol«.

[60] Vgl. Hartmann (Anm. 57) 165–191.

[61] Marquis de Dangeau, Journal avec les additions du duc de Saint-Simon, publ. par. M. Feuillet de Conches, Bd. 7, Paris 1859, 276, 277, Anmerkung von St-Simon.

[62] ANP T 153/30: München, 13. 3. 1718.

[63] Dangeau (Anm. 61) 277.

[64] ANP T 153/30: »Instructions« für d'Albert, 24. IX. 1717.

[65] Vgl. Hartmann (Anm. 57) 227.

[66] Vgl. Hartmann (Anm. 18) 350–360.

[67] Vgl. Riezler VIII, 336f.

[68] Vgl. Schmelzle, 216, 224.

[69] AStA MF 19594: »Observations«; »Act«; all dies wird im einzelnen genauer behandelt in meiner Habilitationsschrift: P. C. Hartmann, Geld als Instrument europäischer Machtpolitik im Zeitalter des Merkantilismus. Studien zu den finanziellen und politischen Beziehungen der Wittelsbacher Territorien Kurbayern, Kurpfalz und Kurköln mit Frankreich und dem Kaiser von 1715 bis 1740.

[70] Vgl. Riezler VIII, 482–489.

[71] Vgl. Schmelzle 161, 224f.; Riezler VIII, 496–501.

[72] Vgl. Riezler VIII, 497f.; Schremmer, 261–263; Bosl, Repräsentation, 224.

[73] Vgl. v. Freyberg (Anm. 28) 351f.

[74] Vgl. K. Sommer, Die Wahl des Herzogs Clemens August von Bayern zum Bischof von Münster und Paderborn (1719), zum Coadjutor mit dem Rechte der Nachfolge im Erzstift Cöln (1722), zum Bischof von Hildesheim und Osnabrück (1724 u. 1728), Diss. Münster 1908; K. T. v. Heigel, Die Wahl des Prinzen Philipp Moritz von Bayern zum Bischof von Paderborn und Münster (SB München II, 1899) 347–403; vgl. auch Beitrag Weitlauff.

[75] Vgl. P. Sundheimer, Die jüdische Hochfinanz und der bayerische Staat im 18. Jahrhundert (Finanzarchiv 41, 1924) 25.

[76] Vgl. ib. 3–7, 25–28; H. Schnee, Das Hoffaktorentum in der deutschen Geschichte (Hist. pol. Hefte der Ranke-Gesellschaft 14, 1963) 8, 9; ders., Die Hoffinanz und der moderne Staat, Berlin 1953, Bd. III, 182.

[77] Vgl. Riezler VIII, 503f.

Ludwig Hüttl

Die Statthalterschaft Max Emanuels in den Spanischen Niederlanden[1]

Das Land und seine Menschen

Die Spanischen Niederlande umfaßten zur Zeit Max Emanuels etwa das Gebiet des heutigen Belgien und Luxemburg. Sie waren integrativer Bestandteil des spanischen Weltreiches.[2] Die inneren Strukturen der Niederlande, ihre Formen der Herrschaft, der Gesellschaft, der Wirtschaft und der Verfassung ähnelten zum Teil den Verhältnissen im absolutistisch regierten Bayern, zum Teil unterschieden sie sich auch weitgehend von ihnen. Die Bewohner des Landes,[3] unter ihnen vor allem die privilegierten Stände der niederländischen Provinzen, waren außerordentlich stolz auf ihre überkommenen Verfassungen. Nicht einmal die englischen Whigs oder die amerikanischen Kolonisten hingen so hartnäckig an ihren Rechten und Freiheiten wie die Niederländer.[4] Jede niederländische Provinz besaß eine Art historischer Charta, die in vielfältigen Dokumenten des Mittelalters festgelegt war. Die bedeutendste war die Charta von Brabant. Sie trug den Namen *Joyeuse Entrée* und beinhaltete Freiheitsgarantien, die der Herzog von Brabant im Jahre 1455 bewilligt hatte. Seit dieser Zeit war die ständische Differenzierung der Gesellschaft, die schon lange zuvor de facto ausgebildet war, auch verfassungsrechtlich auf Jahrhunderte hin verankert.

Die zehn Provinzen des Landes[5] unterstanden einer gemeinsamen Regierung, die der spanische König ernannte und die ihm, nicht den Landesbewohnern oder den Ständen, Rechenschaft schuldete. Die führenden Beamten waren in der Regel Einheimische. Nur der Generalstatthalter machte darin eine Ausnahme. Oft wurde in der wissenschaftlichen Literatur die Meinung vertreten, der Generalstatthalter der Niederlande habe weit über dem Rang eines Vizekönigs der spanischen Monarchie gestanden.[6] Diese Behauptung beruht auf einer Überschätzung der tatsächlichen Machtbefugnisse, die diese Institution und der Träger dieses Amtes ausüben konnten. Rechtlich wie politisch waren alle Befugnisse des Gouverneurs streng an die Weisungen des spanischen Königs beziehungsweise der Madrider Zentralbehörden gebunden. Das Verhältnis Madrid–Brüssel war zwar eng, doch abgestuft. Die gegenseitigen Bindungen schlossen von vornherein jegliche Sonderpolitik des Statthalters aus und verhinderten allzu viele Eigenmächtigkeiten. Darüber hinaus taten die Stände, die die Politik des Landes wesentlich mitprägten, ihrerseits alles, um absolutistische Neuerungen, die dem Statthalter eine vermehrte Autorität hätten bringen können, nach Möglichkeit schon im Keim zu ersticken.

Durch die rigorose Religionspolitik der Krone zur Zeit der Reformation und Gegenreformation waren die Untertanen der Spanischen Niederlande – ähnlich wie in Bayern – fromme Katholiken geworden und geblieben, und letztlich hatte die Abspaltung der holländischen Provinzen, die dem Calvinismus anhingen, im Verlauf des 16. Jahrhunderts eine Klärung sowohl der politischen wie der religiösen Fronten gebracht. Aber auch jetzt noch hob man mehr die Gegensätze als die geschichtlichen Gemeinsamkeiten hervor.[7]

Genau wie in Bayern befand sich in den Spanischen Niederlanden über die Hälfte des gesamten Landes im Besitz der großen Abteien und anderer kirchlicher Institutionen. Der Klerus, ob hoch oder niedrig, bestand aus überzeugten, nüchternen Männern, die gleichwohl zu leben verstanden und denen die Anliegen der Gegenreformation und eine verinnerlichte Religiosität ebenso eine Angelegenheit des Herzens wie des Verstandes waren, wogegen sich der Klerus im benachbarten Frankreich und England durch Gleichgültigkeit oder Frivolität hervortat. Da man religiöse Probleme sehr ernst nahm – ernster, als der Obrigkeit zuweilen lieb war –, fand der Jansenismus[8] unter Führung Antoine Arnaulds[9] und Pasquier du Quesnels[10] Anklang und weite Verbreitung in allen Volksschichten – den etablierten Religionspolitikern wie dem Bischof Humbert de Precipiano (1690–1711)[11] ein wahrer Greuel. Obgleich die Säuberungswellen, die von Kirchenfürsten und weltlicher Obrigkeit ausgingen, mehr Unwillen und Widerstand als Nutzen hervorriefen, trat die bereits befürchtete Spaltung der katholischen Kirche nicht ein. Auch stellten diese religiösen Auseinandersetzungen die wirtschaftliche und gesellschaftliche Machtposition der Kirche in ihrer Gesamtheit nicht in Frage.

Wie den Geistlichen, so wurde auch dem Adel eine Sonderrolle innerhalb des Territorialstaates zugestanden. Der Adel war, und darin ähnelte er seinen bayerischen Standesgenossen, altväterisch und stolz auf seine privilegierte Stellung innerhalb der Gesellschaft. Zum Kriegsdienst, einst die eigentliche staats- und gesellschaftspolitische Funktion des Adeligen und Ritters, eigneten sich die wenigsten. Seit den großen Heeresreformen, in deren Verlauf die Söldner die Ritter verdrängt hatten, gab es keine Ritterheere mehr. So zogen es die meisten Adeligen vor, auf ihren Gütern oder in ihren Stadtpalais standesgemäß zu leben und sich in der Verwaltung oder am Hof entsprechende Stellungen zu suchen. Um Offiziersstellen bewarben sich jetzt vor allem jene, die aufgrund ihrer Neigung gern Kriegsdienste übernahmen oder die auf irgendein Einkommen angewiesen waren; andere taten es, weil ihnen die Verteidigung des Landes gegenüber dem expansionsfreudigen Königtum Ludwigs XIV. als eine Sache der politischen Vernunft und der eigenen Existenzsicherung erschien. Ein Teil des Adels drängte sich zu höheren Würden bei Kirchen und Klöstern, suchte Ehrenstellen, Ämter und Ämterchen, halbwegs regelmäßige Einkünfte und nicht zuletzt politischen Einfluß auf die Gestaltung der öffentlichen Angelegenheiten. Diese Bemühungen entsprachen einer gesellschaftlichen und wirtschaftlichen Notwendigkeit; denn trotz des Genusses zahlreicher Privilegien waren nur verhältnismäßig wenige Adelige dieser Zeit ausgesprochen wohlhabend. Manche Familien hatten infolge der fortwährenden Kriege in diesem und im vorangegangenen Jahrhundert viel verloren, zahlreiche Untertanen ebenso wie Einkünfte, Landgüter und Schlösser. Obwohl die Privilegien anders lauteten, forderte man auch von ihnen und ihren Untertanen fortwährend Kontributionen und Sondersteuern. Auf diese Weise wurde ihre wirtschaftliche Stellung wesentlich geschwächt oder gar ruiniert. Nichtsdestoweniger war man sich der Verpflichtung bewußt, die der Stand mit sich brachte, und jeder Aristokrat war bestrebt, seine bisherige gesellschaftliche Stellung wenigstens zu bewahren, sie nach Möglichkeit auszubauen und die Gefahr eines Abstiegs auf eine tiefere Stufe der gesellschaftlichen Hierarchie zu verhindern. So dokumentierte man mit großem Aufwand die eigene Würde. Die Kosten der Repräsentation trugen nicht gerade zur wirtschaftlichen Sanierung und Sicherstellung bei. Schulden zu machen war keine ehrenrührige Angelegenheit, sondern notwendig und selbstverständlich. Doch Schulden zu machen bedeutete auch keine Lösung der vorhandenen Probleme. Andere Adelige, die Überlegungen der ökonomischen Vernunft über die Forderungen der Repräsentation stellten, beschieden sich in ihrem äußeren Aufwand und legten ihre Ersparnisse in Grundbesitz und Hypotheken an. Geschäftliche Unternehmungen zum Erfolg zu führen, wie es die benachbarten Engländer und Holländer vorbildhaft taten, galt hier wie in Frankreich immer noch als unter der Würde eines Edelmannes, außerdem hielt man derartige Engagements für völlig unsicher. Ansätze zu einem entscheidenden wirtschaftlichen Aufschwung gab es im 17. Jahrhundert immer wieder, aber letztlich fehlten der Nachdruck, die Breitenwirkung und die organisatorischen Voraussetzungen. Trotzdem gestaltete sich das Wirtschaftsleben in den Spanischen Niederlanden im Vergleich etwa zu Bayern außerordentlich rege. Mit dem Unternehmergeist der Seemächte konnte man allerdings nicht konkurrieren. Daß die Niederländer keine allzu große Wirtschaftsexpansion verzeichnen konnten, dafür sorgten die Engländer und Holländer schon seit langem. Sie hatten im Verlauf des Unabhängigkeitskrieges in international anerkannten Verträgen durchgesetzt, daß die Scheldemündung für die Hochseeschiffe, und damit für den internationalen Handel, geschlossen wurde. Auf diese Weise war der Hafen von Antwerpen stillgelegt und eine lästige Konkurrenz im Welthandel fast völlig ausgeschaltet. Die Folgen zeigten sich bald. Zwischen dem 16. und 18. Jahrhundert sank die Bevölkerungszahl von Antwerpen, das von den Weltmeeren abgeschnitten war, von 100000 auf etwa 50000 Einwohner. Die Bevölkerungszahl von Amsterdam und London dagegen, den eigentlichen Nutznießern dieser Wirtschaftsblockade, vervierfachte sich.[12]

Die ökonomische Situation der Niederlande[13] war im 17. Jahrhundert wie in ganz Europa von vorübergehenden Abschwungsphasen gekennzeichnet – nicht zuletzt eine Folge der zahlreichen Kriege dieser Zeit. In den Augen der Franzosen erschienen die Niederlande als eine kulturelle Wüste, in den Augen der ab 1692 nach Brüssel eilenden Bayern aber als ein Land von hoher kultureller Blüte, das seine Anregungen aus Spanien, Holland, England, aber auch aus Frankreich erhielt – denn die kulturellen Beziehungen wurden von den politischen Differenzen zwischen Habsburg und Bourbon keineswegs negativ beeinflußt. Der größte Unterschied zwischen Bayern und den Niederlanden bestand wohl in der relativ großen Unabhängigkeit und Selbständigkeit der ländlichen Bevölkerung und der großen Zahl der belebten, vom Geschäftsgeist erfüllten Städte.

Die Städte und Magistrate[14] besaßen wie der Klerus und der Adel ihre traditionellen Freiheiten und Privilegien. Anders als die bayerischen Stände aber waren die niederländischen bereit, sich für die Erhaltung ihrer Privilegien aktiv einzusetzen und nicht nur verbal zu protestieren, wenn wieder einmal ein Stück ständischer Vorrechte dem absolutistischen Landesfürsten zum Opfer fiel. Der Antagonismus, den manche Zeitgenossen zwischen Klerus und Adel und privilegierten Bürgern festzustellen vermeinten, konnte in der Regel überbrückt werden. Im dritten Stand waren die Hauptorte *(chefs-villes)* vertreten. So nahmen zum Beispiel in Brabant[15] die Städte Brüssel, Löwen und Antwerpen die Rechte des dritten Standes wahr. In der Praxis bedeutete dies, daß sie vor allem die wirtschaftlichen Interessen der Gilden, der Vereinigungen kleiner und mittlerer Arbeitgeber, vertraten. Das Zustandekommen eines Beschlusses und die Durchführung jeglicher Maßnahme hing vom Konsens aller drei Stände ab. Durch diese verfassungsrechtliche Konstellation besaß praktisch jeder Stand ein Vetorecht. Um zur Einstimmigkeit während der Beratungen zu gelangen, waren oft zahlreiche Konsultationen und Kompromisse erforderlich. Sei es aus Notwendig-

IV Franz Joachim Beich, Florafontäne im Nymphenburger Garten. Schloß Nymphenburg, Nördliche Galerie

keit, sei es aus »demokratischer« Überzeugung – jedenfalls konnte das interessenbedingte Gegeneinander der Stände vielfach überwunden werden. Die Abgeordneten des dritten Standes wurden in der Öffentlichkeit ebenso anerkannt und geachtet wie die der Prälaten und des Adels. Die Vorstände des Handwerks und des Gewerbes, die »Doyens des corps de métiers«,[16] waren angesehene und einflußreiche Persönlichkeiten. Ihre Meinung wurde nicht nur gehört, sondern man umwarb sie oft, vor allem, wenn es darum ging, einen *consensus omnium* in Fragen der Innen- und Wirtschaftspolitik herbeizuführen. Diese Aussage bedeutet natürlich nicht, daß es an Differenzen und Diffikultäten gefehlt habe, wofür gerade die Auseinandersetzungen in den Jahren 1698 und 1699 einen Modellfall bieten, über den noch eigens zu sprechen sein wird.

Die Verhältnisse in den anderen Provinzen ähnelten im allgemeinen den Strukturen Brabants. Die Generalstände aller Provinzen hatten im Jahr 1634 zum letztenmal getagt, die bayerischen Landstände waren 1669 zum letztenmal zusammengetreten.[17] Hier wie dort zogen es die Regierungen vor, mit den Verordneten der einzelnen Provinzialstände beziehungsweise des Kleinen Ausschusses zu verhandeln.

Der größte Teil der Einwohner, die Landbevölkerung, besaß ebensowenig wie in Bayern ein Mitbestimmungsrecht in öffentlichen Angelegenheiten.[18] Sie lieferte ihre Abgaben und Steuern an die Privilegierten, an die Behörden und den König ab. Abhängigkeiten persönlicher wie sachlicher Natur bestanden fort, wie sie seit dem Mittelalter überliefert waren. Auch die vielen Armen in den Städten vermochten ihre Bedürfnisse nicht zu artikulieren. Ein Solidaritätsbewußtsein der Mittel- und Unterschichten fehlte hier wie anderswo in Europa, von wenigen Ausnahmen abgesehen. Arbeitsplätze gab es nicht zu viele. Durch Zulassungsbeschränkungen bewiesen Zünfte und Gilden ihre Unentbehrlichkeit und ihre einseitige Interessenpolitik. Dies geschah zu einer Zeit, als ein Viertel der Bevölkerung von Antwerpen, Gent oder Brügge der Armenfürsorge anheimfiel und ungezählte Bettler durch die Lande zogen, übrigens ein allgemeines europäisches Phänomen dieser Zeit. Man rechnet, daß mindestens 10–15% der Bevölkerung Europas arbeitslos waren, keinen festen Wohnsitz besaßen und vagabundierten. Ein Patentrezept zur Eindämmung oder gar zur Abschaffung der Arbeitslosigkeit und Armut wußte niemand, so daß man nur noch auf bessere Zeiten hoffen konnte. Wohlgemeinte, meist rigorose Mandate vermochten der Not nicht abzuhelfen. Die ansässige Bevölkerung war hier wie anderswo fleißig und regsam und erhielt mit ihrer Hände Arbeit die kleine, aber anspruchsvolle Spitze der Gesellschaftspyramide.[19]

Bürgerliche, meist hervorragende Juristen verwalteten häufig den Grundbesitz des Adels und der Geistlichkeit. Am offiziellen politischen Leben waren die Bürger, sofern sie sich nicht auf Privilegien berufen konnten, in der Regel nicht beteiligt. Auch die wirtschaftlich bedeutenden Gruppen, die nach Möglichkeit neuzeitliche ökonomische Methoden und eine zukunftweisende Geschäftsführung anstrebten, zählten nicht zu den Privilegierten, auch nicht Bankiers, die ein weites Betätigungsfeld für vorteilhafte Kapitalanlagen suchten. Trotz aller Bemühungen gelang es ihnen nicht, die Abhängigkeit von Holland und England abzuschütteln und es den reicheren und glücklicheren Nachbarländern gleichzutun, geschweige denn sie einzuholen oder zu übertreffen. Unternehmer und Merkantilisten bemühten sich, die engen und engherzigen Vorschriften der Gilden zu durchbrechen, mehr Arbeitskräfte einzustellen, einen arbeitsteiligen Produktionsprozeß einzuführen und auch in den ländlichen Bereichen eine einheimische, von ausländischer Beeinflussung weitgehend unabhängige Industrie aufzubauen. Gleichzeitig versuchten sie, neue Absatzmärkte zu erschließen und das vorhandene übergroße Arbeitskräftereservoir zugunsten eines allgemeinen wirtschaftlichen Aufschwungs zu nützen. Manche Kaufleute blickten über die Mauern ihrer wehrhaften Städte hinaus und erhofften, sich einen beträchtlichen Marktanteil zu erobern, ohne daß sie sich jedoch auf Privilegien und die traditionelle Absatzsicherung berufen konnten. Sie dachten sogar daran, die Schelde wieder schiffbar zu machen, Anschluß an den Welthandel zu gewinnen, mit konkurrenzfähigen Waren auf den internationalen Markt zu drängen, ein bescheidenes Kolonialreich[20] durch die Erwerbung einer Insel in Übersee aufzubauen und es in dieser Hinsicht dem spanischen Mutterland, den Portugiesen, den Holländern, Engländern und Franzosen nachzutun, die die Weltkugel mit- und gegeneinander aufteilten und die letzten noch unbekannten Gebiete zu entdecken trachteten. Insgesamt gesehen waren Kaufleute, Händler und Unternehmer, die diese Gedanken entwickelten, in den Spanischen Niederlanden seltener als in den Nachbarländern, und diese Gesellschaftsgruppen hatten auch weniger Chancen, ihre Ziele durchzusetzen.[21] Wirtschaftliche Hemmnisse im Innern und von außen her, Kapitalmangel, die meist fehlende Unterstützung von seiten der Behörden, der Widerstand der Konkurrenten und die geheiligten Maximen der Tradition erschwerten die Realisierung derartiger Pläne.

Das Überkommene und Bestehende galt als sakrosankt und sollte durch keinerlei Neuerung in seinen Grundfesten erschüttert werden. Die Mentalität der Führungsschichten des Landes war im gesellschaftlichen, wirtschaftlichen und politischen Bereich nach rückwärts gerichtet. Mit wachen Augen registrierte man jeden Versuch, den neuzeitlichen Tendenzen, wie etwa den absolutistischen Herrschaftsformen nach französischem Vorbild, auch in den Spanischen Niederlanden zum Durchbruch zu verhelfen. Alle Auseinandersetzungen um die notwendige Verwaltungsreform, die Steuerreform, die Heeresreform und eine Beschneidung der Privilegien im Interesse des *bonum commune* waren bislang zugunsten des Altbewährten ausgegangen. Da die zahlreichen Kriege und ihre Nachfolgelasten[22] immer wieder die Wirtschafts- und Finanzkraft des Landes überforderten und zu mehr oder weniger chaotischen Zuständen führten, waren alle Betroffenen stets zufrieden, wenn man wenigstens das Bewährte weitgehend erhalten oder wiederherstellen konnte und der äußeren Bedrohung keine innere Bedrohung durch Umstrukturierung der Gesellschaft und Wirtschaft folgen lassen mußte. Von staatspolitischen Gesichtspunkten her war dagegen eine Zentralisierung der Macht notwendig, um effektive Abwehrmaßnahmen gegenüber den permanenten Angriffen von außen vorzubereiten. Sonst kam es, wie die Erfahrung lehrte, bei einem nur halbwegs konzentrierten Angriff des Gegners rasch zu Depression und Rezession. Die kriegerischen Auseinandersetzungen der Jahre 1688–1697, die die deutschen Historiker als den Pfälzer Erbfolgekrieg, die Franzosen als den Krieg der Augsburger Liga, die belgische Geschichtsschreibung als den Krieg der neun Jahre (1689–97) bezeichnen, zeigten wiederum deutlich die Mängel im Herrschaftssystem auf, die bereits in den vergangenen Kriegen[23] zu außerordentlich hohen Verlusten geführt hatten.

Dies war die Situation, als der bayerische Kurfürst Max Emanuel im Jahre 1692 in die Niederlande übersiedelte, von deren Strukturen und Bedürfnissen er vorerst noch keinerlei Ahnung hatte.

Max Emanuel in den Niederlanden 1692–1701 und 1704–1706

Für die holländische Armeeführung bedeuteten die Spanischen Niederlande ein Vorfeld und eine Einfallspforte nach Frankreich; für Ludwig XIV. und seinen Generalstab andererseits eröffneten die Niederlande den Weg gegen die verhaßte holländische Republik, die den Welthandel und selbst die Preisgestaltung in den entlegensten Provinzen Frankreichs bestimmte.[24] Spanien, das wie das Heilige Römische Reich Deutscher Nation vom Expansionsdrang des französischen Königtums am meisten betroffen war, sah sich infolge des inneren und äußeren Zerfalls seiner Macht[25] nicht mehr in der Lage, dieses Nebenland mit dem notwendigen militärischen Nachdruck zu schützen und zu verteidigen. Der damals sprichwörtliche Schlendrian der Madrider Zentrale wirkte sich auch im entfernten Brüssel oft verheerend aus. Man suchte einen Schuldigen an der Misere und fand ihn nach einigem Überlegen in Gastañaga, dem gegenwärtigen Gouverneur der Spanischen Niederlande, der bei der Verteidigung des Landes einen Rückschlag nach dem anderen hatte hinnehmen müssen. Bereits im März 1691 schloß der französische Marschall Luxembourg das befestigte Mons ein; am 8. April des gleichen Jahres mußte die Stadt unter den Augen Ludwigs XIV., der aus Versailles herbeigeeilt war, in einer spektakulären Szene und nach einer nur halbherzig betriebenen Verteidigung kapitulieren. Weitere Vorstöße der Franzosen in niederländisches Gebiet, Terrormaßnahmen und gewaltige Kontributionsforderungen brachen den Widerstandswillen der Bevölkerung.

Wilhelm III. von Oranien, im Gefolge der »glorreichen Revolution« von 1688 König von England geworden, sah durch die französischen Erfolge britische und holländische Interessen gefährdet und war erbittert über die ohnmächtige Politik der niederländischen Administration, über ihre laxe Kriegführung und die mangelnde Widerstandskraft des Landes. Aus militärischen und politischen Gründen sah er sich nach einem Ersatz für Gastañaga um und fand ihn in dem bayerischen Kurfürsten Max Emanuel,[26] der sich vor Wien, Gran, Ofen und Belgrad so rühmlich ausgezeichnet hatte. Von ihm war zu erwarten, daß er seine Tatkraft und seine militärischen Kenntnisse in ähnlicher Weise in den Niederlanden einsetzen, binnen kurzem entscheidende Veränderungen zugunsten der Alliierten herbeiführen und eine wirkungsvolle Verteidigung des Landes organisieren werde. Er war jung, und man hielt ihn für dynamisch und kriegserfahren genug, um das Schlimmste, den Verlust der Niederlande an Frankreich, zu verhüten und den vielfältigen Übeln zu steuern. Im ureigensten Interesse, nicht um Max Emanuel eine Standeserhöhung oder eine Machtvergrößerung zu verschaffen, verwendete sich der englische König am Madrider Hof energisch für den Kurfürsten.

Wie aber sah Max Emanuel selbst seine Situation? Nach den Türkenkriegen war sein Selbstbewußtsein außerordentlich gestiegen. Seine Stellung als Herrscher über ein kleines Land vor den Alpen erschien seinem Können und seinen Möglichkeiten im europäischen Mächtekonzert nicht mehr adäquat. Angestachelt durch Reminiszenzen seiner Hofhistoriographen, strebte er nach der Königswürde und einer Machtvergrößerung seines Hauses. Ein erster Schritt dazu war die Übertragung der Statthalterschaft der Niederlande. Er leitete seine Ansprüche aus dem 1685 unterzeichneten Heiratsvertrag mit seiner Gemahlin, der Erzherzogin Kat.Nr
Maria Antonia, ab, einer Tochter Kaiser Leopolds I. aus dessen erster Ehe mit der spanischen Infantin Margareta Theresia. Doch durch seine widerspruchsvolle Haltung gegenüber dem Haus Habsburg hatte der bayerische Kurfürst bereits selbst viele Hemmnisse zur Anerkennung seiner Ansprüche aufgetürmt. Er hatte seit Jahren gegen die kaiserliche Politik opponiert und nur wenigen politischen Maßnahmen des Kaisers freiwillig zugestimmt. In der Negation hatte er eine Stärke und Konsequenz entwickelt, die ihm in anderen Bereichen fehlte, sich damit aber gleichzeitig gegenüber dem Kaiserhaus in eine Isolierung manövriert, aus der er sich jetzt mit zahlreichen diplomatischen Initiativen wieder lösen mußte. Kaiser Leopold war über den Wankelmut seines Schwiegersohnes nur allzu gut informiert.

Durch geschickte diplomatische Aktionen erreichte Max Emanuel im bayerisch-österreichischen Allianzvertrag vom

4. Mai 1689 vom Kaiser eine Garantie für den Erwerb der Statthalterschaft über die Niederlande;[27] freilich: die letzte Entscheidung darüber lag beim spanischen König. Als Gegenleistung trat Max Emanuel auf seiten der Alliierten in den Pfälzer Erbfolgekrieg gegen Frankreich ein und stellte 8000 Mann bayerischer Truppen zur Verfügung. Sein Bemühen, ein selbständiges Kommando oder gar den Oberbefehl über die kaiserlichen Truppen – analog seiner Stellung bei der Belagerung und Eroberung von Belgrad – zu erlangen, schlug fehl. Auch fand er vorerst wenig Gelegenheit, sich ruhmvoll im Felde auszuzeichnen, obgleich bayerische Truppen auf allen Kriegsschauplätzen im Einsatz standen. Durch Drohungen, einen Bündniswechsel vorzunehmen, seine Truppen aus Ungarn, Italien und vom Rhein abzuziehen und sich mit Frankreich zu arrangieren, erreichte der Kurfürst weiterhin nur die laue Unterstützung des Kaisers hinsichtlich der niederländischen Angelegenheit. Als Max Emanuel sich 1691 der Großen Allianz anschloß,[28] wurden die Erwerbung und die Verteidigung der Niederlande unter seiner Führung als eine wichtige Maßnahme der nächsten Zukunft genannt.

Der spanische König Karl II. und sein Ministerium zeigten kein allzu großes Interesse, diese Allianzbestimmung zu realisieren. Einmal hatte Max Emanuel dieses Zugeständnis allein durch politischen Druck errungen. Madrid befürchtete zu Recht, ein Präjudiz zu schaffen und einen der Anwärter auf das künftige spanische Erbe (Kaiser Leopold I. – Ludwig XIV. – Max Emanuel jeweils im Namen ihrer Nachkommen) einseitig zu bevorzugen und damit automatisch den Widerstand der beiden anderen Bewerber zum Schaden der eigenen Politik und des eigenen Landes hervorzurufen. Jedem aufmerksamen Beobachter der politischen Szene Europas war es schließlich klar, daß sich der bayerische Kurfürst nicht einer Laune wegen oder zum Nutzen der Niederlande um die Statthalterschaft bewarb, sondern letztlich, um seinem großen Ziel, dem spanischen Erbe, ein Stück näherzukommen. Es war deutlich, daß Max
Nr. 237 Emanuel den Erbverzicht, den er und seine Gemahlin im Jahre 1685 unterzeichnet hatten, nicht einhalten wollte.

Nach vielfachen Verhandlungen verlieh schließlich am
Nr. 274 12. Dezember 1691 der spanische König Max Emanuel den Titel Generalstatthalter und Generalkapitän der Niederlande.[29] Wenige Monate später machte sich der Kurfürst auf, um sein neues Amt anzutreten. Dreißigjährig, von gewinnenden Umgangsformen, majestätischem Auftreten, von seiner Stellung und Sendung überzeugt, von einem Franzosen, dem Marquis Henri de Beauvau,[30] erzogen und von der italienischen, der französischen Kultur ebenso wie von der deutschen geprägt, erschien Max Emanuel den Zeitgenossen, die oft den Glanz mehr als die Wirklichkeit zur Kenntnis nahmen, als Liebling der Götter, der alles erreichte, was er sich vornahm. Seine Ankunft in den Niederlanden – er traf am 26. März 1692 in Brüssel ein[31] – wurde deshalb von vielen Hoffnungen begleitet, die zu erfüllen er nicht imstande war, wie sehr er sich auch darum bemühen mochte. An ernsthafter Arbeit war er zu wenig interessiert. Weder der Kurfürst noch seine bayerischen Begleiter verstanden etwas von den eigentlichen Problemen der Niederlande. Corbinian von Prielmair[32] war zwar einer der ersten, der sich anstrengte, Land und Leute kennenzulernen, aber allzu oft sah man an den eigentlichen Problemen vorbei. Die Enttäuschung der Bevölkerung über den neuen Generalstatthalter war, gemessen an den Hoffnungen der ersten Monate, deshalb um so größer und tiefgreifender.

Zunächst gestaltete Max Emanuel den alten Palast von Caudenberg zu einem glänzenden und pompösen Hof nach Versailler Vorbild um. Vergessen waren bald die schmucklosen Zeiten der Erzherzogin Isabella,[33] vorbei auch die moralische Strenge der Vergangenheit. Empfänge, Feste, Paraden, Amouren wechselten in schöner Reihenfolge und verschlangen – wie vordem in München – gewaltige Summen. Anfänglich verkehrte Max Emanuel mit Vorliebe im Salon der Olympia Mancini, Gräfin de Soissons, der von Ludwig XIV. verstoßenen Favoritin und Mutter des Prinzen Eugen, die in Brüssel im Exil lebte. Er liebte die Canossa, eine schöne Venezianerin, und nach ihr nahm eine Brüsseler Tänzerin den ersten Platz in seinem Herzen ein. Diese beiden Frauen standen im Dienst der französischen Diplomatie, waren hochbezahlte Agentinnen[34] und verdienten ihr Geld redlich, indem sie Max Emanuel die Vorzüge Frankreichs schilderten. Vergessen war bald die Gemahlin Maria Antonia, die im Dezember 1692 in Wien 23jährig verstarb,[35] vergessen auch die Tatsache, daß seine neue Stellung und seine Hoffnungen auf den Aufstieg seines Hauses zum Königtum allein den Heiratsvertrag mit der Erzherzogin zum Fundament hatten. Agnes Lelouchier, die er im Jahre 1695 mit dem Grafen Ferdinand Arco verheiratete, wurde seine langjährige Favoritin,[36] deren Attraktion die vielen, meist kurz währenden Amouren am längsten überdauerte. Agenten und Gesandte jeder Couleur konnten ihren Regierungen stets Neuigkeiten berichten, die Stadt und Land entzückten, die Wien als Skandale bezeichnete, die Venedig amüsierten und die den französischen König, den Madame de Maintenon und das zunehmende Alter entschieden der Tugend zuführten, zu mißbilligenden Äußerungen veranlaßten. Seiner geliebten zweiten Gemahlin, der polnischen Prinzessin Therese Kunigunde,[37] blieb Max Emanuel ebensowenig treu wie der ersten, der ungeliebten österreichischen Erzherzogin.

Neben seinen Liebschaften beschäftigten Max Emanuel vier Probleme im Laufe seiner Statthalterschaft: die spanische Erbfolge, der Krieg gegen Frankreich, die wirtschaftliche Situation und die finanziellen Verhältnisse des Landes. Denn desolat war die allgemeine Lage. Die Grenzen der Niederlande waren zu wenig geschützt. Handel und Gewerbe stagnierten. Arbeitslosigkeit herrschte vielerorts. Das Budget war nicht ausgeglichen. Die notwendigen

Kredite konnte man sich nur mit Mühe beschaffen. Die innere Sicherheit litt unter den zahlreichen marodierenden Soldaten. Um die schlimmsten Mißstände im finanziellen Bereich zu beseitigen, stellte der Kurfürst einen Teil seiner bayerischen Einkünfte zur Verfügung. Als er 1692 nach Brüssel gekommen war, brachte er zwei Millionen Gulden aus dem Steueraufkommen der bayerischen Untertanen mit, eine beträchtliche Summe aus Münchner Sicht, aber nur ein Tropfen auf den heißen Stein bei den obwaltenden Verhältnissen in den Niederlanden. Mit diesen Gulden sowie weiteren monatlichen Überweisungen[38] wollte der Kurfürst die ausstehenden Gehälter der niederländischen Beamten, Offiziere und Soldaten bezahlen, die notwendigen »Kriegsrequisiten« anschaffen, das Land in Verteidigungsbereitschaft versetzen, den Brüsseler Hofstaat aufrichten und die Zeit überbrücken, bis die von Spanien zugesagten »Rimessen« eintreffen und die niederländischen Stände ihre »Kisten und Kästen« zum Wohle des Landes öffnen würden.

Diese Erwartungen wurden allerdings enttäuscht. Einmal reichten die zwei Millionen Gulden bei weitem nicht aus. Zweitens konnte Spanien die versprochenen Subsidien nicht oder nur mit großer Verspätung auszahlen. Drittens hielten die Stände ihre Geldtruhen wohl verschlossen und waren nicht zu bewegen, mehr als das unbedingt Notwendige abzugeben. Und hier zeigten sich bald die Grenzen der Macht des neuen Statthalters. In München hatte er befohlen und konnte mit der strikten Befolgung seiner Befehle durch die Beamten rechnen. In Brüssel war dies anders. Die Ehre seines neuen Amtes war zwar groß. Er durfte auch den Vorsitz im Staatsrat und in verschiedenen anderen Gremien führen. Entscheidende Souveränitätsrechte aber besaß er nicht. Er blieb an die Weisungen aus Madrid gebunden, und es verging viel Zeit, bis die entsprechenden Schriftstücke beraten, abgefaßt und abgeschickt waren. So häuften sich die Verzögerungen, und die anstehenden Probleme wurden nicht gelöst, sondern meist auf die Zukunft verschoben. Max Emanuels Handlungsspielraum unterlag zahlreichen Beschränkungen. Es ist nicht erstaunlich, daß so viele Bemühungen scheiterten, sondern erstaunlich, daß trotz aller Widerstände noch viel Gutes geleistet wurde. Außerdem mußten während des Krieges alle Zukunftspläne gegenüber den notwendigen Erfordernissen der Gegenwart in den Hintergrund treten. Das Provisorium wurde zur Regel. Einzig Jan van Brouchoven Graf van Bergeyck,[39] der beste Minister, der Max Emanuel je diente, arbeitete ernsthaft an einer Umstrukturierung des gesamten Staatswesens. Als Generalschatzmeister war er praktisch der wichtigste Mann des Landes. Max Emanuel erkannte bald die außergewöhnlichen Fähigkeiten seines Ersten Ministers und ließ ihn gewähren, da er selbst in Sachen der Finanzen und der Wirtschaft ein Laie war und sich auf die Vorbereitung einzelner Feldzüge und die Zerstreuung im höfischen Leben konzentrierte.

Zwischen Max Emanuel und Bergeyck entwickelte sich allmählich ein ähnliches Vertrauensverhältnis, wie es einst zwischen Ferdinand Maria und seinem Kanzler Caspar von Schmid in Bayern bestanden hatte. Nichts Wichtiges geschah ohne vorherige Zustimmung und Einwilligung des Ersten Ministers, der selbst bei der Beratung bayerischer Angelegenheiten um seine Meinung gefragt wurde. Bergeyck hielt die Zügel der Verwaltung straff in seinen Händen. Dies rief natürlich den Widerstand jener hervor, die sich beiseitegedrängt fühlten und die die »Arroganz und den Despotismus« des führenden Ministers zu ertragen hatten. Nicht wenige Neider spannten ihre Intrigennetze um den allgewaltigen Mann. Auf einer Reise, die allerdings von der spanischen Regierung nicht bewilligt worden war, kam er 1696 nach Madrid, um hier seine Reformvorschläge zu unterbreiten und die Unterstützung der spanischen Behörden zu erreichen. Er verhandelte hinter den Kulissen auch über das Problem der spanischen Erbfolge zugunsten des Kurprinzen Joseph Ferdinand. In finanzieller Hinsicht erhielt er nur vage Zusagen, so daß Max Emanuel vom Resultat dieser Reise äußerst unbefriedigt war. Denn er befand sich praktisch seit 1692 in permanenter Finanznot und versetzte bereits seine eigenen Juwelen und Wertgegenstände, um den Staatsbankrott zu verhindern. Der Brüsseler Hof und der Krieg kosteten horrende Summen. Im Jahre 1696 rechnete man aus, daß die Kontributionen der Feinde und die von ihnen angerichteten Schäden in Stadt und Land sich auf 156 Millionen Gulden beliefen, ein ungeheurer Verlust. Hinzu kamen die Probleme der eigenen Soldateska. Die Truppen waren demoralisiert, schlecht ausgerüstet, mangelhaft gekleidet. Sie erhielten nur unregelmäßig ihren Sold. Deshalb suchten sie sich das Fehlende durch Raub, Plünderung und Brandschatzung von den Untertanen zu holen. Praktisch ernährten sich zwei Armeen, die französische und die alliierte, aus dem Land.[40]

Der Krieg entwickelte sich im Laufe der Jahre zu einem zerstörerischen Abnützungskrieg. Die Alliierten konnten trotz einiger lokaler Siege keine dauerhaften und entscheidenden Erfolge erringen. Im Jahre 1695 stieß der französische Marschall Villeroy ungehindert bis unter die Tore Brüssels vor und ließ die Stadt vom 13. bis 15. August pausenlos bombardieren. 3830 Häuser standen in Flammen, als er sich wieder zurückzog.[41] Zwar hatte er die Stadt nicht zur Übergabe zwingen können, aber die Bevölkerung mußte einsehen, wie schwach die eigenen Kräfte zur Verteidigung waren; auch der Sieger von Belgrad hatte sie nicht ausreichend zu stärken vermocht. Der Kriegsruhm Max Emanuels begann in den Niederlanden zu verblassen. 1696 brach eine Hungersnot aus. Die Parteien waren allesamt der Erschöpfung nahe und hofften auf einen baldigen Friedensschluß.

Auch politisch konnte Max Emanuel in diesen Jahren seine Stellung nur wenig ausbauen. Denn trotz aller Bemühungen gelang es ihm nicht, den spanischen Hof endgültig für sich zu gewinnen. Das Vertrauen Kaiser Leopolds und seiner Wiener Minister hatte er durch seine ehrgeizigen, überhöhten, manchmal auch unrealistischen Forderungen und durch seine schwankende Politik schon längst verloren. Sein Auftreten in Brüssel war nicht dazu angetan, es neu zu gewinnen. Auch Wilhelm III. von Oranien verbarg nicht lange seine tiefe Enttäuschung über das Verhalten des Kurfürsten. Er hatte angenommen, einen tatkräftigen und seinen Plänen geneigten Partner in den Niederlanden gefunden zu haben, mußte aber bald einsehen, daß Max Emanuel seine dynastischen Interessen voranstellte und das Gouvernement benützen wollte, um sich hier *in sempiternum* als Souverän zu etablieren. Die Holländer endlich, unmittelbare Nachbarn, beobachteten mit äußerstem Mißtrauen das Gehabe des Kurfürsten am Brüsseler Hof, das ihnen von Herzen zuwider war.

Fénelon,[42] der Bischof, Königserzieher und Moralist, umriß mit wenigen berühmten Worten die Situation des Kurfürsten, den er in den Niederlanden kennenlernte, treffend und realistisch: »Der Kurfürst scheint mir weichen Charakters und von mittelmäßigem Geist, obgleich er, des Esprit nicht bar, viele liebenswürdige Eigenschaften hat. Er ist durch und durch Fürst, das heißt schwach in der Lebensweise und verderbt in den Sitten ... Er tröstet sich mit Mätressen, er verbringt die Tage auf der Jagd, er bläst die Flöte, er kauft Bilder, er gerät in Schulden, er ruiniert sein eigenes Land und erweist dem, in das er versetzt wurde, keine Wohltat.«[43]

Als im Jahre 1697 nach langen Verhandlungen endlich der Friede von Rijswijk geschlossen wurde,[44] atmete jedermann auf, obgleich die wesentlichen Probleme, insbesondere die Frage nach der Zukunft des spanischen Weltreiches, nicht gelöst waren. Allerdings hatte Ludwig XIV. in diesem Frieden zum erstenmal während seiner bisherigen Regierungszeit auf seine Maximalforderungen verzichten und Kompromissen zustimmen müssen. Für die Niederlande blieb der Status quo im großen und ganzen erhalten – und damit auch die Statthalterschaft Max Emanuels.

Die Bilanz der letzten Jahre war nicht erfreulich. Kriegszüge, Hunger, Krankheiten und Seuchen hatten zahlreiche Opfer gefordert und manche Landstriche schwer in Mitleidenschaft gezogen. Zerstörte oder beschädigte Betriebe, Manufakturen, Heimstätten und Bauernhöfe mußten wiederaufgebaut, zerstörte Straßen, Brücken, Deiche und Dämme wiederhergestellt werden. Man ging daran, die Nachfolgelasten des Krieges zu beseitigen, die Schulden zu verringern, vor allem aber der Wirtschaft neue Impulse zu geben und die Verkehrsverhältnisse zugunsten des Handels zu verbessern. Relativ rasch vollzog sich der Wiederaufbau auf dem Land. Nachdem die Feindseligkeiten eingestellt und die fremde Soldateska abgezogen waren, machten sich die Untertanen daran, ihren Arbeitsbereich in Ordnung zu bringen und die Produktion in Landwirtschaft und Handwerk nicht ohne Erfolg zu steigern. Die Erhöhung der Produktionskapazitäten war unabdingbare Voraussetzung für die Versorgung der Städte und die Gesundung der Finanzen. Die Regierung versuchte ihrerseits, durch entsprechende Erlasse die Wirtschaft anzukurbeln. Dennoch stiegen die Preise, insbesondere für Lebensmittel und Güter des täglichen Bedarfs, an denen Mangel herrschte, auch nach dem Friedensschluß weiter an. Die Folgen dieser durch die Kriegsauswirkungen und die allgemeine Rezession verursachten ökonomischen Schwierigkeiten zeigten sich bald auch im politischen Bereich und stellten Max Emanuel und seine Regierung vor große Probleme.

Die Wirtschaft der Niederlande war nicht autark. Sie blieb auf Ex- und Importe angewiesen. Obgleich Engländer und Holländer während des letzten Krieges als Alliierte gegen die Franzosen gekämpft hatten, waren sie Rivalen der Niederländer um Absatzmärkte und Seefrachten. Handelspolitische Zugeständnisse der Madrider Regierung, so in der Praxis die Gewährung der Meistbegünstigung und Zollpräferenzen, verschafften ihnen einen entsprechenden Absatzmarkt im spanischen Weltreich – selbst zum Nachteil der niederländischen Erzeugnisse. Die Engländer ihrerseits erhoben auf die Importe aus den Niederlanden einen beträchtlichen Zollaufschlag, der sogar 30–50% des Warenwertes betragen konnte. Die Beschlüsse des Londoner Parlaments Ende der neunziger Jahre des 17. Jahrhunderts, die Einfuhr niederländischer Produkte noch mehr als bisher zu erschweren und zu beschränken, riefen natürlich große Bestürzung bei den niederländischen Kaufleuten hervor.[45] Vergeblich versuchte der Kurfürst auf Bitten der Stände zu vermitteln. Mehr Erfolg hatten seine Bemühungen am Wiener Hof. Infolge seiner Intervention wurde der burgundische Kreis, zu dem auch die Niederlande zählten, in den zwischen dem Kaiser und der Hohen Pforte geschlossenen Friedensvertrag von Karlowitz (1699) aufgenommen und dadurch der Warenverkehr aus den Niederlanden mit dem Orient ermöglicht.[46]

Um den Fernhandel insgesamt zu beleben,[47] wurde im Juni 1698 in Brüssel die Ostindienkompagnie ins Leben gerufen. Man knüpfte große Hoffnungen an sie. Doch diese Gründung beunruhigte nicht nur die Seemächte, sondern auch das Mutterland Spanien, das einen neuen Konkurrenten für seinen Überseehandel befürchtete. Die holländische Regierung untersagte kurzerhand ihren Geschäftsleuten und Fernhändlern, dieser Kompagnie beizutreten. Daraufhin zogen schottische Fonds, die um ihre Rendite besorgt waren, ihre Kapitalbeteiligungen zurück und investierten ihre Gelder in englischen Unternehmungen. Die Brüsseler Neugründung konnte sich gegenüber der bereits etablierten und übermächtigen Konkurrenz nicht entscheidend durchsetzen.

Um die schwierigen Fragen der Zoll- und Handelspolitik des Landes zu lösen und die divergierenden Interessen innerhalb der niederländischen Provinzen, der Städte und Märkte, der Manufakturen, Handelshäuser und Banken,

der Reeder, Gilden und Handwerker in ihren spezifischen wirtschaftlichen Bedürfnissen auszugleichen und einen möglichst breiten Konsens in Fragen der Binnen- und Außenwirtschaft zu erreichen,[48] erzwangen die wirtschaftlich und gesellschaftlich Mächtigen des Landes die Einberufung einer Wirtschaftskonferenz.[49] Die Zustimmung mußte Max Emanuel und seiner Regierung mit einiger Mühe abgerungen werden, da sie ihrem absolutistischen Selbstverständnis nicht entsprach. Den Vorsitz der Konferenz führte Graf Bergeyck, der sich redlich bemühte, die Gesamtsituation des Landes realistisch zu analysieren, erfolgversprechende Reformen vorzuschlagen und die einander zum Teil diametral entgegengesetzten Interessengruppen zu einem allseits befriedigenden Kompromiß zu bewegen. Es ging um die grundlegende Frage: Freihandel oder Schutzzollpolitik. Die unterschiedlichsten Meinungen wurden vorgetragen. Trotz der Vermittlungsbemühungen Bergeycks faßte die Wirtschaftskonferenz nach langen Debatten den Beschluß, die freie Einfuhr ausländischer Erzeugnisse künftig weitgehend zu unterbinden und durch hohe Schutzzölle die eigenen Manufakturen und Handwerksbetriebe vor ausländischer Konkurrenz zu schützen. Gleichzeitig sollte damit die Bevölkerung gezwungen werden, ausschließlich einheimische Waren zu kaufen. Vergeblich hatte Bergeyck versucht, diesen Beschluß zu verhindern oder zu modifizieren, da er die negativen Reaktionen des Auslandes voraussah, das sich durch diesen Beschluß in seinen Wirtschaftsinteressen benachteiligt und geschädigt sehen mußte. Doch die Gilden und Manufakturbesitzer setzten ihre Forderungen durch. Am 1. April 1699
Kat.Nr. 304 verkündete die Regierung das »Immerwährende Edikt«,[50] das eine weitgehende Einfuhrsperre vorsah. Die Begeisterung der Delegierten war – zumindest anfänglich – groß; die Stimmung der Bevölkerung, die fortan nur mehr niederländische, mit ausländischen Qualitätserzeugnissen nicht recht konkurrenzfähige Waren kaufen sollte, war zumindest geteilt.

Max Emanuel selbst engagierte sich wenig bei den Wirtschaftsverhandlungen. Das Interdikt befürwortete er nur auf Drängen der Delegierten. Seine ureigensten Gedanken kreisten um die diplomatische Absicherung einer eventuellen künftigen Souveränität über die Niederlande, einer Rangerhöhung und Machtvergrößerung seines Hauses, einer Beteiligung am spanischen Erbe.[51] Fast ohne sein Zutun konnte er einen wesentlichen Erfolg für sich verbuchen, als im Herbst 1698 die Seemächte mit Frankreich einen Teilungsvertrag hinsichtlich der spanischen Monarchie zugunsten des bayerischen Kurprinzen Joseph Ferdinand abschlossen. Am Ziel seiner lebenslangen Träume aber sah er sich, als Madrid diesen Teilungsplan entrüstet zurückwies und als
Kat.Nr. 323 am 14. November 1698 das Testament Karls II. im Staatsrat verlesen wurde, das den sechsjährigen Kurprinzen zum Alleinerben des spanischen Königs bestimmte. Es nimmt nicht wunder, daß die Prachtentfaltung und Festesfreude des Brüsseler Hofes zum Jahreswechsel 1698/99 ungeahnte Ausmaße annahm, trotz der niederdrückenden wirtschaftlichen Lage des Landes. Doch schon am 6. Februar 1699 starb der Kurprinz, der designierte spanische Thronerbe, nach kurzer Krankheit. Dies war der schwerste Schicksalsschlag, der Max Emanuel zustoßen konnte. Er hatte damit alle juristisch und dynastisch begründeten Ansprüche auf das spanische Erbe verloren. Die Statthalterschaft war nur mehr ein hohes Staatsamt.

Trotzdem erstrebte er weiterhin eine souveräne Herrschaft über das Land. Mehr denn je wollte er sich die Zuneigung der Niederländer erhalten, daher auch seine Zustimmung zum »Immerwährenden Edikt«, entgegen seinem eigenen und Bergeycks Urteil. Er wollte sich nicht die Gegnerschaft der Mehrheit einflußreicher Gremien zuziehen und suchte mit allen Mitteln, gesellschaftliche Konflikte zu vermeiden. Dies war um so notwendiger, als sein Ansehen bei der Bevölkerung von Jahr zu Jahr gesunken war. Das anfängliche Staunen über die Prachtentfaltung am Brüsseler Hof wich einer nüchternen Abschätzung von Kosten und Nutzen für das gemeine Wohl. Im Bereich der Militärpolitik war dem Kurfürsten weder die materielle noch die moralische Aufrüstung der Truppe gelungen. Alle angekündigten Reformen blieben schon im Ansatz stecken oder riefen großen Widerstand hervor. Der wirtschaftliche Wiederaufbau wurde jetzt durch das handelspolitisch umstrittene Edikt eher gehemmt als gefördert. Das betroffene Ausland, England, Holland, Lüttich, Frankreich, die Pfalz, erhoben offiziellen Protest und drohten ihrerseits mit totaler Handelsblockade und einer Kreditsperre. Und als sich die ersten Folgen der Importsperre in Rohstoffmangel, Teuerung und Arbeitslosigkeit in den weiterverarbeitenden Manufakturen zeigten, tat sich auch eine breite Opposition weiter Bevölkerungskreise im Inland auf.[52] Diese kam sowohl für die Regierung wie für die Öffentlichkeit völlig überraschend, da doch kurz vorher ein ebenso breiter Bevölkerungskreis und die Mehrheit der Delegierten dem Interdikt zugejubelt hatten. Die Interdiktgeschädigten erhielten riesigen Zulauf durch die Masse der Arbeitslosen, der Notleidenden, denen das tägliche Brot durch die ständig steigenden Preise nach der Mißernte von 1698 immer unerschwinglicher wurde. So blieb Max Emanuel letztlich nichts anderes übrig, als die Einfuhrzölle zuerst wesentlich zu senken, dann gänzlich aufzuheben und Ende 1699 das »Immerwährende Edikt« endgültig zu widerrufen. Der Kurfürst hatte einen Gesichtsverlust erlitten, den er so schnell nicht wieder wettmachen konnte. Indem ihm Engländer und Holländer in der spanischen Erbfolgefrage entgegenkamen, versuchten sie, diesen Verlust wieder auszugleichen und ihm eine entsprechende Entschädigung auf politischem Gebiet zuteil werden zu lassen.

Auch ein weiterer Plan ging völlig fehl. Während der Konferenz hatten die Vertreter Brabants den Bau eines Kanals verlangt, der die Sambre wieder schiffbar machen und die Wirtschaftsblockade Antwerpens beenden sollte. Sofort erhob sich heftiger Widerstand einflußreicher holländischer Wirtschaftskreise, die keine neuerliche Konkurrenz des Antwerpener Hafens zum Schaden ihrer eigenen Seehäfen zulassen wollten. Erstaunlicherweise widersetzten sich diesem Plan, der zukunftsträchtige Perspektiven bot, leidenschaftlich auch andere niederländische Provinzen, die im Kanalbau eine unzumutbare Bevorzugung Flanderns und eine schwere Benachteiligung ihrer eigenen Sonderinteressen sahen. Da sich Max Emanuel und seine Regierung gegen die Gegner des Kanalbaues im In- und Ausland nicht durchsetzen konnten, versank dieser Plan sang- und klanglos im Aktengrab.

In dieser Zeit wirtschaftlicher Bedrängnisse[53] traten auch ungeahnte gesellschaftspolitische Schwierigkeiten auf. Bei der Beschießung Brüssels im Jahre 1695 war ein Turm der Goldschmiede zerstört worden. In ihm fand man alte Schriftstücke, die Privilegien zugunsten der »Nations« enthielten, die der Magistrat der Stadt bisher verborgen gehalten hatte. Jetzt wurden Kopien dieser Privilegien ange-
Nr. 301 fertigt und verteilt. Anfang 1699 erschien eine gedruckte Sammlung dieser Freiheitsbriefe, damals noch begleitet von einer Lobrede auf den Kurfürsten und seine Wirtschaftspolitik. Im Verlauf der wirtschaftspolitischen Auseinandersetzungen desselben Jahres schlug die Stimmung völlig um. Die Handwerker glaubten sich um überkommene Mitspracherechte betrogen und forderten immer stürmischer ihre alte Autonomie zurück, die Wiederherstellung des »guten alten Zustandes« und des früheren Einflusses der »Nations« bei der Wahl des Magistrats.[54] Dieser, um seine Vorrechte und seine Exklusivität bangend, reagierte negativ. Auch die Stände mißbilligten die Aktivitäten der Bürger in dieser Sache. Max Emanuel aber, wieder im Widerstreit der Gruppeninteressen stehend, wollte der Mehrheit recht geben und bestätigte die alt-neuen Privilegien der »Nations« gegen den ausdrücklichen Willen der Stände.

Diese sozialen, wirtschaftlichen und gesellschaftspolitischen Mißhelligkeiten kulminierten in einem politischen Skandal, der die Emotionen mächtig anheizte. Das Gerücht ging um, Max Emanuel erstrebe immer noch – trotz des Todes von Joseph Ferdinand – offen und geheim eine künftige souveräne Herrschaft über die Niederlande. Die Bevölkerung fühlte sich aber nach wie vor als Glied des spanischen Weltreiches und wollte keine Loslösung von Spanien. Nach ihren bisherigen Erfahrungen war von einer kurfürstlichen Souveränität nicht allzuviel Gutes zu erhoffen. Die gesellschaftlich führenden Kreise fürchteten um ihre Privilegien. Der spanische Botschafter Don Quiros[55] schürte das Unbehagen in Madrid und Brüssel. Max Emanuel wurde verdächtigt, unlautere Mittel zur Erreichung seines Zieles anzuwenden. Man ließ angebliche Geheimverträge des Kurfürsten mit Holland,[56] die die Abtretung der Spanischen Niederlande beinhalteten, kursieren. In zahllosen Flugblättern und Karikaturen manifestierte sich der Haß gegen den Statthalter und seine Regierung.[57] Die Saat von Verleumdungen, Wahrheiten, Halbwahrheiten und Verdächtigungen ging in den Herzen einer zutiefst beunruhigten Bevölkerung auf. Im ganzen Land, vor allem aber in Brüssel kam es zu kleinen und großen, mehr spontanen als organisierten, nur teilweise von professionellen Unruhestiftern aus dem In- und Ausland geschürten Protestkundgebungen und zu weithin hallenden Mißfallensäußerungen. Im August 1699 sah sich Max Emanuel gezwungen, in einem Erlaß den Verfassern aufrührerischer Pamphlete Tod oder Verbannung anzudrohen. Er ließ die fraglichen Geheimverträge öffentlich durch den Henker verbrennen und für die Überführung des Urhebers eine Belohnung von 3000 Pistolen ausloben,[58] ein vergebliches Unterfangen. Der Unmut der Massen wuchs weiter. Man schrie jetzt gegen alle und jede Regierungsmaßnahme, gegen die Reformen, die man noch vor Monaten ebenso lauthals gefordert hatte, gegen die Teuerung der Lebensmittel, gegen die Wirtschaftspolitik und sogar gegen die Einschränkung des Hofstaates, als dabei zahlreiche Bedienstete entlassen wurden.[59] Alle Anschuldigungen zielten auf Bergeyck, dessen Haus eine aufgebrachte Menge anzuzünden drohte; gemeint war letztlich Max Emanuel. Durch Entlassung des Grafen als Generalschatzmeister suchte der Kurfürst die Situation zu entschärfen. Bergeycks Karriere war durch diesen Rücktritt jedoch keineswegs beendet. Denn seine übrigen Funktionen übte er weiterhin aus. Er blieb der maßgebende Berater des Kurfürsten und konnte seine Stellung im Staat sogar noch beträchtlich ausbauen. Sein Nachfolger im Amt des Generalschatzmeisters wurde Graf von Tirimont, langjähriger Mitarbeiter Bergeycks und ein Technokrat ohne besondere politische Ambitionen.

Einundsiebzigmal traten die Zünfte während dieser immer turbulenter werdenden Auseinandersetzungen des Jahres 1699 zusammen. Demokratische Forderungen wurden erhoben, die sich an den Erfolgen der holländischen und englischen Demokratien orientierten und das absolutistische System Max Emanuels und seiner Regierung anprangerten. Die politische Autorität Max Emanuels erreichte ihren Tiefpunkt. Er griff schließlich zur *ultima ratio* autoritärer Führung jeglicher Couleur, zog seine bayerischen Truppen in der Hauptstadt zusammen und ließ den Aufruhr gewaltsam beenden. Ende 1699 nahm er, bestätigt und gestärkt durch die Reaktionen des spanischen Gesandten Don Quiros, des hohen niederländischen Adels, der Beamtenhierarchie und des Magistrats, die Zugeständnisse an die »Nations« zurück und ließ die Führer der demokratischen Partei verhaften, darunter auch den rührigen Advokaten Van der Meulen,[60] die Seele der Opposition. Einige Demokraten konnten sich rechtzeitig in Klöstern, Kirchen oder im Ausland in Sicherheit bringen. Der Brabanter Conseil, den Max Emanuel als außerordentlichen Gerichtshof mit der Aburteilung der Aufrührer beauftragte, verurteilte die »Schuldigen« im Mai 1700 wegen Rebellion zu lebenslänglicher Verbannung, zwei zum Tode. Ihre Güter wurden eingezogen. Der Kurfürst milderte später die Strafen auf Bitten der Frauen der Verurteilten und der Bettelorden, bei denen sich manche Inkulpanten versteckt hielten. Schließlich erließ der neue spanische König Philipp V. eine Amneste.[61]

Philipp aus dem Hause Bourbon, Herzog von Anjou, Enkel Ludwigs XIV. und Neffe Max Emanuels, bestieg als Philipp V. nach dem Tode Karls II. als dessen Erbe gemäß den Bestimmungen des letzten Testaments den spanischen Thron.[62] Der Thronwechsel in Spanien, der de facto den Verlust aller Ansprüche Max Emanuels auf das spanische Erbe besiegelte, brachte ihm sogar eine außenpolitische Stärkung seiner Position, die innenpolitisch kurz zuvor an der Jahrhundertwende fast unhaltbar geworden war. Der Kurfürst hatte – wenn auch widerstrebend – das Testament Karls II. anerkannt und war daraufhin auf Wunsch Ludwigs XIV. vom spanischen König im Amt als Statthalter der Niederlande bestätigt worden. Kaiser Leopold I. lehnte dagegen das Testament kategorisch ab. Der nächste Krieg, der sogenannte Spanische Erbfolgekrieg, war damit vorprogrammiert.

Beide Parteien, Spanien, Frankreich auf der einen, Habsburg, Holland, England auf der anderen Seite scharten ihre Anhänger um sich und suchten Alliierte. Max Emanuel wurde von beiden Parteien umworben. Ludwig XIV. hatte aus seinen langen Erfahrungen mit dem Kurfürsten bereits in den letzten Jahren seine diplomatischen Fäden gesponnen, wirksam unterstützt durch manche schöne Frau in seinen Diensten am Brüsseler Hof. Nach dem Thronwechsel in Spanien kamen zahlreiche Franzosen im Auftrag Philipps V. und Ludwigs XIV. nach Brüssel, um die dortigen Regierungsgeschäfte in ihrem Sinne zu beeinflussen. Da sie Bergeyck als »le seul homme capable« fanden, beauftragten sie ihn, die notwendige Zentralisation und Reorganisation der Verwaltung und des Militärwesens in den Niederlanden weiterhin voranzutreiben. Nachdem sich die innenpolitische Lage des Landes wieder stabilisierte, fand der Kurfürst reichlich Zeit zu hinhaltenden Zugeständnissen, Versprechungen, Absichtserklärungen – im altgewohnten Stil seiner Verhandlungstaktik seine Forderungen an die alten und neuen politischen Partner immer höher schraubend. Schließlich sah er die größten Vorteile auf der Seite Spaniens und Frankreichs, drehte seine politische Orientierung um 180 Grad und verbündete sich noch in Brüssel im März
Kat.Nr. 335 1701 mit Frankreich und Spanien gegen Österreich, Holland, England: Aus bisherigen Gegnern waren verbündete politische Freunde geworden, und umgekehrt.[63]

Die Franzosen waren einer »Dislocation« zukünftiger Feldzüge in grenzferne Gebiete und einer dementsprechenden »Diversion« nicht abgeneigt und begrüßten den Plan Max Emanuels, den Krieg gegen Österreich von Bayern aus zu eröffnen. Zur Vorbereitung dieses Feldzuges kehrte der Kurfürst im Frühjahr 1701 nach Bayern zurück. Nominell blieb Max Emanuel weiterhin Gouverneur der Niederlande, obwohl er sich um das Land in den nächsten zwei Jahren nicht mehr kümmerte. Sein Stellvertreter Marquis Isidro de Bedmar führte die Geschäfte; Bergeyck sorgte für die Überweisung der französischen und spanischen Subsidien nach Bayern. Die Niederländer weinten dem scheidenden Kurfürsten nicht nach. Mit Spottgedichten hatten sie seinen Auszug begleitet.

Nach der Niederlage bei Höchstädt (13. August 1704) kehrte Max Emanuel über Straßburg wieder in die Niederlande zurück. Schließlich besaß er immer noch den Titel eines Statthalters, obgleich er sich in der letzten Zeit nicht mehr persönlich um die Geschicke dieses Landes gekümmert hatte. Mit dem Kurfürsten floh ein Teil des Hofstaates, des bayerischen Adels, des Militärs und der Beamten aus Bayern. Ludwig XIV. wiederholte im Herbst 1704 mehrmals seine Zusicherungen, seine Hand auch künftig schützend über den Kurfürsten zu halten, ein wichtiges Zugeständnis angesichts der veränderten Lage; denn Max Emanuel verfügte nach dem Verlust Bayerns praktisch über kein eigenes Territorium und keine »natürlichen« Einkünfte mehr. In den Niederlanden gehörte ihm ja keine Handbreit Boden. Außer den Juwelen und Wertgegenständen, die seine Getreuen vor ihrer Flucht ins Ausland noch schnell zusammengerafft hatten, besaß der Kurfürst nichts. Er war jetzt mehr als je zuvor auf das Entgegenkommen der Niederländer, der Spanier und Franzosen angewiesen. Seine Verbündeten dachten nüchtern. Welche Vorteile würde ihnen Max Emanuel in Zukunft bringen? Das war die große Frage. Da Ludwig XIV. mit der Rückkehr des Kurfürsten nach Bayern zu gegebener Zeit rechnete und wiederum einen Verbündeten im Reich gegen Habsburg direkt oder indirekt zur Verfügung haben wollte, protegierte er ihn auch weiterhin. Doch gleichzeitig tat er alles, um die Forderungen Max Emanuels nach einer souveränen Herrschaft über die Niederlande in Schranken zu halten. Denn im Zentrum aller Überlegungen des Kurfürsten stand der Gedanke an ein wittelsbachisches Königtum. Er bot schon im Herbst 1704 den Franzosen und Holländern Bayern, über das er realiter nicht mehr verfügen konnte, als Tauschobjekt an gegen die Niederlande, gegen Mailand, Sizilien, Neapel oder Sardinien.

Die folgenden Jahre der Statthalterschaft Max Emanuels in den Niederlanden lassen sich in wenigen Zügen berichten. Der vertriebene und geächtete Kurfürst interessierte sich zwar lebhaft für viele Dinge; zu einem tatkräftigen Handeln aber kam er nicht mehr. Die Verteidigung der Niederlande übernahmen die Spanier und Franzosen in eigener Verantwortung, nachdem die Alliierten die Niederlande zum wichtigsten Kriegsschauplatz im Kampf gegen Frankreich bestimmt hatten. Alle Reformen Bergeycks, die Reorganisation des Heeres, der Finanzen und der Verwaltung nützten nicht mehr viel. Die Untertanen wurden von neuem von den Kriegslasten schwer niedergedrückt. Die Habgier der Beamten, ihre Korruption, die Plünderungen der einheimischen und fremden Soldateska, die zahllosen Kontributionen und Ausschreitungen, die Zwangsrekrutierungen, die Lebensmittelknappheit, die systematische Verfolgung der Jansenisten, die neuerliche wirtschaftliche Rezession, ungesetzliche Verhaftungen, unbeliebte Reformen und die Angst vor dem Verlust der Privilegien schwächten die Widerstandskraft des Landes und seiner Bevölkerung. Auch hier war die Niederlage nur eine Frage der Zeit.

Mit der verlorenen Schlacht von Ramillies am 23. Mai 1706[64] ging der größte Teil der Spanischen Niederlande an die Alliierten verloren. Von den Franzosen und Bayern, von Max Emanuel sowie dem verhaßten Regiment Bergeycks weit mehr als von den Spaniern befreit, erkannten die flandrischen Stände Erzherzog Karl als ihren König an, der alle Reformen des »Regime Angeoin« (Philipp V. von Anjou) wieder zunichte machte und die geheiligten Privilegien, die durch diese Reformen zumindest in Frage gestellt worden waren, für ein weiteres Jahrhundert ungeschmälert rettete. Bergeyck übersiedelte bald nach Madrid und entwickelte sich dort zum entschiedenen Gegner Max Emanuels,[65] als dieser begann, seine Ansprüche auf die Niederlande auf dem Markt der machtpolitischen Optionen feilzubieten. Mit dem Verlust der Niederlande (es blieben dem Kurfürsten nur Namur,[66] Luxemburg[67] und der Hennegau) begann erst das eigentliche Exil Max Emanuels.

Anmerkungen

1 Zum Ganzen: Ungedruckte Quellen in:
Brüssel: ARB: Fonds Spaanse Ambassade in Den Haag Nr. 9 (Gesandtschaftsberichte); Fonds Sekretarie van Staat en Oorlog Nr. 290, 291, 308 (Kriegs- und Verwaltungsangelegenheiten); Fonds Raad van Staat Nr. 89 und 1787 (Verwaltungsakten); Fonds Manuskriptenverzameling Nr. 820 (Dialogue ou Entrien sur l'état présent des Pays-bas espagnols et les moiens de les retablir, 1699); Nr. 1528 (Korrespondenzen 1694–99) und Nr. 1967.
Paris: Archives du Ministère des Affaires Etrangères (PAE): Correspondance politique Bavière, vol. 42 (1689–1700), 42–65 (1701–1715); Mémoires et Documents, Fonds divers Espagne, vol. 114 und 115 (1703); Correspondance politique Pays Bas Espagnols, vol. 53–67 (1693–1714). BNP: Collection de Lorraine (Vaudémont, Correspondance d'Allemagne III), vol. 782, 784, 785, 821, 826 (1694–1696). Archives Historiques de Guerre, Château de Vincennes: A[1] No 1833, 2084 (Flandern 1705 bzw. 1708). ANP: Section Ancienne, Ancien Regime, Fonds G/7: Contrôle général des finances No 260–262 (Wirtschaftliche und finanzielle Angelegenheiten der Niederlande 1700–1706).
Wien: Haus-, Hof- und Staatsarchiv: Haus-Archiv, Belgische Korrespondenz Karton 25 (1660–1700); Belgien Rep. DD: Abtg. B, Fasz. 14a (1651–1716), Fasz. 242 (1598–1698).
Madrid: Archivo Histórico Nacional, Fonds Estado, Legajo Nr. 163, 671, 1014, 1307, 1658, 1694, 1849 (Dokumente über die wirtschaftliche und finanzielle Lage der Niederlande, die Wirtschaftskonferenz von 1699 und die Planungen für den Erwerb von Kolonien und für die Intensivierung des Außenhandels).
Gedruckte Quellen und Literatur:
Fidelis Belga seu Hispano-Belgium Restauratum sub regimine Maximiliani Emanuelis D.G. utriusque Bavariae ducis invictiss. sac. Rom. Imp. Electoris etc., Keulen 1696; Riezler VII u. VIII; Th. Juste, Le gouverneur général des Pays-Bas Espagnols, Maximilien-Emmanuel de Bavière (Revue nationale de Belgique 13, 1845) 129; V.A. Coremans, Miscellanées de l'Epoque de Maximilien-Emmanuel (1692–1709). Notice sur les éphémérides de Herman de Voeller, secrétaire d'Allemagne et du Nord, Bruxelles 1846; L. P. Gachard, Lettres écrites par les souverains des Pays-Bas aux états de ces provinces depuis Philippe II jusqu'à François II, 1559–1794 (Compte rendu des séances de la Commission Royale d'Histoire, 2. Serie, I, 1851) 282–574; ders., Une visite aux archives et à la bibliothèque royales de Munich (Compte rendu des séances de la Commission Royale d'Histoire, 3. Serie VI, 1864) 25–218; G. F. Preuss, Verfassungsgeschichte der Spanischen Niederlande unter Kurfürst Max Emanuel (FGB 7, 1900) 207–227; Pirenne, Belgique III; L. Jadin, Une visite aux archives de Munich. Les papiers de la chancellerie de Maximilien-Emmanuel de Bavière, souverain des Pays-Bas, 1711–1714 (Annuaire du Cercle Pédagogique des professeurs de l'enseignement moyen sortis de l'Université de Louvain 30, nr. 16, Leuven 1932); A. Sprunck, Maximilien Emanuel de Bavière, gouverneur général et souverain des Pays-Bas (t'Hemecht. Zschr. für Luxemburgische Geschichte 7, 1954) 362–366; R. de Schryver, Aus der Vorgeschichte der niederländischen Statthalterschaft des Kurfürsten Max Emanuel von Bayern, 1679–1691 (Gedenkschrift für Martin Göhring, Studien zur Europäischen Geschichte, 1968) 67–77; ausführlich L. Hüttl, Max Emanuel, Der Blaue Kurfürst (1679–1726), München 1976, 193–277, 285, 293 bis 304, 320, 322, 328, 331f., 377–389, 398–409, 466–469, 496–505, 509f.

2 J. Vincens Vives, Historia social y económica de España y América, 5 vol., Barcelona 1957–59.

3 N. Briavoinne, Mémoire sur l'état de la population, des fabriques, des manufactures et du commerce dans les Provinces des Pays-Bas, depuis Albert et Isabelle jusqu'à la fin du siècle dernier (Mémoires couronnés par l'Académie royale des sciences et belles-lettres de Bruxelles XIV/II, Bruxelles 1840) 1–217.

4 R. R. Palmer, Das Zeitalter der demokratischen Revolution. Eine vergleichende Geschichte Europas und Amerikas von 1760 bis zur Französischen Revolution, dt. v. H. Lazarus, Frankfurt a. M. 1970, 366 u. 367; zum folgenden 367–370.

5 Th. Juste, Histoire des États-généraux des Pays-Bas, 1465–1790, 2 vol., Bruxelles 1864; P. v. Mitrofanov, Joseph II.: Seine politische und kulturelle Tätigkeit, dt. v. V. v. Demelic, Wien 1910; S. Tassier, Les démocrates belges de 1789: étude sur le Vonckisme et la Révolution brabançonne (Mémoires de l'Académie royale de Belgique, Classe des lettres, 2. Serie, Bd. 28, Bruxelles 1930); V. Fris, Histoire de Gand. Gent 1913; J. Gilissen, Le régime représentatif avant 1790 en Belgique, Bruxelles 1952; J. Lefevre, Le gouvernement du comté de Hainaut au XVIIIe siècle (Anciens pays et assemblées d'état V., Löwen 1953) 21–47.

6 Vgl. Riezler VII, 371–373.

7 E. Hubert, Les Pays-Bas espagnols et la République des Provinces-Unies depuis la paix de Munster jusqu'au traité d'Utrecht (1648–1713). La question religieuse et les relations diplomatiques (Mémoires de l'Académie royale de Belgique, Classe des lettres, 2. Serie, Bd. 2, Bruxelles 1907); A. Renaudet, Les Pays-Bas Espagnols et les Provinces Unies de 1598 à 1714, Paris 1944.

[8] A. Cauchie, Aperçu sur l'histoire de Jansénisme en Belgique (Annuaire du XIIIe Congrès de la Féderation archéol. et histor. de Belgique à Gand, II, Gent 1913) 250–255; L. Rochette, Les luttes jansénistes en Belgique, principalement dans le diocèse de Malines, 1654–1711. Rapport sur les travaux du Séminar historique pendant l'année académique 1911–1912 (Annuaire de l'Université Catholique de Louvain 77, 1913) 394–402; L. Ceyssens, Jansenistica. Studien in verband met de geschiedenis van het Jansenisme, 2 vol., Mechelen 1950–1953; ders., Jansénisme et anti-jansénisme en Belgique au XVIIe siècle. A propos d'un livre récent (Revue d'histoire ecclésiastique 51, 1956) 143–185.

[9] Vgl. P. Goubert, Ludwig XIV. und zwanzig Millionen Franzosen, dt. v. E. Rechel-Mertens, Berlin o. J. [1973] 141, 142, 155, 311; R. Mandrou, Louis XIV en son temps 1661–1715 (Peuples et Civilisations X, Paris 1973) 201–204, 367–375, 464, 465.

[10] L. Ceyssens, Les papiers de Quesnel saisis à Bruxelles et transportés à Paris en 1703 et 1704 (Jansenistica Minora I, Firenze 1950).

[11] L. Rochette, Humbert Guillaume de Precipiano en het Jansenisme, 1690–1711 (La vie diocésaine. Bulletin du diocèse de Malines VI 1912) 81–90, 125–132; ders., Humbert Guillaume de Precipiano (1626–1711) et le formulaire sur le jansénisme (Mélanges Charles Moeller, II. Recueil de travaux publ. par les membres des conférences d'histoire et de philologie de l'Université de Louvain 41, Leuven 1914).

[12] R. R. Palmer (Anm. 4) 367–368.

[13] Vgl. G. Jouret, Histoire économique de la Belgique, 2 vol., Mons 1939.

[14] L. Stroobant, Les magistrats du Grand Conseil de Malines, Antwerpen 1903.

[15] A. Gaillard, Le Conseil de Brabant. Histoire, Organisation, Procédure, 3 vol., Bruxelles 1898–1902.

[16] A. Wanters, Liste chronologique des doyens des corps de métiers de Bruxelles de 1696 à 1795, Bruxelles 1888.

[17] Hüttl, Caspar v. Schmid, 140–173.

[18] Über die ständische Verfassung in Bayern: Bosl, Repräsentation; zum folgenden: R. R. Palmer (Anm. 4) 369; vgl. auch Beitrag Volkert.

[19] Vgl. für die Situation Europas: P. Chaunu, Europäische Kultur im Zeitalter des Barock, dt. v. A. P. Zeller, München-Zürich 1968.

[20] C. van Langendonck, Le mouvement colonial en Belgique au XVIIe siècle (Revue belge de Philologie et d'Histoire II, 1923) 81–93.

[21] R. R. Palmer (Anm. 4) 370.

[22] H. Lonchay, La rivalité de la France et de l'Espagne aux Pays-Bas, 1635–1700. Etude d'histoire diplomatique et militaire (Mémoires couronnés et autres mémoires publiés par l'Académie royale des Sciences, des Lettres et des Beaux-Arts de Belgique 54, Bruxelles 1896).

[23] J. Lefèvre, La Secrétairerie d'Etat et de Guerre sous le régime espagnol, 1594–1711 (Mémoires de l'Academie royale de Belgique, Classe des lettres et des sciences morales et politiques, 2. Serie, XXXVI, Bruxelles 1934).

[24] Goubert (Anm. 9) 20–22.

[25] V. Palacio Atard, Derrota, Agotamiento, Decadencia en la España del Siglo XVII, Madrid 1956.

[26] K. v. Landmann, Wilhelm III. von England und Max Emanuel von Bayern im niederländischen Kriege 1692–1697 (Darst. aus der bayer. Kriegs- und Heeresgeschichte 8 u. 9, 1899–1900); G. F. Preuss, Wilhelm III. von England und das Haus Wittelsbach im Zeitalter der spanischen Erbfolgefrage, I. Halbband, Breslau 1904.

[27] J. Dumont, Corps universel, vol. VII/2, 227; J. A. Lünig, Codex Germaniae diplomaticus I (1732) 771–775; Bittner 100 Nr. 525; A. Kraus (HB II) 433.

[28] Dumont (Anm. 27) VII/2, 229; Zeitschrift für Bayern IV (1816) 255–260; Bittner 100 Nr. 526.

[29] Heigel QA I, 91–168, hier 96.

[30] Riezler VII, 253.

[31] Ib., 372.

[32] H. R. Huber, Corbinian v. Prielmair (1643–1707), ein bayerischer Staatsmann der Barockzeit. Diss. Masch. München 1944; GHA Korr. 748 (Korrespondenz Prielmairs aus den Niederlanden 1692).

[33] Vgl. GHA Hof-Haushalt 1712 H Nr. 9 (Hofstaat).

[34] P. Gerbore, Formen und Stile der Diplomatie, Reinbek bei Hamburg 1964, 215.

[35] GHA Korr. 694 (Korrespondenz über den Tod der Kurfürstin Maria Antonia 1692).

[36] Riezler VII, 471–472.

[37] Czarkowski-Golejewski 845–870.

[38] Pirenne, Belgique III, 30. ANP, Section Ancienne: Ancien Regime, Fonds T-Séquestres, carton T 153/30–33, 37, 38; GSTA K. schw. 16313, 16314, 16317.

[39] Y. Schmitz, Bergeyck. Le Colbert belge. Nijvel 1961; ferner das grundlegende Werk für diese Epoche: Schryver, Bergeyck.

[40] ARB: Raad van Staat Nr. 1787; Ms. Nr. 1528 und 1967; Sekretarie van Staat en Oorlog Nr. 290, 291, 308; Spaanse Ambassade in Den Haag Nr. 9: »Information pour Mr. le Comte de Caunits« (Kaunitz), ohne Datum.

[41] E. Lagrange, Souvenirs d'une famille bruxelloise. Le bombardement de 1695 (Collection nationale nr. 31, Bruxelles o. J.); Pirenne, Belgique III, 32.

[42] Vgl. Correspondance de Fénelon, archevêque de Cambrai, publiée pour la première fois sur les manuscrits originaux et la plupart inédits, I, Paris 1827.

[43] Fénelon, Œuvres, vol. 3, Paris 1787, 749; Zitat auch bei L. Schrott, Herrscher Bayerns. Vom ersten Herzog bis zum letzten König, München 1974^3, 135.

[44] A. Rodenburg, De vrede van Rijswijk, Den Haag 1947.

[45] ARB Raad van Staat Nr. 1787: «Mémoire ou Déduction demonstrative des Griefs et contraventions apportées en Angleterre a la bonne et sincere foy des traittes de Paix, marine et commerce et a representer au Roy et au Parlement seant a Londres.» Ein sehr ausführliches Gutachten, 1698 zu datieren.

[46] Vgl. ARB Raad van Staat Nr. 1787, Gutachten vom 16. Okt. 1698.

[47] ARB Fonds Manuskriptenverzameling Nr. 820; J. de Smet, La situation économique de la ville de Bruges pendant la deuxième moitié du XVIIe siècle, Einleitung. Tables du commerce et de la navigation du port de Bruges 1675–1698 (Bulletin de la Commission Royale d'Histoire 44, 1930) 107–145.

[48] Vgl. ARB Raad van Staat Nr. 1787: Denkschrift des Magistrats von Gent, Brüssel 9. Juni 1698; Denkschrift von Gent, 30. Sept. 1698; Denkschrift von D. Wointers, Brüssel, 9. Mai 1698; Mémoire ou Déduction . . ., 1698; Denkschrift, Brüssel, 7. März 1699.

[49] Schryver, Bergeyck 166–198: über die Wirtschaftskonferenz von 1699.

[50] ARB Raad van Staat Nr. 1787, Placcart du Roy par forme d'Edict Perpetuel, Bruxelles, le premier d'Avril 1699, § 1–50. Gleiche Aussagen in: Projet des Decrets à depescher par Voye de la Secretaire Espagnolle, 7. 4. 1699, und Remonstre en toutte soubmission les Marchands des principales villes du Pays-Bas an Max Emanuel, Abschrift, 19. 4. 1698.

[51] Adalbert v. Bayern, Mariana de Neoburgo y las pretensiones bávaras a la sucesión española (Boletín de la Real Academia de la Historia, Bd. 80, Madrid 1922) 28–30, 107–122; Adalbert v. Bayern.

[52] Riezler VII, 425–426.

[53] J. van der Meulen, Le miroir qui ne flatte point, représentant les causes de la destruction des fabriques, du commerce et de la navigation interne et externe des Pays-Bas autrichiens, Beil. zu L. Galesloot, Troubles de Bruxelles de 1698 et 1699: s. L'avocat Vander

Meulen et les doyens des métiers traduits devant le Conseil de Brabant (Annales de l'Académie d'archéologie de Belgique 26, 2. Serie, VI, 1870) 5–154, hier 139–146.

54 A. Levae, Episode de l'histoire des Nations de Bruxelles: Troubles de 1698–1700. Uit Trésor national. Recueil historique, littéraire, scientifique, artistique, commercial et industriel, 2. Serie, II. Bruxelles 1843.

55 D. Schlugleit, Don Francisco Bernardo de Quiros, gezant in Den Haag (†1709) (Bijdragen tot de Geschiedenis bijzonderlijk van het oud Hertogdom Brabant, Reihe III/1, 1949) 278–298.

56 Vgl. Th. Bussemaker, De onechtheid van het zoogenaand verdrag tusschen de Republiek en den Keurvorst van Beieren, van augustus 1698 (Handelingen en Mededeelingen van de Maatschappij der Nederlandsche Letterkunde te Leiden over het Jaar 1909–1910, 1910) 147–168.

57 Vgl.W. P. C. Knuttel, Catalogus van de Pamflettenverzameling berustende in de Koninklijke Bibliotheek van Den Haag, Teil III (1689–1713), 's-Gravenhage 1900.

58 Riezler VII, 425.

59 Vorausgegangen war eine »Inflation von Ämtern«, vgl. R. de Schryver, Inflatie van Ambtenaren in de Spaanse Nederlanden. De Raad van Financien aan het eind van de zeventiende eeuw (Bijdragen voor de Geschiedenis der Nederlanden 17, 1962) 214–220; GHA Hof-Haushalt 1712 H Nr. 4 (»Reformation« des Hofstaates 1699).

60 H. Van der Linden, Jean Van der Meulen (Biographie nationale 14, Brüssel 1897) 684–688.

61 Riezler VII, 426.

62 L. P. Gachard, Histoire de la Belgique au commencement du XVIIIe siècle, Den Haag-Brüssel 1880; ders., La Belgique sous Philipp V, Bruxelles 1867; Fr. van Kalken, La fin du régime espagnol aux Pays-Bas. Etude d'histoire politique, économique et sociale, Bruxelles 1907.

63 G. F. Preuss, König Wilhelm III., Bayern und die Große Allianz 1701 (HZ 93, 1904) 193–229; M. Braubach, Die Politik des Kurfürsten Max Emanuel von Bayern im Jahre 1702 (HJb 43, 1923) 53–92.

64 F. Taylor, The wars of Marlborough 1702–1709, 2 vol., Oxford 1921; W. S. Churchill, Marlborough. Der Feldherr und Staatsmann, Bd. 2, dt. v. E. Müller, München 1969, 69–83.

65 Schryver, Bergeyck 412–424.

66 E. del Marmol, Les anciens gouverneurs de Namur (Annales de la Société archéol. de Namur 10, 1868–69) 317–352; St. Bormans, Maximilien-Emmanuel de Bavière, comte de Namur, Bruxelles 1875; GSTA K. schw. 16327 (Ausmünzung neuer Liards, Namur); GSTA K. schw. 16286: Die Errichtung eines Staatsrates des Kurfürsten zu Namur und andere Angelegenheiten (1712–1715), K. schw. 16040: Schriftwechsel Max Emanuels mit dem »Conseil des Finances de Namur« (1713).

67 Fr. van Kalken, La souveraineté de Maximilien-Emanuel de Bavière à Namur, 1711–1714 (Annales de la Fédération archéologique et historique de Belgique. Congrès de Namur, 1938, Namur 1939); GSTA K. schw. 10437.

Peter Claus Hartmann

Max Emanuel im Exil

Mit der Niederlage von Ramillies (Mai 1706) begann der weitere politische Abstieg Kurfürst Max Emanuels, das Exil. Während Marlborough am 30. Mai im Triumph in Brüssel einzog, wich Max Emanuel zunächst nach Löwen, dann am 24. Mai nach Laeken, am 26. nach Gent und schließlich nach Mons zurück. Trotz des Verlustes der wichtigsten Teile der Spanischen Niederlande schuf sich der Kurfürst in seiner neuen Residenzstadt Mons wieder eine relativ prächtige Hofhaltung, ließ ein Theater errichten, Bälle und Hoffeste veranstalten.[1] Er saß, seiner Macht beraubt, in dem kleinen Provinzstädtchen und pflegte geheime diplomatische Beziehungen mit den Aufständischen Ungarns, die unter der Führung Rákóczys Max Emanuel zum König erheben und ein Bündnis Ludwigs XIV. und Max Emanuels mit Rákóczy betreiben wollten.

Als Ludwig XIV. für 1708 seinem Enkel, dem Herzog Louis de Bourgogne, den Oberbefehl in den Niederlanden übertrug, mußte sich Max Emanuel mit dem Kommando der französischen Rheinarmee begnügen, wo keine entscheidenden Gefechte geschlagen wurden. Währenddessen wurde der Duc de Bourgogne am 11. Juli bei Oudenaarde von Prinz Eugen und Herzog Marlborough geschlagen; wenig später, am 23. Juli, verlor Frankreich die Stadt Lille. Ungehalten über diese Mißerfolge, hoffte der Kurfürst im November durch einen Angriff auf Brüssel noch einmal das Blatt zu wenden. Aber Attacke und Belagerung seiner früheren Residenzstadt blieben ohne Erfolg, und der Kurfürst verspielte sich dadurch die Sympathien der Brüsseler.[2]

Max Emanuel, der für 1709 kein Kommando mehr erhielt, »fand sich auf Mons beschränkt, nach dem Mißgeschick des letzten Feldzuges, und er hatte keine andere Beschäftigung mehr als seine Mätressen, das Spiel und eine Drehbank«; so jedenfalls beschreibt Marschall Villars das Leben des Kurfürsten in Mons, wo er zweimal Besuch gemacht hatte.[3]

Gerade in diesen Jahren war der Kurfürst in besondere finanzielle Schwierigkeiten geraten. Schon im Oktober 1706 hatte zum Beispiel der französische Gesandte aus Mons nach Versailles berichtet: »Der Herr Kurfürst von Bayern kann die äußerst schlechte Lage, in der sich seine Truppen und besonders seine Kavallerie mangels Bezahlung befinden, nicht mehr verheimlichen ... Die bayerischen Soldaten befinden sich in einem solchen Elend, daß sie am Ende der Kampagne fast nur vom Plündern gelebt haben.« Die Lage verschlechterte sich jedoch zusehends weiter, da Frankreich immer weniger imstande war, seine Subsidien an den Kurfürsten in Bargeld zu bezahlen. Max Emanuel schrieb deshalb am 22. April 1709 verzweifelt an den Außenminister Torcy, in seiner äußersten Not bleibe ihm nichts anderes übrig, als seinen Hofstaat zu entlassen, sich an irgendeinen Ort zurückzuziehen und dann beim König um das Lebensnotwendige betteln zu gehen.[4] Aber bei aller Machtlosigkeit und bei aller Finanzmisere blieb der Kurfürst diplomatisch nicht untätig. Er versuchte vielmehr, an die Ehre Ludwigs XIV. zu appellieren und auf diesen einzuwirken, damit er bei den im März 1709 im Haag eröffneten Verhandlungen über Friedenspräliminarien seine vollständige Restitution in Bayern betreibe und seine Interessen berücksichtige. Gleichzeitig führte er Separatverhandlungen mit den Holländern und erwog einen Parteiwechsel. Gegen Übergabe seiner Truppen und Festungen forderte er die Überlassung der Spanischen Niederlande oder einen Ersatz in Italien mit der Königswürde. Während der französische König seinen bayerischen Verbündeten zu beschwichtigen suchte, nahm dieser mit Prinz Eugen Kontakt auf und bot sogar sein bayerisches Kurfürstentum zum Tausch gegen die Herzogtümer Mailand, Mantua und das Königreich Sardinien an.[5]

Aber all diese diplomatischen Schritte führten zu keinem Erfolg; der Krieg ging weiter, die Alliierten stießen in Richtung Mons vor, so daß sich Max Emanuel auch von dort zurückziehen und seine Residenz im Schloß von Compiègne aufschlagen mußte. Nachdem am 11. September 1709 die französischen Truppen in der blutigen Schlacht bei Malplaquet eine erneute Niederlage erlitten hatten, eroberten die Verbündeten Mons am 21. Oktober.[6]

Max Emanuel war inzwischen mit seinem Hof und mit seinem großen Gefolge, zahlreichen Adeligen, Ministern, Offizieren, Geistlichen, Ärzten und Pagen, in seine neue Residenz eingezogen. In die kleine verschlafene Provinzstadt kam dadurch Leben; Postillione, Stallknechte und Diener wohnten, auf die ganze Stadt verteilt, in den Hotels und Bürgerhäusern. Es tummelten sich Jäger, Musikanten und Komödianten. Die Straßen hallten wider vom Pferdegetrappel der reitenden Kuriere und dem Quietschen der Räder von den Karossen und Kutschen der Besucher und

Bediensteten, der ansässigen französischen Adeligen, die sich drängten, an den Festen und Treibjagden des Kurfürsten teilzunehmen.[7]

Für Max Emanuel ging es nun vor allem darum, seine Würde als Reichsfürst zu wahren und als Verbündeter des Sonnenkönigs mit diesem zu verhandeln und seine Forderungen zu stellen. Nachdem er zunächst vergeblich versucht hatte, Ludwig XIV. in Versailles oder Marly zu besuchen, fuhr er Anfang November mit zahlreichen Kutschen und 300 Pferden im Gefolge nach Paris. Er stieg bei seinem dortigen Gesandten, dem Grafen Monasterol, ab. Laut Saint-Simon blieb er dort vier oder fünf Tage, spielte, besuchte Theater, besichtigte die Stadt, speiste mit verschiedenen Damen und dinierte schließlich beim französischen Außenminister Torcy. Dieser begleitete ihn zu König Ludwig.[8] Zunächst bewunderte Max Emanuel in Marly den prächtigen Brunnen und die anderen Schönheiten des Parks und der Schloßbauten. Man führte ihn zum Hauptschloß in das Kabinett des Königs. Ludwig XIV. erwartete ihn zusammen mit dem Dauphin und mit dessen Söhnen, den Neffen des Kurfürsten.[9] Der Kurfürst erwies dem König eine tiefe Reverenz und konferierte mit ihm eineinhalb Stunden lang; es folgte ein gemeinsamer Spaziergang im Park.[10] Anschließend begab sich Max Emanuel wieder nach Paris, um eine Opernaufführung zu besuchen und um beim Marquis d'Antin zu speisen. Am nächsten Tag kam er erneut nach Marly, nahm an der Hirschjagd teil und verhandelte wieder mit dem Sonnenkönig. Wenig später fuhr er nach Versailles, besichtigte dort zwei Tage lang Schloß und Park und nahm schließlich nochmals an einer Hirschjagd in Marly teil.[11]

Was hat Max Emanuel unter vier Augen mit Ludwig XIV. verhandelt? Außenminister Torcy schrieb später, nach Angaben des Kurfürsten habe dieser vom König vor allem gefordert, daß er bei den Präliminarverhandlungen mit einbezogen werde und daß man ihn, gemäß den Verträgen, in den Besitz der Restniederlande setze. Ludwig XIV. beriet hierauf diese Forderungen mit seinen Ministern und versprach, er wolle auf den spanischen König einwirken, da man die vertraglichen Verpflichtungen dem Kurfürsten gegenüber unbedingt einhalten müsse. Man schickte deshalb Charles-François de la Bonde, Seigneur d'Iberville, zu Philipp V. von Spanien. Der Abgesandte kam am 24. Dezember in Madrid an, um dort dem König das Anliegen des Kurfürsten vorzutragen. Max Emanuel, inzwischen wieder zum Generalvikar der Niederlande ernannt, sah sich jedoch zunächst in seiner Erwartung getäuscht, da Philipp ihm die Restniederlande nicht abtreten wollte.[12]

In dieser Zeit blieb der Kurfürst weiterhin in Compiègne und hatte mit großen finanziellen Schwierigkeiten zu kämpfen. Wie sein Bruder Joseph Clemens, der in ähnlicher Situation sein Exil in Valenciennes verbrachte und sich dauernd über die unregelmäßige und ungenügende Bezahlung der französischen Subsidien beschwerte,[13] so beklagte sich auch Max Emanuel in zahlreichen Briefen an den französischen Außenminister.[14] In einem Brief vom 24. Februar 1710 an den bayerischen Hofkontrolleur Fabri schilderte der kurfürstliche Minister Baron von Malknecht die verzweifelte Lage recht plastisch: »Nachdem ich ihm [dem Kurfürsten] aufgezeigt habe, daß wir heute abend nicht das Nötige zum Essen haben, da Bombarda [der Hauptschatzmeister] nicht imstande war, nur einen einzigen Sous hierher zu schicken, gab mir Seine Kurfürstliche Hoheit noch 500 Livres von ihrem Geld. Diese Summe überreichte ich dann dem Herrn Praim [Küchenamt], der mir sagte, so wenig Geld reiche nur für das Essen von drei oder vier Tagen.«[15] In einer solchen Situation blieb dem Kurfürsten kein anderer Weg als, wo irgend möglich, Schulden zu machen. Aus diesen Jahren stammen nicht wenige Gläubigerforderungen von Metzgern, Eierhändlern, Krämern, Brotlieferanten und Kaufleuten, die in der Schuldenabwicklung der späteren Jahre immer wieder auftauchen.[16]

Für Max Emanuel galt es nun, wenigstens auf diplomatischem Gebiet etwas zu erreichen. Er verhandelte in Versailles mit Torcy und präsentierte dem Außenminister ein Neutralitätsprojekt. Demnach wollte er sich im Falle einer Überlassung der Spanischen Niederlande durch Philipp V. für neutral erklären. Die entsprechenden Verhandlungen, die er schon mit den Holländern darüber führte, wurden von der französischen Regierung zunächst gebilligt, da sie im Falle einer Neutralität des Kurfürsten die hohen französischen Subsidienzahlungen einzusparen hoffte. Aber das Projekt scheiterte, die Voraussetzung fehlte ja noch; denn Max Emanuel hatte die Spanischen Niederlande bis dahin nicht übertragen bekommen. 1710 und 1711 wartete er ungeduldig darauf, seinen Hof nach Namur zu verlegen, und bestand wiederholt beim französischen König darauf, dieser möge in Spanien intervenieren, damit Philipp V. ihm endlich die Niederlande abtrete. Er fuhr deshalb im Mai 1711 zum zweitenmal nach Paris und nach Marly, um eine Audienz beim König zu erbitten und um dort persönlich nochmals die Spanischen Niederlande zu fordern. Gleichzeitig nahm er wieder am gesellschaftlichen Leben des Hofes teil, an einer Treibjagd und am Spiel im Salon der Dauphine.[17]

Nach wiederholten Vorstößen Ludwigs XIV. in Madrid übertrug Philipp V. schließlich dem Kurfürsten die Provinzen Namur und Luxemburg, die einzigen, die ihm noch von den Niederlanden verblieben waren. Am 6. Juli 1711 konnte Max Emanuel endlich in Namur einziehen.[18] Ohne noch das authentische Ernennungsdiplom Philipps zu besitzen, ließ er sich als Souverän anerkennen, richtete seinen Hof ein, schuf einen Staats- und einen Finanzrat und ließ Münzen prägen. Wieder kam Leben in eine kleine Provinzstadt. Der Kurfürst unternahm Schiffahrten auf der Maas und der Sambre, nahm an Jagdturnieren teil und organisierte ein Theater in einem Schulhaus.[19]

Nachdem sich der Kurfürst in Namur und in Luxemburg ehrerbietig hatte empfangen und als Souverän feiern lassen, gab es Schwierigkeiten mit dem König von Spanien, der das Ernennungsdiplom zunächst nicht unterschreiben wollte. Max Emanuel weigerte sich, wie von Philipp V. gewünscht, der am Madrider Hof sehr einflußreichen Prinzessin Orsini eine Herrschaft mit 30000 Talern Einkünften in den Niederlanden zu überlassen. Da Max Emanuel diese Forderung für unerfüllbar erachtete, Philipp jedoch darauf beharrte, entstanden in Namur Unsicherheit und Zweifel an der Rechtmäßigkeit der Herrschaft des neuen Souveräns.[20] Erst nach wiederholtem lebhaftem Drängen des französischen Königs unterzeichnete Philipp V. von Spanien endlich am 2. Januar 1712 das Diplom. Diese formelle Investitur wurde mit Pontifikalamt, feierlichem Festzug, mit Musik, großen Essen und pompösen Festen, mit Jagd und Freudenfeuern begangen. Max Emanuel empfing zu diesem Anlaß die Notabeln der beiden Provinzen.[21] Gleichzeitig sandte er den Comte d'Albert als seinen Vertreter nach Madrid, damit dieser sich dort in seinem Namen für die Übertragung der Niederlande bedanke und über folgende Fragen verhandle: Heirat Philipps V. mit Maria Anna Carolina von Bayern, Zahlung der von Spanien geschuldeten Dotalrenten und schließlich Gewährung spanischer Hilfsgelder.[22]

Da die politische Entwicklung inzwischen eine Rückkehr nach Bayern wahrscheinlich machte, war Max Emanuel bald nicht mehr so interessiert an den Niederlanden und verließ sie im August 1712. Er begab sich nach Frankreich, um dort während der Friedensverhandlungen auf den König einwirken und seine finanziellen Ansprüche verfechten zu können.[23]

Zunächst wohnte er in Mouchy und Paris und verhandelte in Fontainebleau kurz mit Ludwig XIV.[24] Schließlich zog er am 8. September wieder in feierlichem Festzug in Compiègne ein, mit zwölf Karossen, gefolgt von zahlreichen Beamten und Pagen. Die Stadt, wo der Fürst sehr populär war, bereitete ihm einen triumphalen Empfang. Wieder gab es Feste und Diners, flossen Wein und Champagner in Strömen.[25]

Da es für den Kurfürsten wesentlich war, möglichst oft nach Paris, Versailles und Marly zu kommen, um während der Friedensverhandlungen dem französischen König und seinen Ministern immer wieder seine Forderungen vortragen zu können, lag selbst Compiègne für ihn zu weit entfernt von der Hauptstadt. Deshalb zog er zuerst nach Villiers-la-Garenne, wo er einen Altar stiftete, und schlug dann ab 25. Februar 1713 meist in Suresnes seine Residenz auf. Von dort aus konferierte er des öfteren mit Ludwig XIV. und seinem Außenminister Torcy und nahm an den Jagden und Spielen des Hofes in Saint-Germain, Versailles und Marly teil.[26]

Trotz seiner prekären finanziellen Situation zeigte sich Max Emanuel als Gastgeber großen Stils. Am Sonntag, dem 21. Mai 1713, gab er zum Beispiel in Suresnes ein großes, vielbeachtetes Fest für Adelige des Hofes und Damen der Pariser Gesellschaft. Man veranstaltete Spiele, amüsierte sich im Park, wo auf eigens errichteten Tribünen Geigen- und Oboenmusik erklang und wo die Mädchen und Jungen des Dorfes mit Bändern in den kurfürstlichen Farben tanzten. Dangeau schreibt: ». . . es kamen über 500 Karossen von Paris mit maskierten Personen. Nach einem ebenso prächtigen Souper, wie es das Diner gewesen ist, spielte man bis Mitternacht.« Der Kurfürst ließ hierauf eine Komödie aufführen, die eigens für das Fest geschrieben worden war. Dann tanzte und spielte die fröhliche Gesellschaft bis sechs Uhr morgens.[27]

Im August 1713 ließ Max Emanuel schließlich ein Palais mit einem kleinen Park in Saint-Cloud für 150000 Livres kaufen. Im Jahre 1713 machte sich der »tapissier« Rossignol mit großem Eifer daran, das Haus für den Fürsten wohnlich und repräsentativ zu gestalten. Er bespannte die Wände der Zimmer mit feinen Seidenstoffen, brachte Vorhänge an, installierte Uhren, hängte Bilder auf und stattete die Räume mit wertvollen Möbeln aus.[28]

Auch in Saint-Cloud führte Max Emanuel einen relativ großen Hof mit vielen Adeligen, Beamten, Musikern, Pagen und Dienern. In den Nebengebäuden wohnten unter anderem der Chevalier de Bavière, ein natürlicher Sohn des Kurfürsten, die Herzogin de Coupigny, die Barone von Freyberg und Muggenthal und der Graf Seinsheim, alle mit ihren Gefolgen.[29] Zum französischen Hof wurden enge Beziehungen unterhalten; der Kurfürst nahm an Jagden in Marly, Versailles und Rambouillet teil, fuhr mit den Prinzessinnen des französischen Hofes spazieren, ging ins Theater und spielte.[30]

Da die französischen Subsidien damals meist in Effekten und Gutscheinen des französischen Schatzamtes bezahlt wurden, die der »Trésor« erst viel später einlöste,[31] herrschte am kurfürstlichen Hof nach wie vor große Geldknappheit. Max Emanuel und seine Schatzmeister versuchten deshalb zum Teil gegen Schuldscheine und Versprechungen die nötigen Lebensmittel, Fleischwaren und Weine, das Futter für die Pferde, Stoffe, Gewänder und Juwelen für den Hof und die bayerischen Truppen zu erhalten.[32] Durch die wachsenden Schulden ließ sich der Kurfürst jedoch nicht davon abhalten, weiterhin edle Stoffe, Möbel, Fayencen, Edelsteine und Schmuck zu bestellen, wie die zahlreichen Gläubigerforderungen zeigen.[33] Außerdem besuchte er eifrig die Oper, mietete sich zum Beispiel am 31. März 1713 zwei Logen für 112 Livres, am 5. September zwei Balkonplätze und zwei Logen, am 4. Februar 1714 wieder zwei Logen, am 11. und 16. des gleichen Monats sogar vier Logen für jeweils 224 Livres. Der Operndirektor präsentierte später dem kurbayerischen Gesandten in Paris die Rechnung für die nicht bezahlten Theaterbesuche: 4724 Livres. Außerdem, so heißt es dort, hätten mehrere Personen des Gefolges mit dem Kurfürsten die Aufführungen besucht, ohne den Eintritt zu begleichen.[34]

Inzwischen hatten die Seemächte in Utrecht im April 1713 Frieden geschlossen; am 7. März 1714 unterzeichneten der

Vertreter des Kaisers in Rastatt und am 7. September die des Reiches in Baden den Friedensvertrag. Darin wurde die Wiedereinsetzung des Kurfürsten in Bayern und der Oberpfalz festgelegt; er erhielt keinen Landstrich mehr, als er vorher besaß. Da jedoch noch wichtige finanzielle Fragen, die Bezahlung von Subsidienrückständen und Entschädigungsforderungen sowie die Abwicklung der kurfürstlichen Schuldenbegleichung, zu klären waren und da die Oberpfalz noch von den Kurpfälzischen besetzt war, blieb Max Emanuel bis März 1715 in Saint-Cloud, um diese Probleme möglichst vor seiner Abreise zu regeln.[35]

Am 20. Februar 1714 hatte er mit Ludwig XIV. einen neuen Allianzvertrag geschlossen, der am 1. Dezember 1714 in Kraft trat. Darin versprach ihm der französische König hohe Subsidienzahlungen, Hilfe für das Projekt einer Heirat des Kurprinzen mit einer Erzherzogin und für spätere Versuche, nach dem Tode Karls VI. den bayerischen Kurfürsten zum Kaiser wählen zu lassen. Ferner wollte Frankreich bayerische Erbansprüche auf Teile der Habsburger Monarchie unterstützen. Der Kurfürst versprach andererseits, die französischen Interessen im Reich und besonders auf dem Reichstag zu Regensburg zu fördern. Nachdem Max Emanuel von Ludwig XIV. persönlich Abschied genommen hatte, brach er im März 1715 in seine Stammlande auf. Zunächst traf er unterwegs seine Gemahlin und seine Söhne nach über zehnjähriger Trennung wieder und fuhr dann mit ihnen am 10. April nachts in München ein. Nach fast elfjähriger Abwesenheit befand sich der Landesherr wieder in seinem Kurfürstentum Bayern, das er nun nochmals bis zu seinem Tode am 26. Februar 1726 regieren konnte.[36]

Anmerkungen

1 Vgl. L.-P. Gachard, Histoire de la Belgique au commencement du 18e siècle, Bruxelles 1880, 290f.; H. Liebrecht, Histoire du théâtre français à Bruxelles au 17e et au 18e siècle, Paris 1923, 131f.

2 Vgl. Gachard (Anm. 1) 293–297; Riezler VIII 238–242; Doeberl II 161ff.

3 Villars (maréchal de), Mémoires, publ. par M. le Mis de Vogüé, 6 Bde. Paris 1884–1904, III 35.

4 Archives du Ministère des Affaires Etrangères, Paris, Corr. pol. Bavière, vol. 59, fol. 29, 30: Rouillé an Chamillart (Contrôleur général [Finanzminister]), Mons, 29. 10. 1706; vol. 62, fol. 64, 65: Max Emanuel an Torcy, Mons, 22. 4. 1709; vgl. Hartmann, Finanzpolitik 131–155.

5 Vgl. Kraus (HB II) 454f.; Riezler VIII 246–251; Doeberl II 163–165; A. Rosenlehner, Zur Restitutionspolitik Kurfürst Max Emanuels von Bayern (FGB Bd. 9–11, 1901–1903).

6 Vgl. Riezler VIII 252f.; Doeberl II 163; Gachard (Anm. 1) 297ff.; K. Ritter v. Landmann, Malplaquet (Bayerland 21, 1910) 291ff.

7 Vgl. J. Dervillé, Le duc de Bavière à Compiègne (1709–1715) (Bull. de la société histor. de Compiègne 9, 1899) 230–234; Gachard (Anm. 1) 297.

8 Vgl. Saint-Simon (Duc de), Mémoires, Bibl. de la Pleiade, Texte établi et annoté par G. Truc, Paris 1954ff., III 310f.

9 Der Dauphin Ludwig (1661–1711) war mit Maria Anna Christina von Bayern (1660–1690), der Schwester Max Emanuels, verheiratet; bei den Söhnen handelte es sich um Louis Duc de Bourgogne (1682–1712), den Vater des späteren Ludwigs XV., und um Charles Duc de Berry (1686–1714); vgl. Prinz v. Isenburg, Bd. 2, Tafel 18. Zu Maria Anna Christina vgl. P. C. Hartmann, Die Dauphine Maria Anna Christine von Bayern (1660–1690) und ihr Hofstaat (OA 93, 1971) 16–25.

10 Außerdem waren noch der Duc du Maine und der Comte de Toulouse, zwei natürliche, legitimierte Söhne Ludwigs XIV., anwesend.

11 Vgl. St-Simon (Anm. 8) III, 311; Marquis de Sourches, Mémoires sur le Règne de Louis XIV, publ. par le Comte de Cosnag et E. Pontal, Paris 1882ff., XII 111; Marquis de Torcy, Journal inédit, publ. par Fr. Masson, Paris 1884, 18.

12 Vgl. Torcy (Anm. 11) 19–25; Riezler VIII 256.

13 Vgl. P. C. Hartmann, Die französischen Subsidienzahlungen an den Kurfürsten von Köln, Fürstbischof von Lüttich, Hildesheim und Regensburg, Joseph Clemens, im Spanischen Erbfolgekrieg (1701–1714) (HJb. 92, 1972) 358–372.

14 Vgl. Hartmann, Finanzpolitik, 150–153.

15 ANP T 153/36: Compiègne, 24. 2. 1710 [Kopie].

16 Vgl. P. C. Hartmann, Les Dettes de l'Electeur Maximilien Emmanuel de Bavière en France et aux Pays-Bas espagnols de 1700 à 1726, Diss. (Masch.) Paris (Sorbonne) 1969, 117–151.

17 Vgl. Torcy (Anm. 11) 237–240, 271f., 395f., 436–441; St-Simon (Anm. 8) III, 979–982.

18 Vgl. Gachard (Anm. 1) 119; Beitrag Volkert, Wappen.

19 Vgl. M. St. Bormans, Maximilien-Emmanuel de Bavière, Comte de Namur, Bruxelles 1875, 29; Pirenne, Belgique V 120; Gachard (Anm. 1) 303f.

20 Archives du Ministère des Affaires Etrangères, Paris: Corr. pol. Bav. vol. 63, fol. 197, 198: Max Emanuel an Torcy, Luxemburg, 23. 7. 1711; fol. 206: De la Mark an Ludwig XIV., Luxemburg, 28. 7. 1711; fol. 213: Ludwig XIV. an de la Mark, 3. 8. 1711; fol. 222, 225, 226, 233, 328, 329: Bericht von de la Mark, 6. 8. 1711; Max Emanuel an Philipp V., 6. 8. 1711 [Kopie]; Max Emanuel an de la Mark, Namur, 26. 10. 1711.

21 Ib., Corr. pol. Bav. vol. 64, fol. 16, 34, 44, 98, 152: Torcy an de la Mark, 6. 1. 1712; Berichte von de la Mark aus Namur, 25. 1., 4. 2., 9. 3., 4. 5. 1712; vgl. Bormans (Anm. 19) 33, 37; Marquis de Dangeau, Journal, avec les additions du Duc St-Simon, publ. par M. Feuillet de Conches, Paris 1854ff., Bd. 14, 156.

22 GStA K. schw. 6805: Berichte Comte d'Alberts.

23 Vgl. Bormans (Anm. 19) 41; Riezler VIII 281.

24 Dangeau (Anm. 21) XIV 206, 215.

25 Vgl. Dervillé (Anm. 7) 237, 242.

26 Dangeau (Anm. 21) XIV 359f., 380, 388f., 396–407; Saint-Simon (Anm. 8) IV 132f., 175.

27 Dangeau (Anm. 21) XIV 396–407.

28 Vgl. P. Cornu, Le Château de Béarn (Ancienne Maison de l'Electeur) à Saint-Cloud, Versailles 1907, 6, 10; Dangeau (Anm. 21) XIV 409; der Kurfürst schuldet Rossignol dafür noch in den Jahren nach seiner Rückkehr nach Bayern 12169 Livres; ANP T 153/35: »Billets de Marcet«.

29 Vgl. Cornu (Anm. 28) 11f.; zum Chevalier de Bavière (1695–1747) siehe P. C. Hartmann, Der Chevalier de Bavière (ZBLG 31, 1968) 286–297.

[30] Dangeau (Anm. 21) XV 42, 99, 203, 277, 279, 285f., 290; Saint-Simon (Anm. 8) IV 305, 314, 366, 422, 460; vgl. auch Cornu (Anm. 28) 12.

[31] Vgl. P. C. Hartmann, Die Subsidien- und Finanzpolitik Kurfürst Max Emanuels von Bayern im Spanischen Erbfolgekrieg, (ZBLG 32, 1969) 261–287. Siehe Beitrag Hartmann: Die wirtschaftlichen Initiativen.

[32] ANP T 153/35: »Billets de Marcet«.

[33] Vgl. Hartmann (Anm. 16) 169–191.

[34] ANP T 153/38: Rechnung des »directeur de l'Opéra«.

[35] Vgl. Riezler VIII 328; Hartmann, Finanzpolitik, 169.

[36] Vgl. Riezler VIII 333f., 337; Doeberl II 171; der Allianzvertrag gedr. bei C. M. Frhr. v. Aretin, Chronologisches Verzeichnis der bayerischen Staatsverträge, Passau 1838, 338–344.

HOF UND KUNST

Jürgen Freiherr von Kruedener

Hof und Herrschaft im Absolutismus – und in Bayern unter dem Kurfürsten Max Emanuel

Das Erscheinungsbild des bayerischen Kurfürsten Max Emanuel hat bei Zeitgenossen und Nachfahren, in Panegyrie und nüchtern-historischer Analyse einen Gesamteindruck hinterlassen, wie er einhelliger für kaum einen anderen Herrscher des Absolutismus zu finden ist: »Prototyp des bayerischen Barockfürsten in Licht- und Schattenseiten« (Bosl), »der eigentliche Repräsentant des bayerischen Hochbarocks« (Hubensteiner), »der typische deutsche Potentat des Barock« (Schrott), eine jener Erscheinungen, »in denen sich der Charakter einer Epoche am deutlichsten ausprägt« (Riezler), »ein Kind seiner Zeit, der Zeit Ludwigs XIV.« (Doeberl).[1] Die Urteile ließen sich leicht vermehren.

Es bedarf keiner besonderen Ausführungen darüber, daß eine solche Charakterisierung, die so eindringlich das Zeitgemäße, das Typische, das »Barocke« an dieser Gestalt hervorhebt, immer auch jenen Wirkungskreis sieht, ohne den ein absolutistischer Herrscher schlechthin nicht denkbar ist – den fürstlichen Hof. Sie entspricht insofern der Anschauung der damaligen Zeit, die vom festen Zusammenhang der herrscherlichen Persönlichkeit mit dem Hofleben eine klare Empfindung besaß. So hört man den weitgereisten Baron Pöllnitz, Gast und Kenner der Höfe Europas, ganz selbstverständlich mit den Vorzügen Max Emanuels auch die seines Hofes rühmen,[2] und in der Tat brauchten die Zeitgenossen hier nichts zu vermissen, was ein Kurfürst von Bayern den verwöhnten Ansprüchen der galanten Welt schuldig war.[3] Rauschende Feste und sprühende Feuerwerke, Opern, Komödien, Konzerte, Jagden und Schlittenfahrten, Tanz, Spiel und Mätressen, ein Heer von Bedienten, prachtvolle Bauten, kostbare Kleider, großartige Einzüge und Empfänge, ein glanzvolles Zeremoniell – Pöllnitz übertrieb gewiß nicht, wenn er notierte: »jamais la Cour de Munich n'a été si magnifique et si nombreuse«.[4] Zu keiner Zeit wurde sein Eindruck in Frage gestellt, auch Riezler,[5] um nur ein einziges Beispiel zu nennen, hat ihn bestätigt.

Was sich indessen dieser sozusagen empirischen Feststellung gegenüber deutlich gewandelt hat, ist das geschichtliche Urteil, denn freilich war der Hof Max Emanuels auch insofern höchst typisch für seine Zeit, als er ungeheure Summen auf Kosten des Landes verschlang. Mehrmals brachten die höfischen Ausgaben das Staatswesen an den Rand des Bankrotts.[6] Es genüge, um eine gültige Vorstellung davon zu gewinnen, mit welchem gewaltigen Aufwand ein Fürst seines Schlages sein Leben führte, ein Blick darauf, wie er reiste, und gerade Max Emanuel reiste überdurchschnittlich viel: Nicht weniger als 455 Personen und 565 Pferde bildeten seine Begleitung, als er im Frühling des Türkenjahres 1683 den Kaiser besuchte.[7] Ist es bei solchen Indizien erstaunlich, daß seine Hofhaltung (1701) rund die Hälfte des laufenden Finanzbedarfs ausmachte[8] und daß er nach einem Regierungsbeginn auf gesicherter Basis seinem Nachfolger die unerhörte, freilich auch durch die militärischen Unternehmungen heraufbeschworene Schuldenlast von fast 27 Millionen Gulden vermachte,[9] rund das Zehnfache der jährlichen landesherrlichen Einkünfte?

Die aufgeklärten, bürgerlichen, liberalen Nachfahren der Epoche haben diesen überall an den Höfen wiederkehrenden Aufwand über Generationen hinweg als namenlose Verschwendung verdammt. Inzwischen ist dies strenge Verdikt zwar meistens gewichen, doch hat die Suche nach Rationalität in der staatlichen Entwicklung der frühen Neuzeit »Verschwendung«, zumindest als Teilargument, auch weiter bestehen lassen. Immerhin gewinnt man ihr nun eine positivere Seite ab und preist, von der großartigen künstlerischen Entfaltung in der barocken Sphäre der Höfe beeindruckt, das Mäzenatentum ihrer fürstlichen Herren.[10] Es hat sich indessen, übergeht man die mißglückten Versuche, den höfischen Aufwand seiner ökonomischen Wirkung halber zu rechtfertigen,[11] daneben stets ein Deutungsmuster erhalten, das diesen Aufwand mit dem wichtigsten Ziel aller absolutistischen Herrscher in eine Verbindung setzt, mit ihrem Streben nach Macht. Mit guten Gründen wird dargestellt, daß die glänzende, prunkvoll-pompöse Entfaltung des Hofes der Barockzeit, vor allem auch die Pracht und das gewaltige Ausmaß der Bautätigkeit, dazu dienen sollte, die machtpolitische Stellung des Herrschers und seines Hauses zu repräsentieren, und gerade Bayern hat sich als schönes Beispiel dafür erwiesen.[12] Doch nicht nur Repräsentation von Macht stand dahinter, sondern, wie sich vielfach belegen läßt, auch Prätention von Macht, nicht nur Darstellung, sondern auch Anspruch. Man kann das kaum besser vor Augen führen als mit der betonten, »standesgemäßen« Entfaltung des höfischen Aufwands durch jene Herrscher, die auf den Gewinn einer Krone hofften, wie August der Starke von Sachsen, Friedrich III. von Brandenburg, selbst Ludwig XIV.,[13] und vor allen anderen Max Emanuel, dessen politisches Wollen und Wirken ganz von der »Jagd nach der Königskrone«[14] beherrscht war. Hier liegt ein wichtiger Schlüssel zum Verständnis der Entwicklung des Hofes unter seiner Regierung.

Freilich erschließt er nicht alles. Wenn es stimmt, daß der absolutistische Fürst mit der Entfaltung des Hofes Macht prätendierte, muß auch verdeutlicht werden, wie er mit Hilfe des Hofes Macht tatsächlich ausüben konnte. Hieran hat es lange gefehlt. Gewiß ist bereits den Zeitgenossen die Funktion der höfischen Prachtentfaltung als »Herrschermittel«[15] in einer vordergründigen Weise bewußt geworden; man erwartete etwa, gleich einer bayerischen Stimme, zugleich mit der Bewunderung »einen mehrern Gehorsam und Respekt bei den Untertanen«[16] hervorzurufen. Von Ludwig XIV. ist schon aus seinen Selbstzeugnissen bekannt, wie gezielt er darüber hinaus die glanzvolle Organisation des Hofes zu Versailles als Medium benutzte, um den Adel des Landes seinem Bannkreis zu unterwerfen, und viele spätere Autoren haben diesen Mechanismus beschrieben.[17] Erst vor kurzem jedoch ist der Versuch gemacht worden, die machtpolitische Funktion des Hofes für das Herrschaftssystem des Absolutismus in einem geschlossenen Ansatz zu analysieren.[18] Die bisherigen Erklärungen haben nicht befriedigen können, weil sie den *systematischen* Zusammenhang nicht gewahrten, in dem der absolutistische Hof mit den übrigen Machtinstrumenten der fürstlich-staatlichen Zentralsphäre stand. Zu wenig wurde danach gefragt, ob nicht auch der Hof in seiner auffälligen Entfaltung nach dem Dreißigjährigen Krieg als *politische* Institution zu sehen und mit der simultanen Entwicklung der klassischen Institutionen, auf die der Absolutismus seine Macht gründete, in eine Reihe zu stellen sei, mit stehendem Heer und Verwaltung.[19] Gerade das Beispiel Max Emanuels lehrt, wie ein Fürst, der das militärische Machtinstrument so leidenschaftlich benutzte, trotz chronischer Geldverlegenheiten nicht daran dachte, seine Mittel ausschließlich darauf zu verwenden.[20] Das läßt angesichts des alles überragenden Strebens nach Macht nur den Schluß zu, daß auch ihre höfische Anlage machtpolitische Auswirkungen verhieß.

Der Frage nach solchen Wirkungen, und das heißt: nach jenem neuen Erklärungsansatz, der den Hof systematisch als Herrschaftsmittel des absolutistischen Fürsten erweisen soll, ist nun im Folgenden nachzugehen. Zu diesem Zweck wird im ersten Teil dieses Beitrags ein allgemeines Modell des Hofes entwickelt, an dem sich sein machtpolitisches Funktionieren theoretisch erläutern läßt. Im zweiten Teil folgt dann die »Anwendung« des Modells auf den Hof Max Emanuels, das heißt die Diskussion der konkreten Gegebenheiten, die das abstrakt gewonnene Bild des absolutistischen Hofes bestätigen oder verwerfen, auf jeden Fall aber historisch differenzieren müssen. Ein kritischer Blick auf das Mäzenatentum Max Emanuels bildet den Abschluß.

Hof und Herrschaft im Absolutismus – das Modell

Das Modell zur Funktionsweise des absolutistischen Hofes wird hier als gedrängte Fassung früherer Arbeiten dargelegt.[21] Es wurde aus der Herrschaftssoziologie Max Webers entwickelt, in vielen Einzelaspekten nicht minder als in den tragenden Elementen, verdankt aber auch Norbert Elias eine wichtige Teilkonstruktion. Methodologisch sei hier schon bemerkt, daß diese beherrschende Anlehnung an Max Weber eine Geschlossenheit der Erklärung ermöglicht, die bei einer größeren Vielfalt der theoretischen Grundlegung wahrscheinlich nicht zu erreichen gewesen wäre. Darin offenbart sich weniger eine Präjudizierung des Gegenstandes durch dessen Begriffswelt[22] als vielmehr die geschichtliche Sättigung seiner Theorie. Ihre unvergleichliche historische Elastizität ist es, die es gestattet, auch durchaus verschiedenartige, mitunter eklektisch gewonnene Bestandteile seiner Aussagen zu einer modellhaften Einheit zusammenzufügen, selbst dann, wenn, wie im vorliegenden Fall, der Gegenstand eines solchen Bemühens ganz außerhalb seiner Betrachtung lag. Kein Zweifel, daß allgemein ein viel größerer historiographischer Nutzen aus dem Werk Max Webers zu ziehen wäre, als es bis heute geschieht.

Hier ist von seinem Herrschaftsbegriff auszugehen, und zwar nicht von dessen endgültiger, gleichsam dogmatisch fixierter Fassung, wonach Herrschaft »die Chance« bedeutet, »für einen Befehl bestimmten Inhalts bei angebbaren Personen Gehorsam zu finden«,[23] sondern vielmehr von einer begrifflich vorgelagerten Unterscheidung, in der Max Weber neben diese *Herrschaft kraft Autorität* grundsätzlich eine zweite Möglichkeit setzt, die *Herrschaft kraft Interessenkonstellation*. Dieser dualistische Herrschaftsbegriff ist für den vorliegenden Zweck sehr von Nutzen. Im Kampf um die Erringung und die Behauptung der absoluten Macht, der nach der Mitte des 17. Jahrhunderts entschieden wurde, waren die Hauptgegner des Fürsten nämlich gerade nicht solche, die sich a priori »kraft Autorität«, also in einem sozialen Feld von Befehl und Gehorsam, beherrschen ließen: Untertanen im engeren Sinne, sondern der (ständische) Adel des Landes: prinzipiell gleichberechtigte Teilhaber an der Gesamtmacht, die nur durch die Errichtung einer geeigneten Interessenkonstellation zu gewinnen und als Konkurrenten niederzuhalten waren.

Trotzdem können wir nicht davon absehen, Hof und Herrschaft auch mit dem Blick auf die Untertanen zu analysieren. Ihre Leistungen bildeten die materielle Grundlage zur Behauptung des Fürsten über den Adel, und deshalb kam viel darauf an, die fürstliche Herrschaft möglichst erfolgreich gegen den intermediären Adel in Richtung des universellen Untertanenverhältnisses auszuweiten. Zwei Maßnahmen beeinflußten diesen Prozeß zugunsten der Fürsten: der Ausbau der technischen Grundlage ihrer Herrschaft durch Heer, Verwaltung und Steuersystem und der Ausbau der *psychischen Grundlage durch das Mittel des Hofes.* Wie hat man sich dies zu erklären?

Der Hof wirkte als Herrschaftsmittel gegenüber den Untertanen in einer Weise, die man »die suggestive Funktion des akkumulierten Prestiges«[24] nennen kann. Die überwältigende Demonstration des glanzvoll belebten fürstlichen Lebenskreises erzeugte, verdichtet im Hof, ein Maß an sozialem Prestige, das dem staunend eingeschüchterten Volk eine außermenschliche Größe und Legitimation der fürstlichen Autorität suggerierte. Tatsächlich war es das Neue an dieser Entwicklung, daß sie nicht nur den Umfang des höfischen Aufwands vermehrte, sondern damit zugleich eine *Kultisierung* der fürstlichen Herrschaft hervorrief. Ideologisch gestützt durch die herrschende Staatstheorie und im Ausgleich zu kirchlichen Autoritätsverlusten erhielt das absolute Fürstentum in den Augen des Volkes eine theokratische Überhöhung, die ihm eine nahezu göttliche Stellung verlieh. Hierzu den Hof als die Kultstätte, das höfische Fest als die wichtigste Kulthandlung auszumachen, fällt leicht. Besonders lehrreich ist der Bezug auf dem Felde der Kunst, wo infolge der Angleichung *beider* sakraler Sphären,[25] Altar *und* Thron, auch die jeweiligen Stilmittel austauschbar wurden. »Die Kunstwerke sollen werben, überreden, überwältigen...«,[26] dort wie hier. Im Ergebnis suggerierte die höfische Kunst, durch die kirchliche Anwendung religiös legitimiert, den Untertanen Religiosität auch in der weltlichen Herrschaftsbeziehung.

Der Ausbau des absolutistischen Hofes erhöhte somit im Wege der Kultisierung die Chance der fürstlichen Herrschaft, Gehorsam zu finden; zugleich aber wurde damit deren traditionale Legitimationsbasis in Richtung einer religiös begründeten *Charismatisierung* verändert. Darin zeigt sich abermals die bedeutsame Rolle des Hofes; denn beide für die Behauptung des Charismas konstitutiven Elemente wurden durch ihn garantiert: die Bewährung, auf seiten des Herrschers, in der ostentativen Handhabung des höfischen Aufwands und die Anerkennung, durch die Beherrschten, in dem durch eben diesen Aufwand suggerierten Glauben an seine religiöse Qualifikation. Für den vorliegenden Zusammenhang ist die wichtigste Folge dieses Charismatisierungsprozesses, daß er die *Distanzierung* des Herrschers von den Untertanen verstärkte, und wiederum ist es einfach, den höfischen Ausdruck dafür zu finden. Das barocke Schloß und sein Garten, in freier Ebene errichtet, gibt dem höfischen Lebenskreis eine räumliche, die Verlegung der Festzeit vom Tag in die Nacht eine zeitliche, die Anwesenheit eines hochprivilegierten, glänzenden Adels eine soziale Exklusivität, welche die Person des Herrschers in eine geheimnisvolle sakrale Sphäre entrückte, aus der heraus um den Preis des Verlustes an Charisma keine zufälligen, ungeordneten Begegnungen mit dem Volk mehr möglich waren. Der Auftritt des Fürsten wird nun geplant, die Teilnahme seiner Untertanen Methode.

In dieser Distanzierung des Herrschers drückt sich ein Maß an sozialer Diskriminierung aus, das schlecht erklärlich wäre, wollte man es allein auf die Notwendigkeit zurückführen, die Beherrschung der Untertanen zu festigen. Zu unangefochten war insofern die fürstliche Stellung, als daß sie den gewaltigen höfischen Aufwand erfordert hätte. Der entscheidende Machtkonkurrent, wie gesagt, war der Adel, und gegen ihn war das Instrument des Hofes tatsächlich in erster Linie gerichtet. Dennoch ist keine der beiden Gruppen aus dem höfischen Machtkomplex fortzudenken. Die Teilhabe des Adels am akkumulierten Prestige des Hofes, dessen Herrschaftswirkung er eben durch diese Teilhabe selbst verstärkte, privilegierte ihn so gegenüber den Untertanen, daß sie seinen Verlust an politischer Macht sozial wieder aufwog. In diesem politischen Doppeleffekt: mit denselben Mitteln gegen Untertanen *und* Adel zu wirken, liegt die besondere Raffinesse des absolutistischen Hofes als Herrschafts- und Machtinstrument.

War es für die bisherige Darstellung nötig, den Adel als festen Bestandteil des fürstlichen Lebenskreises vorauszusetzen, so ist daraus jetzt ein Problem zu machen. Wodurch erhielt überhaupt der Hof soviel korrumpierende Attraktion, daß er gegen den Adel als Machtinstrument benutzt werden konnte? Das ursprüngliche Kräfteverhältnis war, wie wir sahen, nicht von der Art, daß der Fürst ihn hätte zum Hofe hinbefehlen, ihm die Residenzpflicht »kraft Autorität« einfach aufzwingen können. Vielmehr nötigte ihn die ziemlich ausgeglichene machtpolitische Situation, den gewünschten Druck durch eine geeignete Konstellation von Interessen herbeizuführen, und wie zu zeigen sein wird, geschah dies durch den Ausbau und die Nutzung einer umfassenden Monopollage.

Daß gewichtige, ja existentielle Bedürfnisse des Adels monopolisiert werden mußten, wenn es gelingen sollte, ihn in die Umgebung des Herrschers zu ziehen und dort dauerhaft unter Kontrolle zu halten, bedarf keiner weiteren Worte. So sind in der Tat seine grundlegenden ökonomischen und sozialen Lebenschancen dem bestimmenden Einfluß der Fürsten anheimgefallen.

Was die Monopolisierung der *ökonomischen* Chancen betrifft, so waren die Fürsten zunächst die Nutznießer einer langfristigen Entwicklung, welche die wirtschaftliche Stellung der grundherrlichen Feudalgewalten zunehmend zugunsten der territorialen Zentralgewalten verschlechtert hatte. Als dann nach dem Dreißigjährigen Krieg, bei prekärer Lage des Adels, die Vielzahl neuer »staatlicher« Aufgaben die Fürsten ohnehin zur Vermehrung ihres Verwaltungsstabes veranlaßte, war der Weg bis zum Stellenmonopol nicht mehr weit. Für unsere Argumentation ist dabei belangvoll, daß nicht nur Militär und Bürokratie davon profitierten, sondern fast mehr noch der Hof, ja daß vor allem dort neben den »echten«, funktional begründbaren Ämtern eine Fülle reiner Titularpositionen und Ehrenchargen geschaffen wurde, Sinekuren, die keinen anderen Sinn hatten, als adeligen Personen um den Preis der Anwesenheit bei Hofe ein standesgemäßes Auskommen sicherzustellen. Hierin offenbart sich am klarsten die Wirksamkeit dieses ökonomischen Monopols. Um trotz seiner Einkommensverluste eine standesgemäße Lebensführung behaupten zu können, blieb dem betroffenen Adel im wesentlichen nur der fürstliche Dienst, nicht nur am Hofe im engeren Sinne, sondern auch in den höheren Rängen von Regierung, Bürokratie und Offizierskorps. Besonders aufschlußreich ist daran, daß das Eindringen der aristokratischen Lebensformen auch diesen Bereichen einen spezifisch höfischen Anstrich verlieh, so daß mit zunehmender Aristokratisierung die *gesamte* Umgebung des Fürsten im weiteren Sinne zum »Hofstaat« wurde. Dies hing aufs engste mit der Monopolisierung der *sozialen* Chancen des Adels zusammen. In der Monopolisierung seiner sozialen Chancen lag der Schwerpunkt der fürstlichen, durch den Einsatz des Hofes bewirkten Machtausübung über den Adel. Hatte das ökonomische Monopol nur dessen schlechter gestellte Teile beeindrucken können, so befand sich in dieser, auf das Bedürfnis nach sozialer Existenzsicherung berechneten Konstellation prinzipiell der gesamte Adel im monopolistischen Wirkungsbereich. Wodurch aber wurde sein soziales Dasein gefährdet? Eine der ökonomischen vergleichbare Notlage gab es hier offenbar nicht. Eine solche mußte vielmehr erst »künstlich« im Zuge des Monopolisierungsprozesses herbeigeführt werden, und dies war nur dadurch möglich, daß die Fürsten die Definitionsgewalt über die grundlegenden ständischen Qualifikationen des Adels errangen. Diese Qualifikationen nämlich – Abstammung, Erziehungsweise und Lebensführung – begründeten die hohe Privilegierung in der sozialen Einschätzung der Ehre und damit jene Prestigeinteressen, die den Adel verwundbar machten. Die Monopolisierung seiner sozialen Chancen hieß also das Verteilungsmonopol seiner sozialen Ehre gewinnen.

Man erleichtert sich das Verständnis der äußerst komplexen Zusammenhänge, die diesen Machtmechanismus charakterisieren, wenn man mit dem Einwirken auf die *Lebensführung* beginnt. Hier schien der absolutistische Hof mit Jagd, Spiel, Fest und vielen anderen Äußerungen altgewohnte Daseinsformen des Adels weiterzuführen, wo in Wirklichkeit bereits deren Manipulierung im Gange war. Dabei bildete das tief im Adel eingewurzelte, für dessen Herrschaftsbewußtsein geradezu konstitutive Luxusbedürfnis einen unverdächtigen, geeigneten Ansatzpunkt, weil die Fürsten hier durch fortwährende Erhöhung des Anspruchsniveaus ihre wirtschaftliche Übermacht ausspielen und den Adel im Maße seiner Verschuldung von ihrem Wohlwollen abhängig machen konnten. Sich auf solche Weise erpressen zu lassen, gebot diesem das Prestigeverlangen, das die Fürsten geschickt durch das Privileg honorierten, die gesellschaftliche Exklusivität des Hofes mit ihnen zu teilen. Dieses Privileg aber wurde um so wertvoller, die Exklusivität um so größer und damit auch die Schwäche des Adels für die höfische Form der aristokratischen Lebensführung, als es den Fürsten gelang, ihren Hof gleichzeitig auch zum Kulturmittelpunkt des Landes zu machen. Dadurch nämlich wurden ohne sozialen Unterschied *alle* Außenstehenden diskriminiert, und abermals zeigt sich die Wirkungsvielfalt des höfischen Machtmechanismus: Jene Neuerungen, wie Oper, Komödie, Musik, Galerie, welche die überragende kulturelle Anziehungskraft des Hofes begründeten, lagen so deprimierend weit jenseits der finanziellen Möglichkeiten des Adels,[27] daß sie die fürstliche Machtvollkommenheit nun auch innerhalb des höfischen Lebenskreises distanzierend zur Geltung brachten.

In besonderem Maße freilich wurde dieser innerhöfische, machttechnisch wichtige Distanzierungsprozeß durch die Manipulierung des *Abstammungsprestiges* gefördert. Da die monopolistische Logik eine autonome Quelle sozialer Ehre nicht duldete, bei der Abstammung so wenig wie bei der Lebensführung, ist am absolutistischen Hof die Geburt als traditionelles Kriterium der gesellschaftlichen Stellung prinzipiell suspendiert und durch das Kriterium der »Nähe zum Thron« ersetzt worden. Der Rang eines Menschen bemaß sich fortan nach seiner Entfernung zur höfischen Spitze. Alle Ehre war damit zugewiesene Ehre, soviel der Monarch immer neben anderen Kriterien auch das der Herkunft zum Anlaß seines Wohlwollens nehmen mochte. Im Grundsatz hat das Prinzip der Nähe zum Thron die soziale Autonomie der adligen Existenz höchst machtwirksam in einen Gnadenbeweis verwandelt.

Die fürstliche Herrschaft ließ diese hierarchische Differenzierung des Hofes zu einer reichen Rangordnung von Titeln und Chargen gerinnen, steuerte sie im übrigen aber entscheidend durch den Einsatz des Zeremoniells, weshalb dieses subtile Machtmittel nicht zufällig am absolutistischen Hof seine höchste Vollendung erfuhr. Es hat die fürstliche Machtausübung auf dreifache Weise gestärkt. Mit seiner Fülle den ganzen Tageslauf regelnder Vorschriften diente es erstens der Beschäftigung und Kontrolle des am Hofe versammelten Adels. Seine zweite Funktion bestand in der kultischen Absonderung und Verklärung des Herrschers, die insoweit nun auch beim Adel, nicht nur beim Volk, das Gefühl der sozialen und politischen Inferiorität hervorrufen sollte. Da der kultische Dienst jedoch die Beteiligten mit wachsender Nähe zur herrscherlichen Person um so stärker privilegierte, lag die dritte und wichtigste Funktion des Zeremoniells in der Möglichkeit, das Gewähren oder Versagen jener Gnaden zum Ausdruck zu bringen, mit denen der Herrscher diese Nähe zum Thron definierte.

Damit nämlich schuf er sich ein arbiträr variierbares Ranggefüge, dessen Labilität die unablässigen Intrigen um seine und seiner Günstlinge Gunst provozierte, die den höfischen Adel in Atem hielten und ihn seine ursprünglichen politischen Interessen schließlich vergessen ließen.

Diese Entwicklung zeigt symptomatisch, mit welchem Erfolg auch die traditionelle *Erziehungsweise* des Adels und ihr Ergebnis, die in ständischer Unabhängigkeit wurzelnde und vom ritterlichen Tugendethos genährte stolze Gesinnung, manipuliert werden konnten. Sie wandelte sich unter dem nivellierenden Druck des Monopols zur courtoisen Haltung des höfischen Kavaliers, für den formvollendetes Auftreten, Selbstdisziplin, Geschmeidigkeit, Anpassung, ja Servilität und Gehorsam charakteristisch waren. Dabei haben die Fürsten weniger durch direkte pädagogische Vorkehrungen auf die Gesinnung gewirkt als durch ihre Einflußnahme auf Lebensführung und Abstammung, doch sind die gewandelten Normen auf dem Wege der Kavalierstour der jungen Adligen wiederum unmittelbar über alle Höfe verbreitet worden. Man hat diese mit der Vollendung des absolutistischen Hofes abgeschlossene Wandlung in der sozialen Lage des Adels in einer langfristigen Perspektive als »Verhöflichung der Krieger«[28] bezeichnet, und wirklich war hier die Vasallentreue endgültig der Pflicht zum Gehorsam und die persönliche Bindung zum Lehnsherrn dem Karriereinteresse gewichen. Letzten Endes herrschte damit – der Unterscheidung Max Webers entsprechend – der absolutistische Fürst auch gegenüber dem Adel »kraft Autorität«, mindestens hatte ihm der Monopolisierungsprozeß mit der Verfügung über dessen wichtigste Standesqualifikationen – Lebensführung, Abstammung, Erziehung – den beherrschenden Einfluß auf die Bestimmung seiner sozialen Ehre gesichert. Festzuhalten ist, daß damit gleichwohl der ständische Charakter des Adels erhalten blieb. Es war gerade ein Kennzeichen, ja eine notwendige Bedingung der mit dem Instrument des Hofes behaupteten Macht, ihn zwar im Innenverhältnis zu unterwerfen, dafür im Außenverhältnis aber, gegenüber den Untertanen, durch die relative Verbesserung seiner sozialen Position zu entschädigen. So entstand mit der Ausbildung des absolutistischen Hofes eine sozial nivellierte, doch bevorrechtete, kulturell unifizierte, doch beherrschende Adelsgesellschaft, die sich nach dem Verlust ihrer genuinen *Seins*orientierung zunehmend als *Funktions*träger[29] der fürstlichen Herrschaft begriff – »der glänzendste und internationalste Adel, den das Abendland je gesehen hat«.[30]

Damit ist der abschließende Aspekt von der Machtausübung mit Hilfe des absolutistischen Hofes gewonnen. Die erstaunliche Einheitlichkeit der europäischen Adelsgesellschaft war nämlich nicht zuletzt die Frucht einer monopolistisch genutzten Konstellation von Interessen, die, ganz der bisher dargestellten vergleichbar und natürlich innig mit ihr verbunden, gleichzeitig auf außenpolitischem Felde, also auch zwischen den politischen Mächten, entstand. Auch hier bildete Prestige den Gegenstand dieser Interessen und zwar das Kulturprestige der Höfe, das sich in deren Größe und Pracht, im Rang ihrer Kavaliere und Damen, im Glanz ihrer Feste, im Ruhm ihrer Künstler, im Zuschnitt ihrer gesamten Lebensart dokumentierte. Analog zur Monopolisierung der Lebenschancen des Adels wurde nun dieser sozio-kulturelle Status zum Objekt von Monopolisierungsversuchen unter den Höfen, und wie dort bei der Manipulierung der Lebensführung, so bestand hier die Strategie des Monopolisten darin, die eigene Form der Hofkultur zu prämieren, dadurch die Konkurrenten zur Imitation zu reizen, ihre finanziellen Reserven herauszulocken und sie am Ende, als finanzieller Garant ihres höfischen Renommees, seinem politischen Einfluß zu unterwerfen. Die Subsidienpolitik dieser Epoche hat hier ihre starke zweite, nichtmilitärische Wurzel.

Wie die politischen Machtverhältnisse lagen, konnten aufgrund der ökonomischen Ausgangsbasis nur die Höfe von Wien und Versailles die begründete Hoffnung hegen, ein solches Kulturmonopol zu errichten, und allein Ludwig XIV. ist es weitgehend auch gelungen. Seine systematischen Anstrengungen haben den französischen Hof für viele Jahrzehnte in allen entscheidenden Fragen der höfischen Welt zum europäischen Vorbild gemacht und, getragen von der französischen Sprache,[31] eine riesige Imitationswelle ausgelöst, der gerade – das wird für den Fortgang unserer Überlegungen wichtig sein – Max Emanuel wie kaum ein anderer Reichsfürst politisch erlegen ist.

Die vorstehenden Bemerkungen zum Modell des absolutistischen Hofes haben die Funktion, idealtypisch »der empirischen Bestimmung des realen Phänomens und zugleich als Deutungsschema zwecks Ermittlung der kausalen Zuordnung des Einzelfalls« zu dienen.[32] Das »reale Phänomen« ist hier der Hof Max Emanuels. Seiner empirischen Bestimmung und Deutung als Herrschafts- und Machtinstrument sind die folgenden Ausführungen gewidmet. Es sei lediglich kurz vorausgeschickt, worauf bei diesem Schritt zur Individualisierung und Konkretisierung mit Rücksicht auf unser Modell besonders zu achten ist.

Als *temporale* Individualisierung bedeutet der Schritt, daß weitgehend der Entwicklungsaspekt aus dem Blickfeld gerät, der im Modell ja sehr wohl enthalten ist, daß wir dafür aber die besonderen Zeitumstände der Regierung des Kurfürsten zu berücksichtigen haben. Als *regionale* Individualisierung bedeutet er, daß auf die spezifischen Verhältnisse, in denen sich Adel und Untertanen in Bayern befinden, zu achten ist. *Personal* schließlich ist das hohe funktionale Gewicht des Herrschers im höfischen Machtfeld in Rechnung zu stellen: gegenüber dem Volk in der konkreten Handhabung des Herrscherkults, des Charismas und der Distanznahme, gegenüber dem Adel vor allem in der Wahrnehmung der zeremonialen Rolle innerhalb des, von Elias[33] als spezifische »Figuration interdependenter Menschen« sehr ausführlich beschriebenen, höfischen Herrschaftsfeldes. Der Herrscher, obzwar selbst unausweichlich in diese soziale Konstellation eingebunden, vermag sie, wie erwähnt, durch Gewähren und Entziehen von Gnaden zu steuern. Die vom »Lever« bis zum »Coucher« jede einzelne seiner Handlungen durchdringende Etikette bietet ihm, der als einziger in dieser höfischen Figuration von oben keinem Druck ausgesetzt ist, eine Fülle von Möglichkeiten, um durch Belohnung und Strafe, »durch Erregung der Eifersucht, durch kleine alltägliche Begünstigungen« die verschiedenen Gruppen gegeneinander auszuspielen und somit die Dynamik der unter ihm Stehenden zu paralysieren. »Ein genaues Abwägen der Stärkeverhältnisse an seinem Hof und ein sorgfältiges Balancieren auf dem Spannungsgleichgewicht, das derart aus Druck und Gegendruck innerhalb des Hofes entsteht«, sind hierbei Grundvoraussetzungen erfolgreicher Herrschaft. Es leuchtet ein, daß sich dieses labil gleichgewichtige Herrschaftsgefüge, das das Verhalten des Adels am Hofe einem unerhört disziplinierenden Zwang unterwirft, nur zu behaupten ist, wenn sich der Herrscher selbst fortwährend beharrlich und diszipliniert mit seiner zeremoniellen Führungsrolle identifiziert.

Hof und Herrschaft unter Max Emanuel – die Realität

Angesichts der tragenden Rolle des Herrschers im machtpolitischen Funktionszusammenhang des absolutistischen Hofes wird es zweckmäßig sein, die konkrete Betrachtung von Hof und Herrschaft unter dem Kurfürsten Max Emanuel aus dessen Persönlichkeit zu entwickeln. Daß diese Persönlichkeit und mit ihr der Hof in einer besonders eindrücklichen Weise das Typische der Epoche verkörperte, wurde schon dargelegt, und daß dies ähnlich für »Untertanen« und »Adel« in Bayern gegolten habe, können wir vorläufig ohne Gefahr unterstellen. Unsere Betrachtung geht somit von der Annahme aus, daß die machtpolitische Wirksamkeit des Münchner Hofes dem vorgeführten Modell im Maß dieses Zeitgemäßen entsprach. Demzufolge ist seine historische Eigenart – wenn wir zunächst das Augenmerk allein auf die Rolle des Kurfürsten richten – nicht im Zeitgemäßen und damit Zeit-bedingten des Charakters zu suchen, sondern vielmehr in jenem »Rest« ursprünglicher Individualität, der den Spielraum autonomen, ganz subjektiv zu verantwortenden Entscheidens und Handelns umreißt.

Wir berühren damit eine allgemeine, oft freilich sorglos übergangene Schwierigkeit bei der historischen Beurteilung von Personen. Auch im Falle von Max Emanuel hat anscheinend nur ein einziger, Dürrwaechter, allerdings in enger Bindung an Riezler, die mit der »Person« des Fürsten dem Lauf der Politik gesetzten Bedingungen ausdrücklich zu isolieren gesucht und dabei innerhalb der »Person« noch einmal das Zeittypische vom einmalig Individuellen geschieden.[34] Sein Befund mag hier als Leitfaden dienen.[35] Zeitbedingt war am Kurfürsten danach die Selbstherrlichkeit in der Führung des Regiments, der ruhelose, »praktizierliche« Ehrgeiz, die Neigung zu »Oberflächlichkeit und äußerem Schwulst«, das Streben nach Genuß, Geltung und Ruhm, vor allem aber das brennende Verlangen nach Macht[36] und, so muß man aus der Sicht unserer Fragestellung ergänzen, die allgemeine zeremoniale Disposition; denn es unterliegt keinem Zweifel, daß auch Max Emanuel selbstverständlich in den zeremonialen Kategorien seiner Epoche lebte und dachte, und daß er Nachlässigkeiten in diesem Punkte, ganz im Sinne unserer früheren Überlegungen, als »irreparables Präjudiz für den Ruhm und die Größe des Hauses Bayern« betrachtete.[37] Aus subjektiv-persönlichem Ursprung dagegen war Max Emanuel zuallererst zupackend wagemutig und impulsiv.[38] Hinzu kam, zweifellos dadurch begünstigt, die Hypertrophie jener zeittypischen Eigenschaften, Übersteigerung also der Geltungs- und Prunksucht, Maßlosigkeit in der Hingabe an den Genuß, egoistische Ausartung des Verlangens nach Macht, aber, so ließe sich wiederum ergänzen, offenbar auch ein Mehr an Liebenswürdigkeit, Freigebigkeit und Herablassung, vor allem gegen die unteren Schichten des Volkes, als es den Gepflogenheiten seiner fürstlichen Standesgenossen entsprach.

Um nun darüber zu urteilen, was diese insgesamt »schillernde«[39] Persönlichkeit in ihrer »widerspruchsvollen Mischung« vorzüglicher und minderwertiger Eigenschaften[40] für den Hof bedeutete, liegt es nahe, sie an der diesbezüglichen »Norm« zu messen, am eigenen, ihr durch Erbteil, Erziehung und Lebensschicksal geradezu verpflichtend zugewiesenen Vorbild, an Ludwig XIV. also, über den ein anonymes und daher vorteilhaft unprätentiöses zeitgenössisches Zeugnis sagt: »Er will allein Herr sein / und sich von niemanden meistern lassen / er ist dreist, kühn, unerschrocken / redet zwar wenig / aber das wohl zur Sache dient / standhaft in seinen Entschließungen und dabei sehr heimlich und nachdenkend.«[41] Macht man sich klar, daß der französische König es war, an dessen Beispiel Elias die zentrale Rolle des Herrschers als Teil der höfischen »Figuration« entwickelte, so zeigt der Vergleich sofort die schlechtere subjektive Ausgangslage des Kurfürsten. Wohl wollte er, wie sein Vorbild, allein Herr sein und sich von niemandem meistern lassen, wohl war auch er dreist, kühn, unerschrocken, aber es fehlten ihm dessen beharrliche Standhaftigkeit und Selbstdisziplin, die für die Ausübung höfischer Macht so bedeutsam waren. Impulsiv und launenhaft »von Entwurf zu Entwurf, von Genuß zu Genuß eilend«,[42] mußte er selbst zu sehr zum Gefangenen seines Hofes werden, als daß er heimlich und nachdenkend jene Distanzierung hätte erreichen können, die durch sorgsam gezieltes Gewähren oder Versagen von höfischen Ehren im Medium des Zeremoniells erst den vollen Erfolg der Machtausübung verbürgen konnte. Wurden diese aus der wechselvollen Art Max Emanuels geborenen Schwächen durch anderes aufgewogen?

Unser Urteil ist sehr erschwert, weil sich das Unstete in der Person, das alle Beobachter übereinstimmend als grundlegenden Wesenszug konstatieren, mit den äußeren Bedingungen der Politik zu einer Konstellation verband, die den bayerischen Kurfürsten viele Jahre hindurch von seinen angestammten Landen entfernte, so daß die Hofhaltung in München auf lange Zeit eingeschränkt, ja während des Spanischen Erbfolgekrieges für die Dauer eines Jahrzehnts sogar ganz unterbrochen war. Freilich hat Max Emanuel nicht aufgehört, Hof zu halten, und damit wächst uns aus seiner höfischen Odyssee, speziell aus seiner ersten Statthalterschaft in den Spanischen Niederlanden (1692–1701), – methodisch gesehen – auch wieder ein Vorteil zu. In dieser Statthalterschaft nämlich verkörperte sich nicht nur der dynastische, für den Kurprinzen Joseph Ferdinand erhobene Anspruch auf das gewaltige spanische Erbe, sondern auch der persönliche Wunsch nach dem dauerhaften Besitz dieser Lande und ihrer Erhebung zum Königreich. Für Max Emanuel kam deshalb viel darauf an, Rang und Ansprüche im Wettstreit mit anderen Prätendenten zur Geltung zu bringen, gleichzeitig aber das Land, das künftig nach seinen Hoffnungen immer wittelsbachisch regiert sein sollte, auch von innen her zu gewinnen. So kann angesichts der neutralen, jedenfalls nicht wie in Bayern traditional oder erbcharismatisch begünstigten Herrschaftsbedingungen, seine Brüsseler Residenz als ein Test dafür dienen, welche Möglichkeiten ihm grundsätzlich mit dem höfischen Machtinstrument zu Gebote standen.

Das Ergebnis ist in der Tat lehrreich.[43] Max Emanuel entfaltete eine dem Land ungewohnte, überaus glänzende Hofhaltung, beschäftigte eine große Zahl der verschiedensten Künstler, rief fremde Schauspiel-, Opern- und Ballettruppen ins Land, arrangierte rauschende Feste und wußte das gesellschaftliche Leben, sein eigenes Auftreten inbegriffen, auf so gutem Niveau einzurichten, daß selbst der reservierte hohe Adel des Landes schnell in den höfischen Bannkreis geschlagen wurde. Stärker noch war sein Prestigeerfolg bei den Untertanen, zumal bei den Bürgern von Brüssel. Hier hatte ihm sein persönliches Charisma als Kriegsheld und Türkenbezwinger bereits einen Vorschuß an Sympathie eingetragen, den er dank seiner anziehenden Freundlichkeit und Großzügigkeit um so eher einzulösen vermochte, als ihn das leichtlebige, bald flämisch, bald wallonisch gestimmte, seinem eigenen ähnliche Naturell von sich aus den vielfältigen Umgang mit dieser Bevölkerung suchen ließ. Mannigfache Vergnügungen, doch auch Beweise persönlicher Hilfs- und Einsatzbereitschaft machten ihn rasch populär.

Aber diese vorteilhafte Entwicklung währte nicht lange. Der stolze eingesessene Adel verurteilte die Vorliebe für die ständische Konkurrenz, die Anbiederung bei den Massen, reagierte mißfällig aber auch auf die Willkür, in welcher der Kurfürst Gunst und Gnade bei Hofe verteilte. »Wen er heute auszeichnete, konnte er morgen um einer Laune willen fallen lassen.«[44] Hart in seiner Selbstachtung getroffen aber führte der Adel darüber Klage, daß sich der Kurfürst zu sehr mit unwürdigen Personen umgebe, französischen und piemontesischen Abenteurern, ja daß er wohl, seine Ehre vergessend, mit übel angesehenen Leuten und dem Manne ›von Qualität‹ auf gleichem Fuße verkehre. So kam es, daß sich gerade die angesehensten Familien bald wieder vom Hofe zurückzogen, ja schlimmer noch für den Statthalter, daß sie sich schließlich in offenem Aufstand gegen ihn wandten. Als sogar unter den Bürgern – gegen die zentralistischen Tendenzen seiner Regierung gerichtet – schwere Unruhen ausbrachen, die endlich nur mit den Waffen niedergeschlagen werden konnten, war sein Prestige im Lande für immer verspielt.[45]

Das hier nur in wenigen Strichen gezeichnete Bild zeigt – wiederum im Vergleich zum großen französischen Vorbild – die subjektiven Möglichkeiten und Grenzen der höfischen Machtausübung durch Max Emanuel in geradezu modellhafter Deutlichkeit. Zunächst tut der Glanz seine werbende Wirkung: das Volk ist entzückt, und der Adel wird von der Attraktivität des Hoflebens angezogen. Dann aber fehlt Max Emanuel die souveräne innere Disziplin, um diesen Vorteil zu halten. Selber geblendet vom Glanz von Versailles, nimmt er nicht die gewaltige, kühl berechnende Selbstentäußerung wahr, die sich Ludwig XIV. fortwährend abverlangt. Gewiß läßt auch dieser von heute auf morgen Personen in Ungnade fallen, aber was der Kurfürst nicht sieht, ist, wie überlegt der französische König dabei zu Werke geht, um Empfindlichkeiten zu schonen, wie sehr er gegebenenfalls den Vorteil beachtet, den Abstammungsrang zum Kriterium für die »Nähe zum Thron« zu machen. Der Kurfürst stattdessen verprellt den großen, wichtigen und gefährlichen Adel des Landes, indem er durch mangelnde Distanzierung vom Volk dessen Prestigebedürfnis verkennt und am Hof in einem ehrverletzenden Ausmaß soziale Dubiosität honoriert. Dabei ist er gerissenen Günstlingen – nicht zuletzt seinen Mätressen –, die das höfische Machtinstrument gewissermaßen »von unten« zu spielen verstehen, in seiner Launenhaftigkeit eher ausgeliefert, als daß er sie aus zeremonial gesicherter, kultisch gepflegter Distanz zu beherrschen vermag. Sein unstetes Wesen und höfische Unordnung kosten ihn Charisma.

Wenn wir nun Adel und Untertanen wieder aus unserer methodischen Festlegung lösen und vergleichend den Schritt zur Betrachtung von Hof und Herrschaft in Bayern tun,[46] so ist in Rechnung zu stellen, daß die Residenz in den Niederlanden auch durch eine Reihe objektiver Schwierigkeiten belastet war, die es in Bayern nicht gab.[47] Da die Statthalter häufig wechselten, hatten die Stände praktisch Alternativen ihrer Bereitschaft zur Sympathie, und diese natürliche Antimonopolisierungstendenz wurde noch dadurch gefördert, daß Max Emanuel innen- und außenpolitisch stark von der spanischen Krone abhängig war; beispielsweise hatte er keinen gesicherten Einfluß auf die Besetzung der höchsten Stellen in Administration und Armee. Nicht zuletzt damit hing der ausgeprägt nationale Charakter der Parteibildung an diesem Hofe zusammen, wo sich eine bayerische, eine spanische und eine niederländische Gruppe wechselseitig den Rang streitig machten und zum Nachteil des Kurfürsten viel stärker in die aktuellen politischen Fragen eingriffen, als es im zeremonial abgelenkten Interesse gewöhnlicher Hofparteien gelegen hätte.

In Bayern also hatte der angestammte Herrscher zweifellos leichteres Spiel. Hier wurden die Schwächen in der Handhabung des höfischen Machtinstruments durch die große, traditional einzigartig legitimierte und daher erbcharismatisch glänzend verklärte Autorität[48] des seit fünfhundert Jahren regierenden wittelsbachischen Hauses stets wettgemacht. Gleichwohl wäre es falsch, den machtpolitischen Beitrag des Hofes zu unterschätzen. Auch die traditionale Autorität mußte sich mit Rücksicht auf das Erwartungsniveau der Zeit in den neuen höfischen Formen glaubhaft machen. Darüber hinaus aber hatte schon unter Ferdinand Maria und Henriette Adelaide – ganz dem Modell gemäß[49] – jener ökonomische und soziale Monopolisierungsprozeß eingesetzt, der dann, durch Max Emanuel entschlossen vorwärtsgetrieben, auch den bayerischen Adel unwiderstehlich vom Lande ins Hofleben zog, der ihm die Teilnahme an den fürstlichen Unterhaltungen zur Prestigeangelegenheit machte, der sein Kunstinteresse weckte und ihn in München – bester Beweis für die machtvolle Anziehungskraft des Hofes und das Diktat seiner Normen in Aufwand und Status – Stadtpaläste errichten ließ.[50]

Auch am Münchner Hof gab es zahlreiche Fremde, Italiener zuerst, dann Franzosen, Deutsche aus anderen Territorien; aber sie übten als Propagandisten der höfischen Lebensart eher einen die fürstliche Stellung stärkenden Konkurrenzdruck auf den heimischen Edelmann aus. Mochte also am Beginn der Regierungszeit Max Emanuels wirklich der bayerische Adel zum Hofdienst nicht brauchbar gewesen sein,[51] so war seine Eignung an deren Ende doch unbestritten, und zumal seine bedeutenden Glieder an der höfischen Spitze, Preysing, Toerring, Rechberg, Seinsheim und andere, werden gerühmt.[52] Was die Hofhaltung diesem Adel bedeutete, zeigt ebenso die Tatsache, daß er dem Fürsten 1692 nach Brüssel folgte, wie die dringenden und fraglos nicht nur aus ökonomischen Gründen erhobenen Bitten der Landschaftsverordnung um Rückkehr: nämlich einerseits die Teilhabe an der großen, privilegierten höfischen Welt, andererseits die für die Augen des Volkes sichtbar bestätigte Anerkennung seiner sozialen Priorität, deren Prestige seine eigene Autorität unterstützte. Es scheint, als habe dann gerade das höfische Interregnum während des Spanischen Erbfolgekrieges, als das Land mit der nüchternen österreichischen Administration konfrontiert war, das Bewußtsein des Adels für die existentielle Abhängigkeit vom fürstlichen Hofe geschärft.

Daß der Kurfürst sein Verhältnis zum Volke zu einvernehmlich gestalten könnte, brauchte der Adel hier nämlich nicht zu befürchten. Die tiefe Verehrung, die es ihm darbrachte, wurde von Max Emanuel nicht im geringsten erwidert, weil anders als in den Niederlanden, wo ihn das kultivierte, lebhafte bürgerliche Element anzog, die bayerischen Untertanen – Bauern also vor allem – ohne jedes Ansehen und politische Rechte in einem dumpf abweisenden Provinzialismus verharrten. Dennoch war diese Verehrung »nicht umzubringen«.[53] Als Beweis dafür mag man die »Prüfung« des Spanischen Erbfolgekrieges ansehen und speziell die Landeserhebung von 1705, doch ist bei dieser Einschätzung Vorsicht am Platze, weil die Verbitterung über das österreichische Regiment der Anhänglichkeit des Volkes keine Alternative ließ.

Problematischer war bezeichnenderweise die Abwesenheit Max Emanuels während der erwähnten ersten niederländischen Statthalterschaft, weil die bayerischen Untertanen die schweren Lasten für seine Hofhaltung mittragen, Fremden aber den Genuß davon lassen mußten. In einer Stärke von 2000 Köpfen soll der Hof 1701 nach München zurückgekehrt sein;[54] daran ist zu ersehen, was seine Anwesenheit auch ökonomisch für Bayern bedeutete. Herrschaftspolitisch wichtiger aber war, daß die Untertanen mit dem Erlöschen des höfischen Glanzes, der ihnen geschmeichelt und der sie geblendet hatte, deutlich ihre harte Bedrückung erkannten. So konnte das Gefühl an Boden gewinnen, der Kurfürst habe sein Land im Stich gelassen, und dieses Gefühl bekam kräftige Nahrung, als er auch den sechsjährigen Kurprinzen – letztes Faustpfand des dynastischen Charismas – in Erwartung der spanischen Erbschaft nach Brüssel holte. Verbitterung und Murren waren die Folge[55] und – wenn wir einem ungewöhnlich freimütigen Zeugnis[56] glauben dürfen, das damals im Volke entstand – wachsende Willkür in der lokalen Herrschaftsausübung des im Lande verbliebenen Adels. Beides würde tatsächlich gut in das Bild vom Fehlen der stabilisierenden Wirkung des Hofes passen. Für die Haltung der bayerischen Bauern ist es dabei charakteristisch, daß sie kaum den Kurfürsten selbst, sondern seine »welsche« Umgebung für die verhängnisvolle Entwicklung verantwortlich machten, und der baldige Tod des »liab Prinzel« hat sie in dieser Meinung bestärkt.

Was sich hier offenbart, ist, wie es Riezler zusammenfaßte,[57] »die Liebe eines überaus loyal gesinnten Volkes zu einem glänzenden Landesfürsten, dem alle Volksbedrükkung seinen Nimbus nicht rauben konnte«, und dieser echte, kaum zu erschütternde Patriotismus zehrte nicht nur vom dynastischen, sondern fraglos auch von jenem persönlichen Charisma, das Max Emanuel sich als Bezwinger des »Erbfeinds« erworben hatte. Stolz auf die ruhmreichen Waffentaten, die viele bayerische Untertanen das Leben gekostet hatten, wirkten hierbei mit der engen stammesmäßigen Bindung zusammen, die traditionell zwischen Volk und Herrscher bestand, und dieser Stammesverwandtschaft entsprach eine Wesensverwandtschaft, die, wie man wohl nicht zu Unrecht bemerkt hat,[58] das bayerische Volk für die typischen Äußerungen des absolutistischen Hofes im voraus empfänglich machte. Lust am Theaterspiel, Freude an Aufzügen, Vergnügungsbedürfnis, ja Prunksucht teilten die Untertanen mit ihrem Herrscher und seinem Adel, und nicht nur mit diesen, sondern mutatis mutandis auch mit den zahlreichen Prälaten im Lande, die im bayerischen Barock der Kirchen, Abteien und Stifte dem höfischen Charisma im Medium der Kunst und des Kults einen breiten Resonanzboden schufen, wobei an die glanzvollen geistlichen Höfe im Bereich des kurbayerischen Territoriums noch gar nicht gedacht ist.[59] Höfisches wurde auf diesem Wege allgegenwärtig und übte im Einklang mit der breiten Volksfrömmigkeit seine politische Wirkung: nämlich das dynastische Erbcharisma, das fürstliche Amtscharisma und das persönliche Heldencharisma Max Emanuels zu jenem quasigöttlichen »Nimbus« zu steigern, der beim Volk den Legitimitätsglauben an seine Herrschaft immer wieder bestätigt hat.[60]

Es leuchtet ein, daß sich diese mit dem Ausbau des Hofes erzielte politische Wirkung nicht im traditionellen Sinn aus den Quellen »verstehen«, viel weniger empirisch-quantitativ messen läßt, sondern daß sie nur, gleichsam im Indizienbeweis, aus der Übereinstimmung relevanter historischer Sachverhalte mit den Kriterien unseres Modells erschließbar ist. Insofern dürften inzwischen genügend Argumente für die Feststellung beigebracht worden sein, daß auch der bayerische Hof unter Max Emanuel die erwarteten Herrschafts- und Machtfunktionen gegen Untertanen und Adel erfüllte. Dennoch lag die deutlichste Übereinstimmung mit dem Modell nicht hier, sondern im Bereich jenes soziokulturellen Monopolisierungsprozesses *zwischen* den Höfen, den wir als dritte Zielrichtung höfischer Machtausübung idealtypisch beschrieben haben.

Auf diesem Feld war Max Emanuel nicht Akteur, sondern Opfer. Wir haben bereits erwähnt, daß er für die Lockungen Ludwigs XIV. stark prädisponiert war, und die französische Diplomatie wußte diesen Vorteil um so geschickter zu nutzen, als seine größten Schwächen, »das Spiel, die Galanterie und die allzu große Generosität«,[61] ihren Machenschaften entgegenkamen. Besonders Villars, der 1687 seiner ähnlichen Mentalität wegen als Gesandter auf Max Emanuel angesetzt wurde, scheint es glänzend verstanden zu haben, sich dessen uneingeschränkte Gunst zu erwerben und auf dieser Grundlage dem Münchner Hof die Formen und Normen der französischen Hofkultur einzupflanzen.[62] Damit wurden die atmosphärischen und institutionellen Bedingungen geschaffen – »das Medium hübscher Theaterprinzessinnen«[63] beispielsweise –, um den Sinn Max Emanuels allmählich wiederum gegen Österreich zu kehren. Die französische Strategie war nicht sofort von Erfolg gekrönt, weil sich der Kurfürst zunächst als Feldherr des Kaisers die Erfüllung seiner ausgeprägten soldatischen Leidenschaften und als dessen Schwiegersohn politischen Vorteil erhoffte; aber sie führte, selbst während der Phase der stärksten, durch reichstreue Waffenhilfe besiegelten Bindung an Wien beharrlich weiterbetrieben, doch in entscheidender Stunde zum Ziel, nämlich als es um die spanische Erbfolge ging. Gewiß war die politische Schwenkung von 1701[64] nicht allein dadurch veranlaßt, daß der enorme, unter französischem Anreiz kräftig gesteigerte höfische Aufwand dem Kurfürsten nicht mehr genügend Mittel beließ, um militärisch eine unabhängige Position zu behaupten, denn eine solche Position kam angesichts seiner hochgesteckten politischen Ziele von vornherein nicht in Frage; aber im tieferen Sinne hat diese Verführung offenbar doch die ausschlaggebende Rolle gespielt. Viel einfühlender als der Kaiser hat Ludwig XIV. den brennenden und durch die frischen Kronen von Sachsen und Preußen noch neidvoll verschärften politischen Ehrgeiz des bayerischen Kurfürsten nicht nur zu erkennen und mit höfischen Mitteln zu nähren, sondern auch durch entsprechend hohe Subsidienzahlungen[65] zu ehren vermocht.

Wie nachhaltig Max Emanuel zeit seines Lebens vom Versailler Vorbild geprägt blieb, kann man daran ersehen, daß er überhaupt erst nach dem Exil dem Münchner Hof den vollendet französischen Zuschnitt gab[66] und daß er trotz der katastrophalen Lage des Landes bei seiner Restitution als Kurfürst von Bayern seine Hofhaltung, Bautätigkeit, Vergnügungen mit unvermindertem Aufwand erneuerte, bis er seinem Nachfolger ein wirtschaftlich gänzlich zerrüttetes Staatswesen hinterließ. Mochte also das höfische Charisma Max Emanuels immer noch seine Wirkung getan haben, so war doch sicher, daß er in Konsequenz seiner politischen Ziele mit dem glanzvollen Ausbau des Hofes einen »Wechsel auf die Zukunft«[67] gezogen hatte, der nach einigen Prolongationen zu Protest gehen würde. Auf lange Sicht hat er mit der gewaltigen Überspannung der Kräfte, die er seinem Lande durch Kriege und Hofhaltung abverlangte, ohne daß sie zu dessen Beherrschung nötig gewesen wäre, zweifellos die absoluten Herrschaftsgrundlagen des wittelsbachischen Hauses erschüttert.

Damit ist der geeignete Ausgangspunkt gewonnen, um abschließend kurz die Bedeutung Max Emanuels als *Mäzen* zu betrachten. Diese Bedeutung scheint unumstritten, denn bis heute gilt er als »der größte Mäzen und Sammler seiner Zeit«.[68] Aber läßt sich diese Einschätzung aufrechterhalten – selbst unter dem Zugeständnis, daß öffentliche und private Sphäre noch nicht voneinander geschieden waren und Max Emanuel nach den Auffassungen der Zeit auch die Leistungen seiner sich ruinierenden Untertanen, die sein Mäzenatentum finanzierten,[69] als »Privateigentum« hätte betrachten dürfen?[70]

Man wird sich vor einem schnellen Urteil in dieser Frage sehr hüten müssen. Aber wenn irgend »Reinheit der Gesinnung, Uneigennützigkeit, Freiwilligkeit, inneres Verständnis, menschlich warme, zarte Beziehung, ja Freundschaft« nach dem römischen Urbild einen Mäzen charakterisieren,[71] so war Max Emanuel dies objektiv zweifellos nicht. Es fehlte die Freiwilligkeit, wenn man bedenkt, wie sehr der Kurfürst auch als Förderer der Künste ein Opfer des französischen Vorbildes war,[72] wie stark Nymphenburg und Schleißheim den Anspruch von Versailles und Marly atmeten; es fehlte insbesondere die Uneigennützigkeit, wenn man sich die wichtige Funktion der Kunst im Machtzusammenhang des Hofes in Erinnerung ruft, und »warme, zarte Beziehung, ja Freundschaft« sind angesichts der ungeheuren sozialen Distanz keine Kategorien, mit denen sich das Verhältnis zwischen einem absolutistischen Fürsten und seinen Künstlern beschreiben ließe.[73] Für die Frage nach dem Mäzenatentum ist es irrelevant, wie der heutige kunsthistorische Sachverstand die unter der Ägide des Kurfürsten hervorgebrachten Leistungen beurteilt. Entscheidend ist dessen objektive Funktion, und hier zeigte er sich ganz in der machtpolitischen Rolle seiner fürstlichen Zeitgenossen, wonach es nicht nur zum guten Ton gehörte, »ein Förderer der Künste zu sein oder wenigstens zu scheinen«,[74] sondern wonach die Kunsttätigkeit direkt mit politischen Prätentionen einherging und als wesentliche Form, in der Höfisches überhaupt in Erscheinung trat, zu einem guten Teil unmittelbar dessen machtpolitische Wirkung ausmachte. Wo Architektur, bildende Kunst, Dichtung, Musik der »Verherrlichung des absoluten Fürstentums« dienten,[75] die Macht mit der Kunst eine so enge Symbiose einging wie im Absolutismus, war unter dem Gesichtspunkt des Mäzenatentums jeder Herrscherauftrag an einen Künstler desavouiert.

Ob Max Emanuel wirklich eine »*selbstvergessene* Liebe zur Kunst«[76] hegte, ob er wirklich ein »echter« Mäzen war,[77] ist unter diesen – objektiven – Kriterien sehr fraglich. Alle absoluten Fürsten haben leidenschaftlich gebaut, alle haben Künstlern ein weites Betätigungsfeld eröffnet. Daß einzelne mehr von der Sache verstanden und mehr dafür taten, bedeutet in diesem Zusammenhang wenig, weil es geeignet war, die soziokulturelle Bedeutung ihres Hofes zu steigern und damit sowohl nach außen wie nach innen im hier entwickelten Sinne machtpolitischen Gewinn zu erzielen. Selbst der Schönbornsche »teufelsbauwurmb«[78] – schon das Unausweichliche des Worts drückt es aus – hatte seine tiefere politische Wurzel.[79]

Anmerkungen

[1] K. Bosl, Bayerische Geschichte, München 1971, 191; Hubensteiner, 207; L. Schrott, Herrscher Bayerns, München 1974³, 138; Riezler VIII 396; Doeberl II 179. Nicht zufällig wird Max Emanuel bevorzugt mit August dem Starken verglichen.

[2] C. L. Baron de Pöllnitz, Lettres et Mémoires V, Amsterdam 1737³, 17–27. Sein Urteil bezieht sich auf 1719 (Riezler VIII 397).

[3] Riezler VIII 398ff.; Doeberl II 268ff.; M. Strich, Der junge Max (II) Emanuel von Bayern und sein Hof (AbM 13, 1915/1916) 58f., 67. Jetzt vor allem Straub, 244–312. Eine mehr impressionistische Zusammenstellung von zeitgenössischen Dokumenten und Bildern (ohne genaue Quellenangaben) bei G. J. Wolf (Hrsg.), Das Kurfürstliche München 1620–1800, München 1930.

[4] Pöllnitz (Anm. 2) 17.

[5] Riezler VIII 399.

[6] Nimmt man dafür »Zahlungsunfähigkeit« als Kriterium, so war der Kurfürst spätestens seit 1715 im Grunde dauernd bankrott, da er in großem Umfang die Beamtenbesoldungen schuldig blieb. Von 1715–1720 z. B. wurden nur 57 v. H. der Gehälter tatsächlich ausbezahlt: vgl. Schmelzle 194; Wolf (Anm. 3) 140ff. sowie für die Anfangszeit Straub 282.

[7] R. Lorenz, Reisen des Kaisers Leopold I. und des Kurfürsten Max Emanuel im Türkenjahr 1683 (MIÖG 52, 1938) 297.

[8] Nach einer sehr groben, zur Verdeutlichung der Größenordnung aber ausreichenden, auf Angaben Schmelzles 192 u. 215 beruhenden Schätzung der Hofzahlamts- und Hofkriegszahlamtsetats, wobei die Beamtenbesoldungen – was sich begründen ließe – den Hofausgaben hinzugezählt wurden und die Schulden unberücksichtigt blieben. Genaue Berechnungen der finanzwirtschaftlichen Gesamtsituation fehlen.

[9] Schmelzle 230. Zu den Ursachen der Verschuldung auch Hartmann, Finanzpolitik 229.

[10] Vgl. z. B. die 1961 dem Sohn Max Emanuels in Schloß Augustusburg gewidmete Ausstellung »Kurfürst Clemens August. Landesherr und Mäzen des 18. Jahrhunderts« (Kat. Köln 1961).

[11] Am geläufigsten immer noch W. Sombart, Luxus und Kapitalismus, München–Leipzig 1922². Zur Kritik Kruedener 19, 21–25; dort auch Belege zum Folgenden.

[12] Straub.

[13] C. J. Burckhardt, Ludwig XIV. und die Kaiserkrone. Vier historische Betrachtungen, Zürich 1953, 50–73.

[14] Schrott (Anm. 1) 132. Zur langen »Tradition der bayerischen Königskrone« Rall, 8ff.

[15] Doeberl II 267, gestützt auf den »Mundus . . .« (s. Anm. 16).

[16] »Mundus Christiano-Bavaro-Politicus . . .«, Bd. I, 1711, BStB Cgm 1665; zit. nach Kruedener 81. Die für den vorliegenden Beitrag relevanten Passagen ib., Anhang, 81–84. Als Verf. des Mundus gilt Franz Xaver v. Schmid, ein Sohn Kaspar v. Schmids, vgl. Doeberl II 170. Vgl. dazu auch E. Straub, Zum Herrscherideal im 17. Jahrhundert, vornehmlich nach dem »Mundus Christiano Bavaro Politicus« (ZBLG 32, 1969) 193–221.

[17] Vorzüglich z. B. H. Taine, Die Entstehung des modernen Frankreich I, Leipzig [1908³], 129–160.

[18] Kruedener; N. Elias, Die höfische Gesellschaft (Soziolog. Texte 54, Neuwied u. Berlin 1969).

[19] Exemplarisch: F. L. Carsten, Princes and Parliaments in Germany. From the Fifteenth to the Eighteenth Century, Oxford 1963². Vgl. dagegen, *für* die politische Perspektive, auch den Hinweis bei W. Störmer, Territoriale Landesherrschaft und absolutistisches

Staatsprogramm (Blätter f. dt. Landesgesch. 108, 1972) 103, Anm. 57.

[20] Im Gegenteil hat er z. B. in großem Umfang Niedergerichtsbarkeiten, mindere *Herrschafts*rechte also, dafür verkauft! Siehe S. Hiereth, Die bayerische Gerichts- und Verwaltungsorganisation vom 13. bis 19. Jahrhundert (Hist. Atlas v. Bayern I, München 1950) 16. Krasse Eindrücke von der Vernachlässigung der Armee zugunsten des Hofes mitten im Spanischen Erbfolgekrieg vermittelt Hartmann, Finanzpolitik, 131ff., 150ff.

[21] Die folgende, notwendig sehr konzentrierte und abstrakt gehaltene Darlegung mag auf den Leser unbefriedigend wirken. Er vergleiche deshalb die differenzierteren Argumente sowie die Belege für dieses Kapitel, soweit nicht anders vermerkt, bei Kruedener.

[22] Prinzipiell zu dieser Gefahr O. Brunner, Bemerkungen zu den Begriffen »Herrschaft« und »Legitimität« (Neue Wege d. Verf.- u. Sozialgesch., Göttingen 1968²) 64–79.

[23] M. Weber, Wirtschaft und Gesellschaft (Studienausg.), Köln-Berlin 1964, 38.

[24] Kruedener 29.

[25] H. Sedlmayr, Die politische Bedeutung des deutschen Barocks (Gesamtdt. Vergangenheit, Festschr. v. Srbik, München 1938) 137.

[26] A. Hauser, Sozialgeschichte der Kunst und Literatur, München 1967², 468.

[27] Das gleiche gilt für die Einführung der Parforce-Jagd, womit das Selbstbewußtsein des Adels in einer besonders empfindlichen Weise getroffen wurde.

[28] N. Elias, Über den Prozeß der Zivilisation, Bern u. München 1969², 351ff.

[29] Hierzu auch G. Birtsch, Zur sozialen und politischen Rolle des deutschen, vornehmlich preußischen Adels am Ende des 18. Jahrhunderts. (Der Adel vor der Revolution, hrsg. v. R. Vierhaus, Göttingen 1971) 77f.

[30] F. Schnabel, Die kulturelle Bedeutung der Carl-Theodor-Zeit [1924] (Abhdlg. u. Vorträge 1914–1965, Freiburg, Basel, Wien 1970) 75.

[31] Man beachte die methodische Analogie zum Ergebnis der Einwirkung des Fürsten auf die Erziehungsweise des Adels.

[32] J. Winckelmann, »Idealtypus« (Wörterb. d. Soziologie, hrsg. v. W. Bernsdorf, Stuttgart 1969²) 440.

[33] Elias (Anm. 18), die folgd. Zitate 180ff. Vgl. in diesem Zusammenhang auch die mit einem empirisch-induktiven Ansatz erarbeitete interessante Studie von K. Plodeck, Hofstruktur und Hofzeremoniell in Brandenburg-Ansbach vom 16. bis zum 18. Jahrhundert (Jb. d. Hist. Ver. v. Mittelfranken 86, 1971/72) 1–260.

[34] A. Dürrwaechter, Zur bayerischen Geschichte unter Ferdinand Maria und Max Emanuel (HJb. 35, 1914) 543–590 u. 753–780. Neben der »Person« unterschied er »Volk« und »Land« als Determinanten der Politik.

[35] Dürrwaechter ib. 565 schließt zwar mit scharfer moralischer Wertung für den Bereich der subjektiven Verantwortlichkeit, kennzeichnet aber in der Sache die Hauptcharakterzüge des Kurfürsten durchaus repräsentativ: vgl. u. a. Heigel, Maximilian II. Emanuel (ADB 21) 1885, 22–27; Riezler VIII 396–414.

[36] Überspitzt in der Formulierung, sachlich aber wohl richtig differenziert A. Kraus (HB II 425): »Ihm fehlte auch der Wille zur Macht, . . ., ihn dürstete vor allem nach Ruhm.« Diese Beobachtung erklärt viel in der »höfischen« Politik Max Emanuels.

[37] Als Mahnung an seine Gemahlin Therese Kunigunde, die 1704/1705, zu Beginn seines Exils, die Regentschaft führte (zit. nach Riezler VII 494, Anm. 1). Man braucht sich, um diese Einstellung zu verstehen, nur in aller Deutlichkeit vorzustellen, daß er etwa schon als fünfjähriger Prinz dazu angehalten wurde, regelmäßig »under dem Baldachin« Audienz zu erteilen, öffentlich Tafel zu halten, sich von Kavalieren und Damen bedienen zu lassen und im Umgang mit ihnen und anderen sich einerseits als liebenswürdig und freundlich zu üben, andererseits aber die Erfordernisse seines Ranges genau zu beachten; vgl. die Instruktion von 1667 für die Gräfin Wolkenstein, seine Erzieherin, bei Schmidt, 189ff. (dazu XCI).

Wenn also Strich (Anm. 3), 47 den jungen Max Emanuel als einen »allem abgezirkelten Wesen und jedem Regelzwang abholden« Prinzen charakterisiert, so gilt dies zweifellos nur als individuelle Ausformung über der allgemeinen Grundlage dessen, was die Zeit für selbstverständlich erachtete, und ist darauf bezogen, daß er zeitlebens eine Vorliebe für körperliche Betätigung hatte, insonderheit Reiten bei der Jagd und im Felde. Max Emanuel ist denn auch mit dem sechsjährigen Kurprinzen Joseph Ferdinand kaum anders verfahren als seine Eltern mit ihm, wie eine von H. R. Huber, Corbinian von Prielmair [1643–1707], ein bayerischer Staatsmann der Barockzeit, Diss. Masch., München 1944, 208 mitgeteilte Begebenheit andeutet.

[38] Dürrwaechter (Anm. 34) 558; das Folgende: 565.

[39] Hubensteiner 207.

[40] Riezler VII 428.

[41] Der Königliche Hof Von Franckreich, a. d. Frz. übers. v. »J. B. F. à E.«, o. O. 1672, 6.

[42] Dürrwaechter (Anm. 34) 557. Vgl. auch, nach Strich (Anm. 3) 67, de la Haye, bis 1685 französischer Gesandter in München: «tout ce qu'il fait, Il le fait avec emportement et sans réflexions», sowie Wilhelm III. von Oranien mit der Bemerkung, daß er »die Negotien nicht liebe und nur seinem Gusto nachgehe«; zit. nach G. F. Preuß, Max Emanuel von Bayern und der Hof zu Brüssel (Beilage z. Allgem. Zeitung 265, 1901) 2.

[43] Zu Regierung und Hof Max Emanuels in den Niederlanden: Preuß (Anm. 42); F. van Kalken, La fin du régime espagnol aux Pays-Bas, Brüssel 1907, bes. 130–143; Riezler VII 378–81 u. 424–29. – Vgl. auch Beitrag Hüttl.

[44] Preuß (Anm. 42) 2.

[45] van Kalken (Anm. 43) 74–92, 252f. Günstiger beurteilt Riezler VII 428 das Andenken an den Statthalter; so auch C. L. Frhr. v. Pöllnitz, Briefe III, Frankfurt/M. 1738, 157.

[46] Als allgemeine Referenz für dieses Kapitel vgl. man HB II sowie Riezler VII u. VIII.

[47] Dazu van Kalken (Anm. 43) 38f., bes. 63ff., 137ff.

[48] Zur traditionalen und charismatischen Herrschaft und ihrem Legitimationscharakter allgemein Weber (Anm. 23) 157ff., 167ff., 179ff., 832ff. Dazu jetzt F. W. Stallberg, Herrschaft und Legitimität (Kölner Beitr. z. Sozialforschg. u. angewandten Soziologie 18, Meisenheim 1975).

[49] Man beachte hier die gute Übereinstimmung anhand der knappen Darstellung von D. Albrecht (HB II 564ff.)!

[50] K. Trautmann, Aus dem München des Kurfürsten Max Emanuel (AbM 10, 1911) 78ff.; Riezler VIII 680; S. Benker (HB II) 931. Im gleichen Zuge erwarb der Hofadel die umliegenden Schlösser als stadtnahe Landsitze; P. Fried, Die Landgerichte Dachau und Kranzberg (Hist. Atlas v. Bayern I 11/12, München 1958) 24.

[51] Nach dem Urteil des französischen Gesandten de la Haye von 1685, zit. bei Strich (Anm. 3) 60. Dort auch die Schilderungen der wichtigsten Persönlichkeiten bei Hofe (68–72).

[52] Pöllnitz (Anm. 45) I, 345ff.; Wolf (Anm. 3) 135. Vgl. auch die Beförderungen beim Regierungsantritt Karl Albrechts; Chur-Bayrischer Hof-Calender, München 1727.

[53] Dürrwaechter (Anm. 34) 753.

[54] Riezler VII 491.

[55] Ib. 457ff., 493f., 439; Dürrwächter (Anm. 34) 580ff.

[56] »Klagliedl Zwayer Bayrischen Bauren . . .«, hrsg. v. A. Hartmann, Historische Volkslieder und Zeitgedichte vom 16. bis 19. Jahrhundert, Bd. II, München 1910, Nr. 123, 126–134.

[57] Riezler VIII 657.

[58] M. Spindler, Die Grundlagen der Kulturentwicklung in Bayern (Kultur u. Politik 14, München 1949) 30; auch Dürrwaechter (Anm. 34) 568ff., u. a.

[59] Es fehlt hier der Platz, um den Gedankengang stärker zu differenzieren. Man wird indes mit den Augen unseres Modells leicht die vorzügliche Unterstützung feststellen, welche die Ausführungen von D. Albrecht und S. Benker (HB II) 655 u. 929ff., 940ff. unserer Argumentation in diesem Punkte gewähren.

[60] Z. B. auch nach dem – theoretisch – stärksten Legitimitätsverlust, der Verhängung der Reichsacht über Max Emanuel und seinen Bruder Joseph Clemens 1706. Zum Problem des Legitimitäts-Prestiges (»Legende« der Herrschaft) Weber (Anm. 23) 701f.

[61] Marquis D., Mémoires, zit. bei Ludewig, Germania princeps IV, 2449.

[62] Riezler VII 304f.; Strich 600–605, 609.

[63] Rudhart, Oper 89.

[64] Hierzu jetzt Wunder, »Diversion«, der allerdings diesem Motiv – in ganz politisch-diplomatischer Sicht – nur andeutungsweise gerecht wird.

[65] P. C. Hartmann, Die Subsidien- und Finanzpolitik Kurfürst Max Emanuels von Bayern im spanischen Erbfolgekrieg (ZBLG 32, 1969) 238–289.

[66] Gegen die Ansicht Straubs 313: »von einer Nachahmung Versailles konnte nicht die Rede sein. Wenn München einen Hof übertreffen wollte, dann höchstens Dresden . . .« steht die Fülle der Literatur, vor allem aber das Zeugnis Max Emanuels selbst, der 1715 nach Paris schreibt: »Ich kann Ihnen nichts Bedeutendes von hier berichten. Ich lebe immer auf meinen Lusthäusern und vermag wohl den Geschmack Frankreichs in Schlössern und Gärten imitieren, jedoch die Leute ändern sich nicht«; zit. nach R. Paulus, Max Emanuel und die französische Kunst (AbM 11, 1912) 143. Mindestens die *Idee*, auch anderswo, auch in Dresden, ist immer Versailles.

[67] Riezler VIII 670.

[68] H. Rall, Zeittafeln zur Geschichte Bayerns, München 1974, 75.

[69] Für den konkreten Zusammenhang Belege bei Rudhart, Oper 110f.

[70] Rall 524ff.

[71] M. Spindler, Vom Wesen und Wandel des Mäzenatentums (ders., Aufsätze) 341.

[72] Zur negativen Rolle Ludwigs XIV. als Mäzen P. Hirschfeld, Mäzene (Kunstwiss. Stud. 40 [München, Berlin] 1968) 186, 282.

[73] Gelegentlich sind Künstler, besonders Baumeister, nobilitiert worden, wenn die Verdienste eine soziale Annäherung nahelegten. Aber dieses Mittel ist überaus typisch, weil es den neuen »Kavaliersarchitekten« unmittelbar und mit allen beschriebenen Abhängigkeiten in den höfischen Funktionszusammenhang einordnet.

[74] Preuß (Anm. 42) 1.

[75] Doeberl II 266.

[76] Schrott (Anm. 1) 138 (Hervorhebung von v. Kruedener).

[77] Riezler VIII 669.

[78] Hirschfeld (Anm. 72) 202.

[79] Dazu Kruedener 24. Zu den Ursachen der »gesteigerten Kunsttätigkeit« bei geistlichen Fürsten aufschlußreich J. Graf Moy, Die historischen und soziologischen Grundlagen der Salzburger Schlösserkultur (Mitt. d. Ges. f. Salzbg. Landeskde. 107, 1967) 253–275.

Peter Volk

Die bildende Kunst am Hofe Max Emanuels

Die Hofkunst als Ausdruck fürstlicher Magnifizenz

Um den aufwendigen Lebensstil eines Fürsten wie Max Emanuel und die prunkvolle Kunst an seinem Hof verstehen zu können, muß man sich vergegenwärtigen, daß ein Souverän damals als Verwalter der Macht und Herrlichkeit Gottes auf Erden angesehen wurde und diesem Rang durch die Magnifizenz und Pracht seiner Hofhaltung gerecht werden mußte. Seine Prunkentfaltung, die gerne mit den Strahlen der Sonne verglichen wurde, sollte die eigenen Untertanen wie die Fremden beeindrucken, und selbst noch die Gesandten hatten durch ihr glanzvolles Auftreten die Leute glauben zu machen, »ein dergleichen Ambassadeur ... sei aus einem Lande, in welchem das goldene Seculum befindlich«,[1] gesandt. Nach Aussage der Hofliteratur durfte nur ein Privatmann wie ein Hausvater rechnen und frei über seine Geldmittel verfügen, »ein fürst ist obligiert, sich deren also zu gebrauchen, das sye hierdurch ihnnen und ihren fürstenthommern einen glanz und zierde verschaffen«.[2] So berichtet etwa Graf Lantéry, der savoyische Gesandte in München, im März 1687,[3] Max Emanuel habe die Karnevalszeit in Venedig zugebracht und dabei beträchtliche Summen für sein Vergnügen ausgegeben, und schließt daran anstelle von Mißbilligung, wie man vielleicht erwarten würde, den überraschenden Kommentar, der Kurfürst habe »dadurch den Ruhm der Generosität und Liberalität erworben«. Dies macht verständlich, warum die Liberalitas durch Darstellungen an der betonten Stelle über dem Kamin in den Kabinetten der kurfürstlichen Appartements in Nymphenburg und Schleißheim so auffällig hervorgehoben wurde.[4]

Ehrgeizige und hochfliegende politische Ziele, wie sie Max Emanuel zeit seines Lebens verfolgte, mußten sich daher zwangsläufig in ungewöhnlicher Prachtentfaltung äußern, und hier liegt der wichtigste Antrieb für die kostspieligen Feste, für aufwendige Bauvorhaben oder spektakuläre Kunstkäufe. Die bildenden Künste boten die beste Möglichkeit, die Bedeutung eines Hofes sichtbar zu machen, deshalb schenkte der Fürst ihnen seine Aufmerksamkeit und war darüber hinaus bestrebt, allen künstlerischen Projekten das Siegel seines persönlichen Willens aufzudrücken. Mäzene, also Förderer der Künste um ihrer selbst willen, sind absolutistische Fürsten deshalb nicht gewesen, obwohl Max Emanuel und andere seiner Standesgenossen bei ihrer Beschäftigung mit der Kunst auf einigen Gebieten, vor allem der Architektur, echtes Interesse und auch Sachkenntnis gezeigt haben.

Magnifizenz ließ sich bei Hoffestlichkeiten anläßlich von Hochzeiten oder hohen Besuchen besonders gut beweisen. Die Fassaden der Paläste und Häuser wurden dekoriert, Triumphbögen errichtet, und abends illuminierte man die Stadt und brannte kunstvolle Feuerwerke ab. Alle Veranstaltungen, wie Ringelstechen und Turniere, besonders aber Aufführungen von Opern und Schauspielen, zeichneten sich durch ihre reiche Ausstattung aus. Auch die Untertanen trugen bei derartigen Anlässen zur Verherrlichung des Fürsten bei, in München haben sich hier vor allem der Magistrat der Stadt und die Landschaft, die Vertretung der Landstände, hervorgetan. Als der Kurfürst 1683 vom Entsatz von Wien in seine Residenz zurückkehrte, wurde beispielsweise das Landschaftshaus am heutigen Marienplatz beleuchtet und mit einem lebensgroßen gemalten Bildnis des jungen Helden von Johann Kaspar Sing geziert.[5] Ungleich größer war der Aufwand, als am 11. Juli 1715 die Rückkehr Max Emanuels aus dem Exil gefeiert wurde. In 25 Wochen »mit hilff der nacht« hatten Johann Andreas Wolff und seine Mitarbeiter eine Ehrenpforte von 63 Schuh Höhe und 70 Schuh Breite (ca. 18×20 m) errichtet, deren Mittelpunkt eine Statue des Kurfürsten bildete, der im Harnisch und im kurfürstlichen Talar und mit dem Reichsapfel in der Hand als Zeichen der Erztruchsessenwürde dargestellt war. Einschließlich eines Zuschusses von 1500 Gulden für das Feuerwerk wendete die Landschaft für dieses Freudenfest zur Rückkehr des Landesfürsten 3223 fl. $16\frac{1}{2}$ kr. auf.[6] Sie hatte ihm aber außerdem im April schon eine fünfköpfige Delegation zum Empfang nach Kloster Elchingen entgegengeschickt und dem Abt »wegen bei aufwarttung seiner churfürstlichen durchlaucht ... in ermelte closster empfangter grossen ehren« ein silbernes Becken mit Kanne und zwei vergoldete Bierbecher verehrt.[7]

Für das andere große Ereignis dieser Jahre, die Hochzeit des Kurprinzen Karl Albrecht mit Erzherzogin Maria Amalia 1722, errichtete man beim Landschaftshaus wiederum eine Ehrenpforte, die Cosmas Damian Asam entworfen zu haben scheint. Zur Dekoration des Landschaftshauses selbst gehörte das großformatige Gruppenbild der kurfürstlichen Familie von Franz Joseph Winter, das später dort im Ratszimmer hing und 1944 zugrunde gegangen ist[8] (Abb. 25).

Höchste Ambitionen verraten die eigenen Vorbereitungen des Kurfürsten zu seiner Hochzeit im Jahre 1685. Alleine für Kleiderkäufe, für das Brautbett und die Brautkutsche gab er in Paris 97018 fl. 18 kr. aus,[9] eine Summe, neben der sich der Zuschuß der Landschaft zu den Hochzeitskosten, 50000 fl., bescheiden ausnimmt.[10] Das ungewöhnlich prunkvolle Brautbett kostete 31771 Francs 10 Sols; vier Federbüsche, die es bekrönten, alleine 1161 Francs. Das Bett wurde übrigens 1694, wohl anläßlich der zweiten Hochzeit des Kurfürsten, nach Brüssel beordert,[11] und es wird 1707 im kurfürstlichen Schlafzimmer der Münchner Residenz beschrieben.[12]

Als der Kurfürst mit seiner Braut am 9. Oktober 1685 unter der Lösung von drei mal achtzig Böllern durch das Isartor in München einzog,[13] bewegte sich der Zug durch das »Tal«, das mit einer Ehrenpforte des Magistrats geschmückt war, über den Markt zur Frauenkirche zum feierlichen Te Deum. Danach begab man sich über die Kaufinger Gasse zurück zum Markt, zur Dienergasse, wo die zweite Ehrenpforte, »den perg Parnassum praesentierent«, stand, schließlich durch die Residenzstraße mit zwei weiteren Triumphtoren zur Residenz, die »mit allerhandt der schönstens gemahlenen emblematan und sinbildtern ufs stattlichist herausgepuzt war«. In diesem Zug fuhren nicht weniger als 55 Kutschen, deren aufwendigste natürlich die »neue mit silber und golt ufs reichist: unnd prächtigiste künstlich gestickte brautkutschen« war, in der außer der Braut die Herzogin Febronia Mauritia und die Prinzessin Violante Beatrix saßen. Diese Karosse war samt einem Tragsessel für fast 55000 Francs von dem königlichen Sattler Saliot in Paris angefertigt worden.[14] Die Kutschen spielten in München wie an allen anderen Höfen der Zeit eine wichtige Rolle. Als man wenige Monate vor der Hochzeit im Fasching 1685 in geschmückten Wagen durch die Stadt kutschierte, lenkte der Kurfürst selbst »una carozza di nuova inventione tutta aperta per dinanzi, et alli due lati«, die mit acht isabellenfarbenen Pferden bespannt war, die cremefarbenes, goldgefaßtes Zaumzeug trugen.[15] Im Schlag saß unter anderen Damen die »maistresse de son esprit et de sa bourse«[16] Gräfin Kaunitz. Immer wieder werden Kutschen erwähnt: 1701 »eine neue grosse und doppelt vergolte gutschen«, die Lorenz Havelin in Paris für 2400 fl. lieferte,[17] 1706 eine Pariser Postchaise und eine Berline für 2507 fl. 18 st.[18] und schließlich als wahrhaft fürstliches Geschenk eine »neue berline mit 8 schimmel, sambt denen geschüren«, die der Kurfürst am 27. Februar 1719 der Großprinzessin von Toskana verehrte.[19] Aus Paris brachte er 1715 zwei Leibkutschen und zehn Hofkutschen und Berlinen mit,[20] und das Prunkstück von allen Münchner Kutschen der Zeit muß die Pariser Brautkarosse des Kurprinzen Karl Albrecht von 1722 gewesen sein, die von Pater de Bretagne in seiner Beschreibung der Festlichkeiten ausführlich gewürdigt wird.[21]

Unter dem, was die Pracht des Münchner Hofs ausmache, nennt der »Mundus christiano-bavaro-politicus«[22] nach der Residenz, den golddurchwirkten Wandteppichen und den kostbaren Gemälden das »ganz goldene servis«, bemerkt allerdings dazu, daß »dises heuntigen tags so hoch nit mehr geachtet« werde, nachdem der Herzog von Marlborough 1705 seiner Tochter ein derartiges Tafelservice aus massivem Gold zur Hochzeit geschenkt habe. Doch kann man die Bedeutung, die ein solches goldenes Geschirr für die höfische Repräsentation dennoch besessen haben muß, schon allein daraus ersehen, daß Max Emanuel die Wiedergewinnung seines in den Niederlanden versetzten Tafelgoldes so sehr am Herzen lag, daß die Summe für dessen Auslösung ausdrücklich in dem kurz vor dem Frieden von Rastatt geschlossenen Freundschaftsvertrag mit Ludwig XIV. vom Februar 1714 erwähnt wird.[23] Geschirr aus massivem Gold preist schon der Marchese Pallavicino in seiner Residenzbeschreibung von 1667[24] in der Schatzkammer als erstes: «una gran massa di bacili, tondi, piatti, candelieri, e fruttiere à medaglie antiche, e lavori di meravigliose figure, che eccedono nell'artifizio la preziosa qualità del metallo, tutto d'oro massiccio, molto greve, e pesante, che basta à fornire sù le credenze de' Grandi due compiti servigi di tauola.» Das Goldgeschirr gehörte also nicht zur Silberkammer, in der das Gebrauchssilber aufbewahrt wurde, sondern zur kurfürstlichen Schatzkammer, die es zu den wenigen Gelegenheiten, bei denen man es benutzte, gegen Quittung herausgab. Eine derartige Quittung hat sich von den Hochzeitsfeierlichkeiten von 1685 erhalten.[25] Aufgezählt werden darin u. a. 102 Schüsseln verschiedener Größe, 12 tiefe und 36 flache Teller, ein achtzehnteiliges Besteck und ein weiteres Besteck mit Griffen aus Jaspis, außerdem Becken mit zugehörigen Kannen, ein Wasserkessel mit zwei großen Flaschen, Kredenzschalen, eine davon mit florentinischem Wappen und einer »alten münz von P:Pio Quarto«, und schließlich zwei Becken mit den zugehörigen Kannen und zwölf große Konfektschalen auf hohem Fuß, die als Arbeiten von »Paul Fiant«[26] bezeichnet werden. Es handelt sich offensichtlich neben dem Geschirr, von dem gegessen wurde, auch um einige ältere Prunk- und Schaustücke zum Schmuck der Kredenz. Lantéry zufolge[27] soll das goldene Tafelservice, dessen Wert er auf 500000 Scudi beziffert, zur Hochzeit von 1685 erworben worden sein.[28]

Wirksame Bekundungen der fürstlichen Magnifizenz waren auch Geschenke und Stiftungen sowie einzelne besonders spektakuläre Ankäufe, über die die Zeitungen berichteten und Reisende oft fabelhafte Nachrichten in Umlauf brachten. So ließ Kurprinz Karl Albrecht 1722 seiner Braut Maria Amalia ein aufwendig gefaßtes Miniaturbildnis überreichen, dessen Wert auf über 250000 Gulden geschätzt wurde, ein Geschenk, das dem Rang der Kaisertochter wie des Bräutigams entsprach.[29] Der mit Diamanten besetzte Degen, den Kaiser Leopold I. im März 1681 dem jungen Max Emanuel in Altötting überreichte, war hingegen nicht nur eine generöse fürstliche Gabe, sondern diese Schenkung war darüber hinaus eine hochpolitische Demonstration, die den Kurfürsten zur Tapferkeit und zur Treue gegenüber Kaiser und Reich aufforderte.[30]

Zu den vornehmsten Pflichten des Fürsten gehörten der Schutz und die Förderung des christlichen Glaubens. Kirchliche Stiftungen hatten deshalb einen besonderen Rang. Waren sie bedeutend, vermehrten sie natürlich auch den Ruhm des Stifters. Max Emanuel hat beispielsweise für eine der etwa doppelt lebensgroßen Marmorstatuen der Apostel in der Lateransbasilika in Rom die Kosten übernommen und sich damit in einen Kreis erlauchter Stifter eingereiht. Dieser Statuenzyklus zählt zu den bedeutendsten künstlerischen Unternehmungen seiner Zeit, und der hl. Jakobus d. Ä. von Camillo Rusconi, den der bayerische Kurfürst finanzierte, ist eine der schönsten römischen Skulpturen des 18. Jahrhunderts.[31] Kurprinz Karl Albrecht hat die »noch nicht gar verfertigte Statua« am 11. April 1717 in der Kirche besichtigt,[32] als er auf seiner Kavalierstour Rom besuchte, und der bayerische Gesandte Abbé Scarlatti berichtet am 28. Mai 1718 von der Enthüllung durch den Papst am Himmelfahrtstag: »Man bewunderte diese Statue aufs höchste und hält sie für vollendeter als alle anderen dort befindlichen Statuen.«[33]

Die frühen Jahre 1680–1691

Max Emanuel kam so jung zur Regierung, daß er seine Ausbildung nicht wie andere Prinzen seines Ranges – etwa später auch die eigenen Söhne – durch Studien im Ausland und durch ausgedehnte Kavalierstouren zu den führenden Höfen und Kunstzentren Europas hatte abschließen können. Allerdings war er an einem Hof aufgewachsen, an dem durch seine Mutter, die savoyische Prinzessin und Enkelin Heinrichs IV. von Frankreich, italienische und französische Bildung und italienische Barockkunst heimisch gemacht worden waren. Die Henriette-Adelaide-Zimmer in der Münchner Residenz und die Theatinerkirche, das großartige Votiv anläßlich der Geburt Max Emanuels, setzten Maßstäbe, die auch für ihn zunächst Gültigkeit behielten. So schließen die Alexander- und die Sommerzimmer, die er 1680-85 gleich nach seinem Regierungsantritt als eigene Wohnung im Hauptgeschoß des Süd- und Ostflügels um den Grottenhof der Münchner Residenz einrichten ließ, an das von der Mutter Geschaffene an. Diese, vierzig Jahre später von Max Emanuel selbst wieder umgebauten Räume besaßen reich geschnitzte Felderdecken mit darin eingelassenen Leinwandbildern, bei deren Darstellungen antike Historien mit Allegorien und Emblemen in literarisch anspruchsvoller Weise zueinander in Beziehung gesetzt waren.

Die Malerei dominierte in diesen Jahren in München. Nicht weniger als zehn Maler erhielten eine feste Besoldung vom Hof, Franz de Hamilton, Ferdinand Renati und Francesco Rosa sogar in Höhe von jährlich 1500 Gulden, eine Summe, die das Einkommen des leitenden Architekten Enrico Zuccalli von 1000 Gulden weit übertraf.[34] Außerdem bekamen aber noch andere Maler, etwa Johann Andreas Wolff oder Giovanni Battista Curlando, von Fall zu Fall größere Aufträge. Porträt- und Miniaturmalerei standen nach wie vor hoch im Kurs, der Primat lag jedoch eindeutig bei der Monumentalmalerei, deren bedeutsamste Leistung in den Deckenbildern von Schloß Lustheim bei Schleißheim (erbaut seit 1684 von Zuccalli) besteht, dem ersten barocken Freskenzyklus in Süddeutschland.[35]

Die führenden Kräfte, neben den Architekten und Stukkatoren vor allem die Maler, stammten aus Italien. Einheimische und einzelne Wanderkünstler, wie der Schotte Franz de Hamilton,[36] spielen daneben eine sekundäre Rolle. Dem Maler Carl Felix Guisani hatte man 1680/81 sogar den Studienaufenthalt in Rom finanziert, bevor man ihn in der Münchner Residenz beschäftigte.[37] Aus Rom kamen 1682 auch die beiden Weilheimer Bildhauer Franz und Dominicus Stainhart,[38] die sich während ihres neunjährigen Aufenthalts in Italien einen Namen als Elfenbeinschnitzer gemacht hatten. Als sie dem Hof ihre Dienste anboten, zeigten sich Hofkammer und Hofbauamt von ihren Fähigkeiten so beeindruckt, daß sie in Erwägung zogen, den inzwischen alt gewordenen Bildhauer Balthasar Ableithner zu entlassen, um diese neuen Kräfte gewinnen zu können, wozu es allerdings nicht gekommen ist.[39] Dominicus Stainhart schuf jedoch, ohne fest angestellt zu sein, im Auftrag des Kurfürsten einige hervorragende Elfenbeinreliefs und hatte bei Hof auch sonst einflußreiche Gönner, wie den Geheimen Rat Corbinian von Prielmair.[40] Kat.Nr. 253, 254

Eine Blütezeit der Münchner Hofkunst ist dieses erste Jahrzehnt der Regierung Max Emanuels dennoch nicht gewesen, allzusehr waren die Kräfte auf die Türkenkriege konzentriert, an denen sich der ehrgeizige junge Kurfürst persönlich als Heerführer beteiligte und bei denen er die größten Erfolge seiner militärischen Laufbahn errang. Er hat damals Wien und den Kaiserhof kennengekernt und flüchtige Bekanntschaft mit Italien gemacht, als er 1687 zusammen mit dem Herzog von Savoyen und seinen späteren Gegnern, dem als Türkenlouis bekannten Markgrafen Ludwig von Baden und dem Prinzen Eugen, sechs Wochen während des Karnevals in Venedig zubrachte. Im Sommer 1691 kam er – nun als Befehlshaber kaiserlicher Truppen – erneut nach Oberitalien, sah unter anderem Mailand und Turin, die Geburtsstadt seiner Mutter, und begab sich dann in Begleitung des Prinzen Eugen zum zweiten Mal nach Venedig, wo ihn die Nachricht von seiner Ernennung zum Statthalter der Spanischen Niederlande erreichte.

Die Statthalterschaft in den Niederlanden 1692–1701

Als »Lieutenant Gouverneur et Capitaine générale des Pays-bas« verlegte Max Emanuel seine Residenz nach Brüssel. Am 26. März 1692 zog er in die Stadt ein. Sein Nachbar im Norden und sein wichtigster Verbündeter im Kampf gegen Frankreich war Wilhelm von Oranien, seit 1688 auch König von England, dem er bereits im Februar 1691 einen Besuch abgestattet hatte. Zwischen beiden Fürsten entwickelte sich eine enge Zusammenarbeit, die sich auch auf die künstlerischen Vorhaben Max Emanuels auswirkte. Wilhelm III. ließ seine Schlösser seit 1685 von dem aus Frankreich emigrierten Daniel Marot, einem der bedeutendsten Ornamentkünstler der Epoche, erbauen und ausstatten, am großartigsten Het Loo in Apeldoorn (Geldern), wo Max Emanuel mehrfach zu Besuch weilte. Die Verbindung von niederländischer Tradition und neuestem französischem Geschmack, wie er sie hier kennenlernte, hat ihn offensichtlich beeindruckt, ebenso seinen Architekten Enrico Zuccalli, den er im Sommer 1693 zu Studienzwecken nach Holland schickte.[41] Wenig später wurde unter Zuccalli mit der Anlage des Schleißheimer Gartens in holländischem Stil begonnen.

Die Auswirkung holländischer Anregungen zeigte sich 1693/94 auch beim Bau des »Holländischen Kabinetts« in der Münchner Residenz.[42] Wening zufolge lag dieser Raum unmittelbar hinter dem Schlafzimmer des Kurfürsten und öffnete sich mit zwei Fenstertüren gegen eine Altane zum Residenzgarten hin. Der Kamin bestand aus dem »schönsten grauen Landt=Marmel«, es waren »in denen vier Ecken von vnden an biß oben die rar=geführte Stellen mit Porcellan-Geschür angerichtet, die Wänd theils mit Spieglgläsern, theils mit Indianischer Holtzarbeit gezieret«. Nach Kalmbach war der Wandspiegel links vom Eingang so groß, daß man sich darin in ganzer Figur sehen konnte. Ihm zufolge hatte man den Fußboden mit »geschneckleten Maiolica-Blättlein« eingelegt, und an den Wänden erwähnt er »mit raren Indianischen Holtz geschnittne Figuren«. An der Decke gruppierten sich Darstellungen der vier Elemente von J. A. Wolff um einen Ovalspiegel, in dem noch einmal die gesamte Ausstattung des Raums zu sehen war. Bei diesem »Holländischen Kabinett« handelt es sich um das früheste bisher bekannte Beispiel seiner Gattung in Deutschland und um ein bedeutendes Zeugnis der Chinamode, die damals gerade im Begriff war, sich von Holland aus, dem Zentrum des Ostasienhandels, über ganz Europa auszubreiten. In Holland sind auch diese intimen Prunkräume aufgekommen, die dann im 18. Jahrhundert als Spiegel-, Porzellan- und Lackkabinette allgemeine Verbreitung gefunden haben.[43]

Max Emanuel hat sich, wie man aus seinen Ankäufen sieht, auch sonst für Ostasiatica interessiert. Ihm verdanken wir mit großer Wahrscheinlichkeit die einzigartige Sammlung von Lackschränken in der Münchner Münzsammlung[44] und außerdem zumindest einen Teil der ostasiatischen Porzellane im Residenzmuseum und im Bayerischen Nationalmuseum, die vielfach europäische Silber- und Bronzefassungen aus der Zeit um oder kurz nach 1700 besitzen. Kostbare Arbeiten ostasiatischen Ursprungs werden beispielsweise in einer Liste vom 8. Oktober 1698 aufgezählt, in welcher der Pariser Juwelier und Kunsthändler Lorenz Danet seine Lieferungen spezifiziert hat:[45]

»un cabinet de la Chine enrichi de marqueterie sur son pied doré	700 Escus
2 tres belles cassettes de la Chine avec des pagodes	600 Escus
une belle cassette dancien lacq avec des oiseaux	100 Escus
un beau petit cofre de la Chine fermant a clef	40 Escus
trois belles urnes de porcelaines ancienne garnies de bronze doré dor moulu	800 Escus
un piece en hauteur d'ancienne porcelaine	80 Escus.«[46]

Max Emanuel hat in den Niederlanden auch Möbel erworben und natürlich Wandteppiche, die seit Jahrhunderten zu den berühmtesten Erzeugnissen niederländischer Kunst gehörten. Am bedeutendsten waren aber zweifellos seine Gemäldeankäufe. Vor allem handelt es sich hier um die Erwerbung der Antwerpener Sammlung Gisbert van Colen im Jahre 1698.[47]

Gelegentlich hat man die Verdienste des Kurfürsten in den Niederlanden gewürdigt und ihm denkmalähnliche Bildnisse gewidmet, wie jene Marmorbüste von Guillielmus Kerricx, eine der besten Leistungen der flämischen Bildhauerei der Zeit, die ihm die Vorsteher der Antwerpener St. Lukasgilde, der er vier Freibriefe erteilt hatte, 1694 in der Akademie errichteten und auf deren langer zweisprachiger Sockelinschrift »De oppervorstelijke mildadigheijd van den alderdoorlugtigsten Maecenas« gerühmt wird.[48] Sicher hat Max Emanuel sie im Sommer 1695 gesehen, als er unmittelbar nach der Eheschließung mit seiner neuen Gemahlin Therese Kunigunde Antwerpen und dort auch die Akademie besuchte.[49] Seinen Verdiensten für die Kunst Antwerpens huldigt auch ein Stich von G. Bouttats nach G. Maes (um 1693), und ein Mäzen der Kunst dieser Stadt wird er außerdem von dem Antwerpener Akademiesekretär Jacobus van der Sanden genannt, als dieser berichtet, daß der junge, aus dem Rheinland stammende Bildhauer J. P. van Baurscheit d. Ä. im Gefolge des neuen Statthalters in die Niederlande gekommen sei. Baurscheit soll eine Marmorbüste Max Emanuels gefertigt haben; die ebenfalls von ihm geschaffene Büste des Grafen von Bergeyck hat sich erhalten.[50] Des Kurfürsten Einsatz für den Wiederaufbau Brüssels nach dem verheerenden Bombardement von 1695 wurde von der Brauerzunft dadurch honoriert, daß

Kat.N
Kat.N
Kat.N

24 S. Slodtz, Kamin mit Spiegelaufsatz. Schloß Nymphenburg, 1719/20

25 F. J. Winter, Die kurfürstliche Familie, 1722

diese auf dem Giebel ihres wiederhergestellten Gildenhauses am Großen Platz sein Reiterstandbild aus Gips mit der Unterschrift »Dux Bavariae Bruxellensium salus« (Chronogramm 1697) errichtete, das, vom Wind beschädigt, bald durch einen Bronzeguß ersetzt wurde.[51]

Gleich nach seinem Eintreffen in Brüssel hatte der Kurfürst die verwahrloste Statthalterresidenz herrichten und bewohnbar machen lassen.[52] Als seine Hochzeit mit Therese Kunigunde Sobieska bevorstand, wurde erneut gebaut. »Serenissimus zieht ins Kaiser Carlhauß und last im Palais anfangen pauen und für die neue Churfürstin die Zimmer zurichten«, schreibt Prielmair unter dem 25. Juni 1694 in sein Tagebuch.[53] Zur Leitung dieser Arbeiten, an denen auch einheimische Künstler, wie die Bildhauer Pierre Sterckx, Jan Ryckel und Petrus Allard sowie der Maler Jean-Baptist van Diest, beteiligt waren, kam Enrico Zuccalli aus München und brachte von dort den Maler Giovanni Trubilli mit.[54] Ähnlich wie in der Münchner Residenz wurde auch in diesem Brüsseler Appartement ein Kabinett besonders modern ausgestattet, aber nun in französischer Manier mit kleinen Gemälden und mit Groteskenmalereien. Derartige Arbeiten führte ein leider nicht namentlich genannter französischer Maler aus, »qui pint a merveille et a le gout bon«.[55]

Gegen Ende der Brüsseler Zeit, als sich ganz allgemein in Europa der französische Geschmack durchzusetzen begann, hat sich auch Max Emanuel stärker nach Paris orientiert, wo ihm seine Mätresse Agnes Lelouchier, Gräfin von Arco, als Vermittlerin diente. Diese kunstinteressierte Dame wandte sich nach der zweiten Heirat des Kurfürsten, als sie nicht länger in Brüssel bleiben durfte, mit ihrem Söhnchen, dem Chevalier de Bavière, nach der französischen Hauptstadt. Sie war es wohl, die Max Emanuel auf den Porträtmaler Joseph Vivien aufmerksam gemacht hat, einen der Wegbereiter der im 18. Jahrhundert so beliebten Pastelltechnik und einen der bedeutendsten Künstler, die überhaupt für ihn gearbeitet haben. Vivien kam wahrscheinlich 1698 nach Brüssel, wo er unter den ersten Arbeiten für seinen neuen Auftraggeber eines seiner Hauptwerke, das lebensgroße ganzfigurige Pastell des sechsjährigen Kur-
Nr. 311 prinzen Joseph Ferdinand, schuf. Auf seinem Bildnis von
Nr. 719 1699 in der Uffizien-Sammlung von Künstlerselbstporträts rühmt er sich als Apelles seines Alexanders Max Emanuel.

München wurde in diesen Jahren zwar nicht völlig vernachlässigt, aber die großen Projekte kamen dort aus Geldmangel nicht recht voran, obwohl der Kurfürst sogar während der Belagerung von Namur 1695 das Münchner Bauwesen neu regelte.[56] Während für das Neue Schloß in Schleißheim die Planung gerade erst in Gang kam, wurde am Garten damals bereits gearbeitet. Die Sorge des Bauherrn galt den Spalieren, den neu gepflanzten Linden, den Kanälen, Lustheim und den beiden dieses Schloß flankierenden Pavillons mit der halbkreisförmigen Galerie, die diese verbinden sollte, der Schleißheimer Gartenmauer, aber auch den Ziegelöfen bei Dachau und der sich hinschleppenden Instandsetzung der 1674 ausgebrannten Kaiserzimmer der Münchner Residenz. Sein Interesse an den Bauvorhaben reichte bis zu den kleinsten Details.

Zwischenspiel in München 1701–1704

1701 kehrte der Kurfürst aus den Niederlanden nach Bayern zurück, wo die Grundsteinlegung zum Neuen Schloß von Schleißheim am 14. April zu seinen ersten Handlungen gehörte. »Ich fühle mich wohl und glaube wirklich, daß mir die Heimatluft gut tut«, schrieb er zwei Tage danach an die Gräfin Arco,[57] in einem jener ungezwungen-vertraulichen Briefe, die uns auch über sein persönliches Engagement für seine Bauten unterrichten. Am 30. April heißt es: »... au reste je mis au batiment à meubler les maisons un peu plus à la mode et je joue beaucoup au Malle (= Mail); voyla ma chère anfan (= enfant), come je passe icy la vie iusques à present ...«[58] Man schickte daraufhin nach Paris Listen für neue Möbel, die man zur Ausstattung der beiden kurfürstlichen Appartements in Nymphenburg brauchte. Unberührt von den Kriegsvorbereitungen wurde bis zur Schlacht bei Höchstädt am 13. August 1704 in Schleißheim und Nymphenburg fieberhaft gebaut. Selbst nach dem Einsturz der gerade hochgezogenen Ostmauer des Schleißheimer Corps de logis am 7. Juli 1702 gab es nur eine kurze Unterbrechung der Arbeiten. Zur Verstärkung der Fundamente schüttete man das Terrain an der Gartenseite auf, und man modifizierte auch den Aufriß der Fassaden.[59] Um die Arbeit an den Gartenanlagen nach modernsten Grundsätzen voranzutreiben, wurde der französische Gartenarchitekt Charles
Carbonet[60] berufen, von dessen Hand sich ein Gartenplan Kat.Nr. 711
für Schleißheim erhalten hat, der dem in seiner Gesamtanlage nach wie vor holländischen Garten im Detail französische Akzente gibt. In Paris hat der bayerische Gesandte Graf Monasterol 1703 außerdem mit Alexis Delamair einen prominenten französischen Architekten verpflichtet, der zwar in Nymphenburg und Schleißheim wohl kaum die Außenarchitektur noch hätte beeinflussen können, der aber sicher im Innern für die Berücksichtigung der neuesten Ansprüche an »convenance« und »distribution« gesorgt hätte. Wegen des unglücklichen Kriegsverlaufs ist es zu seiner Übersiedelung nach München nicht gekommen.[61]

Zweiter niederländischer Aufenthalt und Exil 1704–1715

Überstürzt muß Max Emanuel nach der Katastrophe von Höchstädt Bayern verlassen, und über Straßburg begibt er sich nach Brüssel, wo das Hofleben bald in der gleichen Pracht wiederauflebt wie in den Jahren vor 1701. Intensiver

denn je denkt er ans Bauen. Die Bauten und Gärten seien das einzige Vergnügen, das ihm geblieben sei, schreibt er am 4. Januar 1705 an die Gräfin Arco[62], und seine bayerischen Schlösser, die er hatte verlassen müssen, nennt er fast zärtlich die einzigen Gegenstände seiner Liebe. Noch im gleichen Monat kommt sein Gartenintendant Carbonet nach Brüssel und kurz darauf aus Paris der von der Freundin empfohlene Architekt Germain Boffrand.[63] Der Kurfürst spielt mit zahlreichen Projekten, doch schließlich konzentriert er sich auf die Errichtung des Jagdschlosses Bouche-
Kat.Nr. 677 fort, das nach den Plänen Boffrands auch wirklich begonnen wurde. Dieser Architekt, schreibt er am 9. Februar 1705, »ist ein Mann nach meinem Wunsch, er ist sehr erfahren und spricht hinreißend über Bauten. Die Gespräche mit ihm sind meine angenehmste Unterhaltung hier«.[64]

Doch schon im Jahre darauf muß Max Emanuel nach der Schlacht von Ramillies Brüssel verlassen und von seinen Bauprojekten endgültig Abschied nehmen. Er residiert fortan in Mons. Mit der erfolglosen Belagerung von Brüssel im November 1708 endet ruhmlos seine militärische Laufbahn, und bald muß er im September 1709 auch Mons vor den anrückenden Alliierten räumen und sich nach dem nördlich von Paris gelegenen Compiègne zurückziehen, wo ihm Ludwig XIV. das Schloß als Wohnsitz angewiesen hat. Im November 1709 begibt er sich in dieser für ihn politisch wie wirtschaftlich prekären Lage an den französischen Hof, wo er zum ersten Mal mit Ludwig XIV. zusammentrifft. In offener Kalesche zeigt ihm der Sonnenkönig persönlich den Garten von Marly, eine Auszeichnung, wie sie nur wenigen zuteil wird. Das Zeremoniell habe, so schreibt er am 15. November an seine Gemahlin,[65] seinem Rang als Kurfürst von Bayern entsprochen, obwohl er incognito als Graf von Dachau erschienen sei. In Paris habe er bei seinem Gesandten Graf Monasterol gewohnt, und er sei von dort erneut nach Marly gefahren, um mit dem König zu jagen. »Drei Tage, während denen der König in Marly weilte, hielt ich mich in Versailles auf, um dort das Schloß, die Gärten und die Wasserwerke zu sehen und um auf Fasanen zu schießen, die es hier in Hülle und Fülle gibt; 55 habe ich an einem Tag erlegt.«

Es ist dies für Max Emanuel die entscheidende erste Begegnung mit der Versailler Hofkunst, die in den folgenden Jahren bis zu seinem Tod für alle eigenen Planungen richtungweisend wird. Die Situation des Kurfürsten bessert sich erst, als sich nach dem Tod Kaiser Josephs I. 1711 der Friede abzuzeichnen beginnt und Philipp V. von Spanien ihm die souveräne Herrschaft über Namur, Luxemburg und einige ihm von den Niederlanden verbliebene Gebiete überträgt. Er kommt nun immer häufiger nach Paris und an den königlichen Hof. »Ich will die Galerie des Palais Royal besichtigen und dann anderes, was ich hier noch nicht gesehen habe«, schreibt er einmal,[66] »ich will alles ansehen«, und er ist sehr stolz darauf, daß ein Bonmot von ihm über Schloß Chantilly in den Salons Beachtung findet.[67]

Nun werden auch wieder Aufträge an Künstler vergeben, und es wird wie früher großzügig bei den Pariser Händlern und Juwelieren eingekauft. Im September 1713 erwirbt Max Emanuel sogar ein eigenes Palais in St. Cloud, das ihm bis zu seiner Abreise als Residenz dient.[68] Das Anwesen war sehr schön an einem Hang gegen die Seine hin gelegen, mußte allerdings zunächst gründlich umgebaut und hergerichtet werden. Diese Arbeiten wurden Germain Boffrand übertragen, der sich 1705/06 in Brüssel so glänzend bewährt und dem Max Emanuel die Ausbildung des talentierten Dachauer Gärtnersohns Joseph Effner anvertraut hatte, der nun als designierter neuer Hofbaumeister seine Fähigkeiten in St. Cloud zum ersten Mal bei der örtlichen Bauführung beweisen konnte. Effner war 1706 als Gärtner gemeinsam mit seinem Berufskollegen Matthäus Disel auf Kosten seines Landesherrn zur Ausbildung nach Paris gekommen, wo er sich bereits im folgenden Jahr dem Architekturstudium zuwandte.[69] Während Disel 1710 nach Bayern zurückkehrte, blieb Effner bis zur Abreise Max Emanuels in Frankreich, ebenso wie der Schreiner Adam Pichler, der dort seit 1709 die »schöne Kistlerarbeit« neuester Manier erlernte und der nach 1715 in München auch zu den führenden Hofkünstlern gehörte.[70]

Max Emanuel hatte bereits 1684/85 seinen Architekten Enrico Zuccalli zum Studium nach Paris geschickt, ihn 1693 nach Holland reisen lassen und ihn mehrfach zur Leitung von Bauarbeiten nach Brüssel beordert. Er hat diesen unbequemen und schwierigen Mann, nach dessen Plänen Lustheim und Schleißheim errichtet wurden, stets auffallend wohlwollend und rücksichtsvoll behandelt. Dennoch hat dessen Kunst offenbar schon 1703 dem Bedürfnis des Kurfürsten, »à la mode« eingerichtet zu sein, nicht mehr entsprochen, so daß man aus Paris den Architekten Alexis Delamair berufen wollte. Dieser hat den Kurfürsten 1711 in Villiers und drei Jahre später erneut in St. Cloud aufgesucht, wo er ihm einen stattlichen Band
mit eigenen Entwürfen überreichte, aber mit gnädigen Kat.N
Worten und der Aussicht auf eine Gratifikation beschieden wurde. Von der erhofften Berufung nach Bayern war nicht mehr die Rede.[71] Indessen nutzte der Kurfürst in Paris die Gelegenheit, die ersten Künstler der Zeit um ihren Rat für seine Münchner Bauten zu fragen, deren Planung nun schon länger als ein Jahrzehnt zurücklag. Robert de Cotte, dem allgewaltigen *Premier Architecte du Roi*, legte er Risse von
Schleißheim vor, aufgrund deren dieser eigene Entwürfe Kat.N
zeichnete,[72] die jedoch später ebensowenig realisiert wur- 674, 7
den wie Projekte für den Schleißheimer Garten von dem
Neffen Le Nôtres, Claude Desgots.[73] Kat.N

Als die Rückkehr des Kurfürsten in greifbare Nähe rückte, kümmerte er sich von Paris aus um die Instandsetzung seiner bayerischen Schlösser und Gärten, die er nicht in baufälligem oder verwildertem Zustand antreffen wollte.

Anfänglich hatte er die Absicht, Effner zur Leitung dieser Arbeiten nach München zu schicken,[74] schließlich übertrug er sie aber seinem im Baufach erfahrenen Obristkämmerer Freiherrn von Neuhaus. Die kaiserliche Administration zeigte sich großzügig und duldete diese Aktivitäten sogar schon vor dem endgültigen Abschluß des Friedensvertrags. Vier ausführliche Berichte, die Neuhaus im Frühjahr und Sommer 1714 nach St. Cloud sandte und auf denen Serenissismus seine Meinung am Rand anmerkte,[75] informieren über den Zustand der Gebäude und Gartenanlagen wie über die durchgeführten Arbeiten und geben darüber hinaus noch wichtige Hinweise auf Max Emanuels Absichten nach seiner Rückkehr. Neuhaus machte beispielsweise Vorschläge für die Fertigstellung des sogenannten Kapellenpavillons von Nymphenburg, der bis 1704 gerade unter Dach gebracht worden war. Nun, im Sommer 1714, wurde das innere Mauerwerk errichtet und der Innenputz angetragen, und die Einwölbung und Dekoration der Kapelle hätte daraufhin erfolgen können. Da von dem 1713 verstorbenen Baumeister Antonio Viscardi, der den Nymphenburger Bau geleitet hatte, für die Kapelle keine Risse vorlagen, ließ Neuhaus den Stukkator Francesco Marazzi, den fähigsten Mann, der ihm für eine derartige Aufgabe zur Verfügung stand, Entwürfe zeichnen, wozu der Kurfürst allerdings bemerkte, es sei genug, die Kapelle glatt zu verputzen, zur Ausschmückung sei später noch Zeit. Er wollte sich die Entscheidung also für die Zeit nach seiner Rückkehr vorbehalten. Hinsichtlich des Schleißheimer Gartenparterrres schrieb er sogar, man solle es in dem verwüsteten Zustand belassen, auch der Kanal könne so bleiben, wie er sei, weil er hierfür ganz neue Pläne habe.[76] Neuhaus bereitete die Durchführung dieser doch recht umfangreichen Arbeiten große Schwierigkeiten, weil die leitenden Fachkräfte fehlten, und er schrieb nach St. Cloud: »Das einzige were zu wünschen, mit euer fürstlichen durchlaucht höchsten gegenwarth in balde getröst zu werden, welche eintweders einen habilen paumaister mitzubringen oder herauß zu schickhen« sich entschließen möchten. Außerdem fehle besonders ein erfahrener Garteningenieur, der auch mit den neuesten technischen Errungenschaften vertraut sei.

Die späten Jahre 1715–1726

Am 8. April 1715 feierte die kurfürstliche Familie ihr Wiedersehen in Schloß Lichtenberg am Lech, zwei Tage später zog sie in aller Stille in die Münchner Residenz ein, wo sie von einer Abordnung der Geistlichkeit und vom Magistrat der Stadt im Brunnenhof begrüßt wurde.[77] Das große Freudenfest hatte man auf den Geburtstag des Kurfürsten verschoben, um es gründlich vorbereiten zu können.

Die anschließenden elf letzten Regierungsjahre Max Emanuels entwickelten sich, allen finanziellen und organisatorischen Mängeln zum Trotz, zu einer Blütezeit der Münchner Hofkunst, die Höchstleistungen wie den Nymphenburger Garten mit seinem plastischen Schmuck und den drei originellen Parkschlößchen hervorbrachte. München wurde damals zu einem entscheidenden Wegbereiter des französischen Stils in Deutschland und weithin zum Vorbild für andere Residenzen.

Joseph Effner stand an der Spitze der Schar von Hofkünstlern, unter denen der Gartenarchitekt Dominique Girard und der Bildhauer Guillielmus de Grof, die aus Paris berufen worden waren, herausragten. Andere Kräfte aus Frankreich, ein Kunstschlosser, ein Sattler, ein Tapezierer, ein Seidensticker, ein Goldschmied und ein Kunstdrechsler, prägten die Kunstschöpfungen jener Jahre mit, und auch bei den Boulle-Möbeln eines Johann Puchwiser oder den weiß-goldenen Vertäfelungen und geschnitzten Möbeln aus der leistungsfähigen, bis zu achtzig Mann starken Werkstatt Adam Pichlers spürt man die französischen Vorbilder. Ohne die Kenntnis der Galerie des Grand Trianon mit den Ansichten der wichtigsten Partien der Gärten von Versailles und Trianon (Auftrag 1688) sind auch die beiden Galerien in Nymphenburg mit Franz Joachim Beichs Veduten der kurbayerischen Schlösser undenkbar. Hinzu kommen einzelne Ausstattungsstücke, die man direkt aus Paris bezog, wie Spiegelgläser, Textilien Kaminböcke oder Bronzewandleuchter, ferner Bestellungen von besonders prächtigen Einzelobjekten, wie dem Plafond für den Badesaal der Badenburg, den Nicolas Bertin 1719 in Paris malte, oder dem Marmorkamin mit Spiegelaufsatz und zwei zugehörigen Tischplatten, die nach Entwürfen von Jean Bérain d. J. 1719/20 von der Slodtz-Werkstatt für das sogenannte Depeschenkabinett im Appartement des Kurfürsten im Nymphenburger Schloß gefertigt wurden (Abb. 24).

Kat.Nr. 686
Kat.Nr. 731

Schon im November 1715 berichtete Max Emanuel der Gräfin Arco, sein Nymphenburger Garten könne sich mitten in Frankreich sehen lassen,[78] ein Zeichen dafür, wie stark das Bestreben des Bauherrn darauf gerichtet war, mit seinen Schöpfungen Frankreich gegenüber bestehen zu können. Man kann bei den ersten selbständigen Bauten Effners, die schon 1715 begonnen wurden, dem Umbau von Schloß Dachau (1715/17) und dem Um- und Ausbau der Sommerresidenz Nymphenburg vor allem, das Vorbild mitunter sogar genau bestimmen. Beim neuen Treppenhaus von Schloß Dachau lehnt sich der Entwurf bis in Details der Stuckdekoration an Boffrands Treppenhaus im Palais du Petit-Luxembourg in Paris (1711) an.[79] Auf Stukkaturen in diesem Palais griff man auch bei der Ausstattung des nördlichen Vorzimmers von Schloß Nymphenburg (1716) zurück.[80]

Wurden die Innenarchitektur und die Ausgestaltung der Gärten weitgehend von Frankreich beeinflußt, so war die Vorbildlichkeit der französischen Malerei ungleich geringer, wenn man von der Bildniskunst absieht, die in München

bis in die Jahrhundertmitte den Schöpfungen Joseph Viviens verpflichtet bleibt. Die Deckenmalerei in den Schlössern hingegen vertraute man – der genannte Plafond Bertins ist die einzige Ausnahme[81] – einheimischen Kräften an, dem Tiroler Johann Anton Gumpp, Cosmas Damian Asam, Nikolaus Gottfried Stuber oder dem jungen Balthasar Augustin Albrecht, vor allem aber dem versierten Venezianer Jacopo Amigoni, einem jener in ganz Europa heimischen Wanderkünstler, dessen helle, in leuchtenden und dennoch milden Farben gehaltenen Fresken den Räumen im Hauptgeschoß von Schleißheim oder dem Festsaal der Badenburg einen ganz unfranzösischen Akzent geben. Auch für das Hochaltarblatt der Schleißheimer
Kat.Nr. 626 Schloßkapelle verpflichtete man mit Sebastiano Conca einen bedeutenden italienischen Maler.[82]

Man hat oft zu einseitig die Vorbildlichkeit Frankreichs für die Münchner Hofkunst nach 1715 betont, denn selbst die von Boffrand inspirierten Erstlingswerke Effners, wie das Dachauer Treppenhaus, sind nicht einfach nur weniger perfekte und deshalb provinzielle Ableger französischer Kunst, sondern schon hier zeigt sich in der Tendenz, dem Flächenornament gegenüber der architektonischen Struktur stärkeres Gewicht zu geben, eine Richtung, die dann ein Jahrzehnt später bei Effners Preysing-Palais in München als eigener Stil ausgebildet ist. Mit Recht hat man für diesen Bau auf enge Beziehungen zu Wien hingewiesen,[83] Beziehungen, wie sie sich ähnlich schon für Zuccallis erstes großes Schleißheim-Projekt haben aufzeigen lassen.[84] Zuccalli wie Effner besaßen eine breite Kenntnis der europäischen Architektur, und es ist bezeichnend, daß Effner vom Kurfürsten 1718 studienhalber auch nach Italien geschickt wurde.[85] Als Effners selbständige künstlerische Leistung ist neben den bereits genannten Nymphenburger Parkburgen vor allem noch die Raumdekoration im Treppenhaus und im Großen Saal von Schleißheim (nach 1720) hervorzuheben, dem Münchner Erstlingswerk des Stukkators Johann Baptist Zimmermann, bei dem sich bereits seine besonderen ornamentalen und bildhauerischen Fähigkeiten hervorragend beweisen.

Bei der 1725 begonnenen Neueinrichtung des kurfürstlichen Appartements in der Münchner Residenz an der Stelle der Alexander- und der Sommerzimmer erscheint zum ersten Mal neben Effner der geniale François Cuvilliés, der im Frühjahr 1724 von einem vierjährigen Studienaufenthalt in Paris zurückgekehrt war und bald den älteren Architekten in der künstlerischen Leitung der wichtigen Bauvorhaben ablösen sollte, ähnlich wie dieser zehn Jahre zuvor Zuccalli verdrängt hatte. Cuvilliés war von Max Emanuel 1706 in Mons zunächst als Hofzwerg engagiert worden, jetzt brachte er die Kenntnis der neuesten französischen Architektur nach Bayern mit. Bruchlos vollzieht sich von nun an die Entwicklung zum Rokoko.

Der Kunstbetrieb

Die Ausführung künstlerischer Projekte ließ sich der Kurfürst stets persönlich angelegen sein. In Zeiten der Niedergeschlagenheit schrieb er am 4. Januar 1705 an die Gräfin Arco:[86] »Was ich brauche sind Landhäuser, Gärten, Wälder und Jagden, Einrichtungen und dergleichen, für das Übrige bin ich unempfindlich, und, meiner Treu, ich gebe kein Lebenszeichen von mir. In Tervueren arbeiten zu lassen, daran denke ich nicht. Aber ich könnte nicht mehr leben ohne zu zeichnen. Ich mache mir meine Gedanken über die Örtlichkeiten, dann zeichne ich und mache Pläne wie die, die Sie gesehen haben. Ich bin schon damit zufrieden, das Papier verschmiert zu haben, und rede nicht von Ausführung. Es kann immer noch für bessere Zeiten nützlich sein, und wenn ich meine Zeichnungen und Papiere ansehe, macht mir der Gedanke an ein zukünftiges Bauprojekt allein schon Vergnügen.« Im selben Brief bescheinigt er sich selbst noch »un peu de goût et le conaissance des Batiments«. Wieweit seine eigenen architektonischen Entwürfe zur Ausführung gelangt sind, wieweit er etwa die Planung der Pagodenburg bestimmt hat,[87] wissen wir nicht. Oft gab er genaue Anweisungen, wie man bei den Schloßbauten vorzugehen habe,[88] und ließ das Hofbauamt zu seinen Forderungen Punkt für Punkt Stellung nehmen.[89] In einzelnen Fällen teilte er seine Wünsche den Künstlern sogar selbst mit, nicht nur den Architekten, sondern beispielsweise auch dem Maler Beich für die Darstellung des Entsatzes von Wien auf dem großen Gemälde für Schleiß- Kat.Nr
heim.[90]

Außerdem versuchte er bereits in den ersten Jahren seiner Regierung, die Organisation des Kunstbetriebs grundlegend zu verbessern, indem er nach französischem Vorbild das »Generalbaudirektorium« einrichtete, dem das gesamte Bauwesen und alle Hofkünstler und -handwerker unterstellt wurden und das mit eigenen Einkünften wirtschaften sollte, unabhängig von der Hofkammer. Als ersten »generaldirector yber alle dero gepey« ernannte Max Emanuel am 14. April 1688 den Grafen Ferdinand Franz Albrecht von der Wahl,[91] bis dahin Obristhofmeister der Kurfürstin. Die Organisation des Kunstbetriebs verbesserte sich allerdings nicht, wie man erwartet hatte, und als der Kurfürst bald in den Niederlanden residierte und schließlich jährlich 50000 fl. von den Mitteln des Baudirektoriums für seine Hofhaltung forderte, wurde dieses vollends handlungsunfähig und mit Dekret vom 7. März 1695 wieder aufgelöst.[92] Die Verwaltung des Bauwesens gab man am 1. Mai 1695 wieder der Hofkammer zurück; ihrem Vizepräsidenten, Freiherr von Scharfsed, wurde, gemeinsam mit Enrico Zuccalli, die Oberaufsicht übertragen.[93]

Doch betraute der Kurfürst in der Folgezeit erneut hohe Hofbeamte mit der Leitung des Bauwesens, das nun aber der Finanzverwaltung der Hofkammer unterstellt blieb,

zunächst nach seiner Rückkehr aus Brüssel den Freiherrn Ferdinand Maria von Neuhaus (seit 12. März 1702 Obristkämmerer), von dem es am 11. Juni 1703 heißt,[94] daß ihm sein Amt schon »vor geraumer zeit« übergeben worden sei. Er hatte es bis zum Frühsommer 1715 inne. Sein Nachfolger wurde am 22. Juni dieses Jahres mit dem Titel Obristbaudirektor Graf Ferdinand Franz von der Wahl, ein Sohn des ersten Bauintendanten, »wegen guetter ihme in der paukunst beywohnenter wissenschaft und erfahrenheit,«[95] die
Nr. 709 er durch seinen 1716 im Druck erschienenen »Traitté de l'Elevation des Eaux« unter Beweis stellte. Bereits 1718 wurde er allerdings aufgrund von Unregelmäßigkeiten in der Amtsführung entlassen.[96] Der Nymphenburger Bauschreiber Esch hatte ihm unter anderem vorgeworfen, er verrechne Handwerkerkosten für sein eigenes Palais über die kurfürstliche Baukasse, deklariere sechs seiner persönlichen Bedienten als Tagelöhner des Bauamts und nehme Hofangestellte, wie den Ingenieur Paur oder den Brunnenmeister Pöckh, oft für Wochen mit auf sein Landgut Aurolzmünster. Esch übte auch am allgemeinen Zustand des Baubetriebs harte Kritik und sagte bei seiner Vernehmung am 6. August 1718, »das durchgehents bey aldortigem (dem Nymphenburger) pauwesen sehr schlecht gewürthschafft und alles in confusion, ohne beobachtung einiger subordination verrichtet, mithin dardurch sehr viel verwahrloset werde.«

Mit der Trennung der Arbeit auf eigene Rechnung von solcher für den Hof scheint man es überhaupt nicht immer ganz genau genommen zu haben. Hofkammerrat Ziegler, der Leiter der Bauverwaltung, wirft auch dem »hochtrabenten unnd widersessigen« Kistler Adam Pichler vor, dieser führe auf kurfürstliche Unkosten Aufträge für Hofkavaliere und andere Personen aus. Er warnt davor, bei einer Untersuchung der Angelegenheit Hofbaumeister Effner zuzuziehen, weil dieser nämlich »dem Pichler mit gefatterschaft zuegethan« sei.[97]

Der von Bauschreiber Esch festgestellte Mangel an Subordination hat die Arbeit offenbar wirklich behindert. Es fehlten Instruktionen, die genau die Kompetenzen festgelegt hätten, und Effner wußte beispielsweise nicht, wieweit Girard und de Grof seinen Anweisungen zu folgen hatten.[98] Es war auch nicht immer klar, ob Zahlungen an die Künstler mit deren Arbeiten zu verrechnen waren oder nicht.[99]

Das Rechnungswesen lag vor allem im argen, weil die notwendigen Mittel fehlten. Hofkammerrat Ziegler schrieb am 3. März 1721,[100] man habe für die Jahre 1718, 1719 und 1720 weder Handwerker noch Materialien bezahlen, mithin auch keine Baurechnung aufstellen können. Es sei jetzt schon das vierte Jahr, daß man bei jährlich über 50000 fl. laufenden Ausgaben keinen ordentlichen Abschluß vorlegen könne.

Auch sonst herrschte vielerorts Unordnung. So war etwa, wie Hofkammerrat Gischet am 8. Juli 1717 berichtete,[101] seit 1696 kein Inventar des Mobiliars mehr angelegt worden, und eine Neuinventarisierung sei in letzter Zeit wegen des ständigen unkontrollierbaren Hin und Hers zwischen den verschiedenen Schlössern nicht möglich gewesen.

Die soziale Stellung der Hofkünstler und -handwerker kann man recht gut nach deren Einkommen beurteilen.[102] Geht man davon aus, daß laut der gedruckten »Taglohns-Ordnung« der Stadt München für 1729[103] ein im Taglohn arbeitender Maurer- oder Zimmermeister täglich 22 Kreuzer und ein Geselle 20 Kreuzer verdienten, was bei zweiundfünfzig Wochen zu sechs Tagen einem Jahreslohn von 114 fl. 24 kr. beziehungsweise 104 fl. entspricht, so zählte ein Hofkünstler, der wie ein Kammerdiener 400 fl. im Jahr erhielt, durchaus zur gehobenen Schicht. Dieser Gehaltsstufe gehörten etwa der Kistler Pichler, der Eisendreher Houard und der Kunstdrechsler M. Koch an. 600 fl. wie ein kurfürstlicher Kämmerer bezogen der Garteningenieur Disel, der französische Stukkator und Bildhauer Dubut oder auch der venezianische Gondoliere. Mit nur 200 fl. mußte sich hingegen der Bildhauer Volpini begnügen, der Büchsenmacher mit 100 fl. und der Siegelschneider sogar mit 40 fl. Hierbei ist noch zu berücksichtigen, daß die gelieferten Arbeiten fast immer zusätzlich vergütet wurden. Eine feste Ordnung bei der Festsetzung der Besoldungen, vor allem der Spitzengehälter, ist nicht zu erkennen. Die bestbezahlten Kräfte waren neben den leitenden Architekten Zuccalli mit 1600 fl. und Effner mit 1500 fl. der Gartenarchitekt Girard mit 1200 fl. und der Bildhauer de Grof mit 1142 fl. 51 kr. Nur zum Vergleich sei noch angeführt, daß dem Obristbaudirektor Graf von der Wahl 2576 fl. und dem Obristhofmeister als ranghöchstem Hofbeamten 8000 fl. gezahlt wurden.

Die fest angestellten Künstler und Handwerker, und außer ihnen noch einige, die ohne festes Gehalt für den Hof tätig waren, genossen den Hofschutz, das heißt, sie unterstanden der Jurisdiktion des Kurfürsten und waren von den strengen Vorschriften des städtischen Zunftwesens befreit. Den bürgerlichen Handwerkern entstanden durch diese Bevorzugung große Nachteile, was zu allen Zeiten, nicht nur unter Max Emanuel, zu Klagen und Beschwerden geführt hat. Einen guten Einblick in das Problem vermittelt ein Schreiben der Münchner Kistler an den Kurfürsten vom Frühjahr 1727.[104] Diese beklagen sich, sie seien aus Arbeitsmangel gezwungen, ihre Gesellen zu entlassen und sich nur mit einem Lehrjungen zu behelfen, »dahingegen die hofbefreidte die beste kundtschafften an sich bringen, 5 bis 6 gesöllen halten und ohne mindiste scheuche (Scheu) iederman arbeithen thuen«. So erledigte Wenzel Miroffski nebenher Aufträge, »wobey 2 verburgerte maister ihr stickhl brot hetten haben können«, und ähnlich sei es mit Johann Michael Höcker und Adam Pichler, die für ein Spottgeld arbeiteten, »so beede es leicht thuen können, aldieweillen sie weder die gesöllen, welche auf churfürstliche uncosten stehen, noch das holz etwaß kosten thuet«.

Auf derartige Nebeneinnahmen waren viele Hofkünstler bei den ständig wachsenden Gehaltsrückständen aber wohl angewiesen. Riezler[105] spricht für die letzten Jahre Max Emanuels von einer »geradezu grauenhaften Zerrüttung« der Staatsfinanzen, der gegenüber sich der Kurfürst allerdings weitgehend indifferent verhalten hat. Wenn man bei ihm rückfragte, woher das Geld für die Ausführung eines seiner Befehle genommen werden sollte, hieß es einfach:[106] »Ihre churfürstliche durchlaucht haben dise arbeit gnädigist angeschafft, und folglich hat die churfürstliche hofcammer die mittel zu verschaffen«, und wenn der Kurfürst dringend persönlich Geld brauchte, schrieb er an seinen Kabinettssekretär von Wilhelm:[107] «Il faut absolument que jaye demain a 9 heure du matin au plus tard 200 Max dor, prennez les ou empruntez les ou vous pouvez et postez les moy a 9 heure au plus tard.» Der bayerische Gesandte in Wien wußte nicht mehr, wo er das Geld für seine Miete hernehmen sollte,[108] und der Gesandte in Paris kam in arge Bedrängnis, als 1722 die Gelder für die Bezahlung der umfangreichen Aufträge anläßlich der Hochzeit Karl Albrechts nicht eintrafen und die Handwerker und Kaufleute sich an ihn hielten, als wäre er der Schuldner.[109]

Besonders schlecht war die Lage der mittleren und niederen Hofbediensteten, natürlich auch der Künstler und Handwerker, die ihre Löhne stockend oder auch gar nicht erhielten. Sie beliehen ihre Lohnrückstände,[110] überließen etwa ein Quartal dem Bäcker für nicht bezahlte Brotlieferungen, wie 1721 der Stukkator Dubut, oder zedierten oft über Jahre hin ihre Gehälter den jüdischen Bankiers Samuel Isaak Noë[111] in Mergentheim, Joseph Samuel in Schwabach, Joseph Mendle und Alexander. Die Abzüge werden bei dem großen Risiko sicher erheblich gewesen sein. Wenn derartige Anleihen allmählich abnahmen, wird man das mit den sinkenden Chancen für die Wiedererlangung des Geldes zu erklären haben. In welch schwieriger Situation sich manche Hofkünstler befunden haben müssen, mag man daraus ersehen, daß der Kunstdrechsler Jean Maubois noch seinen Lohn für fünfeinhalb Jahre zu fordern hatte, als er sich 1723 entschloß, nach Paris zurückzukehren.[112] Für das Quartal, in dem Max Emanuel starb, wurden die Besoldungen sogar ganz gestrichen,[113] und die Rückstände aus seiner Regierungszeit hat nach 1726 das sogenannte Schuldenabledigungswerk der Landschaft nur noch zur Hälfte ausbezahlt, und das meist erst nach vielen Jahren. Vor diesem Hintergrund sind die vielen Bittbriefe, die sich erhalten haben, sehr ernst zu nehmen, zumal selbst von amtlicher Stelle berichtet wird,[114] daß man »nun von disen armmen leuthen, den einige aus mangl des lieben brodts wircklichen im petl zugehen getrungen worden, andere aber alters- und kranckheithalber gleichsamb vor hunger sterben miessen, wehemiettig und instendtig angeloffen und umb die bezallung gebetten« werde.

»Die Blüte des Kunstlebens ist die glänzendste Seite der Regierung«, schreibt Riezler,[115] für den das Bild jedoch getrübt wird durch den Gedanken, daß der entfaltete Aufwand nicht mit der Finanzlage in Einklang gestanden hat. Jedoch, »was vom bürgerlichen Wirtschaftsethos aus gesehen als Verschwendung erscheint – ›wenn er Schulden machen mußte, warum schränkte er sich nicht ein?‹ –, ist in Wahrheit Ausdruck des eigentümlichen seigneuralen Standesethos. Dieses Standesethos wächst aus dem Aufbau und Getriebe der höfischen Gesellschaft heraus und ist zugleich eine Voraussetzung für die Aufrechterhaltung dieses Getriebes. Es ist nicht frei gewählt.«[116]

Anmerkungen

1 G. Stieve, Europäisches Hoff-Ceremoniel, Leipzig 1715, 233.

2 BStB cgm 3009, Mundus christiano-bavaro-politicus, wahrscheinlich von Franz Xaver v. Schmid, 1711, fol. 105^{v}.

3 Straub 284.

4 L. Hager, Nymphenburg. Schloß, Park und Burgen, München o. J., Taf. 23 oben.

5 AStA FS 698, fol. 161–163: Die Kosten für diese Dekoration und die Beleuchtung betrugen 149 fl. 5 kr. Sing hat am 29. 7. 1683 auch dem Kurfürsten ein großes Bildnis geliefert; Anm. 194 (StAM HR II-356, Kammerausgaben 1683).

6 AStA FS 698, fol. 161–163 und 183ff. Die Bildhauerarbeit für die Ehrenpforte, außer der Statue vor allem ein »großes Stück«, das von einem Kurhut bekrönt war, mit dem Zeichen der immerwährenden Eintracht (verschränkte Hände, von Schlange umgeben; vgl. Beitrag Seelig, S. 19) fertigte Johann Blasius Ableithner. Wolff erhielt 1100 fl. für seine Arbeit, Ableithner 102 fl., Kistler Neumayr 55 fl.

7 AStA FS 698, fol. 172 und 214–224: Abrechnung der Kosten für die Gesandtschaft; fol. 213: Rechnung über 234 fl. 10 kr. für das bei dem Augsburger Silberhändler Johann Michael Rauner am 2. 4. 1715 erworbene Silber, das mit dem Wappen der Landschaft und einer Inschrift versehen wurde; fol. 227f.: Dankschreiben der Landschaft an Abt Cölestin Riederer von Elchingen vom 15. 4. 1715; fol. 251–253: Dankschreiben des Abts vom 28. 4. 1715. – M. Ruith, Kurfürst Max Emanuel von Bayern und die Donaustädte, Ingolstadt 1889, 228 spricht anläßlich des Treffens von einem Geschenk der Prinzen an das Kloster: »ein Paar Meßkannen mit Waschbecken von vergoldetem Silber mit bildlichen Darstellungen aus der Bibel in getriebener Arbeit«; dieses Geschenk sei noch vorhanden. F. J. Hagel, Kloster Elchingen, Augsburg 1928, 31, Abb. 25, veröffentlicht eine in Wien entstandene Meßgarnitur, die der Beschreibung bei Ruith nicht entspricht, als Geschenk des Kurfürsten selbst. Nachweise für diese Geschenke des Kurfürsten und seiner Söhne werden nicht mitgeteilt.

8 AStA FS 698, fol. 161–163. Die Kosten für die Ehrenpforte betrugen 973 fl. Die Maler C. D. Asam und F. J. Winter, »welcher das gesambte durchleuchtigiste churhaus, wie es dermalen im rhatzimmer zu sechen, in lebensgröße vorgestellt«, erhielten 950 fl. Der

erste Rahmen, »in welcher obiges stuckh bei der beleichtung vor dem Landhaus aufgehengt worden«, kostete 36 fl., »die zweyte saubere ramb« 120 fl. 12 fl. gab man aus »vor die abzaichnung der illumination«. – Winters Gemälde ist wohl identisch mit dem Gemälde unbekannter Provenienz, das seit 1924 im Besitz der Bayerischen Staatsgemäldesammlungen nachweisbar ist und als Werk von J. Vivien angesehen wurde. Inv.Nr. 12180, Leinwand, 400×570 cm. Das Foto von 1924 zeigt schon schwere Beschädigungen.

[9] AStA FS 704, fol. 237–251: Abrechnung der Ankäufe in Paris, die durch Kammerdiener Anton Franz Pistorini getätigt wurden (vgl. StAM HZR 1693, fol. 255v).

[10] AStA FS 704, fol. 108f., 111, 113. Überreicht wurden in zwei silbernen Kästen 1000 Medaillen zu 5 Dukaten, zwei unterschiedliche Prägungen, eine für die Braut, die andere für den Bräutigam. Außerdem wurden »denen herren verordneten und rechnungsaufnemmern, wie auch denen grandibus« 56 Gold- und 180 Silbermedaillen verteilt. Fol. 106: Bei der Hochzeit Ferdinand Marias wurden 1652 ebenfalls 50000 fl. zu den Unkosten beigesteuert und 1000 dreifache Dukaten auf silberner Schale (Goldschmied Caspar Ernst) geschenkt. Wilhelm V. und Renata von Lothringen verehrte die Landschaft 1568 in zwei großen vergoldeten Trinkgeschirren 6000 Dukaten und trug mit 190000 fl. zu den Kosten bei; B. Ph. Baader, Der bayerische Renaissancehof Herzog Wilhelms V. (1568 bis 1579), Leipzig-Straßburg 1943, 43. In der Reindlschen Chronik heißt es: »Den 12. Julii (1747) yberbrachten die Lob Stände das gewohnliche Present en Medailles nemblichen dem Churfürsten 12000 fl. und der Churfürstin Durchlaucht ebenso vill« (OA 97, 1973) 428.

[11] StAM HR 19/50, 1.

[12] BStB cgm 1959, »Inventarium über den churbayrischen haußschaz, welcher von ihro kayserlichen majestet einer loblichen landtschafft gegen erlegt 150000 fl. yberlassen worden«, 1707, fol. 66r.

[13] Die Schilderung folgt einem Manuskript: AStA FS 704, fol. 5–10.

[14] Ib., fol. 238v, Nr. 5: Die Gebrüder Boucher »bei dem mornkhopf zu Paris« lieferten für 13108 francs 7 sols »alle crepinen, galonnen und fransen«; fol. 239v, Nr. 10: Saliot erhielt 41844 francs. Er bezahlte die Maler, Schlosser, Schmiede, Wagner und Bildhauer, die an der Herstellung der Karosse beteiligt waren, und lieferte auch das Gold zum Sticken und »andere reiche zeug«.

[15] Straub 267: Bericht des Grafen Lantéry vom 16. 2. 1685. – Auf isabellenfarbenem Pferd reitet Max Emanuel auf G. B. Curlandos Gemälde mit der Darstellung des Hofes auf der Falkenjagd in Schloß Lustheim.

[16] So äußerte sich 1685 der französische Gesandte Denis de la Haye; M. Strich, Der junge Max (II.) Emanuel von Bayern und sein Hof (AbM 13, 1915/16) 67.

[17] AStA MF 19581, fol. 12v, Nr. 232.

[18] Ib., fol. 46r, Nr. 3.

[19] BStB cgm 5456, Tagebuch des Grafen Maximilian von Preysing. Bei der »Großprinzessin« handelt es sich um die Schwiegermutter des Prinzen Ferdinand Maria, Anna Maria Franziska von Sachsen-Lauenburg, seit 1697 in zweiter Ehe mit Gian Gastone de' Medici verheiratet; Haeutle 81.

[20] AStA FS 698, fol. 42–45. – Max Emanuel habe 1715 vier »kostbare extra rare Wagen« aus Frankreich mitgebracht, schreibt hingegen H. v. Finsterwald, Johann Peters von Ludewig erläuterte Germania Princeps . . . Das Buch vom gantzen Bayerischen Hause. 4. Abt. Frankfurt-Leipzig 1749, 2432.

[21] Bretagne 3f.; R. H. Wackernagel, Der französische Krönungswagen von 1696–1825; Berlin 1966, 171f., 339f. – Weitere Nachrichten über die Anfertigung von Kutschen in Paris finden sich in den Abrechnungen des bayerischen Gesandten Comte d'Albert, Paris, ANP T 153[56], 1. Rechnung (1717–21): Nr. 71 (o. D.): »Maillard le Jeune menusier« erhält 370 livres »pour le bois d'une berline pour la cour de son altesse electorale«. 2. Rechnung: Nr. 45, 14. und 16. 7. 1722: Piolet erhält 150 livres »pour avoir peint le corps d'une demie berline et pour le vermillon et le bronze du train de ladite berline«; Nr. 47, 23. 6. 1722: Sellier d'Aleçon erhält 1250 livres »pour un corps de berline«; Nr. 53 (o. D.): Oudent erhält 71 livres 9 sols »pour avoir peint les roues des berlines«; Nr. 55, 29. 2. 1724: Bourelier Marcognet erhält 255 livres »pour des soupentes avec des foureaux d'une berline«; Nr. 76, 10. 9. 1724: Peintre Oudent erhält 15 livres »pour avoir peint huit roues de deux couches a huille en rouge«. – Zu Maillard le Jeune vgl. Wackernagel, 195f.

[22] Wie Anm. 2, fol. 82.

[23] Riezler VIII 311. Vgl. auch die Briefe Max Emanuels an Therese Kunigunde vom 12. und 19. 11. 1714: M. v. Freyberg, Sammlung historischer Schriften und Urkunden, 4, Stuttgart-Tübingen 1834, 60–63. Das Goldgeschirr war dem Amsterdamer Bankier Louis de Surmont als Sicherheit für ein Darlehen in Höhe von 300000 fl. überlassen worden, das er am 25. 3. 1702 Max Emanuels Schatzmeister Bombarda gegeben hatte; P. C. Hartmann, Anleihen und Verpfändungen des kurbayerischen Hauptschatzmeisters Bombarda in den Niederlanden für seinen Kurfürsten Max Emanuel von Bayern am Anfang des 18. Jahrhunderts (OA 90, 1968) 155.

[24] R. Pallavicino, I trionfi dell'architettura nella sontuosa Residenza di Monaco, München 1667, 124.

[25] BStB cgm 1959, fol. 129f., 9. 10. 1685.

[26] Gemeint ist wohl Paulus van Vianen (um 1570–1613).

[27] Straub 269.

[28] Den Denkwürdigkeiten Unertls zufolge (v. Freyberg, wie Anm. 23, Bd. 2, 1829, 68) wurden 543781 fl. zur Auslösung des Goldservices und eines großen Diamanten aufgewendet. Am 12. 10. 1722 wurde das Goldservice (mehr als 500 Teile) anläßlich der Hochzeit Karl Albrechts bei einem Souper im Kaisersaal der Residenz benutzt; Bretagne 11. Auf S. 15 wird das Geschirr in der Schatzkammer beschrieben: »Dans la troisieme Armoire, on voit plus de cinq cent piéces de vaisselle d'or massif, de ducat, cizelés en bas relief, d'un travail exquis; parmi lesquels il y en a d'une telle pesanteur, qu'une seule aiguiere, fait le poid de la main la plus robuste: toutes ces piéces consistent, en de grands bassins à laver les mains, avec leurs urnes, des plats de toute sorte de grandeur, un grand nombre d'assiettes, les cuilléres, les fourchettes, le couteaux á proportion, les soucoupes, & les gobelets, de grands flacons, des chandeliers, avec les mouchettes, six cadenats &c. le tout cizelé d'un art, & d'une recherche extréme.« Anfertigen ließ Max Emanuel zusätzlich »un surtout d'or massif, pesant soixante & quatorze Marcs, tres bien travaillé, pour le milieu de la table, & finir par là, ce qui manquoit á la vaisselle d'or«. Vgl. auch La Clef du Cabinet des Princes de l'Europe, Bd. 37, o. O. 1722, 462f. und 467. – J. G. Keyßler, Neueste Reise durch Teutschland, Böhmen, Ungarn und Lothringen. Hannover 1740, 69 berichtet anläßlich seines Besuchs in München am 18. 6. 1729, das goldene Service stehe »anjetzt aber noch zu Augsburg Pfands=Weise«. – Ein Akt im StAM HR 24/67 m: »Der in anno 1752 zur Vermünzung abgegebene goldene Tafel-Service im Werth zu 116580 fl.« ist z. Z. nicht auffindbar. – Anzufügen ist, daß der Kurfürst bei Tisch offenbar immer ein Besteck aus massivem Gold benutzte. Zur Hochzeit von 1685 wurde für 1037 francs 15 sols »ein besteckh darinen ein ganz guldener pecher, salzpixl, messer, piron, schärl, schreibtäfel und zanstierer« gekauft; AStA FS 704, fol. 237ff., Nr. 27. Ein in Paris gekauftes und 1710 datiertes goldenes »Mundzeug« (Messerschale, Gabel, Eß- und Eierlöffel) führt das Silberkammerinventar von 1716 auf; StAM HR II – 135/24. In anderen, auch früheren Silberkammerinventaren finden sich ähnliche Bestecke für den Kurfürsten. – Interessant ist in diesem Zusammenhang das Hochzeitsgeschenk des Dauphin für Max Emanuel 1695. A. Chr. in Zaluskie Zaluski . . . Epistolarum Historico-Familiarum, Bd. 1, Teil 1, Brunsbergae 1710, 1408 beschreibt es: »cistu-

lam aprino corio opertam, affabrè elaboratam; in qua de puro auro complura vascula pro speciebus Caffe; ciukulatae & herbae The, candelabra itidem aurea, tum duo horologiola eximiae artis, ex quibus unum Electrici donavit Elector, inclusa erant.« Theatrum Europaeum, 14, Frankfurt/M. 1702, 854 spricht von einem Teetisch mit sechs Gefäßen aus massivem Gold und »einer großen Anzahl von Porcellain«. In einer Schublade waren Tabaksdosen und kostbare Uhren (diese beiden Nachweise verdanke ich Dr. Lorenz Seelig). Das Service ist in dem in Anm. 12 zitierten Inventar von 1707, fol. 3r, aufgeführt.

[29] Bretagne 5; Keyßler (Anm. 28); Finsterwald (Anm. 20) 2457. Börsch-Supan 149 vermutet, es habe sich um eine Bildnisminiatur Viviens gehandelt. Es kommt aber auch Frans van Stampart in Betracht, der 1722/23 für 70 fl. ein Miniaturbildnis Max Emanuels lieferte; GHA Korr. Akt 740/6, Abrechnung des Grafen Toerring von Unkosten in Wien. In diesem Akt finden sich auch eine Zeichnung des mit großen Diamanten besetzten und von einem Fürstenhut bekrönten Rahmens des Miniaturbilds von Karl Albrecht und mehrere gedruckte Beschreibungen der Audienz am 27. 9. 1722, bei der das Geschenk vom Grafen Toerring der Braut überreicht wurde.

[30] J. B. v. Rohr, Einleitung zur Ceremoniel-Wissenschaft der großen Herren, Berlin 1729, 490f. (Hinweis Dr. Lorenz Seelig). Hier werden die Bedeutung dieses Geschenks und die Reaktion des jungen Kurfürsten darauf ausführlich behandelt. Vgl. auch A. Paullini, Curieuses Bücher-Cabinet Bd. 2, Köln–Frankfurt/M. 1712, 8. Eingang, 531.

[31] F. den Broeder, The Lateran Apostles, The major sculpture commission in eighteenth-century Rome (Apollo 85, 1967) 360 bis 365; H. Keller, Die Kunst des 18. Jahrhunderts (Propyläen Kunstgeschichte, X, Berlin 1971) 277 (P. Volk), Taf. 171.

[32] W. J. Bekh, Ein Wittelsbacher in Italien, München 1971, 76. Die französische Fassung des Reiseberichts im Bayerischen Nationalmuseum, München (Bibliothek 2368), erwähnt diese Besichtigung nicht.

[33] AbM, 4, 1903/04, 131. Hier wird die gestiftete Summe mit 5000 fl. angegeben. Unertl spricht in seinen Denkwürdigkeiten (s. Anm. 28) 69 von 12000 fl., das ist etwas mehr als die Summe von 5000 scudi, der sonst stets genannte Preis für eine der Marmorstatuen. Der Papst dankte Max Emanuel in einem Breve vom 10. 6. 1718.

[34] Vgl. die Hofzahlamtsrechnungen und -besoldungsbücher im StAM.

[35] V. Berg, Die Lustheimer Fresken (Anzeiger des Germanischen Nationalmuseums 1968) 86–102.

[36] Th. Crombie, Scotsmen at the Court of the Habsburgs. The de Hamilton Family of Painters (Connoisseur 145, 1960) 225–227. – Max Emanuel hat Hamilton 1683 in Wien als Kammermaler engagiert, ab 24. 6. 1683 erhält er eine Jahresbesoldung von 1500 fl. Er war verheiratet und hatte Kinder. In München ist er 1689 zuletzt nachweisbar. StAM HR 284/209; HR II-253, Hofzahlamtsbesoldungsbuch 1683, fol. 80v; 1689, fol. 84v.

[37] Er erhielt für seinen Studienaufenthalt in Rom 1680/81 insgesamt 740 fl. 45 kr. Am 1. 5. 1681 ist er in München und erhält von diesem Zeitpunkt an ein Wartgeld von jährlich 150 fl. StAM: HZR 1680, fol. 502v, 504, 507r, 511r und 512r; HZR 1781, fol. 507v. HR II-252, Hofzahlamtsbesoldungsbuch 1683, fol. 79v. Seine Besoldung endet am 22. 8. 1687; ib. 1687, fol. 84r. 1683 erhält er 180 fl. für sechs Bildnisse; HZR 1683, fol. 486r. In den Jahren 1681, 1682, 1685, 1689 und 1690 werden der Fa. Cleers Erben Farblieferungen für Guisani bezahlt; HZR 1681, fol. 507v; 1682, fol. 532v; 1685, fol. 555r; 1689, fol. 457r; 1690, fol. 443v. Noch 1692 lieferte er für 400 fl. Gemälde an den Kurfürsten; HZR 1692, fol. 472r.

[38] K. Feuchtmayr (Thieme-Becker 31, 1937) 450f.; Ch. Theuerkauff, Scultura barocca in avorio, nuove attribuzioni ad Adam Lenckhardt e a Dominicus Stainhart (Antichità viva 10, 1971) 33–51.

[39] StAM HR 286/333, fol. 5f.: Bericht der Hofkammer vom 5. 4. 1683. Das Bewerbungsschreiben der beiden Brüder, ib., fol. 9, vor 11. 2. 1683.

[40] H. R. Huber, Corbinian von Prielmair (1643–1707), ein bayerischer Staatsmann der Barockzeit. Phil. Diss. (Masch.), München 1944, 376ff. (Hinweis Dr. Richard Bauer) bringt u. a. wichtige Nachrichten über Prielmairs Gemälde- und Wandteppichbesitz, auch über einzelne Künstler, z. B. über Amling und Wening. Prielmair besaß vom »Weilheimer« Stainhart (Franz I, gest. 1695) einen Elfenbeinkruzifix und »zwei helfenpainern Nebenbildlen«: Christi Geißelung und Dornenkrönung; von Dominicus Stainhart zwei Elfenbeinreliefs: eine 1702 für 50 fl. erworbene Verkündigung sowie Christus mit Johannes d. T.; außerdem einen hl. Sebastian aus Elfenbein. Von ihm wurde auch der Elfenbeinkruzifix eines Ulmer Meisters ausgebessert und bei einem anderen Elfenbeinkruzifix von B. Strauss der tote Heiland in einen leidenden umgeändert. Nicht genannt werden die Künstler anderer Arbeiten (Spezifikation von ca. 1702/03): Geißelung Christi, Elfenbein, 75 fl.; »Täfflein in Bein«, 15 fl.; Kruzifix aus roten Korallen, 25 fl.; hl. Sebastian aus roten und weißen Korallen, 34 fl.; eine »flache« Kreuzabnahme, 75 fl. 1702 erwarb er für 12 fl. auch eine Immakulata aus Ahornholz.

[41] Paulus 111f.

[42] Der Raum wird von Wening, Rentamt München, 1701, 8, und Chr. Kalmbach, Triumphirendes Wunder-Gebäu der Chur-Fürstlichen Residentz zu München, München 1719, 220, beschrieben. Das Inventar von 1707 (wie Anm. 12), fol. 67r, nennt nach dem kurfürstlichen Schlafzimmer das »Indianische Zimmer oder Cabinet«. Vgl. außerdem Haeutle, Residenz 94ff.; O. Aufleger und K. Trautmann, Die Reichen Zimmer der Königl. Residenz in München. München 1893, 5; M. Hauttmann, Münchens Kunstleben im 18. Jahrhundert. München 1909/10. Ms. im Kunsthistorischen Seminar der Universität München, Inv.Nr. 1926/276, 8; Paulus, 86f.; Beitrag Hojer, Anm. 8, wo auch die Widersprüchlichkeiten der Beschreibungen Wenings und Kalmbachs bei der Lokalisierung des Raums und die Gestalt der Decke noch eingehender diskutiert werden. – Nachrichten zur Entstehung des Kabinetts: StAM: HR 158/1 1/2 und HR 523/1, 1 und 2; u. a. der Nachweis, daß J. A. Wolff die Malerei ausgeführt hat, die im Juni 1694 in Auftrag gegeben, aber noch nicht begonnen war. Im März 1695 war das Kabinett vollendet, und nach Entwurf von Zuccalli sollte noch ein zweites, kleineres Kabinett hinter diesem Raum eingerichtet werden.

[43] Ch. Yamada, Die Chinamode des Spätbarock, Berlin 1935, 29ff.; H, Kreisel, Deutsche Spiegelkabinette, Darmstadt o. J., 9f.; L. Frhr. v. Döry-Jobaháza, Das »Vergulte Zimmer« des Gaibacher Schlosses 1708–1713 (MJBK 15, 1964) 214. Th. H. Lunsingh Scheurleer, Stadhouderlijke lakkabinetten. Opstellen voor H. van der Waal, Amsterdam–Leiden 1970, 164–172, nennt als frühestes Beispiel ein Lackkabinett, das wohl noch vor 1660 nach Entwurf von P. Post in Huis ten Bosch eingerichtet wurde. Um 1685 entstand außerdem ein Lackkabinett in der Statthalterresidenz im Haag. Daniel Marot entwarf die Lackkabinette in Honselaarsdijk (um 1686), wo um den Kamin Porzellan aufgestellt und die Decke verspiegelt war, und in Het Loo. Die Verspiegelung war vielleicht durch das »Cabinet du Dauphin« (1682ff.) in Versailles angeregt; F. Kimball, Le style Louis XV. Origine et évolution du rococo, Paris 1949, 52f.

[44] W. Holzhausen, Die Lackschränke des kurfürstlich bayerischen Münzkabinetts in München (MJBK 5, 1954) 205–216.

[45] AStA MF 19640. – Zu Danet: M. Frankenburger, Die Alt-Münchener Goldschmiede und ihre Kunst, München (1912), 133 Anm. 1; Hauttmann 12. In den Hofzahlamtsrechnungen 1684–1699 sind Zahlungen von insgesamt 124178 fl. 30 kr. für Danet ausgewiesen; StAM HZR 1684, fol. 438r; 1685, fol. 475; 1686, fol 457r; 1688, fol. 440v; 1690, fol. 419r; 1698, fol. 459r, 460r und v; 1699,

fol. 480r; 1701, fol. 494r; 1704, fol. 563r. Er hat mehrere Beträge dem Obristhofmeister der Kurfürstin, Frh. v. Baumgarten, zediert. Noch 1713 hat Danet Forderungen an den Kurfürsten von 10453 fl. zuzüglich 5% Zinsen bzw. 10000 Louis d'or vom 21. 3. 1701 und 453 Louis d'or vom 1. 1. 1706. In einer anderen Aufstellung werden die Forderungen mit 271525 livres 4 s. 2 d. angegeben; AStA StV 610, 1711/12, p. 245; 1713/14, p. 45 und fol. 209v. ANP, T 153[30].

[46] Weitere Erwähnungen ostasiatischer Kunstwerke in einer Liste von Kammergütern, die am 19. 7. 1704 zur Bergung verpackt wurden: »No. 80, zway grosse indiänische cässten sambt den darzue geherigen fiessen. No. 81, zway khleine indianische cässtl sambt den fiessen. No. 82, zwey andere gleiche cässtl mit 8 silber und vergolten statuen. No. 83 ... 1 indianisch disch bladt«; StAM: HR 24/78, fol. 17ff. – Der Bildhauer A. Faistenberger erhielt 1702 50 fl. für einen »zu einer indianischen truchen gemachten fueß mit underschidtlichen figurn« für das Appartement der Kurfürstin in der Münchener Residenz; K. G. Stuber, »welcher solchen fues mit guetten goldt pranirt und etwas matt vergoldt«, erhielt 36 fl.; StAM: HZR 1702, fol. 586v. – In einer Liste von 1715, welche Stücke aufzählt, die 1706, als Max Emanuel Brüssel verließ, dem Bankier van Soest anvertraut wurden, finden sich: »plusieurs pieces de gros porcelains – un écran de douze feullies, ouvrage de la Chinne – deux petittes figures chiamoisses«; GStA K. schw. 8316. In einer Liste von Möbeln, die 1714 nach Namur zum Weitertransport nach München geschickt wurden, findet sich »un miroir, le cadre a la Chine«; ib. – 1701 erwarb der Kurfürst von A. M. Ableithnerin für 50 fl. u. a. »zwey mit silber gefasste und gezierte parcaelanni schallen«; StAM: HZR 1701, fol. 572v. – 1720 schenkte der Kurfürst seiner Gemahlin »ein necessaire von porcellan mit goldenen nageln beschlagen«; BStB cgm 5456, Tagebuch des Grafen Maximilian von Preysing, 15. 10. 1720. – In dem in Anm. 12 genannten Inventar von 1707, fol. 21r, 33v, 41r u. v, 48v, 56r, sind »porcellanene caffe geschirl«, »indianische schisserl«, »mit silber gefitterte porcelonene caffee schallen« usw. aufgeführt, bei denen es sich allerdings auch um ältere Bestände handeln könnte.

[47] Vgl. die Beiträge Völker und Krempel.

[48] Antwerpen, Museum voor Schone Kunsten. Marmor, H. 117 cm, bezeichnet und 1694 datiert. Die Sockelinschrift (lateinisch und flämisch) überliefert J. van der Sanden, Oud Konst-Tooneel van Antwerpen. 3. Teil. Ms. Antwerpen, Stadsarchief, P.K. 173, 233. F. Donnet, Het Jonstich Versaem der Violieren. Geschiedenis der Rederijkkamer de Olijftak sedert 1480, Antwerpen 1907, 501 u. 517f.; A. Jansen u. C. van Herck, Guillielmus Kerricx, Antwerpsch Beeldhouwer 1652–1719 (Koninklijke Oudheidkundige Kring van Antwerpen, Jaarboek 17, 1941) 60f.; G. Gepts-Buysaert, Guillielmus Kerricx (Gentse Bijdragen tot de Kunstgeschiedenis 13, 1951) 74–76.

[49] Zu diesem Besuch vgl. Zaluski (Anm. 28), 1404f., wo die Büste allerdings nicht erwähnt wird.

[50] Van der Sanden (Anm. 48) 280. Der Künstler wurde 1669 in Wormersdorf bei Bonn geboren und soll 1691 bei P. Scheemaeckers d. Ä. in Antwerpen tätig gewesen sein. A. Jansen u. C. van Herck, J. P. van Baurscheit I en J. P. van Baurscheit II, Antwerpsche Beeldhouwers uit de 18e eeuw (Koninklijke Oudheidkundige Kring van Antwerpen, Jaarboek 18, 1942) 35ff.; H. Appel, Studien zur Barockplastik des Dürener Landes II (Dürener Geschichtsblätter 22, 1960) 433ff.; Kat. Ausst. Europäische Barockplastik am Niederrhein. Grupello und seine Zeit, Düsseldorf 1971, 259 (Chr. Theuerkauff).

[51] A. G. Demanet, Note sur la Statue de Maximilien-Emmanuel, Electeur de Bavière, placée en 1697 sur la Maison des Brasseurs, à Bruxelles (Bulletin des Commissions Royales d'art et d'archéologie, 1879) 47–49; H. Friis, Rytterstatuens Historie i Europa, Kopenhagen 1933, 337f. Daß die Reiterstatue nur aus Gips war, ergibt sich aus einem Brief des bayerischen Gesandten in Wien, H. v. Mörmann, vom 21. 11. 1699, der mit Marginalien von Baron v. Mayr versehen ist. Mörmann schreibt, zu den Anzeichen, die dem Tod des Kurprinzen vorausgegangen seien, habe gehört, daß an der Marmorstatue des Kurfürsten ein Arm und ein Fuß weggebrochen seien. Dazu der Kommentar: »Statue ist aus Gyps und steht schon ziemlich lang am Rathausplatz jedem Wetter ausgesetzt« (AbM 3, 1901/02) 178. Vgl. Description de la ville de Bruxelles. Brüssel 1743, 44f.

[52] Erhalten hat sich ein Inventar der Statthalterresidenz vom 3. 6. 1692: StAM: HR II - 135.

[53] Paulus 115.

[54] Ib. und P. Saintenoy, Les Arts et les Artistes à la Cour de Bruxelles, Bd. 3, Brüssel 1935, 131–134.

[55] Paulus 115; ders., Max Emanuel und die französische Kunst (AbM 11, 1912) 133.

[56] Paulus 125ff. StAM HR 158/1 1/2, 227/102, 523/1, 2 u. 524/13.

[57] Im Original französisch. Paulus 269, Anm. 234, Brief 4.

[58] Ib. 270, Anm. 237.

[59] E. Hubala, Henrico Zuccallis Schloßbau in Schleißheim, Planung und Baugeschichte 1700–1704 (MJBK 3 F. 17, 1966) 161–200. Vgl. auch Beitrag Hojer.

[60] StAM HZR 1704, fol. 533r: 350 fl. »recompens« für »Carl Carbones französischen gartteningenieur«. AStA FS 772°, fol. 83: Originaldekret des Kurfürsten vom 1. 3. 1704: Carbonet sollen 100 Goldgulden gezahlt werden. Außerdem ist nur noch für 1703 eine Gratifikation belegt (Schleißheimer Baurechnung); Hauttmann (Anm. 42) 47 u. Anm. 218. – Da Carbonet offenbar keine feste Besoldung erhielt und von seinen Plänen kaum etwas realisiert worden zu sein scheint, möchte ich annehmen, daß er erst 1703 nach München gekommen ist. Die Angabe, er habe schon 1698/99 in Brüssel für Max Emanuel gearbeitet, beruht auf einem Irrtum von Paulus (vgl. Anm. 63).

[61] Hauttmann, 13. – ANP T 153[38], cotte 141: Schreiben Delamairs an Max Emanuel: «Depuis qu'en 1704 la bataille d'Hochstet eût fait manquer le voyage que Delamair devoit faire en Baviere & pour lequel feu Monsieur le Comte de Monasterol l'avoit arreté ...». BStB: cod. icon. 187, Œuvres d'Alexis Delamair, fol. 2r.

[62] Im Original französisch. Paulus 262, Anm. 216, Brief 3.

[63] Paulus, Anm. 216 u. 219, teilt Auszüge aus 10 Briefen mit, die Max Emanuel aus den Niederlanden an die Gräfin Arco nach Paris geschrieben hat. Einer ist auf den 4. 1. 1705 datiert, bei den anderen sind nur Tag und Monat, nicht aber das Jahr angegeben. Die Briefe gehören aber inhaltlich so eng zusammen, daß sie alle von 1705 stammen müssen. Paulus irrt, wenn er zwei der Briefe ca. 1698/99 ansetzt und einen ca. 1708. Es ist ihm entgangen, daß der Brief vom 18. 1. (Anm. 219) wegen der Nennung des Projekts von Belœil nur 1705 und nicht 1698/99 geschrieben sein kann und daß die Briefe vom 26. und 27. 3. (Anm. 216, Briefe 1 und 9) unmittelbar aufeinander Bezug nehmen, also nicht von 1698/99 und 1708 stammen können. Die verbreitete Meinung, Boffrand und Carbonet seien schon 1698/99 in Brüssel für Max Emanuel tätig gewesen, beruht nur auf der falschen Datierung der Briefe Anm. 216, Brief 1, und Anm. 219, und ist zu korrigieren. Den genannten Briefen zufolge ist Carbonet aus Bayern zwischen 4. 1. und 18. 1. 1705 in Brüssel eingetroffen, Boffrand zwischen 23. 1. und 9. 2. – Vgl. auch J. Garms, Studien zu Boffrand. Phil. Diss. (Masch.) Wien 1962, 69ff.

[64] Im Original französisch; Paulus 264, Anm. 216, Brief 7.

[65] Siehe hierzu Beitrag Hartmann S. 109. Im Original französisch; Heigel QA I 193–195. – Ganz anders wurde dieser Besuch von Herzogin Liselotte von Orléans beurteilt; Briefe der Herzogin Elisabeth Charlotte von Orléans aus den Jahren 1707–1715, hrsg. v. W. L. Holland (Bibliothek des Litterarischen Vereins in Stuttgart 107, 1871) 140 (Nr. 447: Marly, 9. 11. 1709) und 143f. (Nr. 449: Versailles, 23. 11. 1709). Weder sein Schwager, der Dauphin, noch seine Neffen hätten mit Max Emanuel gespeist, und niemand habe sich die Mühe gemacht, ihm Versailles oder Meudon zu zeigen. »... daß hatt mich recht choquirt. Den ersten tag ging es gar woll

hin, der könig machts recht gutt, aber hernach ging [es] warlich schlegt her, aber es ist, gott lob, zum endt« (23. 11.).

[66] Im Original französisch; Paulus 286 (Anm. 289), ohne Angabe des Datums; vgl. Paulus (Anm. 55) 142 (November 1709?).

[67] Paulus 287 (Anm. 290), Compiègne, 8. 10. 1712: «Je fis cette deffinicion de Chantilly: c'est une Bauté parfaitement bien coiffée a l'air du visage.» Vgl. Paulus (Anm. 55) 142.

[68] P. Cornu, Le château de Béarn à Saint-Cloud (Revue de l'histoire de Versailles et de Seine-et-Oise, 1907) 5ff. Hauttmann 31ff. Die Trümmer des im Krieg von 1870/71 zerstörten Gebäudes und Spuren der Gartenanlage bestanden bis zur Neubebauung des Grundstücks vor einigen Jahren.

[69] Hauttmann 24ff. Den frühesten Hinweis auf Effners Architekturstudium enthält eine Abrechnung von 1707: AStA: MF 19581, fol. 61r: Man zahlte Effner 229 fl. 13 st. »auf ordre herrn grafens von Monasterolle umb underschidliche instrumenta zu ergreiffung der mathematique und architectura«. Ib., fol. 48r: Bei einer Zahlung von 117 fl. 12 st. für Januar–Juli 1707 ist noch von »dem andern garttner Joseph Öffner« die Rede.

[70] Hauttmann 55. ANP T 153[39]: Pichler erhält am 28. 9. 1713 116 livres Kostgeld für 2 Monate. AStA StV 611, pag. 27 und fol. 205r: Er hat um 1711 in Paris einen größeren Raum gemietet, um große Rahmen für zwei Porträts zu verfertigen. Dafür fordert er für zwei Jahre monatlich 12 livres. Die Summe wird am 3. 4. 1713 bewilligt »in ansechung seines wollverhaltens und zu gnädigster satisfaction dess in seiner kunst bezeigten fleises«. Am 9. 5. 1714 werden ihm 608 livres für verschiedene zu seiner Ausbildung gemachte Auslagen erstattet.

[71] Hauttmann 15. Vgl. das in Anm. 61 zitierte Schreiben Delamairs, ANP T 153[56], 1. Rechnung des Comte d'Albert: Nr. 127, 18. 9. 1718: «Au sieur de la Maire architecte du roy la somme de dix mille livres a luy accordée par son altesse electorale par gratification»; vgl. auch T 153[38].

[72] M. Hauttmann, Die Entwürfe Robert de Cottes für Schloß Schleißheim (MJBK 6, 1911/2) 256–276.

[73] R. Strandberg, Claude Desgots und sein Projekt für den Garten in Schleißheim (MJBK 15, 1964) 177–194. Unter Zahlungen Max Emanuels in Paris vom 29. 3. 1715 wird aufgeführt: »A mr de Gaux un present 6000 livres«; ANP T 153[34] und 153[38]. De Cotte erhielt einen Ring mit Diamanten im Wert von 6000 livres; Hauttmann (Anm. 72) 275.

[74] Heigel QA I 254. Hauttmann 36. Kurfürst Joseph Clemens von Köln schrieb am 30. 4. 1714: »l'électeur mon très cher frère at declaré qu'il escrivet à la princesse sa fille, qu'il envoyerat incessement son architecte en Bavière pour achever ses bastiments devant son arrivée.« Mit dem Architekten kann zu diesem Zeitpunkt nur Effner gemeint sein.

[75] GHA Korr.-Akt 753/50: drei Schreiben, davon eines datiert vom 5. 8. 1714. AStA FS 147d, fol. 304f., vom 29. 8. 1714; Hauttmann (Anm. 72) 267; P. Volk, Guillielmus de Grof (1676–1742). Phil. Diss. Frankfurt/M. 1964, Witterschlick 1966, 40.

[76] Dem Grafen M. J. F. von Preysing, der ihm in einem Schreiben vom 1. 9. 1714 Vorschläge gemacht hatte, wie man die Appartements in der Residenz herrichten wolle (Kosten: 13205 fl. 20 kr.), schrieb Max Emanuel am 24. 2. 1715: »... so haben wür nur dises annoch erinnern wollen, das in verschaffung der neuen meublen die sach biß zu unserer zurückhkonfft auf das häußlichist angetragen werde, weilen für dermalen kheine leith in Minchen verhandten, so solche meublen auf die iezige manier zuverförtigen wüssen, und wür ohne dem gesinnet seyn, eigene und wol erfahrene tapezierer mit unß hinaus zu bringen, welche hinnach alles auf ein beständiges einrichten, mithin der doppelten unkosten ersparn können ...«; GHA Korr.-Akt 753/50.

[77] Eine genaue Schilderung der Rückkehr gibt ein Diarium der kurbayerischen Prinzen 1712–15; BStB cgm 1959, fol. 134–142. Darin werden die Daten, abweichend von der übrigen Überlieferung (vgl. Beitrag Seelig, Anm. 64), mit 5. 4. für das Treffen in Lichtenberg und mit 9. 4. für die Ankunft in München angegeben.

[78] Hauttmann 85; Volk (Anm. 75) 9.

[79] Volk (Anm. 75) 26ff.; G. Vits, Joseph Effners Palais Preysing. Ein Beitrag zur Münchener Profanarchitektur des Spätbarock (Kieler Kunsthistorische Studien 5, Bern–Frankfurt/M. 1973) 97–99.

[80] Volk (Anm. 75) 26 u. 30–32.

[81] 1722 wollte man einen weiteren Plafond von Bertin für Schleißheim malen lassen und erwartete die Antwort des mit dieser Angelegenheit betrauten Kammerdieners Dulac: »Das cabinet von denen cleinen gemählen soll alles holzfarb und goldt sein. Der platfond solle zu Paris von Berthen gemacht werden: der grund blau mit einem grotesque;« AStA FS 147d, fol. 155ff.

[82] Auf ihren Italienreisen haben sich die Prinzen von italienischen Künstlern porträtieren lassen. F. Trevisani schuf Ganzfigurenbildnisse der Prinzen Philipp Moritz (Kat. 506) und Clemens August (Kat. 507), Rosalba Carriera ein Pastellbildnis von Clemens August (Kat. 509). Sie hat auch den Kurprinzen Karl Albrecht in vier Sitzungen am 16., 19., 21. und 23. 5. 1722 gemalt, als dieser gemeinsam mit seinem Bruder Ferdinand Maria Venedig besuchte; BStB cgm 5456, Tagebuch des Grafen Maximilian von Preysing. A. Montauti schuf 1716 in Florenz eine schöne Bildnismedaille des Kurprinzen (Kat. 513).

[83] Vits (Anm. 79) 122ff.

[84] E. Hubala, Schleißheim und Schönbrunn. Anregungen und Einflüsse J. B. Fischers v. Erlach in den Entwürfen Zuccallis (Kunstchronik 10, 1957) 349–351; ders. (wie Anm. 59) 188 u. 190.

[85] Hauttmann 95ff.

[86] Im Original französisch; Paulus 263; ders. (Anm. 55) 138, 144f.

[87] Bretagne 57: »Son A.S.E. s'est donné la peine de former le dessein de cette Maison.«

[88] Einige Beispiele bei Paulus 125f. und Hauttmann 189–191.

[89] AStA FS 147d, fol. 155–160, »Was heuer zu Schleißheimb solle verfertiget werdten« (1722). P. Volk, Bemerkungen zu einigen Zeichnungen von Nikolaus Gottfried Stuber (Wallraf-Richartz-Jb 32, 1970) 142.

[90] H. Bürklin, Franz Joachim Beich (1665–1748). Ein Landschafts- und Schlachtenmaler am Hofe Max Emanuels, München 1971, 42.

[91] StAM HR 523/1, 1. Paulus 83. Siehe auch Beitrag Volkert.

[92] StAM HR 523/1, 1. Paulus 117.

[93] Paulus 126f.

[94] StAM HR 524/3 und 13. Hofkammerrat Ziegler nennt Neuhaus in einem Brief vom 19. 12. 1719 »Obristkämmerer und Generalbaudirektor«; StAM: HR 35/25.

[95] Dekret des Kurfürsten vom 22. 6. 1715; StAM HR 523/1, 2. Hauttmann 40.

[96] Das Protokoll der Vernehmung des Bauschreibers, einige Schreiben des Kurfürsten, Erwiderungen v. d. Wahls u. a. informieren genau über die Affäre; StAM HR 524/17, fol. 202ff. Hauttmann, 41.

[97] StAM HR 120/107. Dieser Bericht vom 7. 7. 1726, der auf Aussagen von Pichlers Gesellen Michael Eniser basiert, enthält auch interessante Angaben zu Arbeiten Pichlers für die Münchner Frauenkirche, den Grafen von Thürheim u. a.

[98] Volk (Anm. 75) 10f., 26, 11. 1718; vgl. auch Hauttmann 63.

[99] Volk (Anm. 75) 10, 28. 10. 1718.

[100] StAM HR 120/107, fol. 10f.

[101] StAM HR 19/50, 1.

[102] StAM HR II–251ff.: Hofzahlamts-Besoldungsbücher 1679ff.

[103] StAM HR 120/107, fol. 214.

[104] StAM HR 120/107, vor dem 7. 4. 1727. Vgl. auch Riezler VIII 535, u. a. Beschwerde von 1701, der Hofschutz werde »allzu mildreich« erteilt.

[105] Riezler VIII, 503.

[106] Volk (Anm. 75) 12, 4. 3. 1719. Es handelt sich um Schwierigkeiten bei der Materialbeschaffung für de Grof.

[107] GStA K. schw. 15996, fol. 196, undatiertes Handschreiben.

[108] (AbM 5, 1905) 30.

[109] GStA K. schw. 6224: Schreiben des Comte d'Albert an Graf Maximilian von Preysing, Paris, 2. 1. 1722.

[110] Die Besoldungsbücher (vgl. Anm. 102) verzeichnen die Daten der Auszahlung der Quartalsraten, geben auch an, an wen solche Raten zediert wurden o. ä.

[111] Noë gehörte zu den großen Gläubigern des Kurfürsten, der ihm 950000 fl. schuldete; Riezler VIII 501. Max Emanuel lieh am 18. 4. 1723 persönlich von ihm 20000 fl., die er in sechs Monaten zurückzuzahlen versprach; GStA K. schw. 15996, fol. 58.

[112] AStA FS 677[f]: Originaldekret für die Entlassung und die Anweisung der Besoldungsrückstände.

[113] Riezler VIII, 500f.

[114] StAM HR 120/107: Hofbauamtsbericht vom 27. 10. 1727 wegen noch nicht bezahlter Wochenlöhne aus den Jahren 1725–27.

[115] Riezler VIII, 696.

[116] N. Elias, Die höfische Gesellschaft, Neuwied–Berlin 1969, 85. Vgl. Beitrag v. Kruedener.

Gerhard Hojer

Die Münchner Residenzen des Kurfürsten Max Emanuel

Stadtresidenz München – Lustheim – Schleißheim – Nymphenburg

Stadtresidenz München

Als Kurfürst Max Emanuel volljährig wurde und die Regierung in Bayern antrat, fand er in der Hauptstadt eine Stadtresidenz vor, die den Ansprüchen eines absolutistischen Herrschers der Zeit Ludwigs XIV. kaum genügen konnte. Nicht nur, daß die Gemächer der Kurfürstin noch aus der Zeit seiner Mutter Henriette Adelaide sich verwinkelt zwischen Kapellen-/Grottenhof und den großen Residenzgarten (heute Königsbauhof) zwängten, auch die einzig repräsentative Raumflucht der »Steinzimmer« (ehemals »Kaiserzimmer«) war seit dem Residenzbrand 1674 noch nicht wiederhergestellt. Sie war zudem, ebenso wie die »Trierzimmer« (ursprünglich »Rats- oder Königliche Zimmer«) auf der anderen Seite, gemessen am zeitgemäßen Typus repräsentativer Wohnräume, völlig antiquiert: Die Enfilade lag auf der den Fenstern abgewandten Seite und war nicht bis ans Ende der Raumflucht durchgeführt, und die Raumfolge entsprach nicht den Anforderungen der Etikette mit wenigstens zwei Vorzimmern, Audienz- und Schlafzimmer sowie Kabinett.[1]

In der Nacht vom 9. April 1674 waren wesentliche Teile der Residenz einem verheerenden Brand zum Opfer gefallen: Das Feuer brach über den Gemächern der Kurfürstin in dem südlich des Grottenhofs gelegenen Trakt aus, drang entlang der gesamten Westflanke über den »Goldenen« und den »Hartschiersaal« vor bis zu den »Rats-« oder »Steinzimmern« und zog auch den »Vierschimmelsaal« in Mitleidenschaft.[2]

Vordringliche Bauaufgabe für den jungen Kurfürsten, der am 11. Juli 1680 die Regierung übernahm, mußte es sein, das Alte wiederaufzubauen; darüber hinaus lag es nahe, bei dieser Gelegenheit auch alte Appartements dem neuen Geschmack gemäß umzugestalten oder überhaupt neue Raumfluchten zu errichten. In der Tat wird am 6. August 1680 berichtet, der Kurfürst habe »resolviert, in d° Residenz alhie gewiese Zimer nach dero gndisten intention rüchten zu lassen, wie sie solches mit dero Ober Paumaister dem Zuccali selbsten mehrers abgeredt . . .«.[3] Seit Richard Paulus' bis heute grundlegenden Forschungen zu Zuccalli sind die Bauaktivitäten Max Emanuels in der Münchner Residenz bekannt. Unter der Leitung Zuccallis wurden 1680–1685 die »Alexander-« und »Sommerzimmer« neu konzipiert und ausgestattet; 1693–1701 folgte die Wiederherstellung der »Kaiserzimmer«. Anhand einer präzisen Beschreibung der Münchner Residenz vom »Chur-Fürstlichen Residentz = Pfleger Christoph Kalmbach« aus dem Jahre 1719, ergänzt durch Michael Wenings Beschreibung, konnte Paulus die neuen Appartements lokalisieren. Die »Alexanderzimmer« lagen im Hauptgeschoß des Trakts östlich vom Grottenhof und erstreckten sich, rechtwinklig nach Norden abknickend, bis zum Antiquarium, mit dem sie über ein ovales Kabinett (später »Cäcilienkapelle«, heute »Holländisches Kabinett«) verbunden waren. Die »Sommerzimmer« nahmen den Südtrakt am Grottenhof ein und schlossen an die Gemächer der Kurfürstin (heute »Päpstliche Zimmer«) an (Abb. 26). Die Raumbeschreibung Kalmbachs erlaubt eine bis in Einzelheiten genaue Rekonstruktion des Bildprogramms. Maler und Kunsthandwerker sind durch den Glücksfall vollständig erhaltener Rechnungsbücher ebenfalls bekannt.[4]

Die »Alexander-« und »Sommerzimmer« sind bei einem zweiten großen Residenzbrand 1729[5] vernichtet worden; an ihre Stelle traten die »Reichen Zimmer« und die »Grüne Galerie«. Ihr Bestand muß also rekonstruiert werden. Mit Paulus hat man sich an die Annahme gewöhnt, es sei im wesentlichen nur die Raumausstattung ersetzt worden, die Räume selbst, auch die »Sommerzimmer«, seien erhalten. Außer acht gelassen wurde dabei die Lokalisierung der bei Kalmbach genannten kurfürstlichen Bildergalerie und des benachbarten »Hohen Zimmers«, von Wening »Schatz-Gallerie« genannt. Für sie hat Paulus in seiner Lageskizze keinen Platz.

Ein hier erstmals vorgelegter Plan der Residenz im Besitz der Bibliothek des Institut de France in Paris (im folgenden »Pariser Plan« genannt) (Abb. 26) erlaubt es, Aussehen und Lage der neuen Räume präziser zu rekonstruieren.[6] Die großen Tekturen des Pariser Plans betreffen einen Teil der »Alexanderzimmer« und das gesamte Obergeschoß des Antiquariums (Abb. 27). Dieser Antiquariumsumbau war bisher nicht bekannt, weder durch Pläne, noch in der schriftlichen Überlieferung. Ob der Umbau je stattfand, soll weiter unten untersucht werden. Der Urheber des Plans muß, da die Umbauten für ihn archivalisch bezeugt sind, Henrico Zuccalli sein, der Hofbaumeister Kurfürst Max Emanuels.

Zunächst »Alexander-« und »Sommerzimmer«: Die ersten drei Räume, in der Beschreibung Kalmbachs »Ritterstube«, »Anticamera« und (erstes) »Audienzzimmer«, blieben ohne Tektur, repräsentieren also den Bestand und wurden neu ausgestattet. Lediglich die Trennwand zwischen dem Vorzimmer und dem Audienzzimmer könnte nachträglich eingesetzt worden sein. Radikal ist der Eingriff im Bereich der Tektur. Hier sind vier Räume und ein ovales Kabinett neu vorgesehen, die alten Räume werden aufgegeben, der Dreieckshof gegen das Antiquarium wird verkleinert, eine Loggia zum Residenzgarten entfällt. Über die Funktion der ersten beiden neuerbauten Räume sind sich Wening 1701 und Kalmbach 1719 einig: Auf das Audienzzimmer zu zwei Achsen folgt das kurfürstliche Schlafzimmer mit Alkoven und drei Fenstern (davon eines auf den Dreieckshof hinaus). Eindeutig bestimmbar ist ferner das von Wening so genannte »Geheim-Cabinett«: Es war vom Bettalkoven des Schlafzimmers aus zu erreichen und zeigte als Hauptbild der Decke die »Göttliche Weisheit«. Kalmbach stimmt in der (allerdings ausführlicheren) Beschreibung der Decke und in der Benennung als »Cabinet« mit Wening überein.

Die Bestimmung der drei folgenden Räume des »Pariser Plans« bereitet Schwierigkeiten. Ans Schlafzimmer anschließend beschreibt Kalmbach ein Ankleidezimmer. Dieses kann nach dem oben Festgestellten nicht an der Stelle des »Cabinets« liegen, sondern muß der zweiachsige Raum mit Balkon zum Residenzgarten sein. Nach Kalmbach zeigte die Decke des Ankleidezimmers ein umfangreiches Bildprogramm mit großem Rondell in der Mitte, umgeben von sechs größeren und zwei kleineren Feldern. Nicht genannt wird der anschließende einachsige Raum. Er erweiterte entweder durch Wegfall der Zwischenwand bei der Bauausführung das Ankleidezimmer auf die von Kalmbach genannten drei Fensterachsen, oder er diente als Hauskapelle.[7] Keinesfalls kann er der Ankleideraum gewesen sein: Zum einen hätte seine Decke zu wenig Platz für die mindestens neun Bilder geboten, zum anderen wäre er als Ankleidezimmer zu weit entfernt vom Schlafzimmer gewesen. In Kalmbachs Beschreibung von 1719 folgt auf das Ankleidezimmer das »Spiegl-Cabinet«. Er beschreibt seinen Boden als »mit geschneckleten Majolika-Blättlein so künstlich= als kostbar eingelegt ... Die Wänd seynd mit raren Indianischen Holtz geschnittenen Figuren geziehrt. Lincker Hand deß Eintritts ist wohl zubeobachten ein hohe Spiegl=Wand / worinnen sich jedermann in Lebens=Größe zuersehen hat. Schwingt man endlich die Augen gar über sich in die obere Decke / die von einer zimlichen Höhe / so praesentiert ein in Oval gesetzter Spiegl alles / so sich ihme vorstellt ...«.[8] Wening in seiner Beschreibung von 1701 nennt ein »Holländisches Cabinet«, in dem sich ein Marmorkamin befindet, dazu vier Stellagen mit Porzellangeschirr, »die Wänd theils mit Spieglgläsern, theils mit Indianischer Holtz-Arbeit gezieret und oben auff ein herrliche, mit abermahligem Spiegel-Gewölb versehene Perspectiv-Kuppel« (Abb. 30).

Gemäß beiden Beschreibungen hat also das »Spiegel- oder Holländische Cabinet« ein Gewölbe mit perspektivischer Wirkung sowie in seinem Scheitel einen Spiegel, den Kalmbach als oval schildert. Wenn das *Opeion* oval ist, sollte das zugehörige Gewölbe ebenfalls oval sein und damit auch der Grundriß des Raumes. Dies trifft zu auf den Ovalraum des Pariser Plans am Ende der kurfürstlichen Zimmerflucht, der sich nach dem Umbau 1726 als »Cäcilienkapelle« erhalten hat. Sie hat Thoma 1937 mit dem »Holländischen Cabinet« gleichgesetzt.[9] Ein Foto vor der Zerstörung 1944 (Abb. 29) unterstützt die Identifikation auch im Hinblick auf das Gewölbe.[10] Problematisch bleibt die Ausstattung: Außenansichten der Kapelle vor und nach der Zerstörung zeigen einen offenen Pavillon auf verhältnismäßig dünnen Pfeilern mit fast bis zum Boden reichenden Rechteckfenstern. Man kann annehmen, daß einige Achsen geschlossen waren und Spiegel die Fenster imitierten (Kalmbach nennt nur eine hohe Spiegelwand links vom Eingang); für die »raren Indianischen Holtz geschnittenen Figuren« blieben dann nur die Pfeilerstirnen. Die vier Gestelle mit Porzellan könnten in vermauerten Fensternischen gestanden haben (auch in der »Cäcilienkapelle« hatten zwei Altäre Platz).[11] Wenings Beschreibung allerdings widerspricht dieser Lokalisierung. Er gelangte aus dem Schlafzimmer des Kurfürsten unmittelbar in das »Holländische Cabinet« und aus diesem »durch zwey Fensterthüren auff eine kleine Altona ... gegen dem Baumgärtlein und durch zwey andere Außgäng in ein Vorfletz« mit »eine(r) Geschicht von Alexander dem Grossen«. Das Ankleidezimmer, das bereits 1684 ausgemalt war,[12] lokalisiert Wening nicht, es sei denn, er meinte damit den kleinen einachsigen Raum *nach* dem von ihm so genannten »Holländischen Cabinet«.

Dieser aber, so konnten wir feststellen, kommt als Ankleidezimmer nicht in Betracht. Überdies bleibt die Frage, warum Wening dann den Ovalraum auf Zuccallis Plan unerwähnt ließ. Wenings scheinbar inkonsequente Schilderung der Raumfolge östlich des Schlafzimmers erklärt sich dann, wenn man annimmt, er habe alle folgenden (zwei oder drei) Räume in der Erinnerung zusammengezogen, wäre also zuerst bis zum Ovalraum gegangen und hätte dann, zurückkehrend, den Raum mit Alexanderszenen, also das Ankleidezimmer gesehen.

Der Quellenlage entsprechend bleibt es am wahrscheinlichsten, das »Holländische Cabinet« mit dem später zur »Cäcilienkapelle« umgebauten Ovalbau zu identifizieren.

Den zweiten Komplex von Räumen, die seit 1680 neu ausgestattet wurden, bilden die »Sommerzimmer«. Paulus lokalisierte sie an der Südseite des Grottenhofes, wo seit 1745 die »Reichen Zimmer« sind.[13] Entgegen Paulus' Rekonstruktion der Räume erweist der Pariser Plan daß eine der Länge nach durchlaufende Mauer den Südtrakt des Grottenhofes in der Mitte teilte so daß zwei parallele

Raumfluchten entstanden.[14] Die Aufteilung entspricht damit der des Erdgeschosses in Ahnengalerie und (heutige) Porzellankammern; sie wurde erst beim Bau der »Reichen Zimmer« aufgegeben, die nahezu die gesamte Breite des Bautraktes einnehmen. Die Längsteilung zeigt bereits ein Plan von circa 1635.[15] Seine ungeteilten Längsräume erweisen zum einen das Vorhandensein von Galerien schon zu dieser frühen Zeit, zum anderen, daß erst Zuccalli auf dem Pariser Plan die Galerien durch Querwände aufteilte. Ob diese Raumteilung so wie auf dem Plan erfolgte, läßt sich nicht mehr rekonstruieren. Durch die Beschreibungen von Wening und Kalmbach ist gesichert, daß eine Gemälde-Galerie gegen den Grottenhof zu und eine Schatz-Galerie gegen den Residenzgarten nebeneinander lagen.[16]

Der letzte Raum der »Sommerzimmer«, von dem aus man Wening zufolge »mittelst zweyer Thüren in der Churfürstin Wohnzimmer« gelangte (heute noch erhalten das »Herzkabinett« mit Altane im Süden), war laut Kalmbach dreiachsig, ist also gleichzusetzen mit dem westlichen Zimmer im Anschluß an die »Schatz-Gallerie«. Ein weiterer, nach Kalmbach zweiachsiger Raum könnte Vorraum der Gemäldegalerie (laut Wening) gewesen sein, ein anderer, ebenfalls zweiachsiger Vorraum der »Schatz-Gallerie« (mit Darstellung der *Liberalitas* und *Magnificentia*). Die genaue Lokalisierung ist u. a. deshalb nicht mehr möglich, weil auch die Rekonstruktion der Zahl der Fensterachsen gegen den Grottenhof unsicher ist. Zuccalli sah auf dem Plan elf Achsen vor. Ein Stich Wenings von 1701 zeigt östlich von der drei Achsen übergreifenden Altane vier Fenster. Da die Altane nach Zuccallis Plan in der Mitte lag, ergeben sich in der Tat elf Achsen. Stiche Disels von 1722[17] zeigen jedoch nur drei Achsen sowohl rechts als auch links von der Altane. Das ergibt neun Achsen, genausoviel wie heute, nach dem Umbau des Obergeschosses zur Flucht der »Reichen Zimmer« seit 1726. Die Frage nach der Achsenzahl bleibt offen, wenngleich angenommen werden kann, daß man die Fensterzahl beim Umbau wegen der damit verbundenen Schwierigkeiten nicht geändert hat. Zuccalli hat auf der gegenüberliegenden Seite des Grottenhofes neun Fenster geplant, analog zur Fensterzahl des »Geweihgangs« gegen den Kapellenhof; aus Symmetriegründen möchte man annehmen, daß auch die südliche Grottenhofwand in der Ausführung nur neun Fensterachsen erhielt.

Der dritte, zugleich größte Komplex, den Zuccallis Plan zum Umbau vorsieht, sind die Räume über der ganzen Länge des Antiquariums (Abb. 26, 27). In den Residenzbeschreibungen von Wening und Schmid/Kalmbach werden sie nicht genannt; der Zustand vor der Zerstörung 1944 stammte aus der Zeit des Umbaus 1746/48. Eine stark aus der Mitte gegen die dem Brunnenhof abgewandte Seite verschobene Längswand teilt das Obergeschoß in längliche schmale und in fast quadratische Räume. Diese Aufteilung entspricht eher dem Zustand vor Zuccallis Neuplanung: Es scheint, als habe man auf den Umbau verzichtet.

Bei näherem Zusehen entdeckt man jedoch, daß die ursprünglich (vor 1680) fünf Fenster der Fassade des Antiquariumsobergeschosses gegen den (heute so genannten) Küchenhof (beziehungsweise, wegen des Wandstückes ohne Fenster im Südosten, sechs bis sieben Achsen) auf neun Fenster vermehrt wurden (Abb. 28). Außerdem wurden zwei fensterseitige Kamine an der Wand gegen den Brunnenhof rechts und links von dem zweiachsigen Mittelraum des Pariser Planes tatsächlich errichtet und sind vorhanden. Aus diesem Zimmer wurden durch Einziehung einer Wand 1746/48 (oder erst 1762 ?) zwei einachsige Kabinette; ihre Rückwand bildet den Rest der Zuccallischen Längsmauer.[18] In einem Brief vom 12. August 1714 bezeichnet Max Emanuel das Obergeschoß des Antiquariums als das Appartement »wo wür als Chur Prinz logiret« und weist es dem damaligen Kurprinzen (Karl Albrecht) zusammen mit dessen Bruder Herzog Philipp Moritz als Wohnung zu.[19] Der Umbau mag daher schon 1680 mit der Verwendung als Prinzenwohnung in Verbindung stehen.

Die Baumaßnahmen Max Emanuels in der Münchner Residenz, die der Pariser Plan Zuccallis dokumentiert, sehen eine Modernisierung der Raumfluchten des Kurfürsten und der Prinzen vor, deren Charakter auch für die übrigen Schloßbauten des Kurfürsten verbindlich bleiben sollte: die als Enfilade geführte Abfolge mehrerer Vorzimmer, Audienzzimmer, des Schlafzimmers, Ankleidezimmers und des Kabinetts in enger Verbindung mit einer Bildergalerie. Einen für Bayern neuen Raumtyp stellte das »Holländische oder Spiegl-Cabinet« dar,[20] wie es zwar erst 1693/94 ausgeführt wurde, als Ovalraum auf Zuccallis Grundriß jedoch schon geplant ist. Neben der »Schatz-Gallerie« und dem benachbarten »Gemäldesaal« bildet es durch Ausstattung mit mindestens einem Spiegel (an der Wand und im Gewölbescheitel), »indianischer« Vertäfelung (was immer das war) und Ostasienporzellanen einen neuen Raumtyp exotischer Prägung. Das »Lackkabinett« in Schloß Nymphenburg ist sein später Nachfolger.[21]

Lustheim

Der erste Schloßbau Max Emanuels nach dem Umbau der Residenz war Schloß Lustheim bei Schleißheim (Abb. 33, 34), das nach Plänen Henrico Zuccallis im Mai 1684 begonnen und noch im selben Jahr im Rohbau vollendet wurde. 1687 wurde bereits die letzte Rechnung von den Freskanten vorgelegt.[22] Als der Kurfürst am 9. Februar 1690 seinen Schwiegervater Kaiser Leopold I. in Lustheim empfing, war das Schloß sicher vollendet.[23] Der früheste erhaltene Plan der Anlage von etwa 1694 setzt das Schlößchen als Point de vue an den Abschluß einer großen Gartenanlage, die sich in der Mittelachse des Alten Schlosses Schleißheim (1623 unter dem ersten bayerischen Kurfürsten Maximilian I. vollendet) nach Osten erstreckt.[24] Der Park

Kat.N

schließt östlich mit einer halbkreisförmigen Baumallee, in deren Brennpunkt das Schloß und an deren Enden je ein Pavillon steht. Weitere Pläne, die das Schloß bereits im heutigen Zustand zeigen,[25] sehen statt der Allee Zirkelbauten mit vorgelegter Arkadengalerie vor. Diese »Galleria« wurde auf Befehl Max Emanuels[26] seit 1695 im Anschluß
r. 690 an die Pavillons gebaut. Die seitlichen Galerien wurden durch zwei auf sie folgende Orangeriebauten in der Mitte zusammengeführt (Abb. 33).[27] Bereits um die Mitte des 18. Jahrhunderts wurden die Rondellgebäude wegen Baufälligkeit wieder abgerissen. Dennoch gehörten sie wesentlich zum Erscheinungsbild Lustheims: 1695 sicher im Bau und wahrscheinlich 1694 geplant, stellen diese Bauten in Deutschland die früheste Orangerie über halbrundem Grundriß dar; Gaibach, das bisher als erstes Beispiel gegolten hat, entstand erst 1699/1700.[28] Der Bautyp, der sich im 18. Jahrhundert größter Beliebtheit erfreute,[29] stammt aus den holländischen Niederlanden (Orangerie Zorgvliet, siebziger Jahre des 17. Jahrhunderts)[30] (Abb. 49). Holländische, nicht französische oder italienische Gärten sind es auch, die der Gesamtanlage des Parkes zwischen dem Alten Schloß Schleißheim und Lustheim zum Vorbild dienten: Nicht nur der halbrunde Abschluß, auch die mehrzeiligen Alleen in der Mittelachse und als seitliche Begrenzung kennzeichnen ebenso wie die Aneinanderreihung quadrati-
r. 682 scher Boskette die Gärten von Het Loo oder Zeist (Abb. 50),[31] beide unter maßgeblicher Beteiligung des in den Niederlanden seit den achtziger Jahren für das königliche Bauwesen tätigen Architekten Daniel Marot. Die Übernahme ist ein Ergebnis der Reise Zuccallis nach Holland 1693 im Auftrag des Kurfürsten Max Emanuel.[32] Daniel Marot hatte als Hofbaumeister Wilhelms III. von Oranien erst kurz zuvor das Schloß Het Loo (1686) ausgestaltet und dessen Garten entworfen. [33] Außer der Freundschaft Max Emanuels mit Wilhelm von Oranien ist es sicher die Modernität dieser Schloß- und Parkanlagen gewesen, die den bayerischen Statthalter der Spanischen Niederlande bewog, sie als Vorbild zu wählen. Zudem bot sich wegen der ähnlichen Situation der Gärten in einem flachen, von Kanälen durchzogenen Moorgelände die holländische Lösung zur Nachahmung an.

Das Lustgebäude selbst freilich wurzelt in anderen Traditionen. Italienisch mutet nicht nur die äußere Erscheinung der drei Baukuben mit dem erhöhten und zurückgesetzten Mittelblock und den seitlichen Risaliten an, in der Tradition italienischer Baukunst steht auch die Fassadengliederung durch große Doppelpilaster und kräftiges Konsolgesims, Vorlagen und markante Fensterverdachungen mit einander abwechselnden Segment- und Dreiecksgiebeln. Der große Mittelsaal, der durch zwei Geschosse reicht, heißt auch in vergleichbaren französischen Bauten »salle à l'italienne« und läßt sich letztlich zurückführen auf Villentypen Palladios.[34] Selbst die im Halbrund geführten Galerien sind ein Lieblingsmotiv Palladios, das er aus dem antiken Thermen- und Villenbau ableitet. Mehr noch als Palladio lieferte der Architekturtraktat Sebastiano Serlios Vorbilder für barocke Architekten. Auch Zuccalli entnahm ihm – nahezu wörtlich – die Fassade der Lustheimer seitlichen Pavillons, die Serlio nach Raffaels Villa Madama in Rom kopierte (Abb. 31, 32).[35]

Beide Traktate entstammen dem oberitalienischen Kunstkreis und dienten dort den Baumeistern als Handbücher.[36] Auch Zuccalli hat seine Wurzeln in dieser Kunstsphäre: Seine »Handschrift« ist ebenso klar, herb und kantig wie die der Bologneser Architekten des späten 16. Jahrhunderts und verzichtet weitgehend auf Ornamente und weiche Linien. Der Grundriß des Lustheimer Mittelpavillons ist letztlich der einer Villa aus Serlios Traktat.[37] Die Gesamtform könnte, was die Gliederung in Blöcke anbelangt, ihr Vorbild in einem entwickelteren Typus, etwa dem der 1668 von Bernini (?) erbauten Villa Rospigliosi in Lamporecchio bei Pistoia haben.[38] Die Lage Lustheims im Brennpunkt einer halbkreisförmigen Galerie läßt sich zunächst nicht befriedigend erklären: Palladios Villen stehen nur im Scheitel halbrunder Galerien, ebenso wie die holländischen Orangerien, werden also nicht von ihnen umfangen.[39] Hier liegen die Parallelen erneut im oberitalienischen Bereich, in Piemont, der Heimat der Mutter Max Emanuels, Henriette Adelaide: Ein Entwurf für das Castello Reale von Racconigi (entstanden zwischen 1679 und 1683) von Guarino Guarini zeigt das Schloß ebenfalls hinterfangen von einem halbkreisförmigen Bau.[40]

Schloß Lustheim ist im Bereich des Münchner Hofes das erste jener Lustgebäude in einem Garten, die mit den Nymphenburger Parkburgen und der Amalienburg den Höhepunkt ihrer Entwicklung erreichten. Lustheim war, wie die ähnlichen Bauten an den Höfen in Wien, Paris oder Turin, nicht als ständige Wohnung des Fürsten gedacht, sondern diente als Rahmen für besondere Gelegenheiten, wie Jagdfeste, Bälle oder Empfänge. Wesentlich war ihre Verbindung mit der Jagd; auf diese Bestimmung spielte auch die (heute nicht mehr erhaltene) bemalte Decke im Lustheimer Belvedere an, die jagdbare Vögel und Jagdhunde darstellte.[41] Auch die Ikonographie der Freskoausmalung ist der Jagd gewidmet, der Apotheose der Diana. Das Deckengemälde im Großen Saal zeigt, wie Jupiter die Göttin zur Herrscherin über das jagdbare Wild einsetzt; die Szene wird umzogen von dem Namen des Kurfürsten Maximilianus Emanuel. Als Jäger wird der Kurfürst auch zusammen mit seiner Gattin Maria Antonia auf den großen Leinwandgemälden im Mittelsaal dargestellt. In den übrigen Räumen tritt mehrfach das Doppelwappen Österreich/Bayern auf: eine Allusion auf die Verbindung der beiden Herrscherhäuser durch die Hochzeit des Kurfürsten mit der Kaisertochter, die in den Deckengemälden als jungfräuliche Diana dargestellt ist.[42] Die Hochzeit war 1685; sie dürfte unmittelbarer Anlaß für die Errichtung Lustheims gewesen sein. Das Programm des Lustschlosses ist demnach als Allegorie der ehelichen Liebe zu interpretieren. Mit dem Thema der Liebe aber ist auch die Insellage des Schlosses zu verbinden, das nur mit dem Nachen angemessen erreichbar war (vgl. Stich Disels Abb. 33). Es ist eine »Isle d'Amour«,[43] wie sie auch Le Nôtre in französischen Parks mehrfach anlegte. Die Insel ist der »paradiesische Ort«, wie er in der ikonologischen Literatur Frankreichs häufig behandelt wird, bis hin zur »Einschiffung nach Cythère«. Cythera, die Insel der Liebe, ist schon in der Renaissance (Hypnerotomachia Polifili, mit Bezug auf Plato) eine kreisförmige Insel, die von radial geführten Alleen durchzogen ist. Auch Lustheim liegt auf einer kreisförmigen, von Kanälen umzogenen Insel, deren Wege radial auf das zentrale Schloß zulaufen. Unmittelbare Anregung für Lustheim hat offenbar der Inselpalast der Diana im Garten des piemontesischen Jagdschlosses Venaria Reale gegeben: auch dort lag das »Fanum Dianae« auf einer kreisförmigen Insel am Ende der Mittelachse des Schloßparks.[43a]

Neues Schloß Schleißheim

Zuccallis Entwürfe für Lustheim sahen von Anfang an einen großen Garten vor, der vom Alten Schloß Schleiß-
Kat.Nr. 710 heim seinen Ausgang nahm.[44] Um dieses Alte Schloß samt seinen zwei westlichen Vorhöfen des angeschlossenen Gutes mit den Marställen zu erhalten, nahm man eine Orientierung des Gartens nach Osten in Kauf, obwohl die Lage nach Westen die bevorzugte war. Der erste Plan Zuccallis sieht vor, dem Alten Schloß zwei Pavillonbauten gegenüberzustellen, die in Achsenzahl und Freitreppe mit ihm übereinstimmen. Ein rechteckiger Arkadenhof schließt das Ganze zusammen.[45] Der unerwünscht ernste Eremitagencharakter des Alten Schlosses scheint jedoch Max Emanuel veranlaßt zu haben, von Zuccalli Umbaupläne anzufordern, die zunächst den Charakter von ländlichen Lustschlössern hatten.[46] Es hat sich ein Projekt erhalten, dessen Arkadenführung zu zwei gegenüberliegenden neunachsigen Bauten vermuten läßt, es stelle tatsächlich den Westteil der Anlage mit dem umgebauten Alten Schloß dar.[47] Ein weiterer Entwurf (Abb. 35) mit zweieinhalb Geschossen für den Umbau des Alten Schlosses nimmt auf die Breitenerstreckung des Gartens deutliche Rücksicht: Er erreicht sie durch erdgeschossige Galerien, die zu freistehenden quadratischen Trabantenbauten führen.[48] Der ländliche Charakter eines Jagd- und Lustschlosses wird nicht nur hervorgerufen durch die bescheidene Höhe des Hauptbaues und seine phantasievolle Gartentreppe, sondern auch durch die luftigen Pavillons in der Mitte der Galerien, von denen ebenfalls breite Treppen in symmetrischen Läufen herabführen. Als man schließlich beschloß, den Umbau des Alten Schlosses als unzureichend aufzugeben und ein Neues Schloß zu bauen, hielt man dennoch daran fest, die vorgegebene Gartenbreite durch das Schloß zu besetzen, beziehungsweise das Schloß durch Galeriebauten mit Pavillons am Ende auf die nötige Breite zu bringen.

Der Wunsch nach dem Neubau ergab sich aus einer neuen Konzeption des gesamten Schleißheimer Komplexes: Aus einer Villeggiatura sollte eine fürstliche Residenz entstehen. Zwar wurden zunächst noch einige Neubauprojekte mit ovalem Mittelsaal in Anlehnung an Lusthäuser Fischer von Erlachs ins Auge gefaßt;[49] die folgenden Grundrisse sehen jedoch einen ausgedehnten, vielhöfigen Komplex vor, dessen Ostabschluß eine vierseitige Palastanlage unter Einschluß des Alten Schlosses bildet.

Am 15. April 1693 lagen von der Hand Henrico Zuccallis beim Generalbaudirektor des Kurfürsten, Ferdinand Franz Albrecht Graf von der Wahl, Pläne für Schleißheim vor.[50] Diese Pläne dokumentieren den Entschluß, die Residenz nach Schleißheim zu verlegen. Die umgebauten Appartements in München (vgl. S. 142ff.) genügten den Ansprüchen eines Fürsten nicht mehr, der seit 1692 nicht nur Statthalter der Spanischen Niederlande war, sondern sich Hoffnungen auf eine Königskrone machte.[51] Die Abfolge der alten Gutshöfe wurde in der Planung zugunsten phantasievoller Hofgrundrisse in der Art des (allerdings später entstandenen) Dresdener Zwingers aufgegeben. Die Vielhöfigkeit einer Residenz war dem Kurfürsten von seiner Münchner Residenz vertraut; sie war in jener Zeit auch eine Form politischer Repräsentation, wie der Entwurf einer kurpfälzischen Residenz in Mannheim von Graf Matteo Alberti beweist.[52] Die Abfolge von Rechteckhöfen in Schleißheim hat Entsprechung und wahrscheinliches Vorbild in der Anlage von Venaria Reale nach dem Projekt von Amedeo di Castellamonte.[53] Schleißheim ist ein Fragment geblieben; selbst der Entwurf, den Zuccalli der Ausführung zugrunde legte, ist eine reduzierte Version. Die Statthalterschaft in den Spanischen Niederlanden ließ das Interesse Max Emanuels am bayerischen Stammland so weit schwinden, daß er an einer neuen Residenz nicht mehr interessiert schien; zudem war die Finanzsituation zu schlecht, als daß sie die Errichtung eines aufwendigen Neubaues erlaubt hätte. Erst nach der Rückkehr des Kurfürsten nach Bayern 1701 wurde am 14. April der Grundstein für das Neue Schloß Schleißheim gelegt, also nach einer Frist von acht Jahren. Zuccalli hatte unmittelbar vor Baubeginn ein großes Schaubild der Gesamtanlage (Abb. 36) verfertigt,[54] das die alten Gutshöfe endgültig zugunsten eines großen Marstallhofes mit Brunnen aufgibt[55] und auch im Westen eine schloßähnliche Menagerie in Insellage vorsieht.[56] Das Alte Schloß geht völlig auf in einer großen Vierflügelanlage, die nun in der Mitte zwischen Lustheim und der Menagerie liegt. Der Grund- und Aufriß der Anlage entspricht »Projekt A«[57] mit quadratischen Treppenhäusern in den Hofecken. Dieses Motiv hat Bernini durch seinen Louvre-Entwurf hoffähig gemacht, der Zuccalli sicher bekannt war (Stich von Jean Marot). Es war in Deutschland schon seit dem Schloßbau des 14. Jahrhunderts eingeführt, ebenso wie die Vierseit-

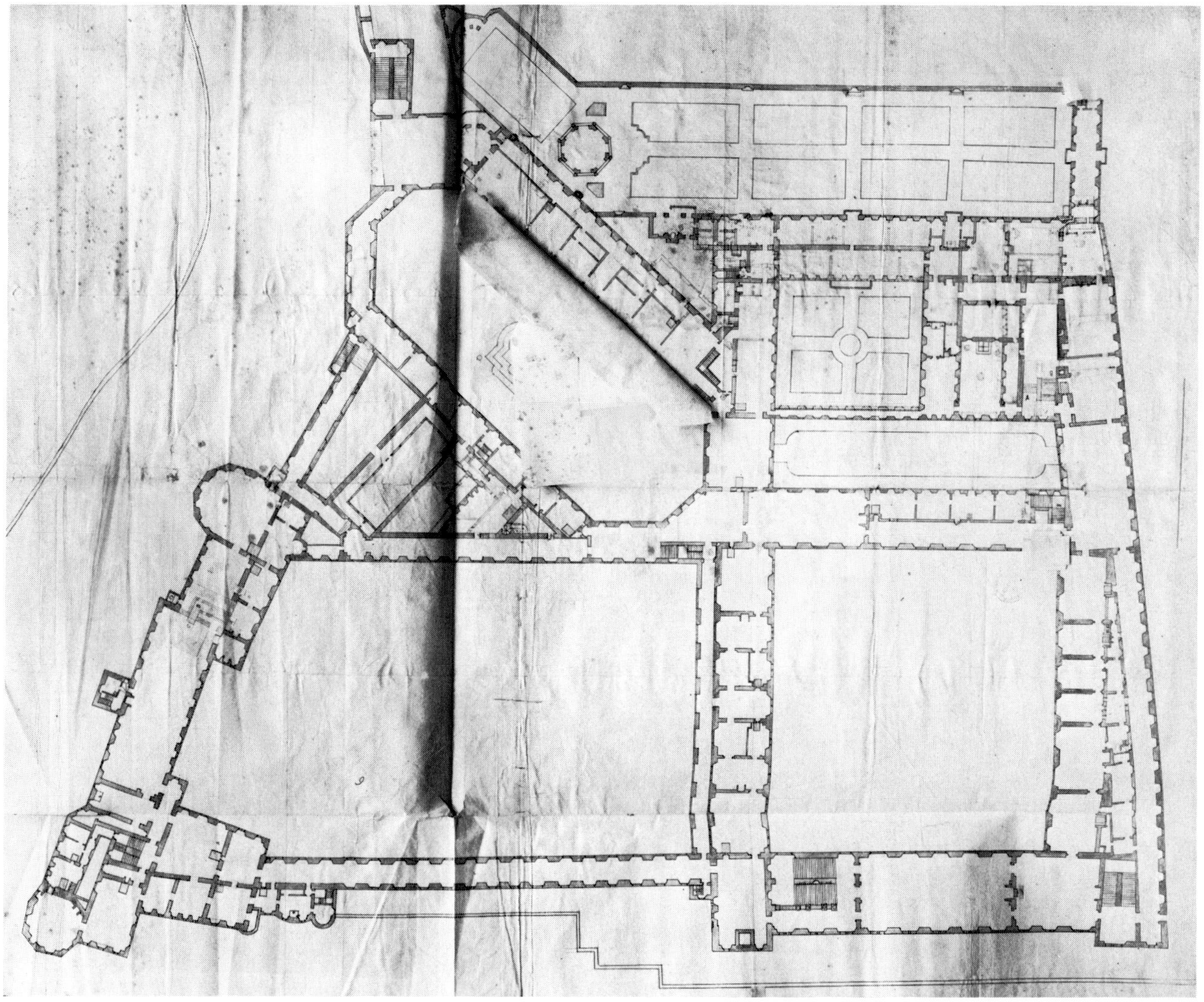
26

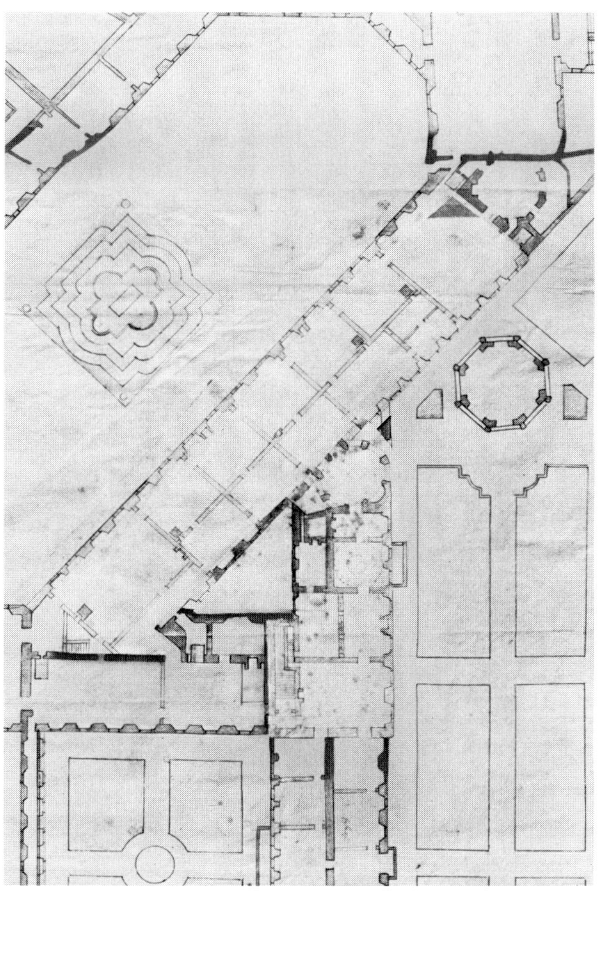
27

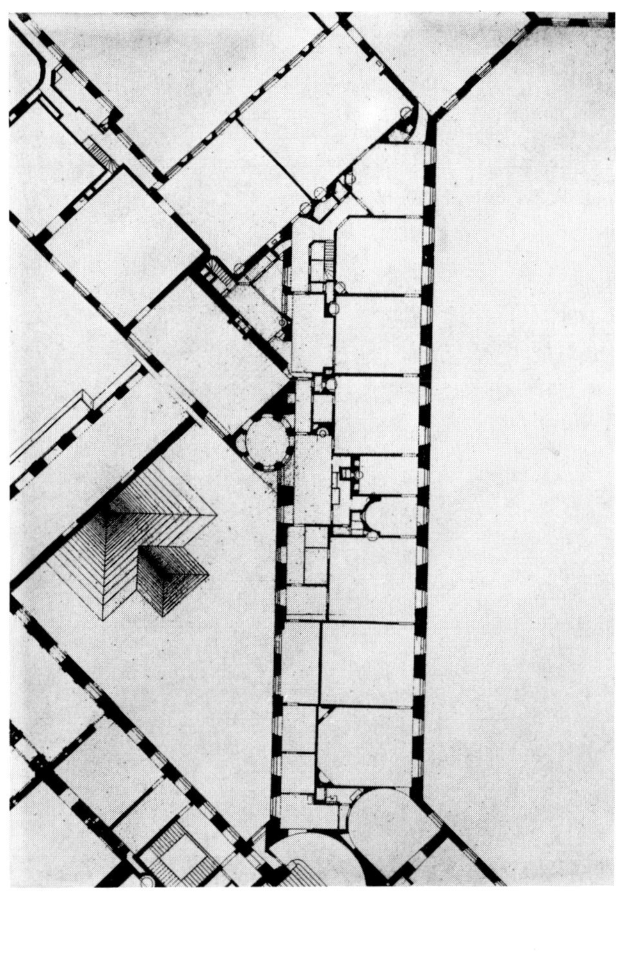
28

29

30

31

32

26 H. Zuccalli, Umbauprojekt für die Münchner Residenz 1680
27 H. Zuccalli, Umbauprojekt für die Münchner Residenz 1680. Detail zwischen Brunnenhof und Grottenhof
28 Detail einer Bauaufnahme der Münchner Residenz. Antiquarium, Obergeschoß (Kurfürstenzimmer)

29 Cäcilienkapelle in der Münchner Residenz. Foto vor Zerstörung 1944
30 M. Wening, Residenz München 1701
31 S. Serlio, Fassade der Villa Madama
32 Lustheim, südlicher Pavillon

33 M. Disel, Schloß Lustheim 1722
34 Schloß Lustheim nach Renovierung 1971

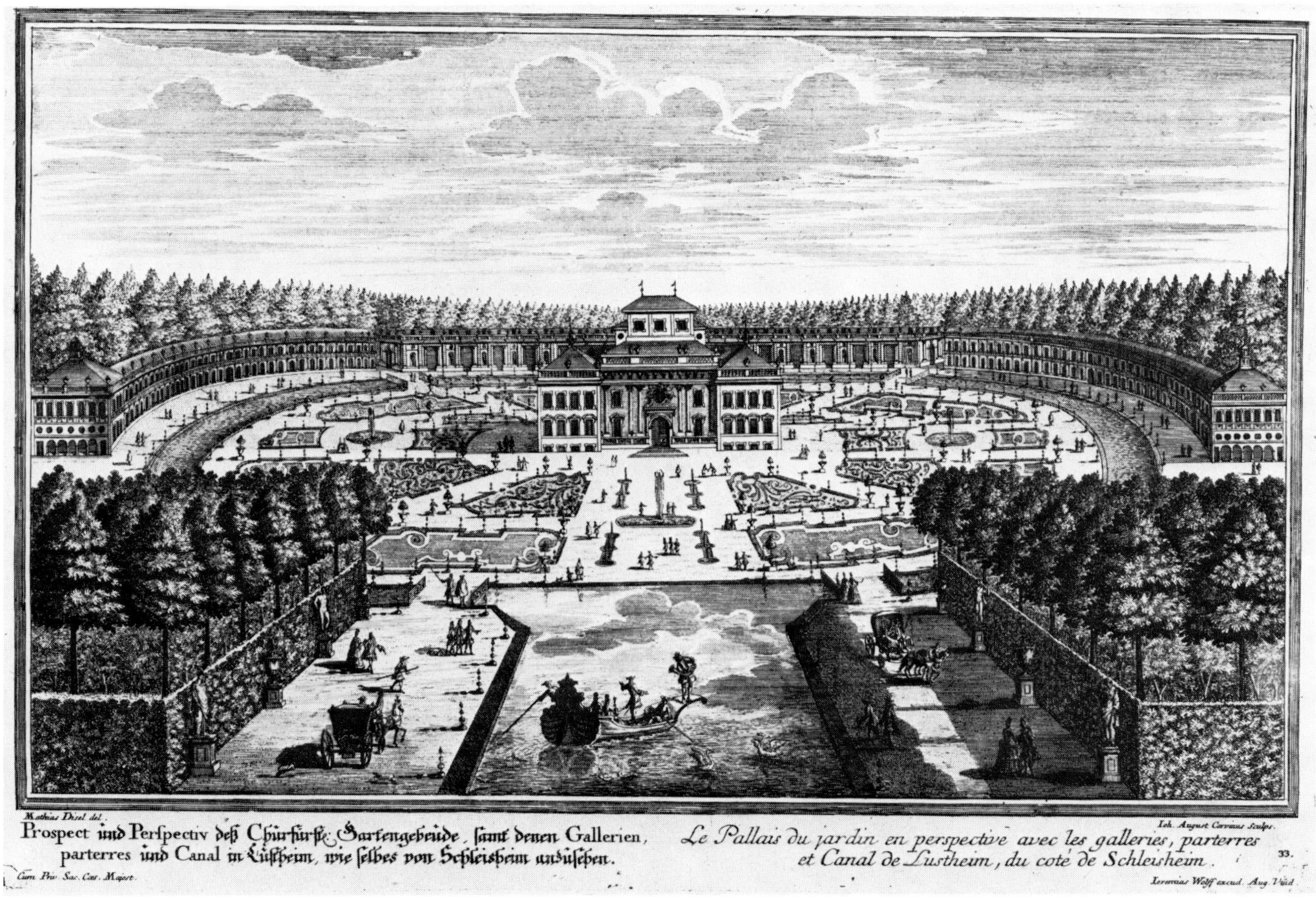
Mathias Disel del.
Ioh. August Corvinus sculps.
Prospect und Perspectiv deß Churfürstl. Gartengebeude, samt denen Gallerien, parterres und Canal in Lustheim, wie selbes von Schleisheim anzusehen.
Le Pallais du jardin en perspective avec les galleries, parterres et Canal de Lustheim, du coté de Schleisheim.
33.
Cum Priv. Sac. Caes. Majest.
Ieremias Wolff excud. Aug. Vind.
33

34

35

35 H. Zuccalli, Entwurf für das Neue Schloß Schleißheim – 36 H. Zuccalli, Perspektivische Ansicht von Schleißheim
37 H. Zuccalli, Grundrißprojekt »C« für das Neue Schloß Schleißheim – 38 H. Zuccalli, Fassadenprojekt für das Neue Schloß Schleißheim

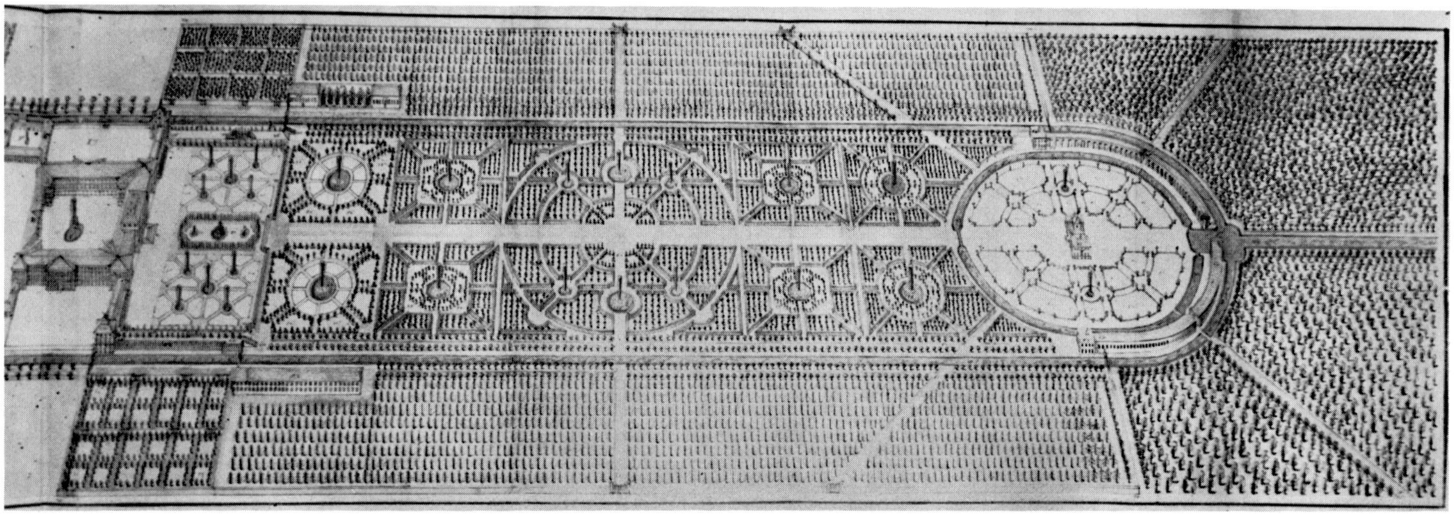

36

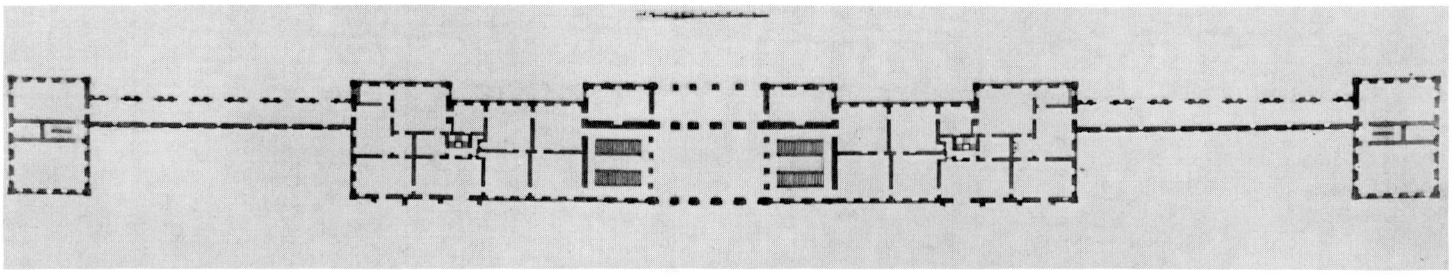

37

38

39

39 J. C. Altmannshöfer, Längsschnitt durch das Neue Schloß Schleißheim, 1812
40 H. Zuccalli, Projekt für Schloß Nymphenburg, Ostansicht – 41 H. Zuccalli, Projekt für Schloß Nymphenburg, Grundriß

40

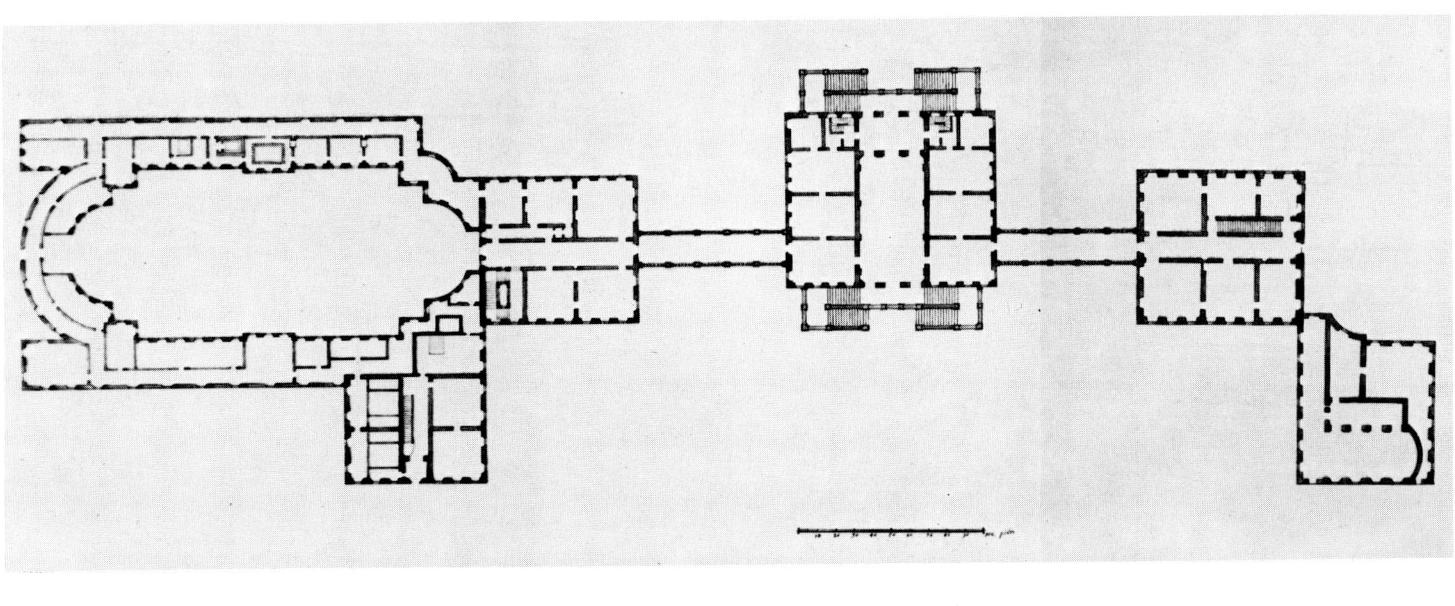

41

42

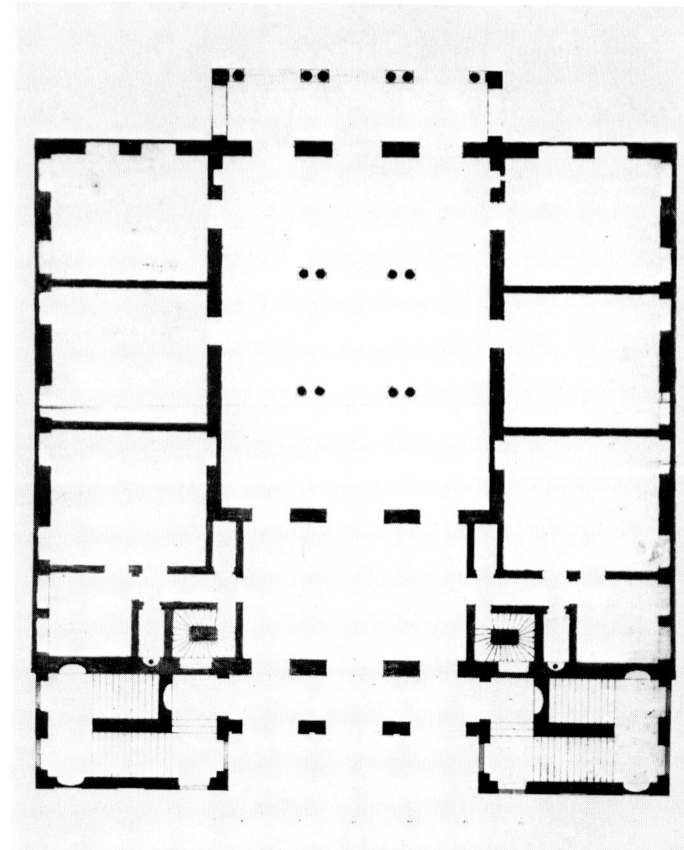

4.

42 M. Wening, Ansicht von Schloß Nymphenburg – 43 Schloß Nymphenburg, Grundrißentwurf
44 Ansicht des Schlosses Nymphenburg von der Parkseite – 45 Schloß Nymphenburg, Nördliches Vorzimmer

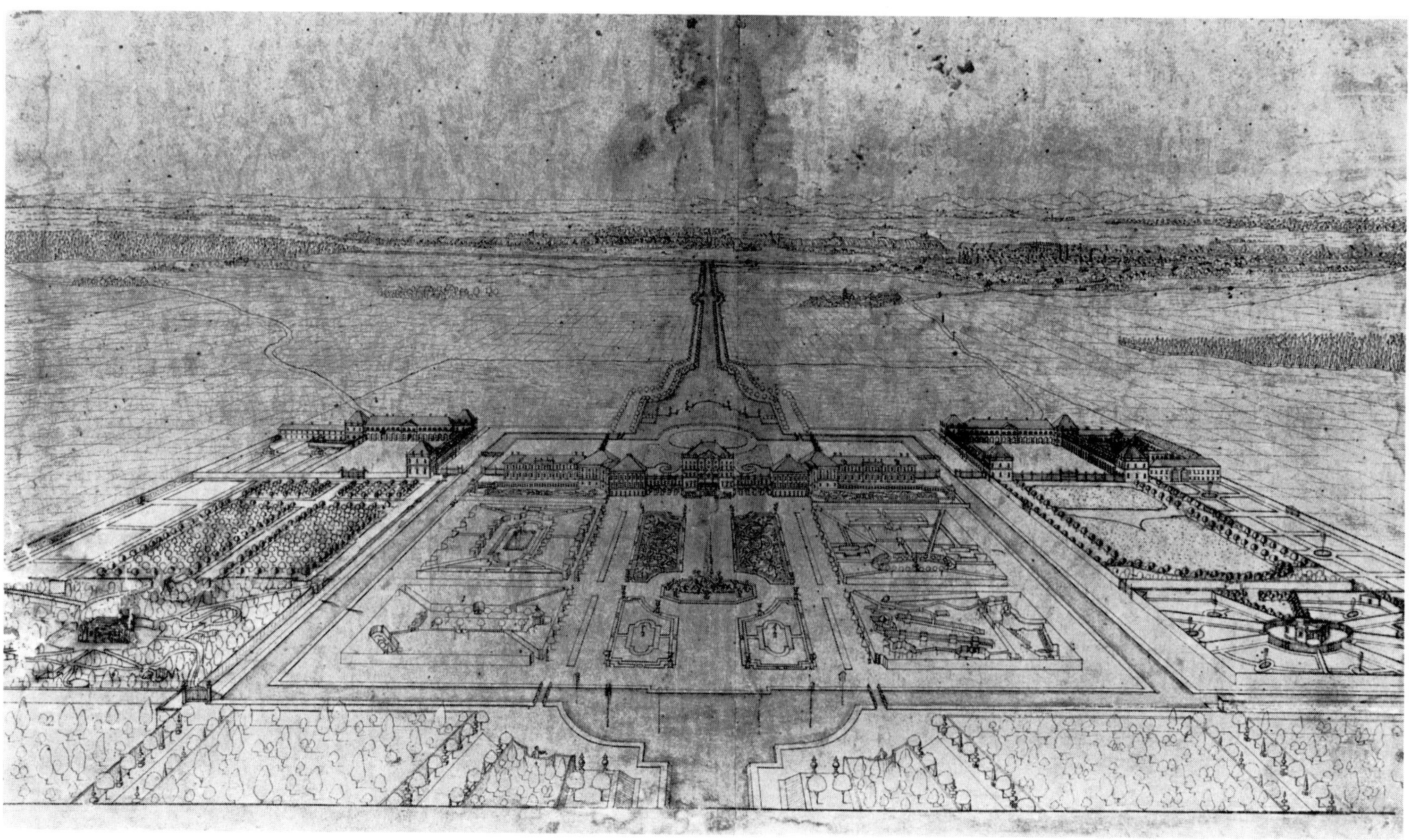

44

46

47

46 Badenburg, Nordseite – 47 Pagodenburg, Südseite

48 Neues Schloß Schleißheim, Treppenhaus

49

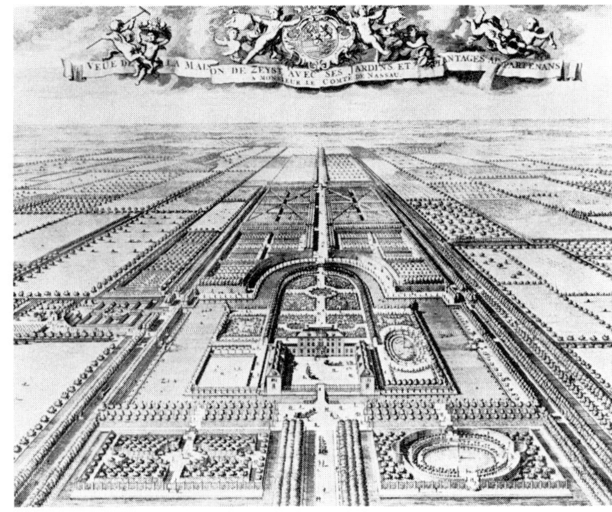

51
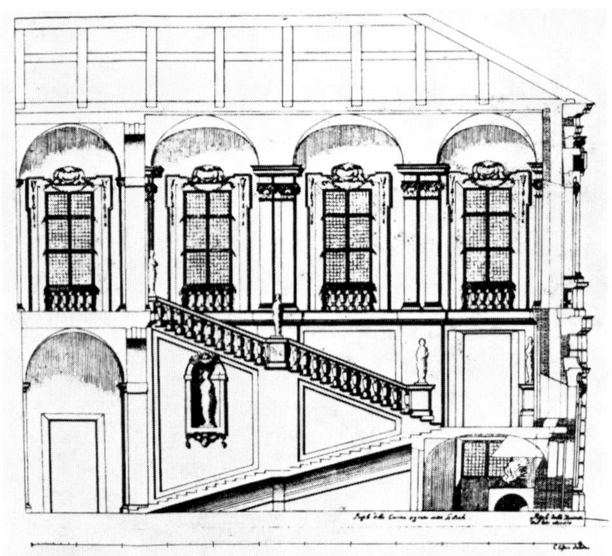

53

49 Zorgvliet, Orangerie – 50 Zeist
51 Projekt für das Gartenpalais Liechtenstein in der Rossau bei Wien, Längsschnitt – 52 Grand Salon des Hôtel de Bourvallais, Paris
53 Gartenpavillon in Rozendaal – 54 M. Disel, Apothekenhof der Münchner Residenz, Fassade der »Ratszimmer«

anlage, deren Wiederaufnahme um 1700 ein Anachronismus war. Es ist zu verstehen, daß in immer wieder neuen Entwürfen versucht wurde, das Alte Schloß zu opfern, um eine zeitgemäße offene Dreiflügelanlage, also einen Ehrenhof durchzusetzen.[58]

Begonnen wurde der Bau mit dem Corps de Logis, also mit dem auch heute bestehenden Trakt. Für ihn haben sich ein Erd- und ein Obergeschoßgrundriß und der Entwurf
. 668 der Hoffassade erhalten, die der endgültigen Ausführung zugrunde lagen.[59] Der große Saal sollte damals noch die ganze Breite des Obergeschosses einnehmen, wobei im Westen ein Korridor vorgelegt war.[60] Auf einem Sockel, der aus Erdgeschoß und Mezzanin besteht, hätte sich als konstituierendes Fassadenmotiv die Große Pilasterordnung erheben sollen, die Hauptgeschoß und Mezzanin umfaßt und ein Gebälk mit abschließendem Konsolgesims trägt.[61] Die Ausführung des Schloßbaues allerdings sah anders aus. Bedingt durch den Einsturz der Ostfassade zum Park hin im Juli 1702, mußte das Konzept geändert werden. Wegen der ungenügenden Fundamentierung wurde die Ostmauer auf die heutige Höhe erniedrigt. Da der große Saal aber seine Höhe behalten sollte, konnte er zum einen nicht mehr die gesamte Gebäudetiefe einnehmen (seine Ostwand wäre zu hoch und dadurch zu schwer geworden), zum anderen mußte seine Ostwand nach rückwärts, also gegen Westen verlegt werden (Abb. 37). Der verbleibende langgestreckte und niedrige Raum auf der Ostseite bot sich als Bildergalerie an. Der vorspringende Fassadenabschnitt des Mittelteils gegen den Park war zwar jetzt um den aufgesetzten Mittelteil niedriger geworden, behielt aber die bisherige
. 667 Höhe der übrigen Fassade (Abb. 38). Es hätte also durchaus die Große Ordnung wie auf »Plan A« das Hauptgeschoß und den Mezzanin darüber umfassen können (die Mezzaninfenster im Bereich der Galerie hätten sich dann auf das Gewölbe geöffnet).[62] Statt dessen hat Zuccalli die großen Pilaster auf den Boden gesetzt und sie zugleich um ein ganzes Geschoß höher geführt, dafür aber das obere Mezzaningeschoß durch ein stark vorkragendes Kranzgesims abgetrennt. Tatsächlich wirkt die Streckung der Pilaster durch hohe Postamente und würfelförmige Gebälkstücke gewalttätig. Der Grund für diese ästhetisch bedenkliche Lösung kann nur das Auftreten eines grundsätzlich neuen und konstituierenden Fassadenmotivs für den elfachsigen Mittelteil gewesen sein, nicht das Bauunglück als solches. Die neue Idee war die Einführung der großen Rundbogenfenster in allen drei Geschossen, die im selben Jahr 1702 auch im Mittelpavillon des Schlosses Nymphenburg ausgebrochen wurden (vgl. Seite 160). Ihre Höhe und ihre Form bedingten die Aufgabe des geplanten Gliederungssystems im Mittelteil und damit an der ganzen Fassade. Das neue System hatte seinerseits Parallelen: Ein Vorläufer war die 1693/94 von Zuccalli entworfene Fassade der Universität Ingolstadt.[63] Eine direkte Anregung war die Fassade der »Ratszimmer« der Münchner Residenz gegen den Küchenhof – heute Apothekenhof – (Abb. 54).[64] Die Schleißheimer Fassaden betonen sogar ausdrücklich das Arkadenmotiv durch die eiserne Brüstung im Obergeschoß analog zur Küchenhoffassade der Residenz. Als Festhalten an Bautraditionen der Münchner Residenz muß auch die ungewöhnliche Lage des Piano Nobile im dritten Geschoß (über Erd- und Mezzaningeschoß) angesehen werden (vgl. Fassade gegen die Residenzstraße).[65] Die Bauarbeiten in Schleißheim wurden bereits 1704 wieder eingestellt, als der Kurfürst nach dem verlorenen Krieg ins Exil gehen mußte. Nur der Ostflügel des riesigen Projekts wurde fertiggestellt; der Umbau des Alten Schlosses unterblieb, wenngleich gegenüber A.W. Ertls Stich von 1687[66] die Treppenaufgänge auf ein Geschoß erniedrigt wurden und (in München erstmals) als Frontispiz eine »Serliana« erhielten (ein Dreiecksgiebel überfängt eine dreigeteilte rechteckige Öffnung mit halbrund erhöhter Mitte). Wie bei den Lustheimer Pavillonfassaden, ließ Zuccalli sich auch hier von dem italienischen Architekturtheoretiker Serlio inspirieren (vgl. S. 145). Auf Zuccalli geht auch das für ihn signaturhaft typische Motiv der abwechselnd dreieckigen und segmentförmigen Fensterverdachungen zurück (wie in Lustheim und am Neuen Schloß).[67]

Henrico Zuccalli, aus Roveredo in Graubünden gebürtig, wurde im November 1672 Hofbaumeister in München.[68] Er tritt uns als fertiger Architekt entgegen (Theatinerkirche München, Wallfahrtskirche Altötting), für den die Kenntnis der wichtigsten Bauwerke des römischen Hochbarock selbstverständlich war (S. Andrea al Quirinale als Vorbild für Altötting, Fassade des Palazzo Barberini als Vorbild für die Ingolstädter Universität).[69] Ein Aufenthalt, ja sogar ein Studium in Rom an schon »klassisch« gewordenen Bauwerken läßt sich demnach vermuten. Solche Eindrücke allein vermögen jedoch den Architekturstil des Graubündner Meisters nicht zu erklären. Für ihn lassen sich oberitalienische Wurzeln nachweisen, die von Piemont bis Bologna lokalisiert werden können. Wie das Jagdschloß Venaria Reale bei Turin, so hat auch Schloß Lustheim H-förmigen Grundriß (vgl. S. 146). Das Projekt für den Neubau des Schleißheimer Schlosses, das zu Beginn eine große Zahl paralleler und hintereinanderliegender Höfe vorsah, läßt sich ebenfalls mit dem vielhöfigen Venaria Reale vergleichen.[70] Zuccallis auffallende Wertschätzung von Serlios Traktat findet ihre Parallele in der Beliebtheit dieses Theoretikers in Oberitalien. Bologneser und Genueser Paläste des späten 16. Jahrhunderts verwenden die Fassaden-
gliederung, die Zuccalli seinem ersten Fassadenentwurf für Kat.Nr. 668
das Neue Schloß zugrunde legt;[71] über einem Arkadengeschoß die Große Pilasterordnung, die Haupt- und Mezzaningeschoß zusammenschließt. Die Kenntnis von Fischer von Erlachs zweitem Schönbrunner Projekt[72] ist also nicht die einzige Voraussetzung des Schleißheimer »Entwurfs A«, wenngleich die konsequente Weiterführung der Großen Ordnung, wenn schon nicht um alle Außenfassaden, so

doch um den Arkadenhof herum, von dorther kommen mag. Die Entdeckung eines Entwurfs Zuccallis für Schloß Austerlitz in Mähren[73] bekräftigt die Vermutung einer weiteren Komponente in seinem Stil, nämlich die der Architektur am Wiener Hof. Diese Komponente zeigt sich auch in seinen »Lusthausentwürfen« für Schleißheim mit ovalem Mittelbau in der Nachfolge Fischer von Erlachs.[74] Fischer von Erlachs Schönbrunner Projekt II war als Stich publiziert und auch ohne Wiener Aufenthalt zugänglich. Architektonische Besonderheiten des Neuen Schlosses Schleißheim deuten jedoch darauf hin, daß Zuccalli die Entstehung wenigstens eines Bauwerks in Wien selbst miterlebte. Es ist der Gartenpalast des Fürsten Liechtenstein in der Rossau.[75] Zuccalli muß ihn im Stadium des Entwurfs gekannt haben, da er Motive übernimmt, die in der Bauausführung nicht mehr vorkommen. Auf den Projekten tritt nicht nur die Große Ordnung über dem durch rustizierte Blendarkaden gegliederten Sockelgeschoß auf, es wechseln auch die Fensterverdachungen zwischen Dreieck und Segment. Außer der Fassade muß Zuccalli auch wesentliche Details der Raumdisposition gekannt haben: Beim Entwurf für das Gartenpalais Liechtenstein (Abb. 51) ist die Pfeilerhalle des großen Vestibüls vorgebildet, von dem aus nach der Seite hin die Treppe ausgeht, die mit einem Absatz beginnt. Sie ist zwar im Gegensatz zur Schleißheimer dreiläufigen Treppe nur zweiläufig, führt aber ebenso wie dort im Hauptgeschoß über ein Podest unmittelbar in den großen Hauptsaal (Abb. 39, 48). Dieser liegt, wie in Schleißheim, auf der Seite des Ehrenhofes, und ihm ist ebenso wie in Schleißheim die niedrigere Galerie auf der Gartenseite vorgelagert.

Außer der Fassade hat also auch die Aufteilung des Innern ein direktes Vorbild, das Zuccalli zugrunde legte. Seine Kenntnis der Planungen zum Gartenpalais Liechtenstein erweist einmal mehr, daß er die Wiener Architektur seiner Zeit intensiv verarbeitete.

Das Bauunglück von 1702 war sicher ein äußerer Anlaß für die Änderung der Schleißheimer Planung, es war aber, wie die Abhängigkeit vom Palais Liechtenstein in der Rossau ergab, nicht bestimmend für deren neue Form. Selbst die ungewöhnliche Stufung der Gartenfassade durch die gegenüber dem Saal niedrigere Galerie erklärt sich aus dem Wiener Vorbild.

Entschließt man sich, die Fassade des Schleißheimer Corps' de Logis und insbesondere ihren Mittelbau nicht als Notlösung zu betrachten, sondern ernstzunehmen, dann wird auch der Weg frei für eine unvoreingenommene Beurteilung ihres Ranges. Die entscheidende Neuerung, aus der alles andere folgte, war die Einführung von großen Rundbogenfenstern in drei Geschossen übereinander. Der Mittelrisalit des Corps de Logis wird also nicht nur durch seine Höhe, sondern auch durch seine andersartigen Fenster hervorgehoben. Sie erzwangen das Heruntersetzen der großen Pilasterordnung auf den Boden, bewirkten aber andererseits, zumindest auf der Gartenseite, daß der Mittelrisalit statt viergeschossig nur dreigeschossig erscheint. Seine Geschosse sind deutlich höher als die der zurückspringenden Flügel mit ihren Eckrisaliten, die jetzt ihrerseits nur noch dreigeschossig wirken, da sich der obere Mezzanin hinter dem kräftigen Vorsprung des Kranzgesimses mit Balustrade verbirgt.

Es war der Wunsch nach Dreigeschossigkeit anstelle der veralteten vier Geschosse und nach besserer Akzentuierung des Mittelteils des Corps de Logis durch große Fenster, der die Art der Planänderung nach dem Bauunglück bestimmte. Nicht statische, sondern ästhetische Überlegungen bestimmen die Architektur des Neuen Schlosses, und seine beabsichtigte, nicht seine erzwungene Gestalt stellt sich der Kritik. Diese ist ohne Zweifel berechtigt wegen der unschönen Terrassierung der Gartenfassade und wegen der zu langen Kolossalpilaster, die auf dem Boden stehen, gewinnt aber einen positiven Aspekt, wenn man die Anlage im ganzen würdigt. Die Schwierigkeit aller Schleißheimer Planungen lag nämlich in der Prämisse, daß der Schloßbau nicht schmaler sein durfte als der – vorgegebene – Garten. Daher mußte, unabhängig von der Anlage im Westen (und damit auch von deren unterbliebenem Ausbau), der Schloßbau außerordentlich gestreckt werden. Somit ist nicht die Länge als solche zu kritisieren, sondern deren Bewältigung zu beurteilen. Ein Vergleich mit der eintönigen Gartenfassade des mit Schleißheim etwa gleichzeitigen Schlosses Rastatt läßt Zuccallis Lösung des Problems als einzig adäquat erscheinen:[76] Auch dort ist der Kniestock über einem hohen Kranzgesims konstituierendes Baumotiv; in Schleißheim allerdings wird er zum Nutzen der Fassade verhehlt und hat nur noch die Funktion der Höhenabstufung. Der Mittelrisalit ist hervorgehoben durch ein hohes drittes Geschoß, dessen drei Mittelachsen ein – von Klenze entfernter – Giebel akzentuiert. Die Flügel sind um dieses Geschoß niedriger; ihr ehemaliger Kniestock erscheint über dem Kranzgesims als eine Art Attika. Die Pavillonbauten am Ende der niedrigen Galerien verzichten auch auf diese Attika, sind demnach wirklich dreigeschossig. Die lange Fassade ist nicht nur in der Breite gegliedert durch Pavillons und pavillonartig vorspringende Blöcke, sondern ebenso in der Höhe abgestuft: Kontraktion gegen die Mitte, Verdünnung nach außen bis zu den kubischen Pavillons an den Enden. Daß Zuccalli gleichzeitig mit Schleißheim in Nymphenburg das Prinzip der abgestuften Gruppierung der Baukörper anwandte und daß sich Effner noch nach 1714 diesem Prinzip anschloß, dies erweist seinen exemplarischen Charakter.

Nymphenburg

Gleichzeitig mit dem Neubau in Schleißheim 1701 plante der Kurfürst, das Jagdschloß seiner Mutter in Nymphen-

burg zu erweitern. Obwohl die ausgedehnte Anlage heute homogen, ja harmonisch anmutet, bildet sie doch einen Komplex von nach Entstehung und Form sehr verschiedenartigen Bauten. Die sich über 685 m Länge erstreckenden
r. 681 Gebäude erscheinen locker aneinandergefügt; nach Osten, zur Stadt hin, entlassen sie ein Halbrund, bestehend aus durch eine Mauer verbundenen Zirkelbauten. Die Mitte nimmt ein hoher kubischer Bau ein, dessen Gliederung in fünf Geschosse mit vielen Fenstern kleinteilig wirkt. Je zwei etwas niedrigere Baukuben auf jeder Seite sind großzügiger und differenzierter aufgeteilt in Sockelgeschoß, hohes Hauptgeschoß und Mezzanin. Vom Mittelbau werden sie durch niedrigere Galerien mehr distanziert als mit ihm verbunden. Die weiten Torbogen der Galerien, die zwischen dem Park und dem großen Vorhof auf der Seite gegen die Stadt vermitteln, verleihen dem Ganzen transparenten Charakter. Nochmals zur Stadtseite hin gestaffelt, schließt sich auf jeder Seite ein niedriger langgestreckter Trakt an, der mit Bogenstellungen einen Kanal überquert. Diese Trakte nehmen eine vermittelnde Stellung ein: Die hohe und schlanke Form ihrer Obergeschoßfenster bindet sie zusammen mit dem Hauptgeschoß aller anderen Pavillons. Ihr Erdgeschoß hingegen stellt durch eine in Putz vorgeblendete Arkadengliederung die Verbindung zu den Blendarkaden im Erdgeschoß der sonst ganz anders gearteten Bautrakte im Norden und Süden her. Sie bilden durch ihre Stellung im rechten Winkel zur langgestreckten Flucht der mit den Ecken aneinanderhängenden Pavillonbauten die Seitentrakte einer riesigen »Avant-Cour« und knicken dann nach Norden und Süden ab. An ihrem Ende setzt eine im Halbkreis geführte Mauer mit zweigeschossigen Trabantenbauten an. Die geschwungenen Fassaden dieser Häuser, ihre Giebel und phantasievollen Dachgestalten kontrastieren zur fast nüchternen Monotonie der Schloßfassaden.

Vier Bauabschnitte stellen sich also anschaulich dar; ihnen entsprechen vier Bauphasen, deren jeweils folgende sich der vorausgehenden so weit anpaßte, daß wieder ein Ganzes entstand. Nachdem der Kurprinz Max Emanuel geboren war, ließ Ferdinand Maria als Geschenk für seine Gemahlin 1664 den Mittelbau des Schlosses Nymphenburg (Abb. 42) errichten, 1675 war er unter Dach.[77] Galerien und quadratische Pavillons entstanden seit 1702.[78] Nach der Rückkehr Max Emanuels aus dem Exil 1715 wurden die großen Trakte im Süden und Norden, nämlich Marstall und Orangerie, geplant und begonnen; sie gehören zu großen quadratischen Hofanlagen, die aber nur teilweise vollendet wurden.[79] Die Verbindungstrakte zwischen diesen Höfen und den äußeren Pavillons der älteren Teile sind erst seit 1723 erbaut worden (Abb. 44), die »Wassergänge« über die Kanäle erst seit 1739.[80] Die Rondellgebäude wurden seit 1728 mit dem Haus des Hofkontrolleurs Hieber (südliches Rondell, drittes Haus vom Schloß aus) begonnen; sie gehören bereits zum Projekt »Karlstadt« des Kurfürsten Karl Albrecht.

Auch am Kernbau des Schlosses ging die Baugeschichte nicht spurlos vorüber. Parkseite und Stadtseite unterscheiden sich in der Fassadengliederung, die großen Rundbogenfenster der mittleren Achsen kontrastieren zu der sonst kleinteilig durchfensterten Fassade, die Dekorationsstile der Régence und des Rokoko veränderten das Innere. Der Bau Henriette Adelaides ist durch einen Stich von M. Wening in seinem Aussehen von 1701 zuverlässig überliefert.[81] Zu diesem Zeitpunkt besaß das Schloß demnach eine Freitreppe gegen die Stadt; über die Gartenseite sagt der Stich nichts aus. Im Jahre 1675 wurde die hintere Stiege vollendet, für die vordere war aber erst ein Modell verfertigt.[82] Daraus kann geschlossen werden, daß zwar auf der Parkseite eine Treppe bestand, auf der Stadtseite aber nicht. Diesen Zustand gibt ein bisher nicht identifizierter Grundriß wieder (Abb. 43).[83] Der Plan zeigt das Erdgeschoß mit dreischiffiger Durchfahrt. Der Vorraum gegen den Garten zu wird durch zwei Treppenspindeln etwas eingeengt. Er entspricht dem Raum unter der heutigen Musikempore. Auf der Stadtseite ist den drei Mittelachsen ein Portikus, also keine Treppe vorgelegt. Die Treppe auf der Gartenseite nimmt (im Gegensatz zu der Osttreppe bei Wening) die ganze Fassadenbreite ein.[84] Das Grundrißprogramm muß *vor* Baubeginn, also vor 1664 entstanden sein, da in seiner Durchfahrt vier Doppelsäulen statt der heutigen sechs das Gewölbe tragen, auf dem der Boden des »Steinernen Saales« aufliegt. Wegen ihrer Tragefunktion konnten weder Säulen noch Gewölbe nachträglich verändert oder entfernt werden, ohne den Oberbau zu gefährden. Der Bauphase 1702 nach der Rückkehr des Kurfürsten aus den Niederlanden lassen sich eine Reihe Grundrisse und eine Ostansicht des Schlosses zuordnen (Abb. 40, 41).[85] Die Pläne sehen eine Erweiterung des Schlosses nach Norden und Süden um je zwei etwa quadratische, gestaffelte Pavillons vor, die durch eine Galerie mit dem Hauptbau verbunden sind. Da auf den Pariser Plänen die Zahl der Fensterachsen nicht mit dem heutigen Bestand übereinstimmt, sind sie jedenfalls Vorentwürfe, die vor Baubeginn 1702
entstanden sind.[86] Drei Grundrisse im Besitz der Bayeri- Kat.Nr. 679
schen Schlösserverwaltung stimmen, was die Fassaden der vier Trabantenpavillons anlangt, mit dem heutigen Zustand überein. Auch bei ihnen fehlen die nördlichen und südlichen Anschlußbauten, sie müssen also vor 1723 entstanden sein. Da um 1714 die Pavillons endgültig fertig waren und die Beschriftungen der Münchner Pläne bereits die Funktion der Räume erläutern, muß als Entstehungszeit »um 1714« angenommen werden. Auf dem Erdgeschoßgrundriß sind Ansätze von gekurvten Hofmauern im Norden und Süden gestrichelt eingezeichnet, die auf dem Pariser Grundriß ebenfalls auftreten.[87] Man hat also an der Planung der langgestreckten seitlichen Höfe festgehalten. Hieraus erklärt sich auch die heute noch sichtbare konkave Einziehung der Gelenkbauten, welche die äußeren Pavillons verbinden.[88]

Auch der Adelaidenbau wurde einschneidend verändert. Zwar blieb, wie aus dem Vergleich mit dem oben behandelten Grundriß im Hauptstaatsarchiv München hervorgeht, der Hauptsaal erhalten,[89] ebenso die Abfolge der begleitenden Appartements des Kurfürsten und seiner Gemahlin. Neu ist jedoch der Einbruch von sechs Bogenfenstern in die Schmalwände des Saales, die nahezu völlig in eine lichte Fläche aufgelöst werden.[90] Die fünf Mittelachsen auf Wenings Stich wurden also auf drei breitere Achsen reduziert; einstweilen bestehen blieben die je vier Achsen zu seiten der Mitte. Sie wurden erst aus Anlaß der dritten Erweiterung des Schlosses nach der Rückkehr des Kurfürsten aus dem Exil auf je drei Achsen reduziert.[91] 1722 zeigt ein Stich Disels den Adelaidenbau dann mit der heutigen Achsenzahl. Zu dieser Zeit erhielten die Fassaden auch ihre Kat.Nr. 673 Stuckdekoration und einen Dreiecksgiebel über den mittleren drei Achsen, der erst 1826 von Leo von Klenze wieder entfernt wurde.[92] Zugleich wurde die bisherige Instrumentation der Fassade mit einfachen Vorlagen durch eine differenziertere Gliederung ersetzt. Die zum großen Saal in der Gebäudemitte gehörigen breiten Fensterachsen wurden durch eine große Pilasterstellung noch mehr hervorgehoben. Die Pilaster fassen stadtseitig zwei Reihen großer Rundbogenfenster zusammen; sie tragen ein dünnes Gesims, auf dem nochmals kurze Pilaster stehen, die das umlaufende Gebälk aufnehmen. Es wurden also die Vorlagen auf dem Pariser Schaubild von 1702 zu Pilastern umgestaltet.[93] Zu dieser Bauphase gehören auch die Höfe im Süden und Norden mit Marstall und Orangerie. Erhalten hat sich Kat.Nr. 683 ein Fassadenentwurf für den Orangeriebau,[94] der nach 1714, aber vor 1716, entstanden sein muß.[95] Die Ausführung stimmt mit dem Entwurf im wesentlichen überein; es wurde lediglich der Uhrturm in der Mitte erhöht, und die Balustraden mit Vasen entfielen.

Die letzte zusammenhängende Bauphase fällt bereits in die Regierungszeit des Kurfürsten Karl Albrecht. Es ist das Rondell mit den zweigeschossigen »Kavaliershäusern« (in Wahrheit Häuser der Hofbediensteten), das in Anlehnung an Schloß Karlsruhe das Zentrum einer urbanistischen Anlage, der »Karlstadt« werden sollte.[96]

So deutlich sich die Bauphasen voneinander trennen lassen, so verschieden waren auch die Vorbilder, die den einzelnen Projekten zugrunde lagen. Der Adelaidenbau wird gewöhnlich als typisch »italienische Villa« oder »Villa suburbana« bezeichnet,[97] ohne daß Vergleichsbeispiele dieses Typus angeführt werden. Henriette Adelaide forderte einen Entwurf des Architekten Amedeo di Castellamonte aus Turin an,[98] der schon seit 1646 am dortigen Palazzo Reale tätig war, in dem die Kurfürstin ihre Jugend verbracht hatte. Sie verwarf sein Projekt wegen allzu großer Unregelmäßigkeit und entschied sich für Agostino Barellis geschlossenen Kubus. Die Blockform der Villa ist in der Tat ein Rückgriff auf Vorbilder in Frascati wie die seit 1567 von Vignola erbaute Villa Vecchia.[99] Dennoch verdankt der Adelaidenbau der Turiner Palast- und Villenarchitektur mehr, als bisher angenommen wurde.[100] Piemont hielt nämlich an der Tradition des Villenbaus römischer Prägung, wie er sich in Frascati darstellt, auch noch im 17. Jahrhundert fest und stand mit dieser Haltung im Gegensatz zum übrigen Oberitalien, das längst Palladios Villenform übernommen und weiterentwickelt hatte.[101] Nur so ist zu erklären, daß Henriette Adelaide überhaupt einen vielgeschossigen, großen und ungefügen Würfel als Jagdschloß erwählte und ihn Palladios eleganten Casinoarchitekturen mit ihren klassischen Säulenordnungen, Loggien und Galerien vorzog. Sie wollte in Nymphenburg an das Schloß ihres Bruders Carlo Emanuele II., Venaria Reale, zumindest erinnert werden, nicht nur durch die Übernahme des Gartenplans,[102] sondern auch im Innern des Schlosses. In Nymphenburg wie in Venaria nimmt der große mehrgeschossige Saal mit Vorraum die gesamte Gebäudetiefe ein, beiderseits begleitet von in Enfilade aufeinanderfolgenden Zimmern.[103] Der Zugang zum über einem niedrigen Sockelgeschoß liegenden Piano Nobile ist auf der Hof- und auf der Gartenseite. Die Freitreppe auf der Gartenseite führt in das Vestibül, das, in Venaria noch als offener Vorraum ausgebildet, in Nymphenburg in den Baukubus einbezogen ist.[104] Die Loggia auf der Hofseite des Schlosses Venaria könnte die Anregung für den stadtseitigen Portikus auf dem ersten Nymphenburger Grundriß (vgl. S. 159 und Abb. 43) gegeben haben, der einen Balkon, wenn nicht eine Loggia trug.

Die Nymphenburger Erweiterungsprojekte von 1702 sind insoweit ungewöhnlich, als sie nicht das alte Schloß durch Anbauten vergrößern wollen, sondern ihm niedrige Pavillonbauten angliedern. Nicht Geschlossenheit kennzeichnet seit Zuccallis Eingreifen den Schloßbau, sondern lockere Reihung sowie Durchlässigkeit und Transparenz. Vogelschaubilder von Joachim Beich (Schloß Nymphenburg, nördliche Galerie) heben gerade *die* Eigenart des Kat Schlosses hervor, die diese Transparenz sinnvoll macht: seine enge Verbindung mit dem Park. Im Gegensatz zu französischen Gärten ist der Park nicht dem Schloß untergeordnet, sondern das Schloß fügt sich dem Park ein. Gliederndes und begrenzendes Element ist dabei das Wasser in Form eines Kanalsystems. Die Kanäle erstrecken sich, Bassins und Kaskaden bildend, sowohl auf der Stadtals auch auf der Parkseite und nehmen das Schloß in die Mitte. Dies ist also Bindeglied und entsprechend »durchlässig« mit Hilfe der Arkadentore in den Galerien, die durchschritten und durchfahren werden können. Die Transparenz wird am Mittelbau durch die großen Rundbogenfenster in beiden Stirnseiten des großen Saales noch anschaulich gesteigert.

1702 muß auch der Kanal nach Nymphenburg schon angelegt gewesen sein, da 1701 ein Zubringerkanal von der Würm bei Pipping her bis zur Georgenschwaige erwähnt wird.[105] Er war südlich um den Adelaidenbau herum-

geführt. Dies deutet auf die Planung eines umfangreicheren Kanalsystems bereits zu dieser Zeit. Der Adelaidengarten wurde demnach damals aufgegeben, und eine Neuplanung wurde nötig. Diese wiederum hatte nur Sinn, wenn sie das Kanalsystem berücksichtigte. Wie sah dieses Gartenprojekt von 1702 aus? Es kann, da sich bisher keine Pläne gefunden haben, nur hypothetisch erschlossen werden. Sicher ist, daß das Kanalnetz, wie es J. Beichs Bild 1722 wiedergibt (und wie es trotz der Veränderungen des Englischen Gartens noch heute vorhanden ist), mit der Anlage französischer Gärten in der Art Le Nôtres nichts zu tun hat.[106] Einen Hinweis vermag die archivalische Nennung von Arbeiten »an holländischen Canal Clusen negst Nymphenbourg« zu geben.[107] Man empfand also das Kanalsystem als durchaus »holländisch«, und es ist zu vermuten, daß zu diesen »holländischen« Nymphenburger Kanälen auch ein »holländischer« Garten wie in Schleißheim gehören sollte. Das Kanalsystem wurde seit 1714 dem neuen Garten – nun wirklich im Stile Le Nôtres – angepaßt und in den folgenden
r. 705 Jahren sukzessiv reduziert. Noch auf einem Plan um 1720[108] ist das Kanalnetz im Bereich des Gartenparterres wesentlich ausgedehnter, 1755 demgegenüber reduziert.[109]

Ein Charakteristikum holländischer Anlagen des ausgehenden 17. Jahrhunderts ist die Lage des Schlosses auf einer großen Insel, die von Kanälen rechtwinklig umzogen ist (Abb. 50).[110] Auf einer solchen Insel liegt Schloß Nymphenburg; auf dem Plan der Anlage um 1720[111] ist dies noch deutlicher zu sehen als auf Beichs Ansichten von 1722.[112] Es ist aber nicht nur das holländische Kanalsystem, das Nymphenburg als Vorbild diente; auch die an den Ecken aneinanderstoßenden kubischen Pavillons haben im holländischen Schloßbau
r. 682 ihren Ursprung. Het Loo, Schloß des mit Max Emanuel verbündeten Wilhelms III. von Oranien, erbaut seit 1685 durch Jacob Roman,[113] besteht ebenfalls aus fünf mit den Ecken aneinanderstoßenden Pavillons und zwei angeschobenen Ehrenhofflügeln, die, parallel zur Breitenachse des Schlosses umknickend, je einen Trakt nach rechts und links entsenden. Es fehlen lediglich die für Nymphenburg spezifischen (allerdings erst seit 1723 erbauten) Verbindungsbauten und die Galerien zwischen Hauptbau und Pavillons, die in Nymphenburg die Fünfergruppe der Pavillons auseinanderziehen. Diese Galerien beweisen noch einmal den Einfluß der Turiner Architektur, diesmal auf einer späteren Stufe: Schloß Racconigi, nach dem Entwurf Guarinis seit 1678 erbaut, erhielt dieselben langen Galerieflügel mit Kopfpavillons wie Nymphenburg.[114]

Erst nach der Rückkehr Max Emanuels aus dem Exil 1715 gewann die Architektur des Pariser Hofes konstituierenden Einfluß auf die kurfürstlichen Bauten Münchens, teils durch direkte Beteiligung von Pariser Architekten, teils durch in Paris ausgebildete einheimische Künstler. In Nymphenburg sind es die großen quadratischen Höfe im Süden und Norden, die ihr Schöpfer, Joseph Effner, aus Frankreich einführte. Eine ganz ähnliche Anordnung der »Basses-Cours« hat das Schloß Vaux-le-Vicomte. Auch die separate Verdachung der Risalite findet sich dort und stellt ganz allgemein ein Merkmal französischer »klassischer« Architektur des 17. Jahrhunderts dar. Der südliche Nymphenburger Innenhof, der – wenigstens teilweise – ausgeführt wurde, hat Ähnlichkeit mit Bruants »Cour Royale« des Hôtel des Invalides sowohl in der Fassadengliederung als auch in den Eckeinbauten.[115] Unmittelbar auf den Pariser Lehrer Effners, Germain Boffrand, deutet die Fassadengliederung: Rundbogenfenster im Erdgeschoß, die durch eine Folge von Blendarkaden auf Pilastern verbunden sind, und Stichbogenfenster im Obergeschoß. Boffrand verwendet diese Gliederung mit Vorliebe an den Fassaden seiner Palais.[116]

Joseph Effner war es auch, der die Fassaden der heterogenen Bauteile des Nymphenburger Schloßkomplexes mittels einer in Material (Putz), Relief und Farbe einheitlichen Oberfläche zusammenfaßte.[117] Er band die zuletzt entstandenen beiden »Basses-Cours« durch ihre Arkadengliederung mit dem Küchenbau und dem »Paßgebäude« zusammen und griff damit das Arkadenmotiv der Galerien am Mittelbau auf. Zugleich fügte er sich dem Rhythmus der Gebäudehöhen durch zweigeschossige Angleichung an die Küchen- und Paßgebäude ein. Die Gliederung der Dächer durch separate Pavillonverdachungen der Risalite greift das für den gesamten Nymphenburger Schloßkomplex konstituierende Pavillonsystem erneut auf. Die Hervorhebung des Mittelbaues durch größere Höhe verstärkt Effner noch durch einen Mittelgiebel und versieht die Fassade zusätzlich mit ornamentalem Stuckdekor. Alle übrigen Gebäude erhalten hingegen nur eine einfache Putzgliederung, deren vornehmstes Motiv allenfalls einfache Vorlagen sind, während die Pilasterordnung dem Mittelgebäude vorbehalten bleibt. Durch die Anlage eines großen Rasenparterres in der *Avant-Cour* und einer Fontäne sowie einer Kaskade davor wird die gesamte Stadtseite mit der Parkanlage im Westen auch über das Schloß hinweg verbunden; die Schloßanlage ist, wie schon der erste Eindruck des Betrachters ergibt, kein geschlossener Block, sondern eine transparente Membran. Diese Transparenz ist eine Eigenschaft, die Effner dem holländischen Pavillonsystem hinzufügt und mit der er den Charakter des »Schlosses im Garten« noch unterstreicht.

Gleichzeitig mit Effners Eingreifen in Nymphenburg 1714 lieferte Robert de Cotte im Auftrag Max Emanuels neue Entwürfe für das Neue Schloß Schleißheim, das im Rohbau seit 1704 stand. Er schlug nach Versailler Schema eine Anlage mit großem Ehrenhof vor, in dessen Kopfbauten Theater und Kirche vorgesehen sind.[118] Entscheidende Neuerung gegenüber Zuccallis Plänen war die Erniedrigung des gesamten Ostflügels auf zwei Geschosse und die Verlegung des großen zweigeschossigen Saales zusammen mit dem hofseitigen Vestibül ins Erdgeschoß.

De Cotte versuchte damit zum letzten Mal, einen »modernen« Bau in Schleißheim zu realisieren; seine Intervention blieb jedoch ohne Ergebnis.

Den zeitgemäßen Stil des französischen Hofes führte Joseph Effner in München ein. Es war kein großes selbständiges Schloßgebäude, das ihn repräsentieren sollte, sondern es war der neue Stil der Innenarchitektur, die Dekoration des Rokoko. Die Inkunabel des neuen Stils ist das nördliche Vorzimmer in Schloß Nymphenburg. Es repräsentiert den Typ des vertäfelten Zimmers, der bis ins Mittelalter zurückreicht. Ihm stehen in den Schlössern Max Emanuels weitere Typen der Dekoration von Innenräumen zur Seite, deren jeder seine eigene Genese hat: Gebaute Architektur sind die Wände der großen Säle Zuccallis in Nymphenburg und Schleißheim (Abb. 39) vom Typ der »Salle à l'italienne«, deren Eindruck durch die klassische Ordnung kolossaler Pilaster mit Gebälk bestimmt wird.[119] In Schleißheim hielt sich die Einbeziehung von auf Leinwand gemalten Bildern in die obere Wandzone der Schmalseiten, wie sie schon in Lustheim seit mindestens 1690 angebracht waren. Im Nymphenburger Steinernen Saal muß man sich die in den Quellen erwähnten, auf Leder gemalten Bilder ähnlich fest in die Wand eingelassen und in das Dekorationssystem eingebunden vorstellen.[120] Neben dieser architektonischen Wandform gibt es die Wandbespannung mit Textilien, wie sie ebenfalls in Schleißheim und Nymphenburg und im 17. Jahrhundert bereits in der Stadtresidenz München verwendet wurde. Als Bespannung dienten sowohl Gobelins wie Seidenstoffe, die beide in den alten Inventaren als »Spaliere« oder »Tappezereyen« bezeichnet werden und im 18. Jahrhundert gerahmt versetzt wurden. Daneben gibt es sowohl in Italien wie auch in Frankreich die Wandverkleidung mit farbigen Marmorplatten; in Bayern verwendet man statt dessen seit dem frühen 17. Jahrhundert farbige Stuckmarmorplatten. Diese Inkrustation wird in Schleißheim noch um 1725 in der Kammerkapelle und im Schreibkabinett angewandt mit beabsichtigter Anlehnung an die Münchner Residenz, aus der eine Stuckmarmorplatte von 1629 als Versatzstück übernommen wird. Die dritte Dekorationsform, die Vertäfelung, war die entwicklungsfähigste, da sie aus kleinen, für sich variablen und immer neu arrangierbaren Elementen besteht. Aus gleichzeitigen Raumausstattungen in Pariser Palais wurden im nördlichen Vorzimmer des Schlosses Nymphenburg (Abb. 45) System und Detailform der Wandgliederung nahezu zitathaft importiert.[121] Trotz aller kleinteiligen Vielfalt der Panneaux, Spiegel, Bilder ist das Gliederungsprinzip klar überschaubar. Die Sockelzone bilden die »Lambris bas«, darüber liegt die Zone der Panneaux, und das Ganze wird abgeschlossen durch eine Hohlkehle, auf der die flache Decke aufliegt. Der Entwurf der Wandgliederung hatte sich nach mehreren Elementen zu richten, die vorgegeben waren: in der Mitte der Längswand das große Bild des Kurfürsten von 1711,[122] flankiert von zwei Türen; in den Schmalwänden ebenfalls zwei Türen *en filade* und daneben auf der einen Seite der breite Kamin, auf der anderen das Bildnis der Kurfürstin, die mit dem Kurfürsten zusammen dargestellt sein mußte. Ihr Porträt bildet das Pendant zum Spiegel über dem »französischen« Kamin, der nicht nur wegen der Beheizung, sondern mehr noch als Architekturelement konstitutiv war. Nicht ohne Grund müssen zur Bezeichnung der Wandelemente französische Termini verwendet werden: Das gesamte Wandsystem geht auf französische Vorbilder zurück. Der Kamin mit dem Spiegel darüber heißt »cheminée à la royale« und erscheint um 1690 erstmals in den Pariser Palais.[123] Das Porträt der Kurfürstin säumen Pilaster, die statt eines Gebälks die Hohlkehle tragen. Ihrer Funktion entsprechend stehen die Pilaster auf dem Lambriensockel, sind also wandhoch. Um so merkwürdiger wirken die Pilaster zu seiten des Kaminspiegels, die statt auf dem Boden auf dem Kaminbord stehen. Der Grund für diese untektonische Art der Anbringung kann nur die Diskrepanz zwischen Kaminbreite und Spiegelbreite gewesen sein. Sie ergab sich aus der Angleichung des Spiegelformats an das Gegenüber, das Porträt der Kurfürstin. Der Raum zwischen den Türen (mit gerahmten *Surportes*) und Zimmerecken beziehungsweise Pilastern wurde mit geschnitzten Panneaux ausgefüllt, wirklichen Wandelementen, deren Breite variabel ist. Die breiteren Panneaux tragen schön geschnitzte Trophäen, die schmaleren Bandwerkornament.

Den oberen Rahmenabschluß des Spiegels und des Porträts der Kurfürstin bildet eine gegenständige Doppelvolute, im Französischen »Contre-Courbe« genannt. Dies Motiv vermag einen Hinweis auf die Entstehungszeit des Raumes zu geben; es tritt nämlich erstmals im Atelier Robert de Cottes im Bonner Schloß 1716/17 auf und etwa gleichzeitig (1717) im Hôtel de Bourvallais in Paris (Abb. 52).[124] Der Grand Salon dieses Hôtels ist nicht nur in Details (Hohlkehle, Spiegelabschluß), sondern seinem gesamten Wandaufriß nach typologisches Vorbild für das nördliche Vorzimmer in Nymphenburg. De Cotte muß daher ein wesentlicher Anteil an der Genese des Wandsystems in den Schlössern Max Emanuels beigemessen werden. Auch der eigenartige Wandaufriß des Viktoriensaales im Neuen Schloß Schleißheim (Farbtafel II) geht auf de Cotte zurück: Die Vielzahl von verschieden großen Panneaux in mehreren Reihen übereinander hatte er schon 1714 im Hôtel de Gramont in Besançon verwendet[125] und damit auf ein schon veraltetes Aufteilungsprinzip zurückgegriffen, das seine Blüte um 1700 hatte, als es im Grand Trianon für den König selbst entworfen worden war.[126] Auf einen direkten Vorschlag de Cottes für Schleißheim[127] gehen die einander abwechselnden Doppelhermen und Gemälde im Obergeschoß des Viktoriensaales zurück, die ihrerseits erstmals im Grand Salon in Marly 1699 auftraten.[128] De Cotte hat demnach, wenn schon nicht die Gesamtanlage des Neuen Schlosses Schleißheim, so doch seine Innenarchitektur wesentlich bestimmt. Gleiches ist für Nymphenburg anzunehmen. Wenn nämlich das nördliche Vorzimmer 1717 mit der modernsten Wandgliederung jener Zeit ausgestattet wurde, dann kann Effner allein nicht als Urheber angesehen werden. Er verließ bereits im März 1715 Paris,[129] konnte also die neuesten Bauten (Hôtel de Bourvallais, Grand Salon 1717) nicht mehr selbst gesehen haben. De Cotte hingegen, der »erste Architekt des Königs« von Frankreich, als Berater von den Höfen Europas herangezogen (u. a. für Würzburg, Turin), war auch für den Bruder Max Emanuels, Erzbischof Joseph Clemens von Köln, tätig. Er übernahm die Innenausstattung von dessen Bonner Residenz (die Henrico Zuccalli erbaut hatte) im selben Jahr 1717, das für die Ausstattung des nördlichen Vorzimmers in Nymphenburg als Terminus post quem angenommen werden muß. Die Vermutung liegt nahe, daß de Cotte, wenn auch in Zusammenarbeit mit Effner, wesentliche Ideen beigesteuert hat.

Französische Gartenarchitektur in Nymphenburg

Der entschiedene Wunsch des Kurfürsten nach seiner Rückkehr aus Frankreich 1715 war ein französischer Park in Anlehnung an die Vorbilder, die er in der Ile de France kennengelernt hatte.[130] Am 22. November 1715 schreibt Max Emanuel an die Gräfin Arco von Nymphenburg aus: ». . . et je puis vous assurer que mon jardin, bois, eaux et promenades douvoyent être placées au milieu de la France.«[131]

Der Plan von 1714 ist uns nicht überliefert. Rückschlüsse
r. 705 auf sein Aussehen erlaubt ein gezeichneter Gartenplan um 1720.[132] Drei deutlich unterscheidbare Teile bilden den Park: dicht vor dem Schloß das Gartenparterre, daneben die Bosketts und, jenseits einer Querachse, ein großes, an Ausdehnung bei weitem die anderen Parkteile übertreffendes Waldgelände, das von Alleen sternförmig durchzogen wird. Das »Rückgrat« des Parks bildet ein großer Kanal, der von Alleen gesäumt wird. Schon der Gliederung im allgemeinen nach ist der Park ein französischer Park in der Art des großen klassischen Gartenarchitekten Ludwigs XIV., André Le Nôtre (gest. 1700). Die im Verhältnis zu dem kleinen geordneten Garten in der Nähe des Schlosses gewaltige Waldfläche entspricht am ehesten dem Verhältnis von Wald zu Garten in Versailles. Nicht die exakte axialsymmetrische Anordnung von einzelnen Gartenteilen und ihre geometrische Aufteilung ist das Hauptmerkmal des französischen Gartens, sondern der Kontrast zwischen der »Wildnis« des Waldes und den geordneten »Räumen« (die bezeichnenderweise im Französischen »Salles« und »Cabinets« genannt werden). Im Gegensatz zu Schleißheim genießt Nymphenburg den Vorteil der Westlage des Parks, so wie sie in Frankreich, insbesondere in Versailles, kanonisch geworden war.

Das Nymphenburger Parterre besteht aus vier Feldern, deren Mitte eine Fontäne einnimmt, die aus dem Zentrum etwas nach Westen verschoben ist. Die längliche Form der einzelnen Parterreteile war zur Zeit der Entstehung des Nymphenburger Schloßparks, also seit 1714, sehr modern. Dézaillier d'Argenville erwähnt sie 1709.[133] Mit Ausnahme des Plans von 1755 und des Cuvilliés-Stiches von 1772 (nur Broderien) geben alle Ansichten (Disel, Beich, De Geer, Bellotto) das Parterre als gemischtes Parterre wieder, bestehend aus zwei Broderiebeeten und zwei Rasenbeeten mit Fontänen (die Abfolge entspricht der Le Nôtres in Vaux-le-Vicomte). Das Rasenparterre und/oder das Wasserparterre waren in Frankreich seit Beginn des 18. Jahrhunderts gegenüber dem Broderieparterre die bevorzugte Form geworden, die Nymphenburg, auch hier durchaus »modern«, ebenfalls übernimmt.[134] Robert de Cottes Gar- Kat.Nr. 713
tenentwurf für Schleißheim[135] zeigt dieselben modernen Prinzipien der Parterregestaltung wie Nymphenburg, nämlich das Rasenparterre mit Fontänen, gesäumt von Bosketts. Ebenso wie in Nymphenburg wird das Parterre durch eine Längsachse geteilt, im Unterschied dazu (und darin nicht Le Nôtre folgend) aber nicht durch eine Querachse. De Cottes Schleißheimer Entwurf setzt also im Gegensatz zu Nymphenburg noch nicht die Kenntnis von Dézaillier d'Argenvilles theoretischem Werk von 1709 voraus.

Neben den Parterres liegen die Bosketts, Wäldchen also, die von Wegen durchschnitten werden und die »Salles« und »Cabinets«, »gebaute« Räume, enthalten. Sie werden von den – selbstverständlich niedrigen – *pièces* im Parterre durch Hecken abgetrennt. Dem großen Vorbild Le Nôtre folgend, liegen sie rechts und links der Hauptachse und haben zwar gleichen Umfang, gleiche Begrenzung, hingegen verschiedene Gestaltung im Innern.[136] Südlich liegt, wenn man der Beschreibung von Cuvilliés folgt, das »Grand Bosquet«, bestehend aus verschiedenen »Salles« und unterschiedlichen »Cabinets«, die sich durch Formen, Bepflanzung und Dekoration unterscheiden. Es folgt darauf westlich der Irrgarten, das auch in französischen Gärten verbreitete Labarinth, mit vielen unterschiedlichen »Cabinets«, darunter einem Heckentheater.[137] Auf der rechten, Kat.Nr.
nördlichen Seite liegt die sogenannte Orangerie mit ver- 702–703
tieftem Bassin, das von Hecken mit Nischen umgeben ist. Darauf folgt westlich das Bosquet mit dem Paß-Spiel, das Kat.Nr. 597
einen Pavillon und Wasserspiele enthält.

Jenseits des Kanals und der Bassins in der Querachse erstreckt sich der große Wald, französisch genannt »Le Grand bois« oder auch »Le grand parc«. Mitten im Gehölz liegen einander – etwas versetzt – gegenüber die Pagodenburg und die Badenburg, mit je einem großen Wasserparterre davor. Diese »Salles« entlassen nach Osten wie nach Westen Alleen in Form der »patte-d'oie«. Die Ausgrenzung erfolgt, ebenso wie die aller »Salles«, durch Hecken in Form der sogenannten »pallisades à l'italienne«.[138]

Das gliedernde Element des gesamten Parks, sowohl seiner intimeren Teile beim Schloß als auch des »Grand bois«, bildet das Wasser. Französische Gärten durchzieht nicht wie holländische eine regelmäßige Folge gleichartiger Kanäle, vielmehr gehen, gleichsam hierarchisch abgestuft, vom großen Hauptkanal in der Mittelachse andere Nebenkanäle aus, die ihrerseits wieder Bassins und Fontänen speisen. Auf das Parterre folgt der Mittelkanal; er beginnt mit einem etwa halbkreisförmigen Bassin (genannt »Fer à Cheval«), eine Form, die sich in Frankreich am Parterre der Latona in Versailles und in Vaux-le-Vicomte findet.[139] Die Analogie zu Versailles besteht darin, daß tatsächlich der Kanal erst nach dem Parterre beginnt, und nicht schon am Schloß. Er endet im Westen mit einem
Kat.Nr. 704 großen Bassin, in das sich die Kaskade ergießt. Der Wasserfall hat die moderne Form der »Cascade en buffet« im Gegensatz zur »Cascade en chute«.[140] Die gleiche Form erhielt die Kaskade in Schleißheim.[141] Der große Mittelkanal wurde in Schleißheim freilich erst im 19. Jahrhundert ge-
Kat.Nr. 690 baut,[142] da der Kurfürst ihm seine geliebte »Mailbahn« vorzog. Er hatte das Mailspiel in St. Cloud kennengelernt, wo ebenfalls eine Mailbahn existierte.[143]

Eine Besonderheit des Nymphenburger Parks sind die drei Gartenschlösser, die Max Emanuel erbauen ließ: die Pagodenburg (1716/1719) (Abb. 47), die Badenburg (1718/1721) (Abb. 46), und die Magdalenenklause (1725). Über die Typologie und Genealogie derartiger Gartenschlösser oder Lusthäuser im Park ist bisher wenig bekannt. Die etwa achsial gegenüberliegende Situation von Pagoden- und Badenburg läßt sich in Parallele setzen zu Versailles, wo südlich des Mittelkanals die Menagerie, nördlich (bis 1687) das Trianon de Porcelaine, dann das Grand Trianon lagen. Beide Schlösser können der Funktion nach jedoch nicht mit den Nymphenburger Gartenschlößchen verglichen werden.[144]

Die Eremitage diente, wie die Kapelle im Innern und die Tapezierung der Wände mit Stichen religiösen Inhalts erweisen, der Meditation des alternden Fürsten; sie gehört in die Tradition der Eremitagen, die seit der Zeit Wilhelms V. in Schleißheim angelegt wurden.[145] Die Funktion der Badenburg ist vielfältiger, als ihr Name vermuten läßt: Im Keller waren nämlich separate Kammern mit Wannenbädern, von denen aus man in das große Bassin im Erdgeschoß gelangte (Farbtafel IX). Dort lagen außerdem die Ruheräume und der Festsaal. Das Obergeschoß war wohnlich ausgebaut. Offenbar wurde ein Baderitual aus heißem Bad, Warmbad, anschließend Erfrischung und schließlich Ausruhen zelebriert. Vergleichbar erscheint dieses Zeremoniell dem des türkischen Bades. Ähnlich exotische Ursprünge könnte der Pavillon der Pagodenburg haben, sei es, daß er ein chinesisches Teehaus, sei es, daß er ein türkisches Kaffeehaus zum Leitbild hatte.[146] Ein direktes Vorbild für die Pagodenburg ist bisher nicht bekanntgeworden. Boffrands für Max Emanuel geplantes und begon-
nenes Jagdschloß Bouchefort hat außer dem kreuzförmigen Kat.N
Grundriß wenig mit ihr gemein (es war ein großes Lustschloß palladianischen Charakters). Die Verbindung von kreuzförmigem Grundriß mit Oktogonsaal in der Mitte erscheint noch vor der Pagodenburg 1715 auf einem Projekt Pöppelmanns für die Zwingerorangerie in Dresden.[147]

Man muß damit rechnen, daß gerade Gartenarchitekturen aus vergänglichem Material waren und daher schnell zugrunde gingen. Auf alten Gartenabbildungen finden sich zahlreiche hölzerne und Treillagenpavillons. Sie treten gehäuft auf in Holland, wo auch die Oktogonform bevorzugt wurde. So zeigt der Garten des Huis ten Bosch zwei oktogonale Pavillons, die einander rechts und links von der Mittelachse des Parks gegenüberliegen, also ähnlich wie Pagoden- und Badenburg. Denkbar wäre eine Verbreitung des Typus oktogonaler Pavillons als Tee- und Kaffeehäuser durch die vermittelnde Rolle der Niederlande für östliche Exotica. In Holland waren Gartenpavillons besonders beliebt und daher zahlreich (wie im Park von Schloß Rozendaal).[148] Neben den Königshäuschen gibt es dort ein Haus auf dem Sterrenberg und zwei Papiermühlen sowie ein Orangenhaus und ein Zimmermannshaus. In Rozendaal steht auch ein achteckiger verglaster Pavillon mit Kuppelaufsatz (Abb. 53), der als Teepavillon diente und mit Spiegeln und Porzellanen ausgestattet ist.[149] Rozendaal ist ein Werk jenes Daniel Marot, dessen Einfluß auf die kurfürstliche Gartenkunst in München wir schon in Schleißheim feststellen konnten.[150] Erneut scheint hier der holländische Garten eine wichtige Voraussetzung für die Gartenkunst des Kurfürsten Max Emanuel gewesen zu sein.

Weder der Schleißheimer noch der Nymphenburger Garten stehen in einer einheimisch-bayerischen Tradition. Die Frage nach der Person ihres Entwerfers stellen heißt also zugleich, die Frage nach ihrer künstlerischen Heimat aufwerfen. Der Garten, den Zuccalli zunächst für Lustheim entwarf[151], ist ein holländischer Garten, enthält aber zugleich eine Kaskade französischer Provenienz, die ihr Gegenstück in Le Nôtres Fontainebleau und Vaux-le-Vicomte hat.[152] Wie der Pariser Plan (Abb. 11) zeigt, behielt Max Emanuel auch 1702 den Grundriß des holländischen Gartens bei, aus dem die »französische« Kaskade des ersten Entwurfs eliminiert wurde. Daran änderte auch nichts die Intervention des schon in den Niederlanden für den Kurfürsten tätig gewesenen Charles Carbonet mit einem um
1702 gelieferten Plan.[153] Ebensowenig vermochte sich Kat.N
Robert de Cotte 1714 mit seinen Plänen durchzusetzen.[154] Kat.N
Claude Desgots, seit dem Tode seines Onkels Le Nôtre der Kat.N
erste Gartenarchitekt Frankreichs, erhielt Ende 1715 von Max Emanuel aus Paris Geld für einen Schleißheimer Gartenentwurf, von dem möglicherweise die Idee zu einer hufeisenförmig gegen das Parterre geöffneten Kaskade übernommen wurde.[155] Sie wurde freilich erst 1724–1733 erbaut von dem »Fontainier du roi« (Ludwigs XIV.) Dominique Girard, der seit April 1715 in München war.[156]

.Nr. 714 Sein Gartenplan ist um 1720[157] entstanden und enthält das auf allen späteren Abbildungen wiedergegebene Parterre mit Broderien, Fontänenallee und Kaskade, im übrigen die holländische Anlage Zuccallis, die schon seit 1688 bepflanzt worden war.[158] Girard war damals noch »Prunnmeister« (seit 1715), und erst 1727 wurde ihm die gesamte Unterhaltung der Hofgärten übertragen.[159] Eigene Erfindung des »Fontainiers« könnte durchaus die reichliche Verwendung kunstvoller Wasserspiele, die Einführung der Kaskade, der Fontänen in den Bosketts, der mit Fontänen besetzten Broderien des Parterres und seine Fontänenallee sein, da keines der französischen Projekte eine derartige Häufung von Wasserspielen auf kleinem Raum brachte.

In Nymphenburg war Girard ebenfalls seit 1715 derjenige, der die Wasserkünste entwarf und baute. Die Planung des gesamten Parks freilich kann man ihm, dem »Fontainier«, ebensowenig wie die des Schleißheimer Gartens zuschreiben.[160] Joseph Effner muß hier als eigentlicher Entwerfer gelten; er hatte die französische Gartenkunst derart rezipiert, daß er einen Park nach allerneuestem Geschmack schaffen konnte.[161] Dabei kam ihm die Lage in der völlig flachen Ebene zugute, die die Überwindung von Bodenunebenheiten unnötig machte; das geringe Bodenrelief war zugleich eine gesuchte Eigenschaft des Gartens nach Le Nôtres Tode. Man wünschte keine Treppen, keine Geländestufen, keine Erhebungen. Der Garten sollte »natürlich« sein, daher vermied man, ihn allzusehr zu »bauen«: mit
Nr. 701 Marmorstufen, Grotten, Treillagen.[162] Daher kam auch die zunehmende Vorliebe für Rasen- und Wasserflächen im Parterre statt Broderien (»Parterre à l'Anglaise«). Die Illusion endloser Natur sollte erweckt werden. Die Alleen führen durch »Aha's« (Lücken in der Parkmauer) ins Unendliche, ebenso wie sich der Park scheinbar endlos dehnt – durch den Kunstgriff der gegen Westen immer mehr ansteigenden Uferböschungen des Kanals wird die Perspektive aufgehoben.

Zusammenfassung

Bauanalyse, Baugeschichte und Typologie der Residenzen Kurfürst Max Emanuels zeigen die Differenziertheit seiner Bauunternehmungen. Sie ist um so auffallender, als im wesentlichen nur ein Architekt, Henrico Zuccalli, das Bauwesen bestimmte (bis zum Auftreten Joseph Effners, der seinerseits allein maßgebend war). Die Handschrift des Architekten wird erkennbar nur im Detail (Fensterverdachungen, Gebälke etc.), während die in Form von Plänen vorgelegten Projekte weniger individuell bestimmt als vielmehr Zeugnisse der Universalität des Architekten sind. Über die international bekannten und anerkannten Standardwerke der Baukunst – hauptsächlich des Barock – wird als Elemente verfügt, ihre Synthese ergibt den Schloßbau: Holländischer Grundriß, italienischer Aufriß aus Elementen verschiedenster Provenienz (Serlio, Bernini, Turin), Wiener Raumdisposition und französische Interieurs sind vereint. Die ältere Forschung hat diesen heterogenen Charakter und aus ihm ableitbar die heterogene Provenienz der Baumotive nur in Einzelfällen wahrgenommen, beziehungsweise die Bauform der Schlösser auf die Alternative »französisch« oder »italienisch« festzulegen versucht.[163] Dies kann kein Zufall sein: Die Bauten Max Emanuels müssen Eigenschaften haben, die sie bei aller Vielfalt dennoch als Einheit erscheinen lassen.

Was dem Besucher Vertrautheit und damit Einheitlichkeit suggeriert, ist die überschaubare Raumgröße. Sie prägt die Raumfolgen der Münchner Residenz seit dem 17. Jahrhundert ebenso wie die Räume der Neubauten Max Emanuels. Nicht nur, daß die Räume – mit Ausnahme der »Salles à l'italienne« – durch Größe und Ausgestaltung intim wirken, das Kabinett als Raumtyp ist auch besonders beliebt. Mit der Bevorzugung kleiner Räume hängt zusammen die Vorliebe für Gartenschlößchen und Pavillons, repräsentiert durch die frühen Pläne für Schleißheim gleichermaßen wie durch die Nymphenburger »Parkburgen«. Die Pavillonstruktur bestimmte denn auch die Erscheinung beider Schloßbauten.

Der Bescheidenheit der kleinen Form entspricht die Zurückhaltung bei der Instrumentierung der Oberfläche. Geschweifte oder geschwungene Formen von Grundrissen und Fassaden sind nahezu ausgeschlossen, die Fläche dominiert. Analog dazu werden stark plastische Gliederungen vermieden: selbst wenn Vorprojekte Säulen vorsehen, hat die Ausführung Pilaster. Auch diese werden nur sparsam eingesetzt; statt der Großen klassischen Ordnung wählt man eher schlichte Vorlagen und Rahmenfelder. In der Residenz München wurde sogar auf jegliche plastische Fassadengliederung verzichtet zugunsten der Fassadenmalerei, die schon im 16. und 17. Jahrhundert (Antiquarium und Fassade gegen die Residenzstraße) der Planung plastischer Fassadenzier erfolgreich Widerstand geleistet hatte.

So ist es nicht verwunderlich, daß auch die Auswahl der Vorbilder entsprechend getroffen wurde: Hollands intime Parkschlösser und schlichte Gärten, die vornehme Eleganz der Régencedekoration in den Pariser Stadthotels fügen sich in besonderer Weise harmonisch in die Münchner Bautraditionen ein. Während die Zitate der großen europäischen Barockbaukunst anderwärts prunkend vorgetragen werden, ist ihre Synthese an den Schlössern Max Emanuels unaufdringlich gelungen. Mag diese Zurückhaltung für den Augenblick wenig sensationell wirken, auf die Dauer bewährte sie sich: denn bis ins 19. Jahrhundert hinein haben die Schlösser Max Emanuels alle Zeitstile und Moden ohne Stilbruch absorbiert.

Anmerkungen

[1] Der Kurfürst hatte als Kurprinz Räume über dem Antiquarium bewohnt. (Vgl. Anm. 19.)

[2] Haeutle, Residenz 83.

[3] StAM HR 25, Nr. 89 (1) fol. 99; Paulus 65–73.

[4] StAM HR 25, Nr. 89 (1); HR II 14, nach Jahren. Vgl. Beitrag Baumstark.

[5] Am 14. Dezember. Vgl. H. Thoma, Residenz München, Amtl. Führer 1937, 21.

[6] Der Plan findet sich zusammen mit anderen Plänen Henrico Zuccallis von Nymphenburg und Schleißheim in einem Klebeband der Bibliothèque de l'Institut de France, Ms 1040 fol. VI, 118,5 × 93,8 cm, Feder mit Bleistifteintragungen, Tekturen z. T. fehlend (Hofkapelle). Petzet identifizierte diesen Plan als aus dem Nachlaß de Cottes stammend; vgl. M. Petzet, Entwürfe für Schloß Nymphenburg (ZBLG 35 H. 1, München 1972) 205 Anm. 7.

[7] StAM HR II 14,, 1682 fol. 14^r: Altar mit Schnitzerei von Andreas Faistenberger; fol. 16^r: Betstuhl.

[8] Ch. Kalmbach, Triumphirendes Wunder=Gebäu der Chur-Fürstlichen Residentz zu München, München 1719, 220. Die Beschreibung ist die dritte, ergänzte Auflage der Residenzbeschreibung gleichen Titels von Joanne Schmid 1685. Der Raum ist in dieser ersten Auflage noch nicht erwähnt; nach StAM HR II 14 wurde er spätestens 1693/94 fertig. – Vgl. auch Beitrag Volk, 28.

[9] Vgl. Thoma (Anm. 5) 21.

[10] Die perspektivische Kassettenbemalung dürfte sich an die ursprüngliche Bemalung anlehnen, selbst wenn sie beim Umbau der Kapelle erneuert worden ist.

[11] Spätere Grundrisse, darunter ein verschollener F. Cuvilliés' d. Ä., zeigen neben den zwei Altarnischen noch zwei Mauernischen statt Fenstern in der Kommunmauer mit dem Antiquarium (Abb. 28).

[12] StAM HR II 14, 1684: Johann Baptist Sing erhält für »drey Stukh von Kündlen 60 fl.«, für zwei weitere 40 fl.

[13] Paulus Abb. 52.

[14] Bei Paulus Abb. 52 wird der »Geweihgang« zwischen Grotten- und Kapellenhof fälschlich »Galleria« genannt.

[15] O. Meitinger, Die baugeschichtliche Entwicklung der Neuveste (OA 92, München 1970) 214, Abb. 18. Der Plan ist nach Fertigstellung des Kaiserhofes 1619 und vor Einbau des Trakts mit dem Goldenen Saal 1666 entstanden. H. Stierhof datiert ihn, wie er mir freundlicherweise mitteilte, präziser »um 1635«.

[16] Wening beschreibt die Gemäldegalerie als einen »mit hüpschen Marmel belegten Saal«, der auch »Gallerie« heißt, mit Gemälden von Tizian, Rubens, Dürer, Raffael, Veronese, Giordano u. a. Von ihm geht man linker Hand in die »Schatz=Gallerie« mit »Rariteten und Künstlichkeiten«, ». . . rechter Hand durch eine Fenster=Thür auch auff eine schöne kleine Alton . . . mit einem auß Metall gearbeiteten springenden Brunn=Geschür«. Die Altane mit Brunnen ist auf der Ansicht des Grottenhofes von M. Disel, Erlustierende Augen=Weyde . . . Augsburg, o. J., Taf. 6/7 abgebildet. Die dünnen Striche auf Nord- bzw. Südseite des Grottenhofes des Plans von ca. 1635 bedeuten offenbar, daß hier eine fensterlose Mauer war. In der Tat war die Südwand des »Geweihgangs« bis zur Zerstörung 1944 fensterlos und anscheinend nur mit Architekturmalerei instrumentiert. Zuccallis Plan von 1680 sieht die Grottenhofmauern im Norden und Süden erstmals durchfenstert vor.

[17] Sie sind als Illustrationen dem 1723 in München erschienenen Werk von Bretagne beigefügt.

[18] Sogar der Kamin im nordwestlichen Kabinett ist noch erhalten.

[19] GHA Korr. Act 753/50, Nr. R 4b/1,2,3, prod. 40.

[20] Hauttmann 26: »frühestes Porzellan-Cabinet«. Vgl. Beitrag Volk, S. 128.

[21] Früher schon erhielt die Residenz ein weiteres Ostasienkabinett, dessen Bespannung und Möbel noch erhalten sind.

[22] V. Berg, Die Lustheimer Fresken (Anz. d. Germ. Nat. Mus. 1968) 86–102.

[23] Paulus, 80: Bau am 30. April 1689 vollendet.

[24] M. Petzet, Unbekannte Entwürfe Zuccallis für die Schleißheimer Schloßbauten (MJBK, 3. F. 22, 1971) 179–204 betrachtet den Plan als um 1690 entstanden. Er stammt sicher nicht aus der Erbauungszeit des Schlosses, also aus den Jahren 1684/89, wie von mir im Führer zu Lustheim, München 1972 (s. u. Anm. 27) angenommen. Der Lustheimer Parkentwurf setzt nämlich Vorbilder in Holland (Het Loo) voraus, die nicht vor 1685 geplant sein können und die Zuccalli erst anläßlich seiner Reise nach Holland, 28. 7.–3. 9. 1693, kennenlernen konnte – vgl. Paulus 111. Vor 1693 kann der Plan demnach nicht entworfen sein.

[25] Petzet (Anm. 24) Abb. 1, 2, 3, 17.

[26] Brief aus Namur 9. 8. 1695; StAM HR 227, Nr. 102/1.

[27] G. Hojer, Lustheim, München 1972, 6 und StAM HR 227, 102/5 fol. 68: 23. 6. 1716 Galerie im Bau. HR 228, 103/2 fol. 77: Stukkaturarbeiten an der »Orancheria« am 29. 3. 1718. Weitere Baudaten zu den Galeriebauten StAM HR 228, 103/2, 4, mit Plänen.

[28] Vgl. Anm. 24. In dem in Anm. 26 zitierten Brief aus Namur befiehlt Max Emanuel 1695, daß die Kanäle »sollen zur völligen Perfektion ausgemacht« werden, ebenso soll die Gartenmauer »gemacht« werden. Man scheint demnach schon länger am Park gearbeitet zu haben. Pläne müssen also unmittelbar nach der Rückkehr Zuccallis von seiner holländischen Reise im September 1693 vorgelegt worden sein. – Zur Orangerie von Gaibach vgl. W. Wenzel, Die Gärten des Lothar Franz von Schönborn, Berlin 1970, 76ff., bes. 77.

[29] Wenzel (Anm. 28) 79, Anm. 153.

[30] Ib. Abb. 49.

[31] Ib. Abb. 39, 41. Vgl. A. G. Bienfait, Oude Hollandsche Tuinen, Den Haag 1943, 90ff., 224f.

[32] Vgl. Anm. 24. Etwa im selben Jahr besuchte L. Ch. Sturm Het Loo und publizierte in seinen »architektonischen Reise-Anmerckungen«, Augsburg 1719, einen Grundriß der Anlage. Zit. nach Bienfait (Anm. 31) 97, Anm. 1.

[33] M. Ozinga, Daniel Marot, Paris-Amsterdam 1938, 49ff., bes. 51.

[34] Secondo Libro der Ausgabe 1570, p. 62: »Il volto di questa Sala giugne sino sotto il tetto.«

[35] Sebastiano Serlio, Tutte l'opere d'Architettura, Venetia 1619, Libro Terzo, p. 121^v.

[36] So Palazzo Salem-Magnani 1577 und Zani-Rossi 1594, vgl. G. Passavant, Studien über Domenico Egidio de Rossi, Karlsruhe 1967, Abb. 141, 142, Anm. 181. Auswirkungen Palladios in Genua: G. Alessi, Villa Cambiaso 1548 und von R. Lurago, Palazzo Doria-Tursi 1590. Vgl. Anm. 72.

[37] S. Serlio (Anm. 35) 122^v. Der Aufriß dieser Villa bei Serlio zeigt den Ursprung der Eckrisalite in Lustheim, die bei Serlio noch Ecktürme sind. Vgl. Anm. 40.

[38] Passavant (Anm. 36) 186 und Anm. 253: nach Beobachtungen von H. Siebenhüner mit querovalem Mittelsaal. Abb. bei C. Ricci, Baukunst und dekorative Skulptur der Barockzeit in Italien, 1922^2, 220.

[39] Palladios im Halbkreis geführte Bogengänge leiten sich vom antiken Thermen- und Villenbau her.

[40] A. E. Brinckmann, Theatrum Novum Pedemontii, Düsseldorf 1931, Abb. 118. Der Erbauer des Schlosses, Emanuele Filiberto, war der Bruder Henriette Adelaides. Wie auf Serlios Grundriß treten auch in Racconigi die Risalite als Ecktürme auf allen vier Seiten heraus. Als Erinnerung daran waren die Schmalseiten des Schlosses Lustheim in einem frühen Baustadium korbbogig eingezogen, wie noch im oberen Teil sichtbar. Vgl. Hojer (Anm. 27) 6 und Grundriß S. 16.

[41] Nach Lustheim, Gemälde-Inventar 1761, Bayer. Schlösserverwaltung: »Auf den Belvedere . Plafond: auf leder gemahlen, auf welchen verschiedene ornamenten entworfen, darinen allerhand Jagdhund, dan groß: 8nd kleine Vögel eingemenget seynd.«

[42] Hierzu Hojer (Anm. 27) 13, 18.

[43] Hierzu H. Junecke, Montmorency, Berlin 1960, 77ff., bes. 85–87.

[43a] L. Dami, Il Giardino Italiano, Mailand 1924, Pl. CCLXXIII. Vgl. auch: R. Pommer, Eighteenth Century Architecture in Piedmont, New York 1967, 26. Eine ähnliche Insellage hat auch das Jagdschloß Scheibenhardt: Passavant (Anm. 36) Abb. 98.

[44] Vor der Planung Lustheims war nur ein kleiner, rechteckig ummauerter Garten östlich vom Alten Schloß vorgesehen. Vgl. Petzet (Anm. 24) Abb. 5.

[45] Die beiden Pavillonbauten ähneln den beiden ebenfalls neunachsigen Pavillons auf einem Stich von M. Disel (vgl. Anm. 16) fol. 10. Hier wie dort steht auf einem hohen Sockelgeschoß eine große Pilasterordnung, die Hauptgeschoß und Mezzanin zusammenfaßt. Demnach scheint auch Disels Stich auf einen Entwurf Zuccallis zurückzugehen.

[46] Petzet (Anm. 24) hat sie als Umbaupläne für das Alte Schloß erkannt und damit Hubalas (vgl. Anm. 57) Interpretation, es handle sich um Varianten zum Neuen Schloß, korrigiert.

[47] Petzet (Anm. 24) 185 erkennt den Zusammenhang, nennt aber das Arkadenstück ohne Grund »einen Bogen beschreibend«. Die Zahl der verbindenden Arkaden dürfte, zählt man die durch den Trabantenbau verdeckten hinzu, ebenfalls mit dem ersten Entwurf (Bayer. Schlösserverwaltung) für Lustheim übereinstimmen. In seine Nähe gehört also das Projekt.

[48] Ib. Abb. 10, 11.

[49] Paulus Abb. 68. E. Hubala, Schleißheim und Schönbrunn (Kunstchronik 10, 1957) 349–351, Abb. 2 u. 3.

[50] Paulus 110f.: Vorarbeiten Zuccallis für Schleißheim 1692/93. Am 16. 4. 1693 bricht Zuccalli mit Plänen nach Brüssel zur Vorlage beim Kurfürsten auf.

[51] Riezler VII 365.

[52] Passavant (Anm. 36) Abb. 194.

[53] Pommer (Anm. 43[a]) 144. Der Stich wurde 1674 publiziert.

[54] Petzet (Anm. 24) Abb. 18, 19.

[55] Vgl. Paulus Abb. 70, 72 (Grundriß).

[56] Paulus nennt den Bau »Arena«, Petzet (Anm. 24) 193 mit Recht eine Menagerie.

[57] Vgl. hierzu den grundlegenden Aufsatz von E. Hubala, Henrico Zuccallis Schloßbau in Schleißheim (MJBK 3. F. 7, 1966) 161–200; hier Abb. 7, 8, 9. Ein weiterer Entwurf mit alternativen Ovaltreppen, die unzweifelhaft Berninis Louvreentwurf zum Vorbild haben, bei Paulus Abb. 69. J. Marots Stich des Grundrisses bei H. Rose, Spätbarock, München 1922, Abb. 141.

[58] Hubala (Anm. 57) Abb. 1: Robert de Cotte. Theater bzw. Kirche am Ende der Ehrenhofflügel analog zu Versailles. Ähnlich war das Erweiterungsprojekt Michelangelo Garoves für Venaria Reale bei Turin (nach dem Brand 1693), das angeblich 1699/1700 Robert de Cotte vorgelegt wurde (nach Mostra del Barocco Piemontese, Bd. 1, Torino 1963, 38, Nr. 54. Nach Pommer [Anm. 43] wurde das Projekt J. H. Mansart, nicht de Cotte, vorgelegt. Dies ist wahrscheinlicher, da de Cotte erst am 11. 5. 1708 *premier architecte du roi* wurde).

[59] Hubala (Anm. 57) Projekt A.

[60] Ib. Abb. 8.

[61] Ib. Abb. 9.

[62] Im Gegensatz zu ib. 173 war Zuccalli also nicht »zweifellos gezwungen, seine Pilasterordnung herunterzusetzen«.

[63] Ausst. Kat. Bayern, Kunst und Kultur, München 1972, Nr. 929; s. Rupprecht (Ingolstadt, hrsg. Th. Müller-W. Reissmüller, 2, Ingolstadt 1974) 225ff. (Abb. 15).

[64] Stich von Corvinus nach M. Disel ca. 1722. Er zeigt außer den zwei Rundbogenfenstern übereinander auch die Balustrade auf dem Kranzgesims und das Mezzaningeschoß um Terrassentiefe dahinter, ebenfalls die große Pilasterordnung auf dem Boden. Die zweigeschossigen Arkadengalerien müssen mit dem Kaiserhof, also 1611–16, erbaut worden sein – nur so konnten der Korridor vor den Ratszimmern und die Räume im Erdgeschoß Licht erhalten. Die großen Pilaster allerdings können auch auf Zuccallis Bautätigkeit in der Residenz seit 1680 zurückgehen. Klenzes Umbau entfernte die Pilaster (die wahrscheinlich nur gemalt waren), beließ aber die doppelte Arkadenreihe, deren Obergeschoß erst um 1900 zugesetzt wurde.

[65] Die Große Ordnung, die auf dem Boden aufsitzt, zwei Geschosse umfaßt und mit Kranzgesims und Attika abschließt, ist ein palladianisches Motiv – vgl. Loggia del Capitaniato in Vicenza 1571; Katalog der Mostra del Palladio, Vicenza o. J., Abb. 136.

[66] A.W. Ertl, Kurbayerischer Atlas, München 1687.

[67] Das Motiv war also nicht, wie von mir im amtlichen Führer Schleißheim 1972, 12 vermutet, schon früher am Alten Schloß vorhanden.

[68] Paulus 13.

[69] Wie Anm. 63.

[70] Pommer (Anm. 43[a]) 144.

[71] Vgl. Palazzo Salem-Magnani 1577 und Palazzo Zani-Rossi 1594 in Bologna. Passavant (Anm. 36) Abb. 141, 142.

[72] Hubala (Anm. 49) 349–351.

[73] E. Hubala, Schloß Austerlitz in Südmähren (Stifter-Jahrbuch V, 1957) 174–200.

[74] Wie Anm. 72.

[75] Passavant (Anm. 36) Abb. 117 Grundriß Obergeschoß, Abb. 118 Hoffassade, Abb. 119 Gesamtanlage, Abb. 135 Schnitt Treppenhaus, Abb. 138 Schnitt durch Galerie und Hauptsaal.

[76] Ib., Abb. 57.

[77] Grundlegend für die Baugeschichte des Schlosses Nymphenburg bleibt das Werk von L. Hager, Nymphenburg, München o. J., das durch die Forschungen von M. Petzet (Anm. 6) wesentlich ergänzt wurde. Ein Dachstuhlbalken ist 1672 bezeichnet. 1675 wird die höchste Bausumme ausgegeben, woraus Paulus 236f., Anm. 123, schließt, daß der Rohbau fertig war.

[78] 1704 Baustillstand wegen des Exils Max Emanuels; bis dahin waren die inneren Pavillons und die Galerie fertig. Der äußere südliche Pavillon (Mundkuchl- und Zergaden-Pavillon) stand bis zum ersten Stock; Hager (Anm. 77) 14. Der nördliche äußere Kapellenpavillon wurde während des Exils Max Emanuels weitergebaut und 1716 vollendet; Hauttmann 79. Die Bauausgaben sind nach Jahren spezifiziert bei K. Th. Heigel, Nymphenburg, Bamberg 1891, Anm. 9.

[79] Hauttmann 80ff.: Nordteil: Brunnenhaus im östlichen Eckpavillon 1716 vollendet. 1723 soll der anschließende Trakt im Osten begonnen werden; im selben Jahr ist der Orangerieflügel fertig. Südtrakt: 1719 stand der Ostflügel und die »Schwaige«; 1730 Kostenvoranschlag für den nördlich gelegenen Marstall, der 1733 begonnen wurde, 1739 in der östlichen und 1747 schließlich in der westlichen Hälfte fertig war.

[80] Bauzustand auf einer Zeichnung in Zusammenhang mit Beichs Ansicht in Schloß Nymphenburg (vgl. Anm. 134): ohne Wassergänge, aber mit Hofküche und »Paßgebäude«. Letzteres wurde 1723 erbaut. Die beiden Bauten sind auf Beichs Ansicht, die offenbar kurz vor 1723 entstand, nachträglich eingefügt worden. De Geers Miniatur im Residenzmuseum München kopiert Beichs Ansicht von 1723, setzt aber die Verbindungsbauten zurück und gibt sie ohne Blendarkaden im Erdgeschoß. Sie geben offenbar ein älteres Projekt wieder. Es fehlen auch die »Wassergänge« von 1739.

[81] Nach Baubefund neuerdings maßstäblich rekonstruierte Ostfassade von P. Vierl (Jb. der Bayer. Denkmalpflege 29, 1972/74) 100. Die später durch Rundbogenfenster ersetzten fünf Mittelachsen gibt

Vierl ohne Begründung mit Blindfenstern an; wahrscheinlicher ist, daß sie geöffnet waren.

[82] Zit. nach Hager (Anm. 77) 11: »Die Bauakten nennen u. a. für dieses Jahr (sc. 1675) die Errichtung des Dachstuhles, die Erstellung des Modells für die vorderen Stiegen, die Vollendung der hinteren Stiegen und die Änderung der Türen, der Fenster und des Gewölbes »auf dem Sahl«.

[83] AStA PSL Nr. 8329, 68,7 × 50 cm. Braune Feder über Blei, rosa und schwarz laviert. Maßstab: 60 Einheiten gleich 24,2 cm. Die Lage der Treppe auf der Gartenseite ist wegen der auch heute vorhandenen Wendeltreppen auf der Gartenseite gesichert.

[84] Hierin gleicht sie der Treppe auf der Ansicht Canalettos im Münchner Residenzmuseum. Im Gegensatz zu dieser Treppe scheint es sich aber um eine geschlossene Anlage gehandelt zu haben, ein der Fassade vorgelegtes Treppenhaus, also einen gedeckten Zugang zum großen Saal. Die Fassade eines ähnlichen Projektes publiziert Petzet (Anm. 6) 207, Abb. 112. Wegen der großen Rundbogenfenster muß der Entwurf nach 1702 entstanden sein. Damals aber waren, wie der Pariser Entwurf zeigt, noch vier Achsen zu seiten der Mitte vorgesehen, während dieser Fassadenentwurf drei vorsieht. Die Dreiachsigkeit gibt erstmals der Stich Disels von 1722 wieder. Es liegt nahe, den Entwurf mit Petzet zwischen 1702 und 1722 anzusetzen. Fräulein Dr. G. Dischinger, die im Auftrag der Deutschen Forschungsgemeinschaft den Katalog der Baupläne im Bayer. Hauptstaatsarchiv bearbeitet, machte mich auf die Ähnlichkeit der »Handschrift« mit dem Plan Zuccallis für die Universität Ingolstadt (vgl. Anm. 63) aufmerksam, wofür ich ihr sehr danke. Der Nymphenburger Plan muß demnach Zuccalli zugeschrieben werden.

[85] Vgl. Petzet (Anm. 6) 202ff. Die Serie der Geschoßgrundrisse im Besitz der Bayer. Schlösserverwaltung wurde auf 1702 angesetzt in meinem Beitrag zu F. Schlapper, Nymphenburg, München 1972, 111. Hager (Anm. 77) 16 publizierte den Plan als Umzeichnung erstmals und schreibt ihn dem Büro Cuvilliés' zu mit der Entstehungszeit um 1760. P. Vierl (Anm. 81) 97–115 datiert die Pläne ebenfalls 1702. Sie sind aber, wie sich im folgenden ergibt, erst um 1714 entstanden.

[86] Die Pariser Ansicht von der Stadtseite entspricht in der Achsenzahl nicht dem Pariser Grundriß, stellt also einen anderen Planungszustand dar. Die jeweils dem Mittelbau zugewandten Pavillonseiten unterscheiden sich in ihrer Achsenzahl von der Ausführung, während der Pariser Grundriß den Pavillon neben dem Schloß auf allen Seiten mit der Ausführung übereinstimmend, den nächsten Pavillon allseitig von ihr verschieden wiedergibt. Die Pariser Pläne sind nach Petzet (Anm. 6) 204, Kopien von 1714 nach älteren Entwürfen. Die Pariser Risse geben jedoch, im Gegensatz zu Petzet, ib. 203, aus den genannten Gründen einen Planungszustand vor dem Baubeginn 1702 wieder, nicht die Ausführung.

[87] Im Süden detailliert, im Norden nur in Bleistift angegeben.

[88] Sie sind also nicht, wie P. Vierl (Anm. 81) 103 vermutet, eine Folge der Verlängerung des »Knabenbaues« um eine weitere Achse.

[89] Er zeigt bereits die großen Pilaster, die auch Cuvilliés 1756 beließ und die heute noch die Saalwände gliedern; im Unterschied zu heute sind an den Enden der Längsseiten des Saales Doppelpilaster. Vierl (Anm. 81) 101 schließt aus dem Grundriß des Obergeschosses der Planserie bei der Bayer. Schlösserverwaltung auf eine abgestrebte Flachdecke im Gegensatz zum heutigen Gewölbe.

[90] Dasselbe geschah 1702 am Mittelbau des Neuen Schlosses Schleißheim.

[91] Die Vermauerung der alten und der Ausbruch der neuen Öffnungen wurde im Mauerwerk anläßlich der Renovierung des Schlosses 1972 festgestellt, als der Putz abgeschlagen wurde. Vgl. Vierl (Anm. 81) 106, Abb. 2.

[92] G. Hojer-E. D. Schmid, Nymphenburg, München 1975, 19. – Hager (Anm. 77) 19: Stuckzierate und kurfürstliches Wappen in den die Mittelachsen bekrönenden Giebeln für Ch. Dubut 1716 belegt.

[93] Der Baubefund 1972 zeigte, daß die Pilaster tatsächlich in halber Ziegelstärke vorgemauert wurden: freundliche Mitteilung von Herrn Architekt Götz, Bauamt der Bayer. Schlösserverwaltung. – Die Gliederung der Gartenfassade ist auf Beichs Ansicht in Nymphenburg nach der Stadtseite gleich. Der gleichzeitige Stich M. Disels zeigt hingegen die Kolossalpilaster, die alle Geschosse zusammenfassen (1722)

[94] Veröffentlicht von Petzet (Anm. 6) 211 und Anm. 32.

[95] 1716 wurde das Brunnenhaus des Orangerieflügels im Norden im östlichen Risalit errichtet.

[96] Hager (Anm. 77) 53f.

[97] So ib. 10.

[98] Gaudenzio Claretta, Adelaide di Savoia, Turin 1877, 137.

[99] C. Franck, Die Barockvillen in Frascati, München 1956, Abb. 44; vgl. auch Villa Mondragone, von Martino Lunghi d. Ä. seit 1573 erbaut.

[100] Hager (Anm. 77) 12 lehnt Turiner Einflüsse überhaupt ab.

[101] Immerhin widmeten A. Palladio u. V. Scamozzi ihr drittes bzw. zweites Buch des Architekturtraktates Emanuele Filiberto bzw. Carlo Emanuele I. von Savoyen! Ihr Einfluß blieb dennoch beschränkt.

[102] Vgl. Wenings Stich 1701 und Dami (Anm. 43) Taf. CCLXXI. Vergleichbar ist die Form des durch Mauern begrenzten Rechtecks mit etwas eingezogenem halbrundem Abschluß sowie die schematische axial-symmetrische Teilung durch Wege mit Springbrunnen in ihren Kreuzungspunkten.

[103] Grundriß in Pommer (Anm. 43[a]), Abb. 30. Die Erweiterungen M. Garoves von 1699 sind wegzudenken.

[104] Ansicht des Großen Saales von Venaria Reale: Mostra del Barocco Piemontese (Anm. 58) Taf. 17.

[105] Hager (Anm. 77) Anm. 44.

[106] Dagegen ib. 24, wo Versailles als Vorbild genannt wird.

[107] Zit. nach ib. Anm. 44.

[108] Nicht Bayer. Schlösserverwaltung, wie Hager (Anm. 77) 26 u. Anm. 49 angibt, sondern AStA PLS 5875.

[109] Plan Bayer. Schlösserverwaltung; Hager (Anm. 77) Abb. r.

[110] Vgl. Schloß Zeist, das nach M. D. Ozinga, Daniel Marot, Paris 1938, 43 1686 vollendet wurde. Abb. 41 in Wenzel (Anm. 28).

[111] Hager (Anm. 77) Abb. g.

[112] Petzet (Anm. 6) Abb. 122, 123.

[113] Das Innere von Het Loo sowie der Park waren 1687 im wesentlichen fertig. Ozinga (Anm. 110) 51 und Taf. 2.

[114] Brinckmann (Anm. 40) Taf. 113. Diese Galerien haben allerdings in Racconigi keine offenen Erdgeschoßarkaden und umschließen, umknickend, einen großen Hof. Vgl. dazu auch L. Ch. Sturm in seiner Anweisung zur Civil-Baukunst von Nicolai Goldmann, Leipzig 1708, hier zit. nach H. Schmerber, Studien über das deutsche Schloß und Bürgerhaus im 17. und 18. Jahrhundert, Straßburg 1902. Neben der Kunstgalerie definiert er einen zweiten Typ: »Hier reden wir besonders von langen und schmalen Sälen, die zu beyden langen Seiten Fenster, und mitten an den schmalen Seiten Thüren haben, desgleichen an dem Louvre zu Paris zu sehen ist. Wenn Paläste als viele voneinander gesonderte Gebäude und Pavillons gebauet werden, schicken sich die Galerien besonders wohl solche Gebäude zusammenzuhängen, wie zu Versailles und Risswyk (Sperrung von mir) zu sehen. Schloß Rijswijk war seit 1633 im Bau (vgl. D. F. Slothouwer, De Paleizen van Frederik Hendrik, Leiden 1945, 89, 130 u. Abb. 37) und 1697 sicher fertig, als der Frieden von Rijswijk in ihm geschlossen wurde, bei dem Max Emanuel beteiligt war. Es ist also durchaus denkbar, daß ihm bei seiner Vorliebe für holländische Architektur die Galerien im Sinne Sturms ebenfalls nachahmenswert erschienen, sowohl für Nymphenburg als auch für Schleißheim. Der Aufriß allerdings lehnt sich in beiden Fällen an römische Vorbilder an: Villa Mondragone in Frascati für Schleißheim und die stadtrömische Arkadenhochwand für Nymphenburg.

[115] Vgl. Hauttmann 81.

[116] L. Hautecoeur, Histoire de l'architecture classique en France, t. III, Paris 1950, Abb. 174 (Château Haroué), Abb. 99 (Hôtel d'Argenson), Abb. 103 (Hôtel de Torcy).

[117] Zur Wiederherstellung der ursprünglichen Farbigkeit 1972 vgl. P. Vierl (Maltechnik-Restauro 1972, H. 1) 36–40; (ib. H. 2) 100–104; (ib. H. 3) 205–210.

[118] M. Hauttmann, Die Entwürfe Robert de Cottes für Schloß Schleißheim (MJBK 6, 1911) 256–276.

[119] Die Stuckdekoration im Großen Saal wurde erst 1723 von J. Effner entworfen, die in Nymphenburg 1756 von Fr. de Cuvilliés.

[120] A. di Castellamontes »Salone« von Venaria Reale ist wahrscheinlich das Vorbild gewesen. Vgl. Stich von Tasnière in: Kat. der Mostra del Barocco Piemontese (Anm. 58) Taf. 17. – Rose (Anm. 57) 231 ff. stellt erstmals die drei Typen der Wandgliederung auf: das architektonische, das getäfelte, das textile Zimmer.

[121] 1716 sind die Supraporten des nördlichen Vorzimmers von J. Amigoni gemalt worden. Seit 1716 ist auch der Stukkator Ch. Dubut für Nymphenburg tätig, 1717 stuckierte G. de Grof die nördliche Galerie. Vgl. P. Volk, Guillielmus de Grof, Diss. phil., Frankfurt 1966, 29. Volk datiert das nördliche Vorzimmer 1716/17 (Anm. 73) und nennt als Vorbild für die Stuckcorniche einen Salon in Boffrands Palais du petit Luxembourg in Paris. Wegen des erst 1717 erstmals nachweisbaren Motivs der »Contre-Courbe« (vgl. S. 162) kann der Beginn der Ausstattung frühestens in dieses Jahr gesetzt werden. Hauttmann 84 gibt unter Berufung auf das Tagebuch Vacchierys 1718 als Vollendungsdatum. Die Entstehungszeit 1717/18 ist wahrscheinlich, zumal die Stukkaturen stilistisch mit denen in der Badenburg übereinstimmen, die ebenfalls 1717 begonnen wurden und 1719 (Souper anläßlich der Vollendung) fertig waren (Hauttmann 89). Die ungefähre Schätzung bei Hager (Anm. 77) 19 »um 1720« kann somit präzisiert werden.

[122] Hager (Anm. 77) 19.

[123] F. Kimball, Le style Louis XV, Paris 1949, 59f.

[124] Ib. 137, Abb. 141 und 138, Abb. 148.

[125] Ib. Abb. 112.

[126] Chambre du Roi, entstanden im Februar 1700. Ib., Abb. 55–56.

[127] Hauttmann (Anm. 118) 274 und Abb. 7.

[128] Kimball (Anm. 123) Abb. 47.

[129] Vgl. Hauttmann 24, 31, 37. 1707–1711 war er in Paris (bei Boffrand). 1713–14 ist er in St. Cloud für das Haus Max Emanuels tätig.

[130] Im August 1714 erbittet Baron Neuhaus von Max Emanuel Riß und Modell für die Bassins in Nymphenburg, »was etwan dermahlen mehrers in Franckreich maistens in Schwung, und gebräuchig ist . . .«, ». . . aber freylich nicht, das es en comparaison den Wasser zu Versail herauß khomen wurde . . .«. GHA Korr. Akt 753/50, Nr. R 4 b, 1, 2, 3.

[131] Nach Hauttmann 85

[132] AStA PLS Nr. 5878, Hager (Anm. 77) Abb. g. Hager gibt irrtümlich die Bayer. Schlösserverwaltung als Fundort an. Bis auf Veränderungen im Parterre gibt weitgehend denselben Bestand der gezeichnete Gartengrundriß von 1755, Bayer. Schlösserverwaltung, Hager Abb. r. Eine in der Breite reduzierte Version gibt ein gezeichneter Plan (Bayer. Schlösserverwaltung) von 1750 wieder, der auch beschriftet ist. F. de Cuvilliés hat einen Plan des Nymphenburger Parks 1772 gestochen; er bezeichnet auch die einzelnen Gartenteile.

[133] Dézallier d'Argenville, La Théorie et la pratique du Jardinage, Paris 1709.

[134] 1717 ist bereits die Flora-Fontäne fertig. Zur Geschichte des Gartens und besonders des Parterres vgl. P. Volk (Anm. 121) 45 und passim; ders. (MJBK 3. F. 18, 1967) 211 ff. – Die Federzeichnung in der Plansammlung der Bayer. Schlösserverwaltung (35,7 × 51,6 cm) (Abb. 44) muß zwischen 1725 und 1728 entstanden sein. Sie zeigt die Magdalenenklause und an entsprechender Stelle auf der anderen Parkseite einen Menageriebau, das Schloßrondell ist jedoch noch nicht eingetragen.

[135] Hauttmann (Anm. 118) 263, Abb. 3.

[136] C. de Ganay, Les jardins de France, Paris 1949, 80: »bosquets en équivalences, du même volume, mais du dessin différent.«

[137] Vgl. Hautecoeur (Anm. 116) 406.

[138] Im Gegensatz zu den »à la française« genannten Hecken, die durch Arkaden oder Fenster geöffnet sind.

[139] Dort liegt allerdings die Öffnung des Halbkreises noch gegen den »Grand Parc« zu; erst später drehte ihn Le Nôtre gegen das Parterre hin.

[140] Rose (Anm. 57) 64f., Abb. 53, nach d'Argenville.

[141] Vgl. Stich von Disel 1722. Das Parterre hat hier ebenfalls die moderne Form, bestehend aus Broderie- und Wasserparterre.

[142] Ein Plan von 1835 (Bayer. Schlösserverwaltung) zeigt erstmals den Mittelkanal.

[143] Genannt »Allée du Mail«, die auf einen Pavillon zuführt. Darstellung mit Mailspielern auf der Ansicht Schleißheims in der nördlichen Galerie in Schloß Nymphenburg (von J. Beich); ihr folgend Stich von M. Disel.

[144] Aus der in Anm. 134 erwähnten Federzeichnung, die mit Beichs Ansicht in der südlichen Galerie von Nymphenburg zusammenhängt, geht hervor, daß anstelle der Amalienburg vorher eine Menagerie stand. Diese Bestimmung des Bauwerks ergibt sich aus den radialen Abteilungen, wie sie auch die Menagerie beim Neuen Schloß Schleißheim kennzeichnet. Sie war westlich des Schlosses geplant. Vgl. Petzet (Anm. 24) 193.

[145] Vgl. L. Hager, Eremitage (Reallexikon zur deutschen Kunstgeschichte 5, 1967) 1203–1229.

[146] Hierüber demnächst Marcel Restle, dem ich für ein Gespräch über mögliche türkische Vorbilder danke.

[147] H. Heckmann, M. D. Pöppelmann, München 1972, 82f., 90f. Abb. 67/68.

[148] Bienfait (Anm. 31) Taf. 310.

[149] Ib. Taf. 316–318.

[150] Ein ähnlicher achteckiger Gartenpavillon auch in einem Amsterdamer Garten. Ib. Taf. 184.

[151] L. Hager, Der Schloßgarten zu Schleißheim (Deutsche Kunst und Denkmalpflege 23, 1965) 85, Abb. 4.

[152] Im Gegensatz zu der Auffassung E. Hubalas (Anm. 57) Anm. 11: »Das Motiv ist selbstverständlich italienisch«. Vgl. zu den französischen Vorbildern E. de Ganay, André le Nostre, Paris 1962, Pl. CI und XII.

[153] Hauttmann 85f.; Hager (Anm. 77) 24f.; Paulus Abb. 75. Die Beschriftung des Planes (Bayer. Schlösserverwaltung) ist nachträglich und lautet: »dessein du batiment et du jardin de Nymphenburg (sic!) par M. Carbonet 1701–1703«. Eine stilistische Kritik müßte die Autorschaft Carbonets durch Vergleich mit anderen Werken noch absichern. Zwischen dem Neuen Schloß und Lustheim erstreckt sich in ganzer Länge ein Rasenparterre (!) zu seiten des Mittelkanals. Außerhalb der begleitenden Flankenkanäle liegen die Bosquets. Das Ganze liegt eingebettet in den von sternförmig zusammentreffenden Alleen durchzogenen »Grand Parc«.

[154] Petzet (Anm. 24) Abb. 21 und Hauttmann (Anm. 118) Abb. 3.

[155] R. Strandberg, Claude Desgots und sein Projekt für den Garten in Schleißheim (MJBK 3. F 15, 1964) 177–194, Abb. 8, 9.

[156] Hager (Anm. 151) Anm. 20: 1717, 1719, 1722 war er in Wien, ab 1728 in Brühl tätig. Vgl. auch Volk (Anm. 121) 40f.

[157] Hager (Anm. 151) 86.

[158] Ib. Abb. 5 bildet einen Plan von Coquille ab, der nicht ein Projekt, sondern den tatsächlichen Zustand wiedergibt, und zwar vor dem Eingreifen Girards.

[159] Volk (Anm. 121) 40.

[160] Vgl. Hager (Anm. 77) 40.

[161] Ib. 26f.

[162] Hager Abb. h.

[163] Dagegen erstmals Hubala (Anm. 57) 190.

J. Sauvé nach S. Bombelli, Kinderbildnis des Kurprinzen Max Emanuel

Reinhold Baumstark

Abbild und Überhöhung in der höfischen Malerei unter Henriette Adelaide und dem jungen Max Emanuel

Die Bildnismalerei

Am 22. Dezember 1650 wurde im Gran Salone des Palazzo di San Giovanni in Turin als Abschluß der Feierlichkeiten anläßlich der Vermählung Henriette Adelaides von Savoyen mit dem bayerischen Kurprinzen Ferdinand Maria das Ballett »L'Educatione di Achille e delle Nereidi sue Sorelle nell'Isola d'Oro« in der Inszenierung des Grafen Filippo d'Aglié gegeben.[1] Eine Szene mag der jungen Braut in Erinnerung geblieben sein: Auf der Bühne erschienen mit Palette und Pinseln in den Händen der Erfinder der Farben, Kleophantos, und der Begründer der Schattengebung, Apollodoros. Ihre Kunst, die in griechischer Frühzeit die Darstellung sinnlicher Wirklichkeit ermöglicht hatte, galt einem Damenbildnis auf einer Staffelei. Ein von Tommaso Borgonio nach der Szene detailliert angelegtes Aquarell (Abb. 55)[2] erlaubt, ein Bildnis der Braut in Halbfigur zu erkennen, das die an allen späteren Darstellungen Henriette Adelaides auffallenden gestreckten Züge wie die stark geschwungenen Brauen über mandelförmigen Augen charakteristisch bewahrt. Die auf das Herz weisende Geste der Rechten und der Umstand, daß das prunkvolle Kleid auf den Farbklang Blau-Weiß der bayerischen Heraldik abgestimmt ist, mag das Porträt als das offizielle Brautbild ausweisen, das 1650 auch an den Münchner Hof gesandt worden war.[3] Wir wissen nicht, wer dieses bei Borgonio wiedergegebene Porträt schuf, von dem sich weder in Turin noch in München Fassungen erhalten haben, doch wird in der allegorischen Urheberschaft des Kleophantos und Apollodoros der unübersehbare Hinweis gegeben, daß »colore« und »disegno«, die Grundforderungen des italienischen Seicento, in dieser Schöpfung gleichermaßen zur höchsten Vollendung geführt worden waren. Nur eine ebenso glanzvolle wie eindringliche Bildniskunst – so etwa mag der *concetto* der Ballettszene umschrieben werden – kann dazu berufen sein, Würde und Schönheit einer Persönlichkeit vom Rang Henriette Adelaides im Bilde festzuhalten.

Daß im Alltag eines Hofporträtisten derartige Forderungen selten zu erfüllen waren, daß aber auch die Gefeierte selbst der Bildniskunst eine nüchterne Einstellung, fern jener allegorischen Überhöhung, entgegenbrachte, belegen Äußerungen der bayerischen Kurfürstin. Am 28. Mai 1653 schrieb sie ihrer Mutter: »Hier in Dachau gibt es viele Porträts. Darunter befindet sich insbesondere eines meiner Schwester Margherita, welches das häßlichste der Welt ist: ich ärgere mich so darüber, daß ich nicht weiß, wie ich es in Worte fassen kann; und nun kommen alle Kurfürsten und der Kaiser hierher (anläßlich der Wahl Ferdinands III.), Sie können sich daher das Mißvergnügen, welches ich empfinde, vorstellen, da man ein so schlecht gemachtes Stück sehen wird und darüber hinaus noch so schlechte Kleidung. Ich glaube kaum, daß meine Schwester und ich jemals im Leben derartige Gewänder gehabt haben, die viel mehr denen von Dienstmädchen als von Prinzessinnen des Hauses Savoyen zu gleichen scheinen.«[4] Über ein zuvor nach Turin übersandtes Bildnis Henriette Adelaides berichtet die Dargestellte in einem Brief vom 21. November 1653 wiederum an ihre Mutter: »Ich bin sehr beglückt, daß das Kleid, das ich trage, Ihnen gefällt; doch wenn Sie es an mir oder einer anderen sehen könnten, würde es Ihnen noch viel schöner erscheinen. Ich weiß nicht, ob Sie beim Anblick meines Porträts Befriedigung gefunden haben, da es doch genauso häßlich ist wie ich, und noch mehr, indem es mir das Gesicht noch länger macht, als ich es schon habe.«[5] Ein weiteres nach Turin geliefertes Gemälde wird am 4. Juli 1654 kommentiert: »Das Bildnis scheint mir überhaupt nicht zu ähneln, denn dieser Maler sieht nichts und ist nicht fähig, mich zu malen wie ich bin. Es ist so übertrieben lang, daß ich gar kein Ende nehme. Dies liegt vor allem an ihm, denn er arbeitet für alle anderen derartig, daß er für mich immer nur die letzte Stunde erübrigen kann, und auch das geschieht nur gezwungenermaßen, so daß man sich nicht zu wundern braucht, wenn er es nicht gut macht.«[6]

Da sich weder die in diesen Briefen angesprochenen Porträts noch deren Meister nachweisen lassen,[7] ist der Anteil weiblicher Koketterie an dem Unmut, den die Siebzehnjährige auch späterhin noch über Darstellungen ihrer Person äußerte, nicht zu bestimmen. Ihr Urteil wird immerhin verständlich, wenn man die künstlerische Situation jener Jahre am bayerischen Hof als gänzlich unter dem Einfluß der Kurfürstinwitwe Maria Anna stehend begreift. Meister wie Kaspar Amorth, Andreas Faistenauer und vor allem Niklas Prugger führten das Erbe der maximilianischen Zeit bis zum Tod Maria Annas 1665 weiter. Ihr an niederländischen Vorbildern geschulter Stil hat die von Zeitgenossen mehrfach beobachtete klösterlich schwermütige und nach

Paulus Pontius nach Anthonis van Dyck: Tommaso Francesco di Carignano, Prinz von Savoyen

spanischer Etikette ausgerichtete Welt des Hofes in München in bescheidener Helldunkelmalerei festgehalten.

Auch der in Amsterdam und Antwerpen ausgebildete Johann Ulrich Mair (1630–1704) aus Augsburg stand dieser Künstlergruppe nahe; Reisen nach England und Italien hatten jedoch die Grundlage zu einer vielseitigeren Manier gelegt, die es ihm erleichtert haben dürfte, seine Tätigkeit auch auf die habsburgischen Erblande auszuweiten.[8] Für seine Münchner Arbeiten bietet eine teilweise 1659 datierte Kupferstichserie des Melchior Küsell[9] den bisher nicht genutzten Schlüssel, um eine Darstellungsfolge der kurfürstlichen Familienmitglieder als von Mair ausgeführt zu identifizieren. Anders als bei den Nachstichen handelt es sich bei den malerischen Fassungen allerdings nicht um Pendants, sondern um in Ausschnitt und Format variierende Einzelkompositionen. Das einzige bisher für Mair gesicherte Stück dieser Folge, das signierte Bildnis Maria Annas in Witwenkleidung der Münchner Residenz, sowie das Porträt Herzog
Kat.Nr. 51 Maximilian Philipps in Schloß Berchtesgaden folgen farblosen, auch von Prugger verbreiteten Typen.[10] Das Bildnis Henriette Adelaides dagegen (Abb. 56), ein Kniestück, von dem sich nun eine Fassung in Versailles nachweisen läßt,[11] weist ein verstärktes Bemühen um fürstliche Repräsentation auf. In der überlegenen Wendung der Sitzenden zum Betrachter, den vornehmen, Schmuck und Blumengesteck wie beiläufig erfassenden Gesten, aber auch in der Üppigkeit ihrer mit Perlen gezierten Kleidung wird die Auseinandersetzung mit van Dyckschen Damenbildnissen ebenso spürbar wie die sichtlich beabsichtigte, vielleicht auch gewünschte Anlehnung an savoyische Vorbilder eines Filiberto Torret und Lorenzo Dufour. Mair ist damit eine einprägsame Darstellung der jugendlichen bayerischen Kurfürstin gelungen – ob allerdings zu ihrer Zufriedenheit, bleibt zweifelhaft.

Den bedeutsamsten Beitrag dieser Folge stellt das ganzfigurige Bildnis Ferdinand Marias dar (Abb. 58), das im Hinblick auf die Vielzahl der Repliken und seine nachhaltige Beeinflussung der späteren Darstellungen des Kurfürsten als das Staatsporträt der ersten Regierungsjahre anzusehen ist.[12] Die Erscheinung in angelegtem Küraß und Abstand fordernder Positur, die herrische Gebärde der den Kommandostab haltenden Rechten, die locker auf dem abgelegten Helm ausruhende Linke folgen getreu van Dycks 1634 geschaffenem Kniestück des Tommaso Francesco di Carignano bis hin zum Detail der um den linken Oberarm geschlungenen Binde;[13] nur das der Mode unterworfene Beiwerk, wie Kragenform und Harnischdekor, hat eine Anpassung an einen neuen Geschmack gefunden. Daß Mair so bewußt gerade dieses Vorbild auf seine Darstellung des Kurfürsten ummünzt, kann nicht anders als programmatisch gewertet werden. Nicht nur die Übernahme des nobilitierten Bildnisses eines savoyischen Prinzen wird vollzogen – Tommaso Francesco war Oheim Henriette Adelaides und bis 1656 eines der wenigen lebenden Geschwister ihres früh verstorbenen Vaters –, in der Übertragung dieser Darstellungsformel auf die Züge Ferdinand Marias wird überdies hintergründig die im bayerischen Kurfürstenpaar vollzogene Vereinigung der Häuser Savoyen und Wittelsbach gewürdigt. Daß die Anpassung an Turiner Leitbilder zur Reverenz vor der Überlegenheit savoyischen Geschmacks gewandelt werden konnte, stellt dieses Porträt, auch wenn es bescheiden hinter seinem Vorbild zurückbleibt, an den Beginn eines nun von der Persönlichkeit Henriette Adelaides bestimmten Zeitalters Münchner Hofkunst.

Die Überlegenheit auch der eigenständigen höfischen Porträtmalerei Turins war unbestreitbar und zudem in München nachhaltig demonstriert. Eine Folge prachtvoller, ganzfiguriger Darstellungen von Mitgliedern der savoyischen Familie, die über die Kurfürstin nach München gelangte, stellte dort bis etwa 1665 alle Bemühungen auf diesem Gebiet, auch die von Mair unternommenen, weit in den Schatten. Aus Briefen Henriette Adelaides läßt sich schließen, daß diese Bildnisse anfänglich und wohl auf Veranlassung Maria Annas im Großen Saal des Dachauer Schlosses ausgestellt waren, der eine Wittelsbacher Ahnengalerie enthielt.[14] Im Zuge des Residenzausbaues erfolgte um 1674 die Präsentation der savoyischen Porträts dann in der neugeschaffenen Galerie, die den Taten Maximilians I. gewidmet war und den von diesem herbeigeführten Bund zwischen München und Turin in dem mittleren Deckenbild verherrlichte. Mit der Eingliederung in das Bildprogramm dieses repräsentativen Forums, über dessen Ikonographie später zu sprechen ist, enthüllen sich die Anforderungen, die an eine solche Folge ganzfiguriger Darstellungen, der bevorzugten Form des Herrscherporträts, gestellt wurden: politische Geltung und aristokratischer Rang der Familie in Vergangenheit und Gegenwart galt es aufzuzeigen. Die Bildnisse der Geschwister, Eltern und Großeltern der Kurfürstin haben sich erhalten und bilden, da nur in drei Fällen weitere Fassungen nachgewiesen werden können, eine vorzügliche Quelle zur Geschichte des savoyischen Porträts.[15] Einzelne Stücke dürften sich Filiberto Torret, für den Bildnisaufträge für München gesichert sind,[16] zuweisen lassen, um so mehr, als er von dem chef d'œuvre dieses Bestandes, einem Gruppenbild, das die jugendliche Henriette Adelaide mit ihrer Mutter und ihren drei Geschwistern in ganzen, lebensgroßen Figuren auf stattlichem Format vereint (Abb. 59),[17] eine weitere Fassung an den Florentiner Hof geliefert hat. Die Beschreibung dieses nur archivalisch greifbaren Werkes folgt getreu dem Münchner Gruppenbild,[18] so daß für dieses an einer Autorschaft des auch in Turin erst wenig bekannten Torret nicht gezweifelt werden kann. In der Verknüpfung des fünfmalig vorgetragenen Themas der in prunkvoller Robe und hoheitsvoller Positur erfaßten Erscheinung bietet sich das Gruppenbild als ein Glanzstück höfischer Selbstdarstellung dar – ihm Ebenbürtiges zur Seite stellen zu können, galt das Bestreben Henriette Adelaides, nachdem sich ihr Einfluß seit dem Tod Maria Annas uneingeschränkt durchzusetzen vermochte.

Die Gelegenheit bot sich 1666 mit der Verpflichtung des bis zum Auftreten Joseph Viviens unter Max Emanuel bedeutendsten Porträtisten am bayerischen Hof: des Venezianers Sebastiano Bombelli (1635–1716).[19] Über die Vorgeschichte seiner Berufung herrscht noch Unklarheit, war doch die Tatsache seines Wirkens für München, die eine Erwähnung Sandrarts in der »Teutschen Akademie« von 1683 bezeugt,[20] bisher für die Forschung nicht Anlaß ernsthafter Erwägung. Seine unter falschen Zuschreibungen überkommenen Werke lassen sich jedoch nicht nur durch Stilvergleich, sondern durch zwei 1670 datierte Nachstiche (Abb. 61)[21] und vor allem durch die Tatsache einer 1666 erfolgten Zahlung der beträchtlichen Summe von 660 fl. an ihn[22] zweifelsfrei nachweisen. Der aus Udine gebürtige, aber bald in Venedig ansässige und von dort als Bildnismaler der venezianischen Nobilität wie der europäischen Aristokratie seine umfangreiche Tätigkeit entfaltende Bombelli war in seinem Frühwerk bislang kaum greifbar.[23] Der Fund seiner Münchner Gemälde läßt nun deutlich werden, daß neben die von allen zeitgenössischen Quellen hervorgehobene Anlehnung an Veronese die Fortführung der venezianischen Porträts Bernardo Strozzis ebenso tritt wie die Übernahme eines vor allem von Justus Sustermans gepflegten internationalen Stiles höfischer Bildniskunst.

Ein Doppelbildnis des Kurfürstenpaares in Lebensgröße Kat.Nr. 2
und ganzer Figur[24] knüpft an Maßstab und Anspruch an, wie sie in Filiberto Torrets savoyischem Gruppenbild vorgegeben waren. Unmittelbar greifbar wird ein solches Fortführen exemplarischer Darstellungstraditionen am Bildnis Ferdinand Marias: Bombelli wiederholt hier – bei Hervorhebung der Dignität des Dargestellten durch Zufügung eines Hermelinmantels – die von Mair erstmals gebotene Rezeption des van Dyckschen Carignano-Porträts und belegt damit nachdrücklich die berechnete Wirkung, die dieser Bildformel unterlegt werden konnte. Auch das Bildnis Henriette Adelaides läßt sich mit Vorbildern van Dycks verbinden,[25] doch werden anders als etwa bei Mair derartige Übernahmen zum Ausgangspunkt einer gänzlich eigenen Gestaltung, die überwiegend von Bombellis venezianischer, eine tenebrose Grundhaltung durchbrechender Farbigkeit bestimmt wird. In warmes Kolorit getaucht, bildet die Pracht der Gewänder und des für Tischbedeckung und Hintergrund gewählten Brokats den Rahmen für eine auf vornehme Verhaltenheit angelegte Charakterisierung des kurfürstlichen Paares. Psychologischer Spürsinn zeichnet Bombellis Porträts nicht aus, wohl aber die Einsicht, daß darzustellende Würde der Schönheit und Fülle des umgebenden Lebensraumes wie der äußeren Erscheinung bedarf, um im Abbild hervorzutreten.

Daß Bombelli in seinen Porträts die Erlesenheit der Kostümierung zu einem Element kennzeichnender Stilisierung nutzte, bezeugen eindrucksvoller noch sein liebenswürdigstes für München geschaffenes Werk, das Doppelbildnis Kat.Nr. 22
der sechsjährigen Maria Anna Christina mit ihrem um zwei Jahre jüngeren Bruder Max Emanuel,[26] sowie ein Ganzfigurenporträt des Herzogs Maximilian Philipp von Bayern (Abb. 60).[27] Die in Frankreich seit den späten fünfziger Jahren des 17. Jahrhunderts aufgekommene Mode der weiten gerüschten Hosen und der Verzierung mit langhängenden Schleifen an Schultern, Hüfte und Knien bestimmt die Kleidung Max Emanuels und wird bei Maximilian Philipp in einer für den heutigen Betrachter die Grenzen zum Skurrilen nahezu überschreitenden Gewandung zu exaltierter Üppigkeit gesteigert. Mit seiner verschwenderisch aufgeputzten Staffage und der Bravour der eingesetzten malerischen Mittel gehört dieses Porträt zu den eigenwilligsten Schöpfungen höfischer Bildniskunst; seine Zuweisung an Bombelli löst das seit der Darmstädter Jahrhundert-Ausstellung 1914 diskutierte,[28] bisher jedoch nicht geklärte Rätsel seiner Autorschaft.

Mit Bombellis Auftreten am bayerischen Hof war dieser zum Schauplatz einer Bildnismalerei von europäischem Rang geworden. Erstmalig hatte sich zudem eine grundsätzliche Empfänglichkeit für die Kunst Venedigs angekündigt, deren Einfluß in den folgenden Jahren vor allem auf dem Gebiet der Historienmalerei zunehmend wuchs und sich etwa in den Münchner Arbeiten Antonio Zanchis mit eindrucksvoller venezianischer Überlegenheit Geltung verschaffen sollte. In Fragen der Eleganz und der Repräsentation wie deren Spiegelung im Bildnis hatte Venedig allerdings bald hinter das aufblühende Versailler Vorbild zurückzutreten, auf das sich der Münchner Hof als einer der ersten im Reich auszurichten begann. Wie späterhin in den neunziger Jahren unter Max Emanuel erfolgte die unmittelbare Übernahme der neuen französischen Kunst nicht nur bemerkenswert frühzeitig und aus erster Hand, sondern auch im Gefolge einer politischen Annäherung der beiden Höfe. München hat in beiden Fällen vorausschauende Kunstpolitik betrieben und sich, indem es der Kunst aus Versailles im Reich zum Durchbruch verhalf, an die Spitze des Fortschritts gestellt. Die Beziehungen zwischen Henriette Adelaide und Ludwig XIV. waren, seit ein in früher Jugend geplantes, dann aber übergangenes Eheprojekt beide füreinander bestimmt hatte, von gegenseitiger Wertschätzung getragen, wovon ein herzlich gehaltener, über viele Jahre währender Briefwechsel zeugt.[29] Ausdruck gemeinsamer Interessen, aber auch höfischen Zusammenhalts wurde der französisch-bayerische Allianzvertrag von 1670, der unter anderem die Ehe zwischen der ältesten bayerischen Prinzessin Maria Anna Christina und dem Dauphin vorsah, nicht zuletzt aber auch die Voraussetzung für eine Verpflichtung der Schauspielertruppe Philippe Millots 1671–1676 nach München schuf.[30] Millot trug als ehemaliges Mitglied der Truppe Molières dessen Kunst erstmals über die französischen Grenzen hinaus; eine ähnliche kulturpolitische Geste[31] der Delegation fortschrittlicher, wenn auch nicht erstrangiger Kräfte mag die Münchner Tätigkeit 1673/74 des Porträtmalers Paul Mignard (1639–1691)[32] herbeigeführt haben.

Henriette Adelaide hat keinem ihrer Porträtisten mehr Anerkennung entgegengebracht als ihm. Nach Abschluß seiner Münchner Arbeiten schrieb sie ihrem Bruder Carlo Emanuele von Savoyen am 20. November 1674: »Mignard, peintre du roi, der mir anderthalb Jahre mit aller vorstellbaren Zufriedenheit dient, ist ein ehrenhafter Mann, ohnegleichen in seinem Fach und schließlich der alleinige und einzige, der mein Porträt schuf, seit ich auf der Welt bin.«[33] Mit Stolz und unter Verwendung des altgedienten Ehrentitels, mit dem seit der Renaissance Hofmaler ihres antiken Vorgängers Apelles erinnert wurden, hat der Künstler dieser Verehrung Rechnung getragen, als er sein für die Kur-
Kat.Nr. 27 fürstin bestimmtes Selbstbildnis MIGNARDUS ADELAIDIS APELLES UNUS umschrieb.[34] Allerdings war es weniger eine eigenständige Leistung, die Mignard in die Stellung eines bayerischen Apelles hineinwachsen ließ, vielmehr dürfte die Vorliebe Henriette Adelaides unbewußt der neuartigen Bildniskunst Pierre Mignards gegolten haben, die sein Schüler und Neffe Paul geschickt zu verbreiten verstand. Ausgebildet durch das Haupt der neuen französischen Porträtmalerei, als Sohn des Porträtisten Nicolas Mignard und seit 1672 als Mitglied der königlichen Akademie, war Paul Mignard durchaus befähigt, Eleganz und Kultur des Versailler Stiles nach außen zu repräsentieren. Der Künstler hat sich dieser Aufgabe mit einer Serie von Einzelbildnissen der kurfürstlichen Familie erfolgreich entledigt.

Zunächst scheint der Plan bestanden zu haben, die Familienmitglieder auf einem monumentalen Gruppenbildnis zu vereinen; das Beispiel der vielfigurigen Komposition Filiberto Torrets stand in München demnach noch immer mit maßstabsetzender Wirkung vor Augen. Noch im Dezember 1673 wird in Briefen nach Turin von diesem Projekt gesprochen, das dann allerdings nicht zur Ausführung kam.[35] Statt dessen schuf Mignard mit lebensgroßen, ganzfigurigen Darstellungen des Kurfürstenpaares Staatsporträts (Abb. 63, 64), deren ungemein erfolgreiche Aufnahme sich nicht zuletzt in der Vielzahl erhaltener Repliken dokumentiert.[36] Der Kurfürst in prunkendem, mächtig fallendem Mantel aus blauem Samt und Hermelin vor weitem Landschaftsausblick, die Kurfürstin auf einer Gartenterrasse mit einer Lilie in der Rechten, voll Anmut und mit träumerischem Ausdruck: Neben Bombellis Doppelbildnis von 1666 gewinnen Mignards Darstellungen an Unmittelbarkeit und auch an Würde bei leuchtender Farbigkeit und Klarheit im Aufbau. Die Porträts wurden, wie aus der Korrespondenz Henriette Adelaides erhellt, von den Bildnissen der vier Kinder ergänzt, die bisher als verschollen Kat.N
galten, nun aber glücklicherweise in München aufgefun- 23–26
den und identifiziert werden konnten.[37] Der Einfluß Pierre Mignards läßt sich an ihnen deutlich beobachten, etwa wie die Behandlung des Inkarnats mit dem Schmelz des Farbauftrages eine subtile Wirkung erzielt oder sich die Kostbarkeit der Darstellung durch die Präzision der Beobachtung von Gewand und Attribut steigern läßt. Den beiden Mädchen sind Blumen als Sinnbild erblühender Jugend in die Hände gegeben, der knapp dreijährige Joseph Clemens trägt Spielzeugwaffen, während der zwölfjährige Kurprinz als Regimentskommandeur mit paradierenden Truppen im Hintergrund, gebietend vorgestrecktem Kommandostab und angelegtem Brustharnisch – ein neuer Küraß war 1672 für Max Emanuel zum Preis von 150 fl. geschlagen worden[38] – seinen künftigen Verpflichtungen entsprechend mit herrscherlichem Anspruch auftritt. Die von Mignard angestrebte Wandlung der kindlichen Welt zu idealisierender Überhöhung eines höfischen Schönheitskanons mag Henriette Adelaide vor Augen gehabt haben, als sie die Übersendung heute nicht mehr nachweisbarer Kopien dieser Serie nach Turin kommentierte: Die Bildnisse »sind sprechend, doch, wie die Kinder glauben, sind sie alle schöner geworden, seit man die Bilder gemacht hat, vor allem die Kleine (Violante Beatrix), die man, ohne zu schmeicheln, schön wie einen Engel nennen kann«; und sie fährt an ihren Bruder Carlo Emanuele gewandt fort: »Ich hoffe, daß Sie die Güte haben, die Gemälde anzunehmen und zu glauben, daß Sie mit dem Erhalt der Kopien zugleich die Herzen aller Originale empfangen werden.«[39]

Im November 1674 verließ Mignard den bayerischen Hof, um mit Begleitschreiben der Kurfürstin über Mailand nach Turin zu reisen, im Gepäck führte er den Ertrag seiner Münchner Tätigkeit in Form von Kopien mit sich, die er dem Herzog von Savoyen überreichen sollte.[40] Mehr als in anderen Gattungen war im Porträtfach der Künstler zu einem Wanderleben aufgerufen; hatte er das Aussehen seiner hochgestellten Modelle gleichsam auf dem neuesten Stand festgehalten und sein Können bewiesen, wurde er um nicht mit Aufträgen von Hofbeamten und Adel das Exklusive seines Auftretens zu gefährden,[41] an den befreundeten Hof empfohlen, nicht ohne dort Zeugnis für Selbstbewußtsein und Kunstsinn seiner bisherigen Auftraggeber abzulegen. Ein Wanderkünstler war auch der römische Historienmaler Stefano Catani;[42] 1669 am Hof in Dresden, 1670 am brandenburgischen Hof nachweisbar, dürfte er um 1674 in München eingetroffen sein, um dort gleichzeitig mit Mignard beschäftigt zu werden. Der Versuch einer Kraftprobe mit Filiberto Torrets savoyischem Gruppenbild, der wie ein Leitgedanke die Aufgabenstellungen der für den bayerischen Hof arbeitenden Porträtisten durchzieht, ist durch ihn wiederaufgenommen worden. Ein monumentales Familienporträt war 1673 mit Mignard projektiert, dann aber verworfen worden, wohl nicht nur weil sich mit Catani eine neue Kraft für dieses Unternehmen empfahl, sondern weil ein Vorhaben verwirklicht werden sollte, das, die Kompetenz Mignards überschreitend, notwendigerweise eines Historienmalers bedurfte. 1670 hatte Jean Nocret im Auftrag des Herzogs von Orléans für St. Cloud ein großangelegtes allegorisches Bildnis der gesamten königlichen Familie gefertigt, das die einzelnen Mitglieder in mythologischer Kostümierung zeigte und dem bourbonischen Führungsanspruch unter humanistischer Verschlüsselung Ausdruck verlieh.[43] Es kennzeichnet den Grad der Vertrautheit zwischen Versailles und München treffend, wenn dort nur vier Jahre später gleiche Formen der Herrscherporträtierung gewählt und mit zwei großformatigen Allegorien Catanis ebenbürtige Gegenstücke zu Nocrets Erfindung geschaffen werden konnten.

Während Henriette Adelaide und ihre Kinder bei demonstrativer Hervorhebung des Kurprinzen als mytholo-
Nr. 40 gische Protagonisten einer vielfigurigen Komposition erscheinen, bleibt die zweite Darstellung allein dem Kurfürsten vorbehalten (Abb. 65).[44] In felsiger Landschaft über abgelegtem Harnisch und Helm sitzend und weitere oberhalb von ihm befestigte Waffen nicht beachtend, wird Ferdinand Maria gemäß seiner Regierung, in der er jegliche kriegerische Auseinandersetzungen zu vermeiden wußte, als ein Friedensfürst gezeigt. Und wie ein »princeps pacis« zwar der ihn schützenden Waffen bedarf, sich ihrer aber nicht bedient, um sich ganz friedlichem Tun hinzugeben, so wird an die Jagdleidenschaft des Kurfürsten mit Hunden, an seine Musikpflege mit Instrument und Noten, vor allem aber an seine astrologischen Interessen mit Himmelsglobus und einem geöffneten Buch mit der Darstellung einer Äquinoktial-Sonnenuhr erinnert. Den Sinn der Allegorie wird man etwa »ein friedliches Regiment erlaubt dem Fürsten Studium und Vergnügen« umschreiben dürfen, wenngleich damit eine zweite, tiefergreifende Bedeutungsschicht nicht ausgeschlossen werden soll. Bisherige Interpretationen haben die Rolle des dilettierenden fürstlichen Astrologen hervorgehoben, schließlich auch versucht, die Szene als Erstellung des Geburtshoroskopes für den Kurprinzen auszulegen.[45] Die wahre Bedeutung enthüllt sich allerdings erst, wenn man im Bildnis des Kurfürsten die Kennzeichen des Melancholikers erkennt, die nach dem berühmten Vorbild von Dürers Meisterstich von 1514 gestaltet sind. Mag ein solcher Zusammenhang auf den ersten Blick auch befremdlich erscheinen, so muß doch darauf verwiesen werden, daß die typenbildende Kraft des Dürerschen Vorwurfs gerade im 17. Jahrhundert zu vielfacher Auseinandersetzung angeregt hat und schließlich bewirkte, daß Melancholiedarstellungen unbeeindruckt vom Bann dieses Kupferstichs undenkbar geworden waren.[46]

Wie bei Dürer erhellt Mondlicht die Szene, ergreift die Hauptgestalt mit der Rechten den Kompaß, liegt der schlafende Hund zu ihren Füßen, verweist am Boden verstreutes geometrisches Besteck auf forschendes Bemühen, wird die kontemplative Betrachtung mit der Regsamkeit von Putten kontrastiert. Und wie bei Dürer wird Melancholie nicht als bedrückender Gemütszustand verstanden, sondern als sensible Empfänglichkeit und schöpferische Kraft. Catani schildert den Kurfürsten als von saturnischem Naturell, bedrängt von Gedanken, beflügelt zu astrologischer Betrachtung; und da die Gattung seiner Darstellung nach einer mythologischen Rolle verlangt, kann es nur Saturn selbst sein, in dessen Gestalt das Modell vor den Augen des Betrachters figuriert. War damit eine angemessene allegorische Huldigung vorgebracht? Das sorgfältigste Porträt des Kurfürsten bewahrt die Preisschrift »Ritratto di Gran Personaggio«, die Ranuccio Pallavicino 1667 Henriette Adelaide gewidmet hatte.[47] Nach minuziöser Schilderung des Äußeren, nach Hinweisen auf jagdliche und musische Liebhabereien wie auf Experimente des fürstlichen Dilettanten in den mechanischen Künsten von Elfenbeindrechselei, Uhrenregulierung und Bronzeguß[48] wird das Gemüt Ferdinand Marias den allegorischen Bemühungen Catanis entsprechend gezeichnet: »Er hat ein sehr melancholisches Temperament und lebhafte Besorgnis, so daß er es manchmal genießt, allein zu bleiben, begleitet von seinen tiefen Gedanken. Dann wandelt er sich, und gramvolle Tyrannen ergreifen von seinem Geiste Besitz, doch diese, gesteigert durch manche nebelhafte Ungewißheit, zerstreuen sich wiederum zu hellstem Licht.«[49] Wie Pallavicino bedient sich Catani der Sprache höfischer Panegyrik, wenn auch von ungewöhnlicher Ausbildung. Doch mochte sich diese im Hinblick auf die heitere romanische Lebensart Henriette Adelaides als wohldurchdacht erwiesen haben, nicht nur weil sie erlaubte, der überlieferten Schwerfälligkeit des Gatten[50] eine positive Auslegung abzugewinnen, sondern auch weil mit dem eher kuriosen Rückgriff auf eine dürerische, humanistische Gedankenwelt bekanntlich deutsche Qualitäten bemüht werden konnten.

Die unter Henriette Adelaide zu beobachtende Entfaltung der Kunst am kurbayerischen Hof ist mehrfach mit den neugeschaffenen Beziehungen von München nach Turin begründet worden. Angesichts der sich eindrucksvoll zu erkennen gebenden, bevorzugten Stellung venezianischer und französischer Maler und der Vorbildlichkeit der von ihnen vertretenen Kunst für einheimische Bemühungen auf dem Gebiet des Porträts ebenso wie der religiösen und profanen Historienmalerei wird man eine solche Abhängigkeit allerdings nur in einem weiteren Sinn fassen dürfen. Die familiäre Bindung der Kurfürstin hat vielmehr als belebendes Element eine freundschaftliche Rivalität der Höfe gefördert und damit den Nährboden abgegeben, auf dem Entschlossenheit zur Repräsentation, künstlerischer Unternehmungsgeist und auch Kennerschaft eine höfische Kultur nach internationalen Maßstäben verwirklichen konnten. Immerhin ermöglichte, wie das Beispiel Paul Mignards zeigt, der Wechsel erfolgreicher Hofkünstler zwischen München und Turin eine gegenseitige Einflußnahme.

Um das Jahr 1672 war mit Jean Delamonce (1635–1708), einem in Paris geborenen und seit 1662 vom Turiner Hof auch mit architektonischen Aufgaben betrauten Historienmaler und Porträtisten,[51] eine vielseitige Kraft nach München gekommen. Delamonce, der sich später in Lyon niederließ, ist zwar bis etwa 1684 in München nachweisbar,[52] sein dort geschaffenes Werk blieb jedoch bis auf wenige Reproduktionsstiche Carl Gustav Amlings bisher nicht greifbar. Eines dieser Blätter überliefert ein nicht mehr erhaltenes Porträt Henriette Adelaides, das Delamonce, wie der 1675 bezeichnete Stich ausdrücklich vermerkt, ad vivum schuf (Abb. 62).[53] Die unbeschönigt wiedergegebene Gestrecktheit der Züge, die summarische, fast spröde Behandlung etwa der Augenpartie, die nicht gemilderte Starrheit der Lockenfülle lassen, ungeachtet etwaiger Veränderungen durch den Stecher, eine ausgeprägte Handschrift erkennen, die sich ebenso charakteristisch in dem wohl bekanntesten
Kat.Nr. 4 Münchner Bildnis der Kurfürstin wiederfindet.[54] An dessen Ausführung durch Delamonce kann kaum gezweifelt werden; ebenfalls um 1675 zu datieren, teilte das Gemälde bislang mit den Arbeiten Bombellis von 1666 das Schicksal einer falschen Zuschreibung an den 1689 für Max Emanuel tätigen Henri Gascar.

Dieses Halbfigurenbild, eines der letzten Porträts, für welches Henriette Adelaide vor ihrem frühen Tod saß, ist nach den bisher überblickten Darstellungsformen von überraschender Neuartigkeit. Gekleidet in einen mit Perlen geschmückten Schuppenpanzer, aus dem wie in Kaskaden ein in der Taille gefälteltes blaues Gewand und gebauschte weiße Ärmel quellen, wendet sich die Kurfürstin dem Betrachter en face zu. Das Haupt über schulterfreiem Ausschnitt und perlenumschlossenem Hals wird von einem Helm bedeckt, dessen üppiger Federschmuck im Bildnis eine bekrönende Funktion übernimmt und die Farbigkeit und Pracht der Aufmachung zusammenfaßt. Nicht nur der in der Kleidung gegebene heraldische Farbklang Blau-Weiß führt zurück zu dem eingangs besprochenen Brautbildnis von 1650, auch das prunkende Kostüm Henriette Adelaides knüpft an Traditionen des Turiner Balletts an,[55] die dann allerdings in die höfische Porträtmalerei übernommen worden waren. Eine Folge lebensgroßer Reiterbildnisse in Schloß Racconigi stellt Maria Cristina di Francia, Luisa und Margherita Jolanda, Mutter und Schwestern der bayerischen Kurfürstin, in übereinstimmender, phantastischer Toilette einer mythischen Vergangenheit dar.[56] Kein Porträt Henriette Adelaides ist so nachhaltig von savoyischem Geschmack bestimmt wie dieses; keines berührt den Abglanz ihrer Abstammung unmittelbarer. Eine Ausführung durch einen in Turin geschulten Maler liegt daher nahe, so daß die Zuschreibung an Delamonce über stilkritische Erwägungen hinaus eine weitere Begründung erhält. Henriette Adelaide mag im Schmuck einer solchen Erscheinung auf der in der Münchner Residenz aufgeschlagenen Bühne aufgetreten sein. So hat sich ein Bild erhalten, das der Heiterkeit und dem Glanz eines von ihrer Persönlichkeit unmittelbar bestimmten Zeitabschnittes bayerischer Kunst angemessenen Ausdruck geben kann.

Am eindrucksvollsten offenbart sich die Zusammengehörigkeit der Höfe Bayerns und Savoyens, die das Ehebündnis von 1650 begründet hatte, allerdings erst nach dem Tod Henriette Adelaides. Die höfische Bildniskunst in der frühen Regierungszeit ihres Sohnes wird bestimmt von einer überraschenden Einflußnahme savoyischer Malerei. Der jagdlichen Ausschmückung des Erstlings unter den Bauten Max Emanuels, Schloß Lustheim, dient eine Folge monumentaler, an den Oberwänden des Festsaales angebrachter Leinwandgemälde, für die der Kurfürst den Porträtisten Giovanni Battista Curlando (1648–1710)[57] aus Turin hatte verpflichten können. Seit 1675 für den dortigen Hof tätig, hatte Curlando 1682 der Turiner »Compagnia di S. Luca« vorgestanden. Nach längerer Unterbrechung führte er ab 1694 eine dichte Folge savoyischer Bildnisaufträge aus, die ihm 1700 die Ernennung zum Hofmaler Herzog Vittorio Amedeos II. einbrachte. Für 1692 und 1693 ist ein Aufenthalt am kurbayerischen Hof mit Zahlungen belegt,[58] doch muß Curlando schon früher in München eingetroffen sein, um seinen Lustheimer Jagdzyklus auszuführen. Ein Inventar des 18. Jahrhunderts bezeichnet eine der von ihm dargestellten Jagden als »um das Jahr 1690« gehalten;[59] die gesamte Folge ist, wenn nicht zur glanzvollen Eröffnung des Schlosses mit jener Galatafel, die der Kurfürst seinem Schwiegervater Kaiser Leopold I. am 9. 2. 1690 ausrichtete, so doch zweifellos vor dem Tod der an hervorragender Stelle gewürdigten Maria Antonia 1692 fertiggestellt worden.

Die 1687 abgeschlossene Freskoausstattung Lustheims[60] läßt die Anforderungen erkennen, die der Bauherr an den Zyklus der Leinwandbilder und damit an die beherrschende Ausrichtung des Großen Saales gestellt haben muß. Denn die an den Spiegelgewölben entfalteten Szenen der Verherrlichung Dianas und ihrer Jagden wiederholen getreu das bildliche Programm des Jagdschlosses Venaria Reale, das der Bruder Henriette Adelaides, Carlo Emanuele II., seit 1658 vor den Toren Turins hatte errichten lassen.[61] Dieser Bau Amedeo di Castellamontes und seine gesamte malerische Ausstattung waren 1674 durch den Architekten in einem umfangreichen Kupferstichwerk erläutert und abgebildet worden.[62] Die Tafeln mit der ursprünglichen, heute nicht mehr erhaltenen Gestaltung des Festsaales und der dort angebrachten Gemälde legen ein beredtes Zeugnis dafür ab, daß mit Curlando in Lustheim nicht ein auftragswillige Höfe bereisender Wanderkünstler beschäftigt wurde, sondern daß mit ihm gezielt eine mit savoyischen Vorbildern vertraute und an ihnen geübte Kraft berufen worden war. Wie die Freskenfolge Lustheims wird auch der Jagdzyklus des Großen Saales bestimmt von einem bemerkenswerten Rückgriff auf immerhin über zwanzig Jahre zurückliegende Ideale mythischer und höfischer Jagd.

Für den Festsaal der Venaria Reale hatte der Flame Jan Miel (1599–1663), der während eines längeren Aufenthaltes in Rom ein Freund des Pieter van Laer und ein Mitarbeiter des Andrea Sacchi geworden war, einen Zyklus von zehn großformatigen Jagddarstellungen geschaffen.[63] An verschiedenen Schauplätzen Piemonts wird der Hofstaat Carlo Emanueles mit einer Fülle kleinfiguriger Gestalten in bewaldeter Hügellandschaft gezeigt, auf hochrechteckigen Feldern unterschiedliche Jagdarten ausübend, auf zwei breitformatigen Gemälden Beginn und Ende der Jagd als Ereignisse von vielgestaltigem Gepränge feiernd. Der savoyische Herzog wird in den meisten Szenen hervorgehoben, in zwei Gemälden begleitet ihn Francesca d'Orléans, mit der er sich 1663 vermählt hatte. Diese in einer unteren Wandzone abgewickelte Folge von Ereignisbildern überragte ein darüber angebrachter Zyklus monumentaler Reiterbildnisse der lebenden Mitglieder der Casa Savoia auch in ihrem bayerischen Zweig.[64] Auf zehn lebensgroßen, jeweils zwei Reiter auf zumeist kurbettierenden Pferden zusammenfassenden Darstellungen wurden die dynastischen Verflechtungen eines Hauses von königlichem Rang mit Hilfe der würdevollsten höfischen Bildformel repräsentiert. Jan Miel vollendete vor seinem Tod nur eines dieser Gemälde, die Reiterbildnisse des bayerischen Kurfürstenpaares (Abb. 66).[65] Heute auf Schloß Racconigi bewahrt, vermag das Porträt die Bilderwelt der Venaria Reale treffend zu charakterisieren: der mit erhobenem Jagdspieß auf steigendem Pferd voranpreschende Ferdinand Maria und die ihm folgende Henriette Adelaide geben sich

Giorgio Tasnière nach Jan Miel: Herzog Carlo Emanuele von Savoyen auf der Wildschweinjagd

im aufwendigen Schmuck der savoyischen Kleidung einem fürstlichen Vergnügen hin, das dem Ausdruck ihrer herrscherlichen Würde dient.

Den Gemäldezyklen der Venaria Reale ist Curlando ganz offensichtlich bis zur Wahl des Formates verpflichtet worden. Die in Lustheim gegebene Unterscheidung in hochrechteckige Gemälde mit Jagden auf verschiedenes Wild und in querformatige, aufwendige Schilderungen des Hofstaates findet sich bei Miel ebenso vorgebildet wie einzelne Jagdepisoden und Staffagefiguren. Dabei sind zahlreiche wörtliche Übernahmen zu verzeichnen,[66] die allerdings nicht einer Gedankenarmut des Künstlers anzulasten sind, sondern vielmehr als eingeflochtene Zitate nach Leitbildern gewertet werden müssen, die Curlando im übrigen kongenial variiert. Bot der Festsaal der Venaria Reale zwei unterschiedliche und auch in den Größenverhältnissen nicht glücklich aufeinander abgestimmte Zyklen, so finden sich in Lustheim die Anliegen beider Folgen in einer überlegen formulierten, einheitlichen Fassung zusammengeschlossen. Miels Ereignisbilder der Jagden Carlo Emanueles hat Curlando in ein monumentales Format gesteigert und mit diesen Jagddarstellungen gleichzeitig die Gattung der Reiterbildnisse verflochten, die in der Aneinanderreihung der Turiner Vorbilder allzu pathetisch ausgefallen war. Indem Curlando die Darstellung fürstlicher Repräsentation in szenische Schilderungen einbettet, gelingt ihm ein Bild des bayerischen Hofes von hoher Festlichkeit und einer Lebendigkeit, wie sie kein weiteres Zeugnis der Zeit Max Emanuels bewahrt.

Die Berufung eines Bildnismalers unterstreicht das Anliegen des Lustheimer Zyklus auf Porträtierung des Kurfürsten und seiner Umgebung. Mit gewissenhaft ausgearbeiteten Bildnissen zeigt das Hauptstück der Folge, das
Kat.Nr. 1 querformatige Gemälde der Nordwand,[67] eine vielköpfige Gruppe von Damen und Herren des Münchner Hofes zu Pferd in zusammengeschlossener Kavalkade. Die Isokephalie der in breiter Front gestaffelten Reiter wird von dem malerischen Accessoire der nach Turiner Mode an den Damenfrisuren angesteckten Federbüschen überspielt. Die Mitte der Gruppe nimmt Kurfürstin Maria Antonia ein, seitlich begleitet von ihrem Schwager Joseph Clemens, dessen geistliche Bestimmung ein Brustkreuz über der Kavalierskleidung andeutet. Daß neben diesem seine beiden Schwestern, Maria Anna Christina und Violante Beatrix, sichtbar werden, mag als Schlüssel für den Sinn der gesamten Darstellung dienen: nicht die Aufzeichnung eines tatsächlichen Jagdereignisses wird gegeben, sondern das Bild einer höfischen Gemeinschaft. Denn weder die französische Dauphine (gest. 1690) noch die Prinzessin der Toskana waren zu einem Zeitpunkt in München, an welchem Curlando sie gemeinsam mit den übrigen Dargestellten hätte porträtieren können. Die Einfügung ihrer Reiterbildnisse an hervorgehobener Stelle manifestiert vielmehr die geschwisterliche Verbundenheit in dieser wittelsbachischen Generation.

Von seinem Hofstaat gesondert, der ihn wie paradierend hinterfängt, erscheint Max Emanuel auf kurbettierendem Pferd, den Blick über die Schulter auf den Betrachter gerichtet. Die verschiedenen Bewegungsrichtungen der Kavalkade und des kurfürstlichen Pferdes lassen keinen Zweifel an der dargestellten Handlung: der Hof ist herangesprengt, um Zeuge eines Jagdvergnügens zu werden, das allein dem Kurfürsten vorbehalten ist. Auch hier wird man das Sinnfällige dieser Jagd gegenüber ihrem Ereignischarakter hervorheben müssen, denn mit den aufgestiegenen Falken Max Emanuels, die auf einen Reiher niederstoßen, ist die am höchsten verfeinerte Form fürstlicher Jagd gegeben, und zwar auf ein Tier, das zu jagen strikt eingehaltenes Privileg des Landesherrn war.[68]

Curlando hat das sorgsam erfaßte Abbild von Jagd, Familie und Hofstaat des Kurfürsten mit subtilen Hinweisen zu einer grundsätzlichen Aussage über die Stellung des an sein Haus gebundenen, von seinem Hof bewunderten und in herrischem Selbstbewußtsein agierenden Fürsten überhöht. In einem Bereich, der sich auch der allegorischen Sprache hätte bedienen können, bleibt die Grundlage seiner Malerei die an der Wirklichkeit gemessene Bildniskunst, und so mag die Anregung zu dieser Komposition der Realität höfischen Zeremoniells entnommen sein. Kavalkaden, wie Curlando sie darstellt, waren am Münchner Hof beliebt. Vom 10. Juni 1681 berichtet der savoyische Gesandte Graf Lantéry: »Gegen vier Uhr nachmittags hielten vor der Residenz vierzehn Damen zu Pferd, jeder ein Kavalier beigeordnet, und in ausnehmend schöner Haltung ritt man in die Stadt, um sich sehen zu lassen. Dann änderte sich plötzlich die Gangart, und in zügigem Galopp schlug man die Straße nach Schleißheim ein. Und damit der ganze Aufzug um so imposanter wirkte, folgte eine Schwadron Trompeter und Paukenschläger, die die Spitze einer Abteilung Garde du Corps bildeten. Vor dem Schloß eingetroffen, eröffnete der Trupp sogleich die Parforcejagd auf Hirsche mit der Pistole.«[69]

Daß Max Emanuel für die Ausstattung des Lustheimer Festsaales einen Zyklus kurbayerischer Jagden wählte, ist durch den Ort der Anbringung hinreichend erklärt. Eine tiefgründigere Berechtigung über die ikonographischen Erfordernisse eines Jagdsitzes hinaus erhält die Dekorationsfolge allerdings dadurch, daß sie die kühne Gestimmtheit und Unternehmungslust des jugendlichen Kurfürsten widerzuspiegeln verstand. Mehr als alles andere diktierte dessen Jagdleidenschaft den Rhythmus der frühen Regierungsjahre. Hofstaat und ausländische Gesandte hatten dem Kurfürsten auf rastlos gewechselte Jagdquartiere zu folgen, wichtige Nachrichten erreichten ihn zumeist dort. Überlieferte Jagdunglücke, Verletzungen und Stürze zeugen vom Leichtsinn und Wagemut der körperlichen Übungen, die Max Emanuel sich und seiner näheren Umgebung abverlangte.[70] Curlandos Schilderung des mit einer Saufeder bewehrten und gegen einen Eber angehenden Kurfürsten (Farbtafel V) trifft mit den Mitteln einer szenischen Malerei das Draufgängerische seines Naturells. So erweisen sich die Lustheimer Jagdstücke als eine Huldigung der die Persönlichkeit von Grund auf bestimmenden, chevaleresken Wesensart Max Emanuels. Diese ist stets auf das savoyische Erbe zurückgeführt worden; daß ihrer Würdigung gerade die Kunst Turins zu dienen hatte, verleiht der Bilderfolge Curlandos eine nahezu sinnbildliche Bedeutung.

Die Ausstattung der Münchner Residenz und Nymphenburgs[71]

Als Huldigung für seine kurfürstlichen Protektoren Ferdinand Maria und Henriette Adelaide hatte der Höfling und Literat Ranuccio Pallavicino 1667 eine Beschreibung der Münchner Residenz in italienischer Sprache herausgegeben, die sich als ein überaus erfolgreiches Buch erwies. 1680 ein zweites Mal aufgelegt, erschien sie 1685 von Johann Schmid verdeutscht und auf den neuesten Stand gebracht unter dem Titel »Triumphierendes Wunder-Gebäw Der

Churfürstlichen Residentz zu München«. Eine weitere deutsche Ausgabe erfolgte 1719 in der Bearbeitung von Christoph Kalmbach.[72] Dieses Werk, das das Aussehen der Residenz mit ihren Neubauten unter Maximilian I., mit den von Henriette Adelaide bestimmten Erweiterungen und mit den Ausstattungen der frühen Regierungszeit Max Emanuels festhält, wird man mit berechtigtem Interesse befragen, wenn es darum geht, Gestalt und Prachtentfaltung dieses Baues in einigen seiner wichtigsten Stadien zu rekonstruieren. Jedoch mit nur wenigen, allgemein gehaltenen Angaben bleiben die Ausführungen zur Architektur dürftig, der kostbaren Einrichtung wird nur gelegentlich gedacht, Gemälde finden sich kaum beschrieben, die Sammlungen des Antiquariums und der Reichen Kapelle sind in nur unvollkommenen Listen aufgeführt, der Autorschaft von Künstlern und Handwerkern sowie Fragen der Provenienz werden in keinem Fall nachgegangen: so wird der moderne Benutzer das Werk enttäuscht aus der Hand legen, wenn er nicht bereit ist, die ganz offensichtliche Vorliebe Pallavicinos und seiner deutschen Bearbeiter für die Deckenmalereien der Residenz zu teilen. Raum für Raum werden mit minuziöser Ausführlichkeit die jeweiligen Felder erläutert, die Programme bis in die kleinsten Verästelungen einzelner Embleme und lateinischer Beischriften verfolgt. Mit verblüffender Einseitigkeit ist damit die Deckendekoration zum wesentlichen Bestandteil des Residenzgebäudes und zum eigentlichen Angelpunkt seiner Interpretation erhoben. Ein solches Verfahren der Baubeschreibung unter dem Blickwinkel des an der Decke entfalteten malerischen Programms fußt auf einer literarischen Gattung, die Giorgio Vasari mit seinen 1588 erschienenen »Ragionamenti« anführt, in welcher er die Räume des Florentiner Palazzo Vecchio seinem Protektor Francesco de'Medici mit Hilfe der Plafondmalerei aufschlüsselt.[73] Legitimieren läßt sich ein solcher Blickwinkel nur, wenn im Deckenbild nicht nur ein Element dekorativer Ausstattung gesehen wird, sondern eine programmatische Aussage zur Funktion des jeweiligen Raumes und wenn man darüber hinaus das Deckenbild als ein Mittel zur Demonstration von Größe und Geltung eines Hauses begreift, das sich in der Überhöhung einer allegorischen Bilderwelt feiern läßt.

Umbauarbeiten des 18. und 19. Jahrhunderts, vor allem aber die Katastrophen der Brände von 1674 und 1729 sowie der Zerstörung von 1944 haben von den hier zu besprechenden ehemals glanzvollen Raumfluchten nur noch bescheidene Reste übriggelassen.[74] Allein deren kleinster Raum, das Herzkabinett Henriette Adelaides, bewahrt noch sein ursprüngliches Aussehen; und nur wenige, 1944 gerettete Deckengemälde konnten an ihrem einstigen Ort, jedoch in moderner Rahmung angebracht werden. In den übrigen Fällen bot Pallavicinos Buch bisher die zumeist einzige Möglichkeit, eine ungefähre Vorstellung der ursprünglichen Gestaltung dieser Räume zu gewinnen. Und so ist es auch nur dem Schlüssel dieser Beschreibung zu verdanken, daß eine größere Anzahl ehemaliger Deckengemälde der Residenz unter Münchner Depotbeständen aufgespürt werden konnte. Ebenso ließen sich Zeichnungen in verschiedenen graphischen Kabinetten als Vorstudien für seit langem vernichtete Dekorationsfolgen identifizieren. Unsere Kenntnis der malerischen Ausstattung der Residenz zwischen 1665 und 1695 wird mit diesen Funden, die hier zum ersten Mal vorgestellt werden, ein breiteres Fundament erhalten. Bleibt man im Pathos des barocken, von Pallavicino gewählten Titels, mag man es durchaus als ein triumphierendes Überdauern bezeichnen, wenn sich neben notwendig gewordene moderne Rekonstruktionen einer versunkenen Ausstattung wiedergefundene Zeugnisse eines alten Bestandes stellen lassen.

Dem Ausbau der Münchner Residenz galten in den letzten Regierungsjahren Henriette Adelaides und in der Frühzeit Max Emanuels bemerkenswerte Anstrengungen, die den individuellen Ansprüchen der fürstlichen Auftraggeber deutlich Rechnung trugen. Trotz unterschiedlicher Raumfolgen, ungleicher Zielsetzungen geforderten Herrscherlobes und schließlich zweier Generationen ausführender Kräfte wurden die jeweiligen Ausstattungsarbeiten nicht von gegensätzlichem Gestaltungswillen geprägt, sondern von einer ganz offensichtlichen Verwandtschaft; sie zwingt dazu, diese Zeitspanne als eine Einheit zu betrachten. Der erste Höhepunkt dieser Periode fällt nicht zufällig in die Zeit bemerkenswerter politischer Expansion: Der französisch-bayerische Vertrag von 1670 sicherte dem Hause Wittelsbach die Anerkennung als eine der ersten Familien Europas. Ein gesteigertes Repräsentationsbedürfnis war die Folge; und so sehen wir in der kurzen Spanne von 1670 bis zum frühen Tod der Kurfürstin 1676 die eigentliche Blüte einer Kunst, die den Namen Henriette Adelaides verdient. Max Emanuel hat gleich nach Regierungsantritt 1680 mit jugendlichem Geltungsdrang über dem Fundament dieser Kunst das Feld einer heroischen Ausdeutung seiner Person eröffnet. Erst die Übernahme der niederländischen Statthalterschaft 1692 und die damit verbundene neue Einflußnahme französischer Kunst beenden die von Henriette Adelaide initiierte Entwicklung. Deren Anfänge gehen wie bei der Bildnismalerei bis in die Zeit nach dem Tod der Kurfürstinwitwe Maria Anna zurück. In die Jahre 1666/67 fällt der erste wesentliche Beitrag Henriette Adelaides zur malerischen Ausstattung der Münchner Residenz.

Der Goldene Saal stellte als Audienzzimmer den Beginn einer in den folgenden Jahren zu verwirklichenden Raumfolge dar.[75] Die Deckendekoration von in München bisher nicht gekanntem Prunk orientierte sich an dem venezianischen Modell der kassettierten, aufwendig geschnitzten Holzdecke mit eingelassenen, kleinfeldrigen Leinwandbildern. Das römisch-bolognesische Modell einer den gesamten Deckenspiegel überfangenden Freskobemalung hatte dagegen im deutschen 17. Jahrhundert kaum Nachfolge gefunden. Die Gemäldefolge des Audienzzimmers war an das Augsburger Atelier Johann Heinrich Schönfelds (1609–1682) vergeben, der 1667 mit 600 fl. und dann nochmals mit 712 fl. dafür abgefunden wurde.[76] Man wird diesen Auftrag nicht als eine Begünstigung eines einheimischen Malers werten dürfen, etwa im Sinn des kurfürstlichen Erlasses von 1670, nach welchem bayerische Künstler ausländischen vorzuziehen seien.[77] Dieser Erlaß hatte ohnedies nur Gültigkeit für das Land, nicht für den Hof. Vielmehr zielte die Berufung Schönfelds auf einen prominenten Meister, der achtzehn Jahre in Italien, davon allein zwölf in Neapel verbracht und dort die Grundlage seiner Kunst gefunden hatte. Und so heben sich die zarte Farbigkeit, die andeutend-flüchtige Malweise und die Leichtigkeit seiner vielfigurigen Kompositionen grundsätzlich von der gleichzeitigen Münchner und Augsburger Historienmalerei ab und verweisen auf ihre südlichen, vor allem neapolitanischen Quellen. Schönfelds sensibler Stil bezeugt sich eindrucksvoller noch in der in Berlin erhaltenen, bekannten Vorzeichnung zum Mittelfeld der Decke (Abb. 67).[78] Eine übergelegte Quadrierung und eine größtmögliche, nur in Details variierende Übereinstimmung weisen das Blatt als eigentliche Arbeitsgrundlage für die Übertragung der Komposition in das große Format aus. An diesem wie auch schon an der Zeichnung wird deutlich, daß Schönfeld die Bedingungen einer Anbringung an der Decke und eine daraus folgende Unteransichtigkeit künstlerisch nicht berücksichtigt hat. Seine Gemälde wirken vielmehr wie an die Decke verpflanzte Staffeleibilder. Dargestellt ist eine Szene aus dem Leben Kaiser Trajans: Auf einem Kriegszug in die Walachei erblickte der Kaiser eine Bittstellerin, er ließ sein Heer anhalten und stieg vom Pferd, um die Bitten der bedrängten Frau zu erhören.[79] Dieses Exempel herrscherlicher Huld steht beziehungsvoll im Mittelpunkt der Dekorationsfolge eines Raumes, der den kurfürstlichen Audienzen zu dienen hatte. In sechzehn weiteren Szenen der Decke und des Frieses wird das Thema bedrängter Untertanen vor verständnisvollen Regenten variiert.[80] Unter diesen Bildern wickelte sich das tägliche Zeremoniell der Audienz ab, wenn auch nicht für Bedrängte, sondern für Höflinge und Botschafter. Der Zusammenhang zwischen der Realität des höfischen Alltages und der Bilderwelt einer klassischen und mythischen Vergangenheit ist mit Bedacht ausgekostet: unter dem Programm einer solchen Decke konnte das bayerische Herrscherpaar als Inbegriff fürstlicher Toleranz erscheinen. Daß allerdings unverhüllte Formen des Herrscherlobes nicht so recht aufkommen, liegt in der szenischen, mehr auf das Phantastische gerichteten Kunst Schönfelds begründet, die sich einer allegorisch-propagandistischen Aussage entzieht. Dies und der Verzicht, auf die Bedingungen einer unteransichtigen Deckenmalerei einzugehen, setzen Schönfelds Eignung als höfischem Historienmaler Grenzen. Seine Persönlichkeit hat ihr eigentliches Element in intimeren Aufgabenstellungen gefunden und dort die Kraft einer bemerkenswerten Kunst entfaltet. Im folgenden wurde Schönfeld nicht mehr für Aufträge des kurbayerischen Hofes herangezogen. Nach Fertigstellung des Goldenen Saales tritt eine längere Unterbrechung der Ausstattungsarbeiten ein; die Nachfolge Schönfelds war bei seinem Ausscheiden nicht geregelt.

Daß grundsätzlich andere Fähigkeiten gefordert waren, macht die 1669 erfolgte Berufung Antonio Trivas (1626 bis 1699) zum Hofmaler deutlich, ihm sollten unter Henriette Adelaide die bedeutendsten Aufgaben im Bereich der Münchner Deckenmalerei übertragen werden. Aus Reggio gebürtig, hatte Triva[81] seine Ausbildung bei dem alternden Guercino in Piacenza erhalten und dann vor allem in der Emilia und im Veneto gearbeitet. Sein eigentliches Tätigkeitsfeld war Venedig geworden, wo er sich stilistisch an den dort führenden Pietro Liberi anschloß, dem er auch freundschaftlich verbunden war. 1665 ist er mit Arbeiten für den Turiner Hof nachweisbar,[82] und es liegt nahe, daß er von dort nach München weiter empfohlen wurde. Als Mittvierziger trifft er hier ein, um die neuen Ausstattungsarbeiten der Residenz und Nymphenburgs zu leiten, nicht als eigenständige oder gar überragende Persönlichkeit, aber doch als routinierter Kenner der Darstellungstraditionen Italiens und als Exponent der modernen Historienmalerei Venedigs. Unter der Regierungszeit Max Emanuels sinkt sein Stern, jüngere Kräfte nehmen seine Stelle ein, er stirbt verarmt 1699 in Sendling. Bittende Gesuche an den Kurfürsten um Geld für eine Rückreise nach Italien unterrichten über sein spätes trauriges Schicksal.[83]

Eines seiner ersten Werke galt demjenigen Raum der Residenz, der am engsten Turiner Vorbildern verpflichtet ist, dem Schlafzimmer der Kurfürstin. Für die Alkovenarchitektur hatte Henriette Adelaide ihren Bruder um Zeichnungen von der Camera dell'Alcova des Palazzo Reale in Turin gebeten,[84] die 1663 von Carlo Morello ausgestattet worden war. Vier Jahre später entsteht in München ein vergleichbarer Raum, wenn auch in reduzierter Ausführung.[85] Die für Gemälde vorgesehenen Felder der Decke blieben vorerst blind, hier nun bot sich ein Tätigkeitsfeld für Triva. Neben vier Tugendpersonifikationen in kleineren Spiegeln[86] schuf er im Mittelfeld eine Allegorie, die in ihrer unumwundenen Huldigung des Kurhauses ein neuartiges Element in die Residenzausstattung einbringt. Sowohl die Bildzyklen der maximilianischen Räume wie etwa auch die von Emanuele Tesauro für Turin entworfenen humanistischen Programme weisen ein zurückhaltenderes Herrscherlob auf bei hintergründiger Verwendung allegorischer Aussagen. Den Schlüssel zu Trivas Allegorie (Abb. 68) bildet das bayerisch-savoyische Allianzwappen in den Händen des Amorknaben. Aus dem Wappen bricht ein Lichtstrahl, der das Licht der Sonne über dem Haupt der nackten Gestalt der Wahrheit speist. Veritas wird begleitet von der Gerechtigkeit mit der Waage und von der Liebe mit einem Herzen in der erhobenen Hand. Diese

Verbindung der Tugenden und ihre Belebung durch das Licht aus dem Ehebund zwischen den Häusern Bayerns und Savoyens kündet Fama der Nachwelt, während die Personifikation der Zeit Dauer und die Göttin Fortuna mit Füllhorn und Geldbeutel überreiches Glück garantieren. Daß eine solche Konstellation nach höchstem Ratschluß erfolgt, belegt die Versammlung der Olympier am oberen Bildabschluß: Venus hält den Kurhut, während Jupiter der Residenzbeschreibung von 1685[87] zufolge den Reichsapfel umfaßt. Fragt man nach dem Sinn einer solchen Allegorie, wobei der Ort der Anbringung, das kurfürstliche Schlafzimmer, berücksichtigt werden muß, so kann man in dem Gemälde eine den Tagesklatsch überdauernde Antwort finden auf Gerüchte, die böswillig bei der Geburt der kurfürstlichen Kinder ausgestreut worden waren.[88] So gesehen wird im Deckenbild das Kurfürstenpaar, vertreten durch seine Wappen, von einer Liebe zusammengehalten, die das Licht der Wahrheit erglänzen läßt und deren Frucht den glücklichen Fortbestand des Kurhauses über lange Zeit ermöglichen wird.

Triva hat diesen Gedanken mit wenigen, kraftvoll komponierten Figuren zu einem himmlischen Geschehen gestaltet, das der Betrachter dank einer virtuos gemeisterten Verkürzungstechnik als Ausblick in einen überirdischen Bereich erleben kann. Effekte, dekorative Hell-Dunkel-Tönungen, wirkungsvolle Staffage lagen Triva, der ein Maler von beeindruckender Schnelligkeit gewesen sein muß. Die erhaltenen Rechnungen berichten von sieben bis acht Gemälden, die er innerhalb zweier Monate, nach denen jeweils abgerechnet wurde, vollenden konnte.[89] Als Meister des großen Formats ist Triva nicht mit Maßstäben einer Feinmalerei, die der heutige Betrachter gern anlegt, zu werten. Mit ihm hatte der bayerische Hof einen Künstler gefunden, der rasch, wirkungsvoll und vor allem den Anspruch des Hauses in üppiger Allegorese propagierend Deckenbilder schuf und so den neugestalteten Räumen ihre inhaltliche Ausrichtung zuwies. Außer dem hier betrachteten Schlafzimmer hat noch das ehemalige Grottenzimmer seine Gemälde nach den Zerstörungen des letzten Krieges in moderner Anbringung bewahren können.[90] Neben Triva war in der Residenz nur noch kurzfristig Stefano Catani tätig, der 1674 Gemälde für das Herzkabinett lieferte,[91] den liebenswürdigsten Beitrag Henriette Adelaides zum Residenzausbau. Seine Kostbarkeit und Bedeutung verdankt dieser Raum nicht der hier behandelten Gattung der Historienmalerei. So kann auf dieses Kabinettstück einer allumfassenden programmatischen Aussage nicht eingegangen werden.

Trivas Hauptwerk war die Ausstattung des von Henriette Adelaide als Verlängerung der Residenzfront an der Schwabingergasse errichteten Galeriegebäudes,[92] das mit sieben Fensterachsen den westlichen Abschluß des Residenzgartens bildete und zur Bibliothek der Kurfürstin an dessen Südseite hinführte (Abb. 69). Dieses um 1674 fertiggestellte Gebäude mußte 1827 dem von Klenze für Ludwig I. errichteten Königsbau weichen; es wurde damit eine eigenwillige Schöpfung Henriette Adelaides zerstört, die dem Ruhm der Häuser Savoyen und Wittelsbach gewidmet war. Der Residenzbeschreibung von 1685 ist zu entnehmen,[93] daß an den Fensterpfeilern der Galerie jene ganzfigurigen Bildnisse von Mitgliedern der savoyischen Familie angebracht waren, die über die Kurfürstin nach München gelangt waren. Dieser Bestand war anfänglich im Großen Saal des Dachauer Schlosses ausgestellt und somit der dortigen Wittelsbacher Ahnengalerie eingegliedert.[94] Mit der Verpflanzung in die neuerbaute Galerie der Residenz wurde die Bildnisfolge wieder ausgesondert, der ehemalige Bezug aber dadurch hergestellt, daß sich über ihnen an Decke und Fries eine Ehrung des Hauses Wittelsbach entfaltete, wie sie in diesem ungewöhnlichen Maßstab späterhin nicht mehr verwirklicht werden sollte. Die Ehrung galt allein einer Person, Leben und Taten des Schwiegervaters Henriette Adelaides, Kurfürst Maximilians I. Seine in ihren Augen wohl bedeutsamste Tat, die bayerisch-savoyische Ehe auf dem Friedenskongreß in Münster vorgeschlagen und gegen außerordentliche Widerstände durchgesetzt zu haben,[95] mag den Anstoß zu diesem ehrenden Angedenken gegeben haben. Aber sicher ist auch, daß die Wahl einer Gestalt, in welcher Geschichte und Größe Bayerns aufgezeigt und die als würdiger Vertreter der Präsentation savoyischer Familienmitglieder gegenübergestellt werden sollte, nur auf ihn fallen konnte. Er war der eigentliche Heros seines Hauses, der Sieger vom Weißen Berg, der Verteidiger seines Glaubens, der Landesfürst, der sein Herzogtum an die Spitze des Reiches gestellt und ihm die Erhöhung durch die Kurwürde eingebracht hatte. Der Residenzbeschreibung entnehmen wir,[96] daß die Galerie an der Decke sechs Darstellungen aus seinem Leben, zwei ihm huldigende Allegorien und als Zentrum die Darstellung Henriette Adelaides und Maximilians enthielt, daß über den Fenstern vierzehn seiner Tugenden als Personifikationen angebracht waren und daß zehn ihm gewidmete Embleme die beiden Erker der Galerie zierten. Antonio Triva erhielt für die Ausführung der gesamten Dekorationsfolge über 4000 fl.[97]

Man wird diese Bilderfolge in Bezug setzen müssen zu anderen Zyklen, die der bayerischen Geschichte gewidmet und für die Ausstattung der Münchner Residenz geschaffen waren. Maximilian I. selbst hatte hier großartige Zeugnisse seines Traditionsbewußtseins hinterlassen. Den Herkulessaal der Residenz hatte er mit zehn großformatigen Historienbildern schmücken lassen, die die Geschichte seines Hauses vom 13. bis zum 15. Jahrhundert schildern und besonders der siegreichen Entscheidungen auf dem Schlachtfeld gedenken.[98] Ein zweiter Zyklus war dagegen allein der Person des Pfalzgrafen Otto von Wittelsbach gewidmet; in einer Teppichserie nach Entwürfen Peter Candids hatte Maximilian dem Begründer seiner Dynastie ein Denkmal gesetzt.[99] Wenn es überhaupt ein Modell in München gab, an dem sich die Intentionen Henriette Adelaides messen ließen, so war es diese Teppichfolge mit ihrer Würdigung der Gestalt eines wittelsbachischen Ahnherrn. Dennoch wird man grundlegende Unterschiede über die Abweichungen im Material und Darstellungsverfahren hinaus nicht übersehen dürfen. Die Zyklen Maximilians galten der Rekonstruktion weit zurückliegender historischer Ereignisse. Trivas Bilderfolge zielte dagegen nicht nur auf eine Person, mit der sich für viele damalige Betrachter die Vorstellung eines zeitgenössischen Geschehens verbinden konnte. In ihr wird überdies die Historienerzählung mit einer Ausdeutung durch das Mittel von Allegorie und Emblematik verbunden, wie sie die früheren Folgen nicht kennen. Wie in den Deckendekorationen der übrigen Räume Henriette Adelaides weist die Galerie gesteigerte Formen des Herrscherlobes auf. Und man wird sich, um die Quellen einer solchen Raumkonzeption zu verstehen, nach Frankreich wenden müssen, wo etwa in Schloß Fontainebleau und im Palais du Luxembourg, wenige Jahre später dann auch in Versailles[100] derartige Galeriebauten bei gleichzeitiger Verwendung von Porträt, Historienbild und Allegorie zu einem repräsentativen Forum einer Herrscherpersönlichkeit gestaltet werden konnten.

Glücklicherweise haben sich die Deckengemälde dieses bedeutenden Galeriegebäudes der Kurfürstin Henriette Adelaide bisher unerkannt unter Münchner Depotbeständen erhalten. Nicht nur stilistische Erwägungen, sondern auch die detailgetreue Übereinstimmung mit der Residenzbeschreibung von 1685 lassen keinen Zweifel an ihrer Authentizität aufkommen. Unter die Szenen aus dem Leben des Kurfürsten wurden zwei Episoden aus seiner Jugend aufgenommen. Triva gewährt bei der ersten (Abb. 70)[101] Einblick in eine Studienhalle der Universität Ingolstadt, in der sich vor den Augen der examinierenden Lehrer eine *disputatio* zweier jugendlicher Studenten abspielt, jene Form der Prüfung, in welcher ein wissenschaftliches Streitgespräch in lateinischer Sprache zu führen war. Erhöht und, seiner späteren Kaiserwürde entsprechend, durch einen Baldachin ausgezeichnet sitzt links Erzherzog Ferdinand, er trägt die These vor. Ihm gegenüber, aber deutlich untergeordnet lauscht Erbprinz Maximilian dem Argument, bereit, mit der Gegenthese das Wort zu nehmen. Wenn auch der Standesunterschied durch eine genau eingehaltene Sitzordnung festgelegt ist, versäumt es Triva doch nicht, mit einer geschickten Lichtregie deutlich hervorzuheben, wer als eigentliche Hauptperson der Szene anzusehen ist. Nicht die Tatsache, daß ein bayerischer Regent eine akademische Ausbildung genossen hat – ein Faktum, das unter dessen nächsten Nachfolgern nicht mehr verzeichnet werden kann –, ist das Anliegen dieser Darstellung. Vielmehr soll unter dem Bild der einträchtigen, aber den jeweiligen Rang wahrenden *disputatio* der enge Zusammenhalt der Häuser Habsburg und Wittelsbach verdeutlicht werden, der die spätere Regierungszeit dieser beiden Männer auszeichnen sollte. Auf eine solche Deutung ist die lateinische Beischrift AUSTRIACAE SODALITATI abgestellt. Auch die zweite Szene (Abb. 71)[102] aus der Jugendzeit des Erbprinzen ist einer sich später immer wieder zeigenden Haltung Maximilians gewidmet, seiner Treue und Ergebenheit der katholischen Kirche gegenüber. Der jugendliche Erbprinz wird gezeigt, wie er anläßlich seiner Pilgerfahrt nach Rom zum Erstaunen der versammelten Kardinäle trotz seiner zukünftigen Stellung als regierender Fürst dem Oberhaupt seiner Kirche, Papst Clemens VIII., demütig die Füße küßt. Mit diesen Szenen sind eine Generation später schon jene Charakterzüge des Kurfürsten als wesenseigen erkannt, die auch die moderne Historie als Triebfedern seiner Politik anerkennt. Daß diese im Mann ausgeprägten Eigenschaften auf Erlebnisse der Kindheit zurückgeführt werden, ist hervorzuheben.

Ein weiteres Gemälde[103] stellt das staatspolitisch wichtigste Ereignis im Leben Maximilians dar, seine Erhebung zum Kurfürsten durch den thronenden Ferdinand II. Der sich ehrerbietig vor dem Kaiser verneigende Maximilian mit dem neuerworbenen Kurhut in der Rechten steht deutlich dem versammelten Kurkollegium als Inhaber der ersten Kur und somit als ein *princeps inter pares* voran. – Der im Kanon fürstlicher Tugenden an erster Stelle stehenden Temperantia, der Mäßigung eines Herrschers, ist das letzte erhaltene Gemälde[104] der Maximilians-Vita gewidmet. Der Kurfürst bot gerade für diese Tugend ein eindrucksvolles *exemplum*. Er widerstand der Versuchung, die ihm das Angebot der böhmischen Krone bereiten mußte, und bewies damit seine maßvolle Großmut ebenso wie seine Treue Kaiser Ferdinand gegenüber. Indem er sich diese Königskrone versagte, handelte er in bester bayerischer Tradition. So wie er hatte 1440 Herzog Albrecht III. den kaiserlichen Ansprüchen zuliebe auf das ihm angetragene Böhmen verzichtet. Triva stellte sicherlich mit Bedacht seine Szene in Parallele zu diesem zurückliegenden Beispiel fürstlicher Mäßigung, das Maximilian I. für den Herkulessaal der Residenz hatte malen lassen.[105]

Diese Bilderfolge, die unter anderem eine noch nicht aufgefundene Darstellung der Schlacht am Weißen Berg aufwies,[106] wurde durch zwei Allegorien zusammengefaßt.[107] In ihnen ist Triva, nachdem er überraschende Zeugnisse einer intimen, einfühlenden Darstellungsweise geboten hatte, wieder in seinem Element. Die Allegorien verherrlichen Maximilians überlegtes und verantwortungsvolles Regiment. So triumphiert Religio über Ketzer, welche mit falscher Belesenheit vergebens disputieren. Sie kann es dank der maximilianischen Gründungen der Kollegiate in Burghausen, Amberg, Mindelheim, Heidelberg und Lüttich; Putten entfalten das Ruhmesblatt dieser Vielzahl kirchlicher Ausbildungsstätten. Und so kann Fama die friedliche Vermehrung des Territoriums um die Oberpfalz, die Landgrafschaft Leuchtenberg, die Grafschaft Cham und die Herrschaften Mindelheim und Degenberg verkünden, Ländereien, in denen dank Maximilians Umsicht Kunst und Wissenschaft sowie Handel und Wandel unter dem Zeichen des Pegasus und dem Regiment Merkurs erblühen. Ergänzt wurden diese Allegorien durch Darstellungen der Tugenden des Kurfürsten, die über den Fenstern der Galerie angebracht waren. Erhalten haben sich die weiblichen Personifikationen seiner den Erdball erhellenden Gerechtigkeit, seiner herkulischen Starkmut, seiner wohlfundierten Weisheit, seiner herzlichen Freundschaft, seiner von löwenhafter Stärke getragenen Vorsicht und schließlich seiner dem Streit entsagenden Friedensliebe.[108]

Die zentrale Aussage dieses Galeriegebäudes war allerdings dem Mittelfeld der Decke vorbehalten. In ihm wird die Summe der Huldigungen dieses bayerischen Heros gezogen, aber auch der Zusammenhang hergestellt zu der nachdrücklichen Präsenz der Casa Savoia an den Wänden des Raumes. Das in bedauerlich schlechtem Zustand befindliche Gemälde[109] stellt die inmitten höfischen Gefolges thronende Kurfürstin dar. Sie verweist mit ihrer Rechten auf Maximilian I., der wie seine Schwiegertochter unter einem Baldachin gezeigt wird. Hinter Maximilian wird – und das ist die entscheidende ikonographische Aussage des Bildes – die Gestalt des Herkules sichtbar, auf seinen Schultern die Last des Himmelsgewölbes tragend. Seit der Übertragung der ersten Kur und der damit verbundenen Verwahrung des Reichsapfels ist der Gedanke, daß der bayerische Kurfürst als ein neuer Herkules die Bürde des Reiches trage, immer wieder bemüht worden. Und so hat Triva mit seiner Allegorie den Zeitgenossen eine durchaus verständliche Anspielung auf die kraftvolle Persönlichkeit gegeben, die dieses neue Amt ausübte. Daß hier ein bayerischer Heros mit savoyischen Augen gesehen wird, belegt die lateinische Beischrift: Bavaro Atlanti / Regalis e Sabaudia Adelais / Perenne amoris monumentum. In der Übersetzung von 1685: »Dem Bayrischen Atlas Setzet dise Liebs-Gedächtnuß Die von Königlichem Hauß Savoya entsprossene Adlheid«.[110] So findet sich im Mittelfeld ihres Galeriegebäudes das Anliegen zusammengefaßt, das die gesamte Bilderwelt der Residenzausstattung unter Henriette Adelaide[111] trägt, die machtvolle Präsentation des bayerischen Kurhauses in seiner Verschmelzung mit dem wahrhaft königlichen Glanz Savoyens.

Die Ausstattung Nymphenburgs ist andere Wege gegangen. Auf die Tatsache der Schenkung der Schwaige Kemnat an Henriette Adelaide anläßlich der Geburt des langersehnten Kurprinzen Max Emanuel braucht hier nicht eingegangen zu werden, ebensowenig auf die Baugeschichte der dort seit 1664 errichteten »maison de plaisance«.[112] Festzuhalten ist dagegen, daß für den 1675 eingedeckten Bau anscheinend sämtliche Deckengemälde fertiggestellt waren; die noch zu besprechenden Beiträge Trivas sind unter anderem 1673 und 1675 datiert.[113] Wann die Folge der Leinwandbilder allerdings montiert wurde, ist nicht mit Sicherheit auszumachen. Für 1701 ist das Anbringen von fünf Deckengemälden bezeugt, wobei es sich wohl um ein Wiedereinfügen und nicht um einen Ersteinbau gehandelt haben dürfte.[114] Von dem ursprünglichen, von der Kurfürstin konzipierten Deckenprogramm, haben sich alle drei Gemälde des südlichen Appartements und zwei Gemälde des nördlichen Appartements in situ erhalten. Trivas 1675 gelieferte monumentale Deckenkomposition des Mittelsaales wurde schon 1701 entfernt und durch ein Fresko Johann Anton Gumpps ersetzt, das wiederum der heute bestehenden Gestaltung Zimmermanns weichen mußte.[115] Glücklicherweise konnten mehrere zerstückelte Reste der riesigen Komposition Trivas aufgefunden werden; in Zweitverwendung zieren sie Prunkräume des frühen 18. Jahrhunderts in Kloster Andechs.[116] Von der ursprünglichen Darstellung eines großangelegten Sonnenaufganges, der mit der Erscheinung Apolls und Auroras die Schatten der Nacht vertreibt und gleißende Strahlen auf das kurbayerische Wappen fallen läßt, sind nur der Sonnenwagen Apolls und die Wappenkartusche (Abb. 72) in herausgeschnittenen größeren Bildfeldern erhalten. Das den Lauf der Sonne versinnbildlichende Gefährt ist durch spätere Übermalungen stärkstens entstellt, und nur die kühn in strudelnder Bewegung erfaßten und mit artistischer Unteransicht gegebenen Genien, die das Wappen des Kurhauses zum Firmament erheben, geben die Kraft der Trivaschen Deckengestaltung zu erkennen. Aber auch hier erweisen sich dunkle Wolken als spätere Zutaten, die abgeschnittenen Strahlen der aufgehenden Sonne am oberen Bildrand lassen den inhaltlichen Zusammenhang nur noch erahnen. Und so ist der Aufbruch des Tages, den der einstige, über die äußere Freitreppe in den Festsaal gelangende Besucher über sich entfaltet sah, nur noch als Stückwerk erhalten; und man benötigt ein dürftiges Puzzle, um das Kernstück der Ausstattungsfolge Henriette Adelaides zu rekonstruieren.

Trivas einziger Beitrag in den anschließenden Appartementdekorationen, die Darstellung der Nymphe Arethusa im südlichen Vorzimmer (Abb. 73),[117] erweist dagegen seine gestalterischen Fähigkeiten auch auf dem Gebiet unbeschwerter, nicht zu allegorischem Herrscherlob verdichteter Mythologie. Das Gemälde zählt zu seinen gelungensten Schöpfungen. Dargestellt ist die auf Wolken thronende Stadtgöttin von Syrakus: Arethusa war als Mädchen von dem Flußgott Alphaeus, der zu ihr in Liebe entbrannte, verfolgt, und nur Diana hatte sie retten können, indem sie die Jungfrau in eine Quelle verwandelte, die in Syrakus entsprang. Alphaeus aber wandelte sich in den Fluß gleichen Namens, in den die Quelle mündete, und so kam es schließlich doch zu ehelicher Gemeinschaft nach einer Metamorphose in das wässerige Element. Triva hat diese liebende Verbindung durch Amoretten mit Pfeil und Bogen hintergründig angedeutet, vor allem aber durch das Spiel der Putten, die Wasser aus einer herbeigeschleppten Amphore in die Urne Arethusas füllen. Mit dieser Huldigung einer das feuchte Element aufsuchenden, dort ihre Erfüllung und ihre Erhebung zur Gottheit findenden Nymphe kommentiert Triva den allegorischen Anspruch der »maison de plaisance« als einer Burg der Nymphen überaus sinnfällig.

Noch ein weiteres Gemälde ist dem Element des Wassers gewidmet: das Schlafzimmer des Nordflügels bewahrt eine Darstellung der Meeresgöttin Thetis (Abb. 74), die Sandrart in seiner »Teutschen Akademie« von 1675 als »erst neulich« von Joseph Werner gemalt beschreibt, wobei er ausdrücklich vermerkt, sie sei »zu Ihrer Churfürstlichen Durchlaucht gnädigstem Contento verfärtigt worden«.[118] Trotz dieser unbezweifelbaren Quelle ist das Gemälde bis unlängst Triva zugeschrieben worden, und erst vor kurzem wurde die eigentliche Autorschaft des Gemäldes richtiggestellt.[119] Der aus Bern gebürtige Werner (1637–1710) hatte längere Zeit in Rom und dann vor allem in Paris gearbeitet. Seit 1666 in Augsburg ansässig, hatte er verschiedene Miniaturen – sein eigentliches Fach – im Auftrag des Münchner Hofes ausgeführt.[120] Es überrascht daher nicht, daß er sich in dem monumentalen Format des Deckengemäldes einem Historienmaler wie Triva als nicht ganz ebenbürtig erweist. Auch die Darstellungen der Erdgöttin Kybele und der Göttin Flora in den Räumen des Südflügels werden von alters her als von Triva ausgeführt beschrieben,[121] obwohl die gerade für ihn so ausführlichen Rechnungsbelege dafür keinen Anhaltspunkt geben. Auch der stilistische Befund bietet keine Möglichkeit für eine solche Zuschreibung, und so wird weitere Forschung erforderlich sein müssen. Für ein heute verschollenes Diana-Bild des Nordflügels ist der flämische Maler Ferdinand Voet, der in Turin und vor allem Paris tätig war, archivalisch bezeugt.[122] Vielleicht war er an der Ausführung der beiden eben erwähnten Gemälde beteiligt.

Insgesamt bietet die Darstellungsfolge Nymphenburgs in ihrer Huldigung der Elemente und des Lichtes eine heiter gestimmte, naturverbundene Bilderwelt mit deutlich überwiegender weiblicher Thematik. Man wird hierin die einer *villa suburbana* angemessene Ungezwungenheit zur Repräsentation sehen dürfen, die der offiziellen Programmatik der Stadtresidenz bewußt gegenübergestellt ist. Der unternommene Versuch einer Deutung des Zyklus als Sternbilder des Geburtshoroskopes Max Emanuels mit Hilfe der Programme Tesauros für Turin[123] trifft dagegen nicht die Unbeschwertheit der Folge, die ihr mit der Bestimmung ihres Anbringungsortes als eines neuen *nymphaeums* vorgegeben war.

Es ist festzuhalten, daß Triva die ihm in der Residenz eingeräumte Monopolstellung bei der Ausstattung Nymphenburgs verloren hat. Wohl war ihm der bedeutendste Anteil, die Gemälde des Mittelsaales, übertragen worden, aber in den anschließenden Appartementräumen mußte er sich mit einer Darstellung begnügen und dem Wettbewerb einer vielköpfigen Künstlergruppe stellen. Deren herausragendste Persönlichkeit ist hier noch nicht genannt worden. Das Vorzimmer des Nordflügels bewahrt mit seinem Ceres-Gemälde (Abb. 75) eine Arbeit des Venezianers Antonio Zanchi (1631–1722).[124] Mit ihm hatte Henriette Adelaide einen hervorragenden und über die Grenzen seiner Heimatstadt hinaus bekannten Künstler nach München verpflichten können, der in Venedig die Nachfolge Pietro Liberis angetreten hatte und der dortigen Malerschule souverän vorstand. Wir glauben, daß sich Zanchi um 1672 in der bayerischen Hauptstadt aufgehalten hat und dort das Nymphenburger Deckenbild schuf. In einem 1697 datierten Brief[125] werden seine Werke für München aufgezählt, darunter fünf Darstellungen der antiken Frauengestalten Hypsicratea, Artemisia, Claelia, Hersilia und Zenobia. Diese Darstellungen können mit Deckenbildern identifiziert werden, die der Residenzbeschreibung von 1685 zufolge das Heldinnenzimmer der Kurfürstin schmückten.[126] Dieser Raum wurde mit seiner gerade erstellten Dekoration bei dem Brand von 1674 vollständig vernichtet.[127] So kann nur noch das Ceres-Bild eine Vorstellung von dem Beitrag Zanchis zur Münchner Deckenmalerei vermitteln. Mit der Ausführung des Hochaltarblattes der Theatinerkirche, das 1675 von Venedig geliefert wurde, und dem dortigen Schutzengelblatt von 1677 finden wir ihn auch in der religiösen Monumentalmalerei mit den prominentesten Aufträgen betraut, die in München zu vergeben waren.[128] Kat.N

Mit einer Leichtigkeit, die die bisher betrachteten Deckengemälde nicht aufweisen, komponiert Zanchi seine Figuren in das ovale Format, bildet er Schwerpunkte um die auf ihrem Wagen thronende Ceres und um die Putten ihrer Begleitung. Gerade die Prägnanz der Blickrichtungen und die Motivation der Bewegungen dieser Putten, die die Göttin des Ackerbaues mit Ähren krönen und mit ihren Attributen, Sense und Sichel, sowie mit Ährengarben spielen, lassen die Sicherheit und Vielgestaltigkeit der Bilderfindung Zanchis erkennen. Eine überlegte Lichtführung und eine Aufhellung der Farbigkeit heben die Hauptfigur hervor: im Schmuck weich-fließender Gewandung überblickt die Göttin das Treiben ihrer Gefolgschaft in anmutiger Haltung und besinnlichem Ausdruck. Was das Gemälde am meisten von den übrigen Nymphenburger Deckenbildern abhebt, ist der Bewegungsfluß, der die gesamte Darstellung erfaßt hat. Hier gelang es Zanchi mit einem Rückgriff auf das berühmte Vorbild Guercinos in der römischen Villa Ludovisi von 1621,[129] das Geschehen über den Wolken als den fruchtbaren Augenblick einer umfassenden Handlung erscheinen zu lassen. Der Betrachter erblickt über sich das dahinziehende Gefährt der Göttin, wobei durchaus konsequent die Unteransicht des Wagens gegeben wird. Die Illusion der mitzuverfolgenden Fahrt verleiht der himmlischen Erscheinung den Anschein des Flüchtigen und Ungewöhnlichen. Während bei Guercino die prächtigen Pferde Auroras die raumgreifende Bewegung bestimmen, erscheint die Ausfahrt in Zanchis kleinerem Bildfeld verlangsamt, vor allem durch die für Ceres geforderten Begleittiere, die ihren Wagen ziehenden Drachen. Hier kommt der überschwenglichen Bewegtheit der Putten eine ausgleichende Wirkung zu.

Die Deckenmalerei unter Henriette Adelaide hat mit diesem Gemälde ihren Höhepunkt erreicht. Doch sollte die Bedeutung der Kunst Zanchis für München weniger darin liegen, daß mit ihr der Ausstattungsfolge Nymphenburgs ein Glanzlicht aufgesetzt wurde. Vielmehr waren mit seinen hiesigen Werken Vorbilder geschaffen, die einer herandrängenden neuen Generation Münchner Deckenmaler fortschrittliche Maßstäbe setzen sollten.

Mit dem gleichen Ungestüm, das sein Naturell wie sein, politischen Entscheidungen auszeichnete, hatte der achtzehnjährige Max Emanuel, als er 1680 die Regierung übernahme den größten Teil der Hofkünstler seiner Mutter entlassen und durch neue Kräfte ersetzt. Mit einer ebensolchen Raschheit des Entschlusses wurde schon drei Wochen nach der Regierungsübernahme der Ausbau einer Zimmerfolge im Ostflügel des Grottenhoftraktes der Residenz beschlossen. Der Rastlosigkeit des Bauherrn hatte die Eilfertigkeit des Architekten Zuccalli wie der ausstattenden Künstler zu entsprechen: Jahr für Jahr entstanden neue Räume, bei Abschluß der Arbeiten 1685 lag mit sieben Gemächern ein Appartement vor, das in Größe und Aufwendigkeit die Schöpfungen Henriette Adelaides weitaus übertraf. Dem draufgängerischen Temperament des Kurfürsten, seiner jugendlichen Geltungssucht wie seinen ehrgeizigen politischen Ambitionen entsprach das in den Räumen ausgebreitete Programm. Es galt dem Helden der Kindheit Max Emanuels, Alexander dem Großen. Die Alexanderzimmer wurden durch den Residenzbrand von 1729 empfindlich getroffen, ihre geretteten Teile beseitigte Cuvilliés, der an ihrer Stelle die heute bestehenden Reichen Zimmer Karl Albrechts schuf.[130] So hat sich der bedeutendste Beitrag Max Emanuels zur Residenz, der als Auftakt einer glückverheißenden Laufbahn verstanden werden sollte, nicht erhalten. Auch hier sind wir auf die Residenzbeschreibungen angewiesen, die uns eine Rekonstruktion des Bildprogrammes bieten können; und nur wenige erst jetzt aufgefundene Zeugnisse gestatten eine begrenzte Vorstellung von dem mannhaft-heroischen Gepräge der dort entfalteten Kunst.

Aus den Bauakten erfahren wir die Namen der beteiligten Künstler.[131]. An ihnen wird deutlich, daß das Auftreten Zanchis in München keine zufällige Episode, sondern bewußte Kunstpolitik war. Die meisten der beschäftigten Deckenmaler hatten eine intensive Verbindung zur venezianischen Malerei: 1679 wurde Francesco Rosa durch Max Emanuel nach München verpflichtet; er kam aus Venedig, um bei einem jährlichen Gehalt von 1500 fl. laut Anstellungsvertrag alles zu machen, »was man Ime sowohl in fresco als Ölfarben zumachen bevelchen wirdt«.[132] Wir finden Rosa in der Residenz, wie später in Lustheim, als einen der wendigsten Deckenmaler am bayerischen Hof. Gleichzeitig mit ihm arbeitete der Innsbrucker Johann Anton Gumpp, der seit 1678 in München nachweisbar ist. Er schrieb dem Kurfürsten, daß seine Arbeiten besser seien »als zu Venedig und andr orth in Italia«, was er »alldort selbsten geschen« habe.[133] Ein weiterer für die Ausstattung der Residenz verpflichteter Maler, der Landshuter Franz Josef Geiger, weilte 1676 zur Ausbildung in der Lagunenstadt.[134] – Die am meisten beeindruckende Künstlerpersönlichkeit dieser Gruppe, Johann Andreas Wolff (1652–1716)[135] aus München, hatte eine solche Studienmöglichkeit nicht gehabt. Er war bis auf eine kurze Lehre bei dem Bildhauer Ableithner Autodidakt und kaum über die Grenzen Bayerns hinausgekommen. Als Max Emanuel ihm später einen Studienaufenthalt in Paris finanzieren wollte, hatte er nach dem zeitgenössischen Bericht Faßmanns »sich für solche höchste Gnade unterthänig bedankt und gebeten, ihn vielmehr in seinem Vaterlande zu lassen, um durch seine Werke zeigen zu können, daß man in Bayern ebensowohl als in anderen Ländern was schönes und gutes erlernen könnte, wie er dann in der Tat und ganz ohne gehabten Lehrmeister einer der vortrefflichsten Künstler geworden ist.«[136] – Auch wenn Wolffs Können ohne einen eigentlichen Lehrmeister gereift war, so ist doch der Einfluß der Kunst Zanchis gerade bei ihm ausgeprägt erkennbar.

Von den Räumen der Alexanderzimmer können hier zwei näher betrachtet werden: die 1682 fertiggestellte Ritterstube und das 1681 übergebene Ankleidezimmer des Kurfürsten. Die Ritterstube war als größerer, offizieller Raum dem eigentlichen Appartement vorgelagert. Das mittlere Gemälde seiner nach herkömmlichem Verfahren mit Leinwandbildern bestückten Holzdecke bildete den Auftakt zum Alexanderzyklus. Den in diesem Raum sich versammelnden Höflingen wurde ein Beispiel pflichtverletzender Indiskretion im Gefolge des makedonischen Königs vorgehalten, der daraufhin absolute Ergebenheit zu fordern hatte. Alexander hatte einen geheimen Brief seiner Mutter Olympia gelesen, den auch sein Gefährte Ephestionis voll Neugier über die Schulter des Königs erspäht hatte. Alexander mäßigte seinen Zorn und siegelte mit seinem Ring die Lippen des Vorwitzigen, um ihn zu unbedingtem Schweigen zu verpflichten.[137] Das Gemälde war von Johann Andreas Wolff ausgeführt.[138]

In einer bisher ungedeuteten Federzeichnung der Münchner Graphischen Sammlung[139] erkennen wir diesen Vorwurf wieder. Das alle Merkmale des Wolffschen Zeichenstiles aufweisende Blatt zeigt den König und seinen Gefährten nebeneinander unter einem Baldachin stehend. Alexander wirft noch einen letzten Blick in das Schreiben, während er mit dem Ring das Schweigen besiegelt. Im Vordergrund deutet eine Kriegergruppe den militärischen Charakter der Szene an. Aber diese auf Treppen gestaffelte Gruppe ist ebenso nichtssagend wie das einträchtige Beieinander des erzürnten und des schuldigen Exponenten der Erzählung. Und so verwundert es nicht, daß Wolff in einer zweiten Federzeichnung der gleichen Sammlung[140] der

Kat.Nr. 261

Kat.Nr. 262

Szene eine völlig neue Wendung gibt. Das Format ist vergrößert und statt des oktogonalen Feldes zu einem Kreis geschlossen, der gestattet, im Bild die allegorische Ausdeutung der Szene durch die Personifikation der Verschwiegenheit über den Wolken einzufügen. Hier finden wir nun das soldatische Beiwerk zurückgedrängt. Alle Aufmerksamkeit gilt dem überrascht sich umwendenden Alexander und dem beschämt hinter dem Thron seines Königs zurückschreckenden Ephestionis. Es ist erstaunlich, daß sich Wolff nicht mit Verbesserungen seines ersten Entwurfes begnügte, sondern sich eine völlig neue Konzeption des Geschehens erarbeitete. Noch erstaunlicher aber ist, daß auch diese ihn nicht befriedigt hat. Ein drittes, wie seine
Kat.Nr. 263 Vorgänger bisher ungedeutetes Blatt[141] gibt eine neuerliche ganz und gar eigenständige Lesart. Die geänderte, ausführlich mit Lavierungen arbeitende Zeichentechnik, die auf Erstellung einer bildhaften Wiedergabe zielt, und die Tatsache, daß sich jedes Detail der vielfigurigen Darstellung in den Residenzbeschreibungen aufgeführt findet, belegt, daß wir hier das Ausführungsmodell vor uns haben. Der Anspruch, den das Programm der Alexanderzimmer der Bilderfolge stellte, hat zu einer geläuterten Interpretation des Makedonenkönigs geführt. Hier nun erscheint Alexander als ein *exemplum* abstandfordernder *majestas;* erhaben über Indiskretionen, genügt er der königlichen Pflicht einer Dienerschaft gegenüber, die unterwürfig und reumütig ist bis in ihre Haltung hinein. Der allegorischen Erweiterung des Exempels und seiner Verwendbarkeit für das Tagesgeschehen unterhalb dieses Deckenfeldes dienen die machtvoll konzipierten Frauengestalten der oberen Bildhälfte. Erst im dritten Stadium der Bildfindung hat die Allegorie ein Eigengewicht erhalten. Minerva als Personifikation der politischen Regierung weist die Gestalten von Begierde (aus ihren Brüsten brechen Flammen) und Vorwitz (in ihrem Schleier finden sich Augen und Ohren eingewebt) in demütigende Schranken. Vor diesem Blatt wird der Einfluß Zanchis nicht nur in den kraftvollen Figurenerfindungen und dem großen Wurf der Beherrschung des Bildfeldes deutlich, sondern er wird bis in das Detail etwa der klassizisierenden Gesichtszüge spürbar. Aber eindrucksvoller bleibt doch angesichts dieser drei Zeichnungen, daß sich das Ringen um den angemessenen Ausdruck eines umständlichen Vorwurfs lückenlos dokumentieren läßt. Die schöpferische Kraft Wolffs, die die jeweiligen Schwierigkeiten erfinderisch mit Neugestaltungen auflöst, spricht auch aus dem einfallsreichen, nervösen Strich seines Zeichenstiles, dort wo er der flüchtigen Abfassung erster Gedanken gilt. Mit Recht gehört Wolff zu den bedeutendsten zeichnerischen Talenten, die das deutsche 17. Jahrhundert hervorgebracht hat.[142] Seine Zeitgenossen haben das Besondere seines Ringens um Ausdruck erkannt: Sein Schüler und Biograph Degler schreibt: »Wenn er ein Altarblatt zu machen gehabt, hat er's zwei bis drei mal gezeichnet bis er zum malen kommen, und dann ist fast alles wieder anders geworden. Denn er hat eine Menge Eingebungen und Gedanken, wie man eine Begebenheit vorstellen sollte, daß sie darin am besten wirke.«[143]

Die »Menge der Eingebungen« bewahrheitet sich auch vor einem weiteren Gemälde Wolffs, das er 1681 für das Ankleidezimmer Max Emanuels zum Preis von 160 fl. geliefert hatte.[144] Für dieses verlorene Deckenbild haben sich zwei signierte, wiederum ganz verschiedenartige Vorzeichnungen erhalten, und zwar in einer schwedischen Privatsammlung (Abb. 76)[145] und in der Staatsgalerie Stuttgart.[146] Kat.Nr
Der Vorwurf galt entsprechend dem Anbringungsort einer Einkleidung Alexanders, der seiner makedonischen Ausrüstung entledigt wird, um als Sieger über Darius erbeutete persische Tracht anzulegen. Im schwedischen Entwurf werden die persischen Kleidungsstücke von links herangetragen, während Diener zur Rechten Helm und Sandalen des thronenden Königs entfernen. Das Stuttgarter Blatt zeigt dagegen den in triumphaler Haltung stehenden Alexander, um den sich sein Gefolge unterwürfig bemüht. In diesem Fall können wir nicht sagen, welcher der Entwürfe der malerischen Ausführung am nächsten stand, oder ob wir nicht doch noch mit einer radikalen Neufassung des Themas zu rechnen haben. Aber eines spricht aus beiden Blättern deutlich, daß der Bezug der antiken Heroengestalt auf den zu feiernden Kurfürsten geradezu handgreiflich gewesen sein muß. Man ist versucht, in dem über den persischen Feind triumphierenden König ein Abbild des Siegers von Wien, Mohacs und Belgrad zu sehen, der mit türkischer Beute in seine Residenz zurückgekehrt war. Aber der Zeitpunkt der Entstehung des gesamten Alexanderzyklus – noch vor dem Eintritt in den Türkenkrieg – spricht gegen eine solche Ausdeutung. Dekorationsfolgen mit den Taten Alexanders waren im höfischen Bereich nicht unbekannt, es sei hier nur auf das Beispiel Le Bruns verwiesen, der 1665–1673 für Ludwig XIV. einen monumentalen Gemäldezyklus der Siege des Makedonenkönigs schuf.[147] Dennoch wird man sagen dürfen, daß die in den Alexanderzimmern entfaltete heroische Bilderwelt die Gestalt des jugendlichen Max Emanuel ebenso treffend charakterisierte und überhöhte wie die Aeneas-Typologie, die dem alternden, sein Land befriedenden Fürsten an den Decken von Schloß Schleißheim gilt.

Von den an der Ausstattung der Alexanderzimmer beteiligten Künstlern läßt sich neben Wolff nur noch Johann Anton Gumpp (1654–1719) mit erhaltenen Zeugnissen belegen. Eine bisher Wolff zugewiesene Zeichnung der Gra- Kat.N
phischen Sammlung München[148] skizziert das 1682 mit Gumpp abgerechnete Seitenfeld des Audienzzimmers, das neben dem Bild des siegreich herrschenden Alexander im Zentrum mit der dargestellten Umarmung der Göttinnen Ceres und Flora die Segnungen des Friedens verdeutlichen sollte.[149] Eindrucksvoller erweist sich Gumpps Befähigung zu vehement komponierter Deckenmalerei allerdings an dem, soweit wir sehen, einzigen originalen Ausstattungs-

stück der Alexanderzimmer, das sich als solches unerkannt an prominenter Stelle erhalten hat. Seit der zweiten Hälfte des 18. Jahrhunderts im Nordflügel von Nymphenburg eingebaut, gehört das Gemälde (Abb. 77) nach Auskunft der Residenzbeschreibung fraglos unter die Bildfolge der Ritterstube,[150] deren in der Mitte angeschlagenes Thema es teils allegorisch, teils mythologisch weiterführt. Sein ursprüngliches Format ist trotz der späteren Anstückungen unschwer zu erkennen. Im Rahmen eines ehemaligen programmatischen Zusammenhangs hatte es die Aufgabe, mit auf Wolken thronenden Personifikationen darzustellen, daß kriegerischer Mut des belesenen Rates und listiger Erfindung bedarf, um erfolgreich hervorzutreten, wie das Beispiel der Einnahme Trojas darunter zeigt. Bisher war dieses Gemälde Wolff zugeschrieben, nach Ausweis der Abrechnungen ist allerdings Gumpp 1682 für die Erstellung dieses Bildes mit 140 fl. bezahlt worden.[151] Die Zeichnung zum Audienzzimmer wie das Nymphenburger Deckenbild der Ritterstube lassen den übermächtigen Einfluß venezianischer Darstellungstraditionen deutlich erkennen, wenngleich Gumpp einer der ersten war, der in den folgenden großen Aufgabenstellungen des kurbayerischen Hofes diese einengende Bindung abstreifen sollte, um zu einer gänzlich neuen Gestaltungsmöglichkeit vorzudringen.

In den ersten Jahren der Erstellung der Alexanderzimmer war rechtwinklig zu diesen im Südflügel des Grottenhoftraktes eine zweite Raumflucht, die Sommerzimmer, eingerichtet worden.[152] Die Gleichzeitigkeit ganz verschiedener, umfangreicher Ausstattungsarbeiten liefert ein beredtes Zeugnis für die Aufwendigkeit der Bauunternehmungen auch schon in der frühen Regierungszeit Max Emanuels. Da sich keinerlei bildliche Belege für die dortige, ebenfalls von Cuvilliés beseitigte Ausstattung erhalten haben, könnten die Sommerzimmer hier übergangen werden, wenn nicht bemerkenswerte Angaben in den Bauakten aufhorchen ließen. In einem der Räume, dem »langen Zimmer«, ist das System der Deckendekoration bezeugt, wie es seit den Tagen Maximilians I. über die Schöpfungen Henriette Adelaides bis hin zu den Alexanderzimmern Max Emanuels verpflichtend war: die kassettierte venezianische Holzdecke mit eingelassenen Leinwandbildern.[153] Für die Galerie, die die kurfürstliche Gemäldesammlung aufnahm, ist allerdings der Stukkator Prospero Breni tätig, der von der Bauhütte der Theatinerkirche übernommen war.[154] Seinem Stuck fügten sich freskierte Felder des seit 1674 in München nachweisbaren Giovanni Trubilio ein.[155] Die Decke des davorgelagerten »Sommerzimmers« war schließlich »durchaus in Fresko« von Johann Anton Gumpp erstellt.[156] Damit ist der Einbruch einer neuen Dekorationsform in der Münchner Residenz und in der höfischen Kunst Bayerns erfolgt, der für Münchner Verhältnisse durchaus als revolutionär bezeichnet werden kann. Zum ersten Mal stehen sich in München die beiden Modelle einer neuen Deckengestaltung gegenüber: das Zusammenspiel von Fresko und Stuck bei Trubilio und Breni und die gewölbeumspannende, einheitliche Freskierung Gumpps, die sich in der weiteren Entwicklung als tragfähiger durchsetzen sollte. Sein Beitrag im »Sommerzimmer« ist 1681 datiert, eindeutig vor der bahnbrechenden Lustheimer Ausstattung.[157] Die dort in großen Flächen ausgebreitete Bilderfolge mit ihrer raumbeherrschenden Wirkung steht am Beginn der Entfaltung der süddeutschen Freskomalerei.[158] Den Keim zu dieser Entwicklung in den Sommerzimmern seiner Residenz gelegt zu haben ist das bisher nicht gewürdigte Verdienst Max Emanuels.

Anmerkungen

1 M. Viale Ferrero, Feste delle Madame Reali di Savoia (Privatdruck Istituto Bancario San Paolo di Torino), Turin 1965, 57ff. Zu einer zeitgenössischen Beschreibung der Vermählungsfeierlichkeiten vgl. auch V. Castiglione, Li Reali Himenei de' Serenissimi Principi Sposi Henrietta Adelaide di Savoia e Ferdinando Maria di Baviera, Turin 1651.

2 In der Biblioteca Nazionale, Turin, hat sich ein größerer Bestand an zeitgenössischen Beschreibungen der Theateraufführungen und Ballette am savoyischen Hof zwischen 1640 und 1681 erhalten, denen aquarellierte Szenendarstellungen Tommaso Borgonios beigefügt sind. Die hier behandelte Szene zeigt fol. 50 des Ms. Bibl. Naz. Ris. q. V. 58. Zu einer Farbabbildung vgl. Viale Ferrero (Anm. 1) Taf. XV.

3 Vgl. K. Th. Heigel, Die Vermählung des Kurfürsten Ferdinand Maria mit Adelaide von Savoyen und die Beziehungen zwischen Bayern und Savoyen 1648–1653 (QA II) 42. Dort wird aus den »Außgaben wegen Ir. Dlcht. der Saphoyischen Princessin Adelheid« der Hofzahlamtsrechnungen 1650 zitiert: »Ainem Soldaten von Torino wegen gebrachten Contrafets laut Zetl 36 fl.«. Ein Jahr zuvor hatte ein aus Turin übersandtes Bildnis Henriette Adelaides die Diskussion über das Zustandekommen der Heirat mit dieser jüngsten und hübschesten der noch ledigen savoyischen Prinzessinnen angeregt. Kurfürstin Maria Anna schrieb am 19. November 1649 an den Hofkammerpräsidenten Johann Christoph von Mändl nach Wien: »in dem übrigen trift einer schreiwen des Ferdinand heirat mit Savoia an. wir werden die jüngste behaupten und halde sie auch zu pekomben. es müsste nur Mazarino ein intriga darin machen. den die herzogin von Savoia hat schon den 9. passato der jüngsten prinzessin contrafe hereingeschickt, wan sie uns (sie) nit geben wolt, so hete sie es nit geschikt«. Nach: K. Mayr, Briefe der Kurfürstin Maria Anna von Bayern (Festgabe Karl Theodor von Heigel, München 1903) 319. Daß ein Bildnis des Bräutigams nach Turin gesandt worden war, belegt Castiglione (Anm. 1) 10 ebenso wie die Bemerkung Henriette Adelaides unmittelbar nach der ungewöhnlichen, ersten Begegnung des Paares in Kufstein in einem Brief an ihre Mutter: «Lui est plus beau que son portrait, mais il a pourtant son air». Nach

G. Claretta, Adelaide di Savoia duchessa di Baviera, Turin 1877, 48. Später fiel allerdings der Vergleich mit diesem Porträt zu Ungunsten Ferdinand Marias aus, vgl. den Brief vom 27. 9. 1652 bei Straub 180f. – In der Galleria di ponente in Schloß Racconigi hat sich ein ganzfiguriges Bildnis Henriette Adelaides in Lebensgröße erhalten (Abb. 57), das kurz vor ihrer Abreise nach Bayern entstanden sein muß und eine eindrucksvolle Darstellung der jugendlichen savoyischen Prinzessin bewahrt. Eine Farbabbildung gibt N. Gabrielli, Racconigi (Privatdruck Istituto Bancario San Paolo di Torino), Turin 1972, 141.

[4] «isy à Dachau il y à beaucoup de pourtreits, et an particulier un de ma Soeur Marguerite, qui et le plus horible du monde: ie an suis si fache, que ie ne le sauroi dire; et puis tous les Ellecturs et l'anpereur viendront isy, V.A.R. simagine le deplesir, que iey, quil voye une chosse si mal feicte, et è simal habillie, que ie croye dans nostre vie ny ma soeur et moy n'avons iameis heu de robes pareglies, quisanblet plustoust de servante que de Princese de la meison de Savoye.» Nach C. Merkel, Adelaide di Savoia Elettrice di Baviera, Turin 1892, 342.

[5] «Je suis bien eyse, que l'habit, que ie porte, soit agreable à V.A.R.; mes si V.A.R. le vit deseuz moy, ou quelque autre, il luy sanbleroit anchore plus beau: ie ne seis pas, si dans la veue de mon pourtreit V.A.R. luy haurat trouve de la satisfaction, estant leid come moy et anchore davantage, me fesant le visage plus long, que ie ne ley.« Nach Merkel (Anm. 4) 342.

[6] (Le portrait) «ne me resanble pas tout à fait; car ce pintre ne vaeut rien, et il ne me serèt pas feire come ie suis . . . (il est) si extrememant long, qu'il na iameis le fin, et estant luy seul, il travallie pour tous les autres tellemant, que la derniere heure cest tousieurs lorsqu'il travallie pour moy, et le fesant par force, il ne faut pas s'estonner, si il ne feict pas bien.» Nach Merkel (Anm. 4) 371.

[7] Einen Eindruck der Bildnismalerei dieser frühen Zeit vermitteln Halbfigurenporträts des jugendlichen Kurfürstenpaares auf Schloß Adldorf, Graf von Arco auf Valley. Hervorzuheben ist das Bildnis Ferdinand Marias: In ein modisches Jagdkostüm gekleidet, legt er die Rechte auf den Kopf eines Hundes, dessen Halsband HA-Initialen zieren.

[8] E. Buchner, Über einige Bilder des Augsburger Malers Johann Ulrich Mair (Das Schwäbische Museum II, 1926) 175–184; G. Heinz, Studien zur Porträtmalerei an den Höfen der österreichischen Erblande (Jahrbuch der Kunsthistorischen Sammlungen in Wien 59, 1963) 176f.; G. Canali, Notizie d'Arte sul Palazzo Mercantile di Bolzano (Cultura Atesina I, 1947) 116f. u. Taf. XL zur Veröffentlichung 1674 datierter Porträts Kaiser Leopolds I. und Kaiserin Claudia Felicitas' im Merkantilgebäude, Bozen.

[9] J. Maillinger, Bilder-Chronik der Königl. Haupt- u. Residenzstadt München, München 1876, I, Nr. 380, 384 u. 546. Ein Exemplar der Darstellung Henriette Adelaides befindet sich im Geh. Hausarchiv, München. Die graphischen Bildnisse des Kurfürstenpaares sind 1659 datiert.

[10] Zum Bildnis Maria Annas vgl. Feulner, Gemälde Nr. 260. Das Pruggersche Vorbild ib. Nr. 309 ist von M. Küsell nachgestochen, vgl. Maillinger (Anm. 9) Nr. 379. – Das Bildnis Max Philipps: Schloß Berchtesgaden, WAF BIa 119, Lwd. 95 × 69 cm.

[11] Frau Mercedes Viale Ferrero, Turin, die freundlicherweise ein Photo des bisher unpublizierten Gemäldes zur Verfügung stellte, sei für ihre liebenswürdige Unterstützung dieses Beitrags an dieser Stelle herzlich gedankt. – Das Bildnis (Versailles Inv.Nr. 3454, 49 × 32 cm) gilt als Replik eines »Riosset« nach einer Vorlage in der ehemaligen Sammlung Montpensier auf Schloß Eu. Eine solche Provenienz wird verständlich durch die verwandtschaftlichen Beziehungen Henriette Adelaides zur Mlle. de Montpensier, der »Grande Mademoiselle«, die eine Cousine ersten Grades der Kurfürstin und eine Schwägerin deren Bruders Carlo Emanueles II. war. Die Autorschaft Mairs bezeugt der dieses Bild exakt reproduzierende, seitenvertauschte Stich Küsells mit dem Vermerk »J. Ulricus Meyr Pinxit«, vgl. oben Anm. 9.

[12] Bayer. Staatsgemäldesammlungen (im folgenden BStGS genannt), Inv.Nr. 4195, Lwd. 211 × 129 cm. Eine wohl eigenhändige Replik bietet BStGS, Inv.Nr. 3359. Die 1659 von M. Küsell als Kniestück nachgestochene Darstellung läßt sich auf einen ebenfalls von Küsell ausgeführten und 1656 bezeichneten Stich zurückführen, der den Kurfürsten in gleicher Pose, mit anderer Perücke, Harnischform und Umgebung, dafür aber näher zum van Dyckschen Vorbild zeigt. Vgl. Maillinger (Anm. 9) Nr. 545.

[13] G. Glück, Van Dyck, Klassiker der Kunst, Berlin-Stuttgart 1931, 422. Die Darstellung war mit einem seitengleichen Stich des P. Pontius in die »Ikonographie« van Dycks aufgenommen.

[14] Vgl. die Briefe vom 23. 4. 1653 und vom 17. 3. 1655, Merkel (Anm. 4) 342 u. 371f.

[15] Die Bildnisse der Großeltern Carlo Emanuele I. und Caterina d'Austria, der Eltern Vittorio Amedeo I. und Maria Cristina di Francia sowie der Schwestern Luisa und Margherita Iolanda befinden sich zusammen mit dem Bildnis Henriette Adelaides selbst und ihres Oheims Maurizio in der Münchner Residenz. Vgl. Feulner, Gemälde, in der hier gegebenen Reihenfolge: Nr. 746, 742, 740, 741, 744, 747, 126 (fälschlich als Gascar) und 743. Dieser Serie zugehörig ist das Bildnis des Bruders der Kurfürstin, Carlo Emanuele II., BStGS, Inv.Nr. 4196 (fälschlich als Gascar), sowie ihres Oheims Emanuele Filiberto, Bayer. Nationalmuseum, Katalog VIII, München 1908, Nr. 710. – Von den Porträts der Großeltern haben sich Fassungen des Giovanni Carracha (1567–1607 als Bildnismaler in Savoyen tätig) in der Casa Cavassa, Saluzzo, erhalten. Vgl. Kat. Mostra del Barocco Piemontese, Turin 1963, II, Nr. 5 und 6. – In Racconigi findet sich eine Fassung der Darstellung Vittorio Amedeos I., vgl. Gabrielli (Anm. 3) 197. – Ein weiteres Zeugnis für das Traditionsbewußtsein Henriette Adelaides ihrem Haus gegenüber und für ihre Vorliebe, dessen Mitglieder in Bildfolgen zu vereinen, liefert ein bisher unbekannter Kinderbildzyklus des Bayer. Nationalmuseums. Rückwärtige, zeitgenössische Beschriftungen weisen diese als Darstellungen der Kinder aus der Ehe des Eugenio Maurizio Conte di Soissons mit Olimpia Mancini aus. Das darunter bewahrte Porträt des etwa dreijährigen Prinzen Eugen von Savoyen wird an anderer Stelle publiziert werden.

[16] A. Baudi di Vesme, L'arte negli Stati Sabaudi ai tempi di Carlo Emanuele I di Vittorio Amedeo I e della reggenza di Cristina di Francia (Atti della Società Piemontese di Archeologia e belle Arti XIV/2, Turin 1932) 516ff.

[17] Ehem. BStGS, Inv.Nr. 3749, Lwd. 270 × 350 cm. An den Wittelsbacher Ausgleichfonds abgegeben, dort zur Zeit nicht nachweisbar.

[18] Eine Aufstellung für Maria Cristina di Francia von 1647 bis zu ihrem Tod gelieferter Gemälde des Filiberto Torret enthält den folgenden Eintrag: »Un grand tableau de douze pieds d'hauteur, ou sont les cinq portraits que dessus (celui de Madame Royalle, de S.A.R., de Madame la Princesse Maurisse, de Madame la Princesse Margueritte et de Madame la Princesse Adélayde), vestus en parade sous les daix, et autres ornements de peinture que Madame Royalle envoya aussi à madame la Duchesse de Florence, dont j'ai fourny jusque à l'ambalage; pistoles 30.« Nach Baudi di Vesme (Anm. 16) 516.

[19] A. Rizzi, Precisazioni sul Bombelli (Emporium 134, 1961) 2–10; ders., Kat. Mostra del Bombelli e del Carneo, Udine 1964; ders., Storia dell'Arte in Friuli IX, Il Seicento, o. O. 1969, 72ff.

[20] J. von Sandrart, Academie der Bau- Bild- und Mahlerey-Künste von 1675, Leben der berühmten Maler, Bildhauer und Baumeister, hrsg. v. A. R. Peltzer, München 1925, 376.

[21] Zwei 1670 datierte Kupferstiche des Jean Sauvé, die den Vermerk »Seb. Bombelli Pingebat« tragen und Bruststücke Henriette Adelaides und Max Emanuels (vgl. Kat. Nr. 461) wiedergeben, erweisen sich als Ausschnitte aus dem Doppelbildnis des Kurfürstenpaares (vgl. Kat. Nr. 2) wie des zweifigurigen Kinderporträts (vgl.

55

56

57

55 T. Borgonio, Szene aus dem Ballett »L'Educazione di Achille«
56 J. U. Mair, Henriette Adelaide – 57 Turin, um 1651. Henriette Adelaide

58

59

58 J. U. Mair, Kurfürst Ferdinand Maria von Bayern
59 F. Torret, Maria Cristina di Francia, Herzogin von Savoyen mit ihren Kindern

60 S. Bombelli, Herzog Maximilian Philipp von Bayern

62

64

61 J. Sauvé nach S. Bombelli, Henriette Adelaide – 62 C. G. Amling nach J. Delamonce, Henriette Adelaide
63 P. Mignard, Ferdinand Maria – 64 P. Mignard, Henriette Adelaide

65 S. Catani, Allegorie auf Kurfürst Ferdinand Maria

66 J. Miel, Reiterbildnis des bayerischen Kurfürstenpaares Ferdinand Maria und Henriette Adelaide

67 J. H. Schönfeld, Kaiser Trajan erhört die Bitten einer Frau
68 A. Triva, Allegorie auf die Vereinigung der Häuser Wittelsbach und Savoyen

68

67

69

69 M. Wening, Galeriegebäude der Münchner Residenz
70 A. Triva, Studium Maximilians I. in Ingolstadt – 71 A. Triva, Maximilian I. vor Papst Clemens VIII.

70

71

72

73

72 A. Triva, Das kurbayerische Wappen – 73 A. Triva, Arethusa
74 J. Werner, Thetis – 75 A. Zanchi, Ceres

74

75

76

77

76 J. A. Wolff, Alexander der Große legt persische Kleidung an – 77 J. A. Gumpp, Allegorische Ausdeutung der Einnahme Trojas

Kat. Nr. 22). Zu den Kupferstichen vgl. Maillinger (Anm. 9) I, Nr. 667 u. IV, Nr. 46. Zu Sauvé vgl. L. Schiedermair, Künstlerische Bestrebungen am Hofe des Kurfürsten Ferdinand Maria von Bayern (FGB X, 1902) 136.

[22] StAM HR 281/77

[23] Sein frühestes erhaltenes Werk, das Halbfigurenbildnis des Benedetto Mangilli, ist 1665 datiert; das frühe Selbstbildnis aus Udine dürfte zwischen 1665 und 1670 entstanden sein. Überschaubar wird das Œuvre Bombellis allerdings erst mit der um 1670 geschaffenen großartigen Folge der Darstellungen von Mitgliedern des Hauses Querini. Vgl. Kat. Ausst. (Anm. 19) Nr. 1 u. 4–8. – Von den Arbeiten für die deutschen Höfe, die Sandrart erwähnt, nämlich Wien, Braunschweig und Lüneburg, haben sich keine Spuren erhalten. Über die neugefundenen Münchner Arbeiten hinaus verweist nur sein Bildnis des Großen Kurfürsten in Breslau (vgl. E. Lavagnino, Gli Artisti Italiani in Germania III, I Pittori e gli Incisori, Rom 1943, Taf. 98) auf Bombellis Tätigkeit außerhalb Italiens.

[24] BStGS, Inv.Nr. 4156, Lwd. 196×206 cm (vgl. Kat. Nr. 2). Eine halbfigurige Replik nach der Darstellung des Kurfürsten bietet BStGS, Inv.Nr. 3304. Das Doppelbildnis war ebenso wie das zweifigurige Kinderbildnis bisher Henri Gascar zugeschrieben. Vgl. Feulner, Gemälde Nr. 124 u. 129, auf welchem die gesamte neuere Literatur fußt. Stilistische Unstimmigkeiten und die Unvereinbarkeit der Datierung dieser Gemälde der Henriette-Adelaide-Zeit mit dem über zwanzig Jahre später erfolgten Auftreten Gascars hätten einer derartig verbreiteten Aufnahme der Zuschreibung Feulners entgegenstehen müssen. – Gascars vollkommen andersartige Bildniskunst gibt sich in dem 1689 datierten Porträt Max Emanuels (vgl. Kat. Nr. 216) zu erkennen. Ein bisher unerkanntes und die Dargestellte falsch identifizierendes Ganzfigurenbildnis der Violante Beatrix (BStGS, Inv.Nr. 4193) läßt sich für Gascar sichern, es dürfte kurz vor deren Abreise nach Florenz 1688 entstanden sein. Zu einem Nachstich vgl. Maillinger (Anm. 9) IV, Nr. 99 (109). Die das elegante und kapriziöse Aussehen dieser Prinzessin am besten bewahrende Darstellung, ein Halbfigurenporträt in Schloß Berchtesgaden (WAF BIa 131), kann hier auf Grund einer gleichen künstlerischen Handschrift Gascar zugewiesen werden. Gascars Tätigkeit vor allem in Wien bedarf neuer Untersuchungen. Zu seinem eindrucksvollen Ganzfigurenbildnis der Isabella Duchess of Grafton vgl. J. Maxon, Three Baroque Figure Paintings (Bulletin of Rhode Island School of Design, Museum Notes 42, 1956, Nr. 3) 7ff. – Bombellis Doppelbildnis ist von einer nachfolgenden Künstlergeneration als von bemerkenswerter Vorbildlichkeit verstanden worden. Es sei hier nur auf das daran anschließende Doppelbildnis des Kurfürsten Philipp Wilhelm von der Pfalz und seiner Gemahlin Elisabeth Amalie von Hessen in Schloß Berchtesgaden (WAF BIa 66) verwiesen, das Johann Spielberg d. J. zugeschrieben wird.

[25] Etwa mit dem um 1634 entstandenen Bildnis der Königin Henriette Maria von England, das im Schlafzimmer Karls I. in Whitehall hing, vgl. Glück (Anm. 13) 376. Es wurde von P. de Jode d. J. gestochen.

[26] BStGS, Inv.Nr. 7502, Lwd. 164×124 cm (vgl. Kat. Nr. 22).

[27] Ehem. im Besitz des Königs von Sachsen, seit 1948 in den Staatlichen Kunstsammlungen Dresden (Inv.Nr. Mo 638); Lwd. 213×132 cm. Vgl. G. Biermann, Deutsches Barock und Rokoko, Jahrhundert-Ausstellung Deutscher Kunst 1650–1800, Darmstadt 1914, 16, sowie H. Marx, Kat. Ausst. Neuerwerbungen Deutscher Malerei, Dresden 1974, Nr. 22. Das Gemälde wurde bisher Johann Ulrich Mair zugeschrieben.

[28] A. L. Mayer, Ein Porträt des Herzogs Maximilian Philipp von Bayern (Monatshefte für Kunstwissenschaft 7, 1914) 339–342.

[29] G. F. Preuß, Kurfürstin Adelheid von Bayern, Ludwig XIV. und Lionne (Festgabe Karl Theodor v. Heigel, München 1903) 324–360. Ludwig XIV. übernahm die Patenstelle bei dem nach ihm benannten zweiten Sohn der Kurfürstin, der noch 1665 starb, und ließ ein wertvolles Patengeschenk überreichen. Vgl. Doeberl I 278.

[30] K. Trautmann, Französische Schauspieler am bayerischen Hof (Jahrbuch für Münchener Geschichte II, 1888) 196ff. u. 216ff.

[31] Am 10. 1. 1669 schreibt Wilhelm von Fürstenberg an Lionne, Geld möchte Henriette Adelaide nicht angeboten werden, sie würde es verweigern, vielleicht könne ihr der französische König dafür kunstvolle Tapisserien verehren. Nach Preuß (Anm. 29) 357. Der Beeinflussung Henriette Adelaides durch den französischen Hof, Ferdinand Maria 1657 zur Annahme der Kaiserkrone zu bewegen, hatte der italienische Sänger Melani gedient. Vgl. Doeberl I 37.

[32] Bei Riezler VII 688, Schiedermair (Anm. 21) und Paulus 228 wird fälschlich ein Münchner Aufenthalt Pierre Mignards (1610–1695) angenommen.

[33] »Sr Mignart Pintre du Roy qui ma servie un Anns et demy avec toute Satisfaction imaginable puis que cest un tres honest home sans egall en son mestier, et enfin le seul et unique qui à faict mon pourtrait depuis que ie suis au monde.« Turin, Archivio di Stato, Lettere Principi Diversi, Adelaide Enrichetta, Mazzo 25.

[34] BStGS, Inv.Nr. 4484, Lwd. 60,5×46 cm (vgl. Kat. Nr. 27). Zur Verleihung des Apelles-Titels an zeitgenössische Maler vgl. M. Winner, Die Quellen der Pictura-Allegorien in gemalten Bildergalerien des 17. Jahrhunderts zu Antwerpen, Diss. Köln 1957, 3–40 sowie R. W. Kennedy, Apelles Redivivus (Essays in Memory of Karl Lehmann, New York 1964) 160 u. 167f.

[35] Vgl. Merkel (Anm. 4) 391, Anm. 1.

[36] BStGS, Inv.Nr. 3319, Lwd. 220×130 cm (Ferdinand Maria) bez. PAULUS MIGNARD PICTOR REGIUS PINXIT. Inv.Nr. 3187, Lwd. 224×139 cm (Henriette Adelaide). Eine wohl eigenhändige, weitere Fassung des letzteren bietet BStGS, Inv.Nr. 4194. Die Darstellung der Kurfürstin bewahrt eine Zeichnung (schwarze Kreide, 19,2×13,5 cm) der Graphischen Sammlung München, Inv.Nr. 32140. Repliken der beiden Bildnisse haben sich in Schloß Brühl und Schloß Zangberg erhalten, vgl. Kat. Clemens August, Nr. 39 u. 40 sowie W. Brugger, Die Anfänge der Kapuziner in Laufen (Das Salzfass, Heimatkundliche Zschr. des Hist. Vereins Rupertiwinkel VIII/1) 18. Spätere Kopien bewahrt das Bayer. Nationalmuseum, Inv.Nr. R 3721/2. – Neben diesen offiziellen Bildnissen schuf Mignard mit zwei Halbfigurenporträts des Kurfürstenpaares persönlichere Darstellungen, die vor allem Ferdinand Maria treffend charakterisieren. Sie haben sich in Schloß Berchtesgaden erhalten: WAF BIa 108, Lwd. 97×73 cm (Ferdinand Maria) rückw. bez. PAU. MIG. PIN.; WAF BIa 109, Lwd. 86×73 cm (Henriette Adelaide) rückw. bez. PAULUS MIGNARD PINXIT IN MONACO. Repliken bewahrt BStGS, Inv.Nr. 4321/2; Kopien, die das ursprüngliche Format der beschnittenen Originale bewahren, haben sich auf Schloß Neufraunhofen, Graf Soden-Fraunhofen, erhalten. Ein Stich C. G. Amlings von 1676 reproduziert das Bildnis des Kurfürsten, für das sich eine Zeichnung (schwarze Feder, laviert, weiß gehöht, 14,5×11,8 cm) in der Graphischen Sammlung München, Inv.Nr. 30054, befindet.

[37] Vgl. Merkel (Anm. 4) 390f. Der Kinderzyklus hat sich im Bayer. Nationalmuseum erhalten, vgl. Kat. Nr. 23, 24, 25, 26. Die Bildnisse Max Emanuels und der Violante Beatrix waren, nachdem sie im Katalog (Anm. 15) Nr. 517 u. 518 unter der grundsätzlich richtigen, aber mißverständlichen Bezeichnung »Junger Prinz und kleine Prinzessin aus dem Hause Savoyen« aufgeführt worden waren, nicht mehr beachtet worden. Die Bildnisse Maria Anna Christinas und Joseph Clemens' fanden sich unerkannt an für Porträts ungewöhnlicher Stelle in der Decke des Saales 32 eingebaut.

[38] Schmidt 452. – 1667 waren für einen in Paris gekauften vergoldeten Harnisch für den Kurprinzen 120 fl. zuzüglich 17 fl. Porto ausgegeben worden.

[39] (les portraits) »sont parlant mes come les enfens croiset il sont tous embelly depuis qu'on les à faict particulierement la petite què

sans flaterie lon peut dire belle come un Ange. Jespere que vous aures la Bonte de les agreer, et de croire que en recevent les Copies vous aures ensamble le Cœur de tous les origineaux«. Brief vom 20. 11. 1674, vgl. Anm. 33.

[40] Die Veröffentlichung des Empfehlungsschreibens der Kurfürstin für Mignard bei: C. Ricci, Il Ritratto di Cristina Paleotti (Bollettino d'Arte 11, 1917) 5f. Über das Auftreten Mignards in Mailand und Turin sowie über die mitgeführte Kopienfolge unterrichtet mit Abdruck der archivalischen Belege: Schede Vesme, L'Arte in Piemonte dal XVI al XVIII secolo, Bd. II, Turin 1966, 696f.

[41] Nach Auskunft eines 1678 datierten Kupferstiches von M. Wening schuf Mignard in München das Porträt des kurfürstlichen Rates und Leibmedikus, Franz Ignaz Thiermair. Vgl. G. Stetter, Michael Wening, Leben und Werk des bayerischen Kupferstechers und Topographen, München 1964, 76.

[42] S. Wichmann, Das mythologische Porträt am Hofe des Kurfürsten Ferdinand Maria von Bayern (Die Kunst und das schöne Heim 55, 1956/57) 4–7.

[43] A. Blunt, Art and Architecture in France 1500 to 1700, Harmondsworth 1970², 213. Eine Abbildung bei N. Mitford, The Sun King, London 1964, 374f.

[44] BStGS, Inv.Nr. 4464 u. 4466, Lwd. je 315×348 cm. Zur Allegorie auf Henriette Adelaide vgl. Kat. Nr. 40. Nach Ausweis des Gemäldeinventares von Nymphenburg, das G. B. Fassmann 1758 anlegte (StAM, HR 199 Nr. 11, fol. 57r u. fol. 59r), waren die Gemälde in die Decken der Kabinette des südlichen und nördlichen Appartements von Nymphenburg eingebaut. Das hat dazu geführt, in den Allegorien die ursprünglichen Ausstattungsstücke dieser Räume zu sehen. Allerdings weisen die Gemälde deutliche Spuren eines ehemaligen Umschlagens der Leinwand auf, um aus dem rechteckigen Format die Gestalt eines Tondos zu gewinnen, was nur im Zusammenhang einer Zweitverwendung stehen kann. Überdies sind die Allegorien im Gegensatz zu allen Deckenbildern Nymphenburgs nicht auf Unteransichtigkeit gearbeitet. Man hat in ihnen entsprechend ihrem Vorbild, der Allegorie von Nocret, Staffeleibilder zu sehen; weder die Intentionen des Auftraggebers noch des ausführenden Künstlers dürften auf eine (später auch nur kurzfristig erfolgte) Deckenanbringung gezielt haben.

[45] Wichmann (Anm. 42) sowie L. Berghoff, Emanuele Tesauro und seine concetti, unter besonderer Berücksichtigung von Schloß Nymphenburg, Diss. München 1971.

[46] Vgl. E. Panofsky, The Life and Art of Albrecht Dürer, Princeton 1955, 156ff. sowie R. Klibansky-E. Panofsky-F. Saxl, Saturn and Melancholy, Studies in the History of Natural Philosophy, Religion and Art, London 1964, 374ff.

[47] Ritratto di gran personaggio rappresentato a gl'occhi della Serenissima Adelaide Duchessa Elettrice di Baviera, nata Real Principessa di Savoia dal Marchese Ranuccio Pallavicino, München 1667. Vgl. dazu K. v. Reinhardstöttner, Über die Beziehungen der italienischen Literatur zum bayerischen Hof (Jahrbuch für Münchener Geschichte I, 1887) 130f.

[48] Pallavicino (Anm. 47) 10–13.

[49] «E di temperamento assai melancolico, e d'apprensione più viva, si che tal volta gode rimaner solo accompagnato da suoi più profondi pensieri, che alterando se stessi si rendono crucciosi tiranni della sua mente, e addensati da qualche sospezione in forma di nebbia al più chiaro lume si dileguano.» Pallavicino (Anm. 47) 7f.

[50] Straub 179ff.

[51] Schede Vesme (Anm. 40) 714ff.

[52] Der bei R. Paulus, Max Emanuel und die französische Kunst (AbM 11, 1912) 130f. gegebene Hinweis auf einen Aufenthalt des Künstlers bis 1696 in München trifft nicht zu. Für 1682 sind Dekorationsarbeiten des Delamonce vor dem Haus des französischen Botschafters de la Haye in München bezeugt. Sie galten den Feierlichkeiten anläßlich der Geburt des Duc de Bourgogne, des ersten Sohnes Maria Anna Christinas. In einem Gesandtschaftsbericht vom 11. 9. 1682 berichtet Lantéry, daß ein Springbrunnen in Form eines Lilienkelches errichtet worden war, eine Erfindung des »Monsieur la Monce, des französischen Hofmalers S.K.H., außerordentlich geschickt in seinem Beruf und besonders in dieser Art von Dekorationen«. Nach Strich II 467.

[53] Maillinger (Anm. 9) IV, Nr. 48.

[54] BStGS, Inv.Nr. 3262, Lwd. 108×80 cm, vgl. Kat. Nr. 4. Die Zuschreibung an Gascar wie bei den Bildnissen Bombellis seit Feulner, Gemälde Nr. 127.

[55] Vgl. etwa die Tafeln IX, XIII, XIV, XXI, XXV bei Viale Ferrero (Anm. 1).

[56] Gabrielli (Anm. 3) Farbabbildungen auf 198.

[57] Vgl. Schede Vesme (Anm. 40) I, 1963, 388ff. Eines der wenigen in Turin erhaltenen und Curlando vor seinem bayerischen Aufenthalt zuzuschreibenden Porträts, ein Ganzfigurenbildnis Carlo Emanueles II., befindet sich in der Sala del Sindaco des Palazzo Civico, vgl. D. G. Cravero, Trecenti Anni di Vita del Palazzo Civico di Torino 1663–1963, Turin 1964, Taf. 32.

[58] StAM HZR 1692, fol. 472, Nr. 1401 für Arbeit 885 fl.; HZR 1693, fol. 463, Nr. 1428 »für 2 contrafait des Chur Prinzens« 150 fl.

[59] StAM HR 211, Nr. 22, fol. 224r: »Ein Parforce Jagd auf einen Hirschen, welcher unter glorreichen Regierung Sr. Durchleucht Maximiliani Emanuelis Herzogs und Churfürsten in Baiern um das Jahr 1690 in beysein Maria Antonia Höchst dero Frauen Gemahlin, und Josephi Clementis dero Herrn Bruder Churfürsten zu Kölln Durchleucht gehalten worden ist, wobey alle anwesende gnädigste Herrschaften, Cavaliers und Damen in wahren Bildnußen entworffen sind« (Schleißheimer Gemäldeinventar von 1772).

[60] V. Berg, Die Lustheimer Fresken (Anzeiger des Germanischen Nationalmuseums 1968) 86–102; G. Hojer – R. Rückert, Schloß Lustheim, Führer durch die Schausammlungen des Bayerischen Nationalmuseums, München 1972, 14ff.

[61] Kat. Turin (Anm. 15) I Nr. 25.

[62] Venaria Reale Palazzo Di Piacere, e di Caccia, Ideato Dall'Altezza Reale di Carlo Emanuel II Duca di Savoia, Re di Cipro &. Disegnato, e descritto dal Conte Amedeo di Castellamonte. L'Anno 1672, Turin 1674.

[63] A. Busiri Vici, Opere di Jan Miel alla Corte Sabauda (Bollettino della Società Piemontese di Archeologia e di Belle Arti 12–13, 1958–59) 94–118; J. Hess, Arbeiten des Malers Jan Miel in Turin (Kunstgeschichtliche Studien zu Renaissance und Barock, Rom 1967) 81–87 u. 391f. Der Zyklus hat sich vollständig im Museo Civico erhalten; vgl. L. Mallé, I Dipinti del Museo d'Arte Antica, Museo Civico di Torino, Turin 1963, 128–130 sowie Kat. Turin (Anm. 15) II Nr. 63–67.

[64] Vgl. die Tafeln bei Castellamonte (Anm. 62). Zwei Gemälde dieser Serie, die Carlo Claudio Dauphin zugewiesenen Reiterbildnisse der Cristina di Fleury und des Emanuele di Savoia Carignano, sowie der Königin von Portugal, Elisabetta Maria Francesca di Savoia, mit einer Hofdame, waren 1963 in Turin ausgestellt, vgl. Kat. Turin (Anm. 15) II Nr. 72 u. 73.

[65] Das den in Anm. 63 und 64 zitierten Arbeiten unbekannte Gemälde ist abgebildet bei Gabrielli (Anm. 3) 149.

[66] Wörtliche Übernahmen bietet etwa Curlandos Fuchsjagd, in welcher der Pferdeführer im Vordergrund der Parforcejagd Miels entlehnt ist und die gesamte Hintergrundsszene nach einem der Turiner Querformate gearbeitet wurde, vgl. Mallé (Anm. 63) Taf. 137 u. 141. Die Treiber mit Hunden auf der Lustheimer Hasenjagd und das im Hintergrund der dortigen Wildschweinjagd errichtete, von Höflingen umringte Zelt für die weiblichen Zuschauer fußen auf Miels jeweiligen Jagden auf das gleiche Wild, vgl. ib. Taf. 133 u. 135 sowie hier Textabb. S. 177 u. Farbtaf. V. Schließlich findet sich der dem Kurfürsten auf der großen Lustheimer Falkenjagd als

Läufer voraneilende Mohrenknabe auf dem Reiterbildnis der Francesca di Valoys und der Maria Giovanna Battista di Savoia vorgebildet.

[67] BStGS, Inv.Nr. 2691, Lwd. 371×631 cm. Vgl. Kat.Nr. 1. Das Gegenstück der Südwand ist IO: BAT: CORLANDUS PINXIT bezeichnet.

[68] Zu Anspruch und Nobilitierung der höfischen Jagd mit abgerichteten Falken vgl. H. Peters, Falke (Reallexikon zur deutschen Kunstgeschichte 6, 1973) 1251ff. Reiher zu jagen war das Vorrecht des bayerischen Kurfürsten, wie es die bis in das 18. Jahrhundert gültigen »Landrecht, Policey- Gerichts- Malefitz- und andere Ordnungen des Fürstentumben Obern und Nidern Bayrn«, München 1616, 791 festlegen: »Die Raiger zu schießen oder auf alle andere weiß zubekommen, weil wir die uns zu unserm und anderer frembden ankommenden Fürsten personen lust und ergetzung jederzeit vorbehalten haben und noch vorbehalten thun, ist gleichwol bißher niemandt erlaubt gewesen.« Die Kenntnis dieser Verordnung danke ich dem liebenswürdigen Hinweis von Frau Dr. G. Diepolder.

[69] Gesandtschaftsbericht des Lantéry vom 13. 6. 1681 nach Strich II 392.

[70] Vgl. dazu ib. 367, 394ff., 452, 464. Curlandos »Wildschweinjagd« (BStGS, Inv.Nr. 2694, Lwd. 377×299 cm) ist als linkes Entrefenêtre an der Ostwand des Lustheimer Großen Saales angebracht.

[71] Der vorliegende zweite Teil dieses Beitrages gibt die überarbeitete Fassung eines Vortrages, der im Frühjahr 1976 in einer Veranstaltungsreihe des Zentralinstitutes für Kunstgeschichte und der Bayer. Verwaltung der staatl. Schlösser, Gärten und Seen in München gehalten wurde.

[72] R. Pallavicino, I trionfi dell'architettura nella sontuosa residenza di Monaco . . ., München 1667; J. Schmid, Triumphierendes Wunder-Gebäw Der Churfürstlichen Residentz zu München, München 1685; Chr. Kalmbach, Triumphirendes Wunder-Gebäu. Der Chur-Fürstlichen Residentz zu München . . ., München 1719.

[73] Ragionamenti di Giorgio Vasari . . . sopra le invenzioni da lui dipinte in Firenze nel Palazzo di loro Altezza Serenissime . . . Francesco de'Medici, Florenz 1588.

[74] Haeutle, Residenz; H. Kreisel–H. Thoma, Residenz München, Amtlicher Führer, München 1937.

[75] Haeutle, Residenz 79ff. sowie Kreisel-Thoma (Anm. 74) 129ff.

[76] Haeutle, Residenz 80 sowie H. Pée, Johann Heinrich Schönfeld. Die Gemälde, Berlin 1971, 54f., 172ff.

[77] Riezler VII 90f. sowie Schiedermair (Anm. 21) 122f.

[78] Berlin, Staatliche Museen Preußischer Kulturbesitz, Kupferstichkabinett; Feder in Grau, grau laviert, quadriert, 20,3×31,7 cm; Pée (Anm. 76) 174, Nr. 109a, Abb. 266.

[79] Wunder-Gebäw 65f.; vgl. Pée (Anm. 76) 174, Nr. 109a, Abb. 121.

[80] Wunder-Gebäw 66ff.; vgl. Pée (Anm. 76) 174–176, Nr. 109b–i, Abb. 123–130.

[81] Vgl. E. Andreaus Bortot, Per Antonio Triva (Arte Veneta 20, 1966) 262–265; A. Corbara, Un ritratto di Antonio Triva (Arte Veneta 21, 1967) 224.

[82] Schede Vesme (Anm. 40) III 1056.

[83] Publiziert bei Schiedermair (Anm. 21) 134f. und Paulus 229f., Anm. 97. – Über die unmittelbare Beschäftigung für den Münchner Hof hinaus hat Triva eine rege Tätigkeit auf dem Gebiet der religiösen Historienmalerei entfaltet, die eine eigene Untersuchung verdient. Gleich nach seiner Ankunft in München wurde ihm der bedeutende Auftrag für das Hochaltarblatt der Pfarrkirche Landsberg am Lech übertragen. Triva lieferte das Gemälde 1680 für insgesamt 875 fl., vgl. Die Kunstdenkmale des Regierungsbezirkes Oberbayern I. Teil, München 1895, 497f.; dort 491 der Nachweis über ein vom Künstler erstelltes »Visier«, das zur Begutachtung des Gemäldes durch den Abt von Wessobrunn als Pfarrherrn diente. 1681 schuf Triva das Altarblatt der Ursulinenkirche in Landshut, 1688 (?) Hochaltarblatt und Seitenaltäre der ehem. Stiftskirche der Augustiner-Chorherren in Beyharting. Für die Münchner Frauenkirche lieferte Triva ein heute nicht mehr nachweisbares Gemälde der sieben Zufluchten, für die Gruftkapelle der Theatinerkirche ein erhaltenes Altarblatt mit der Darstellung der Seligen Margareta von Savoyen.

[84] Vgl. Berghoff (Anm. 45) 28f.; zur Camera dell'Alcova des Palazzo Reale vgl. Kat. Turin (Anm. 15) II 39f.

[85] Kreisel-Thoma (Anm. 74) 133f.

[86] Nach Wunder-Gebäw 82ff. Weisheit, Tugend, Freundschaft und Beständigkeit. Die Gemälde haben sich wie das Mittelfeld in moderner Rahmung erhalten. Für die Allegorie mit ihren zwölf Figuren erhielt Triva 516 fl., für die vier Personifikationen zusammen 1120 fl., nach Haeutle, Residenz 77.

[87] Wunder-Gebäw 81f.

[88] Straub 182.

[89] StAM HR 282/155f. für 1. 11. 1699 bis 17. 1. 1670; 17. 1. 1670 bis 17. 3. 1670; 17. 3. 1670 bis 25. 6. 1670.

[90] Kreisel-Thoma (Anm. 74) 134; vgl. Wunder-Gebäw 77ff.

[91] Die allgemein akzeptierte Datierung der Deckenbilder Catanis in das Jahr 1669 (Kreisel-Thoma, Anm. 74, 133) ist nicht mit seiner seither bekanntgewordenen Tätigkeit für den Dresdener Hof im gleichen Jahr, vgl. Wichmann (Anm. 42) 4, in Einklang zu bringen. Da für Catani ein Münchner Aufenthalt um 1674 auf Grund des Alters der in seiner Allegorie dargestellten kurfürstlichen Kinder belegt werden kann (vgl. Kat. Nr. 40), dürfte auch die Entstehung der Gemäldefolge für das Herzkabinett in der gleichen Zeit erfolgt sein, in welcher die Ausstattungsarbeiten der Residenz unter Henriette Adelaide ihren Höhepunkt erreichten. Ob die bei Haeutle, Residenz 81 angegebene Zahlung von 975 fl. an Catani den Allegorien oder der Gemäldefolge für das Herzkabinett galt, muß offenbleiben.

[92] Haeutle, Residenz 79 u. 82. Eine Vorstellung von der architektonischen Gestalt dieses Gebäudes vermittelt der Residenzplan des Institut de France, Paris (Abb. 26) sowie die Weningsche Ansicht der Residenz, vgl. Kat. Nr. 266.

[93] Wunder-Gebäw 97.

[94] Vgl. oben Anmerkung 14.

[95] Vgl. Heigel (Anm. 3).

[96] Wunder-Gebäw 91ff.

[97] Haeutle, Residenz 82.

[98] Vgl. B. Knüttel, Zur Geschichte der Münchner Residenz 1600–1616 (I) (MJBK 18, 1967) 187–210.

[99] Eine Monographie über die Teppichfolge wird in Kürze von B. Knüttel-Volk vorgelegt.

[100] Vgl. W. Prinz, Die Entstehung der Galerie in Frankreich und Italien, Berlin 1970.

[101] BStGS, Inv.Nr. 10525, Lwd. 118×110 cm. Dieses Gemälde ist, wie die folgenden, bisher als »Deutsch 17. Jahrhundert« bestimmt worden. Zur Szene vgl. Wunder-Gebäw 93f., zur Ingolstädter Studienzeit des Erbprinzen vgl. H. Dotterweich, Der junge Maximilian, Jugend und Erziehung des bayerischen Herzogs und späteren Kurfürsten Maximilian I. von 1573–1593, München 1962, 92ff., hier vor allem 95f. u. 113f.

[102] BStGS, Inv.Nr. 10526, Lwd. 109×118 cm. Vgl. Wunder-Gebäw 94, sowie Dotterweich (Anm. 101) 129f. zum Besuch Maximilians bei Papst Clemens VIII.

[103] BStGS, Inv.Nr. 10527, Lwd. 120×95 cm. Vgl. Wunder-Gebäw 94.

[104] BStGS, Inv.Nr. 10528, Lwd. 120×95 cm. Vgl. Wunder-Gebäw 94f.

[105] Wunder-Gebäw 127f. Zum Gemälde des Hans Werl und seiner Vorzeichnung vgl. Knüttel (Anm. 98) Abb. 3 u. 4.

[106] Wunder-Gebäw 95.

[107] BStGS, Inv.Nr. 6011, Lwd. Dm. 257 cm und Inv.Nr. 10534, Lwd. Dm. 257 cm. Bisher als »Deutsch 18. Jahrhundert« bestimmt. Zu den Allegorien vgl. Wunder-Gebäw 94f.

[108] BStGS, Inv.Nr. 10453, Lwd. 84×147 cm; Inv.Nr. 10537, Lwd. 89×152 cm; Inv.Nr. 10536, Lwd. 87×153 cm; Inv.Nr. 1739, Lwd. 90×124 cm; Inv.Nr. 1741, Lwd. 90×124 cm; Inv.Nr. 10452, Lwd. 84×147 cm. Die Gemälde werden Triva traditionell zugeschrieben, ohne Kenntnis allerdings ihrer Zugehörigkeit zur Galerie Henriette Adelaides. Zu den Darstellungen vgl. Wunder-Gebäw 99ff.

[109] BStGS, Inv.Nr. 10559, Lwd. 454×336 cm, bisher als »Deutsch 17. Jahrhundert« bestimmt.

[110] Wunder-Gebäw 92.

[111] Für zwei weitere, in unmittelbarem Zusammenhang mit dem Galeriegebäude erstellte Räume Henriette Adelaides lassen sich nun Deckengemälde Antonio Trivas nachweisen: für das Rosen- und Lilienzimmer hat sich das mittlere Deckenbild erhalten (BStGS, Inv.Nr. 10475, Lwd. 172×230 cm). Es zeigt Venus, deren Blut Rosen färbt, an deren Dornen ihr Fuß sich verletzt hatte. Ein weiteres, ehemals wohl in einem rundbogigen Wandfeld eingelassenes Gemälde (BStGS, Inv.Nr. 10474, Lwd. 85×210 cm) verweist mit der Darstellung des sterbenden Ajax, aus dessen Blut Blumen erwachsen, auf das gleiche Ovidische Metamorphosen-Thema. – Für das Liebeszimmer lieferte Triva über 175 einzelne, das Thema Liebe zwischen Kindern und Eltern variierende Bildchen, die ihm mit 2670 fl. verrechnet wurden, vgl. Haeutle, Residenz 82. Eine Folge noch näher zu untersuchender kleinfiguriger Gemälde im Depot des Bayer. Nationalmuseums (u. a. Inv.Nr. R 2780ff.; R 3304ff.; R 3740ff.; R 5960; R 5984; R 5987) läßt sich mit diesem Liebeszyklus identifizieren. – Der Beitrag Henriette Adelaides zur Ausstattung der Münchner Residenz ist schon früh als von ihrer italienischen Herkunft geprägt erkannt worden. Bianconi, Briefe über die vornehmsten Merkwürdigkeiten der churbaierischen Residenzstadt München und den umliegenden Lustgegenden, München-Leipzig 1771, 24, schreibt über die Raumfolge der Kurfürstin: »diese Zimmer werden Sie gleich beym ersten Anblicke mit Recht italiänische Zimmer nennen. Sie wurden von der Churfürstin Adelheydt von Savoyen, Gemahlinn des Churfürsten Ferdinands, angegeben, welche unseren Sitten und Gebräuchen sehr getreu war, dieselben ihr ganzes Lebens durch beybehalten, und niemals ihr geliebtes Turin hat vergessen können.«

[112] K. Th. Heigel, Nymphenburg (Bayer. Bibliothek 25, Bamberg 1891) 10ff.; L. Hager, Nymphenburg. Schloß, Park und Burgen, München o. J., 10ff.

[113] StAM HR 282/155, fol. 23 u. 24.

[114] G. Hojer–E. Schmid, Nymphenburg, Amtl. Führer, München 1975[11], sowie L. Andersen, Eine unbekannte Quellenschrift aus der Zeit um 1700 (MJBK 24, 1973) 208f.

[115] Andersen (Anm. 114) 175–178.

[116] Die Identifikation dieser Gemälde als Teile der ursprünglichen Ausstattung des Großen Saales von Nymphenburg ist Prof. Dr. Hermann Bauer, München, zu danken. Vgl. Berghoff (Anm. 45) 38ff.

[117] Am 25. 7. 1673 berechnet Triva für dieses Gemälde insgesamt 340 fl., wobei Hauptfigur und Putten als einzelne Posten aufgeführt und die Arbeitszeit, beginnend mit dem 16. 4., mit gut drei Monaten angegeben werden. Vgl. StAM HR 282/155, fol. 24.

[118] Sandrart (Anm. 20) 212.

[119] J. Glaesemer, Joseph Werner 1637–1710 (Œuvrekataloge Schweizer Künstler 3, Schweizer Institut für Kunstwissenschaft Zürich), Zürich 1974, 186, Nr. 117. Eine Vorzeichnung Werners befindet sich in Berlin, Staatliche Museen Preußischer Kulturbesitz, Kupferstichkabinett (Pinsel und Tusche, weiß gehöht, auf blauem Papier, quadriert, 28,6×39,5 cm; vgl. Abb. 73). Die Zeichnung war im Kat. Ausst. Barock in Deutschland, Residenzen, Berlin 1966, Nr. 346, als Entwurf Werners zur Gemäldeausführung Trivas falsch interpretiert.

[120] Zu den besten Arbeiten Werners zählen acht Szenen aus dem Leben Mariae, die er 1669 für Henriette Adelaide schuf, vgl. Glaesemer (Anm. 119) 57f.

[121] Hojer-Schmid (Anm. 114) 46f.

[122] Das Nymphenburger Inventar von 1758 (Anm. 44) fol. 58v benennt den Maler nur als »Voet«, den Feulner, Gemälde Nr. 446, der das heute verschollene Gemälde noch aufführt, wenig überzeugend als Jacques Vouet (1590–1649) bestimmt.

[123] Berghoff (Anm. 45) 42ff.

[124] A. Riccoboni, Antonio Zanchi e la Pittura Veneziana del Seicento (Saggi e Memorie di storia dell'arte 5, 1966) 55–134; ders., Zanchi e Triva nel Castello di Nymphenburg (Arte Veneta XXIII, 1969) 232–235; ders., Novità Zanchiane (Studi di Storia dell'Arte in Onore di Antonio Morassi, Venedig 1971) 262–271.

[125] Riccoboni (Anm. 124, 1966) 127.

[126] Wunder-Gebäw 58ff. Der bisher nicht erkannte Zusammenhang zwischen dem Programm des Heldinnenzimmers und den in der Aufstellung von 1697 genannten Gemälden Zanchis wird sinnfällig an dem über die Liste gestellten Vermerk »Nella prima Camera«. Als Vorzimmer der Kurfürstin war das Heldinnenzimmer noch vor dem Goldenen Saal gelegen und stellte den Beginn der Raumflucht Henriette Adelaides dar.

[127] Haeutle, Residenz 85.

[128] G. Ewald, Eine unbekannte Entwurfszeichnung für das Hochaltarbild der Theatinerkirche in München (Das Münster 13, 1960) 260–263. Vgl. Kat. Nr. 16. – Ein bemerkenswertes Zeugnis der venezianischen Kunst Zanchis stellt eine Folge von großformatigen Historien vorwiegend aus dem Alten Testament dar, über deren Auftrag und ursprüngliche Bestimmung wir nicht unterrichtet sind. Von den bei Rittershausen, Die vornehmste Merkwürdigkeiten der Residenzstadt München für Liebhaber der bildenden Künste, München 1788, 41f., aufgeführten Stücken haben sich der »Barmherzige Samariter« und »Jakob vor dem Pharao« in der Grünen Galerie der Residenz erhalten, Feulner, Gemälde Nr. 469 u. 470; die »Gefangennahme Samsons« gibt BStGS, Inv.Nr. 3812, während das »Opfer Noes« nicht nachweisbar ist.

[129] R. Wittkower, Art and Architecture in Italy 1600 to 1750, Harmondsworth 1973[3], Taf. 24b.

[130] Zu den Alexanderzimmern vgl. Haeutle, Residenz 95ff., sowie Paulus 70ff.

[131] Bedeutenden Anteil haben wohl nur J. A. Wolff, J. A. Gumpp und F. J. Geiger, während die Arbeiten D. Schöfftlhubers, K. Pflegers, K. G. Stubers, N. Pruggers und J. K. Sings allem Anschein nach nur zweitrangige Aufgaben betrafen. Neben Wolff und Gumpp treten bei den Wiederherstellungsarbeiten in den Kaiserzimmern vor allem F. Rosa und G. Trubilio. Auf diese ab 1695 einsetzende Arbeit, die der Rückgewinnung maximilianischer Räume nach den Zerstörungen des Brandes von 1674 galt, kann hier nicht eingegangen werden. Es sei auf Andersen (Anm. 115) 178–189 verwiesen sowie auf Kat. Nr. 257.

[132] Nach Berg (Anm. 60) 99, Anm. 14.

[133] Ib., Anm. 11.

[134] Thieme-Becker XIII 134.

[135] L. Waagen, Johann Andreas Wolff 1652–1716, Diss. München 1931, München 1932.

[136] Nach ib. 4. Die tastende Suche nach einem stilistischen Vorbild verrät eine der frühesten datierten Zeichnungen Wolffs, eine 1674 bezeichnete Darstellung von Merkur und Argus in der Graphischen Sammlung Albertina, Wien, Inv.Nr. 3734. Das Blatt gibt eine deutliche Anlehnung des jungen Wolff an Schönfeld zu erkennen, später hat Wolff eine solche Nähe zu dem Augsburger nicht mehr gesucht.

[137] Wunder-Gebäw 153f.

[138] Dieses Werk war bisher nicht für Wolff gesichert, erst der Fund seiner Vorzeichnungen läßt den beherrschenden Anteil Wolffs an den Ausstattungsarbeiten der Alexanderzimmer erkennen.

[139] Inv.Nr. 30167, schwarze und braune Feder, grau laviert, 17,9×18 cm. Vgl. Kat. Nr. 261. Eine zeichnerische Kopie in der

gleichen Sammlung, Inv.Nr. 30154. Vgl. zu beiden Waagen (Anm. 135) 139, Nr. 44 und 42 als »Römische Krieger«.

[140] Inv.Nr. 30160, braune Feder, braun laviert, über Bleiskizzierung, 43,6×40,6 cm. Vgl. Kat. Nr. 262. Eine flüchtige Kopie nach der Hauptgruppe befindet sich in der gleichen Sammlung, Inv.Nr. 30156. Vgl. zu beiden Waagen (Anm. 135) 139, Nr. 43 und 46 als »Römische Krieger«.

[141] München, Graphische Sammlung, Inv.Nr. 30178, schwarze und braune Feder, braun und grün laviert, weiß gehöht, Dm. 56,5 cm. Vgl. Kat. Nr. 263 sowie Waagen (Anm. 135) 139, Nr. 45 als »Treuegelöbnis eines Feldherrn«.

[142] Rittershausen (Anm. 128) 138, urteilt 1788: »besonders sind seine Handzeichnungen als ein Schatz der Nachwelt aufzubehalten«. Vgl. auch D. Graf, Kat. Ausst. German Baroque Drawings, Heim Gallery, London 1975, Nr. 121–123.

[143] Nach Waagen (Anm. 135) 30.

[144] Haeutle, Residenz 96.

[145] Prof. E. Perman, Stockholm. Schwarze und braune Feder, 16,5×26,5 cm, bez. A: wolff. Die Kenntnis dieses Blattes verdanke ich dem freundlichen Hinweis von Frau Dr. B. Volk-Knüttel.

[146] Inv.Nr. 27/77, braune Feder, grau laviert, 24,2×20 cm. Vgl. Kat. Nr. 260 sowie Waagen (Anm. 135) 143, Nr. 107 als »Huldigung an einen Herrscher«.

[147] Vgl. Blunt (Anm. 43) 211 sowie Kat. Ausst. Charles Le Brun 1619–1690, Versailles 1963, Nr. 29–32.

[148] Inv.Nr. 30134, Rötel, 15,8×29,1 cm. Vgl. Kat. Nr. 265. Als Wolffsche Studie für das Mittelbild des Zimmers der Welt der Kaiserzimmer bei Waagen (Anm. 135) 140, Nr. 49.

[149] Wunder-Gebäw 179. Zum Nachweis der Zahlung an Gumpp vgl. Haeutle, Residenz 97.

[150] Wunder-Gebäw 157f.

[151] Haeutle, Residenz 97. Zu einem weiteren Zeugnis der Deckengestaltung dieses Raumes vgl. die Vorzeichnung F. J. Geigers Kat. Nr. 264.

[152] Haeutle, Residenz 95ff. sowie Paulus 70ff.

[153] Für eine geschnitzte Holzdecke im »langen Zimmer« erhielt Andreas Wünckler 275 fl., nach Haeutle, Residenz 96. Wer die eingesetzten Leinwandgemälde schuf, ist nicht bekannt.

[154] Prospero Breni, »welcher bei den Herrn Theatinern in Arbeit gewest«, führte vertragsgemäß die Stukkaturarbeit (14. 1. 1681) »bei dem neuen Pau die Döckhen in dem sogenannten Warthzimmer neben der Schönen Capeln« aus und verfertigte das Gewölbe und die Gesimse »in conforma il disegno« Zuccallis. Breni arbeitete ebenso an der Decke »des hohen oder Retiratzimmers«, der Galerie. Nach Paulus 71.

[155] Haeutle, Residenz 97.

[156] Paulus 72.

[157] Die bei Berg (Anm. 60) gegebene Darstellung der Lustheimer Freskenfolge als eines Erstlingswerks im bayerischen Raum ist damit zu korrigieren.

[158] Berg (Anm. 60) 95f. führt in der direkten Nachfolge Lustheims die Stiftskirche St. Florian (1690–95 von Gumpp und Steidl freskiert), den Kaisersaal in Kremsmünster (1695 von Steidl ausgemalt), den Großen Saal Nymphenburgs (1702–04 von Gumpp erneuert) u. a. an. Steidls großartige Freskenfolge auf Schloß Arnstorf (1710–14) sei hier angefügt.

J. Audran nach J. Vivien, Max Emanuel nach der Schlacht bei Harzan.

Johann Georg Prinz von Hohenzollern

Die französischen Maler am Hofe Max Emanuels

Fast unmittelbar nach dem Regierungsantritt Max Emanuels im Jahre 1679 sind die ersten Anzeichen für eine neue künstlerische Ära in München zu erkennen. Wie an vielen deutschen und europäischen Höfen überwiegt auch in München im dritten Drittel des 17. Jahrhunderts die italienische Kunst. Hier wurde sie in besonderem Maße geprägt durch die künstlerisch interessierte Mutter Max Emanuels und Gemahlin des Kurfürsten Ferdinand Maria, die aus Savoyen stammende Henriette Adelaide. Vereinzelt waren zwar auch schon zu dieser Zeit französische Maler tätig, wie Henri Gascar (1634–1701) und Paul Mignard (1639–1691), unter Max Emanuel aber gerät die Kunst am Münchner Hofe, in den ersten Jahren zögernd, nach der Rückkehr von den Türkenkriegen, vor allem aber um die Jahrhundertwende und dann nach der Statthalterschaft in den Niederlanden, vollends unter französischen Einfluß. Diese Entwicklung ist nicht etwa nur in München zu konstatieren oder durch Max Emanuel als Verehrer Ludwigs XIV. verursacht, sondern an fast allen in- und ausländischen Höfen zu beobachten. Fast bis zur Wende des 17. zum 18. Jahrhundert ist die höfische Kunst entweder direkt von italienischen Künstlern geprägt oder steht unter ihrem Einfluß. Mit der Fertigstellung von Versailles und der Gründung der Akademie Colberts im Jahre 1671 wird der französische Kunstgeschmack vollwertig, und der Stil Ludwigs XIV. erobert die europäische Vormachtstellung.[1] Die französische Kunst beginnt an den verschiedenen Höfen aber nicht gleichzeitig an Einfluß zu gewinnen. Während Max Emanuel als einer der frühesten Bewunderer und Förderer französischer Künstler anzusehen ist, was sicher mit durch äußere Umstände, wie die Vermählung seiner Schwester Maria Anna 1680 mit dem Grand Dauphin und seine Statthalterschaft in Brüssel, in unmittelbarer Nachbarschaft zu Frankreich also, verursacht worden ist, wird Antoine Pesne erst 1710 Hofmaler in Berlin und Louis Silvestre erst ab 1716 in Dresden wirksam. Zu dieser Zeit waren Joseph Vivien, Pierre Gobert oder Martin Maingaud bereits viele Jahre in kurbayerischen Diensten.

Neben diesen Franzosen oder in französischer Manier arbeitenden einheimischen Künstlern sind aber auch Italiener, wie etwa der Architekt Enrico Zuccalli oder der Maler Antonio Triva, für den Kurfürsten tätig.[2] Von 1715 an ist der Venezianer Jacopo Amigoni in Schleißheim und Nymphenburg beschäftigt, wo er eine Reihe von Deckengemälden entwirft. Er ist, von Frankreich unbeeinflußt, seiner venezianischen, gefällig dekorativen Manier in der Art Sebastiano Riccis treu geblieben.

Max Emanuel hält sich 1699 in Brüssel auf, als die Porträtmaler Joseph Vivien und Martin Maingaud erstmals Zahlungen vom kurfürstlichen Hofzahlamt erhalten.[3] Vivien dokumentiert seine Tätigkeit für den Kurfürsten auf seinem im gleichen Jahr entstandenen Selbstbildnis, das Kat.Nr. 719
sich heute in Florenz befindet.[4] In der Zeit des Exils in Frankreich ergehen 1712 Zahlungen an den Porträtisten Pierre Gobert.[5] Nach der Rückkehr Max Emanuels nach München 1715, während der regen Bautätigkeit an den Schloßprojekten, taucht der Historienmaler Nicolas Bertin wiederholt in den Nymphenburger Inventaren auf.[6]

Vor allem Vivien, der bedeutendste für Max Emanuel tätige Maler, aber auch Maingaud und Gobert verkörpern in ihren Bildnissen jenen zwischen 1685 und 1690 einsetzenden veränderten Stil. P. Marcel nennt diese Epoche, die bis etwa 1721 anhält, also die Jahre des späten Louis XIV. und fast der ganzen Régencezeit umfaßt, *temps de transition*.[7] Die Zeit davor, das *Grand Siècle*, wird von dem Historienmaler und künstlerischen Beherrscher von Versailles, Charles Lebrun, geformt, der als Hauptvertreter des strengen Akademismus anzusehen ist. Nach den Statuten der Akademie, die von Ludwig XIV. und Lebrun festgesetzt wurden, bleiben diejenigen Mitglieder, die sich offiziell als Porträtmaler bekennen, von den höheren akademischen Würden ausgeschlossen. Führend ist die Historienmalerei, während Landschaftsmalerei und Porträt zu den niederen Zweigen des Genres gerechnet werden.[8] So sind auch in diesem Zeitraum zwischen 1660 und 1680 nur wenige Einzelporträts vorzufinden. Die großen Persönlichkeiten wollten in Aktion, etwa als Feldherren während einer Schlacht, gezeigt werden. Auch das naturalistische Porträt, das Philippe de Champaigne geprägt hat, ist höchstens noch bei Pierre Mignard, aber da schon verbunden mit schmeichlerischen Zugeständnissen, vorzufinden.

Das pompöse Repräsentationsstück aber, die große Geste ist für das französische Porträt auch über das *Grand Siècle* hinaus bis ins 18. Jahrhundert hinein ein wichtiges Charakteristikum. Diese unnatürlich anmutende Pose des Dargestellten ist für den Franzosen höchster Ausdruck seines nationalen Empfindens; es muß aus dem Geist der Zeit verstanden werden, daß sich jedes Individuum, gleich welchen Standes, als Repräsentant der Nation fühlte.[9]

Die bedeutendsten Porträtisten des *temps de transition* in Frankreich sind Hyacinthe Rigaud und Nicolas de Largillierre. Beide sind maßgeblich an der Entwicklung der französischen Porträtmalerei vor 1700 beteiligt und haben den Übergang von diesem Jahrhundert zum anderen geschaffen. Sie trugen zur Eliminierung des Stils des *Grand Siècle* bei; beide waren ausgesprochene Koloristen. Auch für die Technik, für den barocken Schwung der Gewänder und Draperien und für die Mischung aus Impression und Intimität wurde die flämische Malerei, speziell van Dyck, zum Vorbild. Während Rigaud ausschließlich für den Hof arbeitete, war Largillierre der Maler des gehobenen Bürgertums. Mit der aristokratischen Eleganz seiner Bilder hat Rigaud auf Vivien, Maingaud und auch Gobert mehr eingewirkt als Largillierre mit seinem bürgerlichen, bombastischen Prunk.

Typisch für Rigaud, wie auch für seinen Nachfolger Vivien und daher von besonderem Interesse, sind die militärischen Porträts. Gemeint sind Bildnisse, wo der Dargestellte in Uniform mit Brustpanzer in dreiviertel oder voller Größe, mit oder ohne Schlachtenlandschaft im Hintergrund wiedergegeben ist. Der Typus stammt zwar auch von van Dyck, die Schlacht im Hintergrund aber ist französische Tradition, die schon vor Rigaud bei Philippe de Champaigne ausgebildet gewesen ist. Das gilt auch für den Stil, der in der Brillanz der Rüstungen und Draperien von van Dyck beeinflußt, in der Steifheit der Gesten und der pompösen Pose französisch ist.[10] Im Werk Viviens gibt es hierfür Beispiele zur Genüge, wie etwa die Porträts Max Emanuels in Rüstung als Halbfigur, ganzfigurig mit Rüstung und Feldherrnstab mit der Stadt Mons (?) im Hintergrund oder das Bildnis des Kurfürsten in der Schlacht bei Harzan, das im Original verbrannt, in einem Stich von J. Audran und einer Replik in Namur erhalten ist.[11]

Joseph Vivien, der 1657 in Lyon geboren wurde und 1734 in Bonn starb, ging 1672 in Paris bei dem Maler François Bonnemer in die Lehre und entwickelte sich ab 1698, also in den Jahren, da er erstmals nachweislich für Max Emanuel tätig war, zu einem der führenden Porträtmaler in Paris. Im gleichen Jahr erhielt er von der Königlichen Akademie den Auftrag, die Porträts von Girardon und Coysevaux als Rezeptionsstücke zu malen. Doch erst 1701 lieferte er die Bildnisse Girardons und, anstelle Coysevaux', Robert de Cottes ab und wurde damit Mitglied.[12] Anscheinend war Vivien aber schon im Salon der Akademie von 1699 vertreten, denn Florent le Comte erwähnt in seinem Bericht über diesen Salon ein Pastellbildnis Mansarts von Vivien.[13]

In den Sitzungsprotokollen der Akademie wird Vivien ausdrücklich als »Peintre en pastel« bezeichnet. Er ist somit nach Nicolas Dumonstier der zweite Maler an der Akademie mit diesem Titel.

Die eigentliche Pastellmalerei, wenn man von einigen Bleistiftporträts im 16. Jahrhundert absieht, beginnt in Frankreich erst im 17. Jahrhundert mit Wallerant Vaillant, Robert Nanteuil und anderen, die eine Technik entwickelt haben, bei der nicht mehr die einzelnen Striche, sondern Farbe und Töne die plastischen Werte erzeugten.[14] Vivien aber macht sie als erster populär. Er vollendet die Technik und beschränkt sich nicht wie seine Vorgänger auf kleine Formate, sondern malt seine Modelle in Halb-, Knie- und sogar Ganzfigur von lebensgroßem Format. Daß hier vor allem technische Probleme eine Rolle spielten, leuchtet ein, wenn man sich vergegenwärtigt, daß für die Ganzfigurenporträts mehrere Bogen Papier zusammengeklebt und alle Pastelle durch Glas geschützt werden mußten. So berichtet Florent le Comte auch eigens, daß Max Emanuel für sein Porträt eine Glasscheibe von 48 Zoll Höhe anfertigen ließ.[15]

Rigaud wurde für Vivien mit seiner zum Ende des Jahrhunderts hin gewandelten Darstellung des Menschen zum Vorbild. Dieser wird nicht mehr schlicht und sachlich, auch nicht in unnatürlicher Pose, sondern monumental, würde- und hoheitsvoll dargestellt. Damit kamen Rigaud und Vivien den Wünschen der Auftraggeber entgegen, die ein gesteigertes Repräsentationsbedürfnis gegenüber der glanzvollen Prunkentfaltung am Hof in Versailles hatten. »Dennoch ist Vivien kein Nachahmer Rigauds. Er entwickelte eine eigene Nuance dieses Stils, die durch kühleres Auftreten der Personen und durch größere Strenge des Bildbaues der Vornehmheit einen besonderen Akzent gab.«[16]

Sein Hauptverdienst aber ist die Entwicklung des Pastells, und noch bis heute wird seine Bedeutung hauptsächlich als Pastellmaler gesehen. Florent le Comte nannte ihn schon 1702 den »van Dyck du siècle pour le pastel«,[17] und E. Dacier und P. Ratouis de Limay rühmen ihn als einen »Rigaud du crayon«.[18] So hat auch Vivien und nicht Rosalba Carriera, als sie 1719/20 in Paris Triumphe feierte, die Pastellmalerei in Frankreich populär gemacht. Während seine Kunst Ausdruck einer anderen Epoche ist, leitet die Rosalba den neuen Stil der Pastellmalerei des Rokoko ein.

Vor 1698 sind nur ganz wenige datierte Gemälde von Vivien bekannt. Von diesem Jahr an sind dann die erhaltenen oder durch Quellen nachweisbaren Werke viel zahlreicher. Aus dem Jahre 1698 stammt das früheste Porträt
Max Emanuels, ein Kniestück, das den Kurfürsten in Feldharnisch mit Kommandostab zeigt und das in mehreren Varianten vorhanden ist. Im gleichen Jahr malt Vivien in Brüssel dessen ältesten Sohn, den Erben der spanischen Krone, Joseph Ferdinand, der 1699 starb.[19] 1700 entstehen die Bildnisse des Grand Dauphin und seiner drei Söhne, Louis Duc de Bourgogne, Philippe Duc d'Anjou und Charles Duc de Berry, sowie posthum das Porträt der bereits 1690 verstorbenen Dauphine Maria Anna Christina, der Schwester Max Emanuels. Gleichzeitig bekommt Vivien

Kat.N

Kat.N

Kat.N
327–3

V Giovanni Battista Curlando, Max Emanuel auf der Wildschweinjagd. Schloß Lustheim, Großer Saal

den ehrenvollen Auftrag, den er wahrscheinlich Max Emanuel zu verdanken hat, für Ludwig XIV. die gleiche Serie nochmals zu malen. Er ist jetzt nicht nur »Premier Peintre« Max Emanuels, sondern auch »Peintre du Roi«. Von besonderer Kostbarkeit sind die geschnitzten Rahmen, die bei beiden Serien stilistisch übereinstimmen mit der Ausnahme, daß die Münchner Bilder mit Wappenkartuschen bekrönt sind. Angefertigt wurden sie wahrscheinlich von einem »sculpteur Vivien«, der 1700 und 1701 Zahlungen erhält und vermutlich identisch ist mit dem Bildhauer Jacques Vivien, dessen verwandtschaftliche Beziehungen zu Joseph Vivien nicht bekannt sind.[20]

Als Max Emanuel 1701 nach München zurückkehrt, bleibt Vivien in Paris. Erst ab 1705 wird er wieder für den Kurfürsten tätig. In diesem Jahr malt er das Porträt der Gräfin Agnes von Arco, geborener Lelouchier, der langjährigen Mätresse Max Emanuels. Von diesem Bildnis ist nur der Stich von C. Vermeulen erhalten (Abb. 79). Das Original ist verschollen und sicher nicht, wie das Börsch-
Kat.Nr. 772 Supan vermutete, identisch mit dem Damenbildnis im Bayerischen Nationalmuseum München.[21] Ein Pastell-
Kat.Nr. 410 bildnis aus der Vivien-Werkstatt im Besitz des Grafen Toerring hingegen hat sehr viel mehr Ähnlichkeit mit der Gräfin Arco.[22] Da die Familien Toerring und Arco durch Heiraten mehrfach miteinander verwandt sind, werden auch die Besitzverhältnisse erklärlich.

1706 entsteht in Brüssel das großartige pompöse Ganz-
Kat.Nr. 392 figurenporträt Max Emanuels, das ihn in Rüstung und mit Kommandostab auf einer Anhöhe stehend zeigt, einen Pagen zur Linken und möglicherweise die Stadt Mons im Hintergrund. Mit den imponierenden Maßen von 215 × 146 cm ist es das größte erhaltene Pastell von der Hand Viviens. Auch von anderen Künstlern ist kein größeres Pastellbild bekannt, wobei berücksichtigt werden muß, daß Pastelle dieser Größe sicher häufig zerstört wurden, weil man sie nicht durch Gläser, die für diese Formate im 18. Jahrhundert noch nicht erhältlich waren, schützen konnte. Es grenzt überhaupt an ein Wunder, daß dieses und auch andere Pastelle bei den Ortswechseln, die mit langen, technisch unzulänglichen Transporten verbunden waren, überhaupt noch diesen relativ guten Erhaltungszustand aufweisen.

1710 weilt Max Emanuel, aus den Niederlanden und Bayern vertrieben und unter Reichsacht stehend, in Compiègne, das Ludwig XIV. ihm als Zufluchtsort zur Verfügung gestellt hatte. In Rückerinnerung an seine großen Taten bei den Türkenkriegen läßt er sich in diesem Jahr von Vivien als Sieger in der Schlacht bei Harsán porträtieren. Das monumentale Ölbild ist im Zweiten Weltkrieg in der Münchner Residenz verbrannt, aber eine Replik mit der Stadt Namur im Hintergrund (Abb. 78)[23] und ein Stich von J. Audran haben sich erhalten.[24] Von diesem Zeitpunkt an malt Vivien fast nur noch in Öl, während er davor überwiegend Pastellbildnisse verfertigt hatte. Nach Max Emanuels Rückkehr reist Vivien 1715 zum ersten Mal nach München, davor war er für dessen Bruder Joseph Clemens tätig. Er malte vor 1713 den im Exil auf Schloß Raismes bei Lyon weilenden Kölner Kurfürsten in Kniefigur mit Hermelin auf einem Stuhl sitzend. Von diesem
Bild, das der Kurfürst der Stadt Valenciennes geschenkt hat, Kat.Nr. 396
gibt es eine Reihe von Varianten und Kopien, die alle bis auf eine bei Börsch-Supan aufgeführt sind.[25] Gleichzeitig malte Vivien für Joseph Clemens das bedeutende Porträt
Fénelons in der Alten Pinakothek.[26] Kat.Nr. 722

Mit Genehmigung der Königlichen Akademie in Paris trifft Vivien im Dezember 1715 in München ein, wo er, wie viele andere für den Hof tätige Künstler, in der Herzog-Max-Burg untergebracht wird. Wie schon Börsch-Supan mit Recht vermutet, bezieht sich die Begründung in dem Genehmigungsschreiben der Akademie »pour aller à Munich en Bavière, faire les portraits des princes de Bavière« sehr wahrscheinlich auf das Hauptwerk im Schaffen Viviens,
»Die Wiedervereinigung Max Emanuels mit seiner Fami- Kat.Nr. 474
lie«, das er damals begonnen, aber erst 1733, kurz vor seinem Tod, vollendet hat.[27] Vivien wird sicherlich in München, wo er bis Anfang 1717 blieb, nur vorbereitende Studien für das Bild gemacht haben.

Das Bild und seine Komposition werden 1734 im »Mercure de France« erklärt. Börsch-Supan gibt eine gekürzte Übersetzung: »In der Mitte begrüßt der Kurprinz Karl Albert seinen Vater, der seine Gemahlin Therese Kunigunde am Arme führt, gefolgt von den Personifikationen der Stadt München und der Republik Venedig mit dem Markuslöwen. Rechts hinter diesen Gestalten erscheint ein Schiff als weiterer Hinweis auf Venedig. Merkur als Verträge beschützende Gottheit weist auf Pax, die mit einem Ölzweig in der Rechten neben Abundantia auf einer Wolkenbank thront und aus den Händen von Justitia den Kurhut empfängt, um ihn Max Emanuel zurückzugeben. Auf diese Weise ist die Aufhebung der Reichsacht dargestellt. Putten als Genien des Volkes hängen das bayerische Wappen an einer Eiche auf und schmücken es mit Girlanden. Dahinter erscheint der Janustempel mit verschlossener Tür. Hinter dem Kurprinzen folgen die Prinzen Philipp Moritz, Clemens August und die Prinzessin Maria Anna Carolina, von Athena als Göttin der Weisheit geleitet, die über ihre Erziehung gewacht hat. Die beiden Prinzen Ferdinand Maria Innozenz und Johann Theodor schließen die Gruppe ab. Vorne links stürzen Discordia und Fraus in einen Abgrund, während die Künste, durch Putten im Vordergrund symbolisiert, zu neuem Leben erwachen. Im Hintergrund erscheint Schloß Schleißheim, das Bauunternehmen, das Max Emanuel am meisten am Herzen lag und an dem er auch während seiner Verbannung plante.«[28] Vivien faßt die historischen Ereignisse, die an verschiedenen Orten und an mehreren Tagen abliefen, nämlich die Begrüßung des Kurfürsten durch seine Söhne in Elchingen bei Ulm und das Zusammentreffen mit seiner aus Venedig kommenden Gemahlin und den restlichen Kindern in Lichtenberg, wo er die bayerische Grenze überschritt, in einem Bild zusammen. Als Vorlage für den Bildtyp, das Historienbild oder hier eher das Gruppenbild, konnte Vivien auf eine Reihe ähnlicher Kompositionen aus der zweiten Hälfte des 17. Jahrhunderts, z. B. bei Pierre Mignard, zurückgreifen. Nach Börsch-Supan hat sich Vivien auch am glanzvollsten Beispiel dieser Art in Paris, dem Medici-Zyklus von Rubens, orientiert, ohne daß Übereinstimmungen nachgewiesen werden können.[29]

Kurz bevor Vivien wieder nach Paris zurückkehrte, erhielt er von Max Emanuel den Auftrag, die kurfürstliche Familie in Einzelbildnissen darzustellen. Er malte die Bilder in Paris sicherlich nach Studien, die er vorher in München gemacht hatte, und brachte sie bei seiner zweiten Reise, die ihn über Bonn führte, 1719 nach München mit. Es handelt (Kat.Nr. 471–472) sich hierbei um die ganzfigurigen Porträts Max Emanuels und der Kurfürstin Therese Kunigunde sowie der Prinzen (Kat.Nr. 500–505) Karl Albrecht, Philipp Moritz, Ferdinand Maria, Clemens August, Johann Theodor und der Prinzessin Maria Anna Carolina als Kniefiguren. Für die Porträts der Kurfürstin und der Prinzen Philipp Moritz und Clemens August nahm Vivien die gleichen Studien als Vorlage, die er schon für das große Familienbildnis benützt hatte. Zu dieser Serie gibt es eine ganze Reihe von Repliken und Kopien, die bei Börsch-Supan aufgeführt sind.[30] Dort nicht verzeichnet sind verkleinerte Kopien der Bildnisse der Prinzen Ferdinand Maria, Philipp Moritz und Clemens August sowie Kopien in Originalgröße der gleichzeitigen ganzfigurigen Porträts Max Emanuels und der Kurfürstin Therese Kunigunde im Schloß von Nordkirchen. Außerdem befindet sich dort noch eine verkleinerte Kopie des um 1726 entstandenen Porträts der Maria Anna Carolina von Bayern, der Gemahlin des Herzogs Ferdinand Maria.[31]

1722 liefert Vivien aus Paris zwei ganzfigurige Porträts (Kat.Nr. 519) der Prinzen Karl Albrecht und Ferdinand Maria, die kurz vorher von Max Emanuel in Auftrag gegeben worden sind.[32] Im Winter 1723/24 unternimmt Vivien seine dritte Reise nach München, um für den Kurfürsten die Bildnisse seiner Schwiegertöchter Maria Amalia und Maria Anna Carolina zu malen. Außerdem beginnt er sein letztes großes (Kat.Nr. 594) Werk, das monumentale Bildnis des Kurprinzen Karl Albrecht mit dem Grafen Preysing, Baron von Mayrhofen und dem Diener Balustrier auf der Jagd, umgeben von Hunden und erlegtem Wild. Das Bild, das bislang als verschollen gegolten hat, ist kürzlich durch R. Baumstark in Wiener Privatbesitz entdeckt worden. Es handelt sich mit Sicherheit um ein eigenhändiges Werk von Vivien, das auch in den Maßen ungefähr mit dem in der Aufstellung der Tochter Viviens aufgeführten Bild übereinstimmt. Es ist nach dem großen Familienbild das bedeutendste großformatige Ölbild Viviens, der es im Auftrag des damaligen Kurprinzen Karl Albrecht in Paris malte und über Straßburg nach München bringen ließ. Von einer weiteren Fassung ist nichts bekannt, so daß es sich bei dem Wiener Bild aller Wahrscheinlichkeit nach um das verschollene Original handelt.[33]

Die Bayerischen Staatsgemäldesammlungen besitzen zwei Selbstbildnisse Viviens, von denen das eine, das ihn an der Staffelei sitzend und an einem Bildnis Max Emanuels malend (Kat.Nr. 720) darstellt, mit zu den besten Arbeiten zu zählen ist. Nach Börsch-Supan ist es um 1720 oder 1723/24 bei Viviens drittem Münchner Aufenthalt entstanden und dem Kurfürsten von Vivien wahrscheinlich geschenkt worden, da in den Akten keine Rechnungen darüber zu finden sind.[34] In seiner künstlerischen Qualität und mit dem psychologischen Moment der »Selbstdarstellung aus der Perspektive des fürstlichen Auftraggebers« reiht sich dieses Selbstbildnis ohne weiteres in die Spitzengruppe französischer Künstlerporträts der Barockzeit ein.[35] Der gealterte Vivien stellt sich 1730 nochmals in einem Pastellbildnis mit Pelzmütze (Kat.Nr. 721) dar, das mit dem Nachlaß des Kurfürsten Clemens August, für den es wahrscheinlich gemalt worden ist, nach München gelangte.

Als Max Emanuel 1726 stirbt, verliert Vivien nicht nur seinen wichtigsten Auftraggeber, sondern er muß außerdem um die Rückzahlung der Schulden Max Emanuels bei ihm in Höhe von 50000 Livres fürchten. Nach Viviens Tod wird seine Tochter Suzanne in München bei Kurfürst Karl Albrecht vorstellig und liefert eine für das Werk Viviens sehr aufschlußreiche Liste der von Max Emanuel bestellten und nicht bezahlten Bilder. Aber auch Karl Albrecht bezahlt nur zögernd, denn aus den Akten geht hervor, daß die Erben Viviens bis 1821 um ihr Geld kämpfen mußten.[36]

Die Tätigkeit Viviens für Joseph Clemens war nach dessen Rückkehr aus der Verbannung 1714 trotz lobender Briefe des Kurfürsten sehr gering, denn es sind nur zwei Werke nachweisbar, je ein Bildnis Max Emanuels und Karl Albrechts.[37] Aber auch Clemens August, der 1723 seinem Oheim als Kurfürst in Köln nachfolgt, erteilt nach dem Tod seines Vaters keine Aufträge mehr an Vivien. 1722, als er noch Fürstbischof von Münster und Koadjutor seines Onkels Joseph Clemens in Köln ist, entsteht sein höchstwahrscheinlich von Vivien gemaltes, ganzfiguriges Bildnis, das im Original nicht erhalten und auch archivalisch nicht erwähnt ist. Die Kopie befindet sich als Gegenstück zu dem Bildnis des Kurfürsten Joseph Clemens im Schlaunzimmer von Nordkirchen. Dieses bislang vom Typus her unbekannte Porträt Clemens Augusts zeigt ihn in Chorrock, Mantilla und Hermelin, dem Betrachter fast frontal zugewandt sitzend und mit der rechten Hand auf ein geöffnetes Buch zeigend, das auf einem Tisch zusammen mit Mitra und Fürstenhut liegt.[38] Das berühmte und bedeutende Bildnis Clemens Augusts im Morgenmantel mit einem Koppchen in der Rechten, das in die Vertäfelung des Lackkabinetts von Schloß Brühl eingelassen ist, entstand ebenfalls um 1722.[39] Mit dieser intimen Darstellung eines Fürsten ohne Pomp und Pose gewinnt Vivien Anschluß an das Rokoko, dessen Hauptvertreter in Frankreich allerdings La Tour,

78

79

80

81

78 Replik nach J. Vivien, Max Emanuel vor Namur – 79 C. Vermeulen nach J. Vivien, Agnes Lelouchier, Gräfin Arco
80 M. Maingaud, Max Emanuel – 81 M. Maingaud, Therese Kunigunde

82 N. Bertin, Plafond im Badesaal der Badenburg

83

84

83 D. Nollet, Landschaft – 84 Feret, Ansicht von St-Cloud

85 F. Roëttiers, Allegorie auf die Rückkehr Max Emanuels

Nattier u. a. werden. An den Höfen Münchens und Kölns werden in dieser Epoche deutsche Künstler bevorzugt.

Vivien stirbt 1734 in Bonn auf dem Weg nach München, wo er sein endlich vollendetes Hauptwerk »Die Wiedervereinigung der Familie Max Emanuels« abliefern wollte.[40]

Die Lebensdaten *Martin Maingauds* sind ebenso unbekannt wie seine Herkunft und der Umfang seines Œuvres. Sein Name taucht erstmals 1699 in den Büchern des Münchner Hofzahlamts auf, wo er in diesem und den folgenden Jahren eine jährliche Pension von 600 Florins erhält, ohne weitere Angaben, wieviele und welche Bilder dafür geliefert wurden.[41] Die im Thieme-Becker angeführte Jahreszahl 1692 als Beginn der Tätigkeit für Max Emanuel ist nicht belegbar. Sicherlich ist Maingaud französischer Abstammung, wofür nicht nur der Name, sondern auch Stil, Komposition und Auffassung seiner erhaltenen Bildnisse sprechen. Wenn man annimmt, daß Maingaud nach einer Lehrzeit noch in jüngeren Jahren für Max Emanuel, und das mit Sicherheit in Brüssel, tätig wurde, könnte er in den siebziger Jahren des 17. Jahrhunderts geboren worden sein. Er wäre somit eine halbe Generation jünger als Vivien.

Das früheste erhaltene Bildnis von Maingaud ist sicher das in manchen Partien unvollendete, ganzfigurige Porträt der Kurfürstin Therese Kunigunde, die in einem luftigen, ausgeschnittenen Gewand, mit einem Amor zur Rechten und zwei schnäbelnden Tauben zur Linken, dargestellt ist (Abb. 81). Es ist wahrscheinlich um 1699 entstanden und zweifelsohne ein Jugendbildnis der Kurfürstin, die 1695 mit Max Emanuel vermählt wurde.[42] Es kann nicht, wie schon im Schleißheimer Inventar von 1748 und später bei Lipowsky und Nagler verzeichnet, das Gegenstück zu dem ganzfigurigen Porträt Max Emanuels (Abb. 80) sein, da Format und Bildaufbau gänzlich verschieden sind.[43] Nicht nachweisbar ist ferner die im gleichen Inventar für beide Porträts angegebene Datierung von 1703. Vergleicht man die Physiognomien Max Emanuels bei Maingaud und auf dem um 1699 von Vivien gemalten Bildnis, müßten beide etwa gleichzeitig entstanden sein. Maingauds Darstellung ist weniger differenziert, und die Ähnlichkeit mit dem Porträtierten dürfte geringer sein. Auffallend ist, daß Maingaud im Gegensatz zu Vivien seine Figuren in ein nur vage und verschwommen angedeutetes Raum- oder Landschaftsgefüge stellt.

Die jetzt im Schloß Lustheim bei Schleißheim hängende Serie der Bildnisse der Kinder Max Emanuels gehört zu den besten und reizvollsten erhaltenen Arbeiten Maingauds. Wenn man die Geburtsjahre der Kinder berücksichtigt, muß die Serie um 1703 entstanden sein, und zwar in München, wo sich Max Emanuel zu dieser Zeit aufhielt. Die
r. 808 1696 geborene Maria Anna Carolina ist sitzend, einen Spaniel mit der linken Hand streichelnd, dargestellt, der um
r. 809 ein Jahr jüngere Karl Albrecht stehend mit Dreispitz und
. 810 Kommandostab, und Philipp Moritz, geboren 1698, ist mit einem Degen gegürtet. Es folgen zwei Doppelbildnisse, die erst jüngst durch aufgefundene Kopien mit alter Beschriftung teilweise identifiziert werden konnten.[44] Bei
dem ersten Bild ist rechts Ferdinand Maria und links Kat.Nr. 811
Clemens August dargestellt, bei dem zweiten konnte nur der 1703 geborene Johann Theodor in der Wiege, nicht das neben ihm sitzende Kind mit dem Zeisig auf dem Arm
identifiziert werden. Johann Theodor figuriert ein zweites Kat.Nr. 812
Mal in der Serie, diesmal ist er sitzend mit einer Blumengirlande in den Händen dargestellt.

Auch bei den Kinderbildern ist der Hintergrund dunkel und unbestimmbar. Um so mehr leuchten dafür die Farben der kostbaren brokatenen, mit Gold und Silber bestickten Gewänder und vor allem die Gesichter der Kinder mit den dunklen Augen und dem frischen Inkarnat.

Nicht zu der Serie gehörend, aber wohl auch Maingaud zuzuschreiben, ist ein weiteres Bildnis eines Kindes, das einen Vogel in der Rechten hält. Das im Format kleinere Brustbild ist sicher etwa gleichzeitig mit den anderen Kinderbildern entstanden. Möglicherweise ist es ebenfalls ein Porträt eines Kindes von Max Emanuel. Vielleicht ist die Summe von 1260 Florins, die 1707 Maingaud für langjährige Schulden vom Hofzahlamt ausbezahlt wird, mit der Kinderserie in Zusammenhang zu bringen.[45]

Das signierte und 1710 datierte lebensgroße Reiterbildnis Kat.Nr. 473
Max Emanuels, das Maingaud für den im Exil weilenden Kurfürsten malte, ist der letzte bekannte Auftrag. Heute ist es im Speisesaal im Erdgeschoß des Schleißheimer Schlosses ausgestellt.[46] Es ist in seinen Maßen ein monumentales, zugleich in der Komposition und Durchführung bis hin zur Gestalt des Kurfürsten meisterlich gelungenes Werk. Es zeigt Max Emanuel als Feldherrn in glänzender Rüstung – wiederum eine wehmütige Rückerinnerung des exilierten Kurfürsten an die Zeiten der siegreichen Schlachten – auf einem sich aufbäumenden Pferd vor einer, rechts von einem Baum begrenzten, Landschaft mit einer Stadt und Heerschar im Hintergrund. Einschränkend muß jedoch darauf hingewiesen werden, daß vieles in der Komposition, sei es das Motiv des sich aufbäumenden Pferdes mit dem in die Ferne zeigenden Feldherrn vor einer Landschaft oder der das Bild begrenzende Baum, ziemlich wörtlich von den Reiterbildnissen des Velazquez, etwa dem Philipps IV. von Spanien, oder noch deutlicher dem des Gaspar Guzmán, Conde de Olivares, im Prado, übernommen wurde.

Außer diesen Porträts hat Maingaud zwei Historienbilder, eine »Heilige Familie« und eine »Büßende Magdalena«, hinterlassen, die bereits bei Weizenfeld und Nagler erwähnt werden.[47] Die »Heilige Familie«, bislang als Werk von Pierre Mignard in Schloß Schleißheim ausgestellt, ist zweifelsohne von Maingaud gemalt worden. Hierfür sprechen nicht nur die Erwähnung bei Weizenfeld, sondern vor allem stilistische Ähnlichkeiten und Übereinstimmungen zwischen dem Jesuskind und den Kinderbildern in Lustheim. Die Art, wie der Hintergrund und große Teile des

Gewandes verschwommen angedeutet werden, erinnert an das frühe Porträt der Therese Kunigunde. Zugleich wird bei diesem Bild der starke Einfluß der flämischen Schule, insbesondere der van Dycks spürbar.

Die »Büßende Magdalena« ist 1851 unter der Nr. 27 in Schleißheim versteigert worden und von da an nicht mehr nachweisbar. Die letzten archivalischen Eintragungen im Zusammenhang mit Maingauds Tätigkeit für Max Emanuel stammen aus den Jahren 1708–1711, wo in der sogenannten Bombarda-Nachfolge verzeichnet ist, daß ihm insgesamt 4000 Livres ausbezahlt wurden.[48] Um 1720 scheint Maingaud für Georg II. von England tätig gewesen zu sein, dessen Töchter er porträtierte.[49] 1723 und 1724 datiert sind einige Feldherrenporträts, die sich teilweise noch in Hannover befinden.[50] Aus späteren Jahren ist keine Erwähnung über das weitere Werk und Leben Maingauds bekannt.

Pierre Gobert ist der dritte französische Porträtmaler, der für Max Emanuel gearbeitet hat. Allerdings ist er wohl kaum, wie das bei Nagler und später im Thieme-Becker zu lesen ist, in München gewesen,[51] denn die Aufträge Max Emanuels an Gobert fallen in die Zeit des Exils in Frankreich.

Gobert entstammt einer in zahlreichen Mitgliedern nachweisbaren französischen Künstlerfamilie; er wurde 1662 als Sohn des Bildhauers Jean II Gobert in Fontainebleau geboren und starb 1744 in Paris. Er wird 1701 Mitglied der Akademie, nachdem er bereits 1682 den Duc de Bourgogne porträtieren durfte. 1705 wird Gobert »Peintre du Roi« und ist nun jährlich auf dem Salon der Akademie mit einer Reihe von Fürstenporträts vertreten. Von 1707 an bis in die zwanziger Jahre ist er außer in Versailles häufig in Lunéville anzutreffen, wo er für die Herzöge von Lothringen tätig ist. In seinen späten Lebensjahren porträtiert er die Familie des Fürsten von Monaco. Zu seinen Lebzeiten als Bildnismaler berühmt und begehrt, gerät sein Name bald in Vergessenheit, und seine Werke bleiben zumeist anonym.

Eine erste Würdigung und einen provisorischen Katalog hat G. Thoison aufgestellt, wobei immer noch viele seiner Bilder unerkannt geblieben sind.[52] Das rührt nicht zuletzt daher, daß Zuschreibungen an Gobert, der selten signiert hat, außerordentlich schwer sind, da Stil und Qualität starken Schwankungen unterliegen. Sein Frühwerk – als Beispiel möge hierfür seine Aufnahmearbeit an die Akademie, das Porträt des Corneille van Clève, in Versailles genügen – erinnert an ähnliche Arbeiten Rigauds, andere Bildnisse lassen an Arbeiten von Largillierre oder J.-B. van Loo denken. Späte Damenporträts wirken hingegen wie steife und etwas unbeholfen gemalte frühe Bildnisse Nattiers.

Typisch für Gobert ist die mythologische Verkleidung seiner Modelle, die er bei seinen Damenbildnissen häufig anwendet. Das mythologische Porträt ist zwar in Frankreich gelegentlich schon im 17. Jahrhundert anzutreffen, häufige Verwendung findet es aber erst bei Largillierre und später bei Nattier, Jean Raoux und J.-B. Santerre. Gobert benützt für die Verkleidung seiner Modelle, im Vergleich zu den ebengenannten Malern, nur sehr wenige Gestalten aus dem antiken Götterhimmel und wiederholt sie ständig in seinen gleichbleibenden und dadurch etwas monotonen Kompositionen.

1712, als sich Max Emanuel in St. Cloud im Exil befindet, quittiert Gobert die ersten Rechnungen.[53] Anscheinend handelt es sich um bislang nicht identifizierte oder verschollene Porträts Max Emanuels und Therese Kunigundes, denn an anderer Stelle ist zu lesen, daß »Le Sieur van Soest payra au Sr Gobert Peintre la somme de mil livres pour deux portraits . . . celuy du Prince Electeur et celuy de la Princesse . . . le 30. Juin 1712«.[54] 1716 und 1718 sind weitere Zahlungsanweisungen an Gobert nachweisbar, wobei es sich hier teilweise um geschuldete Beträge aus den Exiljahren zu handeln scheint.[55] Es ist nicht verzeichnet, wieviele und welche Porträts Gobert für Max Emanuel gemalt hat, es kann sich aber nur um die Serie von Bildnissen französischer Damen handeln, die in den Nymphenburger Schloßinventaren von 1751 und 1763 erwähnt wird. Ursprünglich bestand die Serie aus sechzehn gleichgroßen Kniestücken, die 1763 im Speisezimmer und in einem Pavillon des Nymphenburger Schlosses gehangen haben. Durch die genauen Beschreibungen der Bilder in diesem Inventar konnten sieben noch erhaltene Porträts identifiziert werden. Es sind dies die Bildnisse der Duchesse de Berry als Flora, der Princesse de Montbaizon ebenfalls als Flora, der Mademoiselle de Charolois, der Marquise de Gondrin als Venus, der Mademoiselle de Clerment, der Princesse de Conti als Venus und der Marquise de Coursillon als Selene.[56] Die restlichen sind teilweise noch in kleinformatigen Kopien erhalten, die etwas später, aber wohl nicht eigenhändig von Gobert, für die Badenburg gemalt worden sind. Es sind dies die Porträts der Princesse de Brisac als Diana, der Marquise de Ville Franche als Flora, der Comtesse de Nelle als Flora, der Duchesse de Luxembourg und der Madame de la Motte.[57] Die bei Feulner unter den Nummern 142–143 und 151–157 als Werke von Gobert aufgeführten Porträts sind keinesfalls von ihm gemalt worden, sondern im späten 17. Jahrhundert entstanden. Wenn auch in der Qualität teilweise besser, gehören sie zu der Serie von Damenbildnissen im Foyer des alten Residenztheaters, von denen einige Giovanni Battista Curlando zugeschrieben werden.

Nach dem Inventar der Residenz von 1729 hat Gobert auch Bildnisse der Comtesse d'Albert, der Gemahlin des bekannten Pariser Agenten Max Emanuels, und des Comte de Bavière, des natürlichen Sohnes des Kurfürsten mit seiner langjährigen Mätresse Agnes Gräfin Arco, gemalt. Sie sind ebenso verschollen wie eine Reihe nur noch in den Inventaren nachweisbaren Repliken der Nymphenburger Damenbildnisse. Das im Nymphenburger Inventar von 1758 unter der Nr. 177 genannte, von Gobert gemalte Porträt der Princesse de Bourbon-Condé mit ihrer Tochter ist wahrscheinlich identisch mit einem Gemälde im Besitz der Bayerischen Staatsgemäldesammlungen, das bislang unter Französisch 18. Jahrhundert lief.

Ungeklärt ist die Rolle des Münchner Malers Johann Georg Sang (gest. 1744), der auf zwei Rahmen der Nymphenburger Serie seine Signatur hinterlassen hat.[59] Möglicherweise war er beauftragt, Kopien nach Gobert anzufertigen, deren Rahmen später ausgetauscht worden sind.

Die Tätigkeit Goberts für die Wittelsbacher endet mit einem Auftrag des Kurfürsten Clemens August von Köln aus dem Jahre 1726, wonach er Bezahlung für ein nicht aufgefundenes Miniaturporträt erhält.[60] Für welche Arbeiten Gobert 1733 nochmals Zahlungen aus München erhält, bleibt ungeklärt.[61]

Der 1667 in Paris geborene und 1736 dort verstorbene Historienmaler *Nicolas Bertin* wurde 1703 Mitglied der Akademie und gehörte mit zu den beliebtesten Malern seines Faches. Es gibt kaum ein französisches Provinzmuseum, das nicht zumindest eines seiner Historienbilder besitzt. In lebhaftem, fröhlichem Kolorit sind Genreszenen und mythologische und alttestamentliche Geschehnisse gehalten, wobei viele dieser Schilderungen über das rein Dekorative nicht hinauskommen. Der Kolorismus stammt von Rubens, die gelegentlich übertriebene Süße im Ausdruck hingegen von der Bologneser Malerei des 17. Jahrhunderts. Jouvenet und vor allem Bon Boullogne entwickelten diesen Übergangsstil zwischen leichtem Italianismus in der Art Albanis und Marattas und dem Rokoko. Auf dieser Tradition fußt dann später die dekorative Rokokomalerei François Lemoynes und Bouchers. Unmittelbares Vorbild und Lehrer für Bertin und seinen Zeitgenossen Antoine Coypel ist Bon Boullogne.

Max Emanuel wird während seines Exils in Frankreich Werke von Bertin gesehen und nach seiner Rückkehr nach München den Wunsch gehabt haben, ihn dort mit der Ausmalung seiner Schloßprojekte zu beauftragen. Entgegen der Ansicht von Hauttmann war Bertin nie in München, sondern er hat, wie das ausdrücklich in Notizen und Briefen von Bertin erwähnt wird, die Aufträge des Kurfürsten in Paris gemalt und nach München geschickt.[62] Dank der saumseligen Zahlweise Max Emanuels sind wir durch die den Mahnbriefen beigelegten Aufstellungen vom Maler selbst genauestens über seine Arbeiten für München informiert.[63] Erhalten und nachweisbar ist lediglich das große
. 686 auf Leinwand gemalte Deckenbild im Bad der Badenburg (Abb. 82) ». . . qu'il a fait 1719 par l'ordre de feu Monseigneur l'Electeur de Bavière de glorieuse memoire le plafond de la salle de bains; que ce plafond a été fait e envoié avec tout le zele et la diligence possible . . .«[64] Das illusionistische Deckenbild ist thematisch auf das Bad abgestimmt. In Blautönen gehaltene Kartuschen wechseln ab mit dekorativer Groteskenmalerei und figürlichen Darstellungen, bestehend aus Quellnymphen, Najaden, Putten und mythologischen Szenen.

Dem Nymphenburger Inventar von 1751 und der eigenen Aufstellung nach hat Bertin für das sogenannte Indische Kabinett im ersten Geschoß des Nordpavillons des Nymphenburger Schlosses ein zweites Deckenbild ». . . a fonds d'or dans le goust de la chine« gemalt, das jedoch, wie das ganze Kabinett, bei späteren Umbauten zerstört wurde.[65] Ebenfalls nicht mehr nachweisbar ist eine Reihe von Supraporten und Bildern mit mythologischen Szenen, die sowohl in den Nymphenburger Inventaren als auch in dem Bertinschen Verzeichnis genannt wird.[66] Auch im Schleißheimer Inventar von 1748 und 1761 werden zwei heute verschollene Supraporten von Bertin genannt.[67] Mit Ausnahme des Badenburger Deckenbildes sind die übrigen Arbeiten Bertins im Juli 1716 nach München geliefert worden.[68]

Der Maler *François Roëttiers* ist von 1717–1718 in München nachweisbar. In einem Dekret des Obristhofmeisteramts vom 5. 11. 1717 steht: ». . . daß dem aus Frankreich anhero komenen Maller Franzen Rottiere, neben der Wohnung in der Herzog Maxischen Residenz, das bedürftige Pöth, Tischgewandt, und desgleichen item das benöttigte Prenholz verschafft werden solle.«[69] Das einzige von ihm nachweisbare Werk in München ist die »Allegorie auf die Rückkehr Max Emanuels« (Abb. 85), die im Hauptbau des Nymphenburger Schlosses über dem Kamin des Schlafzimmers angebracht ist. Das Bild ist in der Komposition ausgewogen, stilistisch aber mehr von der flämischen als von der französischen Malerei abhängig. François Roëttiers, Sproß einer verzweigten Künstlerfamilie, ist 1685 in London geboren, scheint aber in Antwerpen, der Heimatstadt seines Vaters, aufgewachsen zu sein. 1718 wird er akademischer Direktor in Wien, 1720 von Kaiser Karl VI. geadelt; er stirbt 1742.

Auf der Allegorie ist links Max Emanuel zu erkennen, dem von Athena der Siegerkranz aufgesetzt wird und von der knienden Bavaria Kurfürstenhut und Szepter zurückgegeben werden. Neben ihm hält ein Genius den Feldherrnhelm. Rechts werden dem Kurfürsten von den Personifikationen der Völker, darunter auch von einem Türken, Gaben dargebracht. In den Wolken sind Zeus mit dem Adler, dahinter Neptun und Artemis, Herakles im Kampf mit der Hydra und weiter links Fama und Merkur zu erkennen. Daß für Max Emanuel die Zeiten der Finsternis in der Verbannung vorüber sind und die Morgenröte des Tages für ihn zu leuchten beginnt, ist oben im Bild mit den allegorischen Figuren der Nacht und der sternenbekränzten Aurora, die auf einem Regenbogen ruht, angedeutet.

Roëttiers hat in seiner Münchner Zeit außerdem Entwürfe für die erste große Kaskade im Nymphenburger Park angefertigt und eine Reihe verschollener Jagdbilder für das Schloß Fürstenried gemalt, die nach Bretagne in einem Salon gehangen haben.[70] Für mehrere Kirchen in Wien schließlich hat er Altarbilder geschaffen.

Der 1640 in Brügge geborene und 1736 in Paris gestorbene *Dominikus Nollet* gehört als gebürtiger Flame eigentlich nicht mehr in den hier zu bearbeitenden Kreis der französischen Hofmaler. Da er jedoch stark unter dem Einfluß des Wahlfranzosen Adam Frans van der Meulen stand und nach dessen Tod viele Jahre zusammen mit Max Emanuel in Frankreich zubrachte, sollen seine wenigen Arbeiten kurz gestreift werden. Von 1701–1726 ist er festbesoldeter Hof- und Kammermaler Max Emanuels,[71] begleitet die Kurfürstin Therese Kunigunde 1705 ins Exil nach Venedig,[72] verbringt mit seinem Herrn die Exiljahre in Frankreich und kehrt mit diesem 1715 wieder nach München zurück. Er ist für Max Emanuel vor allem als Kunstagent tätig, vermittelt Gemäldeankäufe, zuerst in Frankreich für die Ausstattung des Hauses in St. Cloud,[73] später auch für die Münchner Galerien, die er zu beaufsichtigen hatte.[74]

Die wenigen nachweisbaren Gemälde von seiner Hand sind künstlerisch unbedeutend. Vier kleine Supraporten hängen heute noch im ersten Kabinett links vom Steinernen Saal in Nymphenburg (Abb. 83), und ein schlecht erhaltenes Tierstück mit drei Bären und einer Schlange befindet sich im Besitz der Bayerischen Staatsgemäldesammlungen. Das letztere ist auch bei Lipowsky erwähnt, der noch eine Feldschlacht und einige Bilder mit Reitergefechten aufzählt.[75] Eines dieser Reiterbilder wurde 1851 in Schleißheim versteigert.

Betrachtet man zusammenfassend alle für Max Emanuel tätigen französischen Maler, wird deutlich, daß dieser mit Erfolg versucht hat, die besten für den französischen Hof arbeitenden Künstler bei sich zu beschäftigen. Der Markstein für die Porträtmalerei in München zu Zeiten Max Emanuels ist Joseph Vivien. Es ist das Verdienst des Kurfürsten, daß er diesen »Peintre du Roi«, der zu den hervorragendsten Porträtisten zu rechnen ist, zu seinem »Premier Peintre« machen konnte. München wird dadurch mit einer Fülle von Bildnissen der Familie Max Emanuels von höchstem internationalem Niveau bereichert. Zugleich gehen von Vivien wichtige Impulse für die spätere deutsche Porträtmalerei aus.

Den nächsten Rang nehmen Martin Maingaud und Pierre Gobert ein. Über Gobert sind zwar Arbeiten vorhanden, aber ein revidiertes und erweitertes Œuvreverzeichnis wäre wünschenswert. Noch reizvoller wäre eine eingehende Arbeit über Maingaud, von dessen Leben und Werk so gut wie nichts bekannt ist. Die wenigen Porträts in Lustheim und Schleißheim lassen deutlich werden, daß weitere Arbeiten von seiner Hand nur im Bereich äußerst qualitätvoller Malerei zu suchen sind.

Mit dem Tod Max Emanuels geht die Ära der französischen Hofmaler in München zu Ende. Unter Karl Albrecht und Max III. Joseph entwickelt sich vor allem die Freskomalerei des Rokoko mit ihren vielen bedeutenden einheimischen Freskanten. Auf dem Gebiet der Porträtmalerei ist man aber auch zu dieser Zeit noch auf Importe, wie den aus Schweden stammenden George Desmarées, angewiesen.

Anmerkungen

[1] R. Paulus, Max Emanuel und die französische Kunst. (AbM XI, 1912) 130.

[2] Über Zuccalli vgl. den Beitrag von Hojer.

[3] Börsch-Supan 133. Über Maingaud s. L. Dussieux, Les artistes français à l'étranger, Lyon 1876, 166. Dussieux bezieht sich auf Dr. G. K. Nagler, Künstler-Lexicon, Bd. 1–22, München 1835–1852, wo erwähnt wird, daß Maingaud 1699 in München eine Pension von 600 fl. erhielt.

[4] Die Inschrift lautet in der Übersetzung: »Joseph Vivien, in Lyon an der Saône geboren, neu aufgenommenes Mitglied der königlichen Akademie der Maler in Paris, hat die Kunst, mit trockenen, ohne Bindemittel angerührten Farben zu malen, in der täuschend ähnlichen Darstellung durch Farben so weit getrieben, sie durch glückliches Wagnis und lange Übung entwickelt und sie sich seinem Wollen gefügig gemacht. Als ewiges Denkmal seiner Leistungen hat er unter den Auspizien seines Alexanders Max Emanuel, des Kurfürsten von Bayern, sein Selbstbildnis geschickt, damit es den Bildnissen der vielen hervorragenden Maler, dem stolzen Besitz des Museums des Großherzogs von Toskana, hinzugefügt werde. Der Maler begann sein Leben im Jahr des Heils 1657. Naturgetreues Bildnis aus dem Jahr 1699.« Börsch-Supan 131.

[5] GStA K.schw. 16324: »Mr van soest paiera au Sr Gobert Paindre la so͞me de 500 Livres par ordre de son AE de Baviere fait à paris le 31e mars 1712. Simeoni ...«

[6] Inv. Nymphenburg von 1751, Kap. Badenburg und Schloß Nrn. 98–101.

[7] P. Marcel, La Peinture Française au début du 18e siècle, Paris [1906], 6ff.

[8] E. Hildebrandt, Malerei und Plastik des achtzehnten Jahrhunderts in Frankreich, Berlin-Potsdam 1924, 192.

[9] Ib. 193.

[10] A. Blunt, Art and Architecture in France, London 1970, 243.

[11] Börsch-Supan Abb. 68. Namur, Musée Hôtel de Croix, Kopie nach Vivien, Max Emanuel in der Schlacht bei Harsán. Lwd. 245 × 184 cm. Anstelle von Harsán ist die Stadt Namur im Hintergrund zu sehen.

[12] Börsch-Supan Kat.Nrn. 24, 35.

[13] Ib. 205. Die von Vivien signierte Miniatur, Gouache auf Elfenbein (?), 11,4 × 8,8 cm, im Musée Curtius in Lüttich, Inv.Nr. Mx 1066, stellt nicht Mansart dar.

[14] Börsch-Supan 136.

[15] Ib. 205; möglicherweise ist dieses Bild identisch mit dem Kniestück von 1699, Kat.Nr. 310.

[16] Börsch-Supan 136.

[17] Ib. 205.

[18] E. Dacier und P. Ratouis de Limay, Pastel Français des XVIIe et XVIIIe siècles, Paris-Brüssel 1927, 6.

[19] Ebenfalls 1698 entstanden die Porträts eines unbekannten Malers, Börsch-Supan Kat.Nr. 94, und eines unbekannten Herrn mit Brustpanzer, sig. u. dat. »J. Vivien f. 1698«, Genf, Privatbesitz, das nicht bei Börsch-Supan aufgeführt ist.

[20] Börsch-Supan 136.

[21] Zum Stich von C. Vermeulen s. Abb. 44, zum Bild im Bayer. Nationalmuseum s. Abb. 19 bei Börsch-Supan.

[22] Kat.Nr. 410.

[23] S. Anm. 11. Eine bei S. Bormann, Maximilien-Emmanuel de Bavière, Comte de Namur, Brüssel 1875, 28, Anm. 2, erwähnte Zahlung: »960 florins payés au Sr Vuvenne peintre de S.A.S.E., à Paris, pour le portrait de. S.A.«, könnte sich auf diese Replik in Namur beziehen.

[24] Börsch-Supan Abb. 68.

[25] Ib. Kat.Nr. 43. – Die bislang unbekannte, nicht eigenhändige Kopie befindet sich im sog. Schlaunzimmer von Schloß Nordkirchen (Lwd. 259 × 170 cm).

[26] Fénelon hat Joseph Clemens zugeredet, Geistlicher zu werden, und ihn 1706 zum Subdiakon geweiht. Bei der Bischofsweihe im Jahr darauf hielt er die Predigt; Börsch-Supan 155.

[27] Börsch-Supan 144.

[28] Ib. 145.

[29] Ib. 146.

[30] Ib. Kat.Nr. 19 A, 30 A, 40 A, 46 A, 62 A, 70, 82 A.

[31] Schloß Nordkirchen wurde 1703–12 unter Friedrich Christian von Plettenberg, Fürstbischof von Münster, von Gottfried Laurenz Pictorius erbaut. Der Neffe des Fürstbischofs, Freiherr Ferdinand von Plettenberg, erbte die riesige Anlage und ließ sie von 1723 an durch Johann Conrad Schlaun ausbauen. Ferdinand von Plettenberg wurde Erster Minister Clemens Augusts, der seit 1719 Fürstbischof von Münster und Paderborn war; er hat wohl auch sämtliche Kopien der Familie Max Emanuels für Nordkirchen anfertigen lassen.

[32] Börsch-Supan 150.

[33] Ib. 150 und Arch. 24. Die Maße des Wiener Bildes betragen 250 × 299 cm gegenüber ca. 290 × 329 cm bei Börsch-Supan. Das Bild, das einen vorzüglichen Schleißheimer Galerierahmen besitzt, wurde von der Familie des jetzigen Besitzers um 1920 im Münchner Kunsthandel erworben.

[34] Börsch-Supan 152.

[35] Ib. 152.

[36] Ib. 144.

[37] Ib. 157.

[38] Lwd. 259 × 171 cm. Clemens August weist mit der Hand auf den Spruch: Quodcumque ligaveris super terram erit ligatum et in coelis.

[39] Eine Kopie befindet sich in Privatbesitz; s. Kat.Nr. 723.

[40] Das Historienbild hing mit vielen anderen Bildnissen von Vivien bis 1864 im südlichen Pavillon des Neuen Schlosses in Schleißheim, dann bis 1910 im Bayer. Nationalmuseum. Die Hängung anläßlich der Ausstellung in Raum 41 des Erdgeschosses des Neuen Schlosses wird endgültig sein. – Die ganzfigurigen Bildnisse der Prinzen Karl Albrecht und Ferdinand Maria im Vordergrund der von Beich gemalten Belagerung von Belgrad im Viktoriensaal von Schloß Schleißheim sind nicht von Vivien, sondern von seinem Nachahmer Franz Joseph Winter gemalt worden. S. hierzu auch Börsch-Supan 160.

[41] S. Anm. 3; Lipowsky, Künstler 191.

[42] Früher fälschlich als Porträt der Maria Antonia, der ersten Gemahlin Max Emanuels, angesehen.

[43] Inv. Schloß Schleißheim von 1748, Nr. 397. Lipowsky, Künstler, 191. Das Porträt Max Emanuels hatte ursprünglich die Maße 248 × 161 cm, das der Therese Kunigunde 209 × 145 cm.

[44] Frdl. Hinweis von R. Baumstark. Die Kopien befinden sich in Schloß Arnstorf/Niederbayern.

[45] ASTA MF 19581, fol. 62: ». . . de dato 18. Juny ad 1707 sindt dem Mahler Maingaud, die, umb verferttigter Portraits, noch ausständtige gewesene 120 Pistols, solche Scheins erlegt worden mit 1260 floriens.«

[46] In einem Brief Max Emanuels aus Brüssel an seine Schwiegermutter Maria Kasimira, Königin von Polen, vom 23. 12. 1704, steht, daß er auf Wunsch seiner Schwiegermutter eine Replik seines Reiterbildnisses, das im vorigen Winter entstanden sei, anfertigen lasse. Der Maler wird nicht genannt, aber es kann sich nur um Maingaud handeln, der sich damals wahrscheinlich in München aufhielt und das, allerdings erst 1710 datierte, Reiterbild hinterlassen hat. Möglicherweise ist das letztere eine Wiederholung eines verschollenen Exemplars aus dem Jahre 1703. Die Briefstelle ist bei Heigel QA I 173 zitiert: »V.M. me fait beaucoup d'honneur de vouloir mon portrait pour figurer avec le feu Roi, son époux, de qui je revère plus que personne la mémoire, d'ici je ne pourrois envoyer à V.M. que de peu ressemblant, ni ayant pas des peintres à portraits, qui vaillent; mais il y en a un à Munich à cheval, comme V.M. le demande, fait par un habile homme, la ressemblance pourtant n'est pas fort grande; mais il y en a un, qu'on a fait l'hiver passé, auquel à ce que tout le monde trouve, ne manque, comme on dit, que la parole. J'écrirai à Mad. l'Electrice de faire faire le même peintre un portrait à cheval pris des deux . . .«

[47] J. N. Edler v. Weizenfeld, Beschreibung der Churfürstlichen Bildergallerie in Schleißheim, München 1775, Nr. 1002; Nagler (Anm. 3) IX 195.

[48] ANP T. 153[58] »Maingaud Pintre: A Recouvrer Sur le Sieur Maingaud pintre la somme de 4000 livres suivant qu'il la Reconnu en 13 billets trouver sous les Scelles du Sieur Bombarda dattés des années 1708, 1709, 1710, 1711 et 1711 (sic!) montant a la somme de 4000 livres. Il faut s'informer ou demeure ce particulier, et s'il est solvable afin de former une demande contre luy.«

[49] Die Porträts befanden sich 1898 in Hampton Court. E. Law, The Royal Gallery of Hampton Court, London 1898, Nr. 514 u. 517.

[50] Kat. des Provinzial-Museums zu Hannover, Hannover 1905, Nrn. 221–224. Die Nrn. 221 und 223, die 1724 bzw. 1723 datiert sind, wurden am 27. u. 28. 4. 1926 bei Cassirer und Helbing in Berlin (als Nrn. 94, 95) versteigert.

[51] Nagler (Anm. 3) V 533; Thieme-Becker XIV, 280.

[52] G. Thoison, Pierre Gobert (Réunion des Sociétés des beaux-arts des départements, 1903) 98 ff. und 1906, 296 ff. Der einige Jahre vorher erschienene Aufsatz von Engerand ist ohne Belang. F. Engerand, P. Gobert, peintre de portraits (L'Artiste, März 1897) 161.

[53] GStA K.schw. 16324: ». . . auf die von dem Baron Simeoni bescheckene Signierung vom 31. marty 1712 ist dem hierin vermelten Gobert Malher bezahlt worden 500 livres« und ». . . Weiteres hat obgedachter Malher Gobert uf eine Signatur von dem Baron von Simeoni de dato 30. Juny 1712 vor 2 Ihro Churfürstl: Dchl: verfertigte Portraits bezahlt werden müssen 1000 livres.«

[54] GStA K.schw. 16324; vgl. auch Anm. 5.

[55] ANP, T. 153[38]: »Estat des fournitures des Marchands . . . 18. 9. 1718 . . . à Gobert peintre par ordre de S.A.E. du 7e fr. 1716 6000 livres. Estat des Debtes de S.A.S.E. tant en france qu'aux Pays-Bas qui ont este paye par M[r] le Comte d'Albert au Sr Gobert peintre 6000 livres. S. auch ANP, T. 153[56] u. 153[39].

[56] Feulner, Gemälde Nrn. 144–150.

[57] Feulner, Gemälde Nrn. 159–167. Nach den Inventaren des 18. Jahrhunderts hingen sie im Appartement des Kurprinzen in der Badenburg; heute im Hauptbau des Schlosses. Nicht mehr nachweisbar sind die Porträts der Comtesse de Raymond, der Princesse de Lambesque, der Duchesse de Maulevrier und der Mademoiselle de Villars.

[58] Inv.Nr. 1456. Wahrscheinlich eine Replik nach einem Original im Museum von Tours.

[59] Feulner, Gemälde Nr. 150, 158. J. G. Sang ist seit 1702 als Maler in München nachweisbar. Er war Schüler von C. G. Stuber.

[60] Staatsarchiv Düsseldorf Kurköln II. 179. Hofschatzkammerrg. 1726, p. 25; Nr. 120: »Den 20. dito (Juli) dem Cammerdiener gombert die für Ihro Churf. Dlt. geliferte miniatur portrait bezahlt mit 86 Louis d'or . . .«

[61] ANP, T. 153[56]: »Payemens aux ouvriers pr. Meubles. le 17 Juin a Gobert 530 livres.«

[62] Hauttmann 83. – AStA, Misc. Wilh., FS 147[d], Bl. 155–157 u. 159 f: ». . . der Plafond solle zu Paris von Berthen gemacht werden. Der Grundt blau mit einem Grozesque von goldt«. – ANP, T. 153[38] (Cotte 141): ». . . a été fait e envoié«. – S. auch Brief des Comte d'Albert aus Paris vom 31. 1. 1719 an Max Emanuel, GStA K.schw. 525/6: »Le peintre Bertin ne má pas paru avoir grande envie d'aller a Münich, il ma même dir g[l] sin estoit Expliqué de la sorte a Effner, neantmoins je crois l'avoir un peu Rechauffé, Et il m'adir que pendant letems g[l] feroit un plafond que l'on luy a demandé pour Nimphenbourg il tascheroit d'arrange ses affaires Domestiques, Et qu'alors selon qu'elles auroient tourné, il, e parleroit positivement«.

[63] ANP, T. 153[38] (Cotte 141), Briefe vom 31. 5. 1728, 4. 1. und 27. 3. 1729.

[64] ANP, T. 153[38] (Cotte 141).

[65] ANP, T. 153[38] (Cotte 141).

[66] Inv. Nymphenburg 1751, Nrn. 98–101, Supraporten o. Nrn. – ANP, T. 153[38] (Cotte 141): »Memoire des Ouvrages que j'ay eu l'honneur de faire par l'ordre de S.A.E. de Bavière. Premierement livré cinq Tableaux en Juillet 1716 dont l'un represente Venus qui Trempe les fleches de l'Amour dans un vaze plein de miel . . . pour 500 livres.

Plus pour un Tableau qui represente Bacchus amoureux et l'Amour . . . pour ce 500 livres.

Plus pour un Tableau qui represente Psiché abandonée sur le Rocher. pour ce 500 livres.

Plus pour un Tableau qui represente le Temps qui coupe les ailes de l'Amour pour ce 500 livres.

Plus pour un Tableau qui represente Calisto qui est monstrée à Diane peint dans le gout grotesque pour ce 500 livres.

Plus pour un Tableau qui represente Jupiter et Calisto peint dans le goust grotesque pour ce 500 livres.

Plus pour celuy qui represente la Paix et la concorde pour ce 500 livres.

Plus pour celuy qui represente la Gloire des Princes et la Magnificence pour ce 500 livres.«

[67] Inv. 1748: »eine Supraporte im Roten kabinett« und Inv. 1761, Nr. 161: »Ein Stuck ob der Thür Alchiaro et Scuro, worin die Diana und Juno gemahlen . . .«

[68] S. Anm. 66. – Im Besitz der Bayer. Staatsgemäldesammlungen befinden sich eine »Flucht nach Ägypten« und zwei Darstellungen mit dem Thema »Christus und die Samariterin«. Inv.Nrn. 2223, 6083–84. Das erste Bild stammt aus der Galerie Zweibrücken, die letzteren sind Neuzuschreibungen von H. Voss.

[69] StAM HR 286–289.

[70] Bretagne 43: ». . . des tableaux de toute sorte de chasse par Monsieur de Rottier peintre flamman tres estimé . . .« StAM HR 203/[21] Nymphenburg Bausachen. Dekret des Kurfürsten v. 20. 4. 1718: 4000 livres für den »französischen Mahler François Roëttier, wegen nacher Fürstenriedt verferttigter Mallereyen und das er zu der Cascade nacher Nymphenburg das dessein entworffen«.

[71] StAM HZA 1701 ff. und HR 1715 ff.

[72] ANP, T. 153[33] (Cotte 108), Brief Max Emanuels an Monasterol: ». . . Nolet m'ayant representé, que depuis sa sortie de Munich en 1705 avec Madame l'Electrice . . .«

[73] ANP, T. 153[34] (Cotte 109) u. Brief Knepper aus Paris vom 13. 11. 1713, ASTA MF 19578; s. auch den Beitrag Krempel, S. 224.

[74] S. Bretagne 51, 52: ». . . Monsieur Nollet premier Peintre de S.A.S.E. a le soin de tous les riches et pretieux tableaux, qui appartiennent à l'Electeur, c'est lui, qui en a fait la belle distribution, qui est à Schleisheimb, Dachau, Staremberg, Fürstenried, Nymphenbourg, et qui conserve pretieusement tous ceux de la Residence de Munique, qui sont en si grand nombre, tous originaux et des premiers Maîtres, qu'il faudroit des livres entiers pour les décrire. Son A.S.E. lui a rendu la justice de mettre au nombre de ces riches tableaux, des ouvrages qu'il a faits, sur tout des Batailles, où il est inimitable.«

[75] Lipowsky, Künstler 218.

Ulla Krempel

Max Emanuel als Gemäldesammler

Max Emanuels Sammelleidenschaft scheint ausschließlich Gemälden gegolten zu haben, wobei wohl nicht nur persönliche Neigung, sondern neben zeitbedingten Tendenzen vor allem sein Aufenthalt als Statthalter in den Spanischen Niederlanden (1691–1701) eine Rolle gespielt haben dürfte.

Während in Deutschland und Österreich im 16. und 17. Jahrhundert Vielseitigkeit und Mannigfaltigkeit des Bestandes für fürstliche Kunstsammlungen typisch sind, zeichnet sich gegen Ende dieses Zeitraums eine deutliche Tendenz zu Spezialsammlungen ab, wobei Gemäldesammlungen dominieren.[1] Eine Art Vorspiel dieser Entwicklung stellen die Gemäldesammlungen Kurfürst Maximilians I. von Bayern und Kaiser Rudolphs II. dar, die – was in diesem Zusammenhang hervorgehoben werden soll – bereits von dem übrigen Sammlungsbestand getrennt, in eigenen Galerieräumen untergebracht waren. In Italien, Frankreich, Spanien und den Niederlanden lagen die Verhältnisse anders; dort spielten Gemäldesammlungen bereits im 16. Jahrhundert eine große Rolle. Bemerkenswert ist ferner, daß in den Niederlanden seit dem frühen 16. Jahrhundert nicht nur der Adel, sondern auch das Bürgertum umfangreiche Gemäldesammlungen anlegte.[2] Die Statthalter des Hauses Habsburg in den Spanischen Niederlanden scheinen von dieser Freude am Gemäldesammeln in besonderem Maße angeregt worden zu sein. So seien von den Vorgängern Max Emanuels nur Margarete von Österreich, die Schwester Karls V., und Erzherzog Leopold Wilhelm erwähnt, deren Sammlungen noch heute einen wesentlichen Bestandteil der Gemäldegalerie des Kunsthistorischen Museums in Wien bilden.

Die erste Würdigung Max Emanuels als Sammler findet sich in den 1762 erschienenen Briefen des am sächsischen Hof lebenden Bologneser Arztes und Antiquars Gian Lodovico Bianconi, wenn er im Zusammenhang mit den in Schleißheim befindlichen Gemälden schreibt:[3]

»Es ist recht und billig, wenn ich Ihnen sage, daß die meisten dieser Bilder vom Kurfürsten Maximilian Emanuel zu Beginn unseres Jahrhunderts zu hohen Preisen erworben worden sind, da er sich, aus seinen Ländern verbannt und aus dem Reiche vertrieben, als Statthalter in den Niederlanden aufhielt. Wenn dieser große Fürst in Zeiten der Unterdrückung und des Unglücks so bedeutende Leistungen vollbrachte, so mögen Sie daraus ermessen, welch außergewöhnlicher Geist er war und was er hätte leisten können, hätten nicht die Entfernung aus seinem zerrütteten Staatswesen und eine andere, weit stärkere und natürlichere Leidenschaft sein Gemüt so stark erschüttert.«

Die erste umfassende, auf archivalischen Studien beruhende Würdigung der Sammeltätigkeit Max Emanuels gibt Franz von Reber im Vorwort des 1888 erschienenen Katalogs der Alten Pinakothek. Darin verweist er bereits auf das Fehlen von Inventaren aus der Regierungszeit Max Emanuels, ein Umstand, der es erschwert, die Erwerbungen des Kurfürsten genau zu bestimmen. Außer dem um 1628 erstellten Inventar der Kammergalerie Maximilians I.[4] und einem Gesamtinventar aller in Schleißheim befindlichen Objekte und Gemälde von 1692,[5] das laut Vorwort eine Ergänzung eines nicht mehr auffindbaren Inventars von 1670 darstellt, existiert noch ein fragmentarisches Verzeichnis der in der Residenz befindlichen Gemälde von 1729.[6] Umfassende Inventare für die Residenz[7] und Schleißheim[8] liegen erst wieder aus dem Jahre 1748 vor, für Nymphenburg erst für das Jahr 1751,[9] d. h. also erst aus der Regierungszeit von Max III. Joseph (1745–1777), dem Enkel Max Emanuels. Die politische und finanzielle Situation Bayerns unter Karl Albrecht und Max III. Joseph sowie die oben zitierte Bemerkung Bianconis berechtigen jedoch zu der Annahme, die auch bereits Reber vertritt, daß die beiden Nachfolger Max Emanuels nur wenig zur Bereicherung des Gemäldebestands beigetragen haben. Im Falle des Nymphenburger Inventars von 1751 läßt sich sogar einwandfrei der Nachweis erbringen, daß es den Bestand aus der Regierungszeit Max Emanuels wiedergibt. Die im Inventar aufgeführten Gemälde entsprechen der Beschreibung des französischen Augustinerpaters Pierre de Bretagne[10] in seiner 1723 erschienenen Schilderung der Festlichkeiten anläßlich der Vermählung Karl Albrechts im Jahre 1722. Man darf also mit einer gewissen Berechtigung annehmen, daß dies auch für den Gemäldebestand von Schleißheim und der Residenz zutrifft. Auch für die Regierungszeit Kurfürst Maximilians I. sind nach der Erstellung des Kammergalerie-Inventars von 1628, die in die für Bayern verhängnisvolle Phase des Dreißigjährigen Krieges fällt, höchstwahrscheinlich keine bedeutenden Neuzugänge zu erwarten, wohingegen unter der Regierung Ferdinand Marias und Henriette Adelaides das eine oder andere bedeutende Gemälde für die Residenz erworben worden sein mag.

So schreibt Chapuzeau in seiner 1673 in Paris erschienenen »Relation de l'estat present de la Maison Electorale et de la Cour de Bavière:«[11]

»Mais de tous le quartiers de ce vaste Palais, ou je me perdois souvent, celuy de l'Electrice est le plus riche et le plus enjolivé par les platfonds, les lambris, les dorures, les lustres, les grandes glaces, les precieux meubles, et les excellents tableaux des meilleurs Maîtres & de Flandre & d'Italie. Sa galerie & son cabinet ont sur tout dequoy arrester longtemps les curieux par le soin que l'Electrice a eu de les remplir de pièces tres rares & de grand prix, & outre sa richesse il est tout-à-fait mignon & bien entendu.«

Man muß sich deshalb wohl davor hüten, nun etwa sämtliche Gemälde von Rubens[12] oder van Dyck, die in den Inventaren des 18. Jahrhunderts auftauchen, als Erwerbungen Max Emanuels anzusprechen; das gleiche gilt für Gemälde italienischer Künstler, wie z. B. das Porträt Karls V. und die Dornenkrönung von Tizian, die 1748 erstmals in Schleißheim genannt und im allgemeinen, wenn auch mit Fragezeichen, mit den Ankäufen Max Emanuels in Verbindung gebracht werden. Doch kann man sagen, daß sich um die Mitte des 18. Jahrhunderts der Münchner Gemäldebestand im Vergleich zu den Inventaren von 1628 und 1692 um das Vierfache vergrößert hatte, wovon wohl der größte Teil von Max Emanuel erworben sein dürfte.

Hier soll jedoch zunächst von den Ankäufen Max Emanuels, zu denen archivalische Unterlagen vorliegen, die Rede sein. – Sechs nicht näher beschriebene Gemälde von Luca Giordano, die er laut den Hofzahlamtsrechnungen[13] 1681 für 1500 fl. erwarb, sind seine ersten archivalisch belegbaren Ankäufe. Es handelt sich hierbei wohl um jene Bilder, die in dem bereits erwähnten fragmentarischen Residenzinventar von 1729 unter den Nummern 912–917 ohne Titel aufgeführt sind (mit Ausnahme von 913, das vage als »Une Fleuve« bezeichnet wird). Auf Grund der im Inventar von 1729 angegebenen Maße und mit Hilfe der späteren Inventare lassen sich davon heute noch fünf im Bestand der Bayerischen Staatsgemäldesammlungen nachweisen: die Apotheose des Äneas am Flusse Numicius (Inv.Nr. 3814), der Zweikampf zwischen Turnus und Äneas (Inv.Nr. 1758), Galathea besucht Akis (Inv.Nr. 1748), der Raub der Europa (Inv.Nr. 1757) und Herkules tötet Nessus (Inv.Nr. 3808). Das sechste Bild könnte auf Grund des Themas und der Bildmaße die heute nicht mehr nachweisbare, im Schleißheimer Inventar von 1765 erwähnte Darstellung des »Spinnenden Herkules« gewesen sein. Bei diesen Gemälden dürfte es sich eher um Dekorationsstücke für Räume der Residenz als um ausgesprochene »Galeriebilder« gehandelt haben.

Systematisch gesammelt zu haben scheint Max Emanuel erst nach seiner Ernennung zum Statthalter der Niederlande. Der Bericht des Marquis de Sassenage,[14] der Kurfürst habe in Brüssel binnen einer halben Stunde für 200000 Franken Gemälde gekauft, dürfte trotz böswilliger Übertreibung einen wahren Kern beinhalten. Man braucht nur an die noch ausführlich zu erörternde Gemäldeerwerbung von Gisbert van Colen zu denken.

Wohl kurz nach 1696 erwarb Max Emanuel aus einer Sammlung in Brügge die großformatige Darstellung der beiden Apostelfürsten Petrus und Paulus von Rubens (Inv.Nr. 336), die heute in der »Grande Galerie« in Schleißheim hängt. Das Bild war 1696 mit 22 weiteren Gemälden flämischer Künstler dem kurpfälzischen Vetter Max Emanuels, Johann Wilhelm, der gleichfalls ein enthusiastischer Gemäldesammler war, angeboten worden; wie aus einem von Levin[15] publizierten Brief des Genter Advokaten François Ignace Rousseaux vom 5. 12. 1696 hervorgeht. Aus welchen Gründen Johann Wilhelm keines der angebotenen Gemälde erwarb, ist unbekannt. Bereits Levin verwies im Zusammenhang mit der Briefpublikation auf das Schleißheimer Rubens-Gemälde, das im Schleißheimer Inventar von 1748 erstmals erwähnt wird, scheute jedoch, vor einer Identifizierung mit dem in der Liste aufgeführten Bild zurück, da im Gegensatz zu der dortigen Beschreibung nur ein Engel dargestellt war. Untersuchungen haben jedoch ergeben, daß die zweite, neben dem Apostel Paulus stehende Engelsgestalt später übermalt wurde; bei genauer Betrachtung ist sie auch heute noch zu erkennen.

Die bekannteste und umfangreichste Erwerbung gelang Max Emanuel, als er am 17. September 1698 von dem Antwerpener Kaufmann Gisbert van Colen[16] 101 meist flämische Gemälde für 90000 brabantische Gulden erwarb, darunter 12 Gemälde von Rubens, 15 von van Dyck und 8 von Brouwer. Gisbert van Colen war kein Bilderhändler im eigentlichen Sinne, er war Inhaber eines der größten Antwerpener Handelshäuser mit Niederlassungen in ganz Europa, das vornehmlich mit Stoffen, Gewürzen und Edelsteinen handelte. Doch waren in der zweiten Hälfte des 17. Jahrhunderts Bilder bereits »Kapitalanlagen« und somit geschätzte Spekulationsobjekte. – Abgesehen von einem Brief Max Emanuels an die Gräfin Arco vom 17. September 1698, dem Tag des Vertragsabschlusses mit van Colen, in dem der Kurfürst schreibt, er habe in Antwerpen eine bedeutende Gemäldekomplettierung für seine Galerie gemacht,[17] sind wir durch eine Reihe von Schriftstücken aus dem Jahre 1763,[18] als sich die Erben van Colens bemühten, die Restschuld von 30000 brabantischen Gulden einzutreiben, über Umfang und Modalitäten des Kaufes informiert. Die in diesem Zusammenhang erstellte Gemäldeliste ist im Anhang abgedruckt. Dabei wurde versucht, die Bilder, soweit noch vorhanden, zu identifizieren – bei einem Teil war das bereits 1763 nicht mehr möglich – und ihre heutige Zuschreibung sowie den gegenwärtigen

Standort anzugeben. Aus dieser Aufstellung wird deutlich, daß ein Teil der von van Colen erworbenen Gemälde noch heute zu den Hauptwerken der Pinakothek zählt. So von Rubens: »Helene Fourment im Hochzeitskleid«, »Helene
Nr. 783 Fourment mit ihrem Sohn Frans«, »Helene Fourment einen
Nr. 780 Handschuh anziehend«, »Rubens mit Helene Fourment im
Nr. 779 Garten«, »Die Polderlandschaft« und »Krieg und Frieden«.
Von van Dyck: die beiden großformatigen Porträts eines Ehepaares (früher fälschlich als der Herzog und die Herzogin von Croy bezeichnet), das Porträt des Malers Jan de Wael mit seiner Frau, die beiden Porträts des sogenannten Ehepaares Colyn de Nole mit ihrer Tochter und das Porträt
Nr. 782 des Antwerpener Organisten Hendrik Liberti (wobei zu
beachten ist, daß die Perle der von van Colen erworbenen
Nr. 781 Van-Dyck-Gemälde, nämlich das Reiterporträt Charles' I.
von England – heute in der National Gallery London –, fehlt; es besaß in dem Reiterbildnis des Prinzen von Barbançon, das sich heute in der Sammlung des Earl of Leicester befindet, ein adäquates Gegenstück). Von Murillo:
Nr. 776 »Die Buben beim Würfelspiel«; und, nicht zuletzt, die sieben
Nr. 784 Brouwer-Gemälde, die den Grundstock der einzigartigen
Brouwer-Sammlung der Alten Pinakothek darstellen.

Es fällt auf, daß sich unter den 12 von van Colen erworbenen Rubens-Gemälden 4 Porträts der zweiten Frau des Malers, Helene Fourment, befinden. Dabei dürfte es sich um keinen Zufall handeln, denn die Familie van Colen war mit der Familie Fourment mehrfach verwandt. Gisbert van Colen war selbst seit 1668 mit Maria Fourment, einer Nichte Helene Fourments, verheiratet, und so war es ihm wohl möglich, diese noch im Familienbesitz vorhandenen Porträts zu erwerben. Denn eines steht mit Sicherheit fest: Gisbert van Colen verkaufte an Max Emanuel nicht etwa seine eigene Sammlung. Dies geht aus den Anmerkungen zu den in der Liste von 1763 unter den Nummern 59, 92–96 und 99 aufgeführten Gemälden hervor, die besagen, diese wären aus Den Haag, Breda und Holland geschickt worden; im Fall eines Blumenstillebens von Verendael (Nr. 101) wird der Name des Händlers angegeben.

Aus einer Zahlungserinnerung vom 20. Februar 1715[19] erfahren wir, daß Max Emanuel am 8. Oktober 1698, also kurze Zeit nach dem spektakulären Van-Colen-Ankauf, neben Einrichtungsgegenständen, Bronzen und Schmuckstücken »un Baccanale du Poussin, ou Midas rend hommage à Bacchus« für 900 fl. und »un tableau de teniers qui represente la gallerie de l'archiduc Albert« für 600 fl. erwarb. Ferner kaufte er am 7. April 1699 »un grand tableau, chef d'œuvre de Rubens« für 900 Pistolen sowie ein nicht näher bestimmtes Gemälde von Mignon für 300 fl.

Poussins Gemälde »Midas und Bacchus« (Inv.Nr. 528) hängt heute in der Alten Pinakothek. Bretagne[20] erwähnt es 1722 zusammen mit Poussins »Apoll und Daphne« (Inv.Nr. 2334) in Nymphenburg. Bei dem Gemälde von Teniers handelt es sich um eine der vier im Besitz der Bayerischen Staatsgemäldesammlungen befindlichen Darstellungen der Galerie des Erzherzogs Leopold Wilhelm (Inv.Nrn. 1819, 1839, 1840, 1841). Alle vier werden 1722 von Bretagne erwähnt, so daß sich nicht genau feststellen läßt, welches der vier 1698 erworben wurde. Andererseits könnte die relativ hohe Summe von 600 fl. nicht nur ein Bild, sondern eventuell alle vier betreffen, was dem Schreiber der Aufstellung von 1715 vielleicht nicht mehr geläufig war und bei der Gleichwertigkeit der Sujets durchaus verständlich wäre. Bei dem »grand tableau, chef d'œuvre de Rubens« dürfte es sich entweder um den »Bethlehemitischen Kindermord« oder um den »Abschied von Venus und Adonis« handeln. Letzteres schenkte Kaiser Josef I. 1706 dem Herzog von Marlborough, worauf im folgenden noch näher einzugehen sein wird. Der »Bethlehemitische Kindermord« befand sich bis etwa 1676 in der Sammlung des Herzogs von Richelieu. 1706 hing er bereits in der Münchner Kunstkammer; denn Marlborough erbat sich das Gemälde gleichfalls, wenn auch vergeblich, vom Kaiser als Geschenk.

Dies waren nicht die einzigen Bilder, die Marlborough aus der kurfürstlichen Gemäldesammlung verlangte. Er konnte derartige Forderungen stellen, da einerseits auch das Rentamt München seit dem 16. Mai 1705 von österreichischen Truppen besetzt, andererseits Kaiser Josef I. ihm auf Grund seiner Siege verpflichtet war. So durfte Marlborough auf einen positiven Bescheid hoffen, als er nach seinen Erfolgen auf dem niederländischen Kriegsschauplatz im August 1706 den früheren kaiserlichen Botschafter am englischen Hofe, Graf Wenzel Wratislaw, bat, dem Kaiser nahezulegen, ihm als äußeres Zeichen seiner dauernden Zufriedenheit einige Gemälde, darunter namentlich
das Reiterbildnis Charles' I. von van Dyck, aus der Münch- Kat.Nr. 781
ner Kunstkammer zum Geschenk zu machen.[21] Der Kaiser erklärte sich einverstanden und gab entsprechende Befehle an den kaiserlichen Administrator in München, Graf Maximilian Karl von Löwenstein-Rochefort. Ende September kam der englische Gesandte am kaiserlichen Hofe, Sir George Stepney, nach München, um einige Bilder für Marlborough aus dem Bestande der Kunstkammer, die unter kaiserlichem Siegel lag, auszuwählen. Er entschied sich außer für das Reiterporträt Charles' I. noch für zwei Gemälde von Rubens: »Loth und seine Töchter« (wie das Reiterbildnis Charles' I. 1698 von van Colen erworben) und »Mars und Venus«. Die Verhandlungen gingen noch eine Weile hin und her. Aus einem Brief Graf Löwensteins an Graf Wratislaw vom 9. November 1706 geht hervor, daß Marlborough, außer dem bereits im Oktober Stepney ausgehändigten Reiterporträt Karls I., noch vier weitere Gemälde erhalten sollte: »1) Mars und Venus, 2) Loth mit seinen Töchern, 3) das Jüngste Gericht, 4) adonis cum diana (Venus und Adonis) ... davon 3 von dem Rubens und das 4te von dem Tinctore gemahlet.« Aus einem weiteren Schreiben Löwensteins an Wratislaw vom 23. November 1706 ist ersichtlich, daß zwar die oben aufgeführten

Gemälde an den Herzog von Marlborough abgeschickt worden waren, Stepney jedoch inzwischen auch noch den »Kindermord«, die vier von Maximilian I. bestellten Jagdstücke sowie eine weitere Darstellung von Venus und Adonis von Rubens für Marlborough forderte; dies lehnte Löwenstein entschieden und auch mit Erfolg ab, wie aus einer im Hauptstaatsarchiv München liegenden Aufstellung hervorgeht.[22] Eindeutig sind Identität und Verbleib im Falle des »Reiterbildnisses Charles' I. von England«, von »Loth mit seinen Töchtern« und des »Abschieds von Venus und Adonis«. Alle drei befanden sich bis 1884 in der Sammlung der Familie Marlborough in Schloß Blenheim. Das Reiterbildnis hängt heute in der National Gallery, London, »Loth und seine Töchter« befand sich 1921 in französischem Privatbesitz, und »Venus und Adonis« zählt zu den Meisterwerken des Metropolitan Museum of Art, New York. Nicht mehr nachzuweisen sind hingegen das »Jüngste Gericht« von Tintoretto – vielleicht einer der *bozzetti* zu Tintorettos »Paradies« im Dogenpalast in Venedig – und »Mars und Venus« von Rubens. Bei letzterem könnte es sich eventuell um eine Replik der entsprechenden Darstellung in Königsberg gehandelt haben. Das Königsberger Bild kann jedoch mit dem Münchner Bild nicht identisch sein, da es sich bereits 1632 im Besitz der Oranier befand und 1707 noch in deren Inventaren erwähnt wird. Unklar bleibt auch, welche Bewandtnis es mit der zweiten Fassung von »Venus und Adonis« von Rubens hatte, die Marlborough noch nachträglich verlangte. Meinte er damit die Darstellung von »Meleager und Atalante«, die 1748 erstmals in Schleißheim erwähnt wird und wohl auch von Max Emanuel erworben sein dürfte? Auf Grund der dem »Abschied von Venus und Adonis« in New York ähnlichen Komposition war eine Verwechslung wohl denkbar. Allerdings wird laut Inventar von 1751 in Fürstenried in der Eingangshalle über dem Kamin ein Gemälde »Venus und Adonis« (5'2" × 3'8") erwähnt.[23]

Von einigen Gemäldeankäufen Max Emanuels sind nur die Namen der Verkäufer und die Preise bekannt. So lieferte der Juwelier Lemmens in Brüssel, der sich auch als Kunsthändler betätigt zu haben scheint, am 7. März 1699 »underschiedliche Mahlereyen« für 10704 fl. und im selben Monat nochmals »11 stuck mahlerey« für 156 fl. – Im März 1704 erhält Mons. Moulle in Brüssel »wegen zweyer Taflen 1000 pistolen«.[24] – Aus dem Briefwechsel zwischen Knepper und Max Emanuel, die Ausstattung von Max Emanuels Palais in St. Cloud betreffend, geht hervor, daß der Maler Dominique Nollet – der später die Aufsicht über die Gemäldesammlung in München führte – im November 1713 für das Speisezimmer in St. Cloud ein Bacchanal entdeckt habe; es solle 1000 Livres kosten und sei qualitätvoll genug, eines Tages in die Galerie gehängt zu werden. In seinem Schreiben vom 6. Dezember 1713 berichtet Knepper von weiteren Bilderkäufen Nollets für St. Cloud.[25] Am 19. Dezember 1718 erwarb Max Emanuel aus der »Amblingischen Verlassenschaft«, die der Priorin des Dominikanerklosters in Augsburg, Maria Johanna Steydlerin, zufiel, ein »Stuckh Mallery von Titien per 600 fl.«, das in die Residenz übernommen wurde.[26]

Ist es in all den hier aufgeführten Fällen auf Grund der summarischen Angaben unmöglich, die Erwerbungen zu identifizieren, fehlen für andere Gemäldeankäufe Max Emanuels entsprechende archivalische Belege. So hat er mit Sicherheit Tintorettos »Gonzaga-Zyklus« erworben, der im Schleißheimer Inventar von 1748 erstmals erwähnt wird. Die 8 Gemälde des Zyklus befanden sich im Besitz des 1708 in Venedig verstorbenen letzten Gonzaga-Herzogs, Ferdinando Carlo. Sein Erbe trat Herzog Leopold von Lothringen an,[27] von dem sie Max Emanuel während seines Exils in Paris gekauft haben dürfte. Neben Murillos »Buben beim Würfelspiel« gehören zu seinen Erwerbungen Kat.N
mit größter Wahrscheinlichkeit auch Murillos »Trauben- und Melonenesser« (Inv.Nr. 605), die 1691 im Nachlaßinventar des Antwerpener Postmeisters Jan-Baptista Anthoine – der eine vorzügliche Gemäldesammlung besaß – genannt werden.[28]

Außer dem »Bethlehemitischen Kindermord« scheint Max Emanuel noch ein zweites Bild aus der berühmten Rubens-Sammlung des Herzogs von Richelieu gekauft zu haben, nämlich die »Löwenjagd« (Inv.Nr. 502), die in der Rubens-Literatur allgemein der von Maximilian I. bestellten Serie von vier Jagdbildern zugerechnet wird.[29] Man wußte zwar aus zeitgenössischen Beschreibungen, daß sich in der Sammlung Richelieu eine identische Darstellung befand, glaubte jedoch, daß es sich um eine Werkstattreplik des Münchner Bildes handeln müsse, da man die Münchner Löwenjagd der von Maximilian I. bestellten Serie von Jagden zurechnete. Die zu dieser Serie gehörige Löwenjagd wurde jedoch 1800 mit den drei anderen Jagdbildern von der französischen Armee entführt und dem Musée des Beaux-Arts, Bordeaux, übergeben, wo sie 1870 verbrannte. In der 1815 erstellten Liste der von den Franzosen zurückgegebenen Bilder taucht nur die »Nilpferdjagd« auf. Seit 1748 werden in den Münchner Inventaren auch stets zwei Löwenjagden von Rubens geführt. Während die Maximilianische Jagdbilderserie in Schleißheim hing, befand sich die Löwenjagd der Sammlung Richelieu in der Residenz. Eine Verwechslung der beiden Gemälde war auf Grund ihrer nahezu identischen Maße möglich. Max Emanuel dürfte die Löwenjagd noch während seines Exils in Paris erworben haben; denn die Sammlung Richelieu scheint spätestens nach dem 1715 erfolgten Tode des Herzogs aufgelöst worden zu sein.[30] Mit größter Wahrscheinlichkeit erwarb Max Emanuel auch die im Residenzinventar von 1729 erstmals erwähnten Rubens-Skizzen zum Medicizyklus, die sich ursprünglich im Besitz von Claude Maugis, Abbé de Sainte Ambroise, Almosenier der Maria de'Medici, befanden, über deren Verbleib bis 1729 jedoch nichts bekannt ist.

Generell kann man sagen, daß das Gros der Bildererwerbungen Max Emanuels in die Zeit seines niederländischen Aufenthaltes – das heißt in die Jahre 1692 bis 1701 – fällt, wenn man auch den Klagen in einem Brief an seine Gemahlin vom 27. März 1708 nur bedingt Glauben schenken darf, wo er schreibt: »An Kauf von Gemälden darf ich jetzt nicht mehr denken, überhaupt keine Ausgaben machen, die nicht absolut notwendig sind. Übrigens schwindet mir auch aller Geschmack und alle Freude an Bildern, wenn ich daran denke, wie man meine schöne Sammlung in München ausgeplündert hat. Sie werden ohne Zweifel schon wissen, daß das treffliche Bild von van Dyck, den König von England zu Pferd darstellend, vom Kaiser dem Herzog von Marlborough zum Geschenk gemacht worden ist. Trevisans[31] hat mit eigenen Augen in Brüssel gesehen, wie man es rollte, um es nach England zu schicken, wo es sich jetzt schon befinden mag.«[32]

Liegt auch nur sehr lückenhaftes archivalisches Material zu den Gemäldeankäufen Max Emanuels vor, so lassen sich daraus doch die Schwerpunkte seiner Sammelinteressen ablesen, für die im übrigen die Van-Colen-Bilderliste sehr repräsentativ ist. Er bevorzugte eindeutig flämische Künstler des 17. Jahrhunderts. An erster Stelle stehen zweifellos Werke von Rubens, van Dyck und deren Schülern, doch wurden auch Arbeiten der großen Stillebenmaler Boel, Fyt und Snyders sowie Landschaften und Genredarstellungen der sogenannten Kleinmeister, wie Jan Brueghel d. Ä. und Teniers, in großem Umfang erworben. So befanden sich in dem sogenannten »flamändischen Kabinett« in Schleißheim je 12 Gemälde von Teniers und Brouwer und nicht weniger als 32 Arbeiten Jan Brueghels d. Ä. Holländische Maler sind vergleichsweise wohl nur in geringem Umfang von Max Emanuel gesammelt worden: Unter seinen Ankäufen findet sich z. B. kein einziges Werk Rembrandts; hingegen schätzte er offensichtlich Arbeiten der sogenannten Leydener Feinmaler. Im »flamändischen Kabinett« hingen 6 Bilder von Gerrit Dou und 11 von Frans von Mieris. Relativ klein ist der Anteil an Werken italienischer und französischer Künstler, wenn man von Arbeiten seiner Hofmaler absieht, die jedoch in diesem Zusammenhang nicht von Interesse sind.

Der Gemäldebestand war im wesentlichen in der Residenz, in Nymphenburg und vor allem in Schleißheim untergebracht. Hier hingen in der zwischen den Appartements des Kurfürsten und der Kurfürstin gelegenen »Grande Galerie« jene Gemälde, die Max Emanuel zu den Hauptwerken seiner Sammlung zählte. Die »Grande Galerie« in Schleißheim gehört in Deutschland zu den frühesten ausschließlich zur Ausstellung von Gemälden bestimmten Galerieräumen, sieht man von den eingangs erwähnten Gemäldesammlungen Maximilians I. und Rudolphs II. ab, die jedoch, soweit aus zeitgenössischen Beschreibungen zu ersehen ist, einen sehr viel bescheideneren Charakter hatten und vom Raumtypus her nicht als Galerie anzusprechen waren. Der heutige Raumeindruck entspricht nicht mehr dem zur Regierungszeit Max Emanuels, er ist das Ergebnis einer Neugestaltung unter Max III. Joseph. Bretagne beschreibt die Galerie folgendermaßen: »On entre par le milieu de ce Salon, dans une *Grande Galerie* tres éclairée, du coté du parterre; son plafond est peint en Mosaique, à fond d'or, la corniche, que règne à l'entour, est dans le même goût, soutenue de pilastres, entre les quels sont placés des tableaux des plus habiles peintres, tous originaux . . .«. Wie man aus dem Inventar von 1748 ersehen kann, das wohl im wesentlichen die Hängung aus der Zeit Max Emanuels wiedergibt, waren die Gemälde mehrreihig und streng symmetrisch gehängt. Achse dieser Hängung war offensichtlich die Türe in der Mitte der Längswand. Der Symmetrie zuliebe wurden sogar Bilder willkürlich angestückt, um sie als Pendants anordnen zu können. Ziel all dieser Maßnahmen war offensichtlich eine homogene Raumwirkung, die durch einheitliche Rahmung noch unterstrichen wurde. Hingen in der »Grande Galerie« meist großformatige Bilder mit figurenreichen Kompositionen, so waren die Wände des zum Appartement des Kurfürsten gehörigen sogenannten »flamändischen Kabinetts« förmlich mit kleinformatigen Bildern tapeziert. Wie bereits der Name sagt, handelte es sich vorwiegend um Arbeiten niederländischer Künstler: Landschaften, Genreszenen und Stilleben. Außerhalb dieser beiden ausgesprochenen Galerieräume war noch eine Fülle von Gemälden auf die übrigen Räume des Schlosses verteilt. So hingen z. B. im Schlafzimmer des Kurfürsten der »Bethlehemitische Kindermord« von Rubens und van Dycks »Heilige Familie«.

Als Exkurs sei hier noch Max Emanuels Vorliebe für die Miniaturmalerei erwähnt. Bereits Maximilian I. verfügte über eine entsprechende Sammlung von Landschaften mit mythologischer oder religiöser Staffage – meist Arbeiten niederländischer Künstler –, zu denen unter Ferdinand Maria noch einige Porträtminiaturen hinzukamen. Jedoch scheinen weder Maximilian I. noch Ferdinand Maria dieser Kunstgattung größeres Interesse entgegengebracht zu haben, als es ihr im Rahmen des Sammlungsprogramms zeitgenössischer Kunstkammern zukam. Max Emanuel erweiterte diesen Bestand beträchtlich durch Miniaturen des Brüsseler Malers François Bouly,[33] der zwischen 1699 und 1711 für ihn tätig war. Bereits Buchheit und Oldenbourg stellten im Vorwort zum Katalog des Miniaturenkabinetts des Residenzmuseums fest, daß diese Miniaturen »in einem größeren Zusammenhang mit besonderer Absicht zu denken seien«.[34] Da sich darunter zahlreiche Kopien nach Arbeiten flämischer Meister befinden, nahmen die beiden Autoren an, daß sich Max Emanuel auf diese Weise eine »galerie en miniature« jener Werke anlegen wollte, die er nicht erwerben konnte. Da jedoch unter den Miniaturen Boulys Kopien nach von Max Emanuel erworbenen Gemälden überwiegen, erscheint diese Argumentation nicht sehr überzeugend.[35] Der Sinn dieser Kopien ist heute nicht mehr ganz einsichtig. Handelte es sich um eine bloße Liebhaberei, oder sollten die Miniaturen Max Emanuel in Brüssel jene Originale ersetzen, die schwer erreichbar in seiner Residenz in München hingen? Oder sollten sie Beginn eines bebilderten Sammlungskataloges werden, wie ihn Teniers für die Gemäldegalerie des Erzherzogs Leopold Wilhelm anlegte? Vielleicht plante Max Emanuel auch für die Miniaturensammlung bereits einen ähnlichen Rahmen, wie sie ihn dann zu Beginn der 30er Jahre durch François Cuvilliés d. Ä. erhielt, und die Miniaturen Boulys sollten den vorhandenen Bestand lediglich erweitern.

Max Emanuels Sammelinteressen erweisen sich als völlig konform mit der sich auf dem Gebiet des Gemäldesammelns allgemein abzeichnenden Entwicklung. Standen in den großen Sammlungen des 17. Jahrhunderts (Sammlung Charles I. von England, Sammlung Arundel, Sammlung des Erzherzogs Leopold Wilhelm) noch die italienischen Maler an erster Stelle, so verschiebt sich im Lauf der Zeit das Sammelinteresse immer mehr auf die großen Flamen: Rubens und van Dyck. Auf dem Gebiet der Kunsttheorie entspricht dieser Entwicklung die Auseinandersetzung zwischen Poussinisten und Rubenisten in Frankreich, aus der die Rubenisten schließlich als Sieger hervorgingen.

So ist es auch nicht verwunderlich, daß der in Düsseldorf regierende kurpfälzische Vetter Max Emanuels, Johann Wilhelm (reg. 1679–1716), dieselbe Art von Gemälden sammelte, ein Umstand, dem die Alte Pinakothek ihren einmaligen Reichtum an flämischen Bildern verdankt; denn als nach dem Aussterben der bayerischen Wittelsbacher die Pfälzer Linie deren Erbe antrat und beide Sammlungen in München vereinigt wurden, war eine in anderen Sammlungen nur selten anzutreffende Konzentration von Hauptwerken der flämischen Malerei geschaffen.

Specification
Jener .101. Stuck Mahlereyen, welche Ir: Churfürstlichen Durchlaucht Maximilian Emanuel Herzog in Bayern ao: 1698 von Gisbert van Colen zu Antwerpen um 100000 fl. Flamändischer Münz erkauft haben. (StAM HR 279–9)

Im folgenden ist die im Juni 1763 von dem Münchner Hofkammerrat Faßmann und dem Vertreter der Erben Gisbert van Colens – Lambert Joseph Jusaine – erstellte Liste der 1698 von Max Emanuel von van Colen erworbenen Gemälde abgedruckt. Die linke Spalte mit der sehr summarisch gehaltenen Beschreibung der Bilder geht offensichtlich auf eine ältere im Besitz der Erben van Colens befindliche Aufstellung zurück. Die zweite Spalte enthält den Kommentar Faßmanns bzw. nennt sie den damaligen Aufbewahrungsort der Gemälde. Die dritte, *kursiv* gedruckte, Spalte gibt, soweit eine Identifizierung möglich war, neben den technischen Angaben den heutigen Standort sowie Änderungen in der Zuschreibung der Gemälde an. Wie aus einem im Zusammenhang mit der Bilderliste abgefaßten Protokoll Faßmanns hervorgeht, waren bereits 1763 von den 101 Gemälden »mittlerweyl über die helfte vielleicht verschänkt, vertauscht und distrahirt worden«. Offensichtlich besaßen auch die Erben van Colens keine genaueren Unterlagen zu dem Verkauf; denn Jusaine konnte – wie aus dem Protokoll Faßmanns hervorgeht – nur jene Bilder identifizieren, »worzu ihme die allegirte specification eine deitliche Anleitung gegeben«. Diese wurden auf der Liste mit dem Zeichen .C. markiert.

	Von Rubens	Auskunft, welchen Orts sich einige von diesen Gemählden dermahl befinden.		
	1) .1. grosses Stuck die Diana mit vielen Figuren, und die Besten von Snyders.	.C. Ist in der Bildergallerie zu Schleißheim	*Rubens, Peter Paul* *Heimkehr der Diana von der Jagd* *Darmstadt, Hess. Landesmuseum* *(Inv.Nr. GK 180; Lwd. 232 × 279 cm)* *1819 von König Max I. Joseph Großherzog Ludwig I. geschenkt.*	
	2) 1. Stuck vorstellend die Zeit mit großen Figuren angefüllt.	Ist nach dieser dunklen Beschreibung nicht eigentlich zu erforschen, ausser es müßte nur in der Bildergallerie zu Schleißheim jenes Stuck seyn, so die effecten deß Friedens und deß Kriegs vorbildet, und für die eiserne Zeit ausgedeutet werden kann.	*Rubens, Peter Paul (Werkstatt)* *Krieg und Frieden* *Alte Pinakothek* *(Inv.Nr. 343; Lwd. 232×340 cm)*	Kat.Nr. 779
	3) Die heilige .3. Könige mit grossen Figuren.	Wegen diesem Stuck hat der Jusaine einen Beweiß mit jenem Opfer der heil. .3. Königen machen wollen, so in dem Music=Zimmer Ir: Drtl: Churfürstin zu Schleißheim zu finden ist, so aber nicht der Rubens, sondern ein ander Namens Salar gemahlen hat; und ist auch nicht zu vermuthen, daß Ie: Churfrstl: Drtl: Max Emanuel, als ein stattlicher Mahlerey Kenner, dieses Stuck für ein Werk deß Rubens erkaufft haben sollen.	*In der Rubens-Literatur wird allgemein das Dreikönigsbild im* Musée de Ville, Lyon *(Lwd. 245×325 cm) mit diesem Gemälde identifiziert. Das Bild in Lyon wurde zwar 1800 von den französischen Truppen aus der kurfürstlichen Galerie entfernt, hing jedoch 1763 in der Residenz-Galerie, so daß es sowohl für Faßmann als auch Jusaine zugänglich gewesen wäre.*	
	4) Mars de Hanassen in Lebens Grösse, von Paul de Vos.	Ist in der Bilder=Gallerie zu Schleißheim noch vorhanden, woran Paul de Vos die armaturen gemahlen hat.	*Rubens (Werkstatt) und de Vos, Paul* *Siegesallegorie* *Alte Pinakothek, Depot* *(Inv.Nr. 4813; Lwd. 232×343 cm; sign. P. de Voss fecit)*	Kat.Nr. 777

	5) Loth mit seiner Tochter in grossen Figuren.	Seynd nicht mehr verhanden	*Rubens, Peter Paul* *Loth und seine Töchter* *ehem. Paris, Slg. Jules Féral* *(Lwd. 188×225 cm)* *1706 von Kaiser Josef I. dem Herzog von Marlborough geschenkt.*
	6) Die Madame Rubens in Gestalt der Bethsabea, ein bissel kleiner als Lebensgroß.	(Seynd nicht mehr verhanden)	*Nicht mehr zu identifizieren. – Vielleicht handelte es sich um eine Replik der Bathseba in Dresden, (Abb. S. 347 bei Oldenbourg, Klassiker der Kunst)*
	7) Die Madame Rubens mit einem Kind auf dem Schoos.	.C. Ist in der Bilder=Gallerie zu Schleißheim	*Rubens, Peter Paul* *Helene Fourment mit ihrem erstgeborenen Sohn Frans* *Alte Pinakothek* *(Inv.Nr. 315; Eichenholz 146 × 102 cm)*
	8) 9) .2. Portraits von der Madame Rubens.	.C. Eines ist in der Bilder=Gallerie zu Schleißheim. das zweyte aber zu München.	*Helene Fourment im Hochzeitskleid* *Alte Pinakothek* *(Inv.Nr. 340; Eichenholz 162 × 134 cm)*
			*und* *Helene Fourment, einen Handschuh anziehend* *Alte Pinakothek* *(Inv.Nr. 349; Eichenholz 97 × 68 cm)* Kat.N
	10) 11) 12) .3. Landschaften mit kleinen Figuren, Khühen und einem Regenbogen über einem Garten.	Eine von diesen Landschaften ist in dem flamändischen Cabinet zu Schleißheim	*Rubens, Peter Paul* *Polderlandschaft* *Alte Pinakothek* *(Inv.Nr. 322; Eichenholz 81,1 × 106,7 cm)*

und
Rubens und seine zweite Frau im Garten
Alte Pinakothek
(Inv.Nr. 313; Eichenholz 98 × 130,7 cm)
die dritte Landschaft heute nicht mehr feststellbar.

Kat.Nr. 780

Von dem van Dyck

13) Der König in Engelland zu Pferd in Lebens Grösse.

van Dyck, Anton
Charles I. zu Pferd
London, National Gallery
(Inv.Nr. 1172; Lwd. 367 × 292,1 cm)
1706 von Kaiser Josef I. dem Herzog von Marlborough geschenkt.

Kat.Nr. 781

Seynd nicht mehr vorhanden [bezieht sich auf Nr. 13 und 14]

14) Der Prinz von Barbançon zu Pferd in Lebens Grösse.

van Dyck, Anton
Albert de Ligne, Prinz von Barbançon und Arenberg zu Pferd
Slg. Earl of Leicester, Holkam Hall
(Lwd. 305 × 226 cm)
Das Bild befand sich 1682 in der Slg. des portugiesischen Edelsteinhändlers Diego Duarte (vgl. dazu das Inventar seiner Slg., abgedruckt in: Jaarboek Koninklijk Museum voor Schone Kunsten Antwerpen, 1971, 209, Nr. 69) und wurde bereits 1718 wieder aus der kurbayerischen Slg. verkauft.

15) Achilles mit allerley kleinen Figuren.

.C. dergleichen Stuck ist zwar in der Bilder=Gallerie zu Schleißheim verhanden, selbes solle aber dem Vernehmen nach von dem von Triva herrühren, worüber der Hof=Camer=Rath von Duffrene eine mehrere Erläuterung wird abgeben können.

Boeckhorst, Jan
Achill unter den Töchtern des Lykomedes
Aschaffenburg, Staatsgalerie
(Inv.Nr. 1258; Lwd. 117,6 × 141,0 cm)

16) Das Portrait deß Heinrich Liberti Organisten.

van Dyck, Anton
Porträt des Hendrik Liberti
Alte Pinakothek
(Inv.Nr. 375; Lwd. 108 × 88 cm)

Kat.Nr. 782

17) Portrait deß alten de Wael samt seinem Weib.

.C. Seynd beede in der Gallerie zu Schleißheim

van Dyck, Anton
Der Maler Jan de Wael und seine Frau Gertrud de Jode
Alte Pinakothek
(Inv.Nr. 596; Lwd. 125×139 cm)

18) 19) .2. Portraits in Lebens Grösse deß Herrn und Frauen Godines.

.C. Seynd noch im Zweifel, ob sie die beschriebene Beschaffenheit haben oder nicht, vielmehr der Herzog von Croi und seine Gemahlin seyn sollen, jedoch beyde Stuck von van Dyck.

van Dyck, Anton
Männliches Bildnis
Alte Pinakothek
(Inv.Nr. 995; Lwd. 211×136 cm)

und
Weibliches Bildnis
Alte Pinakothek
(Inv.Nr. 201; Lwd. 210×136 cm)

20) 21) .2. Tableaux mit einem Kind, Rombault, Mann und Weib.

.C. Die Frau mit dem Kind ist in der Bilder=Gallerie zu Schleißheim befindlich, der Man aber unwissend.

van Dyck, Anton
Männliches Bildnis (sog. Bildnis des A. Colyn de Nole)
Alte Pinakothek
(Inv.Nr. 603; Eichenholz 123 × 91 cm)

Weibliches Bildnis
Alte Pinakothek
(Inv.Nr. 599; Eichenholz 133 × 91 cm)

	22) Christus an dem Creutz mit verschiedenen Englen.	Dieses Original Stuck ist in der Bilder=Gallerie zu München.	*1748 unter Nr. 18 im Residenzinventar folgendermaßen beschrieben: Van Dyck »Un Crucifis avec des Anges 4'3" × 3'3".« 1800 von den Franzosen nach Paris entführt und der Kirche Saint-Nicolas-de-Champ in Paris übergeben; das Bild wurde nicht zurückgegeben (vgl. Archiv der Bayerischen Staatsgemäldesammlungen, Fach IX lit. P.No 1)*	
	23) 24) .2. Stuck, der König und die Königin von Engelland, ein wenig grösser als in halber Stellung.	Seynd nicht verhanden. (gilt für 23–25)	*Das Porträt des Königs von England nicht mehr vorhanden.* *Nr. 24 wohl identisch mit van Dyck, Anton (Kopie nach) Porträt der Königin Henriette Alte Pinakothek, Depot (Inv.Nr. 4999; Lwd. 119×98 cm)*	Kat.Nr. 778
	25) Jesus und S:Anna.		*Nicht nachweisbar.*	
	26) 27) .2. Portraits in Abbten=Kleidungen.	Können nicht erforscht werden.	*Nicht nachweisbar.*	
	Von Langenjan			
	28) ein Stuck wie die Töchter von Athen in den Tempel gehen.	.C. Seynd in der Bilder=Gallerie zu Schleißheim. (gilt für 28–29)	*Boeckhorst, Jan Merkur verliebt sich in Herse Schleißheim (Inv.Nr. 137; Lwd. 124×188 cm)*	
	29) Die History von Achilles.		*und Achill unter den Töchtern des Lykomedes Schleißheim (Inv.Nr. 136; Lwd. 124×188 cm)*	
	30) Die Bethsabea von Stein geziert.	Ist nicht zu erforschen.	*Nicht nachweisbar.*	
	31) Die imitation deß Rubens ersten Frauen nach van Dyck.	Ist nicht zu finden.	*Nicht mehr nachweisbar, jedoch vermutlich identisch mit dem 1691 im Nachlaßinventar des Antwerpener Malers Jasper Thielens erwähnten Bild »Een schilderye, conterfeytsel van de Vrouwe van Rubens, van Langen Jan«. (J. Denucé, Inventare von Kunstsammlungen zu Antwerpen im 16. und 17. Jahrh., Antwerpen 1932, 351)*	

32) Die bekehrte Sinder, ein grosses Stuck, in verschiedenen Figuren.

.C. Ist in dem Music-Zimer Ihro Drtl: Churfürstin zu Schleiß-heim.

Boeckhorst, Jan
Christus und die bußfertigen Sünder
Alte Pinakothek, Depot
(Inv.Nr. 3739; Lwd. 280 × 241,5 cm)

33) Die Geburth der Venus.

Ist nicht verhanden.

Nicht nachweisbar.

34) Der König David, weniger als in halber Figur.

Ist in der Bilder=Gallerie zu München.

Boeckhorst, Jan
König David
Lwd. 2'4" × 2'2"6'''
1851 verkauft. Das Gemälde stammte wie Nr. 31 aus der Slg. des Antwerpener Malers Jasper Thielens (Denucé 1932, 351)

Von Brauwer

35) das berühmte kleine Bordell.

Wird jenes Stuck seyn, welches in dem flamändischen Cabinet zu Schleißheim gewesen, und der von Triva selbiges an sich getauscht hat.

Brouwer, Adriaen
Wirtshausszene
London, National Gallery (Leihgabe Sir Edmund Bacon, Bart)
(Holz, 48 × 76 cm)
vgl. zur Identifizierung des Bildes Anm. 35.

36) 37) .2. Stuck mit Karten=Spilern.

Brouwer, Adriaen
Kartenspielende Bauern
Alte Pinakothek
(Inv.Nr. 2108; Eichenholz 20 × 34 cm)

und
Kartenspielende Bauern
Alte Pinakothek
(Inv.Nr. 218; Eichenholz 33 × 43 cm)

Dieses .7. Stuck seynd in dem flamändischen Cabinet zu Schleißheim befindlich.

38) Eine singende Compagnie.

Brouwer, Adriaen (Nachahmer des)
Bauernquartett
Alte Pinakothek
(Inv.Nr. 109; Eichenholz 43 × 58 cm)

39) Das Leben der Vollsäufer.

Brouwer, Adriaen
Der eingeschlafene Wirt
Alte Pinakothek
(Inv.Nr. 2014; Kupfer 31 × 24 cm)

40) 41) .2. Stuck, der Bauern=Streit bey einem Faß.

Diese .7. Stuck seynd in dem flamändischen Cabinet zu Schleißheim befindlich.

Brouwer, Adriaen
Schlägerei zwischen fünf Bauern
Alte Pinakothek
(Inv.Nr. 2050; Eichenholz 22 × 30 cm)

und
Schlägerei zwischen zwei Bauern
Alte Pinakothek
(Inv.Nr. 861; Eichenholz 30 × 25 cm)

42) Toback=Daucher.

Brouwer, Adriaen
Rauchende und trinkende Bauern
Alte Pinakothek
(Inv.Nr. 2062; Eichenholz 35 × 26 cm)

Kat.Nr. 784

Von Claude Lorain

43)–46) .4. Land=schaften

Diese schöne .4. Stuck waren zu Schleißheim, und hat solche der Triva Mittels Tausch an sich gebracht.

47) Eine Landschaft.

Ist zu Nymphenburg.

Der Verweis auf Nymphenburg wohl nicht gerechtfertigt, da dort nur die beiden heute in der Alten Pinakothek befindlichen Landschaften (Inv.Nr. 381 und 382) hingen, die aus der Sammlung des Regensburger Hofkammerrats Franz von Mayer stammten.

Von Salvator Rosa

48) Die History von Gedeon.

Seynd in dem flamändischen Cabinet zu Schleißheim.

Rosa, Salvator
Das Kriegsvolk des Gideon
Alte Pinakothek, Depot
(Inv.Nr. 951; Lwd. 73×97 cm)

49) 50) .2. Stuck mit Bergen

Rosa, Salvator (Nachahmer)
Landschaft mit Hafen und Kriegern
Alte Pinakothek, Depot
(Inv.Nr. 2404; Lwd. 97×73 cm)

und
Landschaft
Alte Pinakothek, Depot
(Inv.Nr. 2407; Lwd. 96,5 × 72,25 cm)

51) 52) .2. Bergstuck

Seynd unter denen zu Nymphenburg, welche eben auch der Salvator Rosa gemahlen hat.

nicht identifizierbar

Von de Heem

53) ein Stuck, das berühmte Stuck mit dem Schuncken.

.C. Seynd in dem flamändischen Cabinet zu Schleißheim.

de Heem, Cornelis
Stilleben
ehemals Alte Pinakothek, 1939 abgegeben
(Inv.Nr. 145; Lwd. 83×113 cm)

54) Ein kleines Kessel mit Kräutelwerk und mehreren Früchten.

de Heem, Cornelis
Stilleben
Bayreuth, Staatsgalerie
(Inv.Nr. 144; Lwd. 83×113 cm)

Von Snyers

	55) Ein Löw, und ein Wildschwein.	.C. Ist in der Bilder-Gallerie zu Schleißheim.	*Snyders, Frans* *Eine Löwin schlägt ein Wildschwein* *Alte Pinakothek* *(Inv.Nr. 620; Lwd. 164×239 cm)*
	56) .2. Lämmer und ein Geiß.	Ist nicht zu erforschen.	*Nicht nachweisbar.*
 	57) 58) *Von Paul de Vos* .2. grosse Jagd=Stuck.	Nachdem nicht hinzugesetzt worden, was sie eigentlich vorstellen sollen, so kan man auch nicht wissen, ob sie unter jenen begriffen seyn möchten, deren sich verschiedene von denen hieneben benahmsten Mahleren mehreren Theils zu Schleißheim und Theils auch zu Fürstenried befinden, wie dann letzteren Orts eben auch .2. mittelmässig grosse Stuck von Fyt, und .2. derley von Boel anzutreffen seynd.	*de Vos, Paul* *Löwenjagd* *München, Residenz* *(Lwd. 210×360)* *und* *Stierkampf* *München, Residenz* *(Lwd. 238×360)*
	59) Von *Jacob Bourguignon* ein kleines Batailen=Stuck, so aus dem Haag angekomen ist.		*Nicht nachweisbar.*
	60)–66) .7. kleine Stückel *von dem Fleuwelen Breugel.*		*Nicht nachweisbar.*
	67) 68) .2. Mittelmässige grosse Stuck *von Fyt.*		*Nicht nachweisbar.*
	69) 70) .2. Stuck auf Leinwat von dem alten *Boel.*		*Nicht nachweisbar.*
	71) 72) .2. kleine Landschaften von *Franc: Mille,* das kleine Meer.		*Nicht nachweisbar.*
	73) Die Agar mit einem Engel.	Diese seynd nicht zu erforschen.	*Nicht nachweisbar.*
	74) 75) .2. Stuck nach Art des Raphael mit drei kleinen Bilderen, und eines mit einem kleinen Weib beym Brunnen.		*Nicht nachweisbar.*
	76) 77) .2. Früchten- und Blumen Stuck vom *Abraham Breugel.*	Von diesem Meister seynd zwar allerley Blumen= und Früchten Stuck verhanden; man ist aber nicht versichert, ob sie eben die nämliche seyn möchten, wie sie neben angezeigt worden.	*Nicht nachweisbar.*
	78) 79) .2. grosse Blumen Stück von *Baptiste Monoyer.*		*Nicht nachweisbar.*
	80) .1. runder Blumen stock.		*Nicht nachweisbar.*
	81) 82) .2. Früchten=Stück auf Leinwat von *Campidolio.*	Eines ist zu Fürstenried und das andere unwissend.	*Nicht nachweisbar.*
	83) Ein Blumen= und Früchten=Stuck.	Ist unwissend.	*Nicht nachweisbar.*
	84) 85) .2. Landschaften auf Leinwath von *Gaspar Pouxain.*	Verbleiben dem Zweifel unterworfen, weil mehrere Stuck von dem Pousin verhanden seynd, deren keines aber eine simple Landschaft vorbildet; sondern jede Landschaft von diesem Meister eintweders mit einer Geschicht, oder mit einem Gedicht angefüllt ist.	*Nicht nachweisbar.*

	86) *Von Morillios* drey arme Buben.	Die .3. Buben von Morillios seynd in der Bilder=Gallerie zu München.	*Murillo, Bartolomé* *Buben beim Würfelspiel* *Alte Pinakothek* *(Inv.Nr. 597; Lwd. 146×108,5 cm)*	Kat.Nr.
	87) Ein Blumen=Krug von *Verendael und de Heem.*	Ist unwissend.	*de Heem, Jan Davidsz. und van Veerendael, Nicolaes* *Blumenstrauß mit Kruzifix und Totenkopf* *Alte Pinakothek* *(Inv.Nr. 568; Lwd. 102,8 × 84,9 cm)*	
	88) Ein kleines Stuck *von Mola* die Europa vorstellend.	Ist zu Nymphenburg.	*Mola, Francesco* *Raub der Europa* *Alte Pinakothek, Depot* *(Inv.Nr. 924; Lwd. 76×94 cm)*	
	89) 90) .2. kleine Landschaften.	Seynd noch nicht erforscht worden.	*Nicht nachweisbar.*	
	91) Ein kleines Stückel der heil: Hieronymus.	Kañ nicht erforscht werden.	*Nicht nachweisbar.*	
	92)–96) .5. Stuck von *Wauwermans,* erkauft zu Breda.	Es seynd zwar .7. Stuck von diesem Meister in dem flamändischen Cabinet zu Schleißheim befindlich; man last also dahin gestellt seyn, ob die hie neben angezeigte .5. Stuck von dem Gisbert van Colen herrühren mögen.	*Nicht nachweisbar.*	
	97) Eine runde Landschaft von *Paul Brill.*	Nachdem man nicht weiß, was diese .3. Stuck, deren mehrere in Schleißheim verhanden seynd, eigentlich vorstellen, so kann mann auch nicht behaupten, daß solche dermahl noch darunter begriffen seyn mögen.	*Nicht nachweisbar.*	
	98) Ein kleine Landschaft von Fauquier und *Fleuwelen Breugel.*		*Nicht nachweisbar.*	
	99) Ein Stuck von *Gerard Dauw,* empfangen aus Holland.		*Nicht nachweisbar.*	
	100) Ein Stuck von *Pieter Ghysels* mit kleinen Schwannen und anderen toden Thieren.	Haben noch nicht erforscht werden können.	*Nicht nachweisbar.*	
	101) Ein Blumen=Gefäß, von *Verendael* empfangen von Levi.		*Nicht nachweisbar.*	

Anmerkungen

[1] R. Berliner, Zur älteren Geschichte der allgemeinen Museumslehre in Deutschland. (MJBK 5, 1928) hier speziell 336ff. – Zur Geschichte des Sammelns allg.: F. H. Taylor, The Taste of Angels. A History of Art Collecting from Rameses to Napoleon, Boston 1948. – N. v. Holst, Künstler-Sammler-Publikum, Darmstadt 1960.

[2] Diese Vorliebe für Gemäldesammlungen bewirkte sogar die Entstehung eines neuen Bildtypus, der sog. Galeriebilder, d. h. gemalter Innenansichten von Gemäldesammlungen, die zum Teil tatsächlich existierende Sammlungen wiedergeben, zum Teil jedoch reine Phantasiegebilde darstellen. Als Beispiele seien die vier Galerieansichten der Sammlung des Erzherzogs Leopold Wilhelm von David Teniers genannt, die von Max Emanuel erworben wurden und heute in Schloß Schleißheim hängen. Vgl. dazu auch: S. Speth-Holterhoff, Les peintres flamands des cabinets d'amateurs au XVIIème siècle, Bruxelles 1957.

[3] G. L. Bianconi, Briefe an den Marchese Hercolani über die Merkwürdigkeiten Bayerns und anderer deutscher Länder (1762). Eingeleitet, verdeutscht und erläutert von Horst Rüdiger. Mainz-Berlin 1964, 72.

[4] StAM HR 24 – 67 o/2.

[5] StAM HR 209 – 10.

[6] StAM HR 22 – 61/1.

[7] StAM HR 22 – 61/2.

[8] StAM HR 22 – 61/20.

[9] StAM HR 200 – 12/1.

[10] Bretagne 51ff.

[11] S. 46–47.

[12] So können z. B. mit den »excellents tableaux des meilleurs Maîtres de Flandre« nicht die vier, bereits von Maximilian I. gekauften, Jagdbilder von Rubens gemeint sein, die Sandrart 1675 in Schleißheim erwähnt. (J. v. Sandrart, Academie der Bau-, Bild- und Mahlerey-Künste von 1675. Hrsg. R. Peltzer, München 1925, 159).

[13] StAM HR II 279–8.

[14] Mémoires du marquis D*** (Marquis de Sassenage) ou la guerre d'Espagne de Bavière et de Flandre, I, Köln 1707, 177f.

[15] Th. Levin, Beiträge zur Geschichte der Kunstbestrebungen in dem Hause Pfalz Neuburg. (Beiträge zur Geschichte des Niederrheins. Jb. des Düsseldorfer Geschichtsvereins 23, 1911) 10.

[16] In den Katalogen der Alten Pinakothek wird die nur ganz vereinzelt anzutreffende Schreibweise van Ceulen bevorzugt. – Zur Familie van Colen vgl.: J. Denucé, Koopmansleerboeken van de XVe en XVIIe Eeuwen. (Verhandelingen van de Koninklijke Vlaamsche Academie voor Wetenschapen, Letteren en Schoone Kunsten van Belgie 3, 1941, Heft 2) 5. – R. Baetens, Een Antwerps Handelshuis uit de XVIIe Eeuw. De Firma van Colen. (Tijdschrift voor Geschiedenis 73, 1960) 198–214.

[17] GStA K. schw. Fasz. 352, Nr. 1–3.

[18] StAM HR 279–9. – Beim Kaufabschluß war vereinbart worden, alle 6 Jahre zu Michaeli 15.000 fl. zu bezahlen. Die erste Zahlung erfolgte am 24. 3. 1702 (AStA MF 19581, fol. 12, Nr. 229–231: »Unterm 24. Martij anno 1702 seindt dem Monsieur van Keulen, handlsmann in Antwerpen, in abschlag dessen praetension, wegen vor einigen jahren an Ihrer Churfürstliche Durchlaucht abgegebene Mahlereyen, /: warvon in vorigem Protokoll auch schon meldung geschehen :/ 15000 florin de change, und nach dero absterben seinem successor J. B. del Campo underm 17. 7ber 1704 eingleichen 15000: und also zusammen bezahlt worden 30000 fl.« – MF 19581, fol. 14v, Nr. 252: »Hievorn gemelten J. B. del Campo hat man vermög geheiss de dato 22. Dez. 1705 weitteres an dessen praetension erlegt 15000 fl.« Die dazugehörigen Quittungen: AStA MF 19640.)

Die Erben van Colens hatten bereits 1728 und 1750, wie aus den Unterlagen von 1763 hervorgeht, vergeblich versucht, die Restschuld von 30000 fl. einzutreiben.

[19] AStA MF 19640.

[20] Bretagne 52.

[21] Vgl. dazu: W. Gräff, Die Schenkung Josephs I. an Marlborough. (MJBK 12, 1922) 138ff. (mit archivalischem Anhang; d. h. Abdruck der im AStA liegenden Briefe Josephs I., Löwensteins, Stepneys und Marlboroughs. [Fürstensachen 688 1/2]).

[22] AStA Fürstensachen 688 fol. 39ff.

»Abgang an Mahlereyen:

1. Das Contrafait Carl Stuart zu Pferd, von dem Antoni van Dyeck, so nach des gewesten Schazmaisters Pistorini damalligen vorwenden, und von dem Kayserl. Administratore daryber an dem Kayl. Geheimben Rhat Herrn Graf von Wratislav underm 5[t] Oktober 1706 erstatteten bericht Nr. 7 per 4000 species Thaler erkaufft worden sein solle.«

Von Rubens:

»2. Mars und Venus welches ersagter Schazmaisters vorgeblich aestimiert sein solle per 4000 fl.

3. Loth mit seinen Töchtern aestimiert 4000 fl.

4. Historia Veneris et Adonis aest. per 2000 Thaler.

5. Das lezte gericht von Tintoretto aestimiert per 4000 Thaler.

Weliche 5 Stuckh Mahlerey Ihre Kaiserl. Maiestät lautt beiliegend an den Herrn Grafen von Öttingen gewesten geheimben Rhat, und Reichshoffrhats-Presidenten erlassenen und von deme an den Kayserl. Administratorn anhero remittierten eigenhändigen Befelch-Schreiben, de datis 24. Septembris et 10. Decembris 1706 No. 8 et 9. dem Duc de Marleborough allergnedigst geschenkt haben, und demselben von dem Englischen Gesanden under denen fürstl. Mahlereyen aussuchen lassen.«

[23] StAM HR 200 – 12/1 (Anhang des Nymphenburger Inventars vgl. Anm. 9).

[24] AStA MF 19581, fol. 12v. Nr. 234; MF 19654, fol. 7 Nr. 234.

[25] AStA MF 19578, Briefe Kneppers vom 13. 11. 1713, 16. 11. 1713 und 6. 12. 1713; zu Nollet vgl. Beitrag Prinz von Hohenzollern.

[26] AStA Fürstensachen 677f., fol. 41.

[27] P. Eikemeier, Der Gonzagazyklus des Tintoretto in der Alten Pinakothek. (MJBK 20, 1969) 133.

[28] J. Denucé, Inventare von Kunstsammlungen zu Antwerpen im 16. und 17. Jahrhundert, Antwerpen 1932, 358, Nr. 95.

[29] Vgl. dazu: D. Rosand, Rubens's Munich Lion Hunt: Its Sources and Significance. (The Art Bulletin 51, 1969) 29ff.

[30] Zur Sammlung des Herzogs von Richelieu: E. Bonnaffé, Recherches sur les collections de Richelieu, Paris 1883, 50ff. – B. Teyssèdre, Une collection française de Rubens au XVIIe siècle. (Gazette des Beaux Arts 62, 1963) 242ff.

[31] Trevisanus war der »Cammer Musicus« Max Emanuels, vgl. dazu: AStA, MF 19581, fol. 13, Nr. 241.

[32] Übersetzung zitiert nach: Heigel QA I, 189f. – Franz. Original im GHA.

[33] François Bouly, über den sonst nichts bekannt ist und von dem außerhalb Münchens keine weiteren Arbeiten zu existieren scheinen, war seit 1699 für Kurfürst Max Emanuel tätig; letztmals wird er 1711 in den Rechnungsbüchern erwähnt. Für seine Tätigkeit erhielt er jährlich »1000 fl. argent de change« (AStA, MF 19581, fol. 1v, Nr. 47–52. Mit weiteren Zahlungen erwähnt: MF 19581, fol. 186. – GStA K.schw. 16324. – ANP T. 153, 48).

Verzeichnis der im Miniaturenkabinett des Residenzmuseums vorhandenen Arbeiten Boulys bei: H. Buchheit und R. Oldenbourg, Das Miniaturenkabinett der Münchner Residenz, München 1921, Nrn. 79–116.

[34] Ib., 8.

[35] Die Miniaturkopien Boulys können gelegentlich sogar eine wertvolle Hilfe bei der Identifizierung von Erwerbungen Max

Emanuels darstellen. So z. B. im Falle des unter Nr. 35 der Van-Colen-Bilderliste beschriebenen, von dem Hofmaler Triva eingetauschten »kleinen Bordell« von Brouwer. Überblickt man das Œuvre dieses Malers – die Nachstiche nach verschollenen Arbeiten inbegriffen –, so scheint nur die heute als Leihgabe von Sir Edmund Bacon in der National Gallery, London, ausgestellte »Wirtshausszene« zu diesem Titel zu passen. Daß Brouwer ein Bild dieses Titels gemalt hat, geht aus einer Schuldverschreibung vom 12. 2. 1635 hervor, in der er dem Kupferstecher Paulus Pontius u. a. überläßt: ». . . een stucxken schilderije wesende een Bordeeltken, tgene hij tegen woordelijck onder handen heeft, ende tgene hij voorts geloeft op te maecken.« (zit. nach: F. J. van den Branden, Adriaan de Brouwer en Joos van Craesbeeck, Antwerpen 1882, 53). Da sich nun unter den Arbeiten Boulys eine Kopie nach dem Gemälde der Slg. Bacon befindet, liegt die Vermutung nahe, daß das Brouwer-Gemälde der Slg. Bacon mit dem von van Colen erworbenen »kleinen Bordell« identisch ist.

Peter Volk

Bronze- und Bleiplastik am Hof Max Emanuels

Max Emanuel als Sammler von Bronzen

»Der große lust, den E. F. Gn. (= Eure Fürstliche Gnaden) zu gegosnen sachen haben, ist wegen der darinnen steckenden khunst, vnd bestendigkeit, auch Zierde auf tischen und gesümbsen, löblich, vnd wegen des Valors, Furstlich«, schreibt der Augsburger Patrizier und Kunstagent Philipp Hainhofer 1611 an den Herzog von Pommern-Stettin.[1] Treffender hätte man die Gründe, die einen Fürsten zum Sammeln von Bronzestatuetten veranlassen mochten, kaum charakterisieren können. Die Florentiner Bronzeplastik hatte damals mit Giovanni Bologna und seiner Schule ihren Höhepunkt erreicht, während der Regierungszeit Max Emanuels erlebte sie noch einmal eine Blüte, und die Gruppen, Statuetten und Reliefs eines Foggini und Soldani fanden zahlreiche bedeutende Sammler, wie den Fürsten von Liechtenstein oder den mit einer Medici verheirateten Kurfürsten Johann Wilhelm von der Pfalz. Seit dem späten 17. Jahrhundert gewann allerdings Paris neben Florenz immer größere Bedeutung, so daß etwa August der Starke, der in seinen Kunstbestrebungen keineswegs ausschließlich nach Frankreich orientiert war, vorwiegend französische Bronzen erwarb. Zwei große Ankäufe, die sein Architekt und »ordonneur du cabinet« Baron Le Plat 1699 und 1715 für ihn in Paris tätigte, legten den Grundstock für die heute einzigartige Sammlung französischer Barockbronzen in Dresden.[2]

Daß sich Max Emanuel als Sammler französischer Kleinbronzen neben dem wesentlich reicheren sächsischen Kurfürsten und König von Polen durchaus sehen lassen konnte, ist nahezu unbekannt. Sein frühester Ankauf läßt sich für 1698 nachweisen. Damals lieferte ihm der Pariser Juwelier und Kunsthändler Lorenz Danet achtzehn Bronzen,[3] darunter zwei mehrfigurige Kompositionen, den sogenannten Farnesischen Stier nach der berühmten hellenistischen Marmorgruppe der Sammlung Farnese (Neapel)[4] und den Raub der Sabinerin nach Giovanni Bolognas vielbewunderter Skulptur in der Loggia dei Lanzi in Florenz, sowie sechzehn nicht näher bezeichnete »bronzes antiques de diferentes hauteur«. 1701 erwarb der Kurfürst über den Juwelier Lemmens sieben Bronzen von Roger Schabol,[5] der als Gießer von Werken führender französischer Bildhauer, vor allem als Mitarbeiter von Martin Desjardins (gest. 1694) hervorgetreten ist. Im selben Jahr noch ist Max Emanuel aus den Niederlanden nach München zurückgekehrt und hat wahrscheinlich seine Möbel und die von ihm erworbenen Kunstwerke mitgenommen. Auch bei seinem zweiten Aufenthalt in Brüssel erwarb er offenbar beträchtliches Mobiliar und auch Bronzen; 1706 ließ er sie im Gewahrsam von J. de Vos und H. van Soest zurück.[6] Einige Bronzen, die er zunächst bei J. de Vos hinterstellt hatte, mußten ihm bald nach Mons nachgeschickt werden.[7] Er hat sie vermutlich später nach Compiègne und St. Cloud mitgenommen. Vierundzwanzig weitere Bronzen, die in drei Kisten verpackt waren – sie sind in einer im Anhang abgedruckten Liste einzeln aufgeführt –, verblieben hingegen bis 1715 bei H. van Soest und kamen wohl im selben Jahr nach München. Dort werden während der Abwesenheit des Kurfürsten in einem Inventar von 1707[8] in der Residenz in einem »hinteren gewölbe, die thierniz genannt« neben Gemälden »zwei offene verschläg« erwähnt, »warinnen 87 allerlei medalene statuen und postamenta von dergleichen und andern materi, sambt den darzuegehörig 2 eisenen stangen. NB: 7 stuckh abgengig«. Aus welcher Zeit diese Bronzen stammen und ob sich unter ihnen Erwerbungen Max Emanuels befanden, wissen wir allerdings nicht.

Obwohl diese Nachrichten über die Bronzesammlung des Kurfürsten zufällig und sicher unvollständig sind, kann man ihnen doch entnehmen, daß Max Emanuel, dem allgemeinen Zeitgeschmack entsprechend, vor allem Antikenkopien besessen hat (siehe Anhang). Er erwarb aber auch Werke neuerer Meister, wie die erwähnte Gruppe Giovanni Bolognas oder eine Allegorie der Luft, in der vielleicht eine kleinformatige Replik der berühmten Marmorstatue von Etienne Le Hongre im Garten von Versailles zu sehen ist.[9] Ebenfalls nicht antik war die Gruppe von Kain und Abel. Bei der genannten dreifigurigen Komposition der Pomona denkt man an eine Gruppe von der Art der vier Allegorien Kat.Nr. 730
der Jahreszeiten (Windsor Castle), französischen Arbeiten des frühen 18. Jahrhunderts.[10] Diese sind Guillielmus de Grof wohl noch vor seiner 1716 erfolgten Übersiedlung von Paris nach München bekanntgeworden und deshalb vor diesem Zeitpunkt entstanden; de Grof hat nämlich 1727 (?) eine Replik des »Vulkan« aus der Gruppe des Winters (Venus, Amor und Vulkan) als Bekrönung eines Kaminbocks (Abb. 98) verwendet.[11] Bei »Merkur und Venus«

S. Thomassin, Max Emanuel, 1692.

könnte es sich um die oft zu Unrecht Adriaen de Vries zugeschriebene Merkur-und-Psyche-Gruppe handeln, von der ein Guß zum alten Wittelsbacher Besitz gehört.[12] In Erwägung zu ziehen ist auch, ob mit »deux centaures, grouppe antique« nicht »Nessus raubt Dejanira« nach Giovanni Bologna und die dazu als Gegenstück geschaffene Gruppe des Sabinerinnen-Raubs gemeint sein könnten.[13] Wie diese beiden Gruppen waren auch andere Figuren zur üblichen dekorativen Aufstellungsweise als Pendants zu Paaren zusammengestellt worden: Hermen von Sonne und Mond, zwei »antike« Pferde, Sitzfiguren von Venus und Flora sowie Statuetten von Flora und Herkules.[14]

Ein Inventar der Sammlung scheint nicht angelegt worden zu sein, bevor diese am 14. Dezember 1729 einem Brand in der Münchner Residenz zum Opfer gefallen ist. »Das so genandte cabinet de bronse ist mit allen alten von glokspeis gegossenen figuren in rauch aufgangen, deren die meiste zerschmolzen, etlich dannoch erkandtlich waren«, berichtet Kurfürst Karl Albrecht selbst in seinen Aufzeichnungen.[15] Neun Bronzefiguren, die durch »die unlengst zu hof entstanden grosse feuersprunst sehr ruiniert worden« waren, hat Guillielmus de Grof repariert und dafür 1731 die beträchtliche Summe von 360 Gulden empfangen.[16] Max Emanuels Wertschätzung der Bronzeplastik ging so weit, daß er die Statuetten nicht einfach zur Dekoration auf die Appartements verteilen ließ, sondern sie mit wenigen Ausnahmen in einem eigenen »Bronzenkabinett« aufstellte.[17]

Zwei Bronzen, die mit großer Wahrscheinlichkeit von ihm erworben worden sind, überdauerten den Residenzbrand von 1729, vermutlich weil sie sich nicht in den beschädigten Räumen befanden. Es handelt sich um Goberts
1695 datierte Reitergruppe Ludwigs XIV. und um eine Kat.Nr
Apollo-Statuette François Girardons, die um 1730/33 im Kat.Nr
Äußeren Audienzzimmer des von Karl Albrecht erbauten Prunkappartements der sogenannten Reichen Zimmer aufgestellt wurden. Die Reitergruppe diente als Bekrönung eines als Pendant zu einem prächtigen Ofen Antonio Chaneveses geschaffenen holzgeschnitzten Aufbaus, in den eine Uhr von Peter Mallet, London, eingebaut war, unter deren Zifferblatt die Götterfigur in einer Nische Platz fand[18] (Abb. 89).

Max Emanuels Vorliebe für Bronzen war so groß, daß er sich mehrmals in diesem Material porträtieren ließ. Vor einigen Jahren befand sich eine eindrucksvolle, etwa lebensgroße Bronzebüste im Kunsthandel[19] (Abb. 86), bei der es sich aufgrund der Physiognomie des Dargestellten mit der kühn gebogenen Nase, dem Mund mit der vorspringenden Habsburgerunterlippe, den scharfen Falten um den Mund, der Form der etwas vortretenden Augen, der Augenbrauen und der hohen Stirn eindeutig um ein Bildnis des bayerischen Kurfürsten handelt in einem Alter, wie er uns etwa auf einem Stich von S. Thomassin von 1692 entgegentritt.[20] Den schmalen Schnurrbart, den er sich 1685/86 wachsen und bald nach 1692 (wie Ludwig XIV.) wieder abrasieren ließ, zeigt die Büste nicht mehr. Er trägt das ihm 1692 verliehene Goldene Vlies. Die lange Spitzenkrawatte und die Form der hochtoupierten Allongeperücke weisen auf das letzte Jahrzehnt des 17. Jahrhunderts.

Die Modellierung ist auffallend unplastisch, die Einzelformen, wie Mund, Nase und die Augen mit in eigentümlicher Weise schneckenförmig eingravierter Iris und Pupille, sind fast überscharf geschnitten. Die Glätte des Gesichts kontrastiert mit der Fülle der großen, gleichmäßig geriefelten Locken und mit der minuziös gearbeiteten durchbrochenen Spitze des Halstuchs. In ihrem Stoffcharakter wiederum deutlich abgesetzt sind Harnisch, Ordenskette und die bewegte Manteldraperie.

Die Komposition der Büste mit der den Umriß belebenden, in der Bewegtheit ihrer Faltengebung ganz unnaturalistischen Draperie, durch die die entschiedene Kopfwendung und der kühne Blick unterstützt werden, folgt deutlich dem Vorbild von Berninis berühmten Büsten des Francesco I. d'Este in Modena (1650/51) und Ludwigs XIV. in Versailles (1665),[21] die allerdings nur im formalen Aufbau nachgeahmt werden. Gegenüber der großartig-pathetischen Belebtheit der Skulpturen Berninis wirkt diese Büste starr, wie eingefroren: die in ihrem Materialcharakter sorgfältig unterschiedenen Einzelheiten verbinden sich nicht zu einheitlicher Bewegung, sondern stehen isoliert nebeneinander.

Diese Eigenschaften widersprechen auch der gleichzeitigen französischen Plastik, bei der zudem so deutliche Rück-

86 Niederlande (?), um 1695. Max Emanuel

87

88

8

90

92

87 G. de Grof, Wandbrunnen – 88 G. de Grof, Wandbrunnen – 89 München, um 1730. Dekorativer Aufbau mit Uhr und Bronzestatuetten
90 G. de Grof, Putto von einem Wandbrunnen. Detail von Abb. 88 – 91 G. de Grof, Putto von einem Wandbrunnen. Detail von Abb. 88
92 G. de Grof, Putto von einem Wandbrunnen. Detail von Abb. 87 – 93 G. de Grof, Putto von einem Wandbrunnen

91

93

94
95
96

94 G. de Grof, Möbelbeschlag – 95 G. de Grof, Weihwasserbecken
96 P. J. Horemans, Detail aus dem Bildnis Charles de Groffs – 97/98 G. de Grof, Kaminböcke

97

9

griffe auf Bernini nicht zu finden sind. Selbst bei den französischen Büsten, die wegen ihrer barocken Bewegtheit noch am besten zum Vergleich herangezogen werden können, wie Martin Desjardins' 1693 geschaffenem Porträt des Edouard Colbert de Villacerf (Louvre 1249),[22] bleibt trotz aller stofflichen Differenzierung der harmonische plastische Zusammenhang unangetastet, auch wenn Haare und Draperie bewegt gestaltet und ornamentale Einzelheiten detailliert herausgearbeitet sind. Eher fühlt man sich noch an niederländische Plastik erinnert, wo etwa bei Jan van Delen oder Peeter Scheemaeckers d. Ä. in vergleichbarer Weise der unterschiedliche Stoffcharakter von Inkarnat, Haar und Gewand betont ist, ohne daß sich jedoch unmittelbare stilistische Bezüge herstellen ließen.[23] Auch sind keine niederländischen Bronzegüsse der Zeit bekannt, wenngleich einige Niederländer, wie Desjardins, Schabol oder später de Grof, als Metallplastiker, allerdings nicht in ihrer Heimat, hervorgetreten sind. Unserer derzeitigen Denkmälerkenntnis nach steht die Büste isoliert, sowohl stilistisch als auch aufgrund ihres berninesken Typus. Sie muß des Alters des Dargestellten und der modischen Accessoires wegen um 1695 entstanden sein und ist vielleicht eine niederländische Arbeit.

Wenig später, ebenfalls noch während der Brüsseler Jahre,
r. 802 ist die Reiterstatuette Max Emanuels im Bayerischen Nationalmuseum entstanden, die in ihrem Typus dem Denkmal Ludwigs XIV. von Martin Desjardins für Lyon folgt. Sie ist wahrscheinlich zu identifizieren mit »1 statua seiner churfürstlichen durchlaucht Maximiliani Emanuelis, herzogs in Baiern, zu pferd von bronze, welche Rogier Schapold ein Brüssler zu Paris anno 1699 verfertigt hat«, die das Inventar der Münchner Residenz von 1769 in der Zweiten Antichambre der sogenannten Steinzimmer aufführt.[24] Sie ist wohl auch identisch mit »des churfürsten contrafait von metall auf dergleichen pferdt sizent«, das »in einem hilzernen verschlägel« verwahrt, neben den bereits erwähnten siebenundachtzig Bronzen als einziges Stück in dem Inventar von 1707 genauer beschrieben wird.[25] Die erst 1769 belegte Zuschreibung an Roger Schabol ist sicher nicht einfach aus der Luft gegriffen und geht vermutlich auf ältere, heute nicht mehr nachweisbare Inventare zurück. Für ihre Glaubwürdigkeit spricht auch, daß Max Emanuel, wie wir sahen, noch weitere Arbeiten von Schabol erworben hat. Damit gelangten französische Kleinbronzen einer der führenden Pariser Gießerwerkstätten nach München.

Während des Exils in Frankreich ist das kleine Reiter-
414 monument des Kurfürsten in der Ermitage in Leningrad entstanden, das erst 1973 bekannt geworden ist. Die Erfindung der Reitergruppe mit Besiegten und Viktoria wurde unlängst aufgrund stilistischer Vergleiche dem Bildhauer Philippe Bertrand zugeschrieben und in die ersten Jahre des 18. Jahrhunderts datiert. Die Komposition muß außerordentlich beliebt gewesen sein, wie sich aus den zahlreichen erhaltenen Gruppen dieses Typus mit den Bildnissen Ludwigs XIV. und mehrerer anderer Fürsten schließen läßt, und wurde von verschiedenen Werkstätten aufgegriffen, unter anderem auch von Guillielmus de Grof für sein signiertes und 1714 datiertes Kleindenkmal Max Emanuels im Kat.Nr. 489
Bayerischen Nationalmuseum in München. Nach dem Modell der Reiterfigur dieses Monuments schuf de Grof auch einige kleinformatige Büsten. Zu den plastischen Bildnissen Kat.Nr. 492
des Kurfürsten aus Metall gehören ferner das ovale Bildnismedaillon von Giuseppe Volpini und das in zwei Exempla- Kat.Nr. 495
ren bekannte runde Bleirelief Charles Claude Dubuts von Kat.Nr. 497
1725. Nicht erhalten hat sich offenbar »die statua seiner churfürstlichen durchlaucht Maximiliani Emanuelis geharnischt in ganzer figur von bronze«, die im Inventar der Münchner Residenz von 1769 aufgeführt ist.[26]

Guillielmus de Grof und seine Münchner Gießerwerkstatt

1714 hat Max Emanuel in Paris den 1676 in Antwerpen geborenen Bildhauer Guillielmus de Grof in seine Dienste aufgenommen, der im Frühjahr 1716 nach München kam, wo er bis zu seinem Tod im Jahre 1742 als der führende Hofbildhauer eine vielseitige Tätigkeit entfaltete. In erster Linie war er Metallplastiker, die Quellen nennen ihn fast stets den »Bildergießer«.[27]

Er nahm unter den Künstlern am Münchner Hof eine hervorgehobene soziale Stellung ein – nur die leitenden Architekten und der Garteningenieur Girard erhielten vergleichbare Besoldungen[28] –, was sich auch daran zeigt, daß er eine eigene Kunstsammlung besaß und sogar die jungen Maler P. J. Horemans und Verhaegen längere Zeit beschäftigte, um ihre Arbeiten dann seinem Kabinett einzugliedern.[29] Seinem Anspruch, als freier Künstler angesehen zu werden, dessen Arbeit nicht mit der von Handwerkern verglichen werden könne, hat er bei Gelegenheit sehr selbstbewußt Ausdruck verliehen[30] und dabei betont, der Kurfürst habe seine Werke »in ihr prächtigste cabinets unter andre kunststückh« setzen lassen. De Grofs Sammlung, die in der Herzog-Max-Burg eingerichtet war, wo der Künstler wohnte und seine Werkstatt hatte, bezeichnete Oefele,[31] der sie aus eigener Anschauung kannte, als »un beau cabinet en ouvrages de fonte et en tableaux des differens maîtres, la pluspart nouveaux mais habiles. Il y en a parmi ses bronzes qui sont de sa facon et d'une beauté achevée«. Jacobus van der Sanden zufolge soll diese Sammlung 1742, kurz vor dem Tode des Künstlers, in Nancy an Stanislaus Leszczynski verkauft worden sein.[32] Das kann aber allenfalls teilweise zutreffen, weil sich später im Besitz des Sohnes Charles nicht nur Gipsmodelle, sondern auch Bronzen von der Hand des Vaters nachweisen lassen. Man hat den Eindruck, daß einige Stücke der »Collection d'ouvrages en bronze et en marbre de tout genre . . . destinée pour garnir un grand salon ou une gallerie de grand souverain«,[33] die Charles de Grof dem Kurfürsten mehrfach, begleitet von ausführlichen Er-

läuterungen, zum Kauf anbot, vom Vater ererbt waren. Von dessen Hand sind wohl die am Anfang der Angebotsliste genannten beiden Tritonenkinder auf Delphinen, die für die Marmorbecken eines Speisesaals zu Seiten des Buffets bestimmt waren. Es handelt sich höchstwahrscheinlich um
Kat.Nr. 700 Bronzegüsse nach den Bleigruppen im Saal der Badenburg, wie sie Max Emanuel bestellt, aber offenbar nie erhalten hatte. Charles de Grof schreibt von dem Schöpfer dieser Bronzen, dessen Namen er nicht nennt, er habe die Fähigkeiten gehabt, sowohl selbst zu modellieren als auch die Gußform herzustellen, zu gießen und zu ziselieren, »d'ou il résulte que le même génie a exactement rendu en bronzes les perfections du modèle«. Die Sammlung enthielt an Werken G. de Grofs außerdem zwei Repliken der Sockelreliefs vom Reitermonument Max Emanuels von 1714 und möglicherweise auch ein Weihwasserbecken aus vergoldeter Bronze sowie zwei Girandolen. Ferner gab es vier Antikenkopien, die François Duquesnoy zugeschrieben wurden, zwei als Werke von François Girardon bezeichnete Reliefs mit Darstellungen des Einzugs Alexanders des Großen in Babylon und der Schmiede des Vulkan, Figuren einer Bacchantin und eines Schäfers als Gegenstücke, elf Bronzebüsten nach der Antike »faits d'apres les médailles et les marbres les plus authentiques«, eine lebensgroße Büste nach der Antike, deren Vorbild man damals für ein Bildnis des sterbenden Seneca hielt, und schließlich zwölf Büsten römischer Kaiser.[34]

Das früheste datierte Werk de Grofs ist das bereits mehrfach erwähnte Reitermonument Max Emanuels von 1714, das noch in Paris entstanden ist. Es steht auf einem hohen, in seiner Form ganz ungewöhnlichen Sockelgestell mit Boulle-Intarsien, die ihrer Art und ihrer Feinheit nach, wenn nicht im Atelier von Charles André Boulle selbst, so doch in einer anderen führenden Pariser Werkstatt entstanden sein müssen. Auch andere Bronzen des Künstlers sind mit Boullesockeln, -rahmen oder -gehäusen verbunden, so daß man vermutete – wenn auch sicher zu Unrecht –, de Grof habe selbst ein Atelier für derartige Möbel unterhalten.[35] Er hat allerdings nachweislich holzfurnierte Möbel ohne Metallintarsien mit reichen vergoldeten Bronzebeschlägen (Abb. 94) geliefert und vielleicht auch selbst entworfen.[36] Ein Schreibtisch, den er 1722 für die Münchner Residenz anfertigte, könnte in dem prächtigen Bureau plat mit Mono-
Kat.Nr. 817 gramm ME in Schloß Berg erhalten sein. Eine Wandkonsole, die auch als Schreibmöbel zu verwenden ist, schuf er 1735/36 für die sogenannten Reichen Zimmer der Residenz,[37] wo auch alle Marmorkamine außerordentlich schöne Bronzeappliken von seiner Hand trugen. Aus de Grofs
Kat.Nr. 773 Werkstatt kamen ferner Kaminböcke, Wandleuchter, relief-
Kat.Nr. 622 geschmückte Weihwasserbecken (Abb. 95) und dekorative Bronzen. Diese spielen von Anfang an eine so wichtige Rolle in seinem Œuvre, daß man annehmen möchte, er sei in Paris in einer Werkstatt für derartige Arbeiten tätig gewesen. Seine intensive kunstgewerbliche Schulung zeigt sich an der ungewöhnlich feinen und differenzierten Behandlung der Oberfläche seiner Güsse, auch darin, daß er die Bronzen mitunter, um sie sorgfältiger bearbeiten zu können, in auffallend vielen Teilen goß[38], was allerdings die plastische Gesamtwirkung beeinträchtigte.

Zu de Grofs schönsten Werken gehören seine Putten, füllige Kinderfiguren, die in der von François Duquesnoy ausgehenden flämischen Tradition stehen. Die Bewegung, die den Körper ganz erfüllt, ist auf die Tätigkeit konzentriert, auf das Festhalten eines Fisches, wie beim Brunnen
aus der Münchner Residenz (1717), oder das Spiel mit einem Kat.N
Schwan, wie bei dem Karlsruher Wandbrunnen (um 1720)[39] (Abb. 87, 92). Die körperhafte Wirkung der einzelnen Figuren bleibt selbst dann noch bestimmend, wenn die Komposition durch die lebhafte Bewegung verräumlicht und auf einen festen Umriß verzichtet wird, wie bei den beiden Gruppen der vor dem hochspritzenden Wasserstrahl fliehenden Kinder im Speisesaal von Schloß Brühl (1729)[40] (Abb. 88, 90, 91, 93). De Grofs Putten sind plastische Erfindungen von ursprünglicher Kraft und barocker Fülle, und sie haben ihre Wirkung auf die Rokokobildhauer, auf Aegid Verhelst etwa, aber auch auf die großen Münchner Meister Johann Baptist Straub und Ignaz Günther, nicht verfehlt.

Das Hauptwerk de Grofs war der plastische Schmuck des Nymphenburger Gartens.[41] Es handelt sich hier um eine der bedeutendsten Leistungen der Münchner Hofkunst jener Jahre überhaupt, die sich heute allerdings nur noch mühsam rekonstruieren läßt. Die Großartigkeit der viel-
figurigen Florafontäne im Mittelpunkt des Gartenparterres, Kat.N
deren Hauptfigur annähernd vier Meter hoch war und deren Wasserstrahl über zehn Meter hoch aufstieg, läßt die schöne Ansicht F. J. Beichs in der nördlichen Galerie des Nymphenburger Schlosses (Farbtaf. VII) am besten erkennen. Im Parterre standen außerdem sechzehn weit über zwei Meter hohe, reich dekorierte Vasen, von denen die am Anfang des Mittelwegs aufgestellten und die an den äußeren Ecken den Türkensieger Max Emanuel feierten. Das Boskett mit dem Passespiel war mit zwei Puttengruppen geschmückt, vor der Badenburg wurde eine kleine Kaskade von einer Neptunstatue bekrönt, im dortigen Parterre befanden sich, wie auch vor der Pagodenburg, noch einmal vier große Vasen. In den dreißiger Jahren kamen zum Schmuck der großen Kaskade in der Hauptachse der Anlage vierzehn Puttengruppen, Allegorien der Monate und der Erdteile, hinzu. Alle diese Bildwerke entstammten der Werkstatt de Grofs. Sie waren aus Blei gegossen und vergoldet.

Marmorskulpturen, zumeist Arbeiten von Giuseppe Volpini,[42] spielten nur eine untergeordnete Rolle. Auf der Kaskade finden sich zwei lagernde Flußgötter (um 1715/17 ?), im unmittelbar beim Schloß gelegenen nördlichen Kabinettsgärtchen zehn Büsten auf sich nach unten verjüngenden Sockeln (vor 1722). Für die beiden das Gartenparterre begleitenden Alleen war eine Folge von Marmorstatuen Volpinis geplant, von denen nur wenige ausgeführt worden sind, so eine »Flora« (1723/24) und ein »Aeolus« (1728 vollendet). Auch eine Neptunstatue de Grofs (1737) könnte ursprünglich für diesen Aufstellungsort vorgesehen gewesen sein.

Der Gartenschmuck von Schleißheim kam über die Anfänge nie hinaus.[43] Hier standen lediglich inmitten des Parterres Volpinis Marmorstatuen des Bayerischen Herkules (1718/21) und der Minerva (1722/23), mit denen auf das Kurfürstenpaar angespielt wurde und nach denen man beim Schloß von der Herkules- und der Pallasseite sprach. Außerdem schuf de Grof 1724 für die Kaskade vier Bleigruppen mit Kinderfiguren auf Delphinen. Ihre Marmorpostamente waren mit Festons und mit Flußgottmasken aus Blei verziert, deren Modell möglicherweise in einer Maske auf P. J. Horemans' Bildnis des jüngeren de Grof zu erkennen ist[44] (Abb. 96). Mit dem Tod Max Emanuels kam die Ausschmückung des Schleißheimer Gartens zum Erliegen.

Der Gartenschmuck aus monumentalen vergoldeten Bleifiguren und -vasen nach dem Vorbild der Versailler Hofkunst war in Deutschland einzigartig. Möglicherweise ging von hier sogar die großartige Entwicklung der Wiener Bleiplastik aus. Georg Raffael Donner könnte um 1725/28, als er in Salzburg tätig war, durchaus die Arbeiten de Grofs in München kennengelernt haben und von ihnen, wie unlängst vermutet worden ist,[45] entscheidend angeregt worden sein. In jedem Fall zählen die Meisterwerke Guillielmus

F. J. Spätt, Emblem mit Ansicht des Schleißheimer Gartenparterres, aus J. C. Khuen, Magnus in ortu . . . 1727 (Kat. Nr. 641).

de Grofs, etwa der Wandbrunnen aus der Münchner Residenz von 1717, wohl auch die zerstörte Florafontäne von Nymphenburg und ganz gewiß die ein Jahrzehnt nach Max Emanuels Tod entstandene silberne Votivstatue des Kurprinzen Max Joseph, der »Silberne Prinz« von Altötting (1737),[46] zu den besten Leistungen der europäischen Plastik in der ersten Hälfte des 18. Jahrhunderts.

Anhang

Noms des pieces de bronce qui ce treuvent et lesquelles sont dans les caisses sous les nombres suivants.

No. 36
Deux centaures, grouppe antique
Milliagre, antique
Deux figures assise, Venus et Flore
Un torau, antique
Unne grouppe de trois figures, Paumonne

No. 37
Mercure, antique
Le Rapt de Sabinne, antique
Flore, antique; Herculle, antique
Dianne a la chasse, antique
Figure de femme, l'Air
Deux termes, figures de femmes, le Soleil et la Lune

No. 44
La Venus de Grece, antique
Unne grouppe, Venus et Mercure
L'Entinois, deux fois
Deux chevaux, antique
Unne grouppe, Mercure ance un Enfans
L'Apollon, antique
Cajain et Abel, grouppe
Un fluteur, antique
Les trois visages doré de la belle cheminnée
Les deux bras de la ditte cheminée per mettre les bougies
Deux autres bras de la cheminée du peti cabinet du cartier
de son altesse serenissime electoral madame.

Ce que dessus marqué sont des caisses, comprises dans la liste formée de 15 fevrier 1715, laquelle liste part ce 16me suivans avec ce memoire de Brusselles per St. Cloud Le Vray
(GStA K. schw. 8316)

Anmerkungen

[1] O. Doering (Hrsg.), Des Augsburger Patriciers Philipp Hainhofer Beziehungen zu Herzog Philipp II. von Pommern-Stettin, Correspondenzen aus den Jahren 1610–1619, Wien 1896, 196 (2. 11. 1611).

[2] W. Holzhausen, Die Bronzen Augusts des Starken in Dresden (Jb. der preußischen Kunstsammlungen 60, 1939) 157–186.

[3] AStA MF 19640: »Mémoire« Danets (Kopie) vom 8. 10. 1698 über seine Verkäufe an Max Emanuel. Darin folgende Bronzen: »Un taureau Freneze (= Farnese) avec plusieurs figures 375 Escus – Un groupe de bronze de l'enlevement des Sabines 200 Escus – Seize bronzes antiques de diferentes hauteurs 800 Escus«. Für die Hinweise auf Danets »Mémoire« und auf die in Anmerkung 5 zitierte Quelle danke ich Dr. Ulla Krempel. Zu Danet, bei dem der Kurfürst auch Juwelen, Möbel, Ostasiatica u. a. kaufte, siehe Beitrag Volk, 128.

[4] StAM HR 22/58, »Beschreibung aller in der churfürstlichen residence zu München verhandenen meublen und einrichtungssachen«, von Hofkammersekretär und Hauskämmerer Johann Caspar Zeiller, 3.–17. 8. 1769, fol. 111r (Ritterstube des Appartements der Kaiserin Maria Amalia, gegen die Residenzstraße; heute Hartschiersaal): »1 groupierte statua von bronze, die Dirce, des königs Lyci zu Theben gemahlin, vorstellend, wie sie von ihren stiefsöhnen, dem Amphion und Zetus, mit den haaren an den schweif eines wilden ochsen gebunden und also elendig zu tod geschleifet worden, auf einem schwarz gepeizten mit bronze d'orée eingelegten postament stehend.« Eine derartige Gruppe aus altem Hofbesitz im Bayerischen Nationalmuseum, Inv.Nr. 11/110; H. R. Weihrauch, Die Bildwerke in Bronze und in anderen Metallen (Kat. Bayerisches Nationalmuseum XIII, 5, München 1956) Nr. 161 (»Rom, um 1580«).

[5] AStA MF 19581: Protokoll über Gelder, die Hofkammerrat Johann Paul von Bombarda für den Kurfürsten auslegte, fol. 4 v: »No. 133: Beyligenter, von ihro churfürstlichen durchlaucht selbst gnädigist underzaichneter conto weiset, das der jubilier Lemmens bereits underm 10. jenner 1701 aus anbefelchen ihrer churfürstlichen durchlaucht siben metalline figuren von Rogier Schawol pro 200 pistoln erhandlet und hinzue das gelt gegen versezung einiger seiner jubeln entlehnet, welches derselbe erst den 17. july 1703 wider bezalt, mithin 476 franc 12 stüber interesse erlegt hat, welch beede possten treffen 2276 fl. 12 st.« Der Brüsseler Juwelier François Lemmens lieferte, ähnlich wie Danet, auch Juwelen, Malereien u. a. Zu R. Schabol (Scabol) vgl. zuletzt L. Seelig, L'inventaire après décès de Martin van den Bogaert dit Desjardins sculpteur ordinaire du roi (7 août 1694) (Bulletin de la Société de l'Histoire de l'Art Français 1972) 176–178.

[6] ANP T 153[36] und GStA K. schw. 8316. Es handelt sich um Schreiben des am 19. 9. 1706 aus Max Emanuels Diensten ausgeschiedenen Kammerdieners Le Vray (vgl. AStA StV 609, pag. 346), Brüssel, 15. und 16. 2. 1715, nach St. Cloud mit beiliegenden Listen. Le Vray schreibt u. a., er habe im Haus von van Soest einige Dinge gesehen, von denen er glaube, sie gehörten auch dem Kurfürsten. Sie seien aber nicht in seinen Unterlagen genannt. Er wolle deswegen noch J. B. Devin (ehem. Mobilienverwalter der Brüsseler Residenz) befragen. Der Akt im GStA enthält auch eine Liste von Tapisserien, Möbeln, Gemälden u. a., datiert Brüssel, 10. 12. 1714, die auf Anordnung von Kammerdiener Duclos aus Brüssel nach Namur geschickt wurden, von wo ein großer Sammeltransport nach München abging. Unter diesen Stücken waren u. a. »deux portrais de marbre blanc representant le roy et la reyne d'Espaigne«, die nicht mehr nachzuweisen sind.

[7] GStA K. schw. 8316. Le Vray schreibt am 16. 2. 1715: »Les bronces qu'il (= J. de Vos) j at eû ont été envoiee a Mons«.

[8] BStB cgm 1959: »Inventarium über den churbayrischen haußschaz, welcher von ihro kayserlichen majestet einer loblichen landtschafft gegen erlegt 150000 fl. yberlassen worden«, 1707, fol. 63r.

[9] Eine derartige Bronzestatuette (H. 64 cm) befindet sich auch in Dresden; Holzhausen (Anm. 2) 166 mit Abb.

[10] Kat. Ausst. Europäische Barockplastik am Niederrhein, Grupello und seine Zeit, Düsseldorf 1971, Nr. 365f. (L. Seelig); L. Seelig, Studien zu Martin van den Bogaert genannt Desjardins (1637–1694), Diss. phil. Masch., München 1973, 855f. (Kat. LXVIII). Seelig schreibt die Gruppen einem Ph. Bertrand und C. van Clève nahestehenden Bildhauer zu und datiert sie zwischen 1710 und 1720.

[11] P. Volk, Guillielmus de Grof (1676–1742) Diss. phil., Frankfurt 1964 (Photomech. Druck 1966) 69, 71, 164 (Nr. 26). Die dort zitierte Zahlung erfolgte am 16. 9. 1727 (nicht 1725). Gute Abb. bei O. Aufleger und K. Trautmann, Die Reichen Zimmer der Königl. Residenz in München, München 1893, Taf. 37; A. Feulner, Bayerisches Rokoko, München 1923, Abb. 179f.

[12] Inv.Nr. 69/39; Bronzeplastik. Erwerbungen von 1956–1973, Bayerisches Nationalmuseum, Bildführer 1, München 1974, Nr. 33.

[13] Inv.Nr. R 3235 und 3236; Kat. Weihrauch (Anm. 4) Nr. 124f. Entsprechende Stücke befinden sich in Dresden; Holzhausen (Anm. 2) 162f.; Kat. Ausst. Die Bronzen der Kurfürstlichen Kunstkammer, Staatl. Skulpturensammlung, Dresden 1936, 13f. Sollte es sich bei den Münchner Stücken wirklich um Erwerbungen Max Emanuels handeln, so müßten die Bodenplatten später im Zusammenhang mit der Herstellung der Rocaillesockel neu gegossen worden sein. Allerdings wurde die Form der Plinthe, wie sie auch durch die Dresdener Exemplare belegt ist, nur erweitert.

[14] Von den Kleinbronzen in der Münchner Residenz, die Weihrauch (Anm. 4) 210ff. nur z. T. behandelt hat, könnten vor allem einige Antikenkopien Ankäufe Max Emanuels sein. Die wissenschaftliche Bearbeitung dieser Stücke, die durch Beschädigungen während des Kriegs erschwert wird, ist im Rahmen eines Gesamtkatalogs der Bronzen der Residenz durch die Schlösserverwaltung geplant.

[15] K. Th. Heigel (Hrsg.), Das Tagebuch Kaiser Karls VII. aus der Zeit des österreichischen Erbfolgekriegs, München 1883, 232f. Vgl. auch einen Brief Karl Albrechts an seinen Bruder Clemens August vom 16. 12. 1729, in dem es heißt, es sei »Gott lob der ganze Schatz errettet worden; das sogenandte Cabinet des bronzes, mein schlaffzimmer vnd das österreichische Cabinet ist völlig in rauch aufgangen; das bayerische ist auch zimlich ruinirt, vnd muß also mit meinen Gebäuen wider von neuen anfangen.« Nach J. Weiß, Der Brand der Münchener Residenz am 5. März 1750 (Bayerland 24, 1913) 265.

[16] StAM HR 283/200, fol. 50f. u. ö.; Volk (Anm. 11) 166.

[17] In Dresden wurden die Bronzen nicht in einem eigenen Kabinett zusammengefaßt. »Sie bilden vielmehr ein wichtiges Element in den repräsentativen Räumen des Königs, in der Galerie und den Salons, wo sie im Wechsel mit den Bildern zur Wirkung kamen«; Holzhausen (Anm. 2) 158. Die aufwendigste Aufstellung einer Plastiksammlung (darunter viele Bronzen) des frühen 18. Jahrhunderts war die Galerie des Bildhauers François Girardon im Louvre. Max Emanuel dürfte sie gekannt haben, sie wurde 1710ff. auch in einer Stichfolge publiziert; P. Francastel, Girardon, Paris 1928, 37f.; H. Landais, Some Bronzes from the Girardon Collection (The Connoisseur 148, 1961/II) 136–144; F. Souchal, La Collection du sculpteur Girardon d'après son inventaire après décès (Gazette des Beaux-Arts 6. F. 82, 1973/II) 1–98.

[18] Inventar 1769 (Anm. 4) fol. 6v: »Gegenüber von dem ofen stehet auf einen blinden ofen das bildnis des durchleuchtigisten churfürsten Maximiliani Emanuelis zu pferde sitzend von bronze gegossen, und unter diesen 1 uhr mit emailirten ziffern von Peter Mallet in London verfertiget, ferner der Apollo mit der harpfe, der Scapin auf einer mandora spielend und der Samson, wie er den

rachen des löwen auseinander reisset; alle 3 figuren von bronze gegossen.« Aufleger-Trautmann (Anm. 11), Taf. 4f.; H. Kreisel-H. Thoma, Residenz München, Amtlicher Führer, München 1937, 115f. (Raum 74); Ausstattung des Raums um 1729–33. Die im Inventar von 1769 geschilderte Aufstellung (mit der Reiterstatuette ist offenbar die Bronze Goberts [Kat. 802] gemeint; Ludwig XIV. wurde für Max Emanuel gehalten) wird noch durch die Abbildung bei Aufleger-Trautmann und bei A. Feulner, Das Residenzmuseum in München, München 1922, 26 (Apoll mit anderem Sockel) überliefert. Der Residenzführer 1937, 114 betrachtet den Apoll (vgl. Kat. 729) als spätere Zutat; die Reiterstatuette von Gobert stand damals in Raum 22; ib., 59.

[19] Die Büste ist mir im Original nicht bekannt, auch die Maße waren nicht zu ermitteln. Für die Besorgung einer Photographie und für Auskünfte danke ich Herrn Dr. Bruno Lohse, München.

[20] Zur Physiognomie Max Emanuels und zu den Datierungskriterien für seine Bildnisse siehe Beitrag Seelig, 1f.

[21] R. Wittkower, Gian Lorenzo Bernini, London 1955, 213–215, 230f., Taf. 80, 97, Abb. 45f., 63.

[22] M. Beaulieu-M. Charageat-G. Hubert, Les sculptures Moyen Age, Renaissance, Temps Modernes au Musée du Louvre, Paris 1957, 163 (Abb.); Seelig 1973 (Anm. 10) 799–801 (Kat. LII).

[23] Man vergleiche etwa das große Bildnismedaillon auf van Delens Grabmal d'Ennetières, datiert 1690, in Sainte-Gudule in Brüssel; S. Durian-Ress, Das barocke Grabmal in den südlichen Niederlanden (Aachener Kunstblätter 45, 1974) Abb. S. 300, oder Scheemaeckers' bekannte Grabfigur des Gouverneurs Velasco (gest. 1693) in St. Jakob in Antwerpen; ib. Abb. S. 310.

[24] Inventar 1769 (Anm. 4) fol. 99v.

[25] Wie Anm. 8, fol. 63v.

[26] Inventar 1769 (Anm. 4) fol. 144r.

[27] Zum Leben de Grofs vgl. Volk (Anm. 11) 7–21,

[28] Vgl. Beitrag Volk 135.

[29] J. van der Sanden, Oud Konst-Toneel van Antwerpen, Teil 3. Stadtarchiv Antwerpen: P. K. 173, 378bis; Volk (Anm. 11) 18; J. G. Prinz von Hohenzollern, Peter Jakob Horemans (1700–1776), Kurbayerischer Hofmaler, Kat. Ausst. Alte Pinakothek, München 1974, 6, 50f.

[30] Volk (Anm. 11) 61, 144–146.

[31] BStB Oefeleana VI, 6, 127; Volk (Anm. 11) 18.

[32] Van der Sanden (Anm. 29) 359 (Anhang); Volk (Anm. 11) 19f.

[33] StAM HR 284/202, fol. 313; Volk (Anm. 11) 93f., 147–149.

[34] StAM HR 284/202, fol. 304–309: Charles de Grof schreibt 1766 an das Obristhofmeisteramt u. a.: »Die zwelf römischen kayser wurden auf das künstlichste außgeharbaithet und durchauß zwey mahl vergold, die postamenter von glaichen metal durchauß vergold, der in lebenß grösse sterbende Seneca wurde in bronza gegossen und biß so gar die porres ausgeharbaithet.« Es handelt sich bei diesen Stücken also wohl um Arbeiten von Charles de Grof.

[35] Kreisel II 133ff. Es ist jedoch schwer vorstellbar, daß de Grof neben seinem umfangreichen Bildhauer- und Gießeratelier noch eine derartig aufwendige Spezialwerkstatt unterhalten haben soll, zumal in den zahlreichen Nachrichten über den Künstler davon nie die Rede ist. Es kommt hinzu, daß die Boullearbeiten, die mit Werken de Grofs verbunden sind, keineswegs einen einheitlichen Stil zeigen.

[36] Die Tischlerarbeiten hat er sicher ausgegeben, wie auch der Kistler J. M. Höcker 1725 für einen Schreibtisch verschiedene Handwerker beschäftigte, darunter wohl kaum de Grof, wie Kreisel II 144 und Anm. 308 ohne Begründung annimmt. Andere Handwerker, die in München Möbelbeschläge lieferten, werden in der Kammerrechnung 1724 genannt: »Dem Simon Paur, kistlern, restiere wegen verförttigter zwey comodcästen yber die in abschlag empfangene 250 fl. noch 80 fl. – Franzen Disenhover, mässinggiesser in der Au, fürs beschlächt hierzue yber auch erhalten 250 fl. noch 100 fl. – Und dem Niclasen Stainhauser, gürtlern, von beschlagung deren yber bezahlte 275 fl. 55 fl.«; StAM HR 5/36.

[37] Volk (Anm. 11) 73f., 167f. Bei dem Möbel ist der unterste Teil der Front als tiefe Schublade herauszuziehen. Diese Schublade hat innen Fächer, die ehemals zum Teil durch eine Platte verdeckt waren. Man konnte daran bei geöffneter Schublade im Sitzen schreiben. Es ist deshalb nicht auszuschließen, daß dieses Möbel doch mit dem »Schreibtisch« für das Spiegelkabinett identisch ist, für den de Grof 1735/36 1500 fl. bezahlt wurden, und daß er nicht zwei Möbel für diesen Raum geschaffen hat, wie ich in meiner Dissertation angenommen habe. Vgl. auch Kreisel II 145, Abb. 373.

[38] Dies gilt vor allem für die Reitergruppe des Monuments von 1714, Kat.Nr. 489.

[39] Inv.Nr. 68/58; P. Volk, Ein Wandbrunnen von Guillielmus de Grof im Badischen Landesmuseum Karlsruhe (Jb. der Staatl. Kunstsammlungen in Baden-Württemberg 6, 1969) 147–160.

[40] Zuletzt Volk (Anm. 11) 37–39; Volk 1969 (Anm. 39) 151ff.

[41] P. Volk, Zur Geschichte der Nymphenburger Gartenplastik 1716–1770 (MJBK 18, 1967) 211–240.

[42] Volk (Anm. 11) 132–141; Volk 1967 (Anm. 41) 221–224.

[43] Volk (Anm. 11) 53f., 135; Volk 1967 (Anm. 41) 222.

[44] Bayer. Staatsgemäldesammlungen Inv.Nr. 2952; Kat. Ausst. Horemans (Anm. 29) Nr. 50, Taf. 18,2.

[45] M. Schwarz, Georg Raphael Donner, Kategorien der Plastik, München 1968, 19f. Donner muß Beziehungen zum bayerischen Hof gehabt haben, denn er schuf 1727 eine Medaille anläßlich der Erbhuldigung Karl Albrechts. Ph. Blondeau-J. A. Cavallo, Vollständiger Bericht Von allen Sehens= würdigen Freuden-Festen . . . 1727 . . . München o. J., Taf. vor 17; A. Pigler, Georg Raphael Donner, Leipzig-Wien 1929, 16, Taf. 13; Beierlein, Nr. 1862.

[46] Volk (Anm. 11) 59–62, 144–146, 169 (mit der älteren Literatur); H. Keller, Die Kunst des 18. Jahrhunderts (Propyläen Kunstgeschichte 10) Berlin 1971, 299 (P. Volk), Taf. 229.

Georg Himmelheber

Puchwiser, Boulle und die »Boulle-Möbel« für München

Max Emanuel war ein Freund von »Boulle-Möbeln«, jener prunkvollen Erzeugnisse, deren Oberfläche mit reichen Intarsien aus Schildpatt und Metall, zuweilen bereichert noch durch Elfenbein und Perlmutt, überzogen ist. André Charles Boulle (1642–1732), seit 1672 zu jenen privilegierten Künstlern und Handwerkern gehörig, die im Louvre wohnen und arbeiten durften, ist der wohl zu Recht berühmteste Hersteller derartiger Möbel gewesen. Die Produktion seiner Werkstatt, die seine Söhne noch mehr als zehn Jahre über seinen Tod hinaus weiterführten, genoß schon unter den Zeitgenossen so großes Ansehen, daß sein Name zum Synonym für diese Einlegetechnik wurde.

Für die Forschung war damit die Sicht verstellt. Boulle galt lange als Erfinder und alleiniger Fertiger derartiger Möbel. Erst langsam konnte man erkennen, daß auch nach Boulle, bis ins späte 18. Jahrhundert hinein, »Boulle-Möbel« beliebt waren und hergestellt wurden. Seit der Mitte des 19. Jahrhunderts erfreuten sie sich erneut größter Beliebtheit. Erst die jüngere Forschung erkannte, daß auch gleichzeitig, ja sogar vor Boulle, überall in Europa derartige Möbel entstanden. Aber noch steht diese Forschung in den Anfängen.[1]

Vermutlich waren es niederländische Meister, die als erste in Europa, um die Wende vom 16. zum 17. Jahrhundert, die Schale der Schildkröte zu Furnieren verarbeiteten. Seine Leidenschaft an derartigen Möbeln konnte Max Emanuel daher in Brüssel ohne Schwierigkeiten befriedigen. Ein Inventar der Möbel an seinem Hof aus dem Jahre 1692[2] führte eine Reihe von reich verzierten, kostbaren Möbeln auf, unter denen sich – nach den allerdings sehr knappen Beschreibungen – auch solche mit Schildpatt- und Metalleinlagen befunden haben könnten.

Aber auch am Münchner Hof waren derartige Möbel vorhanden. Im Juli und August des Jahres 1704, also unmittelbar vor und nach der Schlacht von Höchstädt, wurden zahlreiche Wertgegenstände, in Truhen und Kisten verpackt, über Wasserburg nach Burghausen verschickt.[3] Unter ihnen befinden sich »ain schreib-Casten mit Zün und schiltkhrotenschallen eingelegt; zway Prüßler Disch mit Messing eingelegt; ain schwarz gepaister schreibtisch mit silber geziert; 2 schiltkhrote Cästen; 4 Disch von schiltkhroten mit Messingen Zirath eingetragen; ain Tischgestöll von schiltkhrot mit Messingen Zirath; ain stehende Uhr von schiltkhroten gefäß«.

Nach dem Verlust von Bayern und den Niederlanden werden 1707 durch die Landschaft verschiedene requirierte Kunstwerke ausgelöst.[4] Darunter befinden sich folgende Möbel: »zway Schreib Tischl mit eingelegt Englischen Zinn; vier Schreib Tisch mit Messing und Schildkhrot eingelegt; ein Blauer Schreibtisch mit Zinn unnd Messing eingelegt; zwei Kassten mit allerlei stainen dan Schildkrott unnd Silbernen figuren eingelegt; ein dergleichen eingelegter Tisch; ein Spiegel mit eben solcher Ramb; ein grosser Spiegel von Schildtkrot eingelegt, dann mit Unter Stainen, Perlmutter unnd Silbernen leissten; ein dergleichen Tisch«.

Seinen Brüsseler Besitz übergab der Kurfürst, bevor er sich ins Exil begab, den Bankiers Hendrik van Soest und Jodokus de Vos. Ein allerdings erst am 15. Februar 1715 zusammengestelltes Verzeichnis[5] nennt unter anderem: »le grand Bureau de Marquetterie; une table de marquetterie a plusieurs tirans; deux Escritoires en forme de gueridons marquetterie; le Coffre de marquetterie dans la quelle il a la garniture du petit Cabinet; un bureau de marquetterie les figures ala chinoisses.«[6] Es kann kein Zweifel darüber bestehen, daß Max Emanuel diese Möbel alsbald nach Bayern bringen ließ.

Am 9. April des Jahres 1715 wird ein Inventar derjenigen Möbel angelegt, die »thails von Niederlandt gebracht: thails aber aus d guardaroba München« in das Dachauer Schloß verbracht wurden.[7] Neben Tapisserien handelt es sich dabei hauptsächlich um Sitzmöbel. Aus München kommen aber »Zway Schön mit Meß unnd Zin eingelegte Schreibpulte, darauf das Churfürstl: Wappen«.

Aus dem folgenden Jahr schließlich hat sich ein Inventar »Aller Mobilien in der Churfrtl: Residenz Nimphenburg«[8] erhalten, in dem noch einmal »Boulle-Möbel« auftauchen: »1 Nachtzeugtisch mit 3 doppelten schubladen von schwarz gepaizten holz, mit Mössing schönn eingelegt, und solchen hanndthaben, ist von denen ersst aus franckreich khommenen mobilien; 1 ander Schreibtisch, mit 5 Schubladen, auf der höch umb und umb mit Mössing beschlagen, und schwarzen Cordabon yberzogen ist von denen Niderländtischen Neu französchen Mobilien; 1 Tisch das plath mit Schildkrodt und Perlmuetter eingelegt, darunter ein

Prödt Spüll, das Gestöll aber reich mit getriebenen Silber gezieret«.

Leider versagen die Quellen bis jetzt die Auskunft über den Zeitpunkt des Erwerbs und über die Verfertiger dieser Möbel. Auch sind die Beschreibungen so mangelhaft, daß es nur schwer gelingen will, erhaltene Möbel mit den archivalisch nachgewiesenen Stücken zu identifizieren. Drei Möbel bringt aber die Forschung bis jetzt mit Max Emanuel und André Charles Boulle in Verbindung: einen Schreib-
Nr. 412 tisch im Louvre zu Paris, einen Münzschrank in der Staatlichen Münzsammlung München und einen Wandtisch
Nr. 411 im Bayerischen Nationalmuseum München.

Über den Auftraggeber des Schreibtisches (Farbtafel VIII, Abb. 99–101) kann kein Zweifel bestehen: das Monogramm des Kurfürsten ist auf der Innenseite der Tür in der mittleren Nische angebracht. Wann er in Auftrag gegeben wurde, ist ebenso unbekannt wie der Zeitpunkt des Besitzwechsels. Im späteren 18. Jahrhundert mußte er sich einige Veränderungen gefallen lassen, er wurde durch zahlreiche Bronzebeschläge bereichert[9] und erhielt wohl auch eine neue Platte. Seine Berühmtheit beweist die Tatsache, daß zwischen 1855 und 1857 Lord Hertford zwei Kopien davon anfertigen ließ, von denen eine noch heute in der Wallace Collection in London zu sehen ist.[10] Das Original befand sich bis 1951 in der Sammlung des Duke of Buccleuch. Seit seiner ersten Publikation im Jahre 1885[11] wird es Boulle zugeschrieben, obwohl es mit denjenigen Möbeln, welche die Forschung im allgemeinen als gesicherte Erzeugnisse der Boulle-Werkstatt ansieht, nur wenige Gemeinsamkeiten aufweist. Salverte sieht in ihm ein Spätwerk des Meisters, in Auftrag gegeben im Jahre 1723. In diesem Jahr soll – nach Salverte – Max Emanuel die Werkstatt Boulles besucht haben – eine Nachricht, die Salverte leider nicht durch eine Quellenangabe stützt und die seither stets in der Literatur wiederholt wird, sicher aber unrichtig ist.[12] Die Schwierigkeit, den Schreibtisch in das Œuvre Boulles einzuordnen, spürt man auch in den Worten Feulners: »Das Möbel ist schon räumlich ganz anders empfunden als die älteren, streng frontalen Möbel Boulles. Von der Stilstufe dieses Möbels ist nur ein kleiner Schritt zu den Werken von Cressent ... Ein solches Möbel steht an der Grenzscheide zweier Stile. Es bildet den Abschluß einer langen Entwicklung und weist deutlich in die Zukunft.«

Verlet verweist für die Intarsien – am Unterteil ausschließlich Blattranken, am Oberteil Bandelwerk, in das sich Affen und Vögel eingenistet haben – auf die enge Verwandtschaft mit denjenigen des Monuments von Guillielmus de Grof. Die Darstellungen auf den Flügeln der Nische begegnen in nur wenig variierter Form auf zwei Möbeln im Victoria & Albert Museum London: der Obelisk (Abb. 100) am Mittelstück eines Schreibtisches (Inv.Nr. 372-1901), der römische Krieger (Abb. 101) auf einer Schatulle (Inv.Nr. 1022-1882). Beide Möbel stammen mit Sicherheit nicht aus der Werkstatt Boulles (und wurden diesem auch nie zugeschrieben), haben andererseits aber auch keinerlei Gemeinsamkeiten mit dem Schreibtisch Max Emanuels.

Die beiden anderen Möbel aus dem Besitz Max Emanuels sind mit Sicherheit Charles André Boulle zuzuschreiben:
Den Wandtisch des Bayerischen Nationalmuseums[13] hat Kat.Nr. 411
Boulle selbst in seinem Stichwerk »Nouveaux Desseins de Meubles et Ouvrages de Bronze et de Marqueterie« abgebildet (Abb. 102), auch eine Zeichnung von Boulles Hand hat sich erhalten (Abb. 103).[14] Damit gehört der Tisch zu den ganz wenigen Möbeln, die sich für Boulle mit völliger Sicherheit nachweisen lassen.

Gibt es hier also keine Zweifel, so bleibt doch bemerkenswert, daß dieser Tisch wenig später mehrmals kopiert worden ist. Zwei Exemplare, bis fast in alle Einzelheiten getreu dem Vorbild, in den Maßen nur ganz geringfügig abweichend, befinden sich in der Wallace Collection London.[15] Sie stammen von zwei verschiedenen Meistern, von René Dubois (1737–1799) und Jean François Leleu (1729–1807). Abweichend sind lediglich die Platten, die nicht, wie bei dem Münchner Möbel, mit Leder bezogen, sondern mit Schildpatt-Metall-Einlagen versehen sind. Die Schwierigkeiten, die sich der Bestimmung derartiger »Boulle-Möbel« auf rein stilkritischem Wege entgegenstellen, zeigt nun auch noch die Tatsache, daß sich die Platte des Tisches von Dubois in genauer Wiederholung an einem Tisch des Victoria & Albert Museums wiederfindet, der weder Boulle noch den beiden anderen Meistern zugeschrieben werden kann.[16]

Otto von Falke hat schon 1919 den Münzschrank der Kat.Nr. 412
Staatlichen Münzsammlung München André Charles Boulle zugeschrieben.[17] Das Schränkchen gehört zu jenen Erzeugnissen der Boulle-Werkstatt, die keine Schildpatteinlagen, sondern reine Holzintarsien aufweisen. Einlagen aus Zinn, Messing, Elfenbein und Ebenholz befinden sich nur an den untergeordneten Teilen. Die Blumensträuße und Vögel, Holz in Holz, auf den Türen sind in Zeichnung und Ausführung von einem im damaligen Europa nicht wieder erreichten Rang, wie sie nur in der Boulle-Werkstatt gefertigt wurden. Im Louvre, im Musée des Arts Décoratifs Paris und im Cleveland Museum of Art befinden sich wichtige Beispiele dieses Stils der Boulle-Werkstatt.[18]

Aber nicht nur aus der Werkstatt Boulles hat Max Emanuel Möbel mit Schildpatt-Metall-Einlagen erworben. Hans Huth hat schon 1930[19] eine Antwerpener Werkstatt für einen bestimmten Typ kleiner Schreibtische namhaft machen können, der mittlerweile eine erhebliche Zahl ähnlicher Möbel zugewiesen werden kann.[20] Zu ihnen gehört
der Schreibtisch mit Chineseneinlagen des Bayerischen Kat.Nr. 285
Nationalmuseums. Ein größeres, prunkvolles Schreib-
möbel mit dem Monogramm Max Emanuels aus der Kat.Nr. 803
Münchner Residenz ist ebenfalls ein Antwerpener Erzeugnis. Der große Schreibtisch mit seitlichen Schubladen-
kästen im Bayerischen Nationalmuseum gilt als Pariser Kat.Nr. 805

Erzeugnis. Die ganz im Stil Bérains gezeichneten und hervorragend ausgeführten Intarsien legen diese Zuschreibung nahe. Die merkwürdig sorglose technische Verarbeitung des Möbels, die es übrigens bis in Einzelheiten gemein hat mit dem Schreibtisch des Victoria & Albert Museums, lassen jedoch Zweifel an der Gültigkeit dieser Provenienz aufkommen.

Schließlich hat Max Emanuel in München selbst Möbel mit Schildpatt-Metall-Einlagen anfertigen lassen.

Im Jahre 1701 kommt, offenbar von Wien, der Schreinergeselle Johann Puchwiser,[21] der Sohn eines Bauern aus Hohenfurth in Böhmen, nach München. Er empfiehlt sich als »Galanterie- und Clopaturkistler«, d. h. er versteht sich auf Intarsienarbeiten aus Metall (sogar Gold und Silber) und Schildpatt. Als Probe seines Könnens überreicht er bei Hof ein »Truchel«, ein Kästchen, und bewirbt sich um eine Anstellung (Dok. 1). Der Kurfürst entscheidet am 9. August, daß Puchwiser in der »Hofkhistlerstube« zur Probe angestellt werden soll, um sein Können prüfen zu lassen.

Zu Anfang des Jahres 1702 beklagt sich Puchwiser (Dok. 3), daß er statt des vereinbarten Taglohns von einem halben Gulden nur 22 Kreuzer ausbezahlt erhalte, obwohl das ihm aufgetragene Probestück, ein »Schreibzeug« mit Einlagen aus Messing und Zinn, zur Zufriedenheit ausgefallen sei. Puchwiser ist sich seines Wertes durchaus bewußt. Er betont erneut, daß er Intarsien auch aus Edelmetall zu fertigen verstehe, daß seine Kunstfertigkeit am Münchner Hof nicht ihresgleichen haben werde, ja daß sie nur derjenigen vergleichbar sei, die am kaiserlichen Hof zu Wien geübt werde (woraus vielleicht der Schluß zulässig ist, daß er zuvor in Wien gearbeitet hat). Er bittet daher um Nachzahlung des vereinbarten Lohns seit August des vorigen Jahres, um Bereitstellung einer Werkstatt sowie um die Vergünstigung, an der Künstlertafel speisen zu dürfen, Gesellen zu halten und stückweise bezahlt zu werden. Seine Arbeit, so betont er abschließend, würde nicht nur ihm ewiges Lob eintragen, sondern dem Münchner Hof zu Ehr' und Ruhm gereichen.

Wenig später wiederholt Puchwiser seine Bitten, wobei er anfügt, daß er mit der Arbeit an den ihm aufgetragenen Tischen bereits begonnen habe (Dok. 4). Seine Eingaben haben Erfolg. Am 1. April des Jahres 1702 wird Johannes Puchwiser als Galanterie- und Klopaturkistler angenommen (Dok. 5). Er erhält einen jährlichen Sold von 208 Gulden, täglich zwei Maß Bier und zwei Laib Brot. Da in der Residenz kein Platz für Wohnung und Werkstatt gefunden werden kann, wird ihm der Mietzins in Höhe von 60 Gulden für entsprechende Räumlichkeiten in der Stadt einschließlich Beheizung und Beleuchtung (jährlich fünf Klafter Holz und wöchentlich ein Pfund Kerzen) erstattet. Sofern er zur Ausführung der ihm übertragenen Aufgaben Gesellen einstellen muß, werden auch diese vom Hof bezahlt. Der Kurfürst ersucht die Hofkammer, alles Erforderliche rasch zu regeln, damit Puchwiser an der von »Seiner Kurfürstlichen Durchlaucht gnädigst verlangten schönen Arbeit nicht gehindert werde«.

Der selbstbewußte Puchwiser ist jedoch nicht mit allen getroffenen Maßnahmen einverstanden. Im Mai desselben Jahres bittet er um drei Pfund Kerzen im Winter, um sieben Klafter Brennholz und um Erhöhung des Wohnungsgeldes, da er in der Weinstraße geeignete Räumlichkeiten gefunden habe, für die er jedoch 70 Gulden bezahlen müsse (Dok. 12). Auch mit dem Gesellen gibt es Schwierigkeiten (Dok. 13, 14). Puchwiser gibt seinem Gesellen wöchentlich 2 Gulden, die ihm vom Hof nicht erstattet werden. Statt dessen wurde ihm vom Bauamt ein Geselle zugewiesen, den jedoch Puchwiser für seine feine Arbeit nicht brauchen kann. Er fordert für seinen Gesellen, dem er ja auch Kost und Logis gewährt, wöchentlich 3 Gulden und 30 Kreuzer, die ihm am 8. August 1702 auch bewilligt werden. Weiteren Klagen im November desselben Jahres (Dok. 15) ist – neben der Angabe der Arbeitszeit von morgens 5 bis abends 7 oder 8 Uhr – zu entnehmen, daß der eine »Galanterie-Tisch« am 10. August zur vollen Zufriedenheit des Kurfürsten geliefert worden ist.

Das Jahr 1705 bedeutet für Puchwieser die Entlassung als Hofkistler. Bei »gegenwärtiger Geldkummerzeit« sei es nicht mehr möglich, ihn und seinen Gesellen weiterhin zu besolden. Auch habe man keine weiteren Arbeiten von ihm nötig. Die Mitteilung erfolgte am 30. März, die Zahlungen wurden am 1. April eingestellt (Dok. 20–22). In Wahrheit war man aber schon im voraufgehenden Jahr die Zahlungen an Puchwiser schuldig geblieben.

Puchwiser scheint auch in den folgenden Jahren Arbeit gefunden zu haben. Max Emanuel hatte ihn »vor seiner Abreise« noch beauftragt, zwei große kostbare Schreibkästen anzufertigen, deren Ausführung er nun auf eigene Kosten übernimmt. Immerhin war es ihm möglich, hierfür sowie für ein weiteres kleines Schreibkästchen allein für das Material 2000 Gulden zu investieren (Dok. 25). Am 26. November 1708 verheiratete er sich mit Maria Mechthildis Gästl, der Tochter des Hofkammerregistrators Georg Gästl. Trauzeugen waren der Goldschmied Jacob Hözer und der Krämer Hieronymus Pabst.[22] Nach der Rückkehr Max Emanuels im Jahre 1715 wurde Puchwiser zu den vorigen Bedingungen wieder als Hofkistler angenommen, die für 1704 noch ausstehende Besoldung sowie die verauslagten 2000 Gulden wurden ihm erstattet (Dok. 26–29). Im Jahre 1727 mußte er, wie alle Hofbediensteten, einen Steuerabzug auf seine Besoldung hinnehmen. Er erhielt jährlich nur noch 257 Gulden und 36 Kreuzer (Dok. 36).

Am 13. April 1725 war Puchwisers Frau verstorben. Er heiratete noch im selben Jahr, am 25. Juni, Maria Johanna Pögl, die Tochter des Moosburger Musikers Paul Pögl.[23]

Auch nach dem Tode Max Emanuels blieb Puchwiser Hoftischler. Doch scheint der Bedarf an seinen Erzeugnissen zurückgegangen zu sein, denn gegen Ende des Jahres 1729 wurden die Zahlungen für seinen Gesellen eingestellt

100

101

99–101
C. A. Boulle, Schreibtisch, Details (vgl. Farbtafel VI)

102

103

104

105

106

102 C. A. Boulle,
Wandtisch aus »Nouveaux Desseins«

103 C. A. Boulle,
Entwurf zum Wandtisch

104–106 I. Puchwiser,
Schreibschrank, Details
(vgl. Kat.Nr. 770)

107

107 I. Puchwiser, Schreibschrank

108

108 I. Puchwiser (?), Kommode

(Dok. 39–44). Er selbst erhielt aber weiterhin seine jährliche Besoldung in der bisherigen Höhe und im Jahre 1740 noch einmal 327 Gulden für einen Gesellen (Dok. 46).

Am 11. April 1744 ist Johann Puchwiser verstorben. Seine Witwe heiratete am 25. Oktober 1745 den Galanterie-Kistler Sebastian Guglhör, der damit Puchwisers Nachfolger in der Hofstelle wurde. Sie brachte zwei minderjährige Kinder in diese Ehe.

Die erhaltenen Eingaben und Dekrete, zu denen noch einige spärliche Notizen in Besoldungs- und Ausgabenbüchern hinzukommen, geben nur ein höchst unvollkommenes biographisches Material zum Leben Puchwisers. Auch lassen sich ihnen keine lückenlosen Angaben über Puchwisers Œuvre entnehmen. Zweifellos hat er, wie alle Hofhandwerker, auch private Aufträge erledigt, er war in den Jahren zwischen 1705 und 1715 auf jeden Fall genötigt, seinen Lebensunterhalt auf diese Weise zu bestreiten. Immerhin nennen die Dokumente doch eine Reihe von Möbeln, die hier noch einmal aufgeführt seien:

1. Bei seiner Bewerbung im Sommer 1701 übergibt Puchwiser ein Trühlein (Dok. 1).
2. Zu Anfang des Jahres 1702 hat Puchwiser als Probe ein Schreibzeug mit Einlagen in Messing und Zinn gefertigt (Dok. 3).
3. Am 10. August 1702 liefert Puchwiser einen Tisch in Galanterie-Arbeit (Dok. 15).
4. Ein zweiter, weit größerer und »seiberer« Tisch, zusammen mit Nr. 3 zu Anfang des Jahres begonnen, ist noch in Arbeit (Dok. 4, 15).
5. In den Jahren 1702–1704 liefert Puchwiser einen Tisch für das »Holländische Schiff« (Dok. 18).
6. In den Jahren nach 1704 fertigt Puchwiser zwei große kostbare Schreibkästen und
7. ein kleines Schreibkästchen.

Für alle drei Möbel verauslagt Puchwiser 2000 Gulden Materialkosten. Die Möbel sind 1715 fertig (Dok. 25).

8. 1720 erhält Puchwiser für Kommoden nach Schleißheim 92 Gulden und
9. für eine Kommode nach Fürstenried 44 Gulden (Dok. 31).
10. 1729 hat Puchwiser zwei Kommoden für Kurfürst Karl Albrecht in Arbeit (Dok. 40).

Im Jahre 1730 erhält Puchwiser zusätzlich 77 Gulden ausbezahlt für die Mithilfe eines Gesellen an folgenden Möbeln:

11. zwei Schreibkästen mit Einlagen aus Schildpatt, Messing und Elfenbein;
12. ein Schubladenkästchen aus Olivenholz;
13. ein Tisch aus Purpurholz sowie
14. ein weiterer Tisch aus Purpurholz mit Messingeinlagen, beide für die Kurfürstin;
15. ein Betstuhl aus Olivenholz;
16. ein Rahmen mit Einlagen aus Schildpatt, Messing, Zinn und blauer Masse;
17. ein »Galanterie«-Kästchen mit Tisch aus Olivenholz für den Kurprinzen (Dok. 44).

Die außerordentlich knappen Beschreibungen dieser 17 Möbel reichen in keinem Falle aus, sie mit erhaltenen Stücken in Zusammenhang zu bringen. Die aufgeführten Möbel sind darüber hinaus sicher nur ein Bruchteil dessen, was Puchwiser in seiner zweiundvierzigjährigen Tätigkeit für den Hof gefertigt hat. Die Inventare beweisen, daß in München zur Zeit Max Emanuels eine erstaunlich große Zahl von »Boulle-Möbeln« vorhanden war, von denen wiederum sicher nur ein Teil der Puchwiserschen Werkstatt entstammte. In krassem Gegensatz hierzu steht die geringe Zahl erhaltener Möbel. Wie schon Feulner bemerkt,[24] hat unter ihnen »der Sturm der Verheerung gewütet. In der Rokokozeit wurden sie bald als veraltet beiseite geschoben«. Drei Möbel, die beiden Schreibschränke Kat.Nr. 770, 804
des Bayerischen Nationalmuseums und denjenigen des Germanischen Nationalmuseums, hat Feulner als Münchner Erzeugnisse der Vor-Effner-Zeit bestimmt, er nennt in diesem Zusammenhang Johann Puchwiser und Sebastian Guglhör. Auch Heinrich Kreisel bringt die Schreibmöbel sowie eine Schatulle des Münchner Museums mit Puchwiser in Verbindung.[25] Die beiden Schreibschränke, als Gegenstücke in *première* und *contre partie* gearbeitet, sind gewaltige, in ihrer Gesamtform schwerfällige Möbel, die weder in Frankreich noch in den Niederlanden entstanden sein können. Das kurfürstlich-bayerische Wappen auf ihren Vorderseiten beweist, daß sie eigens für Max Emanuel angefertigt wurden, und zwar für eine ganz bestimmte Stelle. Die nach oben immer weiter zurückspringende Rückseite ist nur so zu erklären, daß sie auf eine bestimmte architektonische Gegebenheit Rücksicht zu nehmen hatten. Was liegt also näher, als in ihnen jene beiden großen kostbaren Schreibkästen (s. o. Nr. 6) zu sehen, die Puchwiser in den Jahren nach 1704 angefertigt hat, die Max Emanuel 1715 mit Zufriedenheit entgegennahm und die vielleicht auch mit jenen zwei mit Messing und Zinn eingelegten Schreibpulten mit dem kurfürstlichen Wappen identisch sind, die im gleichen Jahr in das Dachauer Schloß verbracht wurden (s. o. S. 250 und Anm. 7).

Bei den Entwürfen zu den Intarsien dieser Möbel hielt sich Puchwiser an Vorlagenstiche Jean Bérains aus den Jahren 1690–1700. Das schwere, kraftvolle Laub- und Bandelwerk mit den Vierblattrosetten, die großen Muscheln, die hängenden Tücher mit Quasten, die Knospengehänge, aber auch die Masken im Profil und en face, die Sphingen, Hermen und Vögel (Abb. 104–106), alles das findet sich weitgehend übereinstimmend bei Bérain vorgegeben.[26]

Puchwiser hat diese Möbel im Vertrauen auf die Rückkehr seines Herrn angefertigt. Da er aber – nach seiner Entlassung als Hofkistler – auch auf andere Kunden angewiesen war, hat er von diesen Schreibschränken auch noch eine Ausführung ohne Schildpatt-Metall-Intarsien angefertigt, die aus bayerischem Adelsbesitz für Schloß Schleißheim angekauft worden ist (Abb. 107).

Ein großes Schreibmöbel aus dem Germanischen Nationalmuseum Nürnberg wird seit seinem Auftauchen im Jahre 1908 mit Max Emanuel in Verbindung gebracht;[27] Feulner nennt den Namen Puchwisers.[28] In seiner schwerfällig-massigen Gesamterscheinung ist es gewiß den Münchner Schränken vergleichbar. Die kantig gegeneinander gesetzten Schwünge der Front, die sich oben und unten wiederholen, denen aber das Mittelstück brutal entgegenstößt, lassen eine gewisse Verwandtschaft spüren. Wiederum lehnen sich die Intarsien eng an Vorbilder Bérains an, ja selbst die vollplastischen Karyatiden im Innern des oberen Faches sind von Bérain beeinflußt. Auch von diesem Möbel gibt es eine vereinfachte Ausführung mit Holzintarsien, die sich in Schönbornschem Besitz erhalten hat.[29] Dennoch läßt sich eine Autorschaft Puchwisers nicht beweisen. Bei aller Schwerfälligkeit ist das Nürnberger Möbel großzügiger, auch anspruchsvoller. Die Intarsien übertreffen an Feinheit und Dichte die Arbeiten Puchwisers. Auch in der technischen Verarbeitung finden sich keinerlei Gemeinsamkeiten. Zweifellos hat es in Franken – woran man des Schönborn-Möbels wegen denken mag – Meister gegeben, die Möbel von diesem Rang hätten schaffen können: Arend und Witthalm, Matusch oder Brickard etwa.[30] Aber auch Österreich käme in Frage, über dessen Möbel mit Boulle-Intarsien noch wenig bekannt ist.[31]

Das Nürnberger Möbel wurde 1908 im Münchner Kunsthandel erworben. Eine Herkunft aus Schleißheim wird nur vermutet, auf Grund des gravierten Monogramms in der winzigen Kartusche auf der Tür des Aufsatzes. Der Duktus dieses Monogramms möchte zu Zweifeln Anlaß geben. Ferner fällt auf, daß es sich um kein Spiegelmonogramm handelt und daß keinerlei Insignien angebracht sind. Das pfalzbayerische Wappen, das der bekrönende Löwe hielt, entpuppte sich jedenfalls als spätere Zutat und wurde deshalb auch schon vor längerer Zeit im Museum entfernt.

Ohne jeden Zweifel können aber zwei Schreibtische – *première* und *contre partie* – des Bayerischen Nationalmuseums Puchwiser zugeschrieben werden. Eine Eigenheit seiner Werkstatt ist es, die Innenseiten der Schubladen zu furnieren und mit einzelnen Bandeinlagen mit dünnen begleitenden Adern zu versehen. Dies sowie die außerordentlich sorgfältige Verarbeitung aller technischen Innenteile haben die Schreibtische mit den großen Schreibschränken gemein. Der Typus dieser Schreibtische hat sich in zahlreichen Beispielen in Museen und Privatsammlungen erhalten. Puchwiser war offenbar gehalten, die Intarsien des möglicherweise Pariser Schreibtisches in Hofbesitz zu wiederholen. Sowohl die Schubladenfronten als auch die Platten entsprechen sich weitgehend, bei der Platte hat der Münchner Meister lediglich den Bacchus in der Mitte durch eine Kartusche und die beiden Tänzer durch wappenhaltende Löwen ersetzt.

Die Quellen verraten nichts über die Entstehungszeit der Möbel. Da Puchwiser im Jahre 1702 die Herstellung zweier (verschieden großer) Tische in »Galanterie-Arbeit« in Angriff genommen und den einen im gleichen Jahr fertiggestellt hat[32] – Puchwiser war also ein rascher Arbeiter –, könnten diese beiden Schreibmöbel durchaus noch in den Jahren bis zu seiner Entlassung 1705 ausgeführt worden sein. Denkbar wäre aber auch, daß Max Emanuel das französische Exemplar – also das Vorbild – erst 1715 nach München verbracht hat und Puchwiser erst dann mit der Ausführung beginnen konnte.

Die wappenhaltenden Löwen in den Intarsien der Tischplatten finden sich, fast nach der gleichen Schablone gefertigt, auf der Schatulle des Bayerischen Nationalmuseums. Auch die Vierblattrosetten mit schraffiertem Herzen auf der Schatulle finden sich in den Intarsien Puchwisers immer wieder. Im übrigen gehört die Ornamentik aber einer früheren Stilstufe an. Der Schluß scheint also erlaubt, in diesem Kasten das Schreibzeug zu sehen, das Puchwiser 1702 als Probestück gefertigt hat. Das Innere, das in späterer Zeit verändert wurde, könnte durchaus eine entsprechende Einrichtung beherbergt haben.

Sicher ist Puchwiser nicht der einzige geblieben, der »Boulle-Arbeiten« in München gefertigt hat. Ein Meister zumindest läßt sich nachweisen. Es ist jener Unbekannte, der 1724 ein Schubladenkästchen mit den Buchstaben GSB Kat.N
signierte und der für Karl Albrecht einen Schreibtisch herstellte, der sich heute in Berchtesgaden befindet.[33] Sein Stil sondert sich deutlich von demjenigen Puchwisers. Man möchte ihn, unter Vorbehalt allerdings, in jenen Uhrgehäusen und dem Kreuzfuß sehen, deren Entstehung in München Döry überzeugend nachweist.[34] Manche Gemeinsamkeiten finden sich in den Intarsien: jene karikierenden Profilmasken etwa oder die Fahnentrophäe der Uhr, die ähnlich auf den Seiten der Schreibtische vorkommt, oder jene kurzen Ranken, die sich bei Puchwiser immer wieder wie Wurmgänge zwischen das Bandelwerk schieben. Fast schon Spekulation bleibt schließlich der Versuch, zwei Kommoden des Bayerischen Nationalmuseums (Abb. 108)[35] in das Œuvre Puchwisers einzugliedern. Immerhin eignet auch diesen, dem Rokoko nähergerückten Möbeln das an Puchwisers Werken konstatierte Schwerfällig-Massige. Soweit sie in Holz ausgeführt sind, beschränken sich die Intarsien – vor allem auf den Seiten – auf durchsteckte Bänder, die von einer hellen Ader begleitet werden, wie sie an den Innenteilen der Schubladen und an der schlichten Ausführung des großen Schreibschrankes von Puchwiser auftreten. Manches Skurrile der Metallintarsien, die kleinen Figürchen oder die flatternden Vögel, auch die »Fledermausflügel« in den Ecken der Schubladen, kennt man von den für Puchwiser weitgehend gesicherten Werken.

Die beiden Kommoden gelangten aus Schloß Schleißheim in das Bayerische Nationalmuseum. Im Jahre 1720 liefert Puchwiser Kommoden nach Schleißheim (s. o. Nr. 8).

Ob sie mit diesen identisch sind? Oder mit jenen, die er 1729 für Karl Albrecht in Arbeit hat (s. o. Nr. 10)?

Viele Fragen im Leben und Werk Puchwisers müssen offenbleiben – das hier erarbeitete Œuvre mag hypothetisch erscheinen. Puchwiser selbst aber spricht in den Quellen eine eindeutige Sprache. Selbstbewußt weiß er zu vermelden, daß seine Kunst in München nicht ihresgleichen hat. Der Kurfürst schätzt seine Leistung und tut alles, seine Forderungen zu erfüllen. Puchwisers Wunsch, die Oberaufsicht über alle am Hof gefertigte Intarsienschreinerei zu erhalten (Dok. 25), muß ebenfalls für sein Können, aber auch für das Ansehen, dessen er sich sicher war, sprechen.

Dokumente

1 1701 August 9. Johann Puchwiser an Max Emanuel.
StAM HR 109, 62/2

Durchleichtigist Churfürst, Genedigister Herr.

Eur Churfürstl. Drtl. khan Ich underthenigist nit Verhalten, daß Ich der Khunst, die Galanteri und Clopotur: als Tisch: Cästen und allerhandt Arbaith von golt, Silber, Schildtkhroten und and: materien einzelegen und zuverferttigen, dergestalten erfahren bin, daß deroselben in dergleichen Arbeiths Verferttigung, Ich mir gdigstes Contento gehorsambist zugeben gethraue, allemassen das bereiths undthenigst yberraichte Truchel, hoffents des glaubens beymessung augenscheinlich gegeben haben werde, Danachhero, Wann Eur Churfürstl. Drtl. zur Zier in dero Residenz ohne iemandts Khundschaffts thurung diese Khunst, dergleichen Arbeith bestundt verferttigen zlassen, gdigst intentioniert, so bitte dieselbe undthenig gehorsambist, gdigst zugeruhen, mich auf vorige problaistung, hierzu gdist an: und aufzustehlen, und nach gdist ermessung oder befundt der Arbeith, billichermassen salazieren und Verpflichten zlassen, zu gdigster erhör mich undthenig und gehorsambist empfilche.

Euer Churfürstl. Drtl. Underthenig: gehorsambister Johann Puewiser Khistler gesöll von Hochenfurth negst Schamkhau gebürttig.

Rückseitig: Ihre Churfürstl. Drtl. wollen gdist, das der Supt. in dero Hofkhistlerstuben angestellt, und indessen, bis man siehet, was er für arbeit machet, mit dem Lohn denen anderen Khistlern gleich gehalten: alsdan aber nach seiner arbeith bezalt werden solle.

Sigl. den 9. Aug. A⁰ 1701.

2 1701 August 12. Dekret an das Hofbauamt.
StAM HR 109, 62/1

Puchwiser ist gemäß der Resolution vom 9. 8. 1701 »bey obvermelter Hofkhistlerstuben alsogleich anzustöllen«.

3 1702 Anfang des Jahres. Johann Puchwiser an Max Emanuel.
StAM HR 108, 61/3

Durchleuchtigster Churfürst, genedigster Herr, p.

Eur churfürstl. Drtl. mit diesem meinem mehrmaligen underthenigsten Memorial supplicando et monendo underthenigst zu erindtern, und anzulangen, treibet mich nit die Importunenz, sondern respective die noth hierzu, wie aus volgenten umbstenden gdist zu ersehen.

Seith ich den gethanen undthenigsten Vorzug meiner erlehrnten Kunst von Gallantarie arbeit, bis zur weitheren Prob des Tags mit einem halben gulden gdist bin angeschafft worden, warvon ich aber in diser vorgenanter zeither des Tags mit mehrer darzu mit aussezung der Feir- und sontag des tags dan 22 Kr. und solche nit richtig empfangen habe, daß mir oft nit alleinig was yber die 22. Kr. dem anschaffen nach den halben gulden erreichen solte, auch an 22 Kr sogar monathlich ausstehet, und also weillen ich noch ledtigen standts bin in die kost billich gehen muß, das meinige, was ich gehabt, auch wirklichen schon bey gesezet in erwarthung mir nach gethander Prob ein Gdiste. ausrichtung der Solution oder bezahlungshalber gdist geschehen mechte.

Allermaßen dan ich meine undthenigste Prob mit dem mir gdist auf getragenen Schreibzeug gemacht, als füge ich an, daß nit alleinig ich dize arbeith so die Gallanteri, sondern auch von der clopatur Kunst deren dergleichen bey den churfürstl. hechst löbl. Hoff nit sein wirdt, nit alleinig von messing und zün, wie ichs verfertiget, sondern auch von Silber, Gold zu machen gethraue also mir unmöglich were bey einer solchen Kunst gleichwie bey einer groben Kistler arbeith des Tags mit 30 geschweigens mit 22 Kr. und noch dazu mit ausstendigen Feurtagen zu bestehen, iedzeit wie annoch der getrosten Hoffnung gelebet, und noch lebe, daß Eure churfürstl. Drl. in ansehung meiner erlehrnten Kunst nach dero selbst eignen ermessenheit gndist. Contento gegeben werde.

Als langt an Euer churfürstl. Drl. mein undthenistes supplicirn und bitten Selbige geruhen gdist. dise meine vorgeschriebene motrica (Motua?) zu confideriren mir interim das außstendtige was zu denen 22 Kr. bis zu dem angeschafften halben gulden von dem monath augusti her gdig. ausvolgen zu lassen, mich aber, und (?) ihme (?) die arbeith so schon, ich schener und kostlicher von allerhandt materien, figuren, und weisen, als außland zu machen gethraue, von Ihro Camer Gallanteri arbeith gleich in dero hchst. Röm. Kayserl. Hoff ist: in eum statum als einem Kinstler die Tafl zu geben, ein aignes Zümmer oder gelegenheit zue zuschaffen, gselln zu fihren gedist. admittieren, die arbeith Stuckweise zu bezallen, und die zuegehörigen materialien hierzu schaffen zu lassen, mit 208 warth geld ad dies vitae als die obgedachten Camer Gallanteri und Clopathur arbeithen gdist zu acceptiren.

Solchermaßen ich nit alleinig in meinen Verrichtungen, Kunst und arbeith solcher gestalten erzeigen, daß nit alleinig ich ein ewigs Lob hiervon tragen, sondern dize meine machente arbeith dero hechst löbl. Hoff- und Residenz zu einer Ehr: und raimb geraichen werden, nur gdist erhör mich anbey undthenig: gehorsamb empfehle.

Euer Churfürstl. Drl. underthenig: gehorsambster Johan Purwißer Clopatur und Gallanteri Kistler

4 1702 Anfang des Jahres. Johann Puchwiser an Max Emanuel.
StAM HR 108, 61/3

Weitgehend wortgleiche Wiederholung von 3, jedoch mit der Anmerkung, daß er »von solcher arbeith (wie das Schreibzeug) die gdigist anbefohlene Tisch schon wirklichen under den hendten vorzutragen, und zu machen habe«.

5 1702 April 1. Dekret an die Hofkammer.
StAM HR 109, 62/1

Ire Churfrtl. Dhl. in Bayern p. unser gndister Herr haben Johann Puewißer für dero Galanderi und Klopathur Khüstler gdist an: und aufgenommen, und ihme zu iährlichem Sold zwei hundert acht Gulden sambt täglichen zwei Maß Pier und zwei brodt: dan der freyen wohnung in der Statt mit der Nothwendtigen befuer: und beleichtung, in welcher die iedesmalß bedürfftige Gesellen, die alle Zeit von Hof auß zubezahlen sind, neben ihme logiern und arbeiten können, gemacht und außgeworffen: Sie befelchen demnach dero

Hof-Cammer hiemit gdist, die zuverlessige verfüegung zuthun, daß ihme Puewißer sothaner Sold zu Quartaln eingethailter neben Pier und brodt iedes malß â dato diß an abgefolget: dan seinen bedürfftigen Gesellen ihr taglohn wochentlich bezahlet: und die wohnung in der Statt, weilen zu hoff für ihn khein bequemer gelegenheit vorhanden, bestellet: und eingeraumet, damit Sr. Churfürtl. Dhl. an der gdist verlangt schöne arbeit nit gehindert werden, wie Sie sich dan dessen gdist versehen, und sint Ihnen anbei mit gnaden gewog.
Max Emanuel Churfürst mp
(Konzept hierzu: HR 108, 61/3).

6 1702 April 20. Dekret an das Hofzahlamt (Konzept).
StAM HR 109, 62/1
Es wird »dem churfrl. Hof Camerrhat: und Hofzahlmaister Georgen Unertl hiemit befolch, Ihme Puewiser solch Jehrlichen Soldt 208 f: neben dem außgeworfenen Haußzüns, mit 60 f: zu Quartallen aingethailter, vom ersten dißes herundtstehenden Monaths April gegen Schein erfolgen zlassen«.

7 1702 April 20. Dekret an das Hofküchenamt (Konzept).
StAM HR 109, 62/1
Als würdt dem churfrl. Hofkhuchenambt befolchen, Ihme Puewißer solche 2 Maß Pier: und sovil Brodt vom 1. diß Monaths und firohin teglich außvolgen zlassen

8 1702 April 20. Dekret an die Hauskammerei (Konzept).
StAM HR 109, 62/1
Dergleichen Signatur ist auf die HaußCamerey Wochentlich auf ain Pfundt Insleth Khörzen zugeben.

9 1702 April 20. Dekret an das Triftamt (Konzept).
StAM HR 109, 62/1
Puchwiser hat Anspruch »auff Jahrliche fünf claffter Veichten Trifftholez«.

10 1702 April 20. Dekret an das Hofbauamt (Konzept).
StAM HR 109, 62/1
Als würdtet ermelt churfrl: Hofpauambt hiemit befolchen, Verstandtnen Puewiser Vom 1. April an daß bisher gehabte Taglohn nitmehr: Woll aber: und entgegen demselben auf seine brauchendte Gsölln, nach ermessigung der habendten arbeith: und Ihrer Verrichtung daß pactirt und pahsierliche Taglohn Wochentlich erfolgen zlassen, damit hechstgedacht Ihre Chh. Dhtl. an der verlangenten schenen Arbeith nit gehindert, sondern alles möglichst befirdert werde.

11 1702 April 20. Hofkanzlei an Johann Puchwiser (Konzept).
StAM HR 109, 62/1
Puchwiser werden die Aufnahme als »Galanteri: und Khlopatur Khistler« sowie die Leistungen an Geld und Naturalien mitgeteilt.

12 1702 Mai. Johann Puchwiser an Max Emanuel.
StAM HR 109, 62/1
Durchleuchtigister Churfürst Genedigister Herr
Daß ist mein Undthenigistes Supplicieren und anhalten Vermög deß von ersten April Gdigist ergangen Decrets ain aignes Zihmer einzuthuen, auch gesöllen zusichern, die benöttigte beleuchtung: als von ersten April an a:⁰ dieß 1702 biß zue heyl. Michaeli Zeit wöchentlich ain Pfundt, nachgehents von solcher Zeit biß zue Heyl: Georgi Zeit wegen der Gesöllen zur arbeit brauchenter bleuchtung dreu pfundt khörzen woll vonnetten habe:/ auch daß bedirfftige Prenholz Verwilliget worden, wie ich dan fünff Khlaffter feuchtes und zway Khlaffter Pueches woll daß Jahr hindurch vonnetten habe, Euer Churftl. Drtl. Undthenigist anfiegen wollen, daß ich umb ain aignes Zihmer dem Gnedigisten anschaffen nach, so mir zu machung solcher schener arbaith tauglich, auch Undbringung deß Holez, und der gesellen gelegen ist, gesechen habe, so dem Heren Plindthamer, Churfrtl. Hof Cammer Canzley Verwandten zuegehörig in der Weinstrassen bey dem Koch yber ain stiegen auß endtlegen ist, andst aber nit alß Vor Sibentzig Gulden will gelassen werden.
Alß langt an Euer Churfürstl. Drtl. anein undthenigistes bitten, und supplicieren, Selbiger geruehen gdigist mir die anschaffung deß Zihns, auch der obgedachten fünff Khlaffter holz und liechter ergehen zlassen, zu Gndigister erhör mich undthenigist empfelche
Euer Churfrtl. Drtl. Undthenigist gehorsambster Johannes Puewißer Churfrtl. Khlopatur und Gallanteri Khistler

13 1702 Juni. Johann Puchwiser an Max Emanuel.
StAM HR 109, 62/1
Durchleuchtigister Churfürst Genedigister Herr.
Waß auch Vermög deß Gdigist ergangenen Decrets mir zur arbeith, sambt darzur benöttigten Gesöllen, Gdigist Verwilliget worden, werden Eure Churfrtl. Drtl. annoch Gdigstes Wissen Tragen.
Zumahlen aber Eure Churfürtl. Drtl: zu der mir Gdigist anbefolchenen arbeith daß hechste Verlangen tragen, Und daß instendtige schickhen umb derer befirdungs willen continuieret wirdt, bin ich derowegen getrungen Euer Churfrtl. Drtl. Undthenigist anzuregen, daß ich mit Vortfahrung und außmachung diser arbeith nit Vortsezen darumben khan, weillen mir Von dero Chrf. Drtl. gleichwie von einem Löbl. Pauambt einen Khistler gegeben wirdt, Khein gsöll so ich zu meiner Khunst benöttiget bin, arbeithen khan, noch will, also auß mangl der hierzu benöttigten Leudt od. gsöllen, solche Verweillet und ligen bleiben mueß: Allermassen als ich zwar dero Zeithero seith dem 12ten May mit ainem gesöllen Versehen gewesen, so noch bey mir in arbeith stehet, Zu dato annoch nit den mindtisten Pfening erhalten, auch umb die 24 Kr.: mehr bleiben will, deß Tags nit erhalten khan, weillen ich selbsten vor ihme wochentlich 2 f bezahlen mueß, auch noch darzur nit alleinig das brott, so woll Morgens, Mittags, des Nachts, auch ligestatt darreichen, auch noch an zue ihme wochentlich seinen Daller geben solte.
Alß Erstlichst an Euer Churfürstl. mein hiemit undthenigistes ersuch und Supplicieren, weillen ich zue solcher Khlopatur und Gallantery Khunst nit einen yderley brauchen khan, mir vor ainen Gsöllen wochentlich 3 f 30 Kr. zugestatten und solche interims für ihme yezt habenten Gsöllen Gdigist ausvolgen zlassen, daß ich solchenach mit solcher arbeith Vortsezen khan, zu Gnigster erhör mich Undthenigist empfehle
Euer Churfrtl. Drt. Undthenigst: Gehorsambst Johannes Puebisser, Chl. Khlopatur Khistler

14 1702 August 8. Dekret an das Hofbauamt (Konzept).
StAM HR 109, 62/1
Das chfürtl Hofpauamt weis sich zu erinnern, wasmassen demselben unterm 20. april dies Jahrs ex signaturam befolchen worden, dem aufgestelten Galanteri und Khlopatur arbeither Johann Puewiser auf einen brauchenten Kistler gesellen nach ermessigung der habenten arbeith und verichtung pactirt und pahsirt: taglohn ausfolgen zlassen, auch daß Ihm cfl Dtl an der verlangt schone arbeith nit gehindt, auch alles möglichst befürdt werde. Weillen aber besagter Puewiser dahero supplicando undthngst eingelangt, daß ihm für (?) seine Gesellen tägl. 30 xr mithin wochentl. 3 fl 30 xer umb so wilfährig veraicht werden möchte, sinthemalen Er umb die bishero Empfangene tägl 24 xer keinen zu seiner arbeith anständtig gesellen erhalten od aufbring, deroweg Er mit d. arbeith nicht fortfahrn können, welche beschleunigung doch immer gdst verlanget wirdt; Daher hat das Chfurtl. Hofpauambt hierüber die behöringe notdurft zu beobachten, der vermög gster resolution nachzukommen, und mit Vehinderung diser arbeith sich gegen höchsten Ihro cfl. Dtl kein schwerer Verandtworttung zu verursachen, welche man bey d. cfl. Hof Cammer keineswegs tragen will.

15 1702 November. Johann Puchwiser an Max Emanuel.
StAM HR 109, 62/1

Puchwiser verweist auf die bisher erhaltene Ration an Brennholz und Kerzen.

Nun lasse aber Euer Cfl. Drtl. selbsten gdist ermessen, wie möglich waer, daß ich und meine gesöllen bey so sauberer galanteri arweith von Michaeli biß Georgi, sondbahr im satten Wüntter Wochentlich mit ain Khörzen, deren ieder sein Licht sondbahr haben, und von 5 Uhr morgens, bis 7 ia 8 Uhr nachts stehts arweithen muß, unmöglich außkomen khan, welche bewandtnis es dan auch mit Trüfftholz haben thutt. Und weillen dan hechst ersagt Euer Cfl. Drtl. den ersten Galanteri Tisch bereiths den 10. Aug. undthenigst gelifert, woran sye durchgehent gdiste Satisfaction getragen, und yber dißen mir auch weithgressern und noch seiberen Galanteri Tisch dem gemachten Riß nach angefeimbt, dißen aber in weith lengerer zeit und gdsten Mißfallen weniger inskhonfftig andere arweith verfertigen khundte, wan mit den Lichtern auch dem zur Haizung der Stiben benettigten brennholz wider gdistes Decret, und Intention gehindert werdten, und nit auch die Wüntternacht an die arweith streckhen solte.

Als bitte undthenigist zu befirderung deroselbst gdist angeschafften arweith von Michaeli biß Georg vor mich und meine gesöllen . . . wochentlich 3 Insleth Khörzen, dan yber die beraiths habente 5 noch jährlich 2 claffter Veichten Tryft Holz gdist angeschafften und dises gdist vom Holzstall auß mir sichern zlassen, zu gdister resolution mich undthenigs gehorsambist annonsihre

Eur Churfrtl. Drtl. Underthenigist gehorsambster Johann Puewiser Hof Galanteri und Klopatur Kistler.

16 1702 November 13. Dekret an das Triftamt.
StAM HR 109, 62/1

Also wird dem Churfrtl. trifftambt anbefolchen ihme Supplicierenten Puewiser sothane addirte zwey Claffter Veichten trifftholz, neben den zuvorigen 5, und mithin jehrlich Siben Claffter ausvolgen zlassen, und gehörig orths zu verrechnen.

17 1702 November 13. Hofkanzlei an Johann Puchwiser (Konzept).
StAM HR 109, 62/1

Puchwiser wird die Bewilligung des Holzes mitgeteilt, die »gebetenen mehreren Inslet körzen aber weillen d Sommer den Winter yberträgt und Er mit dem wochentlichen 1 pfd. schon auskomen kan« abgeschlagen.

18 1702/04. Rechnung über ienige Unkosten, welche auf die Holländische Schöffmacherey erloffen, Vom Monat Februaris anno 1702 biß in den Monat July 1704.
StAM HR II 302, p. 20v

Johann Puewißer Hoftischlern wegen eines in obiges Schöf Verfertigten Tischs, und darzue außgenombener materialien f. 29.22.–

19 1705 Januar 17. Anzeig was beim Churfrtl. Hofpauamt für ordinari Paubediente und arbeither wochentlich zu bezahlen sind.
StAM HR 120, 107

Johann Puewiser Gallantery Kistler 3 fl 30 x

Vermög unter dato 12. Aug. 1701 verfolgter gdigster Signatl: sind Ihme auf Haltung eines Gesöll . . . wochentl. angeschafft worden 3 fl 30 x.

20 1705 März 30. Hofkanzlei an Johann Puchwiser (Konzept).
StAM HR 109, 62/1

Nachdeme man auf bey churfrtl. Hof Pauambts erstellten Bericht unter anderem auch Vernommen, daß dem Johann Puewiser gallantery Kistler unterm 12. Aug. ao 1701 zur haltung eines gesöllens, neben jährlichen Siben Clafftern Veichten Trifftholz, daselbst wochentlich 3 fl 30 xer angeschafft worden, da er doch Vorhero schon bei dem churfrtl. Hofzahlamt jährlichen 208 fl Besoldung neben 60 fl Hauszüns bishero genossen hat, welchen ein ybermässige Belohnung, die alle Jahr ohne das Holz, so ihme in natura abgevolget worden, 450 fl importiert, so man bei dermaligem standt des Landts ferners zu Continuiren nit gedenkht noch weiter arbeit vonnöten hat

Als würdt ersagtem Puewiser hirmit bedeutet, daß bei dem churfl. Hofzahl- als auch Hof Pauamt nach außgang dises Quartall ihme nit nur die Besoldung und Hauszünß sondern auch der wochenlohn auf dem gesöllen mit heutigem Dato abgeschafft worden, fahls aber er Puewiser an seiner arbeit ferners auf beger ein arbeit nacher hof verförttigen würde, solle ihme hiefür iedzeit nach Billichen Dingen die Bezahlung ervolgen.

21 1705 März 30. Dekret an das Hofzahlamt (Konzept).
StAM HR 109, 62/1

Demnach der gallantery Kistler Johann Puewiser bei gegenwertig geltkhummerzeit abgeschafft: Und seine Besoldung nebst dem Hauszüns mit Ausgang diss. Quartals ausgehebt worden. Also würdt dem Churf. Hof Cammer Rath und Hofzahl Mr. Georg Unertl hirmit Bevolchen, ihme Puewiser nach Ausgang dieses ersten Quartals nichts mehr abvolgen zlassen.

22 1705 März 30. Dekret an das Hofbauamt (Konzept).
StAM HR 109, 62/1

Dgleich. Sigl. ist auch ans Hof Pauambt zu schreiben, daß selbiges auf ihme Puewiser zur haltung eines gesöllens die Vorhin d. 12. Aug. 1701 Verwilligte wochentliche 3 fl 30 x nach Ausgang dises Monats nit mehr in die Anzaig Bringen – noch Bezallen sollen.

23 1706 August 11. Dekret an die kaiserliche Hofkammer.
StAM HR 109, Nr. 62/1

Welcher gestalten Anna Zwergerin Verwittibte Hof Maurermeisterin alhir wegen verschaffung 22 fl 30 xr ruckstendtig hauß Zinß beym Johann Puewiser reformirt Galanterie Kistlern, allerdiemiettigisch eingelangt, daß gibt die beylag des mehrern zubefindten.

Nun hat man nit ermanglet hiriber gedachter Puechwisern mit dessen Verantworttung zu Vernemen der sich aber dahin außgeleuthet, daß er mit einig geltmitlen in erwegung der erlitten Reformation, noch mit der arbeith, Womit er die bedirfftige Nahrung haben mechte, Versprechen.

Disemnach dan der Khays. Hof Cammer freygestelt wirdt, abgemeltem Puechwißer von dem letzten quartall de anno 1704 der 67 fl Wovon auch eine abschrift khommt, Und de originae gleich extradirt werden solle, die Völlige bezahlung, od nur den eingeklagten Hauß Zinß außVolgen zlassen.

24 1706 August 20. Bericht der Hofkammer.
StAM HR 109, 62/1

Vorschlag, wie der Zwergerin geholfen werden kann.

25 1715 April/Mai. Johann Puchwiser an Max Emanuel.
StAM HR 108, 61/3

Durchleuchtigster Churfürst, Genedigister Herr, Herr pp.

Euer Churfürstl. Drl. tragen von selbst gdigstes wissen, wie daß ich bey dero Churfürstl. Residenz alhier, schon langwürige iahr als Hof Gallanterie Kistler gestandten und mir zu meinem ierlichen Soldt 208 f. nebst tägl Pier und Brodt Verrechnung, . . . gdst aßigniert worden.

Wann nun Gdißtr. Churfürst und Herr, solch iehrlicher Besoldung daß Letztere iahr a° 1704 bevor die nunmehr beygelegt Kriegstroublen den anfang genomen, mit obgemelten 208 f mir annoch ausstendtig Verbliben, deren ich ind dizen harten Kriegszeiten in meiner größten betrangnuß, nit allein entrathen müssen, sondern noch yber daß, habe undthenigist nit ermanglen wollen, die von Ihre Churfürstl. Drl. vor dero abreise durch den Schazmaister

H. Pistorini gdigist mir angeschafften 2 große Costbare schreib Kästen, so Euer Churfürstl. Drl. nebst abgewichner tagen bereiths nebst noch ainem andern kleinen neuen schreib Kästl, schon in augenschein genommen, und allergdst woll gefallen daryber erzeiget, solcher gestalten Verförttiget, daß ich wegen diser etlich iahrlang anhaltenter arbeith absonderlich aber 2000 fl. auf meinen uncosten beygeschafften Costbaren Materialien in großen schulden lasst, mich eingestöckhet habe, woryber Euer Churfürstl. Drl. für solche 3 Cästen ich die ersezung zu selbst gdgster dißpoisition yberlasse.
Alß gelangt an Euer Churfürstl. Drl. mein ganz underthenigstes bitten, die selbe geruhen, mir obgedacht außstendige 208 f bereits vorhin verfallene besoldung zu meiner höchst betürfftigen Sublevierung gdigst Verabvolgen, und anbey solch weitterer gdigiste anschaffung, gleich wie schon vorhin mit gdigist ertheiltes Decret lauttet: ergehen zu lassen, gleich wie vormahlen, mir noch ferners zu meinem undhalt und nahrung verraichet, annerbey auch die obsicht und incumbenz yber die sammbtliche eingelegte Kistler arbeith gdgist anverthrautt werden mochte, wormit zu gdigiste erhör, mich ganz undthenigist empfelche
Euer Churfürstl. Drl. undthenigst gehorsambster Johann Purwißer Gallanterie Kistler.

26 1715 Mai 17. Dekret an die Hofkammer.
StAM HR 108, 61/1
Demnach ... Johann Puewiser ... solch bestimbte besoldung ... für das Jahr 1704 annoch ausständtig Verblieben ist. Als confirmieren höchstgedacht Ihre Churfürstl. Durl.: ... befehlen auch ... gdigst die behörige Verordnung zu thuen, damit besagt noch rückständtige 208 fl. Ihme Puewiser guetgemacht und Er, gleich vorhero, mit Besoldung und anderen Nuzungen Vom Ersten April negsthin richtig verpfleget werde;
Max Emanuel Churfürst mp.
(Konzept hierzu: HR 109, 62/1)

27 1715 Juni 21. Dekret an die Hofkammer.
StAM HR 109, 62/1
Demnach Ihre Churfürstl. Durchtl. in Bayern p. unser gdigster Herr vor Dero letztem Abrayß in die Spanische Nider Landen Dero Hof Galanterie Kistler Johann Puewiser Zwey kosstbahre Schreib-Kästen zumachen gdigst anbefelchen lassen, und Er dieselbe indessen nicht allein mit großen uncössten außgearbeithet – sondern noch ein kleineres darzue Verfertiget, und zu gdigsten wohlgefallen geliferet hat: Alß befelchen höchst gedacht Ihre Churfürstl. Durchtl. p. Dero Hof Cammer gdigst, die Verordnung zuthun, damit für sothane drey Schreib-Kästen vermeldtem Puewiser Zway-Tausent Gulden bezahlt werden:
Max Emanuel Churfürst mp.

28 1715 Juli 20. Anweisungen an Hofzahlamt, Hofküchenamt, Hofbauamt, Triftamt und Hauskämmerei.
StAM HR 109, 62/1
Puchwiser erhält wieder seinen »Sold«, Bier und Brot, Gesellenlohn (wöchentlich 3 fl 30 xer), Holz und 1 pfd. Wachs.

29 1715 Juli 21. Anweisung an Hofzahlamt.
StAM HR 109, 62/1
Hofkammerrat und Hofzahlmeister Johann Benno Unertl wird angewiesen, Puchwiser 2000 fl auszuzahlen.

30 1715, 1716, 1717, 1718, 1719, 1720. Besoldungsbücher.
StAM HR 257 und 258
Puchwiser erhält regelmäßig »208 fl. Besold und 60 fl hauß Züns«.

31 1720. Ausgabenbuch – Kammer Ausgaben.
StAM HR II 308 p. 4v
Johann Puchwißer hoffkistlern, wegen für Ihro Chrfrtl. Drtl. nacher Schleißheimb gemachte Comod Cäst ... 92. –.–
Dito aber für einen solchen nachher Fürstenried 44. –.–

32 1720. Hofbauamtsrechnungen.
StAM HR II 4, p. 114
Außgab auf Handwercks Leuth, umb allerley über Hof Verrichteter Arbeithen und Erstlich auf Kistler und Firnmeister
In der Wochen ab 5t Jenners haben 8 Küstler alß Christoph Kirning, Johannes Puewißer, Hanß Georg Simerl, Thomas Hörmann, Christoph Weßstiner (?), Balthasar Hurber, und Zacharias Wimber bey denen Chrfrtl. Hofgepauen unterschidliche arbeith verferrtiget und derentwillen zur Blohnung erhalten 18. 50. –

33 1722, 1723, 1724, 1725. Besoldungsbücher.
StAM HR II 259
Puchwiser erhält jährlich »mit einschl. 60 fl hauß Züns f. 268«.

34 1726 Juli 29. Specification der in dem Chrfrtl. Hofzahlambts Statu einlauffenten Künstlern
StAM HR 120, 107
Johann Puechwisern Galanterie und Clopatur Kistler in gelt 268: dann Bier, und Brod 40: mehr 7 Claffter Holz 16 fl 20 x 18: 324.20 fl.

35 1726. Besoldungsbuch
StAM HR II 260
Puchwiser erhält 268 fl.

36 1727. Besoldungsbuch
StAM HR II 260
Puchwiser erfährt auf seinen Sold, einschließlich Hauszins, von 268 fl einen Steuerabzug von 10 fl 24 xer, somit ausbezahlt 257 fl 36 xer.

37 1727 Oktober 18. Anzaig über die beim churfrtl. Hofpau- und Garttenambt sowohl alhir, als auf denen Lustheussern in arbeith gestandtnen Personen, was selbe pro ao 1725, 1726 et 1727 an Taglohn zu fordern haben.
StAM HR 120, 107
Johann Puewiser, Kistler 161 fl.

38 1728, 1729. Besoldungsbücher.
StAM HR II 261
Puchwiser erhält jährlich 257 fl 36 xer.

39 1729 September 20. Johann Puchwiser an Karl Albrecht.
StAM HR 109, 62/1
Durchleuchtigister Churfürst Genedigister Herr Herr pp.
Euer churfrtl: Drtl: geruhen sich gdist zu erinnern, wie daß ich Bereiths schon ao. 1702 von Dero Verstorbenen Churfürst Drtl. feierl. Gedechtnis für einen hof: und Gallanterie Küstler mit teglichem Pir und Brodt neben den wochentlichen Lohn auf einen Gesöllen gdist angeschafft, und solchlezterer auch biß anno 1728 alzeit Bezalt worden seye. Wan nun aber mir dises Gesöllen gelt ... auß gehebt worden, Ich aber zu förderung Sr. Churfrtl. Drtl. arbeith ohnmöglich ohne gesöllen Vortkhommen khan, zumahlen dise alzeit sogleich Verferttiget werden solle, Alß Beschickt demnach an Eur Churfrtl. Drtl. daß Underthenig Belang: Und Bitten, mir daß seith dem 19t. 7bris 1728 Unzthero ab 49. Wochen betreffente Wochentlich gesöllen lohn mit 171 fl 30 x ... gdist anzuschaffen alß mir et prosteiis solche zu bezahlen ja nit Würdt auß gebnedt werden khönen, indem mir vor die arbeith nichts bezahlt würdt, zu welch gdister Bitts erhör, dan höchst Churftl: Hulden und Gnaden mich undthenig gehorsambist empfelehnt
Eur Churfrtl: Drtl: Undthenig: gehorsambister Johann Puechwiser Chfl Hofgallanterie Küstler

40 1729 Oktober 24. Bericht von Hofkammerrat Piendl.
StAM HR 109, 62/1
Yber . . . Underthenigistes anlangen Johan Puewisers, . . . umb ihm die, von seinen gehaltenen gesöllen, vom 19. Sept. 1728 bis 27t aug: Diß Jahrs ins Verdienen gebrachte 49 Wochenlohn mit 171 fl 30 x gdist angeschafft werden mechten, hat dero hofpauamt . . . anhero erindt, waßmaßen Vorhin= und Zwar bis Vf den 18t Sptb: fertigen Jahrs ihme Puewisern für einen gsöln der Lohn mit wochentl: 3 fl 30 x Von der Hofpauambtscassa entrichtet worden: nachdem man aber darfür gehalten, daß bey damals wenig Vorhandten gewester arbeith könfftig dieser Lohn in die ersparung gebracht worden, und ersagter Puewiser die Vorfallenheit alleinig versprechen kundte, so seye solch wie gedachten Hofpauambt gethaner Vorschlag gdigst approbirt: sohin dem Puewiser kein Lohn für ainen gesöhlen mehr verraichet worden: Wie aber daryberhin Eur churfrtl. Drtl: gdigst beliebet, bey ihm zway commot Cästen anzuschaffen, welche auch nunmehro fast allerdings ausgemacht, So seye nit ohne daß Er zu solche Arbeith einen Gesellen unausweichlich vonneten gehabt, mithin auch ihme, solang solcher in arbeith gestandten, und noch steht, in allweg dessen Lohn, wie vorhin zu bzallen sein werde.
Ob aber Eur churfrtl. Drtl. yber bemelte 2 Cästen weiters etwas von des Puewiesers arbeith verfertigen lassen wollen, folglich diser Kistler gesöhl, weillen dergleichen Leuth nicht alzeit zubekhommen seindt, noch fernershin beybehalten werden solle, hieryber stehet dero gdist Resoluon zu erwarden, umb ermelt dero Hofpauamt dessen Verhaltswillen daß behörige Bedeutten zuhhören.

41 1729 November 11. Dekret an die Hofkammer.
StAM HR 109, 62/1
Ihre Churfrtl. Drtl haben iezto keine arbeith vor, darum der invermeldte Kistler gesöll nöthig were. Wan dergleichen arbeith aber wider angeschafft werdten solte, wirdt solchenfallß auch ein Kistler gesöll zu bekommen sein, undt bewilligt werden können.

42 1729 Dezember 7. Rückfrage von Hofkammerrat Piendl.
StAM HR 109, 62/1
Zumahlen nun aus obig gdisten Resolution nit zu ersehen, ob der Underthenigist angesuchete Verdienst der 171 fl 30 x bonificiret werden dörffe, als haben Wür uns solche annoch Underthenigist ausbitten . . . wollen.

43 1729 Dezember 24. Dekret an die Hofkammer.
StAM HR 109, 62/1
Es hat bey voriger abschaffung sothanen gesöllens sein weitheres verbleiben. So Vill aber dessen mit 171 fl 30 x angesetzte verdienst betrifft, ist solche ihm zu bonificiren, wan sich gezaiget haben wirdt, daß auf die vorgeschriebene 49 Wochen von ihme eine zuelengliche arbeith verförtigt und beygeschafft wordten Seye, darumb daß Churfrtl. Pauamt gebirendt nach und einzusehen wissen wirdt.

44 1730. Ausgabenbuch – Hofbauamtsrechnungen.
StAM HR II 4, p. 182.
Endlichen sint Ihro Churfrtl. Drtl. 2 Schreibcästen mit Schildtkrott, Mössing, und Helffenpein eingelegt, und ain anders Cästl mit Schubladen von olivenholz, Verners Ihro Drtl: Churfürstin 2 Tisch von Purperholz wovon einer mit mössing eingelegt, und ain bettstuell aus olivenholz, item ein Ramb mit Schildtkrott, Mössing, Zün und plau eingelegt, weitters Ihro Drtl. Churprinzen ein gallanteri Cästl, sambt einem Tischl von olivenholz gdist anbefolchenermaßen verferttiget, warmit neben dem in der besoldtung stehenten gallanterie Kistler Johann Puewißer ein angestellter gsöll von 28. Aug. 1729 biß 28. Januar inclus. 1730 22 wochenlang zuthun gehabt, dahero denn ab ieder wochen 3 f. 30 Kr. Pactierter Lohn, also in allem inhalt der nebenlag bezalt worden f. 77. –.–

45 1730, 1731, 1732, 1733, 1734, 1735, 1736, 1737, 1738, 1739.
Besoldungsbücher.
StAM HR II 261, 262, 263 und 264
Puchwiser erhält jährlich 257 fl und 36 xer.

46 1740 April 6. Ausgabenbuch.
StAM HR II 309, p. 7
Johann Puechwiser gallanterie Küstler wegen zu der für die Durchleuchtigste Herrschaften gemachte arbeith beygeschafften materialien, dann zu haltung eines Gesellens für fertiges Jahr, Vermög Sign. Vezaichnüß: f 327.–.–

47 1740, 1741, 1742, 1743. Besoldungsbücher.
StAM HR II 265 und 266
Puchwiser erhält jährlich 257 fl 36 xer.

48 1744. Besoldungsbuch.
StAM HR II 266
Für Puchwiser werden 257 fl 36 xer veranschlagt, jedoch nur zwei Quartalsbeträge ausbezahlt.
Am Rand: Am 11. April Ao 1744, mithin im anderten qt (= Quartal) hat Er dises zeitliche beschlossen.

49 1745 September 15. Hofkammer an Wwe Puchwiser.
StAM HR 109, 62/1
Der Witwe Puchwiser wird bedeutet, den Galanterie-Kistler Sebastian Guglhör zu heiraten.

Anmerkungen

[1] Als erster befaßte sich Hans Huth mit nichtfranzösischen »Boulle-Möbeln« in seinem Aufsatz: Zwei Möbelwerkstätten des 17. Jahrhunderts (Pantheon 5, 1930) 23–29. Biographisches Material zu der von Huth entdeckten Künzelsauer Werkstatt lieferte Elisabeth Grünenwald mit ihrer Arbeit über »Die Künstlerfamilie Sommer aus Künzelsau« (Württembergisch Franken NF 26/27, 1951/52) 275ff. Neuerdings beschäftigt sich intensiv Ludwig Baron Döry mit diesem Thema. Bisher sind erschienen: Die Prachtuhr des Salzburger Erzbischofs Firmian vom Jahre 1735 (MJBK 11, 1960) 218–224; Ein Kabinettschreiner des Kurfürsten Johann Wilhelm von der Pfalz (Zschr. d. deutschen Vereins f. Kunstwissenschaft 23, 1969) 147–166; Eine Prunkuhr und andere Möbel des Kurfürsten Johann Wilhelm von der Pfalz (Mannheimer Hefte 1970, Heft 3) 4–21.

[2] »Inventaire des meubles qui sont a la Cour de Bruxelles appartenans a Son Alt. Electoralle. Le 3e juin 1692.« StAM HR II, 135. – Den Hinweis auf dieses Inventar, wie auch auf manche andere archivalische Quelle, verdanke ich Herrn Dr. P. Volk.

[3] »Verzaichnus Waß an Churfrtl. Mobilien ... in d. Residenz eingebracht... 19. July 1704« und »Inventarium über jenige Truchen und Kästen so ... yber Wasserburg nacher Burghausen verschickt ... 16. Aug. 1704.« StAM HR 24, 78.

[4] BStB Cgm 1959, 66f.

[5] ANP Papiers Choiseul Gouffier, T 153.36. Auf dieses Verzeichnis verwies erstmals Hans Huth in seinem Aufsatz: Ein Boulle-Möbel des Kurfürsten Max Emanuel (MJBK, 1927) 29–34. Die Angaben überprüfte liebenswürdigerweise Frau Dr. R. Seelig, München.

[6] Möglicherweise handelt es sich bei diesem Möbel um den Schreibtisch Kat.Nr. 285.

[7] AStA Fürstensachen 675/II.

[8] StAM HR 199/II.

[9] Nach der Erwerbung im Musée du Louvre wieder entfernt. Meine Untersuchungen des Möbels unterstützte in liebenswürdiger Weise Herr D. Alcouffe vom Musée du Louvre.

[10] F. J. B. Watson, Wallace Collection Catalogues: Furniture. London 1956, 237–240. – Der Direktor der Wallace Collection, Herr T. W. J. Hodgkinson, gestattete in liebenswürdiger Weise die Untersuchung dieses wie aller anderen »Boulle-Möbel«, wobei Frl. Buckland und Herr Penchey behilflich waren.

[11] A. de Champeaux, Le Meuble, Bd. 2, Paris 1885, 88ff.; E. Molinier, Histoire Générale des Arts appliqués à l'Industrie, Bd. III, Paris 1898, Taf. III. – Siehe ferner: Lady Dilke, French Furniture and Decoration in the XVIIIth century, London 1901, 150; R. Graul, Das 18. Jahrhundert. Dekoration und Mobiliar, Berlin 1905, 51; Comte F. de Salverte, Les Ebenistes du XVIIIe siècle, Paris 1923, 35, Taf. VII; A. Feulner, Kunstgeschichte des Möbels, Berlin 1930³, 360; P. Verlet, Les Nouvelles Acquisitions du Departement des Objets d'Art (La Revue des Arts 1954) 43–46; H. Honour, Cabinet Makers and Furniture Designers, London 1969. Dt. Ausg. München 1972, 53; P. Verlet, Styles, meubles, décors, du Moyen Age à nos Jours, Bd. 1. Paris 1972, 183.

[12] Möglicherweise geht sie zurück – dann allerdings mit falscher Jahreszahl – auf die Notiz im »Mercure de France« November 1725, 2682, die M. Hauttmann (MJBK 1911) 275 folgendermaßen zitiert: »Als im Herbst 1725 die bayerischen Prinzen in Paris waren, führte sie Cotte durch die Louvre-Werkstätten.« Der Text im »Mercure de France« lautet auf S. 2682: »Le 2. Octobre les Princes de Baviere, accompagnez du Comte de Charolois, & conduits par M. de Cotte, Premier Architecte, Contrôleur des Bâtimens du Roi, allerent aux Galleries du Louvre pour y voir les rares ouvrages dans divers genres, que font les excellens Maîtres, de differente profession, qui y font logez.« und auf S. 2684: »Chez M. Boule, Ebeniste, où l'on vit des ouvrages de Marqueterie, & en bronze, d'une grande magnificence.«

[13] Huth (Anm. 5).

[14] A. de Champeaux, Les Dessins d'André Charles Boulle (Revue des Arts Décoratifs 6, 1885/86) 51–55, Nr. 16. – Die Zuschreibung aller jener Zeichnungen im Musée des Arts Décoratifs, die als Konvolut erworben wurden, an Boulle basiert auf denjenigen Blättern, die auch im Stichwerk vorkommen.

[15] Watson (Anm. 10) Nr. F 424 u. F 425. Dort die weiteren Exemplare aufgeführt.

[16] Inv.Nr. 1014–1882, Jones Collection.

[17] O. v. Falke, Barockmöbel (Amtl. Ber. aus d. preuß. Staatssammlungen 40, 1918–1919) 92. – Detailabbildungen bei Huth (Anm. 5).

[18] Verlet, Styles... (Anm. 11), 153; L. Buffet-Challié, Henry IV, Louis XIII and the Government of Mazarin (H. Hayward, World Furniture, New York/Toronto 1965) Abb. 256; The Bulletin of the Cleveland Museum of Art 38, 1951, 2.

[19] S. Anm. 1.

[20] Nachdem Huths Zuweisung in Vergessenheit geraten war, ist L. Baron Döry dabei, diese Gruppe von Möbeln zusammenzustellen.

[21] Die Schreibweise des Namens wechselt: Puewiser, Purwiser, Puchwiser. – Puchwiser wird erstmals erwähnt bei Hauttmann 48. Feulner führt ihn in seiner Kunstgeschichte des Möbels (s. Anm. 11) auf S. 368 auf, Kreisel II 142 versucht als erster, ihm einzelne Möbel zuzuschreiben. – Die archivalischen Nachweise finden sich im Dokumenten-Anhang am Ende dieses Aufsatzes.

[22] Trauungsbuch Unsere liebe Frau München Bd. 5, fol. 121. Den Nachweis, wie denjenigen der zweiten Ehe Puchwisers, verdanke ich der Liebenswürdigkeit von Diözesanarchivar Dr. P. v. Bomhard, München.

[23] Trauungsbuch Unsere liebe Frau München Bd. 7, fol. 75.

[24] (Anm. 11) 368.

[25] Kreisel II 142, Abb. 371, 372.

[26] Vgl. etwa R. Berliner, Ornamentale Vorlageblätter II, Leipzig 1926, Taf. 325, 326, 328. Selbst die Sphingen mit den »Tirolerhüten« (Abb. 106) finden sich bei Bérain (R. A. Weigert, Jean I Bérain, Paris 1937, 66).

[27] H. Stegmann, Die Holzmöbel des Germanischen Nationalmuseums (Mitteilungen des Germanischen Nationalmuseums, 1909) 54; Kreisel II 142; Bayern, Kunst und Kultur, Ausstellung München 1972, Kat.Nr. 924.

[28] (Anm. 11) 368.

[29] Auf diesen Zusammenhang hat erstmals L. Baron Döry in seinem Aufsatz über die Prachtuhr des Erzbischofs Firmian (s. Anm. 1) auf S. 223 hingewiesen. – Das Möbel abgebildet bei: H. Kreisel, Das Schloß zu Pommersfelden, München 1953, Abb. 51.

[30] Vgl. Kreisel II Abb. 197, 199, 207, 232.

[31] Vgl. etwa: F. Windisch-Graetz, Barocke Möbelkunst in Österreich (Mitteilungen des Oberösterreichischen Landesarchivs 10, 1971) 346ff., Abb. 14 u. 17f.

[32] S. 259 Nr. 3 und 4.

[33] Kreisel II Taf. VII.

[34] S. Anm. 1 [Die Prachtuhr ...].

[35] Inv.Nr. R 5143, 5144. Nußbaum-, Zinn- und Messingintarsien. Blindholz Tanne. Je 84,5 × 115 × 58,5 cm. – Von der gleichen Hand stammt eine Kommode in Schloß Sigmaringen. Vgl. Kreisel II 324. Deren Gegenstück befindet sich in Schloß Aschach bei Bad Kissingen. Vgl. M. H. v. Freeden, Schloß Aschach (Mainfränkische Hefte 37, 1960) mit Abb.

Angela Völker

Die Tapisserieankäufe des Kurfürsten Max Emanuel und die Anfänge der Münchner Wandteppichmanufaktur

Die Wandteppichfabrikation um 1700 in den Niederlanden und in Frankreich

Will man Kurfürst Max Emanuel als Sammler und »Konsumenten« von Wandteppichen beschreiben und die Stellung der von ihm gegründeten Münchner Wandteppichmanufaktur umreißen, so erscheint es sinnvoll, zuerst einmal kurz zusammenzufassen, welche Tendenzen und Umstände die Wandteppichproduktion in Westeuropa – vor allem in den südlichen Niederlanden und in Frankreich – in der Zeit um 1700 bestimmten.[1]

Die Stadt mit der ausgeprägtesten Tradition und mit einer bis in das frühe 18. Jahrhundert kontinuierlich florierenden Wandteppichfabrikation war bekanntlich Brüssel.[2] Als zweites Zentrum muß im 17./18. Jahrhundert – seit der Gründung der königlichen »Manufacture des Gobelins« 1662 – Paris angesehen werden.[3] Zu diesen beiden Hauptstädten der Wandteppichherstellung hatte der bayerische Kurfürst enge politische und persönliche Beziehungen, so daß Einflüsse der dortigen Manufakturen auf seine Ankäufe und auf die Gründung der Münchner Wandteppichmanufaktur selbstverständlich erscheinen.[4]

Weniger berühmte, aber in dieser Zeit viel beschäftigte und bedeutende Wandteppichwerkstätten gab es in den Spanischen Niederlanden in Antwerpen und in Oudenaarde[5] sowie in Frankreich, vor allem in Beauvais und in Aubusson.[6] Die übrigen Wandteppichmanufakturen in Westeuropa hatten meist weder qualitativ noch quantitativ große, über ihre regionalen Aufgaben hinausgehende Bedeutung.

Stilistisch und ikonographisch waren die Produkte der Brüsseler Wandteppichmanufakturen um 1700 eher konservativ und traditionell. Die wirtschaftliche Organisation der Werkstätten kann dagegen als fortschrittlich angesehen werden: Hier webten, frei von Zunftzwängen einerseits und landesherrlichen Auflagen und Restriktionen andererseits, mit zahlreichen Privilegien[7] ausgestattete Wirker, die meist alteingesessenen Tapisserieweberfamilien entstammten. Die Manufakturen waren privatwirtschaftlich organisierte Betriebe, in denen allein der Wirkmeister das Risiko trug und auch den Gewinn einnahm.

Brüsseler Tapisserien wurden von beinahe allen Fürstenhäusern Europas, aber auch vom wohlhabenden Bürgertum erworben. Die Werkstätten arbeiteten oft ohne einen bestimmten Auftrag, manche Serien wurden sozusagen auf Vorrat gewebt, ohne daß ein Abnehmer vorher feststand. Die Wandteppichproduktion war hier also um 1700 nicht mehr so sehr eine Sache des ehrsamen Handwerks – obwohl strengstens auf die Einhaltung der festgelegten handwerklichen Qualitätsnormen geachtet wurde – als vielmehr in erster Linie Handels- und Exportgeschäft. So kann die Bedeutung einer Manufaktur in dieser Zeit nicht allein an landesherrlichen Aufträgen gemessen werden.

1665 wurde auch in Brüssel – nach dem Vorbild Antwerpens[8] – eine »Pant« gegründet, eine Vereinigung der Wirker, die den Verkauf der Ware und die Vermittlung von Aufträgen an alle Wirker zentral leitete. In einer Art permanenter Verkaufsausstellung konnte sich der Käufer ein Bild machen von der Produktion der Werkstätten. In Brüssel gab es um 1700 acht große, Herstellung und Handel bestimmende Tapisserieateliers mit insgesamt dreiundfünfzig Webstühlen und etwa hundertundfünfzig Arbeitern.[9] Kurfürst Max Emanuel hat vor allem in den Werkstätten Gaspar van der Borchts und Jérôme Le Clercks sowie Jodocus de Vos' Tapisserien erworben. Aber auch Hofbeamte des Kurfürsten, wie Prielmair und Toerring, haben Wandteppiche in niederländischen Tapisseriemanufakturen gekauft.[10] Während der ersten Jahrzehnte des 18. Jahrhunderts verlor Brüssel allmählich seine hervorragende Stellung, vor allem durch die immer schärfer werdende Konkurrenz französischer Tapisseriemanufakturen und durch die von der merkantilistischen Wirtschaftspolitik sehr erschwerten Exportbedingungen.

Ganz anders als die relativ kleinen Wandteppichwerkstätten in Brüssel war die königliche »Manufacture des Gobelins« in Paris organisiert: Von einem der radikalsten Verfechter des merkantilistischen Wirtschaftssystems, dem französischen Finanzminister Jean Baptiste Colbert, gegründet, sollte sie einerseits den französischen Hof unabhängig machen von teuren Importen – z. B. aus Brüssel – und andererseits den wertvollen Exportartikel Wandteppich selbst herstellen. Hier war der König allein der »Unternehmer«, alle Wirker standen in seinen Diensten. Diese beiden Faktoren – Fabrikation für einen Hof und absolute Abhängigkeit vom Landesherrn – unterscheiden die Organisationsform der »Manufacture des Gobelins« grundsätzlich von den Wandteppichbetrieben in Brüssel.

Zugleich ist sie vorbildhaft für viele kleinere Fürstentümer – so auch für Bayern –, in denen Manufakturen zur Produktion von Luxusgütern gegründet wurden, um dem eigenen Hof zu Ansehen und Ruhm sowie – in der Praxis sehr oft nicht erreicht – zu wirtschaftlicher Unabhängigkeit zu verhelfen.[11] Für Ludwig XIV. selbst allerdings waren die »Gobelins« wohl weniger ein wirtschaftlicher Faktor, seine »Kunstfabrik« sollte eher der Hebung des kulturellen Prestiges dienen, der Gewinn aus dem Export war sekundär.

Die künstlerische Oberaufsicht über die »Manufacture Royale des Meubles de la Couronne«, in der die »Gobelins« nur eine Abteilung waren, wurde 1667 dem »Peintre du Roi« Charles Le Brun übertragen. So war hier ein Maler und nicht, wie bis dahin üblich, ein Meisterwirker der Leiter der Wandteppichwerkstatt. Allerdings arbeiteten in dieser »Manufacture Royale« Maler, Bildhauer, Goldschmiede, Stecher, Kunstschreiner, Färber und eben Tapisseriewirker gemeinsam fast ausschließlich für die Ausstattung der Schlösser Ludwigs XIV. Eine Vorstellung von der Größe der Bildwirkerwerkstatt gibt die überlieferte Zahl von zweihundertundfünfzig Webern.[12]

Themen und Darstellungsformen der Tapisserien, die in den »Gobelins« entstanden, waren hauptsächlich von der zeitgenössischen Malerei bestimmt. Die heroische Dekorationskunst der Epoche des Sonnenkönigs fand auch in den Bildteppichen unmittelbar ihren Niederschlag. Ausdruck dieser Tendenzen war die berühmteste Serie der »Manufacture des Gobelins« im 17. Jahrhundert, die »Histoire du Roi«, in der Szenen aus dem Leben Ludwigs XIV. dargestellt waren[13] und die zum inhaltlichen und formalen Vorbild für Wandteppichserien vieler europäischer Tapisseriewerkstätten wurde.[14]

Max Emanuels Wandteppichankäufe in Brüssel zwischen 1692 und 1724

Die »Tapisseriepolitik« des Kurfürsten Max Emanuel ist nur mangelhaft dokumentiert und daher schwer konkret zu fassen.[15] Seine Beziehungen zu Brüsseler Wandteppichateliers lassen sich einmal mit Hilfe eines kürzlich entdeckten Dokuments rekonstruieren, in dem eine Reihe von Rechnungen aus der Anfangszeit der niederländischen Statthalterschaft des Kurfürsten erhalten sind, und zum anderen durch zwei heute noch in München aufbewahrte Bildteppichserien; nur der Ankauf der älteren Serie läßt sich jedoch durch eine noch erhaltene Rechnung exakt beweisen.

Ankäufe und Ausleihe von Tapisserien 1692 und 1693

Die dem im Staatsarchiv München aufbewahrten »Inventaire des meubles appartenant a Son Altesse Electorale« – einem Inventar der Residenz in Brüssel aus dem Jahr 1692[16] – lose beigelegten Blätter sind das früheste bekannte Dokument zu Max Emanuels Beziehungen zur Brüsseler Tapisserieproduktion und für die Wandteppichankäufe des Kurfürsten überhaupt. Die einzelnen Blätter enthalten Rechnungen und Rechnungsaufstellungen des Leiters der Brüsseler Pant, Jean François de Grouselliers.[17] Der Zeitraum, den die Dokumente umfassen, reicht von Anfang März 1692 bis Mitte April 1693; nicht alle Blätter sind mit einem Datum versehen.

Drei Rechnungen lassen auf den Ankauf größerer Mengen von Bildteppichen schließen: zwei undatierte Dokumente befassen sich mit dem Kauf von dreißig Zimmerausstattungen zum Preis von 20457 Florins »sans y comprendre les tapisseries quit at louée por le service de Son Altesse Electorale« und dem Kauf von Wandteppichen aus Oudenaarde für 17968 Florins = $2\frac{1}{2}$ Kreuzer. Das dritte Blatt ist eine Rechnung über 17970 Florins = $16\frac{1}{4}$ Kreuzer für »vinght sept chambres de Tapisseries«, die Anfang März 1692 in der Residenz in Brüssel aufgehängt worden waren.[18] Dabei werden die Maße der Behänge gegeben und die Zimmer benannt, in denen sie aufgehängt wurden, ferner der jeweilige Einzelpreis, der sich nach dem Preis der Quadratelle errechnete. Darstellungsgegenstände einzelner Tapisserien oder die Titel bestimmter Serien werden nicht erwähnt.

Die größere Anzahl der Rechnungen aber beschäftigt sich nicht mit dem Ankauf von Wandteppichen, sondern mit deren Ausleihe durch die Pant an den Brüsseler Hof. Damit eröffnet sich ein neuer Aspekt der Funktion dieser »Wandteppichbörse« in Brüssel.

In den meisten Rechnungen wird Freiherr Corbinian von Prielmair als Auftraggeber bzw. als Vermittler der Aufträge des Kurfürsten genannt. Er war vor dem neuen Statthalter nach Brüssel gereist, um die recht verwahrloste Residenz für die kurfürstliche Familie einzurichten, von der es in einem Brief Prielmairs heißt: »Von außen ist es ›a venerabili antiquitate‹ ... inwendig aber fählt sehr vill: doch ist die Hoffnung es werde sich mit den Tapezereien vill bedecken lassen«.[19] Dabei erscheint es natürlich und sinnvoll, daß er zunächst versuchte, neben dem Kauf Wandbehänge zur Dekoration der zahlreichen Räume nur auszuleihen. So beginnen denn auch die Rechnungen zur Ausleihe von Tapisserien mit Anfang März 1692, also kurze Zeit, bevor Max Emanuel am 28. März 1692 seine festliche Entrée in Brüssel hielt.

Es ist wahrscheinlich, daß der bayerische Kurfürst und sein Hof nicht die ersten und einzigen Kunden der Pant waren, die sich größere Mengen von Bildteppichen ausgeliehen haben. Eine wichtige Aufgabe zumindest der Brüsseler Pant scheint es gewesen zu sein, eine gut funktionierende Verleihpraxis zu unterhalten, die den Bedürfnissen der Zeit entsprach.

Auch die ausgeliehenen Serien und Einzelbehänge können nicht mit Produkten bestimmter Werkstätten identifiziert werden. Es ist die Rede von Behängen »fabriquée de

Bruxelles que de Flandre«;[20] genauer werden einmal genannt »une chambre de huit pièces representent la Metamorphose fabriqué de Bruxelles fort enrichie d'or et d'argent« sowie eine Serie mit der Geschichte Scipios und Sophonisbes »pour le service personel de Son Altesse«; dann eine Paulus- und eine Josephserie, ferner »quattre pièces de Tapisseries representent les douze mois de l'an« und schließlich Landschaftsserien.[21]

Die Ausleihpreise richteten sich – wie beim Verkauf – nach der Feinheit der Ausführung, dem Herstellungsort und nach dem Wert der verwendeten Materialien und wurden ebenfalls nach Quadratellen bemessen. Die Ausleihe wurde monatlich berechnet.

Die erhaltenen Rechnungen beweisen, daß sehr viele Räume der Brüsseler Residenz Max Emanuels mit verschiedenen Wandteppichen geschmückt wurden. Den größten Posten bilden einmal dreiundzwanzig »Chambres« mit insgesamt hundertundfünfzig Behängen.[22] Es ist interessant zu lesen, daß die Räume bestimmter Personen, entsprechend ihrer Stellung bei Hof, mit wertvolleren oder billigeren Stücken ausgestattet wurden: So waren beispielsweise in den »deuz chambres du Baron Simioni estendues quinze pièce« mittlerer Preislage, in dem Zimmer des Arztes aber nur fünf Behänge minderer Qualität.[23] Über die in den Gemächern der kurfürstlichen Familie aufgehängten Tapisserien finden sich hier keine präzisen Auskünfte.[24]

Unter den Rechnungen im Staatsarchiv München befinden sich auch solche, die zeigen, daß man zum Besuch hochgestellter Persönlichkeiten für die Dauer ihres Aufenthalts Wandbehänge auslieh, um deren Zimmer in der Residenz selbst oder in anderen Häusern auszustaffieren. So wurden für den Aufenthalt des Kurfürsten Joseph Clemens, Erzbischof von Köln und Bruder Max Emanuels, »six Chambres de Tapisseries cincq alcoves et un Cabinet contenantes quarantes noeuf pièces de Tapisseries« für die Zeit vom 21. April 1692 bis zum 11. Juni 1692 zum Preis von 570 Florins von de Grouselliers entliehen.[25] Die Rechnungen aus den Jahren 1692 und 1693 geben eine Vorstellung davon, in welchem Ausmaß und in welcher Weise Wandteppiche am Hof des bayerischen Kurfürsten in Brüssel verwendet wurden. Die Tapisserien scheinen vor allem dekorativen Zwecken gedient zu haben, waren wohl zuerst Gebrauchs- und Dekorationsgegenstände. Eine gezielte Sammeltätigkeit Kurfürst Max Emanuels läßt sich an Hand dieser Dokumente nicht fassen, und die Frage, ob es eine solche zu dieser Zeit überhaupt gegeben hat, muß offen bleiben.

Die »Münchner Serie« der »Kriegskunst« (vor 1696)

Der einzige exakt dokumentierte Wandteppichankauf Max Emanuels fand 1696 statt. Der Kurfürst erwarb eine Serie von ursprünglich acht Brüsseler Tapisserien mit Darstellungen aus dem Soldatenleben – die Serie wird deshalb auch »Kriegskunst« genannt.[26] Die Titel der einzelnen Szenen sind »Campement«,[27] »Fachinade«,[28] »Embuscade«,[29] »Pillage«,[30] »La Marche«,[31] »Fouragement«,[32] »Attacque«[33] Kat.Nr. 284
und die heute in der ursprünglichen Serie verlorene Komposition »Rencontre«.[34]

Keiner der Behänge ist datiert, so daß das Datum der Ankaufsurkunde nur ein »terminus ante quem« für die Entstehung sein kann. Alle Teppiche sind mit der Brüsseler Stadtmarke versehen und signiert: »Campement«, »Fachinade«, »Embuscade«, »Pillage« und »La Marche« von Jérôme Le Clerck, »Fouragement« und »Attacque« mit dem Pseudonym Gaspar van der Borchts, A. Castro.[35] Auf zwei Darstellungen – »Embuscade« und »Pillage« – ist Lambert de Hondt, ein vielbeschäftigter Genre- und Schlachtenmaler der Zeit um 1690,[36] als Entwerfer und Maler der Szenen bezeichnet. Zu den im Kaufvertrag erwähnten acht großen Behängen gehören wahrscheinlich noch zwei schmale Entrefenêtres, die Szenen des »Campement« und des »Fouragement« aufnehmen und die in den Dokumenten nicht erscheinen. Sie sind vom Material wie auch vom Stil der Darstellung her, vor allem aber wegen der identischen Bordüre dieser Serie zuzuordnen.[37]

Die Serie ist in Wolle und Seide gewebt, sehr sparsam sind auch Metallfäden verwendet. Die Erhaltung, besonders die der Farbigkeit, ist unterschiedlich, so daß zuweilen die ursprüngliche Farb- und Raumwirkung der Darstellung nur schwer nachvollziehbar ist.

Alle Behänge sind von der gleichen, relativ breiten und sehr plastisch wirkenden Trophäenbordüre gerahmt, in der Kriegsgerät der Zeit stillebenhaft angeordnet ist. In der Mitte der unteren horizontalen Borte befindet sich bei den acht großen Stücken ein kleiner Sockel mit der Bezeichnung der jeweiligen Szene.

Die Darstellungen zeigen Feldherren und Soldaten in zeitgenössischen Kostümen bei bestimmten Verrichtungen während der Kriegführung. Alle Szenen spielen sich im Freien ab. Die Kompositionen sind nach einfachem Schema in Vordergrundbühne, Mittel- und Hintergrund gegliedert, wobei die Hauptfiguren in der vorderen Ebene agieren, eine sanft hügelige Landschaft dient dem Geschehen als Folie. Die Szenen haben genrehaften Charakter und sind einer langen Tradition derartiger Darstellungen verpflichtet.

Ein auffälliger Bezug auf den Kurfürsten Max Emanuel als Auftraggeber der Serie findet sich eigentlich in keinem der Behänge. Einzig in dem mit »La Marche« bezeichneten Kat.Nr. 284
könnte man in der Hauptfigur den bayerischen Kurfürsten erkennen, ohne daß dies schlüssig zu beweisen ist.[38]

Man hat angenommen, daß die Türkensiege Max Emanuels Anlaß zum Auftrag dieser Serie waren.[39] Die spärlichen Andeutungen türkischer Kriegsutensilien in den Bordüren der Behänge scheinen mir aber nicht beweiskräftig genug für eine derartige Vermutung.

Über die ursprüngliche Bestimmung der Serie, bzw. über den Ort, an dem sie aufgehängt war, ist bis jetzt nichts bekannt. Die Münchner Inventare des 18. Jahrhunderts geben darüber nur mangelhaft Auskunft.[40]

Von dieser Version der »Kriegskunst« gibt es zahlreiche zeitgenössische Repliken: Man kennt eine Folge von ursprünglich sechs Behängen, die dem Markgrafen Ludwig von Baden gehört haben soll, eine andere Fassung besaß Wilhelm III. von England, und in Lissabon befinden sich noch vier Behänge unbekannter Provenienz.[41]

Die bekannteste Replik der »Münchner Serie« erwarb 1706 der Herzog von Marlborough: in fünf Wandteppichen sind teils ganze Szenen der ursprünglichen Serie, teils nur Ausschnitte wiedergegeben. In dieser Folge ist auch ein eindeutiger Bezug auf den Besitzer vorhanden: In der Mitte der oberen horizontalen Bordüre wurde bei jedem Stück das Wappen Marlboroughs eingewebt.[42] Einige Generäle des englischen Feldherrn ließen sich ebenfalls Sets mit Szenen aus der »Kriegskunst« weben: Heute sind davon sechs mit insgesamt sechzehn Behängen bekannt, wobei die zeitlich spätesten statt der breiten Trophäenbordüre eine einfache, bilderrahmenähnliche Borte einfaßt.[43]

Charakteristisch an der »Kriegskunst«-Serie von vor 1696 scheint mir zu sein, daß sie vergleichsweise schwach auf den Käufer anspielt. Dies wäre ungewöhnlich, wenn sie gekauft wurde, um die kriegerischen Erfolge des bayerischen Kurfürsten zu verherrlichen. Das Genrehafte, unverbindlich Dekorative der einzelnen Szenen, die zahlreichen Repliken verschiedener Auftraggeber aus unterschiedlichen politischen Lagern sowie die Produktions- und Verkaufsbedingungen der Brüsseler Tapisserieateliers um 1700 lassen vermuten, daß zur Erfindung dieser Serie gar kein persönlicher Auftrag Max Emanuels vorlag, sondern daß er eine schon vorhandene – sei es in Entwürfen oder bereits ausgeführte – Serie erwarb, in die dann nur die mögliche einzige Allusion auf seine Person, das Porträt in »La Marche«, eingearbeitet worden wäre.

Eine Parallele – wie sie Wace und andere annehmen[44] – zu der »Histoire du Roi« Ludwigs XIV. ist wohl in dieser einfachen, fast allusionslosen »Kriegskunst« nicht zu sehen. Die unverbindliche Art und das allgemeine Thema der Darstellungen prädestinierten diese Folge für eine Art »Serienherstellung« und für den Verkauf an verschiedene Abnehmer.

Die »Schleißheimer Serie« der »Kriegskunst« (vor 1724)

In Schloß Schleißheim wird eine Serie von Brüsseler Tapisserien aufbewahrt, die Max Emanuel nach seiner Rückkehr nach Bayern erwarb, nachdem er in München selbst eine Wandteppichmanufaktur gegründet hatte. Die sogenannte »Schleißheimer Serie« muß wohl vor 1724 entstanden sein. Dieser »terminus ante quem« ist aus einem schmalen, 1724 datierten Zwischenstück zu der Serie zu erschließen, das in der Münchner Wandteppichmanufaktur gewebt wurde.[45]

Die Wandteppichserie besteht – ohne das Münchner Zwischenstück – aus dreizehn Behängen unterschiedlichen Formats, die alle in der Werkstatt des Brüsseler Wirkers Jodocus oder Josse de Vos entstanden sind. Einige der Tapisserien sind mit der Stadtmarke und dem Wirkernamen am Galon versehen.[46] Der Entwerfer der Szenen wird nicht bezeichnet, es kann aber angenommen werden, daß es sich hier, wenn nicht um Lambert de Hondt selbst, so doch um einen Maler aus seinem Umkreis gehandelt hat.[47] Gewebt wurde vornehmlich in Wolle und Seide mit wenigen Metallfäden.

Neun Behänge zeigen genrehafte Szenen aus dem Soldatenleben, auf den vier restlichen ist der Kurfürst selbst mit einer wechselnden Anzahl von Gefolgspersonen zu sehen.[48] Die »Schleißheimer Serie« besteht also aus zwei Darstellungsgruppen. Einmal werden die Themen der »Kriegskunst«-Serie von vor 1696 wieder aufgenommen – so »Campement«,[49] »Fachinade« und »Attacque«,[50] »Embuscade«,[51] »La Marche«,[52] »Pillage«,[53] »Fouragement«[54] –, hinzu kommen zwei neue Themen: »La Halte«[55] und eine »Seeschlacht«.[56] In dieser Serie sind die einzelnen Behänge allerdings nicht mit einem Titel in der Bordüre versehen.

Die Kompositionen der Szenen sind z.T. nur seitenverkehrt zu denen von vor 1696 – »Campement«, »Embuscade«, »La Marche« –, z. T. wurden nur Details übernommen – »Fouragement«, »Pillage« –, und z. T. gibt es neue Kompositionen – wie »La Halte«[57] und die »Seeschlacht« –;[58] »Fachinade« ist mit »Attacque« kombiniert.

Die zweite Gruppe von Behängen der »Schleißheimer Serie« hat ein anderes Vorbild: Sie geht auf die zwischen 1712 und 1724 ebenfalls im Atelier des Josse de Vos für John Churchill, Herzog von Marlborough, gewebte Serie der sogenannten »Blenheim Victories« zurück.[59] Die »Blenheim-Victories«-Folge besteht aus zehn Behängen, in denen Schlachten und Siege des großen englischen Feldherrn während des Spanischen Erbfolgekrieges dargestellt sind. In den vier Schleißheimer Behängen, die auf diese Vorbilder zurückgehen, werden allerdings nur Ausschnitte aus der »englischen« Serie verwendet.[60] Auf vier Tapisserien erkennt man Porträts des bayerischen Kurfürsten, aber keinerlei expliziten Bezug auf Schlachten oder Siege Max Emanuels, so daß die Annahme, auch Max Emanuel habe mit dieser Serie seine Erfolge im Spanischen Erbfolgekrieg verherrlichen wollen, spekulativ bleibt.[61] Sollte eine derartige Allusion einmal intendiert gewesen sein, so ist sie offenbar sehr schnell in Vergessenheit geraten, denn schon in dem Schleißheimer Inventar von 1755 werden die Behänge nicht einmal mehr mit Max Emanuel in Verbindung gebracht.[62]

Die meisten Szenen der »Schleißheimer Serie« sind von breiten Trophäenbordüren eingerahmt, die im Gegensatz zu der früheren Serie bei verschiedenen Behängen unterschiedliche Motive zeigen. Auf den Bordüren sind weder Wappen noch Embleme des bayerischen Herrscherhauses angebracht. Sie haben ihr Vorbild in den Rahmungen sowohl der ersten als auch der zweiten für den Herzog von Marlborough gewebten Serie und in den Bordüren der für Lord Orkney, einen General Marlboroughs, gewirkten Folge.[63]

Neben den unverbindlichen Szenen aus dem Soldatenleben zeigt die »Schleißheimer Serie« also auch Behänge einer »Personalserie«, die ein wenig aus dem Rahmen fällt, da sich außer den Porträts des Kurfürsten keine weiteren Anspielungen auf seine Person oder auf hervorragende Taten finden. Für beide Darstellungsgenres gilt, daß sie auf bereits vorhandene Serien zurückgehen.

Als Zynismus wurde es angesehen, daß der Wirker den politischen Gegnern Marlborough und Max Emanuel z. T. die gleichen Wandteppichkompositionen verkaufte, mit Szenen von Ereignissen – wie die Schlacht bei Höchstädt –, in denen der eine Sieger und der andere Besiegter war und in denen nur die Gesichtszüge und die Uniformen der Hauptpersonen verändert wurden.[64] Die Zweideutigkeit, die man in diesen Sachverhalt hineininterpretiert, kann dem Käufer des 18. Jahrhunderts – also auch Kurfürst Max Emanuel – kaum als ein Affront erschienen sein. Sie ist vielmehr bedingt durch die Herstellungsweise von Wandteppichserien in Brüssel um 1700: Bei der »Schleißheimer Serie«, die nicht auf einem Originalentwurf basiert, hat es sich anscheinend um eine »einfachere«, wohl auch »billigere« Ausführung gehandelt, da sie ohne die speziell auf den Käufer abgestimmte Entwurfsarbeit hergestellt werden konnte.

Nach den Vorlagen der Genreszenen der »Schleißheimer Serie« wurden zahlreiche Serien gewebt. Von diesen Repliken haben sich einzelne Behänge und auch mehrere Folgen erhalten. Wace erwähnt allein zwölf Serien mit insgesamt dreißig Behängen, ohne einen Anspruch auf Vollständigkeit zu erheben.[65]

Die Münchner Wandteppichmanufaktur unter Kurfürst Max Emanuel (1718–1726)

1718 gründete Max Emanuel in München eine Wandteppichmanufaktur.[66] Die der kurfürstlichen Hofkammer unterstehende Werkstatt wurde nach dem Vorbild der »Manufacture des Gobelins« organisiert. Ausschlaggebend für ihre Gründung waren nicht allein volkswirtschaftliche Überlegungen, d. h. merkantilistische Wirtschaftsprinzipien, sondern ebenso die Vorstellung, mit der Gründung einer derartigen Manufaktur sein Ansehen zu vermehren, denn »zu den Aufgaben eines guten Landesvaters gehörte im 18. Jahrhundert aber auch die Pflege von Manufakturen, denn ein Land ohne große Betriebe wäre als rückständig angesehen worden. Das französische Vorbild hat auch in dieser Beziehung eine bedeutsame ... Rolle gespielt«.[67] Das Vorbild der Pariser Manufaktur Ludwigs XIV. veranlaßte den bayerischen Kurfürsten, französische und nicht niederländische Wirker zu beschäftigen. Mittelbar mag ferner die Aufhebung des Ediktes von Nantes 1685 eine Rolle gespielt haben: Zahlreiche protestantische Handwerker mußten aus Frankreich fliehen, unter ihnen eine ganze Reihe qualifizierter Tapisseriewirker. Sie wurden von deutschen Fürsten mit offenen Armen aufgenommen, so daß die meisten Wandteppichmanufakturen in deutschen Fürstentümern unter französischer Leitung standen.[68]

Meister der Münchner Wandteppichwerkstatt war der aus Paris stammende Louis Arnould d'Arondeau, der drei Gesellen – François d'Arondeau, Jean François Petitjean und François Carée – in die bayerische Hauptstadt mitbrachte. Jeder Wirker erhielt einen Jahressold von 300 Gulden, freie Wohnung sowie Kerzen und Holz als Deputat. Die höchste Anzahl dauernd beschäftigter Arbeitskräfte während der Regierungszeit Max Emanuels war 1721 mit acht Mann erreicht. Im selben Jahr wurde der Jahressold auf 400 Gulden erhöht, dafür mußten die Wirker allerdings das Arbeitsmaterial, Wolle und Seide, auf eigene Kosten besorgen.

Die Manufaktur war in einem nicht näher bestimmbaren Haus in der Vorstadt Au untergebracht, wo sich auch die Wohnungen der Wirker befanden. Gearbeitet wurde in vier Räumen, über die Anzahl der Webstühle gibt es keine Nachricht.

Neben der Herstellung neuer Tapisserien war die Erhaltung und Pflege des nicht unerheblichen alten Besitzes der Wittelsbacher an Wandteppichen eine Aufgabe der Manufaktur. Dies besorgten vor allem François Carée und der Hofseidensticker Deschamps, den Max Emanuel eigens zu diesem Zweck aus Paris mitgebracht hatte.[69] Über die Maler der Manufaktur, d. h. die Entwerfer und Kartonmaler, unter Max Emanuel ist wenig bekannt.[70]

Die Produktion der Münchner Wandteppichmanufaktur von ihrer Gründung bis zum Tod Max Emanuels umfaßte vier Wappenteppiche, das bereits erwähnte Zwischenstück zur »Schleißheimer Serie«, zwei Kaminschirme sowie zwölf Sesselkartuschen. Die Sesselkartuschen sind heute nicht mehr nachweisbar.[71] Außerdem fällt die Planung und Entwurfsarbeit für eine Wandteppichserie mit den Taten bayerischer Herzöge in diese Zeit. Schließlich ist die Manufaktur zu Änderungsarbeiten herangezogen worden.[72] Die Behänge der Münchner Werkstatt sind an Stelle einer Stadtmarke mit dem Vermerk »F(ai)t. à Munich« versehen, und eine ganze Anzahl ist signiert und datiert.

Der früheste Behang, der 1720 datierte Wappenteppich im Besitz des Wittelsbacher Ausgleichsfonds,[73] zeigt auf Kat.Nr. 775
leuchtend gelbem Grund unter einem roten Baldachin zwei aufgerichtete Löwen, die das bayerische Kurwappen flankieren, darunter zwei gefesselte halbnackte Gefangene sowie verschiedenes Kriegsgerät. Auf der Bordüre sind Blumengewinde mit Trophäen verbunden, und im oberen horizontalen Teil ist das Wappen Max Emanuels eingewebt.

Kat.Nr. 774 Kat.Nr. 499 Sehr ähnlich komponiert sind zwei weitere Wappenteppiche, 1722[74] und 1727[75] datiert, die als Repliken des Behangs von 1720 anzusprechen sind.

Als eines der Vorbilder zu diesen Wappenteppichen ist die Radierung des Jacobus Harrewijn anzusehen, die zum Geburtstag Max Emanuels am 11. Juli 1705 in Brüssel angefertigt wurde.[76] (Kat.Nr. 470) Die Radierung zeigt ein ähnliches Kompositionsprinzip wie die Tapisserien. Mittelpunkt ist das von zwei aufgerichteten Löwen flankierte bayerische Kurwappen, an dessen Sockel drei durch Kleidung und Gesichtstypus als Türken identifizierbare Männer angekettet sind.

Die Radierung unterscheidet sich von den Wandteppichen vor allem in den Proportionen der Bildelemente. Das Hauptgewicht liegt in dem graphischen Blatt eindeutig auf dem Wappen und seinen unverhältnismäßig großen Trägern. Die Gefangenen sind dem ganz und gar untergeordnet. Auch das Motiv des Angekettetseins kommt in der Graphik stärker zum Ausdruck als in den Wandteppichen.

Die Komposition der Tapisserien ist zugunsten dekorativer Wirkung verändert: Wappen und Löwen bilden weiterhin den bedeutungsmäßigen und formalen Mittelpunkt der Darstellung, treten aber schon wegen ihrer jetzt proportional natürlichen Größe gegenüber den Gefangenen ein wenig zurück. Der Baldachin, der die Gruppe zusammenfaßt, verstärkt diesen Eindruck, der noch durch die innere Rahmung mit einer geschwungenen Leiste und Girlanden sowie durch die äußere breite Bordüre unterstrichen wird.

Welches die Stufen der Umwandlung vom programmatischen Stich zum dekorativen Karton waren und wer den Karton zu den Tapisserien anfertigte, ist nicht bekannt.

Kat.Nr. 498 Ein 1724 datierter Wappenteppich gehört wohl in diese Reihe, zeigt aber eine etwas abweichende Komposition.[77] Hier ist ebenfalls das kurbayerische Wappen zu sehen, es wird aber von zwei allegorischen Frauengestalten flankiert, die auf einem kaminartigen Versatzstück sitzen. Auf dem Kaminstück sieht man zwei Camaieu-Bilder: oben die Werkstatt eines Waffenschmieds und unten eine Schlachtenszene, die in der Literatur als die Schlacht von Belgrad angesehen wird.[78] Zwischen den beiden Szenen ist das Monogramm Max Emanuels in einer geflügelten Kartusche angebracht. Am Boden kauern zwei nackte, durch Haartracht und Bartform als Türken gekennzeichnete, gefesselte Gefangene; um sie herum liegen Kriegsgeräte, Beutestücke aus dem Türkenkrieg. Die Bordüre zeigt wie die der anderen Wappenteppiche Blumengewinde und Trophäen. Hier fehlt allerdings das Monogramm des Kurfürsten, und in den vier Ecken sowie in der jeweiligen Mitte der Längsseiten sind Kartuschen mit Emblemen – Lilie, Löwe, Stern und Sonne – hinzugekommen.

Alle Wappenteppiche haben fast quadratisches Format und entsprechen dem Typus der »Portiere«, einer im 17. und 18. Jahrhundert sehr beliebten Wandteppichart, die besonders in der »Manufacture des Gobelins« zu einer ausgeprägten und vorbildlichen Form entwickelt wurde.[79]

In diesen Münchner Wappenteppichen sind nun die Hinweise auf den »Türkensieger« Max Emanuel eindeutig: Mittelpunkt der Darstellung ist das bayerische Kurwappen; die Bordüren zeigen Monogramm und Embleme Max Emanuels; nicht zuletzt sind die Gefangenen als Türken deutlich gekennzeichnet, und das Kriegsgerät weist in dieselbe Richtung. Form und Umfang dieser Folge von Wappenteppichen zeigen, daß sie sich nicht vergleichen läßt mit den Schlachten- und Personalserien, die sich andere europäische Könige, Fürsten und Feldherren zur Verherrlichung ihrer Person und ihrer Taten weben ließen. Max Emanuels Wappenteppiche nehmen sich daneben vergleichsweise bescheiden und »dezent« aus, verherrlichen nicht so unverhüllt, direkt und persönlich die Person und die Taten ihres Auftraggebers.

Das Hauptprojekt der Münchner Wandteppichmanufaktur, eine Serie von neun oder zehn Behängen mit der »Geschichte der durchleuchtigsten Herzöge in Bayern«, wurde erst nach dem Tod Max Emanuels richtig in Angriff genommen. Ist allerdings der früheste Behang mit der »Krönung Ottos von Niederbayern« bereits 1726 begonnen worden,[80] so ist wohl Max Emanuel selbst als Initiator dieser Wandteppichfolge anzusehen.

Die Kartons gehen auf einen Gemäldezyklus zurück, der nach 1601 und vor 1611 von Hans Werl für den alten Herkulessaal der Residenz entworfen worden war.[81] Stilistisch und kompositionell sind sie Kompositionen der wenig später von Peter Candid für den Kurfürsten Maximilian I., den Großvater Max Emanuels, entworfenen »Otto-von-Wittelsbach-Serie« verwandt, die Hans van der Biest in Wandteppiche umsetzte.[82] Das Nachweben alter Entwürfe oder früherer Serien war im 18. Jahrhundert keine Seltenheit, ist allerdings als ein Zeichen des Niedergangs der Wandteppichproduktion ausgelegt worden;[83] es ist aber auch ein Indiz dafür, daß man frühere Serien – hier ältere Entwürfe für einen Gemäldezyklus – sehr schätzte: in München beispielsweise schmückte nach Max Emanuels Tod, bei der Erbhuldigung für seinen Sohn Karl Albrecht am 13. Mai 1727, die »Otto-von-Wittelsbach-Serie« van der Biests den großen Saal des Münchner Rathauses.[84] Kat.N

Die Münchner Wandteppichmanufaktur im Vergleich mit Tapisseriemanufakturen in anderen deutschen Fürstentümern um 1700

Verglichen mit anderen Tapisseriemanufakturen deutscher Fürstentümer ist die Münchner Wandteppichmanufaktur verhältnismäßig spät gegründet worden. So gab es in Schwabach für die Markgrafen von Ansbach,[85] in Erlangen für die Markgrafschaft Bayreuth[86] und in Berlin[87]

bereits 1686, in Hameln im Herzogtum Hannover 1688,[88] in Stuttgart 1698[89] und in Dresden 1714[90] Wandteppichmanufakturen. Auch in diesen Städten waren französische Wirker die Werkstattleiter. Sie stammten oft aus alten angesehenen Wirkerfamilien und kamen zum überwiegenden Teil aus Aubusson, einer protestantischen Stadt, die unter der Aufhebung des Ediktes von Nantes besonders zu leiden hatte.

In Würzburg wurde 1720 unter Johann Philipp Franz von Schönborn eine Tapisseriewerkstatt gegründet,[91] die in engem Zusammenhang mit dem Neubau der Residenz stand. Ihr Leiter war ab 1728 der auf Kosten des Fürstbischofs in Brüssel ausgebildete Frankfurter Andreas Pirot.

Die bedeutendste Tapisseriemanufaktur im deutschen Raum in dieser Zeit war wohl die Manufaktur in Berlin, wo Pierre Mercier aus Aubusson ab 1686 als »Tapeten Würker« das Atelier leitete. Von hier wurde Mercier 1714 nach Dresden berufen. In Berlin ist eine große »Personalserie« nach dem Vorbild der »Histoire du Roi« Ludwigs XIV. für den Großen Kurfürsten entstanden,[92] in Dresden ist ebenfalls eine derartige Serie projektiert gewesen, die jedoch nur zu einem kleinen Teil ausgeführt wurde.[93]

Die Produktion der meisten Wandteppichmanufakturen deutscher Fürstentümer hatte weder hervorragenden künstlerischen Rang, noch brachte sie offenbar den erhofften finanziellen Gewinn. Der Fürstbischof von Würzburg äußerte sogar, daß man Wirkteppiche nicht in eigenen Manufakturen herstellen müsse, »da man Selbige mit viel geringerem aufwand durch paares geldt nach Belieben erkauffen kann«.[94] So haben die meisten deutschen Tapisseriemanufakturen unter großen Schwierigkeiten und oft nur über einen kurzen Zeitraum hin existiert: in Hameln bis 1705, Stuttgart bis 1737, Schwabach bis 1748, Würzburg bis 1749 und in Erlangen bis 1759. In Dresden und Berlin produzierte man bis in die zweite Hälfte des 18. Jahrhunderts Wandteppiche und andere Wirkereien. Die Münchner Manufaktur hat am längsten gearbeitet: bis 1810.

Die deutschen Wandteppichmanufakturen wurden – wie die Münchner – finanziell und durch Privilegien für ihre Arbeitskräfte vom Landesherrn unterstützt, für den die Werkstatt dann auch fast ausschließlich arbeitete, oder der sich ein Vorkaufsrecht auf die Produkte der Manufaktur vorbehielt. In Berlin beispielsweise arbeiteten Pierre Mercier und seine Nachfolger vornehmlich für den Hof, es war ihnen aber erlaubt, Privataufträge nebenbei anzunehmen. Von der Münchner Manufaktur kennt man nur für den Hof ausgeführte Stücke; es ist nicht bekannt, wie hier die Arbeit in bezug auf private Aufträge organisiert war.

Anmerkungen

1 Vgl. Göbel I/1, 186ff.

2 Vgl. ib. I/1, 330ff.; A. Wauters, Les Tapisseries bruxelloises, Brüssel 1973 (Reprint), 199ff.

3 Vgl. Göbel II/1, 113ff.; M. Fenaille, Etat général des Tapisseries de la Manufacture des Gobelins depuis son Origine jusqu'à nos Jours, 1600–1900, Bd. I–III, Paris 1903ff.; Kat. Les Gobelins 1662–1962, Château de Coppet 1962.

4 Ankäufe aus französischen Manufakturen für Max Emanuel persönlich lassen sich bis heute dokumentarisch nicht nachweisen. Für den Sitz der Gräfin Arco in Paris, das Palais Chevalier de Bavière, sollen allerdings große Summen zum Ankauf französischer Wandteppiche vom Kurfürsten ausgegeben worden sein. Vgl. Göbel II/1, 214; R. Paulus, Max Emanuel und die französische Kunst. (AbM XI, 1912) 141.

5 Vgl. Göbel I/1, 438ff. (Antwerpen) und 465ff. (Oudenaarde); J. Denucé, Les Tapisseries anversoises, Fabrication et Commerce, Antwerpen 1936. Zur Manufaktur in Oudenaarde vgl. noch A. Hullebroek, Histoire de la Tapisserie à Audenarde du XVe au XVIIIe siècle, Renaix 1939.

6 Vgl. Göbel II/1, 208ff. (Beauvais) und 244ff. (Aubusson); R. A. Weigert, La Tapisserie française, Paris 1956, 135ff. (Beauvais) und 149ff. (Aubusson); ders., Les Commencements de la Manufacture royale de Beauvais. (Gazette des Beaux-Arts LXIV, 1964) 331ff.

7 Z. B. Steuererleichterungen, Befreiung vom Wachdienst etc., vgl. Göbel I/1, 331f.

8 Ib. I/1, 337; A. Wauters (Anm. 2) 227f.; J. Denucé (Anm. 5) XXI.

9 Es gibt eine Liste der Wirkereibetriebe in Brüssel um 1700, die ein gewisser B.-F. de Robiano 1703–1707 anfertigte und die sowohl A. Wauters (Anm. 2) 350, als auch Göbel I/1, 374, ohne Quellenangabe publizieren. Dort sind folgende Meisterwirker mit der Anzahl ihrer Webstühle aufgeführt: Albert Auwercx (5 Webstühle), Jérôme Le Clerck (7 Webstühle), Jodocus de Vos (12 Webstühle), Guillaume de Potter (3 Webstühle), Peemans (4 Webstühle), Henri Reydams (5 Webstühle), François Van den Hecke (4 Webstühle), Gaspar Van der Borcht (5 Webstühle) und Jacques Van der Borcht (8 Webstühle).

10 Von Corbinian von Prielmair weiß man aus zwei Aufstellungen – 1706 und 1714 –, daß er verschiedene Wandteppiche in Brüssel und Antwerpen kaufte. Darunter sind 18 Tapisserien, die wahrscheinlich aus dem Atelier des Jodocus de Vos stammen und vor allem Landschaften zeigen. Vgl. StAM Fasc. H. R. 243/93 fol. 228f., 260ff. und H. R. Huber, Corbinian von Prielmair (1643–1707), ein bayerischer Staatsmann der Barockzeit, Diss. München 1944, 398ff., 404ff. – F. Donnet, Documents pour servir à l'histoire des ateliers de tapisserie de Bruxelles, Audenarde, Anvers etc. jusqu'à la fin du XVIIe siècle (Annales de la Societé d'Archéologie de Bruxelles X, 1896) 295 und ib. (XII, 1898) 42, publiziert Dokumente zu Ankäufen des Grafen Maximilian Kajetan von Toerring-Seefeld, die dieser am 27. 11. 1694 tätigte: Er erwarb von Jan van Verren eine Brüsseler Serie und vier Antwerpener Tapisserien, auf denen »des boscages avec des petittes figures« dargestellt waren; beide Serien waren nach Kartons von Coppens gewebt. – Schließlich findet sich bei J. Denucé (Anm. 5) 196, eine Rechnung vom 7. 4. 1701, die der Händler Michel Courtois ausstellte. Hier handelt es sich um eine Serie von sechs Wandteppichen »Verdures avec de petites figures du Methamorphose d'Ovid«, die für 1.122 Florins verkauft wurden und am 8. 5. 1701 an »Monsr Jean Etienne Prizel, officiael de la chancellerie d'Estat de Son A. E^{le} de Bavière etc« abgeliefert wurden.

[11] Zur Entwicklung der Manufakturen in Bayern vgl. G. Slawinger, Die Manufaktur in Kurbayern, Stuttgart 1966.

[12] Vgl. G. Wingfield Digby, French Tapestries in the Age of Louis XIV. (Connoisseur CXLI, April 1958) 170.

[13] Die Serie besteht aus vierzehn großen Behängen und mehreren Entrefenêtres; sie wurde 1665 begonnen, die Entwürfe lieferten Charles Le Brun und Adam Van der Meulen. Vgl. M. Fenaille (Anm. 3) II, 99ff.

[14] Vgl. A. Wace, The Marlborough Tapestries at Blenheim Palace, London-New York 1968, 19ff.

[15] K. Astfalk, Münchens Gobelins-Fabriken im 17. und 18. Jahrhundert und deren Zeugen im Neuen Bayerischen Nationalmuseum zu München, Berlin 1900, 12f. führt vier Wandteppiche bzw. Serien an, die Max Emanuel 1692 in Brüssel gekauft haben soll – Die vier Weltteile, Früchte des Krieges, Abenteuer des Frigius und Abrahams Opfer –, ohne aber nachzuweisen, woher er diese Informationen hat.

[16] Hiermit möchte ich mich bei P. Volk bedanken, der mich auf die Existenz der Dokumente im StAM aufmerksam machte. Das Faszikel, in dem sich die Blätter befinden, trägt die Signatur H II – 135.

[17] Zu J. F. de Grouselliers vgl. Göbel I/1, 338; A. Wauters (Anm. 2) 231f.

[18] Die einzelnen Seiten sind nicht numeriert. Die hier verwendete Numerierung entspricht der Reihenfolge, in der die Blätter liegen; es wurde immer eine Zahl für eine Rechnung genommen, unabhängig von der Anzahl der Seiten. Dok. 2, undatiert: »Specification des Prix, et mesures, des Tapisseries . . . la somme de 20457 florins argent . . .«. Dok. 4, undatiert: »Specification des comptes de marchands et ouvriers . . . la somme de 17968 Florins = $2^1/_2$ Kreuzer«. Dok. 6: »Compte des prix et mesures des . . . Tapisseries . . . estendues au commencement du mois de Mars 1692 . . . somme 17970 Florins = $16^1/_4$ Kreuzer«.

[19] GHA Korr. 748, Brief vom 25. 2. 1692; vgl. Lipp 78.

[20] Dok. 9a: »Compte de six chambres de Tapisseries . . .«.

[21] Dok. 3: »Autre Compte pour la Cour de S.A.E. . . .«: Metamorphosen-, Scipio-, Paulus- und Josephserie sowie Landschaftsserie. – Dok. 7: »Compte courant des vinght et quattre chambres . . .«: Monatsserie und Landschaften.

[22] Dok. 9: »Memoire des differents nouvelles chambres de tapisseries . . .«.

[23] Ib.

[24] Es heißt lediglich: ». . . pour le service de S.A.E. . . .« (Dok. 2); ». . . pour le Cour de Son Altesse . . .« (Dok. 3 und 6) oder ». . . pour le service personel de Son Altesse . . .« (Dok. 3).

[25] Dok. 9a.

[26] Kaufvertrag vom 1. 4. 1696, heute aufbewahrt in ANP, Signatur: T. 153 40/41, Cotte 158; vgl. Wace (Anm. 14) 29f.; für die ganze Serie ib. 29ff. – Die Serie befindet sich heute bis auf zwei Behänge – »La Marche« und »Fouragement« im Besitz des Bayer. Nationalmuseums München – in Schloß Schleißheim im Audienzzimmer der Kurfürstin; vgl. G. Hojer, Schleißheim, Neues Schloß und Garten, Amtlicher Führer, München 1973, 48. Die Behänge »Fachinade« und »Attacque« sind im Besitz des Wittelsbacher Ausgleichsfonds, die übrigen im Besitz der Bayer. Verwaltung der staatl. Schlösser, Gärten und Seen.

[27] Inv.Nr. S.N.S. – W 20, Maße: 410 × 530 cm.

[28] Inv.Nr. S. N. S. -L-W-1, (WAF: T Ia 39), Maße: 415 × 390 cm.

[29] Inv.Nr. S.N.S. – W18, Maße: 410 × 628 cm.

[30] Inv.Nr. S.N.S. – W 19, Maße: 410×535 cm.

[31] Inv.Nr. T 3938, Maße: 415 × 595 cm.

[32] Inv.Nr. T 3939, Maße: 411 × 625 cm.

[33] Inv.Nr. S. N. S. -L-W-2 (WAF: T Ia 40), Maße: 410 × 337 cm.

[34] Diese Komposition hat sich noch in der Serie der »Kriegskunst« des Markgrafen Ludwig von Baden, s. u., erhalten, die sich heute im Badischen Landesmuseum Karlsruhe befindet. Vgl. Wace (Anm. 14) 41, Abb. 21.

[35] Zur Frage dieser Signatur vgl. Göbel I/1, 396f.

[36] Zu de Hondt vgl. Wace (Anm. 14) 112ff.

[37] Vgl. ib. 36ff. Die beiden Entrefenêtres – »Berittene fragen einen Bauern um Auskunft«, Inv.Nr. S.N.S. – W 16, Maße: 400 × 195 cm; »Ein Fouragier schlägt auf sein Pferd ein«, Inv.Nr. S.N.S. - W 15, Maße: 400 × 190 cm – hängen heute in Schloß Schleißheim im Audienzzimmer des Kurfürsten zusammen mit der späteren Serie von vor 1724 (vgl. G. Hojer [Anm. 26] 44) und gehören der Bayer. Verwaltung der staatl. Schlösser, Gärten und Seen.

[38] Vgl. Wace (Anm. 14) 34.

[39] Vgl. ib. 29.

[40] In drei heute in der Bayer. Verwaltung der staatl. Schlösser, Gärten und Seen aufbewahrten Inventaren – es handelt sich dabei um zwei Inventare der Einrichtung des Schlosses in Schleißheim von 1755 und 1770 sowie um ein Inventar der Kunstkammer der Residenz von 1763 – ist es überaus schwierig, die aufgelisteten Wandteppiche, die zu der Serie von 1696 gehören könnten, eindeutig zu identifizieren. Nur in dem Inventar von 1770 scheint es möglich, daß die ganze Serie gemeint ist, wenn von der Ausstattung des Appartements der Kurfürstin die Rede ist: Es heißt von der Antichambre: »Hautelissearbeit von Acastro und des de Hondt Invention« und beim Audienzzimmer: »Hautelissearbeit nach des de Hondt Invention«. Es hätten dann in der Antichambre folgende Stücke gehangen: »Attacque«, »Fachinade«, die beiden Entrefenêtres, bezeichnet als »Fouragement« und »Marquatänder«, »Rencontre« und »Pillage«; im Audienzzimmer »Embuscade«, »Campement«, »Fouragement« und »La Marche«.

[41] Vgl. Wace (Anm. 14) 39ff.

[42] Vgl. ib. 43ff.

[43] Vgl. ib. 49ff.

[44] Vgl. ib. 29 und H. Schmitz, Bildteppiche, Berlin 1919, 256ff.

[45] Dargestellt ist eine Gruppe von Kavalleristen, die eine Ebene überqueren. Das Stück ist »F.t a Munich« signiert (vgl. Wace [Anm. 14] 101, Abb. 67). Inv.Nr. S. N. S. W-10, Maße: 400 × 160 cm. Auch zur ganzen Serie vgl. ib. 90ff.

[46] »Campement«, »Embuscade«, »Pillage« und »La Marche«; der Behang »Max Emanuel und Gefolge bei einer Belagerung« ist nur »I. D. Vos« signiert.

[47] Vgl. ib. 62.

[48] Die Behänge befinden sich, bis auf »La Halte« (im Besitz des Wittelsbacher Ausgleichsfonds), in Schloß Schleißheim im Vor- und Audienzzimmer des Kurfürsten (vgl. Hojer [Anm. 26] 43f.) und sind Besitz der Bayer. Verwaltung der staatl. Schlösser, Gärten und Seen. Die Benennung der einzelnen Behänge wurde von Wace (Anm. 14) 90ff. übernommen.

[49] Inv.Nr. S.N.S.-W3, Maße: 400 × 510 cm.

[50] Inv.Nr. S.N.S.-W6, Maße: 400 × 190 cm.

[51] Inv.Nr. S.N.S.-W13, Maße: 400 × 630 cm.

[52] Inv.Nr. S.N.S.-W4, Maße: 400 × 640 cm.

[53] Inv.Nr. S.N.S.-W9, Maße: 400 × 595 cm.

[54] Inv.Nr. S.N.S.-W12, Maße: 400 × 510 cm.

[55] Inv.Nr. S.N.S.-L-W-3 (WAF: T Ia 38), Maße: 350 × 779 cm (nicht ausgestellt).

[56] Inv.Nr. S.N.S.-W1, Maße: 400 × 792 cm.

[57] Hier ist die Komposition aus verschiedenen Motiven anderer Szenen zusammengesetzt, und zwar aus Motiven von »Campement«, »Embuscade« und »Pillage« der Serie von vor 1696 sowie aus Einzelszenen aus den »Blenheim Victories«; außerdem ist der Behang ohne seine ursprüngliche Bordüre auf uns gekommen. Bei Wace (Anm. 14) 96, Abb. 60 ist er mit einer aus Fragmenten der Borte der Serie von vor 1696 zusammengesetzten Bordüre abgebildet. In diesem Zusammenhang könnte es interessant sein, daß sich in den Ecken der Fensterseite des Audienzzimmers des Kurfürsten zwei Fragmente von Tapisserien befinden – Inv.Nr. S.N.S.-W 14 und 15, Maße: 400 × 80 und 400 × 75 cm –, die rechts einen Teil einer rechten

VI Charles André Boulle, Schreibtisch des Kurfürsten Max Emanuel. Paris, Louvre

und links einen Teil einer linken Bordüre eines Behangs aus der Serie von vor 1724 zeigen, jeweils noch mit einem Stück einer Darstellung: rechts einem Baum und links einer Art Zelt. Da ich den Behang »La Halte« nicht gesehen habe, kann ich nicht beurteilen, ob diese Fragmente Teile der ursprünglichen Bordüre dieses Teppichs sein könnten. Das Fragment mit der linken Bordüre könnte auch an den Behang »Embuscade« gehört haben; vgl. Anm. 72.

[58] Dieses für einen Herrscher ohne Flotte ungewöhnliche Thema wird in Zusammenhang gebracht einmal mit der Schlacht von La Hogue 1693 und zum andern mit dem Untergang der spanischen Silberflotte bei Vigo, der 1692 stattfand. Vgl. Wace (Anm. 14) 92f.

[59] Vgl. dazu vor allem ib. 60ff.

[60] So zeigt »Max Emanuel mit Gefolge« (drei Figuren) – Inv.Nr. S.N.S.-W5, Maße: 400 × 194 cm – einen Ausschnitt aus der Szene »Forcing the Lines of Brabant«; »Max Emanuel und Gefolge bei einer Belagerung« – Inv.Nr. S.N.S.-W11, Maße: 400 × 420 cm – ist eine freie Variation auf »Bouchain III«; »Max Emanuel und Gefolge« (sechs Figuren) – Inv.Nr. S.N.S.-W2, Maße: 400 × 193 cm – zeigt eine Gruppe aus »Battle of Blenheim«; und schließlich ist »Max Emanuel und zwei Offiziere zu Fuß« – Inv.Nr. S.N.S.-W8, Maße: 400 × 175 cm – ein Ausschnitt aus dem Behang »Surrender of Lille« (vgl. dazu Wace [Anm. 14] 97). Der Behang mit einem »Wagen mit Fußsoldaten« – Inv.Nr. S.N.S.-W7, Maße: 400 × 188 cm – zeigt eine Genreszene, die auf einen Teppich der »Blenheim Victories« zurückgeht: auf »Wynendael«.

[61] So Wace (Anm. 14) 90, 97.

[62] Vgl. Anm. 40.
Zumindest wird in dem Inventar kein Behang mit einer Darstellung Max Emanuels aufgezählt, obwohl Behänge der »Schleißheimer Serie« – allerdings mit neutralen Titeln der »Kriegskunst« – genannt sind.

[63] Zur »Orkney-Serie« vgl. Wace (Anm. 14) 49ff.

[64] Ib. 102.

[65] Ib. 103ff., 124 sowie dies., Reprint, Victoria & Albert Museum, London 1972, 1. Dazu gehören auch vier Behänge im Bayer. Nationalmuseum München: Inv.Nr. T 3930 (Seeschlacht), T 3940 (La Marche), T 3942 (Fouragement I), T 3943 (Fouragement II), die wohl ohne Bordüre gewebt und verkauft wurden, denn die Brüsseler Stadtmarke befindet sich am unteren Rand innerhalb der Darstellung und ist dort eingewebt.

[66] Die Quellen zur Münchner Wandteppichmanufaktur während der Regierungszeit Max Emanuels sind sehr spärlich. Die wichtigsten Dokumente enthält und die auch heute noch umfangreichste Publikation über diese Epoche der Manufaktur ist: M. Mayer, Geschichte der Wandteppichfabriken des Wittelsbacher Fürstenhauses in Bayern, München – Leipzig 1892, 58ff. Angaben zur Münchner Wandteppichmanufaktur findet man bei: Astfalk (Anm. 15); Paulus (Anm. 4); Schmitz (Anm. 44) 256ff.; Göbel III/1, 214ff.; H. O. Laber, Ausländische Künstler in Bayern, Augsburg 1936; H. Kreisel, Die Münchner Gobelinmanufaktur, München 1948; G. Troescher, Kunst- und Künstlerwanderungen in Mitteleuropa 800–1800, Baden-Baden 1954, Bd. II, 305f.; G. Himmelheber, »Fait à Munich«. A short lived Tapestry Work. (Apollo XC, 93, 1969) 385ff.; Kat. Bayern. Kunst und Kultur, München 1972, 195 und Kat.Nr. 925.

[67] Slawinger (Anm. 11) 19.

[68] Vgl. Göbel III/1, 215f.

[69] Vgl. Lipp 121.

[70] Die Behauptung Mayers (Anm. 66) 66 und Göbels III/1, 217, ein gewisser Johann Georg Fischer sei der Entwerfer des Gemäldezyklus »Geschichte der bayerischen Herzöge«, der sich ursprünglich im alten Herkulessaal der Münchner Residenz befand – heute in den Depots der Bayer. Staatsgemäldesammlungen – und der Vorbild war für die Wandteppichserie des 18. Jahrhunderts, hat B. Knüttel, Zur Geschichte der Münchner Residenz 1600–1616 (I) (MJBK III, 18, 1967) 187ff. überzeugend widerlegt. Sie hat deutlich gemacht, daß dem Maler Hans Werl diese Aufgabe zugefallen war. Wer allerdings der Kartonmaler der Tapisserieserie des 18. Jahrhunderts war, muß offen bleiben. Göbel III/1, 217 spricht von Balthasar Albrecht, bayerischer Hofmaler und nach seinem Studium in Venedig und Rom ab 1719 in München ansässig. Göbel gibt aber die Quelle seiner Information nicht an.
Daß Max Emanuel andererseits sogar aus Paris sich Entwürfe liefern ließ, belegt ein Dokument im ANP mit der Signatur T 153[56]: Am 12. 12. 1725 wurde ein gewisser Arvez, »Designateur aux Gobelins«, bezahlt »pour la Peinture du Dessein d'un Lit Envoyé a Munich pour y Etre Executé en Tapisserie de haute Lisse pour S.A.S.E.«. Für den Wortlaut der Rechnung bedanke ich mich bei P. Volk, der mich auf dieses Dokument aufmerksam machte. Vgl. dazu auch Hauttmann, 63. Das hier erwähnte Bett ist heute nicht mehr nachweisbar.

[71] Vgl. Göbel III/1, 217.
Der Behauptung Göbels, auch die Kaminschirme seien nicht mehr nachweisbar, kann entgegengehalten werden, daß sich in Schloß Schleißheim noch ein Kaminschirm der sog. »II. Münchner Manufaktur« befindet: Inv.Nr. S.N.S.-W21.

[72] So scheint am linken Rand des Behanges mit der »Embuscade« aus der »Schleißheimer Serie« die Bordüre abgenommen und die Darstellung weitergewebt worden zu sein.

[73] München, Schloß Nymphenburg, Inv.Nr. W 190, Maße: 365 × 316 cm.

[74] München, Residenzmuseum, Bayer. Verwaltung der staatl. Schlösser, Gärten und Seen, Inv.Nr. W 114, Maße 370 × 310 cm.

[75] München, Bayer. Nationalmuseum, Inv.Nr. T 3948, Maße: 366 × 314 cm.

[76] Brüssel, Bibliothèque Royale, Cabinet des Estampes, S III 30641 folio E 8435 C; Maße: 33,7 × 27,5 cm.
Hiermit bedanke ich mich bei P. Volk, der mich auf die Radierung aufmerksam machte. Wahrscheinlich wurde sie Max Emanuel von seinem Bruder Joseph Clemens überreicht. Eine Radierung mit dem Wappen des Kurfürsten Joseph Clemens als Fürstbischof von Lüttich am gleichen Ort wird als Pendant angesehen.

[77] München, Bayer. Nationalmuseum, Inv.Nr. T 3818, Maße: 376 × 312 cm.

[78] Vgl. Göbel III/1, 216; Mayer (Anm. 66) 61.

[79] Vgl. Fenaille (Anm. 3) II, 9ff.

[80] Vgl. Göbel III/1, 215ff.

[81] Vgl. Anm. 70.

[82] Vgl. Mayer (Anm. 66) 44ff.; Göbel III/1, 208ff.

[83] Vgl. Göbel I/1, 213ff.

[84] Vgl. Philipp Blondeau, Vollständiger Bericht von allen Sehenswürdigen Freuden-Festen ... In und nahe ... München Anno 1727 vom 28. Merzen biß 26. May.

[85] Vgl. Göbel III/1, 253ff.

[86] Ib. 248.

[87] Vgl. Göbel III/2, 80ff.; P. Seidel, Die Herstellung von Wandteppichen in Berlin. (Jahrbuch der königl. Preuß. Kunstsammlungen XII, 1891) 137ff., 193ff.; H. Huth, Zur Geschichte der Berliner Wirkteppiche. (Jahrbuch der Preuß. Kunstsammlungen LVI, 1935) 80ff.

[88] Vgl. Göbel III/2, 100ff.

[89] Vgl. W. Fleischhauer, Die Stuttgarter Wandteppichmanufaktur. 1698–1737 (Zschr. für Württembergische Landesgeschichte XIII, 1954) 249ff.

[90] Vgl. Göbel III/2, 60ff.

[91] Vgl. Göbel III/1, 260ff.; Mayer (Anm. 66) 89ff.

[92] Vgl. die in Anm. 87 zitierte Lit. sowie: P. Seidel, Die Wandteppiche mit den Darstellungen der Siege des Großen Kurfürsten. (Hohenzollern Jahrbuch I, 1897) 10ff.

[93] Göbel III/2, 61f., Abb. 40f.

[94] Göbel III/1, 262 ohne Angabe der Quelle des Zitats.

Horst Stierhof

Das Tafelsilber Max Emanuels

Seit dem 15. Jahrhundert läßt sich in der Münchner Residenz eine Silberkammer nachweisen;[1] sie war im Silberturm der Neuveste untergebracht. Der mehr und mehr anwachsende Bestand erforderte schon 1558 den Erlaß einer Silberkammerordnung, die den Silberkämmerern äußerste Sparsamkeit und strenge Überwachungsmaßnahmen auferlegte. Die ersten schweren Einbußen erlitt diese Münchner Silberkammer 1632 und 1648 während des Dreißigjährigen Krieges.[2] Großzügige Aufträge unter Kurfürst Ferdinand Maria (1651–1679) füllten die Lücken bald wieder auf (zum Teil zogen sich die Lieferungen bis in die ersten Regierungsjahre Max Emanuels hin); Ferdinand Marias Bemühungen erscheinen jedoch bescheiden im Vergleich zu den Aufwendungen Max Emanuels.

Zwischen 1680 und 1692 lieferten der Münchner Meister Franz Oxner und seine Erben Silbergerät im Werte von 17860 Gulden an den Münchner Hof.[3] Als weitere Lieferanten traten Johann Benno Hötzer und Johann Strobel auf. Als bevorzugtester Hersteller von Silberwaren, »die zum Teil für die kurfürstliche Silberkammer, zum Teil für Geschenke und Ausstattungszwecke bestimmt waren«, ist jedoch der »Münchner Silberarbeiter und Hofgoldschmied Johann Georg Oxner« bezeugt. Aus seiner Werkstatt wanderten zwischen 1677 und 1691 Geschirre im Werte von 8185 Gulden in die kurfürstliche Silberkammer.

Fast in jedem Jahr sind größere Zahlungen an Johann Georg Oxner für Silbergerät nachgewiesen:[4] 1692 erhielt er, unter anderem für Teegeschirre, 280 Gulden, für sonstige Silberwaren 807 Gulden; 1693 für Silberwaren 1934 Gulden 36 Kreuzer; 1694 für 24 silberne Leuchter »auf engellandsche Manier« 365 Gulden 35 Kreuzer. 1695 wurden an ihn für geliefertes Silber und für Auslagen 1462 Gulden ausgezahlt; 1696 für Silberarbeit 1780 Gulden und im anschließenden Jahre weitere 2618 Gulden. 1698 sind folgende Zahlungen an ihn registriert: für abgegebenes Silber 1473 Gulden 18 Kreuzer; für 12 kleine silberne Schüsseln und Teller, die dem Kurprinzen Joseph Ferdinand auf seine Reise nach Brüssel mitgegeben wurden, 749 Gulden 29 Kreuzer; ferner für nach Brüssel gesandte Arbeiten 2123 Gulden 3 Kreuzer und für abgegebenes Silber 878 Gulden. 1700 bis 1701 quittierte er für nach Brüssel gesandtes Silber 2470 Gulden 21 Kreuzer 2 Pfennig. 1702 lieferte er für die Summe von 6812 Gulden Silberarbeiten an den Hof und erhielt außerdem für große und kleine silberne Schüsseln, Teller, Löffel, Messerschalen, Pirons (Gabeln), Salzbüchsel und Kredenzlöffel, die für die Silberkammer bestimmt waren, den Betrag von 2508 Gulden 26 Kreuzern. 1704 schließlich wurden nochmals 4895 Gulden für abgelieferte Silberwaren an Johann Georg Oxner ausgezahlt.

Neben diesen Münchner Meistern wurden seit dem Regierungsantritt Max Emanuels auch Augsburger Goldschmiede in großer Zahl zu Hofaufträgen herangezogen.[5] In den Münchner Hofzahlamtsrechnungen werden folgende Augsburger Händler genannt: 1684 Georg Lorenz I Gaap, 1685 Georg Heinrich Riss, 1686 Franz Schönfeld und Consorten, 1689 Greiff und Rauner, 1691 Franz Schneeweiß, 1702 Gullmann und W. M. Rauner. Georg Heinrich Riss lieferte 1703 24 Leuchter an den Hof. Der Goldschmied Johann Heinrich Manlich bekam ein goldenes Kaffeeservice mit dem Bildnis des Kurfürsten in Auftrag, Albrecht Biller zwei getriebene Tische für die Residenz, und bei Johann Ludwig II Biller wurden Ergänzungen zu dem bayerischen Goldservice mit der Geschichte des Hauses Wittelsbach bestellt.[6]

Max Emanuel war offensichtlich bestrebt, die Bestände an Tafelsilber von Grund auf zu erneuern; denn sowohl Johann Georg Oxner als auch Georg Heinrich Riss mußten ältere, nicht mehr verwendbare Geschirre und Leuchter zum Einschmelzen oder Umarbeiten entgegennehmen. Am 28. Mai 1703 wurde dann ausdrücklich durch Dekret verordnet, daß »alte Silber oder Credenz umbgossen und auf die neue Faßon« gebracht werden sollten.[7]

Dieses Dekret konnte wegen des Spanischen Erbfolgekrieges nicht mehr erfüllt werden. Wohl gelang es 1704 gerade noch, die wertvollsten Bestände der Kunst- und Schatzkammer über Wasserburg nach Burghausen auszulagern, und auch die Silbergeräte, die persönliches Eigentum der Kurfürstin Therese Kunigunde waren, nach Berlin zu schicken – ein Teil der Silberkammer jedoch fiel den österreichischen Truppen in die Hände.[8]

Die Silberkammer muß damals 1582 Stück Tafelsilber umfaßt haben, die zusammen 3854 Mark wogen.[9] Hiervon erbeuteten die Österreicher 669 Gegenstände: Gemäß einer Order Kaiser Josephs I. vom 24. Mai 1706 an den kaiserlichen Administrator in Bayern, den Grafen Löwenstein, wurden sie zur Vermünzung nach Augsburg gebracht. Der Wechsler J. B. Rufini zahlte dafür 40521 Gulden 33 Kreuzer: 33600 Gulden wurden der österreichischen Feldkriegskasse, der Rest wurde anderen Ämtern zugewiesen.[10]

Das Gewicht des erbeuteten Silbers betrug laut Attest des Münzwardeins 2213 Mark 11 Lot 2 Pfennig, nach einem Inventar vom Januar 1715[11] allerdings nur 1865 Mark 12 Lot 13⅓ Pfennig. In diesem Inventar fehlt die Gewichtsangabe von etlichen Gegenständen, vor allem des Tafelsilbers, das sich in den Zimmern des Kurfürsten und der jungen Herzöge befand.

Aus diesem Inventar von 1715 geht hervor, daß das Silber vor der Einschmelzung in einer Truhe und drei Kästen aufbewahrt wurde. Die Bestände waren noch mit zahlreichen älteren Stücken durchsetzt: So trugen nicht weniger als 171 Objekte Wappen und Namenszeichen des Kurfürsten Maximilian I. Die meisten Gegenstände waren vergoldet. Unter dem an die Österreicher verlorenen Tafelsilber befanden sich Kühlkessel, Konfektschalen, Schüsseln, Teller, Salz- und Zuckerdosen, Leuchter und Lichtputzscheren, Becher und vieles andere mehr, während Prunk- und Zeremonialgeschirre nicht erwähnt werden. Offensichtlich handelte es sich um Einzelstücke oder unzusammenhängende Serien, da weder Mundzeuge noch zusammengehörige Service aufgeführt sind.

Die zusammenhängenden Serien an Tafelsilber konnte Max Emanuel mit in die Verbannung retten. Aus einer Liste, die zwischen dem 5. und 12. Januar 1716 angefertigt wurde,[12] geht hervor, daß Max Emanuel ein goldenes Mundzeug von 391 g Gewicht sowie 524 Stück teilweise vergoldetes Tafelsilber im Gewicht von 876 Mark 3 Lot mitnahm. Darunter befanden sich drei »silberne Thee- oder Caffeegeschirr mit dem Churbayer. Wappen und Jahrzahl 1699«, Schwenkkessel, Mundkeller, Kredenzen, Schüsseln, Teller, Becher, Flaschen, Bestecke, Mundzeuge und Lavoirs. Ein großer Teil der Gegenstände war mit dem kurbayerischen Wappen und den Buchstaben M.E.C.I.B. (Max Emanuel Churfürst in Bayern) versehen. Nur wenige ältere Stücke waren noch darunter.

Auch die Kurprinzen hatten nach Klagenfurt und Graz 457 Stück Tafelsilber im Gewicht von 642 Mark 2 Lot 2 Pfennig mitbekommen. Als Silber für die Prinzessin sind 331 Stück im Gewicht von 190 Mark 10 Lot verzeichnet. Scheinbar am wenigsten erhielt die Kurfürstin aus der Silberkammer: lediglich 57 Stück, deren Gewicht aber immerhin 131 Mark 9 Lot betrug; ihr persönliches Silber war ja 1704 nach Berlin verlagert worden.

Am Schluß des Inventars von 1716 sind Messinggeräte und Hofmarschallstäbe aufgeführt.

Bereits im Jahre 1705 ging Max Emanuel daran, sich neues Tafelsilber zu beschaffen:[13] Anrichtsilber, Teller, (Tranchier-)Messer und Gabeln. 1705 erwarb er insgesamt 271 Stück, in den Jahren 1706/07 weniger. 1708 vermehrte sich die Silberkammer des im Exil lebenden Kurfürsten um 48 Messer und Gabeln und um 47 Löffel. Umfangreichere Käufe setzten dann erst wieder gegen Ende der Exilszeit ein: 1713 kamen 106 Stück, 1714 134 und 1715 266 Stück Tafelsilber neu hinzu. In diesen Anschaffungen fand auch der Einfluß der verfeinerten französischen Küche, die der Kurfürst im Exil kennengelernt hatte, seinen Niederschlag: So werden 1713 erstmals 16 Ragoutlöffel und 4 durchbrochene Olivenlöffel erwähnt. Zu nennen ist in diesem Zusammenhang auch ein 1710 erworbenes goldenes Mundzeug, das aus einem Messer, einem Eß- und einem Eierlöffel bestand.

Interessanterweise ist in dem Inventar vom Januar 1716 eine Zäsur gemacht und ausdrücklich vermerkt, daß es sich bei dem 1705–1715 angeschafften Tafelsilber um Pariser Erzeugnisse handele, bei den später erworbenen Stücken um »Augsburger und Münchner Grobsilber«. Als solches werden ein großer vergoldeter Trinkbecher, eine vergoldete Tasse sowie ein Mundkeller mit Schwenkkessel aufgeführt.

Das 1705–1715 erworbene Tafelsilber belief sich auf 1094 Stück im Gewicht von zusammen 2414 Mark 8 Lot. Dem Gewicht nach waren damit die Verluste von 1706 ausgeglichen. Alles in allem befand sich im Januar 1716 in der Silberkammer Max Emanuels die stattliche Anzahl von 2532 Stück Tafelsilber, die insgesamt 3282 Mark wogen.

Bereits vor seiner Rückkehr aus dem Exil versuchte Max Emanuel von Suresnes und St. Cloud aus, die Hofhaltung in München neu zu organisieren. Er ließ sich über die Verluste berichten und erteilte seinem Obristhofmeister, Maximilian Johann Franz Graf von Preysing, die Order, »das verloren in bälde widerumb herbei zu schaffen oder von neuem die unumbgängliche notturft zu erkauffen«.[14] In einer Vorstellung des kurfürstlichen Hofküchenamtes vom 26. April 1715 zur Beschaffung von notwendigem Silber für »Ihre churf. Dhlt. Gemahlin, die churf. Prinzen und Prinzessinnen« wird ausgeführt, daß »sowohl hier als auch auf den Reisen vielfältig allein gespeist wird und zu deren Bedienungen kein eigenes anständiges Silber vorhanden sei«.[15] Daher wurde der Augsburger Silberhändler Wilhelm Rauner um Offerten gebeten. Er unterbreitete ein Angebot für Silberwaren »nach der neuesten und besten Form«,[16] verschiedene Beleuchtungsgegenstände, Schwenkkessel, Vasen, Konfektservice und Surtouts für 13 Reichstaler die Mark Augsburger Gewicht, 15⅓ Reichstaler die Mark Münchner Gewicht; eine Tafelkredenz, Lavoirleuchter, »Sottocoyen«, Surtouts und Eiskessel für 12⅓ Reichstaler die Mark Augsburger Gewicht beziehungsweise 14¾ Reichstaler die Mark Münchner Gewicht; Schüsseln und Teller für 11 Reichstaler die Mark Augsburger Gewicht, 13 Reichstaler die Mark Münchner Gewicht, in vergoldeter glatter Fasson für 13⅓ Reichstaler die Mark Augsburger Gewicht und 16½ Reichstaler die Mark Münchner Gewicht. Vom gleichen Händler bezog der Kurfürst 1719 zu

Geschenkzwecken ein Service im Werte von 20000 Gulden.[17] Zwischen 1716 und 1720 hatte auch der Münchner Goldschmied Johann Michael Ernst mehrfach Lieferungen für den Hof auszuführen, die aus Trinkgeschirren, Tee- und Kaffeekannen, Leuchtern, Salzfässern, Löffeln, Messern und anderem bestanden.[18]

Bei Max Emanuels Tod 1726 war die Silberkammer reicher denn je bestückt. Die schlechte Pflege der Bestände unter Karl Albrecht und die Einschmelzungen unter Max III. Joseph haben jedoch bewirkt, daß heute nur noch wenige Stücke aus dem Tafelsilber Max Emanuels in der Silberkammer der Münchner Residenz erhalten sind.

Anmerkungen

[1] H. Brunner, Altes Tafelsilber, München 1964, 10.
[2] M. Frankenburger, Die Silberkammer der Münchner Residenz, München 1923, 17.
[3] Dies und das Folgende nach Frankenburger (Anm. 2) 16 f.
[4] Ib., 16f.
[5] S. Rathke-Köhl, Geschichte des Augsburger Goldschmiedegewerbes vom Ende des 17. bis zum Ende des 18. Jahrhunderts (Schwäbische Geschichtsquellen u. Forschungen, Augsburg 1964) 80; hiernach auch das Folgende.
[6] Vgl. Beitrag Volk.
[7] Frankenburger (Anm. 2) 17.
[8] Ib., 17f. und Brunner (Anm. 1) 13.
[9] Frankenburger (Anm. 2) 17.
[10] Frankenburger (Anm. 2) kommt allerdings nur auf ein Gesamtgewicht von 3.505 Mark.
[11] GHA KAR 753/50; freundlicher Hinweis von Herrn Dr. P. Volk.
[12] StAM HR II 135/24; freundlicher Hinweis von Herrn Dr. P. Volk.
[13] Zusammenstellung der Erwerbungen 1705–1715 nach StAM HR II 135/24.
[14] Brief vom 11. 3. 1714 (s. Anm. 9).
[15] Frankenburger (Anm. 2) 18.
[16] Ib., 18f.
[17] Rathke-Köhl (Anm. 5) 81.
[18] Frankenburger (Anm. 2) 19.

Klaus Maurice

Der drechselnde Souverän

Max Emanuel an der Drechselbank – ein arbeitender Souverän? Drechseln – »un passe-temps agréable et honnête, une arme contre l'ennui«,[1] oder, wie Rousseau behauptete, ein Handwerk, das man erlernt, nicht um es zu beherrschen, sondern um die Vorurteile zu besiegen, die es mißachten.[2] Ist Drechseln also fürstlicher Zeitvertreib, ein edles Material – nämlich Elfenbein – zu formen, oder aufklärerische Pädagogik?

Drechseln – und wir beginnen mit der Beschreibung dieser Fähigkeit und der notwendigen maschinellen Gerätschaft, um die Begründung für dieses fürstliche Handwerk zu finden –, Drechseln ist die Verformung eines zwischen Spitzen rotierenden Materials, das durch ein spanabhebendes Werkzeug bearbeitet wird. Ebensoalt wie das Töpfern auf der Drehscheibe, finden sich gedrechselte Möbelfüße und Büchsen aus Holz, Schiefer und Alabaster als Grabbeigaben bereits in mykenischer Zeit.[3] Die Technik gleicht der eines Drillbohrers, nur ist die Drehachse um 90^{0} gedreht. Der Antrieb mit einem Fiedelbogen blieb bis zum Mittelalter gleich. Im 13. Jahrhundert entstand der Federbügel, das heißt eine Vorrichtung, mit der man die Drehung durch eine Fußbewegung erreichte; der Drechsler hatte also beide Hände zum Drechseln frei. Die hier intermittierende Bewegung war aber stets nur in einer Richtung für die Spanabhebung zu nutzen. Leonardo da Vinci zeichnete den Antrieb einer Kurbel mit Pedal (wie er bei der Nähmaschine noch geläufig ist) und erreichte damit eine kontinuierliche Bewegung der Drehspindel.

Der Querschnitt des zu drechselnden Materials blieb nicht nur kreisförmig; seit dem 16. Jahrhundert nachweisbar waren auch ovale, bald passige Formen möglich. Entwicklung und Fortschritt der Erkenntnis in der Geometrie und Stereometrie spiegeln auch die gedrechselten Gefäßformen, die in ihren Raumachsen zueinander verschoben und versetzt werden können. Die theoretisierende Literatur,[4] die seit dem 16. Jahrhundert dieses Handwerk begleitet, beschreibt zunächst eine wechselnde Führung des spanabhebenden Werkzeugs, das in rhythmischer Bewegung gegen das gleichmäßig rotierende Material gedrückt wird. Später wird dieser Vorgang umgekehrt, das rotierende Werkstück bewegt sich neben seiner horizontalen Drehachse auch noch vor und zurück und seitlich, während das spanabhebende Werkzeug feststeht. Diese Bewegung der Drehachse wird von Rosettenrädern gesteuert, deren Formen am äußeren Umfang und an den seitlichen Flächen feststehende Sporen abtasten; dadurch erhält die Drehachse ihre diagonal gesteuerten oder hin- und herschwingenden Bewegungen.

Die Form dieser Rosetten bestimmt die Form des Gefäßes – der Arbeitsablauf und damit die Form waren also programmierbar –, Drechseln ist ein Handwerk, das ohne Maschine nicht denkbar ist. Die Programmierung hebt jegliche individuelle Formung auf, sie erfordert und fördert jedoch eine Virtuosität. Die Perfektibilität der Maschine vergegenständlicht nun den Fortschritt in den mathematischen Wissenschaften.

Technik ist für uns heute stets mit der Vorstellung verbunden, manuelle Arbeiten durch die Maschine zu automatisieren und hohe Stückzahlen für eine Produktion zu erreichen. Drechselbänke im 17. und im 18. Jahrhundert Kat.Nr. 415 waren, im modernen Sprachgebrauch, Werkzeugmaschinen, die automatisch programmierte Bearbeitungsvorgänge steuern. Gedrechselte Gefäße sind also Demonstrationsobjekte für die an Höfen und damit in einem politischen Territorium entwickelte Technik. Diese Repräsentation von Technik war Zweck fürstlicher Drechselkunst.

Rohen Stoff in eine Gestalt zu zwingen hat etwas Demiurgisches, es gleicht dem antiken Gott bei Platon, der nicht Schöpfer der Erde, sondern Ordner des Chaos ist. Auch der Fürst, der die Natur »überwindet«, ist ein »souverain ouvrier«. Barocke Apologeten rühmen Gott als Freund der Drechselkunst, er sei »Meister des ersten Kugelwerks, der Welt«.[5] Fürstliche Handwerker waren die Habsburger Maximilian I.,[6] Rudolf I.,[7] Ferdinand III. und Leopold I., die Wittelsbacher Wilhelm IV.[8] und Albrecht V., Kurfürst Maximilian I.,[9] Max III. Joseph, Otto König von Griechenland,[10] die Herzöge von Schleswig-Holstein,[11] es drechselten die sieben Kurfürsten des Reiches,[12] die Großherzöge von Toskana,[13] die Könige von Dänemark[14] und von Schweden,[15] Ludwig XVI. von Frankreich[16] und Zar Peter der Große von Rußland.[17]

Die Drechslerarbeiten Max Emanuels, die – wie sein Sohn, der spätere Kaiser Karl VII., schrieb – »helffenbaunerne Kästen so mit meines herrn vattern selig churfürsten

Max Emanuel, aigenhandiges schöner arbeith eingericht
Kat.Nr. 620 waren«,[18] gingen bis auf eine kleine Hostienbüchse im Brand der Münchner Residenz am 22. Dezember 1729 sämtlich verloren.

Der Kurfürst hatte seinem alten Waffengefährten, dem Marschall Villars, zwei von ihm selbst gedrechselte Tabakdosen verehrt (Juni 1709), größere Geschenke zu machen, sagte der Marschall, sei der Kurfürst nicht mehr imstande, und an gleicher Stelle fährt er fort, Max Emanuel habe in Mons (1708) keine Beschäftigung mehr gehabt als seine Mätressen, das Spiel und eine Drechselbank.[19]

So scheint das Drechselhandwerk mit der Exklusivität seines Materials und in der nicht erwerbsmäßigen Art seiner Kunstausübung allein eine dilettierende Beschäftigung Max Emanuels gewesen zu sein, allgemein eine Konvention feudalistischer Lebensführung, doch nur »un arme contre l'ennui«.

Fast gleichzeitig mit Max Emanuel hat allerdings Peter der Große seine – noch in der Ermitage bewahrte – Drechselwerkstatt eingerichtet, und Nartov, sein begabtester, nach Berlin, Paris und London gesandter Maschinist und Ingenieur – Drechsler wäre zu wenig –, hat wohl den Zusammenhang zwischen der Entwicklung von Drehbänken und von Bohrwerken für Kanonen oder von Pumpwerken für Bergwerksentwässerung erkannt.[20]

Im Jahre 1683 stach Sandrart der Jüngere das Titelblatt zu einem Nürnberger Drechselpreisgedicht: Minerva sitzt an einer Drechselbank, ihr naht sich mit dem Füllhorn Merkur. Auf der Bank steht: »Des Adels lust belieben Wird Künstlich so getriben.« Der Stich ist ein Programm für die Tätigkeit des Herrschers: Minerva, die die Wissenschaft fördert und beschützt, Merkur, der den Handel steigert, beide mit einem Gerät vereint, das Wissenschaft voraussetzt und Technik demonstriert. Der drechselnde Souverän – und Peter der Große verwirklichte alle im Gerät und Handwerk liegenden Möglichkeiten – sollte mit Wissenschaft und Technik für die Wohlfahrt des Staates sorgen.

Anmerkungen

[1] Bereits Charles Plumier, L'art de Tourneur, Lyon 1701, Preface, hatte Drechseln als Mittel gegen Langeweile beschrieben – ein Topos, der nun das ganze Jahrhundert wiederholt wird. Das oben angegebene Zitat nach L.-E. Bergeron, Manuel du Tourneur, Paris 1816, Bd. 1, S. VII.

[2] J. J. Rousseau, Emile oder über die Erziehung, 3. Buch, Stuttgart 1968, 412.

[3] A. Mutz, Geheimnisse der alten Elfenbeindrechslerei (Basler Volkskalender, Basel 1969); A. Rieth, Drechsler und Drehbank im Wandel der Zeit. Publikation der Fachhochschule Hildesheim, Fachbereich Produktgestaltung, Studiengang, Gerät, Gefäß, Objekt. Castrop-Rauxel o. J.

[4] S. G. Abell, A bibliography of the art of turning and lathe and machine tool history (Society of Ornamental Turners, London 1970).

[5] Joachim Müllner, Wuerden-wuerdiger Poetischer Ehren-Ruhm-Schall von der Preißloeblichen Ur-alt-Edlen Welt-beliebten, viel belobten ... Trechsler-Kunst, Nürnberg 1683, 4–5. Diese Schrift Müllners erschien mit dem Datum 1653 nochmals in Fridericus Frisius, Der vornehmsten Kuenstler und Handwerker Ceremonial-Politica, Leipzig 1705, 267–301.

[6] A. Walcher-Moltheim, Die Drechselbank Kaiser Max des Ersten (Belvedere, Bd. 7, Heft 1, Wien 1925) 17ff.

[7] Vgl. Anm. 5.

[8] In der Neuveste in München war die Drechslerwerkstatt Wilhelms IV. und Albrechts V. in einem eigenen Raum untergebracht. Vgl. Otto Hartig, Die Kunsttätigkeit in München unter Wilhelm IV. und Albrecht V. (MJBK 10, 1933) 189.

[9] Signierte Arbeiten von ihm im Bayer. Nationalmuseum, vgl. Denkmale und Erinnerungen, Nr. 520–523.

[10] Seine Drechselbank befindet sich in der Residenz in Bamberg.

[11] E. Schlee, Kunstdrechselei (Kat. Ausst. Gottorfer Kultur im Jahrhundert der Universitätsgründung. Neues Schloß zu Kiel, 1965) 398.

[12] Vgl. Anm. 9.

[13] K. Aschengreen-Piacenti, La collezione medicae di avori torniti (Antichità viva, Anno II, Nr. 1, 1963) 15–25; dies., Documented works in ivory by Balthasar Permoser and some documents related to Filippo Senger (Mitteilungen des Kunsthistorischen Instituts in Florenz X, 1961/1963) 275ff.; – W. Prinz, Deutsche Kunstdrechsler am Florentiner Hof (Ib. XIII, 1967/1968) 173–184.

[14] Vgl. die Drechselbank der Königin Sophie Magdalene in Schloß Rosenborg, Kopenhagen, Inv.Nr. 4382.

[15] P. Stenberg, En Kunglig Svarv i Livrustkammaren (Livrustkammaren, vol. XIII, 1–2, 1973) 43–56.

[16] Vgl. die für ihn angefertigte Drechselbank im Conservatoire National des arts et métiers Paris, Catalogue Section B, Mécanique 1956, S. 121, Nr. 7.

[17] A. S. Britkin u. S. S. Vidonov, A. K. Nartov – an outstanding machine builder of the 18th century. Published for the Smithsonian Institution Washington D.C. 1964; V. V. Danilevskii, Nartov and his theatrum machinarum, Russian XVIIIth century machine tools. Published for the Smithsonian Institution Washington D. C. 1966.

[18] K. Theodor Heigel (Hrsg.), Das Tagebuch Kaiser Karl's VII. aus der Zeit des Österreichischen Erbfolgekrieges, München 1883, 232. Herrn Dr. Peter Volk bin ich für diesen Hinweis dankbar.

[19] Riezler VIII, 244f., 251f.

[20] Vgl. Anm. 17.

Erwin Schalkhaußer

Prunkwaffen der Zeit Max Emanuels

Die Gestaltung der Waffe in allen ihren Gattungen ist zunächst einmal durch ihren Zweck und die technischen Möglichkeiten ihrer Zeit bedingt. Mit zunehmender Beherrschung der Technik geht eine Vervollkommnung der Form einher; die Synthese von optimaler Gebrauchsfähigkeit und zweckbedingter schöner Form erbringt eine sowohl technisch als auch ästhetisch vollkommene Gestaltung.

Ein augenfälliges Beispiel bietet die Entwicklung der Handfeuerwaffe. Der Anfang zeigt in den ersten Handbüchsen des späteren 14. und des frühen 15. Jahrhunderts einfache Bildungen, die lediglich die Fortbewegung eines Geschosses durch den Druck der Pulvergase ermöglichen: gegossene oder geschmiedete Rohre, an einem Ende verschlossen und am Pulversack mit einer Bohrung versehen, um die Entzündung der Treibladung zu gestatten. Aus dieser primitiven Waffe haben der Erfindungsgeist und die Erfahrung von Generationen von Büchsenmachern schließlich bis zum 17. und 18. Jahrhundert ein für die damaligen Verhältnisse perfektes Instrument werden lassen, dessen Gestaltung eine bis heute gültige Form erreichte, die keiner Verbesserung mehr bedarf.

Der zweckbedingten technischen Entwicklung einer Waffe geht parallel eine zweckfreie, kunsthandwerkliche, die bis zur weitgehenden künstlerischen Beteiligung führt; erst die bereichernde und ausschmückende Tätigkeit des Künstlers läßt eine Waffe, auch wenn sie schon ihre vollendete Form erreicht hat, zur Prunkwaffe werden.

Diese Erscheinung ist in allen Bereichen des Waffenwesens festzustellen – bei den »Schutzwaffen«, zu denen Harnisch, Helm und Schild zählen, wie bei den »Trutzwaffen« mit ihren Gattungen der Blankwaffen mit Hieb- und Stichwaffe, Schlagwaffe und Stangenwaffe und der Fernwaffen mit Bogen, Armbrust und Feuerwaffe. Ein Überblick zeigt aber auch, daß in der Ausbildung von Prunkwaffen bei den einzelnen Gattungen zu bestimmten Zeiten Höhepunkte erreicht werden, die wieder abklingen, während andere Gattungen sich zu höchster Qualität ausformen. Diese Kulminationsbewegung von Prunkwaffenformen erweist sich als abhängig vom Wechsel der Bewertung einer Waffe, bedingt wieder durch mehrere Faktoren, durch ihre Wirksamkeit, aber auch durch die Protektion, die ihr durch bestimmte Trägergruppen zuteil wird, und in gewissem Grad auch durch den Zeitstil.

So bewirkt der allgemeine Stand der Waffentechnik im frühen Mittelalter eine erstrangige Bewertung des Schwertes, dann die besondere Wertschätzung des Plattenharnisches durch den Adel im 15. Jahrhundert und, gipfelnd im 16. Jahrhundert, eine Protektion dieser Schutzwaffe, die zu einer einmaligen glanzvollen Ausbildung als Prunkwaffe führt. Einwirkungen des Zeitstils schließlich, die im allgemeinen natürlich ständig vorliegen, protegieren durch die Bevorzugung bestimmter Materialien und Bearbeitungstechniken die Ausprägung von Prunkformen bei bestimmten, den favorisierten Materialien zugänglichen Waffengattungen; hierher gehört zum Beispiel die Verwendung von Elfenbeinreliefs in minuziöser Schneidearbeit an Schäften von Handfeuerwaffen in der zweiten Hälfte des 17. Jahrhunderts.

Zur Zeit der Regierung Max Emanuels, also im späten 17. und im frühen 18. Jahrhundert, sind zwei Gruppen Träger der Prunkwaffe: bevorzugt die Handfeuerwaffe, daneben noch Blankwaffen, nicht mehr dagegen der Harnisch.

Der vollständige Plattenharnisch als Schutzwaffe ist abgelegt. In Gebrauch geblieben sind nur Teile, die dem Schutz des Oberkörpers dienen und als »Küraß« weiterleben. Der Fürst verfügt zwar noch über den Harnisch, in dem er sich in repräsentativen Bildern und Skulpturen darstellen läßt; es ist, wie die Bildnisse zeigen, eine reduzierte Form, ein Halbharnisch, ohne Beinzeug (an dessen Stelle die kurzen, an der Brust befestigten Beintaschen getreten sind). Trotz des nur repräsentativen Gebrauchs ist dieser Harnisch keine Prunkwaffe im eigentlichen Sinne mehr. Er zeigt nur noch ein Nachleben der im 16. Jahrhundert erreichten waffentechnisch und künstlerisch optimalen Gestaltung. Es fehlt die bereichernde Ausschmückung, die Mitarbeit des Künstlers, die den Prunkharnisch des 16. Jahrhunderts auszeichnet. Der jetzt durch Bläuung oder Schwärzung dunkle Harnisch, der allenfalls Vergoldungen der Nietköpfe und Folgenränder sowie begrenzte Ätzungen aufweist, kann sich nicht mit seinem in blankem Metall mit vergoldetem Dekor und auch mit Steinbesatz strahlenden Vorgänger des 16. Jahrhunderts messen.

Es ist uns kein Stück aus Max Emanuels Besitz überkommen. Lediglich ein Vermerk im Inventar des kurfürstlichen Hauptzeughauses in München von 1776[1] erinnert an eine von ihm gebrauchte Garnitur: »Im zweiten Zeughaus ... oberhalb dem Portal ist die Chur Baierische Wappen in der Mitte desselben aber ein Postament auf diesem ein blau angelofener mit goldenen Strichen bemerkter Cuirahs samt Brust- und Ruckstuck, dann Casquet von Ihro Chfr. Drtl. s. Max Emanuel secundo bellicoso glorosissimae memoriae.« Kein Repräsentationsharnisch, sondern eine Gebrauchsgarnitur, ein Küraß mit der aus dem Osten übernommenen Helmform, der Zischägge (»Casquet«), erscheint hier, im Jahre 1776, das heißt also unter der Regierung des Enkels, Max III. Joseph, zum glorreichen Andenken an den kriegerischen Ahnherrn im Zeughaus bewahrt.

Im Vordergrund der Prunkwaffenbildungen steht, wie schon angedeutet, die Handfeuerwaffe, die seit dem 16. Jahrhundert in steilem Anstieg ihre Entwicklung genommen hat, begünstigt durch die Perfektionierung des Zündsystems: Im frühen 16. Jahrhundert ermöglicht es die Erfindung des Radschlosses erstmals, eine Feuerwaffe in geladenem Zustand zu sofortigem Schuß bereit, aber auch gesichert, mit sich zu führen – ein revolutionierendes Faktum in der Waffentechnik gegenüber dem bis dahin langwierigen und offen auszuführenden Zündvorgang mittels der glimmenden Lunte. Seit dem frühen 17. Jahrhundert ist neben das komplizierte Radschloß das einfachere System des Steinschlosses getreten, das die gleichen Möglichkeiten der schußbereiten Waffe bietet. Damit und mit sonstigen Verbesserungen ihrer Wirksamkeit tritt die Handfeuerwaffe im 17. Jahrhundert ihren Siegeszug an. Sie wird zur bevorzugten Waffe, zum begehrten Objekt und konzentriert auf sich nun auch in größerem Umfang die Anstrengungen der Meister und Werkstätten wie auch die Wünsche der Auftraggeber nach technisch hervorragender Ausführung und gleicherweise nach Bereicherung des Dekors – bis hin zur Ausstattung als Prunkwaffe.

Dazu bieten Materialien, die auf den ersten Blick begrenzt erscheinen, ausreichend Spielraum: Das Holz der Schäftung, das schon durch die Wahl seiner Art und besonderen Maserung in den Dekor miteinbezogen wird, kann in zusätzlicher Oberflächenbehandlung geschnitten, im Relief geschnitzt werden oder Einlegearbeit aufnehmen, es kann aber auch vollkommen mit anderen Stoffen (zum Beispiel Perlmutter oder Schildpatt) bedeckt werden und in dieser Verfremdung die Prunkwaffe auszeichnen. Die Metalle von Lauf, Schloß und Beschlägen geben die Möglichkeit des Ätzens, Gravierens und Tauschierens sowie der Reliefarbeit durch Metallschnitt, Treiben und Guß. Für zusätzliche Bereicherung bieten sich Vergoldung, Silberauflagen und Steinbesatz an – Metalltechniken also, die schon an der Blankwaffe und am Harnisch erprobt und zu höchster Vollendung entwickelt sind.

Für derartige Prunkformen kommt die kriegsmäßig gebrauchte Feuerwaffe nur in einzelnen Sonderfällen in Betracht, ihr eigentliches Ausbreitungsgebiet ist die Jagdwaffe. Konzentrationsort dieser Prunkwaffen sind die Gewehrkammern des Adels, exklusiv die fürstlichen Gewehrkammern, in denen durch Generationen die jeweils neuesten Modelle und die künstlerisch hervorragenden Arbeiten gesammelt und altehrwürdige Prachtstücke bewahrt wurden. Wie im 16. Jahrhundert die glanzvolle Harnischgarnitur bevorzugtes Sammelobjekt und Repräsentationsgeschenk war, so ist es jetzt die Jagdwaffe, oft in einheitlich gearbeiteten Garnituren von Büchse, Flinte und Pistolenpaar.

Für unsere Betrachtung bieten die im Bayerischen Nationalmuseum München bewahrten Bestände aus der ehemaligen Gewehrkammer der Wittelsbacher in der Münchner Residenz aufschlußreiches Anschauungsmaterial. In die Münchner Büchsenkammer waren, bedingt durch die Erbfolge, auch die Jagdwaffen der Pfälzer Wittelsbacher aus Mannheim und Zweibrücken eingeflossen. Sie enthielt schließlich laut Aussage der uns erhaltenen Inventare[2] neben den Erzeugnissen der jeweiligen Hofbüchsenmacher auch solche aus den bedeutenden Zentren europäischer Büchsenmacherkunst in Deutschland, Frankreich, Spanien, Italien, Österreich und den Niederlanden.

Eine vollständige Waffengarnitur – wie oben umschrieben – aus dem Besitz Max Emanuels fehlt in diesem Bestand. Die Lücke läßt sich indessen mit Waffen aus Privatbesitz schließen, die das Bild einer Prunkwaffengarnitur des Kurfürsten vermitteln können. Es sind dies ein Steinschloß- Kat.N pistolenpaar und ein Steinschloßgewehr des in Lüttich tätigen Meisters Gille Massin, die sich als ehemaliger Besitz Max Emanuels ausweisen. Das Pistolenpaar, das auf den Läufen den Namen des Meisters in Goldtauschierung trägt, ist in seinem Dekor – Eisenschnitt mit Teilvergoldung – ganz auf die Türkenkämpfe und Türkensiege des Kurfürsten abgestimmt. Daß Max Emanuel gemeint ist, erhellt aus dem auf dem Kolbenhals angebrachten kurbayerischen Wappen und aus der auf dem Lauf in einem Ovalmedaillon erscheinenden Profilbüste. Die übrigen Darstellungen, Trophäen, Gefangene, Allegorien, Genien und mythologische Figuren, in denen die Themen Krieg, Ruhm und Herrschertugenden angesprochen werden, verteilen sich auf den Kammerteil der Läufe, die Schlösser mit ihren Gegenplatten und die Kolbenkappen. Das Schaftholz zieren Ranken in flachem Reliefschnitt.

Diesen Pistolen läßt sich ein Steinschloßgewehr des gleichen Meisters – auf der Schloßplatte signiert – anschließen.[3] Es trägt ebenfalls die Hinweise auf Max Emanuel, eine Profilbüste (auf der Schloßplatte) und das Wappen mit der Kette des Ordens vom Goldenen Vlies (auf dem Lauf). Damit ist ein terminus post für die Entstehung der Waffe gegeben: der Kurfürst war seit 1692 Ritter des Vlies-Ordens. Daneben erscheinen Genien, Masken, Grotesken und Blattwerk auf den Metallteilen, auf dem Schaft nur Blattranken. Die Technik ist dieselbe wie bei den Pistolen, Eisenschnitt und Teilvergoldung, dazu Gravierung und Ätzung. Mit dieser Ausstattung und Thematik läßt sich das Gewehr hier als ergänzendes Beispiel einfügen; jedoch ist nicht erwiesen, daß es zusammen mit den Pistolen ehemals eine Garnitur gebildet hat; es kann auch aus anderem Zusammenhang stammen und somit ein Hinweis auf eine weitere, von Max Emanuel wohl in der Zeit seines Aufenthaltes in Brüssel (1692–1701) bei dem Lütticher Meister bestellte Garnitur sein. Daß auf den Pistolen bei den Wappen die Ordenskette fehlt, könnte besagen, daß sie – im Gegensatz zu dem Gewehr – schon vor 1692 angefertigt wurden.

Das Beispiel einer eindeutig zusammengehörigen Waffengarnitur von erster Qualität und beispielhaft für den Prunkwaffenstil der Zeit Max Emanuels ist uns mit Flinte, Pistolenpaar und Degen des Kurfürsten Johann Wilhelm von der Pfalz im Bayerischen Nationalmuseum erhalten.[4] Der Verfertiger, der sich auf den Feuerwaffen »BONGARDE A DVSSELDORP« nennt, ist der Hofbüchsenmacher von Johann Wilhelm. Sein Werk repräsentiert in meisterhaft ausgeführtem Eisenschnitt den von den französischen Büchsenmachern übernommenen Dekorationsstil mit reicher Ausstattung von Lauf, Schloß und Beschlägen. Zartgliederige symmetrische Ranken und detailreiches Blattwerk umgeben Trophäen und figürliche Darstellungen, die in Allegorien und Porträts des Fürstenpaares dem Auftraggeber huldigen. Der blanke Stahl, die dezente Teilvergoldung und die dunkle Tönung des feingemaserten Schaftes ergänzen sich zu einem Bild harmonisch ausgewogener Farbigkeit.

Daß Max Emanuel, wie es dem Geschmack seiner Zeit entsprach, sich auch mit Arbeiten aus der Metropole der französischen Büchsenmacherkunst umgeben hat, wäre zu unterstellen, wenn es nicht Beweise in Einzelstücken aus dem Bestand der Wittelsbacher Gewehrkammer gäbe. Ein Belegstück ist in einem Steinschloßgewehr des Pariser
r. 583 Büchsenmachers Laurent le Languedoc aus der Spätzeit der Regierung des Kurfürsten erhalten. Die Flinte zeigt auf der Daumenplatte am Kolbenhals das kurbayerische Wappen, umgeben von der Kette des Ordens vom Goldenen Vlies, und erweist sich dadurch als der Gewehrkammer des Kurfürsten zugehörig.[5] Der gebläute Lauf, dessen spanische Herkunft in der Aufschrift eigens betont wird, trägt über der Kammer vergoldetes Groteskornament, die Schloßplatte spricht vor vergoldetem Grund das Thema Jagd mit einer Diana-Darstellung an. Als Ornament erscheint hier Akanthus, auch im flachen Reliefschnitt des Schaftholzes, bei dem Voluten und Masken dazukommen. Diese Ornamentik setzt sich in den in blankem Stahl gearbeiteten, geschnittenen und gravierten Beschlägen fort.

Neben dieser hervorragenden Arbeit von Languedoc, der sich »Arquebuzier du Roi« nennen durfte, können wir
eine Prunkwaffe von Gruché, gleichfalls einem der berühm- Kat.Nr. 63
ten Meister, die für Ludwig XIV. arbeiteten, den überlieferten Umständen nach wohl mit Recht für Max Emanuel in Anspruch nehmen.[6] Das durch reiche Silbereinlagen im Schaft, gebläuten Lauf mit geschnittenem und goldtauschiertem Dekor und teilvergoldete Stahlbeschläge ausgezeichnete Steinschloßgewehr hat eine Variante in ebenso glänzender Ausstattung in der Waffensammlung in Wien. Das führte zu der Vermutung, daß diese Arbeiten Gruchés ein Auftrag Ludwigs XIV. für Geschenke waren, von denen das eine, in der Wittelsbacher Gewehrkammer, seiner Datierung in die 80er Jahre des 17. Jahrhunderts entsprechend an Max Emanuel, das andere, in altem Wiener Besitz, an Leopold I. gegangen sein könnte.[7] Zu belegen ist diese Hypothese nicht, für die Verbindung des ersten Gewehres mit Max Emanuel sprechen indessen zwei Einträge in Münchner Gewehrkammerinventaren, von 1778 und 1796.[8] In ihnen wird eine Gruché-Flinte beschrieben, mit der nur dieses Gewehr gemeint sein kann; es rückt damit neben seiner zeitlichen auch in die persönliche Nähe Max Emanuels, gleichviel, ob als Geschenk oder als eigene Erwerbung aus Paris.

In den genannten Stücken haben wir typische Repräsentanten des Prunkwaffenstils im späten 17. und frühen 18. Jahrhundert vor uns, einmal die damals an den europäischen Höfen so sehr geschätzte originale Pariser Büchsenmacherarbeit (Languedoc, Gruché), zum andern an französischen Vorbildern orientierte Arbeiten (Massin, Bongard). Die hauptsächlichen Merkmale dieses Prunkwaffenstils sind die Verwendung des Eisenschnittes, der Vergoldung, der Tauschierung (Gold oder Silber in Stahl) an Lauf, Schloß und Beschlägen und die Intarsia-Arbeit – in erster Linie Silber – am Schaft. Grundelement des über die ganze Waffe ausgebreiteten Ornaments ist die Groteske, ergänzt durch allegorische und mythologische Einzelfiguren und gelegentlich Porträts. Der Verbreitung des französischen Dekorationsstiles dienen in dieser Zeit neben den exportierten Originalwerken vor allem Stichvorlagen, die von französischen Büchsenmachern und Stechern seit den 30er Jahren vertrieben werden und die es jedem Büchsenmacher, auch in der abgelegensten Provinzstadt, erlauben, seine Arbeiten nach den großen Vorbildern auszurichten. Musterbücher von Thomas Picquot (1638), François Marcou, Thuraine und Le Hollandois (»Plusieurs Models des plus nouvelles manieres qui sont en usage en lArt dArquebuzeri«), Jean Berain (1659) oder Claude Simonin (1685, danach eine deutsche Ausgabe von David Funck in Nürnberg),[9] um nur einige zu nennen – die Reihe ließe sich bis in das 18. Jahrhundert hinein fortsetzen –, geben dem Büchsenmacher für seine Arbeit (die hier auch ganz betont als »Kunst« angesprochen wird) Vorlagen an die Hand, in denen er für alle Teile eines Gewehres oder einer Pistole einschließlich der Schäftung einen reichen Formenschatz dekorativer Elemente »à la mode« findet.

Eine dritte Jagdwaffe, die ebenfalls der Gewehrkammer Max Emanuels angehört haben muß, kommt aus Brescia, dem altberühmten Sitz oberitalienischer Handfeuerwaffen-
Kat.Nr. 581 produktion, ein Steinschloßgewehr aus dem ausgehenden 17. Jahrhundert, dessen Lauf die Signatur von Lazaro Lazarino, einem Mitglied der weitverzweigten Laufschmiedefamilie Cominazzo, trägt.[10] Seinen besonderen Charakter erhält das Gewehr aber durch die Schäftung in französischer Form, die ganz in Stahl ausgeführt ist. Als ihr Verfertiger zeichnet ein »HIERONIMVS ZVCCOLVS« aus Brescia, der sich »INVEN. ET ARTIFEX« nennt. Dieser Hieronymus Zuccolo (von dem bisher nur dieses eine Werk bekannt ist) erweist sich in der Tat als Künstler in der Ausstattung des Gewehres mit Gravierung, Eisenschnitt und durchbrochenen Auflagen. Ein graviertes dichtes Blütenrankenornament überzieht Laufschäftung und Kolben wie ein Netz feinster Filigranarbeit. Schloß, Schloßgegenseite, Mittelschäftung und Kolbenrücken sind mit geschnittenen und aufgelegten durchbrochenen Akanthusranken mit zarten glatten Stengeln sowie durch Fabeltiere und Tierprotome verziert. In die Ranken, die das Schwanzschraubenblatt umgeben, ist das kurbayerische Wappen aufgenommen, ein Beleg dafür, daß das Jagdgewehr für den Münchner Hof gearbeitet wurde; da es in die Regierungszeit Max Emanuels zu datieren ist, entstand es wohl in seinem Auftrag oder als Geschenk an ihn. Auch in diesem Fall bestätigt das Münchner Gewehrkammerinventar von 1796 die Zugehörigkeit der Flinte zum alten Münchner Bestand.[11]

Weitere Prunkwaffen – nicht Max Emanuel persönlich, aber seiner Zeit angehörend – lassen sich im Bestand der Wittelsbacher Gewehrkammer noch in Arbeiten italienischer, französischer und deutscher Büchsenmacher nachweisen. Aus der Gegend von Bologna stammt ein 1683 datiertes Pistolenpaar des Meisters Mattheo Cecchi von Bargi, der sich Acqua Fresca nannte.[12] Die Pistolen bestechen durch die Eleganz ihres Kontrastes zwischen der schwarzen Ebenholzschäftung und den glänzenden, teilvergoldeten Silberauflagen, die in Gestalt durchbrochener Blütenranken mit Tierkopfprotomen Teile des Schaftes und den ganzen Lauf überziehen; dieser setzt durch seine Bläuung den Hell-Dunkel-Kontrast fort. Auf dem Schloß ist neben der Schneidetechnik auch Gravierung angewandt. Hier erscheint übrigens nicht das übliche Steinschloß, sondern eine in Italien entwickelte Sonderform des Schnappschlosses, die nach der vermuteten Herkunft »alla fiorentina« benannt wird. Das Entstehungsjahr 1683 könnte dazu verleiten, eine Verbindung zu Max Emanuels Erfolgsjahr (Teilnahme am Entsatz von Wien und an der Einnahme von Gran) zu sehen. Doch der neutrale Dekor, der keinerlei Hinweise, etwa auf Kurbayern oder auf die Zeitereignisse, bringt, sagt nichts dazu aus, und das Gewehrkammerinventar belegt den Zugang erst 1799 aus Gräflich-Preysingschem Besitz.[13]

Einen ganz anderen Weg zur Prunkausstattung geht ein Schnappschloßpistolenpaar süditalienischer Herkunft, das die Meisternamen Giovanni Maria Aquisti (Lauf) und Nicola Raso (Schloß) trägt und 1699 datiert ist.[14] Die Schäfte sind vollständig mit Schildpatt belegt. Die glatte, im Wechsel von hellem Rot und dunklen Wolken glänzende Schaftoberfläche durchbrechen einzelne Gruppen von Silbereinlagen, in feinster Detailarbeit im Umriß ausgeschnitten und ziseliert: zwischen Blütenranken mit hauchdünnen Stielen Halbfiguren, aus Akanthus aufsteigend, und Trophäen. Die teilvergoldeten Silberreliefs an Kolbenknauf und Abzugbügel gehen im Gegensatz zu der verspielten Thematik der Schafteinlagen mit Darstellungen von Kriegern und gefangenen Türken auf den Ernst der Zeitumstände ein. Auch hier ist nicht das Steinschloß, sondern die im Mittelmeerraum verbreitete Schnappschloßform des Miquelet-Typus (»alla catalana«) verwendet. Hahn, Hahnstudel und Platte über der Batteriefeder sind geätzt und durch Bläuung von den blanken übrigen Schloßteilen und dem blanken Lauf dunkel abgesetzt.

Stellen wir diesen auf Kontrastwirkung (Schwarz – Silber) oder auf differenzierte Farbigkeit (Rottöne, Silber, Gold, Stahlblau) abgestimmten italienischen Pistolen noch zwei Beispiele der hochentwickelten französischen Luxuswaffe mit Arbeiten namhafter Pariser Büchsenmacher gegenüber. Die Steinschloßpistolenpaare von Chasteau[15] und von Berthault und Hervin[16] dokumentieren die gängi- Kat.N
gen Prunkformen mit Silberintarsia am Schaft, subtilem Eisenschnitt und Teilvergoldung. Das Groteskornament wird durch Figürliches – Putti und Tiere, allegorische und mythologische Gestalten – bereichert. Bei den Pistolen von Berthault und Hervin sind die Läufe, die durch ihre Helligkeit von den übrigen blanken Läufen abstechen, mit besonderer Raffinesse behandelt: Sie tragen eine dünne Silberummantelung, die im Bereich des feingravierten Ornamentes an der Kammer vergoldet ist – eine außergewöhnliche Ausweitung der Mitarbeit des Goldschmiedes, die die Waffe noch um eine Rangstufe erhöht. Die Frage der Provenienz – Pfälzer oder alter Münchner (und damit Max Emanuels) Gewehrkammerbestand – läßt sich aus den Inventaren nicht eindeutig klären.[17] Das gleiche gilt für ein Wiener Pistolenpaar aus der Zeit Max Emanuels, eine Kat.N
Gemeinschaftsarbeit der Hofbüchsenmacher Georg Keiser und Felix Meier.[18] Die damaszierten Läufe (Arbeiten von Felix Meier, der sich auf diese Technik der Laufherstellung spezialisiert hatte) zeigen über der Kammer in flachem Eisenschnitt Mars und Athena; die Rahmung wird gebildet von Bandwerk und Akanthusranken, die auch die Gestaltung der silbernen Beschläge bestimmen und sich im Schaftholz in Reliefschnitt fortsetzen. Die flache Schloßplatte und Hahnfläche zieren in feinster Ätztechnik Reiterkampfszenen und elegantes Rankenwerk. Das Bildprogramm dieser Pistolen könnte die Frage der Provenienz zugunsten der Gewehrkammer Max Emanuels entscheiden.

Nicht alle Büchsenmacher, vor allem in den deutschsprachigen Ländern, arbeiten nach französischen Mustern. Gerade in diesen Gebieten werden das alte Radschloß und mit ihm der deutsche Kolben bei Jagd- und Scheibenbüchsen noch beibehalten; sie begünstigen durch ihre Form einen eigenständigen, vom französischen Modell abweichenden Ornamentstil. Aber auch Mischformen entstehen, wie bei einem gegen 1700 zu datierenden Jagdgewehr des Würzburger Meisters Johann Jakob Behr, das französischen Schaft und Ornamentstil mit dem deutschen Radschloß verbindet.[19] Mit Radschloßbüchsen, oder, genauer gesagt, mit deren Schäftungen von dem Bildhauer und Schäfter Johann Michael Maucher aus Schwäbisch Gmünd bietet die Wittelsbacher Gewehrkammer schließlich Beispiele einer aufwendigen Prunkwaffengestaltung, die den vorherrschenden französischen Dekorstil gänzlich außer acht läßt. Die im Laufe des 17. Jahrhunderts wieder aufblühende Elfenbeinschnitzerei lieferte ein neues Medium für die Bereicherung dekorativer Waffenausstattung, dessen sich dieser Meister virtuos bedient. Zur Grundkonzeption gehört dabei, daß nicht der elegante französische Kolben, sondern die alte deutsche, gerade Kolbenform, und nicht das Steinschloß, sondern das Radschloß bevorzugt verwendet werden. Maucher besetzt seine Schäfte, wo immer es möglich ist, mit feingeschnittenen, detailreichen Elfenbeinreliefs. Der Platz für größere Formate ist die Kolbenwange, aber auch die kleineren Flächen von Kolbenrücken, Schloßgegenseite, Unterseite der Mittelschäftung, Deckel der Kolbenlade, ja sogar die schmale Laufschäftung dienen als Träger von Elfenbeinschnitzereien. Dadurch und durch den zusätzlichen Schnitzdekor am Schaftholz selbst wird das Gewehr für die Handhabung fast zu empfindlich, es ist kaum mehr eine Waffe, die zur Jagd gebraucht werden kann, es ist vielmehr ein Repräsentations- und Schaustück, das in der fürstlichen Gewehr- oder auch Kunstkammer auf- und ausgestellt wird. Sein Dekor verlangt eingehende Betrachtung, denn er bietet nicht nur Ornament, sondern eine Vielfalt von Bildprogrammen mit Szenen aus der mythologischen wie der christlichen Bildwelt und natürlich auch zum Thema Jagd. Lauf und Schloß dieser Waffen sind nicht wie sonst in den aufwendigen Dekor miteinbezogen, sie tragen lediglich bescheidene Ätzungen von Rankenornament und Jagdbildern. Träger der Prunkausstattung ist allein die Schäftung.

Eine der sechs Maucher-Büchsen des Bayerischen Nationalmuseums, 1682 datiert, kann als Prototyp dieses deutschen Prunkwaffenstils der Zeit Max Emanuels gelten.[20] Vor dunklem, mattbraunem Schaftholz, das durchweg mit geschnitzten Ornamenten, Tieren und Figuren bedeckt ist, treten die hellen Elfenbeinreliefs betont in Erscheinung. Das Grundthema Jagd wird in realistischen und mythologischen Darstellungen behandelt. Als Hauptbild erscheint in dem großen Relief an der Kolbenwange das seit der Renaissance in Stichen verbreitete und im Barock besonders beliebte Diana-Aktäon-Thema aus Ovids Metamorphosen. Der Künstler schildert die Szene mit dichtgedrängten Figuren vor der Abbreviatur einer Waldlandschaft im Augenblick der Überraschung und Abwehr der Göttin. Daß Maucher solche umfangreichen Kompositionen nicht selbst erfindet, sondern, wie allgemein üblich, dafür Vorlagen benützt, läßt sich in diesem Fall an einem Blatt einer Serie von Radierungen zu Ovids Metamorphosen nachweisen, Arbeiten des Miniaturmalers und Stechers Johann Wilhelm Baur, die 1641 erschienen sind und auch in Kopien anderer Künstler verbreitet wurden.[21]

Die Radschloßbüchse ist durch ein in Elfenbein geschnittenes Wappen von Württemberg mit der Jahreszahl 1682 datiert und als ehemals herzoglich-württembergischer Besitz ausgewiesen. Wie hoch eine Prunkwaffe dieser Qualität über lange Zeit eingeschätzt wurde, beweist die Tatsache, daß die Büchse laut Eintragung im Zweibrücker Gewehrkammerinventar von 1795 »Von Ihrer Durchl. dem Herzog von Württemberg den 11. July 1785 zum Freundschaftlichen Andenken anhero geschenkt« wurde, also noch rund hundert Jahre nach ihrer Entstehung als wertvolles Geschenk des Herzogs Karl Eugen von Württemberg für Karl August von Zweibrücken-Birkenfeld dienen konnte.

Abwandlungen im System der Schaftausstattung Mauchers demonstrieren zwei Radschloßbüchsen um 1690. Im einen Fall werden die Elfenbeinreliefs an Kolbenhals Kat.Nr. 585
und Kolbenwange durch geschnittene Perlmutterplatten ergänzt.[22] Hier stellt der Künstler in durch das Material bedingtem flachen Reliefschnitt die Legende des Jägerpatrons und Nothelfers Eustachius dar. Aus einem der in den Schaft direkt geschnittenen Reliefs – ein mit Beute heimkehrender Jäger – wird ersichtlich, daß Maucher als Vorlagen auch noch die zu seiner Zeit schon über hundert Jahre alten Arbeiten von Jost Amman benützt hat. Bei der anderen Variante der Prunkschaftgestaltung[23] ist auf Schafteinlagen jeglicher Art verzichtet – die gesamte Reliefausstattung ist ausschließlich in das Schaftholz geschnitten. Wieder steht die Jagdthematik im Mittelpunkt, kombiniert mit einer Fortuna-Darstellung. Die Reliefs sind einheitlich flach gearbeitet, so daß die Jagdwaffe – ohne Elfenbeinreliefs – weniger empfindlich und für den ernsthaften Gebrauch geeigneter erscheint, vielleicht auf ausdrücklichen Wunsch des Auftraggebers. Bei den zuletzt genannten Maucherbüchsen ist die Provenienz (München oder Pfalz) gemäß der Inventareintragung offen und somit auch die Zugehörigkeit zur Gewehrkammer Max Emanuels möglich.[24]

Des gleichen Gestaltungsprinzips wie Maucher – Elfenbeinreliefs, eingelegt in die ebenfalls geschnittene Schäftung – bedient sich auch ein Ellwanger Bildhauer, Melchior Paulus, der als Schäfter in der Wittelsbacher Gewehrkammer vertreten ist. Eine Steinschloßbüchse, deren Lauf und Schloß »Franz Ruef« und »ELWANGEN ANNO 1697«

signiert sind, ist mit einer solchen Schäftung ausgestattet.[25] Im Gegensatz zu Maucher werden hier allerdings die französische Schaftform und das Steinschloß verwendet. Das Jagdgewehr stellt mit seinen sechs in den Schaft eingelegten Elfenbeinreliefs ein ganzes Bilderbuch mythologischer Themen dar: Szenen aus Ovids Metamorphosen, deren Benennung in das Schaftholz geschnitten ist.

Mit den Arbeiten von Maucher und Paulus steht dem gängigen französischen Prunkwaffenmodell eine Gruppe besonderen Charakters gegenüber. Der französische Stil läßt trotz seiner in hohem Grad luxuriösen Ausstattung der Jagdwaffe ihre volle Gebrauchsfähigkeit oder schränkt ihre Handhabung zumindest nur unwesentlich ein. Der »Maucher-Stil« der Prunkausstattung dagegen sieht in der Schäftung vornehmlich den Träger einer schmückenden und erzählenden Reliefplastik, die als Kunstwerk Würdigung und Schonung beansprucht und dadurch die Waffe nahezu zum reinen Schaustück macht; ein ernsthafter Gebrauch bei der Jagd empfiehlt sich jedenfalls nicht. Trotzdem (oder vielleicht gerade deshalb) war auch diese Prunkwaffenform offensichtlich gesuchtes und hochgeschätztes Sammelobjekt zur Zeit Max Emanuels.

Eine andere, rein zeitbedingte Form der Prunkfeuerwaffe ist noch zu erwähnen. Es handelt sich um die Wiederverwendung erbeuteter türkischer Läufe, wofür die Wittelsbacher Gewehrkammer ebenfalls Beispiele bereithält. Diese damaszierten Läufe, wegen ihrer Qualität geschätzt, boten willkommene Gelegenheit, als sichtbares und dauerndes Siegeszeichen an die Erfolge gegen die Türken zu er-
Kat.Nr. 516 innern. Im vorliegenden Fall sind es zwei türkische Damast-
Kat.Nr. 517 läufe, die von dem Wiener Meister Felix Meier neu geschäftet und mit aufwendiger Ausstattung versehen wurden.[26] In Silbertauschierung wurde auf den Läufen der kriegerische Anlaß angegeben: »ANNO 1717 DEN 16. AVGVSTI BEI BELGRAD EROBERTH«. Die vergoldeten Schloßplatten und Beschläge illustrieren das Ereignis mit Darstellungen der Beschießung der Festung, der eroberten Stadt und türkischer Zeltlager sowie mit Trophäen und Allegorien. Der Wert dieser Prunkwaffen mit ihrer Aussage zum aktuellen Ereignis lag damals nicht in erster Linie in ihrer Ausstattung, sondern in den in dieser Form bewahrten Siegestrophäen.

Im Bereich der Blankwaffe leben in begrenztem Maße Prunkformen weiter. Die Hieb- und Stichwaffe, die zu allen Zeiten aus besonderem Anlaß reichen Dekor erhalten kann, hat mit ihren verschiedenen Typen generell im 16. und frühen 17. Jahrhundert den Höhepunkt; weitere Blütezeiten bilden das Rokoko und das Empire. Zur Zeit Max Emanuels ist es lediglich der Degen, der bevorzugt als Prunkwaffe gebildet wird, wenn auch die schmale Klinge und das zierliche Gefäß nur kleine Flächen der Ausschmükkung und künstlerischen Gestaltung zur Verfügung stellen. In welchem Maße hier trotzdem eine Prachtausstattung erreicht werden kann, ist leider nicht an einer entsprechenden Waffe aus dem Besitz Max Emanuels zu belegen. Stellvertretend kann wieder die schon bei den Feuerwaffen erwähnte Prachtgarnitur von Bongard herangezogen werden, der auch ein Degen angehört.[27] Sein Gefäß trägt in teilvergoldetem Eisenschnitt, ähnlich wie die Feuerwaffen, Büsten des Fürstenpaares, Blattornament und Kampfszenen. Die Klinge ist im oberen Drittel vergoldet und in Durchbohrungen mit kleinen Perlen und Korallen besetzt. In solcher und ähnlicher Gestaltung nähern sich die Prunkdegen dieser Zeit in der Feinheit der Bearbeitung – speziell im Eisenschnitt – und in der Kostbarkeit der Ausstattung durchaus der Qualitätsstufe der Feuerwaffen.

Bei den Stangenwaffen läßt die Trabantenwaffe die alten Formen von Helmbarte, Couse und Partisane weiterleben und ermöglicht bis zu einem gewissen Grad die Ausbildung von Prunkwaffen. Die Eisenflächen dieser Waffen (bei der Helmbarte Klinge, Beil und Haken, bei der Couse die große einschneidige Klinge und bei der Partisane die am Ansatz symmetrisch von zwei »Ohren« begleitete zweischneidige Klinge) werden mit geätztem Ornament und Bildwerk versehen, das durch Schwärzung oder Teilvergoldung deutlich in Erscheinung tritt. Bei einer Trabantenwaffe sind die Elemente dieses Schmuckes in erster Linie Wappen und Initialen des Fürsten, der damit seine Garde kennzeichnet und auszeichnet. Dazu können Symbole, Allegorien und Devisen kommen, begleitet von ornamentalen Motiven. Als zusätzlicher Schmuck wird unter der Tülle im allgemeinen eine Wollquaste angebracht – Gelegenheit, die Landesfarben oder persönliche Wappenfarben zu zeigen.

Das Beispiel einer solchen Trabantenwaffe einer Garde
Max Emanuels ist uns in einer Helmbarte des Bayerischen Kat.N
Armeemuseums Ingolstadt erhalten.[28] Alle Flächen von Klinge, Beil und Haken sind geätzt, der Grund ist geschwärzt. Die Klinge ist an beiden Seiten mit symmetrischen Ranken, die Trophäen einschließen, bedeckt, der Ansatz zur Klinge trägt die Jahreszahl 1702. Auf den breiteren Flächen von Beil und Haken finden wir einerseits das kurbayerische Wappen mit der Kette des Ordens vom Goldenen Vlies und in Ovalkartusche die Initialen »M E C / H I P« – Maximilian Emanuel Churfürst Herzog in Bayern –, dazwischen Trophäen. Die andere Seite wiederholt das bayerische Wappen und nimmt außerdem mit der Darstellung gefesselter Gefangener und detailreicher Trophäen zu den kriegerischen Zeitereignissen Stellung. Das Datum 1702 auf der Klinge dürfte nach der 1701 erfolgten Rückkehr des Kurfürsten nach Bayern mit der durch die neuen Verhältnisse erforderlich gewordenen Reorganisation des Heeres und der Verstärkung der Truppen 1702 in Verbindung stehen und auf eine damals erfolgte neue Ausstattung einer Garde Max Emanuels hinweisen.

Die gleiche Ätztechnik – erhabenes Bild vor geschwärztem Grund – zeigen auch drei Helmbarten des Bayerischen Armeemuseums,[29] mit der Jahreszahl 1689. Zusammen mit den Wappen und den ein spiegelbildlich verdoppeltes

Bandwerkornament bildenden Initialen erweisen sie sich als Trabantenwaffen des Bruders Max Emanuels, Joseph Clemens', 1685 zum Bischof von Freising und 1688 zum Erzbischof und Kurfürsten von Köln erwählt. Das Wappen, das in einer Kartusche von Blattwerk auf dem Beil der Helmbarten erscheint, ist das des Bistums Freising, verbunden mit den bayerischen Rauten, in nachträglicher Überätzung ergänzt durch Kurhut mit Krummstab und Schwert. Hier wurden also Trabantenwaffen Joseph Clemens' als Bischof von Freising im Jahr nach seiner Wahl zum Erzbischof von Köln durch die Jahreszahl und die Hinzufügung der Zeichen der Kurwürde den neuen Verhältnissen angepaßt – ein auch sonst bekannter Vorgang der Wiederverwendung vorhandener Trabantenstangenwaffen.

Wie diese Beispiele zeigen, bedingt die Eigenart dieser Waffengattung eine gewisse Einengung der Ausstattungsmöglichkeiten. Für das glatte Blatt der Klinge (oder des Beiles, des Hakens) verbieten sich dreidimensionale Techniken der Bearbeitung. Im allgemeinen ist es nur die Ätzmalerei, die diese Flächen ausstattet, von ihrer Qualität geht die entscheidende Wirkung aus. Bereicherungen können die Gestaltung des Umrisses, Durchbrechungen der Flächen und Vergoldungen erbringen. In diesem Rahmen erreicht die Stangenwaffe in ihrer Spätzeit noch Prunkwaffencharakter, der freilich nicht mit dem hohen Grad und der Konzentration der Prachtausstattungen der Handfeuerwaffe zur Zeit des Kurfürsten Max Emanuels zu vergleichen ist.

Anmerkungen

1 KA, A VI 6 b, Fasc. 57, »Commissions Protocoll / So bey dem auf Churfrtl. gnädigste Anbefehlung mehrmalen vorgenommenen Sturz der in dem Churfrtrl. Hauptzeughaus zu München vorhandenen Armatur – Munition und Kriegsrequisiten gehalten worden von dem 8ten october bis 22ten 9ber Ao 1776«, Bl. 105 r.

2 »INVENTARIUM Über Saemtliches Gewehr und sonstigen Geraethschafften, so auf d. Fürstlich-Pfaltz. Zweybrückischer= Büchßen Cammer vorfindlich. Zweybrücken den 20.ten Martii 1777.« Bamberg, Staatsbibliothek, Bip.Msc. 7.

»Beschreibung des in der Churfürstl. Gewehr Kammer vorhandenen Gewehres. München den 23 Juny 1778.« StAM Hofamtsregistratur, Fasc. 187/25.

»Inventarium über Saemtliche auf der Herzoglich Pfalz Zweybrückischer Gewehr Cammer Dermahlen vorfindlichen Gewehr nebst sonstigen Mobilien 1795.« Das Inventar wurde nach 1799 in München weitergeführt, mit Eintragungen bis 1815. Nürnberg, Germanisches Nationalmuseum, Handschr. 106121.

»Verzeichnis sämtlicher in der churfürstl=en Büchsenkammer vorfindlichen Gewehre. Verfaßt München im Monate May 1796.« In diesem Inventar sind neben den Waffen des alten Münchner Bestandes auch die 1777 von Mannheim gekommenen Stücke eingetragen. München, Bayer. Verwaltung d. staatl. Schlösser, Gärten u. Seen, Registratur, Nr. 137.

3 Katalog »Exhibition of arms, armour and militaria / lent by H.R.H. the Duke of Brunswick and Luneburg / at the Armouries of the Tower of London«, London 1952, Nr. 143.

4 Bayer. Nationalmuseum München 13/583, 1031, 1032, 1291. Aus dem Besitz des Kurfürsten Johann Wilhelm, der der Neuburger Linie der Wittelsbacher angehört; nach deren Aussterben 1742 unter dem in die Nachfolge eintretenden Pfalzgrafen und Herzog Karl Theodor (Sulzbacher Linie) in die Mannheimer Schatzkammer gelangt (Inventar von 1744) und 1777 mit Karl Theodors Nachfolge auch in der bayerischen Linie der Wittelsbacher nach München gekommen. Zunächst in der Schatzkammer, dann in der Gewehrkammer der Münchner Residenz.

H. Stöcklein, Das Meisterwerk des Armand Bongard (Belvedere, Zschr. f. Kunstsammler, 1922, Heft 2) 1 ff. Thomas-Gamber-Schedelmann, Die schönsten Waffen und Rüstungen aus europäischen und amerikanischen Sammlungen, Heidelberg/München 1963, Nr. 87.

5 Bayer. Nationalmuseum München 13/591. Zweibrücker Inv. von 1795, C 227 »Eine mit eiserner garnitur so mit gold eingeschlagen, blauen Lauf worauf Canon Despagne, auf dem flachen Schloß Languedoc a Paris.« Diese Eintragung verweist das Gewehr in den Zweibrücker Altbestand. Da es eindeutig kurbayerischer Herkunft ist, dürfte es als Geschenk Max Emanuels in die Pfalz gelangt sein.

6 Bayer. Nationalmuseum München 13/588. T. Lenk, Steinschloß-Feuerwaffen. Ursprung und Entwicklung, Hamburg–Berlin 1973 (deutsche Ausgabe nach Haywards englischer Übertragung des Originalwerkes von 1939) 110, Taf. 77.

7 J. F. Hayward, Die Kunst der alten Büchsenmacher, Hamburg–Berlin 1969, II 37; N. di Carpegna, Firearms in the Princes Odescalchi Collection in Rome, Rom 1975, 109.

8 Münchner Inv. von 1778, unter »Flinten«: »Eine alte ganz geschifte flinten mit vergoldtem Stahl garnirt von Gruche à Paris.« Münchner Inv. von 1796, unter »Einfache Flinten«, Nr. 20: »Eine alte ganz geschiftete Flinte mit vergoldetem Stahl garnirt. Aufm Schloßblatte steht Gruche a Paris.«

9 Lenk (Anm. 6) 150 ff., Taf. 109 ff.; St. V. Grancsay, Master French Gunsmiths' Designs of the XVII–XIX Centuries, New York 1970.

10 Bayer. Nationalmuseum München 13/604. Hayward (Anm. 7) II 100.

11 Münchner Inv. von 1796, »Einfache Flinten«, Nr. 38: »Eine deto von Eisen und mit Stahl garnirte Flinte mit baierischer Wappe – Aufm Laufe Lazaro Lazarino – Auf der Zündpfanne Gerolimo Lucolo« (fehlerhafte Eintragung).

12 Bayer. Nationalmuseum München 13/1060, 1061. Hayward (Anm. 7) II 101 f.; A. Hoff, Feuerwaffen, Braunschweig 1969, I 222, Abb. 172.

13 Zweibrücker Inv. von 1795, E 104: »... Von Herrn Grafen Max von Preysing in Baiern anno 1799 anhero kommen.«

14 Bayer. Nationalmuseum München 13/1069, 51/123. Zweibrücker Inv. von 1777, E 74; von 1795, E 71. A. v. Reitzenstein (Waffen- und Kostümkunde, Zschr. der Gesellschaft für hist. Waffen- und Kostümkunde, München/Berlin 1959) 111 ff.; Hayward (Anm. 7) II 103; Hoff (Anm. 12) I 137, II 196 u. Taf. VI.

15 Bayer. Nationalmuseum München W 3025, 3026.

16 Bayer. Nationalmuseum München 13/1071, 1072. Zweibrücker Inv. von 1795, E 93 (Nachtrag).

17 Das Pistolenpaar ist im Zweibrücker Gewehrkammerinventar von 1795 in dem in München ab 1799 geschriebenen Nachtrag verzeichnet, ist also nicht Zweibrücker Herkunft. Die Pistolen sind mit

zahlreichen anderen als Nachlaß Carl Theodors aufgeführt, könnten also aus dem mit dem Kurfürsten aus Mannheim gekommenen Bestand stammen. Unter diesem Nachlaß erscheinen aber auch Stücke, deren Münchner Provenienz eindeutig feststeht. Man kann deshalb nicht generell Mannheimer Herkunft annehmen, sondern muß auch damit rechnen, daß unser Pistolenpaar aus dem Münchner Komplex des Bestandes stammen kann.

[18] Bayer. Nationalmuseum München 13/1052, 1053. Zweibrücker Inv. von 1795, E 96 (Nachtrag, Nachlaß Carl Theodors).

[19] Bayer. Nationalmuseum München 13/563. Zweibrücker Inv. von 1795, Aa 9.

[20] Bayer. Nationalmuseum München W 623. Zweibrücker Inv. von 1795, Aa 11. Waffen- und Kostümkunde 1968 (Anm. 14) 38ff.

[21] Kataloge des Bayer. Nationalmuseums München, XIII, 4: R. Berliner, Die Bildwerke in Elfenbein, Knochen, Hirsch- und Steinbockhorn, Augsburg 1926, Nr. 835; Thieme-Becker III 89f.

[22] Bayer. Nationalmuseum München W 627. Zweibrücker Inv. von 1795, Aa 24 (Nachtrag). Waffen- und Kostümkunde 1968 (Anm. 14) 41ff.; R. Berliner (Anm. 21), Nr. 836.

[23] Bayer. Nationalmuseum München W 632. Zweibrücker Inv. von 1795, Aa 26 (Nachtrag). Waffen- und Kostümkunde 1968 (Anm. 14) 44ff.

[24] Es gelten die gleichen Feststellungen wie bei den Pistolen von Berthault/Hervin und Keiser/Meier, s. Anm. 17.

[25] Bayer. Nationalmuseum München W 2837. Zweibrücker Inv. von 1795, A 64. R. Berliner (Anm. 21), Nr. 838.

[26] Bayer. Nationalmuseum München W 2657, 2658. Zweibrücker Inv. von 1795, C 59, 60 (lt. beigefügter Notiz 1778 aus dem Nachlaß des Kurfürsten Maximilian III. Joseph für Zweibrücken angekauft, kehrten die Gewehre 1799 mit der Zweibrücker Gewehrkammer nach München zurück).

[27] Bayer. Nationalmuseum München 13/1291, s. Anm. 4.

[28] Bayer. Armeemuseum Ingolstadt A 3136.

[29] Bayer. Armeemuseum Ingolstadt A 1392, 1393, 1394.

Wolfgang Till

Wallfahrten, Dedikationen, Bruderschaften
Formen religiösen Lebens am Münchner Hofe

In seiner »Einleitung in das Chur-Fürstlich-Bayrische Staatsrecht« weist J. J. Moser,[1] indem er sich auf die Wittelsbacher bezieht, auf folgenden Umstand hin: »Alle Churfürsten und übrigen Prinzen dieses hohen Hauses haben bey der Römisch-Catholischen Religion ausgehalten, und es ist noch kein einiger von ihnen zu einer anderen Religion übergetretten.« Treu dem Papste also und auch fromm waren sie, zumindest wieder seit den Tagen Renatas und Wilhelms V., des »Frommen«, als die eingeschlafenen Bräuche höfischer Wallfahrten und großherziger Stiftungen wiederaufgenommen wurden. In schier heiligmäßiger, fanatisch anmutender Devotion hat Maximilian I. Maria zur »Patrona Bavariae« erhoben und wie ein schlichter Pilger die Gnadenstätten seines Landes aufgesucht. Die Haltung konsequent praktizierter Gläubigkeit führte Ferdinand Maria fort, und der Abbé von Boulanger wunderte sich, daß man in keinem Kloster so streng und regelmäßig lebte als am Hofe zu München, wo der Fürst die tägliche Vesper ebenso besuchte wie jeden Morgen die hl. Messe.[2] Henriette Adelaide brachte neue Heilige und neue Orden, die Kirche wurde allgegenwärtig, am Hofe, in der Residenzstadt und auf dem Lande. In hundert Jahren hatte das Haus einen überaus spezifischen Andachtsstil entwickelt, der als »Wittelsbacherfrömmigkeit« zu einer regelrechten Verpflichtung wurde – so sehr, daß beispielsweise 1681 Max Emanuels Heiratspläne mit der protestantischen Prinzessin Erdmuthe ein bloßer Wunschgedanke bleiben mußten.[3] Max Emanuel fügte sich darein, obwohl seine persönliche Disposition und die sonst von den Biographen beschriebene Charakterart vielleicht etwas anderes hätten vermuten lassen, und es gibt keine Nachricht, daß er sich je einer der ihm durch Amt und Brauch zukommenden spirituellen Aufgaben aus Leichtsinn oder Unmut entzogen hätte. Hof und höfisches Leben scheinen ja auch in ihrer Forderung nach permanenter beispielgebender Präsentation dem kirchlichen Pomp nicht unverwandt: Spektakuläre Prozessionen, feierliche Messen, Begehung heiliger Stätten und schließlich die »Promulgation«, Verkündigung des eigenen Glaubens durch kostbare Stiftungen, waren als vorhandene Ausdrucksgestalten adäquat und brauchten nur noch angewendet zu werden. Qualitativ unterschiedliche Frömmigkeitsstile haben sich so zwangsweise nicht ergeben,[4] auf Ausnahmen wird noch hinzuweisen sein. Vielmehr fällt der sensitive Zug an dieser Frömmigkeit auf, die ihre Heiligen, ihre Bilder und Bräuche in erster Linie aus dem populären Glauben übernimmt. Dieses harmonische Bild der Unität von Volksreligiosität und aufs Jenseits gerichteter höfischer Praktiken steht im Gegensatz zur Unvereinbarkeit der beiden Sphären und trügt ein wenig. Auch hier allenthalben ein Hauch von Exklusivität: Gnadenbilder, die dem Volke vorenthalten und nur Adelsangehörigen zugänglich sind, wie etwa die Ingolstädter »mater ter admirabilis«,[5] oder gar der fürstliche Brauch, in Notfällen wundertätige Reliquien oder Bilder ins Haus kommen zu lassen.[6]

»Bey größter Hitze begleitete Er an den Fronleichnambs-Tag das Hochwürdige ringsweiß umb die gantze Stadt herumb (wohin sich das mindeste Pöffel kaum bemühet)«, berichtet P. Gelasius Hieber in seiner Totenpredigt über Max Emanuel.[7] Und wenn er gar den Beichtvater Pierre de Bretagne zitiert: »Vixit ut Christianus, mortuus est ut Sanctus«, fällt schwer zu glauben, daß vom Kurfürsten die Rede ist. Die letzten Lebensjahre scheinen jedoch Anlaß genug zu solcher Einschätzung gegeben zu haben. »Nachdem der Türkenkrieg in einigen Jahren zu Ende war, sperrte Max den Tempel des Janus, und alle Rüstgewölber des Krieges. Nun lebte der grau gewordene Held in der heiligen Einsamkeit eines Christen, brachte die übrigen Lebentagen in allerhand Übungen der Andacht zu, und munterte hiedurch seine Unterthanen zur schönsten Nachahmung auf.«[8] »Princeps vere catholicus« ist die Rolle, die vom Fürsten erwartet wird und die allen ein Beispiel geben soll. »Es hebt der Fürst so bald nichts an, gleich folgt ihm der gemeine Mann«, reimt Abraham a Sancta Clara.[9] Vorreiter auf einer gedruckten Andechser Kerzenspendeliste etwa sind ganz in diesem Sinne das »Chur-Hauß Bayrn« und das »Ertshauß Österreich«.[10]

Intimere Glaubensbekenntnisse Max Emanuels sind selten. In den Totenpredigten wird sein makelloses Benehmen während der Gottesdienste günstig vermerkt, weil es »nicht die mindeste Unanständigkeit« zeigte.[11] Ja, er führte sogar Aufseher ein, die, mit Stock und Degen versehen, alles unnütze Geschwätz, Umherlaufen und andere Unehrerbietigkeiten in der Kirche verwehren sollten.[12] Aus

Kat.Nr. 640 einem persönlichen Gespräch memoriert Weinperger:[13] »Wann es ... um die Religion zu thun, so bin ich [Max Emanuel] fertig und bereit annoch in den Harnisch zuschlieffen, und biß auf den letzten Bluts-Tropffen den wahren Glauben zu verfechten.« Dies habe er »in Verfolgung und Vertilgung der Ketzer« in den Niederlanden getan und bei der Ausmerzung der »lutherischen Raub-Vögel«, die sich nach 1704 in der Oberpfalz »eingenistet« hatten.

Wallfahrten

Ettal, Tuntenhausen und an erster Stelle Altötting waren die bevorzugten Wallfahrtsziele der Eltern Max Emanuels. Im Jahr 1667 gar begab sich Henriette Adelaide mit dem ganzen Hof nach Padua, um ein dem hl. Antonius gegebenes Gelübde zu erfüllen.[14] Regelmäßig, wenigstens einmal jährlich, erfolgte die Pilgerreise nach Altötting, denn die Kurfürstin hatte gleich bei der ersten Ankunft »eine solche lieb« zum Gnadenbild gewonnen.[15] Genaueren Bericht haben wir von einem Besuch, den Ferdinand Maria 1663 dem »Brünnl« bei Landshut auf seinem Weg nach Altötting abstattete. Der Gründer und Promotor dieser Wallfahrt, Thomas Amplatz, schildert das Ereignis in Wort und Bild:[16] In der noch provisorischen, für den Empfang aber vornehm ausgelegten Kapelle trinken der Kurfürst, seine Familie und der mitreisende Hofstab aus einem »vergülten Mundbecher« das heilbringende Brunnenwasser. Ferdinand Maria »legt einen ducaten ein« und verrichtet abschließend eine kurze Andacht.

»Maximilian Emanuel [....], der durchleuchtigiste Wallfahrter, hat [1682] die raiß zu fuß angefangen und vollendet, zu einem klaren anzeigen, daß auch er trette in die schöne fußstapfen seiner voreltern.«[17] Seine jährlichen Abstecher nach Altötting legt Max Emanuel, wann immer möglich, auf seinen Geburtstag. Während andere Fürsten Feste machen, wallfahrtet er.[18] Kommt der Kurfürst zur Jagd nach Starnberg oder Berg, besucht er den Gnadenort Aufkirchen.[19] »Zehle die Tritt und Schritt nach Aufkirchen!«[20] Auch andere Stätten sind einer gelegentlichen Visite wert. Das Franziskanerkloster Lechfeld rühmt sich in seinen »Memorabilia« ebenso etlicher seiner Besuche[21] wie die Wallfahrtskirche Maria Dorfen (1716 zusammen mit Therese Kunigunde,[22] 1719 u. ö.). Andere, vormals in hoher Gunst stehende Ziele wie Tuntenhausen kommen aus der Mode. Lediglich 1690 verlobt sich Maria Antonia während ihrer Schwangerschaft zum dortigen Gnadenbild.[23] In ihrer Vertretung verrichtet ihr Schwager Joseph Clemens das Gelübde noch im selben Jahr, was die Kurfürstin aber nicht hindert, das Votum im darauffolgenden Jahr noch einmal persönlich zu erfüllen. Für 1718 ist ein Besuch in der Wittelsbacher »Hauskirche« Scheyern belegt. Max Emanuel hat dort ein Zusammentreffen mit seinem Vetter Karl Philipp von der Pfalz.[24] 1722 zum Beispiel hält er sich in einer anderen »Eigenkirche«, in Ettal, auf, um auf seine aus Italien zurückkehrenden Söhne zu warten. Bei dieser Gelegenheit besucht er die »mater fundatrix«, küßt das Gnadenbild und opfert »12 bavarici«.[25] Diese Wallfahrten, die gerne im Familienverband unternommen wurden und sich oft mit einem weltlichen Zweck verbanden, schlossen eine hl. Messe ein, ebenso das Ablegen der Beichte und den Empfang der Kommunion. Für gewöhnlich kam ein stattliches Geldopfer in den Stock. Häufig aber fanden solche frommen Unternehmungen ihren persönlichen Ausdruck und den eigentlichen Vollzug erst in der Hinterlegung eines Votivs an besonderer Stelle.

Dedikationen

Auf die Zusammenhänge von Votivgeschichte und Historie weist überzeugend Angela König hin. In den Kriegsjahren 1683/84 steigt in Altötting die Zahl der von Wallfahrern bestellten Votivmessen um etwa 20%, in den Jahren 1704/05 um fast 50% an, jeweils verglichen mit den Eintragungen der vorausgegangenen und nachfolgenden Jahre.[26] Besonders im turbulenten Jahr 1704, als die Gnadenbilder von Tuntenhausen, Taxa, Hohenpeißenberg, Ettal, Polling und Andechs nach München geflüchtet werden, ist eine gewaltige Belebung des Wallfahrtsbetriebs und ein Ansteigen des Opferaufkommens zu verzeichnen.

Nachbildungen der menschlichen Gestalt sind die am häufigsten belegten Votivgaben des Adels und des Hofes. Das »Mittel der Wahl« für solche Gebilde war im 17. Jahrhundert zunächst das Wachs, was viele Bildquellen, Inventareinträge und Mirakelberichte bezeugen.[27] Kurfürst Maximilian I. stellte 1644 am Bennoaltar der Münchner Frauenkirche Wachsplastiken seiner beiden Söhne Ferdinand Maria und Maximilian Philipp auf,[28] von denen sich letztere bis heute erhalten hat.[29] Ebenso existiert noch eine große wächserne Votivfigur der Gräfin Maria Veronika von Preysing in der Rastkapelle von Hohenaschau.[30] Verloren sind dagegen die vielen Wachsportäts von Wittelsbacher Regenten des 16. und 17. Jahrhunderts, die sich in Tuntenhausen[31] und in der Altöttinger Gnadenkapelle[32] befunden haben. Verschwunden sind auch die Wachsprinzen Max Emanuel und Joseph Clemens, die Henriette Adelaide in der Antoniuskapelle der Franziskanerkirche aufstellen ließ[33]. Ähnlichkeit mit der bezeichneten Person und die Möglichkeit, das Opfer im »wahren Gewicht« erfüllen zu können, waren die speziellen Vorteile des Wachsvotivs. (Eine altertümlich anmutende Spende von eineinhalb Zentnern reinen Wachses erfolgte noch 1664 durch Ferdinand Maria und Henriette Adelaide.[34])

Eine bemerkenswerte Wende vollzieht sich, zeitlich ziemlich genau festlegbar, um das Jahr 1670: Weihebildnisse höfischer Herkunft in Wachs verschwinden völlig und werden durch solche aus Silber, seltener aus Gold ersetzt. Die Ursachen dieses Wechsels schlüssig zu erklären und zu lokalisieren ist schwer; sie sind zu suchen im Eindringen italienischer Gewohnheiten durch Henriette Adelaide und im Einfluß der nach Frankreich verheirateten Maria Anna Christina. Aber ausgerechnet der erste Beleg für den neuen Brauch kommt merkwürdigerweise aus einer anderen Richtung. Der pfalzneuburgische Herzog Philipp Wilhelm stiftet 1669 acht als Lichtträger gebildete Silberporträts seiner Söhne für die acht pfeilerartigen Wandflächen zwischen den Nischen der inneren Kapelle in Altötting. Es existiert darüber ein Bericht des Kapellverwalters Johann Heugl an Ferdinand Maria mit einer beiliegenden Federzeichnung, die den Leuchter mit dem Bildnis des ältesten Prinzen Johann Wilhelm in Originalgröße wiedergibt und eine Vorstellung von den inzwischen verschwundenen Arbeiten vermittelt.[35] Zur Geburt des Prinzen Kajetan Maria Franz 1670 opfert Henriette Adelaide in Altötting »ein silbernes fätschenkindt«, offenbar im Gewicht des Neugeborenen,[36] später das Haupt eines Mannes, von Gold und 80 Kronen schwer.[37] Einen »silbernen bambino«[38] stiftet Ferdinand Maria 1671 bei der Geburt von Joseph Clemens. 1675 empfiehlt Henriette Adelaide dem Altöttinger Gnadenbild ihre zweijährige Tochter Violante Beatrix durch ein 30 Mark schweres, ellenhohes Kinderbildnis und später noch durch eine 39 Mark wiegende Silberfigur »dero herrn bruedern prünzen und herzogen von Turin.«[39] Als ihre letzte Gabe sind die 1677 geopferten Bildnisse zweier Prinzessinnen verzeichnet.[40] Zwei große Silberstatuen der Kurfürstin selbst, 179 Pfund schwer, standen noch 1790 in der Schatzkammer der großen italienischen Wallfahrt Loreto.[41] Noch zahlreicher sind die Donationen von Silbervotiven durch die Schwester Max Emanuels, die Dauphine Maria Anna Christina: 1680 sendet sie zum »pfandt ihrer königlichen freygebigkeit ein handgroß guldenes, rot geschmelzte contrafait-büchs von absonderlicher Kunst und Werth...«, wegen erflehten Kindersegens wird diese Schenkung 1682 wiederholt.[42] Als sie einen Sohn zur Welt gebracht hat, läßt sie die schwere Goldfigur eines auf einem Kissen knienden Prinzen, Louis Duc de Bourgogne, »von Paris herausschickhen« und durch Max Emanuel in Altötting opfern.[43] Ihr eigenes Bild und das ihres Gatten, »anderthalb schuech hoch« und »von puren silber auf schwarz bebaissten stöckhel«, erscheinen in den Listen von 1681.[44] Durch Vermittlung von Maria Anna Christina und Violante Beatrix kommt der Altöttinger Gnadenmutter auch eine goldene Porträtstatue des Erbprinzen Ferdinand III. von Florenz zu, »kniehent [...] nebst einer goldenen Bickelhaube, auf einem Silber und vergoldeten kiss und mit vergoldetem Silber-überzogenem Postament.«[45] Mit vielen anderen wurde dieses Stück 1786 verkauft.

Joseph Clemens opfert 1684 in der Altöttinger Kapelle eine ellenhohe, geharnischte Büste aus Silber;[46] 1704 übersendet er eine silberne Tafel, die ihn darstellt, wie er kniend dem Gnadenbild die Schlüssel der Stadt Bonn überreicht.[47] Während einer Novene in Valenciennes opfert er bei der Messe ein silbernes Ex-Voto, das ihn krank im Bette liegend zeigt, über ihm erscheint auf Wolken der hl. Antonius.[48]

Max Emanuel widmet 1686 zusammen mit der Porträtstatue seines Bruders sein eigenes Bild in Silber.[49] Schon vorher, nach der Rückkehr aus Wien 1683, muß er eine prächtige Weihegabe in Auftrag gegeben haben. Es war »jhrer churfrtl. durchleucht eigenes contrafait, in silber halbmansgroß und künstlich entworfen, im harnisch, niedergelassen auf die knye, bettent mit aufgereckhten hendten, auf schwarz baissten stockh«. Die Statue sollte ebensosehr den »glorreichen obsiger« und »danckbaren überwinder« wie auch den »demüthigisten supplicanten« versinnbildlichen. Demgemäß wurde sie von ihrem fürstlichen Spender ohne jeden Pomp auf einer von München aus zu Fuß »nit so prächtig« als andächtig abgehaltenen Wallfahrt dargebracht.[50] Auch zum Andenken an seine in den ungarischen Feldzügen erfochtenen Siege opfert Max Emanuel in Altötting sein Bild in Silber, kniend und mit Harnisch bekleidet; Krone und Zepter waren aus Gold und mit vielen Diamanten besetzt. Dazu kamen vier goldene, je eine Elle hohe Armleuchter, die in drei emaillierten Feldern Darstellungen von ihm gewonnener Schlachten und Festungen, ferner Porträts der ganzen kurfürstlichen Familie trugen.[51] Als der Kurprinz Joseph Ferdinand im Jahr 1698 erkrankte, haben Max Emanuel und Joseph Clemens »auf dem Altare des Heil. Benno gestellet zwey herrliche von Silber kostbar ausgearbeitete sammt ihren Fußgestell 5 Schuch hohe Bilder, welche gleichsam 2 mit churfürstlicher Kleidung und Churhüten prangende Engel vorstellen. In dem Fußgestell sind auf einer silbernen Blate diese Worte, so ich aus dem Latein in das Deutsche übersetzet eingestochen zu sehen: ›Im Jahre 1698, den 13. Jenner da der durchleuchtigste Churprinz Joseph Ferdinand gefärlich kranck darnieder lage, erschiene ihm ein Engel, der ein Kreuz in der Hand truge, in wundervollen Glanz, und ermahnte den Prinzen, daß er den Heil. Benno um Hilfe anruffen sollte: der kleine Prinz erwachet von dem Schlafe, ruffet voll der Freude den Heil. Benno um Hilfe an. Die Gebeine des Heiligen werden aus der Stiftkirche in sein Zimmer gebracht, und sehet! fast in selben Augenblicke erhielt der Prinz die völlige Gesundheit‹. Zu Bezeugniß dieses Wunders hat der durchleuchtigste Vater Maximilian Churfürst dieses Bildniß verfertigen lassen.«[52] Die beschriebenen Engel stellten die Kurfürstentümer Bayern und Köln dar. Der eine trug ein langes Kleid mit den bayerischen Rauten und in der Hand einen Stab mit dem Kreuz auf der Spitze, der andere trug Hermelinmantel, Talar, Rochett und Bischofsstab. Beide Figuren wurden 1803 eingeschmolzen.[53] Der Gedächtnistag des hl. Benno wurde 1698 zum allgemeinen Feiertag erhoben.

Ein Sohn Max Emanuels, Herzog Ferdinand Maria, und dessen Gemahlin bringen 1722 ein kostbares Votiv dar: in einem silberbeschlagenen Rahmen auf rotem Samtgrund ein von Goldstrahlen umwobenes Silberbild der Altöttinger Gnadenmutter auf silberner Wolkenbank und »linkerhand under ainem paldecin khniet gedachter herzog in ainem harnisch, die herzogin aber auf einem polierten pflaster, sambt dero 2 jungen herrschafften.«[54] Erhalten hat sich von den vielen geschilderten Votiven nur ein einziges, der »Silberprinz«, den Karl Albrecht im Jahre 1737 für den Kurprinzen Max Joseph dargebracht hat. Über dieser Statue hängt ein Pergamentblatt mit den Zeilen: »Ita vovet ex toto suo, hoc est Mariano corde tuus ... cliens Maximilianus Josephus«.[55]

Beispiele für die im 18. Jahrhundert im ganzen süddeutschen Raum so verbreiteten Silbervotive von *Körperteilen* (Arme, Beine, Augen und anderes) sind im höfischen Bereich seltener. »Anno 1696. ward Seine Durchleucht Joseph Ferdinand, Chur-Printz in Bayrn mit einem gantz unvorsehenen Zustand an dem rechten Fuß also behafftet, daß Selbige zwey Täg und Nächt unabläßlichen Schmertzen daran erlitten; auch weder hierauff sich steuren, noch zu einigem Tritt dessen gebrauchen können; sondern zu Beth ligen und ebenfalls nit ohne grosse Schmertzen (so bald der Fuß im geringsten bewögt wurde) sich stäts halten müssen. Ware auch solcher Zufall in disem wunderlich, weilen er weder vom Herrn Leib-Medico, noch anderen hierzu beruffenen Persohnen kunte erkennt und ergründet werden; massen hieran nit das geringste zusehen, noch weniger die Ursach, woher solches Ubel kommete, penetrirt ward. Weilen dann menschliche Mittel nicht erschinen, fasseste Seiner Durchleucht Obriste Hofmeisterin Frau Gräfin von Perousa, ein inbrünstiges Vertrauen zu der hülffreichen Hand des H. Benno, wirfft sich nächtlicher Weil auff ihre Knye vor deß gemelten Heyligen Bildnuß nider, erhebt gegen ihme mit eyfrigem Gebett das Gemüth, unnd verlobt einen von Silber geformeten Fuß. Unter disem Gebett entschlaffen Seine Durchleucht, unnd als Sie deß anderen Tags erwachen, fühlen Sie nit allein keinen Schmertzen mehr, sondern stehen, gehen und biegen den Fuß, als ob ihme die geringste Ungelegenheit nie wäre zugefallen.«[56] Max Emanuel opfert 1697 wegen Augenschmerzen ein goldenes Augenpaar.[57]

Sowohl das Organ als auch Liebe und Hingabe der anheimgestellten Person bezeichnet die Votivgestalt *Herz*. 1702 gelobt Joseph Clemens für den hoffnungslos krank darniederliegenden Herrn von Chassonville ein silbernes Herz und zwei hl. Messen.[58] Bereits 1690 hat er ein großes silbernes und vergoldetes Herz nach Tuntenhausen gebracht.[59] Ein silbernes Doppelherz mit »drey guldenen denkring« stiftet im gleichen Jahr Mauritia Febronia.[60] Max Emanuel hat an einem Mariae-Verkündigungs-Tag »anbey nebst einem reichlichen guldenen Opffer sein in Marianischen Liebs-Feuer verguldes Hertz auff den Altar gelegt, die gewöhnliche Formulam Votivam mit eigner Hand geschriben ...«[61]

So wie die Gesundheit war natürlich auch der *Besitz*, zum Beispiel der Palast, in dem man wohnte, einer frommen Dedikation wert. Das ganze »churfürstliche Lusthaus [Schleißheim] [...] von silber auff einem schwarz gebaißten postament gar zierlich mit allen höfen, zimmern und anderer zugehör in Grund gelegt«, mit dem sich Maria Anna 1655 verlobte, hat sich in der Altöttinger Schatzkammer erhalten.[62] Ein schuhhohes Silbermodell des Münchner Preysing-Palais' gelangt 1673 nach Altötting.[63] Als 1674 gar die Münchner Residenz brennt,[64] wird 1676 von Ferdinand Maria »die ganze residenz von silber wegen aldorth entstandener prunsst alher zur Heyl. Capellen yberbracht, so bey 3 schuech groß, dan 23 march 7 loth 2 quintl gewogen.«[65] Zuletzt erscheint dieses Modell im Inventar von 1782; 1799 wird es zum Einschmelzen eingesendet. Auch als 1669 Ferdinand Maria in Altötting ein »gant silberen galler mit villen fahnen und ruedern«[66] opfert, ist ein Unglück vorausgegangen. Die Galeere war eine Nachbildung des »Bucentaurus«. Bei einem Bordfest 1669, just als Kapitän und Ruderer nicht zur Stelle waren, ergriff ein jäher Wirbelsturm das aus Fahrlässigkeit oder Mutwillen losgeseilte und wegen des geringen Tiefgangs ohnedies nicht besonders seefeste Boot und machte es zum Spielball der Wellen. Hätte nicht die »stella maris Maria Oetingana« die schon Todgeweihten nach flehentlichem Gebet und Gelübde über den ganzen Starnberger See hin ans gegenüberliegende Ufer getrieben und einen Possenhofener Fischer zur Rettung gesandt, »perierant omnes«.[67]

Die *Votivtafel*, das gemalte Ex-Voto, gehört auffälligerweise nicht zu den Brauchformen höfischer Frömmigkeit. Zwar kennen wir ein sogenanntes Votivbild zur Geburt des Kurprinzen Ferdinand Maria,[68] in Andechs hängt ein Verlöbnisbild Ferdinand Marias und Maximilian Philipps, auch die Ingolstädter Bruderschaftsfahne von S. Maria della Vittoria zeigt Wittelsbacher im Votationsgestus;[69] aber die drei üblichen Elemente einer Votivtafel[70] sind nirgends gegeben.

Das Titelblatt einer der gedruckten Leichenpredigten auf Kat.N
Max Emanuel bildet das Altöttinger Gnadenbild mit einem umgehängten *Rosenkranz* ab.[71] Es handelt sich dabei tatsächlich um eine Votivgabe: »Den 11 July [1722] haben [...] Maximilian Emanuel ain cosstbaren rosenkranz von grienen schmarach, mit fünf gesözlen und goldenen undermärchlen, endzwischen weiss und grien geschmölzten resslen, beederseiths mit kleinen diemanthen versezt, neben denen ringlen dergleichen geschmalzten plädlen, auch also bey dennen vatter-unser, unden der 5 gesözlen nichts als ein weiss und grien geschmölzte rosen, mit einem diemandl versözt, geopfert.«[72]

Besonders Henriette Adelaide trennte sich bei Gelübden gern von ihrem *Schmuck*, um ihrer Gesinnung unmißverständlichen Ausdruck zu verleihen. Noch erhalten ist »ein ganz guldene doppelte prunkkhetten« mit einem rubinbesetzten Goldherz und der Widmung »Mariae Oettinganae · thesauro suo · cor suum · H. M. Adelais · electrix Bav.«, gestiftet 1673.[73] Auch in den Jahren 1656, 1673 und 1676 (durch Testament) schenkte die Kurfürstin Kleinodien.

Während die Theatinerkirche ihren Brautschmuck bekommt,[74] opfert Henriette Adelaide ihr *Hochzeitskleid* nach Altötting[75] und läßt daraus zwei »Gnadenröckl« und ein Meßgewand fertigen. Als Max Emanuel 1685 nach der Schlacht von Gran und Neuhäusel an Altötting vorüberzieht, gibt auch er sein Hochzeitsgewand »zu außzierung des marianischen altars«.[76] In Telgte befinden sich Fragmente des originalen Festschmucks des dortigen Gnadenbilds, den Clemens August 1754 gestiftet hat. Der Überlieferung nach handelt es sich dabei um das Hochzeitsgewand Therese Kunigundes.[77]

»Erhielte Er wohl jemahlen eine Victori von den Unglaubigen, daß Er nit eine Außbeute davon nach Rom schickte?«[78] In Rom befanden sich bereits erbeutete *Fahnen*, die Maximilian I. nach der Schlacht vom Weißen Berg der Kirche S. Maria della Vittoria geopfert hatte (1864 sollte eine dieser Maximilianischen Trophäen für das Bayerische Nationalmuseum erworben werden).[79] Nach München gelangte aber eine türkische Fahne, die wohl zu den von Kaiser Leopold I. an dieselbe Kirche gestifteten gehörte.[80] Zwei bei der Eroberung von Ofen erbeutete türkische Fahnen opferte Max Emanuel 1686 nach seiner Rückkehr eigenhändig am Maria-Hilf-Altar der Münchner Peterskirche.[81]
Nr. 226 Eine der Frauenkirche gewidmete Türkenfahne, 1688 in Belgrad erobert, wurde mit großen Feierlichkeiten aufgehängt und verblieb bis zum Zweiten Weltkrieg am mittleren Kirchenpfeiler.[82]

Die persönlichste Form der Promulgation sind »*Gezeugnuß-Briefe*«, wie etwa jener, den Joseph Clemens für wiedererlangte Gesundheit in der Münchner Augustinerkirche hinterlegte.[83] »Um solcher Gestalten seine Danckbarkeit wegen seiner in kräftigisten Augenschmertzen gethaner Hülff-Leistung der Welt an Tag zugeben«, schickte Max Emanuel ein Bittschreiben zur Beförderung der Heiligsprechung Aloysius Gonzagas nach Rom.[84] Wittelsbachische Anheimstellung ganz eigener Art war der seltsame Brauch der *Blutverschreibung*. Mit Blut unterschriebene Weihebriefe an die Muttergottes von Altötting gibt es von Maximilian I., von Ferdinand Maria und Henriette Adelaide.[85] Max Emanuel war solch einer Handlung nicht mehr fähig, er dagegen »unterschribe sich mit dem Blut Christi, welches er alle Tag hat lassen aufoffern«.[86] Auch auf die von seinen Vorfahren eingeführte *Herzbestattung* verzichtete er. »Nichts dergleichen gestattete unser Maximilianus, welcher noch vor seinem seligen Hintritt befahle, seinen entseelten Leib keineswegs zu eröffnen, ja so gar auch das Hertz nit heraus zunemmen.«[87] In einem Schreiben aus Brüssel (1700) erlaubte Max Emanuel jedoch, daß »zu ainiger consolation [. . .] der gräfin von Sternberg auß ihrem Leichnamb heraußgenommenes herz in der inneren heyl. U.L.F. Capelln zue Altenöettingen beigelegt werden möge«.[88] Auch riß der Brauch nicht ab: Die Herzen Joseph Clemens', Clemens Augusts und Karls VII. befinden sich »sub umbra magnae Matris«.[89]

Bloße *Geldzuwendungen*, *Stiftung von Messen* oder Rosenkranzandachten können ihrer Bestimmung nach durchaus als Votum gedacht sein, freilich kommt ihnen ein besonders starker benefitärer Charakter zu, vergleichbar einer freiwillig entrichteten Kirchensteuer. Üblich waren »Ewige Messen«, die entweder einmal oder alljährlich ausgestattet wurden. Gang und gäbe waren auch Stiftungen diverser *liturgischer Gerätschaften*, im einfachsten Fall einer Kerze, der als Votiv ja auch noch eine eigene Zeichenhaftigkeit zukam. 1660 stiftete Maximilian Philipp eine Kerze nach Altötting, »welche sein brünstiges Hertz vertretten und an allen festtägen Mariae die anmutig jnnerliche naigungen außflammen muß«.[90] Ampeln für das Ewige Licht spenden Ferdinand Maria (1660 nach S. Maria della Vittoria[91]), Leopold I. (1676 nach Passau[92] und 1689 nach Altötting[93]) und Maria Anna Christina (1691 nach Altötting[94]). Ebenfalls häufig sind Geschenke von Altartüchern, Baldachinen, Priestergewändern und »vasa sacra«. 1692 stiftet Joseph Clemens die »Kurkölnische Kasel« nach Altötting, wo sie heute noch vorhanden ist.[95] In Vertretung von Maria Antonia spendet er 1690 »zwey rothdaffete und mit goldenen Porten verbrämbte Baldachine« nach Tuntenhausen; als 1691 die Kurfürstin ihr Versprechen selbst einlöst, tut sie dies mit einem Kelch, samt Kelchtuch, einer Kasel und einem Antependium.[96] Von Max Emanuel stammen ein silberner Baldachin in Ingolstadt[97] und ein »damaschgener Himel« in Dachau.[98]

»2 gnadenröckl von aigner hant hoch mit golt gestickht und mit vill 1000 Perlen versetzt« hat 1679 Maria Antonia für Altötting gestiftet. Das Verfertigen von *Kleidern für Gnadenbilder* scheint längere Zeit eine liebe Beschäftigung vornehmer Damen gewesen zu sein. Auch Mauritia Febronia stiftet ein selbstgemachtes Röcklein, und noch im Gebrauch ist das von Maria Anna Christina 1690 von Paris geschickte Kleid für Madonna und Kind »von plauen adles Kat.Nr. 604
mit vill groß und cleinen perlen, auch allerhand orientallischen hochgeschezten steinen versezt«.[99]

Als besonders noble Geste konnte die Stiftung eines *Kunstwerkes* oder eines ganzen *Altars* gelten. 1705 stiftet Max Emanuel eine Loreto-Madonna für Bodenmais.[100] Nach einer vorausgegangenen Anfrage des Papstes bezahlt er 1718 die Statue des hl. Jakobus für S. Giovanni in Laterano in Rom.[101] Ein aus der Gemäldesammlung stammendes Verkündigungsbild von Peter Candid gibt er 1724 der Tiroler Wallfahrtskirche Kaltenbrunn, deren Altar 1608 von der Herzogin Renata gestiftet worden ist.[102] Auch die kaiserliche Administration fördert Kirchen auf diese Art. Fürst Max Karl von Löwenstein-Wertheim stiftet neue Seitenaltäre für die Jesuitenresidenz in Altötting.[103]

Bei ganz besonderen Anliegen halfen nur ganz besondere Gelöbnisse. Bei der Geburt eines Erbprinzen verspricht

Kat.Nr. 11–13 Henriette Adelaide 1659 eine *Kirche* zu stiften. Ein Jahr nach dem heißersehnten Ereignis wird der Grundstein der Theatinerkirche gelegt und 1675 bei der Einweihung das Gelübde mit den folgenden Worten promulgiert: »Dem hl. Cajetan von Thiene, dem Gründer einer Gemeinschaft von Priestern und Fürsprecher, welchem wir voller Liebe anhangen, haben wir wie gelobt dieses Gotteshaus als Mahnmal ewigen Dankes errichtet, da uns der Erbprinz Max Emanuel und dank dieses erlauchten Sprosses ein Schutz für Bayern geschenkt wurde. Im Jahre des Heils 1675. K.F.M. und K.H.M.A.«[104] Zum großen Votivkirchenbau in Altötting legte Ferdinand Maria 1672 zwar den Grundstein, aber mit seinem Tod wurden die Arbeiten eingestellt. Die große Kiesgrube wurde erst 1716 geschlossen.[105]

Etwas unklar in ihren Motiven bleibt eine wohl zufällige Kapellenstiftung Max Emanuels. Als er einmal bei Allach der Jagd nachging, hieß er von München aus Pickeln und Schaufeln bringen und fing selbst an, Erde auszuheben und an einen Ort in der Nähe zu tragen, bis ein kleiner Hügel entstanden war. Auf diesem ließ er ein Kruzifix errichten, vor welchem er und seine Gesellschaft demütig ihr Gebet verrichteten. Bald findet der Platz allgemeine Verehrung, und mit seiner Unterstützung wird eine Kapelle, der »Adelsberg«, gebaut. Die Stätte wird 1795 demoliert; Kreuz und Reliquien werden nach Allach gebracht.[106]

Bruderschaften

Wesentlich mitgeprägt wurde das gesamte religiöse Leben des 17. und 18. Jahrhunderts durch das Bruderschaftswesen. An fast jede größere Kirche waren solche Vorläufer der kirchlichen Vereine des 19. und der »Aktionskreise« des 20. Jahrhunderts angeschlossen: in der Hauptsache eucharistische, marianische und Arme-Seelen-Bruderschaften.[107] Auch hier kamen dem Adel und dem Hof eine besondere Vorreiterrolle zu. Max Emanuel »ward ein hohes Mitglied verschidener Marianischer Bruderschafften, besonders der unsrigen Ertz-Bruderschafft Marie vom Trost«.[108] Erhalten
Kat.Nr. 606 ist das Einschreibebuch der Altöttinger Bruderschaft bei U. L. Frau zu München, welche 1579 von Herzog Wilhelm V. gegründet wurde und bis 1885 Bestand hatte. Max Emanuel trug sich 1673 ein mit der Devise: »Non mergar sub hoc maris sidere«.[109] Ferner enthalten sind die Unterschriften von Maria Anna Christina (1673), Joseph Clemens (1680) und Therese Kunigunde (1715). Ferdinand Maria stiftete 1676 eine Standarte für den Gnadenaltar dieser Bruderschaft.[110] Im Einschreibebuch der Christophorusbruderschaft beim Pütrichkloster, die 1664 gegründet wurde, steht Max Emanuels Eintrag (1679) auf der ersten Seite der Mitgliederliste mit dem Motto: »Dominus adjutor meus!« Maria Antonia inskribiert sich 1685, ebenso Joseph Clemens und Violante Beatrix. 1715 war Max Emanuel der Präses dieser Bruderschaft.[111]

Die Bruderschaft der hll. Magdalena und Mauritius bei der Augustinerkirche gründet Max Emanuel zum Gedenken für verstorbene Hofbedienstete und Soldaten. Ebenfalls an die Augustinerkirche angeschlossen war die von Herzog
Albrecht 1502 gegründete St.-Nikolaus-von-Tolentino- Kat.Nr
und St.-Sebastians-Bruderschaft. Der Eintrag Max Emanuels von 1673 lautet: »Crescunt per spicula palmae«.[112]

Bei St. Peter in München besteht seit 1674 eine Corpus-Christi-Bruderschaft, der feierlichen Eröffnung 1675 sitzt Kurprinz Max Emanuel als Präfekt vor.[113] Die Maria-Hilf-Bruderschaft wird 1682 als Passauer Filiale eingeführt.
Das Bruderschaftsbuch von 1683 enthält eine Porträt- Kat.Nr
miniatur Max Emanuels und seine Unterschrift. Die Titel-
miniatur, von der auch ein Stich existiert, zeigt das Maria- Kat.Nr
Hilf-Bild und die Porträts von Joseph Clemens und Violante Beatrix.[114] Bei der Eröffnung des Bruderschaftsaltares 1684 ist Max Emanuel anwesend und stiftet zwei silberne Engel.[115] Ab 1707 erfolgt sogar die Aufnahme von Mitgliedern aus den Spanischen Niederlanden.[116]

Mitglied und Präfekt war Max Emanuel auch bei der Josephsbruderschaft in der Karmeliterkirche, eine Gründung Maria Annas (1663).[117] 1698 errichtet Obersthofmeister Graf Paul von Fugger auf Wunsch des Kurfürsten die Bruderschaft von den Sieben Schmerzen Mariens an der Herzogspitalkirche. Max Emanuel tritt der Bruderschaft bei.[118]

Am weitesten verbreitet war die Bruderschaft zum hl. Michael, 1693 von Joseph Clemens in Berg am Laim gegründet. Später errichtete er Filialen in Freising, Bonn, Köln, Lüttich und Lille.[119]

Auf vielfache Art hatte Max Emanuel für das Jenseitige vorgesorgt und sich den Himmel wahrlich »erkauft«. Im letzten Lebensjahr wurde gar noch eine asketische Handbibliothek beschafft; die Magdalenenklause sollte der Vorbereitung auf den Tod dienen. Johann Theodor und Clemens August waren auf den christlichen Weg gebracht und wirkten in geistlichen Ämtern. Maria Anna Caroline wurde 1719 im Clarissen-Kloster zu München eingekleidet, väterliches Opfer schlechthin, und von Max Emanuel mit einer sehr hohen geistlichen Aussteuer versehen.[120] Karl Albrecht begann seine Regierungsgeschäfte mit einer heiligen Messe und dem Empfang der Kommunion in der Michaelskirche. Kurz vor seinem Ableben hatte sich sein Vater noch einmal zum Altöttinger Gnadenbild verlobt. Der Tod hinderte ihn an der Ausführung. Statt seiner trat Karl Albrecht in Begleitung mehrerer Kavaliere diese Wallfahrt zu Fuß an.

Anmerkungen

[1] Stuttgart 1750, 22f. (§ 6).
[2] Riezler VII 11.
[3] Riezler VII 260ff.
[4] Eine schichtenspezifische Neigung zu bestimmten Formen religiösen Verhaltens beobachtet M. Weber, Wirtschaft und Gesellschaft, Köln 1964 (Neuausgabe), 375, 377f.
[5] T. Gebhard, Marianische Gnadenbilder in Bayern (Kultur und Volk, Festschrift G. Gugitz, Wien 1954) 105.
[6] Das Anger-Gnadenbild wurde dem todkranken Max Emanuel aufs Zimmer gebracht; s. Ludwig des Bayern Weihegeschenke an das Gotteshaus am Anger (Deutsche Illustrierte Rundschau, Okt. 1926) 55–65.
[7] G. Hieber, Der streittende/sigend- und Triumphierende ..., München 1726, 13.
[8] Ph. J. Huth, Von den Verdiensten des Hauses Wittelsbach um die Kirche, Landshut 1777, 211.
[9] Etwas für alle, Bd. I, Würzburg 1711, 17.
[10] Lista derer Durchleuchtigisten Häuser/Clöstern/Stätt/Bruderschafften/Dörffer ..., München 1714.
[11] Hieber (Anm. 7) 12f.
[12] Huth (Anm. 8) 211.
[13] A. Weinperger, Maximilianus II / Der Großmüthige / In einer Lob- und Leichen-Predig ..., München 1726, 8.
[14] B. Kleinschmidt, Antonius von Padua, Düsseldorf 1931, 267.
[15] König II 280.
[16] H. Bleibrunner, Ursprung der Wallfahrt Maria Brünnl, Passau–Landshut 1960, 18–20. – Die Handschrift befindet sich im Pfarrarchiv Heilig-Blut, Landshut.
[17] G. Schilcher, Historia von der göttlichen Gnaden Mutter zu Altenoetting, München 1728, 3. Teil, 280f.
[18] Weinperger (Anm. 13) 12.
[19] R. Kriss, Die Volkskunde der altbayerischen Gnadenstätten, München-Pasing 1953, I, 103ff.
[20] Hieber (Anm. 7) 13.
[21] B. Lins, Geschichte der Wallfahrt und des Franziskaner-Klosters Lechfeld, Lechfeld 1916, 66f.
[22] K. J. Baudenbacher, Die Marienverehrung in Bayerns Königshause, Altötting 1918, 154f.
[23] Die Wallfahrts-Kirche zu Duntenhausen, München 1815.
[24] L. Hauser, Scheyern einst und jetzt, Scheyern 1927, 87. – Vgl. Beitrag Rall.
[25] P. Glasthaner, Besuche und Festlichkeiten in Alt-Ettal (Ettaler Mandl XI, 1923/24, H. 3) 69–80.
[26] König I, 146.
[27] B. Brückner, Kostüm- und trachtenkundliche Aufschlüsse bei ostbayerischen Wachsziehern (BJbV 1957) 22–28; R. Büll, Keroplastik: Ein Einblick in die Erscheinungsformen, ihre Technik und Ästhetik (Vom Wachs, Bd. I, Beitr. 7/2, Frankfurt/Höchst 1969); J. v. Schlosser, Geschichte der Porträtbildnerei in Wachs (Jb. d. Kunsthist. Samml. des allerhöchsten Kaiserhauses 29, 1910) 171–258.
[28] E. Krausen, Votivbilder und Weihegaben in Münchner Kirchen (BJbV 1958) 74–84; L. Kriss-Rettenbeck, Bilder und Zeichen religiösen Volksglaubens, München 1963, Abb. 412.
[29] Bayerisches Nationalmuseum L 62/17.
[30] Kat. Bayerische Frömmigkeit, München 1960, Nr. 492.
[31] I. Gierl, Bauernleben und Bauernwallfahrt in Altbayern, München 1960, 26.
[32] König II, 284.
[33] Kleinschmidt (Anm. 14) 265.
[34] König II, 280.
[35] König I, 240 und T. 31.
[36] König II, 284.
[37] J. M. Söltl, Die frommen und milden Stiftungen der Wittelsbacher über einen großen Teil von Deutschland aus archivalischen und anderen Schriften geschöpft, Landshut 1858, 213.
[38] König II, 284.
[39] Ib.
[40] Söltl (Anm. 37) 212.
[41] A. Lucidi, Notizie della Santa Casa di Maria Vergine Venerata in Loreto, Loreto 1790, 82.
[42] König II, 363 und I, 237.
[43] König I, 237.
[44] König II, 364 und I, 238.
[45] König II, 362f.
[46] König I, 238.
[47] Söltl (Anm. 37) 214.
[48] Kleinschmidt (Anm. 14) 266.
[49] König II, 334.
[50] Ib. II, 334 und I, 238.
[51] Ib. I, 238 und II, 338.
[52] R. Böck, Die Verehrung des Hl. Benno in München (BJbV 1958) 68.
[53] J. M. Forster, Das gottselige München, München 1895, 42ff.
[54] König I, 239.
[55] L. Kriss-Rettenbeck, Ex Voto, Zürich 1972, Abb. 72/73.
[56] Leben und Wunderwerck/Deß heiligen Bischoffs und Beichtigers Benno ... München 1697, 371 (Mirakel 497).
[57] Söltl (Anm. 37) 216.
[58] A. Salberg, Geschichte des Wallfahrtsortes Ettal, Ettal 1934, 40.
[59] Die Wallfahrts-Kirche zu Duntenhausen (Anm. 23).
[60] König II, 283.
[61] Weinperger (Anm. 13) 12.
[62] Kat. Bayern. Kunst und Kultur, München 1972, Nr. 404; König II, 277.
[63] Ib. 283.
[64] M. Strich, Der Münchener Residenzbrand vom 9. April 1674 und der Herzog von Vitry (Bayerland XXV, 1914) 184ff.
[65] König II, 283f.
[66] Ib. 281.
[67] Schilcher (Anm. 17) 230ff. und König II, 281f.
[68] Bayerisches Nationalmuseum, Inv.Nr. R 2789.
[69] Ingolstadt, Stadtmuseum.
[70] Vgl. L. Kriss-Rettenbeck, Das Votivbild, München 1958.
[71] Weinperger (Anm. 13); das Blatt ist sign.: Adam Miller del. und F. J. Spätt fec.
[72] König I, 89.
[73] König II, 280.
[74] Kat. Bayerische Frömmigkeit (Anm. 30) Nr. 494.
[75] König II, 280.
[76] König II, 336 und I, 175.
[77] Kat. Clemens August, Nr. 100.
[78] Hieber (Anm. 7) 12. – Pastor X/10, 817 u. 830, erwähnt einen diesbezüglichen Briefwechsel Max Emanuels mit Papst Innozenz XI.
[79] Bayerisches Nationalmuseum, Erwerbungsakten 1864.
[80] W. Buchowiecki, Handbuch der Kirchen Roms Bd. III, Wien 1974, 301. Die aufgrund des Irrtums nach München gelangte Fahne kam 1923 vom Nationalmuseum an das Völkerkundemuseum, wo sie im Zweiten Weltkrieg verbrannte.
[81] Forster (Anm. 53) 527. – Türkenbeute als Votivgabe: z. B. Passau, Maria Hilf, verschiedene Stücke durch Leopold I.: G. Schäffer, Stadt und Bistum Passau in den Türkenkriegen (Heimatglocken 1975, Nr. 5); Augsburg, Dom, Fahne durch Ludwig von Baden: B. Bushart, Die Barockisierung des Augsburger Domes (Jb. d. Vereins f. Augsburger Bistumsgeschichte 3, 1969), 126 (aber nicht identisch mit der noch erhaltenen Fahne, die wohl aus dem 16. Jahr-

hundert stammt); München, Karmeliterkirche, Fahne durch den Rittmeister Jakob Pendler 1685 gestiftet: Forster (Anm. 53) 285f. Eine 1688 von Oberst Leydl bei der Eroberung von Semendria gefundene Ikone wurde von Maria Antonia den Hieronymiten geschenkt und befand sich bis zum Zweiten Weltkrieg in der Klosterkirche St. Anna: Baudenbacher (Anm. 22) 148.

[82] Häufig beschrieben: L. Hübner, Beschreibung der kurbaierischen Haupt- und Residenzstadt München Teil I, München 1803, 218 f.; Forster (Anm. 53) 47 u. 57; F. Berberich, Führer durch den Dom zu U. L. Frau in München, München 1932, 88. Krausen (Anm. 28) 76. Auch eine Lithographie von 1839 existiert: München, Stadtmuseum, Maillinger I, 655.

[83] Hieber (Anm. 7) 14.

[84] Weinperger (Anm. 13) 11.

[85] König I, 243ff. und T. 32, 33.

[86] Hieber (Anm. 7) 13.

[87] Weinperger (Anm. 13) 4.

[88] Die Gräfin Sternberg war die Tochter Maximilian von Preysings. König I, 268, 277.

[89] Ib. 268, 270, 277.

[90] Ib. 215.

[91] Söltl (Anm. 37) 211.

[92] Kat. Bayerische Frömmigkeit (Anm. 30) Nr. 500.

[93] König I, 228.

[94] Ib.

[95] König I, 171 u. T. 29.

[96] Gierl (Anm. 31) 25.

[97] Weinperger (Anm. 13) 3.

[98] A. Kübler, Dachau in verflossenen Jahrhunderten, Dachau 1928, 145.

[99] König I, 118f. u. T. 8.

[100] R. Haller, Berg- und Hüttenmännisches Leben in der Hofmark Bodenmais 1580–1820, Zwiesel 1972, 109f.

[101] A. Frhr. v. Ow, Beiträge zur Geschichte Max Emanuels (ABM IV, 1902) 131.

[102] Kat. Barock im Oberland, Landeck, Innsbruck 1973. Das Bild befindet sich jetzt in Lienz in der Kapelle der Landwirtschaftlichen Lehranstalt.

[103] M. Hartig, Die oberbayerischen Stifte, München 1935, I 115.

[104] J. Kögel, Geschichte der St. Kajetans Hofkirche, München 1899.

[105] König II, 290; Zuccallis Plan: Kat. Bayerische Frömmigkeit (Anm. 30) Nr. 497.

[106] A. Huhn, Geschichte des Spitals, der Kirche und der Pfarrei zum hl. Geist, München 1888, 198.

[107] Vgl. Bauerreiß VII, 314ff.; H. Schnell, Der baierische Barock, München 1936.

[108] Hieber (Anm. 7) 14.

[109] Kat. Bayer. Nationalmuseum XI, Nr. 737.

[110] Baudenbacher (Anm. 22) 120.

[111] A. Mayer, St. Christoph und seine Erzbruderschaft im Pütrichkloster zu München (OA 28) 109–112. Das Einschreibebuch befindet sich in München, Erzbischöfliches Ordinariatsarchiv Cim 32.

[112] Kat. Bayer. Nationalmuseum XI, Nr. 734.

[113] Forster (Anm. 53) 523.

[114] Stadtmuseum, Maillinger I, 635. Das Bruderschaftsbuch im Pfarrarchiv St. Peter: Kat. Bayerische Frömmigkeit (Anm. 30) Nr. 874 (mit falscher Zuschreibung der Bildnisse).

[115] Baudenbacher (Anm. 22) 148.

[116] Forster (Anm. 53) 528: »Dessen boek dient omnte naamen inteschryben van het Broederschap von onze liewen vrouwen van Munichen (1707–1756).«

[117] Ib. 135.

[118] Ib. 631.

[119] L. Trost, Die Geschichte des St. Michaels-Ordens in Bayern und der St. Michaelsbruderschaft seit dem Jahre 1693 bis auf die Gegenwart, München–Leipzig 1888; A. Feulner, Kurfürst Joseph Clemens von Bayern-Köln (AbM 15) 11.

[120] A. Frhr. v. Ow, Einkleidung der Prinzessin Maria Anna Karolina im Clarissen-Kloster zu München (1719) (AbM 2, 1900) 143ff.

Robert Münster

Die Musik am Hofe Max Emanuels

Die Musikausübung in der kurfürstlichen Familie

Zu den besonderen Anliegen des Hauses Wittelsbach gehörte seit jeher die Pflege und Förderung der Tonkunst. Wenn vor allem im Barock der Musik allenthalben von der vielgestaltigen höfischen Repräsentation bis hinein in den fürstlichen Familienkreis ein weites Feld eingeräumt war, so galt das ganz besonders für die Regierungszeit des Kurfürsten Max Emanuel. Die schon früh ausgeprägte Neigung des Prinzen zur Musik war Erbteil beider Eltern. Kurfürst Ferdinand Maria, der selbst das Cembalo spielte, hatte die Hofmusik, namentlich seit 1656, durch seinen Hofkapellmeister Johann Kaspar Kerll (1627–1693) neu in Schwung gebracht. Mehr noch als er hat aber wohl die Mutter, die reich talentierte Kurfürstin Henriette Adelaide, bis zu ihrem frühen Tod im Jahr 1676 die musikalischen Interessen des Kurprinzen zu wecken verstanden. Sie selbst sang gerne und war vom Hofkapellmeister Kerll in der Laute und vom Hofkaplan, Dichter und Harfenisten Giovanni Battista Maccioni im Spiel der Harfe unterwiesen worden.[1] Auch Guitarre muß sie gespielt haben, denn eine Tabulatur für dieses Instrument mit ihrem eigenhändigen Besitzvermerk ist in der Bayerischen Staatsbibliothek erhalten. Kerll, einer der bedeutendsten Komponisten der Zeit, war auch der Orgellehrer Max Emanuels. Neben ihm hatte der aus Frankreich stammende Cornetist Melchior d'Ardespin (ca. 1643–1717) nach seinen eigenen Worten »die gnad gehabt, Euer Churfürstl. Drlt. selbst in der Music underthenig zu instruiren, wozu ich so tag und nacht mit angesparten Fleiß all mein krefften angestrengt«.[2] Er hat den Kurprinzen sicherlich frühzeitig mit der französischen Musik vertraut gemacht.

Die wissenschaftliche Bildung Max Emanuels war im wesentlichen den Jesuiten anvertraut, die ja stets die Musik in ihrem Unterrichtsplan berücksichtigt haben. Im Jahr 1670 widmete der Landshuter Jesuitenpater Michael Pexenfelder dem Achtjährigen seinen mehr als tausend Seiten umfassenden »Apparatus eruditionis«, ein für die Unterrichtung der Jugend geschriebenes Kompendium, das zwischen der Arithmetica und der Geometria in knapper Form die Grundbegriffe der Musik und der Notation bot.[3]

Auch die Geschwister Max Emanuels waren große Liebhaber der Musik; Prinzessin Maria Anna Christina, die spätere Gemahlin des Grand Dauphin, war Schülerin des Hoflautenisten Rochus Perhandsky,[4] Violante Beatrix war eine virtuose Cembalistin,[5] und der die Laute spielende Joseph Clemens, der sich selbst einen »Ignoranten der keine musique kann« nennt, komponierte für die St.-Michaels-Kirche zu München mehrere verschollene Motetten, die er, der Notenschrift unkundig, einem »musicalischen componisten« vorsang, welcher sie dann zu Papier brachte.[6] Die Kaisertochter Maria Antonia, die schon in Wien musikalisch gebildete erste Gemahlin Max Emanuels, der J. K. Kerll 1686 sein Orgelwerk »Modulatio organica« widmete, Kat.Nr. 541
war vor allem der deutschen Vokalmusik sehr aufgeschlossen. Die drei Prinzen Karl Albrecht, Clemens August und Ferdinand Maria sind Schüler des Hoftenoristen Johann Christoph Pez gewesen. Sie wurden auch während der Exilszeit in Graz weiter in der Musik unterwiesen: alle drei in der Laute, Philipp Moritz und Ferdinand Maria dazu in der Flöte und Johann Theodor in der Guitarre und in der Pauke.[7] Prinzessin Maria Anna Carolina, die 1704 als Nikolausgeschenk ein Spinett erhalten hatte, genoß in München u. a. den Unterricht des Hoftenoristen Gottfried Georg Elias Neuner. Sie hat auch nach der Einkleidung als Schwester Emanuela Therese im Kloster auf dem Anger die Musik nicht vernachlässigt.[8]

Max Emanuel und seine Hofmusik

1679, im Jahr bevor Kurfürst Max Emanuel die Regierung antrat, bestand die Hofmusik aus 29 »Instrumentisten und Trompetern« (1 Cornetist, 1 Fagottist, 3 Posaunisten, 2 Violisten, 1 Lautenist, 1 Harfenist, 1 Kalkant, 17 Trompeter, von welchen zumindest zwei auch andere Instrumente zusätzlich spielten, und 2 Pauker) und 30 »Hofmusikanten«, zu denen neben den Sängern auch der Hof- und der Vizekapellmeister sowie die Organisten gehörten. Für die Gehälter wurden rund 27400 Gulden aufgewendet.[9] Die Zahl umfaßte aber nicht alle am Hofe wirkenden Musiker. Jüngere Musiker spielten als »Accessisten« oft längere Zeit ohne Gehalt, bis sie in Stellen als wirkliche Hofmusiker mit Besoldung einrücken konnten. Manche Sänger, vor allem Sängerinnen, die es damals schon am

Hofe gab, hatten nur Anstellung auf kürzere Zeit, oder sie bezogen ihr Gehalt als kurfürstliche Kammerdiener. Vom ersten Jahr an ist das Bestreben Max Emanuels erkennbar, seine Hofmusik weiter auszubauen. Jahr für Jahr stiegen bis 1688 die Gehälter bei gleichzeitiger Vermehrung des Personals. Bemerkenswert ist dabei, daß die Ausgaben für die Instrumentalmusiker bis 1688 den doppelten Betrag von 1679 überstiegen, die Kosten für die Hofmusikanten, also die Vokalmusik, aber nach einem Anstieg von mehr als 20 Prozent im Jahr 1688 wieder auf die Summe von 1679 zurückgingen. Bereits unter Ferdinand Maria war die Vokalmusik verhältnismäßig stark besetzt gewesen. Max Emanuel legte nun – schon auf Grund der sich wandelnden Aufführungspraxis und der allgemein zunehmenden Bedeutung der Instrumentalkomposition – besonderen Nachdruck auf die Erweiterung seiner instrumentalen Hofmusik. Im Jahr 1688 betrug hier der Personalstand 38 Musiker (1 Cornetist, 3 Posaunisten, 6 Violisten und 7 weitere Instrumentisten, 2 Lautenisten, 1 Theorbist, 1 Organist, 1 Kalkant, 14 Trompeter und 2 Pauker).[10] Deutlich erkennbar ist der Ausbau des Streicherapparates, an den wir selbstverständlich nicht die Maßstäbe heutiger Besetzungspraxis legen dürfen.

Trotz der Personalvermehrung reichte bei den Opernaufführungen und auch bei anderen musikalischen Veranstaltungen die Zahl der Hofmusiker nicht immer aus. So mußten für die Aufführungen der großen Opern und Turniere regelmäßig zusätzlich Münchner Stadt- und Pfarrmusiker verpflichtet werden. Bei Steffanis Karnevalsoper »Marco Aurelio« 1681 waren es neun, bei dessen »Solone« im Karneval 1685 zehn, bei »Alarico il Baltha« 1688 zwölf und bei der von G. A. Bernabei komponierten Turnierkantate »La Gloria festeggiante« im gleichen Jahr gleich neunzehn Musiker, die bei den Proben wie bei den Aufführungen als Verstärkung mitgewirkt haben.[11] Mancher von ihnen hat sich dabei bewährt und später Aufnahme in die Hofmusik gefunden, wie etwa der als Musiker bei St. Peter tätige und später zu Kapellmeisterehren gelangte Johann Christoph Pez (1664–1716), dem wir schon 1685 unter den Aushilfsmusikern begegnen.[12]

Bei den Proben und Aufführungen der Opern und Turniere wurde, wohl als Chorverstärkung, jeweils eine größere Anzahl von Studenten aus dem Jesuitengymnasium mit beschäftigt. Bei den Turnieren waren es gewöhnlich 30, bei den Opern meist 50. Besonders groß war die Zahl bei den Aufführungen im Januar 1688. In den Proben und Aufführungen von Steffanis »Niobe« und bei Bernabeis »La Gloria festeggiante« waren jeweils 108 Studenten beteiligt.[13] Die Auszahlung der bescheidenen Honorare für die Studiosi scheint allerdings nicht immer sogleich erfolgt zu sein. 1686 erhielten die 119 Beschäftigten überhaupt nichts, da der kurfürstliche Garderobier etliche von ihnen beschuldigte, sich vor der Oper in Theatergewändern in den Bräuhäusern beim Bier eingefunden und nach der Aufführung mutwillig Fenster in einem Gang der Residenz eingeschlagen zu haben.[14] Im Frühjahr 1689 baten 48 Studenten in einer Eingabe um Auszahlung der ihnen zustehenden 190 Gulden. Wie sie anführten, hatten sie sich im Jahr zuvor in der Oper und im Turnier »bey versaumbung viller Zeit bey den Studiis embsigist gebrauchen lassen« und einiges an »Schuech und Strimpf« konsumiert.[15] Um diese Zeit zwang die finanzielle Lage bei den nun schon mehrere Jahre lang währenden Kriegszügen zu Sparmaßnahmen des Hofes. Bereits 1687 sollten fünf Musiker entlassen werden, doch Kapellmeister Bernabei erreichte durch seinen Einspruch die Rücknahme des in Ungarn erlassenen Dekrets.[16] 1689 wurde die Hofmusik jedoch durch empfindliche Gehaltskürzungen betroffen. Die Gesamtausgaben im Jahr sanken von 35970 auf 29365 Gulden. 1699 lagen sie schließlich bei 21430 Gulden,[17] doch diese Zahl läßt sich nicht mit der von 1689 vergleichen, da um diese Zeit dem Kurfürsten in Brüssel auch andere Musiker außerhalb seiner Hofmusik zur Verfügung standen.

Ab März 1692, nach der Übernahme der Statthalterschaft in den Spanischen Niederlanden, verlagerte sich das höfische Musikleben um Max Emanuel weitgehend von München nach Brüssel. Der größte Teil der Hofmusik, etwa drei Viertel der Musiker, blieb unter Kapellmeister G. A. Bernabei in München zurück, wo die Hofgottesdienste weiter zu besorgen waren. Der Kammerorganist Pietro Torri aber wurde nach Brüssel beordert, und eine Reihe von Musikern mußte nach und nach als Stammpersonal dorthin folgen. Es waren insgesamt drei Sänger und sieben Instrumentalisten, dazu noch die Sänger und Kammerdiener Pietro Zambonini und Clementin von Hadersberg.[18] Torri wurde zum Kapellmeister der königlichen Kapelle zu Brüssel bestellt, der alle Hofmusiker angehörten und in welcher darüber hinaus örtliche Kräfte spielten, wie etwa der aus einer angesehenen Musikerfamilie stammende Philipp Kerckhoven, dem auch das Stimmen der Spinette der kurfürstlichen Kammermusik anvertraut war.[19] Torri scheint mit der Kapelle hauptsächlich die nichttheatralischen Aufführungen und die Oratorien betreut zu haben. Bei ihm standen zwei Singknaben aus Bayern in Kost, unter welchen sich 1698/99 ein Bruder der beiden Asams befand.[20] Das Personal der durch den Vizekapellmeister Pierre-Antoine Fiocco (1650–1714) dirigierten Oper bestand aus etwa 20 Sängern und Sängerinnen, etwa 50 Choristen, 6 Ballettänzern und rund 20 Orchestermusikern, unter welchen auch die Hofmusiker Max Emanuels mitspielten.[21] Während in jenen Jahren große Hoffeste gefeiert wurden, war es mit der finanziellen Situation der in den Niederlanden befindlichen Musiker nicht zum besten bestellt. Eine Aufstellung aus dem Jahr 1701 zeigt, daß ihnen der größte Teil der zurückliegenden Jahresgehälter nicht ausbezahlt worden war.[22] Dennoch hat Max Emanuel in Brüssel einige Musiker neu aufgenommen, wie den Hoftrompeter Louis Petit, »als welcher der französischen und brabandischen Sprach khindig und in hiesigen Niederlanden hin und wider geschickht werden kann«.[23]

Mit der Rückkehr Max Emanuels im Jahr 1701 kamen alle Hofmusiker wieder nach München. Auch der seit 1695 bei Kurfürst Joseph Clemens in Köln als Kapellmeister im Dienst gewesene Johann Christoph Pez, der die Jahre hindurch mit dem Hofe Max Emanuels in Verbindung geblieben war, stieß wieder zur kurfürstlichen Hofmusik seiner Heimatstadt. Die von Max Emanuel selbst beeinflußten politischen Entwicklungen gestatteten dem Kurfürsten allerdings keine lange Bleibe. Als Max Emanuel im April 1704 München verließ und nach der verlorenen Schlacht bei Höchstädt nach Brüssel fliehen mußte, ließ er wieder einige Mitglieder seiner Hofmusik dorthin folgen. Es waren dieselben Musiker, die zuvor schon mit in Brüssel gewesen waren, ohne die beiden Deutschen F. Teybner und Ph. J. Seerieder, dazu aber der neu verpflichtete Violoncellist Evaristo Felice dall'Abaco (1675–1742) sowie sechs Trompeter und ein Pauker.[24]

Die zurückgebliebenen Hofmusiker wurden im Jahr 1706 durch die kaiserliche Administration entlassen. Mit Bewegung liest man das Verzeichnis »Yber die hier bey der vorig gdisten Landts-Herrschaft geweßenen Hofmusikanten« vom 14. September.[25] Aus seinen dürftigen Angaben ersteht ein Bild von der traurigen Notlage der vielfach in höherem Lebensalter stehenden Musiker, die zum Teil schon mehrere Jahrzehnte Dienst geleistet hatten. Den Bedürftigsten unter ihnen wurden monatliche Zuwendungen von einem bis zu sechs Gulden zugesagt, mit welchen sie nicht leben und nicht sterben konnten. Einige Musiker, voran drei mit reicher kompositorischer Erfahrung, gingen in andere Dienste: Johann Christoph Pez als Kapellmeister nach Württemberg, der tüchtige Rupert Ignaz Mayr (1646–1712) in der gleichen Eigenschaft nach Freising und der Organist Johann Dominikus Deichel (um 1656 – nach 1715) als Oberorganist nach Altötting, wohin ihm auch zwei Sänger folgten. Der einstige Stadtmusiker Michael Koch blieb bei den Jesuiten in München, für die in den folgenden Jahren auch Kapellmeister G. A. Bernabei in vermehrtem Umfang tätig war. Bernabei wurde erst am 21. Mai 1708 aus dem Dienst entlassen. Im Jahr 1710 bestellte die Administration dann wieder eine kleine Hofmusik aus vier Musikern und zwei Kalkanten, die wohl im wesentlichen Kirchendienste zu verrichten hatte.[26]

Max Emanuel erweiterte in Brüssel den nachgekommenen Teil seiner Hofmusik wiederum durch Neuverpflichtungen von niederländischen und französischen Musikern. So trat am 1. April 1704 der reformierte Musicus Bonel und 1707 der Oboist Le Grand von den Grenadieren à cheval in die Hofmusik, »in Ansehnung er sich schon 2 Jahr her bei derselben gebrauchen last.«[27] Der häufige Ortswechsel nach dem Verlust von Brüssel und Mons brachte dann neben den zunehmenden wirtschaftlichen Sorgen viel Unruhe in das Leben der Musiker. Der Theorbist Giuseppe Trevisani und der Instrumentist Vinzenz Lambert wechselten in die Dienste des Kölner Kurfürsten Joseph Clemens über, der wie sein Bruder Max Emanuel in den Niederlanden seine Zuflucht gesucht hatte und in Lille, Mons und Valenciennes residierte.[28] Mancher der Musiker wurde zu nichtmusikalischen Aufgaben herangezogen, so etwa der Hoftrompeter Johann Caspar Burger im Jahr 1710 »zu einigen Commissionen ins feindliche Lager«.[29] Auch Pietro Torri war öfters unterwegs, so 1708 in Paris sowie 1708, 1710, 1712/13 und 1714 in Lille beziehungsweise Valenciennes zur Aufführung eigener Oratorien und Opern, die Joseph Clemens bei ihm bestellt hatte.[30]

Die immer bedrohlicher werdende finanzielle Situation brachte es mit sich, daß die Gehälter, wenn überhaupt, nur unregelmäßig und mit großem Verzug ausbezahlt wurden. Eine kleine Episode aus dem Jahr 1713 verdeutlicht die Lage in den letzten Exilsjahren. Max Emanuel befahl im August seinem Kapellmeister »Peter Torri sambt denen sich zu Namur befindendten Camer Musicis nacher Compiègne zu kommen«. Diese Anweisung konnte aber nicht ausgeführt werden, da sich im Hofmarstall kein entbehrliches Pferd befand und Leihpferde und -wagen nicht zu bekommen waren. Die Gegenfrage, ob die Musiker deshalb mit der Landkutsche auf dem weiten Umweg über Brüssel nach Compiègne reisen sollten, wurde vom Kurfürsten der hohen Kosten wegen verneint. Die Musiker sollten statt dessen in Namur bleiben und warten, bis Pferde beschafft werden könnten.[31] Im September kam dann Max Emanuel selbst nach Namur.

Vor allem seit 1708 stand Max Emanuels Hofmusik in engem Kontakt zu Paris. Der Sekretär des dortigen Gesandten Graf Monasterol sandte Musikalien nach Compiègne, Saiten für die Instrumente wurden aus Paris bezogen und Instrumente dort gekauft beziehungsweise repariert.[32]

Als der Kurfürst endlich im Jahr 1715 nach München zurückgekehrt war, ließ er sofort seine einst so leistungsfähige Hofmusik neu organisieren. Die noch dienstfähigen Mitglieder aus der alten Kapelle wurden wieder eingestellt, aus Frankreich kamen sechs Oboisten sowie ein Kammermusikkopist und die bereits dort in kurfürstlichem Dienst gewesenen Torri, dall'Abaco, Remy Normand und Gabriel Duboisson. Um die Zahl der Trompeter wieder zu erhöhen, wurden zu den zurückgekehrten sechs weitere sechs, darunter drei Militärtrompeter und zwei Trompeter aus Fürstlich Löwensteinschen Diensten, neu aufgenommen. Mit der Kurfürstin Therese Kunigunde kamen aus Venedig der Violinist Giuseppe Brescianello (ca. 1685 bis 1757), der allerdings schon 1716 als Musikdirektor nach Stuttgart weiterzog, und der Altist Vinzenzo Corradi. Neu in den Münchner Hofdienst traten auch der berühmte Kastrat Filippo Ballatri und die Sängerin Lucretia Panizza sowie sechs Instrumentalmusiker. Die gesamte Kapelle bestand jetzt ohne die Trompeter aus 52 Musikern und hatte damit ihre bisherige Höchstzahl erreicht.[33] Eine Reihe dieser Musiker war allerdings infolge höheren Alters nur mehr beschränkt verwendungsfähig. Hofkapellmeister wurde wieder G. A. Bernabei, doch P. Torri erhielt als Kapelldirektor die einflußreichere Stelle mit höherem Gehalt. E. F. dall'Abaco, schon in den Niederlanden zum Konzertmeister ernannt, trat 1717 die Nachfolge des verstorbenen Melchior d'Ardespin an. Bernabei hatte die Direktion der Kirchenmusik inne, Torri leitete die Opern und die Kammermusik, und dall'Abaco nahm neben seiner Sorge für die Instrumente und für die Herstellung der Notenkopien die Funktion des führenden Geigers in den drei Musikbereichen ein. Damit waren jetzt alle drei wichtigen Posten in der Hofmusik von Italienern besetzt. Der Personalstand der Hofmusik stieg in den folgenden Jahren weiter an, obwohl die Gehälter zum Teil nur schleppend, in einigen Fällen erst in den dreißiger Jahren ausbezahlt werden konnten. Im Todesjahr Max Emanuels umfaßte sie neben Bernabei und Torri 21 Sänger, 40 Instrumentalisten mit den Oboisten und Fagottisten sowie 18 Hoftrompeter und Pauker. Unter den Sängern finden wir 10 Italiener und 11 Deutsche, wobei das Spitzengehalt für die Italiener bei 1500 Gulden, für die Deutschen aber bei 500 Gulden lag. Die Instrumentalmusik setzte sich aus 26 Deutschen, 9 Franzosen und 5 Italienern zusammen.[34]

1726 ging mit Max Emanuel eine an Pracht und Vielfalt überreiche Periode der Münchner Musikgeschichte zu Ende. Kurfürst Karl Albrecht schränkte nach seinem Regierungsantritt die Hofmusik kurzfristig um ein Geringes ein, doch bald fand auch unter ihm das Musikleben am Hofe seinen bisher gewohnten Fortgang. Freilich setzten die zum Österreichischen Erbfolgekrieg führenden Ereignisse dem Münchner Hofleben nach eineinhalb Jahrzehnten wiederum einen Schlußpunkt. Max Emanuel und Karl Albrecht mußten aus eigenem Verschulden den Weg ins Exil antreten. So konnte sich auch die von ihnen so geförderte Hofmusik trotz beachtenswerter Leistungen nicht über einen längeren Zeitraum kontinuierlich fortentwickeln. Die nach dem mehrmaligen Neubeginn gebotenen Beschränkungen unter Max III. Joseph ließen das Münchner Musikleben, abgesehen von einzelnen Ereignissen wie den Uraufführungen zweier Mozartopern, nicht mehr jenes europäische Format erreichen, das es im ersten Jahrzehnt der Regierung Max Emanuels zweifellos besessen hat.

Musiktheater und Turnierspiele

Die Münchner Hofoper gelangte in den ersten und auch in den letzten zehn Jahren der Regierungszeit Max Emanuels zu künstlerischen Höhepunkten, die an Pracht und Aufwand später kaum mehr überboten wurden. Unter Kurfürst Ferdinand Maria war, wesentlich gefördert durch dessen Gemahlin Henriette Adelaide, das Musiktheater am Münchner Hofe heimisch geworden und hatte sich in wenigen Jahrzehnten von kantatenartigen Anfängen (»L'Arpa festante« 1651) bis zu den großen Barockopern von Johann Kaspar Kerll und Ercole Bernabei entfaltet. Mit Hofkapellmeister Kerll, einem Schüler des berühmten römischen Oratorienmeisters Carissimi, steht ein Deutscher am Beginn der stattlichen Reihe der Münchner Opernkomponisten von Rang.[35] Leider ist von seinen italienischen Opern für den bayerischen Hof, zu denen auch das 1662 anläßlich der Geburt Max Emanuels überaus kostspielig in Szene gesetzte »Kurbayerische Freudenfest« in drei musikalischen Dramen gehört, keine einzige erhalten geblieben. Nachdem Kerll 1674, »wegen eines von einem Italiener unleidlichen Torto affrondiert«,[36] seine Stellung verlassen hatte und nach Wien gegangen war, wurde Ercole Bernabei (1622–1687) aus Rom sein Nachfolger. Auch von dessen Bühnenwerken, die, abgesehen von der Turnierkantate »Erote ed Anterote« von 1686, zeitlich noch vor dem Regierungsantritt Max Emanuels lagen, sind nur die Libretti erhalten. Noch bevor Giuseppe Antonio Bernabei (1649–1732) nach dem Tode seines Vaters 1687 das Kapellmeisteramt übernahm, trat auch er schon mit mehreren großen Opern und Kantaten bei Hofe hervor. Das *Dramma per musica* »L'Ermione« zum Regierungsantritt Max Emanuels stammt aus seiner Feder. Das bisher noch nicht gewürdigte Bühnenwerk G. A. Bernabeis ist gekennzeichnet durch eine edle, kantable Linienführung im Vokalen und Instrumentalen. Neben den Streichern werden Flöten bevorzugt verwendet, unter den Soloinstrumenten erscheint in einer Arie der *Serenata* »Venere pronuba« (1688) auch die Theorbe. Gerade dieses Werk ist bemerkenswert dadurch, daß die Aufführung zweichörig, möglicherweise von zwei gegenüberliegenden Seiten eines Saales aus, erfolgte. Schon die Einleitungssinfonie ist doppelchörig angelegt. In der Folge der Arien wechseln dann beide Instrumentalchöre ab.

Die große Geste des Opernkomponisten war G. A. Bernabei fremd. Man spürt trotz aller Schönheiten, daß seine eigentliche Domäne die Kirchenmusik gewesen ist. So konnte Agostino Steffani (1654–1728) von 1681 bis zu seinem Weggang 1688 – er verließ München, weil er nicht zum Nachfolger seines Lehrers Ercole Bernabei ernannt wurde – zum führenden dramatischen Komponisten des Hofes aufsteigen. Sein Stil vereinigt dominierende italienische und (nach einem Paris-Aufenthalt 1678/79) französische Elemente zu einer glücklichen Synthese.[37] Mit Steffanis letzten Werken für München, die als Zeugnisse für das hocherhobene Selbstbewußtsein Max Emanuels nach dessen Erfolgen bei den Türkenkriegen mit höchstem Glanz über die Bühne gingen, war musikalisch wie ausstattungsmäßig der Höhepunkt der Münchner Barockoper erreicht. Zu »Servio Tullio« (1686) wurden die Kostüme in Kat.N
Paris gefertigt, zu »Alarico il Baltha« (1687) wurde eine Truppe französischer Instrumentalisten zur Verstärkung der Hofmusik verpflichtet. Wie bei den Opern Bernabeis ist

in der Musik Steffanis der venezianische Geschmack maßgebend. Die im Januar 1688 aufgeführte »Niobe« verlangt einen Instrumentalkörper von 2 Flöten, 2 Oboen, Fagott, 4 Trompeten und Pauken, vierstimmigem Streichorchester, Cembalo, Theorbe und einem solistischen Violenquartett.

Am 5. Februar 1690 wurde anläßlich des Besuches von Kaiser Leopold I. als erste Festoper der prächtig ausgestattete »L'Eraclio« aufgeführt. Den Akten zufolge war nicht der Hoforganist Vincenzo Bernabei, ein Bruder des amtierenden Kapellmeisters, sondern der ehemalige kaiserliche Hofsänger Clementin von Hadersberg (ca. 1660–1714) der Komponist. Nur die von Melchior d'Ardespin stammende Ballettmusik blieb erhalten. Von Hadersberg sang auch in der neu entdeckten ersten Münchner Kantate »Fetonte« von Pietro Torri (ca. 1650–1737), die 1689/90 gegeben wurde.[38] Der aus Peschiera am Gardasee stammende Torri hatte bis 1684 als Kapellmeister im Dienste des Markgräflichen Hofes zu Bayreuth gestanden und wurde, nachdem er sich schon an der Rheinfront »in dem heurigen Veldzug gebrauchen lassen«,[39] ab. 1. Oktober 1689 als Kammerorganist angestellt. Er ist vor allem in seinen frühen Werken dem Vorbild Steffani stark verpflichtet. Torri trat bis zum Beginn der niederländischen Statthalterschaft mit einigen kleineren Kantaten hervor und scheint sich bald das Vertrauen des Kurfürsten erworben zu haben. Max Emanuel ließ ihn in bevorzugter Stellung nach Brüssel folgen und verschaffte ihm dort die Gelegenheit, die französische Musik und ihre Formen, vor allem die Werke des Hofkomponisten Ludwigs XIV., des 1687 verstorbenen Jean Baptiste Lully, kennenzulernen.

Seit 1694 wurden in der Salle de la Montagne Sainte Elisabeth unter der künstlerischen Leitung von P.-A. Fiocco Opern gegeben. Die finanzielle Leitung dieses Theaters lag in den Händen von Max Emanuels niederländischem Zahlmeister Johann Paul Bombarda, einem ehemaligen Instrumentisten der kurfürstlichen Hofmusik. Von Lully spielte man im Januar 1695 »Amadis de Gaule«, im November 1695 »Acis et Galathée«, im November 1696 »Bellérophon« und im Dezember 1697 »Thesée«. Vorangestellt war jeweils ein neu komponierter Prolog von Fiocco, der den Titel eines *Lieutenant de la musique de la Cour de Bruxelles* führte.[40]

Anlässe für besonders luxuriöse Feste, die Max Emanuel sicher auch verbunden mit Theateraufführungen feiern ließ, boten u. a. die von 1697 bis 1700 jährlich jeweils in den Monat August fallende Geburt eines Prinzen oder einer Prinzessin oder das Friedensfest im Juli 1698. Im Jahr 1697 erfolgte auf Veranlassung Max Emanuels der Beginn der Bauarbeiten zu einem neuen Theater in Brüssel, in dem dann anläßlich seines Namenstags im Oktober 1700 Lullys »Atys« aufgeführt wurde.[41] Aus erhaltenen Akten ist zu sehen, daß der Kurfürst bis 1699 einen Betrag von insgesamt 22000 Patacons für Opern und Komödien bereitstellen ließ.[42] Auch manche Nebenausgaben sind belegt, wie die Zahlung von 1206 Gulden für Domenico Lorenzoni »umb allerhandt Waffen in den operen, und comedies«.[43]

Pietro Torri, der in den Niederlanden zum Kapellmeister ernannt worden war, hat zwischen 1692 und 1701 und dann in den Exilsjahren 1704–1715 mehrere bisher unbekannte Opern, Oratorien und Kantaten komponiert.[44] Von den insgesamt fünfzehn Partituren sind eine Oper, fünf Oratorien und zwei Serenaden mit Sicherheit in den Niederlanden beziehungsweise während des Exils in Frankreich entstanden. Daten über die Aufführungen fehlen bislang, doch die sechsaktige Oper »Le Peripezze della Fortuna« mit sechzehn Solopartien und mehreren Chören, in deren Handlung das türkische Milieu eine wesentliche Rolle spielt, könnte bei der Nachfeier der Vermählung Max Emanuels mit seiner zweiten Gemahlin Therese Kunigunde im Jahr 1695 gegeben worden sein. Das eine aufwendige Inszenierung voraussetzende Werk mit einer Instrumentalbesetzung von Flöten, Oboen, vier Trompeten und Pauken, vierstimmigem Streichkörper und Sologamben enthält zahlreiche Ballettsätze und zeigt, wie sehr sich Torri in den von Lully geprägten Stil der französischen Oper eingelebt hat.

Während der Jahre 1701–1704, als der Kurfürst wieder in München residierte, scheinen die Opernaufführungen weitgehend zugunsten der Pflege des französischen Schauspiels zurückgetreten zu sein. In dieser Zeit fand Max Emanuel besonders Gefallen an einer aus Antwerpen engagierten Komödiantentruppe, der er ein eigenes Theater im Georgssaal der Residenz einrichten ließ.[45] Zwischen April und November 1702 fanden allein vierzehn Aufführungen statt, zu denen auch Stadtmusiker herangezogen wurden.[46] Als der Kurfürst 1704 ins Exil gehen mußte, ließ er die aus vierzehn Personen einschließlich Dekorateur bestehende Truppe nach Brüssel nachkommen. Noch 1706 wurden ihr dort Münchner Quartalsausstände ausbezahlt.[47]

Bald nach der Ankunft in Brüssel wurden wieder rauschende Feste gefeiert und von der auf Befehl des Kurfürsten nach dem Muster der »Académie Royale de Musique« zu Paris eingerichteten »Académie de Musique« im neuen Théâtre de la Monnaie Opern gespielt. Neben Werken Lullys wurden sicherlich auch solche anderer französischer Komponisten zu Gehör gebracht. In der Musikbibliothek des Kölner Kurfürsten Joseph Clemens, der damals mit seinem Bruder Max Emanuel stets in engem Kontakt stand, befanden sich neben Partituren von Lully auch solche von André-Cardinal Destouches (1662–1749), der als der bedeutendste Nachfolger Lullys galt, und dem an der *Comédie française* wirkenden Claude André Gilliers (1667–1737).[48] Zwei gedruckte Exemplare der Opern »Circe« und »Théagène et Caricléé« des von Ludwig XIV. geschätzten Henri Desmarets (1662–1741) aus der Münchner Hofbibliothek belegen die für 1699 nachweisbare Berührung mit diesem Musiker, der 1712 ein in Namur aufgeführtes *Divertissement* für den Kurfürsten geschrieben hat.[49]

Als sich der Kurfürst 1706 nach dem Verlust von Brüssel mit seinem Hofstaat nach Mons begeben hatte, ließ er dort im großen Saal des Rathauses weiter Theater spielen. Tanzmeister Dechart erhielt hier »für Verfertigung eines neuen Theatri« insgesamt 184 Pistolen, das sind rund 1920 Gulden.[50] Wir wissen von der Aufführung einer einaktigen Pastorale »Les Plaisirs de Marimont« vor Max Emanuel, komponiert von Vaillant, einem Musiker der Stadtkapelle Mons. Ob auch Torris französische Pastorale »Enone«, wie Junker vermutet, in Mons gespielt wurde, ist nicht nachzuweisen.[51] Wahrscheinlicher ist, daß das Werk noch in Brüssel gegeben worden war. 1711 ließ der Kurfürst in Namur in der dortigen Sonntagsschule wiederum ein Theater einrichten; zur Darstellung kam wahrscheinlich bei der Huldigungsfeier für ihn als Comte de Namur am 17. Mai 1712 der am 13. März um drei Uhr nachts zu Namur vollendete Prolog »L'Homme endormis« von Torri. Vermutlich nach den Friedensschlüssen von Utrecht oder Rastatt wurde 1713/14 (in Namur oder St. Cloud) die neuentdeckte Kantate »La Triomphe de la Paix« von Torri aufgeführt. Daneben scheint in den späten Exilsjahren den neugefundenen Partituren zufolge die Aufführung von geistlichen Oratorien ein gewisser Ersatz für größere Opern gewesen zu sein. Ein geeigneter Kirchenraum und ortsansässige Musiker für die Verstärkung des Orchesters waren leichter verfügbar als die für einen Theaterbetrieb nötigen Erfordernisse.

Bald nach dem zu Rastatt am 7. März 1714 geschlossenen Frieden ließ Max Emanuel aus dem Exil verlauten, daß der Hof nach seiner Rückkehr nach München wieder im alten Glanz erscheinen müsse.[52] Die Musik sollte wesentlich dazu beitragen. Die erste nach der Rückkehr aufgeführte Oper war vielleicht identisch mit einem im Februar 1713 zu Valenciennes gegebenen, zwei Abende füllenden Werk Torris:[53] »L'Innocenza difesa da numi« oder »Ismene«, wiederum ein sehr umfangreiches Werk in sechs Akten im französischen Stil mit 24 Solopartien, Chören und Balletten, ist – wie jetzt durch die Untersuchung von Papier und Bindung festgestellt werden konnte – noch ganz im Exil entstanden. Hauptinhalt des Werkes ist der Konflikt zwischen dem Tyrannen Cleomenes und Aminda, einem Sohn des verstorbenen Spartanerkönigs Aegide, und schließlich des letzteren Sieg. Die Oper wurde in München laut Lipowsky zum Geburtstag des Kurprinzen Karl Albrecht,[54] möglicherweise aber auch erst zum Namenstag des Kurfürsten im Oktober 1715 gegeben. Zum 18. Geburtstag Karl Albrechts, der am 8. August nach zweitägigen Prüfungen des Prinzen in den Disziplinen der Philosophie, des Staatsrechts und anderer Fächer in Nymphenburg begangen wurde, kam zwar nicht die von Rudhart damit in Zu-
Kat.Nr. 512 sammenhang gebrachte römische Huldigungskantate von 1716,[55] sondern wahrscheinlich der neu entdeckte Prolog »La Reggia dell'Armonia« von Torri zur Aufführung. Das ebenfalls noch im Exil geschriebene Werk ist insofern höchst bemerkenswert, als darin die Sopran-Arie des Anfione aus Steffanis Oper »Niobe« von 1688, in der ein auf der Bühne spielendes, nicht sichtbares Violenquartett neben dem aus Flöten und Streichern ohne Continuoinstrumente bestehenden Orchester begleitet, textlich wie musikalisch unverändert wiedererscheint. Der für Max Emanuels damalige Situation so zutreffende Textinhalt (Amphion findet in der Musik Trost vor den »allzubeschwerlichen Sorgen der königlichen Hoheit«) hat sicherlich den Kurfürsten zum Rückgriff auf Steffanis Arie veranlaßt. Torri fügte eine einsätzige Ouvertüre, eine Baßarie für Il Tempo, ein Duett Anfione–Tempo und einen Schlußchor hinzu. Auch der Titel des Prologs entstammt Steffanis Oper. Die Instrumentalbesetzung der Baßarie schließt sich an die Disposition Steffanis an und fügt zwei Oboen, Fagotte und eine Harfe hinzu. In seinem weichen, satten Orchesterklang steht das Werk einzigartig im Schaffen Torris.[56] Nach der rein französischen »Ismene« tritt bei Torri bald das italienische Element wieder mehr in der Oper hervor, das zwar nie ganz verdrängt war und auch manche Oratorien der Exilszeit, wie etwa »La Vanità del mondo« von 1706, beherrscht hatte. Die 1716 zum Geburtstag Max Emanuels aufgeführte »Astianatte« ist eine durch und durch italienische Oper im neapolitanischen Stil und wird Torri zugeschrieben. Dasselbe Libretto wurde von Torri im folgenden Jahr, abgesehen von den Rezitativen und einem kleinen Teil der Arien, unter Hinzufügung von Chören und Ballettsätzen ein zweitesmal mit dem neuen Titel »Andromacca« so andersartig in Musik gesetzt, daß man trotz der außergewöhnlichen stilistischen Anpassungsfähigkeit des Komponisten kaum glauben möchte, die frühere Fassung sei das Werk desselben Autors. Neu ist der nun wieder weitgehend französische Charakter mit Chören und eingefügten Tanzsätzen. Mit der 1719 aufgeführten »Merope« steht dann Torris Opernstil für die folgenden Jahre im wesentlichen fest. Französische Reminiszenzen, vor allem durch die Einbeziehung von Chören, bleiben erhalten, doch der italienische Grundcharakter dominiert. Die zum Teil recht abwechslungsreiche Instrumentation der früheren Werke mit der Bevorzugung von Holzbläsern (Oboe, Flöte, Fagott), Trompete und Horn als Soloinstrumenten oder der Einsetzung von Sologamben, weicht jetzt einer Beschränkung auf das Streichorchester, zu welchem nur selten ein Soloinstrument tritt. Die erste Violine im Orchester ist häufig stark figuriert. Ein Bericht von den Aufführungen anläßlich der Vermählung des Kurprinzen im Jahr 1722 erwähnt dies ausdrücklich: »Die erste [Oper] heisset Adelaide, und ist die Music von Sigr. Pietro Torri, einem Italiaener und Churfürstl. Bayerischen Capellmeister, mit großer accuratesse verfertiget worden. Besonders hatten die Violinisten keine Zeit, sich in den Arien viel umzusehen ... was mir in der Adelaide misfallen, ist, daß keine

variation der Instrumente gehöret wurde, da doch die Opera über sechs Stunden daurete; ausser, daß der berühmte Schubauer eine einzige Aria mit der Traversière accompagnirte. Die zweyte Opera genannt: Li veri Amici, welche der rechte Albinoni componirt, und selbsten eine Violine mitgespielt hat, ist unvergleichlich gewesen, so daß kein Musicus, deren doch unterschiedliche von fremden Orten in München angekommen, die geringste Ausstellung zu machen gewust ... Die Sänger in beyden Opern, so meistens Italiaener sind, waren alle gut. In dem Exemplar der andern Opera, welches für Ew. Hoch-Edl. gestr. mitgenommen, habe hie und da einige Worte unterstrichen, wo die Castraten zu 4, 5, 6 und mehr Tact lang alleine Läuffe und Paßagien gemacht, ohne auf die Worte zu sehen ...«[57]

nen waren Margarita Durastante und Faustina Bordoni, die spätere Gemahlin des Komponisten Johann Adolf Hasse, die zu den größten Sängerinnen des 18. Jahrhunderts zählen. Die deutschen Sänger, wie etwa der Bassist Felix Eckart, später Chorregent an der Frauenkirche, waren noch weit in der Minderzahl und traten solistisch wenig hervor.

In verläßlicher Regelmäßigkeit versorgte Torri die Hofoper über den Tod Max Emanuels hinaus bis 1736 mit den von ihm verlangten Kompositionen; darunter befand sich auch die neuentdeckte Oper »Pirro e Demetrio« (1721). An Gastkomponisten sind nur der schon genannte Venezianer Albinoni 1722, unter anderem mit dem ersten am Münchner Hof gehörten, zwischen die Akte der Festoper »I veri amici« eingeschobenen komischen 2-Personen-Intermezzo

Koloratur aus »Adelaide«, Oper von Pietro Torri 1722

»Vespetta e Pimpinone«, Nicola Antonio Porpora aus Neapel mit der *opera seria* »Damiro e Pitia« (1724) und schließlich aus Bonn der kurkölnische Kammerkomponisteur Girolamo Donnini mit der letzten unter Max Emanuel aufgeführten Oper »Il Lamano« (1726) vertreten. Die vermutete Aufführung einer Oper von Antonio Vivaldi (1718) ließ sich bisher nicht belegen.

Ein anderer Ohrenzeuge meinte allerdings: »Alle Sänger, absonderlich Sängerinnen, waren nicht gut. Eine sang durch die Nase, alswenn sie das Zapffel verlohren, item, war es nicht Mr. Schuchbauer, so die Queerflöte geblasen; sondern Mr. Lulies[58] anderer Kleinigkeiten mehr zu geschweigen. Sr. Bernachi & la Sign. Regiana (ein treflicher Contralto) haben mich am meisten contentiret. In des Torri seiner Opera waren 2 oder 3 Chöre, wie sonst in Französischen Opern gebräuchlich, die thaten einen grossen effect, so wohl dem Gehör, als der Kunst nach.«[59]

Dem Zeitgeschmack entsprechend gab Torri den Gesangsvirtuosen, auf welche sich das Hauptinteresse der Hofgesellschaft richtete, reichlich Gelegenheit zu breit ausladenden Koloraturen und Verzierungen. Neben der als Gast an den Aufführungen beteiligten Altistin Gianetta Albertini, genannt »la Reggiana«, war der erwähnte Altist Antonio Bernacchi (1685–1756), der Schöpfer einer bedeutenden Gesangsschule, in der damaligen musikalischen Welt hochgeschätzt. Nach dem Tode Max Emanuels schied er aus dem bayerischen Hofdienst aus. Aber schon bald darauf holte ihn Händel 1729 nach London, wo er bereits früher gesungen hatte. Andere Stars der Münchner Hofoper waren in jenen Jahren der 1715 engagierte, zuvor in ganz Europa und vor allem in Rußland gefeierte Sopranist Filippo Ballatri (1676–1756), der als »Discantist von der ersten Classe« ein Jahresgehalt in der schwindelnden Höhe von 3500 Gulden bezog, oder die Sängerinnen Elisabetta Casolana und Maria Catarina Gianettini, die als Kammerdienerinnen besoldet waren. Unter den kurzfristig Berufe-

Max Emanuel nahm stets persönlich Anteil an den Aufführungen der Hofopern, die regelmäßig zu seinem Namenstag, im Karneval und zum Teil auch an seinem Geburtstag sowie zu anderen wichtigen Hoffesten neu in Szene gesetzt wurden. Wir wissen, daß er selbst Einfluß auf die Rollenbesetzung genommen und vor allem in den früheren Jahren fast nie bei den Opernproben gefehlt hat.[60]

Nach 1715 war es mehr der Kurprinz, der sich den Vorbereitungen der Aufführungen widmete. Aus den Aufzeichnungen des Grafen Maximilian von Preysing geht hervor, daß Karl Albrecht die Proben selbst leitete und dabei des öfteren, wie etwa bei Torris »Eumene« am 9. Juli 1720, »mit etlich Dames im Balcon« zur Nacht zu speisen geruhte.[61]

Die Opern wurden im Durchschnitt etwa fünfmal auf dem Theater geprobt, zuletzt bei der Hauptprobe in Kostümen. Vorausgehende Proben wurden meist im Schwarzen Saal der Residenz abgehalten. Für Steffanis »Niobe« hielt man 1687/88 drei Proben in der Residenz und vier im Salvatortheater.[62] Für den 1690 nur einmal aufgeführten »Eraclio« mit Ballett benötigte man insgesamt nicht weniger als fünfzehn Proben.[63] Jede der großen Opern kam etwa fünf- bis sechsmal zur Aufführung, die Aufführungen selbst dauerten bis zu fünf und sechs Stunden. Der Beginn war in der Regel um 17 Uhr. Kleinere Opern spielte man im Sommer auch in den Schlössern Dachau oder Nymphenburg und in den Heckentheatern der Schloßparks. Zu den Neuinszenierungen wurden Textbücher gedruckt, in welchen in den späteren Jahren die Sänger, häufig aber nicht der Komponist genannt sind. Bei »L'Eraclio« und »Il Segreto d'amore«, anläßlich der Festlichkeiten während des Besuches von Kaiser Leopold im Jahr 1690, betrug die Auflage jeweils 1200 Exemplare. Zum Teil wurden zu italienischen Opern sowohl die Originallibretti als auch deutsche Übersetzungen separat veröffentlicht, was im Falle von Bernabeis »Ascanio« 1686 zu der irrigen Annahme geführt hat, das Werk sei in der Landessprache aufgeführt worden. Das Interesse an den Opern, die nicht nur für den Hofstaat zugänglich waren, war allgemein groß. Auch Musiker aus Klöstern zählten zu den Besuchern, nicht zuletzt, um sich Anregungen für ihr eigenes Schaffen zu holen. Es ist bezeichnend, daß die erhaltenen Textbücher der Münchner Hofopern in der Bayerischen Staatsbibliothek zum großen Teil aus dem Münchner Augustinerkloster, dem Freisinger Franziskanerkloster und dem Kloster der Augustinerbarfüßer in Taxa stammen.

Die Pflege der deutschen Oper stand weit hinter der der italienischen zurück. Eine von Ignaz von Leublfing »zu Ihro Churfürstl. Durchl. ... aber absonderlich unserem Hoch-Adelich teutschen Frauenzimmer zu schuldigsten Ehren« gedichtete und vom Hoforgelmacher Veit Weinberger komponierte deutsche Oper »Lisimen und Calliste« wurde 1681 gegeben. Sie ist ebenso verschollen wie die übrigen nur durch die gedruckten Textbücher bekannten »musicalischen Dramen«, die durchwegs während der Abwesenheit Max Emanuels in den Niederlanden und in Frankreich »in dem allhiesig so genannten Opera-Hauß Teutsch gesungener vorgestellt« wurden. Zu ihnen gehört auch Philipp Jacob Seerieders »Leoldo und Elona« von 1694, offensichtlich eine Parodieoper, in welcher alle in den italienischen Opern vorkommenden Unmöglichkeiten vergrößert und vergröbert angeprangert wurden. Bisher völlig unbeachtet geblieben ist eine Kostbarkeit, die aus der Feder von G. A. Bernabei auf uns gekommen ist: der *trattenimento musicale* »La Fiera« aus dem Jahre 1691.[64] Den Inhalt dieser für Sopran, Alt, Streichquartett mit zwei Flöten und Fagott und Basso continuo geschriebenen deutschen Kantate bilden Anpreisungen all der kleinen und großen Dinge, die auf dem Jahrmarkt angeboten werden. »Wer hat Lust was Rars zu khauffen, der khum auf den Markt fein gschwindt, darff nit nach Paris drumb lauffen, dort er gwiß nichts Schöners fündt ...«, so beginnt die erste Arie. Diese höchst reizvoll volkstümlich-liedhaft in Musik gesetzte »musikalische Unterhaltung« ist möglicherweise zum Geburtstag der Kurfürstin Maria Antonia am 18. Januar 1691 aufgeführt worden, als sich Max Emanuel gerade in Venedig befand. Die österreichische Kaisertochter pflegte ja mit Vorliebe die deutschsprachige Vokalmusik. Wir dürfen in dieser Partitur den wohl frühesten Vorläufer des Singspiels in München sehen, wenn auch hier von einer durchlaufenden Handlung noch nicht gesprochen werden kann. In der textlichen Qualität steht das Werk weit über dem Erzeugnis des Barons von Leublfing von 1681.

Zum höfischen Musiktheater gehörten auch die zahlreichen italienischen Serenaden, Geburtstags-, Namenstags- und Hochzeitskantaten sowie die bei den Turnieren aufgeführten Kantaten. Mehrere Werke dieser Art sind aus der Feder von G. A. Bernabei und vor allem von P. Torri erhalten. Diese meist auf allegorische Gelegenheitstexte komponierten Stücke für gewöhnlich drei bis vier Sänger, in denen zum Teil auch ein Chor hinzugezogen war, wurden in der Regel szenisch aufgeführt. Aufführungsort war meist nicht das Salvatortheater, sondern eines der Schlösser. So wurde Torris Kantate »Epitalamio« für 3 Singstimmen, Flöte, 2 Hörner und Streicher mit Cembalo zur Feier der Hochzeit des Prinzen Ferdinand Maria mit der Pfalzgrafentochter Maria Anna Caroline am 17. Februar 1719 im Schwarzen Saal der Residenz aufgeführt.[65]

In den Ball-Introduzioni und Turnierkantaten finden sich pompöse Märsche mit drei bis vier Trompeten und Pauken, die die Hofgesellschaft in die nötige Feststimmung versetzten. Wie eine solche »Introduzione al Ballo« – die, wie eine jetzt aufgefundene Partitur von Torri (vom Februar 1702?), meist mit einem Ballett verbunden war – zu Ehren des Kurprinzen Karl Albrecht am 25. Februar 1716 im Teatro San Crisostomo zu Venedig inszeniert wurde, berichtet das Reisetagebuch.[66] Während der Kurprinz in der Loge des Theaters speiste, »wurde auf dem völlig erleuchteten, aber mit einem Wappen ausgezierten Teatro bey Vorstellung des Parnassi durch 4 Stimmen und ville Instrumentis eine Cantate oder Serenada von denen Musen und anderen opera-Kleidungen angelegten Musicanten under dem titl Introduttione al Ballo di Dame e Cavallieri mit besonderer annemblichkeit gehalten«. Anschließend fand dann der eigentliche Ball im Parterre des Theaters statt.

Die zu den Turnieren komponierten Kantaten erklangen sicherlich im Turnierhaus am Hofgarten. Mehrere von ihnen aus der Zeit zwischen 1688 und 1724 sind in Kompositionen G. A. Bernabeis und Torris erhalten. Im Zusammenhang mit den großen, prächtig aufgezogenen Turnieren und *Caroussels* stand aber auch eine Sparte der höfischen Musik, die entsprechend der ungünstigen Quellenlage sehr wenig bekannt ist. Es handelt sich um die meist kurzen, im Verhältnis zu den Turnierkantaten sehr viel anspruchsloseren Stücke, die während der Turniere und der vorausgehenden Festzüge erklangen. Glücklicherweise vermittelt darüber das reich und kunstvoll ausgestattete Turnierbuch des Kurprinzen Karl Albrecht aus den Jahren 1717–1734 hochinteressante Aufschlüsse.[67] Hier finden sich auch detaillierte Angaben über die Musik zu dem lustigen Fastnachtsrennen am 1. und 21. Februar 1721, »welches in Form eines ordentlichen Tourniers ... mit einem lächerlichen auf und abzug, nebst einer dergleichen in 16 Sorten der wunderlichsten Instrumenten bestehenden Music, in dem Churftl. Tournier Haus allhier in München abgehalten«.[68] Auch die dabei gespielte Musik ist hier klavierauszugartig in Oberstimme (Violine) und Baß notiert.

Vor einem Turnier sammelten sich alle Teilnehmer in der Herzog-Max-Burg oder im Alten Hof. Von dort aus nahm dann der Festzug »in der höchsten Magnificence« seinen Weg zum Turnierhaus. Den einzelnen Gruppen gingen Trompeter und Pauker voraus, in einem Turnierfestzug von 1719 den als Türken verkleideten Rittern auch »allerhandt Türkhische Musique«.[69] Innerhalb der vierzig Abteilungen des Festzugs zum Fastnachtsrennen vom Februar 1721 traten zahlreiche zu Fuß oder zu Pferd mitziehende, verkleidete Musiker in Aktion. So ließen in den beiden Gruppen der deutschen und der französischen Jäger zehn bzw. sechs Hornisten auf ihren Instrumenten wechselweise Märsche hören. Das Fastnachtsrennen selbst wurde durch einen Marsch der gesamten Musik eingeleitet. Währenddessen begab sich alles auf die vorgesehenen Plätze. Nach einem kurzen »Balet vor dem Course« in Form eines Menuetts begann das eigentliche Turnierspiel. Jeweils zwei Reiter ritten in Verkleidung von den gegenüberliegenden Seiten in die Bahn und maßen sich im Kopfrennen, das von sechs Richtern beurteilt wurde. Zu jeder der zwanzig Abteilungen des Turniers erklang eine charakteristische Musik, die mehrmals wiederholt wurde. In buntem Wechsel untermalten Klänge von einer kaum vorstellbaren Vielfalt und Farbigkeit der Besetzung das heitere Spiel. Zwölf Hifthörner in zwei Chören bliesen zum Auftritt der beiden deutschen Jäger, abgelöst durch zwölf *Corni da caccia*, die zum Ritt der beiden französischen Jäger erklangen. Bei den übrigen Turnierpaaren hörte man stets wechselnde, reizvolle Klangkombinationen aus Violinen, langen Geigen mit zwei Saiten, Streichbässen, Drehleiern, Lauten, Guitarren, Harfen, Trummscheiten, Querflöten, Quintflöten, Panflöten, Schwegelpfeifen, Oboen, Schalmeien, Dudelsäcken, Fagotten, Hörnern, Posaunen, Pauken – zum Teil mit Saiten über dem Fell –, Trommeln, Schellentrommeln, »Pumväßl« (Brummtöpfen), Castagnetten, Triangeln, Kinderinstrumenten (Holztrompeten und Scheppern) und auch Apothekermörsern. Bis zu fünfzig Musiker spielten dabei gleichzeitig. Zum Auftritt der »Bayrische(n) Baurn« erklang ein Marsch von 24 Schalmeien, 4 Drehleiern, 4 Dudelsäcken, 4 Fagotten und 4 Trummscheiten. Die Musik zum Auftritt der *Scaramouches* wurde gespielt von 12 Oboen, 12 Violinen, 4 Castagnetten, 4 Bässen und 4 Fagotten und basierte auf dem berühmten Sarabanden-Thema der *Folie d'Espagne*. Die sehr einfachen, jeweils zweiteiligen und im Umfang 4- bis 31taktigen Stücke selbst trugen überwiegend französischen Charakter: Marsch, Menuett, Forlane und Aria waren die häufigsten Formen. Daneben finden sich auch ein »Narrn Danz« und ein »Steurischer Danz« im Dreivierteltakt. Den Abschluß des Turniers bildete der Auftritt zweier Kinder. Dazu erklang ein pastorales »Kindl Wiegen« mit 12 Flöten, 12 »Trompetln von Holz«, 12 »Kinderschlappln« und 4 Fagotten, ein Vorläufer der später so beliebten Musikstücke mit Berchtesgadener Kinderinstrumenten. Trotz des rein höfischen Charakters dieser karnevalistischen Turniermusik ermöglichen die Aufzeichnungen im Turnierbuch von 1721 Kat.Nr. 595
– nicht zuletzt auch wegen der Einbeziehung von Paaren aus dem Stand der Bauern, Kaminfeger, Apotheker, Schulmeister und Jäger in das Spiel – sonst weitgehend verschlossene Einblicke in die Welt des volkstümlichen Musizierens jener Zeit. Ein Teil der verwendeten Instrumente, wie Drehleier, Panflöte, Dudelsack oder Schwegelpfeife, stammte aus diesem Bereich. Ähnlich dürfte die bei den »Bauern- und Jägerhochzeiten« wie auch bei den »Wirtschaften« bei Hofe gespielte Musik besetzt gewesen sein. Auch diese im Karneval veranstalteten Feste wurden durch Umzüge eingeleitet, in welchen mehrere Wagen mit Musikanten mitfuhren. Die abschließenden, bis in den Tag hinein dauernden Bälle, an denen in der Regel auch Fremde und Einwohner der Stadt teilnehmen konnten, waren ohne die freilich karikierende Übernahme von Elementen aus der Volksmusik kaum denkbar.

Es bleibt noch der Opernaufführungen zu gedenken, die in größerer Zahl an anderen Orten zu Ehren Max Emanuels, der Kurfürstin Maria Antonia und des Kurprinzen Karl Albrecht veranstaltet wurden. In Venedig, wo anläßlich des Aufenthalts Max Emanuels im Dezember 1691 »ohne Ansehung der Advents Zeit und publicirten Jubilaei Ihro Churfl. Durchl. einige Opera und andere Ergötzlichkeiten verwilliget«[70] wurden, waren schon 1683 »Il Ré infante« von Carlo Pallavicino und 1688 »L'Orazio« von Giuseppe Felice Tosi mit Dedikation an den Kurfürsten gegeben worden.[71] In Neapel kam 1692 Alessandro Scarlattis »Gerone« zur Hochzeit der Königinmutter Maria Anna und zur Geburt des Kurprinzen Joseph Ferdinand von Bayern zur Aufführung.[72] Der zuletzt genannte Anlaß wurde auch in Rom gefeiert, wo in einer von Alessandro Melani geleiteten Aufführung wahrscheinlich dessen erhalten gebliebene Kantate »L'Europa« erklungen ist.[73] Hier in Rom war das Haus des bayerischen Gesandten Scarlatti am päpstlichen Hof ein gesellschaftlicher Mittelpunkt. Sigismondo Capeci lieferte ihm die Libretti der künstlerischen Darbietungen, von denen einige auch in seinem eigenen Haus stattfanden.[74] Als Komponist ist u. a. Cosimo Bani für »Il Figlio delle selve« 1687 genannt. Dem Kurprinzen Karl Albrecht galten auf seiner 1715/16 unternommenen Italienreise mehrere Aufführungen von Serenaden in Venedig (von Carlo Pallavicino) und Rom (u. a. von Antonio Caldara).[75] Von einer anonymen, wahrscheinlich im Mai 1716 in der Casa Bolognetti zu Rom er-

klungenen, musikalisch sehr qualitätvollen Kantate ist das
Kat.Nr. 512 kostbar ausgestattete Widmungsexemplar erhalten. Als der Kurprinz im August über Innsbruck wieder zurückreiste, ließ Kurfürst Karl Philipp von der Pfalz dort ihm zu Ehren die neue Oper »Radamisto« des Neapolitaners Francesco Feo aufführen. Karl Albrecht hat später die italienische Oper sehr gefördert. Die Eindrücke von den Aufführungen französischer Opern, die er bei der Vermählung Ludwigs XV. im September und Oktober 1725 in Paris hörte, haben seinen Geschmack nicht zu beeinflussen vermocht.

Kammermusik und Konzert

»Der Kurfürst hat die Gewohnheit angenommen, allabendlich in seinem Zimmer musikalische Darstellungen zu hören«, berichtet der französische Gesandte de la Haye am 18. 11. 1680 nach Paris.[76] Es scheint, daß damals der 1669 in den Dienst genommene Cornetist Melchior d'Ardespin wesentlichen Anteil an der Kabinettsmusik hatte, denn er selbst schreibt am 1. Juli 1699 an Max Emanuel: »Nun aber Gnädigster Churfürst und Herr habe ich schon bei dero hochgeehrtisten Vatern und Churfürstl. Drlt. hochseeligen Angedenkens die Camer Music in instrumentalibus mit großer miehe aufgerichtet und mit meiner wenigen composition in solchen Aufnamb und flor gebracht, daß selbige bei dem Kayserl. und all Chur- und Fürstl. Höfen in Teutschland ohne ruehmb zu sagen, jedesmal hoch aestimiert und gepryßen worden . . .«[77] Von Januar 1681 an war dann Agostino Steffani als Kammermusikdirektor für die kammermusikalischen Darbietungen am Hofe verantwortlich. Kurfürst Ferdinand Maria und Kurfürstin Henriette Adelaide waren 1667 in Padua auf den Dreizehnjährigen aufmerksam geworden, hatten ihn nach München mitgenommen und von J. K. Kerll in der Musik unterrichten lassen. 1672–1674 war er Schüler von Ercole Bernabei in Rom und trat anschließend als »Cammermusicus« in den Münchner Hofdienst ein. Steffani, der 1680 zum Priester geweiht wurde, genoß das besondere Vertrauen des jungen Kurfürsten Max Emanuel. Schon bald wurde er von diesem auch mit diplomatischen Aufgaben betraut. Neben den großen Opern und Werken für die Kirche schrieb Steffani meisterhafte vierstimmige Kammersonaten und eine größere Anzahl von Solokantaten, Kammerduetten und Madrigalen.[78] Ein Teil davon ist sicherlich für die kurfürstliche Tafel- und Kammermusik entstanden. Die ihm von Alfred Einstein zugeschriebene vierbändige Sammlung von 60 meist italienischen Solokantaten mit dem Titel »Trastulli« wurde allerdings, wie der Verfasser feststellen konnte, in den Niederlanden nicht von Steffani, der 1695–1701 als hannoveranischer Gesandter bei Max Emanuel in Brüssel weilte, sondern von Pietro Torri eigenhändig geschrieben, und dieser ist sicherlich auch der Komponist. Sie enthält acht Arien aus der bisher ebenfalls zu Unrecht Agostino Steffani zugeschriebenen Oper »Briseide« (1696), die Torri für den Hof des Kurfürsten Ernst August von Hannover komponiert hat.[79] Torri leitete die Aufführung im Karneval 1696 wahrscheinlich selbst. Jedenfalls hielt er sich damals in Hannover auf und erhielt dort ein Honorar von 800 Talern. Torri genoß durch seine Kammerduette und -arien, deren Zahl weit größer ist als bisher angenommen, weithin hohes Ansehen – vor allem auch in Flandern.[80] Der Bedarf an solchen Kompositionen, die von ein bis zwei Soloinstrumenten (Violinen, Gamben, Block- oder Querflöten, Oboen) und Basso continuo begleitet wurden, war am Hofe Max Emanuel immer sehr groß. Sie wurden bei der Tafel, im Kabinett und bei den Abendunterhaltungen gesungen. Auch aus dem Besitz der Kurfürstin Maria Antonia ist eine Anzahl kostbar gebundener italienischer Kantaten erhalten. Mehrere von ihrem Wiener Musiklehrer Johann Jakob Prinner geschriebene Liederbücher belegen dazu ihre Neigung zum deutschen Sololied, das sonst am Münchner Hofe nicht gepflegt wurde.

Es versteht sich, daß Max Emanuel gerade bei den zur Kammermusik herangezogenen Hofmusikern auf eine gründliche musikalische Ausbildung großen Wert legte. Als Sänger wurden Italiener bevorzugt. Unter den wenigen Deutschen war der Bassist Philipp Jacob Seerieder, der zuvor in fürstbischöflichen Diensten zu Passau und Eichstätt gestanden hatte. Ihm waren 1691 jährlich 100 Gulden gewährt worden, »daß er sich auch in der welschen Sprach, umb zugleich bei der Tafelmusic singen zu können, perfectioniert machen solle«.[81] Auch um die gründliche Ausbildung der Instrumentalisten war Max Emanuel sehr besorgt. Ein Teil wurde von Hofmusikern ausgebildet; so unterrichteten Melchior d'Ardespin im Cornet und in der Flöte und Giuseppe Trevisani in der Theorbe. Andere Musiker ließ der Kurfürst zu längeren Studienaufenthalten ins Ausland reisen. Johann Christoph Pez hielt sich 1689 bis 1692 »zur nehern Ergreiffung der Music« in Rom auf. Sein Dank an Max Emanuel war wohl die Widmung des 1696 erschienenen Sonatenwerks »Duplex Genius sive Gallo-Italicus instrumentorum Concentus« für 2 Violinen, Violoncello und Basso Continuo. Sicherlich dafür erhielt Pez laut kurfürstlichem Dekret vom 30. Juni 1696 aus dem Hoflager bei Limale »wegen seiner verfertigten unterschiedlichen Compositionen« 700 rheinische Gulden bewilligt.[82] Schon während der Türkenkriege war Pez mit dem Kurfürsten im Felde gewesen, denn Max Emanuel verzichtete selbst während seiner Kriegszüge nicht auf eine Tisch-Kammermusik. Auch einer der Kalkanten (Bälgetreter für die Orgel) war auf allen Feldzügen in Ungarn mit beim Hofstab.[83] Pez' Landsmann Rupert Ignaz Mayr hatte der Kurfürst nicht in Italien, sondern zusammen mit den drei Söhnen des Hofmusikus Johann Caspar Teybner 1684 in Paris ausbilden lassen. Die vier standen dort in Kost bei dem französischen Tanzmeister Pierre de la Pierre du Basson, der sie auch »in dem Danze und Geige« instruierte.[84] Johann

Anton und Sigmund Joseph Teybner starben schon im August 1691, doch Felix Teybner war einer der auserwählten Musiker, die Max Emanuel dann während seiner Statthalterschaft in den Niederlanden zu sich nach Brüssel holte.[85] Die kompositorische Frucht von Mayrs Pariser Aufenthalt waren letztlich die 1692 erschienenen und Max
Nr. 543 Emanuel gewidmeten »Phytagorischen Schmidsfünklein, bestehend in unterschidlichen Arien, Sonaten, Ouverturen, Allemanden, Couranten, Sarabanden, Giguen, Menuetten etc. mit 4 Instrumenten und beygefügten General-Baß, bey Tafel-Musicken, Comoedien, Serenaten und anderen froelichen Zusammenkünfften zu gebrauchen«. Die Sammlung zeigt, wie gründlich Mayr die französische Suitenkunst eines Lully studiert hatte, ohne dabei seine persönliche Handschrift zu verleugnen.[86]

Auch während der niederländischen Statthalterschaft hatte Max Emanuel ständig seine Kammermusik um sich. Unter den rund zehn Musikern, die zuletzt (1701) in Brüssel in seinem Dienst standen, scheint der Soprankastrat Clementin von Hadersberg eine besondere Vertrauensstellung eingenommen zu haben. Er hatte unter dem Namen Clemens Hader 1682 – noch in kaiserlichen Diensten stehend – als großer Star bei der kurfürstlichen Kammermusik und in der Oper Aufsehen erregt und ist dann um 1687 in den Münchner Hofdienst getreten. 1689 erhielt der offenbar inzwischen Geadelte »wegen einer in Italien verrichteten Commission« 1643 Gulden und 30 Kreuzer an Reisegeld ausbezahlt. Clementin, wie er auch genannt wurde, begleitete den Kurfürsten nach Brüssel und auch ins Exil. Seit 1704 rangierte er mit 2000 Gulden Gehalt weit vor allen anderen Musikern und auch vor Kapellmeister Torri, dessen jährliche Bezüge erst mit Dekret vom 3. April 1709 auf dieselbe Höhe angehoben wurden. 1714 ist er wahrscheinlich in St. Cloud gestorben, sein Nachlaß wurde auf Befehl Max Emanuels versteigert.[87]

Eine wichtige Aufgabe der Instrumentisten in der Hofmusik war das Aufspielen bei den Ballveranstaltungen, die sich besonders nach der Rückkehr aus Brüssel im Jahr 1701 häuften. Allein im Oktober gab es neun »Ballette bei Hof«, zu welchen auch Stadtmusiker mit herangezogen wurden. Auch Militäroboisten, drei bis acht an der Zahl, wurden mehrfach zur Tanzmusik bei Hofe abgeordnet. Die größeren Karnevalsbälle fanden damals meist im Gesandtenhaus[88] statt, doch auch im Schloß Schleißheim wurde selbst in der kalten Winterszeit zu den Klängen der Hofmusikanten getanzt.[89] Die Leitung dieser Ballmusiken lag in den Händen des Konzertmeisters d'Ardespin, der früher schon mehrere Ballettkompositionen für die Hofoper geliefert hatte. Leider ist heute kaum noch Musik von den kurfürstlichen Hofbällen vorhanden.

Als Max Emanuel 1704 gezwungen war, in die Niederlande zu gehen, berief er dorthin auch den am 1. April 1704 als *Suonador da camera di violoncello* neu verpflichteten Veroneser Evaristo Felice dall'Abaco (1675–1742), der mit Recht als einer der bedeutendsten Instrumentalkomponisten seiner Zeit gilt.[90] Von ihm, der 1712 zum *Maestro di Concerti* ernannt wurde, erschienen während der Exilszeit drei bedeutsame Druckwerke in Amsterdam, in welchen sich der Niederschlag der neuerworbenen Kenntnis der französischen Violinkunst zeigt. Während die zehn »Concerti a quatro da Chiesa« op. 2 (um 1712) dem bayerischen Kurfürsten gewidmet sind, tragen die je zwölf Violinsonaten op. 1 (1705/06) und 4 (ca. 1715) und die zweimal sechs dreistimmigen Kirchen- und Kammersonaten op. 3 (ca. 1713) Widmungen an den zeitweise in Brüssel weilenden Herzog Johann Adolf Ernst von Schleswig-Holstein, an Herzog Leopold I. von Lothringen und an den Kölner Kurfürsten Joseph Clemens. Die Widmung an den Herzog von Lothringen belegt die Beziehungen zwischen Max Emanuel und dem Hof zu Lunéville, wo sich dall'Abaco zu Ostern 1712 aufhielt. Henri Desmarets, *Surintendant de la Musique* bei Herzog Leopold, weilte im Jahr zuvor zwei volle Monate bei Max Emanuel in Luxemburg und spielte hier allabendlich vor dem Kurfürsten, der dabei auch selbst sang oder auf der Viola da Gamba begleitete. Auch im Exil gehörte, wie schon 1680, das abendliche Kammerkonzert zum Tageslauf Max Emanuels.[91]

Unter den Musikern, die Max Emanuel im Exil in seinen Dienst nahm, befand sich der namhafte Flötist Jacques Loeillet (1685–1748) aus Gent, der von etwa 1711–1732 hochbesoldet in bayerischen Diensten stand. Er veröffentlichte im Jahr 1728 als *Musicien de la chambre de S.A.E. de Bavière* seine sechs Flötensonaten op. 5 in einem Pariser Druck.[92] Ein tüchtiger Musiker war auch der Corelli-Schüler Jean Baptiste Anet II (1676–1755), der von 1710 bis 1715 als *officier de la musique de Son Altesse Electorale le duc de Bavière* wohl eine Art Verbindungsmann zur königlichen Hofmusik war, zumal er sich öfters in Paris aufhielt.[93] Louis Nicolas Clérambault (1676–1749), ein namhafter Pariser Organist, widmete dem Kurfürsten im Jahr 1713 den zweiten Band seiner »Cantates françoises« für 1 bis 3 Singstimmen und Instrumente. In der Vorrede erwähnte er, daß Max Emanuel seinem 1710 erschienenen ersten Kantatenband bereits die Ehre seines Beifalls erwiesen habe.

Das vom Kurfürsten so gerne gepflegte Musizieren im Kreise der eigenen Familie konnte erst 1715 wiederaufgenommen werden. Bereits beim ersten Zusammentreffen auf Schloß Lichtenberg am 28. März 1715 holten Prinz Karl Albrecht die Laute und Prinz Ferdinand Maria die Flöte hervor.[94] Maximilian von Preysing berichtet in der Folge mehrmals von solchen kammermusikalischen Unterhaltungen der fürstlichen Familie in der Residenz, im Schlößchen Lustheim oder an anderen Orten.

Im Rahmen der ab 1715 ohne Rücksicht auf die Finanzlage des Hofes wieder in allen Sparten neu belebten und reich ausgestatteten Hofmusik traten die mit enormen Kosten verpflichteten Gesangsvirtuosen auch in der Kammer hervor. Hier stoßen wir wieder auf die zum Teil schon bei der Oper genannten, international hochgeschätzten Namen. Das erste Auftreten eines neuen Sängers oder einer Sängerin, das meist in einem Kammerkonzert erfolgte, war ein vielbeachtetes Ereignis für den ganzen Hofstaat. Am 1. Oktober 1723 konnte man beispielsweise nachts bei der öffentlichen Tafel in Schloß Schleißheim die in ganz Europa gefeierte Faustina Bordoni drei Arien singen hören. Ein andermal, am 11. November 1720, sang die bedeutende Margerita Albinoni zum Namenstag des Kurprinzen bei der öffentlichen Mittagstafel in der Residenz.[95] Die sonstigen Hofkonzerte, vor allem diejenigen bei aufgehobener Etikette im Kabinett der Kurfürstin, darf man nicht mit Konzertveranstaltungen im heutigen Sinne vergleichen. Hier wurde zumeist während der Musik gespielt und Konversation gehalten.

Unter den wenigen von Preysing genannten Komponisten finden wir auch einen Angehörigen des Adels, den »Baron Straal«. Er ist sicherlich identisch mit dem Freiherrn Franz Johann von Strall, den 1727 der Freisinger Fürstbischof Johann Theodor, einer der Söhne Max Emanuels, als Hofmusikintendanten zu sich holte.[96] In den zwanziger Jahren gab es im Winter des öfteren »Musikakademien« bei Hofe wie auch im Hause des kurfürstlichen Rats und Konzertmeisters dall'Abaco oder beim Baron von Neuhaus, die gerne vom Hofe besucht wurden. Wir dürfen hierin die ersten Ansätze zu den unter Kurfürst Karl Theodor fest eingeführten Münchner Liebhaberkonzerten sehen.

Aus Akten, Tagebüchern, Berichten und gedruckten oder in mühevoller Arbeit von den Hofmusikern geschriebenen und abgeschriebenen Partituren und Stimmen entsteht mosaikartig ein Eindruck von der Vielfalt des Musiklebens am Münchner Hof zur Zeit Bachs und Händels, wie sie sonst nur wenige europäische Höfe aufweisen konnten. Was die Kammer- und Instrumentalmusik betrifft, so besaß München in Evaristo Felice dall'Abaco auch einen der besten Komponisten der Zeit. Ein anderer berühmter Italiener, Tommaso Albinoni, widmete Max Emanuel um 1722 eines seiner Hauptwerke, die zwölf Concerti grossi op. 9, sonst aber wurde das Repertoire im wesentlichen durch tüchtige, wenn auch nicht überragende deutsche Musiker des Hofes bestritten. Neben den schon genannten J. Chr. Pez und R. J. Mayr verdient auch der als Komponist einer deutschen Oper hervorgetretene Flötist Simon Schuechpaur (gest. 1743), ein Schwiegersohn des Kupferstechers Michael Wening, Erwähnung. Von ihm konnten jetzt sechs handschriftliche suitenartige Flötensonaten im französischen Geschmack aufgefunden werden.

Musik in der Kirche

Innerhalb der Verpflichtung der kurfürstlichen Hofmusik nahmen die Kirchendienste einen breiten Raum ein. Max Emanuel besuchte täglich die Messe in seiner Hofkapelle oder einer anderen Kirche. Größere Musikaufführungen fanden zwar in der Regel nur an kirchlichen Festtagen und an den Galatagen statt, doch das zum Teil in der Bayerischen Staatsbibliothek und in der Theatinerkirche erhaltene Repertoire zeigt, daß das ganze Kirchenjahr durch Kompositionen berücksichtigt wurden. Wenn der Kurfürst in der Residenz weilte, wurden die Gottesdienste gewöhnlich in der Hofkapelle gehalten. Seit 1719 ging man am Cäcilien-Fest im November in die Cäcilienkapelle, und Max Emanuel griff hier gerne selbst zur Viola da Gamba. An den größeren Hof- und Kirchenfesten besuchte der Hof die Theatinerkirche, für welche der Hoforgelmacher Veit Weinberger auf Anordnung Max Emanuels im Jahr 1686 um 544 Gulden ein Orgelwerk geliefert hatte.[97] In der wärmeren Jahreszeit fanden die Hofgottesdienste je nach dem Aufenthaltsort des Kurfürsten zumeist in Nymphenburg oder Schleißheim statt.

Die aufgeführten Werke stammten im wesentlichen von Komponisten, die im Hofdienst standen. Gerade auf dem Gebiet der Sakralmusik wirkten hier bedeutende Männer. Der einstige Münchner Hofkapellmeister Johann Kaspar Kerll, der von 1684 bis zu seinem Tod im Jahr 1693 wieder in München lebte, veröffentlichte 1689 sechs Messen »von ungemeiner Kunst«.[98] Auch Ercole Bernabei, aus der angesehenen Position eines Kapellmeisters der Capella Giulia im Vatikan als Hofkapellmeister nach München berufen, war eine weithin anerkannte Autorität.[99] Die Kirchenwerke dieses Meisters der römischen Vokalkunst sind zum großen Teil für eine bis acht Singstimmen mit Basso continuo geschrieben, doch einige – wie ein Teil der 24 nachgelassenen »Sacrae Modulationes«, die der Sohn und Nachfolger Giuseppe Antonio Bernabei 1691 mit einer Widmung an Max Emanuel herausgab – auch mit Begleitung von zwei Violinen. Der jüngere Bernabei, seit 1677 als Vizekapellmeister tätig, war selbst Priester und hat sich von 1692 an fast ausschließlich der Kirchenmusik gewidmet.[100] Sechs seiner Messen erschienen 1710 im Druck, viele seiner übrigen Münchner Kirchenwerke sind noch handschriftlich erhalten. Der um 1810 angefertigte thematische Katalog der Münchner Hofkirchenmusik verzeichnet von ihm nicht weniger als 119 Werke.[101] Zahlreiche davon standen bis weit ins 19. Jahrhundert hinein im Repertoire der Hofkapelle. Selbst Franz Wüllner (1832–1902) und Joseph Rheinberger (1839–1901) führten noch einzelnes davon in der Hofkapelle auf. G. A. Bernabei beherrschte gleichermaßen den strengen A-capella-Stil und den modernen konzertanten Stil. Im ersteren komponierte er u. a. 1690 für die Kurfürstin Maria Antonia acht Magnificat und zur Rückkehr Max Emanuels aus dem Exil im Jahr 1715 sechs vierstimmige Messen. Die beiden Widmungsexemplare in Kat.I
Chorbuchform verwahrt die Bayerische Staatsbibliothek.

Während der niederländischen Statthalterschaft Max Emanuels hatte Bernabei mit den in München verbliebenen Hofmusikern die Hofgottesdienste weiterhin musikalisch auszugestalten. Unter den noch vorhandenen Werken aus dieser Zeit findet sich auch instrumental begleitete Kirchenmusik, wie etwa ein Miserere für 4 Singstimmen, 4 Violen, Violoncello, Violone und Orgel aus dem Jahr 1696. Die Mitwirkung von Posaunen ist in mehreren Werken jener Jahre belegt. Während der Exilszeit, 1704–1715, mußte Bernabei seinen Lebensunterhalt zum großen Teil durch Arbeiten für andere, meist klösterliche Auftraggeber und durch Musikunterricht aufbringen. So unterwies er 1710 bis 1712 auch den später als Komponisten und Musiktheoretiker berühmten Irseer Benediktiner Meinrad Spieß. Viele Kompositionen entstanden für die Münchner Jesuiten. Die für die Zisterzienser in Fürstenfeldbruck geschriebene »Missa Firstenfeldensis« stammt sicherlich auch aus dieser Zeit.[102] Nach der Rückkehr des Kurfürsten begann für Bernabei eine neue Schaffensperiode. Neben zahlreichen Hymnen und Antiphonen schrieb er 1715 ein Stabat Mater mit Streichern, Fagott und Posaunen. Im ganzen gesehen spielt aber bei Bernabei die instrumental ausgestaltete Kirchenmusik gegenüber der nur von der Orgel und Baßinstrumenten begleiteten eine untergeordnete Rolle. Manches wurde wie zu Lassos Zeiten noch aus Chorbüchern gesungen, und auch Werke von Lasso selbst sang man damals noch so in der Hofkapelle.

Manche interessante Einzelheit über die kirchenmusikalische Praxis am Hofe aus der Zeit nach 1716 ist den Aufzeichnungen des Grafen Preysing zu entnehmen: An den großen Festen wurde das Amt in der Regel mit Trompeten und Pauken gehalten. Wenn der Gottesdienst in einer der kleineren Kapellen stattfand, konnten besonders geschätzte Sänger aus der Hofmusik dorthin beordert werden. So sang Elisabetta Casolani am 22. November 1719 in der Cäcilienkapelle eine Solomotette, desgleichen am 6. August 1721 der berühmte Philippo Ballatri zum Geburtstag des Kurprinzen in Schleißheim. Auch auf seinen Jagdausflügen verzichtete Max Emanuel nicht auf die Kirchenmusik. So mußte einmal der Soprankastrat Bartolomeo Bartoli nach der Reiherjagd während einer Messe »im Lech-Cappellerl« eine Solomotette vortragen.[103] Wenn sich Max Emanuel in Schleißheim Gottesdienst halten ließ, versahen die von ihm hierher geholten Franziskaner nicht nur den Altardienst, sondern oft auch die musikalische Ausgestaltung. Sicher war unter ihnen der berühmte Organist und Komponist P. Konstantin Hagerer († 1742), der am 15. Mai 1722 auch zu einem Gottesdienst für den Kurfürsten auf Schloß Leonsberg gerufen wurde.[104] Fastenzeit und Karwoche stellten an die Hofmusik besondere Anforderungen. Im Jahr 1720 wurde beispielsweise an jedem Samstag ein Stabat Mater aufgeführt, außerdem erklang dreimal in der Woche ein Miserere in der Hofkirche.[105] In der Fastenzeit wurde gewöhnlich ein geistliches Oratorium in der Hofkapelle zur Aufführung gebracht. Schon 1690 hörte man hier während des Besuches von Kaiser Leopold I. »Il Giobbe Christiano« von einem ungenannten Komponisten unter Mitwirkung von 18 Gesangssolisten, Chor und Orchester. In den Niederlanden und im Exil ließ Max Emanuel dem geistlichen Oratorium besondere Pflege angedeihen. Bisher wußte man nur von Pietro Torris Oratorium »La Vanità del mondo«, das 1706 mehrmals in Brüssel aufgeführt wurde.[106] Die Auffindung von neun weiteren Oratorien desselben Komponisten erlaubt die Behauptung, daß Torri qualitativ wie quantitativ als gewichtiger Vertreter des Oratoriums vor Händel angesehen werden muß. Sechs dieser Werke, deren genaue Datierung zum Teil noch aussteht, sind mit Sicherheit in den Niederlanden beziehungsweise in Frankreich entstanden.[107] Mit am wertvollsten ist der wohl zwischen 1705 und 1714 geschriebene »Giacobbe«, interessant auch durch Eintragungen, die auf eine Mitwirkung Max Emanuels bei der Aufführung schließen lassen. Vielleicht war es das auch in Lille aufgeführte Werk, von dem Kurfürst Joseph Clemens an Max Emanuel schrieb: »... sonst kan ich Euer Ld. nicht noch genug loben das Oratorium so der Pietro Torri hier gemacht, c'est un chef d'œuvre ...«[108] Aus den späteren Münchner Jahren konnten jetzt vier in den Jahren 1730 bis 1734 aufgeführte Oratorien Torris identifiziert werden. Drei davon erklangen in der Hofkapelle,[109] eines aber, der sicher schon während des Exils entstandene »Abelle«, ging 1734 »wie eine Oper« im Salvatortheater in Szene.[110] Neben Oratorien hat Torri für die Kirche mehrere Vesperpsalmen und eine in Ottobeuren erhaltene »Missa Sancti Honorati« komponiert. Andere Werke sind verschollen.

Kat.Nr. 545

Max Emanuels Interesse an der Kirchenmusik äußerte sich ferner in der Annahme mehrerer ihm gewidmeter Druckwerke. Der nachgelassenen Sammlung von Ercole Bernabei wurde bereits gedacht. Schon 1688 widmete Georg Christoph Leuttner (1644–1703), Kanonikus im Kollegiatstift Isen und gewesener Vizekapellmeister des Fürstbischoffs Albert Sigmund von Freising, seinen im Selbstverlag veröffentlichten, im konzertanten Stil geschriebenen »Apollo Seraphicus« (zwanzig Sologesänge mit Streicherbegleitung) dem gefeierten Türkensieger. Vielleicht hat Leuttner damit seine 1694 erfolgte Berufung als Kapellmeister nach Altötting befördert, wo Max Emanuel während der Jahre in Bayern gewöhnlich seinen Geburtstag verbrachte. Dem Kurfürsten gewidmet sind auch die dreistimmige Motettensammlung »Janus sacer« von Agostino Steffani (1685)[111] und der im gleichen Jahr in Augsburg erschienene Band mit Dichtungen und Melodien »Salomonischer Scepter« des Rottenbucher Augustinerchorherrn Augustin Grieninger.[112] An Kirchenwerken von ehemaligen Hofmusikern sind die Messensammlung »Jubilus Missale« von J. Chr. Pez und das Vespernwerk »Psalmodia brevis« von R. I. Mayr[113] zu nennen, die 1706 in Augsburg gedruckt wurden und wohl größtenteils Kompositionen enthalten, die noch im Münchner Hofdienst entstanden sind.

Max Emanuel besuchte oft die Kirchen Münchens, etwa die Frauenkirche oder St. Peter, um hier Gottesdiensten oder Andachten beizuwohnen. Als im Juli 1724 im Beisein des Kurfürsten die achttägige Jahrhundertfeier der Übertragung der Hammerthaler Muttergottes in die Münchner Augustinerkirche begangen wurde, verglich der Tegernseer Klosterkomponist P. Gotthard Wagner als einer der Festprediger in einem allegorischen Bild die zur Harmonie zusammenstimmende Tonskala der Orgel mit der einträchtigen Andacht aller hier Versammelten: Die Töne C und D bedeuten »das Churfürstliche Durchleuchtigste Hauß Bayern«, E den Kurfürsten Max Emanuel, F und G die freiherrlichen und gräflichen Familien und A »alle Bürger und Insassen der Haupt-Stadt München«.[114]

Ein anderer vom Kurfürsten regelmäßig aufgesuchter Ort war das Kolleg der Jesuiten, »allwo er in der viertzigtägigen Fasten bey denen gewöhnlichen Meditationibus mit Hindansetzung aller anderer Geschäfften beständig und aufmercksamist sich eingefunden«.[115] Die Münchner Fastenmeditationen der Größeren Lateinischen Kongregation, in welchen szenisch dargestellte, kantatenartige Betrachtungen zwischen die Akte eines gesprochenen Schauspiels eingeschaltet waren, genossen weithin Berühmtheit. Sie wirkten als Vorbild für das klösterliche Musiktheater im ganzen Land. Die Musik ist zum größeren Teil verloren, doch wenigstens etwas davon blieb in einer gedruckten Sammlung erhalten, die der Textdichter Franz Lang SJ 1717 herausgegeben und dem Kurfürsten gewidmet hat. Sie erschien in drei Teilen unter den Titeln »Theatrum Solitudinis Asceticae«, »Theatrum Affectuum Humanorum« und »Theatrum Doloris et Amoris« und ist bisher kaum erschlossen. Die Musik der darin enthaltenen, meist in der Exilszeit geschaffenen »Considerationes« stammt zum großen Teil von Hofmusikern. Neben dem Kapellmeister G. A. Bernabei sind R. I. Mayr, J. Chr. Pez und die Hoforganisten Johann Andreas Rauscher und Dominikus Deichel vertreten. Daneben lieferten der Münchner Hofkaplan Franz Matthias Delaman, die Domkapellmeister Johann Georg Steingriebler von Eichstätt und Johann Paul Weiss von Augsburg, die Augustinerchorherren Melchior Dürr aus Heilig Kreuz in Augsburg und Floridus Ott aus Rebdorf, der Tegernseer Benediktiner Marian Praunsperger sowie der Neuburger Jesuitenchorregent Judas Thaddäus Holl und der Eichstätter Vizekapellmeister Anton Deichel die Vertonungen.

Kat.Nr. 547

Auch die anderen Aufführungen von musikalischen Komödien bei den Jesuiten wurden öfters von Mitgliedern der kurfürstlichen Familie besucht. Vor allem die Endskomödien im September boten hier den Studierenden Gelegenheit, ihre Fertigkeit im Gesang unter Beweis zu stellen. Sicherlich wurde dabei mancher künftige Hofsänger »entdeckt«. Unter den Komponisten finden wir wiederum die oben erwähnten Namen. Fleißig betätigte sich hier auch der *Candidatus juris utriusque* Franz Anton Kumpf (später Kapellmeister in Altötting), dessen vor Max Emanuel aufgeführter »S. Maximilianus Episcopus et Martyr, Heros Christianus et heroum patronus« von 1716 sicherlich auch als Huldigung für den Kurfürsten gedacht war. Anlässe zu größeren Aufführungen waren auch das erste Meßopfer des Kölner Kurfürsten Clemens August in der Michaels-Kirche im Jahr 1715 oder die Vermählung des Kurprinzen Karl Albrecht im Jahr 1722: Am 14. November 1715 spielte man das dreistündige Drama »S. Clemens Papa«, und am 6. November 1722 kam – noch während der Ferien vorbereitet – das musikalische Drama »Isaac und Rebecca« zur Aufführung. »Placuit insigniter ars poetica et musica«, so urteilt darüber das Diarium.[116] Sicherlich bestand nicht nur durch die Mitwirkung von Hofmusikern bei den Aufführungen und die Heranziehung von Studenten des Gymnasiums für die Oper ein künstlerischer Kontakt mit dem Hofe. Am 6. Sptember 1717 führten die Jesuiten einen »Titus Manlius junior« auf, der möglicherweise die Anregung zum Libretto der Karnevalsoper »Tito Manlio« von 1724 gegeben hat.

Auf seinen zahlreichen, hauptsächlich der Jagd gewidmeten Reisen durch das bayerische Land, meist von Schloß zu Schloß, hatte Max Emanuel reichlich Gelegenheit, das einheimische kirchenmusikalische Schaffen in mehr oder weniger improvisierten Proben kennenzulernen. »Niemand von denen Pfarrherrn oder Ordens-Vorsteheren« – so heißt es in einer ihm gehaltenen Leichenpredigt – »auch auff dem Land, auch auff denen Lust-Reisen, kame Ihro Durchl. unterthänigst einzuladen zu einer dort etwan einfallenden Kirchen-Solemnitet, oder besonderen Andacht, deme er nit zusagte, und, wo es immer wäre, zu erscheinen sich würdigte.«[117] Unter den besonders prächtigen außerhalb der Residenzstadt gefeierten kirchlichen Festlichkeiten, an welchen Max Emanuel selbst teilnahm, seien diejenigen von 1690 anläßlich der Übernahme des Bistums Freising durch Joseph Clemens, den Bruder des Kurfürsten, genannt. Max Emanuels von reichem Hofstaat begleiteter Einzug in die Stadt nach fünfstündiger Floßfahrt erfolgte mit zwölf kurfürstlichen Hoftrompetern und zwei Paukern, die auch den musikalischen Veranstaltungen der Festwoche, von der Kirchenmusik mit Trompeten und Heerpauken bis zum Freischießen am Tage nach der kirchlichen Einsetzungszeremonie im Dom, Glanz verliehen. Als Max Emanuel gleich zu Beginn einen guten Schuß tat, ist nach dem Bericht des Chronisten »ein solcher Jubel mit Paucken und Trompeten, auch anderer Trummel und Schallmeyen-Schall erfolgt, so kaum zu beschreiben«.[118] Gleichgültig, ob der Anlaß nun religiös oder weltlich war, in jener Zeit bestand noch eine enge Beziehung zwischen den auf beiden Ebenen begangenen Festen. Zur Einsetzung in ein geistliches Amt gehörte auch die weltliche Freudenfeier, zum fürstlichen Familienfest das solenne Hochamt ebenso wie die mittägliche Tafelmusik und die abendliche Festoper. Die Feier eines militärischen Sieges war ohne ein Te Deum mit Trompeten und Pauken nicht denkbar. In all diesen Äußerungen des höfischen Lebens der Barockzeit durfte die Musik nicht fehlen. Sie war unentbehrliches Mittel der Repräsentation und schuf auch dort, wo sie nicht im Vordergrund stand, die jeweils gewünschte Atmosphäre.[119]

Verzeichnis der während der Regierungszeit Max Emanuels am Hof zu München sowie bei den Hofhaltungen in den Niederlanden und in Frankreich aufgeführten nachweisbaren Opern, szenischen Serenaden, Kantaten und Oratorien.

Die nachfolgende Zusammenstellung ergänzt und berichtigt die bisher vorliegende Chronologie nicht unwesentlich und berücksichtigt dabei nur in Text beziehungsweise Musik erhaltene oder aus den Quellen gesicherte Werke. Ohne Zweifel gab es jedoch am Hofe Max Emanuels auf dem Sektor des Musiktheaters weit mehr Aufführungen, die sich heute nicht mehr belegen lassen.
Bisher unbekannte, nur zum Teil datierbare Werke wurden durch einen Stern gekennzeichnet. Erhaltene Partituren und jeweils ein Exemplar des gedruckten Textbuches sind mit Fundorten und Signaturen genannt, auch die zum Teil gedruckten Übersetzungen in deutscher Sprache. Soweit nichts anderes vermerkt, stehen die verzeichneten Kompositionen in italienischer Sprache. Wo Musik und Text fehlen, ist die Quelle angegeben, welche die Kenntnis über das betreffende Werk vermittelt. Soweit kein Ort genannt ist, sind die Aufführungen in München erfolgt, bei den Opern in der Regel im Salvatortheater.
Die Nachrichten über die verlorenen Partituren im Archiv der gräflichen Familie von Toerring-Jettenbach in München sind einem Inventar von Bertha Antonia Wallner aus dem Jahr 1926 entnommen, das sich im Besitz der Gesellschaft für Bayerische Musikgeschichte e. V. München befindet.
Abkürzungen: M = Musik, T = Text, L = Libretto, P = Partitur

11. 7. 1680
Giulio Cesare ricrovato
Turnierkantate zum Geburtstag und Regierungsantritt Max Emanuels
M: G. A. Bernabei
T: V. Terzago
L: Bayer. Staatsbibl. 4° Bav. 2165/V, 13

14. 7. 1680
L'Ermione
Oper zum Geburtstag und Regierungsantritt Max Emanuels
M: G. A. Bernabei
T: V. Terzago
L: Bayer. Staatsbibl. Bav. 4015/XXIV, 1

Januar/Februar 1681
Marco Aurelio
Karnevalsoper
M: A. Steffani
T: V. Terzago
L: Bayer. Staatsbibl. Bav. 4015/XXXIV, 2

Februar 1681
Lisimen und Caliste
Deutsche Oper, Max Emanuel gewidmet
M: Veit Weinberger
T: Franz Georg Ignaz von Leublfing
L: Bayer. Staatsbibl. 4° Bav. 2170/I, 3

Oktober 1681
»Welsche Opera« zum Namenstag Max Emanuels
Quelle: StAM HR II, Fasc. 339, Nr. 3, 1872

6. 9. 1682
Italienische Oper zur Geburt des Sohnes der Dauphine Maria Anna Christina, der Schwester Max Emanuels
Quelle: Straub, 260

11. 7. 1683
Ballett mit Gesang zum Geburtstag Max Emanuels, in Schleißheim
Quelle: Straub, 265

25. 2. 1685
Solone
Karnevalsoper
M: A. Steffani
T: V. Terzago
L: Bayer. Staatsbibl. Bav. 4015/XXVII, 2

Karneval 1685
Audacia e Rispetto
Turnierkantate
M: A. Steffani
T: V. Terzago
L: Bayer. Staatsbibl. 4° Bav. 2165/V, 19

Ende 1685/Anfang 1686
»französisch opera«, in der Residenz
Quelle: Rudhart, Oper 79

21. 1. 1686
Servio Tullio
Erste Festoper zur Feier der Vermählung Max Emanuels mit Maria Antonia
M: A. Steffani, Ballett: M. d'Ardespin
T: V. Terzago
L: Bayer. Staatsbibl. 4° Bav. 2165/VI, 2 (ital.), 4° Bav. 2170/I, 5 (deutsch)
P: Österr. Nationalbibl. Wien Ms. 17712

4. 2. 1686
Erote ed Anterote
Turnierkantate zur Vermählungsfeier Max Emanuels
M: E. Bernabei
T: V. Terzago
L: Bayer. Staatsbibl. 4° Bav. 2165/VI, 7

19. 2. 1686
Ascanio
Zweite Festoper zur Vermählungsfeier Max Emanuels
M: G. A. Bernabei
T: V. Terzago
L: Bayer. Staatsbibl. Slg. Her 2661 (ital.), Bavar 4015/XXII, 1 (deutsch)
P: Österr. Nationalbibl. Wien Ms. 17703

25. 1. 1687
Alarico il Baltha
Oper zum Geburtstag der Kurfürstin
M: A. Steffani, Ballett: M. d'Ardespin
T: L. Orlandi
L: Bayer. Staatsbibl. 4° Bav. 2165/VI, 9

4. 1. 1688
Niobe, regina di Thebe
Karnevalsoper
M: A. Steffani, Ballett: M. d'Ardespin
T: L. Orlandi
L: Bayer. Staatsbibl. 4° Bav. 2165/VI, 13 (ital.), 4° Bav. 2165/VI, 14 (deutsch)
P: Österr. Nationalbibl. Wien Ms. 17705

18. 1. 1688
La Gloria festeggiante (Gli dei festeggianti)
Turnierkantate zum Geburtstag der Kurfürstin
M: G. A. Bernabei mit Menuett von M. d'Ardespin
T: L. Orlandi
L: Bayer. Staatsbibl. 4° Bav. 2198/I, 4
P: Österr. Nationalbibl. Wien Ms. 18703

26. 2. 1688
Diana amante
Kleine Oper im Georgisaal der Residenz unter Mitwirkung der Kurfürstin
M: G. A. Bernabei, Ballett: M. d'Ardespin
T: L. Orlandi
P: Österr. Nationalbibl. Wien Ms. 17704

21. 11. 1688
Venere pronuba
Serenata zur Feier der Vermählung von Max Emanuels Schwester Violante Beatrix mit Ferdinand, Gran Principe von Toskana
M: G. A. Bernabei
T: L. Orlandi
P: Österr. Nationalbibl. Wien Ms. 17744

22. 11. 1688
Il Trionfo d'Imeneo
Festoper zur Feier der Vermählung von Violante Beatrix
M: G. A. Bernabei
T: L. Orlandi (?)
P: Österr. Nationalbibl. Wien Ms. 17739

23. 11. 1688
Torneo (= Gli accidenti d'amore?)
Turnierkantate zur Feier der Vermählung von Violante Beatrix
M: Vincenzo Bernabei?
T: ?
P: Österr. Nationalbibl. Ms. 17745

Oktober/November 1689?
* *Fetonte*
Kantate zum Namenstag Max Emanuels
M: P. Torri
T: ?
P: Bayer. Staatsbibl. Mus. Mss. 216; ehem. auch im Archiv Toerring-Jettenbach München, 1944 verbrannt

5. 2. 1690
L'Eraclio
Erste Festoper anläßlich des Besuches von Kaiser Leopold I.
M: Clementin Hader, Ballett: M. d'Ardespin
T: ? (P. A. Bernardoni?)
L: Bayer. Staatsbibl. 4° Bav. 2165/VII, 1
P: (nur Ballett) Österr. Nationalbibl. Wien Ms. 19171

6. 2. 1690
Gli Oracoli di Pallade e di Nemesi
Turnierkantate anläßlich des Kaiserbesuchs
M: P. Torri
T: ?
L: Bayer. Staatsbibl. 4° Bav. 2165/VII, 5
P: Bayer. Staatsbibl. Mus. Mss. 221

7. 2. 1690
Il Segreto d'amore in petto del savio
Zweite Festoper anläßlich des Kaiserbesuchs
M: G. A. Bernabei, Ballett: M. d'Ardespin
T: L. Orlandi
L: Bayer. Staatsbibl. 4° Bav. 2165/VII, 6
P: Österr. Nationalbibl. Wien Ms. 17707 und 17656 (Ballett)

10. 2. 1690
Il Giobbe Christiano
Oratorium in der Hofkapelle anläßlich des Kaiserbesuchs
M: P. Torri?
T: ?
L: Bayer. Staatsbibl. 4° Bav. 2165/VII, 3

18. 1. (?) 1691
La Fiera (Der Jahrmarkt)
Trattenimento musicale zum Geburtstag der Kurfürstin in deutscher Sprache
M: G. A. Bernabei
T: ?
P: Österr. Nationalbibl. Wien Ms. 17633

Juni (?) 1691
I Preggi de la Primavera
Serenata für die neuvermählte Anna Maria Louise von Toskana, die zweite Gemahlin des Kurfürsten Johann Wilhelm von der Pfalz, Schloß Leuchtenberg/Oberpfalz
M: P. Torri
T: L. Orlandi
P: Österr. Nationalbibl. Wien Ms. 17742

Juli 1691
Gli Amori di Titone e d'Aurora
Geburtstagskantate für Max Emanuel
M: P. Torri
T: ?
P: Österr. Nationalbibl. Wien Ms. 17643

November/Dezember 1692
Vaticinio di Apollo e Diana
Kantate zur Geburt des Kurprinzen Joseph Ferdinand, in München
M: G. A. Bernabei, mit Menuett von M. d'Ardespin
T: ?
P: Österr. Nationalbibl. Wien Ms. 17640

1692/93?
La Costanza gelosa negl'amori di Ceffalo
Oper für Max Emanuel (in Brüssel?)
M: ?
T: ?
P: ehemals Archiv Toerring-Jettenbach München, 1944 verbrannt

1694
Genovefa
Deutsche Oper, in München
M: Ph. J. Seerieder
T: ?
L: Bayer. Staatsbibl. 4° P. o. germ. 232/3

1694
Die gekrönte Treu oder von dem Todt zum Leben erweckte Lucidor
Deutsche Oper, in München
M: ?
T: ?
L. Bayer. Staatsbibl. 4° P. o. germ. 231/38

1694
Leoldo und Elona
Deutsche Oper (Parodie auf die italienische Oper der Zeit), in München
M: ?
L: ?
P: 2. und 3. Akt ehemals Archiv Toerring-Jettenbach München, 1944 verbrannt

20. 1. 1695
Amadis de Gaule
Französiche Oper, in Brüssel
M: J. B. Lully, Prolog: P.-A. Fiocco
T: Ph. Quinault
Quelle: Faber (Anm. 41) I, 73

Januar 1695?
★ *Le Peripezze della Fortuna*
Oper (zur Vermählung Max Emanuels mit Therese Kunigunde?), in Brüssel?
M: P. Torri
T: ?
P: Bayer. Staatsbibl. Mus. Mss. 209

9. 4. 1697
Armide
Französische Oper, in Brüssel
M: J. B. Lully
T: Ph. Quinault
Quelle: Liebrecht (Anm. 21) 104

15. 6. 1697
Pimpinelli
Farce, in Brüssel
M: ?
L: ?
Quelle: Liebrecht, 104; Renieu (Anm. 21) 185

10. 10. 1697
Don Chissiot della Mancia
Oper, in Brüssel
M: C. Sajon (?)
L: M. Morosini (?)
Quelle: Liebrecht, 104; Renieu, 185

30. 11. 1697
Thésée
Französische Oper, in Brüssel
M: J. B. Lully, Prolog: P.-A. Fiocco
T: Ph. Quinault
P. des Prologs: ehem. Archiv Toerring-Jettenbach München, 1944 verbrannt

Oktober 1695 (?)
Il Giorno festivo
Turnierkantate zum Geburtstag des Kurprinzen Joseph Ferdinand, in Brüssel
M: P. Torri (?)
T: ?
P: ehem. Archiv Toerring-Jettenbach München, 1944 verbrannt

11. 11. 1695
Acis et Galathée
Französische Oper, in Brüssel
M: J. B. Lully, Prolog: P.-A. Fiocco
T: Ph. Quinault
Quelle: Faber I, 73

24. 1. 1696
Phaeton
Französische Oper, in Brüssel
M: J. B. Lully
T: Ph. Quinault
Quelle: Liebrecht, 104

8. 11. 1696
Bellérophon
Französische Oper, in Brüssel
M: J. B. Lully, Prolog: P.-A. Fiocco
T: Ph. Quinault
Quelle: Faber I, 73

29. 11. 1698
Les quatre Saisons
Französische Oper, in Brüssel
M: ?
T: ?
Quelle: Faber I, 77

17. 10. 1700
Atys
Französische Oper, in Brüssel
M: J. B. Lully
T: Ph. Quinault
Quelle: Faber I, 73

Zwischen 1692 und 1701?
★ *Santo Vinceslao*
Oratorium, in Brüssel?
M: P. Torri
T: ?
P: Bayer. Staatsbibl. Mus. Mss. 233

Zwischen 1692 und 1701?
★ *Santo Landelino*
Oratorium, in Brüssel?
M: P. Torri
T: ?
P: Bayer. Staatsbibl. Mus. Mss. 240

Zwischen 1692 und 1701?
★ *Abelle*
Oratorium, in Brüssel?
M: P. Torri
T: ?
P: Bayer. Staatsbibl. Mus. Mss. 236, nur 1. und 3. Akt

30. 1. 1702
Torneo
Turnierkantate, in München
M: P. Torri
T: ?
P: Bayer. Staatsbibl. Mus. Mss. 222

11. 7. 1705
Acis et Galathée
Französische Pastorale zum Geburtstag Max Emanuels, in Brüssel
M: J. B. Lully
T: Ph. Quinault
L: Bayer. Staatsbibl. Bav. 4010/XIII, 1

12. 10. 1705
Französische Oper zum Namenstag Max Emanuels, in Brüssel
vermutlich: *Enone*
M: P. Torri
T: ?
P: Bayer. Staatsbibl. Mus. Mss. 173
Quelle: Faber I, 73f.

19. 12. 1705
Alceste
Französische Oper zum Geburtstag des Königs von Spanien, Philipp V., in Brüssel
M: J. B. Lully
T: Ph. Quinault
L: Bayer. Staatsbibl. Bav. 4010/XIII, 2

1706, vor Mai
Roland
Französische Oper, in Brüssel
M: J. B. Lully
T: Ph. Quinault
L: Bayer. Staatsbibl. Bav. 4010/XIII, 3

5. 3. 1706
La Vanità del mondo
Oratorium, in Brüssel
M: P. Torri
T: ?
P: Bayer. Staatsbibl. Mus. Mss. 232

1708
Les Plaisirs de Marimont
Französische Pastorale, in Mons
M: Vaillant
T: ?
Quelle: Faber I, 67

17. 5. 1712
L'Homme endormis
Französischer Prolog, in Namur
M: P. Torri
T: ?
P: Bayer. Staatsbibl. Mus. Mss. 242

1714?
* *La Triomphe de la Paix*
Kantate
M: P. Torri
T: ?
P: Bayer. Staatsbibl. Mus.Mss. 226

zwischen 1705 und 1714?
* *Le Martir des Maccabées*
Französisches Oratorium, während des Exils aufgeführt (Brüssel, Mons oder Namur?)
M: P. Torri
T: ?
P: Bayer. Staatsbibl. Mus. Mss. 229

zwischen 1705 und 1714?
* *Santo Genesio*
Oratorium, während des Exils aufgeführt (Brüssel, Mons oder Namur?)
M: P. Torri
T: ?
P: Bayer. Staatsbibl. Mus. Mss. 241

zwischen 1705 und 1714?
* *Giacobbe (Rebecca)*
Oratorium, während des Exils aufgeführt (Brüssel, Mons oder Namur?)
M: P. Torri
T: ?
P: Bayer. Staatsbibl. Mus. Mss. 230

August 1715?
* *La Reggia dell'Armonia*
Kantate (Prolog) zum 18. Geburtstag des Kurprinzen Karl Albrecht?
M: P. Torri und A. Steffani
T: ? und L. Orlandi (aus *Niobe*)
P: Bayer. Staatsbibl. Mus. Mss. 217

August oder Oktober 1715
L'Innocenza difesa da numi (Ismene)
Italienische Oper mit französischen Textteilen zum Geburtstag des Kurprinzen oder zum Namenstag Max Emanuels
(zuvor auch Februar 1713 in Valenciennes?)
M: P. Torri
T: ?
P: Bayer. Staatsbibl. Mus. Mss. 212

1715/1716?
* *Introduzione a Balli*
Kantate vor einem Hofball
M: P. Torri
T: ?
P: Bayer. Staatsbibl. Mus. Mss. 219

12. 10. 1716
Astianatte
Oper zum Namenstag Max Emanuels
M: P. Torri (?)
T: A. Salvi
L: Bayer. Staatsbibl. Bav. 4015/I, 1
P: Bayer. Staatsbibl. Mus. Mss. 208

Winter 1717
Andromacca (Bearbeitung von Andromacca)
Oper mit Ballett
M: P. Torri
T: A. Salvi
L: Bayer. Staatsbibl. Bav. 4015/I, 2
P: Bayer. Staatsbibl. Mus. Mss. 171

12. 10. 1718
»*Opera*« zum Namenstag des Kurfürsten (= *La costanza trionfante?*)
M: A. Vivaldi?
T: A. Marchi?
Quelle: Tagebuch Preysing Bayer. Staatsbibl. Cgm. 5456

(29. 12. ?) 1718
Torneo
Turnierkantate, beendet 6. 5. 1718
M: P. Torri
T: ?
P: Bayer. Staatsbibl. Mus. Mss. 223

17. 2. 1719
Epitalamio
Kantate zur Vermählung des Prinzen Ferdinand Maria mit Maria Anna Caroline von Pfalz-Neuburg, im Schwarzen Saal der Residenz
M: P. Torri
T: ?
L: Bayer. Staatsbibl. 4° Bav. 2165/VII, 11
P: Bayer. Staatsbibl. Mus. Mss. 244

12. 10. 1719
La Merope
Oper zum Namenstag Max Emanuels
M: P. Torri
T: A. Zeno
L: Bayer. Staatsbibl. Bav. 4015/XIII, 1
P: Bayer. Staatsbibl. Mus. Mss. 206

14. 7. 1720
Eumene
Oper zum Geburtstag Max Emanuels
M: P. Torri
T: A. Zeno oder A. Salvi
L: Bayer. Staatsbibl. Bav. 4015/XXI, 1
P: Bayer. Staatsbibl. Mus. Mss. 147

12. 10. 1720
Lucio vero
Oper zum Namenstag Max Emanuels
M: P. Torri
T: A. Zeno
L: Bayer. Staatsbibl. Bav. 4015/XXV, 1
P: Bayer. Staatsbibl. Mus. Mss. 155

11. 7. 1721
Per l'Anniversario della nascità del S. A. E. Massimiliano Emanuele
Kantate zum Geburtstag Max Emanuels
M: P. Torri
T: ?
P: Bayer. Staatsbibl. Mus. Mss. 176

6. 8. 1721
Gli Dei festeggianti
Kantate zum Geburtstag des Kurprinzen
M: P. Torri
T: ?
P: Bayer. Staatsbibl. Mus. Mss. 177

12. 10. 1721
* *L'Amor d'amico vince ogni altro amore (Pirro e Demetrio)*
Oper zum Namenstag Max Emanuels
M: P. Torri
T: ?
L: Bayer. Staatsbibl. Bav. 4015/VIII, 1
P: Bayer. Staatsbibl. Mus. Mss. 215

August 1722
Dafni
Pastorale im Schloß Dachau und im Park zu Nymphenburg
M: ?
T: ?
L: Bayer. Staatsbibl. Bav. 4015/XXXV, 5

18. 10. 1722
Adelaide
Erste Festoper zur Feier der Vermählung des Kurprinzen Karl Albrecht mit Erzherzogin Maria Amalia
M: P. Torri
T: A. Salvi
L: Bayer. Staatsbibl. Bav. 4015/I, 3
P: Bayer. Staatsbibl. Mus. Mss. 154

21. 10. 1722
I veri amici
Zweite Festoper zur Feier der Vermählung des Kurprinzen
M: T. Albinoni
T: ?
L: Bayer. Staatsbibl. Bav. 4015/III, 1

21. 10. 1722
Vespetta e Pimpinone
Intermezzo zu *I veri amici*
M: T. Albinoni
T: ?
L: Bayer. Staatsbibl. Bav. 4015/III, 2

22. 10. 1722
La publica felicità
Erste Turnierkantate zur Feier der Vermählung des Kurprinzen
M: P. Torri
T: P. Pariati
L: Bayer. Staatsbibl. 4° Bav. 2165/VII, 15
P: Bayer. Staatsbibl. Mus. Mss. 220

25. 10. 1722
Il Segreto d'amore
Zweite Turnierkantate zur Feier der Vermählung des Kurprinzen
M: T. Albinoni?
T: P. Pariati
Quelle: Straub 307

27. 10. 1722
Serpilla e Bacocco
Intermezzo zur Wiederholung von *I veri amici*
M: ?
T: ?
L: Bayer. Staatsbibl. Bav. 4015/III, 3

29. 10. 1722
Gli Applausi delle Muse
Serenata im Park zu Nymphenburg zur Feier der Vermählung des Kurprinzen
M: ?
T: ?
L: Bayer. Staatsbibl. 4° Bav. 2165/VII, 13

4. 11. 1722
Il Trionfo d'amore
Dritte Turnierkantate zur Feier der Vermählung des Kurprinzen
M: T. Albinoni
T: P. Pariati
L: Bayer. Staatsbibl. 4° Bav. 2165/VII, 17

3. 1. 1723
Lucio Vero
Erste Karnevalsoper, Wiederholung von 1720
M: P. Torri
T: A. Zeno
L: Bayer. Staatsbibl. Bav. 4015/XXXIII, 8
P: Bayer. Staatsbibl. Mus. Mss. 155

24. 1. 1723
Merope
Zweite Karnevalsoper, Wiederholung von 1719
M: P. Torri
T: A. Zeno
L: Bayer. Staatsbibl. Bav. 4015/XIII, 3
P: Bayer. Staatsbibl. Mus. Mss. 206

12. 10. 1723
Griselda
Oper zum Namenstag Max Emanuels
M: P. Torri
T: A. Zeno
L: Bayer. Staatsbibl. Bav. 4015/XIII, 3
P: Bayer. Staatsbibl. Mus. Mss. 163

Januar 1724
Tito Manlio
Karnevalsoper
M: ?
T: ?
L: Bayer. Staatsbibl. Bav. 4015/XXXIV, 3

Oktober 1724
Amadis de Grecia
Oper zur Feier der Geburt der Prinzessin Maria Antonia Walpurgis
M: P. Torri
T: Perozzo di Perozzi
L: Bayer. Staatsbibl. 4° Bav. 2165/VII, 19 (deutsch)
P: Bayer. Staatsbibl. Mus. Mss. 164

9. 10. 1724
Damiro e Pitia
Oper zum Namenstag Max Emanuels
M: N. Porpora
T: D. Lalli
L: Bayer. Staatsbibl. P.o.it. 1104/4, nicht mehr vorhanden
Quelle: Aufzeichnungen von Mörmann, AbM V, 1905, 30

14. 1. 1725
Porsena
Erste Karnevalsoper
M: ?
T: ?
L: Bayer. Staatsbibl. Bav. 4015/XXXIII, 6 (ital.), Bav. 4015/XXV, 2 (deutsch)

4. 2. 1725
»Opera«, zweite Karnevalsoper
M: ?
T: ?
Quelle: Tagebuch Preysing, Bayer. Staatsbibl. Cgm. 5456

12. 10. 1725
Venceslao
Oper zum Namenstag Max Emanuels
M: P. Torri
T: A. Zeno
L: Bayer. Staatsbibl. Bav. 4015/XXXIII, 1 (ital.), Bav. 4015/XXXVI, 3 (deutsch)
P: Bayer. Staatsbibl. Mus. Mss. 162

20. 1. 1726
Il Lamano
Karnevalsoper
M: G. Donnini
T: D. Lalli
L: Bayer. Staatsbibl. P.o.it. 515k (ital.), Bav. 4015/XXXIV, 4 (deutsch)

Anmerkungen

1 E. J. Luin, Kurfürstin Adelaide und die Künstler (Unser Bayern. Beilage z. Bayer. Staatszeitung XIII, 1965) 68f.

2 KA Alter Bestand F 3, Eingabe vom 1. 7. 1699.

3 Apparatus eruditionis . . . per omnes artes et scientias, Nürnberg 1670, 410–421. – Bis 1744 erschienen mehrere Auflagen.

4 Lipp 26.

5 E. J. Luin, Beziehungen zwischen Händel und den Wittelsbachern? (Blätter der Bayer. Staatsoper XI, 1963) 93.

6 A. W. Thayer, Ludwig van Beethovens Leben I, 2. Aufl. Neu bearb. von H. Deiters, Berlin 1901, 8f.

7 Schmidt 377, 389, 454f.

8 Maria de la Paz, Emanuela Therese vom Orden der heiligen Klara, München 1902, 8. – Der 1732 bei Hofe angestellte Violinist Wenzel Wodiczka trug den Titel eines Kammerdieners der »Herzogin auf dem Anger«.

9 StAM Hofzahlamtsrechnungsbuch (HZR) 127.

10 StAM HZR 128–136.

11 StAM HR II Fasc. 339 Nr. 2/1923, Nr. 6/1952, Nr. 7/1811 und Nr. 9/1717.

12 StAM HR II Fasc. 339 Nr. 6/1952.

13 StAM HR Fasc. 339 Nr. 3/1873 und 1882, Nr. 6/1952.

14 Rudhart, Oper, 79.

15 StAM HR II Fasc. 339 Nr. 10.

16 KA F 4. – E. Katzbichler, Über das Leben und die weltlichen Volkalwerke des Ercole Bernabei, Diss. München 1963, 109.

17 StAM HZR 137. – BStB Cgm 7837, fol. 51r–52r.

18 BStB Cgm 7837, fol. 51r f. – GHA 1712, H. 4–6. – KA F 5, Protokoll über die Ausgaben des niederländischen Zahlmeisters Bombarda Nov. 1700 bis Juli 1701.

19 KA F 4, Auszahlungsdekret Brüssel 28. 2. 1699 (für 1693–99).

20 M. Leitschuh, Philipp Emanuel Asam (Festschrift zur 400-Jahr-Feier des Wilhelmsgymnasiums) München 1959, 26.

21 H. Liebrecht, Histoire du Théatre français à Bruxelles, Paris 1923, 105f. – L. Renieu: Histoire des Théatres de Bruxelles, Paris 1938, 185. – E. van der Straeten, La Musique aux Pays-Bas V, Brüssel 1880.

22 GHA 1712, H. 5.

23 KA F 4 (Dekret vom 7. 10. 1693). – Allgemein wurden Hoftrompetern öfters diplomatische Missionen anvertraut.

24 ASTA MF 19581 Bombardasche Ausgaben, Besoldungen und Adjuta Okt. 1704 – Dez. 1709, fol. 132ff.

25 BStB Cgm 7837, fol. 58–61.

26 A. Sandberger, Einleitung zu DTB I, 1 (E. F. dall'Abaco), XXI.

27 ASTA MF 19581 und Staatsverwaltung 609, fol. 364.

28 Thayer (Anm. 6) 19, 24f.

29 ASTA MF 15981 Besoldungen und Adjuta 1704–1709.

30 GHA 753 Korr. AktNr. 37 (Max Emanuel an Joseph Clemens, Mons, 25. 3. 1708) und Nr. 42a (Joseph Clemens an Baron Malknecht, Valenciennes, 23. 4., 18. 5. und 5. 6. 1710, 7. und 10. 1713).

31 ASTA Staatsverwaltung 611, fol. 89 u. 100.

32 ASTA MF 19581; Bombardasche Ausgaben 1704–1709 und 1710/11.

33 StAM HR II Fasc. 257, Besoldungsbuch 1715. – A. Sandberger, Einleitung zu DTB I/1, XXIf.

34 StAM HR II Fasc. 260 Besoldungsbuch 1726.

35 Zu den bis 1726 aufgeführten Opern am Münchner Hofe s. Rudhart, Oper, 28ff. – H. Bolongaro-Crevenna, L'arpa festante. Die Münchner Oper 1651–1825, München 1963, 210ff. – Ergänzungen und Berichtigungen zur Chronologie der Oper unter Max Emanuel enthält das im Anschluß an diesen Beitrag wiedergegebene Gesamtverzeichnis.

36 L. Schiedermayr, Künstlerische Bestrebungen am Hofe des Kurfürsten Ferdinand Maria von Bayern (K. Reinhardstöttner, Forschungen zur Kultur- u. Literaturgeschichte Bayerns X, 1902) 145.

37 G. Croll, Art. Steffani (MGG XII, 1965) 1206–1215.

38 BStB Mus. Mss. 216 mit Nennung der Sänger. – Mehrere Partituren von Opern und Kantaten von G. A. Bernabei, Steffani und Torri sind zwischen 1704 und 1715 von den Österreichern nach Wien verbracht worden und werden heute in der Nationalbibliothek Wien aufbewahrt. Dieser Umstand führte zu der irrigen Annahme, Steffanis »Alarico« und die Werke von Bernabei seien in Wien aufgeführt worden. Vgl. A. Bauer, Opern und Operetten in Wien (Wiener musikwissenschaftliche Beiträge II, Graz – Köln 1955).

39 H. Junker, Einleitung zu DTB XIX/XX, XI, Anm. 1.

40 C. Stellfeld, Les Fiocco (Académie royale de Belgique. Classe des Beaux Arts. Mémoires II. Série VII, 4, Brüssel 1941) 8ff.

41 V.A.J.M. Coremans, Miscellanées de l'epoque de Maximilien-Emmanuel, Brüssel 1846, 25ff. – Liebrecht (Anm. 21) 103–109. – Renieu (Anm. 21) 185. – M. F. Faber, Histoire du Théâtre français en Belgique I, Brüssel 1878, 73f.

42 KA F 5, Bombardasche Abrechnung für 1699.

43 Ib. F 5, Bombardasche Ausgaben Nov. 1700 bis Juli 1701, fol. 379–382. Vier Rechnungen, die wohl zum Teil weiter zurücklagen, wurden bezahlt.

44 Sie sind zusammen mit anderen aus der Münchner Zeit stammenden Werken bei der Vorbereitung der Max-Emanuel-Ausstellung 1976 identifiziert worden. Ein Bericht über die Funde in der Bayerischen Staatsbibliothek wird in der neuen Halbjahresschrift Musik in Bayern 1976 erscheinen.

45 Rudhart, Oper, 88.

46 StAM HR II Fasc. 339 Nr. 21/1365.

47 ASTA MF 19581; Bombardasche Ausgaben 1704–1709, fol. 33^{r}, 54^{v} u. 67^{r}.

48 B. A. Wallner, Inventar der Gräflich Toerring'schen Musikalien 1926, Ms. in der Musikslg. der Bayer. Staatsbibl. – Dies., Einleitung zu DTB XXVII/XXVIII (Werkauswahl J. Chr. Pez), XXXf.

49 M. Antoine, Un recueil des sonates dedié au duc de Lorraine Léopold Ier (Annales de l'Est XIII, 1962) 376.

50 ASTA MF 19581, Bombardasche Ausgaben 1704–1709, fol. 56^{v} u. 60^{r} (1708, ohne genaues Datum).

51 H. Junker, Pietro Torri als Opernkomponist. Einleitung zu DTB XIX/XX, XVIf. – Über »Les Plaisirs de Marimont« von Vaillant vgl. Faber (Anm. 41) 67. In Schloß Marimont hielt sich Max Emanuel öfter auf.

52 De la Paz (Anm. 8) 19. (Brief Max Emanuels, St. Cloud, 22. 6. 1714).

53 GHA Korr. Akt. Nr. 42a (Joseph Clemens schreibt darüber am 7. und 10. 2. 1713 an Baron Malknecht: ». . . tout le monde est satisfait de mon opera . . . il surpasse celui de Paris . . .«). Freundliche Mitteilung von Prof. Pino Mlakar, Ljubljana.

54 F. J. Lipowsky, Lebens- und Regierungs-Geschichte des Churfürsten von Bayern Karl Albert. München 1830, 27 (mit irrtümlicher Nennung von Reinhard Keiser als Komponisten).

55 Rudhart, Oper, 97. Die Zuschreibung der mit Sicherheit in Rom entstandenen Kantate, BStB Mus. Mss. 225, an G. A. Bernabei ist irrig.

56 Torri hatte aus Steffanis *Niobe* schon früher einen Marsch in seine Oper »Le Peripezze della Fortuna« übernommen.

57 J. Mattheson, Critica Musica I, 1723, 254f.

58 Der Hofmusiker Jacques Loeillet.

59 Mattheson (Anm. 57), Addenda [384].

60 Lipp 36. – Katzbichler (Anm. 16) 109.

61 BStB Hs.-Abt. Cgm 5456.

62 StAM HR II Fasc. 339 Nr. 9/1717.

63 StAM HR II Fasc. 339 Nr. 12/1558.

64 Nationalbibliothek Wien Hs. 17633.

[65] BStB Cgm 5456 (Tagebuch Maximilian von Preysing). – Die bisherige Datierung auf die silberne Hochzeit des Kurfürstenpaares im Januar 1720 trifft nicht zu.

[66] BStB Cgm 5016; Reisetagebuch 1715/16. Fälschlich mit den Daten 1716/17 versehen. Vgl. dazu das Reisetagebuch 1715/16 Cgm 6067.

[67] BStB Cgm 8009a.

[68] Vgl. dazu auch Straub 299.

[69] Tagebuch Max Joseph von Vacchiery, BStB Cgm 1945.

[70] A. Paullini, Curieuses Bücher-Cabinet. 8. Eingang, Köln, Frankfurt 1727, 580.

[71] Kataloge der Herzog August Bibliothek Wolfenbüttel, Bd. 14: Libretti, Frankfurt 1970, 242, 279.

[72] Gli Scarlatti. Note e documenti sulla vita e sulle opere (Settimane musicale senese II, Siena 1940) 73.

[73] Partitur in der Nationalbibliothek Wien, Hs. 18740. – Melani erhielt laut StAM HR II Fasc. 339 Nr. 15/1585 vom Münchner Hof über die bayerische Gesandtschaft im Zusammenhang mit der Aufführung ein Geschenk, das in der Gesamtsumme der Kosten für die Musik von 115 Gulden enthalten war.

[74] A. Canetti, Carlo Sigismondo Capeci (Musica d'oggi XIII, 1931) 57f. Freundlicher Hinweis von Dr. Reinhard Strohm, München.

[75] BStB Cgm 5016. – U. Kirkendale, Antonio Caldara. Sein Leben und seine venezianisch-römischen Oratorien (Wiener musikwiss. Beiträge VI, Köln, Graz, 1966) 377.

[76] Lipp 20. – Gelegentlich einer solchen Musik im Kabinett hat wohl 1680 auch der damals im Dienste des Herzogs Moritz von Sachsen-Zeitz stehende Gambenvirtuose August Kühnel (1645 bis um 1700) vor Emanuel gespielt. Vgl. auch K. H. Pauls u. Chr. Engelbrecht, Art. Kühnel (MGG VII) 1857–59.

[77] KA F. 3.

[78] A. Einstein, Agostino Steffani (Kirchenmusikal. Jb. XXIII, 1910) 1–36.

[79] Über die irrtümliche Zuweisung der Sammlung »Trastulli« und der Oper »Briseide« an Steffani wird ein Beitrag für die Zeitschrift Die Musikforschung vorbereitet.

[80] J. Hawkins, A general history of the science and the practice of Music (1776), New edition, vol. II. London 1875, 773. – K. Kremer, Pietro Torri und seine Kammermusikwerke, Masch. Diss. München 1956.

[81] StAM HR II Fasc. 339 Nr. 13/150.

[82] KA F 4. – Zu Pez s. a. W. A. Wallner, Einleitung zur Werkauswahl in DTB XXXV.

[83] BStB Cgm 7837, fol. 56v.

[84] R. Münster, Art. Lapier (MGG XVI) im Druck.

[85] Ein Harfenist und Kammerdiener Wolfgang Teybner schrieb zu Kerlls Zeit Ballettmusiken für den Hof. Vgl. Schiedermayr (Anm. 36) 120.

[86] K. G. Fellerer, Rupert Ignaz Mayr und seine Kirchenmusik (Archiv f. Musikgeschichte I) 1936, 83–102.

[87] Rudhart, Oper, 79. – Straub 260. – StAM HZR 134, fol. 524f, HZR 137, fol. 446. HR II Fasc. 339 Nr. 12/1558. – ASTA Staatsverwaltung 611, fol. 179, MF 19581, fol. 141. – KA F 4 (Dekret 5. 5. 1699).

[88] In der Theatinergasse, bekannt unter der späteren Bezeichnung als Palais Piosasque de Non.

[89] StAM HR II Fasc. 339 Nr. 10/1588–1592 (u. a. Januar 1702 und 1703).

[90] A. Sandberger, Einleitung zu DTB I/1. – H. Schmid, Einleitung zu DTB, NF I.

[91] M. Antoine (Anm. 49) 376.

[92] Die lange Dienstzeit Loeillets in München blieb bisher unbeachtet.

[93] M. Antoine, Note sur les violonistes Anet (Recherches sur la Musique française classique II) 1962, 88f. – ASTA MF 19852; Bombardasche Ausgaben 1710/11 (hier als »Violinist Baptist« genannt).

[94] De la Paz (Anm. 8) 26.

[95] BStB Cgm 5456.

[96] K. G. Fellerer, Beiträge zur Musikgeschichte Freisings, 1926, 121,

[97] StAM HZR 134, fol. 143 (Kammerausgaben).

[98] J. G. Walther, Musicalisches Lexikon oder Musicalische Bibliothek, Leipzig 1732, 339.

[99] Katzbichler (Anm. 16).

[100] K. Forster, Über das Leben und die kirchenmusikalischen Werke des Giuseppe Antonio Bernabei, Diss. München 1933.

[101] BStB Mus. Mss. 10193. Druck in Vorbereitung.

[102] Handschrift in der Gräflich Schönbornschen Musiksammlung in Schloß Wiesentheid.

[103] BStB Cgm 5456.

[104] B. Lins, Geschichte der bayer. Franziskanerprovinz zum hl. Antonius von Padua, München 1926, 246.

[105] BStB Cgm 5456.

[106] E. Schmitz, Studien über P. Torris Oratorium »La Vanità del mondo« (Monatshefte für Musikgeschichte XXXVI) 1904, 7–14, 17–27.

[107] Es handelt sich um die in der BStB anonym überlieferten, autographen Oratorien »Abelle«, »Genesio«, »Giacobbe«, »Santo Landelino«, »San Vinceslao« und »Le Martir des Maccabées«. Sie sind alle auch im Inventar der nachgelassenen Bonner Musikalien von Max Emanuels Bruder Joseph Clemens aus den Jahren 1723/24 erwähnt: die Oratorien »Abelle« (als »Abel«), »Giacobbe« (als »Rebecca«) und »Le Martir des Maccabées« mit Torris Namen, die drei übrigen anonym; vgl. S. Brandenburg, Die kurfürstliche Musikbibliothek in Bonn im 18. Jahrhundert (Beethoven-Jahrbuch Jg. 1971/72, Bonn 1975) 13f.

[108] GHA 753 Nr. 37 (Joseph Clemens an Max Emanuel, Lille, 14. 3. 1708).

[109] »Elia« 1730, »Abramo« 1731, »Gionata« (1732/33?). Ein in Modena erhaltenes Oratorium »Ester« von Torri wurde 1737 in Bonn aufgeführt. Torris Oratorium »SS. Cipriano e Giustina«, wahrscheinlich noch im Exil entstanden, war in Bonn besonders geschätzt, vgl. Brandenburg (Anm. 107) 28.

[110] Was sich im Jahre 1734 alles ereignete. Aufzeichnungen des Kammerfräuleins von Gombert (AbM V) 1905, 91.

[111] Bei der Aufführung konnte man jede beliebige Stimme weglassen, ohne dem Satz der Komposition zu schaden.

[112] Zwei Arien daraus enthält die Schallplatte Musica Bavarica MB 202a (Rottenbuch).

[113] Ein Magnificat daraus auf der Schallplatte Musica Bavarica MB 805.

[114] Marianisches Jubelfest, Tegernsee 1724, 24.

[115] A. Weinberger, Maximilian II. der Großmüthige, München 1726, 12.

[116] K. v. Reinhardstöttner, Zur Geschichte des Jesuitendramas in München (Jb. Münchn. Gesch. III, 1889) 128–131.

[117] F. X. Miller, Letzter Will Maximiliani Emmanuelis, München 1726, fol. 4v.

[118] M. Wening, Außführliche Beschreibung derjenigen Solennitäten, welche bey deß ... Fürsten ... Josephi Clementis ... in dero Bistumb Freysing genommener Possession vorbey gangen, München 1690, 25 u. 38.

[119] Es gibt nur sehr wenige Schallplattenaufnahmen mit Musik vom Hofe Max Emanuels. Genannt seien: T. Albinoni, 12 Concerti op. 9 (I Solisti Veneti, Dir. Scimone) Electrola 1C 187/58. – Werke von A. Steffani, P. Torri, M. d'Ardespin und E. F. dall'Abaco (Kari Lövaas, Münchener Kammerorchester, Dir. Stadlmair) Musica Bavarica MB 904 (Aufnahme anläßlich der Max-Emanuel-Ausstellung 1976). In Vorbereitung bei Musica Bavarica ist die Kantate »La Fiera« von G. A. Bernabei.

Pia und Pino Mlakar

Notizen über Max Emanuels Beziehung zum Ballett

Ballett und Tanzspiele haben an den Höfen Max Emanuels als Formen kunstvoller Selbstdarstellung der höfischen Gesellschaft eine bedeutende Rolle gespielt.* Der Kurfürst ist dabei selbst als Tänzer hervorgetreten, gemeinsam mit professionellen Tänzern und anderen tänzerisch dilettierenden Angehörigen des Hofes. Diese für den Barock charakteristische Art fürstlicher Ballettleidenschaft, die den Herrscher nicht allein als kundigen Auftraggeber, sondern auch als Figur auf der Bühne zeigt, hat im Falle Max Emanuels ihre Wurzeln zunächst in den Traditionen des savoyischen Hofes, andererseits in dem für die fürstlichen Zeitgenossen Ludwigs XIV. verbindlichen französischen Vorbild. Unter dynastischem Blickwinkel betrachtet, handelt es sich dabei übrigens um dieselbe Einflußkette, war doch Max Emanuels savoyische Großmutter Maria Christina eine Tochter des französischen Königs Heinrich IV. und der Maria Medici, an deren Hof zum ersten Mal der Theatraltanz als »Ballett comique de la Reine« offizielle Geltung erfahren hatte.

Die Übertragung dieser vergleichsweise jungen Formen höfischer Tanzkultur italienisch-französischer Herkunft nach Bayern geschah durch Max Emanuels Mutter Henriette Adelaide. Das konservativere, noch den strengen Geist Maximilians I. atmende Klima des Münchner Hofes bereitete der savoyischen Prinzessin dabei nicht geringe Widerstände. Henriette Adelaide, selbst tänzerisch ausgebildet, hatte die berühmten Theaterfeste am väterlichen Turiner Hof miterlebt, wo Viktor Amadeus I. und Maria Christina als Tänzer geglänzt hatten. In München ähnlich aufzutreten wollte der jungen Kurfürstin zunächst nicht gelingen. »Er sagt, ich werde mich in diesen Landen verhaßt machen und könne eine Zuneigung nur dann erwarten, wenn ich nicht so freizügig wäre«, so berichtete Henriette Adelaide 1657 nach Turin über die Stimmung Ferdinand Marias. »Er wünscht nicht, daß ich irgendein Ballett schaffe, nicht einmal zum Zeitvertreib tanze. Er sagt, es sei nicht schicklich für eine Prinzessin zu tanzen.« Wie der Kurfürst, so der sittenstrenge bayerische Hof. Hier raunte man sich zu, die lange Kinderlosigkeit der Kurfürstin stehe im Zusammenhang mit ihrem allzu freien Umgang mit den Künstlern. Erst mit der Geburt der Kurprinzessin Maria Anna Christina und, ungleich gesteigert, nach der Ankunft des Thronerben Max Emanuel 1662 wuchs das Prestige der Kurfürstin und damit der Freiraum zur Verwirklichung künstlerischer Zielsetzungen. Musik und Ballett rückten nun in den Vordergrund des Interesses am Münchner Hof.

Unbestritten war zu diesem Zeitpunkt der große künstlerische Vorsprung des französischen Hofballetts vor allen vergleichbaren europäischen Bestrebungen. 1661 hatte Ludwig XIV. eine »Académie royal de la danse« ins Leben gerufen. Lullys *opéra-ballets* und Moliéres *comédie-ballets* zogen die Entwicklung des Theatertanzes in enge Verbindung zum Fortschritt von Musik und Drama. Wer hier Schritt halten wollte, mußte Beziehungen zu Paris anknüpfen. Es gelang Henriette Adelaide, einen Fachmann aus dem Umkreis der »Académie royal de la danse« für München zu gewinnen, den Tanzmeister Jakob Rodier. Sein Wirken am bayerischen Hof, nicht zuletzt als Tanzlehrer der kurfürstlichen Kinder, begann im Oktober 1666. Bereits am 17. Februar 1667 konnte der Hofgesellschaft ein Ensemble adeliger »Kavaliere und Fraylein« vorgestellt werden, das ein Tanzspiel in der zeittypischen mythologischen Thematik aufführte. Henriette Adelaide trat als Thetis und Amphitrite hervor, die sechsjährige Maria Anna Christina als Nereide. Als Ulysses mit Gefährten erschien Herzog Maximilian Philipp mit den Grafen Ferdinand Toerring und Maximilian Preysing.

Max Emanuel hat mit sechseinhalb Jahren zum ersten Mal öffentlich getanzt. Im Karneval des Jahres 1669 zeigte er sich in dem Tanzspiel »Casa d'Acquario« (Haus des Wassermanns) als Amor auf einem von Tauben gezogenen Schlitten, bot dann ein Solo mit kleinen Sprüngen und »verschmitzten« Posen und tanzte zum Schluß einen Reigen zu dritt mit zwei adeligen Knaben des Hofes. Dem zweifellos gelungenen Bühnendebüt folgten bis zum Regierungsantritt viele andere Auftritte, die ebenfalls auf den Kurprinzen als strahlenden Mittelpunkt angelegt waren. Mit der Bedeutung des höfischen Balletts stieg auch jene des Tanzmeisters. Rodier wurde zum Kammerdiener der kurprinzlichen Geschwister, sein Gehalt stieg von jährlich 750 auf 950 Gulden »nebst Brodt und anderthalb Masz Wein täglich«. Die Wichtigkeit, die Henriette Adelaide der Bewegungsschulung des zukünftigen Herrschers beimaß, läßt sich auch aus der offenbaren gesellschaftlichen Aufwertung

Jakob Rodiers ablesen. Fünf seiner in München geborenen Kinder haben Mitglieder der kurfürstlichen Familie zu Taufpaten.

Die – freilich zu fast ritualisiertem Beifall neigenden – zeitgenössischen Berichte beschreiben Max Emanuel als durchtrainierten, bewegungssicheren Tänzer. »Er tanzt mit einer Grazie«, so Samuel Chapuzeau 1673, »mit einer ungezwungenen Kraft und einer Genauigkeit, worüber seine Meister nicht genug des Lobes finden.« Für den fünfzehnjährigen Ludwig XIV. war 1653 eine Ballettrolle als Morgenröte – Sonne attributprägend geworden. Nun wurde am bayerischen Hof mit dem Seitenblick auf die unerhört erfolgreiche Selbststilisierung des »Sonnenkönigs« ein ähnlich einprägsames Ballett-Thema gesucht. Der »Amor – Guerriero«, den man schließlich fand, ist aber nicht zum stehenden Epitheton Max Emanuels geworden, wenngleich das Schicksal des Kurfürsten später dazu allen Anlaß geboten hätte.

Das Ballettprogramm zur Feier der Volljährigkeit Max Emanuels am 11. Juli 1680 verdient als eindrucksvolles Beispiel ästhetischer Verwandlung und Überhöhung eines politischen Aktes wie auch als Exempel für die Verwischung der Grenzen zwischen Theaterwirklichkeit und höfischer Repräsentation eine etwas ausführlichere Schilderung. Am Schluß des Stückes »L'Hermione« von Terzago erfolgte ein plötzlicher Wechsel der Szenerie von den »Gärten Spartas« zum Platz vor der Münchner Residenz, der mit zahlreichen erwartungsvoll gestimmten Kavalieren, Damen und Pagen bevölkert war. Noch in einer Wolke erschien Jupiter als Adler, unter seinen Fittichen der neue Kurfürst im Gewand des Ganymed. Der Göttervater verkündete der Hermione des Stückes, ihre standhafte Liebe verdiene es, durch einen Abglanz des neuen Herrschers vergoldet zu werden. Daraufhin bekundete Ganymed - Max Emanuel seinen Wunsch, den Gästen des Festes den Nektar auszuschenken. Unter brausendem »Viva Massimiliano!« wurde Ganymed zu Boden gelassen. Am Boden angelangt, bezeigte der Kurfürst nach einigen Tanzsprüngen dem bisherigen Vormund Herzog Maximilian Philipp tänzerisch seine Reverenz und bedankte sich dann gestisch sowohl bei den Schauspielern auf der Bühne als auch bei dem in den Wolken entschwindenden Jupiter, der sich mit Segenswünschen für die Regierung Max Emanuels zurückzog. Ein Tanz Ganymeds – Max Emanuels leitete in ein Ballett aller Anwesenden über.

Die Choreographie der Feste des Jahres 1680 war die letzte Arbeit Rodiers. Nach seinem Tod holte der Kurfürst den Tanzmeister Oliviero Vigasio nach München, der unter der Regentschaft Maximilian Philipps 1679 zur Unterrichtung der Studenten an der Universität Ingolstadt angestellt worden war. Gleichzeitig wurde Franz Rodier, ein Sohn des verstorbenen Tanzmeisters, zur Ausbildung bei dem berühmten Choreographen Pécourt nach Paris geschickt. Übrigens ließ Max Emanuel Anfang der achtziger Jahre auch seinen zukünftigen »Ballmeister« Maximilian Harrat im Umkreis des französischen Hofes weiterbilden, ein Zeichen dafür, daß auch die Kunst der Organisation großer Feste am kurbayerischen Hof den modernsten Maßstäben genügen sollte.

In den militärisch bewegten frühen Regierungsjahren ist Max Emanuel nicht als tanzende Bühnenfigur aufgetreten. Das hat nichts mit einem Nachlassen der Tanzleidenschaft zu tun. So berichtete etwa der französische Gesandte de la Haye über den zweiundzwanzigjährigen Kurfürsten, er könne die Allemande auch vier und fünf Stunden in einem fort tanzen und schüttle dann meist alle Bitten seiner Umgebung um Beendigung des anstrengenden Vergnügens als lästige Einmischung von sich. Auch die in strenge Figuren gebändigte, jede Willkür ausschließende Courtoisie der Gesellschaftstänze der Zeit war ja choreographisch angelegt, auf eine kunstvolle »Darstellung« des tanzenden Paares hin ausgerichtet. So gab es auch da Gelegenheit genug für Max Emanuel, als Zentralfigur der höfischen Szene in Erscheinung zu treten.

Zur Einrichtung der Feste anläßlich der Hochzeit Max Emanuels mit der Kaisertochter kehrte Franz Rodier aus Paris zurück. Die Gestaltung der Ballette zum »Servio Tullio« zeigte sein gereiftes Können und einen ausgesprochenen Mut zu originellen thematischen Kombinationen. Im ersten Ballett erschien ein großartiges, sich ständig veränderndes Gemälde der Elysäischen Felder mit in den Wolken schwebenden Göttern und verschiedenen Flugmaschinen. Der Text dazu gab ein glänzendes Horoskop für die Neuvermählten. Während in den Versen von den zu erwartenden zwölf Nachkommen des Brautpaares die Rede war, erschienen im festlichen Reigen zwölf Tänzer, gleichsam als materialisierter Blick in die Zukunft. Das zweite Ballett bot den Kavalieren und Damen des Hofes Gelegenheit, sich selbst als Sinnbilder von Jugend und Schönheit zu erleben. Als drittes Ballett erschien »Ein Dantz von Dantzern nach altem Brauch«, also ein Schaustück, bei dem Rodier auf die Ausdrucksmittel mittelalterlicher Tänze zurückgegriffen hatte, deren Schlag-, Hüpf- und Sprungfiguren auch derbe und dreiste Anspielungen erlaubten.

Die höfischen Ballette der Jahre nach der Hochzeit mit Maria Antonia spiegeln in ihrem offenkundigen Bemühen um künstlerisches Raffinement sowohl den Einfluß der Prunktheatertradition des Wiener Hofes als auch den gesteigerten politischen Anspruch des Kurfürsten. Man darf hinter den Veränderungen der Ballettszene auch die eingreifende Hand Max Emanuels vermuten, der zu dieser Zeit in dem vielgewandten Hector de Villars einen hochgebildeten *arbiter elegantiarum* zur Seite hatte. Aus dem Jahr 1688 ist zum Beispiel die Anschaffung von zwölf Allongeperücken nach neuester Mode für Rodier und eine aus Hofkavalieren gebildete Tänzergruppe überliefert. Die – stets in Suitenform geordnete – Musik zu den zahlreichen Balletten der späten achtziger Jahre lieferte der vom

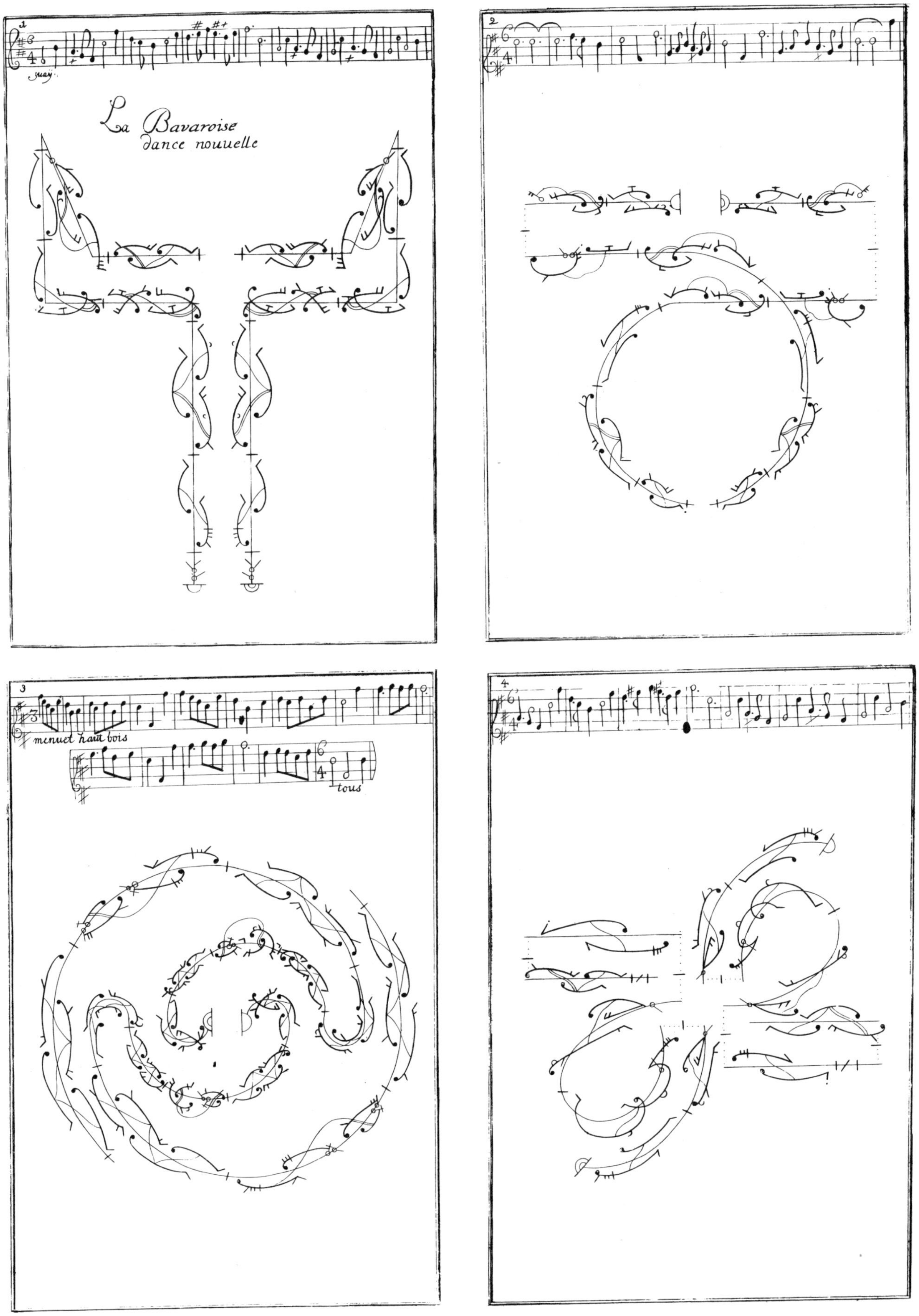

In der Lefeuilletschen Tanzschrift von Dubreuil notierte Choreografie für Max Emanuel. München, Bayerisches Nationalmuseum.

Kornettisten des Hoforchesters zum Konzertmeister aufgestiegene Melchior d'Ardespin. Welchen Umfang die Hoffeste nun einnahmen, geht daraus hervor, daß seit 1689 in der Person von Max Emanuels Jugendfreund Sigmund de Cabo St. Maurice ein ständiger »Intendant des spectacles« ernannt wurde. Er hat das Amt freilich nicht lange innegehabt; der hochbegabte, nach dem Zeugnis der Zeitgenossen beste Tänzer des bayerischen Hofes neben Max Emanuel fiel als Hauptmann der Leibgarde bei der Belagerung von Mainz – ein Hinweis übrigens für die übergangslose Vermischung der Lebensbereiche im höfischen Leben des Barock.

Beim Besuch des Kaisers in München im Jahre 1690 stand die Oper »L'Eraclio« im Mittelpunkt des Programms. Am 5. Februar »liessen Ihro Churfürstliche Durchlaucht dero hohe Gäste mit einer angestellten Opera belustigen, wobey die künstlichen Machinen, und das in sechzehnmal veranderliche Theatrum, wie auch die Music, und die wohlgeschickte Comödianten so wol als die sinnreiche Action von Heraclio an ihr selbsten nicht geringe Admiration verursachten.« Vermutlich hat Max Emanuel selbst den Herkules getanzt.

In die Spanischen Niederlande folgten dem Kurfürsten 1692 unter anderem Franz Rodier und dessen Schwager, der Komponist Pietro Torri. Die Münchner Künstler sahen sich in Brüssel allerdings auf eine Nebenrolle zwischen den einheimischen, durch zünftische Privilegien geschützten Kräften wie den reisenden Theatertruppen beschränkt. Zudem konzentrierte sich in diesen Jahren das Interesse Max Emanuels allein auf das französische Musiktheater; 1695–1700 wurden am Brüsseler Hof ausschließlich *opéra-ballets* von Lully inszeniert. Am Vorbild Lullys schulte sich in Brüssel auch Torri zum tüchtigen Ballettkomponisten.

Aus dem Exil brachte Max Emanuel 1715 nicht nur gesteigerte künstlerische Ansprüche mit, die er aus dem Erlebnis des Pariser Balletts geschöpft hatte, das in der Zeit um 1700 einen ersten Höhepunkt seiner Geschichte als professionelle Kunstgattung erlebt hatte. Der Kurfürst kam auch mit einer Schar von französischen Theaterleuten nach München. Unter ihnen war der hervorragende Tänzer Jean Pierre Dubreuil. Er blieb vom Beginn seines Engagements im Oktober 1715 bis zu seinem Tod 1732 kurfürstlicher Tänzer. Eine Schilderung des ersten Zusammentreffens Max Emanuels mit dem jungen Dubreuil ist durch Villars erhalten, sie wirft ein gutes Licht auf das spontane Verhältnis des Kurfürsten zu den Künstlern. Max Emanuel hatte Dubreuil in der Rolle des Scaramouche tanzen sehen, hatte sich begeistert und dem Tänzer den Ausdruck seiner Hochachtung samt einem Geldgeschenk übermitteln lassen. Als nun Dubreuil vorsprach, um zu danken, stellte sich heraus, daß Max Emanuels *Maître d'Hôtel* statt der geschenkten zwölf *pistolles* nur sechs überbracht hatte. Daraufhin entließ Max Emanuel im Zorn den *Maître d'Hôtel*, für den Tänzer aber zog er weitere 24 Louis aus der Börse.

Am Münchner Hof hielt nach 1715 Franz Rodier zwar immer noch formell die Leitung des Balletts in Händen, er rangierte auch bis in die Ära Karl Albrechts als erster auf der Liste der Theatervorstände; aber Dubreuil übernahm nach und nach die wichtigeren Aufgaben. Bei Torris »Ismene«, wo der achtzehnjährige Kurprinz Karl Albrecht zum ersten Mal auf der Bühne tanzen sollte, inszenierte Dubreuil das *grand ballett*. Der überwältigende Erfolg brachte ihm den Titel eines »Compositeur des ballets de la Cour« ein. Für die zahlreichen Opern, Komödien, Ballette und Turniere der späten Regierungsjahre hat Dubreuil nicht nur meist die Choreographie geschaffen, sondern auch die Kostüme entworfen. Sein Ballettstil ist rekonstruierbar aus den zwei Karl Albrecht gewidmeten Bänden von Aufzeichnungen eigener Tänze in der Lefeuilletschen Tanzschrift. Wie nahe dem Herzen des Kurfürsten auch in seinen letzten Lebensjahren der höfische Tanz stand, geht daraus hervor, daß im Zuge der Sparmaßnahmen im Jahre 1720 zwar das französische Schauspiel entlassen wurde, das Ballett aber seinen Platz behielt.

* Benützte Quellen und Literatur

Catalogue des livres de la Bibliothèque de feu M. Bason, Rothschild Collection, T. IV, Paris 1912.

S. Chapuzeau, Relation de l'éstat present et de la maison Electoral de Bavière, Paris 1673.

G. Claretta, Adelaide di Savoia, Duchessa di Baviera, Torino 1877.

F. Faber, Histoire du Théâtre française en Belgique, T. IV, Bruxelles 1878.

J. Isnardon, Le Théâtre de la Monnaie depuis sa fondation jusqu'à nos jours, Bruxelles 1890.

H. Junker, Pietro Torri als Opernkomponist, Einleitung zu DTB XIX/XX, Leipzig 1920.

Th. B. de Lillis, Der Römischen Kayserlichen und Königlichen Majestäten gnädigster Einkehr ... München 1690.

STAM HR Fasz. 339.

M. Strich, Der junge Max Emanuel von Bayern und sein Hof (AbM 13, 1915–16).

Villars (maréchal de), Mémoires, publ. par M. le Mis de Vogüé, 6 Bde., Paris 1884–1904.

Redaktion: Christoph Stölzl

ASPEKTE DES KRIEGES

Johannes Kunisch

Kurfürst Max Emanuel als Feldherr

Wenn im folgenden die Persönlichkeit Max Emanuels unter dem Aspekt des militärischen Wirkens gesehen werden soll, so erscheint es geboten, zuvor den historischen Bezugsrahmen, also die strukturellen Bedingungen, unter denen Kriege im Zeitalter des Absolutismus geführt wurden, zu skizzieren. Denn erst durch eine Analyse der Voraussetzungen, unter denen immer wieder auch Fürsten selbst an der Spitze ihrer Armeen gefochten haben, werden die Maßstäbe deutlich, mit denen Erfolg und Mißerfolg, Größe und Versagen beurteilt werden können.

I

Die stehenden Heere des Absolutismus stellten einen durch Disziplin und ständigen Zwang zusammengefügten Körper dar, der im geschlossenen Einsatz absolute Verfügbarkeit gewährleistete und solange nichts von seiner außerordentlichen Funktionsfähigkeit einbüßte, wie die zahlreichen ineinandergreifenden Evolutionen sich in ihrem eingeübten Ablauf entwickeln ließen.[1] Entglitt indessen ein Teil dieses Räderwerks der alles lenkenden Hand der Befehlsführung, so stand in kürzester Zeit der Zusammenbruch dieses so kunstvoll zusammengehaltenen Gefüges zu befürchten. Denn die Armee, sagt der Historiograph und Militärtheoretiker Tempelhoff über das Heerwesen des Absolutismus, »ist nichts anderes als eine Maschine, die aus einigen tausend einzelnen Teilen zusammengesetzt ist; sie wird daher nie der Wirkung entsprechen, welche man von ihr erwartet, wenn nicht jeder Teil, jedes Glied derselben, auf die vollkommenste Art ausgebildet ist«.[2]

Die eigentlich gemäße taktische Ordnung dieser Armeen war die lineare Aufstellung in vier, später drei Treffen hintereinander, die *Ordre mince*. Alle Anstrengungen auf taktischem, waffentechnischem und organisatorischem Gebiet galten während des ganzen Zeitalters der stehenden Heere der Verbesserung und Fortentwicklung dieses Systems. Die Zusammensetzung des Offizierskorps', das Heeresergänzungswesen, die Ausbildung und Schulung der Truppen, die Gliederung und Führung der Armeen und schließlich die Grundsätze der Strategie waren so sehr zugeschnitten auf die Eigenheiten und Erfordernisse der Lineartaktik, daß sie als das eigentlich primäre Organisationsprinzip der stehenden Heere des Absolutismus betrachtet werden muß. Die *Ordre de bataille* war die Grundaufstellung der Armee nicht nur im Kampf, sondern auch im Lager und auf dem Marsch. Das starre Festhalten an dieser, nach einer ausgeklügelten Rangordnung ausgerichteten Formation bot die sicherste Gewähr für eine straffe und einheitliche Führung. Deshalb war es in der Regel geboten, jeweils im voraus Lagerplätze und Aufmarschgelände zu erkunden, wo die Armee sich ihrer Schlachtordnung entsprechend wie auf dem Exerzierplatz entwickeln konnte. Da die Frontbreite jeder Abteilung mit ihrem Gefechtsraum übereinstimmen mußte, so versteht es sich, daß der Aufmarsch in Schlachtordnung große Genauigkeit, viel Zeit und außerordentliche Umsicht des kommandierenden Generals erforderte. Er dauerte selbst bei überschaubaren Armeen von 20000 bis 40000 Mann, die in vorschriftsmäßiger *Ordre de bataille* eine Länge von 3 bis 6 Kilometer beanspruchten, ungefähr drei bis vier Stunden, wobei oft im Flankenmarsch vor der Gefechtsaufstellung des Gegners defiliert werden mußte.[3]

Ein derartiges Manöver war deshalb durchführbar, weil in der Regel davon ausgegangen werden konnte, daß der schon in rangierter Schlachtordnung stehende Gegner seine mit Vorbedacht gewählte und häufig befestigte Stellung nicht verlassen würde. Denn man glaubte viel erreicht zu haben, wenn die Bataillone mit ihrer unterschiedlichen Kampfkraft so aufgestellt und angeordnet waren, wie es den eigenen taktischen Überlegungen am besten entsprach. Unter diesen Umständen ist es begreiflich, daß von Änderungen der Gefechtsordnung – zumal bei Angriffsabsichten – Abstand genommen wurde, wo doch die Präzision des Aufmarsches erst die Voraussetzung für eine volle Entfaltung der Kampfkraft schuf.

Der Form und Anlage des Angriffs nach unterschied man in der Taktik der absolutistischen Kriegführung die parallele und die schiefe Schlacht. Die Parallelschlacht stellte ein frontales Aufeinanderprallen der beiden Armeen dar, das einen durchschlagenden Erfolg insofern zu gewährleisten schien, als der Sieg die Überwindung des ganzen feindlichen Heeres bedeuten mußte. In der Praxis freilich gingen derartige Konfrontationen trotz hoher, aber eben beiderseitiger Verluste oft unentschieden aus. Die Infanterie führte an der oberen Grenze der wirksamen Schußdistanz ein stehendes Feuergefecht. Ein Sturmangriff blieb angesichts der geringen Tiefe der Angriffslinien und der Schwierigkeit, starke Kräfte zu einem durchschlagenden Angriffskeil zusammenzufassen, ein kaum zu rechtfertigendes Risiko, zumal der Angegriffene gewöhnlich eine gut gewählte und ausgebaute Stellung innehatte. Trat einer der beiden Gegner infolge drohender Überflügelung oder der Auflösung seiner Treffen den Rückzug an, so erlaubte ihm in der Regel die Distanz, die beide Parteien voneinander trennte, sich rasch und geordnet der Feuerwirkung des Gegners zu entziehen und auf eine vorbereitete Auffangstellung zurückzuweichen, während der Sieger – kaum weniger geschwächt und von Auflösung bedroht – an eine nachdrückliche Verfolgung schon aus Rücksichtnahme auf die eigenen Truppen nur in Ausnahmefällen denken konnte.[4]

Die schiefe Schlachtordnung bezeichnet in der Taktik des 18. Jahrhunderts alle Formen der Umgehung und Umfassung des Gegners. Schon sehr bald hatte man erkannt, daß das frontale Aufeinanderprallen ganzer Schützenketten und die verheerende Wirkung der Artillerie zu so hohen Verlusten führten, daß es geboten schien, trotz grundsätzlicher Beibehaltung der linearen Schlachtordnung taktische Varianten zu entwickeln, die es ermöglichten, einen Teil der feindlichen Stellung mit Übermacht anzugreifen, während das Gros der Truppen mit der Maßgabe zurückgehalten wurde, ein hinhaltendes Gefecht zu führen. Durchschlagende Erfolge blieben aber auch dieser Form trotz einiger hervorragender Leistungen Marlboroughs, des Marschalls von Sachsen und Friedrichs des Großen versagt. Der Gegner konnte zwar häufig zum Rückzug gezwungen werden. Doch fand er angesichts der einseitigen und partiellen Bedrohung, der er sich während der Schlacht ausgesetzt sah, in der Regel Gelegenheit, seine nur von unterlegenen Kräften beschäftigten Truppen in völliger Ordnung zurückzuführen. Die Schlachten von Höchstädt (1704) und Ramillies (1706), an denen Max Emanuel maßgeblich beteiligt war, sind berühmte Beispiele für diesen Typus von Feldschlachten.

Zugleich mit ihrer scharfen Ausrichtung und dem völligen Gleichtakt ihrer Bewegungen büßten die Linien der absolutistischen Heere jedoch ein Mindestmaß an freier Beweglichkeit ein, so daß es großer Anstrengungen bedurfte, um sie auf eine veränderte Gefechtssituation einzustellen. Ihre Schießfertigkeit geriet unter Verzicht auf jegliche Ausnutzung der Geländebeschaffenheit zu einem blinden Gefechtsschießen, das nur durch die Salven ganzer und möglichst langgestreckter Feuerlinien Wirkung hervorzubringen vermochte. So bedurfte es ebenen und übersichtlichen Geländes, um die Stärke dieser Armeen, ihre zweifellos hohe und gleichmäßige Feuerkraft, zur Geltung zu bringen. Alle Energien der Heeresreformer richteten sich deshalb neben der Fortentwicklung der Evolutionen und Manöver auf die Schulung der Armee im Gebrauch der Waffen, um eine höhere Feuergeschwindigkeit zu erreichen. Doch das Ergebnis war bei aller manuellen Geschicklichkeit und organisatorischen Verbesserung, die man in der Ausbildung und Anordnung der Pelotons im Laufe des 17. und 18. Jahrhunderts zu erreichen wußte, eine starre und schwerfällige Mechanik, die angesichts der völligen Schematisierung aller Handgriffe und Bewegungen zu einer erheblichen Einbuße an Durchschlagskraft führte. Das Überraschungsmoment als schlachtentscheidender Faktor, der kühne und energische Zugriff, blieb demzufolge nur noch dem großen Wurf jener wenigen überragenden Feldherren vorbehalten, die gerade durch das Exzeptionelle ihrer Erscheinung als Indikator dafür zu werten sind, wie maßgeblich sonst das reglementierte Handeln war. Die eigentlich gemäße Einstellung war deshalb die Defensive, die sich als beherrschendes Prinzip taktischen Verhaltens auch deshalb so vollständig durchsetzte, weil die im 17. und 18. Jahrhundert verbesserte und immer wieder vermehrte Artillerie die Manövrierfähigkeit der Heere stark beeinträchtigte und einen anrennenden Gegner überaus wirkungsvoll auf Distanz zu halten vermochte.

Eine andere Eigentümlichkeit der absolutistischen Heeresorganisation war die Versorgung der Armee aus Magazinen – eine Maßregel, die gegenüber den willkürlichen Requisitionen der Söldnertruppen eine große organisatorische Leistung darstellte. Dieses Verfahren erwies sich jedoch spätestens seit dem Spanischen Erbfolgekrieg als eine erhebliche Behinderung für jede ausgreifende strategische Planung, insofern als es Eigengesetzlichkeiten erzeugte, die schließlich das berechnende Kalkül der Heerführer beinahe völlig beherrschten. Man füllte die auch in Friedenszeiten unterhaltenen Depots in der Regel mit Mehl- und Fouragevorräten für neun bis zehn Tage. Nur Holz, Fleisch und andere Naturalbedürfnisse sollten an Ort und Stelle gekauft werden. Der Proviant- und Munitionsnachschub wurde auf sogenannten Landestrains befördert und stellte häufig ein zusätzliches Erschwernis für die Heeresorganisation dar.

Alle diese vorsorglichen Maßregeln legten den Operationen in bezug auf Ausdehnung, Schnelligkeit und Nachdruck außerordentliche Beschränkungen auf. Doch erweiterten sie paradoxerweise auch wieder den taktischen Spielraum. Denn das Nachschub- und Versorgungswesen der Armeen wurde nun seinerseits das Ziel militärischer Operationen, um ohne das Risiko verlustreicher Schlachten Erfolge zu erzielen, denen auf lange Sicht durchaus strategische Bedeutung zukommen konnte.

Ein kaum zu lösendes Problem des absolutistischen Heerwesens stellte die Frage der Heeresaufbringung dar.[5] Die Werbung von Rekruten – gewöhnlich unter Anwendung von List und Gewalt – bildete zunächst die ausschließliche, später die vorherrschende Form, sich die Mannschaft für ein stehendes Heer zu verschaffen. Dieses Verfahren, das in sich selbst bereits den Keim einer allgemeinen sozialen Desintegration trug, bewirkte, daß besonders die Infanterieregimenter von gescheiterten Existenzen, Fahnenflüchtigen und einer großen Zahl zu den Waffen Gepreßter in so beherrschendem Maße geprägt wurden, daß das Heerwesen des Absolutismus insgesamt trotz seines glänzenden Erscheinungsbildes als ein sozialer Körper von großer Labilität bezeichnet werden muß. Nur eine mit eiserner Strenge und allgegenwärtiger Überwachung durchgeführte Reglementierung verlieh diesem Kriegsinstrument jenes Maß an Kohärenz, dessen es zu einer absoluten Verfügbarkeit bedurfte. Furcht vor Strafe und schließlich ein hoher Grad an Abgestumpftheit als Folge jahrelangen und jedes Sinnbezuges entbehrenden Drills waren die Grundlagen der Disziplin. Der Zusammenhalt dieser Armeen »beruhte allein auf einem von oben nach unten sich verschärfenden Zwang, darin ein getreues Abbild der Ordnung des absolutistischen Staates selbst, dem auch kein inneres Band Festigkeit gab, keine zustimmende oder anregende Teilnahme von unten, sondern ausschließlich Befehl und Gehorsam«.[6]

So erscheint es konsequent, daß altgedienten und abgerichteten Soldaten angesichts der mechanischen Geschicklichkeit, die die Lineartaktik erforderte, Vorrang vor jungen, neuangeworbenen Rekruten eingeräumt wurde. Nicht die Unverbrauchtheit körperlicher Kräfte entschied über die Verwendbarkeit eines Soldaten, sondern seine funktionale Brauchbarkeit. Jeder ausgebildete Mann war deshalb – so wenig menschenwürdig man ihn auch sonst behandelt haben mag – ein kostbares, nur schwer zu ersetzendes Glied einer Maschinerie, die infolge des kunstvollen Ineinandergreifens aller Funktionselemente der bedingungslosen Angepaßtheit jedes einzelnen bedurfte, um betriebsfähig zu sein.

Daß diese Gegebenheiten auf die Kriegführung selbst nicht ohne Einfluß blieben, sondern in stärkstem Maße auf das taktische Verhalten der Befehlshaber einwirkten, liegt auf der Hand. Je mehr es unausgesetzter Drill und eine jeden Handgriff vorschreibende Reglementierung vermocht hatten, aus diesen zumeist widerwillig dienenden Soldaten einen funktionsgerechten Mechanismus zu schaffen, desto kostbarer und empfindlicher wurde ein solches Gebilde, desto mehr war Schonung und Bedachtsamkeit bei seiner Verwendung geboten. Denn nicht nur der Kreis derer, die man bei Verlusten als Ersatz anwerben oder im eigenen Lande ausheben konnte, war außerordentlich begrenzt; eine kaum geringere Schwierigkeit bestand darin, daß es jahrelangen Exerzierens bedurfte, um bei den neu aufgestellten Truppen den hohen Grad an exakter Manövrierfähigkeit wieder zu erreichen. So konnte der Entschluß, dem Gegner eine Schlacht zu liefern, nur nach Ausschöpfung aller sich zu ihrer Vermeidung bietenden Möglichkeiten gefaßt werden, zumal selbst bei einem Erfolg der strategische Gewinn durchaus gering sein konnte.

Mit der spezifischen Zusammensetzung dieser Truppen war noch ein weiteres Hemmnis vorgegeben. Mehr noch als durch Kampfverluste war der Mannschaftsbestand durch Fahnenflucht bedroht. Es erwies sich deshalb als notwendig, außerordentliche, weit in das Feld strategischer und taktischer Überlegungen hineinreichende Vorkehrungen zu treffen, um die Desertion wenigstens in Grenzen zu halten. So durften Feldlager lediglich in offenem Gelände aufgeschlagen und Märsche nur in übersichtlichen taktischen Verbänden vorgenommen werden, damit durch strikte Absonderung von den Schauplätzen des bürgerlichen Lebens und durch die Geschlossenheit der Formation eine ständige und umfassende Beaufsichtigung gewährleistet war.

Aus all diesen Eigentümlichkeiten ergab sich ein Prinzip, das man in Unterscheidung zu einer »dem eigentlichen Wesen des Krieges« (Clausewitz) näherstehenden Form der Kriegführung Manöverstrategie genannt hat. Und in der Tat ist das Erscheinungsbild der klassischen Kabinettskriege des 17. und 18. Jahrhunderts weniger geprägt durch großangelegte, weiträumige Feldzüge und ein rigoros die Entscheidung erzwingendes Vernichtungsprinzip als vielmehr durch ein sich immer kunstvoller entwickelndes System von Märschen und Gegenmärschen, von Detachierungen und Konzentrierungen, von Manövern und Scheinangriffen: ein »mit gesetztem Gemüthe« berechnetes Hin und Her zwischen deckenden und flankierenden Bewegungen, Belagerungen und Entsatzoperationen, kurz: eine Kette von Aktivitäten mit begrenzter taktischer Zielsetzung, die in ihrer Gesamtheit an die Stelle von Feldschlachten als kriegsentscheidender Faktor traten und auf diese Weise ein »allgemeines Niveau des mittelmäßigen Erfolges« (Clausewitz) hervorbrachten. Die Kunst des hinhaltenden Taktierens wurde in der Scheu vor der schweren Krise, wie sie eine verlorene nicht weniger als eine gewonnene Schlacht darstellte, zu solcher Verfeinerung vorangetrieben, daß man sich in Gestalt der Manöver ein Arsenal von Aushilfsmaßnahmen verschaffte, mit deren Hilfe militärische Ziele auch ohne die Konfrontation ganzer Armeen erreicht werden konnten. »Unter den neueren Generalen«, sagt der Marquis de Sylva in seinen Gedanken über Taktik und Strategik, »kenne ich keinen, der in der Kunst, Schlachten zu vermeiden oder sie zur rechten Zeit zu liefern, dem Herrn Turenne gleichkäme, oder der den Feind so zu nichts gemacht und diese Art des Krieges, welche ohne Widerrede die nützlichste, feinste und klügste ist, besser verstanden hätte«.[7]

In der Beherrschung dieser durch und durch artifiziellen, auf hinhaltende Defensive eingeschworenen Kriegskunst lag also der Maßstab, an dem die Größe eines Feldherrn trotz des Umstandes gemessen wurde, daß auch persönliche Bravour und Tapferkeit Eigenschaften waren, die den Ruhm eines Offiziers begründen konnten. Es galt als größte Meisterleistung in der Kunst des Manöverkrieges, wenn ein Feldherr unter Vermeidung risikoreicher Schlachtentscheidungen Stellungen so lange zu behaupten vermochte, bis der Gegner von seinen Zielen abzulassen genötigt war. Der Marschall von Sachsen bekannte in seinen »Rêveries«

ganz offen: »Schlachten sind das Auskunftsmittel unwissender Generäle. Sie schlagen, wenn sie nicht wissen, was sie anfangen sollen«.[8]

Doch gab es auch, und – paradoxerweise – gerade im Zeitalter der Kabinettskriege, große, folgenreiche und zu Recht berühmte Schlachten: nicht zuletzt Moritz von Sachsen hat sich ihrer mit großem Erfolg zu bedienen gewußt. Und sie sind es – aller Dogmatik der Kriegstheoretiker zum Trotz – doch letztlich, die über Größe und Nachruhm der Feldherren entschieden haben.

II

Der Feldherrnruhm jedenfalls, der sich an den Namen des Kurfürsten Max Emanuel knüpft, ist nicht auf jene hochstilisierte Kunst des Manöverkrieges gegründet, wie sie der Kriegstheorie des Absolutismus als vorbildlich erschien, sondern auf eine Reihe von Waffentaten und Handstreichen, die aus dem Augenblick heraus eine überraschende Wende der Ereignisse herbeiführten. Nicht also das Methodische und Beharrliche war sein Metier, sondern die Kampfesfreude und der schnelle Zugriff. Was immer für diese Andersartigkeit maßgeblich gewesen sein mag; auffällig ist zunächst sein jugendliches Alter. Alle Waffentaten, die Max Emanuel als strahlenden Helden und kühnen Eroberer erscheinen lassen, gehören in sein drittes Lebensdezennium, ein Lebensalter also, in dem auch andere, deren Nachruhm später durch die klassischen Feldherrntugenden geprägt worden ist, noch die Aura verwegener Kühnheit besaßen. Überhaupt ist aufschlußreich, welchen Einfluß das Lebensalter gerade in Anbetracht einer Kriegslehre hatte, die so sehr der Bedächtigkeit und Abgewogenheit das Wort redete und nur denjenigen als einen ernstzunehmenden Heerführer einzuschätzen geneigt war, der »mit gesetztem Gemüth« und methodischer Feinsinnigkeit zu Werke ging. Denn auch in der Kriegführung der unbestritten großen Feldherren dieses Zeitalters, des Prinzen Eugen oder Friedrichs des Großen, zeigte sich erst im Laufe der Jahre der Wandel zu einem »Altersstil«, der ohne Zweifel mit den Prinzipien der absolutistischen Kriegslehre mehr übereinstimmte als manche ihrer jugendlichen Geniestreiche.[9]

Max Emanuel wurde als regierender Reichsfürst ungeachtet seiner unzureichenden Kenntnisse in den Kriegswissenschaften, ungeachtet seiner mangelnden Kriegserfahrung und unabhängig auch von Anciennität und Beförderung, im Alter von 21 Jahren sogleich mit einem sehr hohen Kommando betraut. Für alle Routinearbeiten eines Feldherrn hatte er langgediente und kampferprobte Ratgeber, wie Degenfeld, Steinau und Sereni, an seiner Seite, so daß er das Kriegshandwerk selten nur von seiner mühevollen Seite zu Gesicht bekam. Er stand selbstherrlich und unberührt über den Problemen, die durch Heeresaufbringung und Magazinwesen, durch Kampfverluste und Desertion, aufgeworfen wurden, und trat eigentlich erst in Erscheinung, wenn es galt, Schlachten zu schlagen und Siege zu erringen. Die Kunst des Manöverkrieges konnte deshalb seine Sache nicht sein: Sie erforderte Kenntnisse, Erfahrungen und in hohem Maße Tugenden wie Ausdauer und Beharrlichkeit, die ihm offensichtlich wider die Natur gingen.

Von großer Bedeutung für die Eigentümlichkeit des Feldherrnruhms Max Emanuels waren ferner die besonderen Bedingungen, unter denen in den Türkenkriegen gefochten wurde. Hier boten sich einem ruhmbegierigen und von rastlosem Tatendrang getriebenen Fürsten Entfaltungsmöglichkeiten, wie sie auf europäischen Kriegsschauplätzen sonst nicht vorzufinden waren. Denn die Auseinandersetzungen mit den Türken trugen auch im 17. Jahrhundert noch den Charakter eines Glaubenskrieges, der unvermindert emotionale Energien und Affekte freisetzte. Es ist schwer zu beurteilen, in welchem Maße der junge, feurige und für die großen Fragen der europäischen Politik durchaus empfängliche Kurfürst von der Idee des Glaubenskrieges gegen die Osmanen selbst ergriffen war. Unbestreitbar ist jedoch, daß er von dem leidenschaftlichen Ungestüm, mit dem der Krieg gegen die Ungläubigen geführt wurde, wie kaum ein zweiter mitgerissen worden ist. Denn alle seine glänzenden Siege gehören ausnahmslos in die Zeit des Türkenkrieges. Vielleicht ist ihm in dieser Beziehung nur Markgraf Ludwig Wilhelm von Baden, der Türkenlouis, vergleichbar.[10]

Ein Wort zuvor über die Heeresverfassung der Osmanen: Im 16. Jahrhundert stellte das in strenger Disziplin und mönchischer Zucht ausgebildete Janitscharenkorps zusammen mit der Lehnsreiterei, den Sipâhîs, eine Streitmacht dar, der die Söldnerheere des Westens nicht gewachsen waren.[11] Die osmanischen Eroberer hatten sich eine äußerst funktionsfähige, dem Westen lange Zeit überlegene Heeresorganisation geschaffen, mit deren Hilfe es gelang, die unerschöpflichen Reserven ihres Riesenreiches zu mobilisieren und Heere aufzubieten, denen an Zahl, Kampfkraft und religiöser Begeisterung bis ins 17. Jahrhundert hinein kaum Gleichwertiges entgegengestellt werden konnte.[12] Nur in der Verteidigung belagerter Städte hatten die Aufgebote des Reiches und der Erblande sich behauptet und den türkischen Expansionsschüben immer wieder Einhalt zu gebieten vermocht.[13]

Spätestens seit der Schlacht von St. Gotthard-Mogersdorf im Jahre 1664 aber, als ein christliches Heer unter dem Oberbefehl Montecuccolis die Türken unter dem Großwesir Achmed Köprülü entscheidend schlug,[14] wandte sich das Blatt: Die Kampfkraft der Janitscharen hatte nachgelassen, und gleichzeitig wirkte sich die konsequente Systematik aus, mit der die stehenden Heere der Abendländer geschult und geführt wurden.[15] Und zugleich erwies sich die außerordentlich gesteigerte Feuerkraft der westlichen Linientruppen als derjenigen der Osmanen überlegen. Man verfügte im Lager der christlichen Verbündeten mittlerweile über das taktische Instrumentarium, um die nicht zuletzt wegen ihrer Masse weniger festgefügten Heeresverbände der Türken aufzusprengen und zu besiegen. Es kam darauf an, sich ihren Rückstand an rationaler Führung und funktionaler Geschlossenheit zunutze zu machen. Und obwohl es Max Emanuel gewiß nicht lag, sich mit Zusammenhängen dieser Art zu beschäftigen, so scheint ihm die Schwäche der Osmanen in der zielbewußten Durchführung ihrer Feldzugspläne doch die Gelegenheit verschafft zu haben, aus der intuitiven Entscheidung des Augenblicks heraus Großes zu leisten. Max Emanuel ist es jedenfalls in besonderem Maße gewesen, der diesen Spielraum zu seinem Ruhme zu nutzen gewußt hat.

Am 14. Mai 1683 war Großwesir Kara Mustafa an der Spitze eines nahezu 250000 Mann starken Heeres bis Belgrad vorgestoßen und schickte sich an, über das seit Jahrhunderten zwischen Türken und Habsburgern umstrittene Ungarn hinaus in die Erblande einzudringen. In den ersten Julitagen erschien die Vorhut des osmanischen Heeres vor Wien, am 14. Juli war die Stadt von allen Seiten eingeschlossen. Herzog Karl von Lothringen hatte mit seinen etwa 33000 Mann kaiserlicher Truppen angesichts der ungeheueren Übermacht, mit der ihm die Türken entgegengetreten waren, nur noch den Rückzug antreten können und jenseits des Wiener Waldes Stellung bezogen.

Hier, auf dem Tullner Feld, wurde im Verlauf der folgenden Wochen die große Entsatzarmee der den Belagerten zu Hilfe eilenden Truppen formiert. Am 16. August hatte sich Max Emanuel mit 11000 Bayern, am 31. August König Johann III. Sobieski mit 13000 Polen und schließlich am 3. September Kurfürst Johann Georg III. an der Spitze von 10000 Sachsen mit den durch andere reichsständische Kontingente verstärkten Kaiserlichen vereinigt. Den Oberbefehl über dieses nun etwa 65000 Mann starke Entsatzheer führte nominell König Johann; die eigentliche Angriffsdisposition jedoch lag in den Händen Karls von Lothringen. In der Schlacht selbst, die am 12. September 1683 vor den Toren der belagerten und mittlerweile aufs höchste bedrohten Stadt geschlagen wurde, befehligte Kurfürst Max Emanuel das Zentrum, dem zusammen mit dem linken Flügel unter dem Herzog von Lothringen der die Schlacht entscheidende Durchbruch gelang.[16]

Es ist nicht im einzelnen überliefert, welche Rolle Max Emanuel während des dramatischen Geschehens gespielt hat. Doch ist gewiß, daß er nach der vernichtenden Niederlage der Türken seine Mission nicht für beendet ansah. Vielmehr forderte er nun ein selbständiges Kommando in der Absicht, den fliehenden Türken zu folgen und ihnen eine weitere Niederlage beizubringen. Sein leidenschaftlicher und von dem Verlangen nach militärischem Ruhm beflügelter Tatendrang war derart ungestüm, daß er erst unter dem nachdrücklichen Hinweis auf die vorgerückte Jahreszeit davon abgebracht werden konnte, mit seinen bayerischen Truppen einen gerade in der Defensive gefährlichen und zahlenmäßig noch immer weit überlegenen Gegner bis nach Ungarn hinein zu verfolgen.

Nach zwei weiteren Feldzugsjahren im Kriege gegen die Osmanen gelang es Max Emanuel, aus dem immer lästiger und bedrückender empfundenen Schatten des kaiserlichen General-Leutnants Herzog Karl von Lothringen herauszutreten, der das feurige und von jugendlicher Unbekümmertheit getragene Vorwärtsdrängen seiner Unterführer durch die methodische und nicht selten auch eigensinnige Bedachtsamkeit eines erfahrenen und selbstbewußten Oberkommandierenden nur zu behindern schien.[17]

Max Emanuel sollte – so bestimmte es der ursprüngliche Feldzugsplan – an der Spitze eines eigenen Korps' von 21800 Mann südlich des Ofener Donauknies gegen Stuhlweißenburg vorgehen. In seiner Begleitung befanden sich im Range eines Oberstfeldwachtmeisters sein späterer Gegner Prinz Eugen von Savoyen und Markgraf Ludwig Wilhelm von Baden. Doch bevor es zum Aufbruch des bayerisch-sächsischen Armeekorps' gekommen war, erreichte Max Emanuel die Entscheidung des im Feldlager von Parkany zusammengetretenen Kriegsrats vom 9. Juni 1686, der die Belagerung von Ofen unter Zusammenfassung aller verfügbaren Kräfte vorsah. Und obwohl Max Emanuel nun trotz der sich grundsätzlich vorbehaltenen Selbständigkeit wieder unter das Oberkommando Karls zurückgekehrt war, gelang ihm bei der Erstürmung dieser im Kampf mit der Pforte so entscheidenden Schlüsselstellung durch mehrfach bewiesene Tapferkeit, durch Übersicht und Kampfesmut, den Grundstein für seinen Waffenruhm als einer der großen Türkenbezwinger zu legen. Hier zeigte sich die persönliche Bravour des Kurfürsten, seine Geistesgegenwart und ein kühnes und mitreißendes Durchsetzungsvermögen, das ihm in den folgenden Feldzügen den Vorrang vor seinem Rivalen Karl von Lothringen verschaffen sollte.[18]

Nach der Rückkehr Max Emanuels vom Karneval in Venedig im März 1687 kam es zunächst wiederum zu heftigen Auseinandersetzungen zwischen der kaiserlich-lothringischen und bayerisch-badischen Partei über Ziele und Verfahrensfragen des Feldzuges. Schließlich wurde Max Emanuel erneut ein selbständiges Kommando übertragen und vereinbart, daß die Hauptarmee unter dem Herzog von Lothringen rechts der Donau auf Esseg, Max Emanuel links des Flusses auf Peterwardein vorstoßen sollte. Im Angesicht eines türkischen Feldheeres von etwa 60000 Mann aber, das sich den Verbündeten (insgesamt etwa 50000 Mann) bei Esseg entgegenstellte, entschloß man sich, beide Heeresgruppen ein weiteres Mal zusammenzufassen. Doch kam es zunächst nicht zu einer entscheidenden Konfrontation. Vielmehr ließen sich die Verbündeten in einen zermürbenden Kleinkrieg verwickeln, in dem die Osmanen – die Überlegenheit ihrer leichten Truppen nutzend – solche taktischen Gewinne zu erzielen vermochten, daß auf seiten der Alliierten bereits die Räumung des linken Donauufers erwogen wurde. Aber der Gegner gab nun in der Annahme, daß sich die Christen einem Zugriff zu entziehen versuchten, seine überaus wirkungsvolle Defensivtaktik auf und rückte in Richtung auf die Donaubrücke von Mohács vor, wo die Kaiserlichen am Abhang des Berges Harsán mit Front gegen die Drau ein Lager bezogen hatten.

Hier kam es am 12. August 1687 zu einer der seltenen Feldschlachten des Türkenkrieges, die mit einem glänzenden Sieg der Kaiserlichen endete. Es besteht kein Zweifel, daß es der von Max Emanuel befehligte linke Flügel gewesen ist, der den Sieg erfochten hat. Nicht nur, daß er den ersten Angriff der türkischen Reiterei abzuwehren vermochte; in einem mit größter Bravour und ungestümem Kampfeswillen vorgetragenen Gegenangriff gelang es Max Emanuel, den Gegner zurückzuwerfen und schließlich so lange zu beschäftigen, bis der Herzog von Lothringen zur Stelle war und die türkischen Verschanzungen im Sturm gewonnen werden konnten.[19]

Ungeachtet dieses glänzenden Erfolges aber verließ Max Emanuel wenige Wochen später mit dem eher noch unzufriedeneren Markgrafen Ludwig Wilhelm gekränkt und verärgert den ungarischen Kriegsschauplatz. Er fühlte sich trotz der hohen Auszeichnung, die mit der Übertragung eines selbständigen Kommandos verbunden war, in seinem ehrgeizigen Tatendrang so sehr behindert, daß er nach langen, den ganzen Winter währenden Verhandlungen nur unter der Bedingung zur Rückkehr zu bewegen war, daß ihm anstelle des Herzogs von Lothringen das Oberkommando übertragen würde.

Er hatte nun jenen Rang erreicht, dem sein ganzes Streben seit dem Beginn des Türkenkrieges gegolten hatte. Und er war entschlossen, von diesem Amt in der Weise Gebrauch zu machen, daß ihm der Ruhm eines Türkenbezwingers nun ungeschmälert zufiel. Am 28. Juli 1688 traf er in Peterwardein ein, um sogleich alle Schritte für eine Belagerung Belgrads, des letzten Bollwerks der Osmanen im Vorfeld des christlichen Europa, in die Wege zu leiten. Noch ehe die erforderliche Artillerie eingetroffen war, vollzog er unter den Augen seiner Gegner den Übergang über die Save und traf gegen den Rat seiner Generäle alle Anstalten, um die Festung bei der ersten sich bietenden Gelegenheit im Sturm zu nehmen. Und nachdem die Belagerungsgeschütze eine Bresche in die Mauer gelegt hatten, gab er den Befehl zum Generalangriff. Trotz aller Krisen, die es im Verlauf der erbitterten Kämpfe um Mauern und Gräben zu überwinden galt, trotz der hohen und schmerzlichen Verluste unter Soldaten und Offizieren glückte es dem unbeirrbaren Kampfesmut und Siegeswillen des Kurfürsten am 6. September 1688, die Festung zu bezwingen.

Das glanzvolle Ende dieses Feldzuges bedeutete einen tiefen Einschnitt in der militärischen Laufbahn Max Emanuels. Er sollte auf den Schauplatz seiner frühen Heldentaten nicht mehr zurückkehren. Doch war dieser Wechsel der Szenerie mehr als nur eine geographische Veränderung. Denn er sah sich in den folgenden Feldzügen mit Gegnern konfrontiert, die ihm mehr abforderten als seine bisher bewiesenen Fähigkeiten. Hatte der Türkenkrieg geradezu nach persönlicher Bravour, nach dem impulsiven und draufgängerischen Talent verlangt, das ohne Bedenken und langes Abwägen die nächstliegende Aufgabe ergriff und in einem spektakulären Coup das eigentliche Ziel militärischer Betätigung erblickte, so zwang ihm die »europäische« Form der Kriegführung, wie sie zunächst die Franzosen und später die Verbündeten unter Marlborough und dem Prinzen Eugen meisterhaft zu handhaben wußten, einen neuen Stil auf, der ihm schon deshalb weniger liegen mußte, weil er viel weniger »Fachmann« war als die Mehrzahl seiner Gegner. Für die beharrliche Arbeit eines kommandierenden Generals fehlten ihm Ruhe, Verläßlichkeit und Selbstentsagung und im Grunde jenes unabdingbare Maß an Pflichtgefühl, das schon damals ein wesentliches Element militärischer Erfolge gewesen ist.

Die Feldzüge der folgenden Jahre sehen Max Emanuel an der Seite Karls von Lothringen und dann Wilhelms von Oranien im Krieg gegen Frankreich am Rhein, in Italien und den Niederlanden. Aber es gelingt ihm während dieser Jahre kein großer und glänzender Sieg, wenngleich nicht zu verkennen ist, daß er überall dort, wo er sich für kurze Zeit auf alle verfügbaren Kräfte stützen konnte, mit ungebrochener Tatkraft einen räumlich begrenzten Erfolg zu erringen vermochte: bei der Belagerung von Mainz (1689), in der Schlacht von Neerwinden (1693) und bei der Eroberung von Namur am 2. September 1695. Doch nicht diese immer wieder von ausgiebigen Vergnügungen unterbrochenen Betätigungen sind es gewesen, die den gewandelten Stil der Kriegführung Max Emanuels aufzeigen. Vielmehr scheint es des ganzen Ernstes seiner Lage im Spanischen Erbfolgekrieg bedurft zu haben, um ihn noch einmal zu einer Zusammenfassung seiner militärischen Fähigkeiten zu veranlassen.

Es ist zweifellos ein neuer Zug in der Kriegführung Max Emanuels, wie er es im September 1702 sogleich nach der Ratifizierung des Bündnisvertrages mit Frankreich mit strategischem Weitblick und raschem Zugriff verstanden hat, durch die Besetzung der Reichsstädte Ulm und Memmingen eine Verbindung zu den Schwarzwaldpässen herzustellen, um – sobald es ihm politisch und militärisch geraten schien – mit der in der Pfalz operierenden französischen Armee in Verbindung zu treten.[20] Und nicht weniger bewies das Geschick, mit dem er im Frühjahr 1703 die beiden nach Bayern vorstoßenden Armeekorps der Österreicher auseinanderzuhalten und jedes einzeln abzuweisen vermochte, daß er – den Vorteil der inneren Linie nutzend – zu großräumigen strategischen Planungen befähigt war. Seine ursprüngliche Absicht jedoch, zusammen mit dem französischen General Villars in die österreichischen Erblande vorzudringen, ließ er fallen. Vielmehr kam er mit den Verbündeten überein, sich zunächst einmal nach Tirol zu wenden, um die Verbindung mit dem in Oberitalien stehenden Armeekorps des Generals Vendôme herzustellen. Doch konnte er sich nach schnellen Anfangserfolgen nicht so lange im Inntal halten, bis die verabredete Zusammenführung der beiden Armeen diesseits des Brennerpasses vollzogen war. Die hochfliegenden Pläne, mit allen verfügbaren Kräften in Richtung auf Wien vorzustoßen, waren damit gescheitert.[21]

Es ist schwer zu beurteilen, ob es politische oder strategische Bedenken oder einfach Resignation und Unentschlossenheit gewesen sind, die Max Emanuel letzten Endes dann doch zögern ließen, eine Entscheidung vor den Toren Wiens zu erzwingen. »Er hatte nicht die Kraft«, urteilt Andreas Kraus, »eine Niederlage wettzumachen«.[22] Jedenfalls ist offenkundig, daß er nach dem unbefriedigenden Ausgang des Feldzugs 1703 auf die Verteidigung seiner Kurlande zurückgeworfen war und es nicht verhindern konnte, daß Bayern zum Aufmarschgelände aller kriegführenden Mächte wurde. Allenthalben regte sich nun der Widerstand. Die beiden bedeutendsten Feldherren ihrer Zeit, Prinz Eugen und Marlborough, traten auf den Plan, und es war abzusehen, daß das Gesetz des Handelns seinen Gegnern zufallen würde. Zwar versuchte Max Emanuel im Januar des folgenden Jahres noch einmal, die Initiative an sich zu reißen. Er brachte Passau in seine Hand und stieß zu ungewöhnlich früher Jahreszeit bis an die Traun vor. Doch ehe ihm ein nennenswerter Erfolg gelungen war, mußte er alle Angriffspläne aufgeben und den Rückzug antreten.

Die Entscheidung über den Besitz der bayerischen Kurlande fiel in der Schlacht von Höchstädt am 13. August 1704. Wenige Tage zuvor, am 4. August, hatte sich der Kurfürst mit dem Armeekorps des französischen Generals Tallard bei Augsburg vereinigt.[23] Max Emanuel glaubte sich nun so stark, daß er mit Ungeduld darauf drängte, eine Entscheidung herbeizuführen. Doch hatte Tallard, der immer wieder zum Abwarten riet, gute Gründe für sein Zögern. Denn seiner Ansicht nach waren nun die Alliierten am Zuge. Er war, ganz den taktischen Prinzipien der Zeit entsprechend, nicht bereit, auf den Vorteil der Defensive zu verzichten, für die die Kriegslehre des Absolutismus – wie oben dargelegt – eine Fülle langerprobter Spielregeln bereithielt. Andreas Kraus betont mit Recht, daß nur aus diesem Zwiespalt der obersten Führung, dem Gegensatz zwischen einem zum Kampf entschlossenen, nur sich selbst verantwortlichen Fürsten und einem auf die Schulmeinung seiner Zeit verwiesenen, auf vorsichtiges Hinhalten eingeschworenen Befehlshaber, die Fehler der folgenden Tage verständlich sind.[24] Nur so ist die eigentümlich zweideutige Stellung zwischen Blindheim und Lutzingen zu erklären, die das bayerisch-französische Armeekorps am Tage vor der Schlacht auf Drängen Max Emanuels bezogen hatte. Sie war für offensive wie defensive Absichten gleichermaßen ungeeignet und im Grunde so unbedacht gewählt, daß der Kurfürst nicht weniger als Tallard von der Angriffsabsicht des Gegners in den Morgenstunden des 13. August völlig überrascht wurde.[25]

Die blutige, für beide Seiten verlustreiche Schlacht dieses Tages brachte für das bayerisch-französische Heer eine schwere Niederlage. Max Emanuel befehligte zusammen mit dem französischen General Marsin das Zentrum und den linken Flügel. Auf dem rechten Flügel kommandierte Tallard. Und hier hatte man in der Annahme, daß die unweit der Donau gelegene Ortschaft Blindheim über den Besitz der ganzen Donauebene entscheiden werde, eine Disposition getroffen, die Marlborough den schließlich entscheidenden Durchbruch eröffnen sollte. Tallard hatte die wesentlichen Teile seiner Infanterie um Blindheim konzentriert, den übrigen Teil seines Frontabschnittes aber vorwiegend mit Kavallerie zu halten versucht. Und obwohl auch hier die bayerisch-französischen Truppen zunächst eine außerordentliche Standfestigkeit bewiesen, gelang Marlborough durch die schnelle Zusammenfassung überlegener Kräfte an dieser Stelle der Einbruch in die Linien der Gegner, der die Umzingelung des rechten Flügels und die Gefangennahme Tallards zur Folge hatte. Max Emanuel hielt sich unterdessen gegen die von Prinz Eugen befehligten Kaiserlichen mit Bravour, geriet aber schließlich selbst so sehr in Bedrängnis, daß er Tallard nicht mehr zu Hilfe kommen konnte.[26]

Ohne Zweifel hat sich Max Emanuel in diesem erbittert geführten Kampf gut geschlagen. Doch ist als Maßstab für die Umsicht eines wirklich großen Feldherrn bemerkenswert, daß Prinz Eugen in einer kritischen Phase der Schlacht, als die ersten Kavallerieangriffe Marlboroughs abgewiesen wurden und einen gefährlichen Gegenstoß zur Folge hatten, trotz seiner zahlenmäßigen Unterlegenheit Truppenteile zu erübrigen wußte, die das Treffen wiederherstellten und schließlich den entscheidenden Durchbruch ermöglichten. Vielleicht ist es dieses höhere Maß an Übersicht und Kooperationsbereitschaft, das den Unterschied zwischen den Großen und jenen Feldherren ausmacht, deren Fähigkeit sich in mitreißender und ungestümer Kampfbesessenheit erschöpft. Denn es wäre unberechtigt, Max Emanuel in der Schlacht von Höchstädt jene durchaus faszinierenden Eigenschaften absprechen zu wollen, die ihn immer wieder auch in den Türkenkriegen ausgezeichnet haben. Aber allem Anschein nach reichten diese Fähigkeiten nun nicht mehr aus. Die größere, selbstlose Sachlichkeit, eine mit kühler und umsichtiger Rationalität gepaarte Leidenschaft, scheint es hier wie auch in der Schlacht von Ramillies gewesen zu sein, die seine Gegner den Sieg davontragen ließ.

Untadelig und ganz den militärischen Maßregeln der Zeit entsprechend leitete Max Emanuel seinen Rückzug über die Donau ein. »Die Geistesgegenwart dieses Fürsten«, urteilte Prinz Eugen über seinen Gegner, »in seinem dem Angriff in der Schnelligkeit ganz gleichen Rückzuge übertrifft alles, was man erwarten konnte; er setzte mich ganz außerstande, ihm im Nachrücken durch meine Angriffe Abbruch zu tun. Immer war ein Korps der Infanterie zwischen die Kavallerie gestellt, immer das Feuer so anhaltend als im Vorrücken.«[27]

Es ist hier nicht der Ort, über die weitreichenden Folgen dieser Schlacht zu handeln. Von Bedeutung für die Frage nach dem Rang des Feldherrn Max Emanuel ist lediglich die Tatsache, daß er nach dem Verlust seiner Kurlande gezwungen war, als Generalstatthalter der Niederlande in die Dienste Ludwigs XIV. zu treten. Er erhielt das Kommando über die in Flandern stehenden französischen Truppen, zu deren Verstärkung die Trümmer der bayerischen Feldarmee und die freigewordenen Besatzungstruppen von Ulm herangezogen wurden. Aber er trat im Verlauf der folgenden Feldzüge nur noch einmal ganz in den Vordergrund des militärischen Geschehens, und auch dieses Mal endete der Kampf mit einer schweren und folgenreichen Niederlage für Max Emanuel. Am 23. Mai 1706 stieß er bei Ramillies auf die holländisch-englische Armee unter dem Oberbefehl des Herzogs von Marlborough. Die Schlacht wurde – wie schon bei Höchstädt – auf dem rechten Flügel entschieden, den wiederum nicht Max Emanuel selbst, sondern der ihm unterstellte französische General Villeroy befehligte. Doch war der Zusammenbruch hier so verheerend, daß die ganze Armee trotz der erneut bewiesenen Tapferkeit des Kurfürsten in den Sog einer vernichtenden Niederlage hineingerissen wurde.

Diese überaus folgenreiche Katastrophe war der letzte seiner Auftritte als kommandierender General. Ihm zur Seite wurde nun der erfahrene Herzog von Vendôme gestellt, der sich auftragsgemäß allen Konfrontationen zu entziehen wußte und die Kunst des Manöverkrieges so souverän zur Geltung brachte, daß sich Max Emanuel keine Gelegenheit mehr bot, als Feldherr noch einmal glanzvoll in Erscheinung zu treten. Vielmehr wurde er im Feldzug 1708 mit einem bedeutungslosen Armeekorps fernab der großen Entscheidungen an den Rhein geschickt, bevor man ihn im folgenden Jahr bei der Verteilung der militärischen Kommandos auch aus politischen Erwägungen völlig überging.

Kurfürst Max Emanuel als Feldherr: Es ist deutlich geworden, daß er weder zu jenen mehr oder weniger bedeutenden Heerführern wie Herzog Karl von Lothringen, Tallard oder Vendôme gezählt werden kann, die das Kriegshandwerk mit seinen Möglichkeiten und Grenzen schulmäßig und zuverlässig beherrschten, noch den Rang derjenigen Großen wie Marlborough und Prinz Eugen erreicht hat, die sich trotz ihrer Vertrautheit mit den militärischen Schulmeinungen ihrer Zeit über die Beschränkungen hinwegzusetzen vermochten, die das Heerwesen des Absolutismus kennzeichnen. Aber wenn Max Emanuel nun weder durch den einen noch den anderen Typus näher beschrieben werden kann: ist er dann als Feldherr eine einzigartige Erscheinung?

Mir scheint, daß er einem anderen Typus zugerechnet werden muß. Er gehört zu jenen fürstlichen Heerführern, die Clausewitz im Auge zu haben scheint, wenn er im siebten Buche seines Werkes »Vom Kriege« unter Anspielung auf das Zeitalter Ludwigs XIV. bemerkt, daß diese Feldherren Schlachten und Gefechte »um der Trophäen oder gar der bloßen Waffenehre willen und zuweilen auch aus bloßem Ehrgeiz« geliefert hätten, was keineswegs besage, daß diese Dinge »ohne objektives Gewicht,« oder »bloßes Spiel der Eitelkeit« gewesen wären.[28] Max Emanuel war in seinem militärischen Auftreten zutiefst geprägt von der aus dem Lebensgefühl des Barock wiederbelebten Idealgestalt des Helden, die sich in der zweiten Hälfte des 17. Jahrhunderts »zum kämpferischen Gegenbild der bloßen Würde herrscherlichen Seins, zum Inbegriff von Energie, Tatkraft, Selbstentfaltung, von kriegerischem Ruhm und staatsmännischem Erfolg« gewandelt hatte.[29] Er war Repräsentant eines Fürstenbildes, das durch schrankenlose, impulsive Selbstverwirklichung charakterisiert ist, und insofern muß er auch in seinem militärischen Wirken als eine durchaus typische Erscheinung seiner Zeit gesehen werden.

Doch ist bemerkenswert, daß seine großen Gegner der letzten Feldzüge bereits auf ein neues gesellschaftliches Leitbild verweisen, das Paul Hazard so eindringlich in der Gestalt des »honnête homme« beschrieben hat, jenes Edelmanns der großen und gemessenen Gebärde, dessen Geltungsbedürfnis geregelt, gebändigt ist durch Form und Vernunft.[30] Das waren die Feldherrntugenden, denen die Zukunft gehörte. Und hier werden die Grenzen sichtbar, die Max Emanuel als Heerführer gesetzt waren.

Anmerkungen

[1] H. Delbrück, Geschichte der Kriegskunst im Rahmen der politischen Geschichte, IV: Neuzeit, Nachdruck der 1. Aufl. von 1920, Berlin 1962, 255ff.; Feldzüge des Prinzen Eugen von Savoyen. Nach den Feldakten und anderen authentischen Quellen hrsg. v. der Abteilung für Kriegsgeschichte des k.k. Kriegs-Archivs, 21 Bde. Wien 1876–1892; hier Bd. I, 579–656; C. v. Binder-Kriegelstein, Geist und Stoff im Kriege, I: Das achtzehnte Jahrhundert, Wien-Leipzig 1896; R. Höhn, Revolution-Heer-Kriegsbild, Darmstadt 1944; J. Kunisch, Der kleine Krieg. Studien zum Heerwesen des Absolutismus, Wiesbaden 1973.

[2] G. F. L. v. Tempelhoff, Die Kriegskunst durch Beispiele erläutert, (aus dem Nachlaß) hrsg. vom Capitain von Gaugreben, Zerbst 1807, 7.

[3] Der Aufmarsch der von Prinz Eugen und Marlborough befehligten Armee von etwa 52000 Mann dauerte am Morgen der Schlacht von Höchstädt von 6 bis 12.30 Uhr; vgl. dazu im einzelnen unten S. 327.

[4] Max Emanuel führte sowohl nach der Schlacht bei Höchstädt wie bei Ramillies einen Rückzug unter Aufrechterhaltung der Gefechtsformation durch und verhinderte damit die völlige Vernichtung seiner Armee; vgl. im einzelnen unten S. 327f.

[5] G. Oestreich, Soldatenbild, Heeresreform und Heeresgestaltung im Zeitalter des Absolutismus (Schicksalsfragen der Gegenwart I, Tübingen 1957) 295–321; E. Kessel, Der deutsche Soldat in den stehenden Heeren des Absolutismus (Die deutsche Soldatenkunde, hrsg. von B. Schwertfeger und E. O. Volkmann, Bd. 1, Leipzig-Berlin 1937) 63–93.

[6] W. Gembruch, Zur Diskussion um Heeresverfassung und Kriegführung in der Zeit vor der Französischen Revolution (Napoleon I. und das Militärwesen seiner Zeit, hrsg. v. W. v. Groote und K. J. Müller, Freiburg i. Br. 1968) 9–35, hier 15.

[7] Marquis de Sylva, Gedanken über Taktik und Strategik, oder wahre Grundsätze der Kriegswissenschaft. Aus dem Französischen übersetzt, Breslau 1780, 254. An anderer Stelle führt er aus, daß nur wirklich geschickte Generale »die Ausflüchte« in Bereitschaft haben, um den Gegner »im Kleinen aufzureiben und es dahin zu bringen, daß er sich auf immer verstecken muß«.

[8] Maurice Comte de Saxe, Les Rêveries ou Mémoires sur l'Art de la Guerre, La Haye 1756, 215.

[9] Die Beispiele ließen sich vermehren. Mir scheint, daß ganze Kriege – wie etwa der Bayerische Erbfolgekrieg der Jahre 1778/79 – nicht nur vom »Altersstil« des *ancien régime*, sondern auch von der altersbedingten Vorsicht der Feldherren geprägt worden sind.

[10] Vgl. im einzelnen B. Zimmermann, Ludwig Wilhelm von Baden (Große Soldaten der europäischen Geschichte, hrsg. von W. v. Groote, Frankfurt/Main-Bonn 1961) 131–148; A. Schulte, Markgraf Ludwig Wilhelm von Baden und der Reichskrieg gegen Frankreich 1693–1697, 2 Bde., Heidelberg 1901; Kat. Ausst. »Der Türkenlouis«, Badisches Landesmuseum Karlsruhe 1955.

[11] J. Loserth, Innerösterreich und die militärischen Maßnahmen gegen die Türken im 16. Jahrhundert, Graz 1934; F. Posch, Innerösterreich und die Türken (Intern. kulturhist. Symposion Mogersdorf, Bd. 1: Österreich und die Türken, Eisenstadt 1972) 59–73; W. Neumann, Die Türkeneinfälle nach Kärnten (Südostforschungen 14, 1955) 84–109; G. E. Rothenberg, Die österreichische Militärgrenze in Kroatien 1522 bis 1881, Wien-München 1970, bes. 76ff. Einen umfassenden Überblick über die österreichisch-türkischen Beziehungen vermittelt R. Neck, Österreich und die Osmanen (Mitt. des Österr. Staatsarchivs 10, 1957) 434–468. Über das Heerwesen der Türken im besonderen: Feldzüge des Prinzen Eugen (Anm. 1) I, 547–572. Vgl. auch Beitrag Majer.

[12] H. Wagner, Österreich und die Türken (Symposion Mogersdorf, s. Anm. 11) 13–27, hier 19f. Bemerkenswert für das 16. Jahrhundert ist die ängstliche Untätigkeit selbst ansehnlicher Heere der Abendländer. Bezeichnend etwa der Feldzug des Jahres 1566: Maximilian II. verweilte mit seinem Heer von 80000 Mann, zu dem zum erstenmal seit den erbitterten Kämpfen um Ungarn Freiwillige aus ganz Europa gestoßen waren, untätig bei Raab und überließ die tapferen Verteidiger des eingeschlossenen Sziget ihrem Schicksal.

[13] Ib. 19. Hinzuweisen ist im einzelnen auf die Verteidigung von Wien im Jahre 1529, von Güns im Jahre 1532 und vor allem auf den äußersten Widerstand, den Ungarn und Kroaten in Szigetvár 1566 geleistet haben.

[14] Im einzelnen K. Peball, Die Schlacht bei St. Gotthard-Mogersdorf 1664 (Militärhist. Schriftenreihe 1, Wien 1964); G. Wagner, Das Türkenjahr 1664. Eine europäische Bewährung. Raimund Montecuccoli, Die Schlacht von St. Gotthard-Mogersdorf und der Friede von Eisenburg (Vasvár) (Burgenländische Forschungen 48, Eisenstadt 1964).

[15] W. Hummelberger, Die Janitscharen (Symposion Mogersdorf, s. Anm. 11) 109–120, hier 116. »Wir wissen«, führt Hummelberger aus, »daß die Kriegstüchtigkeit des Janitscharenkorps' unlösbar verbunden war mit der Zwangsrekrutierung und der dadurch erfolgten Lostrennung von allen bisherigen menschlichen Bindungen sowie der Härte der vorbereitenden Erziehung, sei es als Staatssklaven, sei es in dem Institut der adschamy oglan, d. s. die unerfahrenen Knaben«. Seit die verlustreichen Kämpfe der ersten Hälfte des 16. Jahrhunderts jedoch so große Lücken in das Korps gerissen hatten, daß auch die rücksichtsloseste Knabenaushebung sie nicht mehr auszufüllen vermochte, mußten neue Rekrutierungsmöglichkeiten in Betracht gezogen werden. So wurde die für das künftige Schicksal des Janitscharenkorps' entscheidende Erlaubnis zur Aufnahme begüterter Osmanen, zu Heiraten und zur Ergänzung durch Janitscharensöhne gegeben. Da aber die nun um sich greifenden Mißstände bei der Rekrutierung verheerende Formen annahmen, entschloß sich Sultan Murad IV. (1623–1640), den Knabentribut überhaupt einzustellen und zur reinen Werbung überzugehen. Der bisher so gefürchteten Kriegstüchtigkeit des Janitscharenkorps' aber wurde damit der entscheidende Stoß versetzt.

[16] Vgl. R. Lorenz, Türkenjahr 1683. Das Reich im Kampf um den Ostraum, Wien-Leipzig-München 1944^{3}.

[17] Ib., 315f. und 320, und Braubach, Prinz Eugen I, 101–115; zu Herzog Karl von Lothringen im einzelnen P. Wentzke, Feldherr des Kaisers. Leben und Taten des Herzogs Karl V. von Lothringen, Leipzig 1943, 221ff. u. 380–391.

[18] Vgl. Die Eroberung von Ofen und der Feldzug gegen die Türken in Ungarn im Jahre 1686. Dargestellt nach den Akten der Wiener Archive und anderen authentischen Quellen, Wien 1886; R. Lorenz, Ofens Befreiung in der deutschen Geschichte, Wien 1936.

[19] Braubach, Prinz Eugen I, 135–137.

[20] Hierzu und zum folg. K. v. Landmann, Die Kriegführung des Kurfürsten Max Emanuel von Bayern in den Jahren 1703 und 1704, München 1898; Feldzüge des Prinzen Eugen (Anm. 1) V und VI.

[21] A. Kraus (HB II) 445–447; Feldzüge des Prinzen Eugen (Anm. 1) V, 425–499.

[22] A. Kraus (HB II) 446.

[23] Eine biographische Skizze des Marschalls Tallard in: Feldzüge des Prinzen Eugen (Anm. 1) V, 303. Sie vermittelt das Bild eines Mannes, der sehr genau mit dem Feldherrntypus dieser Zeit übereinstimmt.

[24] A. Kraus (HB II) 448f., mit weiteren Literaturangaben. Vgl. ferner Landmann (Anm. 20) 65f.

[25] Landmann (Anm. 20) 66f.; Feldzüge des Prinzen Eugen (Anm. 1) VI, 460–486.

[26] Ib. VI, 478–545; Landmann (Anm. 20) 67–80; Braubach, Prinz Eugen II, 71–79. Vgl. über den Herzog von Marlborough im besonderen W. Gembruch, John Duke of Marlborough (Große Soldaten der europäischen Geschichte, s. Anm. 10) 105–129.

[27] Zitiert nach der Übersetzung in Doeberl II, 130.

[28] C. v. Clausewitz, Vom Kriege, 18. Aufl. hrsg. v. W. Hahlweg, Bonn 1973, 910.

[29] S. Skalweit, Das Herrscherbild des 17. Jahrhunderts (Absolutismus, hrsg. v. W. Hubatsch. Wege der Forschung 314, Darmstadt 1973) 248–267, hier 256f.

[30] P. Hazard, Die Krise des europäischen Geistes 1680–1715, Hamburg 1939, 366ff.; vgl. auch C. Hinrichs, Staat und Gesellschaft im Barockzeitalter (ders., Preußen als historisches Problem. Gesammelte Abhandlungen, Berlin 1964) 205–226, hier 215–219.

Friedrich Prinz

Die Kehrseite der Medaille
Sozialgeschichtliche Aspekte der Kriege Max Emanuels

Die Epoche des Kurfürsten Max Emanuel, deren ästhetische oder schlechthin kulturelle Komponente von selbst ein so überzeugendes Übergewicht besitzt, daß es hier kaum des beflissenen Hochlobens bedarf, sollte nicht die starken Schatten vergessen lassen, jene breite Spur von Brand, Plünderung und Blut, von Schweiß und Tränen, welche für die Regierungszeit des »Blauen Königs« ebenfalls charakteristisch ist. Man gerät leicht in die undankbare Rolle des morosen Spielverderbers, Kritikasters oder gar des ideologisch fixierten Anklägers und berufsmäßigen »Entlarvers«, wenn man nicht nur an die Lichtseiten der Epoche, an die bildende Kunst, Schleißheim und an vieles andere denkt, was mit dem hasardierenden, kunstfreudigen Max Emanuel untrennbar verbunden bleibt. Läßt man die altbewährte Maxime des *prodesse et delectari* gelten, dann versteht sich das letztere zwar von selbst, aber es mag auch dem heutigen Menschen von Nutzen sein, Geschichte nicht nur im verklärenden, ästhetisierenden Rückblick zu sehen, sondern die Härte und die Schrecknisse einer Zeit wahrzunehmen; dies wäre ein gleichsam »didaktischer« Nutzen und wappnete uns gegen die naheliegende Gefahr, einseitig aufgeschönte Geschichtsschau denunziatorisch gegen die jeweilige Gegenwart einzusetzen.

Ein weiteres Warnschild sei hier aufgerichtet, wenn nachfolgend von Bedrückung, Auspowerung und Steuerdruck die Rede sein muß. Es geht nicht darum, die schweren und offensichtlichen Schäden zu bagatellisieren, die Bayern aus den verheerenden Katarakten kriegerischer Ereignisse vor allem hinsichtlich der sozialen Entwicklung erwuchsen. Aber der Historiker ist darüber hinaus gehalten, die bayerischen Verhältnisse in die Gesamtentwicklung von Staat und Gesellschaft in Europa einzuordnen, und da erscheint vieles, was durch die Politik des Kurfürsten sich für Bayern zeitweise katastrophenartig zuspitzt, als Teilvorgang innerhalb europäischer Trends: nämlich als Durchsetzung des fürstlichen Absolutismus gegenüber den Ständen, und zwar, wie überall, auf Kosten der abhängigen Bevölkerung. Neuere minuziöse Untersuchungen am bayerischen Material haben für das 16., 17. und beginnende 18. Jahrhundert ergeben, daß die objektiv feststellbare Verschlechterung der Lage der Bauern nicht primär durch die Grund- und Gutsherren verursacht worden ist, sondern durch die steigenden landesherrlichen Steuern.[1] Das staatliche Steuerwesen trat mehr und mehr in Konkurrenz mit den älteren ständischen Rechten hinsichtlich Abgaben und Realleistungen der abhängigen Landbevölkerung, eine Konkurrenz, die bekanntlich zugunsten des Staates im 19. Jahrhundert beendet und unter politisch-ideologischem Vorzeichen als Bauernbefreiung deklariert wurde.[2] Anders ausgedrückt: Die eindeutig feststellbare Verschlechterung der sozialen Lage eines beträchtlichen Teils der altbayerischen Landbevölkerung[3] war eine Folge der erbitterten Verteilungskämpfe zwischen Fürsten und Ständen um Steuern und Rechte. Die Doppelbelastung durch die fürstliche Landsteuer einerseits und die Ständesteuer andererseits, die von Adel und Prälaten auf ihre Untertanen abgewälzt wurde, schließlich die materiellen Konsequenzen der Leibeigenschaft wurden in Bayern durch die Verschärfung besonders fühlbar, die ein faktisch jahrzehntelang dauernder Kriegszustand mit all seinen Folgen zusätzlich verursachte.[4] Gerade am bayerischen Beispiel vermag man zu erkennen, daß der Steuerdruck im Zeitalter des frühen Absolutismus infolge eines relativ »unterentwickelten« Steuersystems noch realer, massiver, spürbarer und punktuell drückender war als später, als mit der Verfeinerung und besseren Ausbalancierung des Finanzwesens auf alle Bevölkerungsschichten und auf die neuen Steuerquellen des Industriezeitalters das Steuersystem anonymer, ungreifbarer wurde; ob er de facto geringer geworden ist, bleibe dahingestellt, da es an einer objektiven Vergleichsbasis fehlt.[5]

Diese allgemeinen Trends bei der Etablierung des Absolutismus, besonders dessen Kampf gegen den hinhaltenden Widerstand von Adel und Prälaten, muß man vor Augen haben, wenn man die im folgenden zu schildernde Kriegsnot Bayerns nicht isoliert und damit verzerrt darstellen will. Dies gilt ebenso für die berüchtigte Schuldenwirtschaft Max Emanuels, die nur ein Extremfall der ewigen Finanznot des frühneuzeitlichen europäischen Staates war.[6]

Versucht man nun vor diesem allgemeineren Hintergrund das Spezifische der Epoche des Kurfürsten für unser Thema herauszuarbeiten, dann muß vor allem die kriegerische Neigung des Herrschers selbst als eine Art von Konstante in Rechnung gestellt werden, seine unverhohlene Freude an Krieg und militärischem Abenteuer, gleichsam eine psychologisch aufschlußreiche Parallele zu seiner Spielleidenschaft. Die Priorität von Heer und Kriegführung läßt sich schon am Beginn der Regierungszeit Max Emanuels nachweisen. War das Militärbudget Bayerns bis 1679 mit 440000 fl. pro Jahr relativ konstant geblieben, wobei zwei Drittel dieser Summe von den Ständen gedeckt wurden, so erfolgte nach dem Regierungsantritt des Kurfürsten ein rascher Anstieg der Militärkosten infolge des zügigen Aufbaus der Armee. Schon 1683 verschlang das Militärwesen 1848567 fl.[7]

Es versteht sich von selbst, daß die Vervierfachung des Militärbudgets zu Lasten anderer wichtiger Staatsaufgaben gehen mußte, doch sollte dabei nicht vergessen werden, daß die Armee keineswegs nur ein erwünschtes fürstliches Spielzeug und Renommierobjekt, ein Statussymbol der Souveränität war, sondern das Hauptinstrument einer von den Ständen unabhängigen absoluten Staatsmacht. In dieser Hinsicht war das ständige Bremsen der Landstände bei der Bewilligung von zusätzlichen Geldern für das Heer mehr als grundsätzliche Sparsamkeit, denn mit dem Aufbau einer Armee entglitt der fürstliche Beamtenstaat immer stärker der Kontrolle durch die Landschaft als den traditionellen Partner in der Ausübung der politischen Macht. Umgekehrt war eine prekäre Kriegssituation für den Fürsten eine Chance, den Ständen immer mehr Geld für militärische Zwecke abzuverlangen; außenpolitische, d. h. kriegerische Bedrohung konnte innenpolitisch in eine Stärkung der absoluten Macht des werdenden fürstlichen Beamten- und Verwaltungsstaates umgemünzt werden.[8]

Geld für die Armee war also ein wesentlicher Bestandteil absolutistischer »Innenpolitik«, das Interesse für das Heer mehr als ein kostspieliges »Hobby« oder gar eine Laune absolutistischen Herrschertums; dies gilt auch und gerade für die Modernisierung und Disziplinierung des Heeres selbst. So betrachtet diente auch die fürstliche Fürsorge für die Armee, wie sie sich etwa im Ausbau des Sanitätswesens durch Max Emanuel äußerte,[9] und die allgemeine Verbesserung der Heeresorganisation[10] unmittelbar der Stärkung der Staatsgewalt auf Kosten des ständischen Mitregiments.

Die Musterlisten der Armee werden jetzt ausführlicher und systematischer, ebenso erfolgt mit der Musterungsinstruktion vom 12. März 1682 eine gewisse Normierung des Rekrutierungsverfahrens.[11] Wenn in diesem wie in ähnlichen Erlassen noch relativ strenge Maßstäbe hinsichtlich der Brauchbarkeit der Rekrutierten angelegt werden – unter anderem bleiben Ungesunde, vom Henker Gekennzeichnete, Söhne von Schergen, Abdeckern und Henkern vom Militärdienst ausgeschlossen[12] –, so nahm man bei zunehmender Dauer und Verschärfung der Kriege immer weniger auf diese Vorbedingungen Rücksicht. Schon mit dem Befehl Max Emanuels vom 27. September 1702 läßt sich eine grundsätzliche Verschärfung der Rekrutierungen erkennen und ferner die Tendenz, bestimmte Randgruppen der Gesellschaft, vor allem die Unbehausten, als Reservoir zur Auffüllung der dezimierten kurbayerischen Armee heranzuziehen. So wird verfügt, »alle stationierten und herumvagierenden Burschen, wenn sie nicht über zwei Kinder hatten, sowie Landbettler und derlei unnützes Gesindel, sofern sie nicht selbst gutwillig mochten, mit Gewalt herzunehmen und wenn einer oder der andere vorgeben möchte, daß er von einem Scharfrichter-, Schergen- oder Abdeckergeschlechte herkomme oder solcher Profession sei, ihn gleichwohl anzuhalten und über seine Angabe wahrheitsgetreue Erfahrung einzuholen«. Zugleich wird die Absicht geäußert, »die dienenden und im Lande nichts zu suchenden und zu verlieren habenden Knechte« zwangsweise zum Waffendienst heranzuziehen. Diese Jagd nach »Menschenmaterial« scheint damals fast die einzige Möglichkeit zur Ergänzung der Armee gewesen zu sein, denn die normale Werbung hatte sich als unzureichend erwiesen, den »Bedarf« zu decken.

Wie schwerwiegend dieser kurfürstliche Befehl zur Rekrutierung der Bauernknechte in die wirtschaftlichen und sozialen Verhältnisse auf dem Lande eingriff, geht aus den Bedenken des Hofkriegsrates hervor, die dieses gewiß nicht karitativ vorbelastete Gremium in einem Gutachten vom 13. Oktober 1702 vorbrachte. Darin hieß es unter anderem, daß die Landwirtschaft, wenn man den Bauern zuvor die Söhne zu den regulierten Regimentern und jetzt ihre Dienstboten zu den regulären wegnehme, unter einer derartigen Doppelbelastung nicht mehr bestehen könne, und deshalb auch die Steuerkraft zusammenbrechen müsse. Hinzu trat die Sorge wegen steigender Fahnenflucht. Es ist mehr als bezeichnend, daß der Kurfürst seinen Befehl trotz dieser gravierenden Einwände nicht zurücknahm.[13] Wie wenig attraktiv der Soldatenberuf war, geht auch aus der Bestimmung hervor, daß jeder, der wegen Heirat, Klostereintritt oder anderer dringender Gründe aus dem Heer austreten wollte, auf eigene Kosten, nämlich für 30 fl. einen Ersatzmann stellen mußte.[14]

Die Verschärfungen der Disziplinarordnung von 1717, die weit über die Bestimmungen der älteren Ordnung von 1672 hinausgingen, mögen auch durch die katastrophalen Ausschreitungen bayerischer Truppen im eigenen Lande besonders 1704/5 mit verursacht worden sein. Erst jetzt bürgerte sich in der Armee das Spießrutenlaufen ein, alle Strafarten wurden verschärft, die Todesstrafe häufiger ausgesprochen, ebenso das entehrende Nase- und Ohrenabschneiden. Fahnenflüchtige Handwerker wurden ihrer Zunft gemeldet, was einer Vernichtung ihrer bürgerlichen Existenz gleichkam.[15] Schließlich boten die Kriegshandlungen selbst eine – allerdings verzweifelte – Möglichkeit, die Truppe zu verstärken, indem man Kriegsgefangene zwangsweise der Armee einverleibte. Bei dem traurigen Los der damaligen Kriegsgefangenen, die durch keinerlei internationale Konventionen geschützt waren, ist es nicht verwunderlich, wenn zahlreiche Gefangene das Soldatenlos vorzogen.[16] Bei der Kapitulation von Neuburg an der Donau am 31. Januar 1703 traten 498 von insgesamt 951 Soldaten, also mehr als die Hälfte, in die kurbayerische Armee über.[17] Auf ähnliche Weise wurden in München 1702 aus meist ungarischen Kriegsgefangenen Husarenabteilungen zu einem eigenen Regiment unter Oberst Graf Locatelli zusammengefaßt und neu ausgerüstet und im darauffolgenden Jahr aus französischen Deserteuren das Grenadierbataillon Boismorel aufgestellt. Teile der ungarischen Einheiten unter Oberst Dalmay scheinen auch am Aufstand von 1705 beteiligt gewesen zu sein, die Gegenseite bezeichnete sie als »schlimme Leute, lauter Schinder- und Schergenknechte«, offenbar Eigenschaften, die man an ihnen offiziell erst entdeckte, als sie sich auf die Seite der Rebellen gegen die österreichischen Okkupanten geschlagen hatten.[18]

Im Grunde unterschieden sich die kurbayerischen Rekrutierungsmethoden kaum von jenen Zwangsaushebungen, die dann 1705 die österreichische Okkupationsmacht in die Wege leitete und die zum unmittelbaren Anlaß des Aufstandes in diesem Jahre wurden.[19]

Wenn auf der einen Seite Max Emanuel, wie die meisten seiner fürstlichen Zeitgenossen, alle Energie in den Aufbau einer regulären Armee setzte, so darf doch andererseits nicht übersehen werden, daß die Kriegführung selbst noch viele Züge jenes militärischen Unternehmertums trug, das zwei Menschenalter zuvor Albrecht Wallenstein bis zur Perfektion ausgebildet hatte.[20] Kein Geringerer als der Kurfürst selbst sprach es in einem Brief vom 15. November 1703 an seinen Gesandten in Paris, den Grafen Monasterol, aus, auf welche Weise im Krieg Geld zu machen war. Damals hatte er sich mit Marschall Villars, dessen Abberufung er dann auch erreichte, entzweit, und erst jetzt waren ihm dessen Kriegspraktiken in Bayern suspekt geworden. »Er hat das ganze Land ausgesogen und nimmt von hier wenigstens 700000 fl. fort«, so klagte er und packte mit einigen Details über den gefeierten Kriegshelden aus. »Jetzt erst kommen die Verpflegungsbeamten und andere Leute, die bisher aus Angst vor ihm den Mund nicht aufgemacht, mit ihren Enthüllungen: die Kornlieferungen, welche die Magazine von Ulm und Memmingen füllen sollten, ließ er in Augsburg verkaufen, um mit dem Erlös seine Taschen zu füllen«, und, fügte der Kurfürst hinzu, nur diese Erpressungen in Deutschland hätten Villars in die Lage versetzt, in Frankreich große Güter zu kaufen. Ein weiteres Mittel zur persönlichen Bereicherung war Villars' Praxis, gegen hohe Bezahlung Schutzbriefe *(sauvegardes)* für reiche Leute auszustellen, die angeblich vor Kontribution und Plünderung schützten. Man schätzte damals, daß er auf diese Weise 200000 Taler eingestrichen hatte, und Villars selbst bezifferte seine Einnahmen auf 210000 Livres. Daß diese Art, Geld zu machen, keine französische Spezialität war, geht aus einem anderen Brief des Kurfürsten an seine Gattin hervor, der er vom Feldzug in Oberösterreich am 16. Januar 1704 über seine prekäre finanzielle Lage schrieb. Seine erpresserische Kontributionsforderung an das Land ob der Enns belief sich auf 1 Million Gulden, doch hoffte er selbst kaum, die volle Summe eintreiben zu können. In diesem Zusammenhang beklagte er sich über seine eigenen Untergebenen, die gleich Villars die Kontributionsforderungen in Schutzbriefe zu verwandeln und sich damit zu bereichern suchten.[21]

Oft bedeutete es nur einen geringen graduellen Unterschied, ob befreundete oder feindliche Truppen in einer Stadt oder auf dem flachen Lande Quartier nahmen. Dies mußte besonders die freie Reichsstadt Augsburg erfahren, als sie 1703/4 nacheinander mit kaiserlichen und dann mit französischen Truppen, den Verbündeten Max Emanuels, belegt wurde. Wir besitzen hierüber einen äußerst eindrucksvollen zeitgenössischen Bericht, der an Drastik nichts zu wünschen übrigläßt.[22] Am 5. September hatten angesichts des Herannahens französischer Truppen kaiserliche Einheiten die Stadt besetzt und sich auf Belagerung eingerichtet. Es war das Hochfürstlich Württembergische Reischachische Regiment zu Fuß, »so in 1296 Köpf samt Weib und Kindern (!) und 112 Pferden und Ochsen« bestand, das den Bürgern buchstäblich im Haus stand,[23] und obwohl für die Soldateska nur »Dach und Fach«, d. h. Nachtlager, vereinbart war, mußten die Hausväter »um besten Friedens willen täglich Essen und Trincken schaffen und also allgemach die Quartier-Last leider gewohnen«. Sobald die Vorräte an Brot, Fleisch und Bier aufgezehrt waren, zeigte sich »bei dem Lands-Knecht ein großer Unwillen« über die arme Stadt, »um deren Erhaltung willen (wie die Soldaten sagten) sie sich fast zu todt marschiren und strappaziren« hätten müssen, so daß die Bürgerschaft von neuem »gute Anstalt« machte, um das Militär zufriedenzustellen. Von Augsburg aus unternahmen die Truppen Streifzüge in lechrainische Dörfer, wobei sie »neben Ausplünderung verschiedener Ort 20 Bayern erlegt und 46 Pferde erbeuteten«. Wie rasch der Ausnahmezustand Schule machte, zeigte sich nicht nur daran, daß viel Raubgut, vor allem Vieh, in der Stadt verkauft wurde, sondern es erwies sich als notwendig, ausdrücklich den Bürgern zu verbieten, an den offenbar lukrativen Raubzügen teilzunehmen.[24] Kurfürst Max Emanuel beorderte im Oktober Graf Arco über den Lech, um die kaiserlichen Kontributionen und Raubzüge zu verhindern, doch ohne sichtlichen Erfolg. Dafür ließ der Kurfürst im Mindeltal viele Dörfer ausplündern, offenbar wollte man sich gegenseitig die Existenzgrundlagen vernichten.[25] Da während des Bombardements der Stadt ein Teil der Bevölkerung evakuiert worden war, stellte sich nach dem 14. Dezember, als die kaiserliche Besatzung kapitulierte und abzog, zum Schrecken der Bürger heraus, daß »währender Bombardirung von denen zum Schutz hereingelegten Soldaten in den Häusern, wo kein Wirth bey der Stelle gewesen, die Hauß- und andere Thüren erbrochen und alles hinweggenommen worden, und also, da sie vermeynt, das wenig Verborgene wieder zu erheben und zu einem Anfang forttreibenden Gewerbs und Profession wieder hervor zu suchen, musten sie mit leerer Hand abziehen, und sich von denen beraubt beklagen, die sie vor feindlicher Vergewaltigung hätten manteniren sollen«.[26]

Das Schlimmste kam aber erst mit der vom Kurfürsten in die Stadt gelegten französischen Besatzung, die 12992 Mann und 6969 Pferde stark war und sowohl untergebracht wie verpflegt werden mußte.[27] Crophius beziffert den Gesamtschaden für die Augsburger Bürgerschaft auf 4075500 Gulden, das Ärgste waren aber die täglichen Schikanen der Besatzer: Die Soldaten führten sich als Herren in den Häusern auf, warfen die Einwohner aus Zimmern und Betten, erpreßten reichliche Verpflegung, die von den Bürgern bei den französischen Marketendern und Armeefleischern wiederum zu Wucherpreisen gekauft werden mußte. Dazu bereicherten sich die Offiziere nach Kräften, ließen sich überall bezahlen, und zwar über die festgesetzten Summen hinaus, die ihnen wöchentlich zustanden, nämlich 50 Gulden für einen Kapitän, 30 für einen Leutnant, und so fort, je nach Dienstgrad.[28] Daß besonders die Frauen viel zu leiden hatten, versteht sich beinahe von selbst, auch abschreckende Strafen, wie das Aufhängen eines Soldaten, zeigten auf die Dauer keine nachhaltige Wirkung, so daß die Besatzungstruppen aus Furcht vor Racheakten der Bevölkerung die völlige Entwaffnung aller Bürger anordneten.[29] Es würde zu weit führen, noch im einzelnen die teilweise ausgeklügelten Vexationen der Augsburger zu schildern oder die zusätzlichen Lasten und Konfiskationen bis zum Abzug der französisch-bayerischen Besatzung im August 1704, d. h. unmittelbar vor der Schlacht von Höchstädt.[30]

Hielten sich solche in Augsburg und anderswo angewandten Praktiken immerhin noch im Rahmen des »Üblichen«, so gab es andere Arten der Kriegsführung, die weitaus gravierender in die Lebensverhältnisse der gesamten Bevölkerung eingriffen. Es war das besonders von Marlborough angewandte Verfahren der planmäßigen, intensiven Landesverheerung, um den Kurfürsten 1704 vor und nach der Schlacht von Höchstädt in die Knie zu zwingen.[31] Der englische Feldherr setzte es sogar gegenüber dem Markgrafen Ludwig Wilhelm von Baden durch – dieser war neben Prinz Eugen der dritte Feldherr der Allianz auf dem bayerischen Kriegsschauplatz –, daß kaiserliche Kavallerie dieses brutale Vernichtungswerk durchführen mußte, wobei nach einem kriegspsychologisch ausgeklügelten Plan mit Absicht die »kurfürstlichen Partikular- und Lusthäuser« geschont werden sollten, um das Volk gegen Max Emanuel aufzubringen. Diese Maßregel erfolgte offenbar im Einvernehmen mit dem Prinzen Eugen, dessen politisch-strategisches Konzept es ja gerade war, durch einen eindeutigen Vernichtungsschlag gegen Bayern der Gesamtlage eine entscheidende Wendung zugunsten der Alliierten zu geben.[32] Was ein Vierteljahrhundert früher die Franzosen in der Pfalz getan hatten, wiederholte sich hier: Es war die Taktik der »verbrannten Erde«, der damals 7675 Wohnstätten zwischen Iller und Amper zum Opfer fielen.[33] Als bei Beginn dieser Verwüstungsaktion Abgeordnete der Landstände in Friedberg im Lager Marlboroughs erschienen, um Schonung des Landes baten und dafür eine Brandschatzungszahlung anboten, erwiderte der britische Feldherr kühl, er sei nicht gekommen Geld zu sammeln, sondern den Bayernfürsten anderen Sinnes zu machen, und er gedenke, wenn der Kurfürst nicht umkehre, »das völlige Bayernland mit Feuer zu destruieren«.[34] Es lag also System in diesem Vorgehen. Die Österreicher brachen gleichzeitig verwüstend in den Chiemgau ein, am 28. Juli zog Graf Latour mit 30 Schwadronen über die Amper bis vor die Tore Münchens und brannte, raubte, plünderte und kontributionierte »mit einer Grausamkeit, deren sich die Türken geschämt hätten«; so jedenfalls kommentierte der französische Marschall Camille Tallard das österreichische Vorgehen.[35]

Als Marlborough erfuhr, daß Max Emanuel ein Reiterkorps zum Schutze Münchens entsandte, schickte er seinerseits am 31. Juli 3000 Berittene unter dem Prinzen Alexander von Württemberg und dem Generalwachtmeister Fugger, welche bis Fürstenfeldbruck vorrückten, diesen Marktflecken zerstörten und in der Gegend auf eine Weise hausten, daß »dem unglücklichen Landmann nur die Augen blieben um sein böses Geschick zu beweinen«.[36] Die Chronik von Fürstenfeldbruck gibt in dürren Worten Nachricht über die Folgen dieser Taktik der »verbrannten Erde«. Schon am 25. Juli hatten holländische und englische Truppen Mehring zerstört und in Brand gesteckt, von einem festen Lager in Überacker aus legten die Österreicher planmäßig in die umliegenden Ortschaften Besatzungen, die brandschatzten, plünderten und in Brand steckten. In Fürstenfeldbruck erpreßte ein Offizier zuerst 300 Gulden, ließ dann den Markt einäschern und stellte dann gegen weitere 6 Gulden eine Quittung über den Empfang des Brandschatzungsgeldes aus.[37] Das Pflegamt Landsberg verlor beispielsweise durch Brand 308 Häuser, die Landgerichte Starnberg und Dachau büßten je 105 und 488 Häuser ein, das Gericht Aichach 1827 Häuser und Fürstenfeldbruck 113, dazu jeweils viele Kirchen, Pfarrhöfe, Schlösser, Werkstätten und Stallungen.[38] Eine Liste der kaiserlichen Brandschatzungsgelder vom Monat August 1704 nennt für das Rentamt Landshut nebst einigen anderen Orten 1370000 Gulden, wovon 70000 auf Eggenfelden, 75000 auf Neumarkt, 70000 auf Pfarrkirchen, 40000 auf Biburg und 100000 auf Vilshofen entfielen.[39]

Wie wenig die Bürokratie der Katastrophe gewachsen war, erhellt aus dem Ansuchen der Fürstenfeldbrucker um Bauholz aus den Waldungen bei Landsberg und Schongau für den Wiederaufbau ihrer Häuser. Sie wurden vom Oberstjägermeisteramte abgewiesen, »weil in dem Dorfe Peißenberg neben der Kirchen und Pfarrhof sechzig Häuser durch die feindlichen Partheien abgebrannt worden«.[40] Dennoch scheint der Wiederaufbau in den nächsten Jahren relativ rasch vonstatten gegangen zu sein. Dabei fällt jedoch auf, daß es häufig zu Besitzwechsel kam, also private Gelder vorhanden gewesen sein müssen, die für den Kauf abgebrannter Anwesen mobilisiert werden konnten.[41]

Von einer Tendenz zur »Hegung des Krieges«, wie sie Carl Schmitt für das Zeitalter der Kabinettskriege feststellen zu können glaubt, kann also hier nicht die Rede sein, sondern viel eher von der modern anmutenden Konzeption des Zermürbungskrieges auf der ganzen Linie. In der Tat scheint die allgemeine Erschöpfung des Landes durch die kurfürstlichen Kriege, durch Brandschatzung, Plünderung und Kontributionen ein solches Ausmaß erreicht zu haben, daß eine ernstliche Entfremdung zwischen dem Volk und den Ständen einerseits und dem Fürsten andererseits eintrat. Hinzu kam, daß nach der Niederlage von Höchstädt und der Flucht des Kurfürsten die im Lande verbliebenen bayerischen Truppen das noch nicht von den Alliierten okkupierte Land selbst in unglaublicher Weise bedrängten und verwüsteten, so daß die Stände die von Max Emanuel eingesetzte Kurfürstin-Regentin um rasche Beendigung Krieges ersuchten.[42]

Wie stark die alliierte Zermürbungsstrategie letztlich wirkte, zeigte sich schon im Oktober 1704, als es zu schweren Auseinandersetzungen zwischen der Regentin und den Landständen kam, welcher Weg zur Beilegung des Krieges einzuschlagen sei. Letztere wiesen die Kritik der Fürstin an ihren Friedens- und Verhandlungsvorschlägen als »nachtheilige und schimpfliche Zumutung« zurück und legten mit Nachdruck die Unhaltbarkeit der herrschenden Zustände dar. Die eigenen bayerischen Truppen hätten das Kloster Fürstenfeldbruck mit 40000 fl., die Klöster Altomünster und Schäftlarn mit 12000 bzw. 6000 fl. Brandschatzung belegt, »die Unterthanen seyen durch ihre Drangsale so schwierig geworden, daß es ein geringes bedürfe um eine Rebellion zum Ausbruch zu bringen«.[43]

Man wird vielleicht geneigt sein, solche Äußerungen und Befürchtungen hinsichtlich einer »Rebellion« auf den ersten Blick für landständische Rhetorik und Taktik gegenüber der Kurfürstin zu halten, doch sollte man nicht vergessen, daß in ganz Europa das 17. und beginnende 18. Jahrhundert eine Epoche der schwersten bäuerlichen Revolten gewesen ist. Das Habsburgerreich hatte erst 1679 seinen größten Bauernaufstand erlebt, der Funke der Rebellion war damals von Böhmen aus auf Mähren, Schlesien und Oberösterreich übergesprungen.[44] Mit den Bauernaufständen des 17. Jahrhunderts hängt es sicher auch zusammen, daß noch unter Max Emanuels Vorgänger strenge Mandate erlassen worden sind, die auf eine völlige Entwaffnung des Landvolkes hinausliefen und den Bauern sogar große Stecken, lange Messer, das Tragen von Hämmern mit Spitzen (»Schinnhämmer«) und von verdächtigen Kappen verboten.[45] Die Quellen lassen denn auch keinen Zweifel darüber, daß die faktisch jahrzehntelange Belastung der Bauern durch Sondersteuern, Brandschatzung und Zwangsrekrutierung schon lange vor dem Aufstand von 1705 zu einer bedrohlichen Lage auf dem flachen Lande geführt hatte.

In den landständischen »Gravamina« an die Adresse des Fürsten, die in dem Augenblick schärfer in Ton und Inhalt wurden, als Max Emanuel durch sein Bündnis mit Frankreich unwillkürlich auch in Bayern latente reichstreue Gefühle mobilisierte, tritt die labile Situation auf dem Lande klar genug zutage. Auch wenn man in Rechnung stellt, daß solchen Schilderungen ein taktischer Stellenwert bei der landständischen Politik gegenüber dem Kurfürsten zukommt, würde man doch das Kind mit dem Bade ausschütten, wollte man diese Äußerungen schlechthin abtun. Nach dem Frontwechsel des Fürsten hatte sich eine panikartige Stimmung im Lande ausgebreitet, die einer der Landschaftsverordneten, der Graf von Maxlrain, in einem Brief an den Landschaftskanzler folgendermaßen beschrieb: »In Stet, Märckht, und ufm Landt hört man nichts, Als lamentation, Niemant wil mer hausen, die Preuen (Bierbrauer) nit einsiden, weilen Sye nit wißen, wer bezalung thuet, Werden also die Steuern und andere Gefähl (Abgaben) konfftig ein schlechten effect bringen, Jederman Solviret sich gern zu flihen, und wais niemant wohin. Glaub nit, das in Saeculis das Land Bayern also gewest ist...«[46] Da es sich hier um eine Information innerhalb der ständischen Vertretung handelt, nicht um ein »politisch« konzipiertes Schriftstück, wird man diesem Bericht Glauben schenken müssen. Er stimmt in der Grundtendenz überdies mit jenen ausführlichen »Gravamina« der Landschaft überein, die im März 1701 an den Kurfürsten nach Brüssel gingen und u. a. dessen Rückkehr nach München forderten.[47] Man sah in der »Hinaufkunft«, d. h. in der Heimkehr Max Emanuels nach München, das einzige Mittel, »um vorzukommen, damit nicht alles über einen Haufen falle«. Dabei wird dem Fürsten vorgerechnet, daß seit sechzehn Jahren das Bargeld aus Bayern »in fremde Länder«, nämlich in die Niederlande, abfließe »und hingegen wegen ermangelnder Comercien nicht der dritte Theil wieder hereingegangen« sei. Deswegen sei die Landschaftskasse gänzlich erschöpft und habe sogar eine halbe Million Schulden machen müssen. Daß es sich bei der »Cassa der Landschaft« offenbar um ein bankmäßig arbeitendes Institut handelte, geht aus der weiteren Feststellung hervor, man habe die Kapitalien der Witwen und Waisen, der milden Stiftungen, der Benefizien etc. nicht verzinsen können, weshalb die Inhaber diese »Capitalien mit großem Schaden um ein geringes zu verhandeln« gezwungen worden seien. Dies wiederum habe zur Folge, daß der Kredit allgemein verfalle und keine Anleihen mehr untergebracht werden könnten.[48]

Im weiteren schildern die »Gravamina« die Lage der drei Stände in den düstersten Farben. Die Prälaten seien durch

Anleihen des Landesfürsten, durch »continuierende starke und langwierige Contributiones und Anlagen, item durch die Hülfreichung ihrer mit dem Schauer (Hagelschlag), den Steuern und anderen oneribus bedrängten Unterthanen von allen baaren Geldmitteln gänzlich entblößt, und theils selbst mit eigenen Schulden beladen«. Noch schlechter seien Ritterschaft und Adel daran, nämlich meistenteils verschuldet, so daß »kaum der 10. Theil vom Adel 300 fl. zu geschweigen ein mehreres an baarem Geld haben werde, und dieses nicht propter injuriam temporis, sondern weil die Unterthanen wegen der landesfürstlichen Forderung ihnen ihre Schuldigkeiten nicht nur nicht abführen können, sondern sie denenselben zur Vermeidung einer Execution selbst noch vorleihen müssen«.

Vom dritten Stand in den Städten und Märkten wird gesagt, er »sey der miserabelste und durch die ausgedauerte Quartierlast, Service, Steuer, gemeine Anlagen und Durchzüge auch abgenommene Gewerbe und Löhnung in Abwesenheit des Hofstats in solche Armuth gesunken, daß sonderbar die Kaufleute, die noch etwas weniges im Vermögen haben, mit Sak und Pak hinwegziehen würden, wenn sie nicht andere Bedenken (: so vermuthlich die Schuldenbücher seyn werden :) abhalten thäten.

Die mittleren Bürger vermögen keinen Gesellen mehr zu fördern und können mit ihrer Handarbeit das trokene Stück Brod nicht mehr gewinnen.

Die Beysizer (= Inleute) und Tagwerker leben in solcher Noth, daß sie von Klöstern die Bettelsuppe durch unbekannte Leute, weil es ihnen selbst zu thun verbothen worden, zu ihrer Nahrung hohlen lassen.«

In diesen letzten Passagen möchte man noch am ehesten landständischen Zweckpessimismus herauslesen, da die Kapitalkraft des Bürgertums wohl am besten die Kriegsnot überdauert haben dürfte – man ist versucht, bei aller Vorsicht hier die heute gängige Formel von der öffentlichen Armut und dem privaten Reichtum zu verwenden.[49] Anders jedoch scheint es um die Bauern bestellt gewesen zu sein, deren Grundherren, Prälaten und Adel, vielfach mit »Hülfreichung« einspringen mußten. Immerhin kann man daraus entnehmen, daß die Grundherrschaft teilweise noch ihrer alten Schutz- und Hilfspflicht gegenüber den Grundholden nachkam, so daß die Wucht der staatlichen Lasten wenigstens insofern etwas abgemildert wurde, als sie sich nicht existenzvernichtend auswirkte. Die eingangs erwähnte Doppelbelastung der Bauern durch staatliche und grundherrliche Abgaben und Leistungen[50] bewirkte aber doch vielfach eine Gärung auf dem flachen Lande, die zwar seit 1704/5 durch die österreichische Fremdherrschaft akzentuiert, aber schon vorher spürbar wurde. Sorge vor sozialen Unruhen wird bereits 1701 hinter dem dringenden Wunsch der Landstände nach Rückkehr des Kurfürsten nach Bayern sichtbar, weil dadurch »die schon ziemlich gewichene Liebe« (zur Dynastie) wiederhergestellt werden könne, »an deren Statt sonst einmal der Fluch von den schwierigen Gemüthern wegen der continuierenden großen Bürden ein Unheil nach sich ziehen dürfte«.[51]

Die Landstände halten nicht hinter dem Berge, welcher Art das drohende Unheil sei: Die Untertanen des Gerichtes Griesbach hätten sich unterstanden, die Herbststeuer zu verweigern; die Behörden rechneten dort mit einem Aufstand. Im Jahre 1702 wurde den Gerichtsuntertanen des Klosters Tegernsee, die man zu Schanzwerksleistungen für die Landesverteidigung aufrief, amtlicherseits nachgesagt, sie seien »ohnehin schon sehr zur Rebellion geneigt«.[52] Im selben Jahr müssen die Bauern eine leider verschollene Klageschrift an den Kurfürsten geschickt haben, deren Existenz nur aus der Kritik der loyalen »Isargesellschaft« bekannt ist.[53]

Je näher die harte Konfrontation mit dem Kaiser und die Gefahr rückte, Bayern selbst könne, auch bei aktiver französischer Hilfe, zum »theatrum belli«, zum Kriegsschauplatz werden, um so deutlicher wurde auch die Sprache der Landstände. In ihrem »Remonstrationsschreiben« vom 22. November 1702 wiesen sie noch einmal auf die katastrophale Finanzlage des Landes hin, auf das Stocken jeder Wirtschafts- und Handelstätigkeit infolge der allgemeinen Kriegsfurcht, und ebenso auf die wiederum vermehrte Steuerlast, nämlich auf die dreifache Steuer vom Anfang des Jahres, »was bisher niemalen practicirt worden« sei. Des weiteren ist von entschädigungslosen Pferdebeschlagnahmen die Rede, von »Pressuren und Insolentien« der eigenen Soldateska im Lande, von der gesetzwidrigen Verpflegung der im Grenzschutz eingesetzten Landmiliz und Soldaten durch die »Hausväter«, d. h. durch die zu Quartier verpflichteten Hausbesitzer, ferner wird moniert, daß dieselbe Bevölkerungsgruppe der »haushäbigen Unterthanen« widerrechtlich zu unbezahlter Schanzarbeit bei der Sperrung der Pässe gegen Tirol herangezogen werde. Der von der Regierung verfügte neuerliche Getreideaufschlag werde von den Verkäufern auf die Käufer abgewälzt und treffe daher vor allem die Armen. Schon in der kurz zuvor, am 19. Oktober 1702, an den Kurfürsten gerichteten ständischen Klageschrift waren die politischen Konsequenzen solcher Zustände im Lande unmißverständlich angesprochen worden, nämlich daß selbst bei einem geringfügigeren feindlichen Einfall nach Bayern »man sich dermalen auf das in denen Confinen (d. h. an den Grenzen) postirt stehende und verstandener Maßen intimitirte Land Volk nicht zu verlassen haben würde«.[54]

In diesem Zusammenhang muß auch der anderweitig behandelte Aufstand von 1705 kurz gestreift werden, da in ihm revolutionäre Treibsätze spürbar sind, die bereits in den vorausgegangenen Jahren unter Max Emanuel zutage traten, jetzt aber, unter den Bedingungen extremer materieller Not und einer verhaßten Fremdherrschaft, als gefährliche Unterströmung in den Quellen faßbar werden.[55] Einige Beispiele, die aus archivalischem Material leicht vervielfacht werden könnten, mögen dies belegen. Die Herrschaft Wildenwart nördlich Hohenaschau – beide Orte hatten durch Brandschatzung, Plünderung und Erpressungen schon seit 1702 schwer gelitten, und die Untertanen der kleinen Herrschaft Hohenaschau hatten bis Anfang November 1705 einen Schaden von 112671 Gulden zu verzeichnen[56] – erlebte nach einem Bericht des Gerichtsverwalters an die Administration Ausbrüche von Feindseligkeit, die eindeutig gegen die politische Ordnung an sich gerichtet waren. Ledige Burschen von Wildenwart und Aschau drangen am 22. November 1705 »mit schrecklicher Furie in das herrschaftliche Haus ein und wollten die Amtleute und Rechtsitzer totschlagen, wie sie zuvor schon öfter geäußert, die Weissagung der Sybille müßte erfüllt und alle Herrschaft und Obrigkeit totgeschlagen werden«.[57] Bemerkenswert hierbei ist ebenso die chiliastische Tendenz des Aufruhrs wie die nachträgliche Versicherung der Betreffenden, sie hätten »gegen den Kaiser nichts unternehmen wollen«. Ihren Grundherrn, den Freiherrn von Schurff, zwangen die Wildenwarter, einem anderen Bericht zufolge, ihnen 1700 Gulden zu zahlen; als der Baron mit seiner Familie nach München flüchten wollte, wurde er von den rebellischen Bauern festgehalten.[58] Der Aufruhr muß wohl größere Kreise gezogen haben, denn in demselben Bericht an Graf Maximilian von Preysing heißt es weiter: »Diese Wildenwarter sind in Wahrheit meisterlos und recht böse Leute, die ihr Gift auch in die Nachbarschaft ausgestreut und die Gerichte Traunstein und Marquartstein bereits angesteckt haben. Der Pflegsverwalter in Traunstein ist durch seine Untertanen verjagt worden; der von Marquartstein, der wegen Unpäßlichkeit nicht reisen kann, muß alles nach ihren mutwilligen Köpfen tun und hergeben, was er hat, wenn er sich vom Totschlagen retten will.«

Die soziale Unterströmung des Bauernaufstandes von 1705 scheint vor allem dessen Anfänge bestimmt zu haben, ehe durch einen Teil der Beamtenschaft, die sich aber ebenso wie Teile des Adels oft recht ambivalent verhielt, die Aufstandsbewegung eine bayerisch-patriotische Tendenz bekam.[59] In diesem Zusammenhang ist es aufschlußreich, daß einer der Hauptanführer des berühmten Braunauer »Landesdefensionskongresses«, Sebastian Plinganser, bei seinem Verhör eingestand, es sei bei den ersten Zusammenrottungen der Bauern das Ziel gewesen, die Kaiserlichen fortzujagen, die vom Adel und der Geistlichkeit umzubringen, und zu plündern. Der offensichtliche Haß der Bauern gegen die herrschaftlichen Beamten, die »Peruckenhanseln«, wie sie höhnisch genannt wurden, bestimmte auch die schwankende Haltung der höheren Stände[60]: Man hatte Angst, schloß sich, wo es nicht anders ging, der Aufstandsbewegung zwar halbherzig an, um sie nach Möglichkeit in geordnete Bahnen zu lenken, suchte aber gleichzeitig bei der österreichischen Administration zu vermitteln, die dem Adel ja seine Privilegien und Rechte sowie Freiheit von Quartierslasten zugesichert hatte.[61] In Kreisen des Adels kam man sogar auf den Gedanken, ein Schreiben des Kurfürsten gegen den Aufstand könne die Bewegung dämpfen.[62]

Anders verhielt sich jener Teil der kurbayerischen Beamtenschaft, der unmittelbar mit der »Rebellion« konfrontiert war; man suchte der Sache verschiedentlich eine landespatriotische Wendung zu geben, die anfangs offenbar kaum vorhanden war, und ließ die »Landesdefension« einen »Treueid« für den Kurfürsten ablegen. Dabei spielte ein angeblicher »Befehl« des Kurfürsten, eine Fälschung, eine Rolle, denn in Wahrheit hatte Max Emanuel keinerlei Verbindung mit dem Aufstand, ja, er äußerte sich sogar negativ über das »Bauernunwesen«. Daß es hier auch anders verlaufende, stille Fronten quer durch die politischen Lager gab, erhellt aus der Besorgnis von Adel und Geistlichkeit, die Bauern Tirols, des Landes ob der Enns und Böhmens könnten mit den bayerischen gemeinsame Sache machen.[63] Ständische Befürchtungen dieser Art waren zwar 1705 besonders akut, reichten aber schon weiter zurück und tauchten, wie erwähnt, schon seit 1701 in den »Gravamina« der Landschaft auf, um den maßlosen Geldforderungen Max Emanuels an das ausgepreßte Land entgegenzutreten.[64]

An dieser Stelle sei innegehalten, obwohl oder gerade weil sich der Autor darüber im klaren ist, wie unzulänglich die vorangegangenen Ausführungen im Hinblick auf die Fülle des vorhandenen, aber noch unausgewerteten Archivmaterials bleiben müssen. Es bedürfte jahrelangen geduldigen Aktenstudiums, um eine Sozialgeschichte der Max-Emanuel-Zeit zu schreiben, und schon die Auswirkungen der Türkenkriege wie des Spanischen Erbfolgekrieges auf die sozialen Verhältnisse Bayerns zu analysieren wäre ein großes und dankenswertes, wenn auch schwieriges Unterfangen. Erst nach umfangreichen Studien dieser Art könnte man versuchen, ein geschlossenes Bild von den Wechselwirkungen zwischen Krieg und Gesellschaft unter Kurfürst Max Emanuel zu entwerfen; gegenwärtig muß man sich mit Aspekten, Details und dem Bemühen bescheiden, überhaupt Themen und Fragestellungen dieser Art hinreichend sichtbar und in ihrer Notwendigkeit für die Erkenntnis der Epoche plausibel zu machen.

Da Max Emanuel ein leidenschaftlicher Soldat gewesen ist und seine Kriege manche Probleme der altbayerischen Gesellschaft an der Wende vom 17. zum 18. Jahrhundert besonders scharf hervortreten lassen, gehört das Thema Krieg ganz wesentlich zur Signatur der Epoche. Es wäre müßig, hier im nachhinein ein moralisierendes Verdikt aussprechen zu wollen und den Kurfürsten zu einer *bête noire* der europäischen Bühne zu stilisieren. Schließlich haben kompetente Zeitgenossen auch dem Prinzen Eugen vorgeworfen, daß er in abenteuerlicher Weise »hasardiere« und auf »desperate« Weise Krieg führe, ja, ein holländischer Felddeputierter hatte seiner Regierung im Hinblick auf den rücksichtslosen Menscheneinsatz des Savoyers berichtet,

VII Franz Joachim Beich, Beschießung von Ofen, 1686 (Detail). Neues Schloß Schleißheim, Viktoriensaal

der Prinz brauche jedes Jahr eine neue Armee.[65] Um eine unzulässige Richteattitüde kann es hier wie dort nicht gehen, vielmehr kommt es darauf an, neben und hinter der Person des Kurfürsten die weitreichenden Folgen zu erkennen, die sein Handeln in den Tiefen der Gesellschaft auslöste, und an einem herausragenden Beispiel das Wechselspiel zwischen Individuum und Gesellschaft zu erhellen, aus dem Geschichte immer besteht.

Anmerkungen

1 P. Fried, Herrschaftsgeschichte der altbayerischen Landgerichte Dachau und Kranzberg im Hoch- und Spätmittelalter sowie in der frühen Neuzeit, München 1962, bes. 227ff., ihm folgend D. Albrecht (HB II) 573ff. Daß die finanziellen Bedürfnisse des frühneuzeitlichen Staates einen wesentlichen Anteil an der Verschlechterung der Lage der Bauern trugen, gilt schon für den deutschen Bauernkrieg von 1525. Vgl. P. Blickle, Die Funktion der Landtage im »Bauernkrieg« (HZ 221/I, 1975) 1–17, bes. 4f. »Auf das Konto des ›frühmodernen Staates‹ geht überschlagsweise die Hälfte der Beschwerden in den Ständestaaten von 1525.«

2 P. Fried (HB IV, 2) 751ff.

3 Daß es sich nicht um eine generelle Verschlechterung handelte, hat überzeugend anhand des Ausbaus des Sölden-Wesens im 17. und 18. Jahrhundert dargelegt Fried (Anm. 1) 242f.

4 Albrecht (Anm. 1) 572ff.

5 Was hier gemeint ist, läßt sich am Extremfall des totalitären Staates im 20. Jahrhundert ermessen, der die »Steuer« weitgehend kaschiert oder gar offiziell abgeschafft hat, aber durch seine zentrale Preispolitik und durch generelle Fixierung bzw. Senkung des Lebensstandards sich anonym und vorweg vom Sozialprodukt der Gesellschaft unkontrolliert seinen Anteil sichert.

6 Schmelzle; Bosl, Repräsentation 222f.; Hartmann, Finanzpolitik.

7 Staudinger I 685ff.

8 Klassische Beispiele für diese Interdependenz von äußerer Gefahr und innerer Stabilisierung des Absolutismus sind der Aufstieg des französischen Absolutismus unter Richelieu und Mazarin unter der Bedrohung durch die habsburgisch-spanische Umklammerung und die Etablierung des habsburgischen Absolutismus durch die ständige Gefahr der Türkenkriege. Vgl. dazu F. Wagner, Europa im Zeitalter des Absolutismus und der Aufklärung. Die Einheit der Epoche, bes. die Abschnitte § 6 (Staatslehre und Verfassungswirklichkeit) 80ff. u. § 7 (Wehrverfassung) (Hdb. d. europ. Geschichte IV Stuttgart 1968) 98ff.

9 Der Kurfürst sorgte z. B. für eine Zentralaufsichtsbehörde über das gesamte militärische Sanitätswesen (collegium oder consilium sanitatis), er stellte statt der bisher üblichen quacksalberischen Feldschere approbierte Ärzte ein, vermehrte insgesamt das Sanitätspersonal, ließ Feldapothekenwagen als mobile Erste Hilfe einführen und stellte jährlich 8000 Gulden für das Feldspital und kranke Soldaten bereit. Bei der Medikamentierung der Soldaten wurde allerdings verordnet, man solle billige Heilmittel reichen, keine »pretiosa«! Gleichzeitig mit seinen zahlreichen Kasernenbauten ließ er in den Garnisonstädten München, Ingolstadt, Braunau, Landshut, Straubing und Rosenheim Militärhospitäler einrichten, um vor allem die Zivilbevölkerung vor ansteckenden Krankheiten zu schützen. Allein in München wurde aus dem ehemaligen »bürgerlichen Brech- und Pesthaus« vor dem Sendlinger Tor ein Soldatenhospital gemacht, weitere Militärkrankenhäuser entstanden in der Au (Schäfferisches Haus), in Obergiesing (Femmbergerisches Haus), auf dem Angerplatz (das spätere Seidenhaus) und in Giesing ein neues Hospital für 2863 Gulden. L. Winkler, Sanitätswesen in der kurbayerischen Armee nach dem Dreißigjährigen Kriege bis zum Tode Max Emanuels. 1649–1726. (FGB VII/2 Berlin 1899) 36–48.

10 Vgl. den Beitrag von Kunisch.

11 Staudinger I, 703.

12 Ib. 9 *Anl. 2. KA B. Span. Erbfolgekrieg 1702; I – VI – Fasz. 75. Als Strafe wurde Nase- und Ohrenabschneiden angedroht.

13 Ib. 647f.

14 Ib. 649.

15 Ib. 714ff.; Staudinger II, 1317ff.

16 Riezler VII, 557. Allerdings liefen diese Armen Gefahr, bei einer neuerlichen Wende des Kriegsglücks als Deserteure wiederum in die Hände der früheren Armee zu fallen und nach hartem Kriegsrecht bestraft zu werden. – Zur Kriegsgefangenschaft allg. vgl. Staudinger I, 705f. Über den Austausch von Deserteuren nach dem Pfälzischen Krieg 1697 s. KA B 71^{b}.

17 Riezler VII, 557.

18 K. Staudinger, Das kgl. Bayer. 2. Infanterie-Regiment »Kronprinz« 1682 bis 1882, 2. Lieferung (1689–1704), München 1885, 372; L. Winkler, Die kurbayerischen Locatelli-Husaren (Bayerland 6, 1895) 461ff., 471ff., 483ff.; K. Müller, Kurbayerische Militärverhältnisse im ersten Viertel des 18. Jahrhunderts (Bayerland 14, 1903) 284.

19 Vgl. den Beitrag von Stölzl.

20 Vgl. K. Richter (Hdb. d. Gesch. d. böhmischen Länder II, Stuttgart 1974) 293ff.

21 Riezler VII 590ff. – Bezeichnend für die Mentalität des Kurfürsten ist eine weitere Stelle in seinem Brief: »Übrigens gedenke ich in Kürze des Karnevals und daß man ihn genießen muß; also profitieren Sie davon, tanzen Sie, unterhalten Sie sich. Am Hofe muß Freude herrschen, während ich mit solchem Erfolg für unsere großen avantages arbeite! Wenn ich zurückkomme, werde ich an nichts anderes denken als Ihnen Vergnügungspartien zu veranstalten, ganz Europa soll widerhallen von der Freude Münchens und seines Hofes!«

22 Ph. J. Crophius, Das mit Kriegs-Last gedrückte und durch Wunder-Hülff erquickte Augspurg/ Oder Wahrhaffte und unpartheyische Erzehlung/ Was sich Vor/ in und nach der Belagerung und Bombardirung/ auch währender Französisch-Bayerischen Quartier-Zeit/ nicht weniger bey der wunderbaren Befreyung/ in diser daß H. R. Reichs Freyen Stadt Augspurg zugetragen ... Augsburg 1710. Eine eher abschwächende, deutsch-national verfälschende, weil nur auf die französische Okkupation abgestellte Nacherzählung gibt Vetter, Aus Augsburgs schlimmsten Tagen (Bayerland 15, 1904) 376ff., 392ff., 400ff. etc. – Zeitgenössische Berichte über die Leiden der Bevölkerung und planmäßige Verwüstungen finden sich auch bei Caesar Aquilinus, Ausführliche Historie des jetzigen bayerischen Krieges, Cölln 1705 und A. W. Ertl, Bayerischer Atlas, Nürnberg 1705. Zeitgenössische Lokalnachrichten verarbeitet auch J. Groß, Chronik von Fürstenfeldbruck, Fürstenfeldbruck 1877, 208ff.

23 Crophius (Anm. 22) 13.

24 Ib. 16f.

25 Ib. 21.

26 Ib. 37. Der Chronist fügt erbittert hinzu, es sei »durch solchen barbarischen Unfug gewiß den ehrlichen Leuten um viel 1000 fl.

Schaden geschehen, welches sie viel empfindlicher geschmertzet, als wann sie es durch Plünderung des Feindes verlohren; indessen sind viel wohlhabende Bürger und Familien dardurch in den äussersten Ruin gesetzt und gleichsam an den Bettel-Stab gebracht worden ...«

[27] Ib. 39ff.

[28] Ib. 43f. Immerhin wird an den Franzosen gelobt, daß sie, anders als die Kaiserlichen, nicht stahlen, wenn sie auch auf andere Weise zuwege brachten, »daß man es ihnen selbst geben mußte«.

[29] Ib. 48f. »Weil sich die bösen Leute ihrer Unthaten und zugefügten Unbilichkeiten bewußt und also besorgten, sie möchten ihre Patronen (Hauswirte) endlich zur deperation treiben und zur Rach aufbringen, so wurde Samstag den 29. dit. (= Dezember 1703) so wohl per raison de guerre, als aus Mißtrauen auf Königl. und Churfürstl. Befehl ausgeruffen, daß alle Burger ihr Gewehr, wie es immer Nahmen haben möchte ausgenommen der Degen, unverzüglich in das Zeughaus liefern solten.«

[30] Ib. 95ff. Der Chronist versäumte es aber nicht, rühmend den französischen Leutnant Salleur zu erwähnen, der sich dem Befehl des Kommandanten Chamerante erfolgreich widersetzt hatte, beim Abzug die Stadt in Brand zu stecken.

[31] W. Churchill, Marlborough, 2 Bde., München 1968, I, 583ff.

[32] Braubach, Prinz Eugen 34ff. – Dabei muß man bedenken, daß die Kriegsverwüstungen schon lange vorher eingesetzt hatten. In der Antwort auf ein kurfürstliches Postulat hatten die bayerischen Landstände schon am 16. 2. 1704 auf die Steuerrückstände wegen Kriegsschäden hingewiesen und angeführt, daß »bereits 54 Landgerichte durch die Soldaten verwüstet worden seyen, und die unglaublichsten Exactionen des Militärs noch fortwährend statt fänden«. Vgl. Max Freiherr v. Freyberg, Pragmatische Geschichte der bayerischen Gesetzgebung und Staatsverwaltung seit den Zeiten Maximilians I. Aus amtlichen Quellen bearbeitet, Leipzig 1836, I, 261 u. 262.

[33] AStA Fürstensachen Fasz. 14 Nr. 114a; dazu Riezler VII, 599 u. VIII, 13. Die Liste der Brandschatzungen seit August 1704 nennt 1370000 fl ein Verzeichnis der Brandschäden 7675 Brandstätten. Die ständische Klageschrift vom 1. 3. 1706 spricht von 8000 eingeäscherten Häusern.

[34] A. Buchner, Geschichte von Bayern, 9. Bd., München 1853, 115 (= Schreiben des Markgrafen Ludwig Wilhelm von Baden an den Kaiser vom 3. 8. 1704, Nr. 208); Staudinger (Anm. 18) 514f.

[35] Bericht Tallards in: Collection de Documents inédits. Mémoires militaires relatifs à la Succesion d'Espagne par de Vault et Pelet, Bd. IV, Paris 1839, 547.

[36] Staudinger (Anm. 18) 515.

[37] Groß (Anm. 22) 209.

[38] J. N. Sepp, Der bayerische Bauernkrieg mit den Schlachten von Sendling und Aidenbach, München 1884, 104ff. – Die von Sepp für das Rentamt München angegebene Gesamtzahl von 7675 Brandstätten wird von Riezler VIII, 13 mit Recht auf Gesamtbayern bezogen.

[39] Sepp (Anm. 38) 106f. Kloster Tegernsee bezifferte seine Verluste zwischen 1702 und 1704 auf 20000 Gulden, die seiner Untertanen auf 10000 Gulden.

[40] Groß (Anm. 22) 210.

[41] Ähnliches läßt sich für Dachau feststellen. Vgl. StAM 1702 bis 1704 Br. Pr. Fasz. 1145 Nr. 79, 1705–1707, Br. Pr. Fasz. 1145 Nr. 83, 1708–1710 Br. Pr. Fasz. 1145 Nr. 86.

[42] Freyberg (Anm. 32) 265: »Zugleich wurde aber der Kurfürstin (am 9. 9. 1704 von den Landständen – Anm. d. Verf.) zu Gemüth geführt: das Land befinde sich in einem Zustande von Verheerung, der es schlechthin unmöglich mache die im Lande verbliebenen Truppen noch ferner in Stand zu erhalten; ein großer Theil Bayerns sey von den fremden Truppen besetzt und verwüstet; die Oberpfalz sey bereits in des Feindes Gewalt gekommen, auf Subsidien keine Rechnung mehr zu machen; ja selbst der Theil des Landes, der noch vom Feinde nicht überzogen, werde durch die bayerischen eigenen Truppen auf das Ärgste und unglaublichste bedrängt, verwüstet und ausgeleert; der Mangel an Disziplin, und das gewaltthätige und regellose Verfahren der Officiere und Soldaten, werde – wenn nicht strengstens eingeschritten wird – nicht nur die weitere Erhebung der so dringend nöthigen Gefälle, sondern alle fernere Ordnung der Dinge überhaupt unmöglich machen, und den Ruin des Landes beschleunigen . . .«

[43] Ib. 271.

[44] F. Prinz, Hans Kudlich. Versuch einer historisch-politischen Biographie, München 1962, 36f.; G. Grüll, Bauer, Herr und Landesfürst. Sozialrevolutionäre Bestrebungen der Bauern von 1650 bis 1848, Graz-Köln 1963; S. Riezler, Der Aufstand der bayerischen Bauern im Winter 1633/34 (SB München 1900, 1901) 33–95.

[45] Freyberg (Anm. 32) II, 13; dazu Riezler VIII, 56. Es handelt sich um die Mandate vom 16. 7. 1663 und vom 16. 3. 1668. – Berichte an die Regierung aus derselben Zeit lassen die Sorge der bayerischen Behörden von Straubing, Burghausen, Reichenhall, Traunstein etc. vor »vagirendem schlimmen Gesündel« erkennen; man ergriff Schutzmaßnahmen gegen die »rebellischen Pauren am Land ob der Enß«; offenbar befürchtete man ein Übergreifen der Rebellion auf Bayern. GStA K. schw. 5155/2 fol. 365ff.

[46] Freyberg (Anm. 32) 256 Anm.

[47] GStA K. schw. 6035. Knappe Auszüge b. Riezler VII, 492f.

[48] Vgl. darüber den Beitrag von G. Diepolder. Nach Freyberg (Anm. 32) 254 waren die Kapitalbriefe damals im Verkehr schon um 20–30% gefallen.

[49] Vgl. darüber den Beitrag von Diepolder.

[50] S. Anm. 1.

[51] GStA K. schw. 6035. – Landschaftsgravamina vom März 1701.

[52] Ib.: »Die Unterthanen des Gerichts Griesbach haben sich unterstanden, bey fertig eingeforderten Herbst-Steuer solche positive zu denegiren, so schon zu einem Aufstand das Ansehen gehabt.« Des weiteren wird von den Armen und Inleuten berichtet, dieselben müßten sich, wenn sie nicht »unnatürliche Speisen essen wollen«, »auf andere unzulässige Mittel legen, und gleichwohl unter dem bösen Gesindel (im Original Unterstreichung!) ihre Nahrung suchen, wie denn sonsten insgemein die einreissende Noth zu vielen Ungerechtigkeiten, Betrug, Veruntreuungen, Ehebruch und anderen Lastern Anlaß giebt . . .«. M. Graf Topor-Morawitzky, Übersicht der von dem Kloster Benediktbeuren für das allgemeine Landes-Defensionswesen im spanischen Erbfolgekriege aufgebotenen Untertanen . . . (OA 16, 1856) 306–332, hier 326.

[53] Riezler VII 555f. nimmt an, daß diese Klageschrift konfisziert und vernichtet wurde.

[54] GStA K. schw. 6035. Remonstrationsschreiben der kurbayerischen Landstände vom 19. 10. 1702 und »anderweitiges Remonstrationsschreiben« der Stände des Ober- und Unterlandes an den Kurfürsten vom 22. 11. 1702.

[55] Vgl. den Beitrag von Stölzl. Riezler VII, 555f., 627f., VIII, 35, 45, 49f., 57, 134 u. passim hat schon mit Recht auf diese soziale Komponente des Bauernkrieges und deren Vorgeschichte unter Max Emanuel hingewiesen.

[56] StAM Hohenaschauer Arch. Nr. 1680, 1683, 1687 u. Nr. 2614, 1615. S. ferner über Durchmärsche, Erpressungen, Plünderungen etc. in den benachbarten Hofmarken ebenda Nr. 1682 u. 1988; vgl. ferner Riezler VIII, 33.

[57] Riezler-Wallmenich I, 90f. Nr. 205. Im Bericht heißt es dann weiter: »Obwohl sich die Herrschaft aufs eifrigste bemühte, die Leute zu besänftigen, haben sie mich wie rasende Bestien angefallen, mir die Kleider vom Leib gerissen, mich mit Tremmeln über den Kopf und in anderweg unmenschlich geschlagen, mich mit Steinen geworfen und im Kot herumgezogen. Wenn jemand dagegen wehren oder bitten wollte, drohten sie ihn gleichfalls niederzuschlagen, wie denn die Herrschaft selbst unterschiedliche Schläge und Steinwürfe bekommen hat.« Die Aufrührer forderten u. a. Steuern zu-

rück, nämlich »Rückzahlung der Rekrutenanlage, der Werbegelder und der großen Anlage, die zur Bestreitung der vorigen Winterportionen gleich anfangs eingebracht und ordentlich verrechnet worden; und diese mußte ihnen wirklich hinausgegeben werden«.

[58] Riezler-Wallmenich I, 96f. Nr. 222.

[59] Da ein Großteil der Quellen zum Bauernkrieg nachträgliche Verhörprotokolle und ähnliches beinhaltet, ist der Kontext dieser Quellenart hier besonders zu berücksichtigen. Konkret gesprochen: Es war für einen inhaftierten, »peinlich befragten« Bauern, Beamten, Rädelsführer sicher günstiger, die Treue zur angestammten Dynastie möglichst stark in den Vordergrund zu stellen als allgemein umstürzlerische Absichten einzubekennen.

[60] Riezler VIII, 55ff. und 134. – Weitere Äußerungen der aufständischen Bauern gegen Obrigkeit und Adel bei Grüll (Anm. 44) 267ff.

[61] Riezler-Wallmenich I, 9 Nr. 17, Erlaß Kaiser Josephs I. v. 4. 8. 1705. ». . . daß die Quartierstragung von dem Adel, auch anderen Hofbefreiten abgetan werde und deren Häuser und Wohnungen wie bisher auch künftighin befreit seien, inmassen Wir allergnädigst versichern, daß Wir vielmehr einem gesammten Adelsstand bei den hergebrachten und ihnen von Uns confirmirten Privilegien und Gewohnheiten manuteniren als ihm ein Widriges zufügen und ihn diesfalls bekränken zu lassen gedenken.« – Schon am 25. 9. 1704 hatten die in Regensburg versammelten bayerischen Landstände den Kaiser um Bewahrung ihrer Standesprivilegien gebeten; ebenso waren sie auch für ihre materiellen Interessen eingetreten mit der Bitte an den Kaiser, »unsere fast völlig ruinierten Güttlein dero allergnädigsten Schutz genießen zu lassen«. GStA K. schw. 6035.

[62] In diesem Sinne schrieb der Oberkämmerer Baron Neuhaus am 18. 12. 1705 an den Verbindungsmann des Kurfürsten P. Smacker in Venedig. Vgl. Riezler VIII, 55ff. u. 92f.

[63] HHStA, Staatskanzlei, Bavarica (Bauernaufstand), Fasz. 16B/I, fol. 126f., Schreiben des Grafen Johann Aufseß v. 29. 11. 1705 an den Kardinal Lamberg nach Passau mit der Bitte um militärische Hilfe, damit die in Vilshofen stehenden Aufständischen nicht die Donau überschreiten könnten, weil »die jenseitigen Untertanen, welche ohnedem schon wegen der überhäuften Bürden und Anlagen, sonderbar ratione der immerzu hin und her vorfallenden vielfältigen harten Durchmärsche ziemlich malcontent sein, gar leichtlich auch zu den wirklichen Aufstand bewegt, oder wohl gar dieses höchst verderbliche Feuer der Rebellion in das nächstens benachbarte Königreich Böheim sich ausbreiten dürfte.« Grüll (Anm. 44) 268.

[64] S. oben S. 335.

[65] Braubach, Prinz Eugen V, 345.

Christoph Stölzl

Der Aufstand von 1705/06

Kein Ereignis der heimischen Geschichte hat das historische Interesse im 19. und frühen 20. Jahrhundert mehr angezogen als der Aufstand von 1705. Er war das Lieblingsthema der Lokalchronisten wie der »vaterländischen« Schriftsteller, die der gelehrten Fachhistorie ihr Wissen zuzutragen sich bemühten. Die Literatur über die Ereignisse des Winters 1705/06 ist reich an Polemik und lokalpatriotischer Rechthaberei, sie ist aber auch getränkt mit echter und starker Emotion. Denn die Begegnung mit der Tragödie von 1705 war für die bürgerliche Gesellschaft des 19. Jahrhunderts der wirkungskräftigste Katalysator bei der Entstehung eines modernen bayerischen Sondergefühls, das sich als Seitenstück des deutschen Nationalismus entfaltete.[1] Der Aufstand gegen die Fremdherrschaft oder die Erinnerung daran ist in allen Formen des Risorgimentonationalismus des frühen 19. Jahrhunderts als Leitmotiv zu finden. Der Begeisterung für den Tiroler Aufstand von 1809 und für den griechischen und polnischen Freiheitskampf fügte die bürgerliche Öffentlichkeit Bayerns darum die Verherrlichung des Jahres 1705 ganz selbstverständlich hinzu. Was aus den Quellen zunächst an die Öffentlichkeit drang, ließ überdies die Bauernbewegung von 1705 als Ausdruck tiefverwurzelter Treue des Volkes zur angestammten Dynastie erscheinen. So konnte die Popularisierung der Historie bald auch auf freundliche Unterstützung durch Königshaus und Staat rechnen. In der Historienmalerei des Vormärz entstand der noch heute lebendige Katalog der bildlichen Assoziationen. Der Maler Wilhelm Lindenschmit d. Ä. stellte 1830 die dominierende Gestalt eines kämpfenden Bauern in die Mitte seines Freskos an der Sendlinger Kirche und schuf damit den Mythos jenes »Schmieds von Kochel«, der als Inbegriff von »Tapferkeit und Treue« zur eigentlichen Leitfigur des bayerischen Selbstverständnisses (zumal unter der Landbevölkerung) werden sollte.[2]

Die Trivialisierung der Erinnerung an den Aufstand in Umzügen, Festspielen, lebenden Bildern und Denkmälern hat auf die exakte Forschung aus naheliegenden Gründen lähmend eingewirkt. In den 1860er Jahren schrieb man in der von König Max II. inspirierten Landeskunde »Bavaria«, die »innere Geschichte dieses Aufstandes« sei »uns bis zur Stunde viel dunkler als wie die mancher Volksbewegung im griechischen Altertum«.[3] Mit einiger Einschränkung gilt dies noch heute. Die große Quellenpublikation von Riezler und Wallmenich vom Beginn unseres Jahrhunderts[4] beleuchtet erschöpfend den äußeren Verlauf der Ereignisse, der verworren genug ist. Den geistigen Umriß der wenigen namentlich bekannten und vielen anonymen Mitspieler des Geschehens findet man dort kaum. 1705 tritt das »Volk« plötzlich als politisches Subjekt handelnd auf. Die Problematik unseres Verständnisses dieses Handelns liegt darin, daß wir zu wenig von den geistigen und sozialen Koordinaten der illiteraten Bevölkerung jener Zeit wissen. Mit dem idealtypischen Begriff des Absolutismus faßt man den Handlungsstil und das Gefüge von Macht und Gehorsam an der Spitze der barocken Gesellschaft – die geistige Welt des engen Lebensraums der bäuerlichen Bevölkerung wird dadurch nicht schärfer sichtbar. Nicht nur aus diesem Grunde ist die Auseinandersetzung mit den bekannten Quellen zum Aufstand heikel. Das Geschehen von 1705 spielt in einer historischen Landschaft, die unübersichtlicher nicht sein könnte. Unterdrückung, Kollaboration und Verrat kennzeichneten das Klima; das komplizierte Geflecht wechselseitiger Abhängigkeiten war in Verwirrung geraten im Gefolge der Besetzung Bayerns. Ganz zutreffend hat ein Beobachter im Zentrum der Ereignisse 1705 von dem »schweren Labyrinth« gesprochen, in dem sich der politisch Handelnde jetzt bewegen müsse.[5] Bei solchen Voraussetzungen aber sind die Quellenaussagen in ihrer Beweiskräftigkeit schwer zu bewerten, weil der Faktor einer Selbstdarstellung im Hinblick auf die jeweiligen Machtverhältnisse schlecht eingegrenzt werden kann.

So ist heute beim Stande unserer Kenntnisse nur ein ungleichgewichtiges Bild möglich: eine Chronik der Ereignisse,[6] verbunden mit Hinweisen zum Verständnis des Aufstandes, die freilich oft nur als Frage formuliert werden können und zusammenhängende Schlüsse kaum erlauben.

»Ich mache das Kreuz über Bayern und alles, was mir bleibt«,[7] so hatte sich Max Emanuel fünf Tage nach der Katastrophe bei Höchstädt von der Kurfürstin-Regentin verabschiedet. An seinen Auftrag, Bayern mit dem Rest der Armee wie eine Festung zu verteidigen, klammerte sich Therese Kunigunde noch einige Wochen, dann war das »bayerische Unwesen«, wie es Kaiser Leopold nannte,[8] kein

Faktor mehr auf der schlagartig gewandelten strategischen Karte des Reiches. Der Adel, die Kirche wie die Beamten des Hofes drängten die Kurfürstin angesichts eines zusehends verwüsteten Landes im Herbst 1704 zur Kapitulation. Wenig später waren die bayerischen Truppen entwaffnet, das Land vom Feind besetzt. Allein das winzige der Kurfürstin zugestandene Restbayern, das Rentamt München, blieb frei – gleichwohl einer ungewissen Zukunft ausgesetzt.

Der Krieg als Gewalt zwischen Soldaten hatte auf bayerischem Boden aufgehört. Aber der Krieg als Alpdruck über allem wirtschaftlichen und sozialen Leben ging weiter und erfuhr erst jetzt eine radikale Verschärfung. Zu eben der Zeit, da man in Bayern die Kriegsschäden der Jahre 1703/04 zu sichten begann, berechneten die Wiener Kriegsplaner um den Prinzen Eugen den ökonomischen Beutewert Bayerns. Vor Höchstädt war Österreich nur knapp an einem Staatsbankrott vorbeigekommen. Nun sollten bayerische Quellen die militärische Potenz des Kaisers und seiner Verbündeten im Reich soweit kräftigen, daß endlich ein kriegsentscheidender Schlag gegen Ludwig XIV. möglich wurde. Max Emanuels extensive Ausnützung der Ressourcen Bayerns während seines zwanzigjährigen Ausflugs in die europäische Politik spiegelte seinen siegreichen Feinden falsche Umrisse der Leistungsreserven des Landes vor. In Wahrheit war die steuerpflichtige Bevölkerung am Ende ihrer finanziellen Kraft angelangt. Fünfzehn Millionen Gulden hatte Bayern zur Finanzierung des Großen Türkenkrieges beigetragen. Um die Brüsseler Statthalterschaft in der Art eines Souveräns führen zu können, hatte Max Emanuel seit 1691 das Doppelte bis Dreifache der gewöhnlichen Steuern eingezogen. In den Jahren nach 1700 war das flache Land durch ständige Durchmärsche fremder oder eigener Truppen – was kaum Unterschiede machte – geschädigt worden. Insgesamt 1370000 Gulden erpreßte die alliierte Armee bis zum August 1704; 7675 Höfe und Häuser waren verbrannt. Besonders hart betroffen war die Oberpfalz, die sich bereits seit 1703 in kaiserlicher Hand befand. In der Grafschaft Cham allein waren von 654 Höfen 150 »totaliter ruiniert«.[9]

Der kaiserliche Hofkriegsrat ignorierte den Zustand des Landes bei seinen Überlegungen, falls er ihn überhaupt kannte. Exaktes volkswirtschaftliches Denken war keine Stärke der Zeit. Um so besser sah man in Wien die keimende Unwilligkeit in der Bevölkerung der Erblande über die großen Opfer, die der um dynastischer Ziele willen geführte Krieg verlangte.[10] So wurde also ein Großteil der kaiserlichen Armee für den Winter 1704/05 nach Bayern ins »Refraichirquartier« verlegt. Daneben lebten zahlreiche preußische, dänische, kurpfälzische, württembergische und fränkische Truppen in und vom Lande. Erpressungen, Quälereien, »Excesse« ohne Zahl waren der Alltag. In Straubing etwa erhöhte die kaiserliche Besatzung im Oktober 1704 die Steuern auf das Zehnfache der normalen Summen.[11] Im Dezember 1704 mußte die Landschaft aus den drei besetzten Rentämtern eine Kontribution von 3150000 Gulden aufbringen; jeder Hof hatte außerdem eine »Sondersteuer« von 43 Gulden zu tragen. Nur durch Anwendung der schärfsten Zwangsmittel konnte ein finanzieller Aderlaß dieser Größenordnung überhaupt realisiert werden. Im Januar 1705 wurden auch die steuerprivilegierten »gefreiten« Stände mit Forderungen überzogen, auch wurden die Grundherren angewiesen, den zahlungsunfähigen Untertanen die Steuern vorzuschießen. Alle Beschwerden der Landschaft in Wien brachen sich am militärischen Zweckrationalismus des Prinzen Eugen, der entschied, man müsse »halt ziehen, was man kann«. Denn Bayern war ihm jetzt »der einzige Fundus«, aus dem er schöpfen konnte, um das Haus Habsburg »aus der grossen Misere« zu retten.[12]

Im April 1705 etablierte der Kaiser eine eigene österreichische Administration in Landshut. An ihre Spitze trat der geschickte Verwaltungsfachmann Karl Graf von Löwenstein-Wertheim. Die Kolonialisierung Bayerns zum Nutzen der österreichischen Rüstung sollte damit aus der Phase einer oft chaotischen und damit ineffektiven Auspowerung herausgeführt und versachlicht werden. Gleich zu Beginn ihres Wirkens griff die Administration zu dem Schlüssel, der das Land dem österreichischen Zugriff wirklich öffnen sollte: Löwenstein verlangte für den Kaiser die Huldigung in der Weise, wie sie für jede legitime neue bayerische Regierung üblich gewesen wäre, und erhielt sie sowohl von Ständen und Beamten wie von Untertanen. Im Grunde war mit dem reibungslosen Verlauf der Huldigung der Griff nach dem Restbayern der Kurfürstin eine entschiedene Sache. Dies um so mehr, als die Reise Therese Kunigundes nach Venedig im Februar 1705 ein gefährliches Machtvakuum bewirkt hatte. Seitdem lavierten Stände und Hofbeamte im undurchsichtigen Zwielicht zwischen loyalen Beziehungen nach Brüssel und beginnendem Arrangement mit den Machthabern in Wien. Von Kaiser Leopold kurz vor seinem Tod beschlossen, war die vertragswidrige Besetzung des Rentamts München eine der ersten Anordnungen des neuen Kaisers Joseph I. Auch hier erfolgte Anfang Juni fast ohne Ausnahme die Huldigung von Ständen und Untertanen; die Beamten legten den Treueid auf den Kaiser ab. Mit Ausnahme der engsten Mitarbeiter Max Emanuels wurde die gesamte Bürokratie in österreichische Dienste übernommen. Ihre erste Aufgabe war die Einbringung von anderthalb Steuern im Werte von 169151 Gulden, die das nun »kaiserliche« Rentamt München zu leisten hatte. Aber die Deckung der materiellen Bedürfnisse der österreichischen Kriegführung wurde im Sommer 1705 überschattet von einem krisenhaften Mangel an menschlichem Nachschub für die kaiserliche Armee. Ein Jahr nach der nur im Reich kriegsentscheidenden Höchstädter Schlacht forderte der Verschleißkrieg in Oberitalien vorerst unabsehbare Menschenopfer, band der irreguläre Krieg des magyarischen Adels gegen den Kaiser große Truppenmengen, ohne daß eine Entscheidung möglich war. Es lag daher in der Logik der Verhältnisse, daß der Wiener Hofkriegsrat die im Sommer 1705 für die Erblande verfügten verschärften Rekrutierungsmaßnahmen auch auf Bayern ausdehnte. Ein Mandat vom 16. Juni forderte von je vier Höfen einen Mann. Da sich kein Echo zeigte, wurde die Forderung am 24. Juli auf die Hälfte verringert. Wer der Rekrutierungspflicht ledig sein wollte, konnte sich auch mit 16 Gulden auslösen. Als am 4. August weder Mannschaften noch Ersatzgelder sichtbar waren, ordnete man in Wien die militärische Exekution an. Auf Bayern, so der Hofkriegsrat, sei »keine andere Reflexion zu machen, als selbiges insoweit genießen zu können, daß es hinkünftig dem Kurfürsten unnütz sein solle«.

Mit der Zwangsrekrutierung für ausländische Kriegsschauplätze überschritt Prinz Eugen eine kritische Grenze, die selbst Max Emanuel einzuhalten gezwungen gewesen war; den 1703/04 ausgehobenen Landfahnen hatte vom Kurfürsten die ausschließliche Verwendung innerhalb Bayerns zugesichert werden müssen.[13] Was dann von August bis Oktober vor sich ging, war ein zügelloses Kesseltreiben gegen die Landbevölkerung, bei dem überdies Teile der einheimischen Beamtenschaft die Rückendeckung der Besatzungstruppen zur eigenen Bereicherung benützten. Wo es überhaupt zu Musterungen kam, gab es Unterschleif und Bestechung. Der ärmere Teil der Bauern war es, der am Ende dem Zwang nicht mehr ausweichen konnte.[14] So flüchteten Scharen von Stellungspflichtigen in die Wälder und ins Gebirge. Beamte und Besatzungstruppen fingen Rekruten, wo immer sie ihrer habhaft werden konnten. Man holte sie nachts aus den Höfen, sonntags aus den Kirchen und schleppte sie auf Wagen angekettet zu den Musterungsplätzen.

Seit dem Winter hatten ständische Vertreter, aber auch der Administrator Löwenstein das Schreckbild eines bayerischen Aufstands ausgemalt, um den Wiener Hofkriegsrat zur Mäßigung zu bewegen. Nun, nach verstreuten Gewalttätigkeiten gegen einzelne Beamte während des Sommers, brach während der ersten beiden Oktoberwochen an mehreren Stellen gleichzeitig die bäuerliche Empörung los. Aus dem Rottal, aus dem Isarwinkel, aus dem Bayerischen Wald und der Oberpfalz meldete man der Administration Zusammenrottungen bewaffneter Bauernmassen. Die Aufständischen, nach den Augenzeugenberichten erregt »wie das wilde Vieh«, begannen mit der Befreiung von Zwangsrekrutierten, nahmen Rache bei besonders verhaßten Beamten, stürmten und plünderten Amtssitze. Viele niederbayerische Beamte flüchteten ins Hochstift Passau.[15] Wo sie sich den Bauern gegenüber auf den Kaiser beriefen, hörten sie, »der Kaiser sei gestorben; sie wüßten von keinem Kaiser, sondern nur von einem König, der mit ihnen nichts zu schaffen habe.«[16] Wie in einem Erdrutsch verschoben sich vor allem im Rentamt Burghausen binnen kurzer Zeit die Machtverhältnisse. Pfarrkirchen, Rottalmünster, Griesbach, Reichenberg, Eggenfelden, Vilsbiburg und Mauerkirchen wurden von aufständischen Bauern besetzt. Das Zentrum des Aufstands bildeten wohl Mitglieder der Landfahnen, auf deren Rekrutierung es ja auch die Administration besonders abgesehen hatte. Kleinbauern, Söldner, Tagelöhner und Knechte vor allem liefen dem Aufstand zu, alle jene wirtschaftlich Schwachen also, die den Druck des Kolonialisierungssystems am härtesten zu spüren bekommen hatten. In geringem Maße schlossen sich auch abgedankte kurbayerische Soldaten an. Mitte November schätzte man allein die zwischen Vilsbiburg und Vilshofen verstreuten Aufrührer auf 5000 Mann.

An eine anders als mit gewaltsamen Mitteln zu führende Auseinandersetzung mit den Bauern hat die Administration nie gedacht. Trotz der geringen verfügbaren Truppenzahl – in ganz Bayern standen insgesamt nur noch 5800 Mann Infanterie und 1750 Mann Kavallerie – wurde der Stadtkommandant von München, Oberst de Wendt, zur Unterdrückung des Aufstands nach Niederbayern geschickt. Mitte November überfiel er mit schwachen Kräften die Haufen bei Eggenfelden und Vilsbiburg und brachte ihnen binnen weniger Tage schwere Verluste bei. De Wendt befahl massenhaftes »Massakrieren« der Rebellen, gnadenlose »Niederhauung«, Folterung von Gefangenen, öffentliches Hängen von Zufallsopfern. Der Charakter der kaiserlichen Kriegführung in diesem »Bauernkrieg« war damit deutlich vorgezeichnet; es war ein Kampf, der wie selbstverständlich außerhalb der bändigenden Normen des zeitgenössischen Kriegsrechts geführt wurde. In dieser ersten Krisensituation des Aufstands tauchten plötzlich zwei Führerpersönlichkeiten auf, die von nun an der bisher fast ziellosen, sprachlosen Bewegung Kontur und Programmatik zu geben versuchten: der fünfundzwanzigjährige Mitterschreiber am Pfarrkirchner Gericht Sebastian Plinganser und sein Studienfreund Johann Georg Meindl, ein Student aus Salzburg. Der Jurist Plinganser, ein wortbegabter, scharfsinniger Mann, übersetzte die Bauernbewegung in die Sprache des Kurialstils; er wurde der einzige »politische« Kopf des Aufstands. Meindl brachte ein Stück militärisch-strategischen Denkens in die Führung ein. Auch ein professioneller Militär, der kurbayerische Kürassierwachtmeister Johann Hoffmann, trat jetzt in Erscheinung. Plinganser und Meindl bändigten die Anarchie der Bauernhaufen. Unter ihrer Leitung schlossen die Bauern Braunau ein. Am 16. November kapitulierte die Stadt und Festung Burghausen vor der Übermacht des Bauernheeres. Damit war der Regierungssitz mit der gesamten Verwaltungsspitze des Rentamts in der Hand der Aufständischen. Plinganser schien sich die Möglichkeit einer Legalisierung der Bewegung zu öffnen und, was fast noch wichtiger war, eine über den Tag hinaus tragende Existenzsicherung des Bauernheeres mit Hilfe der Verwaltungsbehörden. Unter dem Druck der Verhältnisse sah sich die Burghauser Regierung zum Mitspielen genötigt. »Schreib dies hin, oder wir schlagen dich tot,«[17] war der Tenor der Bauern gegenüber den Beamten. Der Burghauser Kastner und Regierungsrat Franz Bernhard von Prielmair, ein Sohn des Ministers, der Max Emanuel in die Niederlande gefolgt war, übernahm die Stelle eines »Kriegskommissärs« bei den Aufständischen, freilich unter der Bedingung, daß der Regierung Burghausen »Oberinspektion, Erörterung und Anbefehlung« gebühre. Die Burghauser Regierung gebot den Beamten die Rückkehr auf ihre Amtssitze und begann mit der Schaffung eines regulierten Heeres, indem sie die entlassenen kurbayerischen Soldaten zur Stellung aufforderte und die Landfahnen einberief.

Der wichtigste Schritt hin zu einer Politisierung des Aufstands war die Berufung auf den Kurfürsten, in dessen Namen die Regierung und Aufstand zusammenfassende »Churbayerische Defension Unterlands« jetzt aufzutreten begann. Am 22. November verkündete Plinganser in einem Aufruf als Ziel der Bewegung die Vertreibung des Feindes aus dem Land und die Wiederherstellung der »alten churbayerischen Libertät«. Das Bauernheer leistete den Eid auf Max Emanuel. Eine direkte Verbindung zum Kurfürsten suchte – oder fand – Plinganser gleichwohl nicht. Max Emanuel erfuhr nur aus Zeitungen über die Vorgänge in Bayern; später hat er Therese Kunigunde gegenüber beteuert, daß er »niemals etwas von der Erhebung wußte, noch in irgendeiner Verbindung damit stand.«[18] Am Brüsseler Hof herrschte Reserve und Widerwillen gegen die Verwirrung der bayerischen Verhältnisse. Daß von Brüssel keine offizielle Zustimmung kam, bedeutete für die militärische Zukunft der Landesdefension eine schwerwiegende Vorentscheidung. Entgegen der Aufforderung der Burghauser Regierung hielt das abgedankte kurbayerische Offizierskorps Abstand zu dem kriegsrechtlich fragwürdigen Bauernheer.[19] Vorerst errangen die Bauern freilich auch unter dilettantischer Führung militärische Erfolge: am 27. November fiel Braunau, am gleichen Tag Vilshofen, am 29. wurde Schärding eingeschlossen. Ein lokaler Aufstand unter der Führung des Metzgermeisters Kraus gefährdete seit dem 30. November die kaiserliche Kontrolle der Stadt Kelheim. Innerhalb weniger Tage rückte also die Beherrschung der bayerischen Inn- und Donaulinie in greifbare Nähe. Die Eroberung Braunaus brachte das bisher nur provisorisch bewaffnete Bauernheer auch in den Besitz regulärer Ausrüstung. Elf Feldschlangen, vier Feldkanonen, zehn Haubitzen, siebzehn Regimentsstückel, fast viertausend Musketen und große Pulvervorräte fielen den Aufständischen in die Hand. Ihre Stärke betrug nun an die zwanzigtausend Mann. Dem Kommandanten von Braunau, einem Grafen Tattenbach, der Plinganser bei den Kapitulationsverhandlungen drohte, »der Kaiser habe eine große Hand«, antwortete der Bauernführer, »sie wollten dem Kaiser die Hand schon stutzen.«[20] Zur gleichen Zeit war de Wendt freilich bei einem zweiten Vorstoß erfolgreich gewesen. Er hatte die 4000 Bauern, die Wasserburg eingeschlossen hatten, angegriffen und einen Teil davon »wie das wilde Vieh zerfetzt und zerhauen«. Die Bauern verloren 300 Tote und ebensoviele Gefangene.

Im Zentrum der Bauernmacht, im besetzten Braunau, kam es nach dem ersten Siegestaumel nicht zu einer Verfestigung der Machtverhältnisse. Plinganser scheiterte bei dem Versuch, zur unbestrittenen Autorität aufzusteigen. Am 29. November wandten sich Braunauer Bürger zusammen mit Vertretern der Bauern an die Burghauser Regierung mit der Bitte, man möge Prielmair als Ordnungsstifter und Organisator der Braunauer »Gemeine« schicken. Prielmair kam und konnte Plingansers Einfluß um so mehr zurückdrängen, als nun – in den ersten Dezemberwochen – auch von seiten der Landschaft immer stärkere Bemühungen im Gange waren, den Aufstand durch einen Kompromiß zwischen Bauern und Administration friedlich zu beenden. Am 7. Dezember wählten Regierung, Magistrat, Stadtgemeinde und Bauernschaft in Burghausen eine Gruppe von Unterhändlern – darunter auch Prielmair –, die sich mit der Landschaft in Verbindung setzen sollte. Im Schloß von Anzing, auf halbem Wege zwischen Burghausen und München, kam am 11. Dezember ein Waffenstillstand zustande. Die Administration nahm die Vermittlung der Landschaft freilich nur zu dem Ende in Anspruch, um während der Waffenruhe größere Truppenkontingente nach Bayern zu ziehen und dann die Sache »mit dem Degen in der Hand« zu erledigen. Von den mißtrauischen Braunauer Aufständischen wurde der »Anzinger Traktat« überhaupt nicht anerkannt; Plinganser war es inzwischen gelungen, die Braunauer »Gemeine« angesichts der offenkundigen kaiserlichen Absichten zu radikalisieren. Am 16. Dezember erschien er überraschend in Burghausen und versuchte, die Regierung wieder auf einen kompromißlosen Kurs einzuschwören. Am nächsten Tag begannen die Braunauer Haufen die Feindseligkeiten. De Wendt mußte zurückweichen.

Die Tatsache, daß die kaiserlichen Soldaten auch nach dem Waffenstillstand die Verwüstung des Rentamts fortsetzten, bewog bald danach auch die Burghauser Bauerngemeine, aus dem Verband der Friedenswilligen auszuscheren. Mehr und mehr schlossen in diesen Tagen die Bauernhaufen das Korps de Wendts ein und drohten, es von München abzuschneiden. Eine offene Feldschlacht vermieden beide Seiten. Unterdessen versuchte Plinganser, durch Patente auch in den Rentämtern Straubing und Landshut den Aufstand zu entfachen. Die Administration beschloß, zu den brutalsten Unterdrückungsmitteln zu greifen. Ein Mandat kündigte allen von Bauern verlassenen Höfen die Niederbrennung an; alle Unterworfenen sollten mit Galgen und Schwert, Vertreibung von Frauen und Kindern, Konfiskation des Eigentums gestraft und die Eltern für ihre Kinder haftbar gemacht werden.

Am 18. Dezember eroberte eine kaiserliche Truppe das aufständische Kelheim unter einem schrecklichen Blutbad.

Am gleichen Tag nahm die Entwicklung im Bauernlager eine überraschende Wendung. Prielmair trug in Burghausen den Gedanken einer Ständeversammlung vor: in Braunau sollten aus jedem Gericht des Rentamts Vertreter von Adel, Klerus, Bürgern und Bauern zu einem »Landesdefensionskongreß« zusammenkommen. Damit, wie auch mit einer an den Reichstag in Regensburg gerichteten Beschwerdeschrift schien in einem zweiten Anlauf eine Institutionalisierung der Landesdefension in die Nähe zu rücken. Freilich, ein wirklicher politischer Neubeginn wurde der Braunauer Kongreß doch nicht. Die ersten Beschlüsse des Kongresses spiegelten wieder das untergründige Ringen zwischen Plinganser und Prielmair. Prielmair, von dem doch selbst die Anerkennung der Bauern als berechtigter vierter Stand ausgegangen war, schob die Leitung des Kongresses den adeligen Mitgliedern zu; Plinganser drängte gegen den Willen Prielmairs zu schleuniger Aufrüstung.

In diesen Tagen war auch der von den Braunauern seit Anfang Dezember beratene Plan einer Übertragung des Aufstands ins bayerische Oberland der Verwirklichung nähergekommen. Im gleichzeitigen Marsch von unter- und oberländischen Bauern sollte München eingeschlossen und damit die Entscheidung erzwungen werden. Die Verbindung brachte der kurbayerische Kriegskommissär Mathias Fuchs zustande. Am 9. Dezember überredete Fuchs gemeinsam mit den Offizieren Aberle und Houis den Tölzer Pflegskommissär Dänkl zur Teilnahme am Aufstand; andere Beamte des Oberlandes wurden vorsichtig ins Vertrauen gezogen. Als wirksamster Schlüssel zu deren Willfährigkeit erwies sich ein gefälschtes Patent Max Emanuels, das die Befreiung Münchens gebot. In München versprach der aus Tölz stammende Weinwirt Johann Jäger leichtsinnig die Mitwirkung von Bürgern und Studenten, die die Tore öffnen sollten. Jäger versuchte auch über die beiden Beamten Haid und Heckenstaller, einen Kontakt zum Hof herzustellen und den Erzieher der Kurprinzen, den jungen Grafen Philipp Joseph Toerring, in das Unternehmen hineinzuziehen.[21] Am 19. Dezember ging dann von Tölz ein Patent aus, das unter dem Titel »Churbayerische Landesdefension Oberlands« die gesamten Landfahnen für den 22. Dezember nach Schäftlarn aufbot. Als Zweck war die Verhinderung eines Abtransports der kurfürstlichen Prinzen nach Österreich angegeben. Wo das Patent auf willige Beamte traf, wurden die Landfahnen einberufen. Am 24. Dezember marschierten etwa 3000 nur zum Teil bewaffnete Oberländer Bauern gegen Mittag von Schäftlarn nach München ab. Eine regelrechte militärische Koordination mit den von Osten herankommenden Unterländern kam nicht zustande. Erst in Baierbrunn langte vom Kommandanten des Braunauer Bauernheeres Hoffmann die dringende Warnung ein, München nicht vorzeitig anzugreifen. In Solln dann erhielten die Bauern die Nachricht, daß von einer Mitwirkung der Münchner Bürgerschaft überhaupt keine Rede sein konnte. Es kam zu langwierigen, erbitterten Streitigkeiten zwischen den Führern. Dennoch ging der Marsch, nun fast planlos, weiter auf München zu. Die erste Feindberührung gab kein gutes Omen für das weitere Geschehen. Die 500 Tölzer Schützen trafen bei Forstenried auf 80 kaiserliche Reiter und gerieten dabei in »solchen Schrecken, dass, wenn noch einige Infanterie bei den Reitern gewesen wäre, sie sich alle verlaufen hätten«.[22]

Spät in der Christnacht war man vor München angelangt. Die Besetzung des Roten Turmes gelang ohne Gegenwehr gegen ein Uhr nachts. In der Frühe des 25. Dezember aber rückte von Anzing General Kriechbaum mit Kavallerie heran. De Wendt brach aus München aus. Bei Sendling wurde die Hauptmasse der Bauern von kaiserlicher Infanterie umstellt. Bis auf drei ehemalige Offiziere ergriffen die Anführer und Urheber des Oberländer Aufstands alle die Flucht. Auch die Bauern zeigten sich unfähig zu einem Kampf. Einer der Offiziere, der Hauptmann Mayer, versuchte noch, durch das Signalement des Chamadetrommelns der Niederlage eine mildernde Wendung ins Militärisch-Formale zu geben. Aber die waffenlosen Bauern wurden in einem schauerlichen Gemetzel niedergemacht. Eine Schlacht fand nicht statt; die kaiserlichen Truppen verloren nur 40 Mann Tote und Verwundete. Von den Oberländer Bauern sind 1031 Opfer aktenkundig. Man hat aber auch bis zu 3000 Tote geschätzt. Auf die Nachricht von der Sendlinger Katastrophe hin gab das Unterländer Bauernheer den Vormarsch auf. Trotzdem verhärtete sich nun eher die Haltung des Braunauer Kongresses. Trotz aller kaiserlichen Drohungen, trotz der Beschwörungen der Landschaft, die sich auf Max Emanuels angebliche Verurteilung des Aufstands berief, trotz des unaufhaltsamen Näherrückens von Kriechbaum und de Wendt gaben sich die Aufständischen noch nicht verloren. Man hoffte auf Entlastung durch den Aufstand in der Oberpfalz, wo am 31. Dezember die Stadt Cham durch eine Bauerntruppe unter dem Pfarrer Miller besetzt worden war. Gegen das Abmahnen Prielmairs brachte Plinganser die Kongreßführung dahin, daß sie am 7. Januar durch die Burghauser Regierung ein Generalaufgebot des ganzen Rentamts verkünden ließ. Aber schon am nächsten Tag endete der niederbayerische Aufstand in einer Niederlage, die in ihren Ausmaßen Sendling weit in den Schatten stellte. Bei Aidenbach faßte Kriechbaum mit 2000 Mann das 7000 Mann starke Bauernheer unter Hoffmann. Wieder, wie im Sendlinger Feld, brach angesichts der unausweichlichen Begegnung im offenen Gelände bei den Bauern Panik aus. Wieder retteten sich die Führer als erste. Wieder gab es keinen Kampf, sondern ein stundenlanges Morden. Kriechbaum verlor acht Tote und Verwundete.[23] Die Toten der Bauern schätzte man auf 4000 bis 5000. Ein Abgesandter der Landschaft, der den Tag an Kriechbaums Seite »vom Anfang bis zum Ende mit Schmerzen« miterlebte, berichtete nach München, daß Felder und Wälder rings um den Markt Aidenbach eine Stunde weit mit toten Körpern bedeckt seien.[24]

Nach diesem Tag fiel das aufständische Rentamt den nachrückenden kaiserlichen Truppen binnen kurzer Zeit wie von selbst zu. Am 17. Januar ergab sich Braunau, am 18. Burghausen. Prielmair setzte sich frühzeitig nach Salzburg ab. Plinganser tauchte unter, wurde aber im Frühjahr verhaftet. Eine Welle von Verhaftungen, Verhören und Folterungen ging über Bayern hinweg, inszeniert von der Administration, ausgeführt von einer willfährigen bayerischen Beamtenschaft. Es gab Kerkerstrafen und Hinrichtungen. In Kelheim mußte Kraus sterben, in München die Verschwörer Jäger, Kittler und Senser mit den Offizieren Clanze und Aberle, die den Oberländer Marsch kommandiert hatten. Von den kaiserlichen Besatzungstruppen, die jetzt ins Land zogen, wurden die bayerischen Bauern nach dem Zeugnis der Landschaft schlechter als Hunde behandelt.[25]

Die Nachrichten aus Bayern erschütterten Max Emanuel für einen kurzen Augenblick. Hatte er den Aufstand bisher eher gleichmütig unter den ihm vertrauten strategischen Aspekten beobachtet und folgerichtig »diesen Handel immer als einen unsicheren« angesehen, so drückte er im Frühjahr 1706 der Kurfürstin gegenüber landesväterliche Gefühle aus: »O Gott! Wie viel unschuldiges Blut ist vergossen worden! Wenn ich mich verbergen kann, lasse ich den Tränen freien Lauf!« Aber er wußte sich auch Trost: »Wenn ich nun wirklich mich in die Sache eingemischt hätte, würde ich nichtsdestoweniger die Armen auf die Schlachtbank geführt haben, ohne ihnen helfen zu können!«[26] Aus Niederbayern berichtete man zur gleichen Zeit der Administration, die Bauern hätten sich des Kurfürsten entschlagen: »Was Kurfürst; er hätte sie verlassen, sie wollten ihn auch verlassen.«[27]

Aufstände und Rebellionen sind Phänomene, die wegen ihres ins Auge springenden Ausdrucksmittels der Gewaltsamkeit scheinbar leichter zu verstehen sind als andere historische Bewegungen. In Wirklichkeit gleichen sie wohl eher Strömen, die vieles Unvereinbare mit sich reißen. Ist die aufbegehrende Gewalt siegreich, so erscheinen im Nachhinein allein jene Inhalte, die sich zur Geltung bringen konnten, als der eigentliche »Sinn« der Bewegung. Ein so frühzeitig gescheiterter Aufstand wie der bayerische von 1705 entzieht sich einer bestimmten Deutung um so mehr, als die in ihm angelegten Tendenzen unentwickelt bleiben mußten und im Schweigen nach dem militärischen Zusammenbruch gründlich verschwanden.

Auffällig ist auf jeden Fall die Ungleichgewichtigkeit der Geschehnisse. Von einem »bayerischen« Aufstand im vollen Sinn des Wortes kann eigentlich nicht die Rede sein. Nur drei weit voneinander entfernte Landstriche haben sich empört. Der Aufstand dauerte im Unterland zwei Monate, im Oberland kaum acht Tage. Die Oberpfälzer und die Kelheimer Rebellion blieben kurze Episoden. Bis auf geringe Ausnahmen haben sich weder Angehörige des Stadtbürgertums, des Adels noch des Klerus beteiligt. Und auch von den Bauern ist eine große Anzahl – insbesondere im Oberland – allein durch den Druck der Behörden zum Zug nach München gebracht worden.[28]

Welche Triebkräfte gab es bei den Bauern?

». . . lieber was anfangen und bald sterben als so langsam in Hunger und Elend.«[29] Am Anfang stand die Verzweiflung der Hungerrevolte. An der Rekrutenforderung, die der Landwirtschaft die Arbeitskräfte entzog und das Herkommen brach, entzündete sich der seit dem Beginn von Max Emanuels bayerischer Großmachtpolitik aufgehäufte soziale Zündstoff. »Dieser unbesonnene ... Aufruhr«, das leugnete auch nicht die Landschaft, »rührt ... aus den durch die seit etlichen zwanzig Jahren anhaltenden, schweren und verderblichen Kriegen erlittenen ... Bedrängnissen her, die den Untertanen die eigene Alimentation geschmälert haben.«[30] Daß die Bauern nicht den Kurfürsten verantwortlich machten – und den Kaiser nur manchmal am Rande –, sondern vielmehr die Schicht, in der ihnen »Politik« leibhaftig und fordernd gegenübertrat, die Beamtenschaft, war eine natürliche Konsequenz der Kleinräumigkeit und Politikferne des ländlichen Lebens.[31] Es lag aber auch an der Vermengung von staatlicher und privater Ausbeutung im lokalen Bereich. Viele Beamte benützten die lukrative Nische, die ihnen der wenig rationalisierte, trotzdem von unersättlichem Geldbedürfnis beherrschte junge absolute Staat einräumen mußte. Die schwach ausgeprägte Effektivität des Staates war der Grund für das mit dem Begriff der »Korruption« nur unzulänglich umschriebene Handeln der Lokalbehörden. Wenn die niederen Beamten vielfach auf Kosten ihrer Untertanen lebten und sich bereicherten, so war dies nur ein Ausschnitt aus dem ähnlichen Verhalten der Amtsträger auf allen Etagen des Staates. Weil es noch an der für jede entwickelte moderne Staatlichkeit charakteristischen Verbindung von Funktionalität und zentraler, ordentlicher Besoldung mangelte, war die Beamtenschaft zwangsläufig darauf gewiesen, den durch Machtteilhabe abgesteckten Freiraum gleichsam »unternehmerisch« zu nutzen. Die Verwirrung des Kriegszustandes mußte den Spielraum der Behörden zwangsläufig vergrößern. Ohne Zweifel erreichte die »Korruption« der lokalen Herrschaftsträger in der Frühzeit der Besetzung des Landes ihren Höhepunkt,[32] da die noch schwach etablierte neue Staatsgewalt darauf bedacht sein mußte, durch Weitherzigkeit gegenüber den Beamten die Masse der Untertanen im Griff zu behalten. »Der nahmhaffte yberschuß ist in ihrem Söckl verbliben«, hat Plinganser später in seinem Bericht über die Gründe des Aufstandes geschrieben.[33] Darum also die anhaltende Gewalttätigkeit gegen die Amtshäuser und Herrschaftssitze, darum der Ruf, »sie wollten alle Beamte und Schergen erschlagen«. Zugleich aber schwangen während des ganzen Aufstands radikale, zu einem Umschlag in die Sozialrevolution tendierende Gefühle gegen alle »Herren« vielerorts latent mit. Man darf vermuten, daß das

Bewußtsein eines gewaltigen Abstands zwischen den nichtständischen Bauern, zumal der breiten Schicht unterhalb des Großbauerntums, und den ständischen Gruppen viel stärker empfunden wurde als die Abstufungen innerhalb der Stände. So sagt ein Volkslied von 1699 lakonisch: »Kloa und Groß sand alle gleich. / D'Fürsten, d'Graf'n, all unsre Herren / Künna nichts als uns wacka scheren; / Drum so trachten 's ohne Scheuch.«[34]

Für diese vielleicht am besten als vorrevolutionär zu definierende Stimmung gibt es in den Quellen viele Hinweise. Ein Bericht vom Beginn des Aufstandes beschreibt den Willen der Bauern dahin, »ihr ungerecht abgenommenes und von den Beamten behaltenes Gut widerumben zu erhaischen, die Obrigkeit und den meisten Adel zu verjagen und sich ratione der Burdten und Anlagen in den alten Stand wie vor etlich 30 Jahren zu setzen.«[35] Die Forderung nach dem guten alten Recht scheint hier implizit mit der Beschuldigung verknüpft, Adel und Obrigkeiten hätten die Zerstörung der »richtigen« Ordnung der Dinge seit Max Emanuels Regierungsbeginn mitverschuldet. Den Zusammenbruch der Autorität markierten symbolkräftige Szenen wie jene, wo die Aufständischen einem Pfleger Hut und Perücke vom Kopf rissen und »ihm ein kleines, altes, nichtsnutziges Bauernhütl« aufsetzten.[36] Eine ähnliche Stimmung findet sich im Gespräch einer Gräfin Wartenberg mit dem Anführer einer Bauerngruppe: »Dich fürcht' ich noch nit, worauf dieser hinwieder sprach: Ich Dich auch nit.«[37] Von den ersten Aufständischen hieß es, sie gäben vor, »daß sie jetzt keinen Herrn hätten; sie wollten selbst dergleichen abgeben.«[38] Mittelbar war von der Auflehnung auch die Grundherrschaft betroffen. Schon in den Krisenjahren nach 1700 war es zu vereinzelter Verweigerung der Grunddienste gekommen.[39] 1705 mehrten sich die Auftritte. Die »wie die Bestien tobenden« Wildenwarter Untertanen mißhandelten ihren Grundherrn und erklärten, sie wollten weder ihm noch dem Kaiser Abgaben zahlen.[40] In Obernberg verhinderten die Aufständischen die Ablieferung von Getreide, »sie wollten nicht, daß die Untertanen ihren Obrigkeiten das mindeste mehr prästieren.«[41] Später klagte ein adeliger Herr drastisch über den Umsturz in der Hofmark: »So war mir alle herrschaftliche Gewalt benommen, ja das Blättl war umgekehrt; sie führten sich als Herren auf . . .«[42] Warum die gegen das System der Grundherrschaft gerichteten Tendenzen am Rande des Aufstands verblieben und sich nicht auf breiter Ebene fortsetzten, wäre noch eine eingehend zu klärende Frage. Eine Teilerklärung liegt sicherlich in der ablenkenden Kraft der Politisierung des Aufstands und der Dramatik der militärischen Zuspitzung. Auch die geschickte sozialdefensive Taktik der Burghauser Regierung und der leitenden Personen des Braunauer Kongresses mögen eine Rolle gespielt haben. In Braunau ließen sich die bäuerlichen Delegierten sogleich auf die Rückkehr zum »notwendigen Gehorsam« gegen weltliche und kirchliche Obrigkeiten und zur klaglosen Erstattung der »üblichen herrschaftlichen Schuldigkeiten« einschwören.[43] Der Hintergrund für das Einlenken der Bauern in diesem Punkt ist sicherlich in der Tatsache zu sehen, daß die entscheidende Verschlechterung der bäuerlichen Situation seit langer Zeit nicht durch die grundherrlichen Lasten, sondern durch die stetig steigenden Forderungen des Staates verursacht worden war.[44] Erst in der chaotischen Untergangsstimmung, die bei der Burghauser »Gemeine« nach dem Tag von Aidenbach herrschte, kam der grollende Unterton gegen alle »Herren« wieder an die Oberfläche: ». . . wenn es je ad extrema geht, so wollten sie zuvor alles, was mit der Feder umgeht oder ein Herr sei, massakrieren.«[45] Und der Freiherr von Paumgarten, Teilnehmer am Braunauer Kongreß, fürchtete am 18. Januar 1706, die Bauern könnten »in extremam rabiem verfallen und den Adel, die Klöster und andere Geistliche auf dem platten Land plündern und totschlagen«.[46]

Wie ernsthaft immer die drohende Wut der überlebenden Aufständischen gewesen sein mag, sie war genährt von der Vermutung, der Untergang der Bauernsache rühre nicht zuletzt vom Taktieren der in den Aufstand hineingezogenen »Herren« her. Tatsächlich scheint der vordergründige Legitimitätsgewinn der Bewegung seit der Mitwirkung der Burghauser Regierung die innere Entwicklung des Aufstands gelähmt zu haben. Die Ableitung des zunächst diffus sozialen Aufruhrs zu »kurbayerischen« Zielen unter der vertrauten bürokratischen Leitung wirkte disziplinierend. Wieweit Prielmair und seine Standesgenossen die Wahrheit sprachen, als sie nach dem Aufstand aussagten, »daß alle Anstalten bloß dahin angesehen seien, um die unsinnigen, mit Plündern, Morden und allerhand Grausamkeiten ganz zaumlos gewordenen . . . Bauernburschen zur Raison zu bringen . . . und das, was man direkt nicht melden durfte, indirekt zu erzwingen«,[47] ist schwer zu ermessen. Die Gegenleistung jedenfalls, die sich die Bauern für die freiwillige Unterordnung unter die Federführung der »Herren« erwarteten, nämlich eine im politischen Raum gesicherte Programmatik und daran knüpfend die Teilnahme der Obrigkeiten an der Landesdefension, blieb aus. Die vage begründete Berufung auf den Kurfürsten und die Versicherung, nicht gegen den Kaiser rebelliert zu haben,[48] standen auf letztlich unvereinbare Weise nebeneinander. Die Mehrzahl der Beamten entzog sich darum spitzfindigen Loyalitätsdefinitionen und handelte stillschweigend im Sinne der Münchner Administration.[49] Fast alle in amtlichen Kassen verwahrten Kapitalien wurden dem Zugriff der Landesdefension entzogen; wo sich Beamte unter dem unmittelbaren Druck der Bauernarmee zu Bekenntnissen herbeiließen, da meldeten sie meistens den Vorgang heimlich nach München.[50] Nur im Oberländer Aufstand haben einige Beamte eine vergleichsweise rührige Tätigkeit entfaltet. Im Spektrum ihres »Patriotismus« war sicherlich auch die Erwartung vertreten, der Kurfürst werde sich den Führern eines erfolgreichen Aufstands erkenntlich zeigen.[51]

Die Mitwirkung aller Amtsträger des Oberlandes aber, wie sie der einflußreiche Pfleger von Aibling Franz Kaspar von Schmid, der Sohn des ehemaligen Kanzlers, in Aussicht stellte, verschwand sofort aus dem Bereich des Möglichen, als sich der Aufruf des Kurfürsten als gefälscht herausstellte.[52] Einen abstrakten Patriotismus ohne die Gewißheit einer Rückendeckung durch die Dynastie hat es um 1700 nicht gegeben. Das zeigt auch das Schweigen der von Beamten getragenen patriotischen »Isargesellschaft«, die bis 1704 als Sprachrohr großer bayerischer Politik getönt hatte.[53]

Obwohl es kaum weniger unter der Last der Besatzung litt, hat sich das Bürgertum der Städte nicht am Aufstand beteiligt. Wo die Magistrate in die Ereignisse verwickelt wurden, geschah dies erst nach der Umklammerung der Städte durch das aufrührerische Land. In Burghausen wollte sich die Bürgerschaft »bis zum letzten Blutstropfen« gegen die Bauern wehren.[54] Die Weilheimer deklarierten vor dem Oberländer Marsch auf München, »sich lieber für den Kaiser verbrennen zu lassen als mitzugehen«.[55] Dachau wandte sich sofort hilfesuchend an die Administration, als am Weihnachtstag 1705 von den Oberländern aus Schäftlarn der Hilferuf an die Städte und Märkte um München erging.[56] Fast durchgehend scheint die Haltung gegenüber dem Aufstand den sozialen Konturen gefolgt zu sein. Die »Ratsverwandten«, die städtische Oberschicht, blieb kaiserlich gesinnt, die Mittel- und Unterschicht sympathisierte mit der Landesdefension. In Cham wurden die nichtbäuerlichen Aufrührer als »ganz erarmte und unkräftige Bürger« beschrieben.[57] Die »ehrlichen« Bürger Weilheims fürchteten, »ob sich nicht der eine oder andere Bürger, der nichts mehr hatte, darauf spitzte, daß es angehen möchte.«[58] Man muß die Einstellung des Stadtbürgertums wohl auf dem Hintergrund seines innerhalb der ständischen Gesellschaft nur durch verletzliche Privilegien gesicherten Status sehen. Der augenblickliche Garant dieses Status war der Kaiser, ein Ausscheren aus der Loyalität bedrohte die Privilegierung. So weigerte sich etwa der Reichenhaller Magistrat im Januar 1706, dem Generalaufgebot der Landesdefension zu folgen, ausdrücklich mit dem Hinweis darauf, daß man den Verlust des Salzgnadenflusses zu befürchten habe.[59]

Der Adel ist dem Aufstand vollkommen ferngeblieben.[60] Die Teilnahme der adeligen Vertreter an dem Braunauer Kongreß geschah unter massivem Druck der aufständischen Bauern und ist deshalb ein Sonderfall geblieben. So bedeutsam die Rolle der »Herren« als retardierendes und sozialkonservatives Element des Kongresses gewesen ist, so wenig steht ihre halbherzige Einmengung in die Bauernsache für die Politik ihrer Standesgenossen. Es gab viele gute Gründe für den Adel, den Aufstand aus dem Blickwinkel kaiserlicher Politik zu sehen. Da war zunächst die Angst vor einer Ausweitung des sozialen Erdbebens. Auf der anderen Seite hatte der Kaiser nach der Besetzung Bayerns durchblicken lassen, daß er die Gesamtheit der bayerischen Adels nicht für die Reichsfeindschaft des Kurfürsten werde büßen lassen. Die unverkürzte Wahrung des adeligen Privilegien war von Wien feierlich zugesagt worden. Zwar hatte sich der Adel an der großen Winterkontribution des Januars 1705 beteiligen müssen, aber mit Beträgen, die auch nicht entfernt an die Substanz der adeligen Vermögen gingen. Von allen Einquartierungslasten und damit von der Kehrseite des Krieges in seiner Schrekkensgestalt blieb der Adel ausgenommen. Fehlten so die aktuellen Anlässe zur Empörung, so existierte auch keine für Max Emanuels Hazardpolitik engagierte Adelspartei, die für eine beschleunigte Rückkehr des Kurfürsten das Risiko einer Fronde gegen den Kaiser auf sich hätte nehmen wollen. Die Landschaft hatte im Gegenteil seit dem Regierungsantritt Max Emanuels von Jahr zu Jahr eindringlicher gegen die Kriegspolitik zu dynastischen Zwecken opponiert.[61] Nach der Besetzung Münchens hatten Sprecher des bayerischen Adels der auf die adelige Treue zur Dynastie pochenden Kurfürstin in dürren Worten erklärt, daß allein schon der soziale Selbsterhaltungstrieb sie zu strikter Loyalität gegenüber den neuen Herren verpflichtete, denn niemand anderer als der Kaiser könne den adeligen Status verbürgen. Wenn das Gedächtnis des bayerischen Adels bis zum Beginn des Dreißigjährigen Kriegs zurückreichte, dann riet ein abschreckendes Beispiel zu gründlichem Stillehalten: Die böhmischen Konfiskationen zeigten, daß Habsburg in politischen Zwangslagen sehr wohl zu einem radikalen Enteignungsschub gegen die Aristokratie eines ganzen Landes fähig war. De Wendt ließ auf seinen Strafexpeditionen im Unterland überall wissen, »der Kaiser habe noch genug Galgen sowohl für Kavaliere als Gemeine«.[62] Der Adel beherzigte die Drohung, die über ihm schwebte, und gab darum während des Winters 1705/06 immer wieder lautstarke Beteuerungen der »allertreuesten Devotion zu des Kaisers ersprießlichen Diensten«[63] kund.

Die Landschaft hat nie mit einem Erfolg des Aufstands gerechnet, nie erwogen, sich von der Aufstandswelle zu eigenständiger repräsentativer Macht emportragen zu lassen. Die Politik der Landschaftsverordneten blieb darum ein zum Scheitern verurteilter Versuch, in einer doppelten Rolle nach zwei Seiten hin glaubwürdig zu erscheinen: dem Kaiser gegenüber als willfährige Helfer, den Untertanen gegenüber als Vertreter der Landesinteressen. Ob die Landschaft bei ihrer Mittlertätigkeit vor dem Waffenstillstand von Anzing im guten Glauben an eine Kompromißbereitschaft des Kaisers handelte, ist schwer zu sagen. Die Zeitgenossen jedenfalls waren voller Mißtrauen. In München hörte man auf dem Höhepunkt der Krise um den 20. Dezember 1705 »schlimme Reden«, »Beschimpfungen« und »Schmähungen«,[64] so daß die Landschaft der Administration die Bitte vorlegte, durch einen Beweis demonstrativer Milde gegen die Kelheimer Rebellen beizuspringen, damit »der bei dem gemeinen Pöbel verlorene Credit, indem er glaubt, daß die Landschaft sich um die Conservation des allgemeinen Besten wenig annehme, wieder recuperirt werde«.[65] Die streng kaiserliche Haltung hinderte nicht, daß sich die Landschaft, wenn es dienlich schien, auch auf den Kurfürsten berief. Den Aufständischen im Unterland drohte sie, der Kurfürst werde sie zur Rechenschaft ziehen, wenn er nach einem Friedensschluß in ein verwüstetes Land heimkehren müsse, aus dem »er oder die jungen gnädigsten Herrschaften auf viele Jahre ... keine Nutzungen zu geniessen« hätten.[66]

Vielleicht war das entscheidende Hindernis, das die soziale und geographische Ausdehnung der letztlich lokalen Rebellionen zu einem Aufstand des ganzen Volkes blockierte, die Haltung der Kirche. Sie besaß in einer nicht säkularisierten Gesellschaft das ideologische Monopol; nur in der von ihr hergestellten »Öffentlichkeit« hätte die wirkliche Legitimierung der Landesdefension jenseits der Halbheiten der Braunauer Politiker stattfinden können. Ausschlaggebend für die Einstellung der Kirche ist 1705 die reichsrechtliche Stellung der Bischöfe geworden, die als Reichsfürsten natürliche Verbündete des Kaisers sein mußten. Sie haben sich, von Administration und Landschaft aufgefordert, dem Aufstand energisch entgegengestellt.[67] Der Freisinger Bischof Johann Franz Freiherr von Eckher ließ den Landesdefensoren die Strafe Gottes als Lohn für ihre Empörung androhen. Auch die Klöster sind von der Administration verschiedentlich zu Hilfsdiensten für die kaiserliche Propaganda bewogen worden,[68] auch wenn, entsprechend dem sozialen Profil der einzelnen Orden, Nuancen in der Beurteilung des Aufstands zu ahnen sind.[70] Nur zwei Kleriker sind überhaupt sichtbar als Figuren des Aufstands hervorgetreten: im Oberland der Augustinerchorherr Haspieder, der eine Fahne der Landesdefension weihte, und in der Oberpfalz der streitbare Pfarrer Florian Miller von Altammerthal, der mit seinen Anhängern die Stadt Cham besetzte. Beide waren Akteure, nicht Ideologen des Aufstands.

Der Mangel einer tragenden religiös-sittlichen Legitimierung ist auch deshalb schicksalhaft für die Landesdefension geworden, weil durch ihn der Zuzug fähiger und integrer Persönlichkeiten aus Bürgertum und Adel verhindert wurde, die der Bauernbewegung eine Führungsspitze hätten stellen können. Nicht nur den befangenen Zeitgenossen, auch der modernen Geschichtsschreibung ist ja das über das Zeittypische hinaus Moralisch-Schillernde der führenden Protagonisten aufgefallen.[71] Vielleicht bietet die Frage nach der »ideologischen Verfassung« der Aufständischen auch einen Hinweis für die Lösung eines Problems, das die Deuter des Aufstands immer beunruhigt hat. Gemeint ist das Faktum, daß die Bauernheere sich bei allen Zusammenstößen mit regulärem Militär auch bei überwältigender numerischer Überlegenheit in dumpfer Verzweiflung ohne Gegenwehr haben abschlachten lassen. Bauerntruppen konnten militärisch erfolgreich operieren, das hatte das Beispiel des Tiroler Widerstands 1703 erwiesen. Die Erklärung für die Kette militärischer Debakel im Winter 1705/06 liegt möglicherweise darin, daß den aufständischen Bauern jener »Fanatismus« für die als gerecht empfundene Sache fehlte, der allein ein Äquivalent zur funktionalen Geschlossenheit der feindlichen Linientruppen hätte bieten können.[72] Der Schlüssel zu solcher »Heiligung« der Kriegsziele lag bei der Kirche, sie verweigerte ihn. So hat Johann Philipp von Lamberg, der Bischof von Passau, ganz bezeichnend formuliert, er sei nicht gewillt, über die Rechtmäßigkeit der bäuerlichen Gravamina überhaupt ein Urteil zu fällen.[73]

Die Worte Lambergs könnte man als den gemeinsamen Nenner in der Reaktion der ständischen Gesellschaft auf das bäuerliche Aufbegehren nehmen. Ein Blick auf die Geschichte der europäischen Revolutionen lehrt, daß der Aufstand einer unterdrückten Gruppe erst dann die Chance zum Erfolg hat, wenn die Inhaber der Macht, vielleicht ohne sich darüber im klaren zu sein, die Unterdrückten überhaupt erst einmal als Teilnehmer im politischen Kampf um die Macht zur Kenntnis genommen haben. Diese Vorbedingung war 1705 weder bei den Widersachern gegeben noch bei den hinsichtlich der »patriotischen« Richtung ansprechbaren potentiellen Verbündeten. Für alle Gruppen der Ständegesellschaft hätte die Anerkennung der Bauernmacht eine Verschiebung der Koordinaten ihrer Privilegierung bedeutet. Im Denken der Ständegesellschaft war mit dem Begriff des Bauern das Bild eines bloßen Untertans gemeint. Wie immer die Formen dieser Untertänigkeit aussehen mochten, der Bauer hatte sie nach dem Zeugnis von Alltagssprache und politischem Denken in selbstverständlicher Ergebenheit zu tragen.[74] Die selbstherrliche Emanzipation der bayerischen Bauern zu Subjekten des politischen Lebens mußte auf die ständische Öffentlichkeit skandalisierend wirken; wiesehr da ein hochempfindlicher Punkt getroffen war, geht aus dem Übermaß an bösartigem Hohn hervor, den die Publizistik des Reiches über den Aufstand ausgoß. Der Spott über die lächerliche Anmaßung der Untertanen, Politik machen zu wollen, war das durchgehende Motiv in der Berichterstattung über die Geschehnisse. »Ihr groben Reckel ihr, / Nur weg mit euern Thaten! / Ihr seid ja nicht Soldaten. / Geht spinnet Flachs dafür! / Lernt andre Kriegsmanier! / Legt scharff Gewehre nieder / Und mästet eure Brüder, / Die Schweine nur dafür!« /[75]

Für das habsburgische Kaisertum schließlich war das Verharren der Bauern im Zustand einer bloßen objektiven Ressource unabdingbare Voraussetzung der großen Wandlung zum modernen Staat, die eben vor sich ging. Der Krieg war überall in Europa das Movens dieser Metamorphose durch Expansion nach außen und Rationalisierung im Innern. Die Dimensionen des kriegerischen Wettbewerbs wurden von den ökonomisch fortgeschrittenen Staaten im Westen vorgegeben. Wollte Österreich mitspielen, so mußte es zunächst moderne Großmachtkriege führen, ohne noch die eigentlichen Voraussetzungen dazu zu besitzen, und es blieb ihm keine andere Rüstungspolitik übrig als jene angespannte Ausbeutung eigener[76] und fremder Untertanen, die in den Jahren nach 1700 sichtbar wurde. Es ist kein Zufall, daß gerade Prinz Eugen, der organisatorische Schöpfer des neuen Österreich, hinter den Befehlen zur brutalen Unterdrückung des bayerischen Aufstandes stand. Man könnte vielleicht sagen, daß Bayern 1705, gleichsam in einen kurzen historischen Moment komprimiert, das eigentliche innere Gesetz der Epoche erlebte: den rücksichtslosen Griff des Staates nach dem Untertanen zum alleinigen Zweck eigener Machtentfaltung nach außen.

Über seine regionalgeschichtliche Bedeutung hinaus ist deshalb die Tragödie des Winters 1705/06 ein denkwürdiges Zeichen für die Stärke, aber auch für die Zwecklosigkeit des Protestes gegen diesen Prozeß.

Anmerkungen

1 Vgl. J. N. Sepp, Der bayerische Bauernkrieg mit den Schlachten von Sendling und Aidenbach, München 1884.

2 Zur Geschichte der Legendenbildung: A. Dreyer, Die Sendlinger Mordweihnacht in Geschichte, Sage und Dichtung, München 1906; W. Lindenschmit, Des Historienmalers Wilhelm Lindenschmit, des Älteren, Jugend und Bildungszeit bis zur Darstellung der Sendlinger Bauernschlacht an der St. Margarethenkirche zu Untersendling. Teil 2 (AbM 7, 1907) 1–38; A. A. Lieb, Beiträge zur Geschichte des oberpfälzischen Bauernaufstandes 1705, Amberg 1914, 2ff.; W. K. Blessing, Politische Indoktrination im Vormärz (ZBLG 37, 1974) 479–568, hier 527.

3 Bavaria. Landes- und Volkskunde des Königreiches Bayern, bearbeitet von einem Kreis bayerischer Gelehrter. Bd. I, München 1860, 1151.

4 S. Riezler u. K. v. Wallmenich, Akten zur Geschichte des bairischen Bauernaufstandes 1705/06, 3 Teile, München 1912–1915.

5 Riezler-Wallmenich I 236.

6 Sie folgt, wo nicht anders vermerkt, Riezler VIII und M. Spindler, Der bayerische Bauernaufstand von 1705/06 (ders., Aufsätze) 175–191.

7 G. Baumann, Der Bauernaufstand vom Jahr 1705 im bayerischen Unterland (Teil I: Verhandl. d. Histor. Ver. f. Niederbayern 69, 1936; Teil II: ib. 70, 1937); hier I 5.

8 G. Ratzenhofer, Spanischer Successionskrieg. Feldzug 1704 (Feldzüge des Prinzen Eugen von Savoyen, I. Serie, Bd. 6, Wien 1879) 542.

9 Lieb (Anm. 2) 66.

10 Baumann (Anm. 7) I 8.

11 J. Keim, Das Straubinger Kriegssteuerbuch von 1705 (Jahresbericht d. Histor. Ver. für Straubing und Umgebung 59, 1956) 67–107, hier 67.

12 J. Rechberger Ritter von Rechkron, Spanischer Successionskrieg. Feldzug 1705 (Feldzüge des Prinzen Eugen von Savoyen, I. Serie, Bd. 7, Wien 1881) 545.

13 G. Gilardone, Landfahnen und Landwehr in Altbayern (Bayerland 53, 1943) 1–32, hier 13.

14 Baumann (Anm. 7) I 22f.

15 Riezler-Wallmenich III 241.

16 Ib. 236.

17 Ib. II 197.

18 K. Th. Heigel, Die Korrespondenz des Kurfürsten Max Emanuel mit seiner zweiten Gemahlin Therese Kunigunde und ihren Eltern (QA I) 167–196, hier 184.

19 Riezler-Wallmenich II 16.

20 Ib. 183.

21 Ib. III 136ff.

22 Ib. I 244.

23 Ib. I, S. VIII.

24 Ib. II 46f.

25 Ib. 151.

26 Heigel (QA I) 185f.

27 Riezler-Wallmenich II 183.

28 Baumann (Anm. 7) II 61. – RiezlerWallmenich.

29 Ib. II 152.

30 Ib. I 236.

31 Doeberl II 212f.

32 Riezler VIII 438; Riezler-Wallmenich 207; Doeberl II 203ff.

33 Baumann (Anm. 7) II 22.

34 Doeberl II 213.

35 B. Spirkner, Stimmungsbilder aus dem niederbayerischen Aufstand 1705 (Bayerland 16, 1905) 596–598, 610–612, 613–617, hier 616.

36 Riezler-Wallmenich III 242.

37 Ib. 209.

38 Ib. 237.

39 S. Beitrag Prinz, S. 335.

40 Riezler VIII 45.

41 Riezler-Wallmenich III 243.

42 Ib. 212.

43 Ib. I 229.

44 P. Fried, Herrschaftsgeschichte der altbayerischen Landgerichte Dachau und Kranzberg in Hoch- und Spätmittelalter sowie in der frühen Neuzeit, München 1962, 228f.

45 Riezler–Wallmenich II 46.

46 Ib. 82.

47 Ib. 96.

48 Riezler VIII 418.

49 Baumann (Anm. 7) II 70.

50 Riezler-Wallmenich I 254.

51 Vgl. die Aussage des Registrieradjunkten Haid, ib. 263.

52 Föringer, Ein Actenstück zur Geschichte der Sendlinger Schlacht (OA 17, 1857) 325–344, hier 336f.

53 Von ihren zwanzig Mitgliedern war nur der Sekretär Urban Heckenstaller am Rand in den Oberländer Aufstand verwickelt. Vgl. K. v. Reinhardstöttner, Die Nutz- und Lusterweckende Gesellschaft der Vertrauten Nachbarn am Isarstrom (FGB 8, 1900) 253–291, hier 290, Anm. 101.

54 Riezler-Wallmenich III 182.

55 Ib. 150.

56 Ib. I 241.

57 Ib. III 164.

58 Ib. 150.

59 Ib. II 51.

60 Riezler VIII 171.

61 Ib. 422.

62 Riezler-Wallmenich III 211.

[63] Ib. I 210.

[64] Ib. 237.

[65] Ib. 231.

[66] Ib. 244.

[67] Baumann (Anm. 7) II 68.

[69] Riezler-Wallmenich I 226.

[70] Franziskaner und Kapuziner sollen mit den Bauern sympathisiert haben. Vgl. Baumann (Anm. 7) II 68.

[71] Riezler-Wallmenich I, S. IXf.

[72] Daß durch eine umfassende ideologische Einstimmung auch irreguläre Volksheere psychisch so weit motiviert werden konnten, um den Kampf gegen geschulte Truppen zu bestehen, haben später die französischen Revolutionskriege gezeigt.

[73] Riezler VIII 116.

[74] O. Brunner–W. Conze–R. Koselleck (Hrsg.), Geschichtliche Grundbegriffe, Bd. 1, Stuttgart 1972, 408–415.

[75] A. Hartmann, Historische Gedichte aus der Zeit der bayerischen Landeserhebung und der Rückkehr Max Emanuels nach Bayern (AbM 1, 1899) 33–61, hier 34ff.

[76] Auch in Mähren wurde im Sommer bäuerlicher Protest gegen die Zwangsrekrutierung mit Strafexpeditionen ausgelöscht. Vgl. Rechberger v. Rechkron (Anm. 12) 435.

Erwin Heckner

Die Waffentechnik der Max-Emanuel-Zeit

»Den Sieg erringt man durch Rüstung, Planung und Ausführung.« Diese Maxime Raimondo Montecuccolis,[1] des großen Kriegsmeisters und Türkensiegers, mag dem jungen Max Emanuel durch den Kopf gegangen sein, als er am
Nr. 74 12. Oktober 1682 im Lager von Schwabing »das in vollem Gewehr stehende wohl mondirte schöne Volk, so mit einer Feldartillerie von 24 Stücken versehen war«,[2] umritt, um sich persönlich vom Ausrüstungs- und Ausbildungsstand seines neuerrichteten Heeres zu überzeugen. Und eingedenk der über eineinhalb Millionen Gulden, die ihn diese Armee jährlich kostete,[3] mag er die Bestätigung einer weiteren Sentenz Montecuccolis erkannt haben, daß man zum Kriegführen drei Dinge benötige: »Erstens Geld, zweitens Geld und drittens Geld«.

Im folgenden soll untersucht werden, welche Waffen, Kampfmittel und Geräte die Waffentechnik der Zeit dieser Armee zur Deckung ihres Bedarfs bot.

Wenn dabei die Entwicklung der Infanteriebewaffnung den breitesten Raum einnimmt, dann vor allem deshalb, weil sich hier – bei der größten und entscheidenden Waffengattung – auf dem Wege zur »rangierten Schlachtordnung« der auffallendste Wandel vollzog. Die Probleme der Massenproduktion und -beschaffung, die Umstellung der Waffensysteme und ihre Auswirkungen auf Gliederung und Fechtweise werden hier besonders deutlich.

Die Infanteriewaffen

Im vorletzten Jahrzehnt des 17. Jahrhunderts führte die Infanterie aller europäischen Staaten mit geringfügigen Veränderungen noch die gleiche Bewaffnung, die sich in der zweiten Hälfte des Dreißigjährigen Krieges durchgesetzt hatte: die Pike, die Luntenschloßmuskete und den langen Musketierdegen. Die bayerische Armee machte darin keine Ausnahme. Geändert hatte sich lediglich das Zahlenverhältnis zwischen Pikenieren und Musketieren. War zu Beginn des Dreißigjährigen Krieges die Anzahl der Pikeniere noch etwa doppelt so hoch gewesen wie die der Feuerwaffenträger, so hatte sich gegen Ende des Krieges die Relation ins Gegenteil verkehrt. In der zweiten Hälfte des 17. Jahrhunderts hatte die Zahl der Pikeniere dann weiterhin abgenommen. Zum Ende des Jahrhunderts waren sie weitgehend aus den Feldarmeen verschwunden. Die bayerische Armee hatte im Mai 1686 zum letztenmal Piken ausgegeben. Wie lange sie bei den Bataillonen des Feldheeres auf dem ungarischen Kriegsschauplatz tatsächlich noch im Gebrauch waren, ist nicht mehr festzustellen. Wenn man den detailgetreuen Darstellungen auf den Kupfern Michael Wenings glauben darf, die auf Entwürfe des bayerischen Generalquartiermeisters Ludwig Nikolaus Hallart zurückgehen, dann haben bayerische Truppen in der Schlacht am Berge Harsán (1687) und vor Belgrad (1688) zum Teil noch Piken geführt.[4]

Die Pike, eine Stangenwaffe mit einem meist aus Eschen- Kat.Nr. 83
holz gefertigten Schaft von etwa 5 m Länge und einer kunstlosen Eisenspitze, war die wenig veränderte Nachfolgerin des schweizerischen Langspießes, an dem in den Burgunderkriegen (1474–77) die Reiterei Karls des Kühnen zerschellt war.

Montecuccoli hatte in seinem »Trattato della guerra« (1640/42) die Pike noch die »Königin der Waffen« genannt. Fünf Jahrzehnte später mußte sie diesen Rang jedoch endgültig an die Muskete abtreten. Die technische Verbesserung der Feuerwaffen in enger Wechselwirkung mit der Weiterentwicklung der Fechtweise, die Einführung des Bajonetts als Pikenersatz, nicht zuletzt jedoch der neue Soldatentypus des stehenden Heeres, der »miles perpetuus«, der »immerwährende Soldat«, der unter einem Höchstmaß an Drill die Wirkung der Feuerwaffe ungemein zu steigern vermochte, hatten diese Entwicklung herbeigeführt.

Als Feuerwaffe führte die Infanterie 1682 noch eine
Luntenschloßmuskete »mittleren Lots«, mit einem Kugel- Kat.Nr. 86
gewicht von $1^3/_5$ Lot (28 g). Kaliberabweichungen waren häufig. Da noch keine staatlichen Manufakturen existierten (Bayern erhielt seine erste staatliche Manufaktur, das »Armaturwerk« Fortschau, 1690), mußten die Gewehre entweder von den großen, schnell aufstrebenden Produktionsstätten in Suhl und in Lüttich bezogen werden oder – bei Aufträgen geringeren Umfanges – von den kleineren Manufakturen in Augsburg, München, Nürnberg und Salzburg.

Die schnelle Erledigung von Aufträgen war nur selten möglich, da das Gewehr aus einer Reihe von Teilprodukten entstand, die von verschiedenen Handwerkszweigen gefertigt wurden. Reitzenstein[5] schreibt über die Tätigkeit des Büchsenmachers, »daß sein Anteil an der fertigen, von ihm verkauften Büchse der geringste war, er kompilierte nur, er stellte die von verschiedenen Spezialisten gelieferten Teile zum Aggregat der Büchse zusammen. Die Spezialisten, die er in Anspruch nehmen mußte, waren: der Laufschmied, der also den Lauf herstellte – den der Büchsenmacher etwa aus Suhl oder Brescia oder Madrid (um nur einige der berühmten Laufschmiede-Orte zu nennen) bezog; dann, zweitens, der Schloßmacher, der also das Schloß – Lunten-, Rad-, Schnapphahn-, Flintschloß – beisteuerte, das der Büchsenmacher etwa aus Augsburg oder Nürnberg (das stark exportierte) beziehen konnte; weiter, drittens, der Büchsenschäfter, der, ein Abzweiger vom Stammhandwerk des Tischlers, die Schäftung der Büchse besorgte. Diese drei lieferten die konstituierenden Teile der Büchse (oder Pistole). Hatte nun der Büchsenmacher die in seiner Werkstatt versammelten Teile so verschiedener und mitunter auch so weiter Herkunft zusammengebracht und zum funktionierenden Mechanismus vereinigt, dann war die Büchse an sich fertig.« Kein Wunder, wenn die europäischen Staaten versuchten, durch staatliche Manufakturen schneller und billiger ans Ziel zu kommen und gleichzeitig durch zunehmende Normierungen eine gewiße Einheitlichkeit in der Waffenproduktion zu erreichen.

Bayern vollzog diesen Schritt 1690 mit der schon erwähnten Gründung des »Armaturwerkes« Fortschau im Fichtelgebirge.

»Dieses bestand aus einem Gebäude, in dem eine Schleif- und Bohrmaschine aufgestellt war, einem Schloß, in dem der sogenannte Armaturschreiber wohnte, und einem Nebengebäude mit Garten und Weiher. Die Fabrikation der Waffen wurde zur selben Zeit von zwölf Werkmeistern ausgeübt, von denen sieben in Fortschau und fünf in der benachbarten Stadt Kemnath a. Kulm wohnten. Diese Meister standen jedoch in keinem Dienstverhältnis zur Regierung, sondern arbeiteten auf eigene Rechnung und übernahmen für die Armee nur Waffenlieferungen, soweit Mangel an Privatarbeiten ihnen dies eben genehm und vorteilhaft erscheinen ließ, wofür ihnen sodann das staatliche Armaturwerk zur Benützung überlassen wurde. Der Staat übte nur in der Weise Einfluß auf die Fabrikation aus, als er zur Beaufsichtigung der Arbeiten und Abnahme der fertigen Waffen einen Armaturschreiber dortselbst unterhielt und zeitweise einen Offizier zur Kontrolle und Waffenübernahme dorthin entsandte.«[6]

Einer dieser Offiziere war der Hauptmann Haberland, der durch Erlaß vom 13. März 1716 den Auftrag erhielt, »jedesmal bei Übernehmung dergleichen neu fabricierten Gewehrs selbst gegenwärtig zu sein, die Visitationen mit Zuziehung eines eigens dazu bestellten Büchsenmeisters vornehmen und proben zu lassen, das ausgeschossene Gewehr den Büchsenmachern wieder zurückzugeben, das probehaltige aber für Annahme ordentlich zu attestieren und von Zeit zu Zeit Bericht zu erstatten«.[7]

Als in Serie gefertigtes Ausrüstungsstück trat die »Fichtelberger Flinte« erst nach dem Ende des Spanischen Erbfolgekriegs in den Vordergrund.[8] Denn der Ausstoß des bescheidenen Fortschauer »Armaturwerkes« war natürlich viel zu gering, um den gesamten Bedarf des Heeres – insbesondere in der Phase dauernder Überbeanspruchung und hoher kriegsbedingter Ausfälle während der Feldzüge – zu decken. Trotzdem muß man dem Werk große Bedeutung zumessen, da es durch die Anfertigung von Gewehrmustern, die man den Manufakturen als Muster bei der Auftragserteilung übergab, einen wesentlichen Beitrag zur Normung und Weiterentwicklung der Waffen leistete.

Suhl und in geringerem Umfange Lüttich blieben also auch nach der Gründung von Fortschau Hauptlieferanten für den Bedarf an bayerischen Feuerwaffen. Im Herbst 1683 und im Frühjahr 1684 lieferte Suhl jeweils mehrere tausend Musketen, um die Waffenverluste des Feldheeres in den Schlachten bei Wien und Gran auszugleichen.

Diese Suhler Musketen waren mit dem damals allgemein Kat.N
üblichen mechanischen Luntenschloß ausgestattet. Die Zündung erfolgte durch eine glimmende Lunte, die im Luntenhahn festgeklemmt war. Betätigte der Musketier den Abzug, so senkte sich der Luntenhahn auf die Pfanne und entzündete das »Zündkraut«, ein feingemahlenes Pulver (Pulverin), das in einer besonderen Pulverflasche, dem »Zünthorn« oder »Korporal«, mitgeführt wurde. Durch eine Bohrung – den »Zündkanal« – schlug die Flamme in den Lauf und setzte die Treibladung, ein etwas gröber gekörntes Pulver, in Brand. Nach dem Schuß mußte der Schütze aus Sicherheitsgründen die Lunte aus dem Hahn nehmen, die Pfanne auswischen, den Lauf mit Pulver und Kugel nachladen und eine Papierdichtung einführen. Als Material dazu diente das Papier, in das Treibladung und Kugel eingewickelt waren; seit der Mitte des Jahrhunderts hatten diese Papierpackungen die alten hölzernen Pulvermaße abgelöst. Die Packungen mußten mit den Zähnen geöffnet werden, da der Schütze nur eine Hand dafür frei hatte. Die Kugel wurde nach dem Einbringen in den Lauf mit Hilfe des Ladestocks fest auf die Ladung gesetzt. Zu diesem Zweck mußte der Ladestock aus der Stocknute des Gewehrs gezogen, auf der Brust zur besseren Führung »verkürzt« und nach dem Gebrauch wieder versorgt werden. Anschließend wurde die Pfanne mit dem Zündkraut »beschickt«. Nach jedem dritten bis vierten Schuß mußte vorher noch der Zündkanal mit der »Räumnadel« geräumt, d. h. von Pulverrückständen gereinigt werden. Während dieser umständlichen Hantierungen mußte der Schütze die glimmende Lunte ständig zwischen die Finger der linken Hand klemmen, die überdies noch die schwere Muskete zu halten hatte. Zu guter Letzt hatte der Musketier die Lunte »abzublasen«, um die Aschenrückstände zu entfernen, und erneut in den Hahn zu klemmen. Damit war die Waffe endlich

wieder feuerbereit. Diese komplizierten Ladevorgänge – 95 »Tempos«[9] – setzten große Geschicklichkeit im Umgang mit der Waffe voraus, die nur durch ständigen Drill zu erreichen war. Eckhardt und Morawietz schätzen den Zeitbedarf des Ladevorganges auf 1 bis $1\frac{1}{2}$ Minuten, Schwarz veranschlagt die Feuergeschwindigkeit der Muskete mit 3 Minuten.[10]

Exerzieren österreichischer Grenadiere, 1705

Die äußerste Reichweite dürfte 300 Schritt (etwa 225 m) betragen haben, die »sinnvolle« Schußentfernung 100–150 Schritt. Die Treffgenauigkeit war gering. Die Bleikugel, eine Rollkugel, besaß im glatten Lauf eine zu geringe Führung und »schlotterte«, d. h. sie stieß beim Passieren des Laufes nach dem Schuß in unregelmäßigen Abständen an die Laufinnenwand. Da die Drallstabilisierung fehlte, war die Kugel außenballistischen Einflüssen in besonders hohem Maße ausgesetzt. Wirksam war nur das Massenfeuer auf Flächenziele; die »vertikale Fläche« bildete der Feind, der seinerseits durch die Wirkung seiner Waffen ebenfalls zu enger Aufstellung und zur Anwendung des Massenfeuers gezwungen war. Die besondere Schwäche dieses Waffensystems lag in der Eigenart der Lunte. Zur Herstellung der Feuerbereitschaft mußte die Lunte in Brand gesetzt werden, soweit dies die Witterung zuließ. Innerhalb einer Stunde verglühten etwa 20–25 cm der Luntenlänge. Bei längeren Märschen unter Gefechtsbereitschaft war es üblich, daß von 12 Mann immer nur einer eine brennende Lunte führte.[11]

Neben dem mechanischen Luntenschloß existierten in der zweiten Hälfte des 17. Jahrhunderts drei weitere Schloßsysteme – alle bereits mit Feuerstein-Zündung –, die jedoch wesentlich komplizierter und daher teurer als das einfache Luntenschloß waren.

Das Schnapphahnschloß, ein Vorgänger des nachfolgend ausführlicher beschriebenen Flint- oder Batterieschlosses, das durch den Schlag eines Hahnes mit eingeklemmtem Schwefelkies auf eine Metallfläche gezündet wurde, soll hier außer Betracht bleiben, da es in den mitteleuropäischen Heeren kaum üblich war. Die bayerischen Musketiere und Reiter allerdings haben die Überlegenheit dieser Waffe, die von einem Teil der türkischen Infanterie geführt wurde, auf den ungarischen Schlachtfeldern manchmal bitter zu spüren bekommen. Das Radschloß wird bei der Bewaffnung der Reiterei ausführlicher beschrieben werden. Das dritte und jüngste dieser Steinschloßsysteme, das Flint- oder Batterieschloß, setzte sich im letzten Jahrzehnt des 17. Jahrhunderts allgemein durch und behauptete mit geringen Abänderungen diesen Rang, bis es in den 30er Jahren des 19. Jahrhunderts durch das Perkussionsschloß (Piston-Schloß) abgelöst wurde. Die großen Schlachten des Spanischen Erbfolgekrieges, der Schlesischen Kriege, des amerikanischen Unabhängigkeitskrieges, der französischen Revolutionskriege und der napoleonischen Kriege wurden alle mit diesem Waffensystem durchgefochten.

Das Batterieschloß wurde um die Mitte des 17. Jahr- Kat.Nr. 372
hunderts – vermutlich in Frankreich (daher wohl auch die Bezeichnung »Französisches Schloß«) – durch die Verbesserung des Schnapphahnschlosses entwickelt.[12] Die Zündung des Batterieschlosses erfolgte durch den unter Federdruck stehenden, beim Betätigen des Abzuges aus der Spannrast vorschnellenden Hahn, in den ein Flintstein geklemmt war, der dem Schloß (Flintschloß), und letztlich der ganzen Waffe (Flinte), den Namen gab. Unter »Flinte« ist im 17. und 18. Jahrhundert immer ein Gewehr mit glattem Lauf und Batterieschloß zu verstehen – im Gegensatz zur Bezeichnung Muskete, die immer ein Luntenschloß signalisiert. Der extrem harte Flintstein schlägt den Deckel (die »Batterie«) der geschlossenen Pfanne auf und wirft ihn nach vorne. Durch die Reibung der Schneide des härteren Steines an der Fläche des weicheren Eisendeckels werden kleine, durch die Reibungshitze aufglühende Partikel aus der Metallfläche gerissen, die nun auf das offenliegende Zündkraut in der Pfanne fallen und dieses Pulver entzünden. Der weitere Vorgang in der Waffe beim Schuß verläuft genauso wie beim Luntenschloßgewehr. Die Flamme schlägt von der Pfanne durch das Zündloch und entzündet im Laufinnern die Treibladung. Mit der Entzündung der Treibladung »bricht der Schuß«.

Die Schwäche dieses Waffensystems lag in der Form des Hahnes und in der Batterie. Der schlanke Hals des Hahnes (seiner Form wegen häufig als »Schwanenhals« bezeichnet) hielt der Wucht des Schlages oft nicht stand und brach an der dünnsten Stelle. Trotz dieser offenkundigen Schwäche dauerte es über ein Jahrhundert, bis eine andere Hahnform, der Hahn mit »vollem Hals«‘ den Mangel behob. Die Batterie war einem besonders hohen Verschleiß ausgesetzt, da aus ihrer weichen Eisenfläche der Abrieb erfolgte, der das Pulver auf der Pfanne zündete. Anfängliche Versuche, durch Aufnieten einer neuen Metall-Reibfläche auf den Pfannendeckel den Substanzverlust auszugleichen, blieben unbefriedigend. Das häufig erforderliche Auswechseln der verbrauchten Batterie setzte eine Normierung der Schloßteile voraus, die letztlich nur durch staatliche Manufakturen zu erreichen war.

Als Flintsteine waren zwei Sorten im Gebrauch, der schwarze und der gelbe. Während die »evangelischen Länder« (England, Preußen, Schweden usw.) den schwarzen Flint bevorzugten, der vorwiegend in den Niederlanden und in England gewonnen wurde, benutzten die »katholischen Länder« (Frankreich, Österreich und Bayern) den gelben, der meist aus Frankreich oder Tirol stammte. Der schwarze Flintstein war härter als der gelbe und erzeugte eine stärkere Funkenbildung, er war jedoch schwerer zu bearbeiten, beanspruchte die Batterie stärker und splitterte leichter. Einen Teil des bayerischen Bedarfes deckte die Flintstein-Fabrik »Fichtelberg«, die das Rohmaterial meist aus Brixen bezog.[13] Die Lebensdauer eines Flintsteines lag bei 30–50 Schuß, jeder fünfte Schuß war erfahrungsgemäß ein Versager, weil die Funkenerzeugung nicht ausreichte, um das Pulver auf der Pfanne zu zünden, oder die Flamme nicht zur Treibladung durchschlug, weil sie zu schwach oder der Zündkanal durch Pulverrückstände verkrustet war. Treffgenauigkeit und Reichweite entsprachen denen der Muskete. Für den Soldaten brachte die neue Waffe trotzdem eine erhebliche Verbesserung. Die Zahl der Ladegriffe sank von bisher über 90 auf 39, die Feuergeschwindigkeit steigerte sich auf zwei Schuß in der Minute.

In der bayerischen Armee begann die Umrüstung auf das Batterieschloß 1690, dem Gründungsjahr des Fortschauer »Armaturwerkes«. Um das Jahr 1699 soll sie abgeschlossen gewesen sein.[14] In Frankreich begann die Umrüstung auf Drängen Vaubans 1692.[15] In Kurbrandenburg soll sie 1689 beendet gewesen sein.[16] In allen Heeren traten zunächst in der Übergangszeit Doppelschlösser auf – Gewehre mit Batterieschlössern, an denen als Zweitschloß Luntenschlösser montiert waren, um im Falle des Versagens die Zündung mit der Lunte zu ermöglichen.[17]

Die schon erwähnte Feuergeschwindigkeit des neuen Batterieschloßgewehres bestimmte den »Salventakt« der Infanterie, der ebenfalls bei zwei Salven in der Minute lag. Durch immer komplizierter werdende Feuerungsabläufe – die schließlich in der friderizianischen Peloton-Taktik ihren Höhepunkt erreichten – war man bestrebt, im Gefecht ein kontinuierliches, meist gliederweises Salvenfeuer zu unterhalten und trotzdem für den Notfall eine Feuerreserve zur Verfügung zu haben.

Seit dem Wegfall der Pike besaß die Infanterie keine Stangenwaffe mehr, um sich den Feind, wenn er das Feuer unterlaufen und sich auf Nahkampfentfernung genähert hatte, vom Leibe zu halten. Dadurch erlangte das Bajonett, das die Feuerwaffe gleichsam zur »Ersatz-Pike« werden ließ, erhöhte Bedeutung. Entstanden wohl in den letzten Jahrzehnten des 16. Jahrhunderts,[18] war das Bajonett zunächst als jagdliche Waffe, gleichsam als »Saufeder«, verwendet worden.[19] Seit 1683 führte die gesamte bayerische Infanterie das Bajonett; vorher waren nur die Grenadiere damit ausgerüstet gewesen. Eine größere Bestellung in Passau konnte 1683 nicht ausgeführt werden, da der französische Gesandte mit einem Auftrag von 4000 Bajonetten den bayerischen Aufkäufern zuvorgekommen war. Die Bajonette wurden dann in München angefertigt und der Armee ins Feld nachgesandt.[20] Die »Messerer« und Klingenschmiede in Passau standen schon im 15. Jahrhundert in scharfer Konkurrenz mit Solingen; der Passauer Wolf als Qualitätszeichen genoß Weltruf.[21] Auch in München, Augsburg, Landshut und Nürnberg saßen angesehene Firmen dieses Handwerkszweiges.

Diese Bajonette waren ihrer Konstruktion nach »Spundbajonette«, die mit einem konisch geformten Holzgriff in den Lauf gesteckt wurden. Dieses Verfahren war zwar einfach und schnell, das Gewehr mit aufgepflanztem Bajonett fiel jedoch als Feuerwaffe aus. Die Bajonette durften daher erst im letzten Augenblick – meist bei Kavallerieangriffen – aufgesteckt werden. Zum Nahkampf mit feindlicher Infanterie wurde bis ins frühe 18. Jahrhundert noch der »wohlconditionierte« Musketierdegen gezogen und dabei das Gewehr in die linke Hand genommen. Kat.N

Mit der Umrüstung auf das Batterieschloßgewehr dürfte sich dann der Übergang vom Spund- zum Düllenbajonett vollzogen haben; um 1700 ist die bayerische Armee bereits weitgehend mit dem neuen Bajonett ausgestattet. Das Düllenbajonett wird mit der »Dülle« über den Lauf geschoben und ermöglicht das Schießen mit aufgepflanztem Bajonett. Wohlgemerkt: zunächst nur das Schießen, nicht das Laden. Erst im Laufe der weiteren Entwicklung wird die Bajonettklinge durch die Ausbildung des waagrecht abstehenden Bajonettarmes weit genug von der Mündung abgerückt, um beim Ladevorgang das Hantieren mit dem Ladestock zuzulassen. Kat.-

Zünden und Werfen der Handgranate durch österreichische Grenadiere, 1705

Zur Abrundung der Infanteriebewaffnung sei noch das Kampfmittel der Grenadiere erwähnt, die Handgranate. Kat.] Handgranaten waren schon in den Freiheitskämpfen der Niederländer gegen die Spanier im letzten Viertel des 16. Jahrhunderts und während des Dreißigjährigen Krieges benutzt worden. In einem Lehrbuch aus dem Jahre 1672 werden sie folgendermaßen beschrieben:

»Der Granath ist nichts anders als ein hohle Kugel von Ertz und Eisen, mit kleinem Pulver erfüllet, welches, wan es angezündet worden, das Ertz der Kugel in viele Stükken zerschmettert, und auf dieselben, die sich bei ihrem falle befinden, zuwirfet, also daß sie gezwungen werden den Ort zu verlassen, infal sie nicht in Gefahr stehen wollen die Beine zu verlieren. Der Granath sol in seinem Zündloche ein kleines Feuerpfeil haben, welches eben also zugerichtet ist, als die Feuerpfeile der Feuerkugeln, damit der Granath in der hand des Granathwerfers nicht bärste: wie es denen, die keine Feuerpfeile gebrauchen, mehr als oft begegnet, also daß ihnen die Hände, so bald der Granath angezündet ist, zur stunde verlähmet werden...«[22]

Die Grenadiere des ausgehenden 17. Jahrhunderts sind nicht als Einzelkämpfer einer »geöffneten Ordnung« zu verstehen, sondern als eine Art Sturm- oder Infanteriepioniere, die der nachfolgenden Infanterie den Weg durch Hindernisse und Verschanzungen bahnen sollten.[23] Dafür spricht auch die weitere Ausrüstung der Grenadiere mit Axt und Pistole, die bald allgemein üblich wurde, in der bayerischen Armee nach 1688.

Die Grenadiere der Armee Max Emanuels, die zunächst auf alle Infanterieregimenter aufgeteilt waren, wurden im Frühjahr 1685 zu einer Kompanie zusammengefaßt, die später (1686) dem Leibregiment unterstellt wurde.[24] 1688 bekamen sie Gelegenheit, sich in einer extrem kritischen Situation besonders auszuzeichnen. Beim Kampf um den Save-Brückenkopf bei Belgrad (8. August 1688) prellte die Grenadierkompanie zu weit vor und wurde zeitweilig von weit überlegenen türkischen Kräften vollkommen eingeschlossen. In einem einstündigen Gefecht konnten sich die präzis werfenden bayerischen Grenadiere aber mit geringen Verlusten behaupten;[25] den Verbrauch an Handgranaten dabei beziffert Staudinger auf 550 Stück.

Eiserne Handgranaten wurden in den Gießereien in Aschau, Bergen und Fichtelberg fabriziert. 1683 wurden von diesen Produktionsstätten 20000 Stück für den Erstbedarf des Heeres geliefert. Später wurden auch gläserne Handgranaten eingeführt. Die Ausstattung des Grenadiers
[K]r. 90 bestand dann zu gleichen Teilen aus eisernen und gläsernen Handgranaten. Da die Grenadiere zum Zünden und Werfen der Granaten die Hände frei haben mußten, besaßen ihre Gewehre – im Gegensatz zu denen der Musketiere – Gewehrriemen.

Der Zustand der Waffen wurde laufend kontrolliert; auf Vernachlässigung, Beschädigung und Verlust standen hohe Strafen. Der Artikel 11 der bayerischen Kriegsartikel aus dem Jahre 1717 sagte darüber: »Ein Jeder soll sein habendes Ober- und Untergewehr dergestalt halten, daß er solches gegen seinen Feind und der Nothdurft nach brauchen, und dadurch nicht allein seine Person, sondern auch unsers gnädigsten Herrn Ehre beschützen können; auch dasselbe weder vertauschen noch verwechseln, wie es Namen haben mag. Item soll keiner Proviant oder Montour, noch weniger das berührte Gewehr seinem Cameraden mit Betrug abnehmen oder verderben, bei Leibs und Lebens Strafen«.[26]

Die Waffen der Kavallerie

Der Erlaß vom 29. Juni 1682 – der die Errichtung des stehenden Heeres in Bayern begründete – hatte die Aufstellung von sieben Regimentern zu Fuß und vier Regimentern zu Pferd angeordnet. Die Regimenter zu Pferd – seit 1691 als »Kürassierregimenter« bezeichnet – gliederten sich in sechs Kompanien zu je 100 Mann. Neben den vier Regimentern wurden noch vier Dragonerkompanien errichtet. Im Frühjahr 1683 wurde die Zahl der Dragonerkompanien verdoppelt, kurz darauf auch für die Dragoner der Regimentsverband eingeführt.

Nach den Konferenzprotokollen des bayerischen Kriegsarchivs aus dem Jahre 1683 hatte das Zeughaus den Kürassierkompanien je nach Kopfstärke zu liefern: 93–94 Kürasse und Kaskette, 94–95 Karabiner mit Bandolieren und Karabinerhaken, 96–97 Paar Pistolen mit Halftern und die erforderliche Anzahl von Feuersteinen. Fügt man dieser Aufzählung noch die Blankwaffe – den Haudegen – hinzu, so ist die Bewaffnung der Kürassiere komplett.

Dieser Haudegen hatte sich seit dem Ende des Dreißigjährigen Krieges kaum verändert. Im Gebrauch war immer noch der Typ des »Wallonendegens«, der um die Mitte des Kat.Nr. 80
Krieges das alte Rapier mit dem »untergriffigen Korb« abgelöst hatte. Der Reiter-Haudegen besaß einen – meist geschwärzten – Korb, der aus mehreren in der Mitte genoppten Griffbügeln, zwei Stichblättern, einem Daumenring und einer abwärtsgebogenen Hinterparierstange bestand. Den Griff bildete eine hölzerne – mit Kupfer- oder Messingdraht umwickelte – Hülse. Am Griffende saß ein großer, kugel- oder eiförmiger Hohlknauf, an dem die Griffbügel angeschraubt oder -geschweißt waren. Die bis zu zwei Finger breite Klinge war in der Regel einschneidig und hatte meist eine Hohlkehle. Zum Teil war der Klingenrücken wulstartig verstärkt (Steckrückenklinge).[27] Die Klinge ging ohne Fehlschärfe in das Gefäß über und besaß eine durchschnittliche Länge von etwa 90 cm. Die Schneide war stumpf oder nur schwach geschliffen, um Ausbrüche oder Scharten zu vermeiden. Das Schleifen oder sogar Dengeln der Klinge war streng verboten, um dem Verderben der Degen durch ungeschicktes Vorgehen vorzubeugen.[28] Um die Wende zum 18. Jahrhundert wurde der Wallonendegen durch ein neueres Modell abgelöst, das mit Korb und Klinge bereits an die Pallaschformen des 19. Jahrhunderts erinnert.[29] Wagner beschreibt diesen neuen bayerischen Kürassierpallasch nach einem Exemplar des Kriegshistorischen Museums in Prag folgendermaßen: »Gerade, einschneidige Klinge mit Spitze in der Mittelachse. Die Klinge hat auf beiden Seiten Hohlschliffe ...

Der Griff ist mit Leder überzogen und schließt oben mit einer eisernen Griffkappe ab, die sich nach vorn schnabelartig verjüngt. Der eiserne Korb ist asymmetrisch und besteht aus einem Griffbügel und drei ungleich gebogenen Nebenbügeln. An der Innenseite ist ein Daumenring. Die Scheide ist aus Holz gefertigt, mit Leder bezogen und hat Eisenbeschläge. Außen ist sie in der Mitte durch ein schlangenförmiges Eisenband versteift«.[30]

Das Aussehen des Kürassiers wurde weithin durch die getragenen Schutzwaffen bestimmt, den Küras und das
Kat.Nr. 79 Kaskett. Der Küras – bestehend aus dem Brust- und dem Rückenstück – war das einzige, was von dem aufwendigen, düsteren Trabharnisch der gefürchteten Pappenheimkürassiere aus den Anfängen des Dreißigjährigen Krieges übriggeblieben war. Alles andere – Arm- und Beinzeug, Gesäßreifen und Rüsthandschuhe – war bald den Erfordernissen des Krieges nach mehr Beweglichkeit zum Opfer gefallen. Ähnlich erging es dem »aufschlächtigen« Visierhelm der Pappenheimer. Schon am Anfang des 17. Jahrhunderts mußte er der leichteren und bequemeren Sturmhaube und schließlich der billigeren, zur Massenfabrikation in ihren Einzelteilen besonders geeigneten »Zischägge«
Kat.Nr. 78 weichen. Die Zischägge (auch »husarische Haube« oder offiziell »Kaskett« genannt) entstand nach orientalischem Vorbild im letzten Jahrzehnt des 16. Jahrhunderts[31] und setzte sich gegen Ende des Dreißigjährigen Krieges allgemein als Reiterhelm durch. Hoffmann hat die Zischäggen folgendermaßen beschrieben: »Das glatte, halbkugelförmige Scheitelstück durchzogen meist nach der Spitze laufende und dort in einem Knopf oder Ring sich vereinigende Rippen oder Grate, zur Verstärkung gegen schwere Schläge und Hiebe... Das Gesicht deckte der waagrecht abstehende, spitz zulaufende Schirm, der nahe dem Scheitelstück die verstellbare Nasenfeder durchließ. Aufgeschoben bog sich dieses starke Stahlband über den Scheitel, herabgelassen lief es über die Mittellinie des Gesichts bis zum Kinn. Drei bis vier übereinander geschobene Blechstreifen bildeten den Nackenschutz (Biberschwanz), der wie der Vorderschirm in stumpfer Spitze endete. Die breiten gewölbten Ohrenklappen mit symmetrisch angeordneten Gehörlöchern schützten Ohr und Wangen und dienten mit Schnalle und Strippe als Sturmband. Nieten mit großen gewölbten Knöpfen hielten die Teile zusammen, welche, hammerfertig geschlagen, nur eingeölt in der natürlichen Eisenfarbe blieben oder geschwärzt wurden.«

Über den »schußfrayen Trabharnisch« schreibt Hoffmann: »Wenig gewölbt, nur zu einem schwachen Mittelgrat gebrochen, ziemlich kurz, mochte er sich dem Oberkörper nur dürftig anpassen und die breiten, steif wegstehenden unteren Ränder machten das Rüststück nicht bequemer... Den Zusammenhalt vermittelten eisenbeplattete Stege oder Achselriemen, die man mit Falzlöchern in Knöpfe einhakte, und ein am Hinterstück angenieteter Leibgurt mit Schnalle und Strippe.«

Kein Wunder, wenn die Reiter aller Heere – nicht nur des bayerischen – immer wieder versuchten, das »verfluchte Eisen« möglichst bald wieder loszuwerden. 1691 wurden die durch den Türkenkrieg verursachten Fehlbestände an Kürassen und Kasketten wieder ergänzt; für den Fall, »daß die Mannschaften sich wieder von der unbeliebten Last durch Wegwerfen befreiten«, stellte ihnen der Hofkriegsrat Soldabzüge in Aussicht.[32] Seit 1705 wurden vermutlich nur noch die Bruststücke der Kürasse getragen; das Kaskett wurde wohl schon bei der Rückkehr der bayerischen Kavallerie aus dem Türkenkrieg 1688 abgelegt.

Als Feuerwaffe führte der Kürassier ein Paar Pistolen in Kat.N
den Sattelhalftern und einen Karabiner am Bandolier: Waffen mit »deutschem Schloß«, wie die damals übliche Bezeichnung für das Radschloß, das älteste Waffensystem unter den Steinschlössern,[33] lautete. Die Erfindung des Radschlosses dürfte im ersten oder zweiten Jahrzehnt des 16. Jahrhunderts erfolgt sein.

Als Infanteriewaffe vermochte sich das Radschloßgewehr gegen das Luntenschloß nicht durchzusetzen, da die Konstruktion zu teuer und zu anfällig war. Für die Kavallerie erlangten Radschloßgewehre bereits im Dreißigjährigen Kat.N
Krieg Bedeutung, da das Luntenschloß sich für den Reiter, der neben der Waffe noch die Zügel zu führen hatte, wenig eignete. Eckhardt und Morawietz haben die Funktion des Radschlosses erläutert: »Am Schloßblech ist außen in senkrechter Stellung ein drehbares Rad (Scheibe) angebracht. Der Rand des Rades ist geriffelt und ragt oben mit einem Teil durch einen Durchbruch am Boden der Pfanne in diese hinein. Im Zentrum des Rades steht ein vierkantiger Zapfen hervor, der in ein Loch des Rades einspringt und es in Spannstellung hält. Ein Hahn, in dessen Haltelippen ein Stück Schwefelkies eingeschraubt war, wurde nun mit der Hand so umgelegt, daß dieses Stück Schwefelkies auf den in die Zündpfanne hineinragenden Teil des Radrandes zu liegen kam. In dieser Stellung wurde der Hahn durch Federkraft fest auf den Radrand niedergedrückt. In der Zündpfanne war das übliche Zündkraut aufgeschüttet. Wollte man nun den Schuß lösen, so zog man den Abzug zurück. Dabei wurde durch Hebelübertragung der die Spannung des Rades arretierende Zapfen aus dem Loch des Rades herausgezogen, die Spannfeder des Rades wurde frei, und das Rad schnurrte aus seiner Spannstellung ab. Dabei riß der geriffelte Rand des Rades an dem Schwefelkies Funken, die das umgebende Zündpulver in der Pfanne zum Aufflammen brachten.«[34] Im Gegensatz zum Batterieschloß reißt also hier – nach dem Prinzip des Feuerzeugs – das härtere Metallrädchen den Funken aus dem weicheren Schwefelkies (Pyrit).

Die Schwäche dieses Waffensystems lag in der Brüchigkeit des weichen Steines, in der schwachen Funkenbildung, die oft zur Zündung nicht ausreichte, und in der Kompliziertheit und Anfälligkeit des Schlosses ganz allgemein.

Mit der Einführung der Batterieschlösser bei der Infanterie verschwanden auch nach und nach die Radschloßkarabiner und -pistolen aus der Kavallerie. Die »Aufbrauchzeit« dürfte aber noch weit in den Spanischen Erbfolgekrieg hineingereicht haben. Auf den Kupfern Jan Huchtenburgs, der den Prinzen Eugen auf seinen Feldzügen begleitete, finden wir in der Darstellung der Schlachten bei Höchstädt (1704) und Malplaquet (1709) noch Radschloßpistolen als Kavalleriewaffen.

Die bayerischen Dragoner führten, eingedenk ihrer Herkunft von der Infanterie, neben dem einfachen Dragonerdegen (mit Griffbügel, Parierstange und Stichblatt) der Infanteriebewaffnung angeglichen zunächst die Muskete, dann das Batterieschloßgewehr am Bandolier mit Laufschiene und Karabinerhaken. Das Bajonett und ein Paar Pistolen vollendeten die Bewaffnung dieser Truppengattung.

Das im Juni 1688 errichtete Husarenregiment Lidl von Borbula war ebenfalls mit Karabinern und Pistolen ausgerüstet. Als Blankwaffe führte es einen Säbel, über dessen Aussehen und Herkunft keine brauchbaren Angaben vorliegen. Da die Mannschaften des Regiments sowie fast alle Offiziere ungarischer Nationalität waren – sie hatten vorher zum großen Teil an der Insurrektion Imre Tökölys teilgenommen, auch der Ankauf der Bekleidung und Ausrüstung war im Lande erfolgt –, dürften wohl auch die beschafften Blankwaffen osteuropäischer Provenienz gewesen sein. In verschiedenen ungarischen und slowakischen Städten (Kaschau, Neuhäusel, Munkacs, Stittnik usw.) waren renommierte Klingenschmiede ansässig, die auch Tökölys und Rakoczys Kuruzen-Armee mit Waffen belieferten.[35] Über die Blankwaffen des Husarenregiments Locatelli, das 1704 aus mehreren selbständigen Kompanien gebildet wurde, ist ebenfalls nichts Näheres bekannt.

Die Artillerie

Die Artillerie erzielte im 17. Jahrhundert bedeutende Fortschritte. Die Konstruktion der Geschütze änderte sich in diesem Zeitraum zwar nur geringfügig, in der Theorie wurden jedoch die bisherigen rein empirischen Methoden durch wissenschaftliche Praktiken abgelöst. Die Ballistik wurde zur exakten Wissenschaft; in Frankreich und Spanien entstanden im letzten Viertel des Jahrhunderts die ersten Artillerieschulen.[36] Auch in München wurden seit 1686 Kurse mit jeweils 50 Schülern abgehalten, um den Büchsenmeisternachwuchs für die Armee zu schulen. Im Zeitraum von 1691 bis 1731 wurden im Bereich der bayerischen Armee vier Lehrbücher verfaßt, die auch außerhalb Bayerns Beachtung und Anerkennung fanden: I. S. Kochs »Universae Artilleriae recentioris nova manuductio theoretico practica oder Neue Unterweisung der anjetzo üblichen Geschützbeschreibung« (1691); J. A. Burkhardt von Pürkensteins »Conamen selectorum artis magnae Artilleriae modernae«; L. Dänkls »Kunstriß- und Beschreibungs-Artilleriebuch – Handgriffe als nothwendige Wissenschaft, so einem Feuerwerker, Büchsenmeister-Corporal oder Büchsenmeister auf dem Marsche zu wissen höchst dienlich sei« (1730) und Lindtners »Compendium Artilleriae sive artis tormentariae« (1731).[37] Zwei der Autoren waren hervorragende Fachleute. Koch war langjähriger Kommandant der bayerischen Artillerie; Burkhardt von Pürkenstein hatte seit 1686 die Kurse für Büchsenmeister eingerichtet und geleitet.

Ein Entwurf aus dem Jahre 1683 errechnete für die neuerrichtete Armee folgenden Bedarf an Kanonen und Mörsern: Zwei 24-Pfünder (Halb-Kartaunen), zwei 18-Pfünder (ganze Feldschlangen), zehn 12-Pfünder (Viertel-Kartaunen), sechs 6-Pfünder (Falkonen) und vier 120-Pfünder-Mörser. Dazu kamen noch 28 Regiments-Stücke (für die Kat.Nr. 369
sieben Infanterieregimenter je vier Geschütze). Für die Bespannung der Geschütze sowie für die Munitions- und Materialkarren wurden 252 Pferde benötigt.[38]

Geschützmaterial lagerte in den bayerischen Zeughäusern in Mengen dank der Vorsorge, die Maximilian I. und Ferdinand Maria getroffen hatten. Die Zeughausinventare der achtziger Jahre des 17. Jahrhunderts weisen mehr als 790 Geschütze verschiedensten Kalibers aus (München 254, Ingolstadt 248, Amberg 107, Braunau 62 und Rothenberg 32 Stück).[39]

Anstelle der 3-Pfünder-Regimentsstücke schlug General von Degenfeld, der Organisator und Lehrmeister der neuen bayerischen Armee, die Einführung von 6pfündigen Kammergeschützen vor, die, besonders mit Kartätschladungen, auf kurze Entfernung wesentlich wirkungsvoller waren. Im Frühjahr 1683 wurden diese neuen »Degenfeldischen Geschütze« – 32 an der Zahl – endgültig eingeführt. Der Glocken- und Stückgießer Nikolaus Kopp hatte sie in München gegossen und in Gegenwart ihres Erfinders auf der Schießstätte vor dem Neuhausertore (am jetzigen Karlsplatz vor dem Karlstor, dem »Stachus«, der alten Münchner Schießstätte) erprobt. Hierbei verschoß man versuchsweise aus zwei Geschützen fünf blecherne Hageltrauben (diese Trauben-Kartätschen hatten einen hölzernen Treibspiegel und in der Mitte einen Holzkern, um den die einzelnen Geschosse in Kitt oder Pech gelagert saßen), die der Spenglermeister Martin Dietrich lieferte.[40] Außer dem schon erwähnten Nikolaus Kopp waren damals noch Paulus Koburger, Anton Benedikt, Melchior Ernst, Johannes Kippo und der Stückhauptmann Mathias Langecker als Stück- und Glockengießer in München tätig. Neben den herkömmlichen Geschützen mit Vorderladung und glattem Rohr wurden auch weiterhin – wie schon in der Zeit Maximilians I. und Ferdinand Marias üblich – Hinterlader mit schräg gebohrten Zündkanälen und abnehmbaren Verschlußstücken, zum Teil sogar mit gezogenen Rohren, gefertigt.[41] Das schon erwähnte Werk des Oberstückhauptmanns I. S. Koch enthält eine Beschreibung und Zeichnung eines derartigen Rohres. Das Gußmaterial war vorwiegend Bronze – bei den kleineren Kammerstücken kommen vereinzelt auch Kupfergüsse vor. Burkhardt von Pürkenstein ließ in den Gießereien von Hohenaschau und Bergen auch Eisengüsse durchführen.

Die Höchstschußweite betrug bei den 3-Pfündern 1200 Schritt und steigerte sich bei den 18-Pfündern bis auf 7600 Schritt. Die »Kernschußweite« lag beim 18-Pfünder bei 750 Schritt. Die erforderliche Pulverladung betrug in der Regel die Hälfte des Kugelgewichts.

Drei Pulvermühlen existierten in München, weitere in Hohenaschau, Burghausen, Amberg und Tölz, um nur die bedeutenderen zu nennen. Die Produktion war wesentlich höher als der bayerische Bedarf, so daß Bayern laufend größere Mengen exportieren konnte. Unter den Abnehmern finden wir Wien, Venedig und Suhl. Zu Ende der Regierungszeit Ferdinand Marias lagerten in den Landes-Pulvermagazinen in München 1130, in Grünwald 2000, in Aibling weitere 2000 und in Wolfratshausen 700 Zentner Pulver.[42]

Die Zündung der Geschütze erfolgte meist durch Brandröhren (Feuerpfeile), die in die Zündlöcher gesteckt (Bohrung meist 6,5 mm, d. h. etwa Bleistiftstärke) und mit einer Lunte in Brand gesetzt wurden, bei älteren Modellen wurde in einer Nut von etwa 5 cm Länge eine Pulverspur (Pulver-Seele) ausgelegt. Für die kleineren Kaliber, 3- und 6-Pfünder, wurden eiserne, meist gegossene, manchmal auch noch handgeschmiedete Vollkugeln verwendet. Die größeren Kaliber verschossen eiserne Hohlkugeln mit Sprengladungen. Die Sprengladung wurde entweder extra mit einer Brandröhre gezündet (»Werfen mit 2 Feuern«) oder durch die Treibladung des Geschützes (»Werfen mit einem Feuer«) mit in Brand gesetzt. Auf nahe Entfernung, insbesondere zur Sturmabwehr gegen angreifende Infanterie oder Kavallerie, verwendete man Kartätschen (Musketenkugeln, gehacktes Eisen oder Blei, verpackt in Papp-, Blech- oder Holzhülsen) oder die schon erwähnten »Hageltrauben«. Das gebräuchlichste Mörsergeschoß war die mit Pulver gefüllte und mit einer Brandröhre gezündete Bombe von runder oder ovaler Form. Zum Richten des Mörsers bediente man sich bereits seit mehr als einem Jahrhundert des Winkel-Quadranten.[43]

Zum Schluß sei noch an die schon im Dreißigjährigen Kriege legendäre, geheimnisumwitterte Kunst des bayerischen »Geschwindschießens« erinnert, die wirklich so »geheim« gehalten wurde, daß man über sie nur Vermutungen anstellen kann. Die wenigen Eingeweihten mußten sich durch Eid und Unterschrift zur Geheimhaltung verpflichten und durften nicht mehr in fremde Kriegsdienste treten. Letztmals wurde diese Kunstfertigkeit 1728 erwähnt, dann dürfte sie endgültig in Vergessenheit geraten sein.[44] Die besonders hohe Feuerfolge der »Geschwindstücke« wurde vermutlich durch zwei Mittel erreicht: eine schnell zu handhabende Richtvorrichtung und eine Patronenmunition, die den Ladevorgang erheblich abkürzte.

Das Personal der bayerischen Artillerie, das 1682 noch aus der Büchsenmeister-Gilde kam, erhielt im »Artillerie-Stab« auf Kriegsdauer zunächst nur eine lose Organisationsform. Erst im Laufe der Feldzüge vollzog sich allmählich der Übergang von der zunftmäßigen Bindung zum militärischen Körper. Im Dezember 1705 erfolgte dann nach französischem Vorbild die Einführung einer straffen militärischen Gliederung durch Errichtung der Bombardierkompanie. Es war die Geburtsstunde der bayerischen Artillerie als ständige dritte Waffengattung in der Armee. 1715 wurde sie zur Artilleriebrigade erweitert.

Das Pioniergerät

Der Pionierdienst setzte sich im 17. und 18. Jahrhundert aus fünf Sparten zusammen: Truppenpionierdienst, Sapeurdienst, Mineurdienst, Pontonierdienst und dem Ingenieurwesen.

Erst im 19. Jahrhundert wurden alle diese Verrichtungen auf *eine* Waffengattung übertragen, die Pioniere. In Bayern erhielten die Pioniere 1813 den Rang einer ständigen vierten Waffengattung in der Armee.

Der Truppenpionierdienst und der Sapeurdienst blieben zunächst Aufgabe der Infanterie. Bei den großen Belagerungen (Ofen, Belgrad, Namur) wurden die Musketiere in die Gräben »kommandiert«, um die Parallelen auszuheben und die Sappen vorzutreiben. Degenfeld hatte schon 1683 vorgeschlagen, an jedes Infanterieregiment zwei dreispännige Materialkarren mit 200 Schaufeln und 100 Hacken auszugeben. In der Zeit vom 1. Oktober 1685 bis 31. Oktober 1686 wurden dem Ingenieurpark aus den Beständen des kurfürstlichen Magazins in Preßburg an Schanzzeug zugeführt: 1592 Schaufeln, 551 Halb- und Spitzhauen, 400 Halbhauen, 500 Kreuzhauen und 165 Faschinenmesser.[45]

Eine bedeutende Rolle in den Türkenkriegen spielten die Spanischen (oder »Friesischen«) Reiter als transportables Hindernis. Das Urteil Delbrücks: »Die Schweinsfedern oder spanischen Reiter, vermöge deren sich in der Übergangszeit noch die Infanterie gegen Kavallerie schützen sollte, haben keine praktische Bedeutung erlangt«,[46] gilt nur für die Kriegsschauplätze Mitteleuropas; der Türkenkrieg entwickelte hier seine eigenen taktischen Gesetze.

Gegen die allgegenwärtige, vorzüglich berittene türkische Reiterei waren diese schnell montierten, tragbaren Hindernisse oft das Allheilmittel. Staudinger schreibt darüber: »Die Schweinsfeder selbst war eine etwa 6 Fuß lange Lanze aus Eschenholz, in der Mitte mit einem kurzen eisernen Querzapfenknebel als Lager für den Balken versehen. Diese Balken wurden der Truppe meist auf Karren nachgefahren oder im Gefecht und in dessen Erwartung von den dazu befohlenen Leuten getragen«.[47] Das schnelle

Zusammensetzen der Spanischen Reiter wurde gedrillt. Das Kommando hierzu lautete: »Spickt euere Balken«.[48]

Besonders deutlich veranschaulicht ein Kupferstich aus dem Werk Marsiglis die Wirkungsweise dieser Spanischen Reiter. Das kaiserliche Heer, in zwei Treffen gegliedert, geht unter dem Kommando Karl von Lothringens und Max Emanuels am 17. Juli 1687 gegen den befestigten Drau-Brückenkopf bei Esseg vor. Den vordersten Gliedern der beiden Treffen werden die montierten Spanischen Reiter vorangetragen als Annäherungshindernisse gegen die vor den türkischen Verschanzungen aufgestellte türkische Reiterei. Unmittelbar hinter den Spanischen Reitern folgen die pferdebespannten Regimentsstücke, von denen wir annehmen dürfen, daß sie mit Kartätschen geladen sind. Marsigli schreibt hierüber: »Die Front jedes Treffens war durch Artillerie verstärkt, und vor den Geschützen befand sich die Linie der Spanischen Reiter, die von zwei Infanteristen auf der Schulter getragen wurden und eine Linie bildeten. So war es möglich, sie schnell abzusetzen und untereinander zu verbinden.«[49]

In seinem Traktat vom »Minen-springen« bemerkt Fleming, der Verfasser des großen Soldaten-Lehrbuches (»Der Vollkommene Teutsche Soldat«, Leipzig 1726), daß man Breschen nicht nur mit Kanonenkugeln legen könne, sondern auch mit Minen, »damit die Mauern und Wälle durch die Gewalt des Pulvers zerschmettert, auseinandergeworfen, und durch solchen Ruin Breschen zum Anlauf und Sturm gemacht werden«. Für diese Aufgabe, meint Fleming, »dienen hierzu die Berg-Leute, Teich-Gräber, Zimmer-Leute und Mäurer am besten«.[50] Die Belagerungen von Ofen, Belgrad und Namur boten den bayerischen Mineuren (die tatsächlich meist aus dem von Fleming genannten Personenkreis rekrutiert wurden) reichliche Gelegenheit zur Bewährung: Am 6. April 1686 wird der Mineur- und Stucklieutenant Martin Müller zum Stuckhauptmann ernannt, der »bei allen Vorfallenheiten denen Minierern vorzustehen hat«. Er ist der einzige Überlebende einer mißglückten Minensprengung vor Ofen am 16. Juli 1686.[51]

Auch dem Pontonierdienst hat Fleming einige Seiten seines Werkes und einen anschaulichen Kupferstich gewidmet. Er gibt, unter Berufung auf die Artillerieschrift Geißlers, den kupfernen französischen Pontons (Gewicht 500–600 Pfund) – die sich im Oktober 1678 bei Tournai sehr bewährt haben sollen – den Vorzug vor den aus papierdünnem Blech gefertigten Produkten der Holländer.[52] Ob die bayerische Armee bereits im Türkenkrieg ein genormtes, armee-eigenes Brückengerät besaß, ist nicht be-
91 ff. kannt. Die sehr detailgetreuen Gemälde Beichs im Viktoriensaal des Schleißheimer Schlosses enthalten mehrere Abbildungen von Schiffsbrücken.[53]

Der Form der tragenden Boote nach zu schließen, handelt es sich aber doch wohl um landesübliche Kähne, die Beich mit übertriebener Akribie völlig gleichförmig dar-

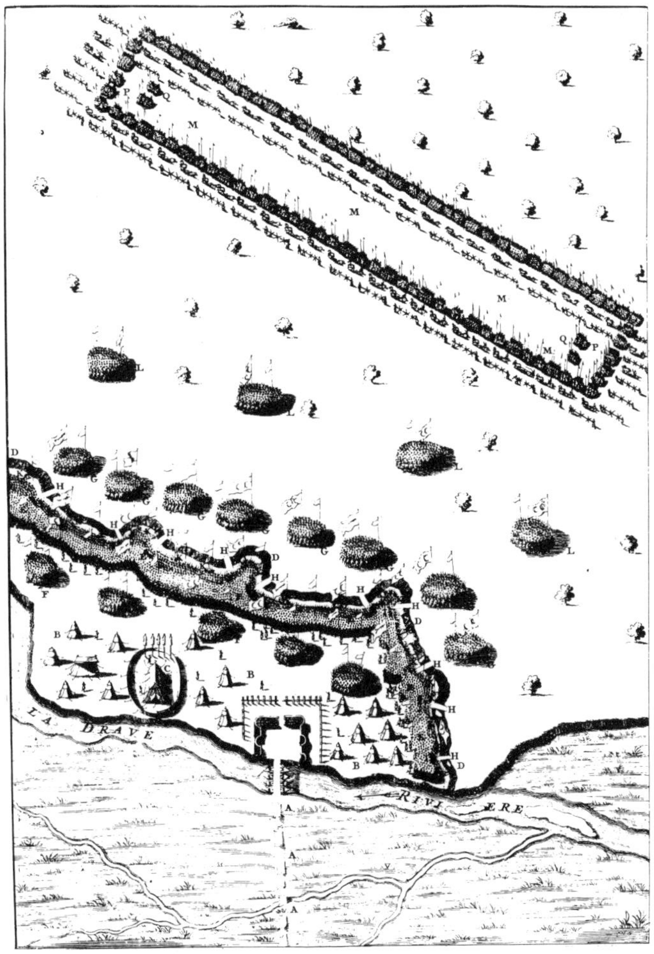

Marsigli, Stato militare..., 1732, Bildtafel XXVII

stellt. Der Schluß, daß es sich hier um genormtes Gerät – also um Holzpontons – handelt, ginge sicher zu weit. Max Emanuel selbst hat wiederholt landesübliche Boote, die man auf ochsen- oder pferdebespannte Fahrzeuge aufsattelte, über größere Entfernungen zu Brückenschlägen nachführen lassen.[54] Sein Save-Übergang bei Belgrad am 8. August 1688 war taktisch und technisch ein Meisterstück.[55] 1690 ist erstmals von einem armee-eigenen Brückengerät die Rede, der Kurfürst holte im Sommer mehrere Vorschläge zur Beschaffung einer Kriegsbrücke ein.[56] Ob einer dieser Vorschläge realisiert wurde, ist nicht bekannt, einer der Kostenvoranschläge für eine Brücke mit 40 Schiffen (Einzelpreis 120 Gulden) mit Belag, Baumaterial und Werkzeug errechnete eine Summe von 14462 Gulden.

1703 wird erstmals eine Pontonbrücke erwähnt. Feldmarschall Graf Arco erhielt am 8. September den Auftrag, die von München zugeführten Pontons nach Thierhaupten bringen zu lassen zum Bau einer Lech-Brücke.[57] Staudinger glaubt, die damals in der bayerischen Armee verwendeten Pontons seien aus Holz gewesen und hätten Blechbeschläge gehabt (deshalb sei das bei Donauwörth 1704 verlorengegangene Brückengerät als »blecherne Schiffsbrücke« bezeichnet worden).[58] Es ist jedoch nicht auszuschließen, daß es sich tatsächlich um Blechpontons niederländischen Musters handelte.

Als Fachpersonal für Brückenschläge standen ein »Brükkenmeister« und zehn bis zwölf Gesellen, die dem Artilleriestab angehörten, zur Verfügung; die Handlangerdienste wurden von dazu abkommandierten Soldaten geleistet.

Das Festungsbauwesen stand in Bayern schon im 16. Jahrhundert in hohem Ansehen. Zwei der bedeutendsten Theoretiker des Festungsbaus, Reinhard Graf zu Solms-Lich (1491–1562) und Daniel Speckle (1536–1589), standen zeitweilig in bayerischen Diensten und waren am Ausbau der Festungen (vorwiegend Ingolstadt) beteiligt.[59]

Max Emanuel übernahm aus der Regierungszeit seines Großvaters und seines Vaters den seit 1645 als Ingenieur, seit 1648 als General-Quartiermeister-Leutnant tätigen Christoph Heidemann (1610–1684). Heidemann, »einer der entschiedensten Anhänger des berühmten deutschen Kriegsbaumeisters D. Speckle« (Staudinger), vertrat das niederländische Bastionärsystem, nach dem auch die »maximilianische Wallbefestigung« Münchens angelegt wurde, und veröffentlichte darüber zwei Schriften, die »Architectura militaris« 1664 und die »Neu-herfürgegebene Kriegs-Architektur« 1673.

Auch der Sohn Christoph Heidemanns, Hans Kaspar Heidemann, diente in der bayerischen Armee und fiel als Ingenieuroffizier 1687 im Türkenkrieg.[60] Neben den beiden Heidemanns sind weitere 30 Ingenieuroffiziere aus der Zeit Max Emanuels namentlich bekannt, darunter auch der Obristleutnant J. C. de Rozard, der Verfasser des Lehrbuches »Nouvelle Fortification françoise« (Nürnberg 1731).[61]

Anmerkungen

1 Raimondo Montecuccoli, 1609 auf dem elterlichen Schloß Montecuccoli bei Modena geboren, 1680 in Linz gestorben, nahm am Dreißigjährigen Krieg, am Nordischen Krieg 1658–60 und am Türkenkrieg 1661–64 teil. Der Sieg über die Türken in der Schlacht bei St. Gotthard an der Raab 1664, in der er den Oberbefehl über das kaiserliche Heer führte, ist seine berühmteste Waffentat. Drei Schriften über die Kriegskunst erweisen ihn als bedeutendsten Kriegstheoretiker seiner Zeit. Die letzte, »Aforismi dell' arte bellica«, aus der das Zitat stammt, entstand in der Zeit von 1665–70 und enthält auch die im letzten Türkenkrieg angewendeten Prinzipien. (W. Hahlweg, Klassiker der Kriegskunst, Darmstadt 1960, 134.)

2 Zeitgenössisches Flugblatt, abgedruckt als Anlage 4 bei K. Staudinger, Geschichte des Bayer. Heeres, München 1904, II. Dort befindet sich auch eine ausführliche Schilderung des Lagers von Schwabing auf S. 32f.

3 Staudinger II, 685 beziffert die Gesamtunterhaltskosten für das Jahr 1683 auf 1848567 Gulden.

4 L. N. Hallart, seit 1682 Offizier in der bayerischen Armee, seit 1689 Generalquartiermeister, hinterließ eine Reihe von Plänen über Lager und Kampfhandlungen, die von Michael Wening in Kupfer gestochen wurden. Da sie gleichsam aus der Feder eines der bedeutendsten militärischen Fachleute stammen, muß ihr Aussagewert sehr hoch veranschlagt werden. – Zu Wening vgl. Beitrag v. Volckamer.

5 Frh. v. Reitzenstein, Der Waffenschmied, München 1964, 82.

6 Hailer, Festschrift zur Feier des 100jährigen Bestehens der K. B. Gewehrfabrik Amberg, München 1901, 1.

7 KA Konf.-Prot. 1715, Bl. 153.

8 C. v. Hoffmann, Das Königlich Bayer. 4. Infanterie-Regiment, Berlin 1881, 83.

9 W. Eckhardt–O. Morawietz, Die Handwaffen des brandenburgisch-preußisch-deutschen Heeres, Hamburg 1957, 5.

10 H. Schwarz, Gefechtsformen der Infanterie und ihre Entwicklung in Mitteleuropa, München 1962, 94.

11 Eckhardt-Morawietz (Anm. 9) 4.

12 Die Legende, daß der große Theoretiker des Festungskrieges Vauban (1633–1707) der Erfinder des Batterieschlosses sei, hat schon Boeheim widerlegt. Vgl. W. Boeheim, Handbuch der Waffenkunde, Leipzig 1890, 463.

13 Hoffmann (Anm. 8) 83.

14 Staudinger II, 592.

15 Boeheim (Anm. 12) 464.

16 Eckhardt-Morawietz (Anm. 9) 17 hält diese Angabe für zu früh.

17 Staudinger II, 678.

18 Boeheim (Anm. 12) 500.

19 M. Thierbach, Die geschichtliche Entwicklung der Handfeuerwaffen, Dresden 1886–99.

20 Staudinger II, 42.

21 Reitzenstein (Anm. 5) 8.

22 A. M. Mallet, Von der Kriegsarbeit oder des Neuen Festungsbaues, Dritter Teil, Von den Granathen, Amsterdam 1672.

23 Schwarz (Anm. 10) 87.

24 Staudinger II, 54.

25 J. Dauer, Ein Flußübergang vor 200 Jahren, Darstellungen aus der Bayer. Kriegs- und Heeresgeschichte, München 1893, H. 2, 7.

26 K. Chr. Lünig, Corpus juris militaris des heil. röm. Reichs etc., Leipzig 1723: Articuls-Brief, der bey Churfürst Maximilian Emanuels in Bayern sämtlichen Soldatesca zu verlesen und zu observieren ist, de Anno 1717.

27 G. Seifert, Schwert-Degen-Säbel, Hamburg 1962, 37.

28 G. Maier, Süddeutsche Blankwaffen, Oberhöfen 1970, Teil III Bayern.

29 Die Bezeichnung »Pallasch« kommt – streng waffenkundlich – eigentlich nur einem Degen mit einschneidiger Klinge und säbelförmigem Gefäß – d. h. einem Gefäß, bei dem das obere Griffende mit dem Knauf nach vorne gebogen ist – zu. Für den Kürassierdegen hat sich die Bezeichnung Pallasch jedoch in der Fachlit. auch bei Waffen mit geradem Griff allgemein eingebürgert. Vgl. Seifert (Anm. 27) 37.

30 E. Wagner, Hieb- und Stichwaffen, Prag 1966, 211, Abb. S. 227. A. Hoffmann, Das Heer des Blauen Königs, München 1906, hatte von diesem Exemplar keine Kenntnis. Bei seinen Darstellungen der Waffen und Geräte der Armee Max Emanuels beschränkt er sich auf die Wiedergabe des Wallonendegens.

31 Boeheim (Anm. 12) 51.

32 Staudinger II, 680.

33 Ob es tatsächlich eine deutsche Konstruktion war, wird neuerdings wieder in Zweifel gezogen; Reitzenstein (Anm. 5) bemerkt dazu auf S. 85: »Und wenn die neuerdings aufgestellte und auch mit beachtlichen Gründen gestützte Behauptung, das Radschloß sei keine deutsche (Nürnberger), sondern eine italienische Erfindung, zu Recht bestehen sollte (der volle Beweis steht noch aus), so darf doch jedenfalls behauptet werden, daß die eigentliche, die typische

und auch als solche weithin vorbildliche Form der Radschloßbüchse, der ›teutschen‹ Büchse der Inventare, in den einigen so gesegnet fruchtbaren oberdeutschen Städten, Nürnberg und Augsburg an der Spitze, erarbeitet wurde.«

[34] Eckhardt-Morawietz (Anm. 9) 10.

[35] Das Deutsche Waffen-Journal, Schwäbisch Hall, enthält im Heft 5/75 einen ausgezeichneten Aufsatz über die »Fringia-Säbel«, auf den in diesem Zusammenhang verwiesen sei.

[36] D. Pope, Feuerwaffen, Genf 1971, 97.

[37] Staudinger II, 591. Ähnlich wie für die Büchsenmeister wurden auch für die Ingenieure seit 1690 in München Kurse abgehalten, in denen der Festungsbau »in achterlei Manieren« gelehrt wurde. KA Konf.Prot. 1702, Bl. 36, und 1703, Bl. 44.

[38] KA Handschr.Sammlung Nr. 19, II. Beilage 17.

[39] KA A VIb. Artillerie, Zeughausinventare 1683–88.

[40] Staudinger II, 127.

[41] L. Lutz, Die bayerische Artillerie von ihrem Ursprung bis zur Gegenwart, München 1894, 211 und J. Schmölzl, Die bayerische Artillerie seit dem Dreißigjährigen Krieg, München 1879, 4.

[42] Staudinger I, 287.

[43] Pope (Anm. 36) 98.

[44] Lutz (Anm. 41) 209 und Staudinger I, 291.

[45] Staudinger II, 616.

[46] H. Delbrück. Geschichte der Kriegskunst (V), Berlin 1920, 305.

[47] Staudinger II. 669.

[48] G. A. Graf von Wallis, Exercitium des löblichen General Graf Wallisschen Regiments zu Fuß sambt dessen Kriegsgebräuchen, 1705, 38. Dieses Exercitium gehört zur Kategorie der Privat-Reglements, mit denen manche Regimentsinhaber die »amtlichen Reglements« gleichsam kommentierten und illustrierten. Der besondere Wert dieses österreichischen »Wallis-Reglements« liegt in der reichhaltigen, figuralen Bebilderung.

[49] Conte di Marsigli, Stato militare dell' imperio-ottomano, Den Haag 1732, Erläuterung zur Bildtafel XXVII. Marsigli, als General nicht nur ein militärischer Fachmann von hohen Graden, sondern auch »einer der großen Geographen dieser Generation« (J. Stoye, Wien 1683 oder die Rettung des Abendlandes, Wien und Düsseldorf 1967, 114), hat in diesem Werk nicht nur eine der zutreffendsten zeitgenössischen Darstellungen des türkischen Heerwesens gegeben, sondern auch eine der präzisesten Schilderungen der Operationen des Türkenkrieges. Als türkischer Kriegsgefangener 1683 und als späterer Gesandter in Konstantinopel hatte er Gelegenheit, sein Objekt aus nächster Nähe zu studieren.

[50] H. F. v. Fleming, Der Vollkommene Teutsche Soldat, Leipzig 1726, 645. Dieses Werk Flemings ist mit 808 Seiten und 46 Kupfern das umfassendste militärische Lehrbuch aus der ersten Hälfte des 18. Jahrhunderts.

[51] J. Klarmann, Offiziers-Stammliste des Bayer. Ingenieur-Corps, München 1896, 270.

[52] Fleming (Anm. 50) 635.

[53] Beich malte für das Schleißheimer Schloß elf Schlachtendarstellungen aus den Türkenkriegen.

[54] Heckner, 150 Jahre Bayerische Pioniere, München 1963, 14.

[55] Dauer (Anm. 25).

[56] Staudinger II, 615.

[57] Th. Peter, Das königlich-bayerische 10. Infanterieregiment, Ingolstadt 1898, 288.

[58] Staudinger II, 614.

[59] Klarmann (Anm. 51) 260.

[60] Ib., 262.

[61] Ib., sowie Staudinger II, 605.

Hans Georg Majer

Die Türken – Gegner des Westens am Ende des 17. Jahrhunderts

Die zweite Türkenbelagerung Wiens (1683) hat sich dem europäischen Gedächtnis tief eingeprägt. Sie symbolisiert schlechthin die jahrhundertelange Türkenbedrohung Mitteleuropas, ihren Höhepunkt und ihr Ende. In Europa begann die Furcht vor den Türken zu weichen, das Volk sang jubelnd Spottlieder und versetzte den »Erbfeind christlichen Namens« vom Schlachtfeld auf die Bühne barocker Türkenschauspiele. Seit ihren frühesten Vorstößen hatte man die Türken für fähig gehalten, das Abendland zu zerstören, die christliche Religion auszurotten. Nun dachten selbst nüchterne Politiker an die Vertreibung der Osmanen aus Europa, an eine Rückeroberung Konstantinopels.

O Türck O Türck du loser Tropff,
steckt dir dein Vorhabn noch im Kopff,
dass du Gott hast veracht,
den Kayser und sein Macht,
schaut wie der Christen Pulver kracht.[1]

Doch wie wenig hatte zum türkischen Erfolg vor Wien gefehlt, wie schwankte der militärische Erfolg der Feldzüge bis 1699 und auch der Kriege des 18. Jahrhunderts! Es ist schwer zu begreifen, daß ein Reich, das wenige Jahrzehnte zuvor in Anarchie und Ohnmacht zu versinken gedroht hatte, wieder einen Feldzug unternehmen konnte, der die Tage der Erorberersultane zurückzubringen schien. Und nach der Niederlage am Kahlenberg hatte dieses Reich noch die Kraft, einen sechzehnjährigen Krieg an vier Fronten gegen Mächte wie Österreich, Venedig, Polen und Rußland durchzustehen, ohne daß es vernichtet zerbrach. Bis heute nachwirkende Propagandaklischees der Türkenkriegszeit haben dazu beigetragen, daß das »Otomaner Teuffels Gsind«, seine Stärken und Schwächen, seine Motive und Absichten, weitgehend unbekannt geblieben sind.

Um 1683 bedeckte das Osmanische Reich[2] eine fast unüberschaubare Ländermasse: Kleinasien, den Balkan und den größten Teil von Ungarn, Podolien, Bessarabien, die Küstengebiete des Schwarzen Meeres, Teile des Kaukasus, Mesopotamien, Syrien, Palästina, den Hedschas, Jemen, Ägypten, Teile Abessiniens und Nordafrikas bis Algier. Bewohnt wurden diese Landstriche von Türken, Griechen, Slawen, Arabern, Kurden, Armeniern, Kaukasiern, Ungarn, Berbern, Albanern, Rumänen und Juden, die als Nomaden, Bauern, Städter und Soldaten ihr Leben fristeten und als Muslime, Christen und Juden zu einem Gott beteten, wenn auch vielfach in Schulrichtungen, Konfessionen und Sekten aufgespalten. Leider stehen für das 17. Jahrhundert noch keine Bevölkerungszahlen zur Verfügung. Doch zeigt schon die bloße Aufzählung, daß es dieses Reich nach Territorium und wohl auch Bevölkerung mit jedem Staat Europas aufnehmen konnte; sie offenbart aber auch Probleme, wie sie anderwärts kaum zu finden waren: Wie konnte ein derart heterogenes Staatsgebilde zusammengehalten werden, was gab ihm Offensivkraft, was Widerstandsfähigkeit? Drei Elemente vor allem können dies erklären: die islamische Religion, die Dynastie Osman und die osmanische Verwaltung.

Der Islam

Der Vorteil, den der Islam für Ordnung und Zusammenhalt eines Staates bot, in dem mehrere Religionen zusammenlebten, war, daß in seinem religiös-rechtlichen System eine solche Situation vorgesehen war.[3] Gewiß, die beherrschende Rolle spielte der Islam, ein Miteinander oder ein gleichberechtigtes Nebeneinander gab es nicht, aber immerhin ein geordnetes Untereinander. Im islamischen Staat war Raum für Gläubige anderer Religionen, sofern sie im Besitz einer schriftlichen Offenbarung waren. Christen und Juden durften Gottesdienste abhalten, ihre Feste feiern und religiösen Unterricht erteilen. Ihre Gotteshäuser waren geschützt, mit gewissen Einschränkungen allerdings. Zivilrechtliche Angelegenheiten und Streitsachen untereinander regelten die Geistlichen nach den religiösen und rechtlichen Vorschriften der Gemeinschaft.[4] Die Kirchenorganisation blieb bestehen, die Bischöfe erhielten, wie alle Amtsträger, eine sultanische Ernennungsurkunde. Kirchen und Klöster konnten sich weiterhin ihrer Stiftungen erfreuen. Die Nichtmuslime gingen als Bauern, Handwerker und Händler ihrem Broterwerb nach, zum Staats- und Militärdienst waren sie nicht zugelassen, der osmanische Staat übernahm ihren Schutz. Als Gegenleistung war die Kopfsteuer zu zahlen. Um die Steuereinnahmen nicht zu schmälern, waren Übertritte zum Islam in größerem Maßstab keineswegs erwünscht.

Religiös bestimmt war auch das Recht des Reiches, das Scheriatrecht,[5] ergänzt und erweitert durch eine staatliche Gesetzgebung,[6] die aber mit der Scheria in Übereinstimmung sein mußte. Die Kadis hatten mehr als richterliche Kompetenzen, sie waren auch Notare und Aufsichtsbeamte über die lokalen Behörden, teilweise sogar Exekutivorgane, etwa beim Einzug bestimmter Steuern. Die Protokollbücher der Kadiämter[7] beweisen, daß auch Nichtmuslime in Tausenden von Fällen vor das Scheriatgericht gingen, besonders oft, um Geschäfte beglaubigen zu lassen. Berufungsinstanz war der Sultan. Strafsachen, wie Raub, Mord, Aufruhr, Vergewaltigung, Bedrückung, Amtsmißbrauch, zog die Reichsspitze an sich.[8]

Die Pflege der Religion lag in den Händen der Ulema, die jedoch kein Klerus waren; denn Klerus und Kirche gibt es nicht im Islam. Staat und Religion waren eins. Die Körperschaft der Ulema, die Ilmiye,[9] bildete einen Zweig der Staatsverwaltung, war gleichzeitig aber Wächterin des Glaubens auch gegenüber dem Staat, ja selbst gegenüber dem Sultan. Sie hatte eine in Rangstufen und Laufbahnen geordnete Organisation, griff hinaus bis in Provinzstädte, wo die Ulema als Professoren an den Medresen, als Richter und Muftis den Islam repräsentierten. Ihre Spitzengruppe in der Hauptstadt gebärdete sich um so selbständiger, je schwächer die Staatsführung im 17. und 18. Jahrhundert wurde. Wie schon bei der Absetzung Mustafas I. und Ibrahims, so spielten sie auch bei der Mehmeds IV., Mustafas II., und Ahmeds III. eine Rolle, und durchaus nicht nur, weil man auch eine Entthronung durch das islamische Recht gedeckt haben wollte.

Den sichtbaren islamischen Firnis gaben dem Reich auch in mehrheitlich nichtislamischen Gebieten jene typisch islamischen Bauten und Baugruppen, die religiöse und soziale Einrichtungen umfaßten, wie Moscheen, Medresen, Knabenschulen, Derwischklöster, Krankenhäuser, Bäder, Bibliotheken, Brunnen und Grabbauten, die noch heute einem muslimischen Ort sein Gepräge geben. All diese Bauten sind fromme Stiftungen.[10] Der fromme Sinn der Stifter ist unbestritten, doch gab es auch praktische Gründe: Der Stifter konnte die Verwaltung der Stiftung mit einem Gehalt sich und seinen Nachkommen vorbehalten, was den Vorteil hatte, daß das Vermögen der Zersplitterung durch das islamische Erbrecht und der Konfiskation durch den Fiskus entzogen war. Der Staat aber verlor so immer mehr Einkünfte. Doch war er selbst an dieser Entwicklung beteiligt, da er grundsätzlich Stiftungen förderte. Viele Sultans- und Wesirsstiftungen beruhten sogar direkt auf Staatsgütern, die der Sultan fromm, aber kurzsichtig, zu diesem Zweck übereignet hatte. Zahl und Einfluß der Stiftungsbegünstigten war schließlich so groß, daß die Bemühungen mancher Sultane und Wesire, den Mißbrauch zu unterbinden, scheitern mußten.

Eine besondere Art von religiösem Einfluß hatten die Derwische.[11] Viele ihrer Schejche galten als heiligmäßig, sie betreuten die Gräber der Heiligen, denen der einfache Mann seine Sorgen vortrug. Sie lebten gottzugewandt in weltverachtender Ruhe unter dem Volk, kannten seine Nöte und Hoffnungen. Ihre Lehre und religiöse Praxis entfernte sich in vielen Punkten vom orthodoxen Islam der Ulema. In Äußerlichkeiten der Religionsausübung waren sie tolerant bis zur offenen Mißachtung. Krisenzeiten rissen viele von ihnen in einen anarchischen Extremismus, die Ordnung der Welt galt ihnen nichts. Als Prediger und Seelsorger hatten sie Einfluß auf die Stimmung im Volk und im Heer, wo sie für die Moral der Truppen eine oft vieldeutige Rolle spielten.

Die Religion war also Grundlage des muslimischen Selbstbewußtseins und ein starkes Band für die Einheit des Reiches. Religionskämpfe wurden vermieden, innerreligiöse Konfessionenkämpfe zurückgedrängt. Zwischenreligiösen Sprengstoff trug erst die ausländische Propaganda während der Kriege ins Land; sie blieb nicht ohne Wirkung, denn die alte wirtschaftliche und soziale Stabilität war am Ende des 17. Jahrhunderts bis in die Fundamente erschüttert.

Die Dynastie

Das Haus Osman[12] hatte, der Sohn dem Vater folgend, vom Reichsgründer Osman bis zu Süleyman dem Prächtigen zehn unmittelbar aufeinanderfolgende bedeutende Herrscher hervorgebracht. Keiner bestieg als Kind den Thron, mehrere herrschten dreißig Jahre oder mehr. Sie hatten in zweieinhalb Jahrhunderten das Reich aufgebaut und viel zu seinem Zusammenhalt beigetragen. Die Macht des Sultans war durch das religiöse Recht begrenzt, das die Osmanen, anders als die meisten islamischen Dynasten, als bindende Norm betrachteten. Das Wort des Sultans war Befehl, Gesetz, Urteil, sofern es mit der Scheria übereinstimmte. Auch für bedenkliche Akte der Willkür und der Staatsräson suchte man eine rechtliche Basis durch entsprechende Auslegung der Gesetze oder Änderung des Auslegers. Die theoretische Machtfülle des Herrschers war zwar weitgehend neutralisiert und delegiert, aber das landläufige Klischee von den späten Sultanen, die, wenn sie nicht gerade wollüstig in Haremspfühlen versanken, anderen erlesenen Zerstreuungen frönten, ist doch verzerrt. Gewiß, den Harem gab es, und er war nie leer, auch Vergnügungen und Feste wurden in Hülle und Fülle veranstaltet, aber die Sultane hatten auch Amtspflichten, die sie ebenso erfüllten wie gleichzeitige europäische Fürsten. Der Sultan zog regelmäßig freitags in feierlichem Zug zur Predigt in die Moschee, wobei er sich dem Volk zeigte und Bittschriften entgegennehmen ließ. Er empfing Gesandte und Botschafter in Audienz, hieß befreundete Fürsten willkommen, beriet Staatsangelegenheiten mit dem Großwesir, dem Schejchülislam und anderen Würdenträgern. Und schließlich studierte er Akten. Diese waren allerdings nicht nach dem Kriterium absoluter Wichtigkeit ausgelesen, meist ging es um Ernennungen und Versorgungen.[13] Die wichtigsten Staatsangelegenheiten wurden mündlich verhandelt, hinterließen keine Spuren im Archiv, so daß der Anteil der Sultane daran schwer zu fassen ist. Die Sultane dieser Periode waren zwar schwach, der Erpressung, Absetzung und Ermordung durch die wahren Machthaber, die Truppen und die Ulema, ausgesetzt, aber sie waren die Quelle der Legalität, man brauchte sie. Es ist nie versucht worden, die Dynastie zu beseitigen.

Mehmed IV. (1648–1687) war als Knabe auf den Thron gekommen. Er wurde ein großer Jäger, aber eine selbständige Rolle als Herrscher spielte er nicht. Die Wesire aus der Familie der Köprülü nahmen ihm 1656–1676 die Bürde der Regierung ab, wofür er ihnen ein uneingeschränktes Vertrauen entgegenbrachte, das er auf Kara Mustafa Pascha, den Köprülü-Schützling und -Verschwägerten, übertrug. Als dieser scheiterte und das Reich gegen den Willen des Sultans in einen langen Krieg und eine tiefe Krise gerissen wurde, ließ er die Großwesire walten, war auch zu ihrer Absetzung zu bewegen. Im übrigen schien er vom Schicksal des Reiches merkwürdig unberührt und ging jagen. Die Truppen zwangen ihn zum Thronverzicht.[14] Süleyman II. (1687–1691), sein Bruder, war nach einem Leben im Prinzenkäfig zwar gesundheitlich gebrochen, aber guten Willens und bereit zu persönlichem Einsatz. Durch die Ernennung Köprülü Mustafa Paschas zum Großwesir trug er wesentlich zur Konsolidierung bei. Süleyman starb bald,[15] und Mustafa Pascha blieb wenig später auf dem Schlachtfeld von Slankamen. Ahmed II. (1691–1695) hatte wie sei Bruder Süleyman ein Leben in Abgeschlossenheit verbracht. Der musische, kontemplative, zur Melancholie neigende Mann war wenig geeignet, das Reich aus der Krise zu führen. Seine kurze Herrschaft war ohne Linie und Energie, fünfmal wechselte er den Großwesir, sich den Launen und Konstellationen seiner Umgebung beugend.[16] Ungewohnt energische Worte ertönten, nachdem Mustafa II. (1695–1703) den Thron bestiegen hatte: die fatale Lage des Reiches sei der Untätigkeit seiner unmittelbaren Vorgänger zuzuschreiben, er selbst werde wieder, wie sein Ahn Süleyman, an der Spitze des Heeres ausziehen. Dies war kein Theaterdonner, denn der Dreißigjährige setzte den widerratenden Großwesir Ali Pascha kurzerhand ab, intensivierte die Feldzugsvorbereitungen, unternahm in der Folge drei Vorstöße (1695, 1696, 1697) nach Ungarn und betrieb den Krieg auch an den anderen Fronten mit frischer Tatkraft. Wieder zeigte sich, was das Reich zu leisten vermochte, sobald die Führung energisch und zielstrebig vorging. Seine beiden ersten Feldzüge wurden osmanische Erfolge, begünstigt durch die nicht gerade meisterlichen Feldherrntalente des sächsischen Kurfürsten, mehr aber noch durch die Uneinigkeit in der kaiserlichen Heeresleitung.[17] Erst als Prinz Eugen von Savoyen von der West- an die Ostfront versetzt wurde und sich Vollmachten verschafft hatte, kam es zur Katastrophe von Zenta (1697), die Mustafa deutlichmachte, daß an eine Rückgewinnung der verlorenen Gebiete nicht mehr zu denken war. Der Friede von Karlowitz (1699) war die Konsequenz. Danach beschritt Mustafa die Bahnen seines Vaters: Auch er widmete sich dem Vergnügen und der Jagd, überließ das Reich den Wesiren und dem Schejchülislam Seyyid Feyzullah Efendi,[18] seinem früheren Lehrer. Es ist, als habe seine Auffassung vom Herrscheramt nur die Alternative Krieg–Jagd gekannt. Das Verhalten des allmächtigen, aber verhaßten Schejchülislam löste letztlich einen Aufstand aus, den der Sultan, schon da der Großwesir Rami Mehmed Pascha mindestens in seine Anfänge verwickelt war, nicht unterdrücken konnte.[19] Ahmed III. (1703–1730), verhältnismäßig jung und unter ähnlichen Voraussetzungen angetreten wie sein Bruder Mustafa, überließ die Regierung in allen Phasen seiner Herrschaft den Wesiren. Ihn selbst interessierte die Kultur, der er sich auf vielen Gebieten widmete. Als er in Ibrahim Pascha (1718–1730) einen gleichgestimmten Großwesir gefunden hatte, konnte sich die kulturelle Spätblüte der »Tulpenzeit« entfalten. Nichtsdestoweniger gab es Versuche, Karlowitz ungeschehen zu machen, doch trägt die ganze Periode den Stempel der Mäßigung und des Maßes, man schätzte die eigenen Kräfte realistisch ein und verlor auch über taktischen Vorteilen, wie dem Sieg über Peter den Großen am Pruth, nicht das Gesamtkräfteverhältnis aus den Augen. Das gilt jedoch eher nach außen als nach innen. Die lange Friedensperiode nach 1718 und das allzu zögernde und nachlässige Eingreifen in die persischen Wirren wie auch der Prunk der Hofhaltung machten das Militär und die von hohen Steuern belastete Bevölkerung unzufrieden und rebellisch. So endete auch Ahmeds III. Herrschaft in einem Aufruhr.[20]

Die Sultane am Ende des 17. Jahrhunderts waren keine blutigen Tyrannen, sie waren durchschnittliche Männer mit gutem Willen, aber wenig Kraft, Landesvaternaturen, die gelegentlich ins Despotische pendelten, weil es ihre Umwelt verlangte und auch erwartete. Erorberergeist beseelte sie alle nicht, doch lag es in der Tradition des Hauses, mit Eroberungen und dem Titel des »Glaubenskämpfers« zu liebäugeln. Als Symbol der Einheit des Reiches taten die Sultane noch ihren Dienst, aber ihre reale Macht reichte längst nicht mehr in alle Winkel des Reiches.

Die Verwaltung

Daß das Osmanische Reich nicht mehr die expansive Kraft von einst hatte, machte der Vertrag von Zsitvatorok (1606) deutlich. Über die inneren Verhältnisse urteilte der englische Botschafter Sir Thomas Roe 1627: »God may do all things, butt in the witt of man this monarchy is at an end«.[21] Für manche Osmanen waren die Dinge ebenfalls nicht mehr, wie sie eigentlich sein sollten. Seit etwa 1620 beginnen die Autoren von Denkschriften um Bestand und Zukunft des Staates zu bangen, stellen Mißstände heraus und suchen nach Abhilfe. Am düstersten blickte der Polyhistor Kâtib Çelebi[22] in die Zukunft. Beeinflußt von der Geschichtstheorie Ibn Halduns,[23] sah er das Osmanische Reich unwiderruflich und unaufhaltsam im Niedergang. Eine gewisse Verzögerung sei möglich durch einen »starken Mann«.[24] Das ist 1652 geschrieben; 1656 kam Köprülü Mehmed Pascha an die Macht. Die übrigen, etwa der anonyme Verfasser des Kitâb-i Müstetâb,[25] Koçi Bey[26] und Aziz Efendi,[27] bemühten sich um Reformvorschläge, die darauf abzielten, die idealen Verhältnisse wiederherzustellen, die vermeintlich zur Zeit Süleymans des Prächtigen geherrscht hatten. Kehrten alle Institutionen zur seinerzeitigen Ordnung zurück, mußte dann das Reich nicht seine alte Macht wiedererlangen? Diese Geisteshaltung ist charakteristisch. Man war selbstbezogen und unfähig, über die Grenzen der islamischen Welt hinauszublicken, mehr noch, man kam kaum auf den Gedanken. Denn der Muslim, der sich im Besitz der letzten, reinen, wahren Offenbarung wußte, sah seine Weltordnung als einzig gottgewollte und richtige an. Entwicklungen außerhalb waren belanglos; dort Anregungen oder gar Vorbilder zu suchen wäre gleichsam Auflehnung gegen den Willen Gottes gewesen.

So war es im großen ganzen, aber es gibt Ausnahmen: Die osmanische Führung wußte sich stets Informationen über den Westen zu beschaffen, wenn auch nicht zu vergleichender Selbstbetrachtung. Sie hat auch nie gezögert, im technischen Bereich Einzelheiten westlicher Entwicklungen zu übernehmen, etwa den Gebrauch von Feuerwaffen. Einige wenige osmanische Gelehrte haben sogar einen geistigen Blick über die Grenze getan, worüber noch zu sprechen sein wird.

Nichtsdestoweniger war, wie gesagt, die Grundeinstellung des Reiches konservativ. Gefährlich wurde, daß sich konservative Elemente der Religion, des Staates und der Gesellschaft potenzierten. Vom religiösen Standpunkt aus war jede Neuerung verderblich, da in der rechtgläubigen Lehre nicht vorgesehen. In diesem Sinne wurden von den Ulema Reformversuche häufig als »Neuerung« und Ursache jener Mißstände verteufelt, die sie hätten abstellen können. Dem Staat war der alte Brauch heilig. Was frühere Sultane geregelt hatten, pflegten die späteren zu bestätigen, formal und ohne Rücksicht auf oft veränderte Voraussetzungen. Auf viele Ämter und Würden in Verwaltung und Armee hatten bevorzugt und in Übereinstimmung mit dem Gesetz Söhne oder nächste Verwandte der bisherigen Inhaber Anspruch. Besitzstandswahrung, selbst für mißbräuchlichen Besitz, sahen die verschiedensten Gruppen als ein Recht an, das vor allem Militär und Ulema notfalls mit Gewalt und in Gemeinschaft verteidigten.

Innere Krisen und äußere Bedrohung brachten das Reich 1656 an den Abgrund. Aber der »starke Mann« stand bereit. Köprülü Mehmed Pascha, mit außerordentlichen Vollmachten ins Großwesirat berufen, ging umsichtig, aber rücksichtslos vor und leitete die »Köprülü-Restauration«[28] ein, die sein Sohn Ahmed fortführte. Ihr Wesirat (1656 bis 1676) hat dem Reich ein gewisses Maß an innerer Ordnung zurückgegeben.[29] Der Ansatzpunkt ihres Erfolges war die Stellung des Großwesirs, denn er war theoretisch Vertreter des Sultans mit absoluter Vollmacht. Ein starker Wesir konnte die Schwäche des Sultans ausgleichen, doch blieb seine Stellung verletzbar. Er war stets auf das Vertrauen des Sultans und seiner persönlichen Umgebung angewiesen. Zudem brauchte er die Zustimmung der Truppen. Rivalisierende Gruppen belauerten ihn. Wenige Großwesire sind eines natürlichen Todes gestorben. Dennoch herrschte nie Mangel an Bewerbern. Die Arbeitslast des Großwesirs war drückend, er mußte sich als Heerführer, Organisator und Administrator bewähren oder mindestens die richtigen Leute ernennen. Rauhe Haudegen, erfolgreiche Intriganten, rebellische Heerführer, müde Greise, aber auch tüchtige Männer finden sich unter ihnen, zu den bedeutendsten nach 1683 gehören wieder zwei Köprülü, Mustafa Pascha (1689–1691) und Hüseyin Pascha (1697–1702).

Der großherrliche Divan[30] hatte als oberster Rat seine alte Bedeutung eingebüßt. Seit Köprülü Mehmed Pascha hatte sich der politische Schwerpunkt endgültig in die Residenz des Großwesirs hinter der Hohen Pforte verlagert. Auf Feldzügen und in Krisenzeiten wurde zum Meşveret Divanı eingeladen, der alle Männer von Einfluß ohne Rücksicht auf Divanmitgliedschaft zusammenführte.

Die Verwaltung des Reiches war zentralisiert und bürokratisch, dabei aber uneinheitlich und verwirrend vielgestaltig, da die meisten Angelegenheiten nicht grundsätzlich-allgemein, sondern fallweise-individuell geregelt wurden. Neueroberten Gebieten beispielsweise wurde die osmanische Herrschaft einfach übergestülpt, Elemente früherer Strukturen lebten in osmanischem Gewand weiter, was den neuen Untertanen das Einleben erleichterte.

Nach 1683 ergoß sich fast jedes Jahr die Klientel eines neuen Großwesirs in zahlreiche Ämter. Dennoch blieb die Kontinuität der Amtsführung gewahrt, da sich seit Mitte des 17. Jahrhunderts für die einzelnen Verwaltungszweige feste Laufbahnprinzipien herausgebildet hatten.[31] Auch der Nachfolger kam stets aus der geschulten Beamtenschaft. Insgesamt stieg der Einfluß der Bürokratie als eines unentbehrlichen und relativ stabilen Faktors in diesen Krisenjahren, und es ist bezeichnend, daß mit Rami Mehmed Pascha (1703) erstmals ein Bürokrat zum Großwesir aufstieg. So konsequent diese Entwicklung auch war, so schuf sie doch neue Schwierigkeiten, denn der Großwesir blieb Oberbefehlshaber der Armee, und diese mißtraute jedem, der nicht aus ihren Reihen kam.

Nicht in die Reichsverwaltung eingegliedert waren die Vasallenstaaten. Sie anerkannten den Sultan als Oberherrn und zahlten Tribut, soweit sie christlich waren. Im übrigen verwalteten sie sich selbst und unterhielten auch eigene Truppen. In Kriegszeiten wurden sie zu Sonderleistungen aufgefordert, etwa zu Lebensmittellieferungen und Transportdiensten. Auch für die christlichen Vasallen war Feldzugsteilnahme nicht ausgeschlossen, vor Wien standen 1683 Walachen, Moldauer, Siebenbürger und Ungarn, die Truppen der muslimischen Krim waren ohnedies stets mit von der Partie.

Das Reich selbst wurde militärisch verwaltet.[32] Grundeinheit war das Sandschak, dem ein Sandschakbeg vorstand. Mehrere Sandschake umfaßte das Beglerbeglik oder Eyalet, mit einem Beglerbeg an der Spitze. Sandschakbege und Beglerbege waren Kommandeure des Timaraufgebotes, vertraten aber auch ganz allgemein die Staatsgewalt, sorgten für Ruhe und Ordnung, führten Befehle der Zentrale durch. Sandschakbege und Beglerbege hatten Kanzleien und waren von einem Hofstaat umgeben, der eine kleinere Ausgabe des sultanischen war. Wie der Sultan seine besoldeten Pfortenknechte (kapı kulu), so hatten die Bege ihre persönlichen Mannschaften (kapı halkı) aus Segbanen und Levenden.[33]

Ursprünglich bestand die Hauptheeresmacht aus dem Timaraufgebot, Reitern, die von verliehenen Grundeinkünften lebten und je nach Höhe der Einkünfte bewaffnete Knechte zu stellen verpflichtet waren. Das Timarsystem[34] ermöglichte dem Staat, ein großes Heer zu halten, ohne dafür Bargeld aufwenden zu müssen. Neueroberte Gebiete wurden einbezogen und vergrößerten automatisch das Heer. Auch in der zweiten Hälfte des 17. Jahrhunderts hätte das Timaraufgebot nach den Verzeichnissen noch ein gewaltiges Heer stellen müssen. Was tatsächlich zum Feldzug erschien, war kläglich. Viele Timare waren inzwischen in die Hände von Höflingen, Kanzleibeamten, Prinzessinnen und frommen Stiftungen gelangt. Sandschakbeg war ein Posten geworden, der Beglerbegen die Einkünfte aufbesserte. Mit Vorliebe wurde er auch mit einer Steuerpacht gekoppelt,[35] wobei der militärische Charakter ebenfalls zurücktrat. Die Konsequenz war, daß der Staat mehr und mehr besoldete Truppen anwerben mußte, zahlenstarke kapı halkı der Provinz-Bege wurden ein unentbehrliches Element der Heere. Enorme Summen in bar waren nun für die Truppen aufzubringen.

Wie aber stand es um die osmanische Finanzkraft? Das ursprüngliche Steuersystem,[36] das weitgehend auf den Vorschriften der Scheria beruhte, sah vor, daß der Staat einen Teil der Steuern selbst kassierte, der Rest bildete das Einkommen der belehnten Reiterei (sipahi). Dieses System der »scheriatgemäßen Steuern« deckte lange Zeit die normalen Bedürfnisse des Staates. In Kriegszeiten kamen Dienstleistungen und Naturalabgaben dazu, die allmählich aber durch Geldzahlungen abgegolten wurden. Die Aufstände, Wirren und Kriege des 17. Jahrhunderts ließen diese außerordentlichen Abgaben zu regelmäßig erhobenen Steuern werden. Die Steuerhöhe stieg, in Kriegsjahren wurde sogar mehrmals jährlich eingezogen. Das Militär, die Staats- und Religionsbediensteten und die Städter waren ihnen grundsätzlich nicht unterworfen. Andere Gruppen waren wegen besonderer Dienstleistungen befreit (muaf ve müsellem): so die Voynuken und Martolosen, die militärische und polizeiliche Hilfsdienste leisteten, die Postreiter, Falkenzüchter, die Paß- und Brückenwächter. Die letzteren hatten seit alters die Aufgabe, Straßen, Brücken und Pässe für Handel und Verkehr zu sichern,[37] eine Aufgabe, die am Ende des 17. Jahrhunderts immer notwendiger wurde und immer weniger zu erfüllen war. Dafür sorgten Rebellionen in verschiedenen arabischen Provinzen, die kriegerischen Einsatz auch im Osten forderten, und besonders das Räuberunwesen, das sich wie eine Seuche über das Reich ausbreitete.

Dieses Räuberunwesen stand in direktem Zusammenhang mit den durch den Krieg zerstörten Finanzen und dem ständig wachsenden Steuerdruck. Der Bauer hatte mehr und mehr Bargeld für Steuern aufzubringen. Er verschuldete sich und verlor seinen Grund an örtliche Honoratioren (ayan), Geldgeber aus der Stadt oder vom Hofe. Die Folge war, daß er nun neben dem Sipahi auch noch den Grundbesitzer zu ernähren hatte.[38] Zunächst mißbräuchlich, dann vom Staat allmählich geduldet, erhoben lokale Machthaber, besonders Sandschakbege und Beglerbege, eigene Abgaben. Der Zerfall des Timarsystems zwang sie, besoldete Truppen einzustellen, wofür sie keine legalen Geldquellen hatten. Dazu kam, daß die Steuerunterlagen nicht mehr der aktuellen Lage entsprachen, die verbliebene Reaya wurde oft zusätzlich mit dem Anteil der Geflohenen belastet. Kurzum, staatliche, provinzielle und lokale Steuerbelastung trieb die Bauern in äußerste Bedrängnis. Viele verließen ihren Grund, um anderwärts bessere Verhältnisse zu suchen, mancher fand ein Unterkommen bei einem Sipahi oder Grundherrn, der ihn gegen die Forderungen der anderen schützte, mancher ließ sich als Levend anwerben, die übrigen wurden Landstreicher oder schlossen sich Räuberbanden an. Der Übergang zwischen Räubern und Levenden war fließend. Schlecht bezahlte Levenden hielten sich am Landvolk schadlos, führerlos gewordene lebten bald ganz vom Raub. Die Bevölkerung traf das Leid, ob ihre Bedrücker nun im Solde eines Paschas standen oder unverblümt Raubgesindel waren. Der Divan wurde mit Klagen überflutet.[39]

Je länger der Krieg dauerte, desto schlimmer wurden Unordnung und Finanznot. Und dennoch brach das Reich weder im Inneren noch auf den Kriegsschauplätzen ganz zusammen. Noch immer gab es Leute, die ihre Pflicht taten und für die nötigste Ordnung sorgten, immer wieder fand man Finanzquellen: Steuervorauszahlungen, neue Steuerarten ohne Befreiungen, Sonderabgaben auf Vermögen der Reichen und fromme Stiftungen. Selbst der großherrliche Schatz wurde nach entbehrlichem Edelmetall durchsiebt, es landete ebenso wie das Tafelsilber eines Großwesirs in der Münze. Um den Geldwertverfall aufzuhalten, wurden unter Süleyman II. und Mustafa II. Münzreformen durchgeführt. Trotz allem aber stieg das Defizit der Reichskasse während der Kriegsjahre in erschreckender Weise: 1660/61 betrug es noch 12 Millionen Akçe, 1669/70 schon 44 Millionen, 1690/91 247 Millionen, im Jahr darauf 110 Millionen; es erreichte 1692/93 mit 262 Millionen den Höchststand, sank 1698/99 auf 63 Millionen ab, und schon kurz nach dem Friedensschluß, 1701/02, gab es einen Überschuß von 111 Millionen Akçe.[40] Nicht über die Zentralkasse gelaufene Gelder sind in der Aufstellung nicht berücksichtigt.

Weitere Probleme warf die Art des osmanischen Steuereinzugs auf. Um schneller und regelmäßiger über seine Einkünfte verfügen zu können, vergab der Fiskus die Eintreibung bestimmter Staatseinkünfte an »Pächter«, die den Gesamtbetrag der Außenstände abzuliefern garantierten (mukataa).[41] Viele stürzten sich für die Vorauszahlungen in Schulden und waren bestrebt, diese ihre Kosten und, notfalls auch auf krummen Wegen, einen Gewinn zu erwirtschaften. Die Steuerpächter und ihre Bediensteten bedrückten das Volk, wurden aber selbst vom Staat bedrückt. Wer mehr bot, erhielt den Zuschlag. Mancher war schon vor der Abreise wieder abgesetzt. Seine Vorauszahlung erhielt er nicht zurück. Die Gefängnisse waren voll von zahlungsunfähigen Steuerpächtern. Um die schlimmsten Auswüchse abzustellen, den Steuerpächter am Schicksal seiner Pacht langfristig zu interessieren, wurde 1695 die Pacht auf Lebenszeit (malikane) eingeführt.[42] Wenn diese Maßnahme auch nicht ganz den erwarteten Effekt hatte, so trug sie doch zur Stabilisierung der Verhältnisse bei. Der Kampf gegen die innere Unordnung wurde an verschiedenen Fronten geführt. Der Staat versuchte mehrmals, mit der Heiligen Allianz Friedensgespräche aufzunehmen, um von den Kriegslasten frei zu werden, er intensivierte die Verfolgung der Räuber und Heiducken. Daneben organisierte sich der Widerstand gegen die Anarchie auf lokaler Ebene. Die Einwohner unter Führung der Honoratioren (ayan)[43] übernahmen selbst die Verteilung und Eintreibung ihrer Steuern und übergaben sie gesammelt dem Pächter. Dies dämmte Mißbräuche ein. Langsam erhoben sich in vielen Gegenden aus lokalen Honoratioren einzelne Personen, Gruppen oder Familien zu einer lokalen oder regionalen Führungsrolle. Sie sorgten für eine, wenn auch oft tyrannische und antistaatliche Ordnung in ihrem Bereich.

Ort der Entscheidung im positiven wie im negativen blieb die Hauptstadt.[44] In ihr entschied sich das Schicksal des Sultans, der Wesire, des Reiches. Die Versorgung der Hauptstadt gehörte zu den wichtigsten Reichsaufgaben und unterstand direkt dem Großwesir. In der Hauptstadt keine Unruhe aufkommen zu lassen war Maxime jeder vernünftigen Politik. Lieblingsresidenz der Sultane im letzten Viertel des 17. Jahrhunderts war aber Edirne, das noch einmal aufblühte. Hier fühlten sich die Großherren vom Druck der Hauptstadt befreit. Nur ungern und zögernd zogen sie nach Istanbul, wenn es repräsentative Pflichten erheischten. Doch der Sieg der Revolte von 1703 war auch der Sieg Istanbuls über Edirne. Fortan waren die Sultane Gefangene der Hauptstadt, keiner hat mehr anderwärts residiert.

Das Verhältnis zum Westen

Nach islamischer Lehre besteht die Welt aus dem Bereich des Islam (dār ul-islām) und dem Bereich des Krieges (dār ul-ḥarb).[45] Aufgabe der Muslime ist es, das Kriegsgebiet zum Islamgebiet zu machen, also den Islam über die ganze Welt zu verbreiten. Das bedeutet nun allerdings nicht die vielzitierte Ausbreitung des islamischen *Glaubens* »mit Feuer und Schwert«, sondern eine Ausbreitung des *Herrschaftsgebietes* des Islam. Nach der Theorie herrscht mit der nichtmuslimischen Welt ein ständiger Kriegszustand, doch hatte sich längst der Brauch entwickelt, ihn durch Verträge zu beenden. Schon der ältere Islam hatte auch Vorschriften zum Schutz des nichtmuslimischen Ausländers (ḥarbî) im Islamgebiet ausgebildet; die Osmanen verbrieften den Untertanen christlicher Mächte die Sicherheit des Aufenthaltes.[46] Dazu erhielten sie vorteilhafte Handelsbedingungen, günstige Zolltarife und eine eigene Gerichtsbarkeit für ihre Untertanen. Was aber zunächst als großmütiger Gnadenbeweis des Sultans an Freunde gedacht war, verdrehte sich durch den Wandel der Machtverhältnisse zu Rechten und Privilegien, auf die diese Staaten zu pochen begannen. Die Politik der Mächte[47] zielte darauf ab, den einträglichen Levantehandel zu fördern, die Heiligen Stätten und überhaupt die Christen im Reich zu schützen und die eigenen politischen Ziele voranzutreiben. Alle versuchten, die Pforte in ihrem Sinn zu beeinflussen und die Politik des Gegners zu unterminieren. Die antihabsburgische Interessengemeinschaft war Grundlage der traditionellen französisch-osmanischen Freundschaft. Aber gerade unter Ludwig XIV. blieb diese Freundschaft kühl. Beide Mächte hatten zuvorderst eigene Interessen im Auge, ihr Zusammenspiel war lose und nie vertraglich abgesichert. Die Machtdemonstrationen des französischen Admirals Duquesne gegen muslimische Piraten störten das Verhältnis ebenso wie das ungeschickte und anmaßende Auftreten des Botschafters Ferriol. Unbelasteter blieb das Verhältnis zu England und Holland, deren Hauptinteresse dem Handel galt,[48] dennoch überwog letztlich der Einfluß Frankreichs.

Als Botschafter, Konsuln, Kaufleute, Reisende, Gefangene und Abenteurer fluteten Europäer in die Länder des Sultans. Ihre diplomatischen Berichte,[49] Briefe, Tagebücher, Reiseberichte, historischen oder gegenwartskundlichen Darstellungen über das geheimnisvolle Reich im Osten wurden in allen Teilen Europas gedruckt.[50] So konnte Europa sein Interesse aus erster Hand stillen, es war nie allein auf blindwütige Propaganda angewiesen.

Wie aber stand es umgekehrt? Wie unterrichtete sich der Türke über den Westen? Einige wenige osmanische Gelehrte haben einen Blick über die Grenze getan. Aus westlichen Quellen schöpften eine Geschichte Frankreichs (1572), eine Geschichte der Entdeckung der Neuen Welt (1580), Ibrahim Peçuyî für seine Osmanische Geschichte,[51] Kâtib Çelebi für sein geographisches Hauptwerk Cihannüma. Er übersetzte überdies mit Hilfe eines Renegaten den Atlas Minor von Mercator und Hondius und die Geschichte des Johann Carion oder genauer gesagt eine ihrer Bearbeitungen.[52] Alle diese Männer wollten den überlieferten geographischen und historischen Horizont erweitern. Der Geschichtsschreiber Hüseyin Hezarfenn hatte nachweisbar sogar persönliche Kontakte zu europäischen Gewährsmännern. Zwei seiner Werke wurden, lange bevor 1729 die erste Druckerei in Istanbul eingerichtet wurde, in Europa gedruckt.[53] Aber es blieb bei Einzelberührungen ohne Breitenwirkung. Schuld daran war die selbstgenügsame osmanische Grundeinstellung, aber auch die fehlende Verbreitungsmöglichkeit durch den Druck.

Der Beitrag der traditionellen osmanischen Geographie zur Kenntnis der Länder der Ungläubigen war unbedeutend. Doch wußte man sich schon früh etwa eine Kolumbus-Karte[54] und anderes Material zu verschaffen. Im 17. Jahrhundert zögerten die Holländer nicht, dem Sultan die neuesten geographischen Werke zu schenken, die, nach Berichten beunruhigter Venezianer,[55] von Mehmed IV., seinen Söhnen und Wesiren auch intensiv studiert wurden. Seit dem 15. Jahrhundert waren einzelne osmanische Gesandte in den Westen, vor allem nach Italien abgegangen. Es versteht sich von selbst, daß sie dabei Informationen über potentielle Gegner sammelten. Dennoch wurden ständige Botschaften erst nach 1793 eingerichtet.[56] Einige der Berichte sind erhalten.[57] Je stärker im 17. Jahrhundert die Gesandtschaften sich zu volkreichen Großbotschaften ausweiteten, desto größer wurden die Möglichkeiten der Information. Das wußte auch die andere Seite, und so argwöhnte Kaiser Leopold in einem Brief an den Kurfürsten Max Emanuel, daß die eigentliche Absicht der hundertköpfigen Gesandtschaft von 1688, die mitten im Kriege kam, wohl Spionage sei.[58] Man tat dann auch alles, um sie zu verhindern.

Renegaten, Flüchtlinge, Gefangene, Abenteurer und türkische Kriegsgefangene, die durch Flucht, Freikauf oder Austausch in die Heimat zurückkehrten, waren weitere Informationsquellen. Selbst in München waren einige Hundert gewesen.[59] Die Memoiren des Osman Aga aus Temeschwar vermitteln einen lebendigen Eindruck von den Möglichkeiten, die sich einem gewitzten Manne in der Gefangenschaft und danach boten.[60] Seit alters hatte die Republik Ragusa den begründeten Ruf einer Drehscheibe von Nachrichten nach Westen und Osten.[61] Ähnliches gilt für die übrigen christlichen Vasallen. Informationen über die politischen und militärischen Verhältnisse im Westen lieferten auch die Botschaften,[62] jeweils um dem Gegner zu schaden. So tappten die Osmanen also keineswegs blind in geographisch und politisch unbekanntes Gelände, und Ebubekir bin Behram verfügte über genügend Material für seine Feldzugskarte.

Auch über die wichtigsten Personen der Gegenseite blieb man nicht im unklaren. Man kannte Namen, Rang, Funktionen, familiäre Verbindungen und gelegentlich sogar Einzelheiten der persönlichen Erscheinung, so, wenn Evliya Çelebi in seinem Wienbericht, spitz karikierend, aber doch nicht ganz unzutreffend, vermeldet, Kaiser Leopold, der sein Volk liebe und weise sei, habe »einen Flaschenkopf, oben zugespitzt wie die Mütze eines Mevlevî-Derwischs«, und seine Lippen seien »wulstig wie die eines Kamels«.[63] Außer dem Kaiser nennen die türkischen Quellen seine wichtigsten Minister, Generäle und Frontkommandeure, etwa Hermann von Baden,[64] August von Sachsen,[65] Prinz Eugen von Savoyen,[66] Caprara,[67] Heisler[68] und Starhemberg.[69] Auch Max Emanuel von Bayern, der »blaue König«,[70] von dem man sang »ach, wie ist der Türk geloffen, da er diesen Helden sah«,[71] blieb den Türken nicht verborgen.[72] Das Bayerische Staatsarchiv birgt sogar noch einige türkische Schreiben an ihn. Eines stammt aus dem ersten Feldzugsjahr 1683. Darin bedankt sich Ebubekir Kat.N
Pascha, der letzte Kommandant des osmanischen Gran, beim Kurfürsten für das sichere Geleit, das ihm nach der Kapitulation von bayerischen Truppen auf osmanisches Gebiet gewährt worden war.[73] Der Pascha kannte den kurfürstlichen Rang Max Emanuels und wußte, daß er der Kommandeur eigener Truppen war. Das zweite Schreiben Kat.N
stammt von Yeğen Osman Pascha, Beglerbeg von Aleppo und Oberbefehlshaber der osmanischen Armeen im ungarischen Feldzug 1688. Er bat um freies Geleit und einen Paß für die Gesandten Zülfikar Efendi und Alessandro Maurocordato, die unter dem Vorwand, die Thronbesteigung Süleymans II. anzukündigen, in Wien Friedensgespräche aufnehmen sollten.[74] Ein Bild im Viktoriensaal des Schlosses Kat.N
Schleißheim zeigt ihren Empfang durch den Kurfürsten. Yeğen Osman redet den Kurfürsten an als »Maksimiliyanosch, Herzog des Bayerlandes und Obergeneral des Römischen Kaisers«, er wußte demnach, daß Max Emanuel vor Belgrad den alleinigen Oberbefehl innehatte. Dieser Brief findet sich wieder im Geschichtswerk des Silahdar,[75] so daß der Kurfürst also in die osmanische Geschichtsschreibung eingegangen ist. Seine tatkräftige Kriegsteilnahme in den Jahren 1683–1688 war Silahdar auch sonst nicht entgangen, und so wird er des öfteren erwähnt.[76] Bei der Belagerung Ofens 1684 etwa tritt er dem türkischen Leser entgegen als »Herzog Barfirisch Maksimiliyan, Schwiegersohn des Kaisers und dessen zweiter General,

VIII Franz Joachim Beich, Übergang über die Save, 1688 (Detail). Neues Schloß Schleißheim, Viktoriensaal

einer der sieben Kurfürsten, Herrscher des Landes Bayern in erblicher Weise«.[77]

Solche Beschäftigung mit Ungläubigen erzwang der Krieg. Wie aber kam es zum Krieg, was trieb die Türken nach Wien? Da war die Frage der von Habsburg bedrückten ungarischen Protestanten, die seit langem schwelte; doch ein direkter Kriegsgrund war sie nicht. Hilfeersuchen der Ungarn hatte Köprülü Ahmed Pascha immer wieder abgelehnt. Kara Mustafa[78] war entgegenkommender, er wollte sich ihrer bedienen. Für osmanisches Empfinden war der Krieg der Vater aller Dinge, die Religion schrieb ihn als religiöse Pflicht vor, das Reich war aus Eroberungen entstanden, seine militärische Struktur förderte und forderte ihn. Allzu lange unbeschäftigte Truppen brachen die Disziplin, wurden politisch, neigten zur Meuterei und Rebellion. Den Soldaten lockte Verdienst und Beute, fiel er, starb er als Glaubenszeuge, das Paradies stand ihm offen, seine Familie war stolz auf ihn. Der Großwesir war in der Eigenschaft des Oberbefehlshabers (serdar-i ekrem) faktisch Alleinherrscher. Seit die Eroberungen stockten, kümmerte der Staat. Nach osmanischem Staatsdenken konnten ihn nur Eroberungen wieder aufrichten. Dazu kam der Ehrgeiz Kara Mustafa Paschas. Er stand im Schatten der Köprülüs. Wollte er sich daraus befreien, mußte er sie überflügeln. Sie hatten gegen den Kaiser nicht viel erreichen können, hatten den Venezianern aber Kreta weggenommen. Kara Mustafa Pascha mußte also den Kaiser besiegen und ihm Länder abnehmen. Noch besser, er würde Wien erobern, die Hauptstadt des Kaisers, woran selbst Süleyman der Prächtige gescheitert war. Wie weit sein Ehrgeiz strebte, ob wirklich nach eigener Herrschaft in Ungarn, bleibt fraglich. Wäre er als Eroberer von Wien heimgekehrt, hätte er mehr Macht besessen als je in der Funktion eines muslimischen Königs von Ungarn oder Österreich. Wer hätte ihn im Amte noch gefährden können? Ohnedies hatte Mehmed IV. nichts gegen die selbstherrliche Entscheidung des Großwesirs unternommen, direkt auf Wien zu marschieren. Kara Mustafa griff, für sich und den Sultan, zum reformerischen Mittel des staatserhaltenden Krieges. Seine überhebliche Verbohrtheit und seine Blindheit gegenüber den Zügen des Gegners ließen ihn scheitern, das Reich schlitterte in die Krise. Die Konsolidierung der Köprülü-Ära, die den Angriff erst ermöglicht hatte, war verspielt.

Der Krieg zog sich hin. Hätten auch die Perser im Osten angegriffen, die Lage wäre sehr ernst geworden. So aber ließ der zähe Widerstand der türkischen Truppen den anfänglichen Optimismus der Alliierten schwinden, aber ihr Vordringen hinein nach Ungarn, ihre Erfolge in Dalmatien, auf der Morea, in Podolien und am Schwarzen Meer waren nicht zu verhindern. Gewiß, das Kriegsglück schwankte, und manche Jahre sahen türkische Erfolge, gewonnene Schlachten, Rückeroberungen wie die von Belgrad (1690) und Chios (1695). Doch die Finanzierung des Krieges, die Aufstellung der Truppen wurden schwieriger, verlangten harte Maßnahmen. Das Volk litt, der Staat war überfordert und hatte keine Mittel, auch noch mit den Räuberbanden fertig zu werden. Banditenführer wurden begnadigt, wenn sie Heeresfolge versprachen, so Yeğen Osman, der zum Oberkommandierenden in Ungarn aufstieg. Er ließ das vom bayerischen Kurfürsten belagerte Belgrad (1688) im Stich und benahm sich so recht wie eh und je, schließlich mußten ihm Armee und allgemeines Volksaufgebot das Handwerk legen.[79]

Die Verluste an Mannschaft und Material konnten immer wieder ausgeglichen werden, an Kriegserfahrung fehlte es nicht. Doch die Disziplin schwand, und die Taktik war veraltet.[80] Die türkischen Armeen konnten Festungen belagern und verteidigen, sie konnten einen Feind in den Hinterhalt locken und ihn mit großer Wucht angreifen und über den Haufen rennen, die Streifzüge der leichten tatarischen Reiter verbreiteten Schrecken weit und breit. Aber taktisch zu manövrieren, wie es die neuere europäische Kriegskunst lehrte, etwa eine eingebrochene Linie neu zum Angriff zu formieren, das fiel ihnen schwer. Waren die Reihen wirklich ins Wanken gebracht, folgte meist eine regellose Flucht.

Von Vorteil für die Türken waren die Schwächen der Gegner: mangelnde Abstimmung der Alliierten untereinander, Uneinheitlichkeit der Armeeführungen, Kompetenzstreit der Fürsten, Geldmangel, Nachschubprobleme und Seuchen. Die Politik und die Kriege Ludwigs XIV. hatten die Türken zeitweilig entlastet, da sie den Kaiser zwangen, seine Kräfte aufzusplittern. Seit dem europäischen Frieden von Rijswijk (1697) nahm die allgemeine Friedensneigung zu. Die Aussicht, nach der Niederlage von Zenta nun auch noch einer nicht mehr geteilten kaiserlichen Heeresmacht gegenüberzustehen, die üble Verfassung des Reiches, das Signal des Falles von Asow in die Hände Peters des Großen ließen auch die Türken wieder den Frieden suchen. England hatte schon länger seine Vermittlung angetragen, ebenso Holland. Beide Botschafter vermittelten den Frieden, der im Januar 1699 in Karlowitz geschlossen wurde. Den osmanischen Unterhändlern gelang es, das Gesicht zu wahren, denn außer im Austausch verlor das Reich nichts, was nicht schon vorher militärisch verloren gewesen war.[81]

Das Osmanische Reich nach Karlowitz konnte kaum mehr als Macht ersten Ranges angesehen werden. Doch Erschöpfung und territoriale Verluste bedeuteten noch lange nicht völlige Ohnmacht. Wenige Jahre später schlossen die Türken die russische Armee samt dem Zaren am Pruth ein. Der Krieg gegen Venedig, den schwächsten Sieger von 1699, ließ sich so erfolgreich an, daß Österreich eingreifen mußte. Belgrad fiel, und der Frieden von Passarowitz (1718) brachte neue Verluste. Endgültig erkannte man, daß kein Weg zurück zum Glanze Süleymans führte. Rettung konnten allenfalls westliche Organisation und Technik bringen. Kulturell, militärisch und diplomatisch begann die Öffnung. Erste Erfolge zeitigte der nächste

Krieg gegen Österreich. Belgrad wurde zurückgeholt, der günstige Frieden dort abgeschlossen (1739). Doch noch waren Widerstand und Schwierigkeiten im Innern groß. Nur die Rivalität der Großmächte schützte das Reich, dem in Rußland ein Gegner entstand, der als Glaubensgenosse die orthodoxen Balkanchristen aufzuwiegeln fähig war. Osmanische Eroberungskriege gehörten der Vergangenheit an, Kriege zur Rückeroberung und zur bloßen Verteidigung wurden die Regel. Eine neue Situation für die Osmanen. Die Türkengefahr für Europa war beseitigt.

Die Furcht vor der Zerstörung des christlichen Glaubens durch den »Erbfeind« war eines der Hauptmotive des Verteidigungswillens der Christen gewesen:

Sich wie der Türck mit seiner schar
Verwüstet dein schön Erbtheyl gar
Zerstört glauben / zucht / gerechtigkeyt
Das bleibt kein lieb noch einigkeyt.[82]

War diese Furcht gerechtfertigt? Was wäre denn geschehen, hätten die Türken Wien oder gar München eingenommen? Diese Frage zu stellen ist dem Historiker eigentlich versagt. Aber durch die vielen Parallelen, welche die Geschichte des Osmanischen Reiches liefert, läßt sich eine Antwort wahrscheinlich machen.[83] Zunächst wäre die Stadt aufgefordert worden, zum Islam überzutreten oder sich wenigstens kampflos zu ergeben. In diesem Falle wären Leben und Besitz garantiert worden. Im Falle der gewaltsamen Eroberung hätten die Eroberer ein Recht auf Plündern und Beutemachen gehabt. Ein Teil der Bevölkerung wäre versklavt worden. Sie wäre unfrei, aber nicht rechtlos geworden, denn der Islam kennt ein Sklavenrecht und sieht die Freilassung als verdienstlich an. In jedem Falle wäre zumindest die Frauenkirche Moschee geworden. Ein muslimischer Kadi hätte seine Amtsgeschäfte aufgenommen, eine türkische Garnisonstruppe wäre eingezogen. Jeder erwerbsfähige Mann, außer den Geistlichen, hätte seine Kopfsteuer entrichten müssen. Das Umland wäre neu aufgenommen und in Timare eingeteilt worden. In Anlehnung an die bisherige bayerische Besteuerung wäre ein Steuergesetz erlassen worden, das die Abgaben der Bauern an die Sipahis geregelt hätte. Der Bischof von Freising wäre zum Wesir gerufen worden und hätte die Geschäfte als Oberhaupt der Christen im Lande übertragen bekommen. Die Mönche und Priester wären in Klöstern und Kirchen, die Bauern auf ihrem Land geblieben. Die Wittelsbacher allerdings hätten der Dynastie Osman weichen müssen.

Die Türkengefahr für den Glauben, die das Volk am meisten ängstigte, bestand also noch am wenigsten. Es ging in Wirklichkeit um Politisches, um einen Austausch der Dynastie, der staatlichen Verwaltung, um den Verlust der durchaus nicht allgemeinen Freiheit und der Standesprivilegien. Das Volk erfuhr dies nicht. Verständlicherweise, denn erst die religiöse Verankerung des Abwehrwillens gab ihm den rechten Schwung. Eine Osmanisierung der politischen Verfassung hätte Bayerns Geschicke gewiß vielfach in andere Bahnen gelenkt. Aber ihren katholischen Glauben hätten die Bayern auch unter der türkischen Dynastie bewahren können. Nur: Der erste protestantische Münchner hätte sich nicht erst 1799, sondern wohl schon hundert Jahre früher in der Stadt niederlassen dürfen, denn der »Heide« ließ in seinen Ländern auch andere Religionen und Konfessionen gelten.

Anmerkungen

[1] Ş. Özyurt, Die Türkenlieder und das Türkenbild in der deutschen Volksüberlieferung vom 16. bis zum 20. Jahrhundert, München 1972, 253, auf 1664 gemünzt, aber auch 1683 gültig.

[2] Einen Grundriß der osmanischen Geschichte im 17. Jahrhundert verfaßte M. Akdağ, Genel Çizgileriyle XVII. Yüzyıl Türkiye Tarihi (Tarih Araştırmaları Dergisi 4/6–7, 1966) 201–247.

[3] Vgl. H. A. R. Gibb u. H. Bowen, Islamic Society and the West. Bd. I, Teil II, London 1957, 207–261.

[4] St. Runciman, Das Patriarchat von Konstantinopel, München 1970, 163–217.

[5] J. Schacht, An Introduction to Islamic Law, Oxford 1964.

[6] Ö. L. Barkan, XV ve XVI ıncı asırlarda Osmanlı Imparatorluğunda ziraî ekonominin hukukî ve malî esasları, Istanbul 1945, Einleitung.

[7] Vgl. etwa: Die Protokollbücher des Kadiamtes Sofia. Bearbeitet von G. D. Galabov, hrsg. von H. W. Duda, München 1960.

[8] So die Verhältnisse am Ende des 17. Jahrhunderts, wie sie sich aus den Mühimme Defterleri 105–114 im Başbakanlık Arşivi (Istanbul) ergeben. Die früheren Verhältnisse untersucht eingehend: U. Heyd, Studies in Old Ottoman Criminal Law, hrsg. von V. L. Ménage, Oxford 1973.

[9] Gibb/Bowen (s. Anm. 3) 70–164; I. H. Uzunçarşılı, Osmanlı Devletinin Ilmiye Teşkilâtı, Ankara 1965; U. Heyd, E. Kuran, ᶜIlmiyye (The Encyclopaedia of Islam 3, Leiden–London 1971²) 1152–1154.

[10] Gibb/Bowen (s. Anm. 3) 165–178; W. Heffening, Waḳf. (Enzyklopädie des Islam 4, Leiden–Leipzig 1934) 1187–1194.

[11] Vgl. Gibb/Bowen (s. Anm. 3) 178–206 und besonders die zahlreichen Artikel von H. J. Kissling über die osmanischen Derwischorden.

[12] Zur Genealogie s. A. D. Alderson, The Structure of the Ottoman Dynasty, Oxford 1956.

[13] Vgl. die im Başbakanlık Arşivi im Ali Emiri Tasnifi verwahrten Akten mit Hatt-ı Hümayun.

[14] C. Baysun, Mehmed IV. (IA, 7) 547–557.

[15] B. Kütükoğlu, Süleyman II. (IA, 11) 155–170.

[16] M. C. Baysun, Ahmed II. (IA, 1) 164–165.

[17] P. Haake, Die Türkenfeldzüge Augusts des Starken 1695 und 1696 (Neues Archiv für sächsische Geschichte 24, 1903) 134–154.

[18] O. F. Köprülü, Feyzullah Efendi (IA, 4) 593–600; S. F. Meservey, Feyzullah Efendi: an Ottoman Şeyhülislam. Diss. phil. Princeton 1965 (Masch.).

[19] C. Orhonlu, Mustafa II. (IA, 8) 695–700; R. A. Abou-El-Haj, The Narcissism of Mustafa II (1695–1703): A Psychohistorical Study. (Studia Islamica 40, 1974) 115–131.

[20] E. Z. Karal, Ahmed III. (IA, 1) 165–168; M. M. Aktepe, Patrona Isyanı (1730), Istanbul 1958.

[21] Zitiert in J. W. Zinkeisen, Geschichte des osmanischen Reiches in Europa. Bd. 4, Gotha 1856, 42.

[22] O. Ş. Gökyay, Kâtip Çelebi. Hayatı, Şahsiyeti, Eserleri (Kâtip Çelebi. Hayatı ve Eserleri Hakkında Incelemeler, Ankara 1957) 3–90; M. T. Gökbilgin, XVII. Asırda Osmanlı Devletinde Islahat Ihtiyaç ve Temayülleri ve Kâtip Çelebi, ib. 197–218.

[23] Z. F. Fındıkoğlu, Türkiyede Ibn Haldunizm (Fuad Köprülü Armağanı, Istanbul 1953) 156–157.

[24] W. F. A. Behrnauer, Hâğî Chalfa's Dustûru 'l ᶜamel (Zeitschrift der Deutschen Morgenländischen Gesellschaft (ZDMG) 11, 1857) 129f.

[25] Kitâb-i Müstetâb, hrsg. von Y. Yücel, Ankara 1974.

[26] W. F. A. Behrnauer, Koğabeg's Abhandlung über den Verfall des osmanischen Staatsgebäudes seit Sultan Suleiman dem Großen (ZDMG, vgl. Anm. 24, Bd. 15, 1861) 272–332.

[27] K. Röhrborn, Untersuchungen zur osmanischen Verwaltungsgeschichte, Berlin 1973, 10–11.

[28] H. J. Kissling, Die Köprülü-Restauration (Intern. Kulturhist. Symposion Mogersdorf I: Österreich und die Türken, Eisenstadt 1972) 75–83.

[29] M. T. Gökbilgin, Köprülüler (IA, 6), 892–908.

[30] Zu Divan und Zentralverwaltung s. I. H. Uzunçarşılı, Osmanlı Devletinin Merkez ve Bahriye Teşkilâtı, Ankara 1948.

[31] J. Shinder, Career Line Formation in the Ottoman Bureaucracy, 1648–1750: A New Perspective (Journal of the Economic and Social History of the Orient 16, 1973) 217–237.

[32] Gibb/Bowen (s. Anm. 3) Bd. I/1, 45–56, 137–173.

[33] M. Cezar, Osmanlı Tarihinde Levendler, Istanbul 1965, 256 bis 317.

[34] Ö. L. Barkan, Timar (IA, 12/I) 286–333.

[35] Röhrborn (s. Anm. 27) 114–149.

[36] A. Sućeska, Die Entwicklung der Besteuerung durch die ᶜAvâriż-i dîvânîye und die Tekâlîf-i ᶜörfîye im Osmanischen Reich während des 17. und 18. Jahrhunderts (Südost-Forschungen 27, 1968) 89–130.

[37] C. Orhonlu, Osmanlı Imparatorluğunda Derbend Teşkilâtı, Istanbul 1967; ders., Köprücülük (VII. Türk Tarih Kongresi. Bildiriler, 2) 701–708.

[38] Sućeska (s. Anm. 36) 102, 109–120.

[39] Başbakanlık Arşivi, Mühimme Defterleri 105–114. (vgl. Anm. 8).

[40] M. Genç, Osmanlı Maliyesinde Malikâne Sistemi (Türkiye Iktisat Tarihi Semineri. Metinler/Tartışmalar, Ankara 1975) 236.

[41] Zum Mukataa-System vgl. M. Akdağ, Türkiye'nin Iktisadî ve Içtimaî Tarihi, 2, Ankara 1971, 279–300.

[42] Genç (s. Anm. 40) 231–296.

[43] A. Sućeska, Bedeutung und Entwicklung des Begriffes Aᶜyân im Osmanischen Reich (Südost-Forschungen 25, 1966) 3–23; ders., Ajani, Sarajevo 1965.

[44] R. Mantran, Istanbul dans la seconde moitié du XVIIᵉ siècle, Paris 1962.

[45] M. Khadduri, War and Peace in the Law of Islam, Baltimore 1955.

[46] H. Inalcık, Imtiyāzāt II. The Ottoman Empire (The Encyclopaedia of Islam 3, Leiden–London 1971²) 1179–1189.

[47] D. Vaughan, Turkey and the West. A Pattern of Alliances 1300–1700, Liverpool 1954; B. Spuler, La diplomatie européenne à la Sublime Porte aux XVIIᵉ et XVIIIᵉ siècles (Revue des Etudes Islamiques 39, 1971) 1–28.

[48] Mantran (s. Anm. 44) 511–630.

[49] Leider sind davon nur allzu wenige gedruckt, etwa: N. Barozzi und G. Berchet (Hrsg.), Relazioni degli ambasciatori e baili veneti a Constantinopoli. Bd. I, Teil I, Venedig 1871, Bd. I, Teil II, Venedig 1873; E. Varenbergh (Hrsg.), Correspondence du Marquis de Ferriol, Ambassadeur de Louis XIV à Constantinople (Annales de l'Académie d'Archéologie de Belgique 26, 1870) 481–865.

[50] C. Göllner, Turcica. Die europäischen Türkendrucke des XVI. Jahrhunderts, 2 Bde., Bukarest 1961–1968. Das 17. Jahrhundert ist in Vorbereitung.

[51] B. Lewis, The Use by Muslim Historians of Non-Muslim Sources (Historians of the Middle East, hrsg. von B. Lewis und P. M. Holt, London 1962) 184–186.

[52] Gökyay (s. Anm. 22) 73–76.

[53] H. Wurm, Der osmanische Historiker Hüseyin b. Ǧaᶜfer, genannt Hezārfenn, und die Istanbuler Gesellschaft in der zweiten Hälfte des 17. Jahrhunderts, Freiburg 1971, 109–112, 122–149.

[54] P. Kahle, Die verschollene Columbus-Karte vom Jahre 1498 in einer türkischen Weltkarte von 1513, Berlin–Leipzig 1933. S. Soucek, A propos du livre d'instructions nautiques de Pīrī Reᵓīs (Revue des Etudes Islamiques 41, 1973) 241–255.

[55] Wurm (s. Anm. 53) 30–31.

[56] E. Kuran, Avrupa'da Osmanlı Ikamet Elçiliklerinin Kuruluşu ve Ilk Elçilerin Siyasi Faâliyetleri 1793–1821, Ankara 1968, 9–12.

[57] Vgl. die Zusammenstellung bei F. R. Unat, Osmanlı Sefirleri ve Sefaretnameleri, Ankara 1968.

[58] H. G. Majer, Ein Brief des Serdar Yeğen Osman Pascha an den Kurfürsten Max Emanuel von Bayern vom Jahre 1688 und seine Übersetzungen (Islamkundliche Abhandlungen. Festschrift Kissling, München 1974) 143.

[59] Graf Topor Morawitzky, Beiträge zur Geschichte der Türkenkriege von 1683–1688 (OA 17, 1857) Heft 2, 174–188, Heft 3, 1–33.

[60] Der Gefangene der Giauren. Übers., eingeleitet und erklärt von R. F. Kreutel und O. Spies, Graz 1962, und: Zwischen Paschas und Generälen. Unter Mitarbeit von F. Kornauth übersetzt, eingeleitet und erklärt von R. F. Kreutel, Graz 1966.

[61] P. Bartl, Der Westbalkan zwischen Spanischer Monarchie und Osmanischem Reich. Wiesbaden 1974, 79; N. H. Biegman, Ragusan Spying for the Ottoman Empire (Türk Tarih Kurumu Belleten 27/106, 1963) 237–255. Beide Angaben betreffen das 16. Jahrhundert, gelten aber auch für das 17. Jahrhundert.

[62] Über die französische Politik unterrichtet: Recueil des Instructions données aux Ambassadeurs et Ministres de France. Vol. XXIX: Turquie, hrsg. von P. Duparc, Paris 1969.

[63] Im Reiche des Goldenen Apfels. Übersetzt, eingeleitet und erklärt von R. F. Kreutel, Graz 1963², 160ff.

[64] F. Babinger, Qara Muṣṭafâ-Paschas Esseger Sendschreiben an den Markgrafen Hermann von Baden (Archiv Orientálni 4, 1932) 24–33.

[65] F. C. Derin, Mustafa Ilya Dair Bir Risale (Tarih Dergisi 9/13, 1958) 50, 57, 62.

[66] H. W. Duda, Die ersten Friedensfühler der Pforte nach der Eroberung von Belgrad im Jahre 1717 (Documenta Islamica Inedita, Berlin 1952) 263–272.

[67] Silahdar Fındıklılı Mehmed Ağa, Tarih Bd. 2, Istanbul 1928, 20.

[68] Derin (s. Anm. 65) 50, 62.

[69] Silahdar (s. Anm. 67) 46.

[70] Richtiger müßte es der blaue »Kurfürst« heißen, doch blauer »König« hat sich eingebürgert und charakterisiert Max Emanuel in seiner Türkenkriegszeit vortrefflich. Siehe dazu H. G. Majer, Der blaue »König« (ZBLG 38, 1975) 730–738.

[71] Özyurt (s. Anm. 1) 270.

[72] K. Süssheim, Die Beziehungen zwischen Bayern und der Türkei im Wandel der Jahrhunderte, (Bayerland 30, 1919) 411–419, kannte erst einen verderbten Beleg aus türkischen Quellen.

[73] H. G. Majer, Zur Kapitulation des osmanischen Gran (Esztergom) im Jahre 1683 (Südosteuropa unter dem Halbmond. Festschrift Stadtmüller, München 1975) 189–204.

[74] Majer (s. Anm. 58) 130–145.

[75] Silahdar (s. Anm. 67) 563f. Nach dem Bericht des Zülfikar Efendi. BStB Cod. turc. 117, fol. 36a.

[76] Eine Übersetzung und Kommentierung all dieser Stellen habe ich in Arbeit.

[77] Silahdar (s. Anm. 67) 165f.

[78] M. M. Aktepe, Mustafa Paşa (IA 8) 736–738; R. F. Kreutel, Osmanische Berichte über Ḳara Muṣṭafā's Feldzug gegen Wien (Die Welt des Islams 12, 1969) 196–227.

[79] Vorläufig ganz knapp bei Majer (s. Anm. 58) 131.

[80] Vgl. T. M. Barker, Double Eagle and Crescent. Viennas Second Turkish Siege and its Historical Setting, New York 1967, 187–197.

[81] R. Abou-El-Haj, The Reisulkuttab and Ottoman Diplomacy at Karlowitz, Diss. phil. Princeton 1963 (Masch.).

[82] Özyurt (s. Anm. 1) 476.

[83] S. z. B. die Aufforderung an die Wiener: G. Jacob, Türkische Urkunden (Der Islam 7, 1917) 281–284; dazu Verbesserungen von J. H. Mordtmann (Der Islam 9, 1919) 106–107.

Peter Jaeckel

Ausrüstung und Bewaffnung der türkischen Heere

Wie üppige, bunte Zeugnisse einer anderen Welt steht in vielen historischen Museen eine Gruppe von Gegenständen; fremdartig, teilweise strotzend von Edelmetall und überladen mit Edelsteinen – die Türkenbeute. Sie gibt Zeugnis von den Kämpfen, in denen deutsche und polnische Heere die Türken, jenen zentralasiatischen Nomadenstamm, der unter Führung des Hauses Osman ein gewaltiges Imperium aufgebaut hatte, verjagten und Europa von einer furchtbaren Bedrohung befreiten. 1683 hatten die Türken zum letztenmal versucht, Wien zu erobern und damit den »Goldenen Apfel«, wie sie die Stadt nannten, zu pflücken. Es gelang nicht. Der König von Polen, Jan Sobieski, schlief am 12. September 1683 als Sieger im Zelt des türkischen Oberkommandierenden, des Großwesirs Kara Mustafa. Ungeheure Schätze an Gold, Edelsteinen, Feldzeichen, Waffen und Kriegsmaterial wurden erbeutet. – Eine Reihe von Feldzügen unter verschiedenem Oberkommando schloß sich an. Ihre großen Feldherren waren Karl von Lothringen, Ludwig Wilhelm von Baden, Prinz Eugen und Kurfürst Maximilian Emanuel von Bayern, der »Blaue König«, wie er bei den Türken hieß. Auch er schlief nach der Schlacht bei Mohács (12. August 1687) im Zelt des geschlagenen Oberbefehlshabers.

Zelte und Teppiche

Zelte waren der kulturelle Ausdruck dieser kriegerischen Steppenreiter: dort wurden sie geboren, lebten und starben sie. Weil die Zelte technisch perfekt und luxuriös ausgestattet waren, wurden sie vom Sieger gleich weiterbenutzt. Sie folgten in die Feldzüge der nächsten Jahrhunderte und wechselten die Besitzer. So steht heute ein türkisches Prunkzelt in Stockholm, Beute aus dem Sieg der Schweden über August den Starken bei Klissow 1702, und so sollen die Franzosen das Hauptzelt der Beute von Mohács im Jahre 1800 aus München weggeführt haben.[1] Auf solche Weise wurden die Zelte in Krieg und Frieden[2] verschlissen und verbraucht. Die Reste kamen schließlich in die Museen, wo sie lange Zeit mit der Innenseite nach außen ausgestellt wurden, damit der Besucher sie bequemer anschauen konnte. Das war falsch, und die farbigen Tücher, aus denen die Zelte bestanden, haben darunter außerordentlich gelitten.

Das Zelt des Bayerischen Armeemuseums, das in langjähriger Arbeit wiederhergestellt wurde, ist, wie es im Inventar des Hauptzeughauses München von 1776 heißt,[3] ein »von rothem Filz gemachter ›Türkischer Thurm‹«, auf den innen eine rote Leinwand gesetzt wurde. Darauf sind ein »Blumenwerkh« aus gelber, blauer und grüner Seide appliziert sowie Blätter und Blüten in farbigem Leinen, wobei durch die Verwendung verschiedenen Materials eine zusätzliche Wirkung erzielt wird. Im Inventar werden außer diesem noch sechs weitere Zelte aufgezählt. Eins davon, dessen große viereckige Decke an der Wand des alten Armeemuseums in München hing, ist noch vorhanden. Es ist das als Audienzzelt bezeichnete Zelt Nr. 3. Errichtet wurde es mit vierzehn Stangen, deren große kupfervergoldete Knäufe weithin leuchteten. Sie sind wohl die 14 »Türme« vom Zelt des Großwesirs, von denen Ruith spricht.[4] Kat.Nr. 104

Das noch heute im Münchner Museum für Völkerkunde befindliche Rundzelt könnte dann die Nr. 7 des Inventars sein. Die vier anderen sind verschwunden, ebenso die zwei Kissen »von schnittenem Samet«. Zwei türkische Teppiche, der größere davon ein Kelim, wurden in den zwanziger Jahren vom Armeemuseum weitergetauscht. Nur der »Große wollene Türkische Fussteppich von allerhand Farben«, zum Zelt Nr. 3 gehörig, ein sehr gut erhaltener Kelim in den Maßen 5,80 × 4,80 m, ist noch in Ingolstadt vorhanden. Nicht mehr auffindbar ist auch die »Türkisch Wand womit das Quartier oder Lager eines Türkischen Feldherrn umgeben geweßen«. Diese »Wand« war aus grüner Leinwand mit einer roten Einfassung und 2,10 m hoch. Der Herzog von Villars erwähnt in seinen Erinnerungen bei der Eroberung des Lagers von Gran[5] eine solche Einfassung. Die genaueste Beschreibung türkischer Zelte, die dazu noch durch bildliche Darstellungen gestützt wird, finden wir bei Marsigli.[6] Er beschreibt uns Kat.Nr. 202
die Rundzelte für sechs Mann, in denen die Soldaten auf Schaffellen schliefen; bei den Janitscharen, der Gardeinfanterie, waren diese Zelte mit dem Zeichen der Einheit geschmückt. Kleine Rundzelte dienten der irregulären Reiterei zum Aufenthalt. Neben ihnen waren die Pferde

mit einem Seil um das Hinterbein am Pikettpfahl angepflockt. Mit Kochstellen und kleinen viereckigen Latrinenzelten dazwischen entstand so, wie Marsigli schreibt,[7] ein »wahres Labyrinth«. Bei den Infanteriezelten standen zwar weniger Pferde, dafür aber Kamele, Ochsen und Esel für die Bagage.

Aus diesem Wirrwarr erhob sich, umgeben von dem oben erwähnten Leinenzaun, das Gezelt des Befehlshabers. Der Eingang dieses Zaunes glich einem Windfang, der Einblick und direktes Eindringen verbot. Hinter dem Eingang steckten auf einem kleinen, künstlich aufgeschütteten Erdhügel die Roßschweife, die Würdezeichen der Befehlshaber. Das Gezelt selbst bestand aus einem großen Audienzzelt, einem weiteren, in dem der Großwesir während der Mittagshitze schlief, und einem dritten runden, »das aus leichtem Sommerstoff ist und innen goldgestickt, wo er in der fortgeschrittenen Jahreszeit schläft«.[8] Dazu gehörten noch ein Zelt für die Bagage und eine viereckige Latrinenumzäunung. Vor dieser kleinen Zeltstadt war der Hinrichtungsplatz, wo den Gefangenen und den erfolglosen türkischen Heerführern die Köpfe abgeschlagen wurden. Dort standen, wohlgeordnet aufeinandergeschichtet, auch die Kriegskassen. Sie enthielten nicht nur Geld, sondern auch die Ehrenkleider, die Soldaten und Offizieren für besondere Verdienste gegeben wurden.

Kleidung

Form und Farbe der regulären Kleidung militärischer und ziviler Chargen waren genau festgelegt, wie man aus einer Reihe von Kodizes ablesen kann.[10] Die allgemeine Kopfbedeckung war der Turban. Er bestand aus dem eigentlichen Turban, dem *kavuk*, und dem aus weißem Musselin oder weißer Seide bestehenden Umwund, der *sarık* hieß. Die Form des von jedermann getragenen *kavuk* wechselte mit der Zeit. Gegen Ende des 17. Jahrhunderts hatte sich eine breite niedere Form durchgesetzt, wobei der *sarık* den unteren Rand schmal umgab. Der *kavuk* der Soldaten war gesteppt und mit Baumwolle gefüttert, so daß er recht gut gegen Hieb und Stich schützte.[11] Unter den Kopfbedeckungen militärischer Art sind vor allem drei wichtig: die Haube der Janitscharen, die Kopfbedeckung der Janitscharenoffiziere und der Helm der Peiker.

Zuvor noch ein Blick auf Geschichte und Organisation dieses bemerkenswerten Truppenteils.

Vor der Gründung des Janitscharenkorps' bestand das türkische Heer zum großen Teil aus Reitern. Seine Schwäche lag in der Infanterie, denn die Bauernaufgebote, die Asaben, taugten nicht viel. Daher verfiel man auf den Gedanken, von der unterworfenen christlichen Bevölkerung eine besondere Art Steuer in Form ihrer Kinder zu erheben. Regelmäßig erschienen in den Dörfern der *Ra'aya*, wie die christlichen Untertanen hießen, türkische Offiziere und suchten die schönsten und stärksten Knaben der heranwachsenden Jugend aus, um sie dem Militär- und Staatsdienst des Osmanischen Reiches zuzuführen. Sie sollten fortan nur noch dem Großherrn, dem Padischah, gehören und hießen Sklaven der Pforte *(kapı kulu oçaklar)*. Man erzog sie zunächst einige Jahre in den Familien türkischer Landedelleute, dann kamen sie zur weiteren Ausbildung in eine Art von Kadettenanstalt. Hier wurde unter den Jünglingen *(iç oglan)* eine erneute Auswahl getroffen. Die Intelligentesten wurden für den diplomatischen Dienst und die Verwaltungsgeschäfte ausgesucht. Sie konnten bis in die höchsten Ämter des Staates emporsteigen. Die mächtigen Wesire sind aus diesen Pflanzschulen hervorgegangen, was verständlicherweise den Neid der Türken erweckte. Die gewandtesten dieser Zöglinge kamen zur stehenden Kavallerie, den besoldeten *(ulufeli)* Sipahis und Silihdaren. Die anderen, stark und kräftig, hervorragend für ihren Dienst gedrillt und zu fanatischen Moslems erzogen, bildeten die stehende Gardeinfanterie, die berühmten Janitscharen *(yeniçeri)*. Die europäischen Heere hatten durch Jahrhunderte dieser Truppe nichts Gleichwertiges entgegenzusetzen. Das Datum ihrer Aufstellung ist strittig; nach Hammer wurde sie unter der Regierung Murads I. (1360–1389) aufgestellt, Djevad Bey nennt Urkhan (1320–1360) als den Herrscher, unter dem das Korps entstand. Die Tradition berichtet, der Sultan Urkhan Ghazi habe sich zu dem Heiligen Haddji Bektasch begeben, der in der Umgebung von Amasia wohnte, und ihn gebeten, diese Truppe zu segnen und ihr einen Namen zu geben. Der heilige Mann habe daraufhin einen der neuen Soldaten zu sich kommen lassen, ihm die Hand so auf den Kopf gelegt, daß der weite Ärmelstoff seines Obergewandes den Rücken des Soldaten bis zur Taille bedeckte, und gesprochen: Die neuen Soldaten mögen Yeniçeri (Neue Truppe) genannt werden. Gott gebe, daß ihr Gesicht immer hell sei,[12] daß ihre Arme stark und kräftig, ihr Säbel scharf, ihre Pfeile tödlich und sie selbst siegreich seien. In Erinnerung an das Gebet und den Mantelärmel des Haddji Bektasch zierten die Janitscharen ihre Mütze mit einem großen, hinten herabhängenden Stück Filz *(yatırma)*.

Die Janitscharenhaube ist aus weißem Filz. Der Haubenkörper ist mit feinem Sägemehl gefüllt, was gut gegen Hieb und Stich schützte. Der über den Rücken herabfallende Teil wehrte mit seinen verschiedenen Lagen Filz Säbelhiebe wie Hitze ab. Der breite Rand der – als einziger erhaltenen – Karlsruher Haube besteht aus grünem Filz, der unten mit einer schwarzen Seidenborte besetzt ist. Seit dem Beginn des 18. Jahrhunderts wurde die *keçe* nur noch zur Gala getragen, im Felde dagegen der Turban.

Die hohen Janitscharenoffiziere trugen eine abweichende Kopfbedeckung, die *kuka*. Diese war auch aus weißem Filz wie die der Janitscharen, wenn sie an den Tagen der Zeremonien auftraten,[13] sie fiel aber nicht so weit nach hinten herab wie bei den Mannschaften. Ein Goldrand, schmaler als bei der *keçe*, schmückte sie. Die bildliche Überlieferung auf den türkischen Miniaturen bestätigt dies. Bei den ständig sich wiederholenden Szenen der Thronbesteigung sieht man eine Gruppe von Janitscharenoffizieren, von denen drei bis vier die *kuka* tragen, während ein weiterer dem Großherrn zum Zeichen der Ergebenheit den Fuß küßt. Meines Wissens hat sich keine *kuka* erhalten. Diese Kopfbedeckung wurde außer von den diensthöchsten Offizieren auch von einer Sondertruppe getragen, nämlich der 60. bis 63. Kompanie *(orta)* der Janitscharen, der Leibgarde des Padischah. Diese vier Einheiten zu hundert Mann hießen Solaks (von *sol* = links), weil sie den Bogen in der Linken führten. Sie trugen ihn also nicht im Köcher auf dem Rücken versorgt, sondern in der Hand, um stets bereit zu sein.

Die dritte Kopfbedeckung ist der Helm der Peiker,[14] einer Truppe, die den Oberkommandierenden umgab und seine Befehle den Truppenführern überbrachte. Ein solcher
Nr. 111 in Ingolstadt aufbewahrter Helm ist aus vergoldetem, reich geätztem Kupferblech und trägt neben religiösen Inschriften die Namen türkischer Sultane bis auf Süleyman II. den Prächtigen (1520–1566). So ist der Helm vermutlich in der Mitte des 16. Jahrhunderts entstanden. Da er aus der Pfalz-Zweibrückenschen Gewehrkammer stammt, hat ihn wohl ein pfälzischer Wittelsbacher aus den Feldzügen zwischen 1683 und 1718 mitgebracht.

Über die Bekleidung der Türken ist uns eine Fülle von Nachrichten überliefert. Was sie trugen und wie sie es trugen, war durch die Kleiderordnungen der Sultane genau festgelegt.

Der Fußsoldat des stehenden Heeres trug ein einfaches Oberkleid mit engen Ärmeln. Nach den Miniaturen und den Abbildungen europäischer Zeichner war es mit einer Art ungarischer Verschnürung, aber ohne die typischen Knoten, geschlossen. Dieses Obergewand heißt *dolama*, woraus das ungarische Wort *dolmány* wurde, das über die Husarentruppe in den älteren militärischen Sprachgebrauch Europas gelangte. Es hatte einen breiten Gürtel *(kusak)*, in dem beim Kampf die vorderen Schoßzipfel des Kleides steckten, darunter wurde eine lange Weste *(yelek)* getragen. Die Farben dieser Kleidungsstücke waren nicht festgelegt, doch scheint Blau beliebt gewesen zu sein. Als Beinkleider wurden von allen Soldaten, auch den Reitern, enge Hosen *(şalvar)* getragen. Im Gegensatz dazu hatten Hof-, Zivil- und Gerichtsbeamte die uns typisch erscheinenden roten, weiten, über die Knöchel fallenden Pumphosen. Die Fußsoldaten trugen absatzlose Stiefelchen. Das Badische Landesmuseum in Karlsruhe besitzt noch ein Paar solcher Schuhe.[15] Sie sind an der Seite mit fünf oder sechs Löcherpaaren zum Zusammenschnüren versehen, so daß der Fuß einen festen Halt hatte. Das gleiche Museum bewahrt außerdem ein Paar Stiefel aus gelbbraunem Leder.[16] Sie haben sechs seitliche Schnürlöcherpaare und sind an den Kanten mit geflochtenen schmalen Goldborten besetzt. Das Auffälligste an ihnen sind die fast 5 cm hohen Absätze. Auf den Zeichnungen des Flensburger Malers Melchior Lorck (auch Lorich geschrieben; 1526/27 bis nach 1583) sowie auf den nach ihnen entstandenen Holzschnitten sehen wir reguläre und irreguläre türkische Reiter, die solche Stiefel oft mit riesigen Sporen tragen.[17] Wir haben es hierbei also mit Reiterstiefeln *(çisme)* zu tun, die fast bis zur halben Wade reichen. Nebenbei bemerkt, kommt der Schuhabsatz, der dem Fuß im Steigbügel einen festeren Halt geben sollte, erst zu Beginn des 17. Jahrhunderts aus dem Orient zu uns.

Der türkische Reiter war ähnlich gekleidet wie der Fußsoldat, nur brauchte er sein Obergewand nicht hochzustecken. Ärmelwesten *(nimten)*, wie sie uns aus späterer Zeit als typisch für die Türken überliefert sind, gab es auch damals schon. Eine Istanbuler Handschrift zeigt einen damit bekleideten Artilleristen.[18] Stöcklein berichtet in seinem Aufsatz über die Waffenschätze im Topkapu Sarayi:[19] »Einige besonders schöne Panzerhemden des XVI. Jahrhunderts mit Überzug von roter oder grüner Seide und mit seidenen Borten und Silberknöpfen besetzt, kamen ... zum Vorschein.« Die Weste, die er abbildet, hat die typische Form mit kleinem Stehkragen und ist mit vielen kleinen, dicht an dicht stehenden Knopfreihen besetzt. Die Ärmel sind innen geschlitzt, so daß sie wie halbe Flügelärmel die Unterarme freigeben konnten. Sie ließen sich jedoch auch verschließen. Der Schnitt ähnelt stark der Tracht des 19. Jahrhunderts.

Angriffswaffen

Die klassische türkische Kampfwaffe ist der Bogen *(yay)*. Von Kind auf trainiert, ihn zu Roß und zu Fuß zu gebrauchen, wurden die Türken zum Bogenschützenvolk schlechthin, und niemand konnte ihrem Pfeilhagel widerstehen. In scheinbarer Flucht rückwärts schießend, wendeten sie eine uralte Taktik asiatischer Reitervölker an. Dazu mußte der Krieger als Schütze wie als Reiter durchgebildet sein und über eine vorzügliche Waffe verfügen.

Schlechthin vollkommen war der zusammengesetzte Bogen, der an der Grenze zweier Kulturen, dort wo der Iran auf die Steppe stößt, im dritten Jahrtausend v. Chr. entstanden war.[20] Noch im vorigen Jahrhundert gab es türkische Schützengilden, und unter Mahmud II. (1808 bis 1839) erlebten sie eine letzte Blüte. Bald danach erlosch das Handwerk der Bogenmacher.

Wie sieht der türkische Bogen aus? Er ist aus Holz, Horn und Sehnen zusammengeleimt. Die Arme bestehen aus Ahornholz. Auf ihre obere, dem Schützen abgewandte Seite ist der Länge nach eine doppelte Schicht feiner Sehnenfasern aufgeklebt, während auf die untere Seite zwei Hornstreifen geleimt sind, die in der Mitte unter dem Griff zusammenstoßen. Die beiden Enden haben keinen Belag, sind aber mit einer Kerbe für die Sehnenschlinge versehen. Um die äußere Sehnenschicht vor Feuchtigkeit zu schützen, ist der »Rücken« des Bogens mit glattem, aus der Oberhaut von Hals und Schulteransatz gegerbtem Pferdeleder bezogen. Den besten Leim bereitete man aus den abfallenden Endstücken der Sehnen; auch Ohren und Haut des Rindes wurden dazu verwendet. Hinzu kam der aus der oberen Gaumenhaut des Donaustörs hergestellte Fischleim. Auf die Auswahl des Ahornholzes legte man großen Wert. Zum Beispiel durfte der Baum nur in der Zeit der Vegetationsruhe gefällt sein. Als Horn bevorzugte man das schwarze Horn des Wasserbüffels oder das von jungen langgehörnten Rindern aus dem Tal des unteren Mäander. Mit einem besonderen Gerät wurde es zersägt; nur die Außenhülle wurde benützt, weil das Innere zu weich ist. Dabei wurden die Hornstreifen aus der härteren Außenseite des Horns sorgfältig von den Streifen aus der Innenseite unterschieden. Für den Sehnenbelag gebrauchte der türkische Bogenmacher, wenn er einen Kriegsbogen herstellen wollte, die Sehnen der Achillesferse des Ochsen. Man trocknete sie und bearbeitete sie so, daß sie ähnlich wie Flachssträhnen wurden. – Das Holz für die Arme des Bogens wurde eingeweicht, erwärmt und schwach gebogen – so mußte es mindestens ein Jahr lang in einem trockenen, warmen Raum lagern. Auch das Horn wurde in mehreren Erwärmungs- und Abkühlungsvorgängen präpariert und bis zur endgültigen Fertigstellung des Bogens aufbewahrt. Schließlich wurde der ziemlich lange Griff geformt, der gut in der Faust liegen mußte bei Kriegsbögen aus dem zähen, feuchtigkeitsunempfindlichen Kornelkirschholz.

Nach der Fertigstellung der Einzelteile seiner Bogen konnte der Bogenmacher an das Zusammensetzen gehen. Griff und Bogenarme wurden mit einer Leimmischung, in der Fischleim überwog, getränkt und sorgfältig ineinander verkeilt. Die Hornstreifen wurden mit der Bauchseite des Bogens verleimt, nachdem man zum Zweck besserer Haftung in die zu verleimenden Teile Rillen gezogen hatte. Um höchste Festigkeit zu erzielen, wurde jeder Bogenarm nach dem Verleimen mit einem Seil umwickelt; nach fünf bis sechs Stunden war er trocken, und das Seil wurde wieder abgenommen. Nun mußte auf dem »Rücken« des Bogens die Sehnenschicht aufgetragen werden. Dazu wurde der Bogen an dieser Seite gerillt, zu einem Halbkreis geformt und mit einer Schnur festgehalten. In komplizierten Arbeitsvorgängen wurden fünf verschieden lange Sorten von Sehnen in zwei Schichten auf dem Bogen verleimt. Als Kringel mußte der Bogen etwa ein Jahr lang stehen, um sich zur Gänze an seine Krümmung zu gewöhnen. Je älter, desto besser wurde er. Zum Schluß erfolgten noch zwei verschiedene Justierungsvorgänge. Bei den Kriegsbogen kam die Belederung hinzu, das Leder wurde bemalt und der Bogen vom Meister signiert.

Die Sehnen wurden von einer besonderen Zunft, den *Kirişçi (kiriş* = Sehne), hergestellt – ein schwieriges, übelriechendes Handwerk. Als Material nahm man Rohhaut von Kamelen und ungefärbte Rohseide. Für das Schießen mit dem zusammengesetzten Reflexbogen war es wichtig, daß die Sehne sich nicht dehnte, und so mußten Länge und Qualität sorgsam gewählt werden. Die mit der Sehne verbundenen zwei Ösen stellte man aus mehreren Lagen reiner Rohseide her, die mittels eines Geräts verzwirnt und, zugleich mit einer heißen Mischung aus Bienenwachs, Harz und Fischleim, mit viel Wasser getränkt und im Raum getrocknet wurden.[21] Über die Rohhautsehne erfahren wir, daß in einer Art Verrottungsvorgang durch Wind und Wetter die Haut weichgemacht und dann in Streifen geschnitten wurde. Nach der Trocknung wurde sie im Sommer mit Gummiarabicum, im Winter mit Fett und Wachs eingerieben.

Genauso wichtig wie die Bogenmacher waren die Pfeilschäfter. Auch sie bildeten eine Zunft. Die älteren Pfeile der Türken bestanden aus Rohr, die späteren ausschließlich aus Holz. Sie waren nach der Form des Schaftes unterschieden (zum Beispiel gab es einen vorne verdickten, der den geringsten Luftwiderstand hatte), des weiteren nach der Befiederung, wonach man sie auch benannte. Als Material wurden Schwanen-, Adler- und Taubenfedern verwendet. Man nahm Tannenholz von ausgewachsenen Bäumen, die in der Zeit der Vegetationsruhe gefällt wurden. Zunächst luftgetrocknet, wurden die daraus geschnittenen Stäbe noch einmal künstlich im Ofen getrocknet und dann drei bis fünf Jahre gelagert. Kani meint, daß 60jährige Stäbe am besten seien. Zum Üben verwendete man Pfeile aus Ulmenholz. Für den Sport hatten die Türken Beinspitzen. Die Kriegspfeilspitzen waren aus Eisen *(temren)*; sie wurden in Wasser gehärtet und geschliffen. Die Türken glaubten, mit in Eselsurin gehärteten Spitzen den Giauren (Ungläubigen) tödliche Verletzungen beibringen zu können; bei einem Muslim genüge es, die Wunden auszusaugen und mit einem Wundöl zu behandeln. Man kannte sechs Formen von Eisenspitzen: zwei dreikantige, eine vierkantige, die flache, die olivenförmige und die gewöhnliche. Die dreikantigen Spitzen waren wirksam gegen Panzer und Eisen. Der Vierkant schlug noch stärker durch. Die olivenförmige Spitze eignete sich zum Übungsschießen. Die flache Spitze diente besonders gut für die Jagd und die gewöhnliche Form eher zum Sport. Um die Kerbe für die Sehne haltbar zu machen, wurde ein Stück Horn angesetzt. Zum Schluß glättete man den Pfeil mit einem Polierholz. Die alten türkischen Pfeile in den europäischen Museen zeigen in der Nähe der Befiederung eine ringförmige, 4–5 cm breite Bemalung und Vergoldung. Da Pfeile sehr kostbar waren, wird in den Quellen genau angegeben, wie man zerbrochene Pfeile repariert.

Zum Schießen mit dem Bogen bediente sich der Türke zweier Hilfsmittel: des *siper (sipar)* und des Bogenringes *(sığır* oder *sefin)*. Der *siper* (von persisch Schild) ist eigentlich eine Pfeilrinne und besonders gut für den Fluchtschuß Kat.N

geeignet. Er wird auf das linke Handgelenk geschnallt und soll dem Pfeil die Richtung geben. Er besteht aus einer Hornrinne, die in sich leicht gewölbt ist, damit die Reibung des Pfeiles auf einen Punkt beschränkt bleibt. Unter der Rinne ist eine Platte, die, nach Kani, mit Eidechsenhaut bezogen sein soll. (Das Stück des Münchner Völkerkundemuseums hat jedoch Haifisch- oder Rochenhaut.) Sie ist auf einer Unterlage montiert, die aus Holz besteht und auf ihrer Unterseite so geraspelt ist, daß sie sich der Hand, die sie vor Verletzungen mit der Pfeilspitze schützen soll, anpaßt. Das Ganze ist mit Riemen zum Anschnallen ver-
[Kat.N]r. 122 sehen. – Der Bogenring »ist das wichtigste Hilfsgerät eines türkischen Bogenschützen«;[22] ohne ihn ist ein Schießen unmöglich. Der Ring kann aus Gold, Silber, Jaspis oder allen Arten von Horn sein und ist mit Leder gefüttert. Er wird an den Daumen der rechten Hand gesteckt. Seine Innenseite, die die Daumenspitze bedeckt, verbreitert sich, so daß der Druck der Sehne sich auf das ganze Glied verteilt und keine Verletzungen hervorruft. Man sieht daraus, daß die Türken nicht den sogenannten Mittelmeergriff mit den vier Fingern ohne Daumen anwendeten, sondern mit dem Daumen spannten und schossen. Diese Art nennt man die »mongolische Spannung«; es wird eine Faust gemacht und der Zeigefinger liegt über dem Daumen, der die Sehne zieht; er soll aber den Daumennagel dabei nicht ganz bedecken, damit sich die Hand leichter lösen kann. Diesen Griff nannten die Türken »Riegel« *(mandal)*. Die Schußweite war beträchtlich. Truppeneinheiten konnten noch auf über 500 m getroffen werden. Ein Meisterschütze des frühen 16. Jahrhunderts soll sogar 1371 m weit geschossen haben. Das Bogenschießen war, wie bei den Japanern, eine religiöse Übung. Genau wie im Fernen Osten werden religiöse Gedanken und ein »Leermachen« gefordert.

Im Kampf versorgte der Türke seinen Bogen in einem Bogenköcher *(sadak?*, persisch *kemandan)*, den er an der linken Seite trug. Eine ganze Reihe von Köchern hat sich erhalten, vom einfachen ledernen, der mit Applikationen verziert oder nur gepreßt ist, bis zum samtbezogenen mit Gold- und Silberfäden bestickten, der zu einer vornehmen Garnitur gehörte. Auf der rechten Seite trug der Türke den Pfeilköcher *(tirkeş)*. Er war wie der Bogenbehälter flach und aus dem gleichen Material. Beide Ausrüstungsstücke waren am Gürtel befestigt. Wie erwähnt, bewahrte der Bogenschütze zu Fuß die Pfeile in einem Köcher auf dem Rücken. Anders der im Sattel sitzende Reiter. Sein Pfeilköcher, an der Oberkante zur freieren Beweglichkeit des Armes ausgeschweift, lag auf der rechten Hüfte auf.

Bogen und Pfeil und die damit verbundene Ausrüstung sind das Endprodukt einer alten Kultur reitender Bogenschützen. Die Gürtelrüstung, praktisch und bequem, ließ den Reiter auch nach Verlust seines Pferdes nicht waffenlos zurück.

Eine weitere sehr gefährliche und für die türkischen Reiter typische Waffe war der Wurfspieß *(çirit*, arab. *djerid*, pers. *kist)*. Den Gebrauch des Wurfspießes übte man genauso wie den des Bogens, nur entwickelte man daraus ein Kampfspiel. Ursprünglich, besonders im 17. Jahrhundert, bei Hofe gespielt, wurde es zum Spiel des Volkes und wird heute noch von den anatolischen Bauernburschen ausgeübt *(çirit oyunu)*. Ähnlich unserem Barrlauf, reitet man in vollem Galopp, versucht zu treffen, ohne getroffen zu werden, oder sogar die Waffe des Gegners aufzufangen und damit den Gegner anzugreifen. Wer getroffen wird, ist »aus«.[23]

Marsigli schreibt, daß von den Aghas der *kist* (er nennt den persischen Namen) zu dreien in einer Tasche links im Sattel getragen wird und daß sie ihn mit der Hand werfen.[24] Bei den in der Sammlung Marsigli im Museo Civico in Bologna und im Landesmuseum Karlsruhe erhaltenen Waffen sind die Enden, an denen man sie aus dem Köcher zieht, rund. Die als Leihgaben des Landesmuseums Kassel und des Völkerkundemuseums München im Bayerischen Armeemuseum Ingolstadt bewahrten Wurfspieße haben Kat.Nr. 124
abgeflachte Enden, wohl damit man sie leichter ziehen kann. Auch Kombinationen von Schwert und Wurfspieß gibt es. Eine mit einem Spieß befindet sich in Wien, eine mit zweien in Leningrad.

Von den längeren Spießen der Türken und ihrem Gebrauch erfahren wir einiges bei Ogier Ghiselin von Busbeck, der 1554–1562 kaiserlicher Gesandter in Konstantinopel war. Vom türkischen Reiter heißt es: »In der linken Hand trägt er, wenn er sie nicht lieber frei behält, einen leichten Speer, gewöhnlich grün bemalt ... den Speer behält er so lang wie möglich bei sich; so lang er den Bogen gebraucht, klemmt er ... ihn zwischen Sattel und Schenkel ein, daß die Spitze hoch nach hinten steht, und behält ihn fest am Knie, so lang er mag.«[25] Von diesen Speeren haben Kat.Nr. 163
sich im Historischen Museum der Stadt Wien einige erhalten, ihre Länge schwankt zwischen 2,80 m und 3 m. Sie sind spiralig grünweiß oder grünrot bemalt. Am unteren Ende ist eine hölzerne Kugel aufgesteckt, nicht als Handschutz, wie Hummelberger meint,[26] sondern zur Balance. Diese Lanze – Marsigli nennt sie *costaniza*[27] – ist die Waffe der leichten Grenzreiter. An ihr war eine Art Roßschweif angebracht, wie es bei den Vettern der Türken, den Kirgisen, Sarten, Turkmenen und anderen, bis in die Neuzeit zu beobachten war. Diese Haarbüschel dienten dazu, die Wunde, die der Spieß stieß, so zu vergrößern, daß die Waffe leicht aus dem Körper des Gegners herausgezogen werden konnte.[28]

In Wien finden wir eine zweite Gattung von Lanzen. Kat.Nr. 164
Sie dürften nach den vollständig erhaltenen Exemplaren etwa 4,30 m lang gewesen sein, sind weiß, grün oder rot und mit schwarz-roten Ornamenten bemalt. Sie sind aus zwei Hälften ausgehöhlten Fichtenholzes zusammengesetzt, was die Lanze leichter macht. Auf den unteren Teil ist, wie bei den kürzeren Lanzen, eine Kugel geschoben. Dahinter ist der Schaft zum besseren Halt etwas verdünnt. Marsigli

schreibt, man habe beide Waffen immer in der Hand behalten.[29] An dieser Gattung von Lanzen sind lange Wimpel angebracht. Dreizehn davon haben sich in Wien erhalten. Die Mehrzahl ist gelb-rot, 44–58 cm breit und 180–190 cm lang. Zwei rot-weiße muß man ausscheiden. Sie scheinen mit einer Breite von 96 beziehungsweise 108 cm, einer Länge von 190 beziehungsweise 129 cm und ihren Quasten an der Spitze eher Feldzeichen zu sein. Bleiben noch drei weiße und ein gelber Wimpel, die fast zur Gänze gespalten und deren Teile wohl nur auf eine Länge von 25 cm zusammengenäht sind.[30] Marsigli bildet eine Lanze ab, er nennt sie *karki mesrac* (türkisch *kargı* und arabisch *mesrac* bedeuten jeweils Lanze), und schreibt, daß der kleine gelbrote Wimpel einer weiteren, ebenfalls abgebildeten Lanze von der stehenden Reiterei geführt worden sei.[31]

Die Polen übernahmen in der Zeit ihrer kriegerischen Auseinandersetzung mit Türken und Tataren eine ganze Reihe von deren Ausrüstungsstücken und Waffenformen, zum Beispiel die Flügel, die bei ihrer schwergepanzerten
Kat.Nr. 94 Reiterei, den sog. Flügelhusaren, am Rücken oder am Sattel angeschnallt waren. Diese Flügel hatten sie von den Tataren übernommen. Die Ähnlichkeit der Ausrüstung ging so weit, daß König Jan Sobieski vor der Schlacht am Kahlenberge seinen Kriegern befahl, Strohseile um die Hüften zu winden, damit keine Verwechslungen vorkämen. Die erwähnten Husaren führten dieselbe Art Lanze wie die Türken – mit der Holzkugel und der oben beschriebenen Wimpelart.[32] Diese Wimpel tragen oft das Kreuz oder auch andere Muster in verschiedenen Farben.

Melchior Lorck[33] zeigt auf zwei Bildern einen Janitscharen, der mit einer Lanze statt mit einem Gewehr bewaffnet ist. Auf dem 1583 datierten Blatt trägt der Krieger einen Spieß, der wie eine Runka mit verkümmerten Seitenzinken aussieht. Die Runka, ein Spieß, der mit einer halbmondförmigen Gabel gekoppelt ist, wurde in Europa im Mittelalter gebraucht. Von Lanzenträgern bei den Janitscharen wissen wir nichts. Sie waren ursprünglich Elitebogenschützen, die dann im Laufe des 16. Jahrhunderts den Bogen ablegten und zur Muskete griffen. Bei Busbeck lesen wir über den Aufzug der Türken 1559: »... selten sind sie mit anderen Waffen als ihren Musketen gerüstet.«[34] Montecuculi, der große Feldherr, schreibt in seinen »Memorie della guerra«: »Dahingegen fehlt ihnen die Pike, welches die Königin unter dem Gewehr zu Fuß ist«.[35] In einer etwa 1588–1592 entstandenen Handschrift[36] sehen wir eine Gruppe von fünf Janitscharen mit ungeheuren Paradefederbüschen, die an das Stirnrohr ihrer Haube angesteckt sind. Sie sind in etwas grotesker Manier dargestellt. Vier von ihnen tragen die Muskete, einer eine *Runka* mit rotem Schaft. Der Wiener Orientalist Teply gibt als Unterschrift: »Vier Tüfengdschis (Musketiere) mit ihrem Rottmeister (Spieß, gelbe Schuhe)...«[37]

Der Säbel *(kilic)* war die furchtbare Hiebwaffe der Türken. Sie konnten ihn gleich gut zu Pferde wie zu Fuß gebrauchen, und die athletischen Janitscharen hatten gelernt, mit einem Hiebe dem Gegner den Kopf abzuschlagen. Für drei abgeschlagene Köpfe bekamen sie ein Ehrenzeichen. Der türkische Säbel hatte eine gekrümmte Klinge und unterschied sich vom persischen Säbel, dem *schamschir* (Löwenschweif), dadurch, daß er einen Rückenschliff bis über ein Viertel von der Spitze her hatte; man konnte notfalls auch mit ihm stoßen. Die Spitze ist entgegen häufigen europäischen Darstellungen nicht konkav ausgeschliffen (Pandurenspitze), sondern läuft in leichter Krümmung aus und liegt in der Mitte der Klingenbreite. Die Blutrinne der Klinge ist schwach ausgebildet, breit und seicht. Sehen wir an der Klinge scharf eingeschliffene Blutrinnen, so haben wir es mit Waffen europäischer Herkunft (polnisch, ungarisch, südostdeutsch) zu tun. Die Entwicklung des Griffes persischer und türkischer Säbel gibt uns noch gewisse Rätsel auf. Bis etwa zum ausgehenden 16. Jahrhundert hat der Säbel einen mehr oder weniger gekrümmten Griff mit einer mehrkantigen flachen Griffkappe. In Dresden befindet sich ein Säbel, der dem Ornament nach türkisch ist und diese Form zeigt. Typisch dafür ist auch die gerade, blattförmig auslaufende Parierstange. In der gleichen Sammlung befindet sich eine Weiterentwicklung desselben Säbeltyps. Der Griff mit drei Angelstiften ist länger, und die Griffkappe reicht weit über den Griff herüber. Die Säbel werden als tatarisch beziehungsweise kirgisisch, 17. Jahrhundert, bezeichnet.[38] Miniaturen vom 16. Jahrhundert an zeigen deutlich eine Änderung des Griffes. Die Parierstange bleibt gerade und lang, der Griff noch leicht gekrümmt, die Griffkappe aber ist rund und leicht konisch. Auch eine solche Waffe, allerdings mit einer geraden Klinge und persischem Dekor, befindet sich in Dresden. Der Griff jedenfalls ist typisch. Im 17. Jahrhundert taucht auf einmal eine Grifform auf, die in zahlreichen Exemplaren der Türkenbeute des ausgehenden 17. Jahrhunderts dokumentiert ist. Diese Form, ich möchte sie als Vogelkopfgriff bezeichnen, hat außer Angelstiften und Griffring keinen Metallbeschlag mehr. Es sind zwei Platten, die aus Holz, Horn oder Edelstein sein können und am Griffende der Silhouette eines Vogelkopfes ähnlich sehen. Der »Schnabel« schützt dann die Hand vor dem Abgleiten. Die hölzernen Griffe sind mit einer fischgrätenförmigen Einkerbung verziert. Diese Griffgestaltung finden wir nun bei dem typischen polnischen Säbel der »sarmatischen« Epoche, der *Karabela*. Daneben führt der polnische Husar Kat.N
eine ganz andere Hiebwaffe: einen Säbel mit einfachem Faustbügel und dem für europäische Reiterwaffen dieser Zeit typischen Daumenring. Der Griff in Vogelkopfform verschwindet, so wie er gekommen ist. Der spätere türkische Säbel des 18. und 19. Jahrhunderts hat einen Knollengriff. Diese Waffe wurde im 19. Jahrhundert mit Vorliebe auch von europäischen, besonders englischen, Offizieren getragen. Es war dies der sogenannte »Mamelukensäbel«.

Der türkische Säbel stak in einer Scheide, die gewöhnlich mit Chagrinleder überzogen war. Man trug ihn an einer fingerdicken farbigen Seidenschnur, die über die rechte Schulter ging und so geschlungen war, daß der Säbel mit der Schneide nach oben, »verkehrt«, an der Seite hing. Man nennt das die »slawische« Tragweise. An diesem Gehänge trug der Türke manchmal einen Waffenschmuck, der
Nr. 136 sicher besonderen Charakter hatte. Im Bayerischen Armeemuseum befindet sich ein Säbel, an dessen Gehänge noch der Stein zu sehen ist, der dem Träger vor der Brust hing. Ein weiterer Stein, an den sich eine interessante Überliefe-
Nr. 187 rung knüpft, befindet sich in der Schatzkammer der Münchner Residenz. Er hat dem Verteidiger von Ofen, Abd-ar-Rahman Pascha, gehört, der bei der Eroberung der
Nr. 186 Festung 1686 fiel. Ein dritter Stein wird im Badischen Landesmuseum Karlsruhe aufbewahrt. Er ist bereits im Inventar von 1691 als »Ein türck. pfaffenstein« aufgeführt. Es handelt sich immer um achteckige Steine, mit Edelmetall und Edelsteinen besetzt, in deren Mitte ein anderer rund oder kantig geschliffener Halbedelstein sitzt. Diese Steine *(taslim taşı)*[39] wurden von Angehörigen des Bektaschi-Ordens getragen.

Außer dem Säbel, der in der türkischen und der persischen Form dargestellt ist, zeigt Marsigli ein gerades Hiebschwert, das er als Palas bezeichnet. Stone führt unter dem Stichwort »Palache« an, daß es sich um eine polnische Waffe handele.[40] Zygulski bildet sie nicht ab, weil er sie nicht für polnisch hält; wirklich findet sich in einer ganzen Reihe europäischer Sammlungen diese türkische Hiebwaffe, die unter dem Namen Pallasch später die Waffe der Kürassiere wurde. Interessanterweise sind aber die meisten Stücke dieser Gattung Prunkwaffen; möglicherweise haben sie nicht zur normalen Ausstattung eines Reiters gehört.

Wie die ungarischen »Husaren« des Dreißigjährigen Krieges bedienten sich auch die türkischen leichten Grenz-
Nr. 134 reiter des Panzerstechers *(mec)*. Es ist dies eine sehr lange Klinge, die hauptsächlich zum Stoß durch die Fugen des Panzers gebraucht wurde. Die bei Marsigli abgebildete Waffe zeigt mit Faustbügel und Deckplatte des Griffes deutlich die ungarische Form. Die Waffe wurde unter dem linken Sattelblatt des Reitersattels geführt.

Eine für den Balkan und die Türkei charakteristische Hiebwaffe ist der Jatagan. Er wurde im Gürtel getragen und wird oft irrtümlich als Handschar bezeichnet. Die *machaira*, das einschneidige Schwert der Griechen, könnte sein Ahnherr sein. Die Klinge ist einschneidig, etwa 60 cm lang, konkav und so ausgeschliffen, daß sie in ihrem unteren Teil (der »Schwäche«, wie der Fechter sagt) ihre größte Breite erreicht. Damit wird dem Hieb mit der Waffe eine große Wucht verliehen. Der Jatagan war noch in den zwanziger Jahren unseres Jahrhunderts die Waffe des freien Gebirgsbewohners auf der Balkanhalbinsel. Es sind uns viele Stücke erhalten, und da, wie beim Säbel, oft Meister- und Besitzername sowie neben Sentenzen aus Koran und Hadith auch ein Datum auf der Klinge angebracht ist, kann man eine Typologie erstellen. Dies bezieht sich allerdings nicht auf die Klinge, sondern zunächst nur auf den Griff. Es gibt schwarze Griffe aus Horn oder Holz, weiße aus Bein oder Knochen und solche aus Metall. Um ein Abrutschen der Hand zu verhindern, verdicken sich die beiden Griffplatten, die auf die Angel mittels Stiften geheftet sind, zu einer mehr oder weniger ausladenden Rundung (»Ohren«). Diese kann gekerbt oder auch facettiert sein.[41] Die »Ohren« sind um so kleiner, je älter die Waffe ist. Auch der Jatagan ist bei Marsigli abgebildet. Er nennt die Waffe *Gadar'a* (türkisch: *gaddar* = grausam). Und eine grausame Waffe ist der Jatagan in der Tat.

Eine kurze schneidende und stechende Waffe ist der Dolch, der Handschar *(hançer)*. Marsigli bildet auch ihn mit dem richtigen Namen ab. Die Klinge ist etwa 20 cm lang, leicht gekrümmt, zweischneidig und spitz zulaufend. Der Griff ist so gekehlt, daß ein Knauf und ein Parierschutz angedeutet werden. Das Material des Griffes kann Holz, Horn, Bein oder Metall sein. Die Sammlungen besitzen kaukasische, persische, syrische, arabische und sogar afghanische Dolche. Es ist klar, daß die schöne Waffe, dem Gegner entwunden, weiter benutzt wurde und so Waffen verschiedenster orientalischer Provenienz sich in den Händen türkischer Krieger befanden.

Es gibt große und ganz zierliche kleine Messer *(biçak)*. Ihr Griff, dem des Jatagans ähnlich, ist oft in der Scheide versenkt. Auch hier ist mit Edelmetall und Steinen nicht gespart.

Als Hiebwaffe verwendeten die Türken die Streitaxt *(balta)*. Sie hatte eine gekrümmte Scheide und einen dicken Nacken, so daß man mit beiden Seiten zuschlagen konnte. Der Rücken war zuweilen auch hammerförmig ausgebildet. Der etwa 40 cm lange Schaft, mit Chagrinleder oder Stoff bezogen, konnte an der Handhabe und dem oberen Stielende mit teilvergoldetem, ziseliertem Silberblech beschlagen, aber auch mit Edelsteinen besetzt sein. Die Waffe wurde in einer Schlaufe am vorderen Sattelknauf geführt. Auch die Janitscharen waren mit einer Streitaxt ausgerüstet, daneben waren Streithämmer und Rabenschnäbel bekannt. Ihre Ausstattung war ähnlich wie bei der Axt. Ein Doppelbeil mit Stoßklinge hat sich im Museum
in Karlsruhe erhalten. Diese Waffe gehörte zur Ausrüstung Kat.Nr. 126
der Peiker.

Die Keule *(topus)* hat einen birnenförmigen Kopf, der auch in mehrere Schlagblätter aufgefächert sein konnte. Wenn die Waffe als Würdezeichen getragen wurde, hieß sie *bozdoghan*, woraus im Ungarischen *buzogany* und im alten deutschen Sprachgebrauch Pusikan wurde. Diese Waffe war im Orient weit verbreitet. Sie wurde am Sattelknauf geführt. Die Vorrichtung dazu hat sich im Völkerkundemuseum in München erhalten. Es ist ein leicht geschweiftes viereckiges Stück Leder, mit silbergesticktem

Samt bezogen; in der Mitte befindet sich eine Schlinge aus starker Seidenschnur, in die die Keule bequem eingehängt werden konnte. Oben ist eine rote Baumwollschnur befestigt, mit der diese Aufhängung am Sattel festgenestelt werden konnte.

Wie erwähnt, hat der Türke im 16. Jahrhundert das Gewehr *(tüfek)* übernommen. Das Überraschende an den uns erhaltenen Waffen ist das Gewicht der langen Gewehre. Ihre Läufe waren länger, das Kaliber war kleiner als die der europäischen. Da die Damastläufe ihrer Gewehre haltbarer waren, luden die Türken mehr Pulver, »daher schießen sie weiter und thun mehr Würckung als unsere; wiewohl der Soldat keine Gabel (Musketengabel) brauchet, deswegen aber auch nicht so gewiß schießet«, schreibt Montecuculi.[42] Die schweren Waffen hatten das Lunten- oder Schnappschloß, die leichteren ausschließlich das Schnappschloß. An diesem Schloß, das im westlichen Mittelmeerraum »alla catalana«, im östlichen auch »kurdisches« Schloß genannt wird, ist charakteristisch, daß die Schlagfeder außen liegt und das Schloß so klein gehalten ist, »daß es sich auf das absolut Notwendige beschränkt«.[43] Es wird oft auch mit einer neueren Bezeichnung Miqueletschloß genannt. Die älteste überlieferte Waffe mit diesem Schloß stammt erst aus der Mitte des 17. Jahrhunderts. Marsigli, der ein schweres Luntengewehr und ein leichteres Schnappschloßgewehr abbildet, nennt letzteres »nach spanischem Geschmack«.[44] Die türkischen Luntengewehre haben eine schwere silberbeschlagene Schäftung, am Ende des fünfkantigen Kolbens befindet sich ein breites Stück Elfenbein. Zierleisten und Rosetten schmücken die Waffen. Seitlich vor dem Schloß befindet sich an einer Kette die Räumnadel, die an einem silbernen Zierblech versorgt wird. Am Schaft sind Ringe angebracht, die für den Gewehrriemen bestimmt sind, und zwar seitlich, so daß das Gewehr anders als das europäische über dem Rücken hängt. Der damaszierte Lauf war mit Gold und Silber eingelegt und mit Edelsteinen besetzt. In einer Vertiefung, die mit Gold ausgelegt war, stand der Meistername. Diese Läufe waren bei den Europäern so beliebt, daß man sie als Jagdwaffen weiterverwendete, ja sogar Läufe »alla turca« fälschte. Die Mündung des Gewehrlaufes endete oft mit einer verzierten Ausstülpung ähnlich dem Kapitell einer Säule. Von leichten Gewehren gibt es kürzere und längere Arten; der Übergang zum schweren Typus ist fließend. Wir finden auch ganz schlanke Schäfte eher persischen Typs, während der Kolben kantig bleibt. Der Gewehrriemen wird dann in zwei Schlitzen in der Schäftung statt an Ringen befestigt. Die Schußweite europäischer Musketen betrug etwa 230 m. Da die türkischen Gewehre weiter schossen, kann mit einer Tragweite von etwa 300 m gerechnet werden.

Auch die Pistole war bei den Türken in Gebrauch. Sie hatte ein Schnappschloß und war mit Perlmutt und Bein, Edelmetall und Steinen geschmückt. Ihre äußere Form entsprach etwa der europäischen dieser Zeit. Kugeltaschen *(fişeklik)*, Pulverhörner und Zündkrautflaschen waren schön geschmückt, bestickt oder beschlagen. Marsigli berichtet uns, daß der Janitschar, wenn er keine Kugeln mehr hatte, mit seinem Beil Bleistangen zerhackte und das Gewehr mit diesem gehackten Blei lud.

Der Artillerie bedienten sich die Türken schon im 15. Jahrhundert. Die Artilleristen *(topçu)* gehörten zu den Janitscharen. Sie waren zugleich das Personal des Artilleriezeughauses *(tophane)*. Die Geschütze hatten teilweise dieselben Scheibenräder, wie man sie heute noch in Anatolien sieht. Die schweren Rohre wurden auf vierrädrigen Lafetten gesondert gefahren und erst für die Schlacht zusammengesetzt. Geschütze und Fahrzeuge waren mit zahlreichen Fähnchen geschmückt.

Schutzwaffen

Über die Schutzwaffen lesen wir bei Montecuculi: »Der Türcken ihre Waffen, so ihnen zur Bedeckung dienen, sind Pantzerhemden, gepantzerte Koller, eiserne Handschuhe, welche den Arm bis an Ellenbogen bedecken, Sturmhauben oder kleine Helme, große oder kleine Schilde«.[45] Er lobt dann, daß sie sich mit dieser leichten Rüstung rasch bewegen, Schwenkungen oder Scheinfluchten vollziehen können, kritisiert aber, daß sie sich gegen schwere Kavallerie nicht zu halten vermögen. Montecuculis Beschreibung wird durch die in unseren Museen erhaltenen Exemplare voll bestätigt. Auch der Türke legt den Harnisch für Roß und Mann, der nach alter östlicher Sitte aus Stahlstreifen und Kettengliedern besteht (Lamellenharnisch), im Laufe des 16. und 17. Jahrhunderts ab. Er trägt unter oder über dem Obergewand ein Kettenhemd, das mit Korallen, silbernen oder vergoldeten Sternen, Monden oder Sonnen geschmückt ist. Den Unterarm und die Hand schützt er mit einem oder, ist er ohne Schild, zwei Panzerhandschuhen *(kolgaç*, Diminutiv von *kol* = Ärmel). Diese Schutzwaffe besteht aus einem stählernen Armschutz, der gewölbt ist, am Ellenbogen etwas mehr oder minder spitz zuläuft und am Handgelenk einen aufgebogenen Rand hat. Daran ist ein Handschutz befestigt, der mit seinem Kettengeflecht die Handoberfläche nachformt und wie ein Fausthandschuh deckt. Der Daumenteil hat eine Schlaufe zum Durchstecken des Daumens. Eine weitere Schlaufe läuft quer über das Futter in der Höhe der Oberglieder der vier restlichen Finger. Die bei Montecuculi erwähnten Sturmhauben sind Helme, die wir ähnlich auch bei den kaiserlichen und bayerischen Kürassieren kennen. Die türkischen haben das gleiche Naseneisen, einen breiten Stirnschirm, aber im Gegensatz zu den Kürassierhelmen einen meist nur aus einer Schiene bestehenden beweglichen Nackenschirm. Der türkische Name dieses Helmes, *çişak*, kommt über das ungarische *sisak* ins Deutsche und wird zu

»Zischägge«. Daneben trägt der Türke »kleine Helme«, wie Montecuculi schreibt; es sind Stahl- und Eisenkalotten *(kula)*, an denen seitlich und hinten Kettengeflecht bis zum Nacken herabhängt. Manchmal wird auch der obere Teil des Gesichtes davon bedeckt. Einen solchen Helm bewahrt das Metropolitan Museum New York.

Der typische türkische Schild ist der Rundschild *(kalkan)*. Er besteht aus einem stählernen Schildbuckel, um den sich konzentrisch Feigenruten legen, die von Baumwoll- oder Seidenfäden umsponnen sind, Diese können verschiedenfarbig sein und somit Ornamente bilden. Es gibt Schilde, die prächtig mit Edelsteinen besetzt und mit silbergesticktem Goldstoff überzogen sind. Die Innenseite des Rundschildes ist in der Mitte mit einem viereckigen Kissen gepolstert, was dazu dient, Stöße oder Hiebe auf den Schild zu dämpfen. Man faßte den Schild an kreuzweis verlaufenden Lederriemen. Mit Schnüren, an Ringen befestigt, konnte er über den Arm gestreift, über die Schulter geworfen oder an den Sattel gehängt werden. Eine Reihe großer Schilde finden wir auf den Reiterdarstellungen des Melchior Lorck. Derartige Originale haben sich erhalten. Ein aus der Ambraser Sammlung stammender Schild in Wien zeigt dasselbe Emblem, nämlich einen Adlerflügel, der in eine Adlerkralle ausläuft, wie der Schild des türkischen schweren Reiters, den Lorck 1576 gestochen hat.[46] Andere Exemplare zeigen als Emblem das doppelklingige Schwert, den *dhu-l-fikar*. Dieser Schild ist viereckig, längs gewölbt, wobei die eine Längsseite bis zu einem Meter lang sein kann, was dem Schild ein eigenartiges Aussehen verleiht. Bis auf die Bemalung ist er offenbar nicht orientalisch. In der Sammlung des Kunsthistorischen Museums in Wien befindet sich ein solcher Schild mit einem burgundischen Astkreuz, Stahl und Funken, den Symbolen des Ordens vom Goldenen Vlies und der Devise des Kaisers Maximilian. Einen anderen, mit weiß-roten Schrägbalken bemalt, besitzt das Landeszeughaus Graz. Wahrscheinlich ist es so, daß nach der Schlacht bei Mohács 1526, als ein Teil Ungarns in die Hände der Türken fiel, große Bestände solcher »ungarischer Tartschen« in Rüstkammern und Zeughäusern gefunden, als praktisch erkannt und übernommen wurden, so daß Lorck, wenn er einen mit einem Schild bewaffneten Soldaten darstellt, stets die ungarische Tartsche wiedergibt. Im Laufe der Zeit verbrauchten sich aber diese Waffen. Montecuculi nennt sie noch um 1670. Aber in der Beute von 1683 und den nachfolgenden Jahren sind sie verschwunden. Das Waffenarsenal des Serail und das Nemzeti Museum Budapest bewahren noch einige auf.

Reitzeug

Der Sattel der Türken *(eyer)* ist der östliche Bocksattel, dessen Konstruktion verhindert, daß das Gewicht des Reiters auf dem Rückgrat des Pferdes lastet. Auf dem Bock ist ein Sitzkissen befestigt. Der Vorderzwiesel bildet eine Art Knauf, an dem man Waffen und Ausrüstungsstücke aufhängen kann. Der Sattel hat Seitenblätter in abgerundeter Form und eine Art Schabracke, die man auch als ein weiteres viereckiges Paar von Seitenblättern bezeichnen kann. Das Material des Kissens ist bestickter Stoff, die viereckige Schabracke kann auch aus Leder sein. Das Marstallmuseum in München bewahrt zwei Pistolenhalfter, die im Beschlag Kat.Nr. 182
zu einem Prunksattel passen. Am Sattel hängen die Steigbügel, von denen wir zwei Arten kennen, eine mit breiter viereckiger Trittplatte und eine zweite mit schmalem Tritt und Ring. Am Tritt sind nach unten hängende runde Zierbleche, manchmal mit Steinen geschmückt, angebracht. Die zwei Formen der Steigbügel erklären sich aus dem Schuhwerk des Reiters. Trägt er eine absatzlose Fußbekleidung, so sind die breiten Trittplatten angebracht. Hat er Absätze, so kommt nur ein schmaler Tritt in Frage.

In Karlsruhe, Istanbul und Leningrad finden wir Prunkschabracken, die den ganzen Pferdekörper bedecken. Sie bilden auch eine Art Pferdepanzerung, wenn sie nicht überhaupt mit Panzerplatten belegt sind wie ein Exemplar in Karlsruhe.[47] Reitzeuge, prunkvoll ausgestattet, haben sich erhalten. Eine Besonderheit ist der an einem Kehlriemen befestigte Roßschweif *(kutas* oder *wuntschuk)*, über dessen Herkunft viel geschrieben worden ist. Das Ausrüstungsstück besteht aus einer vergoldeten Messingkugel, aus der ein langes Büschel von Haaren herausragt, vermutlich Roßhaar. Meiner Meinung nach diente dieser Gegenstand in erster Linie dazu, Viehfliegen zu verjagen. Er entspricht somit den troddelbesetzten Netzen, die noch bis vor kurzem den Pferden im bayerischen Oberland als Schutz übergezogen wurden, oder den zahlreichen Lederriemchen, die im frühen 18. Jahrhundert am Vorder- und Hinterzeug des Sattelzeugs der Husaren befestigt waren.

Roßstirnen finden sich auch in der türkischen Beute, leider sind die früher im National- und Armeemuseum und später im Völkerkundemuseum München befindlichen Stücke im Krieg verlorengegangen.

Militärmusik

Eine wichtige Rolle spielte bei den Türken die Kriegsmusik *(mehter)*, das Vorbild für die heutige Besetzung unserer Militär-Musikkapellen.[48] Ursprünglich den Herrschern vorbehalten, wurden Feldmusiken in späterer Zeit auch den hohen Würdenträgern des Staates zusammen mit den Roßschweifen (siehe unten: Insignien) verliehen. Genauso wie die Zahl der Roßschweife zeigte die Anzahl der Musikanten den Rang des Inhabers an.[49] Die Zusammensetzung der Musiker und ihre Anzahl wechselten im Laufe der Zeit, zum Schluß bestand die Feldkapelle für den Großherrn in Friedenszeiten aus 63 Personen. Die Anzahl verdoppelte sich, wenn der Padischah ins Feld zog. In der Friedensbesetzung war jedes Instrument neunmal vertreten. Aus sieben Instrumenten setzte sich die Kapelle des Großherrn zusammen. Das erste Instrument der Feldmusik war die Metalltrompete *(boru)*, ein der Posaune ähnliches Messinginstrument. Dazu kam die hölzerne Schalmei *(zurna)*, die es in einer kleineren und einer größeren tieftonigeren Form *(kaba zurna)* gab. Das dritte Instrument waren die Becken *(zil)*. Sie wurden nicht wie bei uns senkrecht, sondern waagerecht aufeinandergeschlagen. Die kleinen Pauken *(nakkara)*, die der türkische Reiter am Sattel trug, wurden vor Beginn der Schlacht mit den Händen, in der Kapelle mit kleinen Trommelstöcken geschlagen. Das fünfte Instrument war die große Trommel *(davul)*. Auf einem Blatt der *surname-i Vehbi*[50] ist sie dargestellt, breiter als hoch, außen mit rotem Tuch bespannt. Anders als in Europa wurde sie von der rechten Hand mit einem Paukenschlägel, der aussieht wie ein kleiner Hockeyschläger, geschlagen; mit der linken Hand wurde sie mit einem dünnen kleinen Stab bedient. Dabei ruhte die Hand des Musikanten auf der Kante der Trommel. Das nächste Instrument war ein Paar großer Kesselpauken *(kös)*, die wie in Europa gespielt wurden. Auf den Darstellungen sitzt der Musikant, wenn er beritten war, stets auf einem Kamel. Das siebte und letzte Instrument war der Schellenbaum *(cevgan)*, ein etwa 100 cm langer Holzstab mit Glöckchen. Auf den mir bekannten Miniaturen sind solche Schellenbäume niemals zu sehen. Die Musiker, die zugleich die Sänger der Kapelle waren, schwangen die Stäbe und gaben so den Rhythmus zu ihrem Gesang.

Insignien: Roßschweif, Fahnen

Zur Musik gehört der Roßschweif *(tug)*. Er war ein altes Würdezeichen, das die Türken aus ihrer zentralasiatischen Heimat mitgebracht hatten.[51] Der Roßschweif besteht aus einem Holzschaft mit einer vergoldeten Kupferkugel,[52] unter der verschieden gefärbte bürstenartige Lagen von Roßhaar sitzen. Der nächste Abschnitt des Schaftes ist mit gemustertem Flechtwerk aus Roßhaar überzogen, daran hängen oben sechs rote Zöpfe. Unter dem Flechtwerk hängt der eigentliche Roßschweif aus schwarzem Pferdehaar. Darunter ist der Schaft in verschiedener Länge wieder mit Flechtwerk bezogen. Es folgt eine Manschette aus vergoldetem Blech mit zwei Ringen, wohl damit das Feldzeichen an einem Bandelier geführt werden konnte. Der untere Teil des Roßschweifes, der mit dem oberen ver-
Kat.Nr. 189 zapft ist, besteht bei dem Ingolstädter Stück aus einem etwas dünneren Schaft aus Nußbaumholz, der zunächst vergoldet und dann spiralig in Rot und Gold marmoriert wurde, wobei das Gold durchschimmert. Lorck zeichnet 1556 neun verschiedene Roßschweife; später wiederholt er sie.[53] Die Schäfte seiner Feldzeichen variieren leicht. Ihre Funktion ist, modern gesprochen, die eines Dienstgradabzeichens. Selbstverständlich bedeutete es für die Türken viel mehr. Zygulski schreibt: »Für die Mongolen war eine goldene Kugel immer ein Zeichen von Macht, während die Roßhaare die Sonnenstrahlen darstellten.«[54] Wie oben erwähnt, gab die Zahl der Roßschweife die Würde des Trägers an. So hatte der Gouverneur einer kleineren Provinz, der *Sançakbey*, einen, der nächsthöhere Würdenträger, der Pascha oder *Beylerbey*, zwei. Dann folgte der Wesir oder »Pascha von drei Roßschweifen« mit dreien. Der Großwesir *(başvezir)* hatte fünf und der Herrscher *(Padişah)* schließlich neun Roßschweife, wenn er ins Feld zog.[55] Diese Feldzeichen waren vor den Zelten aufgepflanzt.

Bei den feierlichen Paraden, die bei den zeremonienliebenden Türken eine große Rolle spielten, ritten die Roßschweifträger, angeführt von einem sie schützenden Offizier, stets zusammen mit dem Fahnenträger, auf den wiederum die Musik folgte. Diese ganze Gruppe konnte vor oder hinter dem Pascha reiten.[56]

Bei den Fahnen kann man dem Format nach zwei Gruppen unterscheiden. Bei den größeren gibt es solche mit dem doppelklingigen Schwert des Propheten *(dhu-l-fikar)* und solche mit religiösen Inschriften. Nach Zygulski waren sie purpurrot, grün, weiß, gelb oder blau.

In der Münchner Frauenkirche hing bis in die dreißiger Jahre eine große Fahne vom Schwerttyp; an das Armeemuseum abgegeben, ist sie seit 1945 spurlos verschwunden. Sie war 3,80 m lang und 2,37 m breit, von schwerer grüner Seide, die Schrift und Verzierungen waren mit Gold eingewirkt. Die lange Randinschrift religiösen Inhalts enthielt auch das Datum der Herstellung: 1073 d. H. (= 1662/63). In einem breiten Querstreifen stand die Sure des Sieges. Diese 48. Sure beginnt mit den Worten: »Fürwahr wir haben für dich einen entscheidenden Sieg erfochten ...« Neben dem doppelklingigen Schwert waren große und kleine Kugeln mit Monden, Sonnen, Sternen und Ornamenten appliziert oder eingestickt. Man kann sie kurz interpretieren als ein symbolisches Abbild des islamischen Glaubens: die Halbmonde, Sterne und Sonnen repräsentieren die kosmische Ordnung, die Macht Allahs und seinen Schutz, die anderen Zeichen, wie das Schwert und die Hand, das irdische Reich der Gläubigen – all das zusammengefaßt und erklärt durch die vom Geiste eingegebenen Worte des Koran.[57] Über die Herkunft dieser Fahne war man sich in der Vergangenheit nicht im klaren. Schmeller[58] zitiert aus der Benno-Jubel-Predigt des P. Gelasius Hieber, die dieser 1723 in der Frauenkirche gehalten hat: »Dieser Fahnen, der hier oben außgesteckt, ist der türkische Hauptfahnen von der Capital-Festung Belgrad, den unser Durchl. Churfürst mit eigner Hand erobert.« Belgrad wurde zweimal erobert, 1688 und 1717. Beide Male waren bayerische Truppen dabei, aber nur 1688 war der Kurfürst selbst am Sturm beteiligt. In einem Aktenverzeichnis der Jahre 1682 bis 1691 heißt es: »Das chfl. gdigste remiss zu denen in Belgrad eroberten Fahnen und Bericht wie der hier verbliebene in U.L. Frauen Stifftskirchen affigirt worden.« Nun befand sich an der Fahne ein hölzerner Knauf mit einer eingeschraubten Fahnenspitze, die nach Gilardone[59] wegen der Buchstaben CAC (= Carl Albrecht Churprinz) dem Regiment Churprinz zuzuschreiben ist. Gilardone gibt deshalb zu bedenken, ob die Fahne nicht doch 1717 erobert sein könnte, da das Regiment erst seit 1694 den Kurprinzen zum Inhaber hatte. Wie diese Fahnenspitze an den ebenfalls europäischen Holzknauf kam, wissen wir nicht mehr, jedenfalls sprechen die herangezogenen Zeugnisse für 1688.

Es handelt sich bei diesen großen Fahnen *(sançak)* um Würdezeichen, die bei der Belehnung mit einer Provinz verliehen wurden. Schon die Rum-Seldschuken verliehen dem Osman (1288–1326) Fahne und Pauke als Zeichen der Herrschaft. Das türkische Wort für diese Fahne ist synonym für Provinz, beides heißt *sançak*. So schreibt auch Marsigli: »Die Paschas und die Wesirs haben eine ziemlich große Standarte und von fast derselben Form. An ihrer Spitze ist eine Kugel von vergoldetem Kupfer; sie ist ganz bedeckt mit Goldstickerei, die man auf der Insel Chios herstellt.«[60] Warum diese Fahnen grün und dunkelrot sind, ist nicht klar, sicher hat das nicht nur ästhetische Bedeutung.

Die großen Fahnen mit Schriftzeichen, »Blutfahnen«, wie man früher sagte, scheinen dagegen Sturmfahnen gewesen zu sein. Bei Hammer-Purgstall heißt es in der Schilderung der Belagerung von Güns,[61] daß die Türken die Bresche mit fliegender Fahne besetzten und daß diese Fahne purpurrot mit weißer Inschrift war. Die Inschrift bestand aus den Formeln: »Es ist kein Gott außer Allah« und »Mohammed ist sein Prophet«. Zwei solche Fahnen befinden sich in Krakau. Eine zweite Form der Fahne mit Schrift kennen wir zunächst aus der Karlsruher Türkenbeute. Der Tradition nach ist es das Banner des Seraskers der türkischen Armee, der in der Schlacht bei Slankamen am 19. August 1691 zusammen mit dem Großwesir Mustafa Köprülü fiel. Der Serasker kommandierte die Reiterei. Die Fahne ist von rotem Seidenrips, hat ein grünes Schriftband und einen grünen glatten Rand. Im Schriftband sind die beiden üblichen Glaubensformeln sechsmal zu sehen, wobei die vier mittleren in zwei Blöcken spiegelverkehrt aneinandersitzen. In gleicher Form ist ein blaues Viereck mit einer religiösen Inschrift gefüllt. Sechs Sternrosetten, zwei Halbmonde, ein großer und ein kleiner (der große mit den üblichen Formeln), sowie ein Achtpass mit religiöser, ornamental gestalteter Inschrift füllen das Feld. Eine weitere ähnliche Fahne ist uns nur in einer Abbildung erhalten:[62] wieder ein Schriftband mit der Sure des Sieges, dazu vier kleine und ein großer Halbmond mit Stern und Inschrift sowie drei Scheiben mit strahlender Sonne, eine ornamental gefüllte große Scheibe und ein Oval mit der Inschrift: Gott ist groß. Diese Fahne hat keinen Rand. Sie wurde von den schwäbischen Kreistruppen bei der Eroberung von Neuhäusel am 19. August 1685 in der Wohnung des Kommandanten gefunden. Wir haben hier einen Typ vor uns, dem Schwerttyp ähnlich, der vielleicht die Fahne hoher Dienstgrade, die keine Provinzen verwalteten, war. Eine dritte Gruppe von Fahnen, kleiner im Format, von verschiedener Farbe und Form, wird in größerer Anzahl in Wien aufbewahrt. Vorherrschend ist ein Typus von weißer Leinwand mit Inschrift und heiligem Schwert sowie anderen Symbolen. Bereits im vorigen Jahrhundert wurden diese Fahnen als die der Janitscharen angesehen.

Als den Truppen der christlichen Heere in den siegreichen Schlachten nach 1683 unermeßliche Beute in die Hände fiel, wurde natürlich das Kostbarste für die Fürsten ausgesucht. Das sind die Objekte, von denen wir leider wiederum nur Reste in den heutigen Sammlungen bewundern können; die Bestände von Karlsruhe sind dafür ein unschätzbares Zeugnis. Aus dieser mit Gold und Silber bestickten Beute hebt sich aber deutlich eine Anzahl von Waffen heraus; mit vergoldetem Metall beschlagen, bis zur Nutzlosigkeit mit Jade besetzt, entsprechen sie jenem im Serail geschaffenen »imperialen Stil«, den Zygulski als »Zeichen der Würde« erklärt.[63] Im Serail arbeiteten in der großen Zeit des Osmanischen Reiches 580 Handwerker, davon waren allein 58 Goldschmiede, die auch die Edelsteine einsetzten. Selbst der Harem war nicht das, was mancher von uns denkt. Die Damen mußten sticken und nähen und waren so in den Produktionsprozeß eingegliedert.[64] Diese Waffen wurden an verdiente Krieger vergeben und dann bei Aufzügen und Paraden getragen. Bei überstürzter Flucht sind sie in den Zelten liegengeblieben und den Händen plündernder Soldaten anheimgefallen. Fand man sie im Gezelt türkischer Befehlshaber, wurden sie sogleich unter strenge Bewachung gestellt, um später in die »Kuriositätenkabinette« europäischer Fürsten zu wandern.

Anmerkungen

[1] M. Ruith, Kurfürst Max Emanuel von Bayern und die Donaustädte, Ingolstadt 1889, 81.

[2] Die bayerischen Könige verwendeten das runde Zelt noch im 19. Jahrhundert, wie eine Lithographie von G. W. Kraus von 1838 zeigt.

[3] KA A VI b, fasc. 57.

[4] K. Staudinger verweist in seinem Werk, Das kgl. bayrische 12. Infanterieregiment »Kronprinz« 1682–1882, auf M. Ruith, Das kgl. bayrische 10. Infanterieregiment »Prinz Ludwig«, Ingolstadt 1882, 18. Dort steht ohne Quellenangabe: »Das Zelt des Großveziers . . ., ein seltsames Prachtstück mit vierzehn Türmen, die mit kupfernen, vergoldeten Knäufen geschmückt waren.« Das gleiche wiederholt Ruith an der in Anm. 1 zitierten Stelle, wo er auf die Memoiren von Villars (vgl. Anm. 5) verweist. Dieser behandelt aber das Lager der Türken nach der Schlacht bei Gran 1685. Die Quelle von Ruith scheint gut zu sein, es gelang mir aber bisher nicht, sie festzustellen.

[5] Mémoires du duc de Villars . . ., Den Haag 1758, I 125.

[6] L. F. Marsigli, L'etat militaire de l'empire ottoman, . . . Den Haag und Amsterdam 1732, II. Teil, 59 Taf. XIX.

[7] Ib. 81.

[8] Ib. 59.

[9] Villars (Anm. 5) 125.

[10] K. Tuchelt, Türkische Gewänder und osmanische Gesellschaft im achtzehnten Jahrhundert, Graz 1966. Leider ist die darin publizierte überaus wichtige Handschrift aus dem späten 18. Jahrhundert verschollen.

[11] Exemplare im Historischen Museum der Stadt Wien und im Heeresgeschichtlichen Museum, Wien.

[12] Nach islamischem Glauben werden die Verdammten in der Hölle dunkle Gesichter haben.

[13] A. Djevad Bey, Etat militaire ottoman . . . Konstantinopel–Paris 1882, I 184.

[14] P. Jaeckel, Türkische Kopfbedeckungen in mitteleuropäischen Museen (Waffen und Kostümkunde 1970, H. 1) 1 ff.

[15] D 211; Kat. Ausst. »Der Türkenlouis«, Karlsruhe 1955, Nr. 514. Die rote Farbe dieser Stiefel verweist auf einen hohen Offizier, vgl. Djevad Bey (Anm. 13) 178.

[16] D 208; Kat. »Der Türkenlouis« (Anm. 15) Nr. 513.

[17] H. Harbeck, Melchior Lorichs, Hamburg 1911. »Melchior Lorck«, Katalog der 112. Ausstellung des Kgl. Museums der Schönen Künste in Kopenhagen von E. Fischer, Kopenhagen 1962.

[18] Tuchelt (Anm. 10) T. 98.

[19] H. Stöcklein, Die Waffenschätze im Topkapu Sarayi zu Istanbul – Ein vorläufiger Bericht (Ars Islamica Bd. 1, Teil 2, Ann Arbor 1934) 204.

[20] G. Rausing, The Bow (Acta Archaeologica Lundensia, Serie in 8⁰, Nr. 6, Lund–Bonn 1967) 121.

[21] Hier und im folgenden nach J. Hein, Bogenhandwerk und Bogensport bei den Osmanen (Der Islam Bd. XIV, Berlin 1925) 289 ff. und ib. XV/1 1 ff.

[22] Ib. XV/1 18.

[23] Vgl. M. von Oppenheim, Der Djerid und das Djerid-Spiel (Islamica II/4, Leipzig 1927) 590–617.

[24] Ib. (Anm. 6) II 9.

[25] Briefe aus der Türkei, hrsg. durch W. von den Steinen, Erlangen 1926, 152.

[26] W. Hummelberger, Die Türkenbeute im Historischen Museum der Stadt Wien XV, Kopenhagen 1969, 44.

[27] (Anm. 6) II 9. Über diese und andere alttürkische Worte s. Mehmed Zaki Pahalan, Osmanli tarih deyimleri ve terimler, Istanbul 1957.

[28] W. Shelesnow (Zschr. für hist. Waffenkunde 2. Bd., Dresden 1900–02) 233 f.

[29] (Anm. 6) II 9.

[30] Hummelberger (Anm. 26) Nr. 30 ff.

[31] (Anm. 6) II 53.

[32] Zd. Zygulski jun., Bron w dawnej Polsce, Warschau 1975, Abb. 212, 215 u. 217.

[33] Vgl. Anm. 17.

[34] (Anm. 25) 152.

[35] R. Montecuculi, Besondere und geheime Kriegsnachrichten etc., Leipzig 1736, 149.

[36] Österreichische Nationalbibliothek, Codex Vindobonensis 8626.

[37] K. Teply, Kaiserliche Gesandtschaften ans goldene Horn, Stuttgart 1968, 33.

[38] J. Schöbel, Staatliche Kunstsammlungen Dresden, Orientalica, Historisches Museum, Dresden o. J.

[39] Enzyklopädie des Islam I, Leiden 1913, 1162.

[40] G. C. Stone, A Glossary of the construction, decoration and use of arms and armour etc., New York 1934, 479.

[41] M. Sercer, Jatagani u povijesnom muzeju Hrvatske, Zagreb 1975.

[42] (Anm. 35) 149.

[43] A. Hoff, Feuerwaffen I, Braunschweig 1969, 238.

[44] (Anm. 6) II 15.

[45] (Anm. 35) 148.

[46] Vgl. Anm. 17.

[47] D 115.

[48] P. Jaeckel, Alt-türkische Feldmusik (Die Zinnfigur 17, 1968) 73 ff.

[49] A. Djevad Bey (Anm. 13) 237 ff.

[50] Türkei, Frühe Miniaturen, Paris 1961, Taf. XXIX.

[51] Zd. Zygulski jr., Turkish trophies in Poland and the imperial ottoman Style (Armi Antiche, Numero speciale per il 6⁰ congresso dell'associazione internazionale dei Musei d'armi e di storia militare Zürich 15.–20. Mai 1972, Turin 1972) 25 ff.

[52] Die Halbmonde, die wir auf verschiedenen Roßschweifen oberhalb einer hölzernen Kugel anstelle der Kupferkugel angebracht finden, sind barocke Zutat. Diese Zeit konnte sich türkische Dinge nicht ohne Halbmond vorstellen.

[53] Melchior Lorck, Ausst. Kat. (Anm. 17) Nr. 9, 27 und 49.

[54] (Anm. 51) 37 (zit. nach J. Kalman).

[55] H. A. R. Gibb u. H. Bowen, Islamic society and the west, Bd. I, London 1950, 139 ff.

[56] Marsigli (Anm. 6) Taf. XXXIII.

[57] (Anm. 51) 30.

[58] J. A. Schmeller, Bayerisches Wörterbuch, Stuttgart–Tübingen 1837, I 719.

[59] G. Gilardone, Die Münchener Türkenfahne des 2. Infanterieregiments (Die Heimat, Beilage der Münchner Neuesten Nachrichten, 1932) 79 f.

[60] (Anm. 6) II 53.

[61] J. v. Hammer-Purgstall, Geschichte des osmanischen Reiches, Pest 1827–35, II 90.

[62] Chr. Boethius, Ruhm = belorberter Triumph = leuchtender und Glantzerhöheter Kriegs-Helm etc., Nürnberg 1688, 2. Teil, 99, 104 Abb.

[63] (Anm. 51) 43.

[64] Gibb u. Bowen (Anm. 55) I 74.

Zeitgenössische Berichte über die bayerische Türkenbeute der Jahre 1686 und 1687

Zusammengestellt von Lorenz Seelig

Nach der Einnahme der Festung Ofen zog Max Emanuel am 5. 11. 1686 festlich in München ein.

Ein türkisches Pferd »con sella briglia e coperta fatta di broderia con pietre pretiose de Turchese e rubini et altre« wurde . . . besonders beachtet (Bericht Lanterys vom 8. 11. 1686, nach Straub 283).

Nach derselben [der Kurfürstin Maria Antonia] ist ein vornehmer Türck auf einen trefflichen Türckischen Pferd geritten/ neben deme 6. Türcken gangen (Christophorus Boethius, Ruhm-Belorberter Triumph-leuchtender und Glantz-erhöheter Kriegs-Helm . . ., Nürnberg 1688, Anhang zum 3. Teil, Sieghaffter Nachdruck Römisch-Kayserlicher . . . Waffen, 79).

In der Schlacht am Berge Harsán am 12. 8. 1687 eroberten die kurbayerischen Truppen das türkische Lager mit dem Zelt des Großwesirs.

Le butin fut immense, par la quantité d'or et d'argent qui resta, par la magnificence des armes et celle des tentes, et peut-être ne sera-t-on pas fâché de trouver ici une description de celles du grand vizir; la voici copiée d'après une lettre du marquis de Villars: Il dit que, devant la grande avenue de ces tentes, étoit une espèce d'allée de cinquante pas de longueur, formée des deux côtés par deux rangs de coffres assez beaux, et en une quantité prodigieuse, posés les uns sur les autres avec beaucoup d'ordre. Les prisonniers lui dirent que c'étoit là le trésor de l'armée. Outre l'argent, il y avoit dans ces coffres les robes de distinction qui se donnent après quelque action remarquable, soit aux janissaires, soit aux autres que l'on juge les avoir méritées. Tout le gros des tentes du grand vizir étoit entouré de deux enceintes de murailles. Dans la première, faite d'une toile rouge d'environ huit pieds de haut, et séparée par des colonnes vertes de même toile, étaient un grand nombre de tentes fort belles pour les principaux officiers du grand vizir. – Une autre enceinte de murailles de toile verte, de même hauteur que la première, et séparée par des colonnes de toile rouge, enfermoit les tentes destinées pour la personne du grand vizir. D'abord, on voyoit la grande tente d'audience du grand vizir, qui présentoit un frontispice, tel que celui d'une église, soutenu par huit gros piliers brisés par le milieu, et les brisures étoient de bronze doré. Ces huit piliers soutenoient une avance de tente par laquelle on arrivoit à la grande tente d'audience soutenue par un seul mât, gros comme celui d'un médiocre navire. A l'entrée de la tente s'offroient comme deux troncs d'arbres, avec cinq ou six branches, sur lesquelles étoient perchés les oiseaux de chasse du grand vizir. Elle étoit séparée en deux par deux grands rideaux de brocard d'or et cramoisi, relevés par les côtés. Une estrade, d'environ trois toises en carré et d'un demi-pied de haut, couverte d'un drap de couleur de feu, étoit appuyée au grand mât, auprès duquel, sur cette estrade, étoit un carreau de brocard d'or et cramoisi, accompagné de deux autres semblables, posés à quatre pieds de distance de celui-là. Enfin, la tente, dans laquelle couchoit le grand vizir, étoit soutenue par des piliers de trois en trois pieds de distance, enfermés dans des murailles de la tente, dont le dessus avoit la forme d'un parasol; ainsi, il n'y avoit point de mât dans le milieu. Cette tente et celle des audiences, toutes brodées en dedans d'une broderie très fine: le haut étoit d'étoffes d'or et d'argent, découpées et brodées, de manière que, de l'endroit le plus élevé, il' sortoit un éclat qui s'affoiblissoit à mesure que la broderie descendoit, parce qu'elle n'étoit que de soie[1]. – Presque toutes les tentes des Turcs ont ce que nous appelons des *marquises*, c'est-à-dire une double tente, pour garantir de la pluie et de la chaleur. Tout avoit été tendu le matin même, ce qui marque le prodigieux nombre d'esclaves qui servent à leurs équipages (Ch.-J.-M. Marquis de Vogüé, Mémoires du Maréchal de Villars, I, Paris 1884, 77–79; vgl. Mémoires sur les campagnes du Prince Louis de Baden, Brüssel 1787, I, 34; siehe auch die Wiedergabe des Zeltes unter Buchstabe Q auf Blatt 15 der von Michael Wening nach Ludwig Nikolaus d'Hallart gestochenen Schlacht am Berge Harsán).

Des Groß-Vezier seines [Zeltes] war von Gold reich gestickt / und einer zwar Barbarischen / aber ausserst kostbaren Arbeit / und hatte fast eine halbe Italiänische Meile im Umfang / in welches sich Ihro Churfürstl. Durchl. mit dem Degen in der Hand begab / und darinnen einen Theil der Türckischen Kriegs-Kassa / so zu Bezahlung der Armee bestimmt / antraff / benebst der Cantzley und fürnehmsten Pferd-Schweiff / als Zeichen des höchsten Commando. Cameel / Ochsen / Pferd / und eine Menge Schaaf wurden hiebey auch denen Siegern zu Theil; zu geschweigen der mit Edelgestein und Gold ausgelegten Säbeln und Bögen / und kostbahren Kleidungen / womit die Tapfferkeit der Christen reichlich belohnet worden. . . . Als nun der Tag wieder angebrochen / ward in dem Gezelt des Groß-Veziers / so mit 14. Thürnen / und deren jeder mit einem kupffernen vergüldeten Knopff geziert / und einem Schloß nicht ungleich / in Gegenwart der beyden Durchläuchtigsten Ober-Häupter der Armee / . . . dem Höchsten / . . . ein Danck-angedenckendes Opffer gebracht / und vom P. Marco d' Aviano eine wohl-gestellte Predigt gehalten; das Herrgott dich loben wir angestimmet / und mit einer dreyfachen Salve 66. Stück Geschützes / worunter vier von ungemeiner Größe / nebst 10. Mörsern / und einem grossen Vorrath an Munition und Gewehr / reichen Gezelten und Bagage (Der Neu-eröffneten Ottomanischen Pforten Fortsetzung, Augsburg 1701, 397).

Und ist Ihro Churfürstl. Durchl. von Bäyern des Groß-Veziers Gezelt / welches von rothem Sammet innen und aussen gesticket / mit aller Zugehör / so in seiner Weitschafft / eine kleine Viertel-Meil austraget / zugefallen (Martial Adlerhold, Sieg-gekrönter Feld-Zug deß Adlers und Leuens im 1687. Jahr . . ., Nürnberg 1687, 74/75).

Se. Chur-Fürstl. Durchl. aber haben sich mit des Groß-Veziers hinderlassene sehr prächtigen Zelt / . . . auß angeborner Generositet allein contentirt / und das übrige andern Preiß gelassen (Ordentliche Wochentliche Postzeitungen [Beilage zu Mercurii Relation oder Wochentliche Reichs Ordinari Zeitungen] 23. 8. 1687, Nr. XXXIV).

104. Fahnen sind erobert worden / 43. haben vor des Groß-Veziers Gezelte gestecket / welches sehr groß und einem Schlosse gleich / mit Perlen und Edelgesteinen reich besetzet / mit Gold und Silber gesticket / weit herrlicher und prächtiger / als des Groß-Veziers bey der Wienischen Belägerung gewesen / dieses ist neben eines andern grossen Bassen Ihro Churfürstl. Durchl. sambt allen darinnen befindlichen Schätzen und Kleinodien zu Theil worden / wie auch der grosse rothe Roß-Schweiff / als vornehmstes Feld-Zeichen des Groß-Veziers (Rechter warhafftiger und ausführlicher Bericht alles waß bißhero in diesem 1687sten Jahre die christlichen Waffen für herrliche Siege ... erhalten, Leipzig o. J. [1687] fol. Dij^{v}).

Vor deß Groß-Veziers Zelten / in welche sich Ihro Chur fürstliche Durchl. ... begeben / hat man diejenige Standarten und Fahnen / welche in der Battaille bekommen / aufgesteckt (Relation der bey dem Berg Harsan vorbeygegangenen Feldschlacht den 12. Aug. Anno 1687, o. O. o. J., unpaginiert).

Das als bedeutende Sehenswürdigkeit geltende Zelt des Großwesirs fand in München verschiedentlich bei Festlichkeiten des Hofes Verwendung.

Nous y avons vû la Tente qu'on nous a dit estre du Grand Vizir, & qui a esté prise dans la derniere bataille où l'Electeur s'est tant signalé. Cette Tente est extrémement grande, mais elle n'a rien de fort beau. C'est une toile de cotton imprimée, avec des bandes qui sont, ce me semble, d'un petit satin couvert de broderie de soye; & des Losanges de mesme, placées de lieu en lieu entre les bandes (François-Maximilien Misson, Nouveau Voyage d'Italie, Den Haag 1702[4], 111: Bericht vom Dezember 1687).

Ove S. A. E. haveva fatto alzare la gran Tenda del Visir con tutte le altre in numero di nove guadagnate nella battaglia del'anno passato, posto nel med° modo come furono preso dentro un gran recinto di tele, e corde di bambace di color rosso, e verde, quale e lungo 200 passi e 115 di largo. Giunta che fu la cavalcata al destinato luogo si vide di primo aspetti la gran tenda tutta riccamata di lavori finissimi di seta alla Persiana di forma rotonda, sostenuto da un solo Abbero nel mezzo; ha vendo avanti un vestibulo ò sia Atrio in forma quadra attaccato alla med^{ma} gran Tenda la quale come serviva per dare le udienze, e per il consiglio di guerra, cosi il vestibulo serviva come per anticamera. Visita questa si passò ad un altra anche grande sostenuta da due Abberi, ricca e formata degli istessi lavori come la prima di là si entrò in un' altra piu piccola, ma di forma quadra che serviva per la Cavalleria del Gran Wesire, poi si entrò sul finaco destro del gran recinto nella tenda, ove dormi va il Gran Wesire la quale e di forma ottangolare con la sua cuppola rotonda di lavoro piu fino senza che si veda come sia sostenuto non apparendovi nissun' abbero. Poi si entrò in un' altra tenda anco per dormire di forma quadra con bellissimi tapeti che servivano di stratto; indi si videro le altre di mano in mano tutte belle e di finissimo lavoro (Bericht Lantérys vom 14. 5. 1688, nach Straub 288: für das am 13. 5. 1688 veranstaltete Fest wurde das Zelt im Fasanengarten aufgeschlagen).

... e la sera a vista nostra si fecero fuochi artificiati, stando la Corte sotto le sontuose tende prese al gran Visir in Ungheria dopo la battaglia di Siclos sotto il monte Arsau (Memorie del General Maffei, Verona 1737, 163: Bericht über das am 12. 10. 1701 anläßlich des Manövers veranstalteten Feuerwerk).

Den 16. wurde ... öffentliche Churfürstl. Tafel gehalten / nach welcher sich gesamte Churfürstl. und Fürstl. Durchl. mit allen Damen und Cavalieren in den Kugel-Hoff [Küchenhof] unter die auffgeschlagene sehr kostbare Zelt herunter begaben (Theatrum Europaeum, XVI, Frankfurt a. M. 1717, 101: Bericht über die am 16. 10. veranstaltete Truppenparade).

LAND UND LEUTE

Gertrud Diepolder

Das Volk in Kurbayern zur Zeit des Kurfürsten Max Emanuel

Beobachtungen zur Demographie

Die Erbhuldigung

Christoph Gangl, Nagelschmied in Reichenhall, verheiratet, ist nicht mehr der Jüngste. Am 11. August 1680, Sonntagvormittag, ist er im Begriff hinaufzugehen auf den Schloßberg, wo man auf halber Höhe über der Stadt »fünfzig Doppelhaggen und sechs Stuck« aus dem Zeughaus in Stellung gebracht hat. Sein Auftrag: Er soll, sobald die Glocken das Hochamt ausgeläutet haben, die Geschütze losbrennen, eins ums andere. Unter diesem Freudenfeuer wird die gesamte Bürgerschaft von Reichenhall sich auf dem Marktplatz versammeln, um vor dem Salzmayer Dr. Johann Georg Weiß die Erbhuldigung für den jungen Landesherrn zu leisten.[1] Der Nagelschmied hat, wer weiß woher, Erfahrung mit dem Geschütz, und er ist »sonsten ein munteres Manndl«, aber diesmal überkommt ihn eine schlimme Ahnung. Er »nimmt Urlaub von seinen Consorten« und bittet treuherzig um Verzeihung, wenn er sie im Leben mit Worten und Werken beleidigt haben sollte, denn »nunmehr thue er dem Allmechtigen Gott mit aller resignation dessen freyen Willens, sein Sell, sein Weib in das Spittal, und seinen Leib Ewr Churfrtl. Durchlaucht schenckhen, also zwar, daß wann wider verhoffen, so doch alles in den Willen Gottes gestellt, auch ein Stückhl zersprüngen und ihne in hundert Stuckh zerschmettern solle, dieses anderergestalten nit, als aus lautter lieb, eyffer und freiden gegen seinen gnedigen Chur- und Lanndtsfürsten gemaint und sollchergestalten auch darauf in diser intention mit freiden und willen sterben wölle«. Wirklich ist dann ein Stück zersprungen, der Gangl aber heil davongekommen.

Mag sein, daß diese Geschichte, die in den amtlichen Relationen über die Erbhuldigung überliefert ist, bei Hof die Runde machte, daß man sie auch dem jungen Landesherrn zutrug als ein Zeugnis der treuen Anhänglichkeit und patriotischen Gesinnung seiner Untertanen. Wenn ja, dann gewiß nicht zu Unrecht, denn ohne Übereinstimmung mit seinem Publikum hätte die heldenmütige Rede des Christoph Gangl ihn eher zum Gespött gemacht, als daß sie ihm aus der Angst geholfen hätte; sein Auftritt hätte nicht stattgefunden – mag auch der altbayerische Sinn fürs Dramatische noch so kräftig mitgespielt haben –, wenn nicht die Grundstimmung des »gemeinen Mannes« ihn getragen hätte.

Wirklich die Grundstimmung, nicht nur die Emotion des Tages? Waren im Programm dieses »kurbayerischen Freudenfestes«[2] nicht alle »Drogen der Staatspropaganda« wirksam, vom Hochamt mit Festpredigt und Te Deum[3] über den namentlichen Aufruf der Bürger und das gemeinsame Nachsprechen der Huldigungsformel, das Böllerschießen und Vivatrufen bis zum Tanz in den Straßen bei Freibier, Illumination und Feuerwerk? Gewiß; aber als der Nagelschmied ging, um die Lunte ans Pulver zu halten, waren alle noch nüchtern.

Es gab allerdings auch Verweigerungen und Nötigungen bei dieser Erbhuldigung, aber – soweit sich das in den Akten fassen läßt – nur dort, wo die Landesherrschaft strittig war, so in einigen Dörfern des Landgerichts Landsberg jenseits des Lech. Und es gab Vorbehalte, Mißmut oder die gute Miene des Nachgebens bei den Landschaftsverordneten, die bei Hof darauf gedrungen hatten, daß die Bestätigung der Landesfreiheiten (also auch ihrer Privilegien) und das Eingehen auf die Klagpunkte ihrer Gravamina wieder, wie ehedem, vor der Huldigung erfolgen sollte, und die sich nun gefallen lassen mußten, daß es erst nach der Huldigung, wenn auch am gleichen Tag, geschah.[4] Zweifellos gab es auch besorgte »Kapitalisten«, Beamtenwitwen zum Beispiel, nachgeborene Söhne des Adels oder Inhaber kleiner Benefizien, denen der Gedanke an die seit einem Jahr ausständigen Zinsen auf ihre bei der Landschaftskasse oder beim Hofzahlamt liegenden Kapitalien die Stimmung verdarb.[5] Aufs Ganze gesehen aber überwog im Volk wohl die natürliche Neigung, auf einen jugendlichen Thronfolger Hoffnungen zu setzen. Hinzu mochte kommen, daß dieser Prinz der seinerzeit lang ersehnte, in allen Kirchen des Landes herbeigebetete Erbe des uralt-angestammten Herrscherhauses war, und vielleicht auch – welcher Festprediger hätte sich den Hinweis wohl entgehen lassen –, daß er den Namen seines Großvaters Maximilian trug, dessen persönliches Vorbild und strenges Regiment die Älteren unter den noch Lebenden bis in die Falten ihres Gewissens geprägt hatte.

Mochte es auch an beiden Polen der Gesellschaft – unter den Hofleuten und hohen Beamten, den vielen »Zugereisten« einerseits und andererseits bei den Nichtseßhaften, den Scharen von Bettlern, gartenden Knechten, im Land verrufenen »Dieben und Räubern« – Ausnahmen oder Ausgenommene geben, so gab es beim Regierungsantritt Max Emanuels doch eine weithin ungestörte Übereinstimmung aller Stände des Volkes in Sachen der Religion, der Dynastie und des lieben Vaterlands.[6] Und irgendwie scheint diese Übereinstimmung bei aller Belastung, der die verschiedenen sozialen Schichten in sehr verschiedener Weise ausgesetzt wurden, bei allen Spannungen zwischen Obrigkeit und Untertanen, ja bei aller Entfremdung zwischen Fürst und Volk in den folgenden Jahrzehnten doch immer wieder herstellbar gewesen zu sein.

». . . insgemain alle unsere Underthanen . . .«

Ob man am Hof Max Emanuels wirklich glaubte, 3401020 Untertanen zu haben, ist mehr als zweifelhaft, auch wenn man das noch schwarz auf weiß in den 1685 erschienenen »Relationes Curiosae Bavaricae« des kurfürstlich bayerischen Hofgerichtsadvokaten Anton Wilhelm Ertl lesen konnte.[8] Vielleicht wußte man es in der Hofkammer besser, aber kaum auch nur annähernd genau – man hatte an der Sache wohl kein besonderes Interesse. Wenn man von den Untertanen, den Einwohnern, der Mannschaft, dem gemeinen Mann sprach, meinte man zunächst die Hausväter, nicht nur weil sie den Grundstock an Steuern, Anlagen, Scharwerksleistungen erbrachten. Noch galt die Hauswirtschaft, die »Ökonomie«, als Fundament auch der Staatswirtschaft. Daß der Hausvater »bei häuslichen Ehren« blieb, so daß er sein Haus »in baulichen Würden« erhalten konnte, lag im Interesse der Herrschaft, zuoberst des Landesherrn. Wieviele Kinder jedoch in seinem Hause lebten, das war Sache des Hausvaters und ging die Obrigkeit zunächst nichts an, außer wenn der Hausvater von unmündigen Kindern wegstarb, straffällig wurde oder verarmte; dann mußte allerdings die Obrigkeit auf die Vormundschaft achthaben oder aus christlicher Liebe auf »viel habende unerzogene Kinder« Rücksicht nehmen. Aber sonst? Seelen mochte die Kirche zählen, meist zählte sie nur die Kommunikanten. An Statistik im heutigen Sinn dachte man noch nicht; Prognosen, etwa die Wehrkraft betreffend, mochten angesichts der hohen Kindersterblichkeit sinnlos erscheinen. Nur aus fiskalischem Interesse, wenn es um eine Herdstättensteuer, um Kopf- und Lohnsteuer[9] ging, wurden außer den Hausvätern auch die Inleute und Ehalten (Gesinde, Dienstboten und ledige Handwerksburschen) amtlich erfaßt. So im Jahr 1691. Das Ergebnis aus den vier altbayerischen Rentämtern – ohne die Oberpfalz also, die ihre separate Verwaltung hatte – ist, wenn auch mit Lücken, überliefert.[10] Man zählte damals 85874 Häuser, dazu 11933 Inleute, also insgesamt 97807 Herdstätten. Zur Ehaltensteuer wurden 204293 Personen veranlagt.[11] Diese Zählung erfaßte jedoch nur die ländlichen Siedlungen. Die Häuser- und Herdstättenzahlen der Städte und Märkte Altbayerns – die Oberpfalz fehlt wieder – sind in der summarischen Anzeige einer Steuererhebung von 1717 überliefert.[12] In den 35 Städten und 77 Märkten wurden damals 20764 Hausbesitzer und 8467 Inleute zur Steuer veranlagt, das sind zusammen 29231 Herdstätten.

Trotz des Zeitabstands von 26 Jahren – die erste Erhebung wurde zwölf Jahre vor den Katastrophenjahren des Spanischen Erbfolgekriegs durchgeführt, die zweite zwölf Jahre danach – wird man aus der Addition beider Ergebnisse die bisher zutreffendste Vorstellung von der Bevölkerung Altbayerns um 1700 bekommen. Die Addition ergibt rund 106600 Anwesen und 20400 Miet- oder Einliegerwohnungen (Inleute), insgesamt also rund 127000 Herdstätten. Um die Lücken der ersten Erhebung auszugleichen,[13] wird man etwa 4000 Herdstätten mehr ansetzen müssen, also 131000. Daß in beiden Erhebungen die Pfarrhöfe und Häuser geistlicher Stiftungen sowie die Schlösser und Eigenbetriebe des Adels nicht inbegriffen sind, sei zunächst nur angemerkt.

Zum bisherigen Ergebnis nun eine Vergleichszahl: Im Jahr 1619, rund ein Jahrzehnt vor den ersten »Feindsjahren« des Dreißigjährigen Kriegs, schätzte die Hofkammer die Zahl der Untertanen, »so sonderbaren Rauch haben«, auf 160000.[14] Danach liegt die Zahl der Herdstätten um 1700 nur noch um 19% unter diesem Vorkriegsstand.[15] Welche Kraft der Regeneration und welche Wiederaufbauleistung dokumentiert diese Zahl, wenn man annimmt, daß dem Großen Krieg und den folgenden Seuchenjahren rund die Hälfte des altbayerischen Volks zum Opfer gefallen war![16] Die hergebrachte Vorstellung, daß jene zehntausend öd liegenden Hofstätten, von denen 1745 die Rede ist (gegen Ende des 18. Jahrhunderts sollen es noch fünftausend sein), noch immer auf das Schuldkonto des Dreißigjährigen Kriegs zu buchen seien, ist danach wohl endgültig zu revidieren.[17]

Mit der Zahl der Herdstätten in Altbayern ist erst eine Teilantwort auf die Frage nach der Bevölkerung Kurbayerns um 1700 gegeben. Der absoluten Zahl kann man, wenn nicht ein überraschender Quellenfund weiterhilft, nur noch näherkommen, wenn man die wenigen Quellen der Zeit, die für einzelne Pfarrgemeinden, Ämter und Hofmarken vollständige Seelen- beziehungsweise Einwohnerbeschreibungen enthalten, statistisch auswertet. Für diesen Beitrag wurde ein erster Versuch mit zwei Quellen gemacht. Ausgezählt wurden einmal 307 Anwesen in fünf Hauptmannschaften der Herrschaft Wildenwart,[18] im Voralpenland zwischen Simssee und Chiemsee gelegen, überwiegend aus Weilern und Einöden bestehend, in denen das Lehen, der Viertelhof, die normale Betriebsgröße ist. Das Ergebnis: durchschnittlich 5,85 Personen pro Haushalt bei den haussässigen Untertanen. Dagegen ergab die Auszählung der 85 Haushalte des oberpfälzischen Marktes Schnaittenbach[19] im Durchschnitt nur 4,1 Personen pro

Haushalt. Ziehen wir zum Vergleich heran, was Michael Mitterauer aus österreichischen Quellen ermittelt hat:[20] In Dorfbeuern im Salzburgischen lebten 1671 durchschnittlich 5,8 Personen an einer Herdstätte, und in rund dreißig Ämtern und Herrschaften Niederösterreichs (rund 6000 Seelen) betrug die Durchschnittszahl 1695 5,75. Danach dürfte die Durchschnittszahl von 5,3, die Josef Scheidl schon 1930 in einem, wie er selbst meinte, »kritischen Versuch« für das Landgericht Dachau um 1700 erschlossen hat,[21] unter dem Landesdurchschnitt liegen. Das leuchtet ein, wenn man die Siedlungsstruktur in Betracht zieht: Im Landgericht Dachau gibt es 1726 neben 1174 Bauern (ganze bis Viertelhöfe) bereits 1527 Sölden, also Kleinanwesen von »Nebenerwerbslandwirten«, kleinen Dorfhandwerkern und Taglöhnern.[22] In diesen Kleinanwesen gibt es kaum Ehalten, die heranwachsenden Kinder bleiben nicht lang im Haus, der Haushalt besteht nur aus der Kernfamilie. Man muß also in Gegenden, in denen der Anteil der Sölden an der Gesamtzahl der Anwesen hoch ist, mit einer niedrigeren Kopfzahl pro Herdstätte rechnen, dafür in Einödgebieten mit durchweg größeren landwirtschaftlichen Betrieben (halbe und ganze Höfe) mit einer um so höheren Kopfzahl. Vielleicht kommt man den tatsächlichen Verhältnissen nahe, wenn man als Mittelwert für die haussässigen Familien Altbayerns um 1700 5,6 Personen annimmt und für die Haushaltungen der Inleute 4 Personen. Die Multiplikation mit den Herdstättenzahlen ergibt dann rund 597000 beziehungsweise 81000 Personen, also insgesamt rund 678000 Einwohner.

Noch fehlen bei dieser Zahl die geistlichen Personen sowie der Adel und – das ist der unsicherste Faktor in unserer ganzen Rechnung – die Personen, die in den ständischen Haushaltungen und Betrieben leben. Mit allem Vorbehalt kann man die geistlichen Personen auf rund 7000,[23] die zu adeligen Haushaltungen und Betrieben gehörigen auf 5–6000 schätzen. Rechnet man noch rund 1000 Hofbedienstete in der Residenz und den kurfürstlichen Schlössern hinzu, dann kommt man auf über 690000 Untertanen, höchstens 700000. Vergleicht man damit das Ergebnis einer Volkszählung von 1770, die für Altbayern 982505 Einwohner nennt,[24] so hätte die Bevölkerung Altbayerns in den ersten siebzig Jahren des 18. Jahrhunderts um rund 40% zugenommen. Diese Zuwachsrate kann nicht überraschen, sie liegt vermutlich unter dem Mittelwert der deutschen Länder, aber mit der suggestiven Kraft von Zahlen macht sie doch eindringlich klar, daß man die sozialen Verhältnisse oder Mißverhältnisse vom Ende des Jahrhunderts – den hohen Anteil von Bettlern, ledigen alten Ehalten, unehelichen Geburten – nicht einfach auf die Zeit um 1700 zurückprojizieren darf.

Noch war immer nur die Rede von Altbayern, weil für die Oberpfalz entsprechende Herdstättenzahlen um 1700 noch fehlen. Für 1770 aber haben wir Einwohnerzahlen auch aus der Oberpfalz. Da werden in einer Zählung 165933, in einer anderen, wahrscheinlich richtiger, 172000 Einwohner genannt.[25] Nehmen wir an, die Bevölkerung der Oberpfalz habe im 18. Jahrhundert prozentual ebenso zugenommen wie die Bevölkerung Altbayerns, so kommen wir, zurückrechnend, auf rund 120000 Oberpfälzer um 1700 und damit für Kurbayern um 1700 insgesamt auf eine Einwohnerzahl von rund 820000. Lassen wir die Dunkelziffer der Nichtseßhaften, die keine Zählung erfaßt hat, ob es nun Tausende oder Zehntausende waren, außer Betracht, dann ist das ziemlich genau die Einwohnerzahl der Stadt München zu Beginn des Zweiten Weltkriegs.[26] Ein unhistorischer Vergleich? Gewiß. Aber er macht drastisch klar, welches Wagnis Max Emanuel einging, als er sich hinreißen ließ zum immer höheren Einsatz in der europäischen Politik. Da sollten die Steuern und die direkt oder indirekt dem Staatshaushalt zufließenden Leistungen von etwa 160000 Familien und weniger als einer Million Menschen ausreichen, um den Staatsapparat und die immer anspruchsvollere fürstliche Repräsentation zu finanzieren, um die alten Staatsschulden zu verzinsen und – ehe die Subsidien einsetzten oder wenn sie ausblieben – eine dem ständigen Verschleiß ausgesetzte Armee zu unterhalten.[27] Daß die Politik Max Emanuels damit von vornherein mit der Problematik begrenzter Ressourcen belastet war, daß der Kurfürst von Bayern sich aus eigener Kraft, das heißt aus Landesmitteln, damals weder den Kriegsruhm noch die fürstliche Repräsentation so großen Stils eigentlich leisten konnte, wird völlig klar. Erstaunlich ist nicht, daß er nach fünfundvierzig Jahren ständigen Überziehens der Kräfte seines Volks – die zehn Jahre Besatzungszeit, auch wenn sie nicht zu seinen Lasten gehen, miteingerechnet – am Ende dem offenen Staatsbankrott auf Haaresbreite nahe war, erstaunlich ist vielmehr, daß er ihn vermeiden konnte. Und noch erstaunlicher ist wieder, nach der tiefen Depression der Kriegs- und Besatzungsjahre, die Regenerationsfähigkeit dieses kleinen Volkes. Wenn man in den Steuerbeschreibungen von 1721, verglichen mit denen von 1671 – nach Stichproben, denn eine breite Untersuchung gibt es noch nicht –, kaum Ausfälle und einen durchweg gehaltenen Viehbestand feststellt und wenn man noch dazu in Betracht zieht, was in diesen Jahrzehnten – vor und nach der Zäsur von 1703 bis etwa 1710 – in diesem Land gebaut wurde, in welcher Fülle und Qualität die barocken Ausstattungen, Umbauten, Neubauten entstanden, dann muß man fragen, wie dieses »Wirtschaftswunder« eigentlich zu erklären ist.

Die ständische Gesellschaft

War die Gesamteinwohnerzahl nur durch ein umständliches Verfahren annähernd zu erschließen, so genügt ein lapidarer Satz, um die gesellschaftliche Gliederung des altbayerischen Volkes um 1700 grob zu kennzeichnen: Sie war die herkömmliche, die Gliederung in vier Stände, wobei die oberen Stände – Adel, Geistliche und Bürger – vor allem in ihren Oberschichten ein ausgeprägtes Standesbewußtsein besaßen, während der vierte Stand der Bauern oder Landleute – auch der »unvermögenden geringeren Untertanen« in Städten und Märkten – noch kaum als Stand in Betracht kam. In den Dörfern ließen die großen sozialen Unterschiede zwischen Bauern und Söldnern[28] kein gemeinsames Standesbewußtsein aufkommen, ausgenommen vielleicht in der gemeinsamen Reaktion auf die übergroße Belastung der Kriegsjahre[29]. Nach der volkstümlichen Überlieferung war die Ständegesellschaft in Urzeiten entstanden, nach der Lehrmeinung der Kirche war sie von Gott gewollt, nach dem Geschichtswissen der gelehrten Räte war sie durch eine lange Reihe von Rechtssatzungen und Privilegien legitimiert. Obwohl der landesfürstliche Absolutismus eigentlich eine einheitliche, ganz verfügbare, unter keiner anderen als der landesfürstlichen Obrigkeit stehende Untertanenschaft für ideal halten mußte, änderte er an dieser bestehenden Gesellschaftsordnung im Grunde nichts, da ihre Legitimität auch die seine war. Er ließ den Angehörigen des Adels, der Geistlichkeit, den Bürgern ihre ständischen Vorrechte, er unterließ es, seine Beamten etwa als neuen, konkurrierenden Stand neben den alten Ständen zu etablieren – eine Folge war das Hineindrängen der Beamten in den Adel –, und er nahm es hin, daß nahezu die Hälfte des Bauernstandes und der ländlichen Unterschichten als Herrschafts- oder Hofmarksuntertanen der Landstände seiner unmittelbaren Obrigkeit überhaupt entzogen war.[30]

»Unsere liebe und getreue Landschaft«

Landstände – oder mit den Worten des Landesfürsten: »die Stände unserer lieben und getreuen Landschaft« – sind diejenigen Angehörigen des Adels und der Geistlichkeit, die bestimmte, zu einem Landgut gehörige Herrschaftsrechte über Land und Leute ausüben, sowie die Bürgerschaft derjenigen Städte und Märkte, die entsprechende Selbstverwaltungsrechte, mindestens aber die niedere Gerichtsbarkeit besitzen. Diese Stände haben damit nicht mehr nur eine »gesellschaftliche«, sondern eine politische, in der Verfassung des Landes begründete Vorrangstellung.[31] Sie sind »die Landschaft«, die seit der Ausbildung des fürstlichen Territorialstaats dem Fürsten auf den Landtagen gegenübertrat und Land und Volk schlechthin repräsentierte. Die Landschaft war zu Rat und Hilfe in Landesangelegenheiten berechtigt und verpflichtet, sie wirkte bei der Gesetzgebung mit, und sie bewilligte die vom Fürsten von Fall zu Fall erbetenen Steuern, hob sie ein und verwaltete die Gelder. Von dieser weitgehenden Teilhabe an der Herrschaft war der Landschaft schon unter Kurfürst Maximilian I. kaum mehr als die Steuerkompetenz geblieben. Seitdem lohnte sich der Aufwand regelmäßiger Zusammenkünfte nicht mehr. Als Kurfürst Ferdinand Maria 1669 nach 55jähriger Pause noch einmal alle Landstände nach München berief, entschuldigten sich von 278 geladenen Adeligen 53,[32] von insgesamt 567 Geladenen sollen nur 317 erschienen sein.[33] Von da an wurde die Landschaft, die einst das Land repräsentiert hatte, ihrerseits nur noch durch einen Ausschuß repräsentiert, der aus je acht Verordneten der beiden Landesteile Ober- und Niederbayern bestand. Je vier Verordnete des Adels, zwei Prälaten und zwei Bürgermeister (von München beziehungsweise Landshut und Straubing), die sich selbst durch Wahl ihrer Nachfolger ergänzten, nahmen alljährlich unter dem Vorsitz des Landschaftskanzlers die Steuerforderung (das Postulat) des Landesherrn entgegen. Dann brachten sie ihre Einwände vor, verbunden mit allgemeinen und besonderen Beschwerden – eine Art landschaftlicher Bericht zur Lage der Nation, der zugleich die vorsichtige Kritik der »Opposition« am Haushaltsvorschlag enthielt. Da es der Zweck dieser Gravamina war, den Landesherrn zur Herabsetzung seiner Forderung zu bewegen, wurde bereits in relativ normalen Jahren die finanzielle Erschöpfung des Landes und die Notlage der Untertanen so herausgestrichen, daß in schlechteren Jahren und schließlich in den Katastrophenjahren nach 1701 die Klagen kaum mehr wirksam gesteigert werden konnten.[34]

Die Landschaftsverordnung kontrollierte die Landschaftskasse. In die Landschaftskasse wurden die Steuergelder eingelegt, aus ihr wurden die bewilligten Summen an das Hofzahlamt und an das Hofkriegszahlamt überwiesen. Als höchste Summe stehen in den Rechnungsbüchern der Landschaftskasse[35] jedoch die Kapitalien, die die Landesherren seit der Mitte des 16. Jahrhunderts aus immer neuen Anlässen und aus immer demselben Grund – weil die normalen Einkünfte nicht reichten – im Land als Anleihen aufgenommen hatten, bei Klöstern und Gotteshäusern, bei Städten und Märkten, beim Adel und Bürgertum. Die Landschaft hatte, schubweise, diese landesherrlichen Schulden übernommen mit der Verpflichtung, sie zu 5%, dem damals allgemein gültigen Satz, zu verzinsen. Im Jahr 1701 betrugen die jährlichen Zinsverpflichtungen der Landschaftskasse für »alte Schulden« (einschließlich der Kriegsanleihe Max Emanuels von 1689) rund 300000 Gulden, die Kapitalschulden also 6 Millionen Gulden.[36] Diese 6 Millionen Gulden, oder vielmehr die darauf ausgestellten Zinsbriefe befanden sich zu einem erheblichen Teil nicht mehr im Besitz der ursprünglichen Geldgeber; sie waren als festverzinsliche Wertpapiere behandelt worden, an Kinder vererbt, an Geschwister hinausbezahlt, für Bargeld gegeben worden, man hatte fromme Stiftungen damit dotiert, vielleicht auch damit spekuliert. In guten Zeiten bekam man für Landschaftskapitalien den Nennwert; wenn die Landschaftskasse mit den Zinszahlungen im Rückstand war, einen niedrigeren Kurswert; so wurden 1694 einmal für 1500 Gulden Landschaftskapital nur noch 1350 Gulden bezahlt.[37] Das ist eine zufällige Beobachtung; eine Untersuchung des Kapitalverkehrs im Land, vor allem im Hinblick auf die kleinen »Kapitalisten« und im Hinblick auf die Vermögen der Gotteshäuser, die ihrerseits die Kreditgeber des kleinen Mannes waren, steht noch aus. Festhalten muß man immerhin, daß es trotz der maßlosen Überziehung der Landesmittel durch Max Emanuel eben doch nicht zum völligen Bankrott kam.[38] Die alten Schulden wurden nicht annulliert, auch wenn die Geldgeber bzw. Kapitalinhaber nur in ganz besonderen Fällen eine Tilgung erreichten; und wenn ein Teil der Zinsrückstände aus den Kriegsjahren als Verlust hingenommen werden mußte, wurden die Zinszahlungen doch wiederaufgenommen. Das Vertrauen der Untertanen in den Schuldner Staat blieb grundsätzlich erhalten. Das ist ohne Zweifel ein Verdienst der Landschaftsverordneten und ihres zähen Festhaltens an einem Rest von Finanzhoheit. Und selbst wenn es vorwiegend aus Eigeninteresse geschah – die Stände waren, freiwillig oder nicht, noch immer die größten Gläubiger des Landesherrn, wenn man von den professionellen Geldgebern absieht –, so haben sich ihre Interessen hier mit den Interessen vieler sozial schwacher Untertanen gedeckt.

Hat uns dieser Exkurs über die Landschaftskasse merklich über unser Thema hinausgeführt, so mag eine kurze Beschreibung der beiden Stände, die für nahezu die Hälfte des altbayerischen Landvolkes die unmittelbare Obrigkeit darstellten, durchaus zum Thema gehören.

Barockprälaten

Der altbayerische Prälatenstand ist der einzige Stand, dessen Mitglieder wir durch Jahrhunderte namentlich kennen. Es sind die Äbte und Pröpste der 83 landständischen Klöster und Stifter.[39] Einige Arbeiten der letzten Jahre haben ihre Herkunft untersucht, und was man bisher nur vermutete auf Grund der wenigen Biographien, die es gab, hat sich bestätigt: die allermeisten dieser Barockprälaten waren Söhne von Beamten und bürgerlichen Handwerkern.[40] Ihre Väter waren Hofmusiker (Propst Augustin Lang von Beyharting und Abt Corbinian Foederl von Asbach) oder Hofkammersekretär (Abt Joscio Hamberger von Niederalteich). Sie waren Bierbrauer und Wirte (Ildefons Huber von Weihenstephan und Roman Markl von Metten), Stadtkoch (Nonos Moser von Attl), Bäcker (Otto Landus von Bernried), Schneider (Jakob Mayr von Herrenchiemsee und Emanuel Scholz von Raitenhaslach), Maurer (Matthias Widmann von Neustift und Liebhard Kellerer von Fürstenfeld) oder Huf- und Nagelschmied (Amandus Röls von Hl. Kreuz in Donauwörth und sein Bruder Roger Röls in Kaisheim). Bauern waren die Väter von Propst Petrus Offner von Dietramszell und von Propst Patricius Oswald von Rottenbuch. Der Vater des Benediktbeurer »Bauprälaten« Placidus Mayr war ein Häusler in Sachsenkam, und der Vater seines Nachfolgers Eliland Oettl ein Zimmermann in Obersteinbach bei Benediktbeuren. Nur zwölf von über zweihundert Prälaten der Zeit Max Emanuels stammten aus adeligen Familien. Was für die Prälaten gilt, gilt selbstverständlich auch für die Konvente, aus denen sie gewählt wurden. Die jungen Männer, die in diesen Jahrzehnten in die tausendjährigen altbayerischen Benediktinerabteien, in die Zisterzienser- und Prämonstratenserstifter eintraten oder Augustinerchorherren wurden, die in den Klöstern oder an den Universitäten in Ingolstadt und Salzburg Theologie studierten, dann im barocken Chorgestühl kalter Kirchen die Tagzeiten beteten, als Schaffner die Wirtschaftsbetriebe des Klosters leiteten, als Archivare und Bibliothekare seine Geschichte schrieben und als Seelsorger hinausgingen in die Klosterpfarreien, sie alle, die für die Klosteruntertanen die Herren waren, kamen in der großen Mehrzahl aus Familien, die keine soziale Kluft von den Familien der Untertanen trennte. Weshalb traten sie – und nicht die Söhne des Adels – in die Prälatenklöster ein? Vielleicht, weil das Kloster für den begabten Buben eines Hufschmieds das Studierendürfen bedeutete, vielleicht, weil einer von sieben Beamtensöhnen dadurch versorgt wurde, vielleicht, weil das Kloster dem reichen Bräu oder Wirt den Eintritt eines Buben nahelegte. Was aber die Söhne des Adels betrifft, so standen der viel kleineren Zahl, um die es hier geht, die Domkapitel und einige vornehme Kollegiatstifter offen, und manche der geistig und religiös am tiefsten Bewegten traten in die damals noch aktuelleren Orden ein, sie wurden Jesuiten und Kapuziner.

Muß man nach diesen Untersuchungen über die soziale Herkunft die populäre Vorstellung korrigieren, daß die Mehrzahl der Barockprälaten Altbayerns von Haus aus zur feudalen Herrenschicht gehörte, so muß man nach neueren Arbeiten auch die nicht minder populäre Vorstellung vom Bauprälaten, der souverän, aufwendig, ja verschwenderisch plant, aus seinen Untertanen den letzten Gulden und ein Übermaß an Fronarbeit herauspreßt, um seine Wundergebäude zu vollenden, erheblich zurechtrücken. Im Grunde wissen wir es seit vierzig Jahren, nämlich seit der Arbeit von Matthäus Pest über die Finanzierung des süddeutschen Kirchen- und Klosterbaus in der Barockzeit,[41] daß diese Vorstellung falsch ist, daß vielmehr genau kalkuliert werden mußte, daß ein langwieriges Genehmigungsverfahren durchzustehen war – in Kurbayern war der landesherrliche Geistliche Rat als letzte Instanz zuständig –, daß vielerlei Finanzierungsquellen mit Mühe und Geduld zu erschließen waren, daß der Klosterhaushalt während der Bauzeit oft empfindlich eingeschränkt werden mußte und daß scharwerkende Untertanen kaum über das herkömmliche Maß hinaus herangezogen werden konnten.

Eine soeben erschienene Dissertation,[42] die aus reichem Quellenmaterial die Geschichte des Kloster- und Kirchenbaus in Weltenburg (1714–1736) genau beschreibt, erhärtet dies alles am Fall eines relativ armen Klosters.[43] Der Bau wurde im wesentlichen mit folgenden Mitteln durchgeführt:

Beiträge befreundeter Benediktinerklöster	955 fl
Zinslose Darlehen von Gotteshäusern der Rentämter Burghausen und Landshut, auf Verfügung des Geistlichen Rats	ca. 4000 fl
Mitgift und Erbschaft neu eintretender Konventualen, darunter von 5 Bürgerssöhnen allein 32000 fl	44488 fl
Schenkung des Regensburger Weihbischofs Ernst v. Wartenberg	4000 fl
Faßgeldgroschen von kurfürstlichen Bräuhäusern auf Verfügung des Geistlichen Rats	7700 fl
Bauholzspenden von Untertanen	327 Stämme

Viele Zahlungen für Transportleistungen – von den Arbeiten am Bau ganz abgesehen – lassen darauf schließen, daß Scharwerksleistungen der Untertanen kaum ins Gewicht fielen. Diese Aufstellung, so bescheiden sie sich ausnimmt, erhellt doch, was sonst umständlich zu erklären wäre: daß zwar keineswegs jedes Prälatenkloster durch seine Untertanen reich war, daß aber auch dem »ärmsten« Prälaten die Finanzierung von Bauvorhaben oder Güterkäufen leichter möglich war als irgend jemandem sonst in dieser Gesellschaft.

Alter und neuer Adel

Zu den adeligen Landsassen, die den Ritterstand der altbayerischen Landschaft bildeten, gehörten um 1700 etwa 320 Familien.[44] Die Zusammensetzung dieses Standes änderte sich in der Zeit Max Emanuels merklich dadurch, daß einerseits manche Familien des alten Adels ausstarben und andererseits neue Mitglieder in den Ritterstand aufgenommen wurden: Hofleute und Offiziere ausländischer Herkunft, vor allem aber Beamte bürgerlicher Herkunft. Es würde sich lohnen, einmal nachzuprüfen, wieviele der Adelsfamilien, die um die Mitte des 18. Jahrhunderts Hofmarken und Edelsitze und nahezu sämtliche höheren Beamtenstellen in Altbayern innehaben – das wird in der Literatur meist kritisch vermerkt und als Pfründenjägerei der ohnehin privilegierten Stände gedeutet –, in den hundert Jahren zuvor aus dem Bürgertum aufgestiegen sind, wobei nicht das Patriziat und das Ratsbürgertum gemeint ist, sondern etwa die gleiche Schicht, deren Söhne uns auch in der Prälatenreihe begegnet sind.

Nicht nur wegen dieser »Neuzugänge« durch Standeserhebung fühlte sich der alteingesessene, landständische Adel in diesen Jahrzehnten oft benachteiligt; manche Familien hatten sich von den Folgen des Dreißigjährigen Krieges wirtschaftlich nicht mehr erholt. Beim Blättern in der Weningschen Topographie dürfen die barocken Neubauten unter den Hofmarksschlössern – wirklich zahlreich sind sie eigentlich nur unter den Edelsitzen des Hofadels im Umkreis der Hauptstadt – nicht darüber hinwegtäuschen, daß die Mehrzahl der landsässigen Familien noch in alten, oft nach den Zerstörungen des Großen Kriegs nur teilweise wiederhergestellten Gemäuern lebte. Caspar v. Schmid, der es wissen mußte, schreibt, daß manche Adelsgüter um ein Drittel des Werts, den sie vor dem Krieg hatten, in andere Hände gingen.[45] Das dürfte vor allem für kleinere Hofmarken zutreffen. Mußte eine Familie, die nur eine einzige Hofmark besaß, also keine anderen Einkünfte hatte, ihren Untertanen durch Nachlässe von Abgaben, durch Hilfe mit Saatgut, durch Beschaffen von Vieh den Wiederaufbau ermöglichen, so waren die Grenzen der noch tragbaren Verschuldung oft schon erreicht, ehe die Einkünfte wieder stiegen. So sehen wir seit etwa 1650 immer mehr Hofmarken in den Besitz der kapital- oder kreditstärkeren Klöster übergehen: Von 1651 bis 1679 registrierte man bei der Landschaft zweiundzwanzig Fälle,[46] in der Zeit Max Emanuels kamen trotz eines ersten Amortisationsgesetzes weitere neunundzwanzig hinzu. Wer neu ins Land und schnell zu Vermögen kam, wie der Kölner Anton J. Emanuel von Berchem, der unter Ferdinand Maria rasch zum Minister aufstieg, konnte es in wenigen Jahren zum Besitz von über einem Dutzend Hofmarken bringen.[47] Und schließlich finden sich auch immer mehr Hofmarken in den Händen der »großen Familien« des altbayerischen Adels, der Toerring, Preysing, Tattenbach, die dabei eine vernünftige Arrondierung betreiben, so daß fast immer mehrere Hofmarken unter eine Verwaltung kommen.

Wenn oft als Beispiel für das wirtschaftlich »behagliche Dasein« des Adels auf seinen ererbten Landgütern der »Anschlag hochgültiger Landgüter« zitiert wird, den Anton Wilhelm Ertl seiner »Praxis Aurea« als Anhang mitgegeben hat,[48] so muß man dazu sagen, daß es sich dabei um das Muster einer Gutsschätzung handelt, in der möglichst kein einziger Posten übersehen wird, der etwa in einem »hochgültigen«, also hochwertigen Besitz vorkommen kann – vom Kuchldienst der Untertanen über den Wollertrag der herrschaftlichen Schafhaltung bis zu Ziegelöfen, Bergwerken und Eisenhämmern. Was uns heute daran besonders interessieren muß: Die »Gebäu und Schlösser«, die zu den Landgütern gehören, werden nicht in Anschlag gebracht, sondern zu den Zugaben gerechnet, »weillen meistentheils dergleichen Gebäu auch mit grossen Unkosten müssen ein gantzes Jahr hindurch in Dach und Fach unterhalten werden.«[49]

Stadt- und Marktbürger

Dem dritten Stand der altbayerischen Landschaft gehörten die 33 Städte an und 77 von insgesamt etwa 95 Märkten.[50] Ebenso wie die Konventualen der Prälatenklöster zählten auch die Bürger in ihrer Gesamtheit zu den

Landständen, auch wenn Rat und Bürgermeister für sie handelten. In den landständischen Städten und Märkten lebten etwa 22,3% der Bevölkerung, nämlich 29231 Familien.[51] Im Zeitalter der Agrargesellschaft ist dieser bürgerliche Anteil erstaunlich hoch, doch muß man dabei bedenken, daß die meisten kleinen Märkte sich nur durch ihre Rechte, durch Jahrmarkt und Wochenmarkt und durch die geschlossene Bauweise um den Marktplatz von größeren Dörfern unterschieden, kaum aber durch die Lebensweise ihrer Bürger, unter denen viele »Ackerbürger«, das heißt eigentlich Bauern waren. Ihre Häuser schauten auf den Marktplatz oder die Hauptstraße, doch hinter sich hatten sie Hof, Stall und Stadel und an der rückwärtigen Gasse die Hofeinfahrt oder das Scheunentor. Man braucht nur einmal bei Wening die Ortsbeschreibungen der kleinen Märkte daraufhin zu lesen, die oft nur wenig redigiert wiedergeben, was die Gemeinden draußen in den Fragebogen geschrieben hatten.[52] Da heißt es zum Beispiel bei Kösching:[53] »Ist mit Häusern und Traidtscheuern wol erbauet, ... der Feldbau ist gut und fruchtbar«, oder bei Aindling:[54] »Der Feldbau ist nit groß, hat schlechte Wayd für den Vihzügl«, oder bei Geimersheim:[55] »Ist ein gesunder Ort und nähret sich meistens durch den Feldbau, dann es allhier einen sehr guten Traidtboden gibt.« Ja selbst Wolfratshausen, zentraler Ort eines großen Landgerichts, mit einer Niederlage für Kaufmannsgüter, die auf der Straße von München nach Mittenwald und Innsbruck gehen, gibt an:[56] »Der Orth hat gesunden Luft, doch nur einen wenigen Feldbau zur Hausnotdurfft.« Auch hinter den immer noch mittelalterlichen Mauern der kleinen und mittleren Städte von Abensberg bis Osterhofen, von Vilshofen bis Neuötting haben viele Bürger den Schweinestall neben der Holzlege, die Obstbäume hinterm Haus und den Krautgarten draußen vorm Stadttor.

Nur die alten Hauptstädte Landshut und Straubing heben sich durch Bürgerstolz und Gewerbereichtum, durch reiche Steuerzahler und Kreditgeber, durch Stadtklöster und Stadthäuser des Landadels und durch den gesellschaftlichen Verkehr, der unter den vielen Beamten eines Regierungssitzes entsteht, deutlich von allen übrigen Städten ab – auch von Ingolstadt, wo Professoren, Studenten und Soldaten zwar den Umsatz der 34 Bierbrauer, 34 Bäcker und 23 Metzger einigermaßen hochhalten,[57] aber doch den Verlust der Hofhaltung und des Regierungssitzes nicht wettmachen können.

Der Sonderfall unter den altbayerischen Städten ist München, die kurfürstliche Hauptstadt, die in den 1680er Jahren aus einer noch weithin spätgotischen Bürgerstadt, in der den fremden Besuchern das »Wundergebäu« der Residenz und das Jesuitenkolleg samt der riesigen Kirche um so mehr auffiel, sich beinahe unglaublich schnell in eine barocke Residenzstadt verwandelt.[58] Da kommt es in den guten Lagen, an den breiten Achsen der Hauptstraßen, in der Nähe der Residenz und überall dort, wo man noch Gärten und Nebengebäude in Bauplätze verwandeln kann, zu Haus- und Grundstückskäufen um beinahe jeden Preis, und ein wahrer Bauboom bricht aus: Herrschaftliche Palais werden aufgeführt, wo vorher ein paar alte Stadel standen, zwei, drei schmale Bürgerhäuser werden durch eine Barockfassade in ein adeliges Domizil verwandelt, und wenn es nur zum bescheidenen Umbau reicht, dann will man wenigstens eine Einfahrt für die Kutsche. Und während die alten bürgerlichen Gewerbe und der bürgerliche Handel zurückgehen, fällt ein Abglanz des Hoflebens noch in die letzte Gasse. Da wird der Fuhrknecht Hoftrabant, der Schneider Hoffräuleinschneider, der Wachszieher Hofwachsmacher, und die hübsche Bierbrauerstochter heiratet einen jungen Beamten und wird eines Tages Frau Hofrätin. München zahlte im Jahr 1717 die Herdstättenanlage von 4782 Herdstätten in 1309 Häusern.[59] Also wohnte man in vielen Häusern schon zur Miete. Damit hat für München unter Max Emanuel eigentlich erst die Neuzeit und im Keim schon die Entwicklung zur Großstadt begonnen.

Mit den drei Ständen der Landschaft haben wir die Glieder der altbayerischen Gesellschaft um 1700 beschrieben, deren rechtliche, politische, soziale Stellung ganz eindeutig, man kann sagen, in der Verfassung des Landes festgeschrieben war. Zwischen ihnen und dem gemeinen Volk gab es aber noch eine Zwischenschicht. Die gemeinsamen Merkmale ihrer zahlreichen Angehörigen bestanden darin, daß sie – ebenso wie die Stände – nicht zur allgemeinen Landsteuer veranlagt wurden, sondern eine steuerliche Sonderbehandlung erfuhren, und daß auch sie in Staat und Gesellschaft einige Sonderrechte genossen. Zu dieser Schicht gehörten diejenigen adeligen Familien, Klöster und geistlichen Gemeinschaften, die keine Landgüter mit Jurisdiktion besaßen (und deshalb nicht zu den Landständen gehörten), ferner Offiziere, Beamte – die Doktoren unter ihnen besaßen de jure die persönliche Landstandschaft – und der Weltklerus.

Die Beamten

Von den Beamten muß bei einem demographischen Versuch wenigstens kurz die Rede sein. Zeitgenössische Quellen geben allein die Zahl der kurfürstlichen Beamten auf dem Land mit 2871 an.[60] Eine breite Untersuchung über ihre soziale Herkunft gibt es noch nicht. Für die mittleren und höheren Beamten, etwa vom Gerichtsschreiber aufwärts, müßten die Matrikeln der Jesuitengymnasien ergiebig sein. Eine Faustregel gilt jedenfalls für die Zeit um 1700:[61] Viele Beamte sind Beamtensöhne. Da gibt es ganze Dynastien, Brüder und Vettern, die über mittlere Stellen nicht hinauskommen und zwischen landesherrlichen und privaten Diensten wechseln, und nicht selten weisen alt gewordene Beamte bei der Bitte um ein Gnadengeld oder um eine Stelle für den Schwiegersohn darauf hin, daß ihre

Familie seit vielen Generationen dem Landesherrn gedient hat. Beamte dienen oft bis ins hohe Alter, weil ihre Versorgung, wenn sie aus dem Dienst ausscheiden, noch weniger geregelt ist, als ihre Bezüge es sind. Die meisten haben nur ein mäßiges, manche haben gar kein Gehalt, sondern nur Naturalbezüge und ihren Anteil an den Abgaben und Gefällen – vor allem Strafgebühren – der Untertanen. Daß hier vor allem der Grund zu suchen ist für ihre geringe Widerstandsfähigkeit gegen Korruption und für die Unbeliebtheit vieler – keineswegs aller – Beamten beim Volk, ist bekannt. Wenn diese Unbeliebtheit in der Zeit Max Emanuels zunahm, so wohl weniger deshalb, weil die Beamten durch das schlechte Beispiel ihres Landesherrn demoralisiert wurden, sondern vielmehr, weil sie in eine doppelt unangenehme Lage gerieten: Sie mußten von den Untertanen oft mit Härte außerordentliche Leistungen verlangen und waren selbst mehr denn je auf Einkünfte aus dem Amt angewiesen, weil nicht nur ihre Geldbezüge, sondern auch die Zinsen auf ihre ererbten Kapitalien ausblieben. Am besten kann man sich die Lage derjenigen Beamten, die nicht aus gut situierten landständischen Familien kamen, vorstellen, wenn man liest, was alles sie nicht durften:[62] Sie durften keine Land- und Bauerngüter in ihrem Amtsbereich besitzen, kein Vieh bei Untertanen einstellen, keine Handelschaft mit Wein und Getreide treiben, überhaupt keinen Nebenverdienst haben ... Man kann verstehen, daß die »Paruckenhansln« manchmal nicht nur den Bauernzorn, sondern auch den Spott ihrer Untertanen zu spüren bekamen.

Das »Gemeine Volk«

Die mittleren und unteren, die (noch) nicht adeligen Beamten nahmen eine soziale Zwischenstellung ein zwischen den höheren Ständen und dem »gemeinen Volk«.

Wenn in den Quellen der Zeit vom »gemeinen Volk« die Rede ist, so ist das ebensowenig abwertend gemeint, wie wenn man heute vom einfachen Volk spricht. Dieses Volk im engeren Sinn lebte um 1700 in 107 landesherrlichen Gerichts- und Verwaltungsbezirken (85 altbayerischen[63] und 22 oberpfälzischen[64]), von denen die meisten seit mehr als zweihundert Jahren unverändert bestanden. Der Amtsvorstand – Pfleger, Pflegskommissär oder Landrichter – war für alle Untertanen in Hochgerichtssachen, in Streitigkeiten um Grund und Boden und für den Gantprozeß zuständig, alle landesherrlichen Verordnungen gingen über ihn hinaus, de facto repräsentierte er gegenüber den Untertanen den Landesherrn. Aber nur für etwa 51% der altbayerischen Landbevölkerung (oder 40,9% der Gesamtbevölkerung) verkörperte er »die Obrigkeit« schlechthin.[65] Die übrigen rund 49% der Landbevölkerung (oder 36,8% der Gesamtbevölkerung) lebten in Hofmarken oder waren einschichtige Untertanen eines Hofmarksherrn.[66]

Hofmarksuntertanen

Was das bedeutet, sagt einfach und pauschal der schwäbische Staats- und Völkerrechtler Johann Jacob Moser:[67] »Die Hof-Marchs-Unterthanen aber sind, welche, unter der höchsten Landes-Obrigkeit, noch Jemand, so die Hof-Marchs-Gerechtigkeit besitzt, zur Obrigkeit haben.« Und weiter:[68] »Eine Hofmark ist eigentlich ein adeliches Gut, bey welchem sich Unterthanen befinden, über die der HofmarchsHerr die nidere ... Gerichtsbarkeit hat.« Ergänzen wir, daß nicht nur der Adel, sondern auch die landständischen Klöster zahlreiche Hofmarken besitzen und daß der Hofmarksherr nicht nur Gerichtsherr ist,[69] sondern daß er auch die Polizeigewalt ausübt, die Untertanen zur Steuer veranlagt (die er für die Landschaft einhebt), Scharwerksdienste von ihnen fordert, sie zu den Landfahnen mustert, alle Verbriefungen durchführt, die heute der Notar besorgt, und fügen wir noch hinzu, daß er für einen Teil der Hofmarksuntertanen zugleich auch Grundherr, Leibherr oder Vogteiherr ist, dann haben wir damit das Modell der Herrschaft beschrieben, das der allgemeinen Vorstellung von Feudalherrschaft am meisten entspricht. Ja wenn man in nachmittelalterlicher Zeit den Begriff feudal nur noch gelten lassen will für »das ökonomische, soziale und politische Beziehungsgefüge zwischen dem Grundherrn, Leibherrn und Niedergerichtsherrn einerseits und dem Bauern andererseits«,[70] nicht aber für das Verhältnis zwischen Fürst und Untertan, das im neuzeitlichen Fürstenstaat mit landständischer Verfassung durch neue, nicht feudale Formen der Finanzierung (durch Steuern) und der Verwaltung (durch Beamte) geregelt ist, dann gibt es Feudalherrschaft in Kurbayern tatsächlich nur noch in den Herrschaften und Hofmarken. Und hier können zweifellos trotz aller »Rahmenvorschriften«, wie sie in der erklärten Landsfreiheit gegeben sind, noch sehr verschiedene Auffassungen von Herrschaft praktiziert werden. Obgleich jeder Hofmarksherr oder Hofmarksrichter nach dem Landrecht richtet und sich an die Gerichtsordnung, die Lands- und Polizeiordnung und die landesherrlichen Verordnungen halten muß, ist es für den Untertan, wenn es um Strafen oder Nachlässe geht, nicht gleichgültig, ob er es mit einem Hofmarksherrn zu tun hat, dessen Familie seit Generationen im Dorf lebt und der seine Leute von Kind an kennt, oder ob er es mit einem Verwalter zu tun hat, der aus drei oder vier Hofmarken eine möglichst hohe Rendite erwirtschaften soll für einen Herrn, der in der Residenzstadt ein großes Haus führt. Aber bei allem Spielraum vom patriarchalischen Herrschaftsstil bis zur Ausbeutung durch schlecht besoldete Beamte, die es in den Hofmarken gegeben haben mag – daß der bayerische Hofmarksuntertan seinem Herrn auf Gedeih und Verderb ausgeliefert gewesen sei, weil dieser als Inhaber der Niedergerichtsbarkeit »bei Auseinandersetzungen Ankläger, Verteidiger und Richter in einer Person« gewesen sei und weil »Hilfe von der höchsten Revisionsinstanz, dem Fürsten« nicht zu erlangen gewesen sei (»Der Landesherr residierte im fernen München oder in seinen Lustschlössern, und der Untertan konnte ihn nicht erreichen«[71]) –, das ist den Quellen nicht zu entnehmen. Für Auseinandersetzungen zwischen Hofmarksherr und Hofmarksuntertanen war der kurfürstliche Hofrat zuständig. Belege dafür, daß die Untertanen, besonders, wenn mehrere betroffen waren, ungescheut prozessierten und auch recht bekamen, kann man in jeder guten Hofmarksgeschichte finden.[72] Und daß ein Bauer, der gegen ein Urteil seines Hofmarksgerichts Hilfe suchte, nicht vor Schloß Schleißheim auf Audienz zu warten brauchte, sondern seine Apellation schriftlich oder mündlich vor die zuständige Regierung (in Landshut, Burghausen oder Straubing) oder vor den Hofrat in München bringen konnte, stand schwarz auf weiß in der Gerichtsordnung.[73] Freilich mußte man unter Umständen mit der Ungnade des Hofmarksherrn oder seines Beamten rechnen, wenn man in die Berufung ging, aber daß man auch dann gegen eventuelle Repressalien nicht hilflos war, bestätigt Anton Wilhelm Ertl, der in seiner »Praxis Aurea« zu diesem Thema schreibt:[74] »... Ja ich könnte einen Freyherrn namhaft machen, der seinen Unterthanen (als er an den Lands-Fürsten rechtmäßig appellirt) drey Tag lang gefänglich gehalten. Allein, als solches kund worden ist, ist demselben (dem Freiherrn!) drey Tag zu Hauß arrestlich zu bleiben, und darzu noch eine Geldstraf von 30 Thalern auferlegt worden.«

Bauern und Söldner

Kehren wir nach diesem Exkurs wieder zurück zu den Zahlen. Wenn bisher immer pauschal die Rede war von Landvolk, ländlichen Untertanen, nicht einfach von Bauern, so hat das einen triftigen Grund. Wie nämlich viele Bürger kein »bürgerliches« Gewerbe trieben, sondern eigentlich Bauern waren, so waren viele Landleute keine Bauern oder Bauern auch nur »zur Befriedigung der Hausnotdurft«. Wenn heute in der wissenschaftlichen Literatur davon die Rede ist, wird als Beispiel stets das Landgericht Dachau angeführt, denn der Bearbeiter dieses Landgerichts für den Historischen Atlas von Bayern, Pankraz Fried, hat als erster das Quellenmaterial, aus dem dieser Sachverhalt klar hervorgeht, veröffentlicht und analysiert.[75] Seitdem wissen wir, daß seit dem späten Mittelalter eine wachsende Zahl nachgeborener, nicht erbender Bauernsöhne und dann wiederum deren Nachkommen, die nun schon einer »ländlichen Unterschicht« angehörten, von größeren Bauern, von den Ortskirchen oder anderen Grundherren, vor allem aber von den Hofmarksherren eine Chance bekamen, in den Dörfern Kleinanwesen, Sölden, zu errichten. Das eigene, wenn auch noch so kleine »Sachl« war Voraussetzung für die Heirat und ermöglichte die Existenz als Handwerker, der nicht für den Markt, sondern für den Bedarf der Nachbarn und der Herrschaft produzierte. Auch wenn die »ehaften« Gewerbe[76] im Dorf schon längst besetzt waren, wenn der Schmied, Wirt, Müller, vielleicht auch der Bader und Bäcker den Bauern im Ansehen nicht nachstanden und auf Lehen ($^1/_4$ Hoffuß) und Bausölden ($^1/_8$ Hoffuß) saßen[77] – man brauchte auch noch den Weber, Schäffler und Sattler, den Zimmermann und Nagelschmied, den Rechenmacher, Holzschuhmacher, Schindlmacher, Flickschuster und Flickschneider. Und je nach der Ortsstruktur hatte auch eine kleinere oder größere Zahl von Tagwerkern als Schnitter, Drescher, Holzknechte ihr Auskommen. Daß es ein Für und Wider um diese Kleinanwesen gab, kann man sich denken. In Zeiten, in denen es schwer war, Ehalten zu bekommen, waren die großen Bauern und ihre Grundherren dagegen, daß den Ehalten das Heiraten und Selbständigwerden auch noch erleichtert wurde, in Zeiten des starken Nachwuchses auf dem Land waren sie dafür. Die »Dorfgmain« war zwar grundsätzlich dagegen, daß überhaupt neue Söldner ins Dorf kamen, die über kurz oder lang Anteil an den Gemeindegründen verlangen würden, auch wenn sie keinen Rechtsanspruch darauf hatten,[78] – die gleiche »Gmain« konnte aber auch wieder dafür sein, daß auf dem »Gmaingrund« Sölden errichtet wurden, für die dann Grundgefälle eingingen. In landesherrlichen Verordnungen, die die Errichtung neuer Sölden verbieten oder einschränken, kommt immer wieder die Sorge zum Ausdruck, daß hier eine unstete, zum Bettel neigende – wir würden sagen asoziale – Schicht entstehen könnte, ein ländliches Proletariat. Unbekümmert darum stellten viele Hofmarksherren immer wieder Grundstücke für die Errichtung neuer Sölden zur Verfügung, sei es, daß sie Taglöhner und Handwerker für die herrschaftlichen Betriebe ansiedeln wollten oder auch nur mit dem Zuwachs an Grund- und Gerichtsgefällen rechneten.

Im Landgericht Dachau gab es – die Zahl wurde oben schon genannt, als es um die Kopfzahl pro Anwesen ging – im Jahr 1726 neben 1174 Bauern (wir würden das ungefüge Wort Vollerwerbslandwirte verwenden), 1527 Söldner, darunter 1178, deren »leere Häusl« als $^1/_{16}$ Hoffuß und 107, deren noch kleinere Anwesen als $^1/_{32}$ Hoffuß zur Steuer veranlagt wurden.[79] Ein Menschenalter später, 1760, hat sich die Zahl der bäuerlichen Betriebe um 70 erhöht, die Zahl der Sölden aber um 328; darunter sind allein 177 Kleinstanwesen ($^1/_{32}$), die meisten in Hofmarksorten.[80] Dieser Ausblick auf die Entwicklung ist für unser Thema interessant. Wenn nämlich in der folgenden Generation – bei gleichbleibender gesellschaftlicher und wirtschaftlicher Struktur (noch kann weder von Industrialisierung noch von entscheidender Intensivierung der Landwirtschaft die Rede sein, und auch die »Feudalgesellschaft« bleibt, was sie ist) – ein solcher Zuwachs an Sölden noch zu verkraften ist, dann können wir annehmen, daß zwischen 1680 und 1726 die Chancen, als Söldner haussässig zu werden, ausgesprochen gut waren. Sie müssen besser gewesen sein als nachher bei wachsendem Bevölkerungsdruck und vielleicht schon wahrnehmbarer Überbesetzung mit Sölden, aber auch besser als vorher in der Zeit der Stagnation und des Wiederaufbaus nach dem Großen Krieg, wo auch auf großen Betrieben oft Kleinfamilien mit geringen Mitteln und zunächst geringem Ertrag wirtschaften mußten, so daß kein Bedarf an »teueren« Tagwerkern und gewerblichen Produkten über das Notwendigste hinaus bestand.

Wäre die Zeit Max Emanuels also – trotz des lastenden Steuerdrucks und der Depression der Kriegs- und Besatzungsjahre[81] – eine Zeit relativ guter Chancen für die ländliche Unterschicht gewesen?

Wir wüßten um vieles mehr, wenn es wenigstens für einige Gemeinden schon vergleichende Untersuchungen der Steuerbeschreibungen von 1671 und 1721 gäbe, dieser Quellen, die – ganz abgesehen davon, daß sie zu diesen beiden Stichjahren, von Lücken der Überlieferung abgesehen, die gesamte landsteuerpflichtige Bevölkerung erfassen – den besten Aufschluß geben über die wirtschaftliche Basis jedes Steuerzahlers: vom geschätzten Wert des Guts über den Ertrag jedes Ackers bis zum letzten Stück Vieh, das im Stall steht oder auf der Weide geht.

Auch die Schlußabrechnungen von 1671 und 1721 mit der zu erwartenden Zusammenstellung aller Anwesen nach Hofgrößen sind noch nicht bekannt.[82] Um so wertvoller ist wieder der Steuerabschluß von 1691, denn in ihm sind die Anwesen (mit den genannten Lücken) nach Hofgrößen spezifiziert. Das Ergebnis: Die insgesamt 85847 Anwesen setzen sich zusammen aus 41636 Bauernhöfen ($^1/_1$ bis $^1/_4$ Hoffuß) und 44211 Sölden, darunter 16690 »bloße Häusl«. Man erkennt auf den ersten Blick: Die oben geschilderten Verhältnisse im Landgericht Dachau waren nicht außergewöhnlich, der Söldenanteil lag nur wenig über dem Landesdurchschnitt. Also waren tatsächlich mehr als die Hälfte der ländlichen Untertanen damals keine Vollbauern, sondern Nebenerwerbslandwirte, Handwerker, Taglöhner – verheiratete Landarbeiter, wie wir heute sagen würden.

Dieses auch für die Wirtschaftsgeschichte sehr interessante Ergebnis hat Eckart Schremmer in einem zentralen Kapitel seiner Wirtschaftsgeschichte Bayerns eingehend untersucht und ausgewertet und danach den Begriff der »Territorialisierung« des Gewerbes als einer für Altbayern typischen Sonderentwicklung geprägt,[83] die das klassische Stadt-Land-Schema (das Land erzeugt landwirtschaftliche, Stadt und Markt erzeugen gewerbliche Produkte; der Austausch findet auf dem Markt statt) durchbricht.

Unter Territorialisierung versteht Schremmer »die Ausbreitung des Gewerbes über die Mauern der Städte hinaus auf das flache Land«,[84] wobei er voraussetzt, daß der Leser weiß, daß dieses Aufleben oder Wiederaufleben[85] von Handwerk und Gewerbe in den Dörfern nicht vom zünftigen Handwerk der Städte und Märkte ausgeht, sondern im Gegenteil von den bürgerlichen Landständen aus Konkurrenzgründen heftig bekämpft wird,[86] und daß das Ergebnis nicht eine gleichmäßige Verbreitung ist, noch viel weniger aber eine zufällige. Der hohe Anteil von Söldnern an der gesamten ländlichen Bevölkerung – 51% waren es 1691 im Landesdurchschnitt, im Landgericht Dachau waren es 1726 54,9%, 1760 schon 63,1%[87] – ist vielmehr das rechnerische Ergebnis eines im Verhältnis weit höheren Anteils dieser Kleinanwesen in Dörfern, die dafür besondere Voraussetzungen boten. Man sieht es ihnen heute noch an, wenn nicht durch neue Randsiedlungen, Industrie auf dem Dorf, Dorfsanierung die alte Struktur unkenntlich geworden ist: Da liegen Gruppen kleiner Häuser in manchmal spitzwinkligen, manchmal handtuchschmalen, intensiv genutzten Hausgärten zwischen den größeren Anwesen, sie reihen sich am Dorfbach, an einem Steig oder Hohlweg oder säumen in langer Doppelzeile die Straße vom Dorfkern bis zur Schloß- oder Klostermauer – oder zum Schloßcafé, das noch an die ehemalige Herrschaft erinnert. Wenn man in den letzten zwanzig Jahren mit Bürgermeistern von Gemeinden sprach, zu denen solche Dörfer gehören – fast immer sind sie Gemeindehauptorte –, so hatten und haben manche ihre Sorgen, was die Arbeitsplätze für die Bewohner dieser Häuser betrifft,[88] und der eine oder andere weiß noch, daß sein Pendlerproblem eine Nachfolgelast aus alter Zeit ist ... Diese Dörfer waren Hofmarksorte – warum ein Hofmarksherr an nichtbäuerlichen oder nicht nur bäuerlichen Zuzüglern interessiert sein konnte, wurde oben erwähnt –, oder sie waren, gleich ob hofmärkisch oder unmittelbar dem Landgericht unterstehend, Pfarr- und Kirchdörfer, deren zentrale Funktion vor dem Einbruch der Aufklärung viel stärker war als seitdem, weil alle Pfarrangehörigen an allen Sonn- und Feiertagen (es waren mindestens 150 im Jahr, lokal meist noch mehr) in den Kirchort kamen, weil die landesherrlichen Verordnungen und gemeindlichen Bekanntmachungen von der Kanzel oder nach dem Gottesdienst auf dem Kirchplatz verkündet wurden, weil Dulten hier stattfanden, Bittgänge hier begannen und endeten, weil Taufe, Hochzeit und »die Leich« die ganze Sipp- und Freundschaft beim ehaften Wirt im Kirchort zusammenführte. Da sowohl die Pfarreien[89] als auch die Kirchen[90] zu ihrem Unterhalt mit Grundbesitz ausgestattet waren, konnten sie ebenso wie die Dorfgemeinden, wenn ihre Aufsichtsbehörden damit einverstanden waren, Grundstücke an Ansiedlungswillige vergeben, zu gleichen Bedingungen wie jeder Grundherr, häufig aber zu besseren.

Im Landgericht Dachau lag die Mehrzahl der Kleinanwesen im 18. Jahrhundert in rund 50 von insgesamt 250 Siedlungen,[91] nämlich in 30 landgerichtischen Pfarr- und Kirchdörfern und 20 Hofmarksorten, die in der Regel Herrschaftssitze waren, mit Schloß, Verwaltung und Hofbau. Dabei war der Söldenanteil in Hofmarksorten, die zugleich Pfarrorte waren, am höchsten. So gab es zum Beispiel in Arnbach (Hofmarkssitz der Freiherren von Geböck) 1760 2 Bauern und 21 Söldner[92], in Sulzemoos (Hofmarkssitz der gleichen Familie) betrug das Verhältnis 3 zu 32, in

Haimhausen (Hofmarkssitz der Grafen von Haimhausen) 12 zu 23, in Lauterbach (Hofmarkssitz der Grafen Hundt) 8 zu 32. Der extreme Fall im Landgericht Dachau aber war das Pfarr- und Hofmarksdorf Wildenroth mit 44 Anwesen, von denen der Müller als Halbhof, der Wirt und ein Fischer als Viertelhöfe besteuert wurden, alle übrigen Anwesen aber Sölden waren. Der ehemalige Burgort Wildenroth gehörte seit dem 14. Jahrhundert dem nahen Kloster Fürstenfeld, das noch drei weitere Hofmarken und eine sehr große Zahl einschichtiger Untertanen im Landgericht Dachau besaß. Eine durch den »Fall Wildenroth« ausgelöste Untersuchung dieser Besitzungen[93] brachte folgendes Ergebnis: Das Kloster hatte im 10-km-Umkreis um seinen Standort in 16 größeren Ortschaften insgesamt 445 Untertanen. Darunter waren nur 78 Inhaber überwiegend bäuerlicher Betriebe (ganze bis Viertelhöfe), 367 waren Söldner – mitgezählt allerdings die 138 Bewohner des Marktes Bruck (ohne die 5 Bierbrauer und den Posthalter), der ja nichts anderes war als der Hauptort der Klosterhofmark.[94] Diese Ansammlung von Kleinanwesen übertrifft in ihrer Dichte das in Hofmarken und Herrschaften des Adels Übliche bei weitem. War das, was das Kloster hier betrieb, mehr »Entwicklungshilfe« oder mehr »Ausbeutung«, funktionierte der Wirtschaftskreislauf in agrar-gewerblich gemischten Orten von einer bestimmten Größe an von selbst (etwa in Schöngeising mit 61, in Jesenwang mit 77 Anwesen), oder waren sie überbesetzt mit Handwerkern und Tagwerkern, die nur durch den »Großbetrieb« der Zisterzienserabtei ihr Auskommen hatten?[95] Wir brauchen noch eine Reihe von Untersuchungen zur Sozial- und Wirtschaftsstruktur großer Dörfer und über die Säkularisation der landständischen Klöster und ihre Folgen, um solche Fragen beantworten zu können.

Eines aber ist durch die Beschäftigung mit dem Söldenproblem jetzt schon hinreichend klar geworden: daß man vom »flachen Land«, das im Gegensatz zu Stadt und Markt nur von der Urproduktion lebte, jedenfalls für das 17. und 18. Jahrhundert nicht mehr sprechen kann und daß die ländlichen Siedlungen Altbayerns allein nach ihrer Größe – von der Einöde bis zum großen Haufendorf – nicht hinreichend klassifiziert sind, sondern daß man sie nach ihrer sozialen und wirtschaftlichen Struktur unterscheiden muß. Ein großes landgerichtisches Dorf wie etwa Germering (55 Anwesen)[96] war mit seinen 14 ganzen, 3 halben, 4 Viertelhöfen und 31 Sölden ein Ort ganz anderer Struktur als etwa das große Hofmarksdorf Pürgen (71 Anwesen)[97] mit Schloß und Hofbau, 3 halben, 4 Viertelhöfen und 60 Sölden. Vielleicht noch krasser unterschied sich ein kleineres landgerichtisches Dorf wie Pitzling (23 Anwesen)[98] – mit 17 halben und 3 Viertelhöfen, dem Dorfschmied und zwei Hirtensölden von rein bäuerlicher Struktur – von seinem Nachbarort, dem Hofmarkssitz Kager (25 Anwesen)[99], der neben Schloß und Hofbau aus 4 Bausölden, 20 noch kleineren Sölden und dem Hirtenhäusl bestand.

Wie ein rein bäuerliches altbayerisches Dorf mit einer größeren Zahl halber oder ganzer Höfe um die Wende zum 18. Jahrhundert aussah, können wir uns übrigens nur höchst unzureichend mit Hilfe späterer Bildquellen vorstellen, weil Michael Wening, dem Programm seiner Topographie entsprechend,[100] nur die hervorragenden Orte und Gebäude der Landstände in Kupfer gestochen hat. Dabei kam da und dort ein Hofmarksdorf mit ins Bild, aber kein einziges großes Bauerndorf.

Noch einmal zurück zum spröden, aber für die Kenntnis von Land und Volk unerläßlichen Strukturvergleich: Außer den lokalen Unterschieden gab es auch regionale. Schon in der ersten groben Gesamtstatistik, die für Altbayern bis jetzt vorliegt – der schon viel zitierten Steuerbeschreibung von 1691[101] –, fällt auf, daß der Söldenanteil im Rentamt München mit über 57% der Gesamtanwesen erheblich höher ist als in den anderen Rentämtern. Im Rentamt Landshut beträgt er nach dieser Quelle 50%, in den Rentämtern Straubing und Burghausen nur 47%. Dieser Befund ist aus der unterschiedlichen Siedlungsstruktur – dem Überwiegen der Einzelhofsiedlung in Ostbayern, der Dorfsiedlung im südwestlichen Oberbayern – allein nicht zu erklären. So suchte Schremmer,[102] wenn auch mit vorsichtigem »Vielleicht«, den Grund für die hohe Söldendichte des Rentamts München in der Nähe der Landeshauptstadt, der größten Ansammlung von Verbrauchern, die zudem, so meinte er, als Standort von Manufakturen und Verlagen »den kleinbäuerlich-gewerblichen Familien im näheren und weiteren Umkreis eine besonders gute Absatzmöglichkeit der von ihnen gefertigten Halb- und Ganzfabrikate« gegeben haben könnte. Da es außer der Tuchmanufaktur in der Au um 1700 jedoch noch keine größere Manufaktur in München gab und da die dicht bevölkerte Vorstadt Au mehr als genug Zulieferer für diese Manufaktur stellte,[103] ist dieses Argument kaum beweiskräftig. Wenn Schremmers Erklärung dennoch richtig wäre, müßte die Söldendichte eigentlich zunehmen, je näher man der Hauptstadt kommt, das ist aber nicht der Fall. Die Durchsicht aller bisher erschienenen, das Rentamt München betreffenden Bände des Historischen Atlas von Bayern ergibt vielmehr, daß der regionale Unterschied der Söldendichte ganz eindeutig anders zu erklären ist: Es sind die großen landständischen Klöster, die mit ihren Hofmarken den hohen Ausschlag der Söldenzahl bewirken. Man braucht nur einmal zu addieren: 105 Sölden gibt es 1752/60 in den Dörfern Scheyern und Großenhag beim Kloster Scheyern, 61 in Ilmmünster, 46 in Indersdorf, 59 in Neustift bei Freising, 74 in Polling, 85 in der Hofmark Erling zu Füßen des Klosters Heiligenberg-Andechs, 121 in der Hofmark Wengen-St. Georgen des Chorherrenstifts Dießen, 105 in den Dörfern Gaispoint und Haid der Klosterhofmark Wessobrunn, 82 im Dorf Laingruben des Klostergerichts Benediktbeuern, 156 im Dorf Oberammergau des Klostergerichts Ettal.[104] Nehmen wir dazu noch die 367 Sölden im Umkreis des Klosters Fürstenfeld, so ist das erste Tausend schon weit überschritten.

Das Rätsel ist also gelöst: Die größere Söldendichte im Rentamt München kommt hauptsächlich daher, daß in diesem Raum nicht weniger als 37 der insgesamt 74 landständischen Klöster und Stifter liegen. Das heißt aber zugleich, daß die Söldendichte und damit ein wesentliches Element der sozialen und wirtschaftlichen Struktur Altbayerns im 17. und 18. Jahrhundert bestimmt ist von der herrschaftlichen Grundstruktur des Landes, die im Mittelalter angelegt wurde. Wie das westliche und südliche Oberbayern damals ein Land der Klöster wurde, weil es ein Land der großen Dynastengeschlechter war, die eben diese Klöster gründeten, so wurde der größte Teil Niederbayerns, in dem sich vorwiegend kleine und kleinste Adelsherrschaften gebildet hatten, gegen Ende des Mittelalters ein Land der kleinen und kleinsten, von diesen Herrschaften begünstigten Märkte.[105] Hier spätestens muß man beim Gedanken an die unterschiedliche Söldendichte der Rentämter noch einmal stutzig werden. Wieviele Städte und Märkte gab es um 1700 im Rentamt München? Wir zählen 15 und 25. In den drei anderen Rentämtern aber zählen wir 19 und 51, in Worten: einundfünfzig Marktorte gegenüber nur fünfundzwanzig im großen Rentamt München. Heißt das nicht, daß unser Vergleich der Söldendichte, wenn er nur die ländlichen Orte in Betracht zieht, eigentlich hinkt? In Wirklichkeit waren die Orte mit agrar-gewerblich gemischter Struktur in allen Regionen Altbayerns offensichtlich doch ziemlich gleichmäßig verteilt – nur daß sie in den drei östlichen Rentämtern fast alle Marktrecht besaßen, während die großen Klosterorte im Rentamt München das in der Mehrzahl nicht erreicht hatten.

In vieler Hinsicht mag dieser vor allem verfassungsrechtliche Unterschied schwerwiegend gewesen sein – im Hinblick auf unser Hauptthema: die Aufnahmefähigkeit bestimmter Orte für den Teil der nachwachsenden Bevölkerung, der keine Aussicht hatte, bäuerliche Betriebe zu übernehmen, war er wohl von geringer Bedeutung. Konkret gesagt: Wenn ein junger Mann als Knecht bei einem Bauern, einem Dorfwirt, Dorfbäck oder Nagelschmied etwas erspart hatte, dazu sein Erbteil ausbezahlt bekam und damit kreditwürdig wurde, so daß der Kauf oder Bau eines Söldenhäusls in Frage kam, war es für ihn wichtig – wenn er sich nicht auf das Abenteuer der Auswanderung einlassen wollte –,[106] daß sich im Umkreis des Hörensagens eine Kauf- oder Baumöglichkeit für ihn bot an einem Ort, an dem er mit Beschäftigung rechnen konnte. Ob das nun ein Marktort war oder eine Klosterhofmark, machte zwar einen Unterschied – im Markt konnte er freier Eigentümer eines Hauses werden, aber nicht ohne weiteres ein Handwerk ausüben; in der Klosterhofmark wurde er Grunduntertan des Klosters, hatte aber vielleicht mehr Berufschancen –, aber dieser Unterschied war nicht Hauptsache, sondern Nebensache. Hauptsache war, daß einer überhaupt haussässig werden und heiraten konnte. Aber wieviele waren es, die das schafften? Und wieviele kamen nicht zum Zug und hatten infolgedessen lebenslänglich »das Los eines unverheirateten Ehaltendaseins mit all seinen sozialen Härten« zu tragen?[107]

Die Ehalten

Wie groß war überhaupt der Anteil der Ehalten an der Gesamtbevölkerung, und ist die Vorstellung richtig, daß sie die unterste Rangstufe in der sozialen Hierarchie der bäuerlichen Gesellschaft einnahmen, die »vollkommen unvermöglichen Ehalten, die unverheiratet auf den größeren Bauernhöfen ihren Dienst taten«?[108] Wir besitzen seit siebzig Jahren die damals bahnbrechende und heute noch grundlegende »Geschichte der ländlichen Arbeitsverhältnisse in Bayern« von Hans Platzer, und in jeder neueren Arbeit über die Verhältnisse der Landbevölkerung wird das Ehaltenproblem erörtert.[109] Dabei geht es aber meist um ihre rechtliche und finanzielle Lage; die staatliche Gesetzgebung und die tatsächliche Praxis, Ehaltenordnungen, Lohntarife, Ehaltenbrauchtum, Rechtsfälle werden untersucht. So wissen wir nun zum Beispiel, daß der Gesindezwang – die Zwangsverpflichtung der Untertanen, ihre Kinder als Gesinde auf den grundherrlichen Hofbau zu schicken, sobald der Grundherr das verlangte – in seiner schroffen Form nach dem um 1700 geltenden Landrecht in Bayern verboten war,[110] nur das mildere Vormietrecht, nach dem Kinder, die in Stellung gehen wollten oder mußten, ihre Dienste zuerst dem Grundherrn anzubieten hatten, war in manchen Hofmarken in Übung. Wir kennen auch die Lohnverhältnisse recht genau und wissen, daß die Ehalten um 1700 fast überall in Altbayern übertariflich bezahlt wurden, weil (gute?) Arbeitskräfte fehlten. Eine im Hinblick auf unsere Fragestellung bemerkenswerte Feststellung, aber auch nicht mehr. Was Zahlen betrifft, so gehen alle bisherigen Vorstellungen von den Angaben der Aufklärungsliteratur und der Interpretation einer Volkszählung von 1794 aus, nach der damals über 6% der männlichen, erwerbsfähigen Bevölkerung Bettler waren, davon drei Viertel älter als 50 Jahre, in der Mehrzahl Landbevölkerung. »So darf man wohl annehmen«, meinte Platzer, »daß für die hohe Zahl dieser Bettler vor allem die alten, arbeitsunfähig gewordenen Dienstboten ausschlaggebend waren«.[111] Der Verfasser einer Studie über »Religion und das gewöhnliche Volk in Bayern in der Zeit von 1750 bis 1850«[112] ging in der Interpretation dieser Volkszählung noch sehr viel weiter. Er zählte zu den Bettlern noch hinzu die als Ehalten und Dienstboten in Stadt und Land aufgeführten rund 25% der Erwerbstätigen und kam so zu dem Schluß, daß damals über 30% der Bevölkerung ledig bleiben mußten. Wenn das auch zunächst für die Zeit nach 1750 gelten sollte und wenn der Verfasser die Richtigkeit seiner Annahme selbst in Frage stellte, so fällt doch von da ein tiefer Schlagschatten auch noch auf das Volk um 1700. Klarheit bringen können nur exakte Zahlen, also die Auswertung neuer, demographischer Quellen. Eine dieser zweifellos seltenen Quellen ist die Volksbeschreibung des Landrichteramts Amberg[113] von 1709. In dieser Quelle sind die Bewohner jedes Hauses nach Familienstand mit Altersangabe aufgeführt: Männer und Frauen, Söhne und Töchter, Knechte und Mägde. Insgesamt werden 527 Ehalten genannt, davon 273 weibliche, 254 männliche. Hier nur in Kürze die für unser Thema wichtigsten Ergebnisse der Auswertung:

Der jüngste Dienstbub war 6 Jahre alt und diente bei einem Hirten, wie auch die Mehrzahl der 19 7–9jährigen Buben und »Menschl«. 35 Ehalten gaben ihr Alter mit 10 Jahren an, 57 mit 12 Jahren – das war ein »gesetzliches« Alter, denn nach der kurbayerischen Lands- und Polizeiordnung »soll man kein Bauernkind über 12 Jahren in die Schul gehen lassen, sondern nach solcher Zeit zu anderer Arbeit, Diensten oder Lernung anhalten«.[114]

Diese Bestimmung erklärt schlüssig den Eintritt so vieler Zwölfjähriger in das Dienstverhältnis. Aufmerksam geworden durch diese Zäsur, kann man in der Liste der Ehalten[115] deutlich bestimmte Altersgruppen erkennen: 73 Kinder von 6–11 Jahren bilden die erste Gruppe, 328 Jugendliche von 12–20 Jahren die zweite und bei weitem stärkste; es folgen – mit deutlichem »Schwund« – 52 jugendliche Erwachsene zwischen 21 und 24 Jahren, 30 Ehalten (23 Mägde und 7 Knechte) zwischen 25 und 29 Jahren und 11 Dreißigjährige. 31–40 Jahre alt waren noch 20 Ehalten, 40–50 Jahre alt noch 9, über 50 Jahre alt waren nur 4 Mägde.

Insgesamt waren also 453 von 527 Ehalten – das sind 85,9% – jünger als 24 Jahre. Bei den wenigen älteren nahm der Anteil der Männer (23 von insgesamt 74) rapid ab. Und den alten Knecht, die alte Magd – dieses Problem der Gesellschaft des 19. Jahrhunderts – gab es, jedenfalls im Landrichteramt Amberg, damals so gut wie überhaupt nicht.

Dieses Ergebnis war so verblüffend, daß man zunächst versucht war, der Quelle zu mißtrauen; doch sie erwies sich in nachprüfbaren Einzelheiten als zuverlässig. Aber herrschten vielleicht im Landrichteramt Amberg anormale Verhältnisse? Fehlt ein notwendiger Schlüssel zur Interpretation? Gab es vielleicht nur deshalb keine alten Ehalten, weil man sie hartherzig gehen ließ? Entließ man etwa gar schon die zwanzigjährigen Männer, weil ein blutjunger Bub als Arbeitskraft billiger kam als ein erwachsener Knecht? Das wäre allerdings unstimmig zu den vielfach bezeugten übertariflichen Löhnen und den Klagen der Bauern über anspruchsvolle oder vorzeitig aus dem Dienst gegangene Ehalten. Gegen ein Aufkündigen des Dienstverhältnisses durch die Dienstherren sprechen auch zwei deutliche Zäsuren in unserer Ehaltenliste: Da erscheinen nach 45 Zwanzigjährigen nur noch 17 Einundzwanzigjährige, nach 21 Vierundzwanzigjährigen nur noch 9 Fünfundzwanzigjährige. Wenn man bedenkt, daß Jugendliche mit 21 Jahren mündig wurden, ohne elterliche Erlaubnis heirats- und geschäftsfähig und gegebenenfalls aus der Vormundschaft entlassen,[116] und daß sie mit 25 Jahren auch dann der väterlichen Gewalt ledig und freizügig wurden, wenn sie noch unverheiratet waren,[117] dann darf man aus dem deutlichen Absinken der entsprechenden Ehaltenzahlen darauf schließen, daß die Volljährigen, spätestens aber die aus der elterlichen Gewalt Entlassenen, wenn es irgend ging, aufhörten, als Ehalten zu dienen.

In diesem Stadium der Überlegungen brachte der Aufsatz von Walter Hartinger über »Bayerisches Dienstbotenleben auf dem Land vom 16. bis 18. Jahrhundert«[118] einen Hinweis auf Michael Mitterauers Untersuchung »Zur Familienstruktur in ländlichen Gebieten Österreichs im 17. Jahrhundert«.[119] Ein Vergleich der Zahlen und Daten von Ehalten, die Mitterauer im Salzburgischen und Niederösterreichischen gewonnen hatte, mit den Zahlen und Daten unserer Amberger Quelle ergab, daß die Aussagen sich fast völlig decken. Auch in Mitterauers Untersuchungsgebiet gab es den starken Schub der Zwölfjährigen, steigende Zahlen bis zum einundzwanzigsten Lebensjahr, dann ein rasches Abfallen und schließlich kaum noch Knechte und Mägde, die älter waren als dreißig Jahre.

Also war man – jedenfalls im bayerisch-österreichischen Raum um 1700 – Knecht oder Magd nur auf Zeit, der Gesindestatus war nur ein Übergangsstatus, die Ehalten waren eigentlich kein Stand, keine soziale Gruppe, sondern nur eine Altersklasse. Was Walter Hartinger, nach sorgfältiger Beschäftigung mit den staatlichen Verordnungen und gestützt auf Mitterauer, noch vorsichtig formulierte, wird durch den Amberger Befund zum gesicherten Ergebnis.

Wer aber ging überhaupt als Hüterbub oder Kindsdirn, als Knecht oder Magd in fremde Dienste? Kamen diese kindlichen und jugendlichen Ehalten in der Mehrzahl aus Inleute-Familien und Sölden, mußten Tagwerker- und Handwerkerkinder ihren Lebensunterhalt früher als andere selbst verdienen, oder kamen die Ehalten in der Mehrzahl aus bäuerlichen Familien, waren sie »weichende« Geschwister von Hoferben?

Die Amberger Quelle nennt zwar alle Ehalten mit Namen; der Versuch, danach Heimatort und Elternhaus zu bestimmen – mit Hilfe von Kirchenbüchern wäre ein Teilerfolg möglich –, konnte jedoch im Rahmen dieser Arbeit nicht unternommen werden. Um so mehr Beachtung verdient eine Beschreibung aller Untertanen des Landgerichts Wolfratshausen aus dem Jahr 1702,[120] die zwar nur die Hausväter (auch Witwen) und ihre erwachsenen Söhne aufführt – die jüngsten, die hier genannt werden, sind vierzehn Jahre alt –, bei diesen Söhnen aber wird auch angegeben, ob sie daheim sind, »den Eltern hausen helfen«, oder ob sie außer Haus leben, in Bauerndiensten, als Soldaten, in einer Handwerkslehre oder beim Studieren. Die Auszählung der beiden Ämter Wolfratshausen und Thanning ergibt, daß nur 22 »erwachsene« Söhne von insgesamt 900 Untertanen einem Bauern dienen – so sagen die Söldner –, »einem fremden Bauern dienen« –, so geben die Väter zu Protokoll, die selbst Bauern sind, und diese Väter sind in der Mehrzahl. Unter den 22 Bauernknechten sind nur vier Söhne von bloßen Söldnern und drei Söhne von Bausöldnern; die anderen fünfzehn aber sind Bauernsöhne, und zwar vier Söhne von Hubern und elf Söhne von Lechnern.

Damit ist für das Landgericht Wolfratshausen die Frage, wer damals Knecht wurde, wenigstens zum Teil beantwortet: diejenigen, die als jugendliche »Erwachsene« noch Knechte blieben, waren in der Mehrzahl nicht Söhne armer Söldner, sondern Bauernsöhne. Diese Bauernsöhne aber hatten auf jeden Fall ein Erbteil in barem Geld zu erwarten, das ihnen die Einheirat in ein Anwesen ähnlicher Größe, schlimmstenfalls in ein kleineres ermöglichte, so daß auch sie früher oder später aufhören konnten, Knechte zu sein.

Die Befunde aus der Oberpfalz und aus Oberbayern ergänzen sich also: Nicht nur die Vorstellung vom alten Knecht, der froh sein muß über den Platz auf der Ofenbank, ist für Altbayern um 1700 zu revidieren, sondern vielleicht auch die Vorstellung vom armen Söldnerkind, das von den reicheren Bauern ausgebeutet wird. Was nicht ausschließt, daß es arme Söldnerkinder gegeben hat –, aber sie dienten wohl eher mit den Eltern um Taglohn, als daß sie Ehalten wurden.

Beispiel eines Aufstiegs

Am Abend des 25. Juli 1701 reitet der Stadtkommandant von Donauwörth zum Kapuzinertor hinaus, inspiziert noch einmal seine Pfeifer und Trommler und nimmt die Meldung entgegen, daß die erwarteten Reisekutschen soeben Berg passiert haben. Zwei Kutschen sechsspännig, vier Karren, drei Reitpferde. Seine Exzellenz wird morgen über Rain nach Pöttmes weiterreisen.

Seine Exzellenz, Corbinian von Prielmair,[121] Herr auf Hienheim, Dobl, Rohr und Kirchberg, kehrt mit Familie, Hausrat, gesammelten Bildern, einigen Fäßchen Moselwein und vielen Bücherkisten aus Brüssel zurück, ein Vierteljahr nach dem Kurfürsten, der ihn in Schleißheim ungeduldig erwartet, weil er den 58jährigen, der als Hofkammerpräsident in den Niederlanden zu seinen engsten Mitarbeitern gehört hatte, kaum entbehren kann. Seit Max Emanuel 18jährig zum erstenmal als regierender Landesfürst die Geheime Kanzlei in der Münchener Residenz betrat, ist er daran gewöhnt, die große, energische Nase des Corbinian Prielmair aus den Akten auftauchen zu sehen, Notizen von seiner Hand zu lesen, die noch in höchster Eile geschrieben sind wie gestochen, seinen immer überlegten, eher nüchternen als schmeichelnden Rat zu hören und das kräftige Bayerisch seiner Rede, aus dem er mühelos ins Lateinische und Französische wechselt – »un tout honnête et galant homme«. Seit dreißig Jahren erst wissen wir,[122] wer dieser Corbinian Prielmair eigentlich war. Er wurde 1643 geboren als Sohn des Tagwerkers, nachmaligen Schrannenknechts, Caspar Prielmair in Erding. Irgendwie machte der Bub seinen Weg ins Münchner Gymnasium der Jesuiten; wer ihn dahin gebracht hat und wer jahrelang für den Studenten aufgekommen ist – er war nicht im Gregorianum, also kein Internatsschüler –, wissen wir nicht.

Von der Schule weg kam er 19jährig als »Kanzleijung« in die Geheime Kanzlei, wurde Kanzlist, Registrator, Ratsschreiber, Sekretär des Geheimen Rats und 1692 als Wirklicher Geheimer Rat in den Adelsstand erhoben. Eine außergewöhnliche Karriere, gewiß. Aber was war daran außergewöhnlich? Daß ein Tagwerkerssohn ins Gymnasium kam, war selten, aber nicht auffallend selten der Fall: Unter den 116 Münchner Abiturienten des Jahrgangs 1670/71 beispielsweise wird einer als Sohn eines Holzarbeiters aus der Au, einer als Sohn eines Taglöhners aus Freising aufgeführt.[123] Auch der Aufstieg eines Nichtadeligen in die Spitzengruppe der höchsten Staatsbeamten war an und für sich nicht außergewöhnlich. Unter Max Emanuel kamen – wie schon unter Maximilian I. – die meisten hohen Beamten vom Kanzler Kaspar Schmid bis zum Kanzler Franz Josef Unertl aus bürgerlichen oder erst im 17. Jahrhundert in den Adelsstand erhobenen Familien. Aber während andere Familien in zwei oder drei Generationen über das Studium und den Dienst bei Außenbehörden oder den Advokatenstand in den Hofdienst, über den Hofdienst in den Adel aufstiegen, durchlief der Tagwerkerssohn und Enkel eines Bauern aus Aschheim Corbinian Prielmair die ganze Karriere in einem Menschenleben. Das war das Außergewöhnliche, dieser Aufstieg von ganz unten nach ganz oben. Es war so nur möglich in einer Zeit, in der die Bildung, die man ganz oben brauchte, noch in acht Jahren Jesuitengymnasium und im Umgang mit einem Vorgesetzten wie Kaspar von Schmid erworben werden konnte. Das Alltagsleben am Münchner Hof scheint den jungen Corbinian Prielmair dabei eher gefördert als aus der Fassung gebracht zu haben.

Prielmair heiratete als Zwanzigjähriger; er hatte mit seiner Frau Maria Mechtildis Kremponer, der Tochter eines Hofmusikers, siebzehn Kinder. Davon überlebten fünf Töchter, die er gut, aber eher unter seinem Stand verheiratete, und drei Söhne, die studierten, der jüngste an der französischen Eliteschule in La Flèche. Er wurde später Pfleger in Dingolfing. Der älteste, Franz Bernhard, wurde als Kastner von Burghausen in den Aufstand von 1705 hineingezogen. Corbinian Prielmair hat, soweit wir etwas darüber wissen, seine Herkunft weder verdrängt noch stilisiert. Die Gesellschaft, in der er lebte, hat weder das eine noch das andere von ihm verlangt. Als Grundherr eines Bauern, des Humpelmair in Poing, finden wir ihn weder milder noch strenger als andere Grundherrn. Er läßt dem Bauern die Stift nach, solang er ordentlich wirtschaftet. Als der Humpelmair liederlich haust und im Wirtshaus herumsitzt, soll der übernehmende Sohn die ausständige Stift bezahlen. Und weil der Vater das zum Hof gehörige Holz »ybl abgeschwendt« und nicht, wie ausgemacht, Eichen gepflanzt hat, bekommt der Sohn keine freie Verfügung über den Wald, er darf nur Zaun- und Brennholz entnehmen.

1703 richtet der Bürgermeister von Straubing eine Petition an Prielmair, weil seine Exzellenz im Land dafür bekannt sei, »daß dieselbe sich sunderbar der bedürftigen Landeskünder annehmen« und keines ungetröstet von sich gehen lasse. 1706, schon krank und nicht mehr auf die Heimkehr hoffend, macht Prielmair im niederländischen Exil sein Testament. Sein Vermögen ist nicht sehr groß; es besteht vor allem aus Landschaftskapitalien – darunter 1000 fl. der letzten Kriegsanleihe von 1704 –, aus Ewiggeldbriefen, Bergwerksaktien und einer Hypothek von 600 fl. auf einem Haus in Erding. Diese 600 Gulden vermacht Corbinian Prielmair dem Schulfonds seiner Heimatstadt.[124] Der alte Mann, der ein großer Herr geworden ist, hat die barfüßigen Buben nicht vergessen, unter denen immer wieder einer sein wird, der das Zeug hat zum Studieren.

Anmerkungen

[1] Salzmayer ist die alte Bezeichnung für den Salinendirektor. – Der Bericht aus Reichenhall (AStA Bestand Kurbayern, Äußeres Archiv, Lit. 687 fol. 270ff.) ist noch besonders wertvoll durch die Beilage dreier farbiger Zeichnungen, auf denen die Festdekoration des Rathauses und die Illumination des Salzamtsgebäudes dargestellt sind. Interessant auch der Bericht aus Rosenheim (ib. fol. 257ff.), der mitteilt, daß für den Huldigungsakt nicht ohne Mühe ein »Contrafe« des neuen Landesherrn aus München besorgt wurde. – Die Erbhuldigung wurde von den geistlichen und weltlichen Ständen des Rentamts München und von der Bürgerschaft der Haupt- und Residenzstadt vor dem Kurfürsten persönlich auf dem Platz vor dem Rathaus geleistet. In den anderen Städten und Märkten wurde die »Huldigungspflicht« vor einem höheren Beamten geleistet, wobei außer der Bürgerschaft (alle Hausväter und Inleute) auch möglichst viele Dorfvierer oder Ausschüsse der umliegenden Dorfschaften teilnehmen sollten. Direkt oder indirekt (durch Repräsentation) huldigte also die gesamte Bevölkerung.

[2] Der Begriff, der zunächst das höfische Fest meint, an dem der Kurfürst selbst teilnimmt, hier im übertragenen Sinn gebraucht. Vgl. dazu Straub.

[3] Dazu der Bericht aus Aichach AStA Kurbayern Äußeres Archiv Lit. 687 fol. 261: ». . . hat der Dechant und Stadtpfarrer Lic. Johann Stridele . . . der gesamten Burgerschaft ein trefflich wohl studierte Predigt getan, und dieselbe ihres schuldigen Gehorsams, Lieb und Affectation gegen ihrem neuen Chur- und Lanndsfürsten mit Einführung schöner Exemplen bestermaßen erinnert . . .«

[4] M. Frhr. v. Freyberg, Pragmatische Geschichte der bayerischen Gesetzgebung und Staatsverwaltung seit den Zeiten Maximilians I., Bd. I, Leipzig 1836, 203f.

[5] Ib. 196, 199.

[6] Ob die Begriffe Vaterland und Vaterlandsliebe in Bayern damals mehr bedeuten als anderswo und wieweit das Denken und Handeln des gemeinen Mannes dadurch motiviert wird, ist noch zu untersuchen. Hier nur einige Belege, zunächst aus der Predigtliteratur: Ch. Selhamer, Tuba rustica II, Augsburg 1700, 162: »Wenn ich unser liebes Vatterland, das adeliche und uralt catholische Bayrland recht betrachte . . .«; I. Ertl, Sonn- und Feyer-Tägliches tolle lege . . ., Nürnberg 1709, 528: »Allein vom werthisten Vatterland Bayern zu reden . . .«. – Weiter aus der juristischen Literatur: A. W. Ertl, Praxis Aurea de Jurisdictione Inferiore . . . vulgo von der Niedergerichtsbarkeit . . ., Nürnberg 1695, 113: »Und die Lieb des Vatterlands soll allem Gewinn und andern Emolumenten vorgezogen werden. Dann dem Vatterland seyn wir alles schuldig, und ist der unbarmhertzig, so in Kriegsgefahr sein liebes Vatterland deserirt, oder ist vor kein rechtmäßig Kind zu achten, der um seines Profits willen des Vatterlands Noth und Ungestümm gleichsam am Ufer mit trägen Händen ansiehet, sintemahln wir darzu gebohren seyn, daß wir erstlich Gott, sodann dem Vatterland, dessen Nahmen uns heilig ist, dienen sollen.« Ähnlich der Kanzler Kaspar v. Schmid in seinen »Kurzen Gedanken über den wahren Reichthum von Baiern« (L. Westenrieder, Beyträge zur vaterländischen Historie . . . V, München 1794, 343): »Man kann eigentlich nur von dem, der einen Grund und Boden hat, sagen, daß er herein zu Uns gehöre, und ein Vaterland habe, und bey Feindtszeiten wurde es bald aufkhommen, daß ich recht habe. Der Bauer nimmt hundertmal mehr Antheil am lieben Vaterland und am Landsfürsten, als der Fabrikant.«

[7] Die Kapitelüberschrift ist der Adresse entnommen, mit der die kurfürstlichen Mandate beginnen. Der ganze Wortlaut: »Entbieten allen und jeden Unsern Hof-Rats Präsidenten, Vitzdomben, Rentmaistern, Pflegern, Pflegsverwaltern, Richtern, und allen andern Unsern Beambten wie nit weniger denen von Unser lieben und getreuen Landschaft und allen Ständten, auch insgemain allen Unsern Underthanen Unsern Gruß und Gnad zuvor.«

[8] A. W. Ertl, Relationes Curiosae Bavaricae, Augsburg 1685, 7. Von Ertl hat u. a. Pocckh diese Angabe in seinen »Politischen Catholischen Passagier« übernommen (S. 212) und sie auch noch so verstanden, als seien mit den über 3 Millionen Einwohnern die »angesessenen Leuthe«, also Hausväter gemeint. Er rechnet nämlich (S. 215) aus, die Kriegsmacht des Landes betreffend: »Ja wann . . . nur allein der zehende Mann aufgebotten werden sollte, so brächte man eine Armee von dreymal hundert und viertzig tausend Mann zuwegen« ! – Wenn Riezler VIII 425 Anm. 1 schreibt, auch Wening habe 1701, also im ersten Band der Topographie, die 3 Millionen Einwohner genannt, so stimmt das nicht. Wening hat zwar andere statistische Zahlen von Ertl übernommen, gerade diese aber nicht, vermutlich weil man schon damals an ihrer Richtigkeit zweifelte.

[9] Der moderne Ausdruck mag überraschen. Aber die Steuer, die von den Ehalten erhoben wurde – in unserer Zeit manchmal 4, manchmal 5 Kreuzer vom Gulden Jahreslohn (das ist der 15. bzw. 12. Teil – oder 6,6 bzw. 8,3%), – ist nichts anderes als eine Lohnsteuer, die vom Arbeitgeber, dem Hausvater, einbehalten und abgeführt wurde.

[10] Schremmer 354; dort zit. nach Schmelzle 288f.

[11] Die Zahl der Ehalten ist in dieser Höhe nur verständlich, wenn die »erwachsenen« Söhne und Töchter der Bauern (ab 14 bzw. 12 Jahren) mitgezählt wurden, die im väterlichen Betrieb arbeiteten. Daß das üblich war, zeigt z. B. die Kopfsteuererhebung von 1668 in der Grafschaft Valley, AStA Kurbayern Äußeres Archiv Lit. 620 fol. 123ff.

[12] AStA Staatsverwaltung Nr. 1888; den Hinweis auf diese Quelle verdanke ich Richard Bauer.

[13] Es fehlen die Hofmarken des Landgerichts Aibling (1752: 1684 Einwohner), das Gericht Hengersberg (1752: 1320 Einwohner), das Pfleggericht Furth (1721: ca. 50 Einwohner) sowie das Kastenamt Burghausen und die Herrschaften Alt- und Neufraunhofen.

[14] Freyberg (Anm. 4) I 51. – Nicht brauchbar ist die ib. II 227f. für das Jahr 1616 angegebene Zählung der Güter und Mannschaften, da die Zahlen völlig mit denen des Jahres 1691 übereinstimmen. Hier muß Freyberg ein Irrtum unterlaufen sein. Wenn er aber (II 228) als Summe der ländlichen Herdstätten bzw. Familien die Zahl 118212 nennt, die um 20405 höher ist als die Zahl von 1691, dann mag das für 1616 eher richtig sein.

[15] Dieses Ergebnis wird durch genauere regionale und lokale Zahlen korrigiert werden, wie sie z. B. für den westlichen Teil des Rentamts München dem Protokoll des Rentmeisterumritts von 1699 zu entnehmen sind (StAM Rentmeister-Lit. 38 nr. 136). Gegenüber dem Stand »vor dem ersten Feind« beträgt danach die Herdstättenzahl in den Landgerichten Schongau, Weilheim und Landsberg —5%, ,—20% und —16%; in den drei Städten dagegen beträgt sie +14%, +4% und —18%.

[16] G. Franz, Der Dreißigjährige Krieg und das deutsche Volk, 1961³, 47.

[17] A. Baumann, Das bayerische Handelswesen im 18. Jahrhundert, speziell unter Kurfürst Max III. Josef, Kaiserslautern 1898, 4; bzw. Riezler V 661. – Der Erklärungsversuch bei Schremmer 211ff., daß es sich bei den »öd liegenden« Gütern großenteils um zubauweise bewirtschaftete, nicht wirklich verödete Güter gehandelt haben wird, ist m. E. überzeugend.

[18] Beschreibung der Einwohner der Herrschaft Wildenwart im Jahr 1679: StAM, Herrschaft Hohenaschau A 2336.

[19] Die Beschreibung der Einwohner von Schnaittenbach ist enthalten in: Staatsarchiv Amberg, Standbuch 4051, »Designation aller deren im hießigen Churfürstl. LanndtrichterAmbt . . . befindenten Familien oder Haushalten . . . beschrieben den 20. Martii 1709« (also in der Zeit, in der die Oberpfalz an Kurpfalz zurückgegeben war). Für den Hinweis auf diese einzigartige Quelle, die alle Bewohner, auch die Ehalten, mit Angabe ihres Alters aufführt, danke ich dem Vorstand des Amberger Archivs, Reinhard H. Seitz. Die für diesen Beitrag begonnene Auswertung hoffe ich fortsetzen zu können.

[20] M. Mitterauer, Zur Familienstruktur in ländlichen Gebieten Österreichs im 17. Jahrhundert (Beiträge zur Bevölkerungs- und Sozialgeschichte Österreichs, Wien 1973) 179ff., 209ff.

[21] J. Scheidl, Die Bevölkerungsentwicklung des altbayerischen Landgerichts Dachau im Laufe früherer Jahrhunderte (ZBLG 3, 1930), 384f.

[22] P. Fried, Herrschaftsgeschichte der altbayerischen Landgerichte Dachau und Kranzberg im Hoch- und Spätmittelalter sowie in der frühen Neuzeit (Studien zur bayerischen Verfassungs- und Sozialgeschichte I, München 1962) 190 und passim.

[23] 1794 werden in den altbayerischen Rentämtern – schon ohne das Innviertel – 5409 Weltgeistliche und Mönche sowie 979 Nonnen gezählt (Schmelzle 6); um 1700 dürfte die Zahl eher höher gewesen sein.

[24] Ib. 4.

[25] Ib. 4, 7.

[26] L. Hüttl, Max Emanuel. Der Blaue Kurfürst, München 1976, 34ff. nennt als Einwohnerzahl Altbayerns und der Oberpfalz »in den letzten Dezennien des 17. Jahrhunderts« 1,1 Millionen Menschen und »weit über 100000« Nichtseßhafte. Er deklariert die 1,1 Millionen als Mittelwert zwischen der Bevölkerungszahl nach dem Dreißigjährigen Krieg und der von 1770. Für die Nachkriegszahl nimmt er mit G. Franz (Anm. 16) 50% der Vorkriegszahl an, und für die Vorkriegszahl verweist er auf Schmelzle 2–4, wo jedoch nur die von uns benutzten Zahlen für 1770 zu finden sind. Für 1770 hingegen verweist Hüttl auf J. Pezzls Reise durch den Bayerischen Kreis, Salzburg und Leipzig 1784, 146f., der dort für die Oberpfalz samt den Herzogtümern Neuburg und Sulzbach – die wir für die Zeit Max Emanuels ausnehmen müssen – die überhöhte Schätzzahl von 320000 Einwohnern angibt. So kommt Hüttl für 1770 auf 1,2 Millionen Einwohner. Welche Zahl er für die Zeit vor bzw. nach dem Dreißigjährigen Krieg ansetzt und woher er sie hat, und wie er dann als Mittelwert für das Ende des 17. Jahrhunderts auf 1,1 Millionen kommt, bleibt unerfindlich.
Auf die enorme Zahl von »weit über 100000« Bettlern etc. kommt er, indem er von den 1,1 Millionen 10% dafür ansetzt: »Auf mindestens 10% der Geasmtbevölkerung schätzt man die Zahl der Heimatlosen«. Er verweist für diese Behauptung auf G. Hanke, Sozialstruktur der ländlichen Siedlungen Altbayerns (Gesellschaft und Herrschaft, Festgabe für Karl Bosl zum 60. Geburtstag, München 1969) 240, der dort eine Übersicht über die in den Jahren 1675–1824 in der Pfarrei Mitterndorf (Landkreis Dachau) Verstorbenen gibt. In dieser Übersicht werden für die Jahre 1675–1699 12 von 121 Verstorbenen (10%) als Bettler bezeichnet, für die Jahre 1700–1724 16 von 125 (13%). Diese Basis scheint mir zu schmal, um daraus einen Schluß auf Gesamtbayern zu ziehen. Zudem habe ich Bedenken, ob es sich bei diesen Bettlern wirklich um Nichteseßhafte handelt, da in anderen Quellen dieser Jahre durchaus auch Einwohner, nicht nur Inleute, sondern auch haussässige Söldner mit der »Berufsbezeichnung« Bettler genannt werden, so z. B. 1695 4 Söldner in Geisering, 1 in Landsberied, 2 in Hausen, 3 in Jesenwang und 1 in Moorenweis (AStA AL Lit. 160c).
In der gleichen Anmerkung (60) zitiert Hüttl Hankes Feststellung, daß die Zahl der Behausten unter den Verstorbenen dieser Pfarrei in den Jahren 1700–1724 nur 56% betragen habe, und er schließt daraus: Die steigenden Zahlen der von Haus und Hof Vertriebenen während der Regierungszeit Max Emanuels dokumentieren wohl die »Erfolge des Kurfürsten eindeutig«. Hier ist Hüttl einem Irrtum erlegen. Hanke versteht unter den Behausten nämlich die Hausbesitzer und unter den Unbehausten alle diejenigen, die kein Haus besitzen, das sind Ehalten, Inleute (zusammen 31% der Verstorbenen) und die oben genannten Bettler. Es handelt sich also keineswegs um lauter »von Haus und Hof vertriebene« Opfer der Politik Max Emanuels.

[27] Preußen wird 1688, beim Tod des Großen Kurfürsten, auf 1,4 Millionen Einwohner geschätzt, so W. Abel (Handbuch der deutschen Wirtschafts- und Sozialgeschichte I, Stuttgart 1971) 511. Wenn Hüttl (Anm. 26) auf S. 51 4 Millionen angibt, irrt er: diese Einwohnerzahl erreicht erst das größere Preußen Friedrichs des Großen um 1780. Die Bevölkerung Frankreichs zu Beginn der Herrschaft Ludwigs XIV. wird mit 15–19 Millionen angenommen, so V.-L. Tapié (Propyläen Weltgeschichte VII, Frankfurt-Berlin 1964) 280.

[28] Vgl. unten S. 395ff.

[29] Vgl. dazu den Beitrag Stölzl, S. 345ff.

[30] Vgl. unten S. 384f.

[31] Über die landständische Verfassung grundlegend Bosl, Repräsentation

[32] Ib. 217.

[33] Freyberg (Anm. 4) I 161.

[34] In der Arbeit von V. Wittmütz, Die Gravamina der bayerischen Stände im 16. und 17. Jahrhundert als Quelle für die wirtschaftliche Situation und Entwicklung Bayerns (MBM 26, München 1970) ist die Zeit nach 1669 nicht behandelt.

[35] Von mir durchgesehen die Bände AStA Altbayerische Landschaft Lit. 1780 und 1781, darin die Zinsrechnungen von 1701–1703.

[36] Ob Hüttl (Anm. 26) 46, wenn er das »Vermögen der Landschaftskasse« mit 7–8 Millionen Gulden angibt und erklärt, die Stände ließen hier ihre Kapitalien verzinsen, diese nur auf dem Papier vorhandenen Kapitalien meint, die in Wirklichkeit Schulden sind, ist noch nachzuprüfen.

[37] Schloßarchiv Sandersdorf (Bayer. Archivinventare 18, München 1962) U 97.

[38] Die Gesamtschulden stiegen bis zum Tod Max Emanuels auf über 26 Millionen Gulden: Riezler VIII 504.

[39] Die Liste der landständischen Klöster und Stifter bei Rall 387ff.

[40] Die folgenden Angaben sind entnommen der Arbeit von G. Maier-Kren, Die bayerischen Barockprälaten und ihre Kirchen (Beiträge zur Geschichte des Bistums Regensburg, Regensburg 1969) 248ff. – Grundlegende Untersuchungen von E. Krausen gingen dieser Arbeit voraus: Die Herkunft der bayerischen Prälaten des 17. und 18. Jahrhunderts (ZBLG 27, 1964) 259–285 und ders., Beiträge zur sozialen Schichtung der altbayerischen Prälatenklöster des 17. und 18. Jahrhunderts. (ZBLG 30 1967) 355–374.

[41] München 1937

[42] O. Riess, Die Abtei Weltenburg zwischen Dreißigjährigem Krieg und Säkularisation. 1626–1803 (Beiträge zur Geschichte des Bistums Regensburg Bd. 9, Regensburg 1975) vor allem 212ff.,246ff.

[43] Weltenburg hatte bei Baubeginn nur 8 Konventualen. Leider fehlt eine Übersicht über die Gerichts- und Grunduntertanen, doch kann man aus den Einkünften auf ihre geringe Zahl schließen. Ende des 18. Jahrhunderts betrugen die jährlichen Grund- und Jurisdiktionsgefälle 1887 fl. Zum Vergleich: In der Hofmark Adldorf, die 30 Hofmarksuntertanen und 34 einschichtige Untertanen hatte, betrugen sie 1718 fl. (B. Graf v. Wallwitz, Die Hofmark Adeldorf vom 16. Jahrhundert bis zur Bauernbefreiung, Münchener Universitätsschriften, Reihe der Staatswirtsch. Fak. Bd. 1, München 1968, 60).

[44] Eine Liste aller Familien, die dem Ritterstand im Lauf des 18. Jahrhunderts angehören, und ihrer Besitzungen bei Rall 425ff.

[45] Schremmer 225.

[46] AStA Altbayerische Landschaft Lit. 124 fol. 93ff.

[47] Ferchl I 162.

[48] Hier benutzt die Ausgabe von 1701: A.W. Ertl, Guldene Praxis von Anschlag, Taxation und Schätzung aller hochgültigen Land-Güter . . . , Nürnberg 1701.

[49] Ib. 20.

[50] Zusammenstellung bei Rall 485.

[51] Nach dem Herdstättenverzeichnis von 1717, s. o. S. 387.

[52] Vgl. dazu den Beitrag von V. v. Volckamer, S. 406ff.

[53] Wening, Topographie, Rentamt München 64.

[54] Ib. 31.

[55] Ib. 114.

[56] Ib. 127.

[57] Nach dem Grundbuch von 1675; S. Hofmann, Die soziale Struktur der Bevölkerung Ingolstadts im ausgehenden 17. Jahrhundert (Sammelblatt des hist. Vereins Ingolstadt 74, 1965) 15ff.

[58] Für das folgende: Häuserbuch der Stadt München, hrsg. vom Stadtarchiv München, Bde. 1–4, München 1958–66 und M. Schattenhofer, München als kurfürstliche Residenzstadt (ZBLG 30, 1967) 1203ff.

[59] Herdstättensteuer 1717 (Anm. 12) Aus der gleichen Quelle weitere Zahlen: Die größten Städte nächst München sind die drei ehemaligen Residenzstädte Ingolstadt (908 Häuser, 1080 Herdstätten), Landshut (814, 1530), Straubing (617, 744). Mit deutlichem Abstand folgen Landsberg (428, 575), Donauwörth (407, 527) und – überraschend – Wemding (364, 456). Die kleinsten Städte sind Grafenau (89, 128), Stadt am Hof (113, 199), Osterhofen (128, 128!) und Dietfurt (146, 150). Die durchschnittliche Häuserzahl aller Städte mit Ausnahme der fünf größten und fünf kleinsten ist 267. – Der größte bzw. volkreichste Markt ist Tölz (345, 622), dicht gefolgt von Ried im Innviertel (330, 621), das damit die Stadt Schärding (235, 380) weit hinter sich läßt. Die kleinsten Märkte sind Hartkirchen (28, 32), Essing (36, 38), Hals (42, 70), Schönberg (53, 63), Wurmannsquick (54, 61) und Eschlkam (55, 58). Dabei ist allerdings zu beachten, daß dieses Steuerregister nur die landesherrlichen Märkte erfaßt, die Landstandschaft besitzen. Es fehlen also Klostermärkte, wie z. B. Bruck oder Gars, und die Märkte, die zu adeligen Herrschaften oder Hofmarken gehören, wie z. B. Pöttmes oder Aidenbach. Eine Veröffentlichung und Auswertung dieser Quelle bereite ich vor. Wenn Hüttl (Anm. 26) 26 schreibt: »Bedeutende Marktorte wie Tölz, Rosenheim, Holzkirchen, Viechtach, Zwiesel oder Pfarrkirchen tendierten zur Verstädterung«, so trifft das für Tölz durchaus zu. Den Markt Rosenheim kann man nach Größe, Ortsbild, Gewerbestruktur und zentraler Funktion wohl mit der Stadt Traunstein vergleichen, Pfarrkirchen mit Dingolfing oder Landau und Viechtach mit Furth im Wald; worin jedoch die Tendenz zur Verstädterung bei dem kleinen, unbefestigten, damals nach mehreren Bränden stagnierenden Markt Zwiesel (1717: 97 Häuser, 99 Herdstätten) und dem völlig ländlichen, zum Kloster Tegernsee gehörigen Holzkirchen bestehen soll, bleibt unerfindlich.

[60] Riezler VIII, 425.

[61] Viele der folgenden Beobachtungen sind das Ergebnis häufigen Nachschlagens bei Ferchl.

[62] StAM GR Fasz. 124, 125, 126.

[63] So bei Wening, Descriptio, in der Vorrede. – Wenn man alle kleinen, zum Teil in Personalunion mit anderen geführten Pflegen und Gerichte mitzählt, kann man mit G. Ph. Finckh (auf der Mappa Triangularis seiner Sancti Romani Imperii Circuli et Electoratus Bavariae Descriptio, Augsburg 1684) auch auf 97 kommen.

[64] Die Zahl nach Rall 457ff.

[65] Nach der Erhebung von 1691, s. o.; Herrschaften, die höhere Rechte, meist den Blutbann besaßen, sind hier mitgezählt. Eine Zusammenstellung bei Rall 457ff. Um 1700 gab es in Altbayern rund 900 Hofmarken. Eine genaue Zahl läßt sich kaum ausmachen, da gerade um diese Zeit manche bisher selbständigen kleinen Hofmarken zusammengelegt und von da an als *eine* Hofmark geführt werden. Trotz dieses rein verwaltungsmäßigen »Schwindens« der Hofmarkenzahl ist die von Schremmer, 226 für das Jahr 1557 genannte Zahl von 1407 Hofmarken (davon allein 535 im Rentamt Straubing) zweifellos zu hoch; sie muß auf einem Irrtum beruhen. Bosl, Repräsentation 166ff. zählt nach der Landtafel von 1560 717 Hofmarken und 291 Edelsitze in Altbayern. v. Wallwitz, Adeldorf (Anm. 43) 6 nach den Landtafeln von 1573 und 1618 880 Hofmarken und 32 Herrschaften (233 Schlösser und 407 Edelsitze). – Nach Westenrieder (Schremmer 226) gibt es 1770 936 Hofmarken in den vier Rentämtern.

[66] Außerhalb der engeren Hofmark (die eine oder mehrere Siedlungen ganz – geschlossene Hofmark – oder auch nur zum Teil – offene Hofmark – umfassen konnte) gelegene Grunduntertanen des Hofmarksherrn, über die er kraft »Edelmannsfreiheit« ebenfalls die Niedergerichtsbarkeit ausübte.

[67] Einleitung in das Chur-Fürstlich-Bayerische Staats-Recht, 1754, 351.

[68] Ib. 355.

[69] Eine kurze, klare Beschreibung des Inhalts der Hofmarksgerechtigkeit bei S. Hiereth, Die Bayerische Gerichts- und Verwaltungsorganisation vom 13.–19. Jahrhundert (Einführung zum Histor. Atlas v. Bayern, Teil Altbayern, München 1950) 8ff. – Die kleine Schrift informiert bei aller Kürze gut über die Grundherrschaft in Altbayern.
Die wichtigsten zeitgenössischen Werke über Hofmark und Niedergerichtsbarkeit: A.W. Ertl, Praxis Aurea de Jurisdictione Inferiore, Civili et Bassa, vulgo Von der Niedergerichtsbarkeit . . . und Hofmarck-Gericht . . . , Nürnberg 1695; H. A. M. v. Chlingensperg, Tractatus Juridicus de Hoffmarchiali jure in Bavaria, Ingolstadt 1731.

[70] So P. Blickle, Thesen zum Thema »Der Bauernkrieg als Revolution des Gemeinen Mannes« (Revolte und Revolution in Europa, Beiheft zu HZ 4, München 1975) 127f.

[71] So Hüttl (Anm. 26) 28.

[72] Z. B. B. Graf v. Wallwitz (Anm. 43) 90 Anm. 426. Dort auch der Hinweis auf Fälle in der Hofmark Hilgertshausen der Freiherrn v. Lösch. – Leider gibt es bis jetzt nur über etwa zehn altbayerische Hofmarken gute wissenschaftliche Monographien.

[73] Gerichtsordnung, X. Titel, Das sechste Gesatz (Landrecht, Polizey- Gerichts- Malefitz- und andere Ordnungen der Fürstentumben Obern und Nidern Bayrn, München 1616) 180.

[74] Ertl, Praxis Aurea (Anm. 69) 3. Buch, 19.

[75] Fried (Anm. 22).

[76] Ehaft bedeutet bindend, gesetzlich. Die Leistungen der ehaften, vom Landesherrn genehmigten Versorgungsbetriebe mußten von den Untertanen in Anspruch genommen werden, und die Untertanen mußten dafür bestimmte Reichnisse erbringen(z. B. Holz für den Bader).

[77] Der Hoffuß war ein Klassifikationssystem zum Zweck der steuerlichen Bewertung ländlicher Anwesen, das seit dem 15. Jahrhundert angewendet wurde. Ausgehend vom »ganzen« Hof, dessen Inhaber im dörflichen Sprachgebrauch allein der »Bauer« war, klassifizierte man $^1/_2$ Höfe (Huber), $^1/_4$ Höfe (Lechner), $^1/_8$ Höfe (Bausöldner, das heißt Söldner, die etwas zu bauen hatten), $^1/_{16}$ Höfe (Leersöldner) usw.

[78] Tatsächlich dürfte es um 1700 wohl kaum einen Leerhäusler gegeben haben, der nicht wenigstens ein Stück Land nutzen und Kleintiere halten konnte. In Trudering z. B. hatte der ärmste Söldner wie der größte Bauer jährlich 2 Joch Acker und die Weide auf dem Brachfeld der Kirchenstiftung zu nutzen, einen Losanteil an der Gemeindewiese und ein Fuder Holz aus dem Gemeindeholz (J. Brückl, 1200 Jahre Trudering, München 1972, 23f.). Der Schulmeister und Meßner von Scheyring hatte zur Wohnung im Schulhaus »den dazue gehörigen Krautstrang und gemain Luß (Losanteil an der Gemeindewiese), beim Haus einen dreimädigen Garten, und ein halbes Tagwerk Wiese auf der Winkler Wiese« – was alles besagt, daß er auch eine Kuh im Haus hatte (StAM KL 861, 281). Daß auch Leerhäusler Schafe hielten, geht schon aus dem einschlägigen Artikel der Lands- und Polizeiordnung hervor, der festsetzt, es sollten nicht mehr als 4 sein (Landrecht, Policey-Gerichts- Malefitz- und andere Ordnungen der Fürstentumben Obern und Nidern Bayrn, München 1616, 597).

[79] Fried (Anm. 22) 190.

[80] Ib.

[81] Vgl. dazu die Beiträge von Prinz und Stölzl.

[82] In der summarischen Anzeige der Land- und Standsteuer von 1721, die ich in den Literalien der Landschaft fand (AStA AL Lit. 1798), sind die Anwesen jedes Rentamts zu »ganzen Höfen« addiert; die Summe für Altbayern ergibt 29434 »ganze Höfe«. Prinz Eugen, der Bayern im Herbst 1704 auf »wenigstens 28000 Höfe« schätzt (Riezler VIII, 31 aus der Militär. Correspondenz des Prinzen Eugen), war also gut informiert. Ihm genügte für die Überlegung, wieviele Rekruten man in Bayern ausheben könne, diese Zahl, da es damals üblich war, Leistungen für das Kriegswesen auf ganze Höfe anzuschlagen, z. B. auch bei der Stellung und Ausrüstung von Heerwagen. Es zählten dann eben 2 Huben, 4 Lehen, 8 Bausölden als ein ganzer Hof.

[83] Schremmer 354.

[84] Schremmer S. IX.

[85] Um ein Wiederaufleben handelt es sich einmal im Hinblick auf die Zäsur des Dreißigjährigen Kriegs, darüber hinaus aber auch im Hinblick auf die Verhältnisse im Mittelalter. Vor der »Gründerzeit« der meisten Städte und Märkte waren die grundherrlichen Fronhöfe Zentren agrar-gewerblich gemischter Produktion, große Grundherrschaften waren zweifellos weitgehend wirtschaftlich autark.

[86] Z. B. in den Gravamina des Landtags von 1669, Freyberg (Anm. 3) 176f.

[87] Fried (Anm. 22) 186.

[88] Nur ein Teil der Söldner konnte durch Zukauf von Wiesen- und Ackerland im 19. Jahrhundert in den Bauernstand aufsteigen (Fried [Anm. 22] 194). Für manche ehemaligen Tagwerker begann dieser Aufstieg mit der Entschädigung aus Klostergründen für den durch die Säkularisation verlorenen Arbeitsplatz. Die 2 Tagwerk kulturfähige Gründe, die die ehemaligen Klosterdrescher von Weltenburg erhielten (Riess [Anm. 42] 477f.), dürften allerdings eine zu schwache Grundlage gewesen sein.

[89] Und zwar die Pfarrstiftung, mensa parrochialis, nicht der Pfarrer als Person.

[90] Die Kirchenstiftung, fabrica ecclesialis; das Kirchenvermögen wurde durch den Pfarrer und die aus der Gemeinde gewählten Kirchpröpste unter Aufsicht des Patronatsherrn und des kurfürstlichen Landgerichts verwaltet. Oberste Aufsichtsbehörde war der kurfürstliche Geistliche Rat, der deshalb – etwa im Fall von Weltenburg (oben S. 391f.) – auch verfügen konnte, daß Ortskirchengelder als Baukredit für Kirchen- und Klosterbauten zur Verfügung gestellt wurden.

[91] Fried (Anm. 22) 189.

[92] Diese und die folgenden Zahlen sind den Steuerbeschreibungen (Konskription und Hofanlagebuch) der Mitte des 18. Jahrhunderts entnommen, die der Bearbeitung des Historischen Atlas von Bayern durch die Kommission für bayerische Landesgeschichte zugrunde liegen. Für die Zeit um 1700 dürften die Söldenzahlen im Durchschnitt um 5–10% niedriger angesetzt werden.

[93] Durchgesehen wurden drei Bände des Historischen Atlas von Bayern, Teil Altbayern: P. Fried, Die Landgerichte Dachau und Kranzberg (Heft 11/12), München 1958 (vgl. Anm. 22); D. Albrecht, Das Landgericht Starnberg (Heft 3), München 1951; P. Fried u. S. Hiereth, Die Landgerichte Landsberg und Schongau (Doppelband 22/23), München 1971.

[94] Um 1500 bestand der Markt aus 55 Anwesen, darunter 6, »die zu fahren haben«, also mindestens ein Gespann besitzen, und 49 Söldnern. Fried (Anm. 22) 146.

[95] Fürstenfeld war nach Tegernsee und Niederalteich eines der reichsten bayerischen Klöster. Niederalteich hatte vor der Säkularisation 1622 Jurisdiktions-, Grund- und Lehensuntertanen (G. Stadtmüller-B. Pfister, Geschichte der Abtei Niederalteich 741 – 1971 Augsburg 1971, 280). – Die höchste Standsteuer zahlte 1721 (nach dem 1669 auf zwei Drittel reduzierten Anschlag von 1612) Niederalteich mit 3241 fl.; es folgten Tegernsee (2300 fl.), Fürstenfeld (1387 fl.), Seligenthal (1300 fl.), Indersdorf (1168 fl.), Scheyern (1164 fl.), Seeon (1100 fl.) und Wessobrunn (1100 fl.); das arme Weltenburg war nur auf 182 fl. veranschlagt. AStA Altbayerische Landschaft Lit. 1798.

[96] Atlas Starnberg (Anm. 93) 16.

[97] Atlas Landsberg-Schongau (Anm. 93) 176.

[98] Historischer Atlas von Bayern, Teil Altbayern: M. Piendl, Landgericht Cham (Heft 8), München 1955, 25.

[99] Ib. 40.

[100] Vgl. Beitrag v. Volckamer.

[101] Anm. 10.

[102] 356f.

[103] Wening, Rentamt München 24: »Dise Churfürstl. Fabrica haltet vil Leuth und einen großen Platz in sich, noch mehr aber der armen Auerischen Inwohner haben von darauß mit Woll spinnen, strücken und anderer Handarbeit ihr tägliche Nahrung zu suchen.«

[104] Die Zahlen sind den folgenden Heften des Historischen Atlas von Bayern, Teil Altbayern, entnommen: Heft 14 (Das Landgericht Pfaffenhofen und das Pfleggericht Wolnzach) 48, 53; Heft 11/12 (Die Landgerichte Dachau und Kranzberg, vgl. Anm. 22 u. Anm. 93) 220, 221; Heft 4 (Das Landgericht Weilheim) 24, 28; Heft 22/23 (Die Landgerichte Landsberg und Schongau) 185, 187; Heft 6 (Die Klostergerichte Benediktbeuern und Ettal) 14, 39.

[105] Vgl. dazu G. Diepolder, Oberbayerische und niederbayerische Adelsherrschaften im wittelsbachischen Territorialstaat des 13.–15. Jahrhunderts. Ansätze zum Vergleich der historischen Struktur von Ober- und Niederbayern (ZBLG 25, 1962) 33–70. Weiter grundlegend: Bayerischer Geschichtsatlas, hrsg. von M. Spindler, Redaktion und Erläuterungen G. Diepolder, München 1969.

[106] Über Auswanderungsrichtungen und -zahlen um 1700, lange nach dem Dreißigjährigen Krieg und vor dem Ende der Türkenkriege, wissen wir so gut wie nichts.

[107] Fried (Anm. 22) 214.

[108] Ib. 209.

[109] Die Arbeit von H. Platzer, erschienen als Band II/III der vom Historischen Verein von Oberbayern herausgegebenen Altbayerischen Forschungen, München 1904, gehört wissenschaftsgeschichtlich in die Nähe der grundlegenden Arbeiten von H. Schmelzle über den Staatshaushalt des Kurfürstentums (zit. als Schmelzle) und von A. Cohen, Die Verschuldung des bäuerlichen Grundbesitzes in Bayern von der Entstehung der Hypothek bis zum Beginn der Aufklärungsperiode, Leipzig 1906. Alle drei Forschungen wurden angeregt von Lujo Brentano, dem Nationalökonomen auf dem Münchener Lehrstuhl, dessen liberaler Geist und sozialpolitisches Engagement auch in diesen Büchern unverkennbar ist.

[110] Platzer (Anm. 109) 7.

[111] Ib. 200.

[112] F. M. Phayer (Miscellanea Bavarica Monacensia 21, München 1970).

[113] S. o. Anm. 19.

[114] Landrecht (Anm. 73) 585.

[115] Eine graphische Darstellung wurde nicht versucht, weil die Zahlen zu sehr »springen«. Offensichtlich wurden »runde« Lebensjahre und solche, die eine Zäsur bedeuteten, bevorzugt angegeben. So gaben nur 8 kindliche Ehalten ihr Alter mit 11 Jahren an, während 35 angeblich 10 Jahre alt waren; als dreizehnjährig bezeichneten sich nur 24, während doch 57 glaubten, 12 Jahre alt zu sein. Es dürfte sich dabei aber nur um Irrtümer oder Korrekturen um ein Jahr hin oder her handeln. Das Gesamtbild wird m. E. dadurch nicht beeinträchtigt.

[116] Landrecht (Anm. 73) 225.

[117] Ib. 216.

[118] ZBLG 38, Heft 2, München 1975.

[119] S. o. Anm. 20.

[120] AStA Ger.-Lit. Wolfratshausen 3 $^1/_4$. – Beschrieben sind nur die landgerichtsunmittelbaren Untertanen, nicht die hofmärkischen. Inleute sind nicht genannt.

[121] Alle Daten über Prielmair sind der Dissertation von H. R. Huber, Corbinian v. Prielmair (1643–1707), ein bayerischer Staatsmann der Barockzeit, Diss. Masch. München 1944, entnommen.

[122] Durch die eben genannte Dissertation.

[123] M. Leitschuh. Die Matrikeln der Oberklassen des Wilhelmsgymnasiums in München I 1561/62–1679/80 (Schriften des Wilhelmsgymnasiums in München, München 1970).

[124] Nach H. und K. Dachs, Erding, Das Werden einer Stadt, Erding 1961, 33 soll die Stiftung nicht 600, sondern 6000 Gulden betragen haben.

Volker von Volckamer

Die Landesbeschreibung Kurbayerns im Zeitalter des Kurfürsten Max Emanuel

Bayern zur Zeit des Kurfürsten Max Emanuel, das ist für die Gegenwart, wenn sie nach einer bildlichen Vorstellung verlangt, Bayern, wie es Michael Wening gesehen hat. Seine »Historico-Topographica Descriptio, Das ist: Beschreibung deß Churfürsten und Hertzogthumbs Ober- und Nidern Bayrn« ist 1701 bis 1726 erschienen und enthält in vier Foliobänden insgesamt etwa 850 Ortsansichten im Kupferstich.[1]

Obwohl uns für Bayern ein Ansichten-Inventar fehlt, wie es Württemberg und Baden der uneigennützigen und unermüdlichen Tätigkeit Max Schefolds verdanken,[2] kann man doch soviel mit Bestimmtheit sagen: Es gibt zwar für einige Orte Kurbayerns ausführlichere Bildberichte noch aus dem 18. Jahrhundert, es gibt von manchen Objekten auch Ansichten, die Wenings Arbeiten an Qualität weit übertreffen, aber bis hin zu den kleinformatigen Veduten in den Handbüchern von Pleikard Stumpf und Wilhelm Götz im 19. Jahrhundert[3] existiert kein Werk, das in nur annähernd vergleichbarer Dichte den bayerischen Staatsraum einer bestimmten Epoche in Ortsansichten vorstellt.

Bei dem Interesse, das Wenings Prospekte gerade in jüngerer Zeit wieder gefunden haben, übersieht man aber leicht – zumal die Stiche vorwiegend als Einzelblätter im Handel erscheinen –, daß es sich da um Teile einer Landesbeschreibung handelt und nicht um ein bloßes Bilderbuch.

Wenn 1830 Carl August Lebschée in seiner »Malerischen Topographie des Königreichs Bayern« die »malerisch oder historisch merkwürdigen Landstriche, Gebirge, Seen, Städte und größeren Ortschaften«[4] darzustellen beabsichtigt oder wenn Maximilian von Chlingensperg das Königreich vorführen will »in seinen alterthümlichen, geschichtlichen, artistischen und malerischen Schönheiten«,[5] so geht es im Gegensatz dazu bei Wening um eine Bestandsaufnahme, die der Information über den gegenwärtigen Staat dienen soll. Schon der äußere Aufbau seines Werkes läßt das erkennen: Jeder der vier Bände behandelt eines der vier Rentämter München, Burghausen, Landshut und Straubing, in jedem Band werden nach der Regierungshauptstadt des Rentamts die Gerichtsbezirke in alphabetischer Reihenfolge behandelt, und innerhalb der Gerichtsbezirke folgen der Beschreibung des Gerichtssitzes die Beschreibungen der Städte und Märkte, der Klöster und der Hofmarken entweder insgesamt nach dem Alphabet (Bände I und II) oder in der genannten Reihenfolge gruppiert und also nach den Landständen geordnet (Bände III und IV).

Es handelt sich hier um politische Geographie, und es ist bezeichnend für die Richtung, in die das Interesse solcher Staatsbeschreibung geht, daß andere Topographen jener Zeit zugleich die geographische Karte des Gebiets entwerfen, für das sie das umfassende Corpus von Ortsansichten vorlegen. Da ist vor allem Georg Matthaeus Vischer zu nennen, der Bauernsohn aus dem tirolischen Oberinntal, von dem in den Jahren von 1672 bis 1681 mit Unterstützung der Stände die Topographien von Niederösterreich, Oberösterreich und Steiermark mit insgesamt 1196 Ansichten erschienen sind.[6] Diesen Topographien gingen die von Vischer geschaffenen Karten voraus: 1669 die von Oberösterreich, 1670 die von Niederösterreich, beide gestochen von Melchior Küsell in Augsburg, 1678 dann die der Steiermark, gestochen von Andreas Trost.[7] Ebenso hat Johann Weikhard Freiherr von Valvasor nicht nur 1679 und 1681 die Topographien von Krain und Kärnten mit zusammen 539 Kupfern erscheinen lassen, sondern 1684 und 1685 auch Karten der beiden Herzogtümer vorgelegt.[8]

Das im Zweiten Weltkrieg verbrannte württembergische Forstkartenwerk des Kriegsrats Andreas Kieser muß in diesem Zusammenhang ebenfalls genannt werden: Das 1680 begonnene Werk bestand aus 280 Kartenblättern mit Ansichten aller Siedlungen bis hinunter zu Einzelhöfen. Es bildete die Grundlage für die in neun Folianten erhalten gebliebenen Forstlagerbücher von 1681/86, die an die 800 Ortsansichten enthalten.[9]

In der Vorrede zu seiner »Topographia Archiducatus Carinthiae« spricht Valvasor 1681 davon, daß die Abzeichnung von Landschaften, Städten und Gebäuden »jetziger Zeiten sehr in Schwung kommen« sei, und zwar – wie er an erster Stelle vermerkt – zum Vorteil des Reisenden, der dann Verlangen trage, im Original zu sehen, was ihm im Bild vorgestellt wurde.[10] Das überrascht, aber tatsächlich haben die wohl bekanntesten Topographien und das zu seiner Zeit am meisten geschätzte deutsche Reisehandbuch den gleichen Verfasser: Von Martin Zeiller stammen der »Fidus Achates oder der getreue Rayßgefährt« und einige weitere Itineraria ebenso wie die Texte für die Topographie, die Vater und Sohn Merian zwischen 1642 und 1688 in 31 Teilen mit 2142 Ansichten verlegt haben.[11] Wenn man freilich bedenkt, daß es vor allem der Bildungsreisende von Stand oder dessen Hofmeister war, der diese Werke benutzte, dann wird man die Meinung kaum teilen können, daß den Sätzen Valvasors »eine dem modernen Wesen des Fremdenverkehrs kongeniale Anschauung« zugrunde liege.[12] Wenn Valvasor meint, daß die Länder durch solche Prospekte besser bekannt werden, dann ist es der Patriot, der das begrüßt. Weil bei Merian, bei Georg Braun oder Abraham Saur nur einige wenige Städte Krains erwähnt werden, macht er sich an die Beschreibung seiner Heimat, um der Meinung entgegenzuwirken, das Herzogtum Krain sei »ein schlechter kleiner und unbetrachtlicher Winckel der Europäischen Erden, gäntzlich von lustbaren Städten und prächtigen Schlössern leer«, und einen patriotischen Titel gibt er seinem Hauptwerk: »Die Ehre des Hertzogthums Crain«.[13]

Es liegt auf der gleichen Linie, wenn Besitzerstolz den Adel dazu führt, daß er seine Schlösser porträtieren läßt: Ob da der Wiesensteiger Maler Johann Joachim Hennenberger 1679 achtzehn Federzeichnungen von kleinstem Format in das Rechbergische Stammenbüchlein strichelt,[14] ob 1688 Martin Menrad zwanzig Ansichten Fürstenbergischer Schlösser und Orte auf Leinwand malt, einen halben Meter hoch und doppelt so breit,[15] oder ob Johann Adam Delsenbach von 1718 bis 1722 im Auftrag des Fürsten Anton Florian von Liechtenstein unterwegs ist, um dessen Schlösser in Österreich, Böhmen, Mähren und Schlesien auf Super-Regal-Papier zu zeichnen.[16] Im Kupferstich stellt Valvasor für den Erzbischof von Salzburg aus seiner Kärntner Topographie die dortigen Hochstiftsbesitzungen zusammen zur »Topographia Carinthiae Salisburgensis«,[17] für die Grafen von Lamberg gibt es aus der Topographie von Krain einen Sonderdruck als »Topographia arcium Lambergianarum in Carniola«.[18] Am aufwendigsten aber gerät unter derartigen Publikationen die »Topographia Windhagiana«, in der ein schwäbischer Advokat, der zum Freiherrn von Windhag aufgestiegene und schließlich in den Grafenstand erhobene Joachim Enzmüller, seinen Besitz in Ober- und Niederösterreich bekanntmachen läßt. Die erste Auflage ist 1656 mit 2 Karten und 35 Ansichten auf 21 Tafeln bei Caspar Merian in Frankfurt erschienen, aber weil Enzmüller noch immer weitere Herrschaften erwirbt, muß 1673 noch eine »Topographia Windhagiana aucta« folgen, die mit 60 Kupfern in Wien aufgelegt wird.[19]

Landesherrlicher Besitzerstolz hatte ein knappes Jahrhundert zuvor Herzog Wilhelm V. veranlaßt, das Antiquarium seines Vaters in der Münchner Residenz mit den Bildern seiner Städte, Märkte und Burgen schmücken zu lassen: 102 Ansichten, geschaffen 1588 bis 1596 vom Hofmaler Hans Donauer nach Vorlagen, die seit 1585 von ihm und von anderen an Ort und Stelle aufgenommen worden waren[20] – »eine bayerische Topographie um 1590«.[21]

Etwas Ähnliches hatte Philipp Apian im Zusammenhang mit der Vermessung des bayerischen Herzogtums begonnen, aber nicht vollenden können. Von 1554 bis 1561 hatte der Ingolstädter Gelehrte im Auftrag Herzog Albrechts V. das Land vermessen, und zwei Jahre später hing die große, ungefähr 5×5 Meter messende Karte von Ober- und Niederbayern im Maßstab 1:50000 im Bibliotheksraum der Neuveste. Sie ist ebenso wie eine im 18. Jahrhundert gefertigte Kopie verlorengegangen. Geblieben ist uns eine auf etwa 1:144000 verkleinerte Ausgabe der großen Karte, die 24 Landtafeln Apians, die 1568 von den Holzstöcken Jost Ammans gedruckt erschienen.[22] Zu diesen Landtafeln hat Apian eine nach den vier Rentämtern unterteilte Beschreibung mit Wappen und Ortsansichten geplant. Die Beschreibung ist aber erst 1880 aus dem Manuskript veröffentlicht worden,[23] die Ansichten nach den erhalten gebliebenen 39 Holzstöcken erschienen 1927.[24]

Daß man zur Zeit Apians in Bayern mit solchen Unternehmungen nicht allein stand, zeigt ein Blick auf Württemberg, wo Herzog Ludwig die Tonnendecke des großen Saals im 1583 begonnenen Stuttgarter Lusthausbau mit einer kartographischen Darstellung seines Herzogtums als Kolossalgemälde versehen lassen wollte. Als sich der Plan als undurchführbar erwies; hat man die Wandpfeiler mit gemalten Tafeln geschmückt, deren jede neben der Vogelschaukarte eines Amtes auch eine Ortsansicht zeigte. Eine einzige dieser Tafeln, die von Stuttgart aus dem Jahr 1589, ist erhalten geblieben.[25] Der mit dem kartographischen Teil des Programms betraute Jurist Georg Gadner hat zugleich die »Chorographica Ducatus Wirtembergici« mit einer Übersichtskarte und 20 Tafeln im Maßstab von ca. 1:80000 geschaffen.[26] Ähnlich wie Apians Landtafeln für Bayern hat für Württembergs kartographische Darstellung die Gadnersche Karte als Vorlage ungezählter Kopien gedient, bis sie im 18. Jahrhundert durch genauere Arbeiten abgelöst wurde.

Die Landtafeln Apians sind in Originalgröße schon 1579 durch Peter Weiner in Kupfer gestochen worden. Der Nachstich, der auf Wunsch Herzog Albrechts erfolgte, unterscheidet sich von seiner Vorlage vor allem dadurch, daß für die Beschriftung an Stelle der Fraktur eine Antiqua verwendet ist. Von den Holzstöcken Jost Ammans ist eine vierte und letzte Auflage der Landtafeln noch im Jahr 1651 gedruckt worden.[27]

Um die gleiche Zeit arbeitete der Freisingische Rat und Hofsekretär Georg Philipp Finckh bereits an einer Revision. Seine gegenüber den Landtafeln Apians auf ein Viertel verkleinerte Karte im Maßstab von ca. 1:270000 trägt den Titel »S. Rom. Imperii Circuli et Electoratus Bavariae Tabula Chorographica«.[28] Zur Darstellung des gesamten bayerischen Reichskreises fehlen allerdings – wie eben bei Apian auch – im Westen die Pfalz-Neuburgischen Donaustädte Höchstädt, Lauingen und Gundelfingen, im Süden Teile der Grafschaft Werdenfels und des Erzstifts Salzburg, im Osten ein Teil des Hochstifts Passau. Den Raum des Kurfürstentums, zu dem seit 1628 auch die Oberpfalz gehörte, hat Finckh jedoch vollständig bearbeitet. Zu Apians Karte von Ober- und Niederbayern zog er als Grundlage für die Darstellung der nördlichen Landesteile vermutlich die 1540 erschienene »Palatinatus Bavariae Descriptio« des Erhard Reich heran.[29]

Man nahm bisher an, daß diese Karte erst durch Finckhs Sohn für die Veröffentlichung vorbereitet und durch Johann Stridbeck d. J. gestochen worden sei. Bei genauerem Hinsehen ergibt sich jedoch, daß schon der ältere Finckh selbst seine aus 28 Tafeln zusammenzusetzende Karte 1663 gestochen und 1671 noch einmal revidiert haben muß.[30] Ein Übersichtskärtchen dazu hatte er schon 1655 vollendet, als er offenbar noch nicht daran dachte, mit seiner Karte über das von Apian vermessene Gebiet hinauszugehen.[31] Die Bedeutung der Karte, die Finckh dem Kurfürstenpaar Ferdinand Maria und Henriette Adelaide gewidmet hat,[32] lag darin, daß sie den ganzen Kurstaat umfaßte und durch den gegenüber Apian größeren Maßstab bequemer zu gebrauchen war. Finckhs gleichnamiger Sohn hat die Brauchbarkeit dieser Karte noch gesteigert. Er hat sie 1683 nochmals überarbeitet, hat dazu ein ausführliches Ortsregister, einige Tabellen zur Kreiseinteilung, ein Verzeichnis der Poststraßen und einen Meilenzeiger für die 35 bayerischen Städte gefertigt[33] und 1684 das Ganze in Buchform bei Johann Stridbeck d. J. in Augsburg erscheinen lassen. Dem aus Ungarn heimgekehrten Kurfürsten Max Emanuel hat er das Werk gewidmet.[34]

Den Landständen hat Finckh im Jahr darauf sein »Tabellen-Büchlein« gewidmet, das Auskunft gibt über die Städte, Märkte, Klöster und Hofmarken oder Schlösser, die in den Gerichtsbezirken der Territorien des bayerischen Kreises gelegen sind.[35] Das von Jeremias Renner gestochene Titelkupfer zeigt die drei Landstände mit ihrem Fürsten verbunden durch die Strahlen einer Sonne, die auf seiner Brust ihren Sitz hat. Einen Nachdruck dieses Tabellenbüchleins findet man als Anhang im zweiten Band der dritten, 1705 erschienenen Auflage von Anton Wilhelm Ertls Chur-Bayerischem Atlas.[36] Ein halbes Jahrhundert später hat der Hofrat Johann Willibald Jakob von Widmer die Angaben aus Finckhs Tabellenbüchlein mit dem Ortsregister und anderen Listen aus Finckhs Kartenband von 1684 zusammengefaßt, überarbeitet und 1752 als »Repertorium Bavariae« zum ersten Mal erscheinen lassen. Der Fourage-Magazins-Inspector Joseph Anton Ernst hat dieses Repertorium noch 1776 kaum verändert wieder aufgelegt, immer noch mit den Ziffern im Ortsverzeichnis, die das Auffinden in der Finckhschen Karte erleichtern sollten.[37] Wie sehr diese Karte geschätzt wurde, läßt sich auch daran ermessen, daß man noch über ein Jahrhundert nach ihrem Erscheinen maßstabsgleiche Ergänzungskärtchen für zwei inzwischen bayerisch gewordene Gebiete bearbeitet hat, die bei Finckh fehlten.[38] Die Wirkung von Apians Landtafeln reicht also über Finckh bis heran an die Gründung des Topographischen Bureaus in München, das »eine vollständige, astronomisch und topographisch richtige Karte« herstellen sollte und 1812 die ersten Blätter des Topographischen Atlas im Maßstab 1:50000 vorlegen konnte.[39]

Anders als auf dem Gebiet der Kartographie gibt es auf dem der topographischen Ansicht und Beschreibung keinen direkten Anschluß an Apian, da dessen hier einschlägige Arbeiten unvollendet und für lange Zeit unveröffentlicht geblieben sind. In den großen Kosmographien des 16. Jahrhunderts, bei Sebastian Münster oder unter den »Civitates Orbis Terrarum« von Georg Braun und Franz Hogenberg findet sich nur ganz selten einmal auch das Bild einer bayerischen Stadt. Das für den bescheideneren Geldbeutel bestimmte »Parvum Theatrum Urbium« des Abraham Saur unterscheidet sich in dieser Hinsicht nicht von seinen Vorbildern. Bezeichnend für die Nachfrage, die solche Kompendien fanden, daß es von 1581 an sechsmal aufgelegt worden ist. Noch in der letzten, im Text stark erweiterten Ausgabe von 1658 konnte der Verleger seinem Publikum die kleinformatigen Holzschnittansichten der Ausgabe von 1593 zumuten.[40] Aus dem bayerischen Kreis erscheinen da allein München, Landshut und Regensburg. Auch unter den 830 Ortsansichten in Daniel Meisners »Thesaurus Philopoliticus«[41] finden sich nur neun Ansichten bayerischer Städte oder Klöster; sie sind mit einer Ausnahme entweder nach Braun-Hogenberg oder nach Karl Stengels »Monasteriologia« kopiert.[42]

Die erste ganz dem bayerischen Reichskreis gewidmete Sammlung von Ortsansichten und Ortsbeschreibungen ist die »Topographia Bavariae«, die 1644 im Rahmen von Matthaeus Merians großem Unternehmen erschienen ist. Sie wurde 1656 durch einen Anhang vermehrt, enthält um die 90 Ansichten und ist noch zweimal, zuletzt im Anfang des 18. Jahrhunderts, aufgelegt worden.[43]

1739 heißt es in Zedlers Universal-Lexicon über Merian: »Er ist insonderheit wegen seiner Topographien bekannt«.[44] Daran hat sich bis heute kaum etwas geändert. Seine frühen Landschaftsradierungen sind gewiß von sehr viel höherer Qualität als vieles, was der Verleger Merian später produziert hat. Die imponierende Leistung der Topographien, diese mitten im Dreißigjährigen Krieg begonnene Bestandsaufnahme deutscher Städte, hat aber bewirkt, daß für die Allgemeinheit Merian und Topographie fast gleichbedeutende Wörter geworden sind: so sehr, daß man für ein »Monatsheft der Städte und Landschaften«, das seit 1948 erscheint, den Namen Merians zum Zeitschriftentitel wählen konnte.

Die Meriansche »Topographia Bavariae« zu verbessern hat sich dann gegen Ende des Jahrhunderts Anton Wilhelm Ertl mit seinem Chur-Bayerischen Atlas vorgenommen. Sie soll ihm zwar »meistens für einen sichern Nord-Stern dienen«, aber Ertl findet sie doch »an vielen Orten mangelhafft, ja wol gar in grossen Irrthum verwickelt«, und er stellt fest, »daß von selbiger Zeit hero sich viel nachdenckliche Veränderungen an Gewohnheiten, Gebäuen, Städten und andern Sachen hervor gethan, welche dazumahlen mit keinem Wort berührt worden«.[45] Dieser Anton Wilhelm Ertl, in München geboren, Hofgerichtsadvokat wie sein Vater,[46] Jurist also wie Georg Philipp Finckh, ist durch Riezler in den Ruf eines Aufschneiders von besonderer Beschränktheit gekommen.[47] Gewiß hat er in seinen »Relationes Curiosae Bavaricae« manches Fabelhafte kritiklos übernommen, wie er es eben geschrieben fand. In diesem 1685 erstmals erschienenen Werkchen machte er den Versuch, dem »aufrichtigen Patrioten« die Geschichte des Vaterlands in Geschichten nahezubringen. Daß das nichts mit der gerade aufkommenden kritischen, Quellen aufsuchenden und abwägenden Geschichtsschreibung zu tun hatte, kann man ihm kaum zum Vorwurf machen. Gewiß gehört Ertl nicht »zu den hervorragenden geistigen Vertretern seiner Zeit in Bayern«,[48] aber bei allem bayerischen Patriotismus hat er niemals behauptet, was Riezler ihm ankreidet: daß nämlich 25 Städte Bayerns so groß seien, daß man sie wegen ihrer Größe Hauptstädte eines Königreichs nennen könnte.[49] Das in den Türkenkriegen gewachsene bayerische Selbstgefühl wird freilich schon im Titelkupfer des Chur-Bayerischen Atlas sichtbar: Atlas, das ist der mit dem Kurhut gekrönte bayerische Löwe, der sich über aufgehäufte Kriegstrophäen und überwundene Türken erhoben hat und auf den Schultern eine »bayerische« Weltkugel trägt. Anknüpfend an die Sagengestalt des Libyerkönigs Atlas, der die erste Himmelskugel verfertigt haben soll, hat Rumold Mercator die 1595 von ihm herausgegebene Kartensammlung seines Vaters mit diesem Namen geschmückt. Andere Verleger sind ihm in dieser Namengebung gefolgt und haben den Atlas der griechischen Mythologie, den Träger des Himmelsgewölbes, auf die Titelkupfer ihrer Kartenbände gesetzt. Der Name wurde zum Gattungsbegriff. Zu Ertls Zeit hat die dem Wort allmählich zugewachsene Bedeutung die ursprüngliche noch nicht verdrängt, und Ertl läßt auch keinen Zweifel daran, daß er den Titanen meint: »Der erste und vornehmste Atlas, welcher heutiger Zeit die großmächtige Regierungs-Kugel Ober und Nieder Bayern, auch der Obern Pfaltz beherrschet, ist Maximilian Emanuel, unser Durchl. Chur- und Landes-Fürst«.[50] Dem Kurfürsten und der Kurfürstin hat Ertls Verleger Peter Paul Bleul jeweils einen der 1687 und 1690 erschienenen beiden Bände des Chur-Bayerischen Atlas auch gewidmet. Zwei weitere Bände, von denen der eine sich mit dem bayerischen Adel befassen und der andere Lebensbilder bayerischer Herrscher enthalten sollte, sind nicht erschienen. Die beiden ersten Bände aber sind 1703 und 1705 noch einmal aufgelegt worden.

Ertl befaßt sich in den beiden Bänden mit vielerlei historischen, rechts- und kirchenhistorischen Themen in ziemlich bunter Mischung, jeweils die Hälfte eines jeden Bandes ist aber der Landesbeschreibung vorbehalten, die uns hier interessiert. Im ersten Band werden 146 kurbayerische Ortschaften, meist Städte und Märkte, beschrieben, im zweiten Band 104 Klöster, Stifte und Kollegien. Gegenüber Merian kann man im ersten Band sieben kleine Märkte neu aufgeführt finden,[51] Starnberg mit dem kurfürstlichen »Lust-Schiff«, Nymphenburg und einige neue Bauten in München werden erwähnt, und Martin Zeillers Behauptungen über den dortigen Jesuitenschatz werden ebenso zurückgewiesen wie die, daß das Kollegium zu Landsberg keine Schule habe. Meist übernimmt Ertl aber, was in der Merianschen Topographie berichtet wird. Im zweiten Band sind demgegenüber die Angaben oft erheblich erweitert, fleißig zusammengetragen aus der Literatur. Eigene Zusätze macht Ertl, wo er von Neubauten weiß, wie in Andechs, in Dießen oder in Polling. Er erwähnt einige wenige aus der großen Zahl der Bettelordensklöster: »Nicht, daß ich die Clöster der Mendicanten (als den wahren Sitz der Demut, Gesparsamkeit und Gedult, ja den Thron aller Vollkommenheit) geringer als andere Land-Clöster und Abteyen schätze; sondern weilen dieselbe in negotiis Provinciae, aliisque publicis rebus, wenig occupirt seyn...«.[52] Staatsgeographie will eben auch der Chur-Bayerische Atlas in erster Linie bieten.

Der besondere Wert der beiden Ertlschen Bände liegt heute in den zahlreichen Ortsansichten, die der Verfasser beigegeben hat, »damit auch das fürwitzige Aug eine angenehme Ergötzung schöpffe«.[53] Von den 59 Prospekten des ersten Bandes sind freilich 41 nach den Vorlagen bei Merian kopiert.[54] Dabei vergißt der Stecher – wohl Johann Ulrich Kraus[55] – aber nicht, die Kostüme der Damen auf dem Münchner Marienplatz der gewandelten Mode anzupassen oder – im 2. Band – der Klosterkirche von Hohenwart die neue Zwiebelhaube anstelle des spitzen Turmhelms aufzusetzen. Von den 79 Ansichten des zweiten Bandes sind nur acht nach Merian kopiert, und in fünf weiteren Fällen hat man nicht auf Merian zurückgegriffen, obwohl Vorlagen da zu finden gewesen wären.[56] Es scheint also, daß man sich Mühe gegeben hat, den tatsächlichen Zustand aufzunehmen, und die Frage nach Herkunft und Zuverlässigkeit so vieler Prospekte des Chur-Bayerischen Atlas wäre daher wohl einer genaueren Untersuchung wert. Eine 1958 im Münchner Antiquariatshandel angebotene »Aigentliche Abbildung der Vornembsten Stätt in Ober und Nieder Bayren« könnte in diesem Zusammenhang wichtig sein, besonders wenn sie mit »ca. 1680« richtig datiert ist.[57]

Was nach Ertls Chur-Bayerischem Atlas an kleineren Landesbeschreibungen wieder von Ausländern veröffentlicht wurde, ist von wenig Belang. Zu nennen ist da zunächst die in Nürnberg 1703 erschienene »Circuli Bavarici Succincta Descriptio«, die kaum mehr als einen Extrakt aus Merian bietet und mit 12 Ortsansichten im Kleinstformat versehen ist. Vermehrt durch einzelne Nachrichten über Kriegsereignisse der Jahre 1703 und 1704, ist diese anonyme Beschreibung mit den gleichen Kupferstichen ein zweites Mal in Rothenburg 1705 aufgelegt worden. Wenn in beiden Auflagen von Freising gesagt wird, »jetziger Herr Bischof soll seyn Johann Franciscus Eder von Kupffing und Liechtenegg«,[58] dann läßt das erkennen, wie wenig der Verfasser mit dem Land vertraut war, das er da beschrieb.

Ohne Ansichten und mit noch weniger Angaben zu noch weniger Orten, dafür aber wieder mit den schon von Ertl zurückgewiesenen Pauschalurteilen über das bayerische Volk sind danach zwei dem Holsteiner Heinrich Ludwig Gude zugeschriebene Bändchen erschienen: der »Staat von Chur-Bayern«, ein mageres Heftchen von 69 Seiten noch vor der Ächtung Max Emanuels, die auf das Dreifache erweiterte Fassung als »Staat von Bayern« bald danach.[59]

Inzwischen war man aber in Bayern selbst längst mit Arbeiten an einer Landesbeschreibung beschäftigt, die an Umfang und Format alles andere in den Schatten stellen sollte: Im Jahr 1701 konnte der Kupferstecher Michael Wening (1645–1718) den ersten und mit 356 Ansichten stärksten Band der »Historico-Topographica Descriptio« vorlegen, der das Rentamt München behandelt. Erst 1726, im Todesjahr Max Emanuels, waren Wenings Erben in der Lage, das Werk mit dem vierten Band abzuschließen. Was Michael Wening dreißig Jahre zuvor begonnen hatte, das wäre wegen der Ungunst zehnjähriger Besatzungszeit und der wenigen Lebensjahre, die dem 70jährigen Stecher nach der Rückkehr des Kurfürsten noch verblieben, wohl kaum vollendet worden, hätte es sich da nicht von Anfang an um ein zumindest halbamtliches Unternehmen gehandelt.

Am 30. Juni 1696 hatte Wening ein Patent der Hofkammer erhalten, das ihm die Unterstützung sowohl der Beamten als auch der Landstände bei der Abzeichnung der landesherrlichen und der landständischen Gebäude sichern sollte.[60] Wie daraus hervorgeht, hat Wening – der von sich aus mit dem Plan an den Kurfürsten herangetreten war – zunächst nur an ein Abbildungswerk gedacht, bei dem zu den Ansichten außer dem Ortsnamen nur noch der Name des derzeitigen Besitzers gesetzt werden sollte. Die Landschaft hat dann durchgesetzt, daß die Orte auch beschrieben wurden.[61] Das Material dafür mußte freilich erst beschafft werden.

Schon Sebastian Münster hat für seine Kosmographie mit den großen Städten korrespondiert,[62] und Merians Textautor Martin Zeiller hat sich umsehen müssen, wo er etwas Schriftliches fand oder noch rechtzeitig erhalten konnte, weil er »nicht aller Orten selber gewesen«.[63] Auch Anton Wilhelm Ertl hat »Briefe und Correspondenz guter werthen Freund« verwendet, hat »nach ertheilten glaubwürdigen Bericht« geschildert.[64] Als Johann Weikhard von Valvasor sich daran machte, seine Topographie von Krain mit Texten zu erweitern, da wandte er sich im Februar 1680 mit einem gedruckten Aufruf an seine Landsleute, ihm über ihre Klöster, Schlösser, Städte und Märkte Nachrichten zukommen zu lassen.[65] Das Ergebnis schildert er im Vorbericht zum 11. Buch der »Ehre deß Hertzogthums Crain«: »Fast Niemand« hat ihm »von seinem Schloß und Herrschafft einigen Bericht ertheilet«, mündliche Bitten, eigens abgeschickte Boten blieben erfolglos, etliche beherrschte Argwohn, andere »lebten in solcher Unwissenheit, daß sie auch ihres eignen Nestes keine Wissenschaft trugen«.[66]

Für die bayerische Landesbeschreibung hat sich die Hofkammer einer neuen Methode bedient, die freilich im juristischen Prozeß altbekannt und bewährt war. »Fragpuncten«, »Fragstuckh«, »interrogatoria« hat man immer schon aufgesetzt, wenn es darum ging, daß eine nachgeordnete Behörde Zeugen recht befragte. Am 15. April 1698 ließ man also eine Liste von 15 Punkten drucken, die den Landsassen zur Beantwortung zuging: einen Fragebogen zur Landesbeschreibung.[67] Auch nach zwanzig Jahren noch hat sich die Hofkammer um die Beschaffung fehlender Texte gekümmert, hat sie den Säumigen Termine zur Beantwortung gesetzt, damit die Weningschen Erben das Werk vollenden konnten.[68]

Die Hofkammer hat frühzeitig auch die Bildung einer Kommission zur Prüfung der Texte veranlaßt. In dieser Kommission waren der Geheime Rat, der Hofrat, die Hofkammer und die Landschaft vertreten, und sie sollte vor allem auf die Angaben über Rechtsverhältnisse achten.[69] Das ist das Neue an der Topographie des Michael Wening: Sie erscheint zwar in seinem Verlag, aber das Unternehmen wird von der Landschaft gesteuert und mitgetragen, vom Landesherrn gebilligt und von den Landesbehörden unterstützt.

Man merkt es den Texten der Topographie an, daß die Befragten sich bald mehr, bald weniger Mühe mit den Antworten gemacht haben. Im ganzen genommen ist es aber doch wertvolles Material, das da annähernd gleichmäßig für einen erheblichen Teil des Landes Auskunft geben kann über den Zustand Kurbayerns zur Zeit Max Emanuels. Es enthält Angaben zum baulichen Zustand von Klöstern, Schlössern und Siedlungen, Angaben zum Besitzstand der Adelsfamilien, zum Erwerbsleben, zur Volksfrömmigkeit in Wallfahrten und Bruderschaften, zum Kleinklima, das damals noch nicht durch technische Maßnahmen leicht zu verändern war.

Diesen Texten hat man bisher wenig Aufmerksamkeit geschenkt, ja man hat sie pauschal als unzuverlässig verschrien, nur weil Riezler ihren Verfasser gänzlich unbegründet der »naivsten Leichtgläubigkeit« geziehen hat.[70] Der Autor, besser wohl der Redaktor für den Text zumindest des ersten Bandes der Topographie, war der Jesuitenpater Ferdinand Schönwetter, Prediger an der Münchner Michaelskirche. Vermutlich war es die Tätigkeit als Herausgeber fremder Predigten, die ihn für die Aufgabe geeignet erscheinen ließ. Hier wie dort hat er sich bescheiden im Hintergrund gehalten, seinen Namen nicht nennen lassen.[71] Was Riezler ihm vorwirft, beruht auf einem Mißverständnis, das bei einem katholischen bayerischen Historiker schwer zu begreifen ist. Dennoch wird das Gerücht immer noch kolportiert.[72] Von der Hofmark Haarkirchen heißt es nämlich im 1. Band der Topographie, daß dort »auch ein Gottshauß, und ruhen in disem die zwey heilige Apostel Peter und Paul«.[73] Das ist nichts weiter als eine im bayerischen Sprachraum durchaus übliche Bezeichnung des Patroziniums.[74] Wenn Riezler dem Verfasser unterstellt, er habe damit sagen wollen, in Haarkirchen seien die Apostelfürsten begraben, tut er ihm bitter unrecht.

Erwartet man also vom Text der Topographie allgemein zu wenig, so werden die Kupferstiche Wenings in ihrem Aussagewert eher überschätzt, wenn man in ihnen »eine der wichtigsten Quellen für Land und Leben«[75] sieht oder »einen lebendigen Eindruck ... vom bäuerlichen, bürgerlichen und adeligen Alltagsbetrieb«[76] sich verspricht. Wening bietet Architektur, nicht Leben. Durchblättert man die Bände, dann zuckt man förmlich zusammen, wenn man beim Kloster Indersdorf und am Mühlenanwesen unterm Schloß Hexenagger rauchende Schornsteine erblickt: bei Wening ganz seltene Anzeichen hausender, lebender Menschen. Gewiß gibt es da drei, vier Heuwagen, öfter noch eine herrschaftliche Kutsche, es gibt eine Bleiche vor dem Schloß Kling und eine einsame Wäscherin am Weiher von Schloß Rohr im Gericht Griesbach, Wening zeigt einmal einen pflügenden Bauern und vor dem Markt Ried gar sieben Leute bei der Heuernte – aber diese Staffagefiguren sollen den Vordergrund füllen, sollen dem Betrachter einen Maßstab geben für die Architektur, die dahinter aufgebaut ist. Wenn einer den Alltag schildern will, sieht das so aus wie auf den »Nürnbergischen Prospekten« des Johann Adam Delsenbach.[77] Diese Blätter sind randvoll gefüllt mit Leben, da wechseln mit den Jahreszeiten die Beschäftigungen und die Belustigungen. Wenings Aufgabe war solche Schilderung nicht, und sie hätte wahrscheinlich auch kaum seiner Neigung entsprochen.

Die Landstände haben das Werk veranlaßt, um »der Welt fürzustellen, was in disem durch Europa und Asien bekandt gemachten Land Ruhmwürdiges kundte zusehen und zuhören seyn«.[78] Dieses Land ist bekannt geworden durch den Kriegsruhm des »Blauen Christenkönigs« – was gibt es daneben? »Ew. Majestät wissen, daß außer glänzenden Kriegstaten nichts so sehr Größe und Geist eines Fürsten beweist, als Baudenkmäler. Die Nachwelt mißt den Fürsten am Maßstab der herrlichen Gebäude, die er während seiner Regierungszeit geschaffen hat« – so hat Colbert im Jahr 1644 an Ludwig XIV. geschrieben.[79] Die bayerischen Landstände erkennen es in diesem Sinn als die Frucht landesväterlicher Fürsorge Max Emanuels und seiner Vorgänger, daß im Land »ein solche Anzahl schöner Stätt, Märckt, Clöster und Schlösser unnd darinn Verwunderungswürdige Gebäu von herrlich und kostbar auffgeführten Gottes-Templen, ansehlichen Residentz und Pallästen sich befinden«.[80]

Das »liebe Vatterland selbsten« will sich in der Topographie präsentieren. Für die Landstände gehört dazu die Oberpfalz nicht. Sie hatte dreihundert Jahre lang andere Herren gehabt und eine andere Geschichte, sie war als Kriegsentschädigung wieder an Bayern gefallen, und vor allem: Sie hatte keine ständische Vertretung.

Man hat neuerdings den Vorwurf erhoben, daß in der Topographie das Dorf, diese »wichtige und verbreitete Siedlungsform überhaupt unterschlagen« worden sei.[81] Nun hat aber das Dorf als Dorf weder in einem Corpus bewundernswerter Gebäude noch in der Verwaltungsorganisation, nach der das Werk ja gegliedert ist,[82] einen Platz. Dennoch sind Dörfer in der Topographie in nicht geringer Zahl zu finden. Sie erscheinen dort, wo sie landesherrliche Gerichtssitze sind,[83] und immer wieder dort, wo Hofmarksschloß und Hofmarksdorf auf einem Blatt darzustellen waren,[84] besonders natürlich dann, wenn dieses Dorf nach einem Brand vom Hofmarksherrn »auff eigne Kosten von Grund auß widerumb erbauet worden«.[85] Wenn im letzten Band die Dörfer fast ganz fehlen, dann ist das weitgehend die Schuld der nicht sehr talentierten Vollender von Wenings Werk: Sie haben zur Erleichterung ihrer Arbeit den Ausschnitt oft so eng gewählt, daß selbst auf einem ganzen Bogen außer dem Schloß nichts mehr Platz finden konnte.

Nimmt man das Werk in seiner Gesamtheit, dann ist der bleibende Eindruck doch der eines Bauernlandes mit ländlichen Städten, kleinen Bauernmärkten, mit schlichten, turmartigen, vom Burgweiher umgebenen Herrenhäusern oder den Vierflügelanlagen der Renaissance mit den übereinandergestellten Laubengängen im Innenhof.

Wening sollte sie »der natürlichen Situation nach« in Kupfer bringen.[86] Selten fehlt denn auch auf seinen Ansichten die Bussole, die erkennen läßt, aus welcher Himmelsrichtung der Zeichner seine Aufnahme machte, und wo ein Fluß ist, da wird fast stets die Richtung angezeigt, in der er fließt. Darüber hinaus erfährt man über die topographische Lage sehr vieler Orte nur wenig. Das liegt zum Teil daran, daß oft der besseren Übersicht wegen ein fiktiver Standort gewählt wurde: Aus der Vogelperspektive treten die Bodenformen zurück. Die Darstellung der Landschaft gehört aber auch zu den schwachen Seiten des Zeichners und Stechers Wening. Natur interessiert ihn nur dort, wo sie vom Menschen in geometrische Formen gezwungen ist: in den Gärten. Ihrer Aufnahme widmet er sich mit Sorgfalt, und das entspricht seinem Auftrag.[87] Da gibt es doch Neumodisches über das ganze Land hin zu zeigen. Selten freilich viel mehr als das von sich kreuzenden Wegen in vier Felder geteilte gemusterte Parterre mit einem Pavillon in der Mitte. Hin und wieder ist da aber auch »ein sehr schön angenehmer, mit großen Unkosten angelegter Garten, allwo die springende rare Wasserwerke neben denen welschen Frücht-Bäumen wol zu sehen«.[88] Die erste Bauwelle des Barock hat zwar schon die Pfarrkirchen auf dem Land erreicht, aber davon läßt sich auf den Ansichten kaum etwas zeigen, zumal es sich – ganz ähnlich wie bei den Schlössern – häufig nur um eine neue Ausstattung, nicht um einen neuen Bau handelt. Man kann es deshalb eher den Texten als den Ansichten entnehmen, daß hier und dort ein Sitz »auff die neue Manier gericht«,[89] »nach dermahl gewöhnlicher Bau-Art zu sonderbahrer Zierd repariert«[90] oder »zwar alt, jedoch von der jetzigen Herrschaft commod zugericht«[91] ist. Freilich gibt es schon Neubauten, wenn auch nicht in großer Zahl, bei den Klosterkirchen und Klöstern mehr als bei den Schlössern. Und wo ein Neubau »noch nit völlig zur Perfection gebracht«[92] war, da hat man wohl auch – die Vorrede erwähnt es ausdrücklich – nach Plänen geschildert, »einige Clöster und Schlösser mit schöner- und herrlicheren Gebäu entworffen, als solche dermahlen sich befinden«.[93]

Nicht wenige unter der großen Zahl der adeligen Sitze im Land werden zwar von der Herrschaft im Stand gehalten, aber nicht bewohnt. Zum einen hat ja längst nicht mehr jede Hofmark ihren eigenen Herrn – daß sich mehrere Hofmarken in einer Hand befinden, ist fast die Regel geworden –, zum anderen aber – und das ist neu – ist immer öfter zu bemerken, daß der Hofmarksherr »wegen Churfürstl. Diensten meistens in München wohnhaft«[94] ist.

Dieser Adel, der nach München an den Hof gezogen wurde, hat bald auch das Bild der Bürgerstadt merklich verändert, besonders im Kreuzviertel, im Nordwesten der Stadt zwischen der Residenz des Kurfürsten und der Residenz des Herzogs Maximilian Philipp, aber auch im Herzen der Stadt, am Rindermarkt und in seiner Nähe. Dieses neue München hat aber nicht Wening, sondern um die gleiche Zeit der Augsburger Johann Stridbeck d. J. geschildert. Sein »Theatrum der vornehmsten Kirchen, Clöster, Pallaest u. Gebeude in Churf. Residentz Stadt München« ist um 1700 mit einer Karte und 14 Ansichten erschienen.[95] Möglich, daß der »Schauplatz Augstburgischer Gebäu« des Simon Grimm, 1683 in Augsburg erschienen, zur Nachahmung reizte.[96] Jedenfalls ist Stridbecks Quartheftchen im Querformat das Produkt eines Verlegers, der den Bilderhunger seiner Zeitgenossen auf vielerlei Weise zu stillen wußte: Ob es die Belagerung von Namur war oder das Erdbeben von Messina – Stridbeck lieferte Karten und Ansichten in kürzester Frist. Vater und Sohn Stridbeck haben das »Curiose Staats und Kriegs Theatrum« erfunden, diese Serie ungezählter schnell zusammengestellter Bilderhefte zu Zeitereignissen.[97] Aus allen erreichbaren und häufig arg veralteten Vorlagen haben sie dafür Kopien gefertigt. Ganz im Gegensatz dazu sind die Münchner Ansichten an Ort und Stelle für die Veröffentlichung aufgenommen worden. Unter ihnen sind besonders die acht Straßenprospekte wichtig, die die Adelspalais des Henrico Zuccalli zeigen.

In das Programm von Wenings Topographie gehörten zwar auch die dem Landesherrn »eigentümlich angehörige namhafte Gebäu«,[98] aber für die Aufnahme der bedeutendsten Bauten Max Emanuels war es 1701, als der erste Band mit den Ansichten aus dem Rentamt München erschien, noch zu früh. Schleißheim, Nymphenburg und Fürstenried, »die herrliche Pallatia und Gärten so Ihro Churfürstl. Durchl in Bayrn Maximilian Emanuel zu Dero unsterblichen Ruhm erbauen lassen«, hat Mathias Disel im dritten Band seiner »Erlustierenden Augen-Weyde« vorgestellt.[99] Mathias Disel war von Max Emanuel zu jahrelangem Studium der königlichen Gärten nach Frankreich geschickt worden. Um 1717 hat er einen ersten Band mit Ansichten aus den Gärten von Versailles und Marly und mit eigenen Entwürfen erscheinen lassen und sich damit dem Kurfürsten in Erinnerung gebracht, 1718 wurde er Hofgarteningenieur. Wenn er auch kaum selbständigen Einfluß auf die künstlerische Gestaltung der Gärten Max Emanuels gehabt haben dürfte,[100] gehört sein Werk doch in die Reihe der Architekturwerke, wie sie etwa Guerniero für Wilhelmshöhe oder Johann Friedrich Nette für Ludwigsburg vorgelegt haben:[101] Sie sollen den Bauherrn rühmen, aber ebensosehr die Leistung des Baumeisters bekannt machen. Als Ergänzung zu Wenings Werk sind die Veduten von Stridbeck und Disel wichtig. Weder der eine noch der andere aber hat Landesbeschreibung im Sinn gehabt.

Schon zwei Jahre nach dem Erscheinen des ersten Bandes seiner Topographie hat man Wening kopiert: Im Jahr 1703 erschien bei Christoph Riegel in Frankfurt und Leipzig anonym ein Werk unter dem Titel »Chur-Bairen sowol nach dem Leben dererjenigen, die seither dem die Chur auf dieses Haus gefallen, regiert ... als nach dessen Städten, Festungen, Märkten, Dörfern und Clöstern beschrieben«. Mehr als die Hälfte des Bandes wird von einer Landesbeschreibung beansprucht, in der für das Rentamt München die Angaben aus der Topographie genommen und umformuliert wurden. Abgesehen vom Porträt des Kurfürsten, sechs Ortsgrundrissen und drei Ansichten von Orten außerhalb des Rentamts München sind vierzehn Stiche Kopien von Ansichten aus dem ersten Band der Topographie.[102] Der zweite Teil, der 1704 mit dem Titel »Chur-Bairen ... als jäh-veränderte Schau-Bühne fürgestellt...« erschienen ist, enthält nur Berichte über den Kriegsverlauf, aber keinerlei Ansichten aus Kurbayern. Erwähnenswert ist in unserem Zusammenhang lediglich die Unverfrorenheit, mit der der Verfasser sich in der Vorrede gegen jene wendet, die, »wie es dem ersten Theil ergangen, die Materie wieder ausschreiben und die Kupfer nachstechen lassen« sollten.

Zum Thema der Landesbeschreibung Bayerns in der Zeit Max Emanuels war eine beachtliche Zahl von Texten, Karten und Bildern zu mustern. Am Beispiel Bayerns zeigt sich die große Beliebtheit dieser im 17. Jahrhundert anschwellenden Literaturgattung, dieser »Stättbücher, Atlantes, Topographien, Itineraria, Theatra, Cosmographien,

Archontologien, Lorbeerkräntz, Chroniken und wie die Namen haben«.[103] Je eingehender man sich mit diesen Werken befaßt, desto mehr wird man aufmerksam auf Abhängigkeit und Kopie, die oft in längeren Traditionsketten zu verfolgen sind. Die schon an sich durch Bedenken kaum gehemmte Verwendung fremder Vorlagen hat durch den Zwang zu rascher Produktion für einen aufnahmefähigen Markt ganz offensichtlich noch eine Steigerung erfahren. Deshalb muß man sich davor hüten, die Aussagen solcher Texte, Karten und Bilder ohne eingehende Prüfung auf die Zeit ihrer Veröffentlichung zu beziehen.[104]

Angesichts solcher Gepflogenheiten vieler Autoren und Verleger ist die Leistung Wenings und der Landstände noch höher zu bewerten. Aus Aufnahmen an Ort und Stelle und aus Angaben erster Hand ist in Zeiten äußerer Bedrängnis eine Landesbeschreibung entstanden, wie sie in dieser Verbindung von Bild und Text für Bayern nie mehr geleistet wurde. Fragt man nach dem Antrieb, so wird man zwar kaum für den nürnbergischen Zuwanderer Wening, wohl aber für die Landstände sehr stark einschätzen dürfen, was für Anton Wilhelm Ertl die Last der Arbeit erträglich gemacht hat: »die tieff-eingewurtzelte Inclination gegen dem werthen Vatterland«.[105]

Anmerkungen

1 M. Wening, Historico-Topographica Descriptio ... 1. Teil, Rentamt München, München 1701; 2. Teil, Rentamt Burghausen, München 1721; 3. Teil, Rentamt Landshut, München 1723; 4. Teil, Rentamt Straubing, München 1726. Sämtliche Zitate nach der Ausgabe im Querformat. – Die einzige Monographie ist die breit angelegte Darstellung von G. Stetter, Michael Wening, Leben und Werk des bayerischen Kupferstechers und Topographen, München 1964. Wenn im folgenden nur selten auf diese Arbeit verwiesen wird, so deshalb, weil die Verfasserin auf exakte Quellennachweise gänzlich verzichtet hat. Leider gilt dies ebenso für den Anhang zur Faksimile-Ausgabe, München 1975f., in dem sogar auf ein Literaturverzeichnis verzichtet ist. Dagegen beruht die Arbeit von H. Weindl, Der Kupferstecher Michael Wening und seine Topographie (Verhandl. d. Hist. Ver. f. Niederbayern 88, 1962) 67–85 auf einzeln nachgewiesenen Quellen.

Eine bibliographische Untersuchung der Ausgaben der Topographie fehlt bis heute, was um so erstaunlicher ist, als eine solche Untersuchung als Vorarbeit für die Faksimile-Ausgabe wohl nötig gewesen wäre. In dieser Ausgabe selbst ist freilich auch die Herkunft der für den Text verwendeten Vorlage – leider einer großenteils schlechten – mit keinem Wort erwähnt, die Wiedergabe der Kupfer nach modernen Abzügen als »Reproduktion nach den Original-Kupferplatten« bezeichnet.

Wenn Westenrieder, Beschreibung der Haupt- und Residenzstadt München, München 1782, 389 sagt, daß man das Werk »schon zum drittenmal und vermehrter aufgelegt« habe, dann gibt da vor allem der Hinweis auf eine erweiterte Auflage Anlaß zum Zweifel. Möglich, daß die Existenz der Supplementa im 2. und 3. Band zu dieser Behauptung führte – sie erscheinen aber schon in den frühesten Abdrucken mit noch unbezifferten Kupferstichen, sind also vermutlich nur nach dem Umbruch noch angefügte Nachträge. Vor der Behauptung, daß jene Buchstaben und Ziffern in der rechten oberen Ecke der Kupfer erst aus dem 20. Jahrhundert stammten (Stetter, Faksimile I, Anhang S. 27), hätte ein Blick auf ihre graphische Form bewahren müssen. Es gibt einwandfrei ins 18. Jahrhundert gehörige Exemplare, deren Stiche die Numerierung bereits tragen. Es gibt – um noch einige Beobachtungen hier anzufügen – Exemplare des 3. Bandes mit dem Datum von 1701 auf dem Titelblatt, und es gibt andere mit dem Datum von 1723. Es gibt Exemplare im Querformat, deren Register falsche Seitenzahlen nennt, weil der für die Exemplare im Hochformat bestimmte Satz der Registerseiten unverändert übernommen wurde. Daß bereits der 1. Band im Jahr 1701 sowohl im Hochformat als auch im Querformat aufgelegt wurde, ist verbürgt (Weindl 78).

2 M. Schefold, Alte Ansichten aus Württemberg, 2 Bde., Stuttgart 1956/57, Nachtragsband Stuttgart 1974; ders., Hohenzollern in alten Ansichten, Konstanz 1963; ders., Alte Ansichten aus Baden, 2 Bde., Weißenhorn 1971.

3 P. Stumpf, Bayern, Ein geographisch-statistisch-historisches Handbuch des Königreiches, München 1853, mit 269 Ansichten; W. Götz, Geographisch-Historisches Handbuch von Bayern, 2 Bde., München 1895 u. 1898, mit 432 häufig mehrteiligen Ansichten.

4 C. A. Lebschée, Malerische Topographie des Königreichs Bayern, München 1830, mit 73 Ansichten. Faksimile-Ausgabe, Gütersloh 1971.

5 M. v. Chlingensperg, Das Königreich Bayern in seinen alterthümlichen, geschichtlichen, artistischen und malerischen Schönheiten, 3 Bde., München 1840–1843, mit 180 Stahlstichen. Faksimile-Ausgabe der Stahlstiche, leider ohne den Text der Originalausgabe, München [1970].

6 I. Nebehay, Die Topographien Georg Matthaeus Vischers, Beschreibung und Verzeichnis der Ansichten, Wien 1962.

7 Archiducatus Austriae Superioris Geographica Descriptio – Archiducatus Austriae Inferioris Accuratissima Geographica Descriptio – Styriae Ducatus Fertilissimi Geographica Descriptio.

8 P. v. Radics, Johann Weikhard Freiherr von Valvasor, Laibach 1910, 155, 171f., 195f.

9 Schefold, Württemberg (Anm. 2) I 50ff.

10 Radics (Anm. 8) 171.

11 C. Schuchhard, Die Zeiller-Merianschen Topographien, Bibliographisch beschrieben (Zentralbl. f. Bibliothekswesen 13, 1896) 193–232.

12 Radics (Anm. 8) 171.

13 J. W. Frhr. v. Valvasor, Die Ehre deß Hertzogthums Crain ..., Historisch-topographische Beschreibung, 15 Bücher in 4 Teilen, Laibach (gedr. Nürnberg) 1689. Von den 533 Kupfern des Gesamtwerks sind ungefähr 350 Ortsansichten. Sie finden sich vor allem im 11. und 12. Buch, von denen das eine die Beschreibung der Städte, Märkte, Schlösser und Klöster des Landes enthält, das andere die Grenzfestungen behandelt.

14 Schefold, Württemberg (Anm. 2) II 861. Daraus Abb. 38, 230, 258.

15 Schefold, Baden (Anm. 2) II 793 u. Schefold, Württemberg (Anm. 2) II, Nr. 2404 u. 5654.

16 Johann Adam Delsenbach, Leben und Werk, Ausstellungskatalog der Stadtbibliothek Nürnberg 1962. Danach handelt es sich um insgesamt 34 Handzeichnungen, von denen 24 in Vaduz verwahrt werden.

[17] Radics (Anm. 8) 172ff.

[18] Ib. 203, Anm. 465.

[19] Schuchhard (Anm. 11) 198f., Nr. 9–12 mit Angaben über die als II. Anhang zur Topographia Provinciarum Austriacarum erschienenen Teile; E. Bernleithner, 300 Jahre Topographia Windhagiana (Unsere Heimat, Monatsbl. d. Ver. f. Landeskunde v. Niederösterreich u. Wien 27, 1956) 183ff.; F. Eheim, 300 Jahre »Topographia Windhagiana«. (Histor. Jb. d. Stadt Linz 1957) 375–378.

[20] H. Thoma–H. Brunner, Residenzmuseum München, München 1966, 27.

[21] So der Titel einer Ausstellung der von C. A. Lebschée nach den Donauer-Bildern gefertigten Aquarelle im Stadtarchiv München, 1970.

[22] A. Fauser, Philipp Apian, Landmesser und Kartograph, Beiwort zur Faksimile-Ausgabe der Bairischen Landtaflen, München 1966, 16–23.

[23] Philipp Apians Topographie von Bayern und bayerische Wappensammlung, hrsg. u. bearb. v. E. v. Oefele u. K. Primbs (OA 39, 1880).

[24] O. Hartig, Das Alte Bayern, Dreißig Zeichnungen und achtunddreißig Holzschnitte aus der Werkstätte Philipp Apians und Jost Ammans, München 1927.

[25] Schefold, Württemberg (Anm. 2) I 28, Abb. 284 u. 289; II, Nr. 7775.

[26] Eines der Blätter der Chorographia, das des Tübinger Forsts von 1592, veröffentlicht als Karte I,2 des Historischen Atlas von Baden-Württemberg, Stuttgart 1973, mit Beiwort von R. Uhland; ders. zu Gadner (NDB 6) 13f.

[27] Fauser (Anm. 22) 20. Zwei späte Abdrucke – um 1800 und 1886 –, die nur noch aus historischem Interesse erfolgten, können hier unberücksichtigt bleiben. Zu den Ausgaben: O. Hupp, Philipp Apian's Bayerische Landtafeln und Peter Weiner's Chorographia Bavariae, Frankfurt a. M. 1910.

[28] J. Chr. Frhr. v. Aretin, Literarisches Handbuch f. d. baierische Geschichte, Abtlg. Literatur d. Geographie u. Statistik, 1. Teil, München 1810, 152f. meint, daß bei Apian erscheinende Orte, die bei Finckh nicht mehr vorkommen, damals wahrscheinlich nicht mehr existierten. Es handelt sich dabei um mehr als 130 Orte, die bei Aretin in einer Liste erfaßt sind. Die gleiche Ansicht vertritt Fauser (NDB 5) 155. Man hat m. E. dabei übersehen, daß Finckh seine Beschriftung auf einem Viertel der Apian zur Verfügung stehenden Fläche unterbringen mußte. Eine Stichprobe an Aretins (S. 159) Vergleich der Tafeln Apian IX und Finckh XIII ergab jedenfalls, daß von den acht Orten, die in der Liste der »abgegangenen« Orte erscheinen, sieben auch heute noch unter gleichem Namen existieren. Bei Beresee neben Perteltzhaim (dem achten Ort) hat schon E. Frhr. v. Oefele (OA 39, 164, Anm. 4) vermutet, daß Apian da Bertoldsheim zweimal – einmal in der Schriftform und einmal in der mundartlichen Form – verzeichnet hat. Es dürfte also auch da keine Wüstung zu suchen sein.

[29] H. Lutz, Zur Geschichte der Kartographie in Bayern (Jahresber d. Geograph. Gesellschaft in München f. 1886) 96; Chr. Gruber, Die landeskundliche Erforschung Altbayerns im 16., 17. und 18. Jahrhundert (Forschungen zur Deutschen Landes- u. Volkskunde 8, Stuttgart 1894) 302.

[30] Ein Exemplar der Ausgabe von 1671, dem Kurfürstenpaar Ferdinand Maria und Henriette Adelaide gewidmet, in der Fürstl. Oettingen-Wallerstein'schen Bibliothek Harburg. Die Datierung steht auf Tafel 7. Da dort die Angabe der Revision offensichtlich nachgetragen ist, muß man annehmen, daß der Stich der Karte schon 1663 erfolgte. Den Angaben von Aretin (Anm. 28) 148f. und Lutz (Anm. 29) 95, die den Stich der Karte gleichzeitig mit der Herausgabe in Buchform 1684 ansetzen, auch der Meinung von A. Fauser (NDB 5) 155, der immerhin Probedrucke aus früherer Zeit für möglich hält, stehen die Äußerungen des jüngeren Finckh selbst entgegen: In der Widmung seiner Ausgabe erwähnt er ausdrücklich, daß er die von seinem »Vatter vor etlich Jahren mit gnädigstem Churfürstl. Consens verfertigte ... Geographische Mappam« nunmehr mit einem Register versehen in Buchform herausgebe. Im Vorbericht heißt es darüber hinaus, daß die 28 Tafeln »dem gemeinen wesen zum besten vor einiger Zeit vorgestellet worden« und daß »bishero des Vatters Studium und Arbeit genehm zu halten mannichem gefallen«. Schließlich wird noch des Vaters »auch vorhin ausgangenes compendioses Chur-Bairisches Land-Chärtlein« (gemeint ist die Übersichtskarte von 1655) erwähnt. Gegenüber Aretin, Lutz und Fauser ist festzuhalten, daß Johann Stridbeck d. J. (geb. 1666) zwar der Verleger der Buchausgabe, aber nicht der Stecher der Finckhschen Karte ist. Stecher war vielmehr der ältere Finckh selbst, der sich auf Tafel 27 mit »invenit ac fecit« nennt und der auf Tafel 28 dem Leser mitteilt, daß er die Karte nach der Vorlage Apians in kleinere Form gebracht und in Kupfer gestochen habe (»ego ... in minorem hanc formam transtuli, aerique inscripsi«).

[31] Das Kärtchen von 1655 mit dem Titel »Electoratus Bavariae Compendiosa Delineatio« zeigt den gleichen Raum wie Apians Landtafeln und ist wie diese in 24 Felder eingeteilt. Finckhs Sohn hat in seiner Ausgabe des nach Norden erweiterten Kartenwerks dieses Kärtchen wiederverwendet, mußte aber die Bezifferung der Felder von 1–24 in 5–28 ändern und darauf hinweisen, daß die ersten (nördlichen) vier Tafeln in der Übersicht fehlen. Maßgebend für die Verwendung dieser Übersichtskarte war vermutlich deren besser in die Buchform passendes Format. Auch für das gesamte bearbeitete Gebiet hatte nämlich schon der ältere Finckh eine – allerdings hochformatige – Übersichtskarte geschaffen. Sie trägt den Titel »S. Rom. Imperii Circuli et Electoratus Bavariae cum Finitimis accurata Delineatio«, wurde vom Sohn 1684 revidiert und gefaltet dem 1685 erschienenen »Tabellen-Büchlein« beigegeben. Diese Karte hat Michael Wening ohne die Seitenleisten mit der Wittelsbacher-Stammfolge kopiert, im Beiwerk (Wappen, Zeichenerklärung) etwas verändert und mit dem gleichen Titel den Bänden der Topographie einverleibt. Die Angabe bei Aretin (Anm. 28) 198, daß Wening Merian kopiert habe, trifft also nicht zu. Kopien nach Merian sind dagegen die beiden Karten in Ertls Chur-Bayerischem Atlas.

[32] Widmung und Porträts des Kurfürstenpaares auf Tafel 8.

[33] Dieser Meilenzeiger, bei Finckh »Mappa triangularis zur Anzaig der Distantien zwischen denen Chur Bayerischen Staedten« genannt, hat sein Vorbild in einem anonymen, vermutlich Augsburgischen Einblattdruck des 17. Jahrhunderts. Dort ist ein arg unzuverlässiges Übersichtskärtchen von Bayern mit dem Meilenzeiger vereinigt, das Ganze bezeichnet als »Warhaffte Beschreibung vnd Contrafactur deß hochlöblichen weitberühmbten Fürstenthumbs Ober: vnd Nidern Bayern. In welchem 35. Städt darinn alsbald zufinden, wie weit eine von der andern ligen thut«. Ein Faksimile des Blattes findet sich als Beilage zu J. Brunner, Meilenzeiger im Dienste der Post (Archiv für Postgeschichte in Bayern 16, 1940, 37–46). Finckhs Meilenzeiger ist dann im 1. Teil von Ertls Chur-Bayerischem Atlas als »Land-Charte oder Weg-Weiser« mit dem Wappen Kurbayerns anstelle einer bei Finckh den Stich schmückenden Siegesgöttin aufgenommen worden. Ertls »Weg-Weiser« war wiederum die Vorlage für Wenings »Land-Taffel« (Abb. bei Stetter, Anm. 1, 41), die also keineswegs, wie Stetter meint, ein Produkt der reichen Erfahrung des Reisenden Wening, sondern schlicht eine Kopie ist. – J. A. Ernst, Repertorium Bavariae, München 1776, nennt auf der Rückseite des Titelblatts eine »Mappa Triangularis nova des Bayrischen Crayses«, die auch noch auf Finckh zurückgehen könnte. Im Exemplar der Bayer. Staatsbibliothek ist diese »Mappa« jedoch nicht enthalten.

[34] »S. Rom. Imp. Circuli et Electoratus Bavariae Geographica Descriptio. Bairen mit angrenzenden Landen, zu sonderbahr bequemen Gebrauch in XXVIII. aufeinander zutreffenden Tabellen vorgestellt ...«, Augsburg, Johann Stridbeck d. J., 1684. Vorbild ist gewiß die nach Biller (Textteil zum Stridbeck-Faksimile, vgl.

Anm. 95, S. 36f., 47) von Johann Stridbeck d. Ä. geschaffene, im Verlag und unter dem Namen von Hans Georg Bodenehr in Augsburg herausgebrachte Reihe schmaler Kartenbändchen im Oktavformat mit kurzen Übersichten und Ortsregistern gewesen, aus der Deutschland 1676/77 (2. Auflage 1682), Schwaben und Europa 1679, »die ganze Welt« 1682 erschienen sind. Die Reihe ist von Johann Stridbeck d. J. fortgesetzt worden mit gleichformatigen Bändchen über Frankreich und Italien (o. J., nach Biller 46 erschienen 1686/87). Bei der Veröffentlichung der Finckhschen Karte hat sich Stridbeck sowohl in der Formulierung des Titels wie im Aufbau der Register bis in Einzelheiten an das bei den früheren Bänden der Reihe angewandte Schema gehalten. Die Abweichung im Format (Finckhs Kartenseiten sind etwa doppelt so breit) ist mit der Verwendung schon vorhandener Platten zu erklären. Allerdings ist schon die Karte von Schwaben 1679 sowohl im schmalen Hochformat der Reihe mit 56 Tafeln als auch doppelt so breit mit 28 Tafeln erschienen.

Gegenüber dem Zustand von 1671 sind in der Buchausgabe von 1684 keine bedeutenden Änderungen festzustellen. Neu eingetragen wurden mit Posthorn-Signatur die Poststationen oder z. B. das Kaisheimer Klosterwappen auf Tafel 13. Auf Tafel 22 sind »Nimphaburg« und »Pluednburg« an die Stelle von Kematen und Menzing getreten, »Ramerstorf« ist wieder in die ältere Form »Rämblstorf« gebracht, auf Tafel 4 sind Ferdinand Marias Initialen FM in ME für Max Emanuel verändert. Die Tafel 8 mit den Porträts des Kurfürstenpaars mußte freilich ausgewechselt werden gegen eine neue, die das Bildnis Max Emanuels, gestochen von Carl Gustav Amling, zeigt. Im Gegensatz zur Ausgabe von 1684 zeigen spätere Abdrucke der Karte den Kurfürsten mit einem schmalen Oberlippenbärtchen. Das Porträt ist vermutlich in den späten 80er Jahren »berichtigt« worden, als sich Max Emanuel für kurze Zeit so trug. Vgl. Beitrag Seelig.

[35] Tabellen-Büchlein über die sammentlich denen Bairischen Craiss-Staenden zugehörige Territoria . . ., München 1685.

[36] Der zum Chur-Bayerischen Atlas gehörige Anhang über die sämtlich denen Bayerischen Craiß-Ständen zugehörige Territoria ... Ohne Nennung des Verfassers.

[37] Repertorium Bavariae, oder kurtze Geographische Beschreib- und Eintheilung des Bayerischen Crayses, Augsburg 1752. Ob eine bei J. G. Meusel, Lexicon der vom Jahr 1750 bis 1800 verstorbenen Teutschen Schriftsteller, 15. Bd., Leipzig 1816, 98 erwähnte Auflage von 1755 wirklich existiert, ist fraglich. Jedenfalls hat Joseph Anton Ernst im Jahr 1762 Exemplare der Auflage von 1752 mit seiner Verlagsadresse überklebt. Die von Ernst selbst (München 1776) herausgebrachte Auflage unterscheidet sich von der früheren nur geringfügig. Ernst hat sogar Widmers Widmungsvorrede an den Kurfürsten wörtlich übernommen und mit seinem Namen unterzeichnet. Bei Hamberger-Meusel, Das Gelehrte Teutschland, 5. Aufl., 2. Bd., Lemgo 1796, 232 ist diese Auflage vermutlich versehentlich mit dem Erscheinungsjahr 1778 aufgeführt. Unerklärlich ist die Erwähnung einer 1. Auflage Frankfurt u. Leipzig 1703 bei Aretin (Anm. 28) 168.

[38] Es handelt sich um Blätter über das Landgericht Werdenfels und über die Landgerichte Wegscheid und Wolfstein, nach Lutz (Anm. 29) 96 beide von Adrian v. Riedl 1808 gefertigt.

[39] Vermessung und Karte in Bayern, Festschrift zur 150-Jahr-Feier des bayerischen Vermessungswesens, München 1951.

[40] Abrahami Saurii Stätte-Buch . . . verfaßt und fortgesetzt durch Hermann Adolphum Authes, Frankfurt a. M. 1658.

[41] D. Meisner–E. Kieser, Thesaurus Philopoliticus oder Politisches Schatzkästlein, Faksimile-Neudruck der Ausgaben Frankfurt a. M. 1625–1626 u. 1627–1631 mit Einleitung und Register von K. Eymann, Unterschneidheim 1972.

[42] Einzig die Ansicht von Rosenheim geht nicht auf eine bekannte Vorlage zurück.

[43] Schuchhard (Anm. 11) 200f., Nr. 18–21.

[44] J. H. Zedler, Universal-Lexicon, 20. Bd., Halle–Leipzig 1739, Sp. 1000.

[45] A. W. Ertl, Chur-Bayerischer Atlas I, Nürnberg 1687, 19 u. 28.

[46] Seinen Geburtsort – keine fünf Schritte von der Gruft-Kirche in München – erwähnt Ertl in seinen Relationes Curiosae Bavaricae, Augsburg 1685, 20. Vgl. auch V. Lisz, Nachrichten über Anton Wilhelm Ertl, den Schöpfer des »Chur-Bairischen Atlas« (Ostbair. Grenzmarken 4, 1960) 85–89.

[47] Riezler VIII 612f. u. 618.

[48] So Lisz (Anm. 46) 85.

[49] Riezler VIII 618. Tatsächlich spricht Ertl an jener Stelle (Relationes 7) von Frankreich.

[50] Chur-Bayerischer Atlas I, 229. Ein ähnliches Bild in Antonio Trivas Verherrlichung Maximilians I., die sich bis 1827 in der Münchener Residenz befand (vgl. Beitrag Baumstark) und bei Schmid, Wunder-Gebäw 91f. beschrieben wird: »In mitten der Decke in einem Oval erscheint die Durchleuchtigiste Churfürstin Adelheid . . . welche mit dem Finger deutet auff jhren Glorwürdigisten Schwähervatter . . ., zwischen beyden befindet sich der hohe Atlas, so mit seinem starcken Rucken die Bayrische Welt-Kugl haltet, bey den Füssen stellet sich ein gekrönter Löw, . . . die Beyschrifft lautet also: Bavaro Atlanti regalis è Sabaudia Adelais perenne amoris monumentum. Das ist: Dem Bayrischen Atlanti setzet dise Liebs-Gedächtnuß die von Königlichem Hauß Savoya entsprossene Adelheid.«

[51] Es handelt sich um Au, Arnstorf, Buchbach, Fraunhofen, Gars, Neubeuern und Tittling.

[52] Chur-Bayerischer Atlas II 243.

[53] Ib. I, Vorbericht.

[54] Eine vergleichende Liste der Illustrationen in Merians »Topographia Bavariae« und im 1. Band des Chur-Bayerischen Atlas findet sich in der auf die Ortsansichten des 1. Bandes reduzierten Bearbeitung des Ertlschen Werks durch H. Bleibrunner, Passau 1968, 182–187. – Für den verkleinerten Nachstich bedurfte es natürlich nicht – wie V. Lisz, Anton Wilhelm Ertl und seine Kupferstecher (Ostbair. Grenzmarken 7, 1964/65) 160f. meint – der Merianschen Kupferplatten und deren Vermittlung durch Melchior Küsell.

[55] Thieme-Becker 21, 441. Signiert ist allein die Ansicht der Münchner Residenz, übrigens die verkleinerte Wiedergabe eines anonymen Stichs in Schmid, Wunder-Gebäw. Auch das von M. Wening 1697 mit seiner Adresse aufgelegte Blatt (Stetter, Anm. 1, 32 u. Abb. S. 34) ist eine Kopie dieses Stichs. – Wohl versehentlich nennt Lisz (Anm. 54) 160 Melchior Haffner, von dem das Titelkupfer zu Ertls »Relationes« stammt, auch als Stecher des Titelkupfers im Chur-Bayerischen Atlas.

[56] Kopien nach Merian sind die Ansichten von Oberalteich, Chiemsee, Ettal, Hohenwart, Mallersdorf, Seeon, Tegernsee und Kastl. Nicht verwendet wurden die Merianschen Prospekte von Andechs, Rottenbuch, Scheyern, Steingaden und Wessobrunn.

[57] Bibliotheca Bavarica NF Teil VII der Lentner'schen Buchhandlung, S. 92, Nr. 12698. Für 12 der 34 Stadtansichten gibt es bei Merian keine Vorlagen. Sämtliche Orte finden sich jedoch bei Ertl.

[58] Johann Franz Eckher von Kapfing und Liechteneck, Bischof seit 1695.

[59] M. Holzmann – H. Bohatta, Deutsches Anonymen-Lexikon, Weimar 1902–28 (Neudruck 1962) IV, 3439 u. VI, 7619. – ADB 10, 87.

[60] Weindl (Anm. 1) 70f.

[61] Ib. 75.

[62] Schefold, Württemberg (Anm. 2) I 25.

[63] Topographia Bavariae 5, 9, 132.

[64] Chur-Bayerischer Atlas I 28; II 123.

[65] Radics (Anm. 8) 164f.

[66] Valvasor (Anm. 13) 11. Buch, 3f.

[67] Abb. bei Weindl (Anm. 1) 77.

[68] Ib. 80f.

[69] Ib. 76f. – Darüber hinaus hat man sich in der Vorrede eines jeden Bandes dagegen verwahrt, mit Angaben im Text irgendein Recht beeinträchtigen oder präjudizieren zu wollen. Wenn also z. B. die Hofmark Hilgartsberg als Herrschaft bezeichnet wurde (Wening IV 30), so blieb das ohne Bedeutung für ihren rechtlichen Status.

[70] Riezler VIII 634.

[71] Schönwetter, geb. 18. 11. 1652 in Salzburg, gest. 5. 3. 1701 in München. Schriftenverzeichnis bei C. Sommervogel, Bibliothèque de la Compagnie de Jésus VII, Brüssel–Paris 1896, 856. Der Nekrolog in den Litterae Annuae Collegii Monacensis 1574–1708 (Msc. I,45 des Archivs der Oberdeutschen Provinz in München) sagt von ihm pag. 840: »Conciones ab alio relictas ipse Superiorum voluntate ad pios animorum motus concitandos insigniter perfecit, promovitque ad typum; quod negotium ideo promptiori animo suscepit, quia in libris alieno nomine edendis praeter laboris molestias nil sibi in terris sperandum cernebat.« Gegenüber Stetter im Faksimile (Anm. 1) I Anhang S. 9 ist mit Riezler VIII 633f. daran festzuhalten, daß der noch vor Erscheinen des 1. Bandes der Topographie verstorbene Jesuit kaum mehr als den Text dieses Bandes redigiert haben dürfte.

[72] Weindl (Anm. 1) 82; Stetter (Anm. 1) 61f.

[73] Wening I 130.

[74] Einige Beispiele aus Wening: In Lauterbach (I 46) »rastet der H. Jacobus Major«, in Ascholding (I 127) »ruhen die zwey heiligen Jungfrauen und Martyrin St. Catharina unnd St. Barbara«, in Haiming (II 32) eine Schloßkapelle, »wo der heilige Bischoff und Martyrer St. Alban rastet«, und eine Pfarrkirche, »warinen der Ertz-Martyrer St. Stephan ruhet«.

[75] Subskriptionsprospekt für die Faksimile-Ausgabe.

[76] Stetter (Anm. 1) Vorwort.

[77] J. Bier, Johann Adam Delsenbachs Nürnbergische Ansichten, München 1925; W. Schwemmer, Nürnberg, Ansichten aus alter Zeit, Nach den Kupferstichen des Johann Adam Delsenbach, Honnef 1958.

[78] Wening I, Dedication.

[79] Zit. bei M. L. Gothein, Geschichte der Gartenkunst II, Jena 1914, 145, nach P. de Nolhac, Histoire du Château de Versailles, 1899, 40f.

[80] Wening I, Dedication.

[81] Stetter, Faksimile (Anm. 1) I Anhang S. 9.

[82] Vgl. oben S. 406. – Wie wesentlich diese Gliederung für das Werk ist, zeigt sich unerwartet auch an ganz entlegener Stelle: Nepomuk Felix Graf Zech, der eine trockene »Anzeige der in dem Churfürstenthume Baiern . . . befindlichen Klöster . . . Hofmärkten . . . wie auch Städten und Märkten« (München 1772, 1778^2) verfaßt hat, begründet das in seiner Vorrede damit, daß »sich seit der von Michael Wenning herausgegebenen Beschreibung des Churfürstentums Baiern zerschiedene Veränderungen ergaben«.

[83] Etting, Gerolfing, Kranzberg, Stammham im Rentamt München.

[84] Z. B. Asbach, Massenhausen, Arnbach, Günzlhofen, Haimhausen, Inhausen, Moosach, Neuhausen im Rentamt München, Raab im Rentamt Burghausen.

[85] Wening I 33 über Hilgertshausen, ähnlich I 48 über Pasenbach.

[86] Wening I–IV, Titelblatt.

[87] Im ersten Punkt des Kontraktentwurfs v. 8. 6. 1696, zit. bei Weindl (Anm. 1) 72, ist ausdrücklich erwähnt, daß Wening die verschiedenen Objekte »mit denen Gärten« aufnehmen soll.

[88] Wening III 61 (Zangberg).

[89] Wening I 109 (Hohenburg).

[90] Wening III 87f. (Haidenburg).

[91] Wening III 60 (Teising).

[92] Wening II 2 (Ering).

[93] Wening I–IV, Vorrede. Im einzelnen ist das Zustandekommen des Wening-Prospekts untersucht z. B. für Tegernsee durch S. Lampl, die Klosterkirche Tegernsee (OA 100, 1975) 24f. u. 91f. und für Weltenburg durch O. Riess, Die Abtei Weltenburg zwischen Dreißigjährigem Krieg und Säkularisation (Beiträge z. Gesch. d. Bistums Regensburg 9, Regensburg 1975) 245.

[94] Wening I 46 (Lauterbach), ähnlich I 45 (Haimhausen).

[95] Faksimile-Ausgabe mit Textteil von K. Spengler und J. H. Biller, München 1966. Als einziges Blatt der Folge trägt das mit der Ansicht der Hl. Stiege der Theatinerkirche ein Datum: 1697. Biller datiert danach die ganze Folge auf ca. 1697/98. Dagegen kommt K. Trautmann, Aus dem München des Kurfürsten Max Emanuel (AbM 10, 1911) 76 Anm. 1 auf Grund einer Prüfung der über die Hausbesitzer auf den Stichen gemachten Angaben zu dem Ergebnis, daß die Folge nicht vor 1700 erschienen sein kann.

[96] 4 Teile mit zusammen 50 Blättern, ähnlich in Anlage und Format.

[97] Dazu Biller im Textteil der Faksimile-Ausgabe.

[98] Patent v. 30. 6. 1696; Weindl (Anm. 1) 70.

[99] Erlustierender Augen-Weyde Zweyte Fortsetzung, Augsburg ca. 1722.

[100] Thieme-Becker 9, 249f.

[101] G. F. Guerniero, Delineatio Montis . . . qui olim Winter-Casten . . . dicebatur, Kassel 1706; J. F. Nette, Vues et Parties Principales de Louis-Bourg . . ., Augsburg ca. 1709/11.

[102] Sechs dieser Stiche sind ohne Erwähnung der Weningschen Vorlage abgebildet bei G. Stetter, Bayern in alten Ansichten und Schilderungen, München 1971, Abb. 129, 147, 173, 203, 236, 250.

[103] Saur, Stätte-Buch (Anm. 40) Widmungsvorrede.

[104] Auch Ertls Chur-Bayerischer Atlas ist von anderen ausgeschrieben worden. Was z. B. Karl v. Reinhardstöttner (Bayern und seine Hauptstadt im Lichte von Reiseschilderungen . . ., FGB 8, 1910, VI) aus dem »Bayerischen Max« des Eberhard Werner Happel (Ulm 1692) über Bayern zitiert, ist nicht Happels eigene Schilderung, sondern Wort für Wort aus dem Chur-Bayerischen Atlas (I, 15–17) übernommen.

[105] Chur-Bayerischer Atlas II, Vorbericht.

Wilhelm Volkert

Regierung und Verwaltung Kurbayerns im Zeitalter des Kurfürsten Max Emanuel

Die Vormundschaftsregierung

Drei Tage nach Kurfürst Ferdinand Marias Tod traten am 29. Mai 1679 in der Münchner Residenz die obersten Hof- und Staatsbeamten zu einer Beratung zusammen, »was zur Conservation des Vaterlands zu beobachten, wie das Regimentswesen einzurichten, damit künftig alles in guter Ordnung vor sich gehe«; die Grafen Rechberg, Ortenburg und Toerring, der geheime Ratskanzler Schmid und die geheimen Räte Mair, Berchem, Leidl und Wämpl stellten fest, daß der Kurfürst, da noch nicht 17 Jahre alt, nach den Bestimmungen der Goldenen Bulle von 1356, die für die Volljährigkeit des Fürsten vollendete 18 Lebensjahre verlangten, unter der Vormundschaft seines Onkels, des Herzogs Maximilian Philipp, stehen solle.[1] Vor dem Kurerben und den geheimen Räten müsse der Administrator, wie man den Vormund nannte, auf sein Amt verpflichtet werden, er solle in seiner Residenz wohnen bleiben, mit dem jungen Kurfürsten an den »consultationibus in publicis« teilnehmen. Im übrigen sei die Vormundschaft so zu regeln, wie dies 1651 beim Tod Maximilians I. geschehen sei.

Obwohl abzusehen war, daß die Administration nur bis zum 11. Juli 1680, dem 18. Geburtstag Max Emanuels, dauern werde, nahm Maximilian Philipp sein Amt mit Nachdruck und in der Absicht, es voll auszufüllen, an. Ob es sich um Anordnungen über die Exequien für Ferdinand Maria, um Beamtenernennungen, vom Hofratsvizekanzler Dr. Giggenbach bis zum Kupferstecher Michael Wening mit seinem Türhüteramt beim Hofrat, um die Verfolgung korrupter Beamter, wie des Aiblinger Pflegkommissars Zöpf, handelte[2] oder um wichtige politische Sachen, wie die in den Monaten der Administration mit Nachdruck von der französischen Diplomatie betriebenen Pläne, auf die künftige Vermählung Max Emanuels Einfluß zu nehmen[3]: Maximilian Philipp hatte persönliches Interesse daran. Der aus der Ära Ferdinand Marias stammende Ratskanzler Caspar von Schmid fand mit seiner bourbonenfreundlichen Haltung wenig Gegenliebe; der Administrator war durchaus gewillt, im obersten Konferenzgremium, dem Geheimen Rat, selbst seine Meinung zur Geltung zu bringen und dort Leute der ihm entsprechenden politischen Richtung, der kaisertreuen Linie, einzuführen. Als dann schließlich die französische Heirat der Prinzessin Maria Anna Christina, der Schwester Max Emanuels, mit dem Dauphin perfekt wurde, veranlaßte der Vormund, daß die wittelsbachischen Familieninteressen und die kurbayerischen Belange bei den Verhandlungen über die Ehepakte energisch durch die geheimen Räte gewahrt wurden.[4]

Die bayerischen Behörden

Der Geheime Rat, der in der Zeit der Vormundschaftsregierung recht wesentlich als politischer Faktor in Erscheinung trat, war seit den Zeiten Albrechts V. in der zweiten Hälfte des 16. Jahrhunderts als eine Art von »Oberministerium« über den anderen Zentralstellen tätig, herausgewachsen aus dem spätmittelalterlichen Ratskollegium, das seit dem späten 15. Jahrhundert als eigentliche Behörde unter der Bezeichnung »Hofrat« faßbar ist.[5] Es war ein Kollegium, das unter dem Vorsitz des Kurfürsten tagte, wenn dieser anwesend war und sich zu der täglichen Routinearbeit bereit fand. Sonst präsidierte der Obersthofmeister als Inhaber der höchsten Hofcharge; zu Max Emanuels Zeit hatten dieses Amt inne: Freiherr Bernhard von Rechberg (bis 1686), Graf Paul Fugger (1692–1701), Graf Max Preysing (1702–1726).[6] Bei Fuggers Ernennung – Max Emanuel war gerade nach Brüssel gegangen – wurde ausdrücklich festgehalten, daß er als *primus minister* zu gelten habe.[7]

Der Hofrat, seit der Bildung des Geheimen Rates in seiner politischen und administrativen Bedeutung wesentlich gemindert, bestand als Behörde mit Präsident, zahlreichen Räten, Sekretären und Kanzlisten fort, vornehmlich als Justizstelle für das ganze Kurfürstentum auf dem Gebiet des sogenannten Summarischen Prozesses, eines vereinfachten Gerichtsverfahrens. Die vom Kanzler Schmid wesentlich beeinflußte Hofratsordnung aus dem Jahr 1677 galt bis zum Erlaß einer neuen, grundlegenden Geschäftsordnung im Jahr 1750.[8] Wichtig war der Hofrat besonders für das Rentamt München, weil er für diesen Bezirk nicht nur Ober-, sondern auch Mittelbehörde war, somit in allen Jurisdiktions-, Administrativ- und Kameralsachen weisunggebende Stelle für die Unterbehörden,[9] die Pfleggerichte und Kastenämter, für die adeligen Herrschaften und für die Hofmarken des Adels und der Geistlichkeit.

Diesem Bezirk des Hofrates als Münchner Mittelbehörde entsprachen im Kurfürstentum die Rentamtsbezirke von Burghausen, mit dem Rentamt München das sogenannte Oberland bildend, und von Landshut und Straubing für das sogenannte Niederland. Die Regierungen dieser Bezirke standen unter der Leitung des Viztums, dessen wichtigster Mitarbeiter der Rentmeister, der oberste Kameralbeamte, war.[10] Nach den Rentämtern hat Michael Wening seine großartige Landesbeschreibung Bayerns angelegt.[11] Die Oberpfalz mit dem Regierungssitz in Amberg gehörte seit 1621 (endgültig vom Kaiser bestätigt 1628) zu Bayern; sie nahm in Gesetzgebung und Verwaltung auch noch im 18. Jahrhundert eine gewisse Sonderstellung ein.[12]

Eine wichtige Zentralstelle war die Hofkammer, die ebenfalls im 16. Jahrhundert aus dem Hofrat heraus entstanden ist.[13] Sie steuerte die Verwaltung des kurfürstlichen Kammergutes und der nutzbaren Regalien. Weil fast alle Angelegenheiten, die mit den fürstlichen Finanzen zu tun hatten, hier durchliefen, hatte sie einen besonders umfangreichen Geschäftskreis. Mit Räten und Sekretären besetzt, arbeitete sie mit einer eigenen Kanzlei, um die vom Kurfürsten verlangten Beträge über das Hofzahlamt und, für den militärischen Sektor, über den Kriegszahlmeister anzuweisen. Die Einnahmen erhielt sie aus den Überschüssen der Kastenämter, den lokalen Verwaltungsstellen, von den Zoll- und Mautämtern und von den anderen Stellen, die Einkünfte aus kurfürstlichen Rechten erzielten und über die Rentmeister zur Zentrale weiterleiteten.

Das eigentliche Steuergeschäft, die Veranlagung und Einhebung der Landsteuer, kam jedoch nicht der Hofkammer und ihren nachgeordneten Ämtern zu; es war vielmehr Recht und Aufgabe der Landstände, die dies mit Unterstützung der kurfürstlichen Außenbeamten und der Hofmarksrichter durch die Land-, Ritter- und Prälatensteuerer erledigten.[14] Der Landschaftsausschuß, die sogenannte Verordnung, mit dem Landschaftskanzler an der Spitze, sorgte im Ober- wie im Niederland dafür, daß die überlieferten Vorrechte der Stände beim Steuerzahlen gewahrt wurden. Die außergewöhnlich großen Anforderungen Max Emanuels, besonders seit der Brüsseler Zeit, zwangen die Stände, die Steuerkraft des Landes aufs äußerste anzuspannen[15] und dazu auch den Kapitalmarkt in Anspruch zu nehmen, sei es durch Geldaufnahme bei einzelnen kleinen Geldgebern auf dem flachen Land, bei Kirchen- und Wohltätigkeitsstiftungen, sei es durch Anleihen bei städtischen Bankiers im Kurfürstentum oder auch in der Nachbarschaft, vor allem in Augsburg.

Zentrale staatsrechtliche Aufgaben verwaltete auch der in München eingerichtete Geistliche Rat, eine aus der gegenreformatorischen Situation Bayerns entstandene Behörde zur Wahrung der staatskirchenrechtlichen Belange des Kurfürstentums.[16] Durch die zahlreichen, dem Kurfürsten zustehenden Patronatsrechte hatte er einigen Einfluß auf die Besetzung der Pfarreien; durch die Verleihung der sogenannten Tischtitel (Nachweis des Unterhalts für den angehenden Geistlichen) beeinflußte er die Personalverhältnisse der Geistlichkeit. Staatskirchenrechtliche Fragen wurden in Verhandlungen mit den benachbarten Ordinariaten geklärt; es kam darüber zum Abschluß der Rezesse mit Augsburg (1684), Passau (1690) und Freising (1718).[17]

Der ebenfalls im 16. Jahrhundert entstandene Hofkriegsrat[18] war in erster Linie für militärische Nachschub- und Versorgungsfragen, für Angelegenheiten der militärischen Disziplin zuständig. Als Max Emanuel 1682 die Aufstellung ständiger Truppenverbände organisierte, hatte der Hofkriegsrat als Militärverwaltungsstelle besondere Bedeutung. Fragen des militärischen Einsatzes, der Strategie und Taktik, beschäftigten die Räte, meist juristisch oder kameralistisch vorgebildete Beamte, nicht; das war Sache des Fürsten als Feldherrn.

Neue Ämter unter Max Emanuel

Dieses organisatorische System zentraler, mittlerer und äußerer Behörden war in generationenlanger Entwicklung entstanden; es funktionierte insgesamt nicht schlechter als in anderen vergleichbaren Territorien; Klagen über korrupte Amtsträger, über Verzögerung der Geschäftsführung und der Rechtsprechung zu Lasten der Untertanen, über Käuflichkeit der Ämter und über mangelhafte Vorbildung der Beamten wurden zwar vielfach laut;[19] indes, von der Gesamtkonzeption her war die Organisation recht brauchbar. Der vom Herrscher bestimmte Staatsaufbau mußte von der Autorität des Fürsten getragen, überwacht und in seiner Wirksamkeit weiterentwickelt werden; dies ist auch in den Jahrzehnten um 1700 in Bayern zu beobachten.

So kam es zur Zeit Max Emanuels zur Einrichtung neuer Ämter. Die schon längst anstehende Regelung der obersten Justizinstanz wurde im Jahr 1700 durchgeführt, als der Kurfürst das sogenannte Revisorium als eigene Behörde konstituierte.[20] Nachdem Kurfürst Maximilian I. die Kurwürde erlangt hatte, war Bayern in den Kreis derjenigen Territorien eingerückt, die volle Unabhängigkeit vom höchsten Reichsgericht, dem Reichskammergericht genossen, durch das *Privilegium de non appellando illimitatum*. Um aber weiterhin die Möglichkeit eines mehrstufigen Appellationszuges innerhalb der bayerischen Jurisdiktion zu sichern, hatte man noch in der ersten Hälfte des 17. Jahrhunderts einen Ausschuß des Hofrates als Revisionsrat aufgestellt, bei dem über die Revisionen letzter Instanz verhandelt und entschieden wurde. Unter Max Emanuel wurde diese Stelle als eigene Behörde unter einem eigenen Präsidenten eingerichtet.

Die wirtschaftspolitischen Leitlinien des Merkantilismus: Steigerung des heimischen Warenangebotes, Einführung neuer Gewerbezweige, Schutz vor ausländischer Konkurrenz und, insgesamt daraus resultierend, die Steigerung der politischen Macht des Fürsten, sollten auch in den ersten Jahrzehnten Max Emanuels verwirklicht werden. Zum Ankurbeln und zur Leitung solcher Programme versprach sich der Kurfürst Wesentliches von der Einrichtung eines Kommerzkollegs, zu dem 1689 der Hofratspräsident mit einigen wirtschaftskundigen Räten delegiert wurde. Die Instruktion von 1690 unterstellte die bestehenden Manufakturen dem Kolleg, gab den Auftrag, Überlegungen zur Einführung neuer Manufakturen anzustellen, die »Commerzien in besseren Gang zu bringen«, Anregungen aus der Wirtschaft aufzugreifen; kurzum: des Landes Nutzen und Wohlfahrt zu mehren.[21] Die Grundstoffproduktion sollte gesteigert werden, beispielhaft zu erkennen an der um 1690 neu aufgemachten Erzgrube »Emanuel-Lager« am Kressenberg bei Traunstein; auf dem Gebiet des Manufakturwesens experimentierte man in den Jahrzehnten vor dem Spanischen Erbfolgekrieg lebhaft, um neuartige, von der hergebrachten Zunftorganisation unabhängige Produktionstechniken einzuführen. Aber durch den Krieg und durch die Besetzung Bayerns gingen diese Vorhaben nicht in der gewünschten Weise voran, zumal die kaiserliche Administration nichts unternahm, um Bayerns Volkswirtschaft gegenüber der in den habsburgischen Stammländern zu steigern.[22]

Zur obersten Leitung des kostenintensiven Bauwesens, besonders der großen Bauten in Nymphenburg und in Schleißheim, bestimmte Max Emanuel 1684 die Hofkammer und bildete schließlich 1688 unter dem Obersthofmeister der Kurfürstin, dem Freiherrn (später Grafen) Ferdinand Franz Albrecht von der Wahl, das Generalbaudirektorium, dem alle kurfürstlichen Gebäude mit dem Bauunterhalt und alle Neubauten, besonders die in Schleißheim, Nymphenburg und St. Georgen, zugeordnet waren.[23] Alle Bauarbeiter, von den Architekten Viscardi und Zuccalli bis zum letzten Zimmerer und Maurer, alle Künstler, Maler, Stukkateure, Bildhauer und Kistler, ferner alle mit der Zulieferung beschäftigten kurfürstlichen Bedienten (Förster, Holzarbeiter, Hütten- und Eisenwerker) und schließlich alle Hofgärtner unterstanden der Weisung wie auch der persönlichen Jurisdiktion des Generalbaudirektors. Auch der Ingolstädter Festungsbau sollte von diesem Direktorium geleitet werden. Zur Finanzierung der kostspieligen Bauten erhielt von der Wahl umfassende Vollmachten; Max Emanuel wies ihm 1688 die gesamten Scharwerkgelder der vier Rentämter zu, die von den Außenbeamten ihm unmittelbar abzuliefern waren. Gleiches galt für die ertragreichen Forstgefälle.[24] Doch bald nach der Übersiedlung nach Brüssel ließ sich diese großzügige Dotierung des bayerischen Bauwesens nicht mehr durchhalten. Der Kurfürst benötigte in den Niederlanden so große Summen für den Hofstaat und die Truppen, daß schon 1694 von Brüssel die Weisung kam, jährlich 50000 fl. aus dem Bauetat in die Niederlande zu überweisen. Um zu sparen, war Max Emanuel sogar geneigt, »den gesamten Bau in Schleißheim zu entreprenieren, wenn jemand um einen billigen Preis vorhanden«.[25] Im folgenden Jahr wurde das Bauwesen unter dem Oberarchitekten Zuccalli wieder der Hofkammer unterstellt; von der Wahls Besoldung lief noch einige Jahre weiter, wurde dann aber bei der großen Besoldungssparaktion 1699 eingezogen. Eine selbständige höhere Baubehörde wurde in der Folgezeit nicht mehr ins Leben gerufen,[26] die Aufsicht des Bauwesens behielt zunächst Zuccalli, der auch Hofkammerrat war, später wurden außerdem wieder Hofkavaliere, wie Ferdinand Maria von Neuhaus und, seit 1715, Franz Ferdinand von der Wahl, ein Sohn Ferdinands, mit dieser Aufgabe betraut.[27]

Das Funktionieren des Behördenapparates mußte von oben her überwacht und mit Nachdruck kontrolliert werden. Die lange Abwesenheit Max Emanuels, erst während der Feldzüge in den 1680er Jahren, dann nach Antritt der niederländischen Statthalterschaft 1691/92,[28] gab Veranlassung, ein den Kurfürsten repräsentierendes Gremium zu bestellen, das den anderen Behörden gegenüber die Autorität des Landesherrn wahrnehmen sollte. Das waren die »daheimb gelassenen Räte«, also der Geheime Rat. 1692 erging der Befehl, daß dem Geheimen Rat alle anderen Kollegien und die untergeordneten Behörden so zu gehorchen hätten, als sei der Kurfürst persönlich im Land; der Obersthofmeister Graf Paul Fugger hatte als *primus minister* das Direktorium zu leiten.[29] Ob diese Anweisungen viel fruchteten, bleibt ungewiß; jedenfalls kam schon zwei Jahre später von Brüssel das Dekret, »daß alle Kollegien den hinterlassenen Geheimen Räten Parition zu leisten hätten, weil zu guter Gubernierung eine Subordination allweg nötig ist«.[30]

Die häufig aus München in das Feldlager der Türkenkriege und später dann an den Hof in den Niederlanden gehenden Berichte mit den darauf folgenden Anordnungen des Kurfürsten zeigen deutlich, daß die Geheimen Räte keineswegs befugt waren, einen eigenen Handlungsspielraum letztverantwortlich auszufüllen oder gar selbständige Politik zu treiben.[31] Max Emanuel ordnete an, daß alle bayerischen Behörden nur über den Münchner Geheimen Rat mit ihm korrespondieren dürften, daß der Rat die eingehenden Anträge mit ergänzenden Berichten ihm vorzulegen hätte.[32] Die Geheimräte leiteten eingegangene diplomatische Berichte weiter, erzählten von allgemeinen Zuständen im Lande, dem Ergehen der Prinzen in der Münchner Residenz, schilderten ihre Bemühungen, die von Max Emanuel geforderten großen Summen in Verhandlungen mit dem Landschaftsausschuß beizubringen. Wie sehr sie aber auch in Kleinigkeiten immer des Kurfürsten Entscheidung hören wollten, zeigt die Korrespondenz zwischen München und dem Feldlager vor Mohacz im Sommer 1687, als die Bewerbung des Rechnungskommissärs Packenreither um die Stelle des Münzverwalters (Packenreither strich dabei seine Verdienste um die

Baufinanzierung in der Residenz, in Nymphenburg, Schleißheim und St. Georgen stark heraus) dreimal lange Schreiben des Geheimen Rates füllte. Die bescheidene Summe von 2000 fl., die für den Festungsbau in Braunau angefordert wurde, getrauten sich die Räte nicht zu genehmigen ohne des Kurfürsten ausdrückliche Anweisung.

Sparsamkeit war ihre Devise; mit Besorgnis addierten sie die immensen Summen der bayerischen Kriegsausgaben hinauf und langten 1688 bei der Zahl von 2726397 fl. an.[33] Sie stellten darum einen neuen Etatentwurf für den nächsten 140tägigen Feldzug auf, der nicht mehr als 186000 fl. kosten sollte, 35000 fl. weniger als im Jahr vorher. Durch die Reduzierung der täglich zu zahlenden Kostgelder und durch die Verminderung der Teilnehmerzahl, besonders im unmittelbaren Gefolge des Kurfürsten, sollte gespart werden.[34]

Während der Abwesenheit von München hatte Max Emanuel eine kleine »Feldkanzlei« bei sich, in der wenige, besonders zuverlässige Sekretäre nach seinen persönlichen Anweisungen arbeiteten; später hieß diese Stelle die Geheime Kanzlei.[35]

An Aufforderungen zu gründlicher und schneller Arbeit seiner Behörden sparte Max Emanuel nicht;[36] an sparsamer Beamtenbesoldung war er interessiert, wie sein »Reformationsdekret« von 1689 zeigte.[37] Die Verhältnisse am Münchner Hofrat, dem wichtigsten Gerichtshof, waren in den 1690er Jahren recht unerfreulich geworden; die Klagen über starke Verschleppung der Justiz häuften sich. 1699 erging darum eine Anweisung über die Visitation des Gerichts, deren Kommission 1702 sogar erreichte, daß einige wenig arbeitsame Räte aus dem Dienst entfernt wurden.[38]

Zur Finanzwirtschaft Max Emanuels

Die kurbayerische Amts- und Behördenorganisation des späten 17. und des beginnenden 18. Jahrhunderts war hinreichend differenziert angelegt, so daß sie auch komplizierte Geschäftsvorgänge erledigen konnte, wie das Eintreiben und Weiterleiten der großen Geldsummen für den Landesherrn, wobei der Geheime Rat, die Hofkammer und das Hofzahlamt mit der Steuerverwaltung der Landstände und mit den Bankiers Münchens und Augsburgs zusammenarbeiteten. Um so erstaunlicher ist es darum, daß der Kurfürst viele wichtige und große Kapitalbewegungen zum Unterhalt seiner Truppen, für seinen Hof und für seinen persönlichen Aufwand nicht mit dieser Organisation abwickelte, sondern sich dazu der Hilfe von Privatleuten bediente. Beispielhaft dafür sei der Italiener Giovanni Paolo Bombarda genannt, der 1680 zu Max Emanuel kam und bis zu seinem Tod 1712 einer der wichtigsten Männer des kurfürstlichen Gefolges war. Im Dezember 1680 wurde er als »Instrumentist« der Hofkapelle angestellt.[39] Aus den ersten Jahren seiner Münchner Tätigkeit ist wenig über ihn bekannt; 1684 war er ein halbes Jahr nach Italien beurlaubt. Spätestens seit 1689 hatte der Hof- und Kammermusikus auch Geldgeschäfte für den Kurfürsten zu erledigen; 1689/90 schuldete ihm Max Emanuel 17000 fl. Ab 1691 lieferte er große Mengen von Silber für die Münchner Münzstätte, die zum Ausprägen von über 1,2 Millionen fl. ausreichten.[40] 1691/92, während und nach Max Emanuels Aufenthalt in Venedig, diente er dem Kurfürsten nicht nur als diplomatischer Agent, sondern auch als Geldwechsler.[41] Ab 1692 führte er die Bezeichnung »niederländischer Zahlmeister«, 1696 wurde er Hofkammerrat mit 895 fl. Besoldung, die aber schon im folgenden Jahr nicht mehr ausgezahlt wurde, »weil er keine Bescheinigung abgeben will«.[42] Inzwischen war Bombarda offensichtlich weit über den Hofmusiker- und Beamtenstatus hinausgewachsen; denn er war nun mit der Übernahme der nach dem Subsidienvertrag mit dem Kaiser fälligen Gelder beschäftigt. Die österreichischen Anweisungen gingen als Wechsel auf Bombardas Namen in die Niederlande, wo sie der Finanzmann in Amsterdam zu realisieren hatte.[43] Das war häufig recht schwierig, mit großen Sorten- und Kurseinbußen und dazu natürlich mit dem notwendigen Agio (nicht nur für die Bankiers in Amsterdam, sondern auch für Bombarda selbst) verbunden.

In den 1690er Jahren war die Rechnungsführung Bombardas offensichtlich noch einigermaßen geordnet; 1696 mußte er vor dem Münchner Hofkammerrat Thierbeck über seine Transaktionen zwischen 1692 und 1695 abrechnen, die sich in Höhe von über 600000 Pattacons (niederländisch für Taler) bewegten. Thierbeck hielt sich hauptsächlich darüber auf, daß der Umrechnungskurs von hochdeutschen Gulden und niederländischen Pattacons (2:1) nicht korrekt genug eingehalten worden sei. Es klingt aber auch die Sorge an, daß Bombarda nicht sorgfältig genug Buch führe über seine Eingänge und deren Rechtsgrundlage, die zum Teil in kaiserlichen, zum Teil in spanischen Subsidien, zum Teil aus Überweisungen von den Behörden in München bestanden. Die Einkünfte der Niederlande und die Subsidien reichten ja bei weitem nicht aus, um Max Emanuels Truppen und den Hof in Brüssel zu finanzieren, so daß große bayerische Zahlungen, vor allem über die Münchner Bankiers Gugler an Bombarda gingen,[44] der sich zur Einlösung der Wechsel wieder verschiedener Agenten und Korrespondenten bediente (Vinzenzo Bernabei,[45] Vittorio d'Orsi, Franz Anton Bombarda,[46] wohl sein Bruder). Allein an bayerischen Geldern gingen zwischen 1693 und 1698 über 1,4 Millionen fl. an Bombarda in die Niederlande, von denen 1699 nur über knapp ein Drittel abgerechnet war. Bis zur Rückkehr in die Niederlande 1704 konnte diese Rechnung nicht abgeschlossen werden.[47]

Aber nicht allein das Vermitteln der Geldströme an den Hof und an die Truppen war Bombardas Aufgabe; er mußte selbst auch in großem Stil Kapital für Max Emanuel beschaffen. Daß er zu allem noch als Organisator der Brüsseler Oper, des »Grand Théâtre sur la Monnaie«, tätig war,[48] rundet das Bild dieses vielseitigen Mannes ab, der sich und seine Frau Gertrud Marie, geb. Cloots, auf einer Medaille abbilden ließ und sich das Adelsprädikat »de« zulegte.[49] 1695 bevollmächtigte Max Emanuel den Finanzier, in seinem Namen Gelder aufzunehmen, die dieser durch den Verkauf von 11prozentigen Leibrenten *(à fonds perdu)* in Amsterdam zusammenbrachte. 1697/98 fand eine weitere, gleichartige Aktion statt.[50] In über 650 vorgedruckten Formularverträgen verpflichtete sich Bombarda namens seines kurfürstlichen Auftraggebers, die Leibrenten halbjährlich zu zahlen, wofür er von den Geldgebern an die 400000 holländische Gulden einnahm. Als Sicherheit dienten Juwelen aus Max Emanuels Besitz *(un collier de perles de cent et une pieces)*.

Nachdem Max Emanuel 1701 auf die französische Seite übergegangen war, hatte er aus den Verträgen mit Frankreich und Spanien große Subsidienzahlungen zu beanspruchen, die er zum allergrößten Teil über den niederländischen Zahlmeister Bombarda einheben ließ.[51]

Zu den militärischen Operationen in Bayern, Schwaben und Tirol 1701/03 lieferten die Bombardaschen Überweisungen die finanziellen Grundlagen; für den Hof in Brüssel (seit 1. Oktober 1704) waren die französischen Subsidien, deren Einhebung Max Emanuel an den Finanzier abtrat (Vertrag vom 28. Dezember 1705),[52] die Existenzgrundlage.[53] Insgesamt gingen circa 12,8 Millionen Pattacons durch Bombardas Hände; bei seinem Tod (1712) fand man einen undurchdringlichen Dschungel aus Forderungen, Gegenforderungen, Aufrechnungen und hin- und hergeschobenen Spesenquittungen vor.

Versuche, die Wirtschaftsführung und das Finanzgebaren Bombardas zu kontrollieren, hatte der Kurfürst mehrmals unternommen. Von der niederländischen Verwaltung waren der Hofkammerrat Beccaria und der Kassier Ruprecht zur Protokollierung der Zahlungsbelege abgeordnet worden;[54] 1711 wurden der Hofkammerrat Lier und der Sekretär Engl mit dem Auftrag zur Abrechnung zu Bombarda geschickt,[55] aber trotz allem wußte man 1712 kaum, welche Forderungen an den Nachlaß des Italieners zu stellen waren, der viele hundert Zahlungen, große und kleine, politisch relevante und auch ganz persönliche, für den Kurfürsten, seinen Hof und seine Verwaltung geleistet hatte.[56] Die Aufgabe, dieses Dickicht zu lichten, übertrug Max Emanuel zunächst dem Gesandten am französischen Hof, dem Grafen Monasterol, an den er darum alle Ansprüche an den Bombarda-Nachlaß abtrat.[57] Nach dessen Tod 1718 wurde zu gerichtlichen und außergerichtlichen Schritten in Paris der Graf d'Albert bevollmächtigt,[58] der schließlich 1729 ein für Bayern günstiges Gerichtsurteil erwirkte und Vermögenswerte des Nachlasses einzog. Über deren Abrechnung geriet er jedoch mit München in Streit, so daß ein neuer Scheinzessionär, der Oberst Peglioni, 1749 nach Paris geschickt wurde.[59] Auch er konnte die Angelegenheit nicht ganz ins reine bringen, da noch andere Gläubiger, besonders solche aus den Leibrentenverträgen, auftraten. Dieses Kapitel kurbayerischer Finanzwirtschaft abzuschließen, blieb der königlich bayerischen Finanzbürokratie des 19. Jahrhunderts vorbehalten, die nach einer Abtretungserklärung der Witwe Peglionis die Sache 1806 in die Hand nahm und 1840 zu einem für Bayern noch einigermaßen vertretbaren Ende führte.[60] So endete eine der für Bayern großen Finanzoperationen des frühen 18. Jahrhunderts, die dem Landesherrn mehrere Millionen Gulden Verlust gebracht hatte, weil er es an der notwendigen Kontrolle hatte fehlen lassen.[61]

Die kaiserliche Administration

Für Bayerns Ämter, für seine Einrichtungen, die die Staatlichkeit des Kurfürstentums repräsentierten, brachte das Jahr 1704 mit der vernichtenden Niederlage Max Emanuels bei Höchstädt den für das folgende Jahrzehnt grundlegenden Umbruch: Der Kurfürst ging in die Niederlande und dann ins Exil. Für das Land, für den einzelnen Beamten zeichnete sich diese Entwicklung schon 1703 ab, als das Kriegsglück die bayerischen Fahnen verließ, als die Alliierten immer größere Teile des Kurfürstentums besetzten. Im September 1703 machte sich die Münchner Hofkammer Gedanken darüber, wie sich denn die Beamten verhalten sollten, wenn die kaiserlichen Armeekommandanten bayerische Beamte auf den Kaiser verpflichten wollten.[62] Selbstbewußt dekretierte Max Emanuel am 15. September 1703 aus seinem Hauptquartier in Nordendorf bei Donauwörth: Fremde Pflicht abzulegen ist gegen die kurfürstliche Reputation, eher sollten sie (die Beamten) davon gehen. Dann jedoch fährt der Erlaß an die Münchner Geheimen Räte wesentlich kleinlauter fort: Es sei aber bei den gegenwärtigen Konjunkturen sehr beschwerlich, wenn die Beamten durch die Flucht vor den Kaiserlichen dem Kurfürsten auf die Schüssel fallen; es sei daher besser, »zu dissimulieren und gleichwohl jedem freizustellen, was er tun oder lassen wolle«. Der Landesherr sah eben keine Möglichkeit, eine größere Menge von treuen Beamten an seinem Hof zu unterhalten.

Wenige Tage nach der Schlacht bei Höchstädt,[63] am 17. August 1704, gab Max Emanuel die Weisung nach München, daß die »absolute Gewalt und Autorität« während seiner Abwesenheit auf die Kurfürstin übergehe. In politischen wie in militärischen Angelegenheiten sei ihr schrankenlos zu gehorchen.[64]

Die Kurfürstin Therese Kunigunde bemühte sich von der Residenz in München aus, angeregt und unterstützt von den Landständen, die verzweiflungsvolle Lage des Landes einigermaßen zu konsolidieren, ein Arrangement mit der kaiserlichen Besatzung zu finden. Das Ergebnis der vom Wiener Gesandten von Mörmann und von dem Geheimsekretär Neusönner geführten Verhandlungen war der Anfang November zu Ilbesheim in der Pfalz geschlossene Vertrag, in dem der Kaiser das Rentamt München der Kurfürstin beließ, die drei anderen Bezirke, Landshut, Straubing und Burghausen, sowie die Oberpfalz aber sich selbst vorbehielt.[65] Die Beamtenschaft und die Hofmarksherren waren aus der kurfürstlichen Pflicht entlassen; Kaiser Leopold lud sie darum zur Huldigung, »weil wir die hiesigen Lande erobert und weil sie die Frau Kurfürstin uns zediert und überlassen hat«.[66] Ein halbes Jahr noch versuchte die Kurfürstin im Rentamt München zu regieren, Maßnahmen zur Reduzierung des großen Militärverwaltungsapparates zu treffen[67] und für die Finanzierung der Verwaltung zu sorgen, indem sie alle Kassenüberschüsse der äußeren Ämter nach München abliefern ließ.[68]

Von Wien aus wurde nun verfügt, daß die Militärverwaltung möglichst bald durch eine Ziviladministration zu ersetzen sei, um das Kurfürstentum mit seiner finanziellen und wirtschaftlichen Leistung für die kaiserlichen Zwecke auszunutzen.[69] Im Mai 1705 besetzten die von der zunächst in Landshut residierenden Administration in Marsch gesetzten kaiserlichen Truppen auch die Hauptstadt München und das Münchner Rentamt unter dem Vorwand, daß dort immer noch Zentren der verbotenen Konspiration mit dem Kurfürsten bestünden und daß der Ilbesheimer Vertrag nicht eingehalten worden sei.[70] Die Münchner Zentralbehörden wurden auf den Kaiser verpflichtet,[71] der Geheime Rat, bisher Repräsentant des abwesenden Kurfürsten, aufgelöst; alle Anordnungen waren künftig im Namen des Kaisers auszufertigen; die Behörden hatten die Bezeichnung »kaiserlich« zu führen;[72] von Beziehungen zum bisherigen Landesherrn durfte nicht mehr die Rede sein. Alle Ämter mußten 1706 die Siegel mit den »bayerischen Wecken« abliefern.[73]

1705 und 1706 waren die Münchner Stellen gelegentlich noch unter der Hand bemüht, kurfürstlichen Bedienten bei der Reise nach den Niederlanden zu Max Emanuel behilflich zu sein.[74] Es kamen auch zahlreiche Offiziere, ja eine ganze »Bombardierkompanie« nach Brüssel.[75] Enge Beziehungen zwischen den bayerischen Stellen und Max Emanuel bestanden in diesen Jahren aber nicht; auch hatten die Aufständischen von 1705 keine Verbindung zum Kurfürsten, der über deren Aktionen auch nicht informiert war.[76] Daß Leute, die sich hier exponiert hatten, beim Kurfürsten später Aufnahme und Unterstützung fanden, ist in den Akten belegt: Die in der Aufstandsbewegung führenden Alram, Dänkl, Prielmair, Fuchs, Huois und Gauthier erhielten Posten oder wenigstens sogenannte Wartgelder aus den niederländischen Kassen.[77]

Die kaiserliche Administration stand unter dem Grafen Löwenstein, dem für militärische Aufgaben und zur Verbindung zu den Truppen der Graf Lamberg, für die Bearbeitung der Finanzfragen der Graf Seeau zur Seite standen,[78] dazu kam dann 1706 noch der kaiserliche Hofkammerrat Freiherr von Petschowitz.[79] Löwensteins Instruktion ordnete an, besonders auf die Kameraleinkünfte und auf das Beitreiben der Kontributionen zu achten, Ausschreitungen des Militärs zu unterbinden, die Beamtenschaft auf Verbindungen zum Kurfürsten zu überprüfen, den Verkehr mit Frankreich und den Niederlanden zu verhindern und das Land zu entwaffnen; »Regierung und Kammer sind wohl eingerichtet; es kann dabei sein Bewenden haben«.[80] Die Anweisung an den »Kameraladministrator« Graf Seeau enthielt detaillierte Vorschriften über die Finanzwirtschaft; besonders die für Österreich außerordentlich wichtige bayerische Salzproduktion und der Salzexport aus Bayern sind darin ausführlich besprochen.[81] Verbindungsstelle zur bayerischen Verwaltung war die Geheime Administrationskanzlei mit dem bayerischen Hofrat und Geheimen Sekretär Franz Joseph Unertl an der Spitze.[82] Den Geheimen Rat gab es nun nicht mehr; seine Funktionen nahm das Administrationskollegium wahr, in dem Unertl eine wichtige Rolle spielte. Er hielt die Verbindung zum Grafen Löwenstein, welcher oft und lange von München abwesend war, weil er sich häufig am Regensburger Reichstag aufhalten mußte. Über alle wichtigen Sachen berichtete ihm Unertl dorthin.[83] Das besondere Vertrauen des Administrators erwarb sich Unertl bei der Untersuchung gegen die Aufständischen zu Anfang des Jahres 1706. Löwenstein schrieb nach Wien, daß die Untersuchung gegen die »Verbrecher im Oberland« der Geheimsekretär Unertl, »welcher unter den Bayern der principalste, worauf man sicher trauen kann«, zur vollen Zufriedenheit geführt habe; dieser selbst zögerte auch nicht, dem Administrator gegenüber seine Verdienste für Österreich herauszustreichen, wodurch er sich »einen ungemeinen Landhaß« zugezogen.[84] Noch 1712 schrieb er, »daß ich wohl mehrers glaub, des Erzhaus höchste Gnad verdient zu haben«.[85] Daß er gleichwohl bei Max Emanuel nicht in Ungnade fiel, 1715 Geheimer Rat wurde und schließlich zum leitenden Mann der kurbayerischen Politik in der ersten Hälfte des 18. Jahrhunderts aufstieg, ging wohl auf seine in den Anfängen der kaiserlichen Administration bewußt für Wittelsbach und Habsburg gespielte Doppelrolle zurück, über die er ausführlich, wohl ziemlich übertreibend, in seinen »Denkwürdigkeiten« berichtete.[86] Unertl beschreibt in dieser Denkschrift die kaiserliche Administration für Bayern als sehr positiv, das Land habe sich wirklich erholen können. Daran ist sicher manches Wahre. Die zivilen Repräsentanten Österreichs bemühten sich intensiv, Ausschreitungen des Militärs, übertriebene Kontributionen und deren rücksichtslose Eintreibung zu vermeiden. Wie vorher schon der bayerische Landesherr erließ nun auch der kaiserliche Statthalter Verordnungen an die Ämter über die Armenversorgung und die Bekämpfung des Bettlerunwesens, über die öffentliche Sicherheit und das Gesundheitswesen, über Salz- und Tabakaufschlag, Steuerfragen und die Versorgung mit Saatgut, bis hin zu solchen Einzelheiten, wie dem Privileg für die St.-Michaels-Bruderschaft in Berg am Laim bei München, die das Monopol zur Herstellung und zum Vertrieb ihrer Devotionalien (»goldene, silberne, messingne Bruderschaftspfennige, Testimonia und Büchlein«) bestätigt bekam.[87]

Den bayerischen Landständen war von Anfang an sehr an guter Zusammenarbeit mit den Österreichern gelegen. Die Landschaft brachte gleich in den ersten Monaten der Besetzung auf Ersuchen des Prinzen Eugen ein großes Darlehen auf, welches sogar noch in den Besatzungsjahren zurückgezahlt wurde.[88] Als der Kaiser 1707 anordnete, daß der kurfürstliche Hausschatz abtransportiert werden sollte, gelang es Administrator und Landschaft gemeinsam, 150000 fl. Ablösesumme aufzubringen und damit dem Land große Kunstschätze zu bewahren.[89] »Vier Apostel in zwei Ramb«, »Lucretia«, »Ein großes Bild, worauf Alexander Magnus« führt das Inventar (fol. 59^{v} f) unter vielen anderen Kunstwerken auf; wer denkt dabei nicht an die Meisterwerke Dürers und Altdorfers in der Alten Pinakothek, die damals durch die Landstände für Bayern gerettet worden sind? Manches war allerdings schon abhanden gekommen: den berühmten van Dyck (Karl Stuart zu Pferd), drei Rubens- und ein Tintoretto-Gemälde hatte der siegreiche Feldherr Marlborough aus dem Gemäldeschatz Max Emanuels schon erhalten.[90]

Die über Max Emanuel verhängten Strafen, die Reichsacht von 1706 und die Gebietsabtretungen, wurden bei den Friedensschlüssen von 1714 wieder aufgehoben.[91] Die dem Pfälzer Wittelsbacher Johann Wilhelm übertragene erste Kurwürde und die Oberpfalz[92] kamen ebenso wieder zurück wie die für Marlborough bestimmte Herrschaft Mindelheim[93] und die habsburgischen Gefolgsleuten gegebenen Innviertel-Ämter Mattighofen, Uttendorf und Ried (dem Wiener Hofkammerpräsidenten Graf Starhemberg zugewiesen),[94] Braunau und Mauerkirchen (für den Administrator Graf Löwenstein)[95] sowie kleinere Abtretungen am westlichen Grenzsaum Kurbayerns.[96]

Die Eingriffe der Administration in den Beamtenstand waren nicht gering; eindeutige Parteigänger Max Emanuels, wie die Räte Neusönner[97] und Lier, später auch der Hofratskanzler Johann Georg Lueger[98] wurden dienstenthoben und gemaßregelt. Die Regierung Burghausen war in den Aufstand verwickelt; der Viztum Freiherr von Weichs,[99] der Rentmeister Baron Widnmann[100] und der Kastner Franz Bernhard von Prielmair[101] wurden der Zusammenarbeit mit den Revoltierenden verdächtigt. Auch der Kanzler Scherer und die Räte Baumgarten und Leiden wurden verhaftet,[102] ebenso der Aiblinger Pfleger Freiherr von Schmid,[103] der von Weilheim, Baron Berndorf,[104] und der Pflegkommissar von Rosenheim, Franz Benedikt Greschbeck.[105] Der wegen der Beteiligung am Oberländer-Aufstand gemaßregelte Pflegkommissar von Tölz, Ferdinand Dänkl, konnte in die Niederlande fliehen.[106] Auch die Hofmarksbeamten von Valley, Reichersbeuern und Dietramszell zog die Administration zur Verantwortung.[107] Als Parteigänger Max Emanuels verloren ihre Ämter beziehungsweise die daraus fließenden Erträge der Freiherr Max Albrecht von Muggenthal (Dietfurt), Baron Malknecht (Viechtach), Freiherr von Lützelburg (Schärding) und der Comte de St. Maurice (Dachau).[108] Sie wurden 1715 wieder in ihre Amtsnutzungen eingewiesen. Die Kastner von Landsberg und Wasserburg erhielten ebenfalls die Entlassung.[109] In den Ämtern Abensberg, Bärnstein im Bayerischen Wald, Friedburg im Innviertel, Hals, Kirchberg, Kling, Vilshofen und Wildshut fanden während der Administrationszeit kaiserliche Vertraute Versorgung.[110]

Max Emanuels Rückkehr

In Max Emanuels Gefolge in den Niederlanden und in Frankreich hatte man die einträglichen bayerischen Posten nicht vergessen; dem Hofrat Lier war schon 1706 die Anwartschaft auf das Pflegamt Vilshofen erteilt worden,[111] Graf Rechberg sollte Donauwörth bekommen, der Sekretär von Heidenfeld die Herrschaftsverwaltung Türkheim; der Verwalterposten in Valley, das Amt Kling, die Proviantverwaltung auf der Festung Rothenberg oder eine Hofkammersekretärstelle in München waren interessant genug, daß sich Begleiter Max Emanuels schon vor der Restitution des Kurfürsten bei ihm darum bemühten.[112] Schon im Frühjahr 1714 kamen nach dem Rastatter Frieden, der die bayerischen Verhältnisse noch nicht endgültig geklärt hatte, viele Zivil- und Militärbeamte nach Bayern zurück. Die Administration ließ sie jedoch noch nicht in ihre vom Kurfürsten zugesagten Ämter.[113] Erst im Januar 1715 hob der Kaiser den Treueid der bayerischen Beamten auf;[114] Max Emanuel erklärte von St. Cloud aus, daß er es den Beamten nicht verdenke, wenn sie in kaiserliche Dienste getreten seien und »sich treuer Amtierung beflissen hätten«, daß er aber kein Verständnis für Leute hätte, die beleidigende Äußerungen über ihn oder die Prinzen gemacht hätten.[115] Es galt der Grundsatz, daß »zurückkehrende Dekretinhaber« durch die inzwischen aufgestellten Beamten nicht gehindert und daß diejenigen, »so uns diese Jahre nachgefolgt, vor anderen distinguiert« werden sollten.[116] In allen Rentämtern fanden nun Erhebungen über die während der Besatzungszeit eingesetzten Beamten statt,[117] von denen verschiedene weggeschickt und durch Gefolgsleute Max Emanuels ersetzt wurden (Baron Malknecht, Kastner Prielmair, Baron Lützelburg, Hofrat Pistorini, Graf Aham, Baron Wämpl, Freiherr Franz Caspar von Schmid).

Der Geheime Rat und der Hofkriegsrat, die Generalität, die obersten Hofchargen, die Hofmusik, der ganze um den Oberstkämmerer gescharte Hofstab und das Hofbaudirektorium wurden wiederhergestellt.[118] Unertl, die

Graue Eminenz der Administration, verstand es, seine Verdienste für das angestammte Herrscherhaus und das Kurfürstentum während der Abwesenheit Max Emanuels so herauszustreichen, daß er zum wirklichen Geheimen Rat aufstieg.[119]

Die meisten Angehörigen der Administrationskanzlei wechselten in die Kabinettskanzlei Max Emanuels hinüber; ihnen wurde der langjährige Vertraute des Kurfürsten aus der Zeit in den Niederlanden und in Frankreich, der Kabinettssekretär Ignaz Franz Xaver von Wilhelm, vorgesetzt. Bis zu Max Emanuels Tod stand Wilhelm im Kabinettsdienst des Kurfürsten: Er schrieb flott in Deutsch, Lateinisch und Französisch, tätigte große Ausgaben für den persönlichen Bedarf des Kurfürsten,[120] verwahrte sorgfältig die persönlichen Briefe und Papiere des Serenissimus[121] und diente dem Kurfürsten und seinem Haus als historisch-politischer Schriftsteller. Politische Ideen entwickelte er selbst aber nicht, er handelte nur nach den Intentionen des Kurfürsten.[122] Daß er dabei während der Exilszeit 1709, wohl auf Betreiben seines Bruders, des Propstes Egon Joseph von Mattighofen, mit diesem und den zwei Brüdern Johann und Franz Kajetan einen kaiserlichen Adelsbrief Josephs I. bekam, tat den Beziehungen zu Max Emanuel keinen Abbruch, ebensowenig die Tatsache, daß der Mattighofener Propst auf kaiserliche Anordnung zum Prinzenerzieher für Karl Albrecht und Ferdinand Maria von Bayern bestellt wurde.[123] Nach der Rückkehr 1715 wurde Wilhelms Besoldung kräftig erhöht und auf Einkünfte aus der Grafschaft Haag und dem Gericht Kranzberg angewiesen.[124] Die Erhebung seines Schlößchens in Schwabing zu dem mit Niedergerichtsbarkeit ausgestatteten Edelsitz Suresnes[125] zeigt seinen gesellschaftlichen Aufstieg. Das Schlößchen Suresnes, ein Bau wahrscheinlich von Johann Baptist Gunetzrhainer, liegt genau in der Verlängerung der Mittelachse des Nymphenburger Schlosses und des darauf ausgerichteten Kanals; seinen Namen hat es offensichtlich vom Château de Suresnes nahe St. Cloud bei Paris, wo Max Emanuel und Wilhelm im Sommer 1713 wohnten.[126]

In ähnlicher Weise wie Wilhelm wirkte vor ihm Johann Nikolaus von Reichardt im engsten Umkreis Max Emanuels;[127] als Geheimer Sekretär Vertrauter des Kurfürsten, diente er als diplomatischer Agent, führte die geheimste Korrespondenz in den spannungsgeladenen Jahren um 1700 und verhandelte mit den Münchner obersten Gremien als Sprachrohr Max Emanuels.[128] Aber auch er wirkte stets nur als verlängerter Arm des Kurfürsten.[129]

Auch Corbinian von Prielmair,[130] im Umkreis des Kanzlers von Schmid aufgestiegen, gehörte zu den engsten Vertrauten des Kurfürsten, besonders seit den Brüsseler Jahren. Er vermittelte jahrelang den Kontakt zwischen Max Emanuel und den Geheimen Räten in München, wie seine von 1692–1703 erhaltenen, minuziös geführten Kanzleitagebücher zeigen.[131] Er war auch als gutachtender Berater tätig; gegen die Kriegspolitik und überhaupt gegen gewagte Unternehmungen eingestellt, bewirkte er jedoch, wie die Entwicklung zeigte, wenig mit seiner vom gesunden Menschenverstand geprägten Haltung.[132]

Der Geheime Rat trat in seiner politischen Bedeutung gegenüber dem Kabinett, d. h. dem Willen des Herrschers, zurück; wohl hatte er die tägliche Büroroutine wahrzunehmen und das Funktionieren der Verwaltung zu gewährleisten, dazu auch in persönlichen und politischen Sachen für den Kurfürsten Gutachten abzugeben, die aber letztlich doch nach dessen Willen aussehen mußten.[133] Er fasse seine Entschlüsse aus eigenem Antrieb, schrieb Max Emanuel an seine Schwiegermutter, die polnische Königin-Witwe.[134] Damit sagte er selbst, wie es um 1700 bestellt war: Regiert hat der Kurfürst; die Politik, besonders in den großen entscheidenden Situationen, war seine persönliche.[135] Der große Beamtenstab, von den Zentralstellen bis zum Amt auf dem flachen Land, war für den Vollzug der Verwaltungsanweisungen da, die der Landesherr oft und auch bis in kleinste Einzelheiten selbst traf.

Anmerkungen

1 AStA Fürstensachen 673 1/2.

2 AStA Fürstensachen 606 fol. 8ff.

3 Strich II, vor allem 132ff.

4 Strich II 173f.

5 HB II 545f., 583f.; Rosenthal II 224. M. J. Neudegger, Geschichte des Geheimen Rats und Ministeriums in Bayern, München 1921, 71ff. Über Regierung und Verwaltung zur Zeit Ferdinand Marias vgl. M. Doeberl, Innere Regierung Bayerns nach dem Dreißigjährigen Krieg (FGB 12, München–Berlin 1904) 32–108.

6 StAM HR II Fasz. 251–260 (Besoldungsbücher 1679–1726); Rosenthal II 229 Anm. 1.

7 AStA MF 10891 fol. 4.

8 Rosenthal II 274f., 283, 294, 327; Riezler VIII 447; M. Mayer, Quellen zur Behördengeschichte Bayerns, Bamberg 1890, 219ff.

9 Darüber berichtet der Historische Atlas von Bayern, Teil Altbayern (bis 1975 sind 32 Hefte erschienen); über das Personal s. Ferchl; vgl. auch HB II 549, 581.

10 HB II 582; Riezler VIII 447.

11 G. Stetter, Michael Wening, München 1964; s. auch Beitrag v. Volckamer.

12 HB II 582, 1069; HB III 1314ff.; Rosenthal II 328f.

13 H. Dollinger, Studien zur Finanzreform Maximilians I. von Bayern in den Jahren 1598–1608 (Schriftenreihe d. Histor. Kommission bei d. Bayer. Akademie d. Wissenschaften 8, Göttingen 1968) 101–114 über die Hofkammer und ihr Verhältnis zum Geheimen Rat, 136–154 über deren Aufgaben; vgl. Schmelzle 133ff.

14 Schmelzle 178ff.

[15] M. v. Freyberg, Pragmatische Geschichte der bayer. Gesetzgebung und Staatsverwaltung seit den Zeiten Maximilians I., Bd. 1, Leipzig 1836, 199–293, 316ff. (Auszüge aus den ständischen Verhandlungen).

[16] G. Heyl, Der Geistliche Rat in Bayern unter Kurfürst Maximilian I., mit Ausblick bis 1745, Diss. Masch. München 1956.

[17] Druck: v. Freyberg 3 (Anm. 15) 391–409, 416; vgl. Riezler VIII 549f.

[18] Staudinger II/1 565f.; Riezler VIII 451; Rosenthal II 415; neuere Literatur: HB II 591.

[19] Riezler VIII 427.

[20] Ib. 431, 444; Rosenthal II 64, 244.

[21] Sammlung der Kurpfalz-Bayerischen allgemeinen und besonderen Landes-Verordnungen, hrsg. v. G. K. Mayr, III, München 1788, 379ff.; AStA StV 1154 fol. 12; Riezler VIII 517; Rosenthal II 449; HB II 694; Schremmer 252f.

[22] HB II 699ff., 711; Schremmer 262, 315.

[23] AStA StV 1151 fol. 38, 50, 53; über die kurfürstliche Schwaige St. Georgen in Milbertshofen vgl. Th. Dombart, Milbertshofen, München 1956, 86ff.

[24] AStA StV 2300 fol. 9; StV 1151 fol. 45.

[25] AStA StV 1151 fol. 68, 74.

[26] S. Beitrag Volk.

[27] Zur Leitung des Bauwesens nach Auflösung des Generalbaudirektoriums vgl. AStA StV 1151, fol. 36ff., 74, 78, 82, 86; StAM HR Fasz. 524 Nr. 16f.

[28] Vgl. dazu G. F. Preuß, Verfassungsgeschichte der spanischen Niederlande unter dem Kurfürsten-Statthalter Max Emanuel von Bayern (FGB 8, Berlin 1900) 207–227.

[29] AStA StV 1321; MF 10891 fol. 4.

[30] AStA StV 1372.

[31] Berichte der Geheimen Räte aus den Jahren 1689–1701: GStA K. schw. 6032–6035; weitere Beispiele in AStA Fürstensachen 697 1/5 und 674; MF 11090; StAM HR Fasz. 261 Nr. 631.

[32] GStA K. schw. 6033 (1699 Dezember 20).

[33] AStA Fürstensachen 697 1/3 fol. 21f.

[34] AStA Fürstensachen 697 I fol. 231–237; 697 1/3 fol. 25ff.

[35] S. u. S. 424 und Staudinger II/1 567f; vgl. Huber (Anm. 130) 229.

[36] AStA StV 1159 fol. 49, 51 von 1696 und 1698; Rosenthal II 231, 233ff.

[37] StAM HR II Fasz. 253 (Besoldungsbuch von 1690); AStA MF 11090.

[38] StAM HR Fasz. 402 Nr. 6; vgl. Riezler VIII 435f.

[39] StAM HR Fasz. 463 Nr. 196; AStA Fürstensachen 677e fol. 1, 25,61; DTB 1. E. F. Dall' Abaco I, XVI. – 1689 kaufte Bombarda für 10600 fl. das ansehnliche Haus von Georg Schrenckh von Notzing am Rindermarkt in München (Häuserbuch der Stadt München IV, München 1966, 213; vgl. die Ansicht auf dem Kupferstich von Johann Stridbeck d. J., Augsburg ca. 1697; Faksimile-Ausgabe mit Erläuterungen von Karl Spengler, München 1966, 14).

[40] J. V. Kull, Die Münzstätte München am Ende des 17. Jahrhunderts (Mitteilungen der Bayer. Numismatischen Gesellschaft 19, München 1900) 11–17; ders., Die kurfürstliche »Münzsocietät« in München 1691–1693 (AbM 4, München 1903/04) 118f.

[41] Riezler VII 367f; AStA Fürstensachen 686a fol. 38.

[42] StAM HR II Fasz. 254.

[43] AStA MF 19642 fol. 5ff.; A. Frhr. v. Ow, Beiträge zur Geschichte Max Emanuels (AbM 3, München 1901/02) 98 Nr. 52; v. Freyberg I (Anm. 15) 237; GStA K. schw. 271, 9423 und 16316.

[44] AStA Fürstensachen 674 fol. 107, 121, 123. Die Gugler hatten schon mit Maximilian Philipp Geschäftsbeziehungen (Strich I, 51, 126, 175f., 181). Zur Tätigkeit der Firma vgl. auch Ow (Anm. 43) 98 Nr. 52; AStA MF 19642 fol. 2, 24 (1696/98); MF 19577 (1698); StV 644 fol. 170 (1703). Auch für die Gräfin Arco wickelten sie Zahlungen ab (GStA K. schw. 6217).

[45] Auch dieser ein Musiker (Organist) der Hofkapelle, Sohn des berühmten Hofkapellmeisters in München, Ercole Bernabei. StAM HR Fasz. 463 Nr. 141; DTB XXf.; MGG 1772ff.; R. Eitner, Biographisch-bibliographisches Quellen-Lexikon der Musiker und Musikgelehrten I, Graz 1959², 466; Ferchl 376; Riezler VIII 694f. Im Geschäftsverkehr ist er nachzuweisen in AStA StV 644 fol. 134, 1480; Fürstensachen 675 II fol. 314; MF 19642 fol. 21, 41; GStA K. schw. 5469 fol. 5. Vgl. auch Kull (Anm. 40) 13ff.; Hartmann, Finanzpolitik 113f.

[46] AStA StV 609 fol. 297; MF 19581 fol. 129; MF 21947; Hartmann Finanzpolitik 115.

[47] AStA MF 19642 fol. 28–41. 1697 wurde eine Rate der bayerischen Beamtenbesoldung nicht ausbezahlt, sondern das Geld an Bombarda geschickt (GStA K. schw. 12616); 1699 sollten die Münchner Behörden innerhalb weniger Wochen 120000 fl. zu Gunsten von Bombarda zur Frankfurter Herbstmesse senden (AStA MF 19577). Weitere Materialien über die Geschäftsführung Bombardas und über Ansätze zu einer Rechnungslegung für die Zeit zwischen 1692 und 1706 s. KA D I Fasz. 2; D I 1 Fasz. 1 und 2; D I 3 Fasz. 1.

[48] Riezler VII 426f.; H. Liebrecht, Histoire du Théâtre Français à Bruxelles au XVIIe et au XVIIIe siècle, Paris 1923, 109.

[49] Kull (Anm. 40) 14 Anm. 3 (Die Cloots waren Bankiers in Brüssel; Hartmann 108). Ein Exemplar der 30 mm großen Kupfermedaille besitzt die Staatl. Münzsammlung München. Börsch-Supan 138f. (Abb. 15 u. 16) und 165 erwähnt zwei Bilder Viviens von Pierre Paul de Bombarda und seiner Frau Margerita, geb. Doublet (1701). Es ist vorläufig noch offen, ob es sich hier um den Finanzier Max Emanuels handelt, dessen Biographie erst noch genauer zu untersuchen ist.

[50] AStA MF 19579, 19580, 19642 fol. 13.

[51] S. Beitrag Hartmann. Vgl. auch die umfangreichen Aktenbestände über die Geschäftsführung Bombardas und über die Abwicklung bis 1840 im AStA MF 21945–47, sowie (über Bombarda) MF 19577–83, 19589–92, 19595–97, 19600, 19631, 19632, 19634, 19637, 19640–42, 19648, 19652, 19654, 19659; (über D'Albert-Grimberghen) MF 19584, 19603–04, 19610, 19611, 19614, 19617, 19623, 19625, 19626, 19628, 19629, 19633, 19638, 19649, 19660–62; (über Lier) MF 19601, 19605, 19630, 19645, 19653; (über Malknecht) MF 19606–09, 19636; (über Peglioni) MF 13141, 19627, 19635, 19646, 19658. Vgl. auch die in Anm. 47 genannten Archivalien des KA.

[52] AStA MF 21947; StV 609 fol. 200; vgl. Beitrag Hartmann.

[53] Vgl. dazu auch die Rechnungen der Hofämter aus der niederländischen Zeit 1704–1714 im StAM HR II Fasz. 106–117 (109 Bde.).

[54] AStA MF 19581.

[55] AStA StV 610 fol. 135, 232.

[56] Viele Quittungen in den in Anm. 51 zitierten Akten des AStA; vgl. auch die zahlreichen Anweisungen an Bombarda in AStA StV 609.

[57] AStA MF 21945 Nr. 36 und 63.

[58] Über ihn eingehend Beitrag Hartmann.

[59] AStA MF 13141 (s. o. Anm. 51); über Joseph de Peglioni (gest. 1792) vgl. Staudinger III/1 260, KA OP 80884 und StAM HR Fasz. 309 Nr. 327.

[60] AStA MF 21945, 21947.

[61] Hartmann, Finanzpolitik 228.

[62] AStA StV 644 fol. 368.

[63] HB II 448; HB III 936.

[64] AStA StV 645 fol. 269; Riezler VII 626ff.

[65] HB II 449; Riezler VII 629f.; Ow (Anm. 43) 21.

[66] AStA StV 996 fol. 6; StV 997 fol. 1.

[67] AStA StV 1149.

[68] AStA StV 645 fol. 333.

[69] A. Fricek, Die Administration in Bayern, Diss. Masch. Wien 1953; Riezler VIII 4ff.

[70] AStA StV 646 fol. 161, 163^v.

[71] KA B Fasz. 123 ll.

[72] AStA Fürstensachen 687 fol. 77ff.

[73] AStA StV 647 fol. 138v; Riezler-Wallmenich I 60 Nr. 130; II 207 Nr. 444. Vgl. oben S. 31.

[74] AStA StV 646 fol. 28v, 29, 30, 116v, 179v; StV 647 fol. 7v.

[75] AStA StV 609 fol. 119ff., 140v, 178v, 190v, 197, 300, 315, 317, 331.

[76] Riezler VIII 49; K. v. Wallmenich, Der Oberländer Aufstand 1705 und die Sendlinger Schlacht, München 1906, 51.

[77] AStA StV 609 fol. 317; 610 fol. 179, 220, 229; StV 611 fol. 96, 107, 200v, 211v; über deren Rolle in der Aufstandsbewegung s. Wallmenich (Anm. 76) VI, 20f., 24, 41, 45, 53f., 77, 82, 135, 137f. Vgl. auch Ferchl 33, 90, 1106.

[78] Fricek (Anm. 69) 20ff.

[79] Riezler-Wallmenich II 129 Nr. 273.

[80] Riezler-Wallmenich I 2 Nr. 5; Fricek (Anm. 69) 17ff.; Riezler VIII 4.

[81] Riezler-Wallmenich I 4ff. Nr. 7.

[82] StAM HR II Fasz. 256 (Besoldungsbuch 1706); HR Fasz. 252 Nr. 568.

[83] AStA Fürstensachen 693 1/2 (Korrespondenz Unertl–Löwenstein).

[84] Riezler-Wallmenich II 109 Nr. 247; 267 Nr. 530.

[85] AStA Fürstensachen 693 1/2 fol. 2.

[86] Oefele (ADB 39, 767ff.) spricht von »seiner sprichwörtlichen Verlogenheit«; Riezler VIII 320f.; Fricek (Anm. 69) 26f.; M. J. Neudegger, Zur Geschichte der bayer. Archive (AZ 6, München 1881) 144ff., (AZ 7, München 1882) 70–78; Ferchl 1084; M. v. Freyberg, Sammlung historischer Schriften und Urkunden 2, Stuttgart-Tübingen 1829, 4ff., 11.

[87] AStA StV 996, 997, 998 fol. 80 (von 1710).

[88] AStA Fürstensachen 692 1/2.

[89] AStA Fürstensachen 688 fol. 20f.; Inventar des Hausschatzes von 1707 in BStB Cgm 1959.

[90] AStA Fürstensachen 688 fol. 21f., 32; 688 1/2; Heigel QA I 189f.; W.-D. Dube, Alte Pinakothek München, o. O., o. J., 34f.

[91] AStA StV 996 fol. 348; F. Feldmeier, Die Aechtung des Kurfürsten Max Emanuel von Bayern und die Uebertragung der Oberpfalz mit der fünften Kur an Kurpfalz 1702–1708 (OA 58, München 1914) 145–269; A. Rosenlehner, Zur Restitutionspolitik Kurfürst Max Emanuels von Bayern (FGB 9, Berlin 1901) 291, 303, 322f.; (FGB 11, Berlin 1903) 199ff., 217f.

[92] Vgl. dazu auch AStA MF 12900–902.

[93] Ferchl 625; Histor. Atlas von Bayern, Teil Schwaben, Heft 7, Mindelheim, München 1970, 91, 95.

[94] Ferchl 582, 871, 1161.

[95] Ferchl 58, 590.

[96] Fricek (Anm. 69) 66; Doeberl II 160f., Riezler VIII 206ff.; Freyberg I (Anm. 15) Beil. S. 96.

[97] Neusönner, seit 1688/89 Rat, wurde 1705 wegen Konspiration mit Max Emanuel verhaftet und nach Österreich gebracht; er starb 1708 in der Gefangenschaft. Noch 1736 bemühten sich seine Erben, die während der Gefangenschaft angefallenen Auslagen ersetzt zu bekommen (StAM HR Fasz. 250 Nr. 436; Fasz. 385 Nr. 909). Vgl. über ihn auch Riezler VII 628f.; VIII 27; Riezler-Wallmenich I 214 Nr. 448; Fricek (Anm. 69) 37.

[98] AStA Fürstensachen 695 1/2; Riezler VIII 298.

[99] Riezler-Wallmenich II 130 Nr. 276, 234 Nr. 460, 269 Nr. 531, 273 Nr. 540, 280 Nr. 553; III 1–69; Ferchl 73.

[100] Riezler-Wallmenich II 207 Nr. 444; Ferchl 81.

[101] Riezler-Wallmenich I 224 Nr. 473; II 183 Nr. 395, 207 Nr. 444, 269 Nr. 531, 274 Nr. 544; Ferchl 33, 90.

[102] Riezler-Wallmenich II 183 Nr. 395; 207 Nr. 444, 269 Nr. 531, 274 Nr. 544; Ferchl 77.

[103] AStA Fürstensachen 675 II fol. 170; v. Wallmenich (Anm. 76) 127, 135; Riezler-Wallmenich II 261 Nr. 519, 269 Nr. 531, 274 Nr. 544; Ferchl 16.

[104] Riezler-Wallmenich II 53 Nr. 114, 261 Nr. 519, 269 Nr. 531, 281 Nr. 555; III 149–153; Ferchl 1274f.; v. Wallmenich (Anm. 76) 61, 135.

[105] Riezler-Wallmenich II 261 Nr. 519, 269 Nr. 531, 274 Nr. 544; III 147ff.; Ferchl 890; v. Wallmenich (Anm. 76) 63, 68, 128, 135.

[106] Riezler-Wallmenich II 1 Nr. 1, 22 Nr. 46, 52 Nr. 111; Ferchl 1106; v. Wallmenich (Anm. 76) 24, 41, 77.

[107] Riezler-Wallmenich II 1 Nr. 1.

[108] Ferchl 154, 1170, 918, 110f.

[109] Ferchl 481, 1263.

[110] Ferchl 9, 50, 242, 306, 379, 390, 1206f., 1305.

[111] AStA StV 609 fol. 280; Ferschl 1207f.; Riezler VIII 27. 1705 wurde Lier von den Österreichern verhaftet, kam aber offensichtlich bald frei, so daß er in die Niederlande gehen konnte, wo er zu den wichtigsten Beamten gehörte; vgl. über ihn auch AStA StV 610 fol. 20, 135; StAM HR Fasz. 380 Nr. 752. Vgl. auch Hartmann, Finanzpolitik 156; s. ferner oben Anm. 51.

[112] AStA StV 611 fol. 45, 181, 211'ff.

[113] AStA StV 998 fol. 23.

[114] AStA StV 996 fol. 348.

[115] AStA StV 1159 fol. 53.

[116] AStA StV 674 fol. 170, 182.

[117] AStA Fürstensachen 675 II fol. 170ff.

[118] AStA StV 674 fol. 170; StAM HR II Fasz. 257 (Besoldungsbücher von 1715 an); Riezler VIII 339; Staudinger II/1 570.

[119] Sein Einkommen stieg erheblich: es betrug 1724 10000 fl.; 1715 war er mit 1000 fl. als Geh. Rat angestellt worden (StAM HR II Fasz. 257ff.); vgl. o. S. 422.

[120] AStA Fürstensachen 147 c und d.

[121] Wilhelms Sohn Albert wurde Chorherr in Polling; deshalb kam der persönliche schriftliche Nachlaß des Kabinettssekretärs in das Stift, wo ihn 1803 Aretin feststellte (J. Chr. v. Aretin, Briefe über meine literarische Geschäftsreise in die baierischen Abteyen, hrsg. v. W. Bachmann, München-Wien 1971, 173f.). Außer den in Anm. 123 genannten Familienpapieren und den in Anm. 122 erwähnten literarischen Handschriften Wilhelms sind über Polling auch staatliche Aktenbände überliefert (z. B. AStA StV 611, Dekretenprotokoll 1713/14; BStB Cgm 1959, Schatzinventar 1707; AStA Fürstensachen 147 b, c, d, Korrespondenzen); über die von Aretin erwähnten 15 Bände politischer Korrespondenzen gibt es ein Verzeichnis (frühes 19. Jahrhundert; AStA, Fürstensachen 679 fol. 2–8. Freundlicher Hinweis von Dr. Richard Bauer, der diese Bände im GStA K. schw. 15996, 15997, 16003–16013 identifiziert hat). – Über Wilhelms Verhältnis zu Max Emanuels Sohn Karl Albrecht s. GStA K. schw. 5471 fol. 74.

[122] Riezler VIII 381, 393, 616f.; Heigel QA I 160; Doeberl II 135, 256; HB II 811. Handschriften Wilhelms mit historisch-politischen Abhandlungen s. in BStB Clm 1576–1583 (Provenienz Stift Polling).

[123] AStA Personenselekt Carton 506 (Wilhelm, Fasz. 1 und 2), über Stift Polling überliefert. Die Brüder waren bayerische Beamte (Ferchl 306, 737). Zur Familie s. auch Ferchl, Erg.-Bd. S. 225. Über den Propst Egon Josef s. Heigel QA II 234; I 160; Riezler VIII 89, 225.

[124] StAM HR II Fasz. 257 (Besoldungsbuch 1715); Ferchl 284, 432.

[125] StAM HR Fasz. 252 Nr. 593; AStA Personenselekt Carton 506 II; Histor. Atlas von Bayern, Teil Altbayern, Heft 11/12, Dachau-Kranzberg, München 1958, 134; H. Lieberich, Mitteilungen für die Archivpflege in Oberbayern Nr. 22, München 1945, 591.

[126] Korrespondenz aus Suresnes s. GStA K. schw. 5469; Th. Dombart, Alt-Schwabing, München 1950, 55–58; Abb. des Schlößchens (heute: »Werneck-Schlößl«) ders., Schwabing, München 1913, 35; vgl. Norbert Lieb, München. Die Geschichte seiner Kunst, München

1971, 174 (»Der Bau ist eine italienisch geartete Miniaturausgabe Schleißheims«).

[127] Er starb 1707; AStA StV 609 fol. 398; vgl. auch StAM HR Fasz. 250 Nr. 460.

[128] 1698 hatte er große Darlehensersuchen des Kurfürsten in München durchzusetzen (AStA MF 19577; GStA K. schw. 6033).

[129] G. F. Preuß, König Wilhelm III., Bayern und die Große Allianz 1701 (HZ 93, 1904) 209f.; Riezler VII 480, 505, 548, 603, 621; VIII 412; Ferchl 1207.

[130] H. R. Huber, Corbinian von Prielmair (1643–1707), ein bayerischer Staatsmann der Barockzeit, Diss. Masch. München 1944; ADB 26, 586; Ferchl 275; StAM HR Fasz. 243 Nr. 93.

[131] GStA K. schw. 8062 I und II; BStB Cgm 1940. GStA K. schw. 8063 und 8064 enthalten Tagebuchnotizen vor allem aus den Feldzügen der Jahre 1695–1697. Vgl. auch AStA StV 644 fol. 189^{v}, 391^{v}; Neudegger (Anm. 86, AZ 7) 68f.

[132] Riezler VII 455; Huber (Anm. 130) 447f.

[133] Aufschlußreich dazu sind die Gutachten der Geheimen Räte in der polnischen Eheangelegenheit von 1694, die zuerst negativ, dann positiv ausfielen; Heigel QA I 56; Riezler VII 397f.

[134] Heigel QA I 90.

[135] Für die Frühzeit ausführlich bei Strich (bes. II 372, 379, 589, 636) nachgewiesen; für die Entscheidung von 1701/02 vgl. HB II 440ff.; Riezler VII 480ff., 534; Ow (Anm. 43, Forts. in AbM 4) 109, 114.

Ludwig Hammermeyer

Barock und frühe Aufklärung
Zur Wissenschafts- und Geistesentwicklung Bayerns (1680–1730)

Die Grundlinien

Noch immer steht die umfassende quellennahe Darstellung des bayerischen Geisteslebens der Max-Emanuel-Zeit aus.[1] Längst sind nicht alle Quellen gehoben, alle notwendigen Fragen gestellt, geschweige denn beantwortet. Welche Elle soll man einer Periode anlegen, die an ihrem Beginn letzte Höhepunkte des von der Gegenreformation geprägten Barock scheinbar ungebrochen erlebt hatte und an deren Ende bereits die Schwelle zur Frühaufklärung überschritten war?

Die Schwierigkeiten und Gefahren, die sich einer – wie immer vorläufigen und skizzenhaften – Untersuchung und Würdigung entgegenstellen, sind bedeutend und vielgestaltig. Allzuleicht wird die Wirklichkeit auf die eine oder andere Weise verzerrt oder verfälscht, wird vorschnell generalisiert, schematisiert, unbedenklich mit Begriffen wie »Barock« und »Aufklärung« als dem »Alten« und »Neuen« hantiert. Groß ist dabei die Versuchung, das in jener Periode noch dominierende »barocke« Weltbegreifen abzuwerten, die für die europäische Geistes- und Wissenschaftsentwicklung wesentliche West-Ost- und Nord-Süd-Phasenverschiebung zu mißachten und sich ausschließlich dem scheinbar Zukunftsweisenden zuzuwenden: dem Rationalismus à la Descartes, der »Herrschaft der Zahl« in einer wesentlich noch mathematisch orientierten Naturwissenschaft mit ihrem intensiven und exakten Messen, Beobachten, Experimentieren, Sammeln und Kodifizieren, dem Rückgriff auf die Quellen in Theologie, Jurisprudenz und Geschichte, dem neuen rationalistischen Natur- und Völkerrecht, der Akademiebewegung und Publizistik, den Ansätzen zu Toleranz, Laienkultur und Aufwertung der Muttersprache, dem jeder Aufklärung immanenten moralisch-didaktischen Rigorismus, kurz, den ersten Vorboten oder Anfängen eines allgemeinen Säkularisierungsprozesses.[2]

All dies wird für Bayerns Geistes- und Wissenschaftsentwicklung natürlich wichtig, in wachsendem Maße bedeutungsvoll, im 18. Jahrhundert sogar mitentscheidend. Wer aber jene Übergangsperiode um die Wende vom 17. zum 18. Jahrhundert nur unter linear-monokausalem Aspekt mißt, wird die historische Wahrheit verfehlen. Das gleiche gilt von einer gegensätzlichen Sicht, die – ob verklärend oder denunziatorisch – alle Ansätze zum »Neuen« zugunsten eines wesentlich rückwärtsgewandten monolithisch-statischen Bildes nach Möglichkeit verkleinert oder tilgt: Bayern erscheint dann als Land ausschließlicher Katholizität, »verinnerlichter« militanter Gegenreformation, mystischer Strömungen, eines jesuitischen *monopolium litterarium*, einer Hof-, Adels- und Prälatenkultur, eines barocken Pathos und Überschwangs in Kunst und Literatur, aber auch einer alle Schichten durchwirkenden Frömmigkeit, die sich niederschlug in einer letzten Blüte von Klöstern und Orden, in einer dynamischen Entfaltung von Kult, Wallfahrt, Bruderschaftswesen, Predigt, geistlichem und weltlichem Theater, Musik. – Falsch und fatal wäre es darum, »Barock« und »Aufklärung« als absolutes Kontrastpaar der bayerischen Geistes- und Wissenschaftsentwicklung des späten 17. und frühen 18. Jahrhunderts zu setzen und schnittgenau zu trennen. Kein abrupter Übergang erfolgte, sondern »Altes« und »Neues« existierten mit-, neben-, auch gegeneinander, oft vielfältig verschränkt und überlagert, konstitutive Elemente in ein und derselben Person, im gleichen Werk.

Wenn hier vom bayerischen Geistesleben die Rede ist, so betrifft das zuerst und vor allem das Kurfürstentum mit der Haupt- und Residenzstadt München, aber auch jene geistlichen Reichsterritorien und Bischofsstädte, deren Diözesanbezirk weit in die kurbayerischen Lande reichte: Freising, Regensburg, Salzburg als Metropolitansitz, in etwas abgeschwächter Form auch Passau, Augsburg und Eichstätt. Eine Sonderstellung fiel der einstigen bayerischen Haupt- und Herzogsstadt Regensburg zu; längst Reichsstadt, blieb sie völlig von bayerischem Territorium umgeben, Sitz bedeutender exempter und reichsunmittelbarer geistlicher Niederlassungen, seit 1664 auch des »Immerwährenden Reichstags«, somit ein europäisches politisches Zentrum.

Die Vorstellung, es habe dieser kur- und altbayerische Raum, allseits isoliert, in selbstgenügsamer provinzieller Rückständigkeit dahingedämmert und das Joch eines eifernden Konfessionalismus und eines blutleeren und wirklichkeitsfremden jesuitischen Spätscholastizismus geduldig getragen – dies Zerrbild entsprach zu keiner Zeit, auch nicht um die Wende vom 17. zum 18. Jahrhundert, der Wirklichkeit. Vielmehr war Bayern völlig integriert in die katholische Welt, von Süd- und Mittelamerika bis Polen und Litauen. Engste Kultur- und Geistesgemeinschaft, ungeachtet allen politisch-dynastischen Erbzwistes, verband es mit den stammesverwandten Habsburger Erblanden, einschließlich dem nachbarlichen Böhmen, insbesondere auch mit den Kaiserstädten Wien und Prag. In Wechselbeziehungen besonderer Art stand Bayern mit den geistlichen Reichsterritorien am Niederrhein, wo nachgeborene Wittelsbacher Prinzen seit 1583 in ununterbrochener Folge als Kurfürst-Erzbischöfe von Köln regierten, meist auch als Fürstbischöfe von Münster, Paderborn, Hildesheim und nicht zuletzt von Lüttich, hier bereits im französisch-wallonischen und niederländischen Sprach- und Kulturbereich. Allezeit offen war Bayern gegenüber der gesamten romanisch-katholischen Welt mit ihren Schwerpunkten Rom, Madrid, Paris,[3] damit auch gegenüber Frankreich, einem Mutterland von Rationalismus und Aufklärung. Nicht zu vergessen sind die geistig regen und ökonomisch immer noch potenten katholischen Spanischen Niederlande, in deren Hauptstadt Brüssel Max Emanuel über ein Jahrzehnt als Statthalter residierte. Dagegen befanden sich Polen/Litauen und Ungarn eher am Rand, wiewohl noch durchaus innerhalb des Blickfeldes und einer jederzeit aktivierbaren konfessionell-geistigen Gemeinsamkeit.[4]

Eine universale Dimension aber eröffnete sich durch die bayerischen Missionare in Süd- und Mittelamerika, in Äthiopien, Indien, auf den Philippinen und besonders in China. Diese Missionare stellte – neben etlichen Franziskanern und Karmelitern – vornehmlich die Gesellschaft Jesu. Ihr prominentester Vertreter war der aus Landsberg am Lech stammende Jesuit und Mathematiker Ignaz Kögler, der an der Universität Ingolstadt studiert und 1712/15 doziert hatte, bevor er nach China ging und in Peking zum Mandarin und einflußmächtigen Hofastronomen aufstieg.[5] Kögler und andere Missionare pflegten mit der Heimat, und keineswegs nur mit Angehörigen des Jesuitenordens, regen Gedankenaustausch. Ihre oft auch wissenschaftlich ergiebigen Informationen wurden eifrig verbreitet.

Bayerns Eingliederung in die deutschsprachige, europäische und überseeische katholische Welt widerlegt den Vorwurf vollständiger Abkapselung von der allgemeinen Geistes- und Wissenschaftsentwicklung. Gültig, wenngleich wesentlich modifiziert und abgeschwächt, bleibt er im Verhältnis zur protestantischen Welt. Jene vielzitierte Nord-Süd-Phasenverschiebung der Aufklärungsrezeption und ihr Intensitätsgefälle wurden erst seit dem späten 17. Jahrhundert offenbar, als Natur- und Völkerrecht, neue Bildungskonzeptionen und die sogenannte »mathematische Methode« sich im protestantischen Deutschland – gegen starke Widerstände – durchsetzten. Indes kann von hermetischer Abschließung Bayerns nach Norden um die Wende vom 17. zum 18. Jahrhundert die Rede nicht sein. Die protestantischen oder gemischtkonfessionellen Reichsstädte Nürnberg, Augsburg und Regensburg hielten eine wichtige, aber von der Forschung noch keineswegs vollständig erhellte Mittlerfunktion; bayerische Buchhändler, ja sogar einzelne Gelehrte aus dem Jesuitenorden haben die Fäden dorthin nie ganz abreißen lassen. Aufs Ganze gesehen blieb allerdings der protestantische Norden des Reiches für Bayern beinahe ebenso *terra incognita* wie der skandinavisch-baltische Raum. Daß an Universität und Ordenskolleg zu Ingolstadt ein dänischer Konvertit und Jesuit, Johann Ring, lehrte und sogar Erzieher eines bayerischen Prinzen und späteren Kardinals und Fürstbischofs von Regensburg, Freising und Lüttich wurde, blieb ein Einzelfall.[6]

Verbindungen Bayerns nach Großbritannien und in die niederländischen Generalstaaten, jenen beiden neben Frankreich führenden Regionen des europäischen Geisteslebens, blieben schwach entwickelt und erfolgten eher durch dritte Hand und auf Umwegen, etwa durch einzelne britische Reisende, Offiziere in bayerischem Dienst,[7] durch Diplomaten auf dem Regensburger Reichstag, vor allem aber durch zwei wissenschaftlich, pädagogisch und missionarisch höchst aktive Niederlassungen der kontinentalen anglo-schottisch-irischen Exilkirche: das englische Jesuitenkolleg in Lüttich und die schottische Benediktinerabtei St. Jakob in Regensburg, die größtenteils auf kurbayerischem Territorium begütert war.[8] Zu Max Emanuels Hochzeit 1685 veröffentlichten die englischen Jesuiten zu Lüttich unter dem beziehungsreichen Titel »Florus Anglo Bavaricus« eine wissenschaftlich ergiebige Geschichte ihres Hauses und des postreformatorischen englischen Katholizismus.[9] Gerade damals schien sich unter dem neuen, katholischen Herrscher Jakob II. (VII.) eine Annäherung Großbritanniens an das katholische Europa anzubahnen, deren Ausläufer Bayern erreichten. Jakob entsandte den bekannten Schriftsteller Sir George Etherege als diplomatischen Vertreter an den Regensburger Reichstag[10] und verwandte sich bei Max Emanuel persönlich für das Regensburger Schottenkloster.[11] Die Revolution von 1688 machte diese Hoffnungen und Ansätze zunichte. In der Folgezeit kam zwar Max Emanuels Statthalterschaft in Brüssel und seine zeitweise enge politisch-militärische Zusammenarbeit mit Wilhelm III. von Oranien auch den von neuem bedrängten Katholiken auf den Britischen Inseln gelegentlich zugute. Ob sich damals auch ein Spalt für neue wissenschaftliche Kontakte zwischen Bayern, Großbritannien und den Generalstaaten auftat, bliebe zu klären.

Zentren, Richtungen, Trägerschichten

Von den traditionellen Säulen bayerischer Wissenschaftspflege – Hof und Adel, Kirche, Landesuniversität – besaßen unter Kurfürst Max Emanuel nur die beiden letzteren Bedeutung, wobei sich die dominierende Stellung des geistlichen Elements durch den Einfluß der Jesuiten an der Landesuniversität Ingolstadt zusätzlich erhöhte. Diese Führungsrolle konnte die Kirche mühelos verkraften dank personeller Ressourcen und ungebrochener, ja wachsender Finanz- und Wirtschaftsmacht.[12] Sie verfügte über rund 55% des Gesamtgüterbestandes, genoß steuerliche Immunität, durfte nur bei nachweisbarem Landesnotstand mit päpstlicher Billigung zu befristeten finanziellen Leistungen herangezogen werden. Gerade unter Max Emanuel konnte die Kirche ihre ökonomische Position noch einmal ausbauen, indem sie, gleich dem Adel, die katastrophale Lage der Landesfinanzen nutzte und kurfürstliche Hofmarken gegen ein – de facto fiktives – Rückkaufrecht (Reluition) erwarb. Eine dergestalt ökonomisch potente und privilegierte, zugleich aber in allen Schichten des Volkes fest verankerte Kirche brauchte über Mangel an Nachwuchs und Begabungen nicht zu klagen.

Die Verantwortung für die Wissenschaftspflege war indes auf geistlicher Seite höchst ungleich verteilt. Während die zahlenmäßig stärkste Gruppe, der Weltklerus, zurückstand und adlige Kleriker aus der Reichskirche nur in Einzelfällen als Mäzene oder als Gelehrte tätig wurden, lag das Schwergewicht auf den Klöstern, Stiften und Ordensniederlassungen. Sehr klar ist dabei zu unterscheiden zwischen den Jesuiten, den Prediger- und Bettelorden sowie den oft wohlhabenden und auch im herrschaftlichen Bereich als Landstand präsenten sogenannten Prälatenorden, d. h. den Benediktinern, Augustiner-Chorherren, Zisterziensern und Prämonstratenser-Chorherren.

Bei diesen Prälatenklöstern kamen die stärksten wissenschaftlichen, pädagogischen und institutionellen Impulse von den 24 Benediktinerabteien. Seit 1622 hatten sie eine eigene Universität in der fürsterzbischöflichen Residenzstadt Salzburg, einem geistig-politischen Knotenpunkt und Umschlageplatz im Spannungsfeld zwischen Bayern, den Habsburger Landen, dem alemannischen Bereich und bedeutenden und vielgestaltigen Einflüssen aus dem italienischen Sprach- und Kulturraum. Diese Salzburger Benediktineruniversität, getragen von einer Konföderation bayerischer und schwäbischer Klöster, genoß hohes Ansehen; ihre Juristische Fakultät wurde auch von einer wachsenden Anzahl weltlicher Studenten besucht.[13]

Die meisten bayerischen Benediktinerabteien vereinigten sich 1684 in einer Kongregation postreformatorisch-tridentinischen Charakters, um Zusammenhalt, Selbstbewußtsein und Position gegenüber geistlicher wie weltlicher Obrigkeit zu stärken. Jetzt konnten die Benediktiner ein sogenanntes *studium commune*, eine Art ordensinterner Hochschule mit alternierendem Sitz, errichten, auf Ersuchen von Fürstbischof Eckher das Gymnasium in Freising übernehmen und zwischen 1697 und 1714 stufenweise zum Lyzeum, ja beinahe zu einer Universität ausbauen. Die außerhalb der Kongregation verbliebenen Abteien standen dieser an Initiative nicht nach; Abt Placidus Seiz von Ettal, vorher Universitätslehrer zu Salzburg, gründete 1711 ein Gymnasium, das sich schon bald zu einer sogenannten »Ritterakademie« entwickelte, deren Schüler »nit allein in litteris humanioribus, sondern auch in Musica, die adeligen und dichtigen aber auch in Sprachen, Historia und Geographie instruiert werden« sollten.[14] Als erste Anstalt dieser Art im süddeutsch-katholischen Raum fand diese Ritterakademie entsprechend starken Widerhall und Zulauf, auch aus den Habsburger Landen, aus Wien, Böhmen und Mähren. – Wenige Zeit später gediehen in Regensburg jahrzehntelange Bemühungen des Schottenabtes Placidus Fleming um ein Studien- und Missionsseminar für junge Schotten zum Erfolg; tatkräftige Hilfe kam von führenden Repräsentanten der Reichskirche in Regensburg, Eichstätt und Freising, aber auch vom Hof in München.[15]

Entsprechend verdichteten sich die Kontakte der bayerischen Benediktiner zur europäischen *republica litteraria;* schon der ebenso bedeutende wie eigenwillige P. Ulrich Staudigl aus Andechs, 1686–1691 Prokurator der Kongregation bei der römischen Kurie, wurde mit führenden geistlichen und weltlichen Gelehrten Italiens bekannt.[16] Mönche aus Niederalteich und anderen Konventen studierten nicht nur in Salzburg, sondern auch in Prag und Innsbruck.[17] Die Regensburger Schottenmönche besaßen im erzstiftisch-mainzischen Erfurt einen Filialkonvent und seit 1696 drei Lehrstühle an der dortigen – gemischtkonfessionellen – Universität.[18] Nach dem langen Krieg, ab 1715, sollten die Kontakte von Benediktinern aus St. Emmeram in Regensburg, aus Benediktbeuern und Tegernsee zu den Maurinern in Paris und auch zu den österreichischen Konventen eine neue Phase der Wissenschaftsentwicklung in Bayern einleiten. Fürstabt Gottfried Bessel aus Göttweig vertraute 1724 sein »Chronicon Gottwicense« nicht einem Verlag im nahen Wien, sondern der klostereigenen Druckerpresse zu Tegernsee an.[19]

Die sechzehn Augustiner-Chorherrenstifte, ohne verbindende Kongregation, Konföderation oder Universität, konnten sich mit den Benediktinern zwar zahlenmäßig, doch nicht an gelehrter und pädagogischer Intensität messen.[20] Dennoch waren auch sie keineswegs isoliert, sondern bemühten sich um engeren, nach Möglichkeit institutionalisierbaren Zusammenhalt mit den Chorherrenstiften in Österreich, den südlichen Niederlanden und der romanischen Welt, vom Lateran und von Lucca und Ravenna bis Paris und Coimbra. Eine Reihe von Chorherren studierte an der Landesuniversität Ingolstadt, etwa Eusebius Amort aus Stift Polling, der ab 1715/20 durch mathematisch-astronomische Forschungen, publizistische Aktivität und ein umfangreiches *commercium litterarium* neue Maßstäbe setzte.

Wenig erforscht sind bisher die wissenschaftlichen Leistungen der Theatiner sowie der vier Prämonstratenser- und der sieben Zisterzienserniederlassungen in Bayern, etwa die Verbindungen der beiden letztgenannten Orden in die

Habsburger Monarchie mit dem wichtigen Prämonstratenserzentrum Strahov in Prag.[21] Der einzige bayerische Stützpunkt der Theatiner-Chorherren, um die Hofkirche St. Kajetan in München, war bei Max Emanuels Regierungsantritt in seinem Sonderstatus dynastisch-höfischen Charakters eben erst etabliert. Folgte indes der ungewöhnlichen Bevorzugung durch Ferdinand Maria und Henriette Adelaide – Weihe der Residenzstadt München, des Hauses Wittelsbach und ganz Bayerns an St. Kajetan anno 1672 – eine entsprechende Verankerung der Theatiner im Geistesleben und auch im Volk? Immerhin besaßen nicht wenige Theatiner hohe Bildung, theologisch-historische wissenschaftliche Interessen und engste Beziehungen zum italienischen Raum und in die Habsburger Monarchie.

Scheinbar geringere Bedeutung für Geistesleben und Wissenschaftsentfaltung fiel den populären Prediger- und Bettelorden zu, den Franziskaner-Reformaten, Kapuzinern, Unbeschuhten Karmeliten, Dominikanern und Augustiner-Eremiten.[22] Sie widmeten sich vorzüglich der Volksseelsorge und -predigt, dem Wallfahrts- und Bruderschaftswesen in allen städtischen und ländlichen Schichten. Doch gelangten etliche bayerische Franziskaner, vor allem aus ihrer Freisinger Schule, auch als Theologen zu europäischem Ansehen, während andere als Missionare im Vorderen Orient und bis nach Äthiopien tätig waren. Unbeschuhte Karmeliten und wiederum Franziskaner hatten an Rezeption und Verbreitung spanischer Mystik wesentlichen Anteil. Die Augustiner-Eremiten standen bei Max Emanuel in besonderer Gunst; sie, nicht die Jesuiten, stellten fast bis zuletzt den persönlichen Beichtiger des Kurfürsten. Zwischen 1686 und 1715 errichtete dieser Orden vier neue Niederlassungen in Bayern. Der Münchner Augustinerkonvent sollte ab 1720/25 die geistige Entwicklung Bayerns in Akademiebewegung und Publizistik nicht unwesentlich beeinflussen.

Nach wie vor genoß die Societas Jesu in Bayern eine Sonderstellung und zentrale Position in Wissenschaft, Erziehung, Kultur. Doch sind hier zahlreiche und eingewurzelte naive oder böswillige Vor- und Fehlurteile zu korrigieren. Die Jesuiten waren zwar ein militant-gegenreformatorischer Orden, unbedingt papsttreu, straff zentralisiert, vom römischen Generalat bis in die einzelnen Provinzen Europas und die Missionen in Übersee. Dennoch waren gerade sie zu keiner Zeit ein monolithischer, »reaktionärer« Block, vielmehr oft erstaunlich flexibel, vielseitig, eine Gemeinschaft eigenwilliger Persönlichkeiten. – Der Orden hatte seine dreizehn kurbayerischen Niederlassungen strategisch geschickt gewählt, die wichtigsten in der Haupt- und Residenzstadt München, in den Rentamts- und Regierungsorten Landshut, Burghausen, Straubing, Amberg, in der Universitätstadt Ingolstadt. Das Noviziat der oberdeutschen Provinz befand sich in Landsberg am Lech, nahe Reichsstadt und Hochstift Augsburg, wo der Orden zu St. Salvator/Augsburg ein bedeutendes Kolleg und an der fürstbischöflichen Universität Dillingen die absolute Kontrolle besaß. Präsent, jedoch nicht dominierend, waren die Jesuiten in den Residenzstädten Passau, Regensburg und Eichstätt.

Souverän übersprang der Orden in Organisation und Tagespraxis die Territorialgrenzen; so gehörte Kurbayern zur oberdeutschen Provinz mit Sitz Ingolstadt, erfolgten ungehinderte und intensive Kontakte mit der österreichischen, böhmischen, der ober- und niederrheinischen, der franco-belgischen Provinz, mit Jesuitenniederlassungen in aller Welt und mit dem bis in sämtliche Details informierten römischen Generalat. Das alles ermöglichte reiche Kräfte- und Begabungsauswahl, mühelosen Austausch von Personen und Informationen, übernationale Wechselbeziehungen. Aus diesen universalen Bindungen und Verbindungen der Societas Jesu hat Bayern erklecklichen Nutzen und aus dem ganzen katholischen deutschen Sprachraum – und darüber hinaus – immer wieder fähige Ordensgelehrte an sich gezogen; umgekehrt öffnete der Jesuitenorden seinen zahlreichen Angehörigen das Tor nach Europa und Übersee. In der Tat bot die Gesellschaft Jesu Entfaltungsmöglichkeiten wie keine andere Institution: für Lehrer und Professoren an Gymnasien, Lyzeen und Universitäten, für Prediger, Erzieher und Beichtiger an weltlichen und geistlichen Fürstenhöfen sowie bei einflußmächtigen Adelsfamilien, für Diplomaten, Kontroverstheologen und moraltheologische Gutachter, für Seelsorger bei Studenten in Kollegs und in der Marianischen Kongregation, aber auch beim »gemeinen Mann« in Städten und Märkten, besonders in den Volksmissionen, endlich für Missionare in Übersee, von Mittel- und Südamerika bis Indien, die Philippinen und China.

Doch nicht jeder hatte das Glück eines Ignaz Kögler; viele baten vergeblich in Rom um Entsendung in die Mission, wurden aber als ungeeignet oder unabkömmlich befunden, wie jener P. Franziskus Schmalzgrueber (1663 bis 1735), Professor des kanonischen Rechts in Dillingen und Ingolstadt, ein Gelehrter von europäischem Rang, an der Kurie als Gutachter hochgeschätzt. Da ihm die Mission versagt blieb, widmete er sich mit besonderer Hingabe der Seelsorge beim »gemeinen Volk«.[23] Ein anderes, nur scheinbar extremes, in Wahrheit aber für den Jesuitenorden keineswegs untypisches Exempel bietet der Niederbayer Ferdinand Orban (1655–1732). Nach Studien am Gymnasium zu Landshut und an der Universität Ingolstadt lehrte er an verschiedenen bayerischen Kollegs, wurde 1691 in Innsbruck Hofprediger und Universitätsprofessor für Mathematik. Dort erregte er erstmals Aufsehen und bei seinen geistlichen Oberen auch Anstoß, weil er durch enge Beziehungen zu Überseemissionaren, Antiquaren, Adels- und Hofkreisen den Grundstein zu einer einzigartigen natur- und völkerkundlichen sowie mathematisch-physikalischen Kollektion legte, die bald Umfang und Anlage eines klassischen Raritätenkabinetts sprengte.[24] Ähnliche Sammelleidenschaft entwickelte Orban indes auch auf karitativem Gebiet, für Arme und Kranke. Da eine Versetzung an das Kolleg zu Cadix oder an die Universität Coimbra aus Gesundheitsgründen nicht zustande kam, wirkte Orban etliche Jahre als Hausgeistlicher bei den böhmischen Adelsfamilien Zinzendorf und Thun, dann als Prediger und Volksmissionar in Landshut, bis ihn Kurfürst Johann Wilhelm von der Pfalz – Schwager Kaiser Leopolds I. und Onkel seiner Nachfolger Joseph I. und Karl VI. – 1704 als Prediger und Beichtvater an den Hof nach Düsseldorf rief. Schon im folgenden Jahr wurden ihm im Zusammenhang mit Habsburger Heiratsprojekten diplomatische Missionen nach Berlin anvertraut; dort lernte ihn Leibniz kennen und schätzen und blieb mit ihm in reger Korrespondenz. In Düsseldorf setzte Orban seine vielfache Sammeltätigkeit wie auch seine karitativen Aktivitäten verstärkt und erfolgreich fort, allem geistlichen Widerstand zum Trotz. Ergebnis: ein singuläres »Museum« und die Gründung eines Armenhospitals. Mit seinen Sammlungen kehrte Orban 1719 in seine bayerische Heimat zurück, zunächst nach Landshut, 1722 nach Ingolstadt, wo er sein letztes Lebensjahrzehnt verbrachte.

An der kurbayerischen Landesuniversität Ingolstadt hatten die Jesuiten seit der zweiten Hälfte des 16. Jahrhunderts eine Schlüsselstellung, für die der Orden – und nur er – eine erstaunliche Zahl kompetenter Kräfte aus den Kollegs und Universitäten des deutschen Sprachraums aufbieten konnte. Allzu intensiv betriebene Mobilität hat allerdings nicht selten die unerläßliche Kontinuität von Lehre und Erziehung beeinflußt. In Ingolstadt beherrschten die Jesuiten jenes obligatorische Propädeutikum für Hörer sämtlicher Fakultäten, die Philosophische Fakultät. In der Theologischen Fakultät verfügten sie mit drei von fünf Lehrkanzeln über eine sichere Mehrheit; die beiden restlichen Professuren blieben den Stadtpfarrern zu St. Moritz und U. L. Frau vorbehalten.[25] Doch die wichtige Juristische Fakultät, Ausbildungsstätte künftiger Beamter und auch von Söhnen des Adels besucht, sowie die chronisch darniederliegende Medizinische Fakultät waren fest in der Hand weltlicher Gelehrter. Diesem Grundsatz widersprach es nicht, wenn der Lehrstuhl für kanonisches Recht seit 1675 einem Jesuiten anvertraut wurde.

Für die Universität blieb die Max-Emanuel-Zeit bis etwa 1720 bar spektakulärer Ereignisse, mochte auch manches auf erhöhtes Selbstbewußtsein des Laienelements und verstärkte Einflußnahme der Regierung deuten, etwa wenn sich Juristen und Jesuiten wegen der Dauer des philosophischen Kurses stritten und München zugunsten des sogenannten »Bienniums« gegen die Societas Jesu entschied, oder wenn der Vorrang des Kanonisten in der Juristischen Fakultät oder – wichtiger – die Stellung des *Jus Publicum* zur Debatte standen, endlich wenn kurfürstliche Beamte die Universität regelmäßig visitierten.[26] Angesichts der Attraktivität naher katholischer Universitäten, wie Salzburg, Dillingen, Innsbruck und sogar Prag, hatte die Regierung bereits seit 1677 die Anstellung im kurfürstlichen Dienst an den Besuch der Landesuniversität gebunden; dies mag auch die im deutschen wie europäischen Vergleichsrahmen durchaus respektable Zahl von fünf- bis achthundert Studenten erklären.[27] Indes, der dringend notwendige Neubau der Universität kam 1693/95 nicht zustande,[28] die überfällige Reform der Medizinischen Fakultät sollte um 1702 in Angriff genommen werden, wurde jedoch von Krieg und österreichischer Okkupation vereitelt.[29] Nunmehr mußte die Universität vor allem überleben, ihre drohende Schließung verhindern und sich mit klug dosierter Loyalität durchlavieren. Das gelang dank führender Juristen wie den beiden Chlingensperg, mehr noch dank der Präsenz des dem Hause Habsburg eng liierten Jesuitenordens. Wenn schließlich 1723 Botanischer Garten und »Anatomisches Theater« und jahrs darauf im Jesuitenkolleg ein gesonderter Museumsbau für die Sammlungen des P. Orban errichtet werden konnten, so beweist das wachsendes Ansehen und Erneuerungswillen der Universität. Doch dieses Ergebnis war in erster Linie der privaten Initiative von Professoren bzw. des Ordens – nicht der Regierung – zu verdanken.

Die Pflege und tatkräftige Förderung von Wissenschaft und Geistesleben durch Fürst und Hof verblaßten und verkümmerten unter Max Emanuel fast bis zur völligen Absenz und Abstinenz; das Feld blieb der Kirche, d. h. im wesentlichen den Orden überlassen. Gewiß, der Kurfürst weilte lange Jahre fern der Heimat, im Krieg, auf Reisen, als Statthalter in Brüssel, in der französischen Verbannung. Doch hinzu trat ausgeprägte Verständnislosigkeit gegenüber der Wissenschaft, ihren Forderungen und Möglichkeiten. Max Emanuel verstand sich zuvörderst als Soldat, als Machtpolitiker europäischer, ja universaler Dimension, auch als Exponent, Kenner und Mäzen barocker *repraesentatio maiestatis* in Kunst und Fest. Wo wären Zeit und Interesse für gelehrte Fragen geblieben? Nur zweimal, 1685 und dann wieder 1723, hat Max Emanuel seiner Landesuniversität Ingolstadt einen kurzen Besuch abgestattet;[30] gegenüber der Gesellschaft Jesu hielt er bis in seine letzten Jahre Distanz. Nicht er, sondern Kurfürstin Therese Kunigunde wählte 1697 einen Jesuiten, den aus Lüttich stammenden und in Ingolstadt und Augsburg ausgebildeten Theodor Smackers, zum Beichtiger, Berater und vielgeprüften diplomatischen Agenten. Die österreichische Okkupationsmacht verfügte für den zu Graz internierten Kurprinzen Karl Albrecht jesuitische Unterweisung. Daß es nach 1715 in München dabei verblieb und mit dem Schweizer Jesuiten Joseph Falck sogar eine außerordentliche, moderne Persönlichkeit die Erziehung und bald auch das Amt des Beichtvaters Karl Albrechts übernahm, entsprach bei Max Emanuel weniger einer Weit- oder Einsicht als politischem Kalkül. Doch weder Smackers noch Falck vermochten ihren Einfluß in wirksame höfische Wissenschaftsförderung auszumünzen.[31]

Wenn gleichwohl gelegentlich Regierungsmaßnahmen mittelbar auch der Wissenschaft zugute kamen, so entsprang dies wohlverstandenem, durchaus legitimem Herrschaftsinteresse und der Initiative weitblickender und kenntnisreicher kurfürstlicher Beamter; genannt seien vor allem der Kanzler Caspar v. Schmid, die Geheimen Räte v. Prielmair, v. Wämpl und F. J. v. Unertl. Prielmair betrieb beispielsweise zielbewußt 1681/84 die Konstituierung einer bayerischen Benediktinerkongregation, förderte bestimmte Schulgründungen und -ausbauten;[32] Schmid und später Unertl standen den Regensburger Schotten hilfreich zur Seite.[33] Die Ettaler Ritterakademie und das Regensburger Schottenseminar entstanden zwar in der Zeit der kaiserlichen Administration; nach 1715 erhielten sie sogar ansehnliche finanzielle Zuwendungen aus München, doch nicht aus Max Emanuels Privatschatulle, sondern aus einem für kirchliche Zwecke bestimmten Legat des Herzogs Maximilian Philipp.

Von nennenswerter Hofhistoriographie, von Unterstützung historischer Forschung und Publikation, gemäß bester Wittelsbacher Tradition, konnte unter Max Emanuel die Rede nicht mehr sein; es blieb bei vagen Ansätzen, nichts gedieh zur Vollendung. Als jedoch der Wiener Jesuit Franz Wagner 1719 den gewichtigen ersten Band einer Geschichte der Regierung Kaiser Leopolds I. vorlegte, verhinderten Max Emanuels geharnischte Proteste in Rom die Publikation des zweiten Bandes für fast ein Jahrzehnt.[34] Während Anlage, Bauten und Kunstsammlungen der Münchner Residenz auch anspruchsvolle fremde Besucher beeindruckten und begeisterten,[35] wurde die Hofbibliothek – allemal Gradmesser fürstlicher Wissenschaftspflege – wahrhaft stiefmütterlich behandelt. Hier stand Dom Jean Mabillon O.S.B. aus Paris[36] ebenso vor verschlossenen Türen wie ein Menschenalter später der gelehrte Luzerner Nuntius Domenico Passionei[37] und der aus dem Luxemburg/Lütticher Raum stammende bedeutende Historiker Johann Friedrich Schannat.[38] Die beiden Melker Benediktiner Bernhard und Hieronymus Pez fanden 1717 zwar sogleich Einlaß, statt Hilfe aber nur lähmendes Mißtrauen und kleinliche Kontrolle, ein Fauxpas, den auch Unertls eifrige Wiedergutmachungsbemühungen nicht ganz auszugleichen vermochten.[39] Die gelehrte Welt wußte: Wenn damals im bayerischen Raum höfische Wissenschaftspflege geschah, dann nicht im München Max Emanuels, sondern im nahen Freising unter Fürstbischof Eckher.

Da vom Kurfürsten und seinem Hof keine Anregungen oder Aufträge zu erwarten waren, übernahmen vorwiegend Ordensleute – meist bürgerlicher oder bäuerlicher Herkunft! – die Aufgabe, das weite Feld des geistigen und wissenschaftlichen Lebens zu bestellen.[40] Die Frage nach Sondercharakter und Trägerschichten der Entwicklung in Bayern ist damit zum überwiegenden Teil beantwortet; diese Antwort bedarf indes weiterer Differenzierung. Bedauerlicherweise sind die einschlägigen Quellen, wie Tauf-, Heirats- und Sterberegister, Totenroteln, Schulakten und Universitätsmatrikel sowie Regierungserlasse, noch längst nicht voll erschlossen, gravierende lokale, regionale und institutionelle Unterschiede müssen bedacht werden.[41] Aufs Ganze gesehen gilt, daß die Träger der geistigen und wissenschaftlichen Entwicklung Bayerns während der gesamten Regierungszeit Max Emanuels vor allem von kleineren und mittleren Beamten, Handelsleuten, Handwerkern und Bauern abstammten, in geringerem, wiewohl noch beachtlichem Maße auch von höheren, z. T. sogar neunobilitierten Beamten, von wohlhabenden Bürgern und Bauern; Wirte, Brauer und Müller nicht zu vergessen. Wie weit Bildungshunger, verbunden mit dem Wunsch nach gesellschaftlichem Aufstieg, im Volk verbreitet gewesen sein muß, das zeigen zwischen 1670 und 1730 die Klagen der Regierung über Mangel an qualifizierten Arbeitskräften in der Stadt und auf dem Land sowie über das Betteln von Studenten, weil »bey jetzigen Zeithen vast alle Bürger, Paurß, Handtwerchß, tagwercher, und andere arme leuth ihre Knaben studirn laßen wollen, dennenselben aber hiertzue die benöthigte Sustentation, und anderß bey zuschaffen nit vermögen...«[42] Diesen übermäßigen Zulauf an Gymnasien und Universitäten wollte man zwar eindämmen, jedoch keine Standesschule etablieren; wirklich Begabte sollten ohne Rücksicht auf ihre Herkunft gefördert werden. Schulen wurden weiterhin gebaut oder erweitert, etwa das Mädcheninstitut der Englischen Fräulein zu Burghausen (1683) oder das Jesuitengymnasium und -lyzeum in Landsberg (1688/92). Das Volksschulwesen in den Städten, Märkten und auf dem Land dürfte sich qualitativ wie quantitativ erheblich verbessert haben.[43]

Daß in Wissenschaft und Geistesleben mit den Ordensleuten nach wie vor das geistliche Element fast unangefochten dominierte und das Laienelement, nämlich Juristen und Mediziner, erst allmählich an Gewicht gewann, nimmt nicht wunder. Die Kirche bot am ehesten finanzielle Sicherheit, Geborgenheit in einer Gemeinschaft, bestmögliche Arbeits- und Studienbedingungen, Kontakte weit über die weißblauen Grenzpfähle hinaus und auch in der Heimat Aufstiegschancen bis zum Lyzeums- und Universitätslehrer, Klostervorsteher und Landschaftsverordneten, ja bis zum geistlichen Reichsfürsten.

Wer somit die Träger der bayerischen Wissenschaftsentwicklung um die Wende vom 17. zum 18. Jahrhundert mit horizontal-»progressiver« Elle messen und wachsenden »bürgerlichen« Einfluß oder gar »Klassencharakter« postulieren wollte, beträte Holzwege. Es waren vielmehr im wesentlichen die gleichen kleinbürgerlich-bäuerlichen Schichten, ob in Soutane oder Laienrock, welche schon im Barock des späten 17. wie hernach in der einsetzenden Frühaufklärung des folgenden Säkulums die Maßstäbe setzten. Es war das Denken, das sich wandelte, nicht die gesellschaftliche Herkunft seiner Träger. Der unbestreitbar volksverbundene, »demokratische« Charakter der 1759 gegründeten Bayerischen Akademie der Wissenschaften wurzelt in der Zeit vor der Aufklärung.

Der Ertrag

Theologie und Philosophie

Was Theologie und Philosophie im bayerischen Raum um die Wende des 17. zum 18. Jahrhundert leisteten, wird nur in einem geographisch wie zeitlich übergreifenden Rahmen deutlich. Sie waren einerseits integraler Teil gegenreformatorischer, spätscholastischer barocker Theologie, andererseits aber auch Übergang und Vermittlung zu jener neuen sogenannten »positiven« Theologie, die – schon seit dem zweiten Drittel des 17. Jahrhunderts in Frankreich von Benediktinern, Oratorianern und auch Jesuiten getragen – auf die eigentlichen Glaubensquellen zurückgriff, sie in Dogmatik und Exegese unter historisch-kritischen Maßstäben prüfte und dabei Patristik, Kirchengeschichte, biblische Philologie aufwertete. Die Philosophie blieb *theologiae ancilla*, ob sie den logischen Rationalismus eines Descartes und Malebranche adaptierte, sich mit Gassendis mechanistisch-atomistischer Naturauffassung oder bereits mit dem englischen Empirismus und Sensualismus von Bacon bis Locke auseinandersetzte. Diese Vorgänge sind indes so kompliziert und ineinander verschränkt, daß sie nicht auf einen linear vereinfachten Begriff gebracht und in ein Schwarzweiß-Modell von »Alt und Neu«, »Barock und Aufklärung«, »Spätscholastik und positive Theologie« gezwängt werden können. Positive, quellenverpflichtete Theologie wahrte auch humanistische Kontinuität, führte sowohl die großen wie die abseitigeren Strömungen der mittelalterlichen Theologie und Philosophie weiter: Nominalismus und Realismus, mechanistische Tradition, Sensualismus, Empirismus, Naturphilosophie. Andererseits verbarg sich Neues häufig im verbalen Rekurs auf scholastische Autoritäten, unter den klaren und altvertrauten Begriffen.[44]

Die spätscholastische barocke Theologie und Philosophie jener Zeit war also weder ein einheitlich-nahtloses, rückwärtsgewandtes Gedankengebäude noch darf sie nur unter dem Aspekt von Übergang, Zersetzung und Degeneration bewertet werden. Sie besitzt vielmehr auch erheblichen, oft verkannten Eigenwert, eigene Bedeutung, sie erschöpfte sich nicht in vielgeschmähten kasuistischen Spekulationen, ausgeleierter Kontroverstheologie und sterilen Universitätsdisputationen, sondern war stark differenziert in Schulen und Richtungen, spannungsträchtig, sogar entwicklungsfähig in Grenzen, wie am bayerisch-süddeutschen Exempel aufscheint: Hüteten die Benediktiner der Universität Salzburg und in der bayerischen Kongregation den strengen Thomismus der Schulen von Salamanca und Alcalà, vertraten und entwickelten die Jesuiten zu Ingolstadt und Dillingen Versionen aus Molinas spätscholastischer Schule von Coimbra, so gelang den Franziskanern gegen die nominalistischen Spekulationen der Jesuitenscholastik eine erstaunliche Renaissance des Skotismus, die nicht zuletzt durch die irischen Franziskanerkonvente in Rom, Löwen, Paris und vor allem Prag auch in den süddeutsch-bayerischen Raum vermittelt wurde und wesentlich zu Blüte und Ansehen der Freisinger Franziskanerschule beitrug.[45]

Aus all diesen Ordensschulen entstanden auch im bayerisch-süddeutschen Bereich umfangreiche kanonistische, moraltheologische und exegetische Kompendien;[46] einige Verfassernamen seien *pars pro toto* genannt: als früher Vertreter der benediktinischen Salzburger Thomistenschule der aus dem niederbayerischen St. Veit berufene Otto Aicher mit seinen Klassikereditionen und universalhistorischen Publikationen, als Höhepunkt dann das theologisch-historische »Dreigestirn« der Brüder Franz, Joseph und Paul Mezger, herkunftsmäßig eng dem Raum Ingolstadt/Eichstätt verbunden, schließlich die Kanonisten Ludwig Babenstuber aus Ettal und Franz Schmier vom schwäbischen Reichsstift Ottobeuren. Die Jesuiten an den Hohen Schulen zu Ingolstadt und Dillingen wahrten die seit dem ausgehenden 16. Jahrhundert durch Gregor von Valencia, H. Canisius, M. Rader, J. Gretser u. a. geschaffene große Tradition in den Werken von Ehrenreich Pirhing, Jakob Wiestner, Franz Schmalzgrueber und Vitus Pichler, nicht zu vergessen Christoph Raßlers bemerkenswerten Versuch der Entwicklung einer sogenannten aequiprobabilistischen Variante spätscholastischer Moraltheologie. – Allesamt aber wurden sie an Wirkung und Dauer überragt von zwei Franziskanertheologen mit außerordentlicher Kraft zu Systematik und Synthese: Patrick Sporer aus Passau und dem in Freising lehrenden Anaklet Reiffenstuel.[47]

Das Ergebnis bleibt für das barocke Bayern denkwürdig. Seine Theologen brachen im späten 17. Jahrhundert die Vormachtstellung der Gelehrten aus den romanischen Ländern, sie schufen Werke, die im gesamten *orbis catholicus* als Autorität anerkannt und bis weit ins 18., zum Teil sogar ins 19. Jahrhundert im deutschen und italienischen Sprachraum, in Spanien und Frankreich aufgelegt wurden.

Wann und auf welchen Wegen quellengesättigte, positive Theologie, philosophischer Rationalismus und Empirismus, induktive Methode – und damit die Ansätze zur Frühaufklärung – nach Bayern gelangten, ist völlig noch nicht geklärt. Doch geschah es wohl zur gleichen Zeit, als bayerische Theologen der traditionellen spätscholastischen »barocken« Provenienz eine europäische Führungsrolle gewannen. Daß diese Entwicklung zeitlich etwa in Kurfürst Max Emanuels erste Regierungsjahre fiel, bleibt indes – gedächtnisstützender – Zufall.

IX Badesaal der Badenburg. Schloß Nymphenburg, Park

Die frühe Rezeption der neuen Wissenschaft vollzog sich in deutlich erkennbaren Schritten: des französischen Oratorianers J. B. Duhamel »Philosophia vetus et nova« (1678), repräsentativ für eine um Ausgleich und Vermittlung zwischen Spätscholastik und Rationalismus/Empirismus bemühte Schule, erschien bereits 1682 in Nürnberg. Im Jahr darauf bereiste der prominente Maurinerhistoriker Dom Jean Mabillon die süddeutsch-bayerischen Lande, diskutierte mit Joseph Mezger in Salzburg, blieb mit ihm und mit dem Regensburger Schottenabt Placidus Fleming auf Jahre hinaus in Kontakt.[48] Der Prokurator der bayerischen Benediktinerkongregation an der Kurie, P. Ulrich Staudigl aus Andechs (1644–1720), publizierte 1686 in Rom – und nicht in der Heimat – eine »Logica practica ... nova methodo penitus conceptus«, die zwar die aristotelisch-scholastische Kategorienlehre bewahrte, tatsächlich aber Descartes, mehr noch Bacons Empirismus verpflichtet und auch von G. Brunos und Gassendis »atomistischer« Naturphilosophie beeinflußt war.[49] Als Staudigl nach seiner Rückkehr diese Position in einer »Idea philosophiae contentioso-experimentalis« wesentlich erweiterte und verschärfte, unterband der Münchner Geistliche Rat als Zensurbehörde den Druck. Staudigl suchte nun andere Wege; indem er 1702 Mabillons »Traité d'études monastiques« ins Lateinische übertrug, verschaffte er diesem Propädeutikum positiver Theologie breiten Erfolg im katholischen Deutschland; das Vorwort allerdings geriet ihm zu bekennerhafter Kampfansage an die Spätscholastik und beendete Staudigls wissenschaftliche Laufbahn, nicht aber seine Wirkung. Bereits auf dem Generalkapitel der bayerischen Benediktinerkongregation des Jahres 1708 rüttelte eine Minderheit am Ausschließlichkeitsanspruch des Thomismus;[50] ein Jahrzehnt später publizierte der Salzburger Universitätslehrer Fructuosus Scheidsach aus Seeon eine »atomistische« Interpretation der Transsubstantiationslehre, allerdings unter Pseudonym und im fernen Paderborn.[51]

Bald schon suchten auch Jesuiten der oberdeutschen Provinz ernsthafte und positive Auseinandersetzung mit der neuen Wissenschaft. Kontakte zu führenden Gelehrten der protestantischen Reichsstadt Nürnberg seit dem ausgehenden 17. Jahrhundert kreisten zwar vorzüglich um mathematisch-astronomische Probleme, dürfen aber gleichwohl als Stimmungsbarometer gelten. Eine wichtige Vermittlerfunktion übernahmen nach 1701 die »Mémoires de Trévoux«, die Pariser Jesuitenzeitschrift dezidiert frühaufklärerischer Haltung.[52] Doch als der Ingolstädter Philosophieprofessor Anton Kleinbrodt in einer Disputation »Mundus elementaris« sich 1704 offen auf Descartes, mehr noch auf Robert Boyle, van Helmont, Newton und den bedeutenden Nürnberger Mathematiker Johann Christoph Sturm berief, mußte er auf Lehrkanzel und weitere Tätigkeit in Kurbayern verzichten. Nach wie vor aber fanden die »Mémoires de Trévoux« ihren Weg nach Bayern; Probleme und Methoden der positiven Theologie und der experimentellen Naturwissenschaften wurden jedoch nicht mehr öffentlich, sondern in privaten Jesuitenkorrespondenzen erörtert.[53] Krieg und österreichische Okkupation wirkten als zusätzliches retardierendes Moment.

Die Friedensjahre ab 1715 eröffneten weite Möglichkeiten. Während Universitäten und Ordensschulen an der barocken Spätscholastik festhielten, sogar bedeutende Werke dieser Richtung erschienen oder wieder aufgelegt wurden, begann im Prozeß der geistigen Neuorientierung – bei voller Wahrung von Dogma und Glaubensgut – eine Phase intensiver und offener Rezeption. Signal- und Leitmotivwirkung erlangte dabei ab 1716 die »Bibliotheca Maurino-Benedictina« des Melker Stiftsbibliothekars Bernhard Pez mit ihren mehr als sechzig Bio-Bibliographien führender Maurinergelehrter bis in die Gegenwart;[54] Pez selbst hielt seit 1710/11 Verbindung nach St-Germain-des-Prés, ab 1715 auch nach Bayern, vor allem zum Historiker Karl Meichelbeck OSB in Benediktbeuern; 1717 konnten Bernhard Pez und sein Bruder Hieronymus mit Erfolg die bayerischen Klosterarchive bereisen. In der entschiedenen Ablehnung der jesuitischen spätscholastischen »Metaphysicabilitudinationes« stimmten Meichelbeck, Pez und die Mauriner im wesentlichen überein.

Unmittelbare Kontakte bayerischer Gelehrter nach Paris sollten sich bereits ab 1718/19 ergeben, etwa zwischen dem Pollinger Augustiner-Chorherrn Eusebius Amort und dem Bibliothekar Le Courayer zu Ste-Geneviève, oder zwischen den Maurinern zu St-Germain-des-Prés und den Mönchen der Reichsabtei St. Emmeram in Regensburg.[55] Als hier der Philosophielehrer Kaspar Erhardt in St-Germain-des-Prés Auskunft begehrte über geeignete Lehrbücher, bezeichnete sein maurinischer Korrespondent den für die bayerischen Benediktiner immer noch obligatorischen strengen Thomismus sowie sämtliche spätscholastischen Versionen als obsolet und ungeeignet zur vordringlichen Auseinandersetzung mit der quellen- und methodensicheren protestantischen Theologie; dies könne allein die neue positive, historisch-exegetische Methode leisten.[56] Durften derlei Anregungen in Bayern auch noch nicht realisiert werden, sie weckten doch Nachdenken, bald auch Verständnis und Bereitschaft.

Die Korrespondenz zwischen Emmeramern und Maurinern wurde für beide Seiten fruchtbar und überdauerte auch die offenkundigen und unüberbrückbaren Gegensätze im Jansenismusstreit, der seit der Bulle »Unigenitus« (1713) und der sogenannten »Appellation« französischer Bischöfe, Theologen und Ordensleute (1717) wieder aufgeflammt war.[57] Die beredten Plädoyers der Mauriner und Le Courayers zugunsten der Appellanten und kaum verhüllt auch für den Jansenismus, stießen jedoch in St. Emmeram auf klare Ablehnung, in Polling auf betonte Reserve. Noch besaß der Jansenismus in Bayern keine Chance, der Kurie dagegen erwuchsen Verteidiger höchst unterschiedlicher theologischer Provenienz, wie der Augustiner-

Chorherr Augustin Michel aus Indersdorf, Hoftheologe des Kurfürst-Erzbischofs von Köln, dann die Jesuiten Schmalzgrueber in Ingolstadt/Dillingen und Smackers am Hof zu München, schließlich die Benediktiner Korbinian Grätz in Passau und Ludwig Babenstuber in Ettal/Salzburg sowie Marianus Brockie von den Regensburger Schotten, Professor an der Universität Erfurt.[58]

Es scheint, als habe diese gemeinsame antijansenistische Haltung die Tendenzen zur modernen Wissenschaft, zu einer Ausgleichs- und Vermittlungstheologie, gerade auch bei den Jesuiten, nicht verzögert, eher beschleunigt. In diesem Sinne korrespondierten der Münchner Prinzenerzieher Joseph Falck, der Ingolstädter Theologe Christoph Raßler und der Mathematiker Nicasius Grammatici miteinander und mit Eusebius Amort,[59] der seinerseits 1712/15 in Ingolstadt Schüler Raßlers, Schmalzgruebers und des nachmaligen Chinamissionars Ignaz Kögler gewesen war. Aus St. Emmeram kam 1721 der Mönch und spätere Fürstabt Johann Baptist Kraus nach St-Germain-des-Prés, wo er zwei Lehrjahre bei Bernard de Montfaucon verbrachte. Nach seiner Rückkehr blieb er in regem Gedankenaustausch mit den Maurinern. Damals wagte es der St. Emmeramer Nonnosus Hackl, eine Einführung in die positive Theologie vorzulegen.[60] Daß die kurbayerische Landesuniversität Ingolstadt der protestantischen Alma Mater zu Altdorf bei Nürnberg offizielle Glückwünsche zur Säkularfeier 1723 übermittelte, übermitteln durfte, besaß hohen Symbolwert und wäre vier Jahrzehnte zuvor unmöglich gewesen.

Um diese Zeit begann Eusebius Amort mit dem Entwurf zu einer großangelegten Vermittlungstheologie nach Duhamels Vorbild. Das Ziel war, die positive Theologie und die Erkenntnisse der modernen experimentellen Naturwissenschaften behutsam zu übernehmen und dennoch die Flexibilität, ja zeitlose Gültigkeit der jesuitischen Spätscholastik gleichsam mathematisch, *more geometrico*, zu beweisen.[61] Diese »Philosophia Pollingana« erschien 1730 in Augsburg. In der gelehrten Welt und an der römischen Kurie horchte man auf; Bayern hatte wiederum einen Theologen europäischen Formats.

Der Ruhm bayerischer barocker spätscholastischer Theologie und Philosophie sowie der Prozeß von geistiger Neuorientierung, Vermittlung und Ausgleich im Halbjahrhundert zwischen 1680 und 1730 sollten zwei für das Geistesleben wesentliche Faktoren nicht in den Schatten stellen: zum einen die Existenz und Tiefenwirkung von mystischen Strömungen aus Spanien und Frankreich,[62] zum anderen die Fähigkeit fast sämtlicher Richtungen und Schulen, ihre Inhalte zu popularisieren, in Sprache und Verständnis aller Volksschichten umzusetzen.

Die neue Mystik und Spiritualität der sogenannten »Ecole française«, wie sie Franz von Sales, Johanna von Chantal und Maria Alacoque verkörperten, sprach in Bayern eher bestimmte höfische und gebildete Kreise an. Spaniens Leidens- und Sühnemystik – Johannes vom Kreuz, Teresa von Avila, Maria Magdalena de Pazzi – wirkte dagegen unmittelbar oder über den böhmisch-habsburgischen Raum auf alle Schichten und fand vielfältigen Niederschlag in Erbauungs-, Andachts- und Wallfahrtsbüchern, in Heiligenviten, geistlichem Schauspiel, Bruderschaftswesen, Individual- und Volksseelsorge. Visionärinnen wie Kreszentia von Kaufbeuren und die Münchnerin Anna Maria Lindmayr, Tochter eines Bediensteten am Hof Max Philipps, waren von dieser spanischen Mystik entscheidend inspiriert. In der Krise 1704/05 wuchs der »Lindmayrin« sogar eine eminent religiös-politische Rolle als Friedensverkünderin zu. Am Hof, in der Bürgerschaft, aber auch bei der österreichischen Administration hörte man auf sie. Ihre Bemühungen um Gründung eines Karmeliterinnenkonvents, in dem sie selbst Profeß ablegen konnte, erfüllten sich 1711/13; die ersten Nonnen kamen aus dem Karmel zu Prag. – In den folgenden Jahrzehnten wirkten diese mystischen und spiritualistischen Strömungen weiter, wenngleich mehr im Verborgenen. Doch ihnen war verpflichtet, wer Rationalismus und Jansenismus ablehnte, gleichzeitig aber die Auswüchse barocker Frömmigkeit verurteilte und entschiedene innerkirchliche Reformen sowie eine mehr der praktischen Seelsorge zugewandte Kirche forderte.[63]

Damit sei die eher traditionelle Barockfrömmigkeit nicht abgewertet. Überall im Volk hatte sie ihre Heimstatt, sie ergriff Fürsten und Adelige ebenso wie den »kleinen Mann« in der Stadt und auf dem Land. Nicht wenige Ordens- und eine Reihe von Weltgeistlichen gab es, die auf der Kanzel und in der Volksseelsorge ebenso zu Hause waren wie in der Wissenschaft.[64] Der berühmte Salzburger Theologe Ludwig Babenstuber OSB beschrieb auch die Wunder der Ettaler Madonna; Amort und Meichelbeck entzweiten sich 1720 über das Alter des weithin verehrten Hl. Kreuzes von Polling; der Weilheimer Pfarrer Christoph Selhamer, wortgewaltiger »Barockprediger«, unerbittlicher Gesellschaftskritiker und Autor einer vielgelesenen Predigtsammlung, der »Tuba rustica« (1704), war gleichzeitig promovierter Theologe. Der Münchner Augustiner-Eremit Gelasius Hieber, bekannt als Kanzelredner und Wallfahrtsseelsorger, zählte dennoch zum engsten Kreis um Amort und die junge bayerische Akademiebewegung.[65] Einen ungeschminkten Spiegel hielt P. Smackers SJ, Beichtvater der Kurfürstin, dem nach zehnjährigem Exil heimgekehrten Max Emanuel und der Münchner Hofgesellschaft in seinen »Christlichen Gedanken« vor.[66] Max Emanuels einzige Tochter trat 1719 in das Münchner Klarissinnenkloster ein.[67]

Jurisprudenz und Historie

Rechts- und Geschichtswissenschaft vermittelten seit dem zweiten Drittel des 17. Jahrhunderts der europäischen

Geistes- und Wissenschaftsentwicklung revolutionierende Anstöße.[68] Auf dem Feld der Historie erarbeiteten niederländische Jesuiten (Bollandisten), vor allem aber die französischen Benediktiner der Kongregation zu St. Maur (Mauriner), eine Methode systematischer Sammlung und exakter kritischer Prüfung von Quellen nach streng fixierten und verifizierbaren inneren wie äußeren Kriterien. Eine Fülle von Material wurde erschlossen, geprüft, publiziert, in Darstellungen verarbeitet oder bereitgestellt. Ziel war eine durch Wissenschaft ermöglichte Erkenntnis der Vergangenheit, Sicherung der Tradition, auch konkrete Selbstbehauptung von Kloster, Kongregation, Orden, Bistum, Territorium, Herrscherhaus.

Auf anderem Wege, nämlich über den quellenkritisch orientierten Späthumanismus, Francis Bacons Methodologie, Thomas Hobbes' Naturrecht und John Lockes Toleranzbegriff, gelangte die Jurisprudenz zu historisch fundiertem Wissenschaftsverständnis und erweiterter praktisch-politischer Wirksamkeit. Hierauf gründet das rationalistisch-pragmatische Natur- und Völkerrecht eines Hugo Grotius und Samuel Pufendorf, das sich aus der Bevormundung durch die Theologie befreite, seit 1695 an der neuen brandenburgischen Reformuniversität Halle einen Stützpunkt, bald schon in allen protestantischen Territorien Verbreitung fand und von Thomasius, Christian Wolff und Heineccius weiterentwickelt wurde. Natur- und Völkerrecht, *Jus Publicum*, kritische Quellenforschung wurden vorzügliche Instrumente der Politik. Nur der historisch geschulte und versierte Jurist, der die Rechtsquellen genau kannte und wirkungsvoll nutzte, konnte Ansprüche und Gerechtsame von Territorium und Dynastie verteidigen und mehren. Eng verflochten mit dieser Wende der rationalistischen Jurisprudenz zur Geschichte wie zur praktischen Politik war die Tendenz zur Kodifizierung und Kommentierung geltenden Rechts; nur so entstand eine sichere und überschaubare Rechtsordnung, unerläßliche Basis des modernen absolutistischen Fürstenstaates.

In Bayern ließen Kurfürst Max Emanuel und sein Hof weder der Rechts- noch der Geschichtswissenschaft nennenswerte Förderung, geschweige denn zielbewußte Planung und Lenkung angedeihen, wie das unter Maximilian I. und Ferdinand Maria so selbstverständlich wie erfolgreich geschehen war. Der Landesuniversität Ingolstadt blieben Lehrstühle für *Jus Publicum* und Geschichte versagt. Dieser Rückschlag traf besonders die Jurisprudenz; denn die Geschichtswissenschaft, letztlich unabhängig von Fürst, Hof und Universität, konnte sich weiterhin in Klöstern und Bischofssitzen entfalten, sogar in gesteigertem Maße, mochte sich auch die bislang bestimmende gesamtbayerische und territorial- bzw. dynastiegeschichtliche Thematik auf den kirchen- und ordensgeschichtlichen Bereich verlagern und scheinbar verengen.

Zwar herrschten hier noch barocke Kompilatorik, Apologetik, unkritische Hagiographie und Universalgeschichte vor, und selbst verdienstvolle Werke wie etwa die lokalen und regionalen ordenshistorischen Studien des Münchner Franziskaners Fortunat Hueber (1684/86), die »Historia Salisburgensis« des Josef Mezger OSB (1692) und die vierbändige umstrittene »Hierarchia Augustana« des Benediktiners Korbinian Khamm (1709/17) vermochten maurinischen Ansprüchen nicht zu genügen. Es bleibt dennoch bedeutsam, daß die Salzburger Benediktineruniversität bereits um 1671 eine historische Lehrkanzel besaß und die »Historia« von Anfang an im Lehrplan der Ettaler Ritterakademie erschien.[69]

Bald schon, scheinbar unvermittelt, rückte mit P. Karl Meichelbeck aus Benediktbeuern (1669–1734) ein bayerischer Gelehrter in die vorderste Reihe der quellenkritischen Forscher und Repräsentanten des seit 1710/15 entstehenden »deutschen Maurinismus«.[70] Dessen Zentren lagen zunächst vor allem im österreichischen Raum, von Melk und Göttweig bis St. Blasien, aber seine Verbindungen reichten weit, nach Frankreich und in die Schweiz, ins katholische Deutschland und in die Bücherstadt Leipzig, in den böhmisch-mährischen und den gesamten italienischen Raum. Über einflußmächtige Helfer, etwa im Kreis um den Prinzen Eugen und Leibniz, verfügte der »deutsche Maurinismus« am Kaiserhof zu Wien.[71] Treibende Kraft waren die Brüder Bernhard und Hieronymus Pez im Stift Melk,[72] mit dem Projekt einer »Bibliotheca Benedictina Generalis«, internationalem *commercium litterarium*, Archivreisen, ab 1721 monumentalen Quelleneditionen zur Kirchen-, Ordens- und zur österreichischen Geschichte.

Meichelbeck hatte bereits 1703/05, während seiner Lehrtätigkeit am *studium commune* der bayerischen Benediktinerkongregation, somit unabhängig von den Pez und zeitlich sogar noch vor ihnen, die Grundsätze des Maurinismus übernommen, angeregt wesentlich wohl durch Ulrich Staudigl. Im Jahre 1708 wurde Meichelbeck Sekretär und Historiograph der Kongregation, weilte 1712/13 in Rom, hielt ab 1715 engsten brieflichen wie persönlichen Gedankenaustausch mit Bernhard Pez. Doch erst auf Drängen Fürstbischof Eckhers kam das große Werk einer quellensicheren Freisinger Bistumsgeschichte zustande. In Eckher, einem kenntnisreichen und eifrigen Sammler *in historicis*, fand Meichelbeck 1722 den idealen Protektor und Partner. Zwei Jahre später, fristgerecht zur Tausendjahrfeier des heiligen Korbinian, lag der erste Band der »Historia Frisingensis« vor; 1727/29 folgt der zweite; sie enthielten in ihren Quellenteilen über 1800 Urkunden. Als erster hatte Meichelbeck damit die maurinische Methode auf die deutsche Bistumsgeschichte exemplarisch angewandt, überhaupt das erste Geschichtswerk im katholischen Deutschland geschaffen, das maurinischen Kriterien im wesentlichen standhält. Es erhielt allenthalben solch spontane Anerkennung, daß Kaiser Karl VI. den Verfasser als Historiographen nach Wien verpflichten wollte. – Daß zum Bistumsjubiläum 1724 auch eine populärwissenschaftliche deutsche Kurzfassung der »Historia Frisingensis« erschien, spricht für Eckhers und Meichelbecks Weitblick und Wirklichkeitssinn; der Ertrag moderner historischer Forschung sollte auch einem breiteren Publikum vermittelt werden.

Die bayerische Jurisprudenz der Max-Emanuel-Zeit besaß keinen Meichelbeck, weder an der Landesuniversität Ingolstadt noch am Hof zu München; angemessene Möglichkeiten hätte sie nicht zu bieten vermocht. Solange an der Universität das *Jus Publicum* jahrzehntelang um Rang, Form, ja Existenzberechtigung kämpfen mußte, solange das historisch orientierte neue Natur- und Völkerrecht in Bayern – wie in sämtlichen katholischen Territorien – als häretisch ausgesperrt wurde, blieb der Spielraum wissenschaftlicher Entfaltung begrenzt. Doch die eminente bayerische Juristentradition des vorausgehenden Halbjahrhunderts – verkörpert etwa durch die Professoren Christoph Besold, Johann Denich und Kaspar Manz sowie die Kanzler Johann Adlzreiter und Caspar v. Schmid – war auch um die Wende des 17. zum 18. Jahrhundert keineswegs verschüttet.[73] Caspar v. Schmids Kommentar zum Hauptteil des Codex Maximilianeus konnte posthum 1695 in München erscheinen und sollte weit in das folgende Jahrhundert hinein wirken. Schon in den achtziger Jahren hatte der Hofgerichtsadvokat und Steingadener Hofmarksrichter Anton Wilhelm Ertl vielbeachtete und immer wieder aufgelegte Werke über Landeshoheit, Fürstenrecht, Nieder- und Vogteigerichtsbarkeit verfaßt und 1687 einen »Chur-Bayerischen Atlas« herausgegeben, Vorläufer des großen kartographischen Werkes von Michael Wening, das 1701/05 erschien.[74]

Der Ingolstädter Juristischen Fakultät oblagen nach wie vor auch wichtige politische und verwaltungsrechtliche Funktionen im Herrschaftsraum Ingolstadt/Hirschberg, als Gutachter- und Spruchinstanz auf Landesebene, vor allem zwischen Regierung/Hof und Landschaftsverordnung. Diese Fakultät verfügte immer noch über gediegene Kräfte, wie etwa den aus Graubünden stammenden Dominikus von Bassus, Verfasser eines Pandektenwerkes, den Tiroler Georg v. Widmont, der Kommentare zum Digesten- und Kanonischen Recht veröffentlichte, sowie seinen Landsmann Lorenz Albrecht Verlohner, dessen Spruchsammlungsedition Aufsehen und Anstoß erregte. Als brillanter, auch in Geschichte und *Jus Publicum* erfahrener Gelehrter bewährte sich Christoph v. Chlingensperg, Handwerkerssohn aus dem Niederbayerischen, seit 1677 an der Fakultät, 1695 vom Kaiser geadelt. Zahlreiche, zum Teil hochpolitische Gutachten, etwa über das Pfälzer Konfessions- und Reformationsproblem oder über den Orléanischen Erbfolgestreit, machten Chlingensperg weit über Bayern hinaus bekannt; in seinem Sohn Hermann Anton fand er seit 1707 einen ebenbürtigen Helfer und prospektiven Nachfolger.[75] In seinem letzten Lebensjahr, 1720, veröffentlichte Chlingensperg d. Ä. eine Art dynastischen Fürstenspiegel, der wiederum das Haus Wittelsbach auf Karl den Großen zurückführte, somit den Habsburgern ranggleich erklärte und einen wichtigen Beitrag zur Legitimation und Selbstbehauptung der bayerischen Dynastie leistete.[76]

Zentrale Rolle des *Jus Publicum* für Territorium und Herrscherhaus, Unentbehrlichkeit gründlicher Kenntnisse von Fakten und Quellen zur Reichs- und Landesgeschichte, daher notwendigerweise Adaptation des neuen Natur- und Völkerrechts: daß derlei Einsichten nach 1715 auch in katholischen Territorien sich durchsetzten, war nach den Erfahrungen des Spanischen Erbfolgekriegs nur eine Frage der Zeit. Entsprechende Reformen begannen an der Universität Mainz unter Kurfürst-Erzbischof Lothar Franz v. Schönborn, desgleichen an den Hohen Schulen im vorderösterreichischen Freiburg i. Br. sowie in Prag und Wien. Es nimmt daher nicht wunder, daß 1717 der bayerische Gesandte am Kaiserhof, Hannibal v. Mörmann, einst Schüler Chlingenspergs in Ingolstadt, anregte, man möge hier einen »auch in antiquitate et historia recht gründlich und wohlgelehrten Professorem Juris Publici aufstöllen«.[77] Nach Chlingenpergs Tod ersuchte der Münchner Hof Mörmann um Vorschläge für eine Professur »juris privati et publici«, wobei er vor allem an Gelehrte aus Prag dachte.[78] Da Mörmann jedoch nur Protestanten zu nennen wußte – Struve aus Jena und Böhmer aus Halle –, bei denen Konversion Voraussetzung einer Berufung gewesen wäre, zerschlug sich das Projekt.[79]

Einen der ersten, wiewohl unzulänglichen Versuche im katholischen Deutschland, das Natur- und Völkerrecht und besonders das *Jus Publicum* von den Protestanten zu übernehmen, als Waffe gegen die »Akatholiken« umzuschmieden und somit allen Häresieverdacht a priori zu entkräften, wagte um 1720 der Münchner Hofgerichtsadvokat Dr. Johann Josef Pock, ein gebürtiger Salzburger, der damals auch zum engsten Kreis der frühen bayerischen Akademiebewegung um Eusebius Amort und die Münchner Augustiner-Eremiten gehörte. Pocks Werk bewies zwar nicht schöpferische Kraft, aber ausgebreitete Kenntnisse und Fähigkeit zur Anverwandlung neuer Ideen.[80] Auch an der Universität Ingolstadt wurde nach 1720 das Natur- und Völkerrecht schrittweise und privatim rezipiert, vor allem durch den jüngeren Chlingensperg und Johann Peter Schiltenberger. Die entscheidenden Reformen sollten hier jedoch erst ab 1746 zustande kommen.

Noch in Max Emanuels letzte Herrscherjahre fielen Studium oder frühe öffentliche Tätigkeit einiger Gelehrter, die Bayerns Wissenschafts- und Geistesentwicklung bis weit in die zweite Jahrhunderthälfte beeinflussen sollten: Der Benediktiner Anselm Desing (1699–1772) aus Kloster Ensdorf in der Oberpfalz lehrte seit 1725 am Freisinger Gymnasium und half Meichelbeck beim Quellenteil zur Bistumsgeschichte; er hatte bereits eine »Cosmographie« und ein historisch-didaktisches Werk verfaßt und sollte einer der letzten und größten Universalgelehrten des benediktinischen Europa werden. An der Ingolstädter Universität studierten 1724/25 die Münchner Beamtensöhne Andreas Felix Oefele (1706–1780), später Hofbibliothekar, Kenner und Editor bayerischer Quellen, sowie Alois Wiguläus Kreittmayr (1705–1790), bereits unter Max Emanuel 1725 Hofrat, später Vizekanzler und Kanzler des Geheimen Rats und bis zu seinem Tod eine zentrale Figur bayerischer Politik. Mit der Kodifizierung und Kommentierung des gesamten bayerischen Rechts vollbrachte er eine einzigartige Leistung.

In der Gesellschaft Jesu wuchs seit Beginn des 18. Jahrhunderts das Verständnis gegenüber der Geschichte als Lehr- und Universitätsfach. Nicht länger sträubte man sich gegen historische Lehrkanzeln, besetzte sie vielmehr mit qualifizierten eigenen Kräften, um auf diese Weise weltlichen Juristen und Anhängern des Natur- und Völkerrechts den Weg zu verbauen. P. Theodor Smackers, Beichtvater der Kurfürstin, hatte 1712/15 im venezianischen Exil für den Kurprinzen Karl Albrecht eine umfangreiche Universalgeschichte verfaßt. Bereits im Sommer 1726, wenige Monate nach Max Emanuels Tod, befahl der neue Landesherr die Errichtung eines historischen Lehrstuhls in der – von Jesuiten völlig beherrschten – Philosophischen Fakultät zu Ingolstadt,[81] eine Entscheidung, an der Smackers wesentlichen Anteil gehabt haben dürfte.

Naturwissenschaften und Mathematik

Diese Philosophische Fakultät – *Philosophia* hier im alten Wortsinn definiert als einführende, umfassende Wissenslehre aus Moral, Ethik, Rhetorik, Sprachen, Mathematik und Physik – war neben der bis gegen 1720 höchst unbedeutenden Medizinischen Fakultät die einzig nennenswerte Instanz naturwissenschaftlicher Forschung in Bayern; erst seit den dreißiger Jahren traten einzelne Klöster wie Polling, Rottenbuch, St. Emmeram und St. Jakob in Regensburg hinzu. – Die Ingolstädter gelehrten Jesuiten und Mediziner, der Spätscholastik und antiken Autoritäten verpflichtet, standen im ausgehenden 17. Jahrhundert vor einer kaum lösbaren Aufgabe angesichts der vehementen Entfaltung des rationalistischen wissenschaftlichen »Barock«, der mit seiner Mechanik, seiner noch weithin mathematisch orientierten Naturwissenschaft und mit seiner experimentellen Medizin glaubte, im Auffinden berechen- und klassifizierbarer Gesetzmäßigkeiten das Weltall, die Natur und den Menschen erkennen zu können. In dieser Zeit eines Huyghens, Boyle, Boerhave, Leibniz und Newton entstanden entscheidende Grundlagen für die umstürzende Entwicklung von Technik und Naturwissenschaften während der zweiten Hälfte des 18. Jahrhunderts.

In diesem Voranschreiten moderner Wissenschaft auch nur halbwegs rezeptiv Schritt zu halten war der Ingolstädter Universität und den Gelehrten des katholischen Deutschland unmöglich, solange das kopernikanische System und der induktive Erkenntnisweg de facto geächtet blieben oder zumindest Verdacht und fatale berufliche Konsequenzen nach sich zogen, an Lehrstühle für Experimentalphysik und Chemie somit nicht zu denken war, solange ferner in Medizin, Physik und Botanik die nötigsten Hilfsmittel fehlten und Chemie nicht an der Universität und wissenschaftlich exakt, sondern in privaten Alchemistenzirkeln praktiziert wurde. Gleichwohl boten Naturwissenschaften und Medizin schwache und allemal gefährdete Schlupfwinkel und Ausgangspositionen, um der Wissenschaftsentwicklung in schmalster Spur auf den Fersen zu bleiben, ohne sogleich und unbedingt schlimmstem theologischem Verdikt zu verfallen. So fand Ulrich Staudigl OSB in theoretischer wie praktischer Beschäftigung mit Medizin und Naturwissenschaften ein Refugium und sogar Ansehen im protestantischen und katholischen Deutschland, kostete dem Jesuiten Anton Kleinbrodt das Plädoyer für die Experimentalphysik 1704 zwar den Lehrstuhl, nicht jedoch seine geachtete Stellung im Orden.[82] Als fünfzehn Jahre später der Ingolstädter Mediziner Johann Jacob Treyling Einführung und intensive Pflege der *physico-medica experimentalia* empfahl und in aller Vorsicht dem kopernikanischen System höhere Glaubwürdigkeit zusprach, zog er sogleich scharfe theologische Proteste auf sich. Nachdem er seine Thesen in belangloser Weise modifiziert hatte, blieb er ungeschoren.[83]

So konnte gerade damals das dringende Vorhaben eines »Anatomischen Theaters« und Botanischen Gartens in Angriff genommen und bereits 1723/24 verwirklicht werden, wobei sich der Mediziner Johann Adam Morasch als treibende Kraft hervortat. Für Chirurgie und theoretische Medizin, für physikalische und chemische Experimente und für das Studium der Botanik – somit nicht nur für die wenigen Medizinstudenten, sondern auch für das obligatorische propädeutische »Biennium« – bestanden nunmehr in Ingolstadt selbst bei deutschem und europäischem Vergleichsmaßstab nahezu »optimale Bedingungen«.[84] Ganz im Sinne moderner experimenteller Medizin und Naturwissenschaften konnte Morasch 1727/31 eine »Philosophia atomistica« veröffentlichen, ohne ernsthafte berufliche Nachteile oder auch nur verbalen Kompromiß befürchten zu müssen.

Anders als naturwissenschaftliche und medizinische Forschung galt Beschäftigung mit reiner Mathematik und mit Astronomie im allgemeinen als unverfänglich; gerade hier blieb den Ingolstädter Jesuiten seit Christoph Scheiner und Johann Baptist Cysat die Aufgabe, eine bedeutende Kontinuität zu wahren. Ungescheut und ungestraft korrespondierten schon im ausgehenden 17. Jahrhundert einzelne Ingolstädter Jesuiten mit Mathematikern und Astronomen der protestantischen Reichsstadt Nürnberg, wie Johann Peter Wurzelbau und Johann Gabriel Doppelmayr.[85] Dieser Gedankenaustausch verstärkte sich, nachdem 1720 Nicasius Grammatici SJ (1684–1736) – aus Trient, bis dahin an der Universität Freiburg i. Br. – die Ingolstädter Lehrkanzel für Mathematik und einen Lehrauftrag für Hebräisch übernommen hatte.[86] Beide Seiten zogen reichen Gewinn: die Nürnberger aus den engen Verbindungen der Jesuiten zur romanischen Welt und nach Übersee, bis hin zu Ignaz Kögler in Peking, die Jesuiten aus dem Ansehen der Nürnberger in der protestantischen *republique des sciences;* doch auch über die einschlägigen Forschungen der Pariser Akademie besaßen die Nürnberger Informationen aus erster Hand und gaben sie nach Ingolstadt weiter.[87] Daß die Spalten der Leipziger »Acta Eruditorum« sich Grammatici öffneten, geschah wohl dank Vermittlung Nürnberger Korrespondenten.[88]

Während seiner sechs Ingolstädter Universitätsjahre hat Grammatici Außerordentliches vollbracht, durch weitverzweigtes *commercium litterarium,* als Helfer und Mentor von Gelehrten und Studenten, durch vielbeachtete astronomische und meteorologische Untersuchungen, etwa zur Längenbestimmung und Kometenbeobachtung, die ihn als Kenner Newtons und der gesamten zeitgenössischen europäischen Forschung ausweisen.[89] Sein »Planetolabium« von 1726, bereits nach kopernikanischem Modell konzipiert, besitzt für die Wissenschaft im katholischen Deutschland bahnbrechende Bedeutung.[90] Es erschien nur zwei bzw. drei Jahre, nachdem Eusebius Amort – selbst tüchtiger Mathematiker, Geograph und Astronom – in zwei zu Nürnberg publizierten Werken dem kopernikanischen System noch, wiewohl halbherzig, widersprochen hatte.[91] Zu Recht wurde Grammatici gerade von Amort als »in Boiaria nostra disciplinarum Mathematicarum Praeses« apostrophiert.[92]

Nicht zuletzt aber zählte Grammatici neben Amort und dem gesinnungsverwandten Münchner Prinzenerzieher und -beichtvater Joseph Falck SJ zu den aktiven Kräften der bayerischen Akademiebewegung und ihres publizistischen Sprachrohrs, der Zeitschrift »Parnassus Boicus«. Damit eröffneten sich neue Dimensionen: Publikationen in deutscher Sprache, Breitenwirkung, praktische Verwertung wissenschaftlicher Erkenntnisse. Die Schwelle zur Frühaufklärung war überschritten.

Anfänge von Akademiebewegung und wissenschaftlicher Publizistik: »Academia Carolo-Albertina« und »Parnassus Boicus«

Erste Ansätze von Akademiebewegung und gelehrter oder anspruchsvoll-populärwissenschaftlicher Publizistik erfolgten in Bayern zu Beginn des 18. Jahrhunderts; verständlich sind sie allein in europäischem Zusammenhang. Gelehrte Akademien, Sozietäten und Zirkel, ob literarisch-sprachlich, historisch-antiquarisch oder naturwissenschaftlich-mathematisch orientiert, waren bereits seit dem frühen 17. Jahrhundert entstanden, zunächst im italienischen Raum, auf den Britischen Inseln, in Paris und der französischen Provinz. Im Deutschen Reich machten die Sprachgesellschaften, die »Academia Naturae Curiosorum« des Jahres 1652 und dann 1700 die von Leibniz konzipierte Berliner Akademie den Anfang.[93] Seit dem zweiten Jahrzehnt des 18. Jahrhunderts griff die Akademiebewegung rasch aus, nach Madrid und Lissabon, nach Uppsala und sogar ins päpstliche Bologna; Leibniz' jahrzehntelange Projekte für eine kaiserliche Akademie in Wien gediehen 1714/15 fast bis zum Erfolg; ein Jahrzehnt später gelang in St. Petersburg die Gründung einer kaiserlich-russischen Akademie der Wissenschaften. – Zeitlich etwa parallel, inhaltlich und z. T. auch personell eng mit der Akademiebewegung verflochten, entstand seit etwa 1660 eine Reihe bedeutender gelehrter Zeitschriften, wie das »Journal des Savants« und die »Mémoires de Trévoux« in Paris, die »Philosophical Transactions« der Londoner Royal Society, das »Giornale de' Letterati« zu Florenz sowie die Leipziger »Acta Eruditorum«. Bei Verbreitung wissenschaftlicher Erkenntnisse und Informationen in der sich formierenden internationalen und zunehmend auch überkonfessionellen Gelehrtenrepublik fiel diesen Periodika eminente Bedeutung zu.

Die europäische Akademiebewegung hat sich seit der zweiten Hälfte des 17. Jahrhunderts unverkennbar institutionalisiert und vielfach »verstaatlicht«. Gelehrtenzirkel konstituierten sich als private Sozietäten, manche neuen gelehrten Gesellschaften aber bemühten sich bereits von vornherein um fürstliche Protektion oder entstanden gar auf Initiative und unter strikter Leitung der Obrigkeit. Einzelne – zunächst privat etablierte – Sozietäten suchten früher oder später Schutz und Hilfe des Landesherrn, um die finanziellen Probleme halbwegs befriedigend lösen und langfristige wissenschaftliche Gemeinschaftsunternehmen verwirklichen zu können. Die Obrigkeit erkannte, welchen Nutzen sie aus der Akademiebewegung zu ziehen vermochte, wenn es darum ging, Ansehen und reale politische wie ökonomische Macht zu mehren.

Damit gewannen innerhalb der Akademiebewegung neben mathematisch-naturwissenschaftlicher »Grundlagenforschung« und historischen Quelleneditionen unmittelbar praktische Zielsetzungen immer stärker an Gewicht, sei es im politischen und staats(kirchen)rechtlichen, sei es im technologischen und ökonomischen Bereich, d. h. bei Vermessung, Erschließung und Ausbau des Landes. Aufstieg und Inpflichtnahme der Akademiebewegung sowie die Ausbreitung einer europäischen Gelehrtenrepublik schufen für die postfeudale absolutistische Herrschafts- und Gesellschaftsordnung Probleme besonderer Art; sie betrafen vor allem den wesentlich bürgerlichen Charakter der neuen Gelehrtenschicht, ihre Aufstiegsmöglichkeiten und internationalen Kontakte, ihr Prestige und Bewußtsein eigener Unentbehrlichkeit, nicht zuletzt das neuartige Privileg der Zensurfreiheit staatlicher Akademien. Die Akademiebewegung hatte eine wichtige Funktion im absolutistischen Fürstenstaat übernommen. Sie, und nicht die wesentlich der Lehre verpflichteten Universitäten, wurden um die Wende des 17. zum 18. Jahrhundert zu einem bedeutenden Ursprung und Vehikel der europäischen Frühaufklärung.

Dank der gelehrten Sozietäten und Zeitschriften im italienischen Raum, mehr noch in Frankreich, nahm das katholische Europa an der Entfaltung der Akademiebewegung vollen Anteil. Aus Paris und Rom gelangten denn auch die ersten Anregungen nach Bayern. Jesuitengeneral Gonzales benutzte 1701 die Gründung der »Mémoires de Trévoux«, um ähnliche Periodika auch in anderen Ordensprovinzen zu empfehlen. Die Ingolstädter Jesuiten griffen diese Anregung sogleich auf und planten die Herausgabe von »Eruditorum Ephemerides«. Mag dieses Vorhaben auch an den Kriegswirren – vielleicht auch an Bedenken grundsätzlicher Art – gescheitert sein, Tatsache bleibt, daß die erste bayerische gelehrte Zeitschrift von Jesuiten der Landesuniversität Ingolstadt projektiert wurde.[94] Im gleichen Jahr 1701 wurde der Protagonist der katholischen Frühaufklärung in Bayern, P. Ulrich Staudigl aus Andechs, in die »Academia Naturae Curiosorum« zu Halle gewählt und konnte in ihren »Ephemerides« eine Reihe von Beiträgen veröffentlichen.[95]

Wie sehr damals Zusammenschluß und publizistische Aktivität gleichgesinnter Geister auch in Bayern nur des auslösenden Funkens harrten, zeigte zwischen 1702 und 1705 die Münchner »Nutz- und Lusterweckende Gesellschaft der vertrauten Nachbarn am Isarstrom« mit ihren fünf Bänden zu je sechs sogenannten »Versammlungen«.[96] Bayerns kritische Situation nach Beginn des Spanischen Erbfolgekriegs und Max Emanuels Option gegen Kaiser und Reich boten zwanzig kurfürstlichen, bürgerlichen Beamten, Welt- und Ordensgeistlichen sowie etlichen Adeligen Anlaß zur Vereinigung. Das Ziel war katholisch-apologetisch und kompromißlos bayerisch-patriotisch, für Kurfürst und französische Allianz, sei es auch im Gegensatz zu einer wachsenden Zahl aus Adel, Geistlichkeit und Landschaft, die sich mit den Österreichern zu arrangieren gedachten. Daß bereits 1703 zusätzlich eine »Vertraute Gefährtin« der »Isarfreunde« publiziert werden konnte, weist auf breite Wirkung. Sie gelang, weil man, wiewohl noch ungelenk, die Muttersprache gebrauchte, eine ebenso loyale wie radikale Haltung bezog und zudem reiche Informationen aus der europäischen Politik und Zeitgeschichte bot. Weitere Veröffentlichungen waren in Vorbereitung, als die militärische Niederlage und die österreichische Okkupation 1705 alle Pläne zunichte machten.[97] Im Rahmen der patriotischen Bewegung und Publizistik verdienen die »Isarfreunde« hohe Beachtung; als Vorstufe von Akademiebewegung und gelehrter, selbst populär-wissenschaftlicher Publizistik kommen sie nur sehr begrenzt in Betracht.

Erst in den Friedensjahren nach 1715 sollte die bayerische Akademiebewegung Gestalt gewinnen. Der Ansporn kam vor allem aus Wien und Österreich, von italienischen Gelehrten am Kaiserhof, hohen Beamten, nicht zuletzt von den Benediktinern um Bernhard Pez aus Melk.[98] Durch ihn war Meichelbeck in Benediktbeuern, durch diesen wiederum Eusebius Amort zu Polling informiert.[99] In München etablierte sich 1719 Dr. Johann Joseph Pock als Hofgerichtsadvokat; er hielt engen Kontakt zu den Augustiner-Eremiten Gelasius Hieber und Agnellus Kandler; letzterer war Sohn eines der führenden Mitglieder der »Isarfreunde«. Im gleichen Jahr kehrte der Jesuit P. Smackers als Beichtvater der Kurfürstin an den Münchner Hof zurück, nach dreijährigem erzwungenen Aufenthalt in Pruntrut, wo er eine gelehrte Sozietät unter dem Protektorat des Bischofs von Basel gegründet hatte.[100] Ähnliche Absichten nun auch in München zu verfolgen lag nahe; Hilfe fand Smackers dabei vor allem bei P. Joseph Falck, dem Erzieher und Beichtiger des Kurprinzen Karl Albrecht.

Damit zeichnen sich Konturen einer bayerischen Akademiebewegung ab, aus der noch 1720 das Projekt einer »Academia Carolo-Albertina« entstehen sollte.[101] Daß der Kurprinz und nicht Max Emanuel als Protektor erkoren wurde, zeigt die Jesuiten Smackers und Falck am Werk, bedeutete zugleich aber eine Option für die Zukunft. Entwurf der Statuten und des Arbeitsplanes, Vorüberlegungen betreffend Organisation, Publikationen und Mitgliederwerbung besorgten Hieber, Kandler und Pock in enger Fühlung mit Amort. – Die sehr detaillierten Akademiestatuten nannten drei Hauptziele: zunächst »Erhaltung und Vermehrung des wahren und alleinseligmachenden römisch-catholischen Glaubens in Deutschland«, dann »Glorie und Ruhm des durchleuchtigsten Churhauses, wie auch des Churfürstenthums Bayern«, schließlich »hohe Nutzbarkeit von denen vornehmsten Wissenschaften und Künsten in bayerischen Landen einzuführen und zu befördern«. Hierbei stand programmgemäß die Theologie voran; eifrig gepflegt werden sollten ferner u. a. *historia profana* nebst Hilfswissenschaften, *Jus Publicum*, Medizin und Mathematik sowie *mechanicae et oeconomicae scientiae;* vierteljährlich wollte man »ein und andere kleine Tractatl ... in guter, reiner hochteutscher Sprach« herausgeben. Durch diese postulierten drei Hauptziele dünkte man sich unangreifbar genug, um volle Zensurfreiheit, d. h. Eigenzensur durch die Akademiemitglieder begehren zu dürfen.

Der Erfolg schien zum Greifen nahe; ein kurfürstlicher Stiftungsbrief war, wenn nicht ausgestellt, so doch konzipiert und unterschriftsreif.[103] Warum das Vorhaben dann doch zerbrach, offenbar in letzter Minute, das bleibt nur zu vermuten: Intrigen am Hof, Widerstände in der Gesellschaft Jesu, vor allem Zwist in der kurfürstlichen Familie, wobei der oft sehr undiplomatisch agierende P. Smackers ins Zwielicht geriet, schließlich Bedenken gegen die Zensurfreiheit, dies alles mag eine mehr oder minder große Rolle gespielt haben. Den Ausschlag hat möglicherweise Jesuitengeneral Tamburini zu Rom gegeben, als er Ende 1720

P. Smackers jede weitere Mitarbeit an der Akademie untersagte.[104] Das Projekt der »Academia Carolo-Albertina« bleibt gleichwohl bemerkenswert, für Bayern in jener Zeit realistisch und weitblickend, ungeachtet aller Apologetik. Seinen Trägern sichert es einen ehrenvollen Platz in der deutschen und europäischen Akademiegeschichte.

Die Akademiebewegung ließ sich durch diese Rückschläge nicht entmutigen und suchte nunmehr in einer gelehrten Zeitschrift Gestalt zu gewinnen. Als treibende Kraft wirkten statt der Jesuiten Smackers und Falck fortan Gelasius Hieber und eine Reihe seiner Mitbrüder aus dem Münchner Augustinerkloster sowie Dr. Pock und Eusebius Amort. Diesmal gedieh das Unternehmen zum Erfolg; bereits 1722 erschien der erste Band des »Parnassus Boicus oder Neu Eröffneter Musenberg, worauff verschiedne Denck- und Leßwürdigkeiten aus der gelehrten Welt, zumahlen aber aus denen Landen in Bayern abgehandelt werden«.[105]

Im Vergleich zum Projekt der »Academia Carolo-Albertina« von 1720 war das Programm des »Parnassus Boicus« umfassender, anspruchsvoller, auch moderner konzipiert.[106] Zwar fehlte auch hier nicht das Bekenntnis zu Kirche, katholischer Apologetik, Dynastie und Territorium, doch wollte man gegenüber Politik und »Zeitgeschehen« Distanz halten, nannte als Vorbilder ungescheut gelehrte Zeitschriften nicht nur Italiens, Frankreichs und Portugals, sondern auch aus dem protestantischen England, Holland, sogar Deutschland; hier dachte man wohl an die seit 1712 in Leipzig erscheinenden »Teutschen Acta Eruditorum«. Aufgenommen werden sollte alles, »was sonderlich Neues passire und vorkomme in der gelehrten Welt ... also wird und solle nichts sein in der ganzen Encyclopedy oder Umkreis der gesamten Künsten und Wissenschaften, was Stammens und Namens es auch immer sein möge, so von unserm Parnasso solle ausgeschlossen oder nicht angenommen werden.« Nicht nur Zielsetzung, auch die Zielgruppen hatten sich gegenüber dem Akademieprojekt erweitert, galt es jetzt doch, die Wissenschaften »denen Unwissenden bekannt zu machen, in den Anfangenden zu befördern, in denen Fortschreitenden weiter zu führen, in denen würklich Gelehrten aber selbst aufzufrischen ...«[107] Das waren neue Töne, verständlich nur, wenn man bedenkt, wie rasch sich Frühaufklärung und Akademiegedanke im deutschen katholischen Raum gerade um 1720 entfalteten. So sollte Christian Wolff, der damals noch zu Halle lehrende prominente Aufklärungsphilosoph, Rechtsdenker und Mathematiker, 1722 Präsident einer künftigen »Akademie der Manufakturen und Wissenschaften« in Wien werden.[108] War es da Zufall, daß Eusebius Amort schon im Jahr darauf es wagte, im »Parnassus Boicus« ein naturwissenschaftliches Werk Wolffs – erstmals in Bayern – lobend zu erwähnen?[109]

Zwischen 1722 und 1727 konnte der »Parnassus Boicus« sein Programm in hohem Maße verwirklichen, wobei ein abgewogenes Verhältnis zwischen Natur- und Geisteswissenschaften gelang. Hier nur einige Paradigmen aus einer erstaunlichen Fülle: Nicasius Grammatici SJ aus Ingolstadt lieferte wertvolle astronomische und mathematische Beiträge; er und Joseph Falck SJ stellten überdies Observationen von Jesuitenastronomen aus fast dem ganzen katholischen Europa und aus Übersee zur Verfügung; Amort steuerte zahlreiche naturwissenschaftliche, meteorologisch-astronomische und geographische Untersuchungen bei, u. a. über Sonnenfinsternisse; Theodor Smackers SJ schrieb über Fragen der Chemie, Kandler über frühmittelalterliche Geschichte und Genealogie. Als höchst vielseitiger Gelehrter bewährte sich Gelasius Hieber, der in den ersten vier Bänden zentrale Fragen der älteren bayerischen wie der Universalgeschichte, aber auch physikalisch-mechanische Probleme behandelte und in der – damals noch keineswegs entschiedenen – Auseinandersetzung um die Zukunft der deutschen Sprache zugunsten eines kraftvollen Schriftbayerisch ebenso fundiert wie dezidiert Stellung bezog. – Ob nun eine zeitgemäße Bibliotheksordnung, die Konstruktion und der Gebrauch von Thermo- und Barometer, die Unterschiede zwischen moderner Chemie und der Alchemie zeitgenössischer Goldmacher erklärt wurden,[110] allemal herrschten nüchtern-praktische, didaktische, auf ein breiteres Publikum zielende Erwägungen. Dem gleichen Zweck dienten die populärwissenschaftlichen Biographien bayerischer Gelehrter des 16. Jahrhunderts, vor allem Aventins und Dr. Johannes Ecks, die Kandler damals mit Erfolg angeregt hat; damit sollte wohl auch die wissenschaftsfördernde Liberalität der Wittelsbacher Herzöge – im Kontrast zur Zeit Max Emanuels – deutlich werden.[111]

Von Anfang an bot der »Parnassus Boicus« eine Überschau über wesentliche Neuerscheinungen auf dem Büchermarkt. Nicht nur Werke aus dem katholischen deutschen oder bestenfalls italienischen Raum wurden rezensiert, sondern häufig auch Bücher aus Paris, Den Haag und Amsterdam, aus London, dem protestantischen Deutschland, sogar aus Riga; immer wieder wurden Auszüge aus den »Teutschen Acta Eruditorum« und den Leipziger Buchmessekatalogen veröffentlicht. Daß der »Parnassus Boicus« über die neuen Akademien in Spanien und Portugal genau informierte,[112] gute Kontakte zu Gelehrten des »Istituto delle Scienze« in Bologna hielt, daß Grammatici für ihn mit der »Académie des Sciences« und den »Mémoires de Trévoux« in Paris korrespondieren wollte,[113] all das beweist, daß die ersten Träger der bayerischen Akademiebewegung sich wie selbstverständlich der europäischen Gelehrtenrepublik einfügten.

Als eine Art engerer Redaktionsausschuß des »Parnassus Boicus« waren Hieber, Kandler und Dr. Pock in München tätig;[114] die Auflage dürfte an die fünfhundert Exemplare betragen haben, wovon bereits dreißig an Universität und Jesuitenkolleg nach Ingolstadt gingen.[115] Welchen Anklang die Zeitschrift fand, erhellt daraus, daß sie stets in kürzester Zeit vergriffen und innerhalb wie außerhalb Bayerns auch später sehr gesucht war; noch 1780 fahndete Lessing in München vergeblich nach ihr.[116] Schwierigkeiten blieben dem »Parnassus Boicus« zeit seines Bestehens nicht erspart, verstärkten sich sogar: Es gab Ärger mit der schleppenden und peniblen Zensur durch den Münchner Geistlichen Rat, mit Druckern und Buchhändlern, mit manchen Beiträgern.[117] Das Verhältnis zu den jesuitischen Mitarbeitern scheint sich zumindest vorübergehend getrübt zu haben;[118] Benediktinergelehrte, vor allem Karl Meichelbeck, hielten sich überhaupt von dem Unternehmen zurück; die finanziellen Lasten wurden drückender.[119] Kandler und Amort suchten dieser Gefahr Herr zu werden, indem sie ein neues finanzielles Sicherungs- und Beitragssystem und die Verlegung der Zeitschrift nach Augsburg erwogen.[120] Es scheint sogar, als sei zumindest Kandler bereit gewesen, auf den Namen »Parnassus Boicus« zugunsten verstärkter Sachlichkeit und überregionaler und -nationaler Attraktivität zu verzichten.[121] Doch wurden all diese Überlegungen hinfällig; ein Ende zeichnete sich ab, nachdem 1724 Hieber nach Aufkirchen und zwei Jahre später Grammatici nach Madrid versetzt worden waren, während Amort von der entstehenden »Philosophia Pollingana« absorbiert wurde. Der »Parnassus Boicus« stellte 1727 sein Erscheinen ein; Versuche, ihn 1736 und 1740 wiederzubeleben, gelangen nur auf kurze Dauer.

Für Bayern war der »Parnassus Boicus« die erste wissenschaftliche Zeitschrift von Rang, Bindeglied zur gelehrten Welt, Markstein im Prozeß von Frühaufklärung und Akademiebewegung. Als 1758/59 die neukonstituierte Kurbayerische Akademie der Wissenschaften sich ausdrücklich auf ihn berief und Eusebius Amort als letzten noch lebenden Herausgeber zum Gründungssenior bestellte, bedeutete dies letztlich doch mehr als nur ein äußerliches Zeichen.[122] Es bewies erneut, daß Bayerns Geistes- und Wissenschaftsentwicklung allemal weniger von scheinbar unaufhebbaren Antagonismen – Barock, Frühaufklärung, entschiedene Aufklärung – bestimmt wurde als vielmehr durch eine Haltung, die das Überlieferte bewahren und doch den notwendigen Übergang und Wandel vollziehen wollte, die zugleich geprägt war von zukunftsoffener Weltläufigkeit wie von glaubens- und heimatverbundener Beharrung. So suchte auch das Halbjahrhundert zwischen 1680 und 1730, von den großen Werken barocker spätscholastischer Theologie bis zu Meichelbeck, Amort, Grammatici und dem »Parnassus Boicus«, zu keiner Zeit den Bruch mit der Tradition. Sein Leitmotiv hieß Kontinuität.

Anmerkungen

1 Grundlegend, mit weiterführender Lit., ist A. Kraus, Bayerische Wissenschaft in der Barockzeit 1579–1750 (HB II) 781–814. – Wertvoll bleiben Doeberl II, 224–289, und Riezler VIII, bes. 586–696. – Häufig wurden für die vorliegende Studie folgende Werke herangezogen: Prantl; Goebel, Aufklärung; Duhr IV/2; van Dülmen, Anfänge; Hubensteiner, Eckher; ders., Barock; Bauerreiss VII; Kraus, Bürgerlicher Geist; ders., Emmeram.

2 E. Reichmann, Die Herrschaft der Zahl. Quantitatives Denken in der deutschen Aufklärung, Stuttgart 1968; J. O. Wade, The intellectual Origins of the French Enlightenment, Princeton-Oxford 1971; allg. vgl. F. Wagner, Europa im Zeitalter des Absolutismus und der Aufklärung. Die Einheit der Epoche (Handb. der Europ. Geschichte IV, hrsg. v. Th. Schieder, Stuttgart 1968) 1–165; ders., Europa um 1700 – Idee und Wirklichkeit (Francia 2, 1974) 295–308.

3 M. Spindler, Der Ruf des barocken Bayern (HJb 74, 1955) 319–341; ders., Aufsätze 55–78; M. Braubach, Träger und Vermittler romanischer Kultur im Deutschland des 18. Jahrhunderts (Dauer und Wandel der Geschichte, Festgabe f. K. v. Raumer, Münster 1966) 324–336; ders., Diplomatie und geistiges Leben im 17. und 18. Jahrhundert. Gesammelte Aufsätze, Bonn 1969, 519–529; K. Bosl, Italienisch-deutsche Kulturbeziehungen im 17. Jahrhundert, vornehmlich in dessen zweiter Hälfte (ZBLG 30, 1967) 307–327; B. Hubensteiner, Das spanische Jahrhundert (Land vor den Bergen. Essays, München 1970) 43–64; A. Kraus, L. A. Muratori und Bayern (La Fortuna di L. A. Muratori – Atti del convegno internazionale di studi Muratoriani – Modena 1972, Florenz 1975) 151–174.

4 Hinweise bei Hubensteiner, Eckher 166; ders., Land vor den Bergen (Anm. 3) 26. Im befreiten Ungarn wollte man 1687/99 Benediktinerabteien durch die bayerische Kongregation neu besiedeln bzw. auffüllen; vgl. u. a. Abt-Präses C. Vogl an Geh. Rat Prielmair (mit Kopie für Max Emanuel), dat. St. Emmeram in Regensburg, 1. 1. 1688; Prielmair an Abt von Tegernsee, dat. München 28. 2. und 14. 5. 1688 (StAM, GR 712/68, fol. 6, 20–22).

5 Mederer III, 80, 169; A. Huonder, Deutsche Jesuitenmissionare des 17. und 18. Jahrhunderts, Freiburg i. Br. 1899, bes. 105ff., 186–189; Duhr IV/2, 503–535; L. Schrott, Bayerische Weltfahrer, München 1964, 156–163; das Originalmaterial in BStB clm 1403, clm 8689, clm 26472 und AStA, Jesuitica 589 u. 590 ist noch längst nicht erschöpfend verwertet.

6 Mederer III 126f., 131, 152; vgl. Hinweis auf das Linzer jesuitische »Collegium Nordicum« bei Hubensteiner, Eckher 86.

7 So war zeitweise ein schottischer Jakobit, Colonel Butler, Kommandant von Ingolstadt; vgl. Abt Bernhard Baillie an Agent William Stuart in Rom, dat. Regensburg, 10. 7. 1723 (SCA).

8 Lit. bei L. Hammermayer, Das Regensburger Schottenkloster des 19. Jahrhunderts im Spannungsfeld zwischen Großbritannien, Bayern und Rom (Beitr. z. Geschichte d. Bistums Regensburg 5, 1971) 241–483, bes. 262ff., 271–276.

9 Florus Anglo Bavaricus Serenissimo Principi Maximiliano Emmanueli, Duci Bavariae, e Mariae Antoniae Leopoldi Caesaris Filiae, Auspicato Nuptiarum foedere conjunctis inscriptus, Lüttich 1685; hierauf beruht [J. C. Lippert] »Nachricht von Stiftung des ehem. Engländischen Jesuiten-Collegs in Lüttich« ca. 1775 (GStA K. schw. 109/324, fol. 1–28^{v}).

10 R. Reiser, Internationales Gesandtenleben auf dem Immerwährenden Reichstag zu Regensburg (MBM 17, 1969); F. Bracher, Etherege as Diplomat (Harvard Library Bulletin XVII/1, 1969) 45–60; ders., The Letters of Sir George Etherege, Berkeley-Los Angeles 1974.

11 Jakob II. an Max Emanuel, dat. Whitehall, 6. 10. 1685 (GStA K. schw. 3292, ohne fol.); gedr. bei L. Hammermayer, Restauration und »Revolution von oben« in Großbritannien 1685/88. Zur Kirchen-

und Innenpolitik Jakobs II. (VII.) und zur Rolle der deutschen Schottenklöster (HJb 87, 1967) 26–90; bes. 86.

[12] Z. folg. vgl. allg. D. Albrecht, Die kirchlich religiöse Entwicklung (HB II) 626–657, bes. 652ff.; Bauerreiss VII 4–79; G. Maier-Kren, Die bayerischen Barockprälaten und ihre Kirchen (Beitr. z. Geschichte d. Bistums Regensburg 3, 1969); L. Hüttl, Geistlicher Fürst und geistliche Fürstentümer im Barock und Rokoko (ZBLG 37, 1974) 3–48.

[13] Hemmerle, Benediktinerklöster; Bauerreiss VII 56–62; G. Stadtmüller u. B. Pfister, Geschichte der Abtei Niederalteich 741–1971, Augsburg 1971, bes. 228–240 (Abt Joscio Hamberger); H. Hörger, Die oberbayerischen Benediktinerabteien in der Herrschaftswelt, Gesellschaft und geistig-religiösen Bewegung des 17. Jahrhunderts (StMBO 82, 1971) 7–270. – Zu Salzburg vgl. H. Wagner (Hrsg.), Universität Salzburg 1622–1962–1972, Salzburg 1972, bes. 95–222; E. Zlabinger, Lodovico Antonio Muratori und Österreich (Studien z. Rechts-, Wirtschafts- und Kulturgeschichte 6, Veröffentl. d. Univ. Innsbruck 53, 1970) bes. 25–40; J. Laglstorfer, Der Salzburger Sykophantenstreit um 1740, Diss. phil. Salzburg 1971 (Masch.).

[14] Zit. nach A. Waldstein-Wartenberg, Gelehrte Gesellschaften und Akademien (Bohemia Sacra. Das Christentum in Böhmen 973–1973, hrsg. v. F. Seibt, Düsseldorf 1974) 444f., 583f. (Anm.). – K. v. Reinhardstöttner, Pädagogisches aus der Ritterakademie Ettal 1711–1744 (FKLB 4, Ansbach-Leipzig 1896) 62–96; St. Kainz, Die Ritterakademie Ettal 1710–1745 (Gymnasialprogramm Ettal, München 1912).

[15] K. Hausberger, Gottfried Langwerth von Simmern 1669–1741, Bistumsadministrator und Weihbischof von Regensburg (Beitr. z. Geschichte d. Bistums Regensburg 7, 1973) bes. 268–286.

[16] Baader, Lexikon II 247f.; Goebel Aufklärung 4ff.; K. Emerich (Landsberger Geschichtsblätter 10 u. 11, 1928); H. Holl, P. Ulrich Staudigl von Andechs als erster Prokurator der bayerischen Benediktiner-Kongregation in Rom (StMBO 51, 1933) 231–275. Vgl. Anm. 32, 49, 82, 95.

[17] K. Muth, Der Studienbetrieb in Niederalteich unter Abt Joscio Hamberger 1700–1740 (Mitt. z. Schulgesch. 10, Berlin 1900) 99–116.

[18] L. Hammermayer, Marianus Brockie und Oliver Legipont. Aus der benediktinischen Wissenschafts- und Akademiegeschichte des 18. Jahrhunderts (StMBO 71, 1961) 69–121, bes. 74–82.

[19] Bessel entschloß sich Ende 1724 zur Verbindung mit Tegernsee, ein Jahr später begann der Satz; das Werk lag 1732 vor; vgl. E. Ritter, Gottfried Bessel, der »deutsche Mabillon« (Gottfried Bessel 1672–1749; Quellen u. Abh. z. mittelrheinischen Kirchengeschichte 16, Mainz 1972) 203–215.

[20] N. Backmund, Die Chorherren und ihre Stifter in Bayern, Passau 1966; R. van Dülmen, Propst Franziskus Töpsl (1711–1796) und das Augustiner-Chorherrenstift Polling, Kallmünz 1967; H. Pörnbacher (Hrsg.), 900 Jahre Rottenbuch, Weißenhorn 1974 (Beitr. von Jakob Mois); Bauerreiss VII 79ff.

[21] Bauerreiss VII 79ff., 62ff., 20–27.

[22] B. Lins, Geschichte der bayerischen Franziskanerprovinz 1620–1802, München 1926; Hubensteiner, Eckher 43f., 98, 157f., 166 u. passim; Bauerreiss VII 64–74. Als Ergebnis langjähriger ordensgeschichtlicher Studien veröffentlichte der Münchner Augustiner-Eremit und spätere Provinzial A. Höggmayr (1680–1739): Monasteria Ordinis FF. Eremitorum S. Augustini per Germaniam, Augsburg 1731 (Neudruck mit Einführung von A. Zumkeller, Würzburg 1974).

[23] Duhr IV/2 117, 120, 504; LThK IX (1964) 427.

[24] O. Münsterberg, Bayern und Asien im 18. Jahrhundert (Zschr. d. Münchener Altertumsvereins NF 6, 1894) 21–34; Duhr IV/2 342–359; Hubensteiner, Eckher 116; U. Krempel, Die Orbansche Sammlung, eine Raritätenkammer des 18. Jahrhunderts (MJBK 19, 1968) 169–184.

[25] G. Schwaiger, Die Theologische Fakultät der Universität Ingolstadt, 1472–1800 (Die Ludwig-Maximilians-Universität in ihren Fakultäten, hrsg. v. L. Boehm und J. Spörl, Bd. 1, Berlin-München 1972) 13–126.

[26] Prantl I 456–461; zum *Jus Publicum* vgl. S. 438.

[27] Im Kriegsjahr 1705 allerdings nur 291 Studenten (Prantl I 463). Wertvolle Angaben bei R. A. Müller, Studium und Studenten an der Medizinischen Fakultät der Universität Ingolstadt im 18. Jahrhundert (Sammelblatt des Hist. Vereins Ingolstadt 83, 1974) 187–240, bes. 197ff.

[28] Prantl I 476; B. Rupprecht, Akzente im Bau- und Kunstwesen Ingolstadts von der Ankunft der Jesuiten bis zum hohen 18. Jahrhundert (Ingolstadt. Die Herzogsstadt – die Universitätsstadt – die Festung, hrsg. v. Th. Müller und W. Reißmüller, Ingolstadt 1974) 217–298, bes. 223–234.

[29] Max Emanuel an die Universität, dat. München, 28. 11. 1702, Wortlaut bei R. A. Müller (Anm. 27) 210ff.

[30] Mederer III 56, 166; Prantl I 463f. – Zur Hochzeit Max Emanuels veröffentlichte die Universität: Thronus gloriae invictissimis Principibus Serenissimis Sponsis Maximiliani Emmanueli et Mariae Antoniae, Ingolstadt 1685. – Die Rückkehr des Kurfürsten feierte man mit dem Werk: Fortitudo Leonina in utraque Fortuna Maximiliani Emmanuelis ... secundum heroica majorum suorum exempla Herculeis laboribus representata, München 1715.

[31] Zu Smackers (1659–1730) vgl. Duhr IV/2 369–380 und ders. (Stimmen der Zeit 108, 1925) 283–298; H. Dickerhof, Land, Reich, Kirche im historischen Lehrbetrieb der Universität Ingolstadt. Ignaz Schwarz 1690–1763 (Ludovico Maximilianea, Universität Ingolstadt-Landshut-München, Forschungen u. Quellen, hrsg. v. J. Spörl und L. Boehm, Forschungen Bd. 2, Berlin 1971) bes. 26f., 29; Czarkowski-Golejewski 845–870, bes. 836ff., 861ff. – Zu Falck (1680–1737) vgl. Baader, Gelehrtes Baiern 310f.; Duhr IV/2 383ff.

[32] Holl (Anm. 16) 235ff.; R. Molitor, Aus der Rechtsgeschichte benediktinischer Verbände, Bd. 2, München 1932, 465–528; W. Fink, Beiträge zur Geschichte der bayerischen Benediktinerkongregation (StMBO, Erg.Heft 9, 1934) 28–117; Siegmund (Anm. 70); H. R. Huber, Corbinian v. Prielmair (1643–1707), ein bayerischer Staatsmann der Barockzeit, Diss. phil. München 1944 (Masch.); Hüttl, Caspar v. Schmid; zu F. J. v. Unertl (1675–1750) vgl. Riezler VIII 318–323; Hausberger (Anm. 15) 178f. u. passim. Bei diesen Beamten spielte aber auch persönliche Wertschätzung eines Ordens und Verbindungen zu ihm mit ein; so hatte z. B. Unertl zwei Brüder als Konventualen in Scheyern und Tegernsee; vgl. Siegmund (StMBO 80, 1969) 129. Prielmair, den die Benediktinerkongregation als eine Art Beschützer betrachtete, vermachte ihr testamentarisch einen wertvollen Teil seiner Bibliothek, u. a. eine 37bändige römische Konziliengeschichte, die Lyoner Bibliotheca Patristica, die maurinische Bernhard-Edition (dat. Brüssel, 4. 5. 1705, StAM GR 701/30, fol. 70–71).

[33] Über Bemühungen 1680/81, Hilfe Schmids, Audienz des Abtes Fleming bei Max Emanuel vgl. Hammermayer (Anm. 11) 46, nach ergiebigem Material in GStA K. schw. 3292 und SCA. – Nach 1715 war Unertl für die Regensburger Schotten der Beamte, »upon whom our affaire wholly depends. He getts good words and faire promises eneugh [sic!], but constant delayes by reason of a multitude of business their Ministers are overwhelmed with after so long an absence...« (Fleming an Agent W. Stuart in Rom, dat. Regensburg, 16. 6. 1716, SCA).

[34] Jesuitengeneral Tamburini an Max Emanuel, dat. Rom, 17. 8. 1720 (ARSJ Germ. Sup. 121, fol. 587–588); erster Hinweis bei Duhr IV/2 143f. Die Angelegenheit wurde publik; vgl. Meichelbeck an Bernhard Pez, dat. Benediktbeuern, 2. 9. 1720; bei A. Siegmund, P. Karl Meichelbecks Briefe (StMBO 80, 1969) 105–189; ib. 81 (1970) 261–314, hier Nr. 43 (1970).

[35] Vgl. den Brief des Engländers Maximilian Misson, dat. München, 4. 12. 1687, bei H. Rheinfelder, Was ein Engländer 1687 in München gesehen hat (Festgabe für S.K.H. Kronprinz Rupprecht,

München 1953) 215–233; ferner den Brief von Johann Friedrich Schannat an Baron Crassier in Lüttich, dat. Passau, 3. 10. 1717, bei L. Halkin, Supplément à la correspondance de J. F. Schannat (Leodium – chronique mensuelle de la société d'art et d'histoire du diocèse de Liège 8, 1908) 134–137.

[36] Mabillon an Dom Thierry Ruinart, dat. München, 9. 9. 1683, bei E. de Broglie, Mabillon et la société de l'Abbaye de Saint-Germain-des-Prés, I, Paris 1888, 322–325; J. Mabillon, Iter Germanicum (Vetera Analecta, 4, Paris 1685) einleitender Teil S. 1–88; gesonderte Ausgabe Hamburg 1717. Zur Reise vgl. auch H. Leclerq, Dom Mabillon, I, Paris 1957, 226f.; P. Macdonald, Mabillon's Iter Germanicum of 1683 (The Downside Review 302, 1973) 1–12.

[37] »... der Churfürst wunderte sich sehr, daß iemand seine Bibliothek zu sehen verlangte, von der er niemals gehört hatte. Kurtz, er behauptete, daß er keine Bibliothek hätte. Als er aber durch den gedruckten Catalogum davon überzeugt wurde, befahle man, sogleich selbe zu weisen. Man kunte aber in 3 gantzen Tagen den Schlüssel nicht finden. Endlich ist eröffnet worden, und die Manuscripta haben dem Cardinal wohl gefallen ...« (J. G. Lori an Hofbibliothekar A. F. Oefele in München, dat. Rom, 19. 1. 1751; Orig. BStB Oef. 63 VII); gedr. bei L. Hammermayer, Zur Geschichte der »Bibliotheca Palatina« in der Vatikanischen Bibliothek (Römische Quartalschrift 55, 1960) 1–42, hier 15f.

[38] »... pour ce qui est de la bibliothèque, personne ne scut me dire d'abord où elle étoit placée; et lorsque' après bien des informations, j'appris que c'étoit à la vieille cour, je scus à mesme temps, que celuy qui en a les clefs, étoit à Augsbourg avec madame l'Electrice. C'est bien dommage qu'une cour si polie donne si peu dans les sciences ...« (Schannat an Crassier in Lüttich, 3. 10. 1717, wie Anm. 35).

[39] »... ad Electoralem et Bibliothecarium et Bibliothecam nos conferimus, inhiantes thesauro maximo, quem ibi latere nunquam dubitavimus. Sed res votis haud quaquam respondit. Nam vix ultra septingentos Codices latini totidemque fere graeci Orientalesque nobis monstrati sunt, iique parum antiqui ... Verum, quod nos maxime afflixit, fuit scrupulositas bibliothecarii, in cujus molestiore praesentia notare non licebat quae volebamus; quin nescio quid veteris suspicionis et ambigui in Austriacos animi demonstrabat, nec illa pauca notata in Austriam efferre concessum ante fuit, quam primario Electoris Ministro, Domino de Unertl ostensa fuissent. Homines praeposteros! Nos si ante scivissemus hunc rerum Monachii statum et bibliothecarii ingenium, urbem salutassemus nunquam ...« (B. Pez an den Prior in Melk, dat. München, 1. 8. 1717); gedr. in: Hormayrs Archiv für Geschichte, Statistik, Literatur und Kunst XVIII, Wien 1827, 550f. – Über Hilfe Unertls vgl. Meichelbeck an Pez, 20. 10. 1717 u. 12. 12. 1721, bei Siegmund Nr. 27 und Nr. 44 (StMBO 80 u. 81), wie Anm. 34.

[40] A. Kraus (HB II) 788f.

[41] Grundlegend die Forschungen von E. Krausen, Die Herkunft der bayerischen Prälaten des 17. und 18. Jahrhunderts (ZBLG 27, 1964) 259–285; ders., Die Totenrotelsammlung bayerischer Klöster und Stifte (AZ 60, 1964) 11–36; ders., Der Adel in den bayerischen Zisterzienserkonventen des 17. u. 18. Jahrhunderts (Analecta S. Ordinis Cisterciensis 20, 1964) 76–84; ders., Zur gesellschaftsgeschichtlichen Bedeutung des Brauerstandes: Brauerssöhne als Äbte und Pröpste bayerischer Klöster und Stifte (Jahrbuch d. Gesellsch. f. d. Geschichte u. Bibliographie d. Brauwesens, 1965) 160–168; ders., Die Sozialstruktur der alten bayerischen Benediktinerinnenklöster des 17. und 18. Jahrhunderts (StMBO 76, 1965) 135–157; ders., Beiträge zur sozialen Schichtung der altbayerischen Prälatenorden des 17. und 18. Jahrhunderts: die Zusammensetzung der Konvente von Metten, Raitenhaslach, Reichersberg und Windberg (ZBLG 30, 1967) 355–374; J. Molitor, Die soziale und geographische Herkunft der Konventualen des Klosters Niederalteich 1651–1972 (ZBLG 36, 1973) 317–332.

[42] Max Emanuel an das Jesuitenkolleg Landshut, 6. 3. 1723, bei J. Lurz, Mittelschulgeschichtliche Dokumente Altbayerns (Monumenta Germaniae Paedagogica 41/42, Berlin 1907/08) 178f., dort Hinweise auf Erlasse der Jahre 1691, 1699 und 1713.

[43] So stieg, bei wesentlich gleicher Bevölkerungszahl, die Zahl der Schüler in der Marktgemeinde Kösching bei Ingolstadt von 26 (1679) auf 81 (1711); vgl. E. Ettel (Sammelbl. d. Histor. Vereins Ingolstadt 83, 1974) 20–27.

[44] Vgl. u. a. K. Eschweiler, Die Philosophie der spanischen Spätscholastik auf den deutschen Universitäten (Span. Forschungen d. Görres-Ges. 1, 1928) 251–325; P. di Vona, Studi sulla scolastica della controriforma, Florenz 1968; St. Sousedik, Böhmische Barockphilosophie (Bohemia Sacra, hrsg. v. F. Seibt, Düsseldorf 1974), 427–443.

[45] Grundlage war die Neuedition der *opera omnia* des Duns Scotus durch den in Rom lebenden Iren Lukas Wadding OFM (12 Bde., Lyon 1639). Über irische Franziskaner berichtete der Regensburger Schottenabt Placidus Fleming nach Rom: »... it is almost incredible how many of them we have here in this place ... this town being a passe both to Vienna and Prague, where the Irish have a great convent of Franciscans, and they are constantly either comeing or going ...« (an Agent W. Leslie, dat. Regensburg, 4. 11. 1699, SCA). Die Einwirkungen auf die bayerische Franziskanerprovinz und die Freisinger Ordensschule blieben zu klären; allg. vgl. Th. Kogler, Das philosophisch-theologische Studium der bayerischen Franziskaner (Franziskan. Studien, Beih. 10, Münster 1925). Vgl. Anm. 22 u. 47.

[46] Genaue Titel und Lit. bei A. Kraus (HB II) 791–797; ders., Emmeram 21ff., 32ff.; Bauerreiss VII 225–262; zur Salzburger Kanonistik vgl. A. Kövér, Franz Schmier aus Ottobeuren als Kanonist in Salzburg (StMBO 77, 1967) 172–192; P. Putzer, Aspekte der Wissenschaftspflege an der Alten Salzburger Juristenfakultät (Universität Salzburg, wie Anm. 13, 1972) 121–163.

[47] Zu Sporer vgl. LThK IX (1964) 979; Hauptwerk: Theologia moralis super decalogum et sacramenta, 12 Bde., Salzburg 1681/87, weitere Aufl. u. a. Venedig 1724, ebd. 1755, letzte Aufl. 1897/1901. – Zu Reiffenstuel vgl. LThK VIII (1963) 1137; Hauptwerke: Theologia moralis, München 1692, sowie dreißig (!) weitere Auflagen; Jus canonicum universum, 5 Bde., Freising 1700/14, Ingolstadt 1733², 15. Aufl. Paris 1862/64.

[48] Fleming an Mabillon, 20. 9. 1688 (Orig. BNP, fr. 19656, fol. 101–102; gedr. bei Hammermayer, Restauration 89f., wie Anm. 11). Die Regensburger Schottenmönche lieferten den Maurinern Material für ein geplantes »Monasticon Benedictinum«, vgl. BNP, fonds Saint-Germain-des-Prés Nr. 12675, fol. 201–240.

[49] Vgl. Anm. 16.

[50] »Propositio 4a: An S[an]cti Thomae sententia docenda, an vero libertas indulgenda? Circa hoc punctum diversae opiniones erant. Quidam enim propugnabant libertatem: potiores tamen steterunt pro sententia S. Thomae et sic juxta majora absolute facta est. Resolutio: doceatur imposterum sententia S. Thomae«; zit. nach J. Bach, Reformbestrebungen der bayerischen Benediktiner auf dem Gebiet des Gymnasialwesens um 1708 (Mitt. z. Schulgesch. 7, Berlin 1897) 85–90.

[51] Tractatus de accidentibus absolutis sive sacrosanctum eucharistiae sacramentum in principiis philosophiae peripateticae impugnatum et ex placitiis philosophiae corpuscularíae propugnatum.

[52] A. R. Desaultes, Les Mémoires de Trévoux et le mouvement des idées au XVIIIe siècle, 1701–1734, Paris 1956; J. Ehrard u. J. Roger, Deux Periodiques de 18e siècle: le Journal des Savants et les Mémoires de Trévoux (Livre et Société dans la France du 18e siècle, Paris 1965) 33–59.

[53] Z. B. Franz Raßler an Christoph Raßler in Ingolstadt, dat. Innsbruck, 5. 3. 1709, BStB clm 1609, fol. 37–39, Mitteilungen über Bücher aus Venedig und über Werke von Bayle und Malebranche.

[54] Meichelbeck an Pez, dat. Benediktbeuern, 30. 8. und 4. 10. 1716, bei Siegmund (StMBO 80, 1969, s. Anm. 34) Nr. 24 u. 25; aus diesem Brief stammt auch der wenig später im Text zitierte Begriff »Metaphysicabilitudinationes«. Zu Pez, Meichelbeck und dem sog. »deutschen Maurinismus« vgl. jetzt auch L. Hammermayer, Die Forschungszentren der deutschen Benediktiner und ihre Vorhaben (Die historische Forschung im 18. Jahrhundert. Organisation, Zielsetzungen und Ergebnisse = Pariser Histor. Studien Bd. 13, Bonn 1976), 122–191.

[55] Van Dülmen, Anfänge; J. A. Endres, Korrespondenz der Mauriner mit den Emmeramern, Stuttgart-Wien 1899; Kraus, Emmeram 22–37.

[56] Dom Prudentius Maran an Erhardt, dat. Paris, 20. 10. 1720; Endres (Anm. 55) 18.

[57] Allg. vgl. J. Cognet (Jedin V, Freiburg 1970) 26–64; van Dülmen, Anfänge 505–510 und Briefe Nr. 5–9, sowie die Briefe zwischen Rupert Grueber, C. R. Polling und Le Courayer vom 1. 3. und 7. 10. 1719 (ib. 542f.); Hubensteiner, Eckher 150; Graßl 24f.; Bauerreiss VII 228–231.

[58] Zu Brockie vgl. Anm. 18.

[59] »... P. Raßler, qui per omnia nova Philosophiae insistit principiis et summopere gaudet, si alios habeat iisdem opinionibus adhaerentes...« (Falck an Amort, dat. München, 21. 5. 1721, BStB clm 1403, fol. 136). An N. Grammatici SJ in Ingolstadt schrieb Falck: »...si scrive, che I Tedeschi stessi dicono in Francia, che li Gesuiti in Germania non s'applicano più alle belle lettere, alla lingua Greca ed altre orientali, che danno una mala filosofia, una theologia puramente scolastica, che non sanno l'historia ecclesiastica, non hanno critica etc. Poco meno ne dicono qui à Monaco. Che cosa diranno poi i forestieri ed altre nationi?« (BStB clm 1609, fol. 57v). – Zu Eusebius Amort (1692–1775) vgl. A. Kraus (HB II) 787ff., 793–96; vgl. Anm. 101 u. 105.

[60] J. A. Endres, Ein geistlicher Fürst des 18. Jahrhunderts (Histor.-Polit. Blätter 123, 1899) 81–96, 157–167; ders., Korrespondenz (Anm. 55); Kraus, Emmeram 22–25. – Bemerkenswert der Titel des Werkes von N. Hackl: Theologischer Glaubens-Tugend katholische Grundregeln, das ist dogmatischer Bericht von der theol. Glaubens-Tugend und dero Regeln, nehmlich von der göttlichen Schrift, Tradition, christlichen Kirchen, römischen Päbsten und ökumenischen Konzilien, Regensburg 1724.

[61] »... Philosophia Pollingana sapit Leibnitium, Newtonum aliosque Anglos, qui propriis suis ideis plus tribuunt quam aliorum rationibus...« (Falck an Grammatici in Ingolstadt, dat. München, 26. 6. 1723, BStB clm 1609, fol. 67).

[62] Hubensteiner, Eckher 207–218; ders., Barock 95–107, 187–203; Kraus, Emmeram 34.

[63] K. Böck, Johann Christoph Beer, 1690–1760, ein Seelsorger des gemeinen Volkes (MHStud. 1, 1955).

[64] H. Pörnbacher, Literatur und Theater von 1500 bis 1800 (HB II) 850–884, bes. 859–867. Zur »Barockfrömmigkeit« vgl. Bauerreiss VII 286–360.

[65] Vgl. S. 441.

[66] »... unter dem Vorwand des standesmäßigen Reichthums wird das Thor geöffnet zu dem Ziel des Lucifers, das ist, daß König und Herren niemals zuviel haben ... der König zieht den Adel nach sich, der Adel den mittlern Stand. Also ist das ewige Essen und Trinken, Hupfen und Tanzen, Spielen und Jagen ... Du führest ein heidnisches, kein evangelisches Leben ...« (zit. nach Duhr IV/2 379).

[67] Als ihr Bruder Philipp Moritz 1719 in Rom starb, notierte sie: »Ist nit alles ein Staub? Ist nit alles ein schnöder Feuerfünckhen? Besuch die Gräber und betracht, wer ein Diener, wer ein Herr, wer ein Armer, wer ein Reicher...« (zit. nach Prinzessin Ludwig Ferdinand v. Bayern, Emanuela Therese vom Orden der Hl. Klara, München 1902, 31).

[68] Zum folg. vgl. allg. A. Reese, Die Rolle der Historie beim Aufstieg des Welfenhauses 1680–1714 (Quellen u. Darst. z. Gesch. Niedersachsens 71, Hildesheim 1967); S. Wunner, Christian Wolff und die Epoche des Naturrechts, Hamburg 1968; W. Schneiders, Leibniz, Thomasius und Wolff. Die Anfänge der Aufklärung in Deutschland (Studia Leibnitiana, Beih. XVI/1, Wiesbaden 1973); N. Hammerstein, Jus und Historie. Ein Beitrag zur Geschichte des historischen Denkens an deutschen Universitäten im späten 17. und im 18. Jahrhundert, Göttingen 1972; J. Voss, Das Mittelalter im historischen Denken Frankreichs (Veröffentl. d. Histor. Instituts d. Univ. Mannheim, Bd. 3, München 1972); S. Bertelli, Ribelli, libertini e ortodossi nella storiografia barocca, Florenz 1973; A. Kraus, Grundzüge barocker Geschichtsschreibung (HJb 88, 1968) 54–77; ders., Die benediktinische Geschichtsschreibung im neuzeitlichen Bayern (StMBO 80, 1969) 205–229; K. Neumaier (Anm. 73); L. Hammermayer, Forschungszentren der deutschen Benediktiner (Anm. 54).

[69] A. Mühlböck, Die Pflege der Geschichte an der Universität Salzburg (Universität Salzburg, wie Anm. 13, 1972) 95–108; zu Ettal vgl. Anm. 14.

[70] Ältere Lit. bei A. Kraus (HB II) 812f.; ferner Hubensteiner, Eckher 177–182; A. Siegmund, Die Annales Congregationis Benedictino-Bavariae 1684–1770 (StMBO 78, 1967) 144–167; ders., Meichelbecks Briefe (Anm. 34); ferner der Meichelbeck-Gedächtnisband der StMBO 80 (1969) mit wichtigen Beiträgen, u. a. von K. Dachs, A. Kraus, A. Kolb, K. Mindera.

[71] G. Hamann, G. W. Leibniz' Plan einer Wiener Akademie der Wissenschaften (Akten des II. Internat. Leibniz-Kongresses, Bd. I, Hannover 1972) 205–227; ders., G. W. Leibniz und Prinz Eugen (Veröffentl. d. Instituts f. österr. Geschichtsforschung 20, Wien 1974) 205–224.

[72] E. Katschthaler, Über Bernhard Pez und dessen Briefnachlaß (39. Jahresbericht des. k.k. Obergymnasiums Melk, Wien 1889); L. Hammermayer, Forschungszentren der deutschen Benediktiner (Anm. 54), bes. 129–135, 154–157, 166–169.

[73] Grundlegend jetzt K. Neumaier, Jus Publicum. Studien zur barocken Rechtsgelehrsamkeit an der Universität Ingolstadt (Ludovica-Maximilianea, Forschungen Bd. 6, Berlin 1974).

[74] Zu C. v. Schmids juristischen Schriften vgl. Hüttl (Anm. 32) 31ff.; zu Ertl vgl. Riezler VIII 612f.; A. Kraus (HB II) 803.

[75] F. Merzbacher, Jurisperiti Bavarici – die Ingolstädter Professoren Chlingensperg (ZBLG 33, 1970) 201–219; Neumaier (Anm. 73) 78–82 u. passim.

[76] Neumaier (Anm. 73) 198–203.

[77] Mörmann an Max Emanuel, dat. Wien, 3. 4. 1717 (StAM GL 1484/II Nr. 77); erwähnt bei Prantl I 525; Dickerhof (Anm. 31) 20f.; Neumaier (Anm. 73) 113; hier zit. nach Original (StAM).

[78] »... einen wohl verstendigen Professorem juris privati et publici, so zuegleich in historia und sonderbar antiqua gründlich erfahren und neben der Lateinisch- auch der Griechisch, Französisch und Welschen Sprach, wenigst in so weit kündig, daß er selbe gründlich verstehe ... damit unser universitet in fürwehrent mehrern flor und aufnamb gesezt werde« (Geh. Rat an Mörmann in Wien, dat. München, 8. 9. 1720, StAM GL 1482/II Nr. 89). Zum Prager Vorbild vgl. J. Klabouch, Der Rechtsunterricht an der Universität zu Prag und die Anfänge der Aufklärung in Mitteleuropa, Preßburg 1968.

[79] Mörmann an Max Emanuel, dat. Wien, 15. 9. 1720 (StAM GL 1482/II Nr. 89, fol. 1–11v).

[80] Johann Joseph Pock, Nucleus Juris Publici Romani, München-Nürnberg 1721. – Zu Pock (1675–1735) vgl. PB VI (1739/40) 141–150; Baader, Lexicon I 148f.; Hammerstein (Anm. 68) 218, 303f.

[81] Dickerhof (Anm. 31) 16–30.

[82] Als Staudigl wegen angeblich »verräterischer« Korrespondenz mit Rom bei der Regierung in Mißkredit geriet, wurden seine Briefschaften konfisziert, doch »seine Philosophica, chimica und chimerica,

wans ohne bedencken, khan mans seinem Herrn Prelath zuschickhen ...« (Geh. Rat v. Prielmair an Geh. Ratssekretär Vacchiery, dat. Brüssel, 24. 10. 1692, Orig. StAM GR 702/31, ohne fol.); vgl. auch Anm. 16; 32. – Zu Kleinbrodt vgl. Duhr IV/2 45, 195, 197, 216, 260 und den beinahe zeitgenössischen Bericht in PB VI (1739/40) 267–273.

[83] Mederer III 149, 164ff.; Prantl I 498–503, 529–534; H. H. Goerke, Die Medizinische Fakultät von 1472 bis zur Gegenwart (Die Ludwig-Maximilians-Universität in ihren Fakultäten, hrsg. v. L. Boehm und J. Spörl, Bd. 1, München 1972), bes. 195ff.; R. A. Müller (Anm. 27) 159ff.

[84] R. A. Müller (Anm. 27) 190; B. Rupprecht (Anm. 28) 234–238.

[85] J. Ph. Wurzelbau an Franz Schuch SJ in Ingolstadt, dat. Nürnberg, 9. 1. 1699 (BStB clm 1609, fol. 34–36), mit genauen Angaben über die Kometenbeobachtungen des Pariser Akademiemitglieds Ph. de la Hire. – Zu Wurzelbau (1651–1725) vgl. ADB XLIV 365f.; zu Johann Gabriel Doppelmayr (1677–1750) vgl. NDB IV (1959) 76; allg. vgl. A. Kraus, Der Beitrag Frankens zur Entwicklung der Wissenschaften 1550–1800 (HB III/1) 603–643, bes. 603–615 (Nürnberg, Altdorf).

[86] Eusebius Amort im PB VI (1739/40) 5-46; Baader, Gelehrtes Baiern 401–404; Mederer III 157, 169, 174f.; F. P. Schrank, Nachricht von den Schriften berühmter Gelehrter, Bd. 1, Nürnberg 1797, 206–211; Prantl I 508; Duhr IV/2 49, 308, 380; Kraus (HB II) 801. Eine Monographie ist ein Desiderat.

[87] Briefe Doppelmayrs an Grammatici vom 16. 8. 1722 bis 25. 2. 1726 (BStB clm 1609, fol. 48–51^{v}, 72^{rv}, 87–88^{v}, 91–102^{v}); Wurzelbau an Grammatici, 13. 1., 26. 4. und 5. 6. 1724 (ib., fol. 58–60, 84–85, 89–90^{v}); zahlreiche einschlägige Briefe von P. Joseph Falck (München) an seinen ehem. Schüler Grammatici in Ingolstadt (BStB clm 1609).

[88] Observationes circa conjunctionem Veneris et Reguli, 2. et 3. Juli 1724 (Acta Eruditorum Lipsiensis, November 1724, 509–512).

[89] Problema geographicum de longitudine locorum terrae per acum nauticam indaganda, Ingolstadt 1723; Exercitatio de Cometa anno 1723, ib. 1724.

[90] Planetolabium novum, in quo tempore quovis solis minorumque planetarum situs prompte et accurate designari possunt, Ingolstadt 1726; Tabulae Lunares ex theoria et mensuris Geometriae celeberrimi Domini Isaci Newtoni, ebd. 1726.

[91] Nova philosophiae planetarum et artis criticae systemata, Nürnberg 1723 (Rezension in den Leipziger Acta Eruditorum, Juli 1724, p. 305–310); Nova philosophiae systematica, ib. 1724; später wurde Amort vehementer Verteidiger des Kopernikanischen Systems; vgl. J. Messerer (Hrsg.), Briefe an den Geh. Rat J. C. Lippert (OA 96, 1972) Nr. 83 (Brief vom 16. 8. 1764 an Lippert).

[92] Amort an Grammatici, 10. 2. 1723 (BStB clm 1609, fol. 55v–56v). Sowohl Grammatici als auch Amort hielten enge Kontakte zu Ignaz Kögler SJ in Peking: »... P. Nicasius Grammatici in suis ad me litteris gratissimum mihi mentionem fecit R. Domini Eusebii, quod coelestibus observationibus invigilet, quibus omnem ego prosperitatem peropto« (Ignaz Kögler an seinen Bruder Kilian Kögler C. R. in Polling, dat. Peking, 5. 12. 1726, BStB clm 1403, fol. 84).

[93] Zum folg. u. a. M. Ornstein, The Role of Scientific Societies in the 17th Century, London 1963^{4}; K. Müller, Zur Entstehung und Wirkung der wissenschaftlichen Akademien und gelehrten Gesellschaften des 17. Jahrhunderts (Universitäten und Gelehrtenstand 1400, hrsg. v. H. Rößler und G. Franz, Limburg 1970) 127–144; R. van Dülmen, Sozietätsbildungen in Nürnberg im 17. Jahrhundert (Gesellschaft und Herrschaft, Festgabe für Karl Bosl, München 1969) 153–190; K. F. Otto, Sprachgesellschaften in Deutschland im 17. Jahrhundert, München 1973; L. Hammermayer, Europäische Akademiebewegung und italienische Aufklärung (HJb 81, 1962) 247–263; ausführl. Lit. künftig bei L. Hammermayer, Akademiebewegung und Wissenschaftsorganisation in Europa im 18. Jahrhundert (Akademien, wiss. Gesellschaften und Hochschulen in Mittel- u. Osteuropa; Studien z. Gesch. d. Kulturbeziehungen in Mittel- und Osteuropa Bd. 3, 1976) [im Satz]. Vgl. auch Anm. 71, 98, 101.

[94] Gonzales an Provinzial Amrhyn, dat. Rom, 7. 12. 1701 (Konzept ARSJ, Germ. Sup. 12 I, fol. 26); erster Hinweis bei Duhr IV/2 150.

[95] Schrank (Anm. 86), Nachricht 397f. Zu Staudigl vgl. Anm. 16, 32, 49.

[96] K. v. Reinhardstöttner, Die Nutz- und Lusterweckende Gesellschaft der vertrauten Nachbarn am Isarstrom (Forsch. z. Geschichte Bayerns 8, Berlin 1900) 253–291; Goebel, Aufklärung 11–18. Eine neue Untersuchung im Kontext von patriotischer Bewegung und Publizistik wäre zu wünschen.

[97] Wichtig z. B. [Leophilus Gal U.J.C.J.] Gründlich Ursach des so bethaurlichen Standts des Bayrlandts in XXI undterschidlichen und auf ietzig Zeit eingerichten Discoursen, herausgegeben anno MDCCV (BStB cgm 2990, fol. 156–221); Hinweis bei A. Dürrwächter (HJb 35, 1914) 758ff.

[98] L. Hammermayer, Die Benediktiner und die Akademiebewegung im katholischen Deutschland 1720–1770 (StMBO 70, 1960) 45–146, bes. 46–52; ders., Forschungszentren der deutschen Benediktiner (Anm. 54) 153ff.

[99] Vgl. die verdienstvollen Editionen von A. Siegmund (Anm. 34) und van Dülmen, Anfänge; bes. Amort an Le Courayer in Paris, dat. Polling, 29. 10. 1718 (van Dülmen, Nr. 3).

[100] Duhr IV/2 379f.

[101] J. C. Lippert, Abhandlungen von ehemaligen gelehrten Gesellschaften in Baiern (Abh. d. churfürstl.-baierischen Akademie Bd. 1 u. 2, München 1763/64); L. Hammermayer, Gründungs- und Frühgeschichte der Bayerischen Akademie der Wissenschaften (MH Stud. 4, 1959) 37-40; E. Müller-Luckner, Die publizistische Wegbereitung der Bayerischen Akademie der Wissenschaften, Phil. Magisterarbeit München 1976 (Masch.); für Ermöglichung der Einsichtnahme bin ich der Verf. sehr zu Dank verpflichtet.

[102] Erstes Konzept der Münchner Augustiner (»Societatis Bavariae Fines«, o. D., wohl an Amort, BStB clm 1403, fol. 166^{rv}). Vier Hauptziele: 1) »Communicare quid in Republica Litteraria agatur...«, 2) »Ut contra haereticos Ecclesiae Catholicae sarta tecta conserventur ...«, 3) »... protrasse manuscripta, eorumque subinde prodesse synopsin idque in omni genere scientiarum«, 4) »promotio omnium scientiarum in quoque genere litteris Graecis, Latinis aut Germanicis edendae«. Auf Hieber als treibende Kraft weist der Schlußpassus: »... ut ad [D. Advocatus Pock vel = durchgestrichen! D. V.] D. Gelasium dirigat solutio« (fol. 166^{v}).

[103] Stiftungsbrief bei Lippert (Anm. 101), Abh. II, 1764, 12, aus dem Archiv des Münchner Jesuitenkollegs (ib. 48). »Ob nun der ... Schutzbrief ordentlich ausgestellt und der Gesellschaft zugestellt wurde, ziehen die noch lebenden Mitglieder in Zweifel« (ib.).

[104] Tamburini an Provinzial Amrhyn, dat. Rom, 28. 12. 1720 (ARSJ, Germ. Sup. 13, fol. 588); erster Hinweis bei Duhr IV/2 380.

[105] Ältere Lit. bei A. Kraus bzw. H. Pörnbacher (HB II) 787f., 874f.; Graßl 21–30; Hammermayer, Akademie (Anm. 101) 37–43; E. A. Blackall, Die Entwicklung des Deutschen zur Literatursprache 1700–1775, Stuttgart 1970^{2} (engl. Orig. 1959); neue Aspekte und eindringende Analyse bei E. Müller-Luckner (Anm. 101).

[106] Müller-Luckner (Anm. 101) 48 hat dies erstmals überzeugend nachgewiesen.

[107] PB II (1723) 3f.

[108] E. Winter, Barock, Absolutismus und Aufklärung in der Donaumonarchie, Wien 1971, 99ff. Auf diesem Hintergrund könnten zeitgenössische bayerische Vorhaben neues Gewicht gewinnen; vgl. P. C. Hartmann, Merkantilistische Manufakturgründungsprojekte unter Kurfürst Max Emanuel von Bayern in den Jahren 1718 bis 1721 (VSWG 56, 1969) 162–177.

[109] Rezension von Wolffs »Vernünftige Gedanken von dem Gebrauch der Theilen in Menschen, Thieren und Pflanzen« (PB III,

1723, 320). An den Ingolstädter Jesuiten N. Grammatici schrieb Amort damals: »Wolfium edidisse novam collectionem Experientiarum in qua etiam continetur historia variationis magneticae. Idem Wolfius admittit atmosphaeram particularum magneticarum quod optime convenit cum meis . . .« (5. 8. 1723, BStB clm 1609, fol. 81).

110 »Gründlicher Beweiß, daß es unmöglich seye Gold zu machen« (PB III, 1724, 149–158). Hierzu Kandler an Amort: »Cum Pseudochymicis Monacensibus nihil mihi negotii est, ipsemet pluribus exemplis instructus, quos et quoties hic loci homines deluserint . . .« (21. 10. 1724, BStB clm 1400, fol. 15).

111 ». . . sed vitam doctorum virorum Bavariae, maxime historicorum, simpliciter et absque multis ambagibus referre, quo status reipublicae litterariae superiorum temporum, studium etiam et liberalitas, qua Serenissimi Duces nostri litteratos prosecuti sunt, fiat manifestior . . .« (Kandler an Amort, 9. 10. 1723, BStB clm 1400, fol. 2).

112 »Auß Spanien und Portugall von neu-auffgerichteten Gesellschaften der Gelehrten« (PB I, 1722, 92–96).

113 Amort an Grammatici, 10. 2. 1723 (BStB clm 1609, fol. 55^{rv}); Grammatici an Amort, 20. 8. 1724 (BStB clm 1403, fol. 110–111^{v}); am 15. 6. 1724 übersandte Grammatici Observationsergebnisse aus Wien, Prag und Nürnberg (ib., fol. 108–109), später auch Ergebnisse Ignaz Köglers aus Peking (o. D., ib., fol. 123–124^{v}).

114 Zahlreiche Hinweise in den Briefen Kandlers an Amort, z. B. 11. 3. 1724 (BStB clm 1400, fol. 8^{rv}). Zu Pock vgl. Anm. 80; zu Hieber vgl. L. Hammermayer (NDB IX, 1972); zu Kandler vgl. Baader, Gelehrtes Baiern 180.

115 Kandler an Amort, 11. 3. und 10. 11. 1724 (BStB clm 1400, fol. 8 und 17).

116 ». . . Lessing bat mich in seinem Hiersein inständigst, daß ich ihn denselben für die Braunschweig-Wolfenbüttelsche Hofbibliothek gelegenheitlich beschaffen möchte. Ich konnte aber seinen eifrigen Wunsch niemals in Erfüllung bringen« (F. Sterzinger, Direktor der Histor. Klasse der Bayer. Akademie, an G. W. Zapf in Augsburg, dat. München, 25. 10. 1783, STAA, 2°, Cod. Aug. 429, ohne fol.).

117 »Interstitium denuo Parnasso nostro indixit Censorum indiscreta severitas . . .« (Kandler an Amort, 2. 12. 1724, BStB clm 1400, fol. 17); vgl. auch die Briefe Kandlers vom 26. 8., 7. 10. 1724 (ib. fol. 10–11^{v}, 13^{rv}, 14^{rv}).

118 Falck an Grammatici, 26. 8. 1723 (BStB clm 1609, fol. 79).

119 Kandler an Amort, 11. 3. 1724 (BStB clm 1400, fol. 8^{rv}).

120 »Foret equidem, haud dissimulo, Musarum Boicarum sub Augustano Bibliopola felicior quoad aliqua conditio, nitior praesertim Augustae, quam hic Monachii apud consilium Ecclesiasticum (neque enim Frisingam pro approbatione hactenus accessimus) censura . . .« (Kandler an Amort, 7. 10. 1724, BStB clm 1400, fol. 14 ^{rv}).

121 ». . . rei seriae titulum magis serium, non poeticum et fictitium exopto, unde neque in Germanicis nostris unquam probavi hanc inscriptionem, itaque meo quidem consilio melius facies, si Acta, Symbolas, Analecta, conatus litterarios, otia litterata aut simile quid novum opus indigites . . .« (Kandler an Amort, 1. 9. 1725, BStB clm 1400, fol. 26^{rv}). Da die entsprechenden Schreiben Amorts fehlen, läßt sich die Angelegenheit schlüssig (noch) nicht klären.

122 Hammermayer, Akademie (Anm. 101) 112ff.

Hans Pörnbacher

Literatur in Bayern zur Zeit des Kurfürsten Max Emanuel

Max Emanuel war ein leidenschaftlicher Förderer der bildenden Künste und der Musik; zu ihm gehören der Glanz höfischer Repräsentation und die Weite kosmopolitischen Denkens und Fühlens. Die deutschsprachige Literatur scheint jedoch in seiner Welt keine sehr große Rolle gespielt zu haben. Der Kurfürst und sein Hof goutierten die italienische Oper und waren verwöhnt durch das französische Schauspiel, das gerade damals seinen Höhepunkt erreicht hatte. Man las und schrieb, wenn auch nicht ausschließlich, so doch mit Vorliebe französisch und hatte keinen Ehrgeiz, deutsche Literatur besonders zu fördern und zu pflegen. Das ist am Münchner Hof nicht immer so gewesen. Noch der Großvater Max Emanuels, Maximilian I., hatte deutschsprachige Literatur intensiv und zielstrebig gefördert, vornehmlich aus seelsorgerischen und erzieherischen Motiven, und die daraus erwachsene literarische Blüte dauerte fort fast bis zum Beginn von Max Emanuels Regierungszeit, bis in die siebziger Jahre.[1] Mitträger der Reformen Maximilians, vor allem auf geistlichem Gebiet, waren die Jesuiten, und dementsprechend hat sich auch die literarische Tätigkeit auf die Orte konzentriert, in denen Jesuitenresidenzen waren: München mit seinem bedeutenden Kolleg, mit St. Michael und dem Jesuitengymnasium, und Ingolstadt, wo die Jesuiten großen Einfluß an der einzigen bayerischen Universität gewonnen hatten. Inzwischen konnte dieses Vorbild Schule machen, konnten die Reformideen übergreifen auf andere Orden, zumal auch auf die Prälatenorden auf dem Land, die sich bei Beginn von Max Emanuels Regierungszeit von den Folgen des Dreißigjährigen Krieges bereits erholt hatten. Gerade dieses Überwechseln und Übergreifen der Literaturpflege von der Stadt auf das Land hat auch eine Weiterentwicklung angeregt und erleichtert: angeregt durch die andersartige Spiritualität der Prälaten- und Bettelorden, erleichtert durch die geringere Bindung an das Regiment des Landesherrn. Eine solche Weiterentwicklung hat es vor allem im Bereich des Ordensdramas gegeben;[2] andere Gattungen sind noch weniger untersucht, doch zeigen sich Veränderungen auch in der Prosa und der Lyrik. So gesehen bedeutet der Regierungsantritt Max Emanuels einen Neuansatz: Was in der ersten Jahrhunderthälfte durch Autoren wie Drexel, Bidermann, Balde und Kuen begründet und vorgebildet worden ist, das wird nun draußen auf dem Land, in den großen Abteien, in den Pfarrhöfen und nicht zuletzt in den bescheidenen Niederlassungen der Bettelorden aufgenommen und weitergeführt. Damit erst beginnt die volle Entfaltung und Ausbreitung der barocken Literatur in Bayern, die nun alle Stände und alle ihre Lebensbereiche mitformt und trägt, so wie auch die bildende Kunst gerade in diesen Jahrzehnten das Land zu prägen beginnt, bis hinein in die Stuben und Kammern der Bauern.[3]

Die geistliche Literatur

Zu den Eigentümlichkeiten der Barockliteratur in Bayern gehört die Tatsache, daß sie überwiegend von Geistlichen produziert wurde und daß auch ihr Inhalt größtenteils geistlichen Charakter hatte. Das gilt für alle großen Teilbereiche, für die Prosa, die Lyrik und für das Theater. Ein Grund für die fast einseitige Betonung des Geistlichen ist das Fehlen großer Städte im Kurfürstentum Bayern und damit des Mutterbodens einer bürgerlichen Literatur. Die Literaturorte sind draußen auf dem Lande, dort wo die vielen Abteien der Benediktiner und Chorherren ihre Kulturarbeit den Bedürfnissen der ihnen nahestehenden ländlichen Bevölkerung anpassen und diese Bevölkerungsschichten für die Teilnahme am kulturellen Leben erziehen. Das gilt in geringerem Maße auch für die Kollegien der Jesuiten in den kleinen Landstädten und für die Klöster der Bettelorden. Die Literatur ist dabei nur ein Aspekt neben Schule, Wirtschaft, Krankenfürsorge, Pflege der bildenden Künste und der Musik und nicht zuletzt neben der Seelsorge. Dabei besaß diese Literatur nicht nur einen ganz beträchtlichen Unterhaltungswert durch die Art der Darbietung und durch ihren Inhalt, zu dem viel altes Erzählgut gehörte, sie wollte auch ästhetischen Anforderungen genügen und hat immer neu über dieses Problem reflektiert. Sie wollte nützlich sein und gefällig, wollte bilden und ergötzen, und beides hat sie in einem hohen Grad für ihr ganz spezifisches Publikum zu leisten vermocht. Darüber hinaus ist diese geistliche Literatur in ihrer Gesamtheit zu einem geistigen Gebäude geworden, in dem der damalige Mensch Ruhe und Sicherheit, ja einen Ort des

Wohlbehagens finden konnte in einer überaus spannungsgeladenen, bedrohten Zeit.[4]

Gleich zu Beginn der achtziger Jahre steht in Bayern die bedeutende und einflußreiche Gestalt Abrahams a Sancta Clara.[5] Seine Art, seine Sprache sind bezeichnend für die eben beschriebene Literatur. Bei ihm werden die Eigenschaften, die Richard Alewyn dem bayerischen Literaturbarock zuschreibt, besonders sinnfällig: die drastische, treffende Anschaulichkeit, die volksnahe Sinnlichkeit, der derbe, aber nie bittere oder grelle Humor.[6] Dazu kommen eine große dichterische Kraft, der ungewöhnliche Reichtum und immer neu überraschende Witz der Sprache. Nicht von ungefähr hat Pater Abraham während seiner kurzen Tätigkeit in Bayern, ehe er nach Wien berufen wurde, eine Wallfahrt beschrieben, einen der liebenswerten Orte der Einkehr und des Trostes, wie sie überall im Land zu finden waren. Es ist dies »ein ausführlich- und umständige Beschreibung der berühmten Wallfahrt Maria-Stern in Taxa« mit dem lautmalerischen Titel »Gack, Gack, Gack, Gack, einer wunderseltsamen Hennen in dem Herzogthum Bayrn.«[7] 1685 ist die erste Auflage erschienen, bis 1688 waren es bereits fünf, und noch 1742 ist in München eine besonders schön illustrierte Ausgabe verlegt worden, Zeichen für den großen Erfolg des Büchleins, dessen Inhalt keine bloße Entstehungsgeschichte der Wallfahrt, keine Aneinanderreihung von Wunderberichten ist, sondern ein kleines Kompendium christlicher Lebensart und Lebensweisheit, eng auf Maria bezogen, faszinierend durch ungewöhnliche Bilder und verblüffende Vergleiche.

Abraham a Sancta Clara hat die Prosakunst in Bayern nachhaltig beeinflußt. Wir wissen noch zu wenig von »Schulbildungen« innerhalb der Predigtliteratur, aber bei verschiedenen Autoren sind die Spuren Abrahamscher Redekunst unübersehbar, bei Albert Joseph Conlin, einem Pfarrer im Ries, bei dem aus Innsbruck stammenden Benediktiner Rupert Gansler von St. Ulrich und Afra in Augsburg (gest. 1705) oder bei dem in München tätigen Benefiziaten Johannes Prambhofer[8] mit seinem »Honigfladen für schleckige Adams-Kinder« (1703) und dem Buch »Ungesalzenes und ungeschmalzenes | Doch wohlgeschmaches Kirchtag-Süppel« (1710).

Unmittelbar vor der Max-Emanuel-Zeit hat Fortunat Hueber (1639–1706),[9] der Autor der eigenartigen »Ornithologia Moralis« (1678) und einer dreibändigen Geschichte des Franziskanerordens in Deutschland, ein Mirakelbuch für die Wallfahrt Neukirchen bei Furth im Wald mit dem Titel »Zeitiger Granatapfel der allerscheinbaristen Wunderzierden in denen wunderthätigen Bildsäulen Unser L. Frawen...« (1671) verfaßt. Wie in der »Ornithologia Moralis« bringt Hueber auch hier reizvolle Gedichte, wie das »Waldlied«, dessen erste Strophe lautet:

»O gruner Wald / von Stämmen
Der wilden Thier ein Stall!
Der Sonnen gwachsner Saamen
Der Vöglen schöner Saal
O Wald laß deine Gstalten
Ihr Stimm nit mehr verhalten
Zu loben deinen Gott.«

Ein drittes Mirakelbuch ist noch zu nennen, Balthasar Reglers[10] »Azwinischer Bogen« von 1679 für die Wallfahrt auf dem Bogenberg, ein interessantes Werk, in dessen 12. Kapitel (S. 97ff.) das Lob des Gnadenbildes, der Marienpreis und die »Auffmunterung« des Wallfahrers in einer der literarischen Mode der Zeit entsprechenden »Schäferei« gestaltet wird:

»Nimb D'sackpeiffen vnd Schalmeyren
Schäffer pfeiff ein newes Gedicht.
Schäfferin nimb du die Leyren
Stimme sie horch wie sie spricht.

Titir brauche du zwerch Schwigel /
Du Menalcas S'selber-Gschrey
Schallet über Berg vnd Hügel /
Zihret vns die Schäfferey.

......

Rachel hör was ich erzehle /
Fragst in wem die Sach besteht /
Gedeons bethautes Vehle /
Mit eim Lämblein Schwanger geht.

Rachel kan dir mehrer sagen /
Dises Gedeonis Vehl /
Hat zugleich den Hirten dragen /
Dragen jhn mit Leib vnd Seel.

Dises Vehl das ist bethauet /
Von deß Himmels Perl Safft /
Kommet Schäffer Wunder schauet /
Auf dem Vehl der Hirte schlafft.

......«

Gewidmet ist das Büchlein »Dem Durchleuchtigisten Fürsten Und Herrn Herrn / Maximiliano Emanueli...« Ob solche Widmungen an den Landesherrn Schlüsse auf die Förderung der Literatur durch den Kurfürsten oder die kurfürstliche Regierung erlauben, ist fraglich.[11] Aber wenn auch derlei Formeln im höfischen Zeitalter nicht überbewertet werden dürfen, auf ein gewisses Interesse seitens des Kurfürsten könnten sie doch schließen lassen. Es gibt noch eine Reihe solcher Widmungen, von den reinen Huldigungsschriften abgesehen, darunter von zwei herausragenden Schriftstellern, nämlich Christoph Selhamer und Augustin Grieninger.[12] Selhamer widmet die lateinische Fassung seiner »Tuba Analogica«, 1683 in Salzburg erschienen, dem Kurfürsten, sein Hauptwerk aber, die »Tuba Rustica« (1701), dediziert er Christus als dem König der Könige, seiner jungfräulichen Mutter Maria, der Königin des Himmels, und allen Heiligen. Diese »Tuba Rustica« ist ein besonders charakteristisches Werk der Zeit wegen des Engagements für das einfache Landvolk, aber auch wegen der gewinnenden Art, der Wärme und Güte. Ziel der Predigten ist, »hell und klar« zu erweisen, »wie lieb und werth ein jede Bauren-Seel / ein jede Land-Seel seye dem güthigen Gott / der auch seine treue Diener auf dem Gei / mit so herrlichen Gaben und Gnaden hie und dort reichlich versicht / und noch zum höchsten Glory-Thron biß in Himmel erhebt.« Selhamer weiß um die Mühsal des Landvolkes und will ihm helfen, nicht mit billigen Argumenten, auch nicht mit düsteren Drohungen, wohl aber mit Anteilnahme und Verstehen. Auch wenn der Bauer »auf dem Gej in Schweis deß Angesichts sein Heyl würcken« und deshalb ausharren muß, so rechtfertigt das nicht die Willkür der Herren (I, 18). Im gleichen Band steht Selhamers schönes Lob auf Bayern (I, 162f.):

»Wann ich unser liebes Vatterland / das Adeliche und uralt Catholische Bayrland recht betrachte / wie solches der gütige Gott mit allerhand Gaben und Gnaden von oben herab reichlich überschütt / muß ich wohl aus schuldiger Danckbarkeit mit dem König David (Ps. 84) überlaut aufschreyen: Benedixisti Domine terram tuam...

Man schau hin / wohin man woll / wird man allenthalben schöne Fußstapfen finden der Uralt Catholischen Andacht. Alle Ort stecken voller Kirchen / Gottshäuser / Klöster und Capellen / Bruder-Häuser und Spittäler... Wie viel wunderthätige Kirchfahrten seinem H. Blut / seiner hochheiligen Hosty zu ehren / seiner wehrten Mutter zu lob / seinem H. Creutz zu lieb / seinen lieben Heilgen zu lob / durch gantz Bayren Gott aufgericht / ist fast unbeschreiblich. Drum es schier das Ansehen haben mag / als haben die liebe Heilige ihren Himmel verlassen / und so viel ihnen zu ehren herrlich erbaute Gottshäuser in Bayren bezogen / allen und jeden presthafften Leuthen eilfertig von ihren Peggel zu helffen...«

Was Selhamer hier aufzählt, gehört ganz wesentlich in das Programm seiner »Gei-Predigen«: die Verbindung mit der Ewigkeit aufzuzeigen, den eigentlichen Schatz des Menschen in dieser Zeitlichkeit sichtbar zu machen, den Schatz, der dieses Jammertal in ein gesegnetes Land zu wandeln vermag.

Weltpriester wie Selhamer war Andreas Strobl (1630 bis 1708),[13] der Meister der Ostermärlein. Auch er will für das Landvolk schreiben und predigen und nennt sich deshalb eine »schwartze Bauren-Amsel«. Anders als Selhamer überspielt er den Ernst seiner Botschaft durch heiteres Wortspiel, kaschiert er sein rhetorisches Können als Laune des Augenblicks, flicht er in den Ablauf der Predigt unterhaltsame Geschichten und Märlein. Mehr noch als aus den Reihen der Weltpriester ließen sich von fast jedem Orden im damaligen Bayern große Prediger, wortgewandte »Erzähler auf der Kanzel« anführen: Marcellinus Dalhover (gest. 1707)[14] von den Franziskanern, Jordan von Wasserburg (gest. 1739)[15] aus dem Kapuzinerorden, die Jesuiten Wolfgang Rauscher (gest. 1709)[16], in seiner Zeit hoch angesehen, und Franziskus Höger (gest. 1727)[17] und schließlich der Ordensbruder und Zeitgenosse Abrahams a Sancta Clara, Ignatius Ertl aus München (gest. 1713).[18] Von den Benediktinern wurde Rupert Gansler[19] bereits genannt. Unter den Predigern der Augustiner-Chorherren jener Zeit ragt Augustin Grieninger (1638–1692)[20] von Rottenbuch heraus. Grieninger ist ein vielseitig begabter Künstler, Komponist und Musiker, Prediger mit literarischen Ambitionen und nicht zuletzt Verfasser deutschsprachiger lyrischer Gedichte, die er sogar in seine lateinischen Traktätlein einstreut. Zum Besten gehört seine Gedichtsammlung »Salomonischer | Scepter | Das ist: | Über Salomons Hof-Haltung | Lebens-Lauff und denckwürdigen | Sprüchen | leicht-verständig und nutzlich | Gemüths-erfrischende | Poeterey...« (Landsberg 1685). Wie gesagt, Grieninger ist ein Freund der Poesie, der Lyrik, denn er ist – so in der »Vorred an den günstigen lieben Leser« – überzeugt, »daß die Menschliche Anmuthungen mehr bewegt werden aus Ablesung der Poeten-Versen / dann aus Ablesung auch der aufs beste eingerichten zierlichen Rede. Denn der Versen Lieblichkeit hat ein große Gwalt die Menschliche Anmuthungen zu bewegen.« Gewidmet hat er sein Werk ebenfalls dem Kurfürsten Max Emanuel, was er damit begründet, daß sich dadurch das Büchlein »von der Tadler losgeschoßnen Pfeilen als unter einem Schuß-freyen Harnisch versichert«, dann aber »weilen Salomon / ehe und bevor sein Scepter gar verfertiget ware / mir den Finger-Zeig auf Eur Durchleucht gegeben. Dann wo hätte Salomon besser seinen Scepter können hinzulegen anbefehlen / als an einen solchen Orth / allwo sich Salomons gleichen einfindet?« Max Emanuel war damals noch ein junger Fürst, deshalb verweist Grieninger auf den verstorbenen Vater, »den Teutschen Salomon«. Der Apfel aber falle nicht weit vom Stamm. Was die einzelnen vom Autor selbst vertonten »poetischen Traktätlein«, wie er die Lieder nennt, angeht, so sind sie »gemüths-erfrischende Poeterey« von nicht gewöhnlichem Reiz. Die erste Strophe des 36. Liedes »Unter des Sommers Beschreibung Salomons männliches Alter vorgebildet« lautet:

»Hinweg mit dir du schwartze Nacht,
 Die Flügel seynd gestutzet,
Der Stoltze Sommer dich auslacht,
 Der steht so schön geputzet.
Groß ist sein Macht, drumb alles lacht,
 Die Sonn lang aus kann messen.
Du lange Nacht, die gwest verwacht,
 Dein Recht jetzt hast versessen.«

Vielfalt und Reichtum *lyrischer Dichtung* in Bayern jener Zeit sind immer noch nicht erfaßt und beschrieben. Selten, daß geschlossene Sammlungen vorliegen. Häufig sind die Lieder und Gedichte, wie bei Selhamer und Grieninger, bei Abraham a Sancta Clara und Fortunat Hueber, oder etwas früher bei Prokop von Templin und Benignus Kybler, in die Predigtsammlungen eingestreut. Ein ausgesprochener Lyriker ist dagegen der Augustiner-Chorherr Johann Albert Poyßl von Loifling (gest. 1690)[21] aus Baumburg, der noch dazu überwiegend weltliche Gedichte verfaßt hat: Jäger- und Soldatenlieder, politische Gedichte gegen die räuberischen Franzosen und die Europa gefährdenden Türken, Satiren, in denen der adelige Chorherr Hochmut und Eitelkeit des Adels anprangert und eintritt für den Bauernstand und das einfache Leben:

»Hochversipte Adelsgspunst,
Hochgelehrte Doctorskunst
Seint zunennen (muess bekhennen)
Eitles Prallen, eitler Dunst.
Bey dem ersten Paurenkindt
Man den ersten Adel fündt.
......
Edelgstein undt Silberschmeidt
Bleibt bey euch, ihr Edelleith.
Wir alleine zfriden seine
Mit der armen Rödligkheit.
Uns der Himmel schickht dass Schmaltz,
Guets Gewissen gibt dass Saltz.«

Noch einmal zurück zu Augustin Grieninger und zu seinem Kloster Rottenbuch.[22] Er war nicht der einzige Schriftsteller seines Stiftes, bald nach ihm folgen Anselm Manhardt und Clemens Prasser, der spätere Propst, deren erste literarische Versuche noch in die Zeit Max Emanuels zurückreichen. Dabei handelt es sich auch um Theatertexte für Oberammergau, das eine Rottenbuchische Pfarrei war.

Schon bald nach dem Dreißigjährigen Krieg begann eine intensive *Theaterpflege* in den Prälatenklöstern.[23] Weyarn wäre zu nennen oder Benediktbeuern,[24] wo vor allem die Singspiele des Seminars Lob und Anerkennung finden und vom Herzog Max Philipp mit einem Vermächtnis von 6000 Gulden bedacht werden. Ein Benediktbeurer Konventuale, Gregor Zoedl,[25] war es dann auch, der zur Rückkehr Max Emanuels ein Drama »Ludus divinae providentiae« verfaßte, zu dem Pater Kajetan Kolberer aus Andechs die Musik komponierte.

Pater Gregor Zoedls Name ist auch aufs engste verbunden mit einer wichtigen Pflegestätte des benediktinischen Ordensdramas, mit Freising,[26] wo seit 1697 ein Benediktinergymnasium der bayerischen Kongregation bestand. In die anfangs noch lateinisch geschriebenen Stücke werden bald ganze Szenen im heimatlichen Schriftbayerisch eingefügt, in P. Rinswerges »Potinus« (1700) zum Beispiel die Verse vom »Leemoni-Mo«, bis dann Pater Gualbert Seger zum goldenen Priesterjubiläum des Fürstbischofs Franz Eckher 1724 das erste aus Freising bekannte Stück in deutscher Sprache schreibt: »Die von Daphnis mit dem sehnlich verlangt, inständig gesucht, und höchst-vergnüglich gefundenen göttlichen Lämmlein nach fünfzig Jahren erneuerte Vermählung«. Deutschsprachige Stücke gab es, abgesehen vom Volkstheater, auch bei den Ordensdramatikern schon früher, bald nach der Jahrhundertwende. Vermutlich hat auch die von kurfürstlich-kölnischen Hofbedienten 1701 aufgeführte und zum Teil in bayerischer Mundart geschriebene Komödie »Der durch Leydt beglickte Rechtmäßige | und | durch Glickh betrogne Falsche | Printz von Arcadien« den pater comicus einer Klosterschule zum Autor.[27]

Ein weiteres, noch bedeutenderes Zentrum benediktinischen Theaters war die Ordensuniversität der bayerischen Kongregation im fürsterzbischöflichen Salzburg.[28] Von den insgesamt fast fünfzig namentlich bekannten Dramenautoren sind aus der Zeit Max Emanuels besonders zu erwähnen: Simon Rettenbacher aus Kremsmünster, Otto Aicher aus St. Veit, der Lehrer Abrahams a Sancta Clara, und der spätere Ettaler Abt Placidus Seitz. Mit Placidus Seitz begann in Ettal eine regelrechte »Dichterschule«, die um 1750 in Pater Ferdinand Rosner ihren Höhepunkt fand.[29] Rosners Name ist unlöslich mit Oberammergau und seinem Passionsspiel verbunden. Oberammergau aber ist ein sprechender Beweis dafür, wie das kulturelle Leben auf dem Lande in all seinen Äußerungen von den Klöstern mitgeprägt wurde. Das Volksschauspiel, wofür Oberammergau hier steht, hatte gerade gegen Ende des 17. Jahrhunderts eine Blütezeit in Bayern erlebt.[30] Kaum ein größeres Dorf, kaum eine Stadt ohne ein »Spiel«. Es sei Weilheim als Beispiel herausgegriffen, wo schon lange vor Oberammergau Passionsspiele nachweisbar sind und »Sr. Churfrst: Durchlaucht Maximilian Emanuel selbsten zu selbiger Zeit auf Weilhamb kommen und bey disen so geistl. werckh zuegesechen, ja gar Klayder von dessen Oppera Hauß hergelichen worden, welches noch eingeschribener in dem Statt Pfarr Hoff gefunden.«[31]

München und die höfische Literatur

Die kleinen Literaturorte auf dem Land übertreffen damals das deutschsprachige literarische Leben in der Hauptstadt an Bedeutung. Das war nicht immer so und hat sich vor allem im 19. Jahrhundert ganz entschieden zugunsten der Großstadt geändert. Wohl hatte auch München, die klosterreiche Stadt, Anteil an der im ersten Abschnitt geschilderten geistlichen Literatur, doch liegt hier der Schwerpunkt nicht so sehr und so ausschließlich im Dienst am Bürger als vielmehr in der Verherrlichung des Landesfürsten: neben der geistlichen gibt es eine ausgesprochen höfische Literatur. Zu Beginn des 18. Jahrhunderts wird

München wieder Mittelpunkt einer literarischen Vereinigung, der »Nutz- und Lusterweckenden Gesellschaft der Vertrauten Nachbarn am Isarstrom«.[32] Unter ihren zwanzig Mitgliedern sind vor allem drei namentlich bekannt geworden, nämlich Urban Heckenstaller, Johann Kandler und Johann Georg Littich.[33] Ihr Ziel war, dem Ruhm des Herrscherhauses zu dienen, die katholische Religion zu schützen und schließlich sich selbst die müßigen Stunden »ergetzlich zu verkürtzen«. Bei ihren Versammlungen, die zugleich der Geselligkeit dienten, besprachen die Mitglieder geplante Veröffentlichungen, trugen Erzählungen und Gedichte vor und faßten politische Resolutionen; sie traten für ein bayerisches Königtum ein und verteidigten die Politik des Kurfürsten. Im übrigen wollte man keine gelehrte Gesellschaft sein, sondern die schöne Literatur pflegen, dies allerdings in bewußtem Engagement für Land und Religion. So sind ihre Veröffentlichungen – fünf Bände bis zur Auflösung der Gesellschaft im Jahre 1704 – eine Fundgrube für die Kulturgeschichte Bayerns in jener Zeit, gerade auch für Sprache und Literatur – und für die politische Stimmung am Vorabend des Aufstandes von 1705/06.

Das literarisch fruchtbarste Mitglied der »Vertrauten Nachbarn am Isarstrom« ist Johann Georg Littich, von 1704 bis zu seinem Tod 1717 Hofrats-Sekretär in München. Schon als Student widmet er 1701 dem Kurfürsten ein umfangreiches, zwanzig großformatige Seiten langes lateinisches »Carmen Militare«, ein Loblied auf die Tugenden des Kurfürsten und seine Erfolge im Krieg gegen die Türken. Zwei Jahre später folgt seine erste größere Dichtung in deutscher Sprache, das »Theatrum | Belli Bavarici. | Das ist: | Schau-Bünne / | Deß im Harnisch stehenden Bayrlands. | Auff welcher | Maximilian | Emmanuel, | In Ober: und Nidern Bayrn / auch der Oberen | Pfaltz Hertzog etc. / Sein Churfürstlich- und Heldenmüthige höchste | Persohn mit einem solchen Nachtruck vertrittet / daß in Ver- | änderung der underschidlichen Glücks-Scenen / Vorstellung blutiger | Feld-Schlachten / Abwechslung Sigreicher Stätt-Belagerungen / und | anderen zufälligen | Comi-Tragoedi Aspecten, | Die Feinde fast jederzeit das wenigiste zu reden haben / offter-|mahls ohne Wöhr und Waffen flüchtig abziehen / ja wol auch in ihren | Niderlagen gäntzlich erstummen...« Der Inhalt paßt ganz in das Programm der »Vertrauten Nachbarn am Isarstrom«. Die Abwendung Max Emanuels von Österreich und das Bündnis mit Frankreich werden gerechtfertigt und zwar auf eine Weise, »daß auch der gemaine Mann die Sprach verstehe / und was er den Fridbrüchig- und undanckbaren Feinden zu antworten habe / ausführlich wisse.« Es handelt sich um ein allegorisches Gedicht, »theils gesungen / theils abgeredet«, was besagt, daß Prosa mit Liedern wechselt. Ähnliche Werke Littichs gibt es dann wieder nach der Rückkehr des Kurfürsten im Jahre 1715: Er liefert die Texte zum großen Feuerwerk in München mit dem Titel »Freuden-Liechte | Der | Auß dem Traur-Gewülcke widerumb | hervorstrahlenden | Glücks-Sonne.|« und rühmt besonders die Treue der Stände, nicht zuletzt die des Landmannes, dessen unerschrockenes Herz das Feuer der Treue gehütet habe. Trotz der langen Abwesenheit des Fürsten hätten es die Stände des Landes weder an Mut noch an Liebe und Treue fehlen lassen. Littich vergleicht die Wirren des Erbfolgekrieges mit einem »Grund-Steine / worauff Lieb: und Treue ihren Wohnsitz angebauet: oder dem deutlicheren Gegenstande nach / wol gar [mit] ein Probier-Steine ... / wormit die in denen Menschlichen Dingen spillende Hand GOttes Derselben Standthafftigkeit gepriffet / und den innerlichen Behalt hievon der gantzen Welte under die Augen gelegt hat...« Das Bewußtsein der »Hertzens-Einigkeit«, das im vergangenen Krieg allenthalben im Land spürbar geworden sei, lasse alle Drangsal vergessen.[33a]

Littich ist ein typischer Vertreter dieser höfischen, panegyrischen Literatur, von der es aus der Regierungszeit Max Emanuels eine reiche Fülle gibt. Der Anlässe waren genug, von den Geburts- und Namenstagen angefangen bis zu so herausragenden Ereignissen wie Regierungsantritt und Vermählung, Primizfeiern in der kurfürstlichen Familie und aufwendigen Leichenfeiern.[34] Zum Fest gehörten nicht nur der feierliche Gottesdienst mit geistlicher Musik und wohlgefügter Lobpredigt, sondern auch Oper und Theater. Freilich waren italienische Oper und französische Komödie beherrschend, doch bleiben mehr Raum und Interesse für das deutschsprachige Theater und für Singspiele mit deutschen Texten, als man gemeinhin anzunehmen geneigt ist. Es fehlt nicht an Beispielen: Da ist Thomas Bernhard de Lillis[35] mit seiner »Türckischen Tragoedia« (1685); da sind die Versuche Jakob Sturms von Spreenberg, da ist der Freiherr Frantz Georg Ignatius von Leublfing[36] mit seiner Oper »Lisimen und Caliste« (1681), einem vom Text her fragwürdigen, als Beispiel literarischen Bemühens bemerkenswerten Werk. Wie weit sich hinter diesen Versuchen ein Aufbegehren gegen das Fremde oder gar Parodie des Fremden verbirgt, läßt sich beim gegenwärtigen Stand der Forschung nicht sagen. Als deutschsprachige Opern – von Übersetzungen italienischer Libretti[37] abgesehen – sind weiterhin »Leoldo und Elona« (1694), »Genovefa«, »Die gecrönte Treu«, »Magdalena« von Dominico Deichel (1703)[38] und »Die Bekrönte Unschuld« mit dem Text von Johann Georg Littich (1710) zu nennen.

Auch das deutschsprachige Schauspiel, vielfach »öde Hanswurstiaden« (Trautmann), konnte nicht mit den französischen Klassikern konkurrieren. Daß aber doch Interesse dafür bestand, beweisen die deutschen Schauspieltruppen,[39] die immer wieder nach München kamen und bei der Stadt und am Hof Spielerlaubnis und Honorar erhielten. Am bekanntesten ist neben den Truppen von Peter von Strahln und Daniel Conrade die des Michael Daniel Treu,[40] der fast vierzig Jahre lang in München tätig war und 1681 Marlowes »Dr. Faustus« auf die Bühne brachte. Auch das Schultheater der Jesuiten spielt immer noch eine Rolle, daneben nicht zuletzt in München und der näheren Umgebung das geistliche Volkstheater.[41]

Das historische Volkslied

Den Zeitgedichten und historischen Liedern aus der Zeit Max Emanuels schenkte die literarhistorische Forschung im vorigen Jahrhundert vor allem ihre Beachtung. Ob man von Volksliedern im eigentlichen Sinne reden kann und soll, ist fraglich, denn diese Gedichte sind gar nicht so weit entfernt von der geistlichen Literatur, und ohne Zweifel haben sie nicht selten die gleichen geistlichen Autoren wie Predigt, Traktat und Kirchenlied. Und doch gibt es Unterschiede. Der Gegenstand dieser historischen Lieder sind politische und militärische Ereignisse, die alle Menschen damals beschäftigten, die Phantasie anregen und das patriotische Gemüt bewegen konnten. Für den Historiker aber sind gerade diese Lieder nicht nur Literatur, die nach ästhetischen Grundsätzen zu beurteilen ist, sondern in erster Linie Quelle für das Denken und Fühlen der Menschen im damaligen Bayern. Die erste Gruppe von Liedern preist die Türkensiege Max Emanuels. Dahin gehört ein lustiges Gespräch zwischen zwei Bauern, dem Jodel und dem Hänsel, »Welche erzellen, wie die Statt Wien den 14. Heumonat 1683 belägert und den 12. Herbstmonat entsetzt worden.« August Hartmann[42] vermutet, daß es sich bei diesem Lied um das älteste erhaltene Mundartgedicht Alt-Bayerns handelt. Es ist den Heldentaten des bayerischen Kurfürsten gewidmet, ähnlich wie das »Lob- und Ehren-Gedicht«[43] auf den Kurfürsten von 1684:

»Europa, freue dich!
Empfange sanftiglich
Den jungen Helden!
Laß durch Trompetenschall
Sein Lob durch Berg und Tal
Alsbald vermelden!...«

oder das Triumphlied[44] auf Max Emanuel von 1685.

Oft wiederholt sich der Gedanke, daß Adler und Löwe, das heißt Kaiser und Kurfürst, vereint den Sieg errungen hätten. Diese Idee kommt wiederholt in den historischen Liedern Poyßls[45] zum Ausdruck:

»Ofen, du bist offen worden
Durch den G'walt des Adlers Blitz,
Schier zerschmettert aller Orten,
Durch des Löwen's sein Geschütz;
Du bist worden unser Beut,
Durch der Deutschen Dapferkeit!...«

Das Bündnis des Kurfürsten mit Frankreich findet dagegen nicht die Billigung des Dichters.[46]

»Bayern: Emanuel, Du werther Held,
Was muß ich leider sehen?
Sag wider wem ziehst du ins Feld?
Wie wird es noch wol gehen!
Was denken wirst,
Herzliebster Fürst,
Was für ein Mann
Du greifest an?
Nämblich den großen Leopold,
Dem jederzeit Gott selbsten hold,
Wie gnugsam hat in Ungarland
Erfahren sein siegreiche Hand.
......«

In einem anderen Lied von 1704, einem »Klag-Gespräch zwischen einem Frantzosen, Bayern und Schwaben«,[47] wird die Verantwortung für das Bündnis mit Frankreich den bösen Beratern des Kurfürsten in die Schuhe geschoben:

»So muß ganz Bayerland halt werden eingeschlossen!
Was macht der Kurfürst doch ihm selbst und uns für [Possen!
Er ist ein guter Mann, hat's g'wesen allezeit;
Er ist halt nur verführt durch g'wissenlose Leut'.«

Selbstverständlich hat auch die bayerische Landeserhebung von 1705 im Volkslied ein Echo gefunden, so in dem berühmten Wahlspruch:

»Wir wollen bayerisch viel lieber Alle sterben,
Als itzo kayserlich in unfug gar verderben!
Wir wollen Gut und Blut und Leib und Leben lassen,
Eh wir mit Schimpff submiss des Kaysers Gnad um- [fassen!«[48]

Der Großteil der erhaltenen Gedichte zum Bauernaufstand von 1705 sind jedoch Schmäh- und Spottlieder auf die Bayern, die durch die österreichischen Besetzer verbreitet wurden.[49]

Ein freudiger Anlaß für populäre Lieder war schließlich die Rückkehr Max Emanuels und seiner Familie am 10. April 1715. Da gab es sogar Kontrafakturen alter geistlicher Lieder:

»1. Erstanda ist unsa Kuefürst
Alleluja! alleluja!
Der unsa alla Trösta ist.
Alle Alleluja
....
27. Nun singen Alleluja wir,
Trinka die G'sundheit in dem Bier.«[50]

Neben solchen eher kurios wirkenden Liedern gibt es auch ganz ergreifende Zeugnisse der Freude über die Rückkehr des geliebten Fürsten nach langen und harten Jahren des Krieges und der Unterdrückung, so das vierunddreißig Strophen lange Lied

»Bayrische Herzen! man thuet euch berueffen.
Werffet getröst das Traurkleyd hindan!
Ihr solt einhellig vor Freuden aufrueffen
Mit dem Bayren-Trost Maxmilian.
Rueffet mit mir, das es lieblich erklinget:
/Churfürst aus Bayrn kommt zu seinem Thron!/
Fama die fliegt voran, uns Zeitung bringet;
Flora aufopfert von Lorber ein Cron.«[51]

Der Verfasser ist nicht bekannt, aber er ist wohl in einem Kloster zu suchen, denn es muß ein gelehrter Herr gewesen sein, wie viele Anspielungen auf die antike Mythologie und wie die lateinische Überschrift »Applausus Patrioticus ad auspicatissimum in Bavariam reditum Serenissimi Electoris Maximiliani Emmanuelis etc. A. 1715« vermuten lassen

Den volksliedhaften Ton trifft ein Lied zum Tod des Kurfürsten: dessen letzte Strophe lautet:

»Ruhe sanft, Emanuele,
In der stillen Todesgruft,
Bis dich aus der Grabeshöhle
Dann die Weltbosaune ruft!
Doch die Seele thu geleiten,
O Maria, Königin,
In die ewig Himmelsfreuden,
Zu dem Baradeise hin! –«[52]

Der Aufbruch zum Neuen – Die beginnende Aufklärung in Bayern

Das Ende des langen Krieges brachte eine gewisse Euphorie mit sich, Mut und Lust zu neuem Anfang, ohne daß damit ein Bruch mit dem Bisherigen, mit dem Überkommenen beabsichtigt gewesen wäre. Ein solches Beispiel der Entwicklungsfähigkeit der Literatur ist das Büchlein des Jesuiten Franz Lang von der Schauspielkunst »Dissertatio de actione scenica cum figuris eandem explicantibus« (1727),[53] das Josef Nadler als ein »sehr modernes Buch« preist und das deutlich eine Entwicklung einleitet, die sich, eine Generation später, mit den Forderungen Lessings für das Drama trifft. Beispiel für den Neuansatz in der Literatur ist aber vor allem der »Parnassus Boicus«,[54] ein Werk dreier Männer, der Augustiner-Eremiten Gelasius Hieber und Agnellus Kandler und des Pollinger Chorherrn Eusebius Amort.[55] Agnellus Kandler ist der Sohn des Johann Kandler, der uns bei der »Gesellschaft der vertrauten Nachbarn am Isarstrom« begegnet ist. Möglich, daß dieser die Idee eines gemeinsamen Unternehmens, einer Art literarischer Akademie zur Pflege von Sprache und Dichtung dem Sohn weitergegeben hat. Der »Parnassus Boicus« hat viel mehr als die »Isargesellschaft« von 1702 gelehrte Ambitionen.

Für das Thema dieses Beitrages stehen die literarischen Beiträge des »Parnassus« sowie die Aufsätze zur deutschen Sprache im Vordergrund. Die Reihe der Gedichte beginnt mit einem großen »Schäffer-Liede zu Ehren der heylwertisten Geburt JEsu Christi«;[56] in ähnlicher Art findet sich für Ostern ein »Triumphlied dem triumphierenden Siegeshelden Daphnis«; andere deutsche und lateinische Gedichte sind über alle Bände verstreut. Die freien Künste werden schließlich zum zentralen Anliegen der Zeitschrift.[57] Im dritten Band erscheint eine Geschichte der Dichtkunst in Deutschland »Von der Teutschen Poeterey«. Die Abhandlungen zur Sprache verteidigen das bisher übliche Schriftbayerisch, dessen Norm bezeichnenderweise die Sprache unter Maximilian I. ist, wo sie »den höchsten Gipfel ihrer Vollkommenheit / Zierde / Mannhaftigkeit und Reinigkeit allerdings erreichet / gleich dann nichts schöners in Teutscher Sprach wird zu finden seyn...«[58] Agnellus Kandler schlägt für die bessere Pflege der Sprache eine kaiserliche Gesellschaft nach dem Vorbild der französischen Akademie vor.[59]

Literatur in Bayern unter Kurfürst Max Emanuel, das sind nicht nur die geistlichen Autoren, die Literaten am Hof, die Männer der »Gesellschaft der vertrauten Nachbarn am Isarstrom« oder des »Parnassus Boicus«; dazu gehören ebenso selbstverständlich die großen Namen der französischen Klassik und die Poeten Italiens. Nicht Bayern, auch nicht Deutschland ist der Rahmen, sondern Europa. Nirgendwo aber in diesem Europa gab es eine Literatur, die sich so bewußt und so unbedingt um das einfache Volk gekümmert hätte wie die geistliche Literatur Bayerns im 17. und 18. Jahrhundert, gerade auch während der Regierungszeit Max Emanuels. Sie war, um ein Wort Joseph von Eichendorffs[60] zu gebrauchen, ein wichtiges Element der Volksbildung, eine Hilfe, die Phantasie dieser Menschen lebendig zu erhalten und sie vor völliger Dienstbarkeit zu bewahren. Mögen diese Predigten und Lieder, die Schauspiele und Oratorien bei all ihrer Mannigfaltigkeit und Farbigkeit auch nicht zur ersten Garnitur zählen, mag ihnen oft auch etwas Provinzlerisch-Biederes anhaften, so verdienen sie doch einen Platz in der Literatur dieser Zeit, denn Europa wäre um einiges ärmer ohne die Herzlichkeit und ohne den Ernst gerade dieser geistlichen Autoren in den bayerischen Landen.

Anmerkungen

[1] Eine knappe Darstellung der Literatur unter Maximilian I. von H. Pörnbacher in: HB II 853–858; ein deutliches Beispiel für die Literaturförderung unter Maximilian I. ist die Stiftung »Vom goldenen Almosen« aus dem Jahre 1614, deren Ziel es war, den Menschen durch geistliche Bücher zu helfen und in ihnen Gottesfurcht, Gottesliebe, Nächstenliebe, Andacht, Demut, Gehorsam zu wecken. Vgl. StAM GL 2708/569. – Wieweit Maximilian das Literaturprogramm hat mitbestimmen lassen, bedarf noch der Klärung.

[2] H. Becher, Die geistige Entwicklungsgeschichte des Jesuitendramas (Deutsche Vierteljahrsschrift für Literaturwissenschaft und Geistesgeschichte 19, 1941) 269–310; K. Flemming (Hrsg.), Ordensdrama (Deutsche Literatur in Entwicklungsreihen. Barockdrama 2, Leipzig 1930); W. Klemm, Benediktinisches Barocktheater in Südbayern (StMBO 54, 55, 58, 1936–1940); R. Schmied, Bayerische Schuldramen des 18. Jahrhunderts. Schule und Theater der Augustiner-Chorherren in Oberbayern unter besonderer Berücksichtigung des Stiftes Weyarn. Diss. München 1963.

[3] Einen kurzen Überblick der Literatur unter Max Emanuel bringt Doeberl II 256–259 (unzureichend und veraltet); Lipp geht auf die deutschsprachige Literatur kaum ein; eine skizzenhafte Darstellung der Literatur jener Zeit bei H. Pörnbacher, Barockliteratur [in Bayern] 1650–1720: Ausbreitung und Ausklang (HB II) 858–867.

[4] Näher ausgeführt ist dieser Gedanke bei H. Pörnbacher, Wege und Wesen der baierischen Literatur in der Neuzeit, München 1975.

[5] NDB I 21f. mit der wichtigsten Literatur; aus dem seitdem Erschienenen sei herausgegriffen der Vortrag von M. Heidegger, Über Abraham a Santa Clara, Meßkirch 1964.

[6] R. Alewyn, Johann Beer. Studien zum Roman des 17. Jahrhunderts, Leipzig 1932, 150.

[7] K. Bertsche, Die Werke Abrahams a Sancta Clara in ihren Frühdrucken, 2. verb. u. erw. Aufl., Wien 1961, 28; H. Graßl, Abraham a Sancta Clara in Taxa. (Unbekanntes Bayern 4, München 1959), 39–50.

[8] Über Conlin vgl. ADB IV 438f.; C. v. Faber du Faur, German Baroque Literature, Kat. New Haven 1958, 280; – über Gansler vgl. ADB VIII 365; Faber du Faur 281; – über Prambhofer vgl. Faber du Faur 282.

[9] H. Bach, Mirakelbücher bayerischer Wallfahrtsorte, Diss. München 1963, 126–135; H. Pörnbacher, Lieder und Oden der Katholiken (C. Wiedemann [Hrsg.], Deutsche Barocklyrik, Tübingen 1976).

[10] Faber du Faur (Anm. 8) 266; Bach (Anm. 9) 135–150.

[11] Archivalische Nachforschungen haben keinerlei Erfolg gezeitigt. Lediglich für Johann Georg Littich (s. u. Anm. 33) konnte eine Zuweisung von 50 Thalern für sein »Theatrum Belli Bavarici« nachgewiesen werden. Vgl. StAM HR Fasc. 415 Nr. 491.

[12] Zusammenfassung der Lit. zu Selhamer (1630–1708) in HB II 860, Anm. 12; zu Grieninger vgl. u. Anm. 20.

[13] E. Moser-Rath (Hrsg.), Predigtmärlein der Barockzeit, Berlin 1964, 213–275; V. Hertle, Andreas Strobl als Modellfall der bayerischen Barockpredigt, Theol. Diss. München 1965; G. Lohmeier, Andreas Strobl. Der Barockprediger aus Buchbach. (Barock und Aufklärung, hrsg. v. H. Schindler, München 1972) 65–86.

[14] Moser-Rath (Anm. 13) 137–151; vgl. u. Anm. 34.

[15] F. J. Hoedl, Das Kulturbild Altbayerns in den Predigten des Paters Jordan von Wasserburg, Diss. München 1939; K. Böck, Das Bauernleben in den Werken bayerischer Barockprediger, München 1953, 34–37.

[16] Moser-Rath (Anm. 13) 179–212.

[17] G. Lohmeier (Hrsg.), Bayerische Barockprediger, München 1961, 152–163.

[18] Moser-Rath (Anm. 13) 285–305; Lohmeier (Anm. 17) 84–119; P. Brecht, Der Barockprediger Ignatius Ertl, Diss. München 1967.

[19] S. Anm. 8; zu erwähnen wären auch der noch wenig beachtete Benediktiner Bonifaz Pfaffenzeller aus Thierhaupten (1677–1727), den Baader, Lexikon Bd. II/1, 247 anführt, und Ägidius Rambeck von Scheyern, der Verfasser des dreibändigen Werkes »Heiliges | Benedictiner-Jahr/ | Das ist: | Kurtze Lebens-Beschreibung/ | Drey hundert fünff und achtzig Heiligen/ | aus dem Orden deß H. Ertz-Vatters | Benedicti…, Augspurg 1710; P. J. D. Walcher aus Benediktbeuern hat eine große Anzahl lateinischer und deutscher Gedichte hinterlassen. – Von den Schriftstellern des Prämonstratenserordens aus diesem Zeitraum sei Michael Stainmayr, Abt von Osterhofen, genannt mit seiner Predigtsammlung »Marianische | Schatz-Cammer. | Mit | zwölf guldenen Credentz-Schalen bereichet | … offentlich geprediget/ auch mit Exempeln | gemehrt/ und an das Liecht geben worden. | Durch M. St. München 1690.

[20] H. Pörnbacher, Parnassus Rottenbuchensis. Zur Pflege der schönen Literatur im Kloster Rottenbuch (900 Jahre Rottenbuch, Weißenhorn 1974) 109–113.

[21] ADB XXVI 376; J. Bolte, Drei Gedichte von Johann Albert Poyssl (Archiv f. d. Studium der neueren Sprachen und Literatur 122, 1909) 225–245; F. W. Frhr. v. Ditfurth, Deutsche Volks- u. Gesellschaftslieder des 17. u. 18. Jahrhunderts, Nördlingen 1872 (Nr. 143, 161, 195, 249, 253); ders., Die historischen Volkslieder vom Ende des dreißigjährigen Krieges, 1648 bis zum Beginn des siebenjährigen, 1756, Heilbronn 1877 (Nr. 28, 29, 45, 47, 48, 50, 53, 54, 55, 57, 63, 64, 66, 67, 72, 73, 83); M. Fürst, Ein patriotischer Chiemgauer Dichter des 17. Jahrhunderts (Heimatbilder aus dem Chiemgau 12, 1914) 89–96; B. Genz, Johannes Kuen. Eine Untersuchung zur süddeutschen geistlichen Lieddichtung im 17. Jahrhundert, Diss. Köln 1957, 227f.; die Textproben sind dem Gedicht »Hab mich schon besonnen« (Bauernlob) Str. 10 u. 19 bei Bolte S. 242 entnommen. – Auch Simon Rettenpacher aus Kremsmünster hat während seiner Salzburger Zeit (1682) beachtliche »geistliche und weltliche Gedichte« in deutscher Sprache verfaßt.

[22] S. o. Anm. 20.

[23] Dazu Schmied (Anm. 2) u. Klemm (Anm. 2); Pörnbacher, Das Theater [in Bayern] (HB II) 865f.

[24] A. Schmid, Die Nachblüte der Abtei Benediktbeuern nach dem dreißigjährigen Kriege. (StMBO 42, NF 11, 1924) 70–156, bes. 136–156.

[25] Ib. 137; Hubensteiner, Eckher 173f. – Zoedls »Ludus divinae providentiae« wurde in München viermal unter dem Beifall des Hofes bei den Englischen Fräulein aufgeführt.

[26] Eine vorzügliche Darstellung des Freisinger Barocktheaters gibt Hubensteiner, Eckher 168–174; – die Verse vom »Leemoni-Mo« bei Hubensteiner 172.

[27] »Der Prinz von Arcadien« 1701. Hrsg. von O. Brenner (Bayerns Mundarten. Beiträge zur deutschen Sprach- und Volkskunde. Hrsg. von O. Brenner u. A. Hartmann, München 1892–1895) Bd. I, 128–145; 203–222; 336–361; Bd. II, 60–73; 161–181.

[28] A. Kutscher, Das Salzburger Barocktheater, Wien 1924.

[29] Über Ettal und die Ettaler Autoren: P. Lindner, Album Ettalense (OA 44, 1887); W. Fink, Beiträge zur Geschichte der Bayer. Benediktinerkongregation, Metten 1934; St. Schaller, Das Passionsspiel von Oberammergau 1634–1950, Ettal 1950; F. Rosner, Bitteres Leyden, Obsiegender Todt. Glorreiche Auferstehung des Eingefleischten Sohn Gottes. Hist.-krit. Ausgabe hrsg. v. St. Schaller, Bern-Frankfurt 1974 (Geistl. Texte d. 17. u. 18. Jahrhunderts 1.).

[30] H. Moser, Das altbayerische Volksschauspiel des 17. u. 18. Jahrhunderts (Bayer. Heimatschutz 24, 1928) 72–89; (25, 1929) 90–98.

[31] Ib. 88.

[32] K. v. Reinhardstöttner, Die Nutz- und Lusterweckende Gesellschaft der vertrauten Nachbarn am Isarstrom (FGB 8, 1900) 253–291; Textproben bringen Hartmann (s. u. Anm. 42) 141f. und G. J. Wolf,

Das Kurfürstliche München, München 1930, 125ff.; L. Hammermayer, Gründungs- und Frühgeschichte der bayerischen Akademie der Wissenschaften, Kallmünz 1959, 36.

[33] Über Heckenstaller (gest. 1748) vgl. Reinhardstöttner (Anm. 32) 254; Baader, Gelehrtes Baiern 480f. erwähnt neben den Aufsätzen in den Schriften der »Isargesellschaft« Übersetzungen aus dem Französischen, darunter »Underweisung | Der | Jugend/ | in der Christlichen | Gottseeligkeit« von Carolo Gobinet (1714); – zu Johann Kandler (gest. 1718 als Fünfundsiebzigjähriger) s. Reinhardstöttner 255; – zu Johann Georg Littich (gest. 1717 von der Hand eines Meuchelmörders in Mannheim) s. Reinhardstöttner 255ff. mit einem Schriftenverzeichnis.

[33a] Die Feste bei der Rückkehr des Kurfürsten aus dem Exil beschreibt Straub 296ff. – Besonders hingewiesen sei auf das Huldigungsgedicht von Johann Adam Brantan »Chur-Bayrisches | non | peribis« (1714), vgl. A. Dreyer (AbM 5f., 1905) 148–154.

[34] Vgl. Straub sowie den Beitrag von R. Münster. Hier einige literarische Beispiele: Jacob Sturm von Spreenberg, »Frohbegangenes Hertzergezzen | Deß Kuhr- Hauses | BaIern | Männlichgeborenen Erbens/ | als | Der Durchleuchtigste Fürst und Herr/ Herr | Maximilian | Emmanuel, | . . . zum gnädigsten Kuhr-Landes-Fürsten | . . . herz-erfreulich zur Welt geboren worden.« (1662); Jacob Schmid S.J., »Chur Bayrische Löwenhaut/ | bald trucken/ bald naß. | Vorgestellet | In der Lob: und Leich-Predig | Deß | Weyland Durchleuchtigisten/ | und Großmächtigisten Fürsten | und Herrn/ Herrn | Ferdinand Maria/ . . . In der Kirchen der Heyligen Cajetani und Adelaidis . . . Bey Anfang der dreytägigen Leichbegängnuß/ den 12. Junii 1679«; Caietan Verani, »Monumentum | Extremi Honoris, | Perennis Virtutis | Piis Manibus | Serenissimi, | Ac Potentissimi | Principis | Ferdiandi | Mariae, | . . .«, München 1679; »Gedanken bey Nacht, | Als Einer nicht schlaffen kunte/ | Uber den unvermuth- und schmertzlichen | Hohen Todfall | Seiner Hochfürstl. Durleucht | Ferdinand Maria« etc (Juny 1679); Amadeus Hamilton, »Der wachtbare | Chur-Bayrische Löw/ | Oder | Der beständige Beschützer | der Römischen Kirchen . . .« München 1680 [zum Geburtstag, zum Regierungsantritt Max Emanuels und anläßlich des Kirchweihfestes von St. Kaietan]; »Thalamus Nuptialis | Auspicatissimis Hymenaeis | Serenissimiorum | Pricipum | Maximiliani Emmanuelis | etc. et Mariae | Antoniae | etc. | In floridissimo Utriusque Serenissimae | Domus Virtutum Campo | Demississime descriptus et consecratus | Ab | Electorali Collegio Mo- | nacensi Societatis Jesu.« | Monachii 1685; – hier sei auch erwähnt das Hochzeitsgeschenk der englischen Jesuiten aus dem von den bayerischen Kurfürsten gegründeten und unterhaltenen Kolleg in Lüttich: »Florus | Anglo-Bavaricus | Serenissimo Principi | Maximiliano | Emmanueli | Duci Bavariae, etc. | Et | Mariae Antoniae | Leopoldi Caesaris Filiae, | Auspicato Nuptiarum foedere conjunctis | inscriptus.« Leodii 1685. (Fotomechanischer Nachdruck 1970, mit Einleitung von T. A. Birrell); Marcellinus Dalhover [Anm. 14], »Hoch-Geistliche Vermählschafft/ | Oder | Erfreuliche | Gratulations-Rede/ | Unter der Octav der höchstgewünschten | Bischöfflichen Possessions-Nemmung | Deß | Hochwürdigist: Durchleuchtigisten Fürsten und Herrns/ | Herrn Josephi | Clementis, | Ertz-Bischoffen zu Cölln/ | etc.« München 1690; P.A.E.J.U.C., »Lauretum, | Quod | Serenissimo Ac Potentissimo | Principi | Maximiliano | Maximo Emanueli | Invictissimo | Utriusque Bavariae | Duci, | Ab | Iterum devictis hostibus | reduci, | Sacri Romani Imperii | Electori, | Ad Propugnandam Ecclesiam caelitus | Electo . . .« Monachii 1687; Matthaeus Eimmart,« Zodiacum | Hunc Bojensem | In Applausum ob Regiam Hungariae Civitatem | Budam, Quae . . . | Invictissimo, Imperatori, Augusto, | Leopoldo I. | Tradita, | Victoriosissimo Triumphatori, Incomparabili | Germaniae Herculi, | Maximiliano | Emanueli, | . . . »Ratisponae 1687 [deutsche Verse]; Albert Weinperger S. J., »Mittel-Punct | Der Ehren/ | In welchem | Clemens Augustus | Der Durchleuchtigiste Churfürst von Cölln | . . . Das erste Mahl bey dem Altar gestanden | . . . den 3. April 1725.« München 1725; ders., »Maximilianus II. | Der | Großmüthige/ | . . . In einer Lob- und Leich-Predig | Vorgestellet.« München 1726; Cajetan Khuen, »Die | Grosse in dem Aufgang/ | Größte in dem Mittag/ | Grössere in dem Nidergang/ | Und allezeit | Durchleuchtigiste | Fürsten-Sonne, Maximilian | Emanuel | . . . Oder | Lobreicher Leich- und Trauer-Pracht/ | . . . Bey denen Wohl-Ehrwürdigen PP. Theatinern/ oder Regulirten Priestern | . . . prächtigist gehaltenen drey-Tägigen Leich-Besingnussen errichtet/ | mit Lateinischen Sinn- Lob- und Beyschrifften | Von R. P. D. Josepho Cajetano Khuen er- | meldten Ordens Priestern geziehret/ | Und von demselben auf Verlangen viler wohl-gesinnten Patriotischen Gemüther | in das Teutsche übersetzet worden . . .« München 1727.

[35] K. Trautmann, Deutsche Schauspieler am bayrischen Hofe. (Jb. Münch. Gesch. 3, 1889) 312ff.; 407f. (Bibliographie seiner Werke).

[36] Zu Jakob Sturm von Spreenberg s. o. Anm. 34; Trautmann (Anm. 35) 303; ders., Französische Schauspieler am bayrischen Hofe. (Jb. Münch. Gesch. 2, 1888) 193; – zu Franz Georg Ignatius von Leublfing, s. Trautmann (Anm. 35) 303 und 318f.; Rudhart, Oper, Th. 1, 74.

[37] Solche Übersetzungen stellte z. B. Carl Langertl her. Vgl. Rudhart, Oper.

[38] Trautmann, Französische Schauspieler (Anm. 36) 316f.; Rudhart, Oper 37; vgl. auch Beitrag Münster.

[39] Dazu ausführlich Trautmann in seinen Untersuchungen über französische und deutsche Schauspieler am Münchner Hof (Anm. 35 u. 36); Straub 258f.; 261ff.

[40] Trautmann (Anm. 35) 304–318.

[41] Aus den Jesuitenstücken ist besonders hervorzuheben P. Scherers Comedi »Austria armata«, die »nach dem entsatz Wienn zu nacht Vor dem Collegio in München in gegenwarth Ihro Churfrstl. Drch. Maximiliani etc. offentlich producirt und geßungen worden«. Vgl. Trautmann (Anm. 35) 314; BStB Cod. bav. 3169; Baron von Malknecht berichtet unter dem 6. 4. 1724 aus München: »Heute abend wird bei den *Jesuiten* ihm [dem Kurfürsten von Köln Clemens August] zu Ehren eine Oper aufgeführt.« G. J. Wolf (Anm. 32) 139. – Über das Volkstheater vgl. o. Anm. 30f.

[42] A. Hartmann (Hrsg.), Historische Vokslieder und Zeitgedichte II, München 1910, 60–70; ähnlich in der Art: »Jäckls und Nickls vertrauliches Baurengespräch, wegen glücklicher Eroberung kgl. Vestung Ofen«, ib. 108–111, und das »Klagliedl Zwayer Bayrischen Bauren yber den laidig Todtfall des Chur-Prinzens«, ib. 126–134.

[43] Ib. 94–97; ähnliche Lieder bei E. K. Blümmel, Histor. Volkslieder aus Bayern (AbM 5, 1905), 76–81; Ditfurth (Hrsg.), Volkslieder 1648–1756 (Anm. 21): Nr. 49 Eroberung von Neuhäusel »Höret man nit Wunder sagen | Von der großen Waffenthat, . . .« (s. 123f.) und Nr. 50 »Hab ich es nit vorgesagt . . .« (s. 125–130) von J. A. Poyßl. – Nr. 49 auch bei Ditfurth (Hrsg.), Die historischen Volkslieder des Bayerischen Heeres von 1620–1870. Nördlingen 1871, 30f., Nr. 7.

[44] Ditfurth, Volkslieder 1648–1756 (Anm. 21) 131f.; vgl. auch Veith Scheidt, »Geringstes Ehrn-Gedicht . . .« 1687.

[45] Ib. Nr. 55, 140ff. (Clm 4088, p. 116): – Eine Zusammenstellung der Lieder zur Befreiung Ofens gibt A. Hartmann, »Zum 2. September 1886« (Zweite Beilage zur Allg. Zeitung Nr. 243 u. 244, 1886); – wie stark der Eindruck des »Blauen Königs« war, zeigt nach 1727 ein »Vollständiger Bauren-Jubl . . . von der glücklichen Entbindung unser Durchleuchtigisten Churfürstin, so den 28. Martii mit einem Durchl. Chur-Printzen beglücket worden . . .«, in dem es am Ende heißt: »Den Türken werd 's fraua | Wie d'Judgen da Speck | Daß wiedrum a neua | Blab König im Weg.« Hartmann (Anm. 42) 258.

[46] »Bayerland an seinen Churfürsten in der letzten Audienz«, Ditfurth, Volkslieder 1648–1756 (Anm. 21) 221–225.

[47] Hartmann (Anm. 42) 155–160; vgl. auch Ditfurth, Volkslieder 1648–1756 (Anm. 21) 238f.: »Ach Kurfürst, sich dich für, | Kehr weg von Deiner Thür! | Du hast der Schelmen allzuviel.«

[48] A. Hartmann (Anm. 42) 182f.; vgl. ferner ib. 183f.; ders., Historische Gedichte aus der Zeit der bayerischen Landeserhebung 1705 und der Rückkehr Max Emanuels nach Bayern (AbM 1, 1899) 34; ib. bei Hartmann (183f.) der Spruch eines Bauern: »Ich Khlarwein sag wahr, es ist kein Zweifel, wer nit ist bayrisch, den holt der Teufel. Man hat mich geschlagen wegen der Treu: Khlarwein bleibt bayrisch, laßt's Leben dabey.« Vgl. Kat.Nr. 450.

[49] Ausführlich bei Hartmann, Gedichte Landeserhebung 1705 (Anm. 48).

[50] Hartmann (Anm. 42) 199–202; ähnlich Ditfurth, Volkslieder 1648–1756 (Anm. 21) 263f.: »Der Kurfürst ist wieder erstanden | ... Deß sollen wir Alle froh seyn, | Der Kurfürst wird unser Trost seyn, | Kyrie eleison!« ...

[51] Hartmann (Anm. 42) 202–212 u. bes. Historische Gedichte (Anm. 48) 47–60. – Der Schluß des Liedes lautet: »Ich liebe Maximilian von Herzensgrund«.

[52] Ditfurth, Volkslieder 1648–1756 (Anm. 21) 286f.; ein weiteres Lied auf den Tod des Kurfürsten bei Hartmann (Anm. 42) 247–252: »O höchst betrübtes Bayerland ...«

[53] Nachdruck mit Übersetzung und Lit.-Verzeichnis, hrsg. von A. Rudin, Bern–München 1975.

[54] L. Lenk, Der Parnassus Boicus. (E. Dünninger u. D. Kiesselbach, Hrsg., Bayerische Literaturgeschichte, Neuzeit, München 1967) 124–136, 394 (Lit.); H. Pörnbacher, Die Literatur der Aufklärung (HB II) 874f. (mit der wichtigsten Lit.). Vgl. auch Beitrag Hammermayer.

[55] Über Gelasius Hieber vgl. J. F. Ossinger, Bibliotheca Augustina, Ingolstadt 1776, 437f.; unter den Schriften bei Baader, Gelehrtes Baiern 502–505 ist auch eine »Leich- und Ehrenpredigt« auf Maximilian Emmanuel von 1726 aufgeführt; Baader zählt alle Beiträge Hiebers im »Parnasso boico« auf; eingehend wird Gelasius Hieber behandelt von P. Legband in seiner voreingenommenen und einseitigen Untersuchung »Münchner Bühne und Litteratur im achtzehnten Jahrhundert« (OA 51, 1904) 19ff.; – zu Kandler vgl. Baader, ib. 180; – zu Amort vgl. G. Rückert, Eusebius Amort und das bayerische Geistesleben im 18. Jahrhundert, München 1956 (Beiträge z. altbayer. Kirchengeschichte); R. van Dülmen, Propst Franziskus Töpsl (1711–1796) und das Augustiner-Chorherrenstift Polling, Kallmünz 1967; E. A. Bauer, Eusebius Amort (Pollinger Drucke 3, Murnau 1975).

[56] PB I 195ff.

[57] PB II 549ff. »Vor-Bericht Von denen künfftigen Unterredungen deß Parnassi Boici.«

[58] PB I 193 »Bericht über die hochdeutsche Sprache und ihr Zustand im 18. Jahrhundert.«

[59] M. Spinder (Hrsg.), Electoralis academiae scientiarum Boicae Primordia. Briefe aus der Gründungszeit der Bayerischen Akademie der Wissenschaften. Hrsg. v. M. Spindler unter Mitarbeit v. G. Diepolder, L. Hammermayer, A. Kraus, München 1959, 216.

[60] Sämtliche Werke, Hist.-krit. Ausgabe 10, 1911, 169f.

DAS URTEIL DER NACHWELT

Hans Schmidt

Max Emanuels Bild in der Geschichtsschreibung

Mit einer ausgesprochenen Überraschung beginnt für jeden, der sich mit der Gestalt Max Emanuels beschäftigen will, das Studium der einschlägigen Literatur. Denn schon bald muß er feststellen, daß dieser so farbige und die Phantasie der Nachwelt ansprechende Herrscher bis heute noch keinen Biographen gefunden hat, der wissenschaftlichen Ansprüchen genügt. Ja, der Versuch zu einer wissenschaftlichen Biographie ist im Grunde noch nicht einmal gemacht worden, denn zwei handgeschriebene zeitgenössische Lebensbeschreibungen des Kurfürsten – eine davon in Latein – kann man hier wohl ebensowenig als solchen bezeichnen wie zwei kleine populäre Lebensbilder, von denen das jüngste aus dem Jahre 1908 stammt, und wie Karl Theodor von Heigels lesenswerte Skizze in dem großen Sammelwerk der Allgemeinen Deutschen Biographie, die nur etwas mehr als 5 Seiten umfaßt.[1]

Wohl erfährt der Kurfürst eine eingehende und überwiegend liebevolle Behandlung in den großen Darstellungen und Handbüchern der bayerischen Geschichte, bei Riezler, Doeberl und Spindler also, doch konnte im breiten Rahmen der bayerischen Gesamtgeschichte natürlich von keinem der Autoren der Versuch unternommen werden, dem Geheimnis seiner Persönlichkeit soweit sich zu nähern, als dies aufgrund der zahlreichen erhaltenen Quellen der Kunst eines einfühlsamen Biographen möglich sein müßte. Gewiß ist eine Gestalt wie Max Emanuel immer im Rahmen der Geschichte seiner Zeit zu erfassen und gewinnt nur darin die rechten Konturen und Proportionen, wird nur als Mensch seiner Zeit der Nachwelt in seinem Fühlen, Denken und Handeln verständlich, allein die noch so eingehende Darstellung im Rahmen einer Geschichte seines Landes kann nicht die große Biographie, die er verdiente, ersetzen.

Zu den genannten Werken, in denen Max Emanuel eine recht eindringliche Betrachtung gewidmet wurde, gesellen sich zahlreiche Einzeluntersuchungen und vor allem Auseinandersetzungen mit seiner Gestalt und seiner Politik in fast allen Gesamtdarstellungen, die dem Zeitalter Ludwigs XIV. gewidmet sind. Und ebenso finden sich zahlreiche Hinweise auf den Kurfürsten in den Büchern der Historiker, die sich mit seinen Mit- und Gegenspielern beschäftigen, mit Marlborough, Prinz Eugen, Ludwig Wilhelm von Baden und Villars, um nur einige Namen zu nennen. Ein breites Feld also ist zu durchschreiten; immerhin ist durch die erwähnten größeren Werke der Orientierungsrahmen recht gut abgesteckt.

Schon die Zeitgenossen und die unmittelbar nachfolgende Generation wurden durch die Gestalt des bayerischen Kurfürsten zur Stellungnahme herausgefordert – zu faszinierend war die Person des Türkensiegers, des Rebellen gegen Kaiser und Reich, des Gouverneurs der Spanischen Niederlande, des Liebhabers schöner Frauen und großen Verschwenders, des glanzvollen Bauherrn und Mäzens, des Fürsten, der als letzter den Traum einer bayerischen Großmacht geträumt hatte. Zwei Richtungen stehen einander gegenüber: einmal die bayerischen Patrioten, die das Andenken des Fürsten hochhalten, zum andern die Anhänger des Kaisers und Österreichs und die Reichspatrioten, die den Rebellen gegen ihre höchsten politischen Werte mit kritischen Augen betrachten. Die beiden letztgenannten Gruppen lassen sich in unserem Falle zusammenfassen.

Einer der ihrigen steht an der Spitze der Max-Emanuel-Geschichtsschreibung, ein Unbekannter, der das am weitesten verbreitete Geschichtswerk über den Prinzen Eugen schrieb, das im 18. Jahrhundert entstanden ist, zu Lebzeiten seines Helden noch, so daß wir es hier mit einem Werk der Zeitgeschichte im buchstäblichen Sinne zu tun haben: »Des Großen Feld-Herrens Eugenii Hertzog von Savoyen und Kayserlichen General – Lieutenants Helden – Thaten«. Obwohl der Verfasser mitten im Spanischen Erbfolgekrieg schrieb – im Jahre 1710 sind die ersten Teile des Werkes erschienen[2] – führte ihm nicht Parteihaß die Feder.

Gewiß wird Max Emanuel ohne viel Federlesens der Untreue gegen Kaiser und Reich geziehen, von seinem »Meinayd«, den Prinz Eugen »der einst Straffen sollte«, ist die Rede, und bei Schilderung der gefährlichen Lage, die nach Max Emanuels Vorstoß nach Tirol entstanden war, wird gesagt: »Allein Gott erhörte des frommen Leopolds eiffriges Gebet vor seine Soldaten, so die gerechte Sache vertheidigten, und straffte des Chur-Fürsten von Bayern Untreu . . .«

Aber dann findet man in der Schilderung der Schlacht von Höchstädt, bei der, wie auch sonst, der Autor Max Emanuels Tapferkeit und militärische Fähigkeiten hoch rühmt, folgende Stelle: ». . . dieser unglückliche Printz, so an diesem Tage um Land und Leute durch frantzösische Bosheit gekommen, hielte sich mit seinen Leuten über die maßen wohl, daß er auch wenn Tallard dergleichen gethan ohnfehlbar den Sieg würde erhalten haben . . . Allein Gott verhängte das Unglück über diesen Printz daß, der er sich selbst erheben wollte, er gestürtzt wurde.« Das ist geschrieben aus der Geisteshaltung barocker Frömmigkeit heraus, der Hochmut und Selbstüberhebung als die schlimmsten aller Sünden galten. Immerhin erscheint Max Emanuel in erster Linie als das Opfer französischer Umtriebe. Und bei einer Betrachtung der Gründe, die den Kurfürsten zum Anschluß an Frankreich bewogen haben könnten, erweist sich der Verfasser als völlig emotionslos. Er analysiert die politischen Gegebenheiten des damaligen Bayern und meint, daß die großen Erfolge Österreichs im Osten Bayern mißtrauisch gemacht und daß Frankreich – »weil Bayern fast jederzeit mit Frankreich einerley Interesse hat« – dies ausgenutzt habe, wozu dann noch die spanische Erbfolge als verstärkendes Argument für eine Entscheidung gegen den Kaiser getreten sei.[3]

Wurde hier also in erster Linie die Politik Max Emanuels einem zwar ablehnenden, aber doch nicht verständnislosen Urteil unterworfen, so unternahm es der Sachse Gottlieb Eucharius Rinck in seiner 1713 erschienenen Biographie Kaiser Leopolds I., ein Charakterbild Max Emanuels zu zeichnen, das um so mehr hier ganz angeführt werden muß, weil es gemeinsam mit der Charakteristik in der handschriftlichen Biographie Naumanns die Grundlage abgab für zahlreiche spätere Beurteilungen des bayerischen Kurfürsten.

»Der Churfürst von Bayern hat viel Hertze und würde des Krieges nimmermehr müde werden wenn man sich auch alle Tage schlagen sollte. Die scharmützel sind seine einzige Freude und er wird sich nicht leicht davon begeben an einem anderen orte Ordre zu stellen. Ohne zweifel würde er es in dem handwerk des Krieges noch zu einer großen erfahrenheit bringen, wenn er echten fleiß anwenden wollte. Aber biß anhero hat es geschienen als wan er nichts anders suche als was ihm anfangs wohl gefallen; das seind feldschlachten, scharmützel, die feinde in die Flucht treiben sehen, sich eines Lagers bemeistern können. Im übrigen verläßt er sich gantz und gar auf seine Officirer und bekümmert sich um nichts, was seine Trouppen anbelangt. Eben so wenig schickt er sich auch einen Entwurff zu machen, den Krieg in grossem zu führen und dessen Ende zu beobachten. Denjenigen, die ihm wohl dienen ertheilt er nimmermehr einige Vergeltung eben wie er auch keinen lasterhafften straffet; dann er ziehet sein vergnügen und die wollust allen sachen in der weldt für. Große verrichtungen betäuben ihn gantz und gar, und in keiner sache kann er sich mühe machen als bei einer maitresse und auf der jagd. Das Geld, so ihm seine kammerbedienten geben hält er für nichts und bethauert nur dasjenige so sie eben selbst in ihren sack schieben.«[4]

Das ist nun nicht eben freundlich, denn außer persönlicher Tapferkeit werden dem Kurfürsten kaum gute Eigenschaften zugestanden. Rinck spricht ihm vielmehr die Fähigkeiten eines echten Feldherrn ab, zweifelt an seiner politischen Einsicht, tadelt seine Verschwendungssucht und Maitressenwirtschaft, so daß man sich fragen muß, wie ein so beschaffener Mann eine so bedeutende Stellung in der Politik seiner Zeit einnehmen konnte. Gewiß treffen alle von Rinck vorgebrachten Anwürfe etwas Richtiges, aber in der Art, wie sie vorgetragen werden, überzeichnen sie das Bild Max Emanuels in unzulässiger Weise.

Immerhin muß man Rinck einräumen, daß er sich in seinem Urteil über die Feldherrnqualitäten des Kurfürsten mit der Aussage des Markgrafen Ludwig Wilhelm von Baden, des Türkenlouis, trifft, der der militärische Lehrmeister Max Emanuels gewesen ist und zeitlebens, auch als er im Spanischen Erbfolgekrieg auf der Gegenseite stand, ein gutes persönliches Verhältnis zu ihm unterhalten hat. »Unentschlossen im Kabinett, aber entschieden beim Gewehrfeuer, schwach im Kriegsrat, aber fest am Tage der Schlacht« hat er ihn genannt.[5]

Daß selbst modernste Darstellungen sich von Rinck beeinflußt zeigen und sein Urteil zum Teil in fast wörtlich gleichen Wendungen übernommen haben, kann man an Max Braubachs monumentaler Biographie des Prinzen Eugen beobachten, wo es bei einem Vergleich des Prinzen mit Max Emanuel heißt: »Der . . . Wittelsbacher traf sich zwar mit dem Savoyer in Kriegslust und unbekümmerter Tapferkeit; . . . doch weit mehr als jener lebte er dem Augenblick, suchte er alles, was das Leben einem feurigen jungen Mann bot, zu genießen, auf der einen Seite die Wechselfälle des Krieges – weniger das Bedenken der militärischen Lage, ihre Möglichkeiten und Gefahren, und die Planung eines Feldzuges, als das Hineinstürzen in das Getümmel, die Lust, sich zu schlagen, den Feind fliehen zu sehen und den Lorbeer des Sieges zu erringen –, auf der anderen die Vergnügungen der Feste der Jagd, der Liebe, deren er sich voll Leidenschaft hingab.«[6]

Daß einem so unbedingten Anhänger des Kaisers wie Rinck die antiösterreichische Politik des Kurfürsten in den Jahren 1702–14 als Verrat an Kaiser und Reich erschienen, ist fast selbstverständlich. Bezeichnend sein Kommentar zur Schlacht von Höchstädt: »Selbige (die Engländer) stießen zu den treuen Teutschen und bliesen in einem Tage das angezettelte Gewebe einer giftigen Spinne in einander.«[7]

Aber Rinck stellt in seiner Zeit einen Extremfall dar. Nüchterner und gemäßigter, bei kritisch-ablehnender Grundhaltung, äußern sich die zwei prominenten Reichshistoriker, deren Werke hier noch angesehen werden sollen, der Jenaer Bibliothekar und Historiker Burckhardt Gotthelf Struve und der Jurist und Historiker Johann Peter Ludewig aus Halle. Ihre Bücher sind erst im zweiten Viertel des 18. Jahrhunderts erschienen, also nach dem Tod Max Emanuels.[8]

Struve führt recht nüchtern aus, der Kurfürst sei durch den Tod seines Sohnes um alle Hoffnungen auf das spanische Erbe gebracht worden und habe sich aus Enttäuschung darüber auf Frankreichs Seite geschlagen, nicht zuletzt deshalb, weil der Kaiser seine hohen Forderungen nicht habe erfüllen können. Ludewig stellt den Kurfürsten als Opfer französischer Verführung dar, wenn er schreibt; »Ja niemand wird mir verhoffentlich widersprechen, wenn ich sage; es sey derselbe einer der glorreichsten Printzen seiner Zeit gewesen, und daß er dahero um so viel mehr zu bedauern, daß er sich durch die frantzösischen Reitzungen, zu einem Unternehmen verleiten lassen, welches ihn in dermaßen großes Unglück gestürzet . . .«.[9]

Gegründet ist die Darstellung der hier genannten Historiker auf die Publizistik der Zeit, vor allem auf die darin veröffentlichten Dokumente. Eine tiefere Kenntnis der internen Vorgänge besaß keiner von ihnen. Alle gewannen ihr Urteil aus dem äußeren Ablauf der Ereignisse, wie er sich dem zeitgenössischen Betrachter darbot. Genau dasselbe gilt nun auch von den bayerischen Historikern, die sich schon bald nach dem Tode des Kurfürsten mit ihm zu befassen begannen. Eigentlich ist es nicht recht verständlich, daß man auf bayerischer Seite bis in die Jahre nach dem Siebenjährigen Krieg das Feld der kaiserfreundlichen Geschichtsschreibung überließ. Denn die beiden ersten Werke, die, nunmehr als Biographien des Kurfürsten, zu seiner Rechtfertigung und zu seinem Ruhm geschrieben wurden, sind nie im Druck erschienen. Beide befinden sich als Manuskripte in der Handschriftenabteilung der Bayerischen Staatsbibliothek. Das eine von ihnen, von dem bayerischen Geheimen Rat, Historiker und Prinzenerzieher Ignaz Franz Xaver Wilhelm wohl um 1730 geschrieben, ist in lateinischer Sprache verfaßt, was auch damals – selbst wenn es gedruckt worden wäre – einer Breitenwirkung, wie sie Rinck und »Eugenii Helden-Thaten« erzielten, sehr im Wege gestanden hätte. Wilhelm wendet ein streng annalistisches Schema an, das heißt, er schildert die Ereignisse von Jahr zu Jahr. Die Tendenz des Buches ist stark antiösterreichisch. Max Emanuels Politik wird begründet mit seiner Enttäuschung über den Undank des Hauses Habsburg und mit den Versprechungen Frankreichs, der Hoffnung auf Ruhm, sowie dem Wunsch nach Vergrößerung der Religion (sic!) und des Hauses Wittelsbach.[10]

Aber Wilhelm blieb ohne Folgen und wird hier nur genannt, weil er die Reihe der bayerischen Historiker eröffnet, die sich der Geschischte des Kurfürsten widmeten. Ebenfalls keine direkte Wirkung, aber kräftigen Einfluß auf die bayerischen Geschichtsschreiber vor allem des 19. Jahrhunderts übte die Biographie aus, die der Sachse Christian Nicolaus Naumann schrieb. Das Manuskript ist datiert Leipzig, den 6. Juni 1730. Naumann benutzt sowohl Rinck als auch die »Helden-Thaten«, auch wenn er diese Bücher, die er, ebenso wie die zeitgenössischen Publikationswerke von Akten und Staatsverträgen, ungeniert ausschreibt, nicht nennt. Sein Manuskript hat ausgesprochen apologetische Tendenzen.

Der Kurfürst erscheint hier als in jeder Hinsicht tadellose Lichtgestalt. Sein Ruhm wird gepriesen, von seinen weniger ansprechenden Eigenschaften aber nichts gesagt. Weder wird sein Ehrgeiz, sich in den Türkenkriegen das Oberkommando zu verschaffen, besprochen, noch werden seine zahlreichen Seitensprünge erwähnt, noch gar an seinen politischen, administrativen und militärischen Fähigkeiten Zweifel gehegt.[11] Vorwürfe wie Ruhmsucht, Jähzorn, Prachtliebe oder Spielleidenschaft werden weitgehend als Verleumdungen abgetan; jedenfalls hätten sie die politischen und militärischen Taten Max Emanuels nicht beeinflußt. Das Fazit: »Übrigens gibt seine ganze Regierungsweise, sein Commando, sowie bei so vielen Glücks- und Unglücksfällen bewiesene Conduite sattsam zu erkennen, daß er würdig gewesen wäre Kronen zu tragen«,[12] schlägt den Ton an, der für die nächsten hundert Jahre der bayerischen Max-Emanuel-Geschichtsschreibung das Gepräge geben sollte. So ist Naumann zum Vater einer blühenden Max-Emanuel-Panegyrik geworden, die dann erst mit dem Aufkommen der modernen quellenkritisch urteilenden Geschichtswissenschaft einer gewissen Ernüchterung Platz machen mußte.

Wesentlich distanzierter als Naumann, den er ausschrieb, ist Johann Heinrich von Falckenstein.[13] Der ansbachische und eichstättische Hofrat, Mitglied der Bayerischen Akademie der Wissenschaften und Autor einer bayerischen Geschichte, steht Max Emanuel mit kritischer Verehrung gegenüber. Gestützt auf ungefähr dasselbe Material wie seine Vorgänger – bis zur Öffnung der Archive für die Wissenschaft mußten noch fast hundert Jahre vergehen –, hält er die Mitte zwischen der kritiklosen Verehrung Naumanns und der absoluten Ablehnung Rincks.

Die persönliche Tapferkeit des Kurfürsten wird von ihm ebenso hervorgehoben wie dessen Eifer, dem Kaiser gegen die Türken zu Hilfe zu kommen. Nach der Erstürmung Belgrads habe der Kurfürst Großmut an den Besiegten erwiesen mit den Worten, es sei nicht deutscher Brauch, »mit den Gefangenen auf solch tyrannische Weise zu verfahren, gleich wie ihr Türken mit ihnen umzugehen pfleget.«

In der zweiten Heirat Max Emanuels mit Therese Kunigunde Sobieska, der Tochter des Polenkönigs, erblickt Falckenstein – wie zahlreiche spätere Historiker – einen entscheidenden Schritt auf dem Weg des Kurfürsten zum Bündnis mit Frankreich. Man habe ihm goldene Berge vorgespiegelt, um ihn zu einer antikaiserlichen Politik zu bewegen. Recht ausführlich behandelt Falckenstein schließlich auch den Aufstand des Jahres 1705 – mit bemerkenswert nüchternem Urteil übrigens, wenn er offenläßt, ob wirklich die Treue der bayerischen Bauern und Bürger oder nicht doch vielmehr die Wut über die Bedrückungen durch die österreichische Besatzungsmacht die Ursache für den bewaffneten Widerstand gewesen ist.

Sehr interessant ist es zu sehen, wie der typische Hofgeschichtsschreiber, der Falckenstein zweifellos war, seine Kritik an der frankreichfreundlichen Politik Max Emanuels dadurch äußert, daß er über Seiten hinweg die einschlägigen Passagen aus Ludewig-Finsterwalds »Germaniæ princeps« zitiert, so daß die kritischen Sätze nicht ihm angekreidet werden können. Als erster der bisher genannten Autoren gedenkt Falckenstein zumindest mit einem Satz der Verwaltungstätigkeit des Kurfürsten: natürlich zeichnet er ihn als Musterregenten.

Den Reigen der frühen bayerischen Historiker, die sich der Geschichte Max Emanuels widmeten, beschließt Joseph Anton Aettenkhover, »Churbayerischer wirklicher Rat und äußern Antiquario, dan hochfürstl. Hohenzollerischen Rat«, wie er auf dem Titelblatt seiner Geschichte der Herzöge von Bayern genannt wird.[14] Aettenkhovers Werk ist weitgehend eine Quellensammlung, die deshalb wichtig wurde, weil in ihr viele vorher unbekannte Dokumente zum ersten Male veröffentlicht wurden.

Im Grunde haben die beiden Gruppen von Geschichtsschreibern, die wir bisher betrachteten, schon die zwei Hauptmotive angeschlagen, die der Beurteilung Max Emanuels bis heute ihr Gepräge geben: auf der einen Seite die Kritik an dem Mann, der dem Reich im Krieg gegen Frankreich in den Rücken fiel und seinem übersteigerten Ehrgeiz zuliebe das Wohl seines Landes opferte, auf der anderen Seite die überspannte, an den Realitäten kühn vorbeisehende Begeisterung für den Türkensieger und Helden, der Bayern in Europa eine Großmachtstellung verschaffen wollte.

Was sich im Laufe der Entwicklung an diesem Beurteilungsschema geändert hat, das ist einmal die Einbeziehung zusätzlicher Gesichtspunkte über die von den Historikern des 18. Jahrhunderts vornehmlich betrachteten Haupt- und Staatsaktionen hinaus, zum anderen natürlich die Erweiterung unserer Kenntnisse, die ein differenzierteres, Für und Wider sorgsamer abwägendes Urteil über den Kurfürsten ermöglichen.

Zunächst allerdings, vor allem in der ersten Hälfte des 19. Jahrhunderts, weitete sich der Graben zwischen den zwei Betrachtungsweisen noch mehr, als der Nationalismus einen weiteren Anklagepunkt gegen Max Emanuel in die Debatte warf: den Vorwurf einer undeutschen Politik.

Während die alten Historiker, soweit ihre Sympathien dem Kaiser und Österreich galten, überwiegend nüchtern konstatiert hatten, daß Max Emanuel sich gegen diese gestellt hatte – wobei durchaus auch das Wort Verrat fiel, aber ohne allzu große emotionale Überhitzung –, so verschärfte sich jetzt der Tonfall bei den Vertretern dieser Richtung deutlich, während umgekehrt die bayerischen Geschichtsschreiber, gerade weil sie im tiefsten Innern diese Meinung teilten, bei der Verherrlichung des Kurfürsten noch unkritischer und überschwenglicher wurden. Auch versuchten sie ganz offensichtlich, in dem neugeschaffenen Königreich den monarchischen Gedanken zu kräftigen und dem Hause Wittelsbach Sympathien zu gewinnen. Eine Gestalt wie die Max Emanuels mit ihrem kriegerischen und kulturellen Glanz, ihren abenteuerlichen Lebensschicksalen und ihrer Volkstümlichkeit in Bayern schon zu Lebzeiten, bot sich hier ganz besonders an.

Diese Richtung setzt ein mit dem Buch des Vielschreibers Felix Joseph Lipowsky, der am Anfang des 19. Jahrhunderts zahlreiche Werke zur bayerischen Geschichte verfaßt hat; erreicht ihren Höhepunkt in den Schriften Andreas Buchners und Fr. A. Wilhelm Schreibers und findet ihre letzten Ausläufer in dem Jubiläumswerk von Christian Haeutle und schließlich in General Karl von Landmanns populärer Biographie von 1908.[15] Gemeinsam ist all diesen Arbeiten, daß sie völlig auf Sekundärmaterial beruhen, daß keine eigene Forschungsleistung die Grundlage für die Darstellung abgibt und daß sie durchwegs unkritisch verfahren.

Als Schriften, die mehr der politischen Publizistik als der historischen Wissenschaft zuzurechnen sind, spiegeln sie bestimmte Strömungen im politischen und geistigen Leben Bayerns eindrucksvoll wider.

Bereits mit dem Motto, das Lipowsky seinem Buch voranstellt: »Gebeugt erst zeigt der Bogen seine Kraft« – es ist Grillparzers 1818 erschienenem Drama »Sappho« entnommen –, wird das Thema angeschlagen, das dem Buch als Leitmotiv dienen soll. Kein Fürst unter allen Regenten Bayerns sei so unterschiedlich beurteilt worden wie Max Emanuel, heißt es in der Einleitung, so daß man mit Recht sagen könne: »Ein großer Mann ist nie ohne Feinde.«[16] Gewiß erweist sich Lipowsky in den programmatischen Sätzen, die folgen, dann als ein Mann, der von den Gedanken der Romantik nicht unbeeinflußt ist, aber diese Sätze bleiben Programm, die Ausführung Lipowskys kann ihnen nicht genügen: »Bitten muß ich den Leser, das ganze Gemälde ins Auge zu fassen, nicht einzelne Flecken, Schwachheiten, Fehler und Verirrungen allein zu betrachten ... Zeiten, Verhältnisse, Umstände, herrschender Charakter, Temperamente, Sitten, Einflüsse auswärtiger Politik, die den Zeitgenossen eigene Denkart etc. sind ebenfalls zu würdigen und selbst Männer, auf welche, mit welchen und durch welche ein Fürst wirkte, muß der unbefangene Historiker kennen, durchschauen, und wahr beurtheilen, will er in Sachen gerechtes Urtheil fällen und getreu erzählen.«[17]

Trotz dieses Programms bleibt Lipowskys Darstellung hemmungslose Heldenverehrung. Gewiß weist sie auf einige offenkundige Schwächen des Kurfürsten hin, aber nur, um vor dieser nicht eigentlich dunklen, eher silbergrauen Folie das leuchtende Heldengemälde sich desto strahlender abheben zu lassen. Wie sehr seine Darstellung von den politischen Tagesereignissen beherrscht wird, zeigt das folgende Zitat: »Und wenn gleich im Charakter dieses Churfürsten Liebe zur Pracht, verschwenderische Freigebigkeit, Hang zum Spiele und der Jagd, dann eine ihm eigene Galanterie gegen das schöne Geschlecht hervorragen, wenn er hier und dort in der Auswahl seiner Freunde, Rathgeber und Generäle nicht immer glücklich gewesen, wohl gar Ausländern vor seinen Baiern den Vorzug gegeben, welches Loos er mit mehreren Herrschern der Vorzeit, seiner Zeit und Gegenwart teilt« – Montgelas war gerade drei Jahre gestürzt! –, »so zeuget doch sein Mühen eine Krone zu erringen, von einem hohen Sinne, der Versuch seinem Erblande die alte Königswürde wieder zu verschaffen, von einer starken Seele, sein geführter Krieg von Geisteskraft und Heldenmuth, seine Beharrlichkeit von männlicher Entschlossenheit und seine Festigkeit, gegebenes Wort zu halten, von seinem Edelmuthe und einem bestimmten Charakter.«[18]

Die Tendenz Lipowskys ist überdeutlich zu erkennen, die Verzeichnung der Gestalt Max Emanuels enorm. Kein Wort erfahren wir von dessen Plänen, Bayern gegen die Niederlande oder ein Königreich Sardinien zu vertauschen. Das hätte im Zeitalter der nationalistischen Reaktion auf Napoleon beim Publikum kaum Anklang gefunden und auch das Bild bayerisch-patriotischer Erbauung, das Lipowsky entwirft, empfindlich gestört.

Andreas Buchner, der 1853 seine »Geschichte von Bayern« erscheinen ließ, tritt im Band IX, der Max Emanuel gewidmet ist, in Lipowskys Fußstapfen. Wo er Ansätze zu einer kritischen Haltung zeigt, etwa im Hinblick auf Max Emanuels persönliches Leben, da tut er dies als ein Sohn des bürgerlichen Zeitalters, der der vorangegangenen Epoche des fürstlichen Absolutismus verständnislos gegenübersteht.

Zweifellos war Buchner, obwohl einer ganz anderen Geisteshaltung zugehörig, von dem damals meistgelesenen deutschen Historiker, dem in Heidelberg wirkenden Friesen Christoph Fridrich Schlosser, beeinflußt, der als begeisterter Schüler Kants die Gestalten der Vergangenheit der strengen Prüfung durch den kategorischen Imperativ unterwarf. Mit seiner Geschichte des 18. Jahrhunderts, die, von wenigen Ausnahmen wie Friedrich dem Großen und Joseph II. abgesehen, an der ganzen vorangegangenen Generation kein gutes Haar ließ,[19] wurde Schlosser zum wichtigsten Historiker des frühen deutschen Liberalismus, aber sein Einfluß ging weit über den von seiner Parteihaltung gesteckten Rahmen hinaus.

Für Buchner ist Max Emanuel, wie für Lipowsky, der große Held, Regent eines »nicht nur von allen Fürsten Deutschlands, sondern von den großen Mächten Europas geachteten Volkes.«[20] In den Türkenkriegen stellte der Kurfürst sich dem Kaiser aus reinem deutschen Patriotismus zur Verfügung, den zwanzigjährigen Waffenstillstand mit Frankreich, der 1684 geschlossen wurde, betrieb er nur deshalb mit Nachdruck, »um den Türken ungehindert zu Leibe gehen zu können«.[21]

Erst Österreichs Neid, der schon die Ernennung zum Gouverneur der Spanischen Niederlande nicht gerne sieht, und Österreichs Undank, der das Opfer von 30000 Bayern und viel Geld ohne Gegengabe hinnimmt, bringen ihn an die Seite Ludwigs XIV. »Das verhängnisvolle Jahr 1704«[22] gibt dem unglücklichen Kurfürsten Gelegenheit, seine Standhaftigkeit zu beweisen. In der Schlacht von Höchstädt rettet er die von ihm befehligten Truppen, wird aber dann von den Franzosen gezwungen, sein Land aufzugeben. Frau und Kinder, die ihn begleiten wollen, läßt er bewußt zurück. »Er tröstete sie so gut er konnte, und da sie sammt den Kindern mit ihm nach Frankreich wandern wollte, wurde er auf einmal anderen Sinnes. Nein, sagte er, du gehst nach München zurück, und erhältst mir mein teures Vaterland. Gieb dem Kaiser nur gute Worte, vielleicht nimmt er Rücksicht auf die Tochter des großen Sobiesky, der einst mit mir seine Residenz aus den Händen der Türken befreit hat. Sie schieden dann von einander, Vater, Mutter, Kinder: jedes sagte, wer weiß, ob wir einander wiedersehen.«[23]

Max Emanuel als bürgerlicher Familienvater des Biedermeier! Immerhin muß Buchner einräumen, daß der Kurfürst in seinem Exil einen recht lockeren und aufwendigen Lebenswandel geführt habe und aus dieser Zeit einen unehelichen Sohn besaß. Der Friede ermöglichte ihm die Rückkehr in seine Lande. Von der im Artikel XVIII des Rastatter Friedens eingeräumten Tauschmöglichkeit Bayerns gegen die Niederlande oder Sardinien macht er keinen Gebrauch: »Wahrscheinlich hätte der Kaiser dem Churfürsten von Bayern die Niederlande und Sardinien sammt der Königswürde gelassen, wenn sie ihm lieber als Bayern gewesen wären.«[24]

Die Wunden, die der mörderische Krieg dem Bayernland geschlagen hat, habe er nicht erst nach, nein schon mit seiner Rückkehr zu heilen versucht. Hungersnot nämlich habe in Bayern im Jahre 1715 geherrscht, Mangel an Geld und Initiative wirksame Gegenmaßnahmen verhindert. »Erst als Max Emanuel aus Frankreich zurückkam und das von König Ludwig erhaltene Geld (im ganzen Land hatten die Österreicher und die anderen Regenten dasselbe bis tief auf den letzten Kreutzer vom Volke erpresst) zum Ankauf von Lebensmitteln verwenden konnte, nahm das Sterben ab.«[25] Durch gutes Verhältnis zu Österreich und Frankreich habe er seinem Bayernvolk noch elf friedliche Jahre gesichert, ehe er 1725 (sic!) starb.

Sind Buchners Ausführungen als patriotische Legende zu bezeichnen, wobei die Tatsache, daß er sie dem Zeitgenossen Naumann entnommen hat, der sich damit offensichtlich bei Max Emanuels Nachfolger Verdienste erwerben wollte, nicht ins Gewicht fällt, weil er sich ja mit ihnen identifiziert, so ist die Schilderung Schreibers in seiner kleinen Biographie, die anläßlich der Enthüllung des Max-Emanuel-Denkmals am Promenadenplatz im Jahre 1861 erschien, nicht weniger unkritisch-verherrlichend. Allerdings setzt sie, die von einem ultrakonservativ-katholischen bayerischen Patrioten geschrieben und sehr stark von der damaligen politischen Situation geprägt ist, die Akzente anders als der biedere Buchner.

Eine betont antifranzösische Note – zwei Jahre nach dem italienischen Krieg von 1859! – ist ebenso unverkennbar wie die starke Hervorhebung der bayerischen Selbständigkeit.

Die Abneigung des Autors gilt dabei offenbar Preußen und Österreich ebenso wie allen Tendenzen zu einem deutschen Einheitsstaat, von dem er eine Zerstörung des unabhängigen Königreichs Bayern befürchtet. So schließt sein Vorwort mit der Versicherung seiner politischen Maxime, stets mit ganzer Seele zuvor Bayer zu bleiben, um dann erst Deutscher zu werden: »denn kein Volk hat mein Vaterland undeutscher behandelt als die Deutschen selbst. In dieser politischen Gesinnung lege ich die Geschichte des Kurfürsten Max Emanuel in die Hände des Lesers. Er wird in diesem talent- und gemüthvollen Fürsten einen der interessantesten Charaktere der Wittelsbacher treffen, bei welchem nur zu beklagen ist, daß er nach dem damals verdorbenen Zeitgeiste erzogen worden sei. München, am Tage des H. Benno, des Schutzheiligen Bayerns. 1861«[26]

Wie Buchner sich weitgehend auf Naumann stützt, so Schreiber häufig wörtlich auf Falkenstein. Der Kurfürst, dessen Türkenkriege in erster Linie behandelt werden, da sie national unverdächtig waren, erscheint bei Schreiber als treuer Familienvater und tadelloser Ehemann. Sein Streit mit dem Herzog von Lothringen um den Oberbefehl wird verschwiegen, seine Hoffnung auf die Spanischen Niederlande zwar kurz erwähnt, seine Politik der Jahre bis 1698 aber dennoch als Ausdruck eines selbstlosen deutschen Patriotismus bezeichnet. Erst als Gouverneur der Spanischen Niederlande erkennt Max Emanuel an der Reaktion der Habsburger auf das französische Angebot, ihn nach dem Tode Karls II. als König in Belgien anzuerkennen, »daß der königliche Habsburger zu Madrid durch die Statthalterei nur seine Talente und sein Geld ausnützen wollte. Er warf den Habsburgern, denen die Wittelsbacher durch seinen Großvater Böhmen und durch ihn Ungarn mit bayerischen Gut und Blut erkämpft hatten, schnöden Undank vor. Dem französischen König war sein schlauer Wurf gelungen; Max grollte den Österreichern.«[27]

Die Politik Max Emanuels im Spanischen Erbfolgekrieg ist dann dessen Reaktion auf den Undank des Kaisers. Dieser wird besonders manifest nach Höchstädt, weil Leopold und sein Sohn Joseph I. nun glauben, »daß endlich der Zeitpunkt, nach dem sich die ländersüchtigen Habsburger seit langer Zeit schon sehnten, herangekommen sei, Bayern zu einer österreichischen Provinz zu machen.«[28] Auch Schreiber, wie Buchner, entwirft dann ein glänzendes Bild von Max Emanuels Mäzenatentum nach dem Rastatter Frieden und nennt ihn einen Musterregenten, der sich redlich bemüht habe, die auf Bayern lastenden Schulden abzutragen. Doch habe er den Hofstaat nicht vermindern können, so daß die Hauptquelle der Riesenausgaben sich nicht hätte verschließen lassen. Voll Reue über seine verschwenderische Regierung – eine Bemerkung, die sich übrigens auch bei Buchner findet – sei Max Emanuel gestorben.

Wesentlich zurückhaltender, bei gleicher Grundeinstellung, ist Christian Haeutle, der damalige Leiter des Wittelsbachischen Hausarchivs, in seinem Jubiläumswerk zur siebenhundertjährigen Regierung der Wittelsbacher in Bayern, das 1880 gefeiert wurde. Inzwischen hatte sich doch die Rankesche Schule auch in Bayern durchgesetzt. Haeutle war überdies ein Kenner der Archivalien, die er ja selbst zum Teil in seiner Obhut hatte. In erster Linie rühmt er die soldatischen Tugenden Max Emanuels, der sich aber gelegentlich von seiner natürlichen Tapferkeit zu stark habe fortreißen lassen.[29] Seine mehr aus Anekdoten bestehende Darstellung, die keine Geschichte des Kurfürsten sein will, erwähnt zwar den Bruch mit dem Kaiser als großes Unglück, geht aber auf die näheren Umstände nicht ein.

Den verspäteten Abschluß der bayerisch-patriotischen Panegyrik stellt dann die Biographie von General Karl Ritter von Landmann dar, die 1908 erschien.[30] Auch sie ist bewußt populär und verfolgt politisch-pädagogische Zwecke. Aber sie kennt nun doch schon die Ergebnisse der damals neuen Forschungen von Heigel, Preuß, Fester, Rosenlehner, Bormans und Gachard und ist dadurch wesentlich zurückhaltender im Urteil. Auch war Landmann selbst ein durchaus ernst zu nehmender Kriegshistoriker, der die Methode quellenkritischer Forschung beherrschte. Kriegs- und Staatengeschichte stehen im Mittelpunkt seines Buches. »Von den Herrschern Bayerns seit Otto von Wittelsbach hat keiner Ehrgeiz und Ruhmbegierde mit hohen Feldherrngaben in dem Grade vereinigt, hat keiner die Freude des Sieges und den Schmerz des Besiegten so reichlich gekostet, wie Kurfürst Max Emanuel . . . Aber der Erfolg blieb aus, mehr wegen der Ungunst der Verhältnisse als infolge eigener Schuld.«

Was der Kurfürst erstrebt habe, auch durch die Heirat mit der Kaisertochter, sei die Erhöhung des Hauses Bayern zur königlichen Würde gewesen.[31] Er habe sie über das spanische Erbe zu erreichen gesucht. Erst das Verhalten der Habsburger im Frieden von Rijswijk habe ihm die Augen geöffnet. Die Ernennung seines Sohnes Joseph Ferdinand zum Prinzen von Asturien 1698 sei für Max Emanuel daher ein Höhepunkt seines Daseins geworden. »Der glücklichste aller Menschen war damals wohl der Kurfürst; sein hochfliegender Plan war verwirklicht, die Krone des größten Reiches der Welt war seinem Hause gesichert.«[32] Auch der Tod des Kindes habe seine Tatkraft nicht gelähmt, die Schaffung eines größeren Bayern habe er unverdrossen angestrebt.

Der Spanische Erbfolgekrieg habe den Kurfürsten zunächst auf eine Linie der Neutralität, dann auf die Seite Frankreichs einschwenken lassen. Das Motiv für den Frontwechsel sei in Wien zu suchen: »Die Staatskunst des Hauses Habsburg konnte, von ihrem Standpunkt aus, gerade das nicht zulassen, was Max Emanuel anstrebte, nämlich eine Machterweiterung Bayerns innerhalb des deutschen Reiches.«[33] Alles in allem sieht er das Leben seines Helden als »ein an tragischen Momenten überreiches Leben, das die menschliche Teilnahme herausfordert und der näheren Betrachtung im höchsten Grade wert ist.«[34]

Landmanns populäre Biographie bildet den Abschluß der Reihe patriotischer Erbauungsbücher, wie sie mit Lipowsky im 19. Jahrhundert eingeleitet worden war. In gewissem Sinne kann man auch die in wesentlich sachlicherem Ton gehaltenen kriegsgeschichtlichen Studien Landmanns und die 1904/05 erschienenen Bände der Geschichte des bayerischen Heeres von Karl Staudinger hierzu zählen, die vor allem nachzuweisen versuchen, daß Max Emanuel tatsächlich Feldherrngaben besessen habe, ja in seinem ständigen Streben nach einer Schlachtentscheidung sogar der Kriegskunst seiner Zeit voraus gewesen wäre. Sowohl die Mißerfolge des Kurfürsten gegen ebenbürtige Feldherren als auch das eingangs zitierte Urteil des Türkenlouis mahnen hier aber zur Vorsicht.[35]

Erscheint Max Emanuel in den gerade charakterisierten Büchern als eine untadelige Lichtgestalt, ja sogar als einer der Großen der Geschichte, so sieht sein Bild in den Darstellungen der österreichischen und österreichfreundlichen Geschichtsschreiber viel schwärzer aus, während umgekehrt Johann Gustav Droysen, der in seiner »Geschichte der preußischen Politik« den Versuch unternahm, nachzuweisen, daß die Hohenzollern vom Tage ihrer Einsetzung in die Mark Brandenburg an eine nationale Einigung Deutschlands unter preußischer Führung angestrebt hätten, den bayerischen Kurfürsten zwar nur kurz, aber betont positiv erwähnt – nicht zuletzt wohl deshalb, weil Max Emanuels antihabsburgische Politik sich zur Rechtfertigung ähnlicher Schritte der brandenburgisch-preußischen Herrscher verwerten läßt. Aus dem gleichen Grund wird Max Emanuel auch bei Arnold Gaedecke, dessen Schilderung der österreichischen Politik im Spanischen Erbfolgekrieg als Materialsammlung heute noch zu benutzen ist, sehr glimpflich behandelt.[36] Bei den österreichischen Historikern fällt nun wieder sehr deutlich der Unterschied zwischen den betont katholisch-großdeutschen Autoren wie Constantin Höfler und P. Albert Jäger sowie dem Konvertiten Onno Klopp einerseits und dem liberalen Großösterreicher Alfred von Arneth, dem Geschichtsschreiber des Prinzen Eugen und Maria Theresias, andererseits auf. Schärfer in der Verurteilung, moralisierender in ihrer Haltung sind die erstgenannten, während Arneth, der doch schon stark von Ranke beeinflußt war, bei deutlich erkennbarer Grundtendenz sich um ein differenzierteres Urteil bemüht.[37]

Albert Jäger, ein tüchtiger und biederer Tiroler Lokalhistoriker, schildert voll patriotischen Stolzes, das Bild der Andreas-Hofer-Zeit vor Augen, die Ereignisse, die sich 106 Jahre zuvor gegen die gleichen Gegner abgespielt hatten. Max Emanuel, dem er Heldentum und Begeisterung für Religion in seinen Anfängen bescheinigt, wird durch seine Verschwendungssucht, seine Neigung zu den Frauen und seine Prachtliebe in Schulden gestürzt, so daß Ludwig XIV., der diese Schwächen psychologisch gut ausnützt, ihn durch glänzende Angebote für sich gewinnen kann. »Und sintemal Ehrgeiz und Gewinnsucht die Triebfedern zu Tugenden und Verbrechen sind, ward der Churfürst von Bayern ... zum Treubruche an Kaiser und Reich verleitet.«[38]

Schärfer geht dann Constantin Höfler, der in seiner Jugend in München dem Kreis um Joseph von Görres nahegestanden hatte, mit Max Emanuel ins Gericht. Ähnlich wie bei Buchner und vor allem Schreiber führt ihm ein politischer Impuls die Feder. »Zu den für die Geschichte Deutschlands verhängnisvollsten Dingen gehört die periodisch wiederkehrende Feindschaft der beiden oberdeutschen Fürstenhäuser Habsburg und Wittelsbach.«[39]

Die Anfänge Max Emanuels, solange er mit dem Kaiser verbündet war, werden dann zwar gelobt, allerdings wird Ruhmsucht als die Haupttriebfeder dieser Politik bezeichnet. Durch die Heirat mit der Kaisertochter sei Max Emanuel fast in die kaiserliche Familie aufgenommen worden. Höfler sucht eine Stimmung im Leser zu erzeugen, die ihm die antikaiserliche Politik Max Emanuels nach 1702 als übelsten Undank erscheinen lassen muß. Zur Situation beim Ausbruch des Spanischen Erbfolgekrieges meint er dann: »Die Sache war klar genug, um eine Königskrone zu gewinnen, war Max II. bereit, die Franzosen in das Herz des Reiches zu führen. Es ist dies die Genesis einer Politik, welche nach 100 Jahren zum Rheinbund, zur Vernichtung des Reichs aber auch zu der um diesen Preis erworbenen Königskrone Bayerns führte.«[40] »Der Churfürst ... ahnete nicht, welches Verderben er über sein Land, seine Familie heraufbeschwor, und wie rasch seine ganze Linie ... dem eigenen Ende zueile (1777).«[41] Dabei habe sich Max Emanuel nicht um das Schicksal seiner Untertanen gekümmert, ja ihnen Undankbarkeit vorgeworfen, mehr noch: »Er setzt eine nicht sehr verblümte Drohung hinzu, Baiern zur rechten Zeit seiner Privilegien zu berauben. Wahrlich! Seine Unterthanen hatten große Ursache, für einen derartigen Herren 1705 die Waffen zu ergreifen und sich bei Sendling, Vilshofen und Aiterbach (sic!) niederschießen zu lassen.«[42]

Ähnlich ablehnend, aber etwas gemäßigter im Tonfall ist Onno Klopp. Im Brief an seinen niederländischen Vertrauten Bergeyck vom 29. März 1702, den auch Höfler kannte, offenbare sich der Kurfürst in seiner ganzen Falschheit. »Das Ziel des Kurfürsten Max Emanuel liegt danach hier vor in seinen eigenen Worten. Er will das Haus Habsburg niederschlagen, das Alte Reich zertrümmern, und unter Blut und Brand ein neues gründen, mit ihm als Oberhaupte, als Kaiser von des Königs von Frankreich Gnaden. Das Attentat auf das Recht und die Freiheit nicht bloß des Hauses Habsburg, sondern aller Angehörigen des Alten Reiches, hat in der Geschichte desselben vorher kaum einen solchen Präzedenzfall.«[43] Höfler hatte aus demselben Brief den Wunsch des Kurfürsten nach Schaffung eines oberdeutschen Königreiches herausgelesen.

Wesentlich gemäßigter in seinem Urteil und mehr um ein gerechtes Abwägen des Für und Wider, mehr auch vor allem um ein Verständnis der Gestalten der Vergangenheit aus ihren eigenen Bedingungen heraus bemüht sich Alfred von Arneth, der im Jahre 1858 eine ganz aus den Aktenschätzen der Wiener Archive erarbeitete Geschichte des Prinzen Eugen von Savoyen veröffentlichte. In bemerkenswert unbefangener Weise ging er auf Max Emanuel ein, charakterisierte ihn als tapfer und lebenslustig, aber auch als ehrgeizig und ruhmbegierig. Wie Höfler zweifelte Arneth an Max Emanuels Feldherrnqualitäten, wobei auch er sich fast wörtlich an Rinck anlehnte. [44] Auch ihm war die Haltung des Kurfürsten beim Ausbruch des Spanischen Erbfolgekrieges ein Treubruch, aber wie gelassen stellte er dies dar! Als ein Mann von liberaler Grundhaltung – 1848 saß er als Abgeordneter im Frankfurter Parlament – konnte Arneth seine großösterreichische Tendenz nicht verleugnen, wenn er bedauert, daß beim Friedensschluß Frankreich den von Max Emanuel angestrebten Tausch von Bayern gegen die Niederlande verhindert habe. »Denn ein übelwollender, höchst gefährlicher Nachbar wäre entfernt, und statt eines weitentlegenen, gegen mächtige Nachbarn schwer zu vertheidigenden Landes ein nahes, in Abstimmung und Sitten der Bewohner denjenigen der österreichischen Provinzen verwandtes, seiner Lage nach zur Herstellung der Verbindung mit Tirol und Vorderösterreich fast unentbehrliches Gebiet gewonnen worden. Was man dagegen auch sagen mag, noch heute ist es im Interesse Deutschlands und in demjenigen Österreichs gleichmäßig zu bedauern, daß diese Pläne damals und später, als sie neuerdings aufgenommen wurden, nicht zur Verwirklichung gelangten.«[45]

Als er sein Buch über den Prinzen Eugen schrieb, kannte Arneth bereits Leopold von Rankes Französische Geschichte. Im III. und IV. Band dieses Werkes war Ranke auf Max Emanuel eingegangen und hatte versucht, den Kurfürsten in seiner überlegenen und gelassenen Weise aus seinen eigenen Voraussetzungen zu verstehen und dessen Politik unter europäischen Gesichtspunkten zu würdigen.[46]

»Seit mehr als 50 Jahren hatten sich die Kurfürsten von Bayern der französischen Politik angeschlossen, und kein Bündniß war für diese vorteilhafter gewesen ... Allein jetzt, unter dem doppelten Einfluß kirchlicher und kriegerischer Sympathien schloß sich der junge heldenmüthige Maximilian Emanuel dem Kaiser an; er zog einer ihm selber ungelegenen französischen Verbindung die Vermählung mit der Tochter des Kaisers vor, welche seinem Hause, was man in Frankreich sofort mit großem Mißvergnügen empfand, sogar eine eventuelle Aussicht auf die spanische Erbschaft einbrachte.«[47]

Der Tod seines Sohnes, den Max Emanuel dem Kaiserhof zur Last legte, machte ihn dann aber reif für ein Bündnis mit Frankreich. Glänzende Versprechungen der Franzosen, die ihm alle Eroberungen, die man in Süddeutschland mache, zu belassen versprachen, bestärkten seine Absicht. »Kein Wunder, wenn der Gekränkte und Ehrgeizige ein Unternehmen, das ihm die Aussicht auf so wichtige Eroberungen darbot, jedem anderen vorzog, ... Max Emanuel legte nicht allein eine unvergleichliche persönliche Tapferkeit, sondern auch ein gewisses Talent für die Heerführung an den Tag ... Er war voll von Lebenskraft und oft ungezügelter Lebenslust. Er nährte den dynastischen und persönlichen Ehrgeiz, sich und sein Haus von dem so viel mächtigeren Österreich gleichwohl nicht in den Hintergrund drängen zu lassen. In diesem Augenblick erschien er sich bereits als der große Vorsteher der Unabhängigkeit des deutschen Fürstenthums gegen das Übergewicht des Kaisers. Aber noch weiter reichten seine hochfliegenden Gedanken. Die Zeit schien ihm da zu sein, wo das Haus Bayern eine europäische Stellung erringen könnte. Einen thatkräftigeren und nützlicheren Verbündeten hatte Ludwig XIV. nie gehabt. Davon, was er ausrichte, ob er sich halte, schien ihm der Ausgang des Spanischen Erbfolgekrieges abzuhängen.«[48]

Rankes souveränes Urteil, das auf archivalischer Forschung – wenn auch nicht unmittelbar zu Max Emanuel – beruhte, sein unbefangener und weiter Blickwinkel setzten einen Maßstab, der geeignet war, über die alte Parteihaltung hinauszuführen. Tatsächlich ist denn auch das Bild des Bayernfürsten in dem Werk des Ranke nahestehenden Bonners Carl von Noorden, das 1870 erschien, mit Rankeschen Augen gesehen.[49] Ehrgeiz, Habsucht, Ruhmgier, aber auch geistvolle Veranlagung und kriegerische Tüchtigkeit werden ihm bescheinigt. Durch seine Lage zwischen den Parteien sei Max Emanuel unsicher und schwankend in seiner Politik gewesen. Noordens Hinweis, daß Max Emanuel der Krisen bedurft hätte, um zu Höchstleistungen fähig zu sein, hebt einen wichtigen Charakterzug des Kurfürsten zum ersten Male treffend hervor.

Mit Ranke, Arneth und Noorden war auch methodisch ein neuer Ansatz geschaffen worden. Es ging nun nicht mehr an, im Stile der älteren Geschichtsschreibung einige frühere Darstellungen und allenfalls gedruckte Dokumentensammlungen als Vorlage zu benutzen und ohne Überprüfung ihres Inhalts zur Grundlage der eigenen Schilderung zu machen, wobei man im Falle kontroverser Aussagen wiedergab, was man für das Richtige oder auch nur in das eigene Konzept Passende hielt. Die historisch-kritische Methode verwies die Historiker auf die ursprünglichen Dokumente der Zeit, auf Briefe, Akten und Urkunden, die in den Archiven in schier unübersehbarer Menge gesammelt waren. Anwendbar wurde diese neue Methode im breiten Rahmen nun nicht zuletzt deshalb, weil im Verlauf des 19. Jahrhunderts die Staaten immer mehr Archive der Wissenschaft zur Verfügung stellten. Durch die Umwälzungen der Revolutionsepoche war vieles, was in den Akten stand, nicht länger ein Staatsgeheimnis. Auch spürte man sehr wohl, daß im Zeitpunkt einer immer größer werdenden Publizität man Angriffen politischer Gegner am besten durch dokumentarisch belegte Abwehr entgegenzutreten vermochte. Gerade Arneth, der spätere Direktor der Wiener Archive, ist hier mit großer Freizügigkeit vorangegangen und ein Bahnbrecher der Öffnung der Archive für die Allgemeinheit geworden.

Das neue Gedankengut fand mit der Berufung Sybels, Giesebrechts und C. A. Cornelius' durch König Max II. seit 1856 auch in München eine Heimstatt. Aus ihrer Schule kamen die beiden Historiker, die mit ihrem Werk dazu beitrugen, das bisherige Bild des Kurfürsten Max Emanuel zu revidieren: Siegmund Riezler und Karl Theodor (von) Heigel – beide als Archivare mit den einschlägigen Quellen wohlvertraut.

Vor allem Heigel, der als erster mit zahlreichen Abhandlungen zur Geschichte des Kurfürsten hervortrat und durch einen glänzenden Essay in der Allgemeinen Deutschen Biographie die Weichen zur Neubeurteilung des Kurfürsten in Bayern stellte,[50] hat zahlreiche Schülerarbeiten angeregt, die in den Jahren 1889–1914 erschienen sind und viele bis dahin unbekannte Tatsachen ans Licht förderten, die es gestatteten, die Gestalt und Politik des Kurfürsten schärfer und differenzierter zu sehen. Die Fragestellung blieb dabei weitgehend die alte; politisch-diplomatische Geschichte, Kriegsgeschichte und allenfalls Verwaltungsgeschichte standen im Mittelpunkt der Betrachtung.

Riezler, der stillere und organisatorisch weniger Begabte der beiden, schuf 1878–1914 seine monumentale, acht Bände starke »Geschichte Baierns«, deren 7. und 8. Band die Zeit Max Emanuels behandeln; mit Max Emanuels Tod bricht das Werk ab. Riezler hat versucht, in seiner bayerischen Geschichte auch die bis dahin vernachlässigten Aspekte der Kulturgeschichte und Sozialgeschichte zur Anschauung zu bringen.

Heigel, der einen gemäßigten Nationalliberalismus vertrat und Bewunderer Bismarcks und seines Reiches war, sieht in Max Emanuel zwar den Fürsten, den Ehrgeiz und Ruhmbegierde zum verhängnisvollen Anschluß an Frankreich treiben, nachdem durch den Tod seines Sohnes die Hoffnung auf das spanische Erbe zerronnen war. Aber er hütet sich vor verdammendem Urteil.

Von seiner Mutter habe Max Emanuel das sanguinische Temperament geerbt, »das sich in Energie und Thatkraft, aber auch im Hang zu Glanz und Prunk und in Unstetigkeit in Empfindungen und Anschauungen kundgab ... Seine Verwaltung wurde von den Zeitgenossen nicht unrühmlich beurtheilt, wie es ihm überhaupt an Eigenschaften, die einen Fürsten zur Größe emporheben könnten, nicht gebrach. ‚Er war kein Feldherr, aber ein kriegstüchtiger General und der tapferste Soldat; er war vergnügungssüchtig, aber nicht in solchem Maße, daß er nicht für alle Zweige der Regierung ein lebhaftes Interesse gezeigt hätte; er war verschwenderisch, doch war er es vor allem in der Belohnung fremder Dienste, er besaß, so kann man kurz den Heerführer und den Staatsmann charakterisieren, fast zu viel Eifer, aber zu wenig Ernst.' ... Die alte Reichsordnung zu zertrümmern und dem wittelsbachschen Hause die Stellung, welche bisher die Habsburger in Deutschland und Europa eingenommen hatten, zu erkämpfen: dieses Ziel hoffte Max Emanuel im Bunde mit Frankreich unschwer zu erreichen.«[51] Vorsichtig läßt Heigel die Frage offen, ob Max Emanuel 1713/14 wirklich bereit gewesen wäre, Bayern gegen Sardinien oder die Niederlande zu vertauschen, zu wenig waren diese Dinge damals noch erforscht. Auch von Max Emanuels Innenpolitik erfährt man so gut wie nichts, sieht man von einer Bemerkung über die drückende Schuldenlast und die hohen Hofausgaben ab.

Die – angeregt durch Heigel und Riezler – vor allem aus dem Kreis der Münchner Historiker einsetzende Forschung hat hier dann viele Fragen geklärt. Den Anfang machte der Amerikaner William Wallace Whitelock mit seiner recht schwachen Dissertation über das Verhältnis Max Emanuels zu Wilhelm von Oranien, ein Thema, das dann grundlegend von Georg Friedrich Preuß in mehreren großangelegten und auf gründlicher Forschung basierenden Studien von den verschiedensten Gesichtspunkten aus betrachtet wurde.[52] Preuß unterscheidet vor allem sorgsam zwischen dem frühen und späten Max Emanuel. Der Politik des letzteren gilt seine heftige Kritik: »Nichts verkehrter, als auf den 26-jährigen die Züge des unruhig begehrlichen und phantastischen Politikers zu übertragen, als welcher der 40-jährige seiner Zeit erschien, nachdem heftige innere Erschütterungen, politische Enttäuschungen schmerzlichster Art auf seinen Lebensgang düstere Schatten geworfen hatten.«[53] Kriegsruhm allein sei das Ziel seiner jungen Jahre gewesen.

Den Beziehungen Max Emanuels zum Reich, in erster Linie zum Kaiser und zu den pfälzischen Wittelsbachern, galten die Forschungen August Rosenlehners.[54] Er arbeitete nachdrücklich das ständig Unruhige, Schwankende in der Politik des Kurfürsten hauptsächlich nach 1715 heraus, das aber immer bestimmt gewesen sei von dem Gedanken der Vergrößerung der Stellung des Hauses Bayern, auch auf Kosten der anderen Wittelsbacher. Rosenlehner, ein äußerst sorgfältig und genau arbeitender Forscher, stützt sich immer auf archivalische Quellen und kann jede seiner sachlichen Behauptungen aktenmäßig belegen.

Anderen Aspekten der Politik Max Emanuels, die man damals untersuchte, nämlich den bayerisch-französischen Beziehungen, galten die Untersuchungen von Michael Strich, der dann als späte Frucht langer Forschungen 1933 noch ein großes Werk vorlegte, das in erster Linie der Politik Herzog Max Philipps, des Regenten während der Minderjährigkeit Max Emanuels, aber auch dessen ersten Anfängen galt. Strichs Versuch, den Kurfürsten zu einem nationalbewußten Vorkämpfer Deutschlands gegen das französische Hegemonialstreben emporzustilisieren, der an der Eifersucht und am undeutschen Egoismus des habsburgischen Kaisers gescheitert sei, ist verfehlt und hat keine Anerkennung gefunden.[55]

Weitere Forschungen galten der Ächtung Max Emanuels, der Kölner Wahl seines Bruders Joseph Clemens von 1688, seinem Verhältnis zu den Donaustädten und schließlich und vor allem der Erhebung Bayerns von 1705. Siegmund

Riezler hat gemeinsam mit dem Obersten Karl von Wallmenich eine Dokumentensammlung hierzu veröffentlicht, die nach wie vor grundlegende Bedeutung besitzt.[56]

Ehe wir uns nun der Schilderung Max Emanuels durch Siegmund Riezler in seiner bayerischen Geschichte zuwenden, gilt es noch einen Blick auf die belgische und französische Geschichtsschreibung der Zeit vor 1914 zu werfen, die manch beachtlichen Beitrag sowohl zur Erforschung der Geschichte Max Emanuels als auch zu seiner Beurteilung geliefert hat. Selbständige Beiträge schrieben dabei in erster Linie die Belgier, wie z. B. der Archivar Stanislas Bormans, der die Episode von Max Emanuels Herrschaft in Namur und Luxemburg untersuchte.[57] Vor allem die Verwaltungstätigkeit des Kurfürsten als Gouverneur der Spanischen Niederlande wurde von Bormans sehr positiv beleuchtet, wobei die persönlichen Schwächen, wie Vergnügungssucht und Hang zur Verschwendung, nicht verschwiegen wurden. Etwas kritischer äußerte sich dann der berühmte Louis Prosper Gachard in seiner Geschichte Belgiens am Beginn des 18. Jahrhunderts.[58] Henri Pirenne in seiner Geschichte Belgiens verfuhr dagegen sehr kritisch mit dem Kurfürsten, dessen Skrupellosigkeit und Egoismus er mit scharfen Worten geißelte.[59]

Pirenne steht hier offensichtlich auch unter dem Eindruck der Arbeiten des Marquis de Vogüé, eines Nachkommen des Herzogs von Villars, des einstigen Freundes und späteren persönlichen Gegners Max Emanuels, dessen Memoiren er veröffentlicht und dessen Biographie er geschrieben hat. In einem hübschen Bild bezeichnete er das von Max Emanuel in der ursprünglichen, überdimensionierten Planung ja nie zur Vollendung gebrachte Schloß von Schleißheim als symbolischen Ausdruck für das seine Kräfte überspannende Wollen Max Emanuels.[60] Das durch Vogüé überlieferte Urteil Villars' gibt denn auch die Grundlage ab für die Darstellung Max Emanuels bei allen französischen Historikern bis in unsere Tage. Ehrgeiz, Verkennung seiner Mittel und hemmungsloser Egoismus, das sind die Charakterzüge, die sie an ihm erkennen wollen.[61]

Den Maßstab für die Beurteilung des Kurfürsten in unserem Jahrhundert aber setzte Siegmund Riezler mit den Bänden VII und VIII seiner »Geschichte Baierns«, die 1913/14 erschienen sind und die bisherige Forschung mit eigenen Ergebnissen Riezlers zu einer eindrucksvollen Synthese verschmolzen. Max Emanuel steht im Mittelpunkt dieser beiden Bände. Bei aller Sympathie, die Riezler ihm entgegenbringt, bei aller Bewunderung, die er für ihn hat, ist er aber doch sehr kritisch und legt die Schwächen des Kurfürsten mitleidslos bloß. Die Darstellung gipfelt in einer Charakteristik Max Emanuels, die die Essenz von Riezlers Bemühungen gibt.[62] Was sie sympathisch macht, ist das unverkennbare Streben nach Gerechtigkeit. Daß Riezler, da er wie jeder Historiker ein Kind seiner Zeit war, dabei als seinen höchsten politischen Maßstab den Nationalstaat anlegt, muß man sich klarmachen und berücksichtigen.

»Max Emanuel gehört zu jenen Erscheinungen, in denen sich der Charakter einer Epoche am deutlichsten ausprägt. Der Einfluß der Umwelt, der Hang des Zeitalters zu Ruhmsucht, Entfaltung von Glanz und Prunk konnte nur darum so mächtig auf ihn wirken, weil die Disposition dazu in seiner Seele lag. Er spiegelt den Geist seiner Zeit, aber als starke Persönlichkeit hat er auch gestaltend auf ihn eingewirkt.« Mit solchen Sätzen erweist sich Riezler als einer der ersten, die in der prunkvollen Hofhaltung des Barockfürsten die – von den Zeitgenossen respektierte und von der modernen Forschung immer wieder unterstrichene – politische und wirtschaftliche Funktion erkennen.[63] Die Förderung der Kunst durch Max Emanuel findet sein hohes Lob. Kritisch steht er der Außenpolitik des Kurfürsten in ihrer Spätphase gegenüber, erkennt ihre rein dynastische Motivierung und macht seinen Lesern klar, daß dies eben der Maßstab der Zeit gewesen sei. »In der politischen Konstellation lag in dieser Richtung eine verführerische Kraft, der nur das stärkste nationale Pflichtgefühl zu trotzen imstande gewesen wäre, ein Pflichtgefühl, wie es damals kaum ein deutscher Fürst besaß.«

So tadelt Riezler denn auch mehr die Mittel der Politik des Kurfürsten, seinen »brutalen Egoismus«, seine »treulose Haltung«, seine »eitle(n) Selbstgefälligkeit«. »Was diesem Charakter gänzlich fehlt, ist sittlicher Ernst und Selbstkritik. Wie seine Umgebung ihm schmeichelt, schmeichelt er sich selbst, so ist er imstande, sich mit seiner Ehrlichkeit zu brüsten, gerade während er sich am charakterlosesten verhält ...« Mangel an Wahrheitsliebe und Zuverlässigkeit unterscheiden ihn sehr negativ von seinem Großvater Maximilian I.

Mangel an Selbstzucht, Genußsucht, die ihn die eheliche Treue – der ungeliebten ersten Gattin gegenüber ebenso wie der geliebten zweiten – verletzen läßt, Ruhmsucht und Fehlen einer vertieften Religiosität, die nur noch als »starker Konfessionalismus« in Erscheinung tritt –, Riezler stellt alle diese Mängel im Charakter Max Emanuels fest, nicht ohne darauf hinzuweisen, daß das Streben nach »Gloire« dem Fürstenideal der Zeit entsprochen habe. Auch rühmt er den starken Familiensinn Max Emanuels und dessen große Liebe zu seinen Kindern. Bei alledem sei der Kurfürst durch Verschwendung und falsche Politik »zum Bedrücker seines Volkes« geworden, wenn es ihm persönlich auch an Mitgefühl für die Armen und an Gutherzigkeit nicht gefehlt habe.

Hoch bewertet Riezler die militärischen Qualitäten Max Emanuels, sie wirkten, so meint er – auch hier Kind seiner Zeit –, gewinnend. Er bescheinigt dem Kurfürsten »die größte Vertrautheit und Erfahrung in allen Gebieten des Heerwesens, ein treffendes Urteil über Kriegführung, Tapferkeit, Unternehmungsgeist und Wagemut ... Daß ihm gerade in der Entscheidungsschlacht der Sieg nicht beschieden war, scheint nicht daran gelegen zu sein, daß er Fehler gemacht hätte. Mit der Fähigkeit zu rascher Erkenntnis der Lage und raschem Entschluß verband er Tatkraft in der Durchführung und die seltenere Standhaftigkeit und volle Besonnenheit in schwierigen Lagen und im Unglück. Sein Heldenmut in der Gefahr war über jedes Lob erhaben und schuf ihn zum Abgott seiner Soldaten.«

Als Max Emanuel starb, habe er einen Schuldenberg von rund 21 Millionen Gulden hinterlassen, eine schwere Belastung für seine »an natürlichen Hilfsquellen ohnedies nicht reichen, durch den Krieg gänzlich ausgesogenen und seitdem – das heißt bis zu seinem Tode – »nicht völlig erholten Lande.«

Bei aller Gegensätzlichkeit, in der die Generation Riezlers, die im Bismarckreich ihr politisches Ideal erblickte, zur Epoche Max Emanuels stand, und die auch sein Urteil mitbedingte, hebt sich Riezlers Urteil doch vorteilhaft von dem der früheren bayerischen Historiker ab.

Geradezu grotesk mutet es daher an, daß über dem Auftrag zur Besprechung des Werkes von Riezler, die er durch eigene Forschungsergebnisse zu einem größeren Aufsatz gestaltet, A. Dürrwächter sich noch einmal zu einer moralisierenden Verurteilung Max Emanuels hinreißen ließ, die wie eine Fortsetzung der Anklagen Höflers und Klopps wirkt.[64] »Ohne religiöse und ethische Tiefe, der Oberflächlichkeit und äußerem Schwulst geneigt, grundsatzlos in seiner Politik, ruhelos und praktizierlich hat er nur ein Ideal, das der Macht. Bis hierher mag ihm seine Zeit dankbar den Schild ihres eigenen Wesens vorhalten. Aber eben in der Art seines Maßstabes war er ein Vertreter ihrer Ausartung. Denn er erfaßte die Macht nur allzu äußerlich und persönlich.« Er war, im Gegensatz zum Großen Kurfürsten, meint Dürrwächter, bereit, seinen Staat seinem Ehrgeiz zu opfern. »Dies aber, die Überschreitung der Grenze, die auch Menschen seines Zeitalters sich setzen konnten und mußten, ist die Schuld, für die er persönlich verantwortlich ist und dies bürdet seinem Andenken die Katastrophe seines Landes und seines Volkes auf.«

Doch eine derartige Betrachtungsweise blieb, zumindest in der deutschen Geschichtsschreibung, jetzt ein Einzelfall. Bei Michael Doeberl, im zweiten Band der »Entwicklungsgeschichte Bayerns«, ist das Bild des Kurfürsten sogar noch um einige Nuancen heller und leuchtender als bei Riezler.[65] Auch für Doeberl sind die Hauptmotive für Max Emanuels Handeln der Ehrgeiz, die Ruhmsucht, vor allem das Streben nach kriegerischem Lorbeer, und schließlich in erster Linie der Wunsch nach einer Rangerhebung des Hauses Bayern, nach einer Königskrone. Höher als Riezler wertet er die militärischen Qualitäten Max Emanuels. »Freude am Soldatenberuf, Freude am Kampf, Todesmut, kühnes Vorwärtsstreben, Impulsivität, militärischer Instinkt . . . Aber freilich, diese Eigenschaften machten ihn wohl zum tapferen Soldaten und schneidigen Truppenführer, konnten ihm aber gerade zum Feldherrn großen Stiles hinderlich sein, namentlich in einer Zeit streng methodischer Kriegführung. Bald folgen Ereignisse, die zeigen können, daß er auch ein zum Feldherrn beanlagter Führer war. Die Art, wie er zu Anfang des Spanischen Erbfolgekrieges sich die Verbindung mit Frankreich sicherte, wie er im Kampfe mit den von verschiedenen Seiten heranziehenden Österreichern die innere Linie ausnützte, wie er dem Gegner an den entscheidenden Punkten die Donaulinie sperrte, waren hochachtbare strategische Leistungen.«[66]

Weniger günstig schneidet der Politiker Max Emanuel ab, dem zwar Vielseitigkeit und Beweglichkeit, aber auch Neigung zu kühnen Entwürfen und ausschweifende Phantasie nachgesagt werden. Anläßlich seiner Tätigkeit als Gouverneur der Spanischen Niederlande charakterisiert Doeberl den Politiker Max Emanuel: »Max Emanuel 'liebte die Negotien nicht', war für einen inneren Fürsten nicht geschaffen, für die Kleinarbeit der Verwaltung fehlten ihm die Innerlichkeit und Geschlossenheit des Charakters, die Ruhe und Planmäßigkeit im Entwerfen, die Zähigkeit und Selbstentsagung in der Ausführung, das Pflichtgefühl. Gerade während dieser Friedensjahre traten noch mehr als früher die verhängnisvollen Seiten seiner Charakterentwicklung hervor: der Mangel an festen Grundsätzen, die unstete, der Laune unterworfene Art in der Behandlung von Personen, die Vorliebe für höfische Nichtigkeiten, leichte Vergnügungen, galante Abenteuer . . . *Für die Niederlande war die Statthalterschaft Max Emanuels kein Segen, für seine bayerischen Stammlande ein Unglück.*«[67] Doeberls Schlußurteil: »Ein Leben voll glänzender Anläufe, aber auch voll tragischer Schicksalsschläge, meist ohne nachhaltigen Erfolg, ohne fruchtbringende Arbeit«,[68] hält sich frei vom Moralisieren und wirkt ausgewogen und wohlüberlegt.

Doeberls Darstellung, die, weil kürzer als Riezlers zwei dicke Bände, wohl in noch stärkerem Maße als diese das Bild des Kurfürsten in der Allgemeinheit geprägt hat, war immer noch in erster Hinsicht bestimmt von der politischen und militärischen Geschichte. Bis in die letzten Jahre des Zweiten Weltkrieges sollte dies bei einer Ausnahme, die der Kunstförderung Max Emanuels galt, auch so bleiben, wobei nur in seltenstem Maße neue Forschungsbeiträge unsere Kenntnisse über den Kurfürsten erweiterten. Hier sind in erster Linie Adalbert Prinz von Bayern und Max Braubach zu nennen.[69] Sonst erscheint Max Emanuel in der Geschichtsschreibung dieser Zeit vornehmlich in Gesamtdarstellungen, sei es der englischen, sei es der österreichischen Geschichte, dann in Biographien seiner Mit- und Gegenspieler.[70]

Neue Erkenntnisse vermittelte in erster Linie ein Aufsatz Max Braubachs über die Politik des Kurfürsten im Jahre 1702. Denn hier wurde aufgrund von Münchner Archivalien überzeugend gezeigt, daß Max Emanuel tatsächlich in der damaligen Lage sich über den einzuschlagenden Weg nicht klar gewesen ist und zwischen der Entscheidung für den Kaiser oder Frankreich geschwankt hat. »Die Brüsseler Atmosphäre hatte ihn an die Seite Ludwigs XIV. getrieben. Doch in das Land seiner Väter zurückgekehrt, zweifelte er an der Richtigkeit seiner Politik. Seiner eigenen Untertanen glaubte er nicht sicher sein zu können, voll Schrecken bedenkt er die Folgen einer Auflehnung gegen Kaiser und Reich. So war er bereit, das Steuer herumzuwerfen. Es ist nicht zum wenigsten die Schuld des kaiserlichen Hofes, daß dieser Fürst schließlich doch in den Reihen der Gegner des Hauses Habsburg stand. Man kann sich des Eindrucks nicht erwehren, daß der Kaiser mit seinem ehemaligen Schwiegersohn sein Spiel getrieben hat... Sein Bayernvolk, in dem der dynastische Gedanke stets eine breite Grundlage hatte, erhob sich für ihn, während er daran dachte, eben dieses Volk an Österreich auszuliefern, wenn ihm dafür im Süden ein Königreich zuteil wurde. Seine Politik war das Produkt ehrgeiziger Phantasien. Mit zu geringen Mitteln unternommen, mußte ihr der Erfolg versagt bleiben.«[71]

Braubach übernahm dieses Urteil später ziemlich unverändert in seine große Biographie des Prinzen Eugen. Im Gegensatz dazu stellte Oswald Redlich die Situation am Beginn des Erbfolgekrieges wieder mehr im Sinne der älteren Forschung dar und ließ die Verhandlungen an den überspannten Forderungen Max Emanuels scheitern. Ähnlich erscheint Max Emanuel dann auch bei Reinhold Lorenz und Hugo Hantsch, bei diesem vor allem in seiner nach dem Krieg erschienenen Geschichte Österreichs.[72]

Paul Wentzcke schlägt in seiner Lebensbeschreibung des Herzogs von Lothringen, des Erzrivalen Max Emanuels in den Türkenkriegen, in dieselbe Kerbe. Er schildert sehr eingehend die Streitigkeiten des Kurfürsten mit dem Herzog, da sich Max Emanuel dessen Oberbefehl nicht unterordnen wollte. Wentzcke bringt als einen neuen Aspekt, den er übrigens nicht direkt belegt, da sein Buch keine Anmerkungen enthält, den Vorwurf der Unerbittlichkeit und Grausamkeit in die Debatte. Er behauptet, der Kurfürst habe sich nach der Erstürmung Ofens nur unter dem Druck Lothringens und des österreichischen Hofkanzlers Stratmann zur Gnade für die Besiegten bewegen lassen.[73]

In fast schon vergessene Töne verfällt schließlich der dem Nationalsozialismus nahestehende Hellmuth Rößler in seinem 1934 erschienenen Buch über den Prinzen Eugen. »Unfähigkeit ... zu pflichterfülltem soldatischem Handeln und ... völlige menschliche Unzuverlässigkeit« wirft er Max Emanuel vor. Das Resultat der Schlacht von Höchstädt kommentiert er folgendermaßen: »Zum ersten Male seit 150 Jahren sind die französischen Heere, des Königs beste Regimenter, geschlagen worden, sind die dauernden Landesverräter wie der Kurfürst von Bayern aus dem Reich hinausgeworfen.«[74]

Erstaunlicherweise trifft er sich in dieser Beurteilung mit einem handelnden Staatsmann, dem man ähnliche Sympathien kaum nachsagen kann, Winston Churchill, der für seine historischen Werke immerhin den Literaturnobelpreis erhalten hat. In seiner Biographie Marlboroughs, seines Vorfahren, ist das Kapitel über den Anfang des Spanischen Erbfolgekriegs überschrieben »Der Verrat Bayerns«. Den Brief Max Emanuels an seinen niederländischen Vertrauten, den Grafen Bergeyck, charakterisiert er mit den Worten: »His lengthy letter, preserved in the Austrian Archives, sets forth as black a scheme of greed and deceit as has ever been committed to paper.«[75] Max Emanuel ist für ihn ein egoistische Ziele verfolgender, dabei höherer Gesichtspunkte barer Politiker und ein Feldherr minderen Ranges.

Vorsichtiger urteilt Churchills englischer Landsmann, der Fachhistoriker George Macaulay Trevelyan, der in seiner Geschichte Englands zur Zeit der Königin Anna dem Kurfürsten einige längere Passagen widmet.[76] Max Emanuel habe das Haus Wittelsbach an die Stelle der Habsburger setzen wollen, meint er, und stützt sich dabei ebenfalls auf den so viel und gern zitierten Brief an Bergeyck.

Zu völlig entgegengesetzter Wertung gelangt Ludwig Pfandl in seinem – allerdings nicht auf eigener Forschung beruhenden – vielgelesenen Buch über Karl II. von Spanien. Er rühmt den Türkensieger Max Emanuel in den höchsten Tönen, der der eigentliche Wunschkönig der Spanier gewesen wäre,[77] eine Ansicht, die Adalbert Prinz von Bayern, der als Kenner der spanischen Archive das Ende der spanischen Habsburger geschildert hat, nicht teilt.

Allen hier zitierten Darstellungen ist gemeinsam, daß sie vornehmlich den Politiker und Militär Max Emanuel betrachten. Dies gilt auch für einige kürzere Darstellungen der bayerischen Geschichte, die schon bald nach dem Krieg erschienen sind, wie Hubensteiner und Pfennigmann.[78] In beiden wird Max Emanuel als typischer Vertreter des Barock charakterisiert, sein Handeln und Planen aus der Stimmung der Zeit erklärt, als das des Fürsten, der zum späten Zeitpunkt die alte bayerisch-habsburgische Rivalität mit Waffengewalt habe austragen wollen. Vor allem Hubensteiner, dessen Buch zahlreiche Auflagen erlebt hat, hat sicherlich die Vorstellung von Max Emanuel, wie sie heute in Bayern besteht, entscheidend mitbestimmt.

Unter universalhistorischem Gesichtspunkt, als glänzenden Fürsten, der einem hohen Ziel zuliebe zuviel riskierte und alles verlor, sieht ihn schließlich Max Spindler, gestützt in erster Linie auf das Urteil Doeberls, in seinem Vortrag von 1955 über den bayerischen Bauernaufstand.[79]

Karl Bosl in seiner kleinen bayerischen Geschichte widmet dem Kurfürsten, den er als »Prototyp des bayerischen Barockfürsten in Licht- und Schattenseiten« sieht, auf zwei Seiten einige schwungvolle Sätze, die sein Feldherrntum feiern. Er führt vor allem die für Max Emanuels »Weltmachttraum« zu schwachen bayerischen Finanzen als Hauptgrund für dessen Scheitern an. Nur durch »jüdisches Geld« konnte nach ihm Max Emanuel nach seiner Rückkehr sich halten.[80]

Die maßgebliche Darstellung Max Emanuels für unsere Zeit aber, die alle Seiten der Epoche in gesonderten Beiträgen behandelt, Politik, Gesellschaft, Wirtschaft, Verfassung, Geistesleben, Kunst und Musik, findet sich im 2. Band des Handbuchs der Bayerischen Geschichte, das Max Spindler herausgegeben hat. Die zusammenfassende Beurteilung Max Emanuels steht dabei in dem der politischen Geschichte gewidmeten Abschnitt von Andreas Kraus. Vorsichtig und solide versucht Kraus den Fürsten in seinem Wesen zu erfassen. Auch er sieht ihn zunächst als Typus: »Aber die Zeit lebte von Illusionen; wie Ludwig XIV. von der ‚Domination Universelle'; so ... träumten die Wettiner, Welfen, Hohenzollern und Wittelsbacher von Königskronen. Die Wege zu diesen Zielen waren jeweils verschieden, der des Hauses Wittelsbach endete in einer Katastrophe.«[81]

Den Politiker und Menschen zeichnet Kraus folgendermaßen: »Er wird später härter und zielstrebiger, aber immer war er durch Emotionen aufs äußerste gefährdet, zu leicht siegten Gefühle aller Art, Zu- und Abneigung, Zorn und Ruhmsucht über die Staatsraison.«[82] Der Wille zur Macht habe dem Kurfürsten gefehlt, der lediglich nach Ruhm gedürstet habe, dennoch will Kraus ihm »einen Hauch von Größe« zubilligen, zweifellos weil er, romantischer deutscher Tradition folgend, im großzügigen Wollen schon einen Wert an sich erblickt. Bemerkenswert nüchtern beurteilt er den Feldherrn Max Emanuel, dem er bescheinigt: »Unter besonnenem Kommando war er von vorzüglichem Wert, schwierig war es nur, ihn an zweiter Stelle zu halten.«[83] Für innere Staatsarbeit dagegen habe es, meint Kraus abschließend, dem Kurfürsten an Verständnis gefehlt, weshalb er trotz bestem Willen hier versagt habe.

Kraus konnte sich bei seiner Darstellung schon auf die neue und neueste Forschung stützen, die nun auch über die rein politischen und militärischen Fragen hinausführt. So untersuchte noch in den letzten Kriegsjahren Hildegard Lipp, eine Schülerin Karl Alexander von Müllers, das Mäzenatentum des Kurfürsten. Peter Claus Hartmann widmete 1967 der Finanzpolitik Max Emanuels eine eindringende Studie, die wertvoll wurde einmal durch den Nachweis, daß Max Emanuel von den ihm gezahlten französischen Subsidien, die nicht gar so reichlich flossen, wie man früher annahm, kaum etwas nach Bayern brachte, zum anderen durch die Herausarbeitung der Mängel in der Finanzverwaltung des Kurfürsten.

Der Belgier Reginald de Schryver, Autor eines Buchs über Bergeyck, schrieb aufgrund spanischer und französischer Archivalien über die Vorgeschichte von Max Emanuels Statthalterschaft in den Niederlanden. Ludwig Hüttls Dissertation über den Kanzler Caspar von Schmid streift nur den Beginn der Regierungszeit des Kurfürsten, während Manfred Weitlauffs Buch über den Kardinal Johann Theodor von Freising, einen Sohn des Kurfürsten, wertvolle Aufschlüsse über die bisher von der Forschung weitgehend unbeachtet gebliebene Reichskirchenpolitik Max Emanuels vermittelt. Er kommt dabei zu recht kritischen Ergebnissen und weist insbesondere nach, daß für den Kurfürsten Kirchenpolitik nur ein Element der Staatspolitik gewesen ist.[84]

Neueste Arbeiten gelten der Militärpolitik des Kurfürsten in den Jahren 1700–1704 und der Kurfürstin Therese Kunigunde;[85] vor allem aber erschien – während der Drucklegung dieses Beitrages – im März 1976 das Buch von Ludwig Hüttl »Max Emanuel, der Blaue Kurfürst«.[86] Auf diese Veröffentlichung kann hier nur noch kurz eingegangen werden.

Ein imponierender Band von 805 Seiten. Allein die Anmerkungen und Quellenangaben nehmen 245 Seiten in Kleindruck ein und legen ein eindrucksvolles Zeugnis vom Forscherfleiß und der Literaturkenntnis des Autors ab. In Wien, Rom, Madrid, Brüssel, München und vor allem in Paris hat Hüttl die Archive durchforscht und einige bemerkenswerte neue Tatsachen zutage gefördert. Hier führt sein Buch denn auch über die Vorgänger hinaus.

Trotzdem zögert man, es als die für unsere Zeit gültige Max-Emanuel-Biographie zu bezeichnen. Denn gar zu viele Fragen werden nur aufgeworfen und nicht beantwortet. Schuld daran trägt wohl auch die – nicht nur dem Autor anzulastende – Zwiespältigkeit der Anlage, die einmal eine Biographie des Kurfürsten sein möchte, zum anderen aber, unter dem Einfluß der derzeit in Frankreich tonangebenden Richtung der Geschichtswissenschaft, die Strukturen, die vermeintlich den Gang der Geschichte auf lange Sicht determinierenden sozialen und wirtschaftlichen Gegebenheiten mit besonderem Nachdruck herausarbeiten will. Denn um beiden Anforderungen völlig zu genügen, müßte das Buch doppelt so umfangreich sein als es ist. Da dem nicht so ist, mußten Kompromisse eingegangen werden, die nicht voll zu befriedigen vermögen.

So ist der einleitende, 50 Seiten umfassende Versuch einer Strukturanalyse Bayerns zu knapp, um seinem Anspruch wirklich gerecht zu werden. Manches erscheint unzulässig vergröbert, was sich bei mehr Raum hätte differenzierter sagen lassen. Auch wird der Charakter Max Emanuels nun zu sehr von vornherein schon fixiert. Seine Entwicklung, die sich ja zweifellos beobachten läßt und die in Hüttls Darstellung auch bei der Schilderung der Ereignisse durchaus erkennbar ist, wird nicht deutlich. Zu einseitig wird der Kurfürst auch nur als Politiker und Militär, Bankrotteur und Frauenheld gesehen. Der Liebhaber der Musik und kundige Sammler bildender Kunst, der großartige Bauherr, dem wir Schleißheim und Nymphenburg in seiner heutigen Gestalt verdanken, kommt mit einem Abschlußkapitel von nur 10 Seiten zu kurz. Immerhin, Hüttl schreibt, wie der Untertitel seines Buches sagt, eine »politische Biographie« und rechtfertigt damit in gewisser Weise seine Abstinenz auf diesem Sektor. Doch haben die schon erwähnten Arbeiten von Eberhard Straub und Jürgen Freiherr von Kruedener uns erst kürzlich mit Nachdruck gezeigt, wie sehr auch diesen Aspekten im Zeitalter des Absolutismus eine politische Bedeutung zukam.

Nicht unbedingt die größte Stärke des Autors ist die Militärgeschichte, vielleicht auch weil ihm Krieg und Kriegführung und besonders die abenteuerliche Kriegspolitik des Kurfürsten herzlich zuwider sind. Seine Kritik an Max Emanuel in dieser Hinsicht ist ja auch berechtigt, seine Beurteilung der militärischen Qualitäten des Kurfürsten, der mehr ein mitreißender Truppenführer als ein großer Stratege gewesen sei, doch wohl zutreffend, die Schilderungen der militärischen Ereignisse aber und die Beurteilung der Feldzüge Max Emanuels sind seltsam unpräzise.

Zum erneuten Durchdenken regt auch die Schilderung der Erhebung von 1705 an, in der Hüttl in erster Linie einen Aufstand der unterdrückten und geknechteten Bauern gegen die Obrigkeit erblickt, wie es deren im 17. und 18. Jahrhundert manche in Europa gegeben habe. Ob man aber die bayerisch-patriotische Komponente ganz außer acht lassen darf, das muß man angesichts der auch von Hüttl zitierten Parole der Aufständischen »Lieber bayerisch sterben als in des Kaisers Unfug verderben« zumindest fragen dürfen.

Wie dem auch sei! Mit seiner eindrucksvollen Materialfülle, mit seinen zur Stellungnahme herausfordernden Thesen, mit seiner großen Nähe zu den ursprünglichen Quellen, die im Anmerkungsteil reichlich zu Wort kommen, mit seinem unverkennbaren persönlichen Engagement, das sich in dezidierten, aber doch wohl gelegentlich zu sehr moralisierenden Urteilen niederschlägt, hat Hüttl ein Buch geschrieben, das zu Zustimmung oder Widerspruch, auf jeden Fall also zu einer neuen Auseinandersetzung mit dem ganzen Komplex Bayern und Europa um 1700 herausfordert. Die Diskussion muß weitergehen, wie dies dem Wesen der Geschichtswissenschaft entspricht.

Anmerkungen

[1] Ch. N. Naumann, Leben und Werk der Kurfürsten von Bayern, BStB Cgm 2832; F. X. Wilhelm, Crisis Historico – Politicae, BStB Cod. lat. 1583; Fr. A. W. Schreiber, Max Emanuel Kurfürst von Bayern. Erinnerung an die Enthüllung des Monuments Max Emanuels zu München, München 1861; K. v. Landmann, Kurfürst Max Emanuel (Geschichtliche Volks- und Jugendliteratur 14, Regensburg 1908); K. Th. v. Heigel, Maximilian II. Emanuel Kurfürst von Bayern (ADB 21, 1885) 22–27.

[2] Hier zit. Teil I u. II, Frankfurt-Leipzig o. J. [1701]. Das Gesamtwerk 6 Bde. Nürnberg 1710–1739.

[3] Ib. I 133; II 198; I 257f. und II 240.

[4] G. E. Rinck, Leopolds des Großen Röm. Kaysers wunderwürdiges Leben und Thaten aus geheimen Nachrichten eröffnet, Cölln 1713, 251–52. Zu Naumann vgl. Anm. 1.

[5] A. Schulte, Markgraf Ludwig Wilhelm von Baden und der Reichskrieg gegen Frankreich 1693–97, Bd. 1, Heidelberg 1901, 12. «Irrésolu au cabinet mais décidé au coup de fusil, faible au conseil de guerre et ferme au jour de bataille.»

[6] Braubach, Prinz Eugen, I 114.

[7] Rinck (Anm. 4) 348f.

[8] B. G. Struve, Vollständige Teutsche Reichs-Historie von der Teutschen Ursprung an bis auf jetzige Zeiten verfaßt, Jena 1732, bes. 972–73 u. 980; J. P. Ludewig, Erläuterte Germania Princeps, d. i. Historisch-Politisch und Rechtliche Anmerkungen über derselben Teutsche-Fürsten-Staaten . . . Des Buches vom gantzen Bayerischen Hause und dessen sämtlichen Staaten Vierte und letzte Abteilung . . . Alles bis auf den heutigen Tag fortgesetzet und nebst einem Register ans Licht gestellet durch D. H. von Finsterwald. [d. i. Ch. F. Hempel] Frankfurt-Leipzig 1749.

[9] Ludewig (Anm. 8) 2; ähnl. 2218 u. 2249.

[10] Wilhelm (Anm. 1) 80: »Gallorum promissa spes gloriae, augmentum Religionis et Familiae . . .«

[11] Typisch etwa die Betroffenheit, die Naumann (Anm. 1) 87 dem Kurfürsten über den Tod der ungeliebten ersten Gemahlin zuschreibt. Sein Urteil wird weitgehend von seinem unmittelbaren Nachfolger Falckenstein (s. u. Anm. 13) sowie in der Mitte des 19. Jahrhunderts – ohne Angabe der Quelle – von Andreas Buchner, Geschichte von Bayern IX, München 1853, 179ff. übernommen.

[12] Naumann (Anm. 1) 291; Buchner (Anm. 11) 183.

[13] J. H. v. Falckenstein, Vollständige Geschichten der alten, mittleren und neuen Zeiten des großen Herzogthums und ehemaligen Königreichs Bayern. Dritter Theil, München-Ingolstadt-Augsburg 1763, bes. 754, sowie 791–97.

[14] J. A. Aettenkhover, Kurzgefaßte Geschichte der Herzoge von Bayern von Otto dem Großen von Wittelsbach bis auf gegenwärtige Zeit, Regensburg 1767.

[15] Lipowsky, Statthalterschaft; Schreiber (Anm. 1); Landmann (Anm. 1); Buchner (Anm. 11); Haeutle.

[16] Lipowsky, Statthalterschaft V.

[17] Ib. VIff.

[18] Ib. VIII.

[19] F. Ch. Schlosser, Geschichte des 18. Jahrhunderts und des 19. bis zum Sturz des französischen Kaiserreiches, 2 Bde., Heidelberg 1831/32.

[20] Buchner (Anm. 11) 26.

[21] Ib. 31.

[22] Ib. 108.

[23] Ib. 125f.

[24] Ib. 172.

[25] Ib. 179. Die Behauptung Buchners entspricht den Gegebenheiten nicht; Max Emanuel kehrte vielmehr mit einer großen Schuldenlast, die noch seinem Nachfolger zu schaffen machte, aus Frankreich zurück. Vgl. hierzu Hartmann, Finanzpolitik.

[26] Schreiber (Anm. 1) IIIf. Die Sperrung stammt von Schreiber.

[27] Ib. 53.

[28] Ib. 87.

[29] Haeutle 95.

[30] Vgl. Anm. 1. Das folgende Zitat Landmann 6.

[31] Ib. 69f.

[32] Ib. 71.

[33] Ib. 79f. Zur tatsächlichen Haltung Max Emanuels im Jahre 1702 vgl. M. Braubach, Die Politik des Kurfürsten Max Emanuel von Bayern im Jahre 1702 (HJb 43, 1923); jetzt in M. Braubach, Diplomatie und geistiges Leben im 17. und 18. Jahrhundert. Gesammelte Abhandlungen, Bonn 1969.

[34] Landmann (Anm. 1) 186.

[35] K. v. Landmann, Die Kriegführung des Kurfürsten Max Emanuel von Bayern in den Jahren 1703 und 1704, München 1898; ders., Wilhelm III. von England und Max Emanuel von Bayern im niederländischen Krieg 1692–97 (Forsch. a. d. bayer. Kriegs- und Heeresgeschichte, München 1899); Staudinger.

[36] J. G. Droysen, Geschichte der Preußischen Politik III/3, Leipzig 1865, 807 u. IV/1, Leipzig 1867, 12; A. Gaedecke, Die Politik Öster-

reichs in der Spanischen Erbfolgefrage, Leipzig 1877, II 2: »Trotz verschiedener Schwächen unterschied sich Max Emanuel vorteilhaft von den meisten Fürsten seiner Zeit. Seine Tapferkeit war erprobt, sein Kriegsruhm bedeutend, seine Liebenswürdigkeit gewinnend...«

[37] C. Höfler, Habsburg und Wittelsbach. Als Einleitung zu den vertrauten Briefen des Kurfürsten Max II. von Bayern mit seiner Gemahlin Therese Sobieska. Von 1695, 1696, 1697, 1704 (AÖG 44) Wien 1871; P. A. Jäger, Tirol und der bayerisch-französische Einfall im Jahre 1703, Innsbruck 1844; O. Klopp, Der Fall des Hauses Stuart und die Succession des Hauses Hannover in Groß-Britannien und Irland im Zusammenhange der europäischen Angelegenheiten von 1660–1714, Band X. Wien 1880; A. Arneth, Prinz Eugen von Savoyen, 3 Bde. Wien 1858.

[38] Jäger (Anm. 37) 18.

[39] Höfler (Anm. 37) 256.

[40] Ib. 295.

[41] Ib. 305.

[42] Ib. 306.

[43] Klopp (Anm. 37) 130; Höfler (Anm. 37) 305.

[44] Arneth (Anm. 37) I 62. Arneth, sowenig wie Höfler und Braubach, Prinz Eugen I 114, geben die Quelle für ihr Urteil an.

[45] Arneth (Anm. 37) II 344f.

[46] L. v. Ranke, Französische Geschichte vornehmlich im sechzehnten und siebzehnten Jahrhundert, 5 Bde. Leipzig 1852–61. Für die Geschichte Max Emanuels sind wichtig Bd. III u. IV, hier zit. in der 4. Aufl. der Sämtlichen Werke, Bd. X und XI, Leipzig 1876–77.

[47] Ranke III 417.

[48] Ranke IV 151.

[49] C. v. Noorden, Europäische Geschichte im 18. Jahrhundert. Erste Abtheilung: Der Spanische Erbfolgekrieg Bd. 1, Düsseldorf 1870, 442, 564, 574.

[50] ADB 21. Von seinen zahlreichen weiteren Aufsätzen führe ich an: Kurprinz Joseph Ferdinand von Bayern und die Spanische Erbfolge 1692–94 (QA I); Die Beziehungen des Kurfürsten Max Emanuel zu Polen 1694–97. (Ib.); Der Umschwung der bayerischen Politik in den Jahren 1677–83 (SB München 1884); Die Gefangenschaft der Söhne des Kurfürsten Max Emanuel von Bayern 1705–1714 (QA II); Briefwechsel Kurfürst Max Emanuel von Bayern, Kurprinz Karl Albert von Bayern und Prinz Eugen von Savoyen 1717–1724 (Ib.); Kurfürst Max Emanuel von Bayern und Franz Rakoczy (Hist. Vorträge und Studien 3, München 1887); Die wittelsbachische Hausunion von 1724 (Geschichtliche Bilder und Skizzen, München 1897).

[51] ADB 21, 22–24.

[52] W. W. Whitelock, Das Verhältnis Max Emanuels von Bayern zu Wilhelm III. von England, Diss. München 1893; G. F. Preuß, Verfassungsgeschichte der Spanischen Niederlande unter dem Kurfürstenstatthalter Max Emanuel von Bayern (FGB VIII, 1900), wo vor allem der Versuch der Errichtung eines konsequenten Absolutismus in den Niederlanden herausgearbeitet ist, ders., Österreich, Frankreich und Bayern in der Spanischen Erbfolgefrage 1685–89 (HVjschr. 12 NF 4, 1901); ders., Wilhelm III. von England und das Haus Wittelsbach im Zeitalter der spanischen Erbfolgefrage, 1. Halbband, Breslau 1904, mehr nicht erschienen. Der Band führt nur bis 1672, behandelt also die Zeit vor Max Emanuels Regierungsantritt, so daß nur das Vorwort von Interesse ist; ob Preuß sein Werk je vollendet hätte, bleibt eine offene Frage, da der Autor 47jährig im Jahr 1914 fiel. Zur Beurteilung Max Emanuels, die kritisch wohlwollend ist, bes. S. IX. Ders., Kurfürst Joseph Clemens von Köln (FGB XI, 1903).

[53] Preuß (HVjschr. 12 NF 4, 1901) 497.

[54] A. Rosenlehner, Die Stellung der Kurfürsten Max Emanuel von Bayern und Joseph Clemens von Köln zur Kaiserwahl Karls VI. (1711), München 1900; ders., Zur Restitutionspolitik Kurfürst Max Emanuels von Bayern (FGB IX, X, XI, Berlin 1901–03); ders., München u. Wien 1725/26 (FGB XIV, 1906); ders., Kurfürst Karl Philipp von der Pfalz und die jülichsche Frage 1725–29, München 1906.

[55] Strich; ders., Beiträge zur Geschichte der bayerisch-französischen Beziehungen unter Max Emanuel (OA 58, München 1914).

[56] F. Feldmeier, Die Ächtung des Kurfürsten Max Emanuel von Bayern und die Übertragung der Oberpfalz mit der fünften Kur an Kurpfalz (1702–1708) (OA 58, 1914); E. Böhmländer, Die Wahl des Herzogs Joseph Clemens von Bayern zum Erzbischof von Köln 1688 (OA 56, 1911); M. Ruith, Kurfürst Max Emanuel von Bayern und die Donaustädte, Ingolstadt 1889, mit bemerkenswerter Beurteilung des Kurfürsten, bes. S. 3–5; Riezler-Wallmenich. Eine reine Aktensammlung ist A. Frh. v. Ow, Beiträge zur Geschichte Max Emanuels (AbM 3 u. 4, 1901–1904).

[57] S. Bormans, Maximilien-Emmanuel de Bavière, Comte de Namur, Bruxelles 1875.

[58] L. P. Gachard, Histoire de la Belgique au commencement du XVIIIe siècle, Bruxelles 1880, 4: «Il avait une cour brillante, il était magnifique, il protegeait les arts, il aimait les plaisirs, il les aimait même trop: tout cela l'entraînait à faire de la dépense, à la grande satisfaction des bourgeois de Bruxelles.«

[59] Pirenne, Belgique 43: »Pourtant ce prince que les Belges acclamaient comme un sauveur ... ne songeait qu'à lui. De tout les passions qui agitaient sa nature impulsive, l'ambition était la plus forte.» Noch negativer S. 90: «Il restait aussi ambitieux, aussi brave et aussi frivole qu'il l'avait toujours été.»

[60] Vogüé (Hrsg.), Mémoires du Maréchal de Villars, 6 Bde., Paris 1884; ders., Villars d'après sa correspondance et des Documents inédits, Bd. 1, Paris 1888, 14: «En 1701, il commença la construction d'un palais collossal, entouré des parterres aux eaux jaillissantes, et ne put l'achever: demeure hors de proportion avec sa destinée, comme les ambitions de l'electeur étaient hors de proportion avec ses facultés, et qui resta inachevée comme l'édifice politique que son fondateur avait voulu élever.»

[61] A. Legrelle, La Diplomatie Française et la Succession d'Espagne, T. IV, La Solution (1700–1725), Paris 1892, 219 u. 278; E. Lavisse, Histoire de France depuis ses Origines jusqu'à la Révolution, T. VIII, Louis XIV. La fin du Règne 1685–1715, Paris 1908, 28, 56 u. 91–94; L. André, Louis XIV et l'Europe, Paris 1950, 349f.

[62] Riezler VIII, 396–414. Die folgenden Zitate sind dieser Zusammenfassung entnommen und werden daher nicht einzeln nachgewiesen.

[63] Vgl. dazu die Urteile bei Straub und J. Frhr. v. Kruedener, Die Rolle des Hofes im Absolutismus, Stuttgart 1973.

[64] A. Dürrwächter, Zur bayerischen Geschichte unter Ferdinand Maria und Max Emanuel (HJb 35, 1914) 565.

[65] Doeberl II.

[66] Ib. 125.

[67] Ib. 127. Sperrung Doeberls.

[68] Ib. 178.

[69] Adalbert v. Bayern; Braubach (Anm. 33).

[70] O. Redlich, Österreichs Großmachtbildung in der Zeit Kaiser Leopolds I., Gotha 1921. Neuaufl. unter dem Titel: Weltmacht des Barock, Österreich in der Zeit Kaiser Leopolds I., Wien 1961; ders., Das Werden einer Großmacht. Österreich 1700–1740, Brünn-München-Wien 1942^{2+3}; G. M. Trevelyan, England under Queen Anne, 3 Bde., London-New York-Toronto 1932–34; Sir W. S. Churchill, Marlborough. His Life and His Times, 4 Bde., London 1933, hier zit. in der Ausgabe Sphere Books ed. 1967; L. Pfandl, Karl II. Das Ende der spanischen Machtstellung in Europa, München 1940; H. Rößler, Der Soldat des Reiches Prinz Eugen, Oldenburg-Berlin 1934; V. Bibl, Prinz Eugen. Ein Heldenleben, Wien-Leipzig 1941; P. Wentzcke, Feldherr des Kaisers. Leben und Taten Herzog Karls V. von Lothringen, Leipzig 1943; R. Lorenz, Das Türkenjahr 1683. Das Reich im Kampf um den Ostraum, Wien-München-Leipzig 1944^{3}.

[71] Braubach (Anm. 33) 182ff.

[72] Lorenz (Anm. 70) 335; H. Hantsch, Die Geschichte Österreichs, Bd. II, Graz-Wien-Köln 1968[4], 88f.

[73] Wentzcke (Anm. 70) 280. In der klassischen Schilderung der Belagerung von F. Zieglauer, Die Befreiung Ofens von der Türkenherrschaft 1686, Innsbruck 1886, nichts davon.

[74] Rößler (Anm. 70) 75, 148.

[75] Churchill II (Anm. 70) 160ff.

[76] Trevelyan (Anm. 70) I 244.

[77] Pfandl (Anm. 70) 256.

[78] Hubensteiner; J. Pfennigmann, 1500 Jahre bayerische Landkarte. Die Geschichte Bayerns, Bd. II: Die Neuzeit, München 1957.

[79] M. Spindler, Der bayerische Bauernaufstand von 1705/06 (Schönere Heimat 44, 1955). Jetzt: ders., Aufsätze.

[80] K. Bosl, Bayerische Geschichte, München 1971, 191f.

[81] HB II 424.

[82] Ib. 425.

[83] Ib. 430. Ein Urteil, das dem bei Hubensteiner 223 vorzuziehen ist.

[84] Lipp; Hartmann, Finanzpolitik; Schryver, Bergeyck; ders., Aus der Vorgeschichte der niederländischen Statthalterschaft des Kurfürsten Maximilian Emanuel von Bayern (1679–1691) (E. Schulin [Hrsg.], Gedenkschrift Martin Göhring. Studien zur europäischen Geschichte, Wiesbaden 1968); Hüttl, Caspar v. Schmid; Weitlauff, 34f., 109f.

[85] Wunder, Diversion; Czarkowski-Golejewski.

[86] L. Hüttl, Max Emanuel, der Blaue Kurfürst, 1679–1726. Eine politische Biographie, München 1976.

Verzeichnis der abgekürzt zitierten Literatur, Archive und Bibliotheken

AbM	Altbayerische Monatsschrift, hrsg. vom Historischen Verein von Oberbayern, 1–15, 1899 bis 1926
Adalbert v. Bayern	Adalbert Prinz von Bayern, Das Ende der Habsburger in Spanien, 2 Bde., München 1929
Adalbert v. Bayern – Gamazo	Documentos inéditos referentes a las postrimerías de la Casa de Austria en Espagña, hrsg. v. Adalbert von Bayern und G. M. Gamazo, 5 Bde., Madrid 1927–1935
ADB	Allgemeine Deutsche Biographie, hrsg. von der Historischen Kommission bei der Bayer. Akademie der Wissenschaften, 56 Bde. mit Registerbd., 1875–1912
AKG	Archiv für Kulturgeschichte, 1903 ff.
ANP	Archives Nationales, Paris
AÖG	Archiv für österr. Geschichte, hrsg. von der Akademie der Wissenschaften in Wien, Wien 1848 ff.
ARB	Algemeen Rijksarchief, Brüssel
ARSJ	Archivum Romanum Societatis Jesu
AStA	Bayerisches Hauptstaatsarchiv, Abt. I (Allgemeines Staatsarchiv), München
ASV	Archivio Segreto Vaticano
AZ	Archivalische Zeitschrift, 1876 ff.
Baader, Gelehrtes Baiern	K. A. Baader, Das gelehrte Baiern, oder Lexikon aller Schriftsteller, die Baiern im 18. Jh. erzeugte oder ernährte, I/1 (A–K) 1804 (mehr nicht erschienen)
Baader, Lexikon	K. A. Baader, Lexikon verstorbener baierischer Schriftsteller des 18. u. 19. Jhs., 2 Bde., Augsburg-Leipzig 1824/25
Bauerreiss	P. R. Bauerreiss, Kirchengeschichte Bayerns, 6 Bde., Augsburg 1949–1965
Bayerland	Das Bayerland. Illustrierte Wochen- (später Monats-)Schrift für bayerische Geschichte und Landeskunde, 1889 ff.
Bezzel	O. Bezzel, Geschichte des Kurpfälzischen Heeres (Gesch. d. Bayer. Heeres IV/2, hrsg. v. K. B. Kriegsarchiv), München 1928
Bittner	L. Bittner, Chronologisches Verzeichnis der österreichischen Staatsverträge, 4 Bde., Wien 1903–1917
BJbV	Bayerisches Jahrbuch für Volkskunde, 1950 ff.
BNP	Bibliothèque Nationale, Paris
Börsch-Supan	H. Börsch-Supan, Joseph Vivien als Hofmaler der Wittelsbacher (MJBK 14, 1963) 133 ff.
Bosl, Repräsentation	K. Bosl, Die Geschichte der Repräsentation in Bayern, München 1973[4]
Braubach, Kurköln	M. Braubach, Kurköln. Gestalten und Ereignisse aus zwei Jahrhunderten rheinischer Geschichte, Münster 1948
Braubach, Prinz Eugen	M. Braubach, Prinz Eugen von Savoyen, 5 Bde., München 1963–65
Bretagne	P. de Bretagne, Réjouissances et fêtes magnifiques, qui se sont faites en Bavière l'an 1722 au mariage de S. A. S. monseigneur le prince électoral etc. . . ., München 1723
BStB	Bayerische Staatsbibliothek, München
Czarkowski-Golejewski	K. Graf v. Czarkowski-Golejewski, Die Kurfürstin Therese Kunigunde (ZBLG 37, 1974) 843–870
Doeberl	M. Doeberl, Entwicklungsgeschichte Bayerns, 3 Bde., München 1906–1931
Duhr	B. Duhr, Geschichte der Jesuiten in den Ländern deutscher Zunge, 4 Bde., München-Regensburg 1907–1928
DTB	Denkmäler der Tonkunst in Bayern (Denkmäler Deutscher Tonkunst 2. Folge), veröffentlicht durch d. Gesellschaft zur Herausgabe v. Denkmälern d. Tonkunst in Bayern unter Leitung v. A. Sandberger (36 Bde. 1900 bis 1931, 2. rev. Aufl. 1962 ff.), NF 1966 ff.
DZG	Deutsche Zeitschrift für Geschichtswissenschaft, 14 Bde., 1890–1898 (Forts.: HVjschr.)
Ferchl	G. Ferchl, Bayerische Behörden und Beamte 1550–1804 (OA 53, 1908–1912), Erg.-Bd, (OA 64, 1925)
Feulner, Gemälde	A. Feulner, Katalog der Gemälde im Residenz-Museum München und im Schloß Nymphenburg, München 1924
FGB	Forschungen zur Geschichte Bayerns (vorher FKLB), 1898–1908
FKLB	Forschungen zur Kultur- und Literaturgeschichte Altbayerns 1893–1897 (Forts.: FGB)
Gebhard	B. Gebhard, Handbuch der deutschen Geschichte, hrsg. v. H. Grundmann, 4 Bde., Stuttgart 1954–1960
GHA	Bayerisches Hauptstaatsarchiv, Abt. III (Geheimes Hausarchiv), München
Göbel	H. Göbel, Wandteppiche, 6 Bde., Leipzig 1923
Goebel, Aufklärung	G. Goebel, Anfänge der Aufklärung in Altbayern, Kirchheimbolanden 1901
Graßl	H. Graßl, Aufbruch zur Romantik. Bayerns Beitrag zur deutschen Geistesgeschichte 1765 bis 1785, München 1968
GStA	Bayerisches Hauptstaatsarchiv, Abt. II (Geheimes Staatsarchiv), München
Haeutle	Genealogie des Hauses Wittelsbach von 1180 bis 1870, bearb. v. Chr. Haeutle, Leipzig 1870
Haeutle, Residenz	Chr. Haeutle, Geschichte der Residenz in München von ihren frühesten Zeiten bis herab zum Jahre 1777, Leipzig 1883

Hartmann, Finanzpolitik	P. C. Hartmann, Die Finanz- und Subsidienpolitik des Kurfürsten Max Emanuel von Bayern und der kurbayerische Gesandte in Paris, Comte D'Albert-Fürst Grimberghen, Diss. phil. München 1967
Hauttmann	M. Hauttmann, Der kurbayerische Hofbaumeister Joseph Effner (Studien zur deutschen Kunstgeschichte 164, Straßburg 1913)
HB	Handbuch der bayerischen Geschichte, hrsg. v. M. Spindler, 4 Bde., München 1966–1974
Heigel QA	C. Th. v. Heigel, Quellen und Abhandlungen zur neueren Geschichte Bayerns, I München 1884, II München 1890
Hemmerle, Benediktinerklöster	J. Hemmerle, Die Benediktinerklöster in Bayern (Germania Benedictina 2), Augsburg 1970
HHStA	Haus-, Hof- und Staatsarchiv, Wien
HJb	Historisches Jahrbuch der Görresgesellschaft 1880ff.
Hubensteiner	B. Hubensteiner, Bayerische Geschichte, München 1967[5]
Hubensteiner, Barock	B. Hubensteiner, Vom Geist des Barock. Kultur und Frömmigkeit im alten Bayern, München 1967
Hubensteiner, Eckher	B. Hubensteiner, Die Geistliche Stadt. Welt und Leben des Johann Franz Eckher v. Kapfing und Liechteneck, Fürstbischof v. Freising, München 1954
Hüttl Caspar v. Schmid	L. Hüttl, Caspar von Schmid (1622–1693), ein kurbayerischer Staatsmann aus dem Zeitalter Ludwigs XIV., (MBM 29, München 1971)
HVjschr.	Historische Vierteljahrsschrift 1898–1937
HZ	Historische Zeitschrift 1859ff.
IA	Islâm Ansiklopedisi, 12 Bde. (bis Tu), Leiden–Leipzig 1941–1974
Isenburg	W. K. Prinz v. Isenburg, Stammtafeln zur Geschichte der europäischen Staaten, 2 Bde. und [3] Register und Ergänzungen 1953[2], Neudruck 1960, 2 Erg.-Bde. bearb. von F. Baron Freytag v. Loringhoven, 1954–1957
Jedin	H. Jedin (Hrsg.), Handbuch der Kirchengeschichte, 6 Bde., 1962–1973
KA	Bayerisches Hauptstaatsarchiv, Abt. IV (Kriegsarchiv), München
Kat. Bayer. Nationalmuseum XI	Denkmale und Erinnerungen des Hauses Wittelsbach im Bayerischen Nationalmuseum. Kataloge des Bayerischen Nationalmuseums XI, München 1909
Kat. Clemens August	Clemens August, Landesherr und Mäzen des 18. Jh., Ausstellung im Schloß Augustusburg zu Brühl, Katalog, Köln 1961
König	A. König, Weihegaben an U. L. Frau von Altötting, 2 Bde., München 1939
Kraus, Bürgerlicher Geist	A. Kraus, Bürgerlicher Geist und wissenschaftliches Leben im Zeitalter des Barock und der Aufklärung in Augsburg, Regensburg und Nürnberg (AKG 49, 1967) 340–390
Kraus, Emmeram	A. Kraus, Die Bibliothek von St. Emmeram, Spiegelbild der geistigen Bewegung der frühen Neuzeit (Thurn-und-Taxis-Studien 7, Regensburg 1971) 1–42
Kreisel	H. Kreisel, Die Kunst des deutschen Möbels, 2 Bde., München 1928–1970
Kruedener	J. Frhr. v. Kruedener, Die Rolle des Hofes im Absolutismus (Forschungen zur Sozial- und Wirtschaftsgeschichte 19, Stuttgart 1973)
Lipowsky, Künstler	F. J. Lipowsky, Bayerisches Künstler-Lexikon, München 1810
Lipowsky, Statthalterschaft	F. J. Lipowsky, Des Churfürstens von Baiern Max Emanuels Statthalterschaft in den spanischen Niederlanden und dessen Feldzüge, München 1820
Lipp	H. Lipp, Kurfürst Max II. Emanuel von Bayern und die Künstler. Diss. phil. Masch., München 1944
LThK	Lexikon für Theologie und Kirche, hrsg. von M. Buchberger, 10 Bde., 1930–1938, 2. Aufl. mit Reg.-Bd., hrsg. v. J. Höfer und K. Rahner 1957–1967
MBM	Miscellanea Bavarica Monacensia, Dissertationen zur Bayer. Landes- und Münchener Stadtgeschichte, hrsg. v. K. Bosl und M. Schattenhofer, München 1967ff.
Mederer	J. N. Mederer, Annales Ingolstadiensis Academiae, 4 Bde., Ingolstadt 1782, fortges. v. M. Permaneder, Annales Almae Litterarum Universitatis Ingolstadii . . . (= Bd. V), 1859
MGG	Die Musik in Geschichte und Gegenwart. Allgemeine Enzyklopädie der Musik. Unter Mitarbeit zahlreicher Musikforscher des In- und Auslandes hrsg. v. F. Blume, 14 Bde., 1949 bis 1968
MHStud.	Münchner Historische Studien, Abt. Bayer. Geschichte, hrsg. v. M. Spindler, 1955ff.
Mitt. z. Schulgesch.	Mitteilungen der Gesellschaft für deutsche Erziehungs- und Schulgeschichte, 1891ff.; NF: Zeitschrift für Geschichte der Erziehung und des Unterrichts, 1911–1938
MIÖG	Mitteilungen des Instituts für österr. Geschichtsforschung, 1880ff.
MJBK	Münchner Jahrbuch d. bildenden Kunst, 1907ff.
MThStud.	Münchener Theol. Studien, I. Historische Abt., 1950ff.
NDB	Neue Deutsche Biographie, hrsg. von der Historischen Kommission bei der Bayer. Akademie der Wissenschaften, 1953ff.
OA	Oberbayerisches Archiv für vaterländische Geschichte, hrsg. v. Historischen Verein für Oberbayern, 1839ff.
OAM	Erzbischöfliches Ordinariatsarchiv, München
Pastor	L. v. Pastor, Geschichte der Päpste seit dem Ausgang des Mittelalters, 16 Bde. in 22 Teilen, 1885–1930, Neudr. nach 1945
Paulus	R. Paulus, Der Baumeister Henrico Zuccalli am kurbayerischen Hofe zu München, Straßburg 1912
PB	Parnassus Boicus, 6 Bde., 1722–1740
Pirenne, Belgique	H. Pirenne, Histoire de Belgique, 7 Bde., 1900–1932 (verschied. Neuauflagen)
Prantl	K. v. Prantl, Geschichte der Ludwig-Maximilians-Universität in Ingolstadt, Landshut, München, 2 Bde., München 1872, Neudr. 1968
QFIAB	Quellen und Forschungen aus italienischen Archiven und Bibliotheken, Zschr. des Preuß. bzw. Deutschen Historischen Instituts in Rom, 1898ff.
Rall	H. Rall, Kurbayern in der letzten Epoche der alten Reichsverfassung 1745–1801 (Schriftenreihe 45, 1952)
Riezler	S. Riezler, Geschichte Baierns, 8 Bde., Gotha 1878–1914, I 1927[2], Reg.-Bd. 1932

Riezler-Wallmenich	Akten zur Geschichte des baierischen Bauernaufstandes 1705/06, 3 Tle., hrsg. v. S. Riezler und K. v. Wallmenich (Abh. Bayer. Akademie der Wiss. 26, 28, 29, München 1912–1915)
Rosenthal	E. Rosenthal, Geschichte des Gerichtswesens und der Verwaltungsorganisation Baierns, 2 Bde., 1889–1906, Neudr. 1968
Rudhart, Oper	F. M. Rudhart, Geschichte der Oper am Hofe zu München, Freising 1865
SB München	Sitzungsberichte der Philosophisch-Historischen Klasse der Bayer. Akademie der Wiss. zu München
SCA	Scottish Catholic Archives, Edinburgh, chronolog. Sammlung der sog. »Blairs Papers«
Schmelzle	H. Schmelzle, Der Staatshaushalt des Herzogtums Bayern im 18. Jahrhundert, Stuttgart 1900
Schmidt	Fr. Schmidt, Geschichte der Erziehung der bayerischen Wittelsbacher von den frühesten Zeiten bis 1750, Berlin 1892
Schremmer	E. Schremmer, Die Wirtschaft Bayerns. Vom hohen Mittelalter bis zum Beginn der Industrialisierung, Bergbau, Gewerbe, Handel, München 1970
Schriftenreihe	Schriftenreihe der Kommission für bayer. Landesgeschichte bei der Bayer. Akademie der Wissenschaften
Schryver, Bergeyck	R. de Schryver, Jan van Brouchoven Graaf van Bergeyck 1644–1725. Een halve eeuw staatkunde in de Spanse Nederlanden en in Europa (Verhandelingen van de koninklijke Vlaamse Academie voor Wetenschappen, Letteren en schone Kunsten van Belgie, Klasse der Letteren, Jg. 27, Nr. 57, Brüssel 1965)
Spindler, Aufsätze	M. Spindler, Erbe und Verpflichtung. Aufsätze und Vorträge zur bayerischen Geschichte, hrsg. von A. Kraus, München 1966
StAA	Staats- und Stadtbibliothek Augsburg
StAM	Staatsarchiv München
Staudinger	K. Staudinger, Geschichte des bayerischen Heeres, 8. Bde., München 1901–1931
StMBO	Studien und Mitteilungen zur Geschichte des Benediktinerordens und seiner Zweige, 1911ff.
Straub	E. Straub, Repraesentatio Maiestatis oder churbayerische Freudenfeste. Die höfischen Feste in der Münchener Residenz vom 16. bis zum Ende des 18. Jahrhunderts (MBM 14, München 1969)
Strich	M. Strich, Das Kurhaus Bayern im Zeitalter Ludwigs XIV. und die europäischen Mächte, 2 Bde. (Schriftenreihe 13/14, München 1933)
Theatrum Europaeum	Theatrum Europaeum, 21 Bde., Frankfurt (M.) 1662–1738
Thieme-Becker	Allgemeines Lexikon der bildenden Künstler, hrsg. v. U. Thieme und F. Becker, 37 Bde. 1907–1950
van Dülmen, Anfänge	R. van Dülmen, Anfänge einer geistigen Neuorientierung in Bayern zu Beginn des 18. Jahrhunderts (ZBLG 26, 1963) 493–559
VSWG	Vierteljahrsschrift für Sozial- und Wirtschaftsgeschichte, 1903ff.
Weitlauff, Johann Theodor	M. Weitlauff, Kardinal Johann Theodor von Bayern (1703–1763), Fürstbischof von Regensburg, Freising und Lüttich. Ein Bischofsleben im Schatten der kurbayerischen Reichskirchenpolitik (Beitr. zur Gesch. des Bistums Regensburg 4, Regensburg 1970)
Wening	M. Wening, Historico-Topographica Descriptio, 4 Teile, München 1701–1726, Neuausg. München 1975ff.
Wunder, Diversion	B. Wunder, Die bayerische »Diversion« Ludwigs XIV. in den Jahren 1700–1704. Kurbayern, Schwaben und Franken zwischen Habsburg und Bourbon zu Beginn des Spanischen Erbfolgekrieges (ZBLG 37, 1974)
Wunder-Gebäw	J. Schmidt, Triumphierendes Wunder-Gebäw Der Churfürstlichen Residentz zu München, München 1685
ZBLG	Zeitschrift für bayerische Landesgeschichte, 1928ff.

FOTONACHWEIS

Die Vorlagen zu den Schwarzweißabbildungen stellten größtenteils liebenswürdigerweise die Besitzer der abgebildeten Objekte zur Verfügung. Die Farbaufnahmen fertigten: Bayerische Verwaltung der staatlichen Schlösser, Gärten und Seen III, IV; Joachim Blauel, München VII, VIII; Hirmer Fotoarchiv II, IX; Service de Documentation Photographique de la Réunion des Musées Nationaux, Paris I, VI; Paul Sessner, Dachau Umschlagbild, V.

Personenregister